江苏省对口支援新疆建设志（上）

江苏援藏援疆建设志编纂委员会 编

江苏人民出版社

图书在版编目(CIP)数据

江苏省对口支援新疆建设志. 上 / 江苏援藏援疆建设志编纂委员会编. -- 南京 : 江苏人民出版社, 2023.12

ISBN 978-7-214-28449-5

Ⅰ. ①江… Ⅱ. ①江… Ⅲ. ①社会主义建设成就-新疆②扶贫-经济援助-工作概况-江苏 Ⅳ. ①D619.45

中国国家版本馆 CIP 数据核字(2023)第 199174 号

书　　名	江苏省对口支援新疆建设志(上)
编　　者	江苏援藏援疆建设志编纂委员会
责任编辑	洪　扬　汤丹磊　李　旭
装帧设计	q-design
责任监制	王　娟
出版发行	江苏人民出版社
地　　址	南京市湖南路 1 号 A 楼,邮编:210009
印　　刷	南京爱德印刷有限公司
开　　本	787 毫米×1092 毫米　1/16
印　　张	95.25　插页 10
字　　数	1755 千字
版　　次	2023 年 12 月第 1 版
印　　次	2023 年 12 月第 1 次印刷
标准书号	ISBN 978-7-214-28449-5
定　　价	688.00 元(全二册)

(江苏人民出版社图书凡印装错误可向承印厂调换)

江苏援藏援疆建设志编纂委员会

（第一届）

·主　任·

吴政隆

·副主任·

黄莉新　樊金龙　王　江　王　奇

·委　员·

陈建刚　谢润盛　王立平　胡金波　周　琪　朱晓明　葛道凯

王　秦　戴元湖　周　岚　陆永泉　陈　杰　徐耀新　谭　颖

漆冠山　胡　洪　潘道津　关永健

·主　编·

黄莉新

·副主编·

谢润盛　胡金波　朱晓明　漆冠山

江苏援藏援疆建设志编纂委员会

（第二届）

江苏援藏援疆建设志编纂委员会

（第三届）

江苏援藏援疆建设志编辑室

·主　任·

左健伟

·副主任·

陈　华　方亚光

·总纂统稿·

陈　华

·协纂统稿·

严晓明　黄　静　宫冠丽　李　文　王魁诗　朱崇飞　陈晓婧

·编辑撰稿·

严晓明　黄　静　宫冠丽　李　文　朱莉萍　王魁诗　焦寨军
刘　猛　郭传良　凌柳凤　祝海亮　高红强　陈晓婧　朱崇飞
朱振鑫　袁崇德　储兆君

·图文统筹·

李　文　祝海亮

·编务校核·

张一哲　付阿敏　陆叶青　金嫣然

本书撰稿

严晓明　黄　静　宫冠丽　朱莉萍　王魁诗　焦寨军　刘　猛
凌柳凤　高红强　陈晓婧　朱崇飞　朱振鑫　袁崇德

本书协助编写

（按姓氏笔画排序）

省级机关

丁迎伟　王乃毅　王天明　王冬生　王艳红　王　晨　王　皓
朱红俊　朱芳芳　朱海啸　朱晨乐　朱　琰　刘俊生　许　果
纪　芳　孙庆刚　孙荣友　苏春海　杜骖骖　杨敬久　肖安云
何寿孙　张建明　陆志斌　陈　鹏　茆晓明　杭春燕　郁　苍
金玉梅　周根富　郑　伟　赵红亮　赵新明　侯加友　聂　赟
夏国登　郭　威　唐大章　黄　挺　曹　阳　曹春光　章　程
董　寅　焦庆标　楚　昆　臧玉森　谭海波　缪　毅　戴敏捷

江苏援伊指挥部、前方工作组、受援地部门单位

万　震　马忠洪　马培伟　王　伟　甘德英　吕新犁　朱玉江
朱宇明　朱鸿明　刘冰洁　孙　艳　李　军　李忠伟　李荣琴
李晓明　吴晓文　吴海峰　沙　飞　沙荣胜　张　华　张昭志
陈小龙　陈　虎　陈　翔　陈　瑞　周　青　孟令剑　赵　英
赵建强　赵雁军　钟　山　袁　军　顾爱平　顾敏霞　徐先东
徐　斌　徐　新　高超海　谈　晶　黄高伟　黄高峰　梅国华
巢云方　彭召波　董国喜　景德明　傅宝龙　缪燕江　潘星羽

江苏援克指挥部、前方工作组、受援地部门单位

王东先　王晓东　邓海修　朱友群　仲崇开　刘秀梅　李　班
邹　建　宋宁宏　张珍义　张振海　张瑞红　陆智伟　陈五林
陈　辉　范文琴　周建荣　袁长波　夏　金　高建新　郭　庆
郭淑彬　谭　申　张跃跃　韩　波　张　峰　张　晖　池　光

相关地方志工作机构

丁　瑾　王佳生　王妮姗　韦荣奎　邓永定　卢维生　吕晓红
朱建刚　庄晓明　刘亚丽　杜仁彬　杨伟娴　李　想　何　峰
汪丽菁　赵　丽　党　辉　徐　琳　徐　强　翁红霞　葛　红

本书资料提供

江苏省委组织部
江苏省委宣传部
江苏省发展和改革委员会
江苏省教育厅
江苏省科学技术厅
江苏省财政厅
江苏省人力资源和社会保障厅
江苏省住房和城乡建设厅
江苏省交通运输厅
江苏省水利厅
江苏省文化和旅游厅
江苏省卫生健康委员会
新华报业传媒集团
江苏广播电视总台
江苏省对口支援新疆伊犁州前方指挥部
江苏省对口支援新疆克州前方指挥部
南京市对口支援新疆工作前方指挥组

无锡市对口支援新疆克州阿合奇县前方工作组
徐州市对口支援新疆奎屯市前方工作组
常州市对口支援新疆乌恰县前方工作组
苏州市对口支援新疆霍尔果斯口岸前方工作组
南通市对口支援新疆伊宁县前方工作组
连云港市对口支援新疆霍尔果斯口岸前方工作组
淮安市对口支援新疆生产建设兵团第七师前方工作组
盐城市对口支援新疆察布查尔锡伯自治县工作组
扬州市对口支援新源县前方指挥组
镇江市对口支援新疆生产建设兵团第四师前方指挥组
泰州市对口支援新疆伊犁州昭苏县工作组
南京市江宁区对口支援特克斯县前方指挥组
江阴市对口支援新疆霍城县前方工作组
常州市武进区对口支援伊犁州尼勒克县工作组
张家港市对口支援新疆伊犁州巩留县工作组
昆山市对口支援新疆阿图什市前方工作组
南京市地方志办公室
无锡市档案史志馆
徐州市史志办公室
常州市地方志办公室
苏州市地方志办公室
南通市地方志办公室
连云港市地方志办公室
淮安市地方志办公室
盐城市地方志办公室
扬州市地方志办公室
镇江市史志办公室
泰州市党史方志办公室
南京市江宁区地方志办公室
江阴市档案史志馆
常州市武进区地方志办公室
张家港市委党史地方志办公室
昆山市地方志办公室

特邀审稿

何国平　赵华中　乔　鸣　葛　红　刘扣林

特别鸣谢

（人名按姓氏笔画排序）

新疆维吾尔自治区党委办公厅

新疆维吾尔自治区党委组织部

新疆维吾尔自治区对口援疆工作协调领导小组办公室

新疆维吾尔自治区地方志编纂委员会

新疆生产建设兵团志办公室

伊犁哈萨克自治州档案馆

伊犁日报社

伊犁哈萨克自治州地方志办公室

克孜勒苏柯尔克孜自治州档案馆

克孜勒苏日报社

克孜勒苏柯尔克孜自治州地方志办公室

丁大卫　王景曙　王　馨　吕海荣　朱广兵　朱建炜　刘小平

刘　忠　牟忠武　孙维新　坞承胜　杨晓阳　吴小巧　何祖大

何嘉伟　沈立新　宋水平　张邓新　张吉蔚　张兴保　陈　林

孟　鑫　俞　明　姜孝亮　宣　斌　郭亚琴　曹春光　韩　松

序 言

在中国共产党建党100周年和我国全面建成小康社会、开启全面建设社会主义现代化国家新征程的历史时刻,《江苏省对口支援西藏建设志》《江苏省对口支援新疆建设志》编纂出版。两书通过一页页真实资料、一件件生动事例,全面客观系统记述江苏对口支援西藏、新疆走过的不凡历程、取得的丰硕成果、积累的有益经验,对于见证和彰显党中央对口援藏援疆战略的英明正确,社会主义国家集中力量办大事的制度优势,江苏与西藏、新疆携手并肩奔小康的深情厚谊,具有十分重要的意义。

江苏支援西藏、新疆可以追溯到20世纪50年代,动员选派党政干部、专业人才和青壮年支援边疆建设。1994年和1996年,中央先后作出全国部分省(市)和国家有关部门对口支援西藏、新疆的战略决策。江苏根据中央部署,对口支援西藏拉萨市、新疆伊犁州3个地区和1个市,后援疆范围扩展为伊犁州直属所有10个县(市)、克州3个县(市)、兵团2个师和1个口岸。承担对口援藏援疆任务后,江苏强化对援藏援疆工作的组织领导,建立对口支援组织体系,安排对口援助专项资金,落实结对挂钩目标任务,制定对口支援综合规划;以帮助受援地推进民生建设、加快产业发展、完善公共服务体系、提升内生发展动力为目标,积极开展干部援助、资金援助、项目援助、智力援助等工作。按照中共中央组织部计划,江苏累计选派援藏干部人才9批800多人、援疆干部人才10批2500多人,"十二五"和"十三五"期间共投入援藏资金40多亿元、援疆资金200多亿元,为促进受援地经济跨越发展、社会和谐稳定发挥了重要作用。

对口支援西藏、新疆是党中央着眼祖国统一、民族团结、国家安全和边疆长治久安实施的战略决策。江苏作为东部沿海发达省份,历届省委、省政府坚决贯彻中央决策部署,始终把援藏援疆工作当作一项重大政治任务,坚持真情援助、科学援助、持续援助,全方位、多层次、宽领域开展工作,不断加大援助力度,丰富援助内涵,提高援助成效,确保援藏援疆工作一直走在全国前列。江苏援藏援疆干部人才不负省委、省政府和全省人民重托,在艰苦复杂的环境中发扬"老西藏精神""兵团精神",吃苦耐劳,克难奋进,通过引进资金项目、开发特色资源、组织人才培训、开展支教送医等,为受援地经济社会发展注入源源不断的活力,留下了许多可歌可泣的事迹,赢得了西藏、新疆广大干部群众的信任和赞扬,树立了江苏援藏援疆干部人才勇于担当、乐于奉献的良好形象。

江苏对口支援西藏、新疆的光辉历程,是中央治藏、治疆方略的成功实践,是全国援藏援疆工作的生动缩影。我们有责任把江苏对口援藏援疆的珍贵历史完整、系统地记载下来，把对口支援的有效做法和成功经验总结归纳出来，把援藏援疆干部人才的先进事迹和工作成效真实地记录下来。《江苏省对口支援西藏建设志》《江苏省对口支援新疆建设志》经省委、省政府批准，由省地方志办公室组织编纂，承担对口支援任务的省各有关部门，相关市、县（市、区），省对口支援西藏和新疆前方指挥部参与编纂。承担具体编纂任务的省地方志办公室编辑室同志克服记述时间跨度长、记载范围广，资料散佚严重，以及前后方距离远、工作衔接不易等困难，以对历史高度负责的态度，科学组织，精心编纂，在很短的时间内，圆满完成了编纂任务。

两书编纂以习近平新时代中国特色社会主义思想为指导，坚持辩证唯物主义和历史唯物主义立场、观点和方法，注重搜集系统资料，全面展示江苏援藏援疆的政策、规划、方案、措施和成效；注重体现江苏特色，着重记载江苏在全国领先、创新、有代表性的思路举措。两书突破传统志书呈现形式，运用全新编纂理念，把历史记录的真实性、文字表达的可读性、全媒体展示的可视性完美结合，是两部具有重要历史价值和现实意义的特色志书。

盛世修志，以启未来。党的十九届五中全会擘画了全面建设社会主义现代化国家的宏伟蓝图，中央第七次西藏工作座谈会和第三次新疆工作座谈会，分别提出建设团结、富裕、文明、和谐、美丽的社会主义现代化新西藏和建设团结和谐、繁荣富裕、文明进步、安居乐业、生态良好的新时代中国特色社会主义新疆的新目标。我们要深刻理解和准确把握新形势下中央对援藏援疆工作的新要求，进一步提高贯彻中央决策部署的自觉性、坚定性，善于从地方志中借鉴吸收历史经验，挖掘传承具有时代意义的思想精神和治理智慧，高起点高标准谋划落实新一轮对口援藏援疆工作，以更大力度、更扎实工作，助力西藏、新疆实现高质量发展和长治久安，推动江苏对口援藏援疆工作再创新辉煌，为全面建设社会主义现代化国家贡献江苏力量。

江苏援藏援疆建设志编纂委员会

2021年5月

凡　例

一、本志以马克思列宁主义、毛泽东思想、邓小平理论、“三个代表”重要思想、科学发展观、习近平新时代中国特色社会主义思想为指导，运用辩证唯物主义和历史唯物主义的立场、观点和方法，全面、客观、系统地记述江苏对口支援新疆的历程和取得的成就。

二、本志记述时间范围上限为1997年，部分内容适当追溯；下限为2019年，综述延至2020年，援疆人物延至2023年6月；援疆纪事简述2020年1月至2023年4月援疆工作，相关部分附2020年1月至2023年4月第十批援疆工作综述。

三、本志以2019年底对口支援的受援地为主要记述对象。历史上支援过的地区，以随文附记形式简要记载。

四、本志大事记侧重收录重要会议、重要决策部署、党政代表团互访活动等，兼收有重要意义和影响的援建项目及援建成就。

五、本志援疆人物设先进模范人物事迹简介和援疆干部人才名录两部分。先进模范人物事迹简介主要介绍在对口支援工作中作出突出贡献的人物事迹，援疆干部人才名录收录江苏省委组织部、省人力资源和社会保障厅统一组织安排的对口支援各批次人员。

六、本志资料主要源自省各有关部门，相关市、县（市、区），江苏援疆指挥部和各工作组及受援地有关部门。

七、本志采用的统计数据，以江苏省发展和改革委员会提供的数据为参照，结合各支援地和受援地提供的数据，按实使用。由于统计口径的不同，文中部分数据分项之和与总数不一致，链接中媒体报道的部分资金等数据为预算数，不是最终数。

八、本志使用的机构名称，一般以通行的规范简称为准。多次出现的机构名称，除必要时用全称外，一般用简称。如“新疆维吾尔自治区”简称为“自治区”；“江苏省对口支援新疆伊犁哈萨克自治州前方指挥部”“江苏省对口支援新疆克孜勒苏柯尔克孜自治州前方指挥部”，分别简称“江苏援伊指挥部”“江苏援克指挥部”；各市、区（市）前方工作组（指挥组）统一简称“××市援疆工作组”“××市××区（市）援疆工作组”。为表述方便，“伊犁哈萨克自治州”简称“伊犁州”，“克孜勒苏柯尔克孜自治州”简称“克州”，“新疆生产建设兵团”简称“兵团”，“察布查尔锡伯自治县”简称“察布查尔县”。

九、本志除文字记述、图片呈现外，另以二维码为载体，以视频等形式记录援疆历程。

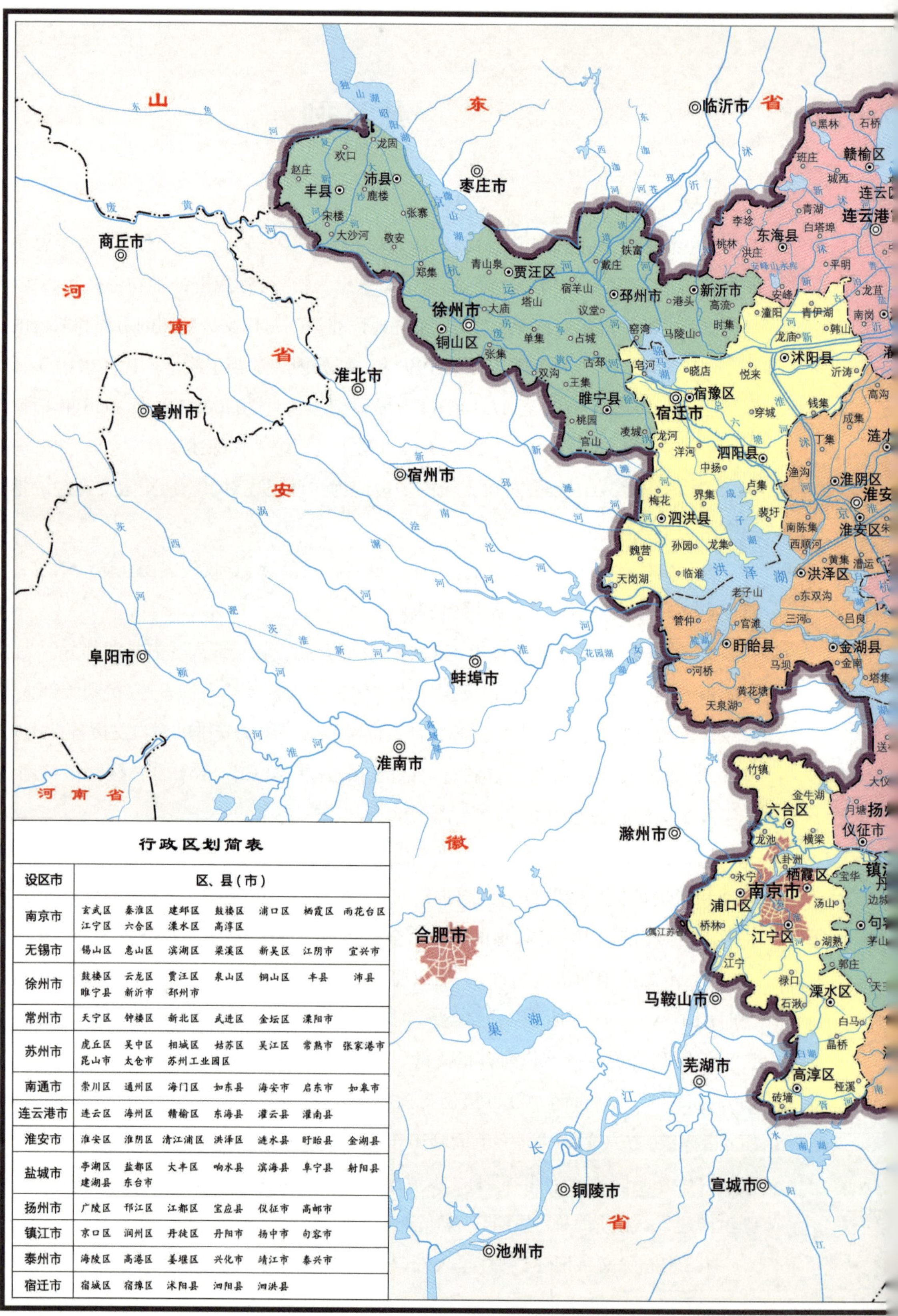

行政区划简表

设区市	区、县（市）
南京市	玄武区 秦淮区 建邺区 鼓楼区 浦口区 栖霞区 雨花台区 江宁区 六合区 溧水区 高淳区
无锡市	锡山区 惠山区 滨湖区 梁溪区 新吴区 江阴市 宜兴市
徐州市	鼓楼区 云龙区 贾汪区 泉山区 铜山区 丰县 沛县 睢宁县 新沂市 邳州市
常州市	天宁区 钟楼区 新北区 武进区 金坛区 溧阳市
苏州市	虎丘区 吴中区 相城区 姑苏区 吴江区 常熟市 张家港市 昆山市 太仓市 苏州工业园区
南通市	崇川区 通州区 海门区 如东县 海安市 启东市 如皋市
连云港市	连云区 海州区 赣榆区 东海县 灌云县 灌南县
淮安市	淮安区 淮阴区 清江浦区 洪泽区 涟水县 盱眙县 金湖县
盐城市	亭湖区 盐都区 大丰区 响水县 滨海县 阜宁县 射阳县 建湖县 东台市
扬州市	广陵区 邗江区 江都区 宝应县 仪征市 高邮市
镇江市	京口区 润州区 丹徒区 丹阳市 扬中市 句容市
泰州市	海陵区 高港区 姜堰区 兴化市 靖江市 泰兴市
宿迁市	宿城区 宿豫区 沭阳县 泗阳县 泗洪县

江苏省基础地理信息中心编制

地图审查号：苏S（2021）004号　资料截至2021年3月

新疆维吾尔自治区行政区划图

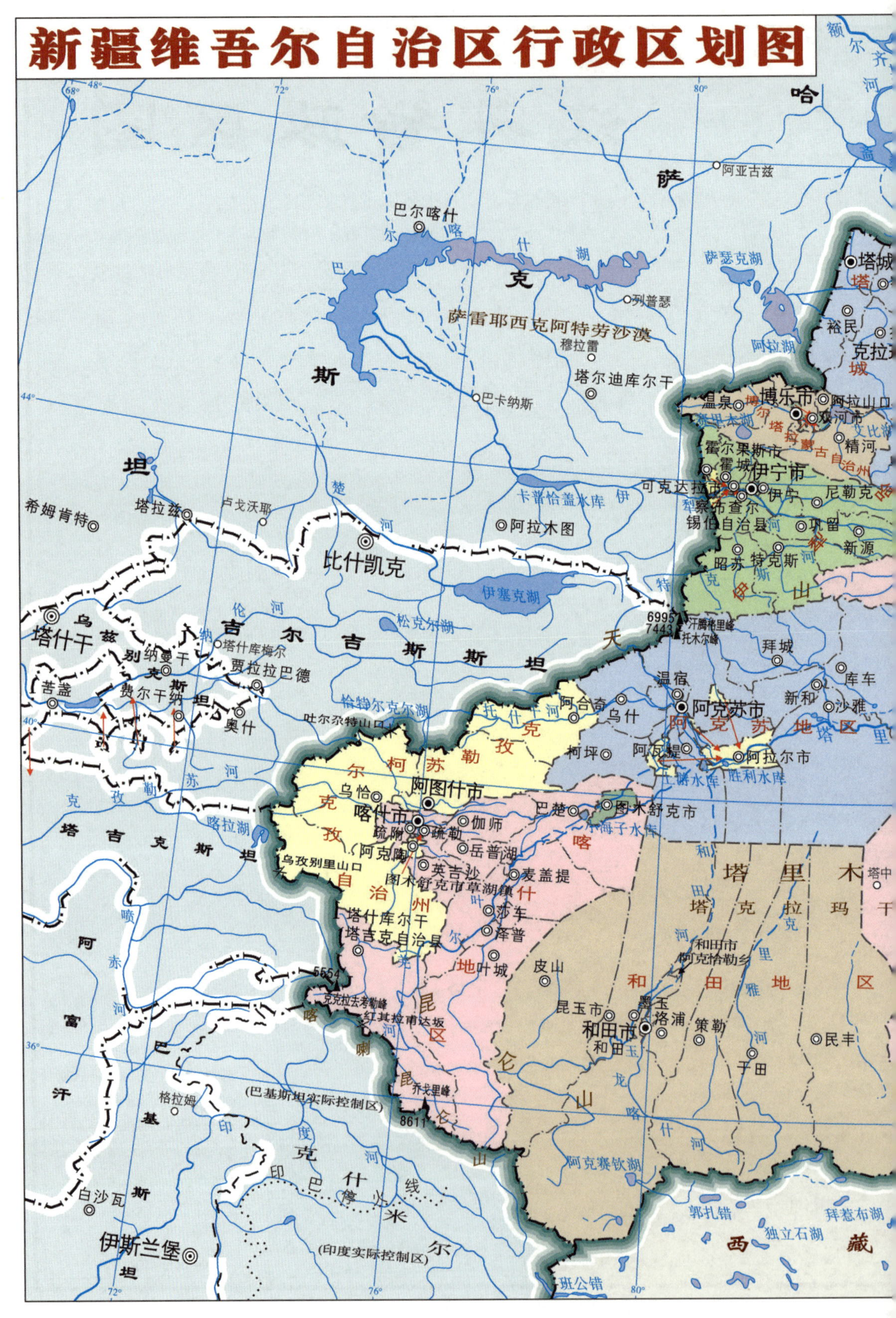

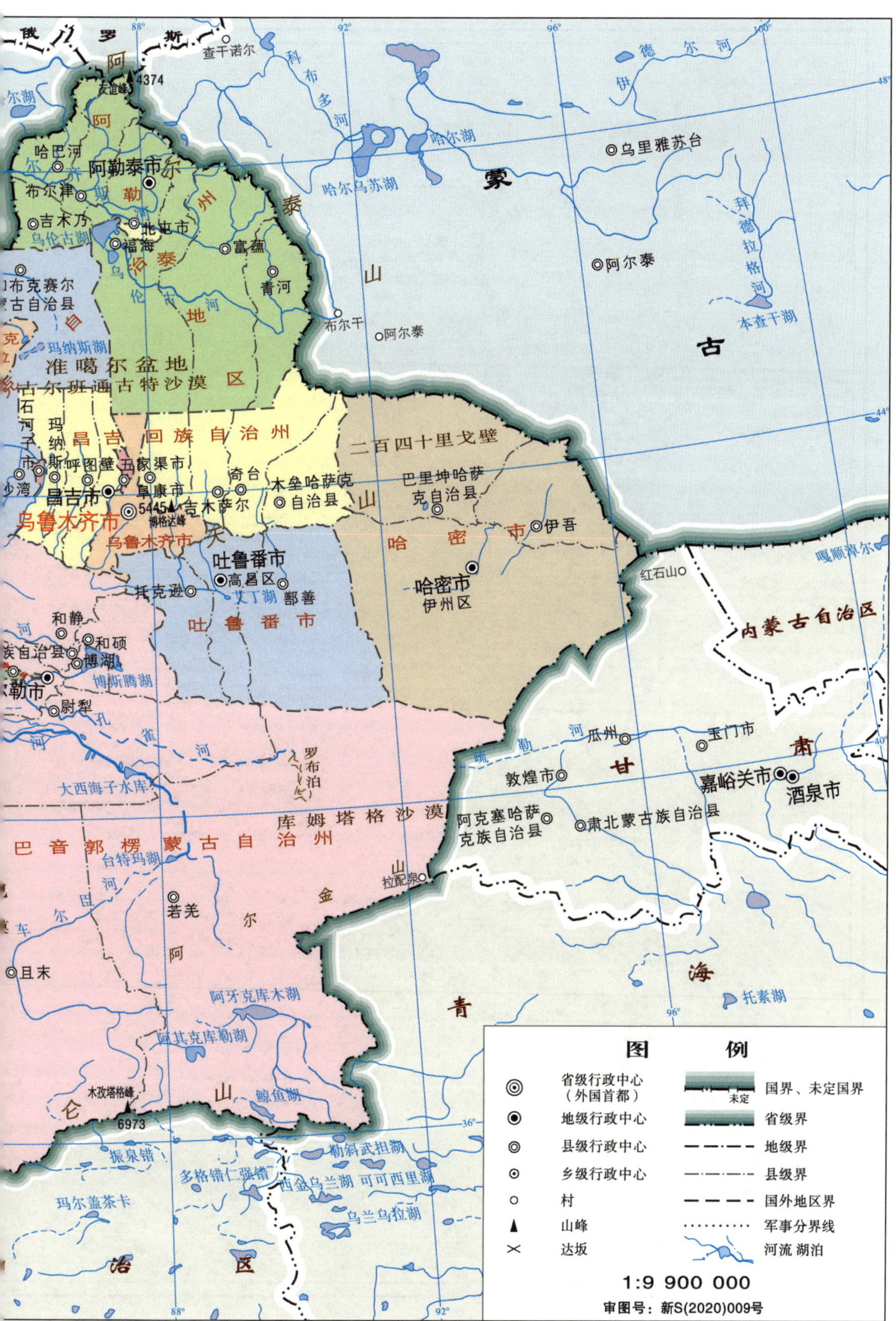

新疆维吾尔自治区第二测绘院编制

审图号：新S（2021）200号

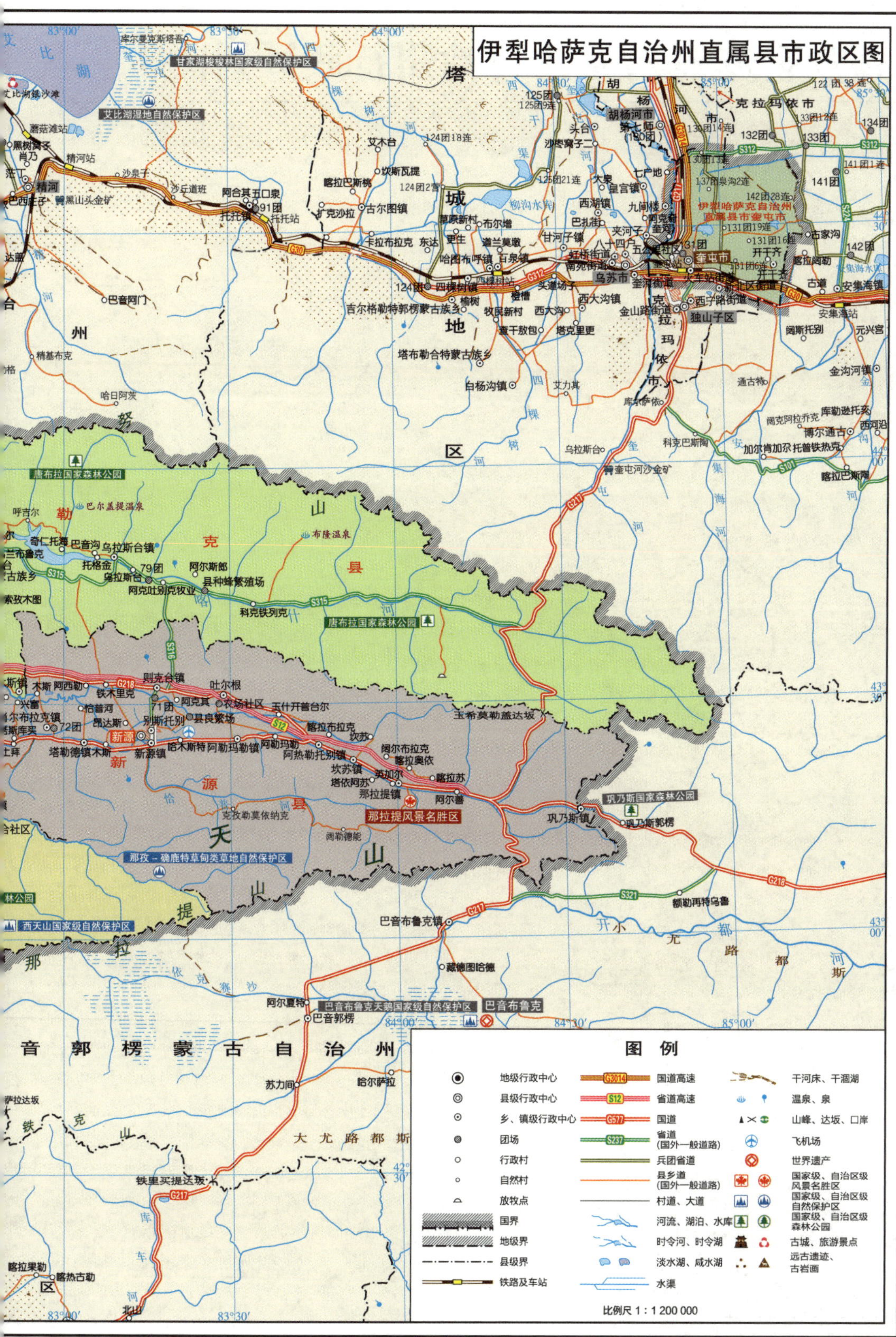

新疆维吾尔自治区第二测绘院编制

克孜勒苏柯尔克孜自治州行政区划图
纳伦
吉尔吉斯斯坦
贾拉拉巴德
乌支根
奥什
乌兹别克斯坦
恰特尔克尔湖
图兹别里山口
吐尔尕特山口
苏约克山口
托云乡
库瓦特村
苏约克村
铁列克乡
巴音库鲁提村
哈拉铁克村
巴音库鲁提镇
乌恰县
康苏镇
黑孜苇乡
吾合沙鲁乡
乌鲁克恰提乡
吉根乡
斯木哈纳村
萨哈勒村
喀喇别里山口
克孜勒库鲁克村
琼铁热克村
萨热克巴依村
伊尔克什坦口岸
克孜勒苏村
膘尔托阔依村
阿依尕尔特村
膘尔托阔依乡
阿合奇村
乔尔波村
依买克村
阿克土麻扎
阿图什市
喀什市
疏附县
疏勒县
乌帕尔镇
布拉克苏乡
阿克陶县
塔什米里克乡
奥依塔克镇
奥依塔克冰川公园景区
托喀依村
恰克尔艾格勒村
白沙湖
盖孜村
汗铁热克村
布伦口乡
公格尔九别峰 7530
7649 公格尔山
喀拉库勒湖
苏巴什村
慕士塔格峰
7509 慕士塔格山
乌鲁克热瓦提达坂
卡拉苏口岸
科克亚尔柯尔克孜族乡
塔合曼乡
塔什库尔干塔吉克自治县
坎尔洋村
班迪尔乡
瓦恰乡
喀什地区
克孜勒陶镇
艾杰克村
喀拉塔什村
塔木喀拉村
江布拉克村
托依鲁布隆村
吉郎德村
麻扎窝孜村
巴勒达灵窝孜村
库科西鲁克乡
阿勒玛勒克村
大同乡
阿赖山
喀拉湖
塔吉克斯坦
萨雷塔什
布拉克村
木吉乡
琼让村
昆提别斯村
乌孜别里山口
萨雷阔勒岭
郎库里
穆尔加布河
卡拉苏河
帕米尔高原
阿尔楚尔
拜什布拉克
新迪
G3013
G314
G315
审图号：新S(2022)012号

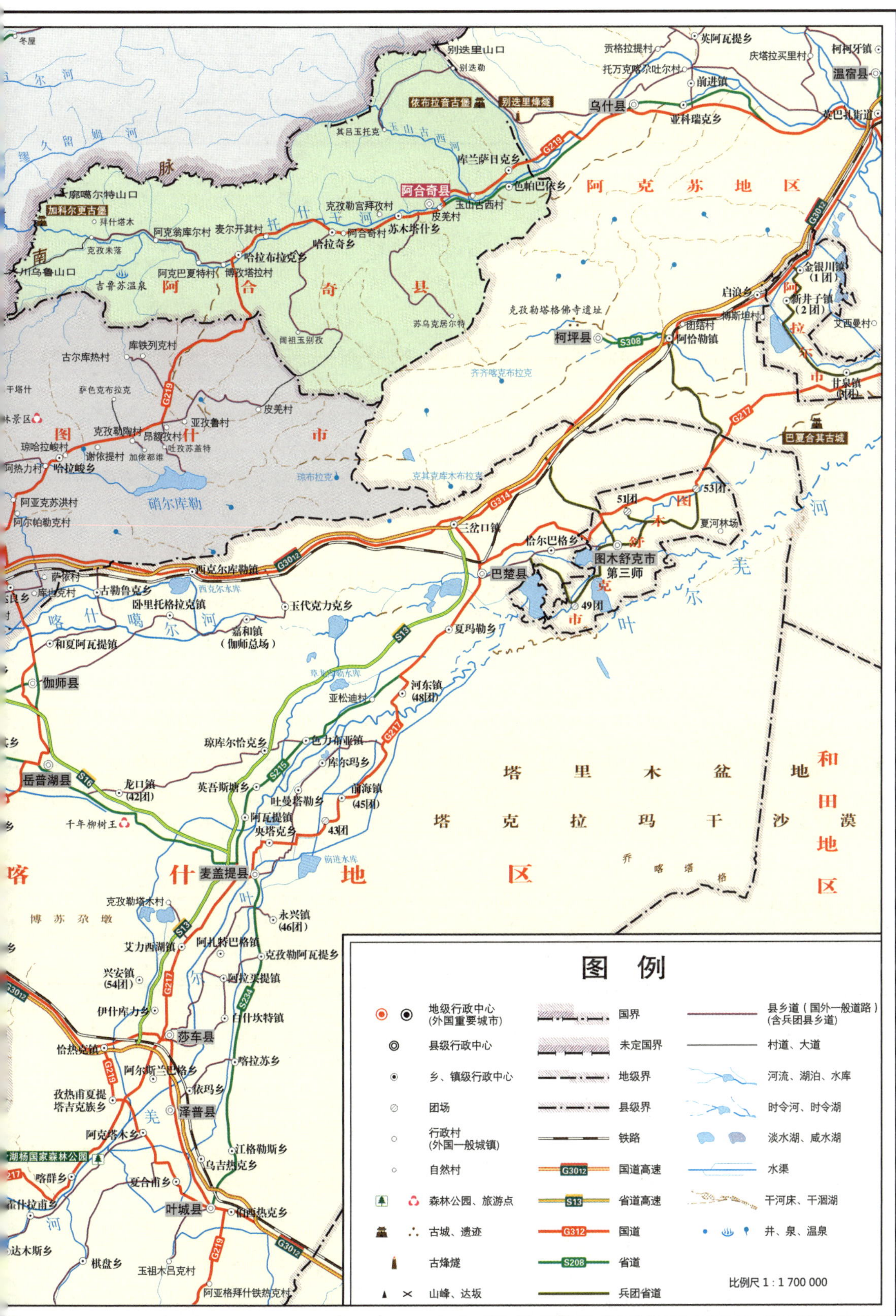

新疆维吾尔自治区第二测绘院编制

总　目

目　录

（上）

五彩大地（袁江仁／摄）

综　述

1997年开始，江苏根据中央部署，建立对口支援新疆伊犁州工作机制，把对口援疆工作作为重要政治任务，积极开展干部援助、项目援助、智力援助、经济合作等，为加快受援地经济社会发展发挥了重要作用。2010年新一轮对口援疆工作开始后，江苏援疆范围扩展为伊犁州直属所有10个县（市）、克州3个县（市）、兵团2个师和1个口岸。江苏高起点高标准实施援疆工作，加强组织协调，加大工作力度，积极参与谋划受援地经济建设和社会发展，统筹资金项目援助和智力援助，推动援疆工作取得显著成绩、走在全国前列，促进受援地社会稳定和长治久安，民生显著改善。

新疆古称“西域”，意为中国的西部疆域，自古以来就是中国领土不可分割的一部分。公元前60年，西汉中央政府在乌垒城（今轮台县内）设立西域都护府，自此，西域（新疆）正式纳入中央政府管辖。1884年，清政府在新疆设省，并取“故土新归”之意，正式定名为“新疆”。中华人民共和国成立后，1954年，组建新疆军区生产建设兵团。1955年，新疆维吾尔自治区成立。新疆是古丝绸之路的重要通道，是全国陆地面积最大和对外开放口岸最多的省级行政区，是中国西北的重要战略屏障。

伊犁州宣传片

克州宣传片

伊犁州，北接阿尔泰山脉，南至天山山脉，州境西北面与哈萨克斯坦交界，东北面与俄罗斯、蒙古国接壤，边境线长2174.7千米（其中中哈边境线长1395千米）。该州是全国唯一的既辖地级行政区、又辖县级行政区的自治州，辖区包括塔城地区、阿勒泰地区和伊犁州州直地区，州直地区包括伊宁市、霍尔果斯市、伊宁县、霍城县、巩留县、新源县、昭苏县、特克斯县、尼勒克县、察布查尔锡伯自治县（简称察布查尔县）及位于准噶尔盆地的“飞地”奎屯市。州府为伊宁市。2020年，伊犁州州直区域（不含塔城、阿勒泰地区）面积5.65万平方千米，总人口460余万人。驻有兵团第四、七师。沿边有霍尔果斯、都拉塔2个国家一类口岸。该州是新疆细毛羊、伊犁马、新疆褐牛、中国美利奴羊主要培育和生产基地。

克州，位于新疆西南部，地跨天山山脉西南部、帕米尔高原东部、昆仑山北坡和塔里木盆地西北缘，州境北部和西部分别与吉尔吉斯斯坦和塔吉克斯坦两国接壤，边境线长1133.7千米。辖阿图什市、阿克陶县、乌恰县、阿合奇县。州府为阿图什市。2020年，全州总面积7.25万平方千米，总人口62余万人，其中柯尔克孜族占26%以上。沿边有吐尔尕特、伊尔克什坦2个国家一类口岸。境内山地占全州面积90%以上，有“万山

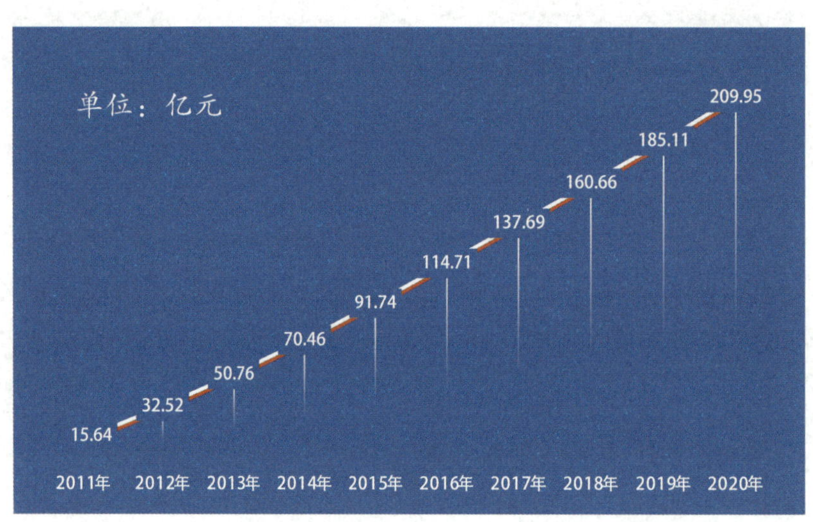

2011～2020年江苏省累计投入援疆资金示意图

江苏援疆20年交出暖心答卷

之州”之称，谷地、盆地遍布山间，矿产资源丰富。该州光照充足，干旱少雨，是著名的瓜果之乡。柯尔克孜族的英雄史诗《玛纳斯》是中国少数民族三大史诗之一。

江苏援疆始于20世纪50年代，通过动员青壮年和干部人才前往新疆、开展经济协作等形式，支援新疆社会主义建设。1997年，中共中央政治局常委会会议决定开展对口支援新疆工作。江苏作为第一批8个援疆省市之一，从1997年开始负责对口支援伊犁州及直属10个县（市）。其中，第一至第三批援疆队伍还曾援助过伊犁州所辖伊犁、阿勒泰、塔城地区和奎屯市。2010年，全国对口支援新疆工作会议和中央新疆工作座谈会先后召开，部署开展新一轮对口援疆工作，江苏增加援助克州3个县（市），也是全国唯一一个设有两个前方指挥部的省份。江苏坚决贯彻中央决策部署，全力做好对口支援工作，持续提升受援地内生动力和发展后劲。1997年至2019年，江苏先后选派10批共2540余人次干部人才到新疆援建，累计提供援助资金200多亿元，实施援建项目3000余个。江苏援疆工作得到中央高度评价和受援地干部群众广泛赞誉。对口支援23年，在苏新两地共同努力下，受援地经济社会发展明显加快，各族群众生活大幅改善，城乡面貌焕然一新，公共服务水平显著提高，基层组织建设不断加强，脱贫攻坚战如期完成。江苏援疆取得辉煌成就，绘就了一幅各族群众团结一家亲、苏新两地携手共繁荣的壮美画卷。

一

1959～1997年，是江苏开展援疆工作的初期阶段。1955年，新疆维吾尔自治区成立，百废待兴，亟需加快建设步伐。1958年，中央作出动员青年前往边疆和少数民族地区参加社会主义建设的决定，要求江苏等4省动员青壮年支援新疆建设。1979年，中央召开全国边防工作会议，首次提出对口支援政策，明确江苏支援广西、新疆。1987年，中央批转中共中央统战部、国家民族宗教事务委员会《关于民族工作几个重要问题的报告》，要求发达地区持续做好对少数民族地区的支援工作。江苏认真贯彻各个时期中央关于援疆工作的方针政策。1959年，江苏省委办公厅印发《关于动员青壮年前往新疆参加社会主义建设的决定》，号召省内青壮年投身新疆建设。1979年，在省计划委员会设立办事机构，具体负责支援广西、新疆工作。1983年，省对口支援办公室成立（系省经济协作委员会下属机构），推动对口支援、经济协作工作。20世纪80年代，建立江苏新疆两省区领导互访会商机制。从动员青壮年进疆参加建设，到开展两省区经济协作，江苏为推动新疆经济社会发展发挥了积极作用。

动员大批人员进疆。1959年，为响应中央号召，江苏动员61106名青壮年及3309名家属进疆。1960年，又动员60239名青壮年及12708名家属进疆。1965年，南京市动员4000名知识青年支援新疆建设。其中，1963年毕业于扬州医学专科学校的扬州青年吴登云被派到乌恰县工作，以赤诚之心服务当地各族群众，为医疗扶贫事业奉献一生，被当地群众称为帕米尔高原的“白衣圣人”，2009年入选“100位新中国成立以来感动中国人物”，2019年被评为“新中国成立70周年最美奋斗者”。泰县泰西乡（今属泰州市海陵区）女青年孙龙珍，1959年赴新疆支边，1969年为保卫边疆英勇牺牲，被兵团追认为中国共产党党员，被自治区革命委员会授予“革命烈士”称号。江苏援疆人员中既有农村青壮年，也有城市知识青年。他们吃苦耐劳，垦荒种地，艰苦创业，为新疆建设发展贡献力量。

派遣建筑队伍援疆。1979年全国边防工作会议后，江苏派遣南通、徐州等地建筑队伍支援新疆。至1998年，共派出施工人员43.5万人次，累计完成施工面积2200万平方米。在新疆边防线上，江苏建筑队伍克服重重困难，为边防战士守土戍边建设坚固堡垒。在乌鲁木齐、伊犁、克拉玛依等地，陆续完成一批高、大、难、新的城市建筑和重点项目。其中，1984年由南通市建设竣工的克拉玛依市准噶尔商场作为城市地标，获新疆维吾尔自治区优质工程“金杯奖”。

实施专业人才培养。20世纪50～80年代，为帮助新疆发展纺织工业，江苏派出许多技术人员和熟练女工到新疆传授纺织技术，同时接收新疆群众到江苏学习纺织专业知识。1952年起，苏州丝绸工学院举办多期培训班，为西北最大丝绸企业之一的和田丝绸厂培训大量少数民族技术人员。1980年开始，南京大学、南京师范大学、河海大学等院校开办少数民族学生班，每年定向招收新疆少数民族学生，持续为新疆培养专业人才。1984～1985年，协助新疆选派年轻党政干部到江苏挂职学习，加强两地党政干部业务交流。

拓展经济技术协作。20世纪80年代初，江苏与新疆建立经济协作关系，帮助当地发展工业，提高技术水平。南通市提供技术设备，支援巴音郭楞蒙古自治州开办棉纺厂和毛纺厂；泰州市第二布厂与乌鲁木齐市七一织布厂开展白坯布提花织物技术合作；泰州市潜水泵厂与兵团第六师五家渠制泵厂开展水泵叶轮、涂漆防锈等工艺技术合作；靖江县葡萄糖厂帮助石河子市食品厂改进葡萄糖生产工艺等。1985～1996年，江苏主要通过开发双方优势互补联营项目、建立双方商品流通渠道，支援新疆经济社会发展。盐城市无线电总厂与吐鲁番市无线电厂在新疆联营生产“燕舞”牌收录机，提高产品市场占有率；宜兴县陶瓷公司帮助巴音郭楞蒙古自治州陶瓷厂建造112米隧道窑，大幅提升当地陶瓷制品产能；扬州玉器厂以技术、资金与和田玉雕厂合作生产玉器，产品畅销国际市场；江苏省丝绸总公司与和田地区共同制定实施和田丝绸工业发展长期规划，不断提升当地丝绸产量和质量，推动和田成为新疆丝绸生产基地；南京、南通等市向乌鲁木齐、库尔勒等地提供生活消费品；无锡市与石河子市商业部门互为对方开办商品经销、代销业务。

二

1997～2010年，是江苏建立稳定对口援疆机制，深入开展对口援疆工作阶段。1996年3月，中共中央政治局常委会会议专题研究新疆稳定工作，并印发《中央政治局常委会关于维护新疆稳定的会议纪要》，拉开全国大规模对口援疆的序幕。江苏坚决贯彻中央决策部署，把对口援疆工作作为重大政治责任和历史使命，提出“江苏援疆工作要走在全国前列”的总体目标，针对受援地区位、资源禀赋，发挥江苏人才、资金、技术、管理优势，积极开展干部援助、项目援助、智力援助、经济合作等，有力促进受援地经济发展和社会稳定。

抓好援疆组织协调。中央确定江苏对口支援伊犁州后，省委、省政府把援疆工作摆上重要议事日程，定期研究部署，抓好组织协调，推动对口援疆工作有序开展。1997年，省政府召开全省对口支援工作会议，要求加强与新疆的经济技术协作，不断拓宽合作领域，提高合作质量。之后，每年至少召开一次全省对口支援工作会议或对口援疆专题会议，明确目标任务，提出工作要求，保证对口援疆工作持续推进。1998年后，通过领导互访、签署合作协议、举行座谈会等，加强沟通协调，提升对口支援成效。2004年，江苏与伊犁建立稳定的领导联系机制和对口协作机制。2007年，根据中央要求，江苏安排无锡市对口支援阿合奇县，两地签署《无锡市对口帮扶阿合奇县框架协议》，实施涵盖经济发展、社会稳定、民生改善等方面的“三年十项行动计划”。

做好干部援疆工作。1997年，江苏派遣首批32名对口援疆干部人才前往伊犁州任职，正式启动干部人才援疆工作。省委组织部、省人事厅按照“突出重点、对口支援、按需选派、定期轮换”的原则，实行干部人才3年轮换工作机制，抓好干部人才遴选、培训、教育、管理等环节，稳步推进干部人才援疆工作。至2010年，江苏省共向伊犁州派出6批306人次援疆干部人才，江苏援疆干部人才由第一批的32人增加到第六批的73人，伊犁受援州直部门、单位由第一批的4个增加到第六批的22个，受援县（市）由第一批的2个增加到第六批的10个，实现援疆干部和援疆工作全覆盖。各批援疆干部人才在艰苦复杂的环境中，发扬“兵团精神”，吃苦耐劳，开拓进取，用开放的思想理念、先进的管理经验和精湛的专业技术，为受援地发展注入新的生机活力。

促进援建项目建设。1997年起，江苏援疆工作以派遣干部帮助工作为主，并配以少量资金。2003年，江苏省党政代表团与伊犁州签订对口支援项目协议，投入援助资金5800万元，援建伊宁市江苏路、汉家公主纪念馆及霍城县江苏中学、江苏医院等5个项目，标志江苏援疆工作进入干部援助与项目援助相结合的新阶段。此后，江苏援建项目和资金数量不断增加，省财政援助资金由第四批的6800万元增加到第六批的9500万元。援疆干部积极参与援建项目的建设管理。第五批援疆干部制定《伊犁州江苏援建项目管理实施办法》，坚持高起点规划、高水平设计、高标准建设、高效能管理，全面提升援建项目工程品质，体现“高、精、亮、新”等特点。至2010年，江苏累计提供援助资金6.4亿元，援建397个事关伊犁州长远发展的基础设施和社会事业项目。伊犁州妇女儿童活动中心、社会福利综合服务大楼、残疾人综合服务中心及霍城县委党校、人民会堂、新闻传媒中心、江苏大道等一大批重点项目陆续建成，成为伊犁州样板工程。

推动双方经济合作。2000年，江苏省党政代表团赴新疆考察，举行两省区工作座谈会，签订合作项目41个，协议资金23.7亿元，有力推动两省区经济合作。按照“主动支持、密切配合、优势互补、共同发展”的原则，鼓励技术和资金雄厚的江苏企业参与新疆建设，推动两地企业联合协作、优化重组，促进受援地经济结构调整和产业转型升级。先后推动徐州矿务集团、江苏雨润集团、南京老山药业股份有限公司、江苏澳洋科技集团在新疆投资设厂。江苏还通过宣传伊犁商机、组织经贸洽谈活动等方式，帮助伊犁招商引资。至2010年，共帮助伊犁州签订招商引资协议481份，到位资金46.5亿元。

开展智力援疆活动。江苏充分发挥自身优势，主要通过干部人才选派、结对帮扶、交流培训等形式，持续对伊犁州开展智力援助。至2010年，江苏省共向伊犁州派出6批306人次援疆干部人才，共培训伊犁州各级各类人才5.3万人次，接收干部到江苏挂职培训4755人次，帮助培养高素质干部人才队伍。医疗卫生方面，江苏共派出122名医疗卫生人员支援伊犁州，共接诊10万人次，开展各类手术1.2万余例，抢救危重患者6000余人次，实施新技术、新项目320项，新建临床科室11个。教育方面，除选派少量教师援教外，重点在江苏新疆高中班、志愿支教、定向招生、交流培训等方面支持受援地发展。2000年，南京大学首开全国重点大学研究生志愿援疆先河。2001年，南京师范大学等10所江苏高校面向伊犁州及新疆制定的招生计划超200人。至2010年，在江苏9所高中设立新疆高中班。通过江苏智力援助，有力推动伊犁各类干部人才队伍解放思想，提高工作能力和整体素质。

推进两地交往交流。援疆工作开展以来，苏伊两地高层交流不断，各层面互访频繁，双方缔结友好工作扎实开展。至2010年，苏伊双方组团互访达2324批23373人次，缔结各类友好单位601个。江苏省、市、县多家新闻媒体联合组织“记者西部行”，专程全方位采访报道伊犁，在江苏多家媒体连续播发专题节目。双方的交流合作架起苏伊两地沟通、合作的桥梁，推动对口支援工作的深化和拓展。

引领援疆试点工作。2002年开始，霍城县被中共中央组织部确定为援疆试点县，县委书记、县政府班子成员和县财政局等重要部门负责人均由江苏援疆干部担任。江苏援霍干部团队坚持“资金提前安排、项目提前实施、群众提前受益”的理念，大力实施安居富民、教育医疗、人才培养等民生工程，促进霍城县城乡面貌发生新变化，各项工作均走在伊犁州及自治区5个试点县前列。2008年，伊犁州党委、政府作出《关于开展向霍城援疆试点县学习活动的决定》。

三

2010～2020年，是江苏扩大对口支援范围，推动援疆工作进入全面发展、融合发展、可持续发展的阶段。2010年，全国对口支援新疆工作会议和中央新疆工作座谈会先后召开，部署开展新一轮对口援疆工作，明确江苏对口支援新疆伊犁州直属所有10个县（市）、克州3个县（市）、兵团2个师和霍尔果斯经济开发区，支援县（市）数量和人口居全国首位；支援资金基数为江苏2009年财政预算收入的0.5%，并按财政收入年增长比率逐年增加。在援疆资金大幅增长、援疆范围显著扩展的基础上，江苏援疆工作突出“三大转变”：从过去注重“输血”，向“输血”与“造血”并重，更加注重“造血”转变；从过去注重硬件，向硬件与软件并重，更加突出软件转变；从过去注重当前，向当前与长远并重，更加重视长远发展转变。2014年，中央第二次新疆工作座谈会要求围绕新疆社会稳定和长治久安总目标，加快发展经济、改善民生，加强民族团结、交融共建，推动新疆又好又快发展。江苏根据中央新时期治疆方略和新一轮援疆工作部署，按照“真情援疆、科学援疆、持续援疆”工作方针，坚持以科学规划为引导，以改善民生为重点，以项目援建为抓手，以干部援助为关键，实行干部援助与项目援助相结合，经济援助与智力援助相结合，政府主导与企业参与、社会支持相结合，高起点、高标准落实新一轮对口支援任务，为促进受援地长足发展、长治久安作出重要贡献。

加强援疆组织领导。2010年新一轮援疆工作开始后，省委、省政府成立领导协调小组，由省委、省政府主要领导担任第一组长、组长，并根据对口支援工作实际，不断充实调整小组成员，加强对援疆工作的组织领导。2010年，省委办公厅、省政府办公厅印发《江苏省对口支援新疆工作方案》，明确南京等12个设区市和昆山等 5个经济实力强的县（市、区）对口支援伊犁州直属10个县（市）、克州3个县（市）、兵团2个师和霍尔果斯经济开发区。同年，省委、省政府成立省对口支援新疆伊犁哈萨克自治州前方指挥部、省对口支援新疆克孜勒苏柯尔克孜自治州前方指挥部，成为全国19个对口支援省（市）中唯一设有2个前方指挥部的省份。各对口支援市、县（市、区）相应成立前方工作组，形成统一领导、各负其责、自上而下、前后衔接的全省援疆工作组织体系。

聚焦民生援建工作。江苏始终把保障和改善民生作为援疆工作的出发点和落脚点，帮助解决当地老百姓最关心、最直接、最现实的问题，努力使各族群众从对口援助中得到实实在在的好处。聚焦民生项目建设，集中主要力量和资金，大力推进安居富民工程、定居兴牧工程，水、电、气、路等基础设施和医院、学校、福利院等公共服务设施建设，让各族群众切身感受到江苏援疆工作带来的居住条件新改善、生活环境新变化、公共服务新提升的成果。2010年起，江苏援建的霍城县安居富民工程、伊宁县安居富民工程、七师保障房、四师保障房、阿图什市安居富民工程等项目，资金投入大，持续时间长，受益群众多，取得良好效果；昭苏县泰州大道、阿图什市帕米尔大桥、乌恰县自来水厂等基础设施相继竣工，当地群众生产生活更加便利；霍尔果斯市乡村幼儿园、霍城县江阴小学、尼勒克武进实验学校、昭苏县泰州高级中学、兵团四师可克达拉市镇江高级中学、阿图什市昆山育才学校等建成使用，大幅改善当地办学条件；伊宁市金陵维吾尔医医院、特克斯县江宁人民医院、伊宁县人民医院、兵团四师可克达拉人民医院、克州人民医院东院等一批项目陆续竣工，缓解当地“看病难”问题。聚焦就业增收，组织城镇待业人员和农村富余劳动力进行职业培训，鼓励江苏企业为受援地群众提供工作岗位，多管齐下促进就业。“十三五”时期，江苏把支持受援地脱贫攻坚摆在更加突出的位置，把援疆资金、项目最大程度地向最困难地区和群体倾斜。在伊犁州，制定脱贫攻坚扶贫专项行动方案，开展“万人帮万户，共同奔小康”等活动；在克州，实施“精准帮扶贫困户、扩大销售农产品、科技助农增产能”三大行动等，全力以赴帮助受援地脱贫攻坚奔小康。

加大产业援建力度。按照“因地制宜、优势互补、互利共赢”原则，江苏积极推进与新疆受援地的产业合作。通过项目援建、技术指导，帮助受援地建设农牧业示范园，大力发展有机农业、设施农业、特色林果业、现代畜牧业，不断提高农牧业产出水平。援建霍城县清水河江苏工业园（北区）、伊宁县城南中小企业产业园、兵团七师五五工业园区、阿图什市昆山产业园、乌恰县常州工业园区等园区基础设施及配套设施，提高园区承载力，推动受援地工业发展。投入资金，科学规划，加大受援地文旅资源开发，打造新源县那拉提镇“哈萨克第一村”、昭苏县天马文化产业园、阿图什市克州三千年风情街等特色项目。2015年起，江苏连续组织开展“十万江苏人游伊犁”活动，开发当地旅游资源，繁荣伊犁旅游经济。抓住“丝绸之路”经济带建设的发展机遇，帮助受援地招商引资，支持受援地做大做强特色优势产业，加快产业提档升级。“十二五”期间，江苏建设和招引的产业项目超过100个，总投资突破300亿元，创造就业岗位2万余个。

拓展人才智力帮扶。新一轮援疆工作开始后，江苏加大干部人才选派规模，累计2100余人次，以干部人才培训、教育、医疗、科技等为帮扶重点，不断拓展帮扶领域，为受援地跨越发展增添内生动力。在选派干部人才的同时，通过柔性人才引进、志愿者派遣、结对帮扶等措施，加大人才援助力度。加强受援地干部人才培养，制定干部人才发展规划，系统培训党政干部，稳步实施基层干部到江苏轮训；加快培养教育、医疗、科技、经济、公共服务等领域专业技术人才队伍；广泛开展职业技能培训、转移就业培训，不断提高劳动者素质。“十二五”期间，江苏实施干部人才培训援疆项目500个，培训干部人才30万人次。推进教育援助，选派540余人次教师到受援地进行支教，实施名校、名师、名科创建计划，打造江苏支教品牌，办好江苏新疆班，扩大省属高校对新疆的对口招生和定向培养范围，大幅提升受援地教育水平。推动医疗卫生援助，选派医疗卫生人员700余人次，在人才、技术、资源等方面加大支援力度，援助范围实现医疗、疾控、妇幼保健、卫生监督、卫校、血站全覆盖；实施“组团式”医疗援疆，帮助受援地提高医疗卫生管理水平，打造一批重点专科，推出一批科研成果。

深化交往交流交融。推进两地多渠道多层次交流合作，推动双方干部群众多领域多形式走访互动，以交往交流促交心交融，各民族亲如一家的氛围日益浓厚。江苏省与受援地党政代表团定期互访，推动援疆工作交流。深入开展民族团结教育，组织“手拉手、心连心”活动，举办“江苏新疆少年手拉手”夏令营，增进各民族学生情谊，使学校成为民族团结的坚强阵地。不断拓展两地经贸、文体、旅游等交流活动，通过结对共建、考察学习、参观旅游等方式，促进双方人员交往互动、加深了解。在推进民族团结融合中，江苏探索出不少行之有效的做法。江苏援伊指挥部组织援伊干部人才参加“民族团结一家亲”活动，与1300余名少数民族群众结对子、认亲戚、交朋友，真心实意为群众办实事、做好事、解难事，架起各族群众心灵融合的桥梁。江苏援克指挥部制定《苏克两地乡镇（村）结对帮扶试点工作方案》，启动苏南优强镇村与克州贫困乡村结对帮扶，并逐步推广到全州，实现所有乡村全覆盖。

四

中央的战略部署是做好援疆工作的政治保障和根本遵循。江苏坚定贯彻中央决策部署，紧密结合受援地实际，以强烈的政治担当、深厚的民族感情、科学的工作方法，有力有序推动援疆工作，不断拓展援疆领域，提升援疆工作成效。受援地党委、政府高度重视援疆工作，积极做好需求对接、协调服务、组织管理等工作，对援疆干部人才做到政治上信任、工作上支持、生活上关心，为援疆干部发挥潜能提供广阔的空间和舞台。江苏与新疆团结协作、并肩奋进，形成援疆工作最大合力，在全国对口支援新疆发展的伟大实践中，奏响江苏创新争优、全国领先的壮丽乐章。

提高政治站位，勇于奉献担当。江苏始终把做好对口援疆工作作为义不容辞的政治责任和使命担当，讲政治、顾大局，勇挑重担，坚持高起点部署、高标准推动、高效率落实的工作机制，用心用情用力做好援疆工作。江苏援疆干部人才始终牢记党的嘱托，忠诚援疆事业，以高度的责任感和使命感，讲政治守纪律、顾大局挑大梁、乐奉献善作为，不断书写责任担当和大爱无疆的无言壮歌。

强化高层推动，精心统筹谋划。历届省委、省政府全面贯彻中央不同阶段治疆方略，切实加强对援疆工作的组织领导，推动援疆工作持续深入开展。新一轮援疆工作开始后，多次召开省委常委会会议、省政府常务会议、全省对口支援工作会议，印发《关于进一步做好对口支援新疆工作的实施意见》等文件，部署推进对口支援工作，要求着眼国家利益、树立大局意识、饱含民族深情，以更大的支持力度、更高的工作标准，全面提升援疆工作成效。省委、省政府主要领导多次率党政代表团赴新疆对接工作，每年派出省级代表团赴受援地督促检查江苏援疆工作。扎实抓好援疆组织机构和干部队伍建设，建立完善高效运转的组织体系，充分发挥援疆干部人才的主力军作用。

坚持科学规划，创新工作模式。为增强援疆工作的科学性、系统性，精心组织编制《江苏省对口支援新疆伊犁州州直地区和新疆生产建设兵团农四师、农七师综合规划（2011～2015年）》《江苏省对口支援新疆克州综合规划（2011～2015年）》《江苏省“十三五”对口支援新疆伊犁州直地区和新疆生产建设兵团四师、七师经济社会发展规划》《江苏省“十三五”对口支援新疆克州经济社会发展规划》。在总体规划框架内，分项编制对口支援干部人才发展规划，受援地区城市总体规划、重点乡镇总体规划等，形成多层次、全方位、高起点的规划体系。这些规划的编制完成，不仅填补受援地区相关领域的规划空白，而且使援疆工作始终以科学规划为引领。为提高援疆工作成效，江苏从实际出发，创造性探索实践，形成“嵌入式”援疆、“小援疆”、“组团式”援疆、“银发援疆”、“柔性援疆”等富有成效的工作模式。助力受援地脱贫攻坚的“万人帮万户，共同奔小康”活动，促进干部群众交心交融的“民族团结一家亲”行动等，取得显著成效。

坚持民生优先，提升“造血”功能。江苏援疆坚持民生优先原则，将援助资金向基层倾斜、向保障和改善民生倾斜、向困难人口倾斜，多办受援地急需、当地群众急盼的实事。每年援助资金的80%以上用于受援地农牧民安居兴牧、扶贫脱困，以及基础教育、基本医疗等民生事业的改善和发展。“造血”是解决受援地长远发展问题的根本之策。在产业合作中，江苏立足受援地现实基础和发展条件，积极搭建双方企业交流合作平台，通过投入资金、技术、管理等生产要素，推动受援地产业开发和转型升级，不仅涉及农产品加工、纺织、化工、机械等传统产业，也包括太阳能光伏、风电装备制造、生物制药等新兴产业和金融、物流、旅游等现代服务业，填补部分地区产业空白，促进受援地内生动力和发展活力明显增强。同时，高度重视对受援地的智力帮扶，以教育援助、医疗援助和人才培养为重点，充分发挥专家团队作用，扎实推进培训基地建设，广泛开展形式多样的“传帮带”活动，把先进的理念、技术、经验注入对口支援各个方面，帮助培养一大批懂技术、会管理、带不走的人才队伍，为受援地可持续发展提供智力支撑。

重视建章立制，推动“廉洁援疆”。江苏在援疆伊始，便高度重视在政治纪律、廉洁纪律、工作纪律等方面建章立制，着力构建以制度管权管人管事的长效机制，规范推动各项援疆工作。针对对口援疆项目多、资金量大且涉及面广的特点，江苏在各援疆省（市）中率先编制援疆廉政风险防控手册，率先开发援疆项目资金电子监察系统，把执行监督检查制度与应用现代科技手段结合起来，构筑“廉洁援疆”防火墙。制定《江苏省对口支援新疆监督检查工作方案》《江苏省对口支援新疆项目管理办法》《江苏省对口支援新疆建设资金管理暂行办法》等规章，把监督检查贯穿于援疆工作全过程，实现项目建设和资金管理高效、安全、廉洁运行，建立3个援疆项目资金在线电子监察系统，确保用好每一分资金，建好每一个项目。“廉洁援疆”做法受到中共中央纪委高度评价。

江苏对口援疆的实践充分证明，中央对口援疆方针是符合中国国情、贴近新疆实际、体现各族群众根本利益的。2020年9月，中央召开第三次新疆工作座谈会，要求努力建设团结和谐、繁荣富裕、文明进步、安居乐业、生态良好的新时代中国特色社会主义新疆。时代在召唤，援疆在继续，新时代党的治疆方略为江苏深入持久做好援疆工作提供了根本遵循。江苏将更加深刻认识新疆工作在党和国家工作全局中的重要战略地位，坚定扛起对口援疆的重大政治责任，着眼于巩固各民族大团结、助推受援地高质量高效率可持续发展，谋划实施好对口援疆工作，把“新疆所需”和“江苏所能”更好地结合起来，锐意进取，善作善成，踔厉奋发，不断增强受援地发展动力，为推动新疆社会稳定和长治久安而不懈奋斗。

新源白沟（杨晓千／摄）

大事记

1959年

2月9日　江苏省委办公厅印发《关于动员青壮年前往新疆参加社会主义建设的决定》,决定在5年内动员60万名青年前往新疆参加社会主义建设。当年,动员61106名青壮年及3309名家属进疆,参加新疆建设。

1964年

是年　扬州专区选派231名干部到新疆等地工作。

1965年

是年　南京动员4000名知识青年进疆,支援新疆建设。

1969年

6月10日　泰县泰西乡(今属泰州市海陵区)支边女青年孙龙珍为保卫边疆英勇牺牲。新疆军区生产建设兵团召开万人追悼大会,并在其牺牲地点举行安葬仪式,立碑纪念。兵团党委发出《关于在全兵团开展向孙龙珍同志学习活动的决定》,追认她为中国共产党党员。自治区革命委员会授予她"革命烈士"称号,并发出《关于开展向孙龙珍同志学习活动的决定》。

孙龙珍(后排左四)与其所在的工二师十二团牧一队一连二班全体战友合影(1965年摄)

【链接】江苏人，激情燃烧在大漠深处

半个世纪前，全国逾30万人支援新疆，其中江苏支边者就有13万人之多。半个世纪过去了，西行的江苏人，在那里落地生根，他们的后代，也如北方戈壁上沁人心脾的沙枣花，绽放青春。“额尔齐斯”意为“源远流长”，而江苏与新疆的情谊也正如此。

69岁的泰州人蔡其生：
支边五十载，“此生许塞外”

5月17日晚7点半，中国最西北边陲：新疆北屯。太阳还没落山，晃悠悠照着路面。69岁的蔡其生，从文明路4号的家里走出，将记者一送再送。“回吧！”，再送送；“回吧！”，再送送；最终要告别，那一刻，记者读出他眼里的不舍。不舍是自然的，老人把来自江苏的记者当作家乡人。“离开故乡到北屯，52年了！”

1959年8月，响应祖国的召唤，17岁的蔡其生离开故乡江苏泰兴，和400多名年轻人一起，搭了七天的闷罐火车，又坐了七天四处漏风的汽车，终于来到祖国的西北边陲——新疆生产建设兵团农十师。

虽然胸怀豪情万丈，但眼前的情形还是让当年的小蔡大吃一惊：“开始到北屯，让我们下车，我们都不相信，条件太差了，真是不毛之地。没想到，又走了20多里才到我们183团驻地，一看，心更凉了，还不如前面呢，连土房子都没有！”

没有土房子，他们只能住“地窝子”：用手中的铁锹、铁镐在地上刨挖出一个个坑，上面再盖层苇席，这就成了房子。“每个人连五十厘米都不到。”如今，这样的“文物”只能在兵团博物馆一睹原貌。

更严峻的考验还在后面。北屯的极致气温低至零下40℃，因为没有锅烧热水，蔡其生愣是半年没洗脸，一件背心直到穿坏，也没洗过。那一年的11月27日，他的手严重冻伤，“大拇指指甲盖，一碰就掉了”。

与环境的恶劣相比，更难熬的是思乡之痛。当组织上将其调到团部工作后，他却三番五次要求回到183团。“团部条件好，这可是打着灯笼难找的工作啊！”可别人不知道他的心思：183团还有一起来的江苏人，而这里一个也没有。

1962年“五一”劳动节，他与同车来疆的家乡姑娘在183团结了婚。从此，两个江苏人，“一手拿枪、一手拿镐”，扎根兵团，戍边屯垦。后来，他又来到了最边境的186团，这里与哈萨克斯坦毗邻，他的办公室和边境铁丝网仅隔20多米。1997年，蔡其生调到位于北屯的186团纸箱厂工作，直至退休。

在农十师，当年仅来自泰兴的支边人员就有983人。如今，他们中的很多人已经永远地埋葬在第二故乡。蔡其生告诉记者，在石河子军垦博物馆，就记录了一位孙龙珍烈士的事迹，而她，就来自江苏——

“1969年6月10日，入侵者突然闯入我巴尔鲁克山地区，驻守在这里的兵团第九师161团11连女战士孙龙珍，不顾身怀六甲，与入侵者展开肉搏，献出了年仅29岁的生命，还有她那没有出生的孩子……”

阿尔泰山的沙枣树绿了又黄，额尔齐斯河畔的蓝青花谢了又开……

50多年后，老人回顾往事，语调深沉：“没有兵团，就没有新疆的今天，就没有祖国的安定团结！”

如今，老人早已深深爱上北屯，这个他生活多年的地方。“这些年的变化真是日新月异呀！”曾有一位外地朋友来北屯，老人骄傲地领着人家四处逛，说：“我哪里都认识。”结果走到工程团医院旁边，多出了两条新路。“我愣住了，变化太快，都不认识了啊！”

“人变地变，生活往好了变。”老人告诉记

者，现如今他们的工资提高了，日子越来越好了。他的儿子，现任农十师民政局局长，女儿在乌鲁木齐做生意，一家人生活得很是幸福。

只是，那思乡的情结，仍会在不经意间触动老人的心弦。虽然在新疆生活了大半辈子，老人的家乡仍然只有一个——江苏。有时候在路上，听到个江苏口音的，他都会跟上很长一段……

“兵团二代”严格：

从父辈身上，知道啥叫“屯垦戍边”

严格，农十师宣传部部长、文化广播电视局局长、新闻出版局局长；他的另一个身份是，籍贯江苏的“援疆二代”。

他的父母亲，当年和蔡其生是“一个车皮子过来的”。1965年出生的严格，记忆中父母总是很忙碌：挖渠、盖房、铲雪、栽树……“刚上小学，我就会做饭了。”

严格父亲1989年离世，如今一家人和母亲生活在一起。“我们在兵团生活得很好，但我父母亲和我都自认为是江苏人。不过，我儿子现在泰州读大学，他认为自己是新疆人，哈哈哈……”

面对江苏来的记者团，严格显得特别兴奋，每顿吃饭，必定坐在我们一桌，甚至在席间兴奋地唱起江苏民歌。他对兵团的感情同样十分浓郁。提起兵团，他充满激情的话语令记者十分动容：“兵团是个大熔炉，是一所好学校，是一个让人心灵净化的地方。我的身上，有很多兵团人的烙印，我为自己是兵团二代而自豪！”

他向记者讲起兵团人屯垦戍边的感人故事，更是让记者几番落泪——

1962年，为保卫边疆，团长白玉书带领150多人，前往边境成立了后来的186团。这是兵团农牧场团中距离边界线最近的团场，团部机关距边境线不足300米，环境非常恶劣，冬季漫长而严寒，夏季短暂而炎热，8级以上的大风年均就有37次。50多年过去了，当年的150多人中已有70多人长眠在边境。他们的墓地与一般的墓地不同，头不朝东而是朝西，“他们希望看着祖国”。而84岁的白团长，拒绝了组织上安排的北屯住地，至今仍坚持留在186团，他说：“我要在这里，陪着我的战士！”

185团，也是一个边境团。2001年9月，农十师领导前往185团慰问，问老同志有什么要求。没想到很多老同志只提了一个要求：“想看看北屯。”185团距离北屯230公里，这些老同志数十年驻守边境，竟然从未去过北屯。师领导立刻安排了两辆“轿子车”（大客车）将老同志接回参观。那一次，是严格作的讲解。一位老同志看了北屯，感慨道：“如果全国都建成北屯这样，就好了！”闻此，严格几乎落泪。

两代援疆朱海军：

30年，我们家从没团聚过

5月21日晚，淮安援疆干部朱海军和记者聊到很晚。他的经历，包含着太多江苏与新疆之间的关联——父亲60年代技术支边，他12岁来到新疆、21岁调回涟水；49岁的他，又作为援疆干部再次踏上新疆的土地。

“我们家可谓‘两代援疆’。1964年，身为涟水县农业局技术人员的父亲响应党的号召，到喀什农科所技术支边，在新疆一干就是40多年。现在，75岁的父亲已经太习惯新疆了。”朱海军说，“去年清明前将父亲接回涟水老家，住了不到两个月，怎么也要回新疆。”

朱海军的父亲到喀什支边后不久，母亲也来喀什了，不久又回涟水，又来喀什……来来往往，吃了很多辛苦。“那时候，从涟水到南京汽车要1天时间，到了南京两三天才能买到去乌鲁木齐的火车票，火车4天4夜，到了乌鲁木齐，买到去喀什的汽车票又要等2天，坐汽车还要颠簸1周时间……来一趟，路上起码要半个多月，现在真是难以想象啊！”

朱海军是淮安市对口支援新疆生产建设兵

团农七师前方指挥组副组长，他认为，与父辈援疆相比，现在的援疆组织性更强、更全面。我们更注重援建的“民生优先”原则，全力实施安居工程建设，力争通过5年的建设，让许多住了一辈子地窝子和砖土房的兵团人圆上楼房梦；又比如，我们注重“输血”和“造血”同步推进，一方面项目援疆，另一方面通过招商引资壮大当地企业，帮助培育当地优势产业，如列入援建规划的131团万头核心奶牛场奶牛养殖项目等。

去年中秋节，朱海军去了趟喀什，看望父母。70多岁的父母亲早早在机场等。“当时眼泪都快流出来了，又感慨又高兴。”朱海军说，“我们兄妹三个，现在就我一人安家在淮安。一大家人，几十年来都没能团聚过一次。前两天通电话还说，大家庭最大的心愿就是：今年能在新疆或者江苏聚一次！”

（原文刊载于2011年6月14日《新华日报》，本文有删节）

1979年

4月 江苏省根据中央边防工作会议精神，选派南通、徐州两地6243名建筑工人支援新疆边防和民生基础设施建设。

1981年

是年 江苏省组建援疆医疗队。

1983年

是年 江苏省对口支援办公室（系省经济协作委员会下属机构）成立，主管援疆工作。

是年 江苏省政府代表团赴新疆参加自治区政府召开的对口支援和经济协作会议，拟订一批经济协作项目，建立省、区党政领导人每年会商制度，确定江苏11个设区市对口支援新疆14个州（地、市），建立稳定的支援协作关系。

1984年

是年 由江苏建筑队伍承建的克拉玛依市准噶尔商场获自治区优质工程“金杯奖”。

1997年

年初 中央决定江苏省支援新疆伊犁州所辖伊犁、阿勒泰、塔城3个地区和奎屯市。

2月19日 江苏省第一批援疆干部启程赴新疆。行前，省委书记陈焕友、省长郑斯林等看望全体援疆干部。该批干部分别被安排到伊犁州所辖伊犁、塔城、阿勒泰3个地区和奎屯市工作。24日，32名干部抵达受援地。在乌鲁木齐期间，自治区党委书记王乐泉、自治区主席阿不来提·阿不都热西提等看望全体援疆干部。

4月24日 江苏省政府召开全省对口支援工作会议，总结对口支援三峡工程库区、拉萨、广西和新疆以及苏陕对口挂钩扶贫协作等工作情况，研究部署下一阶段对口支援工作任务。

1998年

1月21日 江苏省委组织部、省人事厅在南京召开援疆干部春节慰问座谈会。

3月 江苏省第二批援疆干部启程赴伊犁州所辖伊犁、塔城、阿勒泰3个地区和奎屯市工作。

5月29日 江苏省政府召开全省对口支援工作会议，总结交流1997年全省对口支援工作情况，明确今后工作思路和重点。

9月17日 自治区党委、政府作出《关于开展向吴登云同志学习活动的决定》，并于10月7日举行吴登云先进事迹报告会。

10月21～23日 江苏省政府代表团在新疆考察访问。其间，代表团慰问江苏在疆建筑施工人员，并表彰一批作出突出贡献的先进单位和个人。

10月31日至11月5日 自治区党委书记王乐泉率党政代表团在江苏考察访问。11月4日，代省长季允石会见代表团一行，并就农业和农村工作进行座谈。其间，代表团先后赴苏州、无锡、常州和南京等地考察访问。

1999年

2月3日 江苏省委组织部、省人事厅在南京召开援藏援疆干部春节慰问座谈会。

5月30日 江苏省政府召开全省对口支援工作会议，总结交流对口支援西藏、新疆工作情况，表彰先进集体和单位，部署下一步对口支援工作任务。

6月25日 中共中央组织部、中共中央宣传部、卫生部和自治区党委在北京人民大会堂联合举办吴登云先进事迹报告会。7月8日，吴登云先进事迹报告会在南京举行。

6月26日 江苏省第三批援疆干部启程赴伊犁州所辖伊犁、塔城、阿勒泰3个地区和奎屯市工作。

2000年

1月20日 江苏省委组织部、省人事厅在南京召开援藏援疆干部春节慰问座谈会，省长季允石出席会议并讲话。

是月 江苏省首批援疆干部人才期满返回。

8月23日至9月2日 江苏省省长季允石率党政代表团在新疆考察访问，自治区党委书记王乐泉、自治区主席阿不来提·阿不都热西提与代表团一行座谈。其间，两省区签订合作项目41个，协议资金23.7亿元。代表团还会见兵团领导，慰问援疆干部。

9月30日 江苏省委书记回良玉、省长季允石会见伊犁州党政代表团。

是月 江苏省首次在南京市江浦高级中学、无锡市青山高级中学和苏州高新区第一中学开设新疆高中班，成为开设新疆班和招生人数最多的省份（全国首批共13所中学设新疆高中班）。

是年 南京大学组织研究生报名支援新疆，开全国重点大学研究生援疆之先河。

2001年

1月15日 江苏省委、省政府在南京召开援藏援疆干部春节慰问座谈会。省长季允石代表省委、省政府向全体援藏援疆干部表示慰问和敬意。

是月 江苏省第二批援疆干部人才期满返回。

12月 伊犁州党政代表团在江苏考察访问，省委书记回良玉会见代表团一行。

2002年

1月29日 江苏省委、省政府在南京召开援藏援疆干部春节慰问座谈会，省委书记回良玉代表省委、省政府向全体援藏援疆干部表示慰问和敬意。

6月 江苏省第三批援疆干部人才期满返回。

7月26日 江苏省第四批援疆干部启程赴新疆。自治区在乌鲁木齐举行欢迎仪式，自治区党委书记王乐泉、自治区主席阿不来提·阿不都热西提等出席。

是年 江苏对口支援新疆的受援地调整为伊犁州州直地区。

是年 霍城县被中共中央组织部确定为对口支援试点县，由江苏援疆干部担任县委书记、县政府班子成员和县财政局等重要部门负责人。

2003年

1月21日 江苏省委、省政府在南京召开援藏援疆干部春节慰问座谈会。

4月7日 江苏省委组织部和伊犁州党委组织部在南京联合举行伊犁州县处级干部培训班开班仪式。伊犁州50名县处级干部在江苏进行为期45天的培训。

2003年9月3日，江苏省党政代表团慰问援疆干部座谈会在伊犁州召开

2003年9月5日，江苏省援助伊犁州建设项目签约仪式举行

7月25日 江苏省援藏工作领导小组、省三峡工程库区农村移民安置工作领导小组、省与陕西挂钩扶贫协作领导小组和省对口支援三峡工程库区移民领导小组合并，成立江苏省对口支援工作领导小组，副省长李全林任组长。

9月2～9日 江苏省党政代表团在新疆考察访问。其间，代表团分别与自治区和伊犁州商谈对口支援工作，看望慰问援疆干部，签订年内首批5个援建项目协议，总投资5800万元。

10月29日至11月2日 自治区政协主席艾斯海提·克里木拜率代表团在江苏考察访问，省委书记李源潮会见代表团一行。其间，两省区就经济社会发展情况进行座谈交流并签订合作协议。

2004年

1月14日 江苏省委、省政府在南京召开援藏援疆干部春节慰问座谈会。

2004年8月23日，江苏省—伊犁州工作座谈会及签约捐赠仪式在伊犁州举行

8月23～27日　江苏省委书记李源潮率党政代表团在新疆考察访问。其间，双方召开经济社会发展座谈会，自治区党委书记王乐泉和李源潮分别讲话；签订进一步加强经济技术合作协议；省委、省政府向伊犁州和霍城县各捐赠500万元和100万元，签订江苏援建霍城县社会公益项目协议。代表团还会见兵团领导，看望援疆干部并进行座谈。

9月20日　由伊犁州党政领导和企业界人士组成的代表团在南京举办伊犁州经济合作项目推介新闻发布会，重点推介水土开发、能源建设、矿产资源开发、旅游资源开发建设等项目42个。

11月29日至12月3日　伊犁州党政代表团在江苏考察访问，省委书记李源潮、省长梁保华会见代表团一行。代表团到南京、扬州、淮安、南通、无锡和苏州等地考察。伊犁歌舞团随团到访并在南京进行专场答谢演出。

2005年

5月　无锡市青山高级中学被国务院授予“全国民族团结进步模范集体”称号。

6月9～13日　新疆党政考察团在江苏考察。其间，两省区召开座谈会，考察团看望和慰问江苏前三批援疆干部代表和第四批援疆干部家属。

7月　江苏省第四批援疆干部人才期满返回。

8月10日　江苏省第五批援疆干部启程赴新疆。

9月14～17日　江苏省省长梁保华率党政代表团在新疆考察访问，自治区党委书记王乐泉会见代表团一行。其间，两省区召开工作座谈会，并举行向新疆赠车赠款仪式。代表团还到伊犁州看望慰问江苏援疆干部，就对口支援工作进行座谈；举行伊犁州与扬州市缔结友好城市、加强双方合作协议签字仪式和无锡市与霍城县乡镇对口援助及捐赠签约仪式。代表团还会见了兵团领导。

2006年

1月21日 江苏省委、省政府在南京召开外派干部春节慰问座谈会，第四批援藏干部、第五批援疆干部及赴东北挂职干部等共100余人参加座谈会。

4月16～25日 伊犁州党政代表团在江苏考察访问，省委书记李源潮、省长梁保华在南京会见代表团一行。其间，代表团与江苏省省直单位就对口支援和干部援疆工作进行座谈。

4月24日 “西域明珠——霍城畅想”伊犁州霍城县投资环境说明会在南京举行。

2006年4月17日，伊犁州党政代表团与江苏省就干部援疆工作召开座谈会

伊犁州妇女儿童活动中心（2019年摄）

会上，签约合作项目5个，投资总额4.12亿元。

9月12日 全国人大常委会副委员长、全国妇联主席顾秀莲一行视察江苏参与援建的伊犁州妇女儿童活动中心建设工程，出席活动中心大楼封顶仪式。

2007年

2月10日 江苏省委、省政府在南京召开外派干部春节慰问座谈会，第四批援藏干部、第五批援疆干部及赴东北挂职干部等共106人参加座谈会。

3月 江苏省新增无锡市对口支援阿合奇县，并初步确定“三年十项行动计划”。

4月15日 无锡市政府与新疆克州政府签署《无锡市对口帮扶阿合奇县框架协议》，全面启动涵盖经济发展、社会稳定、民生改善等方面“三年十项行动计划”。

4月15～24日 伊犁州党政代表团在江苏考察访问，省委书记李源潮、省长梁保

2007年9月10~15日，江苏省党政代表团在伊犁州考察访问。图为援受双方召开座谈会，并举行捐赠仪式

2007年9月13日，庆祝江苏援疆工作10周年暨慰问援疆干部座谈会在伊犁州召开

华会见代表团一行。其间，代表团召开援疆干部座谈会，并先后赴扬州、徐州、南通、无锡、南京等地参观考察。

是月 中共中央决定阿合奇县为全国边境少数民族特困扶贫开发试点县，由无锡市和中国华能集团公司等重点帮扶，国务院相关部门合力帮扶。

9月10～15日 江苏省党政代表团在伊犁州考察访问，自治区党委书记王乐泉会见代表团一行。其间，代表团考察江苏援建项目，召开庆祝江苏援疆工作10周年暨慰问援疆干部座谈会，与自治区和伊犁州党委、政府共商推动两地合作交流计划。

2007年9月12日，江苏省党政代表团参加霍城经济开发区江苏工业园剪彩仪式

2007年9月13日，江苏省党政代表团参加伊犁州妇幼保健院综合楼竣工仪式

1997～2007年江苏省对口支援伊犁州情况统计表

<table>
<tr><th colspan="2">类 别</th><th colspan="2">内 容</th><th>数 量</th></tr>
<tr><td colspan="2" rowspan="7">项目合作</td><td colspan="2">达成协议（项）</td><td>312</td></tr>
<tr><td colspan="2">协议金额（万元）</td><td>782040</td></tr>
<tr><td colspan="2">签订合同（份）</td><td>166</td></tr>
<tr><td colspan="2">合同金额（万元）</td><td>356270</td></tr>
<tr><td colspan="2">其中区外资金（万元）</td><td>326735</td></tr>
<tr><td colspan="2">合同履约（项）</td><td>157</td></tr>
<tr><td colspan="2">实际到位资金（万元）</td><td>217800</td></tr>
<tr><td colspan="2" rowspan="6">无偿援助</td><td colspan="2">资金总额（万元）</td><td>34351.5</td></tr>
<tr><td colspan="2">资金或物资设备（万元）</td><td>8248.8</td></tr>
<tr><td rowspan="2">项目</td><td>数量（个）</td><td>224</td></tr>
<tr><td>金额（万元）</td><td>24839.8</td></tr>
<tr><td rowspan="2">希望小学</td><td>数量（所）</td><td>34</td></tr>
<tr><td>金额（万元）</td><td>1262.9</td></tr>
<tr><td colspan="2" rowspan="5">组团考察</td><td colspan="2">到疆团数（个）</td><td>936</td></tr>
<tr><td colspan="2">其中省级领导带队团数</td><td>8</td></tr>
<tr><td colspan="2">到疆人数（人次）</td><td>10439</td></tr>
<tr><td colspan="2">赴江苏等地团数（个）</td><td>351</td></tr>
<tr><td colspan="2">赴江苏等地人数（人次）</td><td>3837</td></tr>
<tr><td rowspan="4">培训情况</td><td rowspan="2">赴江苏等地培训</td><td colspan="2">计划培训人数（人次）</td><td>3365</td></tr>
<tr><td colspan="2">已培训人数（人次）</td><td>2730</td></tr>
<tr><td rowspan="2">当地培训</td><td colspan="2">办各类培训班（次）</td><td>482</td></tr>
<tr><td colspan="2">参加培训人数（人次）</td><td>33089</td></tr>
<tr><td colspan="2" rowspan="2">个人捐资助学</td><td colspan="2">资助学生人数（人）</td><td>542</td></tr>
<tr><td colspan="2">捐助资金（万元）</td><td>32.49</td></tr>
<tr><td colspan="2" rowspan="2">个人帮贫解困</td><td colspan="2">帮助人数（人）</td><td>158</td></tr>
<tr><td colspan="2">扶持资金（万元）</td><td>12.63</td></tr>
<tr><td colspan="4">填补当地技术空白（项）</td><td>147</td></tr>
<tr><td colspan="4">在省部级以上刊物发表论文（篇）</td><td>164</td></tr>
<tr><td colspan="4">撰写调研报告（篇）</td><td>192</td></tr>
</table>

说明：本表资料来源于伊犁州党委组织部，统计时间为1997年2月至2007年6月30日。

【链接】十年好雨润沃土——江苏省援建伊犁十年综述

10年，对于江苏这块中国最活跃的经济热土，意味着翻天覆地的变化，意味着成功、财富和梦想，让人激情澎湃、感慨满怀。

10年，对于伊犁哈萨克自治州，意味着实施西部大开发战略、全面建设小康社会，意味着经济和社会各项事业开始奋起直追这个加速变化的时代，也意味着一段发展与稳定形势最好的历史。

10年之前，好雨自江苏而来。根据中央安排，从1997年2月开始，江苏省先后派出5批援疆干部到自治州工作，为正在夯实基础谋发展的边疆地区提供了一场及时雨。10年之后，烙印在伊犁河谷田埂上、车间里、草原上、建筑工地上，学校、医院里的那些脚印，无时无刻不在诉说着伊犁各族人民对援疆干部们的一份份感动，江苏、伊犁两地人的心前所未有的贴近。

雨之所以好，就好在适时、好在润物。

10年来，江苏省级机关单位和南京、无锡、南通、常州、徐州、连云港、扬州、苏州、盐城、淮安等10个市共向自治州派出5批233名高素质的党政、企业经营管理和教育、卫生专业技术援疆干部，分布在自治州各地。2002年，江苏省单独支援伊犁州直，霍城县也被中组部确定为援疆试点县。随着援疆工作格局的调整，援疆干部由1997年第一批32名，增加到2005年第五批的57名；自治州有援疆干部的县（市）由1997年的2个，增加到2005年的8个。

自治州历任党政领导对援疆干部政治上信任、工作上放手、生活上关心，充分发挥援疆干部在自治州社会稳定、改革开放和经济发展中的积极作用。在江苏、伊犁双方的努力下，形成了多层次、广角度、宽领域的援疆工作新格局。

10年来，援疆干部撰写调研报告192篇，其中第五批援疆干部在不到两年的时间里撰写调研报告40余篇。

据不完全统计，10年来，江苏省各方面共向自治州提供无偿援助资金达3.43亿元，签订招商引资项目300多个，到位资金达21.7亿元。正在伊犁工作的第五批援疆干部已签订招商引资项目60多个，实际到位资金13.33亿元；落实江苏方面无偿援助资金及物资在2亿元以上，目前已到位资金1.51亿元，援建各类项目162个，这些援建项目大多已竣工投入使用。伊宁市江苏路、霍城县江苏医院、州紧急救援中心、霍城县委党校、120个村和社区党组织办公阵地等项目，已成为江苏援疆工作造福伊犁人民的历史见证。

10年来，江苏、伊犁两地组团互访达1287批14276人次，双方缔结各类友好单位334个。10年来，有2730多名伊犁干部到江苏培训、挂职学习；邀请江苏省的专家、学者来伊讲学及援疆干部讲座、业务培训伊犁干部达33089人次，极大地加快了自治州人才培养进程。

此外，江苏省不断加大对伊犁教育、卫生硬件建设支持力度，援建的34所希望小学和投入的1262万元援助资金，缓解了自治州资金紧缺的矛盾，进一步改善了教育卫生的基础设施条件，有效提升了州直教育卫生事业发展水平。

233名援疆干部是233颗情感的种子，这一颗颗种子具有坚韧的力量，当它萌发在伊犁这片沃土上时，饱含了对伊犁人民最深沉的爱。

据不完全统计，援疆干部个人扶贫济困捐款捐物达45万多元，资助540多人，扶贫济困150多人。其中，第五批援疆干部个人扶贫济困捐款捐物达20多万元。

经过10年的援疆实践，援疆工作由江苏省、市两级为主延伸到县、乡（镇、街道）、村；由政府力量为主发展到调动其他各方面力量；由财政支持为主扩大到教育、卫生、文化、旅游、人才等各个方面。

10年来，先后5批援疆干部身上闪现着的是用满腔热血铸就的共有品质：神圣的使命感和敢于迎接任何挑战的意志。中共中央政治局委员、自治区党委书记王乐泉曾高度评价江苏援疆干部，称赞江苏援疆工作有两个“最”：支持力度最大、援疆干部形象最好。

世界上有两种记忆，一种用文字记录，一种用心灵感知。前者把时间留存在字面，后者把时光注入我们的灵魂。在援疆第十年的时候，对援疆干部和所有关心伊犁的江苏人民，请让伊犁人民说一声：感谢你们!

（2007年9月11日《伊犁日报》）

【链接】观念援疆促进各项事业大发展

1997年2月，第一批援疆干部从东海之滨江苏来到了“塞外江南”伊犁工作，如今已经走过了10个春秋。10年间，自治州在教育、文化、卫生、城市建设等各个方面都发生了翻天覆地的变化。江苏路建成了，解放路拓宽了，江苏中学、江苏医院拔地而起，医院的规章制度健全了，自治州的民族文化登上了无锡、南通等城市的舞台，招商引资的脚步迈进了乌鲁木齐、江苏南京等许多大城市的商业圈。自治州经济得到了长足的发展，社会面貌也发生着巨大的变化，在这些变化中除了资金的支持，包括先进的文化理念在内的智力援疆也发挥了巨大的推动作用。

观念援疆助推招商引资工作

去年的厦洽会上，自治州设置的展台中霍城县清水河开发区（镇）占了个不显眼的小角落，可就是这个不起眼的小角落却被前来咨询的客商围了个水泄不通。清水河开发区制作的宣传资料袋不到半天的时间就发光了。当时，负责南疆展台的工作人员专程找到清水河开发区招商工作的负责人高群柱取经：“你们的资料怎么这么快就发光了，我们硬塞给别人，好不容易才送出去几本。”高群柱回答得简单又干脆：“这都是托了我们援疆干部的福。”

高群柱接受记者采访时说，从援疆干部到了霍城后，霍城的招商引资工作就得到了前所未有的关注，设立了8个工作小组专门负责，每个小组都分工精细，其中有一个组就是专门负责招商引资工作的资料收集、整理和编辑。去年在开厦洽会前两个月，招商引资工作组就开始收集和整理资料，制作文字资料、刻录光盘，把所有的资料经过整理汇编放入手提袋，不仅信息量大而且方便客商携带。高群柱说，自从援疆干部来了以后，他们的招商工作逐步迈向正规化，主要从以下三点体现出来：一是重视招商信息的收集工作，建立了信息库，把区内外和国内外的信息全都收集起来进行对比和参考。二是招商力度大，组织招商引资团到上海、南京、乌鲁木齐等地参加招商宣传活动，而且规格相当高，就连当时的党委书记张继勋都参加了这类活动，很大程度上提高了自治州的知名度。这两年开展的招商引资工作是清水河开发区（镇）十几年来从没有做过的。三是对工业园区，提出了筑巢引凤、订单加工的发展模式，结果霍城的工业园区连续实施了三期工程，日前被纳入州直三大工业园区之一。去年霍城农夫果园基地的投资建设就是最好的例子，当年建厂、当年生产、当年就见效了。

援疆干部、州党委常委、霍城县委书记张士怀来到霍城后提出了一个新的问题：“光搞生产，没有销路，是死路一条。”现在霍城县提出要培养一批农村经纪人，成立一批农产品销售企业，使销售成为专门行业。销售畅通了，农民的生产积极性更高了。招商引资也并非越多越好。怕引进污染企业，霍城县援疆干部提出了一个新的观点：引进企业，要有意识地重视环保，在搞生产的过程中环保与生产工作要同步进行。

去年，州外贸局牵头成立了国际商会，这个商会的成立标志着在政府与企业之间架起了一座沟通桥梁。以前招商引资工作都是政府唱戏担任主角，而现在随着伊犁与江苏互访、互相交流程度的加强，自治州的招商工作也开辟了新局面，变政府招商为以商招商，同时建立了协会、商会、学会等，拓宽了招商渠道，尤其是利用网络优势，网络招商的力度加大了。

观念援疆促使教育健康发展

今年8月15日，州直召开了教科研工作会议，这是自治州教育工作开展以来首次召开的教科研会议，是把理念变成实体、把理念变成制度、把理念变成机制的一次重要会议。这是援疆干部、州教育局副局长孙其华提出的“教科研基础建设及学科带头人培养三年行动计划”的一个重要内容。

州教育局有关负责人在接受记者采访时说，教育科研是教育发展的生产力，但自治州教育系统教科研工作处于相对薄弱的状况，大多数学校没有正式的科研课题；大多数教师工作以来没有在出版的刊物上发表过文章；多数学校和教师科研意识和常识非常缺乏，科研对教育教学的促进效果很低。为了使这项工作尽快落成，第五批援疆干部提出计划在3年时间里，重点建设20个左右教科研基地、重点培养50名左右教科研学科带头人，同时建立起州级教育科研课题申报制度及运行机制，让科研带动教育教学发展的理念在州直蔓延开。

援疆干部曾多次与各个县市的学校校长、书记在一起探讨过，校长应该是学校的管理员，还是个思想的引领者。2005年在一次校长座谈会上，援疆干部第一次提出了发展学校要有办学理念，而不是为了教学而教学。目前，州直每年召开校际研讨、交流会，教育局鼓励各中小学校校长每年都围绕一个主题在正式刊物上发表文章。同时，在中小学校长间定期开展研讨活动，这项被取名为“思想沙龙”的活动正在准备中。

在素质教育方面，援疆干部认为，素质教育也是要考试的，只不过素质教育否定了应试教育时用考试分数来衡量一切的方式，掩盖了学生发展的方面，充分利用学生的考试分数可以为教育工作提出宝贵的分析资料。援疆干部还用事实说明了这个新理念，他们通过试卷分析撰写了《伊犁州课改试验区2007年初中毕业生学生考试试卷评价分析报告》，为自治州教科研、教研室提供了宝贵的资料。前后5批援疆干部为自治州教育发展注入了新鲜的理念，比如，提出教育发展的目标是为了学生的发展、中等职业教育同样重要、教育发展要有整体规划等等。

观念援疆留下了希望的种子

以前，自治州每年都有修桥、补路工程。援疆干部提出城市建设要规划先行，使自治州各项工作得到了统筹安排和策划，为自治州经济和社会发展起了良好的助推作用。在医疗工作上，援疆干部提出了很多建设性的意见，以服务为先、以制度管人等。

援疆工作10年来，各个领域的援疆工作已经由“输血”型转变为“造血”型；由项目援疆转变为人才援疆；由人才援疆转变为观念援疆。这是3个重要的跨越期。每个援疆干部就是一粒种子，就是要种下希望的种子，结出丰硕的成果。就像对待招商引资的问题一样，各个县市的招商引资不仅是引来资金，而且要在如何吸纳本地劳动力上下功夫。观念援疆，关键是人们能否变被动为主动接受新观念、新理念，这个过程也是个由量变到质变的飞跃。援疆干部、州党委组织部副部长陈凤楼说，援疆10年来，援疆工作已经实现从经济援疆向人才、向观念援疆转变。目前，各个县市聘请东部教授前来讲学、授课；通过援疆干部的牵线搭桥输送了各层面大批量的干部到江苏参加培训，这也是观念援疆的一个内容，观念援疆将成为今后援疆工作的核心和主要方式。

（原文刊载于2007年9月12日《伊犁日报》，本文有删节）

【链接】天山铭记援疆情

霍城县清水河镇管委会干部高群柱的一顶遮阳帽已经有4年的历史了，这顶帽子的质量很一般，随便在哪个商店都可以买到。但高群柱从来不换，因为这是他在2003年去江苏学习时，第四批援疆干部陈国忠临行前为他们置办的。高群柱说，做人不能忘本，援疆干部给伊犁、给霍城县办了那么多的实事，他不能不经常惦记着他们。戴上这顶遮阳帽，就感觉那些援疆干部还在身边，没有走远。

10年过去，伊犁大地矗立起一座座爱的丰碑。

一

2003年4月的伊犁乍暖还寒，江苏等地肆虐的SARS疫情，牵动着伊犁人的目光，家乡的“非典”战役，更加牵动着第四批江苏援疆医生们的心。作为医生，作为父母和儿女，此时此刻，家里的亲人最需要他们的关心、帮助和安慰，但伊犁也是他们的家乡，伊犁各族群众也需要他们，他们不能离开自己热爱的岗位，他们选择了忠于职守。

当时，援疆专家、伊犁州友谊医院妇产科医生陈良玉郑重地向院党委递交了请战书。她在请战书中写道：“我是一名共产党员，时刻准备着为党和国家的利益，为人民的健康贡献一切，无怨无悔。我愿意接受党和祖国的考验，愿意为伊犁各族人民的生命安全、身体健康作一点贡献！”

在这场没有硝烟的预防“非典”战役中，22位江苏省援疆医生和当地的医务工作者并肩战斗，将他们的战场从诊室、病房、手术室延伸到城市街道、机关学校、农村乡镇和边防哨卡，他们不仅向就诊患者宣传防治“非典”的常识和预防措施，还积极主动上街头、到学校、下农村、巡边防，开展义诊咨询活动，消除人们的恐慌心理，受到各族群众和武警官兵的热烈欢迎。他们戴着白色口罩的脸也许人们不会记住，但他们忠于职守、默默奉献的精神，患者不会忘记，历史也不会忘记。

第一批援疆专家赵中辛博士在伊犁工作期间开展各种手术200余例，尤其是一些肝胆方面的高难度手术；第二批援疆专家王月秋是三批江苏援疆干部中的唯一一名女同志，她克服个人生活、身体等方面的重重困难，完成了20余例复杂妇科、产科手术。先后在州友谊医院、人民医院、奎屯医院工作的援疆专家杨代茂、沈小松、谢宗涛、严峰、蒋炳兴、吴小波、曹佳宁、张邓新、王泰敏等也都发挥自己的一技之长，热情地为伊犁各族人民服务。在江苏省卫生厅的关心和支持下，经过第四批援疆干部孙宁生多方协调，先后促成江苏省卫生系统73个团共计629人来伊讲学、访问、考察；江苏省卫生厅及有关医疗卫生单位分别向州卫生局及州直4家医院、州防疫站、部分县级医院捐赠了价值252万元的医疗设备、车辆、办公自动化设备及资金等。

在援疆医生队伍中，以刘俊华、周瑞珏、何胜虎、冯松杰、周鹏、陈良玉、王瑞良等为代表的一大批医疗专家充分发挥业务骨干和学科带头人的作用，通过现场教学指导、举办学术培训讲座、带本地医生开展医疗科研活动等方式，毫无保留地将自己多年的实践经验和先进的医疗技术传授给本地医生，为伊犁培养了不少专业技术人才。奎屯医院的吕正祥、蒋健、李如龙、李文杰，州新华医院的张明建、葛振华、宋杰、张俊中，州友谊医院的陈椿、崔进、杨纶先、高岩、徐新宇以及州中医医院的梁建宁、孙加洪等都在自己的本职岗位上兢兢业业，任劳任怨，辛勤工作，全心全意为各族患者服务，积极做好传帮带工作。据不完全统计，第四批援疆医生共举办各类培训班22次，培训人数达3897人次，在多个领域主持应用了120个新项目、新技术，填补了伊犁的90项技术空白，使伊犁州总体医疗技术水平有了明显提升。

第五批来伊的援疆专家中，州新华医院援疆专家路军昌主任是援疆干部中年龄最大的。年近六旬，他以高超、精湛的技术，对病人极端负责的态度，亲自主刀完成手术400余台，他始终活跃在临床抢救工作一线，堪称援疆干部的楷模。援疆专家王红兵带病坚持工作，直到病倒。据不完全统计，两年来，第五批援疆专家共接诊1.3万余人次、院内外会诊515次，参与抢救危重病人1414次，完成各类手术1148例，他们高尚的医德和精湛的医术被各族人民广为传颂。

二

新源县吐尔根乡的牧民们走在“铜山路”上时，都会念叨谢洪标这个名字。这条路就是经第五批援疆干部、新源县副县长谢洪标牵线搭桥，由江苏省铜山县援建的。截至目前，江苏省给新源县的实际到位帮扶资金（物资）达200余万元。同时，徐州市委、市政府承诺援建资金400万元，已到位资金150万元。

江苏省第三批援疆干部总召集人、时任阿勒泰地委副书记的何祖大及援疆干部，时任塔城地委副书记的刘广哲在1999年、2000年阿勒泰和塔城地区遭受特大雪灾后，立即向江苏省委、省政府和家乡单位常州及徐州市委、市政府汇报情况，多方协调，分别争取到江苏省和有关市县捐款200万元和350万元，有力地帮助了灾区重建。经何祖大联系，阿勒泰地区与江苏省常州市经济合作交流频繁，共有70多批800多人次进行了互访和考察，建立了3所希望小学，捐赠了豪华游艇、救护车等设备，无偿援助资金达614万元。

第二批援疆干部刘亚民积极牵线搭桥，为霍城县争取到捐赠资金72万元，建立了“霍城县希望教育发展基金”，建造了2所希望小学、1所希望中学，还帮助150名失学儿童重返校园。

第三批援疆干部何士荣为伊犁办实事，积极联系家乡江阴市，捐助50万元援建了伊宁县江阴友谊小学，动员江阴市有关部门出资4.2万元资助了100名贫困儿童上学，他个人也资助了5名儿童；向州党委机关捐赠了2辆工作用车，价值近40万元；向州党委机关老干部活动中心捐赠20万元。

2003年12月，昭苏县发生地震灾害。第四批援疆干部总领队俞明在最短的时间内带领援疆干部来到昭苏县踏雪察看灾情，慰问各族群众，在江苏省委、省政府的关心和支持下，江苏省紧急捐助300万元资金，用于抗震救灾。援疆干部们也纷纷伸出援手，捐款捐物，向灾区群众奉献爱心。州友谊医院等几家医院的援疆医生随同所在医院派出的医疗小组，不分昼夜地在灾区开展救死扶伤工作。

第四批援疆干部共帮扶45户贫困户，累计个人捐资助学、扶贫帮困达10余万元。伊犁部分贫困家庭子女上不起学，俞明、刘劲松、周庆祝、刘中等12名援疆干部就每人拿出2400元，资助20名少数民族贫困失学儿童重返校园。

援疆干部丁冠健从常州市武进区委争取到

一笔扶贫助学款。夏国浩也争取到一笔资金，加上个人捐助的钱资助了10名贫困学生和1名困难职工。顾云峰联系家乡启东市为伊宁市贫困学生捐赠了价值20万元的2500套校服，并且和另外两名援疆干部一道，每个人资助两名少数民族贫困家庭子女上学。

第五批援疆干部进疆两年来，共落实江苏各级无偿援助资金达2亿多元，这些资金加上60位援疆干部个人奉献的20余万元资金，共援建了160余个项目。援疆干部总领队、州党委副书记洪锦华一个人就资助10名少数民族高中学生每人每年1000元，资助肾病患者关笑3000元、资助心脏病患者郑丽2000元，被伊犁州新闻媒体评为2006年10大感动伊犁的人物——爱心大使。他还组织发动全体援疆干部向患心脏病的中学生郑丽捐助5万多元，并向江苏募集1万多元，使郑丽成功地进行了两次心脏手术。

三

记者在霍城县萨尔布拉克镇小学见到马燕时，她问记者是不是她的汉族爸爸要来了。马燕所说的这个爸爸，就是第四批援疆干部总领队俞明。俞明在援疆期间和其他12名援疆干部，与包括马燕在内的霍城县萨尔布拉克镇20名家境贫寒的学生结下了不解之缘。俞明在结束援疆工作返回江苏之前曾对马燕说："只要你真心想上学，我保证让你上到大学，学费不用操心。"并在临走前已经将她的学费预交到了高中毕业。

历届援疆干部，都把教育这样的基础性工作摆在了战略性的位置。培养未来伊犁的建设者，这是江苏省援疆工作的战略视点之一。资本和技术正以前所未有的速度在越来越广的范围内流动。唯一不能转让的是人的素质，只有向教育要未来，不断提高人的素质，江苏援疆效应的发挥才会最大化。每一批援疆干部在任期内，资助贫困学生都是不带指标的硬任务。每一批援疆干部的履历中，都有他们为伊犁教育洒下的滴滴心血。

第一批援疆干部吴峰枫任职期间，多次安排伊宁市中小学校长和骨干教师到锡山市重点学校挂职锻炼、进修学习。

第三批援疆干部霍宝柱把工作切入点放在两地的教育交流上。组织实施了一流大学研究生赴伊支教活动，州教育局与南京大学签订了为期3年的研究生支教协议，南京大学每年派一批博士、硕士研究生到伊犁州大中专院校执教一学期；促成州教育局与江苏省教育厅签订协议，自2000年起，伊犁州每年派10名中小学校长、大中专院校中层干部到江苏南京、无锡等市对口学校锻炼；经多方协调，从江苏省争取普通高校本科招生指标，2000年，江苏从本省本科招生计划中专门拿出30个指标放在南京师范大学面向伊犁州招生，2001年，南京师范大学等10所高校面向伊犁州及新疆招生计划总计200多名。

经第四批援疆干部蒲开达积极协调沟通，伊犁州教育局与江苏省教育厅以及南通市、苏州市等7个市教育局签订了建立友好合作协议书：南通、苏州、南京等7个市的教育局先后利用暑期组织了60余位名师、名校长、专家来伊讲学，培训人数达5000余人次；江苏南京大学等高校向伊犁州派遣支教研究生156名；伊犁州先后选派300余名教师和教育管理干部赴江苏培训、挂职锻炼；州直的3所高校、32所中学、15所小学和8所幼儿园与江苏省70多所学校和幼儿园建立了手拉手友好学校，两地对口交流合作的网络已初步形成。同时，江苏省教育系统向州直教育系统捐赠资金、教学仪器、办公设备等价值达140余万元；俞明、刘劲松、周庆祝、刘中、张党良、项雪龙、周中平、顾云峰、吉传稳、丁冠健、夏国浩、徐思群等还争取到各方面700余万元的资金、物资用于援建希望小学、培训骨干教师、购置教育教学设备等。

第五批援疆干部积极担当友好使者的角色。两年多来，伊犁与江苏多层次地广泛缔结友好关系，从省、市、县、乡一直到村，友好单位涉及党政部门、学校、医院等方方面面。江苏省的友好单位为伊犁经济社会发展提供了有益的帮助。在支援伊犁教育硬件建设方面，已经建成的伊犁州远程教育中心、霍城县委党校、霍城县江苏中学等一大批援建项目，还有援建的34所希望小学，一一见证了江苏人民的深情厚谊。

援疆，注入情感，就成为援疆干部们生命中的精彩。

情感，激起共鸣，就成为伊犁大地上一座座无形的丰碑。

（2007年9月13日《伊犁日报》）

【链接】直把他乡当故乡——江苏援疆工作纪实

援疆边塞曲

我省第五批援疆干部刚到伊犁州时，总领队、州党委副书记洪锦华提议：创作一首反映援疆干部精神风貌的歌曲，激励大家为伊犁的发展出力流汗。

援疆干部、州党委宣传部副部长丁捷受命后，灵感迸发：“边疆如今也是家，天山盛开雪莲花，我为牧民添新衣，也帮边城盖大厦。古丽对我唱赞歌，阿塔扶我上骏马，千杯酒啊万句话，男儿就应为天下……走天下为天下，男儿爱国就有家。”

说到“边塞曲”，援疆干部建议记者读一读《一封永远无法寄出的信》。这是援疆医生苏建明的心血之作。她本是省中医院的医生，援疆任副院长。接到父亲病危的通知，她急忙从新疆飞往南京，可她抵宁时，老人已走了3个小时。没能和父亲见上最后一面，成了她终生的遗憾。

含着泪，她给去世的老父亲写了一封信：“与您相比，我的这些牺牲都算不了什么。您给了我力量，教会我选择坚强！明天，我就要去边远的昭苏县了，是我主动报名参加医院管理年督查工作的，我要把您的足迹延伸到那里去。此时的昭苏县大雪封山，零下20多摄氏度，路况又不好，会有危险。您在天有知，一定会对我说，孩子，你去吧，那里的人们需要你。亲爱的爸爸，我会在冰天雪地里，带着灿烂的微笑留张影送给您！您也要再送给我一个深深烙在我心里的微笑，我会看得见！”

带着这样的豪迈，带着这样的奉献，江苏援疆干部的足迹，深深地印在天山脚下，印在新疆各族人民的心坎上。

【新闻链接】

我省从1997年开始先后选派了五批233名干部赴新疆伊犁州帮助工作，目前尚有第五批57名援疆干部在伊犁州工作。“去新疆为什么？在新疆干什么？给新疆留什么？”省领导给他们出的题目，如今有了完美的答案。

援疆工作开展10年来，我省从援建与人民群众生活密切相关的社会公益项目和基础设施项目，逐步发展到人才培训、技术支援、企业合作等多方面并举，形成了“全方位、多层次、宽领域”的援疆工作新格局。据不完全统计，截至2007年底，我省向伊犁州提供项目资金2.3亿元；通过援疆干部牵线搭桥、签订招商引资项目300多个，到位资金18亿元；通过援疆干部争取中央政策支持，在伊犁国有企业改制中核销债务和银行呆坏账9亿元；帮助培训伊犁干部2500多人次；江苏、伊犁双方缔结各类友好单位334个；援疆医疗专家开展新技术200多项，为伊犁各族人民提供了高质量的医疗服务。

可克达拉改变了模样

“等到千里雪消融，等到草原上送来了春风，可克达拉改变了模样，姑娘就会来伴我的琴声……”

这首《草原之夜》描绘的美景让人神往。然而，伊犁州霍城县清水河镇可克达拉村却是全县最穷的村子。

可克达拉是维吾尔语，意思是“绿色的原野”。可惜，这个村没有绿色的原野，却由于土地碱性大，基本不能种庄稼。加上交通不便，可克达拉村逐渐成为人们遗忘的角落。

我省援疆干部许峰就职清水河镇党委书记之后，下决心让这个贫困村改变模样，变得像歌中唱的那样美好。他争取到63万元的“村村通”工程资金，为可克达拉修了一条长9.3公里的砂石路。他又争取了20万元的国家扶贫资金，买了720多只母羊送给141户贫困户。村民霍尔果斯住进了镇里帮建的新居，还领到了5只扶贫羊，他说：“有了安定的住所，我有信心过上富裕的生活。”

【新闻链接】

2002年，中央组织部在干部援疆方式上做了新探索，选择霍城县和哈密市进行选派县（市）委书记试点，由江苏、广东两省安排援疆干部担任这两个县（市）的书记，在这两个县（市）党委和政府班子中配备三四名援疆干部。

试点开展后，我省第四批援疆干部项雪龙走马上任县委书记，带领各族群众全力开展工作。3年内，省里和无锡市、江阴市三级财政累计援助霍城项目资金6800万元，陆续援建了霍城江苏中学、霍城江苏医院、霍城县110报警中心。目前，我省第五批援疆干部有9人在霍城担任主要领导工作。霍城的发展进入了历史上最好的时期，财政收入增长了50%，农牧民人均增收300元以上，6250人实现了脱贫。

（原文刊载于2008年1月21日《新华日报》，本文有删节）

2008年

1月21日 江苏省委、省政府在南京召开外派干部春节慰问座谈会，援藏援疆干部及赴湖南挂职干部等参加座谈会。

7月24日 江苏省委、省政府在南京召开第六批援疆干部人才欢送会。25日，援疆干部人才启程赴新疆。

7月30日 江苏省支援霍城试点县的9名干部圆满完成援疆任务胜利归来。2005年7月，9名无锡市援疆干部赴霍城县任职，他们取得的成绩得到自治区和伊犁州的充分肯定，伊犁州党委作出“开展向霍城县援疆试点县学习活动”的决定。

8月 江苏省第五批援疆干部人才期满返回。

9月下旬 伊犁州代表团在江苏考察访问，双方就进一步做好对口支援工作进行商谈。

2009年

9月10日 乌恰县人民医院院长吴登云（扬州医学专科学校1963届高邮籍学生）入选“100位新中国成立以来感动中国人物”。2019年，吴登云被评为“新中国成立70周年最美奋斗者”。

是月 江苏省口岸中学被国务院授予“全国民族团结进步模范集体”称号。

11月下旬 伊犁州代表团在江苏考察访问，双方就进一步做好对口支援工作进行商谈。

【链接】“新中国成立以来感动中国人物”、帕米尔高原上的“白衣圣人”——吴登云

吴登云，高邮送桥人，1940年5月出生，1963年毕业于扬州医学专科学校。毕业后，他怀着报效祖国的热情，风尘仆仆地前往距家乡5000余千米的西北边陲、新疆克州乌恰县人民医院工作，成为一名医生。

白衣圣人，舍身救人

乌恰县地处帕米尔高原，高寒缺氧，日照强烈，常年大风，当地人说“大风刮得天上无鸟飞，山上不长草，石头满地跑”。吴登云回忆时说：“初到乌恰县，我很吃惊，这里竟然没有楼房，医院里也没有医疗设备，县城方圆几十千米的地方都没有树、没有房子、没有人。”开弓没有回头箭，面对恶劣的环境和艰苦的条件，吴登云全身心融入这片荒漠的土地，与少数民族兄弟融为一体。语言不通，他一字一句地学；情况不熟，他一个毡房一个毡房地访问；缺医少药，他刻苦钻研，如饥似渴地阅读大量医学著作，从微薄工资中挤出钱买动物做手术练习，把自己锤炼成全科医生。

1966年冬天，一位患功能性子宫出血的柯尔克孜族妇女住进了乌恰县人民医院，她脸色苍白，每挪一步就一身虚汗。吴登云当即决定输血治疗，但没有血源。望着奄奄一息的病人，吴登云毅然决定抽自己的血。在乌恰县工作期间，吴登云先后为病人无偿献血30余次，总计7000余毫升。他的鲜血一次次地流进少数民族兄弟的体内。在吴登云的感召下，他的子女都无偿献过血，乌恰县有1000余名机关干部职工参加“永恒血库”志愿者活动。

1971年12月1日，波斯坦铁列克乡柯尔克孜牧民买买提明两岁的孩子全身三度烧伤，50%的皮肤被烧焦，生命垂危，吴登云全身心地投入抢救。10余天后，孩子过了休克关，又过感染关，

吴登云深入牧区为乌恰县农牧民看病（2013年摄）

接下来就是创面愈合的难关了。而孩子完好的皮肤有限，孩子的父亲因为害怕不敢割皮救子，吴登云在医生护士坚决反对的情况下，自己动手从两条腿割下4处13块拇指大小的皮肤，移植到孩子身上。幼儿得救了，如今已成为3个孩子的父亲。“吴登云是我的第二个爸爸。”今年已经47岁的托呼托西·买买提明逢人便说。

吴登云每年都要花三四个月的时间到牧区巡诊和防疫。有时为了一个病人，往往要走几天的山路。一次，他在山区巡诊，由于极度疲惫，不知不觉在马背上睡着了，结果摔下山沟，全身受伤。“马背医生”吴登云足迹踏遍全县9个乡的30余个自然村。

十年树人，十年树木

1984年，吴登云任乌恰县人民医院院长。针对医务人员短缺的问题，吴登云制订一个“十年树人”计划。他到各乡镇卫生院物色柯尔克孜族医护人员，白天上班，夜里帮助柯尔克孜族同志学习汉语。然后把他们送到自治区的各大医院进修，进修后又手把手地“传帮带”，使一大批柯尔克孜族医生成长起来。现在他们都成为县人民医院各科室及各乡镇卫生院的业务骨干。过去这家连阑尾炎手术都做不好的医院，现在几乎所有的常规手术都能做，医疗水平在边疆县级医院中领先。

走进乌恰县人民医院，60余个花坛把医院装点得如同花园一般，在“生个娃娃容易，种活一棵树难”的帕米尔高原，实在是一个奇迹。1985年大地震之后，乌恰县城易地重建在戈壁滩上。为给病人创造良好的就医环境，吴登云又提出一个“十年树木”工程。没有土，他们就到7千米外的老城去拉，一个树坑一个树坑地垫土。没有水，他们就从雪山下挖了一条12千米长的引水渠。一年接着一年，硬是在戈壁滩上建起一座园林式的医院。重建后的乌恰县人民医院有凉亭、莲池、小桥，处处透着江南水乡的美丽风光。

坚守乌恰，奉献自我

2001年，吴登云从医院领导岗位上退了下来，担任县政协副主席的职务。但他仍牵挂着医院的建设和发展，坚持坐诊出诊，坚持义务为牧民看病。现在每个巴扎天，吴登云都要参加援疆医生创建的“医疗巴扎”活动，巴扎开在哪里，哪里就有吴登云和援疆医生的身影。有时，一个巴扎天“医疗巴扎”会接诊2000～3000人。吴登云说，这种现场就诊的模式使许多柯尔克孜族老乡的疾病得到及时救治。最重要的是通过这种模式，每年能将乌恰县11个乡镇卫生院的医生轮训一遍，五年来轮训五遍，有效提高当地临床医疗队伍的整体专业水平。

在新疆工作近四十年，吴登云多次放弃调回家乡或到条件较好的地方工作机会。1977年，老家的同窗好友为吴登云联系好扬州一家医院烧伤科的工作，说是“一路绿灯”。但面对柯尔克孜族农牧民真诚的目光，吴登云悄悄把同窗催办手续的来信揣进怀里。1986年，高邮县政府部门给吴登云寄去一份沉甸甸的信，热情洋溢地邀请他回家乡工作，吴登云不假思索地拒绝了。“回到家乡，家乡不过添了一个医生；乌恰不仅需要我发挥一个医生的作用，还需要我操持办好一个医院，带出一支队伍。”吴登云说，作为一名共产党员，应该矢志不渝地服从需要、承担责任。他留了下来，他的子女也留了下来。

吴登云以真心、热心和爱心赢得乌恰县各族人民的衷心爱戴，成为他们心目中的“白衣圣人”。“我深深知道，乌恰的各族群众需要我，而我也早已离不开淳朴、善良的乌恰百姓。”吴登云从一个24岁的年轻小伙，到一个年逾古稀的老人，他把自己的满腔热血都献给这片他挚爱的热土，就连他最亲爱的女儿也永远长眠于此了。

感动中国，无悔初心

吴登云不仅是医务工作者的榜样，也是新时

期知识分子的杰出代表、共产党员的楷模。他看重奉献，淡泊享受。日常生活中，他吃饭不计冷热、荤素，只要做熟就行。出差时，他能坐班车就不乘飞机，住最低标准的客房，吃最简单的饭。他把党和人民的需要作为医生的第一选择，把病人的需求作为医生的最高利益，立足本职，爱岗敬业，树立良好职业道德，刻苦钻研医疗技术。

吴登云先后获得“全国民族团结进步模范个人”“全国劳动模范”“全国优秀共产党员”“全国双拥先进个人”等称号和全国五一劳动奖章、白求恩奖章等，是中共十六大、十七大、十八大代表。2009年，吴登云当选“新中国成立以来感动中国人物”。

吴登云的事迹在社会各界引起强烈反响。中央组织部、中央宣传部、卫生部召开座谈会，学习宣传吴登云的先进事迹。中央电视台、《人民日报》《光明日报》等媒体也对吴登云进行专题报道。吴登云的故事还被拍成电影《真心》和电视连续剧《帕米尔医生》。高邮市委、市政府在他的家乡建成吴登云事迹展览馆，成为爱国主义教育基地、廉政文化教育基地。

在帕米尔高原，在乌恰这块融入热血与生命的土地上，吴登云倾注全部的挚爱之情。“如果还有来生，我还选择乌恰；乌恰人民需要我，我也需要乌恰人民；我还选择当医生，为病人解除痛苦，还病人健康，是我最大的幸福。”吴登云坚定的话语道出这位优秀共产党员为党和人民的事业奉献一切的坚定执着与无怨无悔。

（本文选自《扬州市援藏援疆志》，江苏人民出版社，2021年2月第1版）

2010年

3月22日 中共中央政治局常委、国务院副总理李克强调研伊犁州江苏援疆试点项目。

是月 全国对口支援新疆工作会议确定，江苏省在对口支援新疆伊犁州的基础上，增加对口支援克州和兵团四师、七师。

4月18～20日 江苏省委书记梁保华、省长罗志军率党政代表团到伊犁州、克州

2010年4月19日，江苏省、自治区召开对口支援座谈会

调研考察和对接工作，与自治区和伊犁州、克州党委政府共商进一步做好对口支援工作、扩大两省区交流合作大计。自治区党委书记王乐泉出席两省区对口支援工作座谈会并讲话。

5月23日 江苏省委常委会召开会议，传达学习中央新疆工作座谈会精神，研究江苏新一轮对口援疆工作。会议决定，由12个设区市（不含宿迁市）和昆山市、江阴市、张家港市及南京市江宁区、常州市武进区，分别承担对口支援新疆伊犁州所属10个县（市）、克州3个县（市）（阿图什市、阿合奇县、乌恰县）、兵团四师、七师及霍尔果斯经济开发区任务。会议就做好新一轮对口援疆工作作出总体部署，提出明确要求。

6月12日 江苏省政府召开全省对口支援新疆工作座谈会，传达学习中央新疆工作座谈会、全国对口支援新疆工作会议精神，按照省委常委会会议确定的做好对口援疆工作的总体要求，研究安排全省对口援疆前期准备工作。

7月20日 江苏省委决定，组建江苏省对口支援伊犁州前方指挥部、江苏省对口支援克州前方指挥部。两个指挥部先后于8月30日、31日揭牌成立。

7月20～27日 伊犁州党政代表团在江苏考察访问，省委书记梁保华、省长罗志军分别会见代表团一行。其间，代表团先后考察扬州、泰州、盐城、南通、无锡、苏州等地，并看望慰问部分援疆干部。

8月8日 江苏省委、省政府召开全省对口援藏援疆工作会议，传达学习中央第五次西藏工作座谈会、中央新疆工作座谈会和西部大开发工作会议精神，部署安排全省新一轮对口援藏援疆工作。省委书记梁保华作出批示，省长罗志军出席会议并讲话。

8月24日 江苏省委办公厅、省政府办公厅印发《江苏省对口支援新疆伊犁州、克州前方指挥部机构设置、主要职责和干部选派及管理工作方案》，确定在伊犁州、克州分别成立江苏省对口支援前方指挥部。明确伊犁州前方指挥部负责伊犁州、兵团农四师和农七师对口支援工作，克州前方指挥部负责阿图什市、阿合奇县、乌恰县对口支援工作。

是月 按照江苏省委、省政府统一部署，全省17个承担对口支援任务的市、区（市）分别组建前方工作组（指挥组）。

9月1日 江苏省新一轮对口援疆试点项目启动仪式举行，先行启动援疆项目6个，总投资3.1亿元。其中，伊犁州4个（霍城县江苏职业技术学校、霍城县兰干乡梁三宫村二组灾后农民安置房项目、伊宁市达达木图乡设施农业标准化示范基地项目、伊宁县吐鲁番于孜乡灾后重建项目）、克州2个（阿图什市住房保障工程解危解困房建设项目、阿合奇县护边新村项目）。

10月18～24日 克州党政代表团在江苏考察访问，省委书记梁保华、省长罗志军会见代表团一行。其间，代表团先后到苏州、无锡、常州、南京等地考察企业、园区、新农村建设和基础设施项目，并与省对口支援新疆领导协调小组成员单位和苏州、无锡、常州3市进行对口支援工作座谈。

10月25日 兵团代表团在江苏考察访问，省委书记梁保华、省长罗志军分别会见代表团一行。

11月18日 江苏省委、省政府印发《江苏省对口支援新疆工作方案》，明确南京等12个设区市和昆山等5个经济实力强的县级市（区）分别对口支援新疆伊犁州直属10个县（市）、克州3个县（市）和兵团2个农师及霍尔果斯口岸。

同日 江苏省对口援藏援疆工作领导协调小组成立，省长罗志军任组长。

11月25日 《江苏省对口支援新疆克州综合规划（2011～2015年）》暨对口支援阿图什市、阿合奇县、乌恰县专项规划通过自治区发展改革委组织的评审论证。《江苏省对口支援新疆克州综合规划（2011～2015年）》是新一轮对口援疆19个省市中第一个通过自治区论证的对口支援规划。

11月30日 江苏省纪委、省监察厅牵头成立江苏省对口援藏援疆监督检查工作领导小组，领导小组办公室设在省监察厅。

12月9日 江苏省对口援藏援疆工作领导协调小组召开会议，审议通过省对口支援伊犁州、克州总体规划，讨论对口援疆资金和项目管理办法，部署新一轮对口援疆工作。

12月22日 江苏省第七批援疆干部人才启程赴新疆。行前，省委书记罗志军等省领导看望全体援疆干部人才。

12月23日 伊犁州召开欢迎江苏省第七批援疆干部大会。24日，举办进疆培训班。

2010年9月1日，江苏省新一轮对口援疆试点项目启动仪式

2010年12月21日，江苏省委书记罗志军等省领导为第七批援疆干部人才送行

2010年12月23日，伊犁州召开欢迎江苏省第七批援疆干部大会

是月 江苏省第六批援疆干部人才期满返回。

2011年

1月19日 新疆代表团在江苏考察访问。其间，双方签订《进一步加强两地能源战略合作协议》。

1月20日 江苏省委、省政府召开外派干部春节慰问会，慰问第六批援藏干部、第七批援疆干部，以及支援青海、陕西、甘肃等地和赴香港、澳门工作的干部。

1月26日 江苏省对口援藏援疆工作领导协调小组印发《江苏省对口支援新疆项目管理办法》《江苏省对口支援新疆建设资金管理暂行办法》。

1月27日 江苏省对口援藏援疆工作推进会召开。会议要求各地各有关部门贯彻落实中央和省委、省政府决策部署，全力做好新一轮对口援藏援疆工作。省委书记罗志军、代省长李学勇分别作出批示。

3月16日 克州党政代表团在江苏考察访问，就进一步做好对口援疆工作进行洽谈对接。省委书记罗志军会见代表团一行。

3月18日 江苏省委决定成立中共江苏省对口支援新疆伊犁州前方指挥部委员会、中共江苏省对口支援新疆克州前方指挥部委员会，均隶属省委领导，同时接受受援地区党委领导。

3月30日至4月4日 江苏省代表团在新疆考察访问，自治区党委书记张春贤及自治区政协相关领导陪同考察。其间，双方就援疆工作重点难点，以及如何扩大优势对接、形成合力、实现共赢发展进行深入交流，并就共同加快推进援疆工作交换意见。

4月16日 江苏省新一轮对口支援新疆伊犁州首批100个援建项目在伊犁州直8县2市同时开工建设。其中，安居富民、定居兴牧、危房改造和棚户区改造项目36个，投入援助资金4.07亿元，建成后26574户城乡各族家庭直接受益；以教育医疗为重点的社会公共事业建设项目45个，投入援助资金3.69亿元；产业发展类项目19个。

4月25～26日 新疆代表团在江苏考察访问，省委书记罗志军、省长李学勇、省政协主席张连珍会见代表团一行。其间，双方就加强两省区交流与合作进行座谈，张连珍出席座谈会并讲话。代表团还参加霍城—江阴干部人才培养“百千万工程”启动仪式。

6月13～15日 江苏省代表团在克州考察调研对口援疆工作。

8月3～5日 江苏省委书记罗志军、省长李学勇率党政代表团在新疆考察江苏新

2011年8月4日，江苏省委书记罗志军（前排左七）、省长李学勇（前排右六）看望慰问江苏援疆（克州）干部人才

2011年8月4日，『百企千亿』江苏对口支援新疆产业合作项目（伊犁州）签约仪式举行

一轮对口援疆工作。其间，两省区召开经济社会发展座谈会，自治区党委书记张春贤出席。会后，双方签订《关于深化两地清洁能源战略合作协议》。代表团先后赴克州、伊犁州实地考察对口支援工作进展情况，看望援疆干部，分别召开对口支援工作座谈会，并出席江苏对口支援新疆“百企千亿”产业合作项目签约仪式，共有111个项目集中签约，投资总额1264.1亿元。其中，伊犁州签约项目57个，投资550.5亿元；克州9个，投资36.5亿元；其他地区45个，投资677.1亿元。

8月18日　江苏省对口援藏援疆工作领导协调小组印发《关于成立江苏省新疆籍普通高校毕业生培养工作协调小组的通知》，成立江苏省新疆籍普通高校毕业生培养工作协调小组。

8月19日　江苏省对口援藏援疆工作领导协调小组印发《新疆籍伊犁州克州普通高校毕业生在江苏培养工作实施方案》。同月22日，召开“江苏实施新疆籍普通高校毕业生来苏培养计划”工作会议。

10月　江苏对口支援的克州综合规划编制工作和伊犁州综合规划编制工作获自治区对口援疆规划编制工作“创新奖”。

11月1日　伊犁州发生6级地震。地震发生后，江苏省委、省政府向伊犁州党委、政府致慰问电，并向伊犁州捐款500万元。

11月25～27日　伊犁州党政代表团在江苏考察访问，省委书记罗志军、省长李学勇分别会见代表团一行。双方召开对口支援工作座谈会，共同研究下一步援建工作。

12月27日　江苏省委书记、省人大常委会主任罗志军会见由自治区人大常委会主任、党组书记艾力更·依明巴海率领的自治区人大代表团一行。两省区人大常委会签订合作协议。

【链接】全面对接，浓墨重彩写新篇——江苏省新一轮援疆周年回眸

8月的新疆，瓜果飘香，丰收的喜悦洋溢在天山南北。

一年前的8月，江苏省对口支援伊犁哈萨克自治州前方指挥部、江苏省对口支援克孜勒苏柯尔克孜自治州前方指挥部分别揭牌，首批6个援建试点项目正式开工，标志着我省新一轮援疆工作全面启动。

一年后的8月，我省确定的新一轮援疆第一个年度援建项目，八成以上已经开工建设。张家港市援建的巩留县人民医院整体搬迁新建项目落成，成为我省新一轮援疆项目中第一个启用的大项目；昆山援建的阿图什市三个乡饮水管道入户工程完工，常州对口支援的乌恰县城常州大道建成通车……一批惠及新疆百姓的民生工程相继建成。

对口支援16个单位，数量居全国首位

对口支援新疆建设，是中央着眼全局作出的重大决策，也是江苏7800万人民义不容辞的重要责任。自1996年以来，我省已先后选派6批306名援疆干部进疆工作，为促进新疆发展稳定和民族团结作出了重要贡献。

新一轮对口援疆任务空前艰巨。按照中央要求，我省对口支援新疆2个州、13个县（市）、新疆生产建设兵团2个师以及霍尔果斯特殊经济开发区，援建单位数量居全国首位。我省建立了直接对口到县（市）的援疆体制，安排12个省辖市和在全国百强县（市）中排名领先的5个县（市、区）共17个单位，分别对口支援。

高规格的领导机构迅速成立。领导协调小组由省委、省政府主要领导领衔，第一组长由省委书记罗志军担任，组长由省长李学勇担任，并在省发展改革委设立办公室。我省还分别在伊犁州和克州设立前方指挥部，是19个支援省市中唯一设立两个前方指挥部的省份。各承担对口支援任务的市、县（市、区）也按照结对关系，分别组建前方工作组。同时，还成立了由省纪委、省监察厅等部门参加的监督检查工作领导小组，并在伊犁州、克州前方指挥部设专职纪委书记。

按照"好中选优、优中选强"的原则，我省精心挑选了357名政治素质高、协调能力强、实践经验丰富的党政干部和业务水平较高的专业技术人员赴疆工作。带着江苏人民对新疆各族群众的深厚感情，我省第7批援疆干部和专业技术人才于去年12月全部进疆到岗。

范围空前的广，力度空前的大

7月24日下午7点半，阿图什市南郊的昆山—阿图什戈壁农业科技示范园工地上，工人们正在对光伏智能育苗工厂进行最后的调试，这里将成为自治区唯一的光伏设施农业基地。"崛起在戈壁滩上的这一示范园，将借助江苏在设施农业上的科技优势、人才优势，促进克州传统农牧业向现代农业转型升级。"昆山援疆工作组组长管凤良告诉记者。

"江苏援疆工作要继续走在全国前列。"遵循省委、省政府奠定的这一基调，我省新一轮援疆的范围之广和力度之大都可谓空前。

新一轮援疆中，我省投入的资金将远超以往。按照中央确定的政策，2011年我省安排对口支援新疆资金15.64亿元。2011年至2015年，我省将按每年递增8%安排对口支援资金，5年共安排91.75亿元。

推进援疆工作的力度也前所未有。有一个事例可以佐证：今年4月，省政府部署开展"百企百亿"援疆活动，重点选择我省优势行业有投资意向的企业到新疆考察投资，确保赴疆投资合作企业超百家、签约投资金额超百亿元。这是迄今为止我省规模最大、推动力度也最大的一次产业

援疆活动。记者采访时获知最新消息，即将签约的项目投资总额将达千亿元。

科学的规划先行。5月22日，由我省专家帮助克州制定的《克州发展战略规划》通过专家组论证。“克州57年历史上总算有了第一个整体性战略规划。”克州州长帕尔哈提·吐尔地告诉记者，“规划中提出的新认识、新思想、新观念无疑将对克州广大干部群众产生重要影响。”

按照中央要求，今年我省援疆需要完成15.64亿元的实物工作量。由于新疆的特殊气候条件限制，施工期较短，实现全年目标时间紧、任务重、难度大。

“让受援地区人民尽早享受江苏人民的援建成果。”承担对口支援任务的地方和部门迎难而上，倒排工期、挂图作战，全力推进援建项目建设。前方援建者还自加压力，许多项目当年建设，当年见效。

克州党委副书记、江苏援疆克州指挥部总指挥陆永泉介绍，截至7月底，我省今年对口支援克州50个援建项目已开工建设43个，开工率达86%；完成项目12个，占总数的24%；完成援疆资金投入1.7亿元，实现了“时间过半、任务过半”的援建目标。

伊犁州党委副书记、江苏援疆伊犁州指挥部总指挥于青山介绍，截至7月底，我省今年对口支援伊犁州的154个项目开工率已达94%，竣工率为10%，完成援疆资金投入6亿元，大约占年度计划的五成。

汇各方之力，写崭新篇章

“前方走过的每一步，都离不开省委、省政府的关心指导和后方各地、各部门的大力支持。”陆永泉和于青山都深有感触。

一年来，省纪委、省委组织部，省高院、省检察院，省发改委、人社厅、水利厅、农委、计生委以及承担对口支援任务的市、县、区等单位负责人先后率团到新疆考察调研，就新一轮对口支援工作进行对接。

作为援疆项目牵头部门，省发改委积极协调重大项目，推动广大江苏企业参与其中，并陆续出台了十多项项目审批、资金管理等援疆项目管理办法。他们还协调专家参与受援地综合规划和专项规划的编制，并派出专家到受援地开展项目审批、稽查管理等多方面培训。

2011年，省教育厅对口支援新疆教育基础设施建设的重点是推进寄宿制学校建设和职业学校建设，当年援助资金总量达2.92亿元。目前，我省已派出87名优秀教师前往受援地区学校任教，新疆普通高校毕业生来苏岗前培训工作也已启动，今年将培训3500多名新疆未就业大学毕业生。

新一轮援疆临近一周年之际，后方的相关部门和单位密集到访新疆，加速了与受援单位对接以及援助的步伐，我省援疆热潮汹涌澎湃：

6月17日至19日，省卫生厅厅长郭兴华带领江苏省卫生代表团赴新疆伊犁考察，代表团各支援单位与伊犁州卫生局、州友谊医院等7家受援单位分别签订合作协议，全面实施“连心牵手活动”。

6月17日至23日，省民政厅厅长吴洪彪和相关市、县民政局局长赴新疆对口援建的16个地区和单位进行对接。“十二五”期间，我省民政系统计划援助伊犁州、克州5700万元，其中省民政厅直接支持1200万元。

7月初，省食品药品监管局局长胡晓抒率各市局主要负责人分赴新疆各受援地区，各单位与当地食品药品监管部门均建立了结对帮扶关系。

7月20日至24日，由常州市和扬州市8位特级教师组成的江苏省中小学教育专家团，分别赶赴伊犁州伊宁市、霍城县以及克州等地举行了10余场讲座，为当地1000多名教师“传经送宝”。

企业界也积极参与进来。金坛市亿晶光电有限公司将连续三年、每年安排100万元援助乌恰，今年计划奖励100名优秀学生和教师，救助100名残疾人、50名孤儿、100名老年人和100名驻军士兵。

（2011年8月3日《新华日报》）

【链接】民生优先，江苏大爱洒满西北边陲——江苏省新一轮援疆周年回眸

改善民生是新一轮对口援疆的重中之重，今年我省援疆资金中，七成投入了民生工程。百姓急盼的实事抢先干，当地难以解决的项目主动干，促进当地农牧民增收的项目想方设法干，让新疆百姓切身感受到江苏对口支援带来的实惠和温暖。

百姓急盼的项目抢先干——“一年做成15年没做成的事”

7月24日，穿越茫茫戈壁滩，记者来到阿图什市格达良乡库都克村。村民依米尔艾山·吾拉依木热情地迎我们进屋，拧开水龙头给我们看刚接通的自来水，由衷地说：“亚克西，热合买特。”（维吾尔语：好，非常感谢！）

阿图什市水利局供水总站主任买合苏提·托合提告诉记者，长期以来，当地村民冬天都要跑好几公里到冰河里砸冰、背冰。前两年政府将自来水管铺到了村口，但大多数村民拿不出管道入户需要的大约1000元。去年12月，刚刚进驻阿图什的昆山工作组了解到此事，决定将管道入户工程作为援建的首要任务，为农牧民打通最后一公里。

从今年4月工程招标，到7月底基本完工，阿图什三个农牧民乡5000多户居民没有花一分钱就喝上了自来水。常州援建人员集中援建资金建设水厂，让2万多乌恰人彻底告别喝脏水的历史。

乌恰县的水源来自60公里外的开普太希水库，由于水流经过煤层带和戈壁滩，流入乌恰时已经成了“黑水”和“泥水”。水质不过关，肾结石、胆结石成了乌恰多发的地方病。

省委书记罗志军去年在乌恰调研时，决定将乌恰水厂建设列为今年江苏援建的重要民生工程。记者7月25日在乌恰新水厂工地看到，水厂主体工程已完工，40多位工人正顶着烈日安装保温装置和搅拌池设备。今年9月底，乌恰百姓就能喝上干净的自来水了。“我们奔波了15年，没想到江苏人一年就帮我们解决了。”县建设局长吴忠激动地说。

当地难以解决的项目主动干——“江苏人帮我们圆了安居梦”

伊犁州、克州地处地震带，很多住房不能满足抗震要求。按照高起点、高水平的原则，援建人员分步实施，努力为当地群众建设一个安全舒适的家。

7月29日，伊犁州察布查尔县爱新色里镇纳旦芒坎村，盐城市援建的安居工程现场，80套按照锡伯族民俗建设的安居房已进入最后装修阶段。记者在现场遇到44岁的锡伯族人关英军，他是村民选出的义务监督员，每天都要到工地看一看。关英军热情地把我们带到他家的新房工地现场——三室一厅，自来水、锅炉房一应俱全，“我长这么大第一次看到这样好的房子！”

在伊犁州特克斯县齐勒乌泽乡阔布村，南京市江宁区援建的新房刚封顶，外墙还没粉刷，院子还没有整理，哈萨克族村民达布尔江·伊力亚斯一家就迫不及待地搬了进去。他们心中都清楚：“是江苏人帮我们圆了安居梦。”

“我们不仅让村民安居，还要让他们乐业。”江宁工作组组长李万平告诉记者，新房开工之前，他们就摸清了每户村民的基本情况和今后发

展家庭副业的方向，据此确定了每户居民房屋的设计方案。而且，他们还新建了科技培训中心、文化活动中心、卫生室、幼儿园、小学等公共配套设施以及绿化、亮化、垃圾、污水处理等基础设施。今年入冬前，阔布村这个扶贫重点村，将转身为宜居、乐居的新农村。

7月27日，乌恰县的安居富民试点工程常州三村，主体工程已经完工，水、电、气也已全部通好。乌恰工作组组长王生大告诉记者，5年内，常州将配合乌恰改造和建设游牧民、农牧民搬迁定居房屋6000套，28000人将直接受益，今年计划实施的1200套目前全部在建设之中。

促农牧民增收的项目想方设法干——

人均收入4年涨了近10倍

伊犁清水河开发区江苏工业园现有农夫果园、昌泰实业等20多家国内外知名企业进驻，不仅振兴了当地经济，增加了就业机会，还改变了人们的思想观念和生活方式。

阿伊莎是伊犁州霍城县清水河镇的一位维吾尔族姑娘。目前她与丈夫一道在江苏工业园上班，每月收入五六千元，日子过得红红火火。当初她要进厂打工，曾受到家里人的反对。阿伊莎用她的坚持和稳定收入，转变了家人的观念，也带动了周围一大批维吾尔族妇女走出家门。

相比之下，要让习惯了随草而居的游牧民离开家乡外出务工更不容易，但柯尔克孜族人集中的阿合奇县却是个例外。仅今年该县就有1732人到广东、浙江、山东等地打工。而这，源于无锡援建人员因地制宜地合理引导。

2007年，阿合奇县人均年收入不足1900元。无锡援建人员为当地引进一家服装企业，进厂工人的月工资都在1500元以上，极大提高了当地人的就业热情。无锡还建造了阿合奇县职业技能培训中心，对当地农牧民进行烹饪、刺绣、服装加工、农机修理、汽车驾驶等免费培训。截至今年7月底，培训人员已达5605人次。如今，阿合奇县超过三成的青壮年劳力都已外出打工，月均收入已超过1800元，最高可达3700多元。

（2011年8月4日《新华日报》）

【链接】从输血到造血，激活发展内生动力——江苏省新一轮援疆周年回眸

7月25日，乌恰县黑孜苇乡艾克铁列克村一所废弃的校园里，一群五彩鸡、红嘴雁活蹦乱跳。这是柯尔克孜族青年布里巴提曼·木沙大学毕业后与同伴合作开办的养鸡场。上半年，木沙和同伴净挣了4万多元，这对于人均年收入只有1902元的克州人来说，是一笔不小的收入。木沙的创业成功，与江苏援疆干部的帮助分不开。

江苏新一轮对口援疆从第一天起，便明确了在向受援地“输血”的同时，更加注重“造血”，借助智力援建、产业援建、项目合作等新机制，着力解决当地群众的长远发展问题，让受援地发展插上腾飞的翅膀。

智力援疆，留下一支永远不走的队伍

今年9月，3500余名新疆籍普通高校毕业生将来江苏参加培训。此前，首批298名参训学生已经在扬州大学、南京审计学院等4所高校学习了近一个学期。“少数民族大学生赴对口援疆省市培养计划”是自治区党委政府作出的一项重大决策部署，在所有省市中，江苏接收的毕业生最多。

为提升受援地自我发展能力，江苏省委组织部专门组织专家多次带队深入伊犁、克州，精心编制了干部人才对口支援10年规划，将受援地干部人才培养纳入省委组织部干部人才工作计划。目前，伊犁已有300多名干部到江苏挂职锻炼和接受培训。

一年来，通过“走出去、请进来”，新疆先后组织18批近3000名基层干部、专业技术人员参加学习培训。通过重点培养，使基层干部的执政能力、管理能力和服务群众能力得到提高。乌恰县黑孜苇乡艾克铁列克村支部书记艾尼瓦尔·克里木去年10月底到江苏参加培训，在南京农业大学的学习和参观华西村使他深受启发，回来后他带领6户农民承包了60座大棚，跟着技术员学种菜，半年时间就使每户平均挣了近2万元。

江阴市今年启动的对口支援霍城县干部人才培养“百千万”工程，是一次大规模、系统性的全方位人才培训。江阴将利用5年时间，通过开展百名党政领导干部能力提升培训、百名村干部素质提升培训、百名企业经营管理人才创新能力培训、千名专业技术人才知识更新培训、万名“新农村、新农民”创业能力培训，全面提升霍城干部人才的整体素质。

合作共建，江苏发展理念启迪边疆人

7月26日，乌恰县郊的特色养殖基地，3500平方米的鸡舍、鸭舍已经竣工。这个由常州、乌恰共建的基地，将成为具有鲜明特色的农牧业产业区和休闲农业旅游区。

“通过建这个基地，我们熟悉了工程建设的流程，懂得了如何规范运作。”乌恰县黑孜苇乡副乡长朱国华介绍，以前他们的建设项目很不规范，“想怎么弄就怎么弄”。参与到江苏的援建项目后，从可研、初设、立项到招投标，每一个程序江苏援建者都和他们充分沟通，“江苏人手把手教会了我们每一步怎样按规范的程序走”。

在新一轮援疆中，江苏人突破“交钥匙”“交支票”的传统援建模式，构建了支援方和受援方团结合作、协同推进的新机制，使受援地掌握了先进的管理理念、工作方法和措施，增强了“造血”机能。

在教育、医疗等社会公共事业的援助过程中，江苏人也十分注重传帮带。援疆教师不仅全部走上讲台，还从教学管理、教案编制、教师培训等方面积极引导。南通工作组姚明等5位老师充分发挥姚明“江苏省特级教师”的资源价值和学术影响力，建立了“姚明工作室”，引领当地教师共同成长，他们的影响又发散开去，在伊犁带出了一大批优秀教师。

产业援疆，增强受援地自我发展能力

7月30日，霍尔果斯经济开发区，由苏州工业园区国有资产公司投资15亿元建设的东部产业转移园、苏新中心、5万平方米的集宿区正在热火朝天建设，明年将正式投入使用。目前，已有两家投资20亿元、15亿元的苏州企业正式落户开发区。

开发区管委会主任吴宏介绍，中央明确江苏对口支援霍尔果斯经济开发区后，建设霍尔果斯经济开发区成为我省对口援疆的重中之重。目前，开发区的总体规划和霍尔果斯市的总体规划已全部完成，3.43平方公里区域内水、电、气、路基本到位，开发区现有的管理人员被分批送到苏州工业园区和新加坡培训。“我们力争把霍尔果斯经济开发区早日建成我国向西开放的重要窗口、沿边开发开放的重要示范区和新疆经济新的增长点。”

距离霍尔果斯28公里，伊犁霍城县清水河镇的江苏工业园在前几批江苏援疆人员的努力下已经初具规模，玉龙钢管、天然芳香、新正泰、太湖钢管等20多家国内外知名企业进驻，产业集聚效应明显。

7月31日，记者来到位于园区中心的伊犁加稀管业公司工地，只见工人们正在搭建高高的厂房。来自常州的老板金丽娟说，他们的产品超高分子聚乙烯管道拥有自主知识产权，专门用于城市供排水、煤矿、油田等。今年8月底工厂就可以正式投产，每年可以给当地带来几千万元税收。

江苏工业园负责人王全斌告诉记者，像玉龙钢管、加稀管业这些江苏企业引进后，弥补了当地的许多产业空白，拉长了产业链条，增加了财政收入，改变了当地以农产品为主的产业格局。“而且，我们招商引资的同时也引来了智力，江苏企业的管理和营销理念带动了本地企业的提升。”

（2011年8月5日《新华日报》）

2012年

1月13日 江苏省委、省政府召开外派干部春节慰问会，慰问江苏援藏、援疆及援青和赴陕西、甘肃等地工作的干部及博士服务团成员。

1月31日 江苏省对口支援工作会议召开。会议确定继续把保障和改善民生作为对口支援工作重点，计划安排2012年援疆资金16.89亿元。

2月16日 首批新疆籍普通高校毕业生到江苏培养岗位实习工作会议召开。3月起，首批298名新疆籍普通高校毕业生在南京、南通、盐城、泰州、张家港等11个对口援助地区乡镇（社区）基层单位进行为期半年的岗位实习。

4月6～11日 江苏代表团在新疆考察调研援疆工作，慰问援疆干部。自治区党委书记张春贤会见代表团一行。代表团考察20余个援疆项目点，召开8场座谈会。在乌鲁木齐举办的苏新产业合作洽谈会上，签约项目26个，总投资518亿元。

4月24～26日 克州党政代表团在江苏考察访问。省委书记罗志军、省长李学勇分别会见代表团一行，交流对接对口支援工作。

5月10日 伊犁州党委、政府印发《关于开展向江苏泰州援疆医疗队学习活动的决定》，并组织泰州援疆医疗队先进事迹报告会巡回演讲。

10月11日 中共中央政治局委员、中央书记处书记、中央宣传部部长刘云山在自治区党委书记张春贤陪同下，到霍尔果斯经济开发区考察调研，视察兵团四师六十四团。

12月13日 克州党政代表团在江苏考察访问。省委书记罗志军、省长李学勇分别会见代表团一行，交流磋商对口支援工作。

【链接】镌刻在帕米尔高原上的忠诚——江苏援克指挥部成立两周年回望

对于新疆各族人民来说，2010年春天的嘹亮号角标志着一个新时代的到来，以此为标志，一场举全国之力实施的国家援疆行动拉开大幕。在这场史无前例、规模空前的国家总动员中，江苏不仅要继续做好持续十多年对北疆伊犁的支援任务，还接受了对口支援自治区经济最薄弱的克州的新任务。克州位于天山和昆仑山交汇的万山之中，在特别艰苦的工作条件下，如何以清晰的思路创造性地开展工作，为实现新疆跨越式发展和长治久安作出贡献，省委领导同志提出江苏要“真情援疆、科学援疆、持续援疆”，在新一轮援新疆工作中，江苏的各项工作要走在全国前列。两年来，举全省之力进行的这场规模空前、声势浩大的对口支援克州工作，以出色的“江苏效率”交出了一份出彩的“江苏榜单”。

一

深入持久、全面扎实做好对口支援新疆工作，努力推进新疆跨越式发展和长治久安，是新一轮援疆工作的两大历史性任务。省委省政府高度重视，中央新疆工作座谈会前夕，省委省政府主要领导专门带队专题到克州调研。中央新疆工作座谈会一结束，省委常委会召开会议，传达学习中央新疆工作座谈会精神，要求全省上下从全局和战略的高度认识到做好新一轮援疆工作对党和国家工作全局的重大意义，省委主要领导提出，要把援疆工作列入江苏的经济社会发展总体目标中去。

根据中央部署，12个省辖市和昆山、江阴、张家港市及南京市江宁区、常州市武进区，分别承担对口支援新疆伊犁州所有直属的10个县（市）、克州的3个县（市）、新疆生产建设兵团两个农师（团场）以及霍尔果斯经济开发区。为加强组织领导，根据新一轮援疆形势和任务，分别成立了江苏省对口支援伊犁州和克州前方指挥部。2010年8月，江苏省对口支援克州前方指挥部和各工作组机构基本健全，援疆干部开始陆续进驻受援地。按照省委选优配强援疆干部的要求，前方指挥部和各工作组的援疆干部分别由省直各厅局和无锡、常州、昆山三市选派精兵强将，以此加强对口支援克州工作的组织领导，统一安排援助资金，加强与受援地的规划和项目对接，扎实推进对口支援各方面工作。

“为谁援建，怎样援建”是必须回答好实践好的重大问题。两年来，江苏省对口支援新疆克州前方指挥部主动适应新一轮对口援疆工作的新目标新任务，根据中央和两省区党委政府的要求，践行“新疆效率”，弘扬“克州精神”，把发挥江苏促进作用和突出克州主体作用结合起来。兄弟同心，其利断金。共同的使命和责任让指挥部与克州地方党委政府建立起“两结合”的领导体制和工作机制，通过以联席会议制度为主要工作形式，以共建共管为主要方法，以“同心、同向、同调、同力”为目标，改变了过去援建项目“交支票”或“交钥匙”的单一模式，以合作共建的方式，逐步建立“硬件”与“软件”齐推、“输血”与“造血”并进的援疆方法，探索出了在合作共建中扎实推进对口支援克州工作的新方法和新途径，努力从根本上提升克州自我发展的内生力量。

二

8月，冰山的雪水已经消融，乌恰这个位于帕米尔高原上的祖国西部边陲小县城，传来一个让5万居民兴奋的好消息，由江苏出资3000多万元，并从南京市政设计院请来技术专家提供技术保障的自来水厂已经开始试供水。

保障和改善民生是促进社会经济发展和维护社会稳定的结合点，也是合作共建的出发点和落脚点。通过合作共建机制，饮水管道入户工程的完成，先是使阿图什市5000户农牧民告别了人畜共饮“塘坝水”的原始状况；原计划分两年实施的乌恰县供水援建项目，提前一年建成，使乌恰县数万群众彻底结束了长期以来“喝黑水”“洗黑水澡”的历史。

在乌恰工作了近50年的“白衣圣人”吴登云的家，73岁的吴老掬一捧清凉洁净的自来水，高兴地说，乌恰的老百姓再也不要喝污浊的地下水和塘坝水了。原籍扬州高邮的吴登云老人在这里工作了一辈子，他告诉笔者，乌恰一直没有像样的自来水厂，过去就是在一个塘坝挖个水池子，这里煤矿多，雪水融化后形成的地表水，经过煤层再渗出来都是黑的，而牛羊又在河流的上游，牛羊的粪便污水与地表水相混杂，农牧民的喝水问题几十年来都是大难题，这下全解决了。

长期的高原生活，皮肤晒得黝黑的乌恰县委

书记范宝军，谈起自来水厂满脸的激动。他清楚地记得，2010年5月，江苏党政代表团到乌恰调研对口支援工作，江苏省的主要领导同志得知当地百姓还在喝塘坝水，特别强调："先要把自来水厂建起来，让老百姓喝上健康的水，这非常重要！"其后，在多个场合，江苏的主要领导同志念念不忘，一见到新疆来人，总要问，自来水厂搞得怎么样了，好了没有？好了记得告诉我一声。每一次提问都凝聚着对边疆人民的深厚感情。

实现好维护好发展好新疆各族人民群众的切身利益是做好对口支援工作的出发点和落脚点。民生连着民心，民生凝聚真情。江苏援疆克州指挥部和克州各级党委、政府共同把保障各族群众的基本生活条件作为援建工作的首要任务和共同目标，把援建工程建设成为民族团结的"连心工程"。两年下来，一批批游牧民定居、富民安居、城市保障房、城乡供水、道路及教育、医疗卫生等民生项目已全面实施，特别值得称道的是在克州人民医院与江苏省人民医院之间建立的医疗远程会诊中心，能使江苏的专家面对面为克州农牧民看病。

今年6月17日一早，74岁的维吾尔族老大爷比西尔因突发大面积脑梗被送到医院，老人头天晚上就已经出现手脚发麻、抬手困难等症状，家人以为不是什么大问题，早早休息了。早晨送来时已经意识不清、话语迷糊、右半身呈瘫痪无知觉状态。情况十分危急，如果按照过去的做法，这样的病人必须转往乌鲁木齐，但两地相隔千里，长途转运病人没有安全保证。大学毕业才两年的值班医生童成辉通过医疗远程会诊中心向江苏省人民医院求援，老人主要病理特征和各项检验报告同步传到江苏省人民医院，按两院建立的全天候紧急会诊机制，江苏省人民医院的神经内科王蕊、心血管科钱卫帅、肾脏内科刘俊等多位专家在一小时内拿出两套急救方案，全程指导克州人民医院的医生对老人的救治，这是一场两地医生联手与死神争夺生命的赛跑，在他们的共同努力下，这位七旬老者的性命终于被抢了回来。三天后，老人的病情得到了缓解，一周后可以正常饮食下床。当着笔者的面，老人居然甩开膀子健步疾走。

克州人民医院副院长如先古丽·热衣丁阿骄傲而充满感激地说："江苏新疆两地相隔这么远，但我们心是紧紧相连的。通过远程医疗系统，我们的农牧民能免费享有江苏的优质医疗资源，江苏专家对克州医生的咨询、对农牧民病人就像对待自己家里人，非常耐心、尽心、负责，克州的医生文化水平普遍不高，有执业资格的医生不多，碰到疑难杂症往往束手无策，江苏省人民医院的专家甚至能细心地指出我们病历中相互矛盾的表述。"一有险情，江苏的专家都不分昼夜地指导。两地有4小时的时差，有时这边手术台上出现紧急情况，那边江苏省人民医院已经超过了正常下班时间，但他们的医疗远程会诊中心24小时有专家值守，并可根据需要随时调集任何科室的专家，不到一年的时间，这套远程系统已经成功救治70多例危重病人。而系统的建设运行资金全部由江苏援疆克州指挥部承担，现在，克州人民医院的这套系统已经和下面三个县的人民医院联网运行，更多的农牧民生病时可受益，通过这套系统，他们也在学习中提升了自己的医疗水平。

民族同胞的生命无价。江苏援疆克州指挥部总指挥陆永泉说："现在，江苏每年在克州的投入3个多亿，而远程医疗系统数百万的有限投入，构建了一条生命的守护防线，能一次次地把危重的同胞从生命危急状态下抢救回来，这比什么都值得，这也体现了江苏人民对克州人民最深最真切的情谊。"深入持久、全面扎实做好对口支援新疆工作，实现新疆跨越式发展和长治久安，要在发挥新疆主体作用上下功夫，要把“民生优先、群众第一、基层重要”的理念落到实处，坚持把好事办好。江苏援疆克州指挥部按照两地党委政府的要求，以全新的思路、创造性地开展工作，克州人民见证了过去两年间发生的奇迹和变化。

合作共建造福了克州的群众。投资3800万元（其中江苏的援助资金2600万元），原计划分两年实施的伊尔克什坦口岸下迁及工业园区供水工程，已建成投入使用。昆山市对口支援阿图什市前方工作组加快标准化农业科技示范园建设，仅用60天时间，一座现代化高科技近6000平方米的智能温室就建成投入使用，对推广农业新技术、新成果，普及科技知识，加快科技兴农、惠农、致富农民及发展农村经济起到了积极推动作用。无锡市对口支援阿合奇县前方工作组积极开展创业、就业培训，在阿合奇县建立的就业培训中心已培训90批12000多人次。实施的“5331”创业引导工程类项目，去年实施31个，带动就业98人，43人获得创业专题培训证书，目前已成为克州以创业带就业的样板工程。

在中国最西部的边陲重镇乌恰县，以前的土块房被一幢幢拔地而起的新楼替代，这是江苏为乌恰人建的城镇居民保障性住房，而计划为34000名牧民建的定居点和保障房共一万套目前已交付3377套，更大规模的施工建设还在如火如荼地进行中。由企业出资赞助的进入县城的主干道天合大道已经投入使用，原计划明年实施的3公里长的常州大道和柯尔克孜博物馆等项目，江苏援疆克州指挥部和常州工作组快马加鞭，正筹措资金利用当前建材价格较低的有利条件，提前启动建设，70万羽的鸡鸭鹅家禽养殖基地已经产生效益，过去人均年收入不足2000元的牧民，将从中直接受益，未来两年将达到3000元。

“过去牧民烧的是牛粪，现在烧的是天然气；过去住的是土块房，现在住有电梯的楼房；过去睡的是土炕，现在睡的是席梦思；过去喝的是涝坝里的黑水，现在喝的是干净的自来水；过去只能听听收音机，现在能看到卫星电视；过去单一放牧糊口，现在是多渠道致富。”在乌恰工作了近半个世纪的“白衣圣人”吴登云用这番话道出了这个边陲县城这两年翻天覆地的巨大变化。而新疆维吾尔自治区的一位主要领导同志看了江苏的援建项目后感慨地说：“这一两年的变化要抵得上过去一百年啊！”

三

经济不发达的少数民族地区，经济和社会事业发展中规划薄弱缺失是个长期存在的问题。江苏援疆克州指挥部进驻伊始，就认识到制定科学发展规划是实现克州跨越式发展和长治久安总体目标的前提，也是做好新一轮援疆工作的重要依据。省委、省政府主要领导多次关心、指导规划编制工作，多位省领导及苏锡常三市领导先后率团赴克州就规划编制工作提出指导意见。指挥部和州政府合力组织江苏的5家甲级规划设计单位、6个大专院校及科研院所，深入克州县（市）、乡镇、村调查研究，广泛征求各级党委、政府和部门的意见，把完善规划体系的过程作为统一认识、凝聚人心、形成合力的过程。相继编制完成了克州发展战略规划、对口支援一市两县城市总体规划、重点乡镇总体规划、村庄（农牧民定居点）建设规划以及农业、水利等多领域、多层次发展规划20多项，初步形成了多层次、全方位、高起点的规划体系，其中，克州发展战略规划填补了克州发展规划的空白。通过共同完善规划体系，把江苏的技术优势、人才优势与克州的政策优势和资源优势相结合，把江苏的发展理念与克州的发展目标相融合，共同明确了克州区域定位和总体发展目标，在产业突破、空间统筹、设施支撑、特色营造、民生保障、生态稳固等方面形成共识，共同描绘了一市两县的发展蓝图，在优化城市空间布局，配套完善城市基础设施和公共服务设施，提升城市载体功能上形成特色。为推进克州科学跨越、后发赶超打下基础，成为江苏、克州合作共建的目标。

在规划先行的同时，指挥部也充分认识到，推动克州跨越式发展和长治久安为目标，必须以增进民族团结为核心，以切实维护好、实现好、发展好克州各族人民群众根本利益为出发点和落脚点，加大江苏与克州两地产业合作转移，促进资源优势转化为经济优势，激发克州发展的内生活力，增强其本身的造血功能。

为科学发展产业园区，增强经济内生动力，指挥部积极加强与对口市县的沟通协调，昆山开发区与阿图什工业园区、常州新北区与乌恰工业园区结对共建，打造了产业辐射的新平台。为加速产业合作，指挥部与州政府组织克州相关企业赴江苏召开项目推介会、产品展销会，邀请江苏大企业、大集团到克州考察调研、洽谈，积极参与江苏省政府组织的“百企千亿”活动，有十多家企业与克州签订了38.5亿元的产业合作协议。

大力发展以设施农业、现代畜牧业和特色林果业为主的“戈壁产业”是实现农牧业增产增效和农牧民增收致富的有效途径。指挥部还促成了江苏省农委、南京农业大学、扬州大学等大专院校与克州农业部门就有关农业科技示范园、特色养殖基地等农业项目的合作共建。“阿图什市戈壁产业科技示范园”项目一期工程——现代智能温室以及常州乌恰特色养殖基地等已竣工投入使用。随着科技示范园全面建设，示范及辐射效应将逐步放大，预计2013年园区周边农牧民的人均收入将由现在的每年约1900元增加到每年4000元。一批农业科技示范园的建设，在提升农业科技水平，提高规模化、现代化经营能力的同时，也为当地农牧民的就业致富创出了一条新路。

四

提振经济和社会事业发展的内生动力是实现新疆跨越式发展和长治久安的根本所在。为此，省委省政府成立了对口援藏援疆工作领导协调小组，省委在组建前方指挥部的基础上，成立了指挥部党委、纪委，受江苏省委和当地党委的双重领导，指挥部建立了符合合作共建要求的组织领导体制。各对口援疆的市、县（市、区）和部门单位都将援疆工作列入重要议事日程，成立相应领导机构，明确工作职责，主要领导亲自过问。

为便于项目推进，克州指挥部与州人民政府建立了援建项目建设管理联席会议制度，联席会议由克州新一轮对口援疆工作领导小组成员单位和前方指挥部、无锡、常州、昆山前方工作组组成，州领导和指挥部领导担任召集人，制定议事规则，明确职能分工，定期掌握了解进展情况，协调解决重点难点问题，做到每一项重点任务、重点工程都共同研究部署、共同组织落实、共同跟踪检查。建立了符合合作共建要求的共建共管办法。江苏省对口援藏援疆工作领导协调小组制定下发了《江苏省对口支援新疆项目管理办法》《江苏省对口支援新疆建设资金管理暂行办法》，其中明确支援方委托受援方为主实施的建设项目，干部人才培养、产业合作、科技服务、定向资金补助等项目，由支援方和受援方根据项目情况协商组织实施。指挥部与克州人民政府会商出台了《江苏省对口援建项目审批工作专题会议纪要》，要求相关县市、部门单位努力创造条件为援建项目开辟“绿色通道”，专人负责、靠前服务、优先受理、限时办结，相应的招投标和审计制度全面完善，通过制度建设既要保证工程项目上去，又要保证干部不能因为项目问题倒下去。

“我们和江苏的干部配合得好，大家很哥们。”乌恰县委书记范宝军说，共同的使命和责任把双方凝聚在一起，工作中我们像自家兄弟一样，配合默契，心领神会。江苏援疆克州指挥部总指挥陆永泉说，我们在实践中把对口援建工作当作与少数民族同胞相互学习、相互融合，协同促进、共同提高、共同奋斗的过程，体会民族兄弟同胞的手足之情，在艰苦的环境中淬炼意志、磨砺品质，增强党性修养。

人才是第一资源，干部是民族地区经济社会发展的决定性因素，指挥部干部人才处卢刚处长说，少数民族地区经济不发达，但广大干部渴望发展、渴望知识、渴望变化、渴望带领农牧民致富。指挥部认识到边疆地区经济振兴根本上还是要靠人才、靠内生力量，他们与州委组织部共同提出要把干部人才队伍建设作为强州之基、发展之本。提出以“一个坚持、两个优先、两个确保”统筹干部人才培养，即：坚持人才资源优先开发、人才结构优先调整、人才投资优先保证、人才制度优先创新；资金优先考虑、项目优先安排；确保干部人才工作资金投入不低于援疆资金总额5%，确保干部人才援疆工作走在前列，最大程度地满足克州经济社会发展的干部人才需要。江苏省委组织部召开部务会，专题研究克州的干部人才培训工作，将其纳入江苏省委组织部的工作计划，形成了两地合力进行干部培养的局面。

指挥部还与州委组织部共同努力，在南京农业大学设立了“克州干部人才培训基地”，这是克州在东部发达地区建立的首个干部人才培训基地，已举办培训班22批，培训克州干部人才1500多人，并与州委组织部联合开展“双新”（学习新经验、建设新克州）活动，邀请110多名江苏知名专家学者、市县领导干部、优秀基层干部赴克州，举办了以“开明开发开放、共建希望之州”为主题的江苏“三创”（创业、创新、创优）实践与探索交流报告、建设项目法人培训班、专题讲座和送学上门等活动，全州接受培训4000多人次，努力造就一支适应克州大开放、大开发、大建设要求的“永远不走的干部人才队伍”。

莽莽昆仑，巍巍天山，苍茫辽阔的帕米尔高原上，留下了江苏援疆干部艰辛跋涉的足迹。大漠孤烟、茫茫戈壁，看着来自江南的这批援疆干部克服了常人难以想象的自然条件的艰苦，工作上的辛苦和生活上寂寞孤苦，笔者在这里时，常常为之动容落泪。他们红肿的双腿、双眼，因地理条件艰苦导致全身的麻疹，他们没有娱乐，每天在住地的院子里疾行散步，“三年跑下来，相当于南京到克州的距离了”，他们以此昭示着对党的援疆事业的忠诚和对这片土地的热爱，践行国家使命和神圣职责。在这场国家层面的总动员中，江苏克州援疆干部以自己的牺牲和奉献成了援疆事业“花儿为什么这样红”的真正主角。他们自觉践行中央和江苏新疆两地党委政府的要求，以实现好维护好发展好新疆各族人民群众的根本利益为对口援疆工作的出发点和落脚点，把调动好、凝聚好、发挥好新疆各族人民的创造活力作为做好对口援疆工作的力量所在和不竭源泉，把“真情援疆、科学援疆、持续援疆”的要求体现落实到各项工作中去。他们的身上，体现了江苏精神，浓缩了7800万江苏人民对新疆各族人民的深厚情谊和无疆大爱。

（2012年8月3日《新华日报》）

2013年

2月18日　江苏省对口支援工作会议召开。会议要求，各对口支援市县和部门要坚持科学援建、真情援建、持续援建，再接再厉、狠抓落实、扎实工作，努力推动江苏对口支援工作继续走在全国前列，让党中央放心，让受援地群众满意。会前，省委书记罗志军、省长李学勇分别作出批示。

5月4～8日 伊犁州党政代表团在江苏考察访问，省委书记罗志军、省长李学勇分别会见代表团一行。双方召开对口支援工作座谈会，推动对口支援和产业合作。其间，代表团还先后考察南京、苏州、无锡、徐州等地。

5月16～22日 江苏代表团赴新疆对接援疆工作，自治区党委书记张春贤会见代表团一行。其间，代表团分别在伊犁州和克州举行产业合作项目集中签约仪式，看望援疆干部，并与伊犁州、克州、兵团七师有关部门进行座谈。

6月26日 中共中央政治局常委、全国政协主席俞正声视察霍尔果斯经济开发区建设，实地考察苏州援建项目苏新中心。

8月18日 由南通市对口援建的新疆伊宁县人民医院标准化建设（异地新建）项目通过验收并投入使用。该项目获中国建设工程"鲁班奖"，在全国各对口支援省市中独获此殊荣，填补江苏援疆建设项目和伊犁州工程建筑领域空白。

12月 江苏省第七批援疆干部人才期满返回。

2014年

1月15日 江苏省对口支援工作会议召开。会议要求，各对口支援市县和相关部门要围绕民生这一核心，着眼就业和教育两个根本，狠抓项目、产业、人才3个重点，努力开创对口支援工作新局面。会前，省委书记罗志军、省长李学勇分别作出批示。

2月27日 江苏省第八批援疆干部人才启程赴新疆。

6月4日 江苏省委召开领导干部会议，传达学习第二次中央新疆工作座谈会精神，研究部署进一步做好对口支援新疆工作。省委书记罗志军、省长李学勇、省政协主席张连珍出席会议，罗志军主持会议并讲话。

6月24～26日 江苏省委书记罗志军率党政代表团在新疆考察访问，就贯彻落实第二次中央新疆工作座谈会和习近平总书记重要讲话精神，全面推进对口援疆和两省区合作进行考察交流。自治区党委书记张春贤等自治区和兵团领导与代表团一行举行两省区经济社会发展座谈会。其间，代表团还先后到伊犁州、克州就进一步做好对口支援工作进行实地考察调研和工作对接，并分别看望江苏援疆干部人才代表。

7月22日 江苏省委常委会召开会议，讨论通过省委、省政府《关于进一步做好对口支援新疆工作的实施意见》。

7月25日 江苏省对口援藏援疆工作领导协调小组更名为江苏省对口支援工作领导协调小组，并调整有关组成人员，省委书记、省人大常委会主任罗志军任第一组长，省委副书记、省长李学勇任组长。

8月3～7日 应江苏省委书记罗志军邀请，阿图什市昆山育才学校6名教师和30名维吾尔、柯尔克孜等族学生到南京参加青奥夏令营活动。5日下午，罗志军看望参加夏令营的师生。

8月11日 中共中央政治局常委、国务院总理李克强给南京市江浦高级中学新疆班学生古丽米热·米提吾拉和她的“南京爸爸”——中国电子科技集团第十四研究所职工梁军、周有光回信。在给古丽米热的回信中，李克强总理鼓励她和同学们挥洒青春，放飞梦想，健康成长，用所学的知识回报社会。省委书记罗志军和省长李学勇对贯彻回信精神、维护民族团结、做好援疆工作作出批示。

8月14日 江苏省委、省政府制定进一步做好对口支援工作的实施意见。中共中央政治局常委、全国政协主席俞正声作出批示：“江苏省委、省政府认真贯彻第二次新疆工作座谈会精神，目标明确，措施具体，走在了全国各省的前列。”

9月 江苏省口岸中学被国务院授予“全国民族团结进步模范集体”称号。

10月19～21日 江苏省代表团在新疆检查推进江苏对口援疆工作，并分别与自治区和伊犁州党委、政府，兵团及兵团四师，霍尔果斯经济开发区管委会交换工作意见。

12月2～7日 伊犁州党政代表团在江苏考察访问，省委书记罗志军、省长李学勇等分别会见代表团一行。其间，代表团先后考察苏州、无锡、南京、连云港、宿迁等市新型工业化发展、城市规划建设、旅游开发、对外开放、民生改善等项目。双方召开对口支援工作座谈会，就做好2015年对口支援工作、开展“十三五”期间对口援疆规划前期研究和编制工作等进行交流。

【链接】对口支援，江苏释放品牌效应

春节刚过，我省立即召开对口支援工作会议。根据中央部署，我省各地、各有关部门认真贯彻第二次中央新疆工作座谈会和全国对口援藏20周年电视电话会议等重要精神，在省委、省政府领导下，各项对口支援工作取得了显著成效。

项目援建，坚持民生优先

去年上半年，投资1100余万元建设的奎屯公共自行车服务系统项目率先交付运营，成为2014年江苏省第一个交付使用的援疆项目和北疆首个公共自行车服务运营系统。

“去年，援疆工作突出‘三个加大’，第一条便是加大改善民生力度。援疆资金项目安排要向基层倾斜、向保障和改善民生倾斜，加大教育、医疗、住房等方面的资助力度。去年，民生项目资金占援建资金的80%以上。”省对口支援办常务副主任樊海宏说。

2014年，我省共安排援疆项目150个，总投资44.3亿元，其中援疆资金15.5亿元，民生项目资金占总援助资金的74.7%。援建克州计划共安

排项目74项，总投资17.7489亿元，其中援疆资金4.1759亿元，民生项目占年度援疆资金的80%以上。

产业援助，重视扩大就业

去年，我省在产业援疆中把扩大就业放在更加突出的位置，加大对能够大量增加当地就业岗位的项目支持力度。

充分发挥我省劳动密集型加工工业优势，进一步组织推动纺织、轻工、电子等相关产业、企业向受援地区转移，加快推进劳动密集型加工工业聚集地建设，充分吸收当地劳动力就业。

“去年伊犁州签订各项产业合作项目90个，签约总金额490亿元，已开工项目38个，投资规模190亿元，已完成投资30亿元，建成后将创造就业岗位超2.9万个。”省对口支援伊犁州前方指挥部总指挥田洪说，“我们积极开展职业技能培训和劳务输出。2014年度安排就业和劳务输出引导资金1000万元，用于职业技能培训和组织农牧民劳务输出。今年，共开展2500多人次的职业技能培训。无锡前方工作组对阿合奇县6个乡镇近1500人开展劳务技能培训，已组织70多人赴无锡新日电动车有限公司就业。”

霍尔果斯经济开发区是我省产业援建的重点对象。三年统筹援疆资金6亿元，集中建设霍尔果斯经济开发区。2014年实施了六纵六横道路和绿化环境改造工程等市政基础设施建设，显著提高了园区对产业项目的吸纳力和承载力。全力促进纺织服装等劳动密集型产业发展，25万锭江苏新盐纺项目、10万锭建新国际棉纺项目落地实施。“实施特色产业扩容工程，扶持特色民族手工业基地建设，启动实施伊宁市创业就业园、奎屯市和伊宁县就业创业一条街、新源县酒文化一条街、昭苏县城南旅游商品一条街等创业就业平台建设，在霍城投入近千万元建设30个‘就业工场’，促进大批群众就近就地就业创业。”樊海宏说。

人才援助，构建援建长效机制

智力援助，正在构建起对口援建的长效机制。

人才援疆创造新模式。我省坚持以受援地需求为导向，采取主题培训与专题培训相结合、理论培训与实地考察相结合、“请进来”与“走出去”相结合、开设“江苏·伊犁大讲堂”等方式，大力实施强基固本的管理人才、跨越发展的经济人才、百年大计的教育人才、普惠民生的医务人才、就业富民的实用人才和持续发展的后备人才等长治久安“六大人才培养工程”。2014年实施干部人才子项目385个，共培训培养各类人才6.7万名，其中赴江苏挂职锻炼233人，培训2967人。

（原文刊载于2015年2月27日《新华日报》，本文有删节）

2015年

2月26日 江苏省对口支援工作会议召开。会议要求，进一步打造江苏援建品牌，把增加就业作为产业援助主要目标，推进产业援助全面开展，全面提升人才培养和教育援助工作成效，主动促进受援地区民族团结；全面强化对口支援工作组织领导，确保江苏对口支援工作继续走在全国前列。会前，省委书记罗志军、省长李学勇分别作出批示。

6月上旬 兵团代表团在江苏考察访问，双方就加强“十三五”对口支援规划等事项进行对接。

2015年6月26日，江苏·伊犁州对口支援工作座谈会在伊犁州召开

2015年6月26日，江苏·伊犁产业援疆项目签约仪式在伊犁州举行

2015年6月26日，新疆红豆服装有限公司开工奠基仪式举行

2015年6月26日，江苏省党政代表团在伊犁州看望慰问第八批援疆干部人才，并与大家合影

6月23日至7月1日 为进一步贯彻落实第二次中央新疆工作座谈会精神和省委、省政府对援疆工作的要求，江苏省代表团在新疆检查推进江苏援疆工作任务落实情况，看望慰问援疆干部，听取和商讨下一阶段工作安排。自治区党委书记张春贤、自治区主席雪克来提·扎克尔会见代表团一行。两省区就进一步做好对口援疆工作举行座谈。其间，代表团分别赴克州、伊犁州及兵团四师，检查推进江苏援疆项目，与州党委、政府和兵团四师、七师交换对口援疆工作意见，在霍尔果斯经济开发区和阿图什市分别举行产业援疆项目签约仪式，现场签订总金额105亿元产业合作项目38个，并参加霍尔果斯新疆红豆服装有限公司等项目开工仪式。

9月28日 中共中央政治局常委、全国政协主席、中央慰问团团长俞正声视察阿图什昆山产业园。

10月14日 江苏省委常委会召开会议，学习贯彻第五次全国对口支援新疆工作会议精神，研究江苏贯彻落实意见。会议要求，在圆满完成“十二五”对口援疆目标任务的同时，规划好“十三五”对口援疆工作，确保对口援疆各项工作继续走在全国前列。省委书记罗志军主持会议。

10月17日 江苏省政府召开常务会议，深入学习习近平总书记关于新疆工作的一系列重要指示和第五次全国对口支援新疆工作会议精神，研究贯彻落实意见。会议要求，扎实推进援建项目建设，促进受援地民生改善；坚持“输血”与“造血”并重，深入实施产业援疆；全面加大人才智力援助力度，增强受援地发展内生动力；着力开展多领域多层次交流合作，增进民族团结交融；协助做好反分裂和维护社会稳定工作，促进新疆实现长治久安；科学制定“十三五”对口援疆工作规划。省长李学勇主持会议。

11月17～19日 克州党政代表团在江苏考察访问，省委书记罗志军、省长李学勇分别会见代表团一行。代表团先后到常州、无锡、苏州等地考察。

11月22日 江苏省政府、新疆维吾尔自治区政府、教育部共建南京师范大学和伊犁师范学院座谈会在南京举行。此次会议标志着南京师范大学和伊犁师范学院作为新一批省部共建高校全面启动各项工作。

11月23～26日 江苏省代表团在新疆考察，进一步贯彻落实第五次全国对口支援新疆工作会议精神。其间，自治区主席雪克来提·扎克尔和兵团领导等会见代表团一行。代表团实地考察霍尔果斯经济开发区，并就苏新能源和丰煤制气项目召开推进会；与兵团签订产业合作战略协议，有35家江苏企业参加实地考察、洽谈投资项目，17家企业与兵团有关师或企业签订产业合作协议，总投资77.5亿元。

12月15日 伊犁州演出团“丝路行·苏伊情”江苏公益巡回演出在南京启动。这是伊犁州在新一轮对口援疆工作开展后首次举办的大型文化交流巡演活动。

【链接】真情援疆，天山南北播洒江苏大爱

巍巍天山，滔滔长江，新疆和江苏干部群众结下的深情厚谊，正如山高水长。自1997年与新疆建立对口支援关系至今，我省先后派出8批1200多名援疆干部人才，包括党政干部、企业管理人员、教师、医生和其他专业技术人员。

在新疆维吾尔自治区喜迎60周年大庆之际，本报记者连线在新疆承担对口支援任务的江苏人、在江苏接受过培训的新疆人，听他们述说江苏和新疆交融互动的精彩故事。

医者仁心永留第二故乡

作为我省第八批援疆干部，身为盐城市第一人民医院心内科副主任医师的王志华，在2013年12月来到察布查尔县人民医院担任副院长。这一去，就是18个月；在那里，一个个生命在死亡边缘被他留下。

察布查尔，新疆伊犁州的国家贫困县。当年，40岁的王志华跑到这里工作，很多人想不通，“一个医学博士，又是正当年，放着出国的机会不要，偏偏去受苦”。本来，盐城市政府安排王志华到韩国进修一年。可是，他听到援疆的事，便停下正在办理的签证，和家人商量一晚后，第二天找到组织：“我要去新疆。”

这是一个中年男人的成熟决定，也是他对父亲的一份承诺——“为百姓送去健康”。

察布查尔是心脑血管疾病的高发地区，每年发生急性心肌梗死的患者有上百人。今年3月，察布查尔遇到气候骤变，急性心梗等危重患者激增。“只是这一个月，我有20多天都是凌晨去医院救人。”王志华的手机24小时开机，遇到突发情况，一个电话就赶过去，因为百姓们都认可这位“江苏来的王医生”。

一个个白昼，一个个不眠夜，王志华成为察布查尔的生命卫士。他还填补了一项技术空白，成功完成察布查尔的第一例心脏永久起搏器植入手术。“那是一个驼背老人，手术的位置和平时不一样，难度很大。”平常一个小时就能完成

的手术，这一次他用了4个小时。成功的那一刻，老人的家人搂着王志华喜极而泣，很多人都在“亚克西、亚克西”地呼喊着（亚克西：维吾尔语，意为“好”）。

在援疆的日子里，王志华共完成3例永久起搏器和3例临时起搏器手术，还进村入户进行了20多次义诊，有些村民检查时还拿着糕点和奶茶“一定要让王医生尝尝”。

终于，结束援疆返乡的日子到了。含着泪水的送别背后，其实，他从未“离开”。王志华在援疆时设立的心内科心功能室保留在医院，他培训的几位同事更成为察布查尔心血管治疗的“星星之火”。如今，其中一位同事还来到盐城，继续跟随王志华学习。

王志华出色完成了任务，可是老父亲却再也没有机会听儿子讲述在新疆的点点滴滴了。就在王志华援疆期间，父亲在一场车祸中不幸离世。相信老人家在天堂里也会为儿子骄傲，因为儿子不仅兑现承诺，还把那颗医者仁心永远留在察布查尔。

白面书生变成紫脸大汉

湛蓝的天空、巍峨的雪山、广袤的草原……新疆伊犁州昭苏县，许多人心目中的“天马之乡”。两年前，沙顺喜来到这里，作为第八批援疆干部、泰州工作组组长，昭苏县委副书记，他遇上江苏在伊犁各地援建的几个“最”：这里海拔最高，平均海拔2018米；资金量最大，3年投入5.1亿元；施工时间最短、条件最差。但两年后，昭苏的少数民族干部群众说起这个已被高原紫外线烤黑的江苏汉子，总是一个劲儿地说“加克斯”（哈萨克语，意为“好”）。

国庆前夕，记者连线到正在参加新疆维吾尔自治区成立60周年庆典活动的沙顺喜，作为优秀援疆干部的代表，他刚刚受到中央领导接见。“当好一个援疆干部，我觉得，最大的责任就是在做好民生的同时，把江苏的理念与当地实际相结合，找到合适的发展路径，让天马真正‘飞起来’。”

天马究竟怎么飞？昭苏县天马旅游文化园中2000米国际标准化赛马场上，一匹匹身形矫健的骏马载着气宇轩昂的骑手轻盈奔跑。“全国马匹看新疆，新疆马匹看昭苏，这也是天马之乡的由来。”沙顺喜告诉记者，昭苏的大草原里放养着10万匹当年被汉武帝誉为“天马”的伊犁马，援疆办投资4800万元建设天马文化产业园，并上线全国最大的马交易信息平台，做大、做好马文化、马产业。

昭苏有6万头犏牛、百万尾羊，长期以来自养、自繁、自销，泰州投资3500万元援建食品工业园，不但延长农畜产品产业链，还可带来两三千个就业岗位。县里精心打造多条旅游示范街，吸纳大批商户和居民就业。

“援疆壮大当地产业，根本目的还是为民生。”沙顺喜介绍，如今，昭苏县南城区幼儿园、妇幼保健院、小洪纳海自来水厂等4个援疆项目已陆续完工，“入园难”“看病难”“饮水难”这一个个“难”正成为昭苏往事。

作为伊犁唯一没有荒漠的县，昭苏天山雪线绵延，牧场一望无际，吸引各地游客。沙顺喜带领泰州工作组因地制宜，引导、扶持农家乐、牧家乐发展。这几天，在牧民乌兹迪亚尔毡房里，桌上总是摆满瓜果、羊肉抓饭和手抓羊肉，乡里的民族小乐队常常来为游客助兴，客人和乐队尽情跳起民族舞。乌兹迪亚尔兴奋地说，每逢旅游旺季，乌孙山上每天停放四五千辆私家车，农家乐、牧家乐家家爆满，每天都有两三千元进账，做一季吃一年。

为办好“中国新疆天马国际旅游节”，沙顺喜连续两年担任节庆总指挥，如今天马节已成为新疆重要节庆活动之一，被媒体喻为天马走向世界的号角。经常风里来雨里去，加上昭苏强烈的紫外线，他从原来的白面书生变成紫脸大汉，大家都说他成了真正的昭苏人。

"尾巴学校"南通班神了

连线周云旗时，正是中秋节晚上七八点钟的光景，没想到几天前他刚从受援地新疆伊宁县返回老家南通。此时的南通已没入夜色，而伊宁的太阳才刚刚下山，"正是学生放学时间"。

2013年底，南通市田家炳中学副校长周云旗作为该市第八批援疆干部，前往伊宁县教育局任副局长、伊宁县二中校长。

周云旗"全力拼了"。3人超出600分，一人考上北大！伊宁二中今年的高考战绩，彻底打破建校51年无人超600分的历史，并实现清华北大零的突破！创造奇迹，他只用了一年半。

对这所排在伊犁州"尾巴"上的学校，周云旗有着足够的心理准备，但走进校园，还是被刺痛了：班子松散、老师迟到早退、学生时常打群架，校财务还挂着300万元外债。

如何打开局面，彻底改变校风学风？这是周云旗全面接管二中后的首个难题。和周云旗一起赴疆的，还有4位南通老师。每天，5位南通人在晨曦中迎接学生，晚自修辅导到最后一刻才离开。

潜移默化的示范，迟到早退的老师少了。周云旗清楚，输血不如造血，只有促进当地老师成长，才能留下"带不走"的教育资源。要将南通教育品牌在伊宁打响，周云旗借助大后方的支持，送新疆老师来通跟班培训，请江苏名师赴疆示范指导。

高效课堂，最大受益者还是学生。"学校培养了孩子，我是个瓦匠，让我做点回报吧。"考生王思翔今年考取西南交大，其父恳请让他无偿修缮校园里那尊风化严重的孔子像。"41摄氏度的高温，这位父亲顶着太阳干得那么开心，我们还有什么理由不努力！"

援疆为期三年，日子已走过一半。挂断电话前，周云旗有些动情，"在塞外杏乡伊宁，我们代表着江苏援教团队，要留下的不只是精彩的江苏教育，还有江苏精神、江苏大爱、江苏情怀！"

清泉进万家　感谢江苏人

金色九月，大美新疆秋意正浓。临近晚上9点，在中国国土的最西边，新疆维吾尔自治区克孜勒苏柯尔克孜自治州的小城乌恰，最后一缕阳光才刚刚从地平线上消失。家家户户开始为这一天的晚餐忙活起来，拧开自来水龙头，汩汩清泉畅流而出。

看着这透明纯净的水流，乌恰县水利局高级工程师段旺彪心中一阵欢喜。他像往常一样，用手掬起一捧清水，送到嘴边，浅浅吮了一口，高兴地自语道："这水，好喝。"

对于段旺彪来说，龙头里流出的这股自来水，不仅清洁安全，甚至甜如蜜糖。十几年前，当段旺彪大学毕业来到乌恰水利部门工作的时候，喝到的第一口水是当地天然"原装"的"涝坝水"——那由雨水沉淀而来的饮用水，泛着淡淡泥浆色，喝起来带着微咸的苦涩。

即使在已经通上自来水的县城，饮用水的质量依然让人担忧。段旺彪告诉记者，乌恰县是国家级贫困县，县城2万多人的饮用水源全部来自数公里外的黑水河。黑水河流域矿物质丰富，其水流也正如其名，呈现出一种奇异的黑色。他身边不少同事、朋友，因为长期饮用高矿物质的自来水，患上结石。

水，是乌恰最大的民生工程，也成了学水利出身的段旺彪心头最大的牵挂。2008年6月，为改善城乡生活供水，同时保证下游农业灌溉、工业用水等，在江苏援疆资金和技术、人才的支持下，乌恰县有史以来最大的水利枢纽工程——开普太希水利枢纽工程正式开工建设，段旺彪担任工程建设管理处总工程师。

"8000多万的投资，又关乎全县几万人的喝水问题，当时真的很紧张，做梦都在画图纸。”正当苦恼之际，来自乌恰县对口援助省江苏的水利专家主动伸出援手。河海大学的专家对开普太希水利枢纽的建设方案进行详细的设计论证；水利部直属的南京水利科学研究院派出专家，对工程进行全面安全性设计和评估；江苏的水利同行更是与段旺彪团队之间架起“空中热线”，两地合力将各种难题一一化解。

2014年7月，历经6年的建设，开普太希水利枢纽工程通过竣工验收，乌恰县城2.5万居民供水、3.9万亩农田灌溉得到全面保障。

经过沉淀处理的清洁水，流经江苏常州市援建的12公里长的自来水管道，流进千家万户。循着水流的方向，段旺彪再度收拾行囊，奔赴下一段征程。由他担当总指挥的乌恰第二座大型水利枢纽——康苏水库已于近日动工建设，未来5年，乌恰将计划再兴建4座大型水利枢纽，让全县百姓彻底告别喝水难。

经过了黑水河的冲刷和江南雨露的滋润，已届不惑之年的段旺彪显得更加自信了。“等水库建好了，请你到乌恰来，尝尝我们的水。放心，保证没有怪味！”

克州大枣熟了捎给南京朋友

“我们这里很热闹，像过节一样。”隔着5000公里的距离，电话那端，传出艾山江·赛衣丁的声音，轻松而喜悦。他说，阿图什的大街上悬挂着“祝贺新疆维吾尔自治区成立六十周年”的大红幅，到了夜晚，到处张灯结彩，自己手上的活儿进展顺利，还有几天，上千株植株的采样就能全部完成。

艾山江是克州农业技术推广中心园艺站站长。克州90%的面积是山区，人多地少，蔬菜种植尤其不易。6年前，克州开始发展戈壁农业，上万个戈壁温室大棚成了帕米尔高原的黄金地。既要让戈壁里长出的蔬菜品质好、产量高，又不能让肥料和农药伤害到脆弱的戈壁环境，艾山江和南京农业大学教授郭世伟共同开展“追加养分管理”课题研究。在实验地里，种下辣椒、西红柿、黄瓜、茄子，有上千株植株，使用不同的施肥施药方法，记录这些常见蔬菜的成长情况和土壤影响对比。

2012年，艾山江在南京农业大学学习一年，掌握了全套取样技术。“每次讲课，每一场报告，次次不落，他听得最认真，学习很刻苦。”指导老师郭世伟慢慢看出来了，这位大龄学生是带着问题来的，他是要干事的。“我去哪都带上他，他跑了江苏很多农村，对江苏农业的发展赞不绝口。”师生俩成了密友，无话不谈。

“我很喜欢南京，老师、同学对我特好。”只要有人到江苏出差，艾山江就要请他捎上克州的坚果、大枣，恨不得把家乡的好东西都装上，带给南京的朋友们。

在克州阿图什乡村土生土长，艾山江自小就知道土地的重要。他学习努力，考上塔里木农学院，分到克州农业技术中心，这位维吾尔族青年决定一辈子和土地、和农民打交道。艾山江说，家乡的农民原先种小麦，每亩地赚不了几百块钱。后来，农技中心推广种植木纳格葡萄，阿图什日照强，早晚温差大，葡萄品质好，销售旺，农民亩均收入能达到四五千元，阿图什两个乡种了葡萄10万亩。这几年果农遇到大问题，葡萄在9月份成熟，而那个月份雨水多，果子容易裂开，影响销售。

在南京学习，艾山江四处请教，还把南农的葡萄专家陶建敏老师请到新疆。陶建敏查看实情后，提出一整套种植建议。艾山江动员了两户农民照做，十月施有机肥，开春疏花疏果，雨季铺薄膜防水，一年下来，裂果少了一大半。“大家都说，江苏的专家真管用。就是这件事，让我们的农民有了精细化种地的意识。”艾山江说，农业技术太重要了,他要成为一座桥梁,通过他,江苏的技术像阳光一样,源源不断地洒在克州的土地上。

牧民当工人　幸福“江苏造”

韩沁言真忙。9月29日凌晨1点,克州宾馆。身为新疆日报记者的他,还在为本报整理自己报道过的江苏干部。“不算晚,这里是晚上11点。”韩沁言跑援疆报道20年,各地援疆情况了然于胸,“江苏援疆那绝对是走在前列,我脑海里装满江苏干部的故事。”韩沁言说,他喜欢江苏干部的实干劲儿。

9月28日上午,中共中央政治局常委、全国政协主席俞正声率中央代表团部分成员,来到我国最西端的新疆克州看望慰问各族干部群众,第一站就是阿图什昆山产业园,韩沁言前往采访。“就是那座昆山产业园,为当地300多人提供就业岗位。昆山工作组还援建小微产业园,解决700人就业。”韩沁言说,就业是新疆最大的民生问题。在江苏对口援建的克州,这几年企业数量呈几何级增长,“2010年克州用电量2.5亿度,去年达到9.5亿度”。这位老记者常年在各族聚居点奔跑,目睹多名熟悉的牧民成为工人后生活变得更美好。他在稿件中写道:“一座座现代化工厂建成,一批又一批柯尔克孜族、维吾尔族同胞穿上整齐的工装,告别了千百年来的农牧生活,当上产业工人。”

“江苏给援建地区带来质的改变。”韩沁言说:“江苏人实在,肯干,没把自己当旁观者。”克州没有大学,江苏出资1.2亿,要在克州办一所职业学院。“那不是建所学校就完事,江苏人考虑长远,土没动一锹,就在谋划创新培养机制。”他记得,今年教育部领导来新疆视察,江苏援疆干部、克州教育局副局长孔祥沛直奔宾馆,找到分管副部长,为筹建的学院申请多地联合培养机制。新疆的一些硬件条件,比如个别学校、医院可能比沿海发达城市还要好,但软件差距很大。江苏人怎么办学校、江苏人怎么理解教育,给当地很大启示。

更大的启示在于对人的重视。江苏干部花了大半年时间,摸清克州人才资源状况。克州急需哪方面人才、怎么培养,江苏援疆干部拿出人才规划。韩沁言说,得益于援疆干部的建议,克州州委提出“帕米尔3123”人才计划,用3年培育100名领军人才、200名骨干人才、300名后备人才。

“我爱跟江苏干部聊天,他们感兴趣的远非仅仅做些协助、配合的工作,他们有想法、想干事,希望在3年内干出点名堂。”从这些援疆干部身上,韩沁言感受到江苏发展的活力。

行走于帕米尔高原和伊犁河谷,韩沁言常常遇见江苏人。在阿图什吐地汉·阿不都热合曼家里,韩沁言看见这位老人握着江苏省中医院主任医师周珉的手,像个孩子一样哭泣。老人中风偏瘫,周珉带着团队上门巡诊,不能说话的老人用眼泪表达她的感动。

“苏州大夫”“常州医生”“徐州妈妈”……韩沁言接触过的援疆江苏人,数不胜数,大多连名字都想不起,只有那一件件事,一张张面孔,清晰如昨,大家都记得。

(原文刊载于2015年9月30日《新华日报》,本文有删节)

【链接】江苏援疆：5年投入产业发展资金6.253亿元

新一轮对口援疆工作开展以来，江苏对口支援克州前方指挥部在扎实推进民生项目建设同时，着力加强产业援疆，由“输血”向“造血”转变，不断增强克州自我发展能力。2011～2015年，江苏省规划安排对口援疆资金18.9872亿元，实际安排援疆资金19.3036亿元。其中，产业发展类项目6.253亿元，占全部援疆资金的32.9%。

大力推进新型产业园区建设。安排援疆资金5.86亿元，重点建设阿图什昆山产业园区、乌恰常州工业园区、阿合奇轻工业园区等厂房、道路工程以及相关配套设施项目。阿图什昆山产业园总规划用地面积5.24平方公里，总投资3.9亿元。一期启动区规划用地面积为2.24平方公里，目前已建成21幢标准化厂房等配套设施。同时，投资1.4亿元建设阿图什小微产业园、乌恰常州工业园及基础设施配套项目。

加大招商引资力度。每年安排专项资金150万元用于招商引资工作。先后组织20多场项目推介会、产品展销会，邀请100余家江苏企业到克州考察调研。2015年上半年，新增产业援疆项目18个，投资总额44.9亿元，与2014年同期相比增长68.8%。2015年8月24日，在江苏·克州产业援疆投资项目集中签约仪式上，有14个重点项目进行了签约，涉及新能源、服装家纺、装备制造、电子信息、生物科技、新材料、现代农业、现代服务业等8个领域，总投资44亿元。常州工业园2015年新入园企业12家，在园区注册登记的企业总数达到38家，列入园区统计的企业实现工业生产总值8.5亿元，同比增长30%，带动当地就业1850人。

合理推进特色产业发展。围绕克州戈壁农业、旅游和文化等特色产业，加大扶持力度。协调江苏省农委和大专院校与克州共同合作，共建农业科技示范园、特色养殖基地等农业项目。昆山戈壁产业科技示范园集研发、育苗、种植、销售、培训于一体；阿合奇无锡高新农业科技示范园，不仅建设了先进的气调库和果蔬加工车间，还配套果蔬直销店，实现了农超对接；乌恰特色养殖基地集农、畜、渔、禽一体，为牧民特色家禽养殖业提供了良好的育苗育雏服务。为推动民族文化产业化，集中展示民俗特色，建设了柯尔克孜民俗村，安排资金100万元将《玛纳斯》舞剧编排纳入重点文化产业项目加以推进。

建立人才工作站，大力促进创业。安排援疆资金200多万元作为启动资金，建立7个人才工作站，培养和锻炼本地科技人才。“十二五”期间，共安排348万元劳务输出引导资金，劳务输出人员累计达2000人次；安排597万元，通过实施“9331”创业引导工程等项目，培训、扶持、帮助、引导克州各族群众以自主创业带动就业。重点安排计划外援疆资金建设克孜勒苏江苏职业技术学院，实现克州无高等院校的突破，为克州发展提供各类技能人才。

（2015年10月22日《克孜勒苏日报》）

2016年

1月28日 江苏省对口支援工作会议召开。会议指出，要认真学习贯彻习近平总书记关于西藏、新疆工作一系列重要指示精神，落实中央第六次西藏工作座谈会、第五次全国对口支援新疆工作会议部署，推动江苏对口支援工作再上新台阶，继续走在全国前列。省委书记罗志军出席会议并讲话，省长石泰峰主持会议。

4月23日　由南京医科大学第二附属医院、江苏省人民医院、南通大学附属医院、苏州大学附属第一医院、徐州医科大学附属医院、江苏省中西医结合医院、江苏省肿瘤医院7所三级甲等医院联合组建的江苏省首批“组团式”援疆医疗队一行19人抵达克州，开展“组团式”医疗援疆。

5月18～24日　伊犁州党政代表团在江苏考察访问。其间，省委书记罗志军、省长石泰峰分别会见代表团一行。代表团先后赴苏州、无锡、常州、泰州和扬州等地考察，在苏州、无锡举办两场经贸洽谈活动，并与江苏省有关部门举行对口支援工作座谈会。

8月16～23日　江苏省党政代表团在新疆检查推进援疆工作，看望慰问援疆干部，听取受援地党委政府对江苏援疆工作意见，商讨援疆工作安排。自治区党委书记张春贤会见代表团一行，称赞江苏援疆工作最实在、成效最显著，走在全国前列。其间，代表团先后赴克州、伊犁州及兵团四师、七师检查推进江苏援疆项目，签订江苏省政府与自治区政府共建伊犁（江苏）纺织服装产业园区合作框架协议，参加淮安市援建的

2016年8月17日，江苏省党政代表团考察昆山援建的阿图什市格达良乡万亩盐碱地改良项目

2016年8月22日，江苏—新疆共建伊犁（江苏）纺织服装产业园区合作框架协议签约仪式在乌鲁木齐举行

五五工业园区高新技术科技孵化园开工仪式。

8月18日 镇江市援疆工作组副组长王华在受援地开会途中遭遇车祸，因公殉职。10月18日，兵团党委追授王华“优秀共产党员”和“优秀援疆干部”称号。11月30日，江苏省委宣传部追授王华“江苏时代楷模”称号。

12月上旬 克州党政代表团在江苏考察访问。12月9日，省委书记李强、省长石泰峰分别会见代表团一行，磋商对口支援工作。

12月25日 江苏省第九批援疆干部人才启程赴新疆。

是月 江苏省第八批援疆干部人才期满返回。

【链接】天山竖起大拇指，为江苏援疆点赞——我省新一轮对口援疆工作回眸

8月22日，乌鲁木齐，新疆迎宾馆，当听到中共中央政治局委员、新疆维吾尔自治区党委书记张春贤夸赞“江苏援疆工作的确走在全国前列，为全国带了个好头”时，在场的我省对口支援克州、伊犁州两个前方指挥部的同志无不激动万分。当他们把这一消息传递给各位“援友”时，此刻，在即将结束三年援疆任务的全省第八批424名援疆干部的心中，涌动着的，是一种自豪，一腔割舍不下的情怀，更有一份将伴随一生的责任。

一批项目，让各族群众拥抱看得见的幸福

客厅的桌毯上，堆满瓜果油馕，热情的维吾尔族老汉卡热·卡德尔忙不迭地往大伙手里塞。17日，在新疆克州阿图什市格达良乡曲许尔盖村，江苏代表团一行受到“最尊贵客人”的礼遇。告别土坯房、刚刚入住新居的卡热，脸上洋溢着幸福的笑容，一家六口，住上320平方米的新房，这在过去，以种地、放牧为生的卡热，做梦也不敢想。

乡党委书记张麦成说，曲许尔盖村主要收入来源是农牧业，别看全村土地有600多万亩，但可耕地只有1万亩。江苏援疆工作组来这里实施土地改良和安居工程后，已有6100亩盐碱地种上了玉米，85户农牧民搬进了新居。

卡热说，新房花了十五六万，援疆资金补贴五万五，自己掏了十万左右。在以往，收成再好，也拿不出这些钱，亏得两个儿子去年先后进了厂。老汉说的厂，也是江苏援建的工业园引进的，村里去厂里上班的姑娘小伙就有几十个。

一马平川的戈壁滩上，奎屯天虹纺织拔地而起。这座由徐州天虹集团投资的纺织厂，不到半年，25万平方米的厂房就建成投产，已在当地招收工人2730人。徐州援疆的干部介绍，经过他们招商引资，目前已有9个关联项目落地奎屯，全部完工后可吸纳就业1万人以上，奎屯一跃成为自治区第二大纺织服装产业基地。

五年来，我省共与新疆签订产业合作项目257个，投资总额2295亿元，已经投入或开工建设的项目突破100个。22日，江苏省人民政府与新疆维吾尔自治区政府共建伊犁（江苏）纺织服装产业园区合作框架协议又在乌鲁木齐签订，我省将组织50家左右的纺织服装企业赴伊犁州投资兴业，带动当地各民族群众就业达到1.5万人。

不仅仅是援建企业，“十二五”期间，我省安排援疆项目1203个，援建资金91.7亿元，80%投入民生类项目。无论在帕米尔高原，还是在伊犁河谷，记者随江苏代表团踏访了30多个援建项目现场，目睹各种民生项目给受援地群众生活带

来的深刻变迁：奎屯老百姓第一次骑上公共自行车；巩留第二小学的孩子们第一次踏上塑胶跑道；阿图什83岁的阿布拉·买合提身体一有不适，不再需要奔波上百里，只需步行到乡卫生院，就能看上江苏的专家医生……

一群干部，真情奉献汗水洒满这块土地

省委省政府对选派援疆干部极为重视，选派标准极为严格，在第八批援疆干部中，许多同志都是各行各业挑出来的骨干，不少还是各单位的后备干部。

正值最能干事的年龄，往往也是一个人上有老下有小、家庭负担最重的时段，援疆，一去三年，每位援疆干部背后的困难和牺牲可想而知。在新疆采访期间，记者听到这样一句谚语：流水走过的地方，留下的是玉还是石头？江苏援疆干部告诉记者，他们也自觉不自觉地思考这个问题：3年援疆，我们为新疆留下的是玉还是石头？

高永涛，江苏省首批“组团式”援疆（克州）医疗队副队长，今年4月20日，在父亲刚刚去世，母亲常年生病，女儿即将高考的情况下，毅然告别亲人，眼含泪水奔赴克州。

条件艰苦，饮食不习惯，生活不适应，也是在长江流域生活惯了的江苏人面临的一大考验。年过半百的连云港支教老师李凤君，到霍尔果斯苏港中学第二天就水土不服，全身浮肿，他没休息一天，就开始工作。援疆教师宿舍离学校有近5公里的路程，遇到漫天风沙和严寒天气特别难行，前指提出用车辆接送老师，8位援疆教师谢绝了：“来新疆支教，就是来奉献的。”

援疆医生邵永是徐州医科大学附属医院医学博士，在胃肠外科赫赫有名，在徐州，要挂他的号很不容易。来到新疆后，邵永却变成了“泥腿子”医生，一年中三分之一时间都泡在基层医院和牧区，不是巡诊，就是教学。

不仅是专职的援疆干部，天山南北，还活跃着一批批柔性援疆的江苏人，“银发人才”援疆队伍便是其中之一。这批在江苏退了休的高层次人才到新疆开展3～6个月短期服务，将自己的余热尽情地献给新疆。在阿图什市格达良乡卫生院，记者见到，从江苏来的11名退休医疗专家正在义诊，卫生院小广场四周的凳子上，坐满了候诊的群众，柯尔克孜族院长吐尔地告诉记者，江苏的专家不光为群众治病，还帮他们培训业务350多人次，经江苏专家指导，他们卫生院也能做CT了。

在新疆这片戈壁胡杨蓬勃生长的土地上，江苏援疆人像戈壁胡杨一样，把根系扎进土壤，有的甚至在援疆的岗位上付出了生命，永远地留在了这片土地上。在伊犁，当地群众甚至提议，要为江苏援疆干部立碑。

一套经验，为受援地持续发展注入内生动力

17日，在昆山市援建的阿图什市小微产业园安淇拉地毯科技有限公司，一块块独具民族特色的地毯正从机器上织出，见代表团到来，维吾尔族老板海米提热情地迎上来，用流利的汉语跟我们攀谈起来。他去年10月大学毕业，接手了父亲的地毯销售小门店，不久就赶上产业园建成，园区积极鼓励他自己办厂，还给他提供了许多政策扶持。说起园区的好处，小伙子如数家珍：1000平方米的标准化厂房，设备拉过来就能投产，前三年免租金；电费减半，1度只有3毛8；园区还建了廉租房给职工居住，31平方月租还不到60元；工作满1年，园区还发每月几百元的额外奖励，工人们每月能拿到2500元左右。海米提说，现在客商下单很多，等第二条生产线安装到位，他要再招80多名工人。在江苏对口支援扶持下，近三年，像海米提这样的本地业主涌现了一大批。江苏对口支援克州前方指挥部总指挥王斌告诉记者，把援助的重点放到培养当地老板上来，比单纯经济援助更能推动地方发展。

不光是培植当地老板，在江苏就读的新疆籍大学生，回到新疆后如果带得好，也可能成为一个个“酵母”，发酵出各式各样美味的“馕”。今年，江苏高校共有新疆籍应届少数民族毕业生999人，此次新疆之行，省人大常委会副主任、省对口支援工作领导协调小组副组长史和平每到一处，都要求江苏援疆的同志，做好这些毕业生的就业工作，一定要让他们能到相应的岗位上发挥作用。新疆的同志告诉记者，江苏援疆，最成功的做法，就是通过产业援疆，为受援地培养了一大批懂技术、会管理、永远不走的人才。

围绕人才的培养，方法多种多样，“滴灌式”对口培训，“组团式”智力帮扶，“融合式”交往交流，从“单项作战”到组合推进、从“授人以鱼”到“授之以渔”、从“输血”到“造血”，其中，江苏援克前方指挥部探索出的“嵌入式”援疆模式，即通过合作共建机制，援受双方相互嵌入、互动融合，援建项目建到哪、人才工作站就建到哪，形成情感共同体，实现援建项目“1+1＞2”的效益，成为唯一被自治区发文推广的整体工作法。

（2016年8月27日《新华日报》）

2017年

3月28日 江苏对口支援克州项目集中开工仪式举行。2017年，江苏共安排对口支援克州项目66个，援疆资金4.85亿元，涉及民生保障等多个领域。

4月12日 江苏对口支援伊犁州项目集中开工仪式举行。2017年，江苏共安排对口支援伊犁州项目271个，援疆资金18.12亿元，涉及民生保障等多个领域。

4月19日 江苏省对口支援工作领导协调小组印发《江苏省“十三五”对口支援新疆伊犁州直地区和新疆生产建设兵团四师、七师经济社会发展规划》《江苏省“十三五”对口支援新疆克州经济社会发展规划》。

4月22日 江苏援伊指挥部在尼勒克县召开援疆帮扶活动部署会，动员开展苏伊两地“万人帮万户，共同奔小康”援疆帮扶活动。

4月22～25日 克州党政代表团在江苏考察访问，省长石泰峰会见代表团一行。代表团还先后赴无锡、常州、苏州等地考察。

6月13日 江苏省对口支援工作领导协调小组印发《江苏省对口支援新疆项目和资金管理暂行办法》。

6月29日 江苏省人民医院副院长、主任医师、教授王水，常州市政协原副主席何祖大，盐城市发展改革委主任科员唐尧，江苏省对口支援工作领导协调小组办公室副主任袁焕明，无锡市新安中学校长、党支部书记、高级教师丁强，泰州市种子管理站站长、农业技术推广研究员陈俊才，南通市教育局副主任科员张翊翔，苏北人民医院眼科主任、主任医师解正高，南京市委农村工作委员会书记蒋晓平，被中共中央组织部、中共中央统战部、国家发展和改革委员会、人力资源和社会保障部授予“全国对口支援新疆先进个人”称号。镇江市援疆工作组副组长王华被追授“全国对口支援新疆先进个人”称号。

2017年7月11日，江苏省领导率队到新疆考察访问

2017年9月4日，江苏省与自治区及新疆生产建设兵团经济社会发展座谈会在乌鲁木齐召开

2017年9月5日，江苏省委书记李强（前排中）调研克州人民医院远程会诊工作

7月9～11日 江苏省政府领导参加在喀什召开的第六次全国对口支援新疆工作会议。会后前往克州、伊犁州两地检查指导江苏对口援疆工作，要求深入贯彻习近平总书记关于新疆工作的重要指示，全面落实第六次全国对口支援新疆工作会议部署，按照省委省政府提出的援疆工作要走在全国前列的要求，坚持真情援疆、科学援疆、持续援疆，开创援疆工作新局面。

7月17日 江苏省委常委会召开会议，传达学习第六次全国对口支援新疆工作会议精神，强调要认真贯彻落实党中央治疆方略和援疆工作决策部署，把做好对口援疆工作作为义不容辞的政治责任，进一步做好对口援疆各项工作，推动江苏援疆工作走在全国前列。省委书记李强主持会议。

8月8日 江苏援伊指挥部印发《深入推进就业援疆的实施方案》。

9月4～6日 江苏省委书记李强率党政代表团在新疆考察访问。自治区党委书记陈全国与代表团一行进行座谈。代表团还先后赴克州和伊犁州进行实地考察调研和工作对接，并看望援疆干部。

9月28日 江苏省扶贫协作和对口支援工作推进会在南京召开。会议要求全面落实东西部扶贫协作座谈会、深度贫困地区脱贫攻坚座谈会、第六次全国对口支援新疆工作会议和国务院贫困地区脱贫攻坚电视电话会议精神，更大力度推进扶贫协作和对口支援工作。

11月19日 中共中央组织部、国家卫生计生委有关司局和全国7个“组团式”支援省市和新疆受援地州的党委组织部、卫生计生委、支援（受援）医院负责人到新疆克州人民医院现场观摩江苏“组团式”医疗援疆工作。

2018年

2月12日 江苏省委书记娄勤俭主持召开全省对口支援前方指挥部、帮扶工作队主要负责人座谈会，听取工作情况汇报，并向援派干部及其家人致以新春祝福。

3月31日 江苏省对口支援克州项目暨阿图什市扶贫产业园、乌恰县农牧民职业技能实训场地、阿合奇县“两居工程”开工仪式分别在项目建设地举行。

4月 自治区党委书记陈全国在《2017年江苏对口支援新疆伊犁州和新疆生产建设兵团四师、七师工作总结报告》《2017年江苏对口支援新疆克州工作总结报告》上批示：“江苏省援疆工作聚焦总目标，成效明显，感谢江苏人民的深情厚谊。”

5月3日 江苏省政府召开全省对口支援暨扶贫协作工作电视电话会议，总结江苏对口支援暨扶贫协作工作，部署下一阶段任务。省委书记娄勤俭和省长吴政隆分别作出批示。

2018年9月26日，江苏省委书记娄勤俭（前排中）在克州人民医院调研远程会诊工作

7月15日 江苏省相关负责人出席自治区召开的南疆四地州深度贫困地区脱贫攻坚现场推进会暨对口帮扶工作会议，并在大会上进行交流发言。

9月25～27日 江苏省委书记娄勤俭率党政代表团在新疆考察访问。其间，召开两省区及兵团座谈会，自治区党委书记陈全国，省委书记娄勤俭出席会议并讲话。代表团还先后到克州、伊犁州，看望慰问江苏援疆干部，考察调研江苏对口援疆工作。

10月16日 由江苏省政府、自治区政府共同组织的建筑领域合作推介会在乌鲁木齐举办，两省区住建部门、有关企业和单位分别签订合作协议。

【链接】倾情援疆惠民生　让百姓喜笑颜开——江苏省对口支援克州工作综述

江苏援疆工作组坚持把援疆资金和项目落实到改善民生、扶贫惠民、人才支援和增进团结上，不断开创全方位对口支援克州工作的新局面，有力推动了受援地各族群众生产生活条件的改善和经济社会各项事业发展再上新台阶。

心系基层，打通民生“最后一公里”

2010年8月，按照新一轮对口援疆工作的部署，江苏省开启了对口支援克州工作，形成了昆山市支援阿图什市、常州市支援乌恰县、无锡市支援阿合奇县的工作格局。江苏先后选派三批援克干部人才323人，共实施项目289个，投入资金30.4亿元，有力推动了克州经济社会各项事业快速发展。

江苏坚持把保障和改善民生放在优先位置，安排援克项目和使用援克资金突出民生优先，重点保障教育、卫生、文化、就业等重要民生领域。2010年以来，江苏对口支援克州各类民生项目投入近20亿元，占援疆资金总额的80%以上，涉及农村“两居”房建设、棚户区危旧住房改造，以及公路、学校、医院、防洪设施等民生工程，大大提升了各族群众的幸福感。仅2018年，安排援疆项目53个、资金4.85亿元。其中，脱贫攻坚项目37个、资金3.6亿元，占比均超过70%。

启动实施医疗人才“组团式”援疆工程，引

进先进的管理理念，采取师带徒、院包科等精准帮扶措施，加强重点专科建设，注重医疗技术科研创新，抓好业务骨干培训，整体提升州人民医院医疗服务能力和管理水平。

在州人民医院，做完手术不久的阿依扎达向医生竖起大拇指。今年18岁的阿依扎达因心脏房间隔缺损经常头晕头疼。江苏省医疗援疆“润心计划”解决了这一难题，选派多领域的医疗人才，让患者花费不大就接受了手术治疗。

近两年，江苏“组团式”医疗援疆定期下乡开展“春蕾行动”，为1400余名少年儿童进行先心病筛查；开展“江苏医疗大巴扎”义诊，坚持每月赴高原边远地区开展医疗惠民活动，为3000余名农牧民提供就诊咨询和医疗服务。

江苏援疆以“硬件”和“软件”建设相结合，采取“请进来、走出去”的方式，实施教师培养工程。从“授之以鱼”到“授之以渔”，从“输血”到“造血”，建立大密度、多层次的教育对口支援体系，为克州教育发展加速。

产业扶持，提升克州“造血”功能

在援疆工作中，江苏着力加强与克州的产业合作，增强受援地内生发展动力和活力，坚持把克州的资源、区位优势与江苏的产业特色相结合，积极探索多渠道、多方位、多元化产业扶贫路径，以产业发展为核心持续推进脱贫攻坚。

引导贫困人口向二、三产业转移、向城镇集聚，助推贫困人口转移就业目标任务实现新突破。由江苏援疆克州前指每年安排1000万元用于就业精准化培训工作，大力推行“订单式”“定向式”培训，推动实现农村贫困人口外地就业从“卖苦力打工”到“凭技能吃饭”的转变。

对于阿图什市建档立卡贫困户而言，江苏省援疆工作组实施了无花果和木纳格葡萄“连心券”精准扶贫新模式，通过援疆奖励和补贴，推动贫困户、专业合作社和龙头企业以“连心券”形式建立起稳定的利益联结机制，形成稳固产销链条，促进贫困户增收。

批发销售阿图什无花果的海如拉·木提拉就是受益者之一，他从事批发销售无花果快10年了。“我父亲每天从阿图什通过飞机把无花果运输到乌鲁木齐，我在乌鲁木齐批发市场销售。”海如拉说，“我今天收到了1万个无花果，早早就批发完了，前天的第一批货批发价2元/个，今天1.5元到1.7元/个，最便宜的时候1元/个。”

据了解，2017年阿图什市共对178户无花果和2633户木纳格葡萄种植贫困户发放“连心券”，贫困户实现户均增收2000余元。同时，加强对接推动优质产业项目落地，江苏省在项目援疆方面积极与苏宁云商集团协调对接，推动自治区首家“苏宁易购电商扶贫实训店”暨“苏宁易购中华特色馆——克州馆”项目建设。项目建成后，将打通“小农户”与“大市场”对接通道，推动农产品销售，提高贫困农户经济收入。

发展戈壁经济带动致富，让农牧民口袋鼓起来，重点推进阿图什市戈壁农业园、乌恰县戈壁产业科技生态园、阿合奇县无锡高新农业科技示范园等建设。无锡援疆工作组将阿合奇县特色林果沙棘的深加工作为产业发展主攻方向。2016年阿合奇县参加季节性沙棘采摘的农牧民达2000人次，带动沙棘种植面积超过8万亩，当地500农户年均收入增加5000余元，沙棘已经成为阿合奇县名副其实的“金果果”。针对克州多为盐碱地的实际，与中科院植物所、中科院南京土壤所、江苏林科院等单位合作，推出了一批适合当地土壤环境的农业扶贫示范项目，农户从中得到了实惠。

（原文刊载于2018年7月19日《克孜勒苏日报》，本文有删节）

2019年

2月1日 江苏省省长吴政隆主持召开全省对口支援前方指挥部及帮扶工作队主要负责人座谈会，学习贯彻习近平总书记关于脱贫攻坚和扶贫协作重要论述，并向广大对口支援与帮扶干部及其家人致以新春祝福。

2月12日 江苏省委书记娄勤俭与省对口支援前方指挥部及帮扶工作队主要负责人座谈，并向援派干部及其家人表示慰问，致以美好祝福。

2月15日 江苏省对口帮扶、对口支援、对口合作工作电视电话会议在南京召开。会议学习习近平新时代中国特色社会主义思想，贯彻全国扶贫开发工作会议精神，传达省委书记娄勤俭、省长吴政隆关于做好对口帮扶、对口支援、对口合作工作要求，部署2019年工作，强调要突出脱贫攻坚、产业合作、人才支援、改善民生和协作合作等重点任务，帮助对口省区如期高质量打赢脱贫攻坚战。

3月26日 江苏省政府相关负责人出席国务院扶贫办和自治区党委、政府共同在和田召开的南疆四地州深度贫困地区脱贫攻坚现场推进会。

4月24日 江苏省对口支援工作领导协调小组更名为江苏省对口帮扶支援合作工作领导协调小组，并调整组成人员，省委书记、省人大常委会主任娄勤俭任第一组长，省委副书记、省长吴政隆任组长。

6月20日 全国脱贫攻坚奖实地考察组一行到克州，考察江苏援疆扶贫亮点工作。

7月11～13日 江苏党政代表团在新疆考察访问，先后到伊犁州、克州看望慰问江苏援疆干部人才，考察调研江苏对口援疆工作，并对工作做出部署。

7月14～16日 江苏省委、省政府相关负责人出席在和田召开的第七次全国对口支援新疆工作会议。

8月2日 江苏省委常委会召开会议，专题传达第七次全国对口支援新疆工作会议精神，推动对口援疆工作继续走在全国前列。省委书记娄勤俭主持会议。

9月 江苏省江浦高级中学被国务院授予"全国民族团结进步模范集体"称号。

11月23～25日 克州党政代表团在江苏考察访问，先后到苏州、无锡、常州、南京等地考察。

12月18日 根据中央统一部署，江苏省第十批援疆骨干人员启程赴新疆。上午，省委、省政府在南京召开欢送座谈会。江苏省第十批援疆干部人才共632人。

是月 江苏省第九批援疆干部人才期满返回。

《江苏援藏援疆纪事（1994~2019）》

2019年7月13日，江苏党政代表团在克州看望慰问第九批援疆干部人才，并与大家合影

2019年12月，江苏省第十批部分援疆干部人才欢送会合影

赛里木湖之春（刘重一/摄）

2020～2023年
援疆纪事

2020年

1月

3日 自治区召开第九批省市援疆工作总结表彰暨第十批省市援疆骨干欢迎大会，对全国19个省市对口支援新疆工作的先进单位和个人予以表彰。江苏省对口支援伊犁州指挥部、江苏省对口支援克州指挥部及南京市对口支援伊宁市工作组、昆山市对口支援阿图什市工作组等14个县（市、区）援疆工作组，江苏省医疗人才“组团式”支援克州人民医院工作队、江苏省对口支援伊犁州医疗人才工作队、江苏省对口支援克州前方指挥部工程项目组被表彰为“援疆工作先进集体”。江苏省对口支援伊犁州指挥部党委书记、总指挥，伊犁州党委副书记潘道津，江苏省对口支援克州指挥部党委书记、总指挥，克州党委副书记关永健等143名援疆干部人才被表彰为“援疆工作先进个人”。

7日 江苏省对口支援克州第十批全体援疆干部工作会召开，研究部署新一轮对口援疆工作。

15～17日 巩留县党政代表团在张家港就招商引资、有组织转移劳动力就业等工作进行对接考察交流。

16日 江苏省委组织部召开援派干部春节慰问座谈会，听取对口支援前方指挥部、帮扶工作队主要负责人工作汇报，并向全体援派干部人才及其家人致以亲切问候和新春祝福。

同日 由江苏省演艺集团与克州歌舞团联合创编的文化援疆项目——歌舞剧《玛纳斯》在南京紫金大戏院首演。

江苏省演艺集团与克州歌舞团联合创编的歌舞剧《玛纳斯》剧照

1月26日至3月16日 常州市武进区援疆工作组协调好利医疗、南方卫材等企业捐赠普通口罩10万余只、N95口罩2.5万余只、防护服、额温枪、护目镜等价值50余万元防疫物资，支持伊犁州及尼勒克县新型冠状病毒肺炎疫情（以下简称“新冠肺炎疫情”）防控工作。

30日 南京市江宁区援疆工作组协调有关单位，组织第一批防疫物资发往伊犁州和特克斯县，支援当地抗击新冠肺炎疫情。至3月15日，共筹集口罩38.01万只、医用防护服（隔离衣）2230套及医用手套、护目镜、温度计、额温枪、消毒液等共21批次250余万元防疫物资。

同日 江阴市援疆工作组筹集的3万只医用口罩、1000套防护服、80个红外测温仪等防疫物资运抵霍城县。

30日至2月8日 张家港市援疆工作组协调组织保税科技、长江润发、沙钢集团、新联科创投、巴佰春科技等公司和个人捐赠新冠病毒检测试剂盒700盒、注射用阿奇霉素5000支、KN95口罩3.78万只等总价值54.25万元的防疫物资及资金40余万元，用于支持巩留县防疫工作。

2月

2日 经盐城市援疆工作组对接联系，由广州昌正集团捐赠的5万只口罩和200套防护服、北京健和公益基金会捐赠的1万只口罩运抵察布查尔县，助力当地开展新冠肺炎疫情防控工作。

5日 中欧卡航（江苏）物流服务有限公司捐赠的1.2万只口罩、450套防护服经中哈霍尔果斯国际边境合作中心通关入境，并于当日交付霍尔果斯市政府，支持当地新冠肺炎疫情防控工作。

10日 镇江市捐赠的首批抗疫物资（口罩8800只、手套10300副、护目镜303副、消毒酒精200瓶、消毒片10盒）运抵兵团四师。

14日 全省对口帮扶支援合作工作电视电话会议召开，传达学习全国扶贫开发工作会议和国务院扶贫开发领导小组关于做好新冠肺炎疫情防控期间脱贫攻坚工作的通知精神，贯彻落实省委书记娄勤俭、省长吴政隆批示要求，安排部署2020年对口帮扶支援合作工作任务。省委常委、常务副省长樊金龙出席会议并讲话。

19日 江苏蓝鹏肥业有限公司捐赠的价值10万元的1万只玻璃体温计从淮安市发往兵团七师，支援当地新冠肺炎疫情防控工作。

同日 张家港市第一人民医院与巩留县人民医院进行远程会诊，共同为巩留县人民医院发热门诊隔离病区的两名疑难病例进行首次多学科会诊。

是月 江苏省紧急调运医用口罩28.82万只、防护服4670件、护目镜和防护面罩1310个、医用手套2.2万副、测温仪1131只、消毒液（水）4412千克、消毒片13.1万片及病毒检测试剂、抽样管、实验服、中药防疫香囊等共2040件物资，支援克州防疫抗疫。克州政府致信感谢江苏省委、省政府和江苏人民提供的无私援助。

是月 无锡市援疆工作组协调无锡高新区科技创新促进中心相关医疗科技企业捐赠防疫物资，支援阿合奇县抗击新冠肺炎疫情。共筹措医用口罩4.57万只、防护服手术衣670套、护目镜210副、消毒片2.5万片、双氧水300千克、酒精510瓶、碘伏330瓶、消毒液100千克及50套A级斜纹型连体服及披肩帽。

是月 扬州市援疆工作组筹集价值54万元各种防疫物资发往伊犁州及新源县。

是月 南通市援疆工作组为伊宁县捐赠医用口罩5.9万只、N95口罩100只、护目镜200个、防护服200套。8月初，再次捐赠伊宁县价值14余万元防疫物资。

3月

17日 苏州市第十批援疆工作组抵达对口支援的霍尔果斯市。

29～31日 江苏省第十批援克干部人才分两批启程赴新疆，开始对口支援工作。

31日 常州市第二批“援藏援疆万名教师支教计划”教师抵达乌恰县。

是月 盐城市援疆工作组牵头制定《消费扶贫协作推进工作方案》，根据不同消费需求，开发出12种消费扶贫大礼包，推广当地特色农副产品。

2020年3月29日，江苏省第十批援克干部人才启程赴新疆

4月

3日 无锡国家高新技术产业开发区管委会、无锡市新吴区政府捐赠的1万只医用口罩和无锡市援疆工作组捐赠的1万只医用外科口罩及从无锡采购的2万只防护口罩陆续运抵阿合奇县。

同日 徐州市第十批援疆工作组抵达奎屯市。

11日 南京市第二批“援藏援疆万名教师支教计划”教师抵达伊宁市，其中首次派出14名职校教师援助伊犁职业教育。

同日 连云港市第二批“援藏援疆万名教师支教计划”教师抵达霍尔果斯市。

13日 江阴市第十批援疆工作组教师、医生抵达霍城县。

同日 扬州市第十批10名援疆教师和医生抵达新源县。

同日 江苏省80名医疗专家抵达伊犁州。至此，第十批援疆医疗队成员全部进疆。

27日 江苏援克指挥部向克州医疗系统捐赠1500套防护服、3台负压式救护车，助力克州加强边境口岸疫情防控。

28日 伊犁州友谊医院举行江苏省第十批“组团式”援疆专家欢迎仪式。

同日 新源县夏季旅游产品推介会在扬州举办。

同日 江阴“援疆·澄远精准扶贫计划”暨霍城县整治村居环境、健康文明奔小康庭院整治现场观摩推进会在霍城县召开。

同日 江苏援疆项目新源县人民医院四期工程举行开工仪式。

5月

1日 常州市援疆工作组医疗队到乌恰县乌鲁克恰提乡开展“医疗大巴扎”义诊

2020年4月14日，第十批援疆（克州）医疗专家在克州人民医院合影

2020年4月27日，江苏援克指挥部向克州医疗系统捐赠新冠肺炎疫情防控物资仪式

2020年4月28日，伊犁州友谊医院举行江苏省第十批『组团式』援疆专家欢迎仪式

活动。

同日 无锡市援疆工作组率援疆医疗队到阿合奇县良种场开展“民族团结一家亲”暨送医送诊活动。

8日 泰州市援疆工作组、泰州丝路信使自行车赛组委会和昭苏县团委联合举办“泰昭丝路信使‘希望小书桌’”捐赠仪式。

9日 扬州市中国旅行社有限责任公司和新疆那拉提国际旅行社有限责任公司旅游合作协议、扬州援疆优品农产品商贸有限公司和新疆济康蜂业科技有限公司黑蜂产品供销合作协议在新源县签订。

同日 江阴市援疆工作组采购的两辆负压救护车从无锡发车，跨越7个省份、4500余千米奔赴霍城。

12日 江苏省宁伊消费扶贫协作签约仪式在南京市浦口区举行，南京江北新区管委会及玄武区、建邺区、雨花台区、浦口区政府分别与伊宁市政府签订消费扶贫合作框

2020年5月8日，泰州市援疆工作组、昭苏团县委和泰州丝路信使自行车赛组委会联合举办泰昭丝路信使"希望小书桌"捐赠仪式

2020年5月14日，2020年江苏省对口支援新疆克州项目集中开工暨阿图什市职业教育学校动工仪式举行

架协议。签约活动中，江苏援伊指挥部、南京市援疆工作组和两地企业也分别签署伊宁特色农牧产品销售合作协议，"七彩伊宁"农牧产品体验店同时揭牌。6月15日，伊宁市首批消费扶贫特色农产品发往南京。

同日 伊犁州霍尔果斯物流专题招商推介会在南京举行，引导江苏优质物流企业借助霍尔果斯口岸资源禀赋、区位条件和政策优势投资落户。

14日 江苏援克指挥部举行2020年江苏省对口支援新疆克州项目集中开工仪式。

同日 无锡市对口支援克州阿合奇县11个项目集中开工，投资总额5000余万元，涉及教育、公共服务设施建设、交往交流等多个领域。

同日 江苏援疆项目阿图什市中等职业技术学校动工建设。该校是阿图什市第一所全日制中等职业技术学校，占地7.73公顷，总建筑面积3.75万平方米，投入援助资金近8000万元。2022年9月交付使用，首批700余名新生入学。

15日 特克斯县农牧产品消费扶贫基地揭牌暨消费扶贫签约仪式在南京农副产品

2020年5月15日,『心明眼亮』工程启动仪式在克州人民医院举行

2020年5月15日,『克州挂号,江苏看病』远程会诊项目启动仪式在克州人民医院举行

2020年5月15日,伊犁州特克斯县农牧产品消费扶贫基地揭牌暨消费扶贫合作签约仪式在南京市江宁区举行

物流中心举行。各有5家企业分别与南京市江宁区援疆工作组和特克斯县供销合作社签署消费扶贫合作协议,10个线上线下同频共振的产销项目签约。

同日 江苏省“组团式”医疗援疆项目——“心明眼亮”(润心计划+复明计划)工程在克州人民医院启动。该工程以医保或城乡居民医保资金、江苏援克指挥部支持资金、克州人民医院支持资金为保障,为患者提供无偿服务。

同日 江苏省第三批“组团式”医疗援疆队在克州人民医院启动“克州挂号,江苏看病”远程会诊项目，当地群众可向江苏名医问诊。

16日 江苏省文化和旅游厅、江苏援伊指挥部、伊犁州文化和旅游局、南京市文化和旅游局、伊宁市人民政府、南京市援疆工作组在南京联合举办“塞外江南·诗画伊犁”——新疆伊犁旅游推介会，分别与有关企业签订合作协议。

17日 2020年第一批张家港（巩留）公益关爱基金发放仪式举行，为巩留县41名重大疾病患者发放救助金15.3万元。

18日 “扬州·新源之家”、新疆“醉美新源”旅游推广中心、新疆那拉提草原民俗风情馆、新疆新源名特优农产品展销旗舰店在扬州揭牌。

同日 扬州大学和新源县人民政府签署全面战略合作协议。

19日 江阴—霍城产业合作暨开发区结对共建仪式在江阴举行。江阴临港开发区、霍尔果斯经开区清水河配套园区结为共建园区，霍城县政府驻江阴招商联络处揭牌。

同日 连云港市发展改革委、连云港市援疆工作组联合举办连云港—霍尔果斯产业合作交流会。连云港港口集团等10余家企业参加交流会。

同日 扬州—新源乡镇（村）结对共建座谈会在扬州召开。此次结对共建在两地11个乡镇和9个村之间展开，涵盖新源县所有乡镇和原建档立卡贫困村。

21～26日 在江苏援克指挥部推动下，克州、昌吉州联合组团，先后赴常州、无锡、苏州、南通、盐城、连云港6个市开展“产业援疆江苏行”，开启援疆省市间互动合作先河。江苏6个市280余家企业单位参加推介活动，达成产业合作协议20项，意向投资7.65亿元，其中克州签约企业13家、意向投资4.55亿元。此次招商活动是自治区地州间首次开展的援疆省市互动式招商，创新了产业援疆机制，开启了援疆省市间深度合作的先河。

21日 在泰州援疆医疗专家主持下，昭苏县人民医院完成首例急诊心脏支架植入术，填补昭苏地区医疗技术空白。

26日 连云港市第二人民医院与霍尔果斯市人民医院开启远程会诊。

30日 克州阿合奇县政府、克州江苏商会合作洽谈会暨签约仪式在克州举行。根据协议，克州江苏商会将推动江苏企业及其他有关企业到阿合奇县投资兴业，扩大县内牛、羊、沙棘等农牧产品及刺绣等文旅产品在江苏销售，加强对旅游景点、特色农牧产品、文旅产品的推介。

31日 南京市援疆工作组携手南京市公安局地铁分局和南京知名爱心企业举办的“大爱无疆·放飞梦想”“助梦春蕾”捐赠活动在伊宁市第三小学举行，共向伊宁市10所中小学捐赠图书及教辅资料4万余册，价值100余万元。

2020年5月21日，『产业援疆江苏行』常州招商专场举行

2020年5月22日，江苏援克指挥部在『产业援疆江苏行』无锡招商专场会上签订产业合作协议

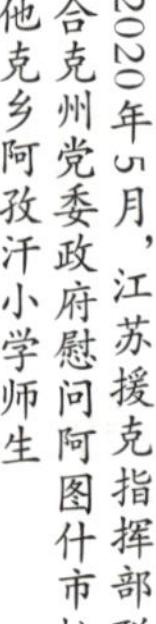

2020年5月，江苏援克指挥部联合克州党委政府慰问阿图什市松他克乡阿孜汗小学师生

是月　江苏援克指挥部联合克州党委、政府开展主题为“民族团结一家亲，携手快乐共成长”的“六一”爱心慰问活动。

是月　南京市援疆工作组协调伊宁市党政代表团到南京、连云港、苏州、重庆等地开展项目考察、合作洽谈和意向签约等活动。

是月　特克斯县江宁人民医院江宁援疆医疗专家团队围绕“世界家庭医生日”主题，到特克斯县喀拉达拉镇卫生院开展义诊、咨询、健康科普讲座等活动。

6月

1日 由常州市教育局、常州市美德基金会、中国邮政集团有限公司常州市分公司共同发起的“爱邮梦想·圆梦行动”捐赠仪式在克州乌恰县实验小学举行。

3日 南通—伊宁轻纺产业对接交流会在南通举行。

同日 兵团七师一二五团考察团到淮安，就新一轮对口援疆工作和两地合作发展进行考察交流。

同日 南京市卫生、经济、城建等领域27名柔性援疆专家抵达伊宁市，开展为期2～6个月服务工作。

5日 苏州工业园区星湖医院与霍尔果斯市人民医院举行“云PACS+AI”智能诊断系统捐赠仪式，并现场开展远程会诊。

7日 第十批张家港市援疆医疗专家到巩留县阿克吐别克镇阿克吐别克村开展“健康扶贫村村到”义诊活动。

8日 克州阿图什市第一中学援疆教师组在该校举行“天山雪松根连根·江南南疆心连心”爱心捐赠仪式。

10日 阿图什市女性“两癌”筛查救治公益项目“并蒂莲工程”启动。

克州江苏产业园

11日 江苏援克指挥部制定的《克州江苏产业园总体设计方案》通过专家论证。该方案采用“飞地经济”模式，在州级层面成立克州江苏产业园，由现有的阿图什昆山产业园、通过“飞地园区”机制设立的乌恰县常州产业园及阿合奇县无锡产业园等3个

初具规模的克州江苏产业园（2022年摄）

2020年6月11日，『5G互联网+智慧医院』战略合作框架签约暨远程B超开通仪式在克州人民医院举行

二级园区组成，标志着江苏援克指挥部推进“筑巢引凤”工作迈出重要一步。

同日 “5G互联网+智慧医院”战略合作框架签约暨远程B超开通仪式在克州人民医院举行。

15日 首批宁伊消费扶贫特色农牧产品发车仪式在伊宁市西北国际物流园（二期）举行。活动围绕新疆干果、蜂蜜、乳制品、粮油等7个主打品种，共落实采购伊牧欣乳业等多家企业200余个产品，成交额近300万元，直接解决200户贫困户就业问题，带动伊犁河谷23家特色农产品企业全面复工复产。

18日 常州市武进区援疆工作组在常州市举办2020年尼勒克旅游推介会，与常州市20余家旅行社进行集体签约。

18～20日 阿图什市克州三千年风情街被自治区商务厅授予首批“自治区级夜间经济示范街区”称号。

20日 扬州市对口支援新源县产业援疆重点引资项目——万得“东方明珠”商住小区项目开工仪式举行。该项目计划投资2.2亿元，着力打造生态环境优美、居住条件优越、功能设施完善的高档住宅小区。

22日 由南通市援疆工作组和南通市石榴籽爱心公社在南通共同发起募集的价值80万元的5万册图书，希田服饰（南通）有限公司等捐赠价值3万余元的350件夏装，社会爱心人士募集资金购买的100余盏台灯，运抵伊宁县愉群翁回族乡。9月25日，举行捐助仪式。

24日 无锡市育英实验小学和霍城县清水河镇育英小学、扬州市翠岗中学和新源县第六中学在“云端”两两牵手成功，在办学理念、教学方法、名师结对等方面进一步扩大合作。

30日 伊宁县织造产业园引进的第一家织布企业——伊犁纬纶纺织科技有限公司

102台织机全部调试完毕，开始投入生产。

30日至7月2日 察布查尔县代表团在盐城市考察，并进行招商推介。

是月 兵团党委作出决定，追授江苏援疆干部、兵团四师政委丁憬“兵团优秀共产党员”称号，并号召兵团广大干部向丁憬学习。

是月 江阴市援疆工作组到霍城县惠远镇央布拉克村开展“江阴霍城心连心，民族团结一家亲”结亲活动。

是月 南通市援疆工作组与南通石榴籽爱心公社合作，在南通市八一小学等3所学校、南通市港闸区检察院等单位开展“让阅读照亮边疆孩子未来——爱心图书募集”活动，共募集图书3万余册。

7月

2日 江阴市援疆工作组举行“澄远教育援疆基金”捐赠仪式，江阴市工商联等单位向该基金捐赠15万元。

同日 阿合奇县农牧产品（无锡）展销会在无锡市新吴区开幕。

3日 阿合奇县—鸿山旅游度假区合作签约仪式在无锡鸿山旅游度假区举行。

5日 是日起，常州市武进区援疆医疗小组开展为期1个月的“尼武情·健康行”巡回义诊活动。

8日 霍城县召开2020年首批21名柔性引进人才欢迎座谈会，3人获颁“霍城县发展顾问”聘书。

10日 连云港市“组团式”援疆医疗队10名队员抵达霍尔果斯市。

12日 江苏省对口帮扶支援合作工作领导协调小组代表团在克州考察。代表团先

2020年7月12日，江苏省对口帮扶支援合作工作领导协调小组代表团在克孜勒苏职业技术学院调研

后调研克州电视台新大楼、克州人民医院、克州江苏产业园、克孜勒苏职业技术学院、克州三千年风情街等援疆项目实施情况。

同日 “红领巾心向党”少先队党史学习教育暨G30徐奎“民族团结一家亲”夏令营在奎屯开营。

14日 南京市江宁区医疗卫生、文化旅游、财政金融、农副物流等领域26名专家人才抵达特克斯县，在特克斯县开展为期2～6个月服务工作。

15日 无锡市援助的8辆新能源公交车抵达克州阿合奇县，缓解该县公交运力不足状况。

16日 尼勒克县农产品推介暨援疆项目签约仪式在常州市武进区举行。

19日 南京市援疆工作组在南京举办招商引资项目签约仪式。

同日 扬州市慈善总会代表团一行到新源县开展捐资助学活动。活动期间，举行扬州市慈善总会助学金捐赠暨“扬州·新源慈善助学基金”启动仪式。该基金初设资金盘200万元。

是月 “江苏·伊犁大讲堂”2020年第一期通过网络直播方式开讲。大讲堂是江苏援伊指挥部与伊犁州党委组织部重点打造的干部人才培训培养项目，创设于2011年，每年举办专题讲座6期，累计为伊犁州培训党员干部10万人次。

是月 自治区电影发行放映公司、新疆心之源影视传媒有限公司、新疆金圣华涛文化传媒有限公司、奎屯市委宣传部、徐州市第十批援疆工作组联合出品的电影《飨宴》在奎屯开拍。

是月 江苏永钢集团有限公司捐赠190万元建造的巩留县人民医院核酸检测PCR实验室投入使用。

8月

7日 南京江北新区管委会与江苏苏美达集团有限公司在南京共同举行“民族团结一家亲·江北伊宁心连心”南京江北新区捐助伊宁市仪式。

9～10日 江苏省国资委、省对口支援办、省扶贫办在南京举办“万吉大丰汇”消费扶贫专项活动，旨在推进消费扶贫，促进贫困人口增收。

18日 江阴、霍城两地政府在江阴市举办“江阴援疆助力霍城”消费扶贫专题对接推进会，并举行江阴援疆特色农产品专卖店（新疆霍城特色馕饼专卖店）揭牌仪式。

是月 江苏援疆医疗专家在伊犁州友谊医院成立干眼门诊，这是该州公立医院首家干眼门诊。

9月

4日 南京市江宁区援疆工作组在特克斯县第一中学举行捐赠仪式，捐赠总价值近400万元的1.2万套课桌椅及台灯。该批物资计划发放至边远牧区家庭、建档立卡户家庭、残疾家庭学生及残疾学生。

17～21日 南京市江宁区援疆工作组、特克斯县文化和旅游局在南京举办旅游推介活动，发布特克斯旅游优惠政策，推介旅游精品线路，展示特色旅游产品。

18～20日 伊犁州20余家企业参加在连云港举办的第二十二届江苏农业国际合作洽谈会。

19日 2020年伊犁州招商引资推介会暨重大项目签约仪式在伊宁市举行，共签约项目83个，总投资591.2亿元。

同日 江苏文化润疆工程交流座谈会在江苏援克指挥部召开。

20日 昭苏县2020年招商引资推介会在泰州举行。

23日 江苏省中医院伊犁分院在伊犁州中医医院挂牌，开启两院战略合作与技术协作序幕。

25日 江苏省发展改革委（对口办）到伊犁州调研"十四五"对口援疆规划工作。

26日 江苏援克指挥部、昆山市援疆工作组举行产业援疆重点项目——克州未来纺织科技有限公司落户克州江苏产业园签约仪式。这是第一家落户在克州江苏产业园的企业，总投资1.8亿元，可提供就业岗位600个左右。

同日 江阴市援疆工作组与霍城县委组织部重点打造的干部人才培训培养项目——"澄远大讲堂"启动。

同日 盐城市援疆工作组开展"庆国庆·迎中秋"助残扶残消费扶贫物资慰问活

2020年9月19日，2020年伊犁州招商引资推介会暨重大项目签约仪式在伊宁市举行

动，涵盖察布查尔县569名建档立卡贫困残疾人。

同日 “扬州人游伊犁”新源县旅游推介会在扬州举办。

27日 江苏省委召开领导干部会议，传达学习第三次中央新疆工作座谈会精神，研究部署贯彻落实工作。省委书记娄勤俭主持会议并讲话，省长吴政隆作传达，省政协主席黄莉新出席会议。会议强调，要按照“推动对口支援和对口帮扶工作继续走在全国前列”目标定位，贯彻落实援疆工作新要求新部署，真情帮扶、科学援建，扎实做好“十三五”援建项目扫尾验收，科学谋划“十四五”援疆工作。

28日 由霍尔果斯市政府、巩留县政府及苏州市文化广电和旅游局、苏州市旅游联合会共同主办的霍尔果斯—巩留旅游推介会在苏州举行。

29日 江苏省省长吴政隆主持召开省政府常务会议，学习贯彻第三次中央新疆工作座谈会精神。

10月

3日 中国国家话剧院原创话剧《那拉提恋歌》在国家话剧院剧场首演。该剧聚焦对口援疆、脱贫攻坚等主题，反映江苏援疆干部群体的时代精神和人性光辉，生动展示新疆人民安居乐业的幸福生活。

3～8日 “丝路汉风·汇彭城”暨奎屯（徐州）文旅招商推介活动在徐州举办，两地有关单位签订合作共建协议。

11日 南通市援疆工作组为伊宁县人民医院引入透明帽辅助内镜下内痔硬化新技术，填补该县医疗技术空白。

12日 江苏援伊指挥部和伊犁州党委组织部联合组织伊犁州赴江苏交流交往学习活动在南京启动，30名企业家参加为期一周的交流活动。

12日至12月12日 特克斯县9家基层卫生院20名骨干在南京参加为期2个月的医疗能力培训。

12～15日 江苏省人民医院25名专家在伊犁州开展“江苏名医伊犁行”活动，与当地医务人员开展学术交流，指导教学查房，为患者制定治疗方案，并为特色专科建设提出意见和建议。

12～17日 镇江市、兵团四师举办主题为“转方式·提质量”教学周活动，镇江市21名教育专家、名校长、教学骨干通过授课、评课、讲座等方式，与该师市中小学教师深入交流。

13日 由张家港市援疆工作组援建、全国首个以民族团结为主题的24小时自助图

2020年10月12~15日，江苏省人民医院在伊犁州开展『江苏名医伊犁行』活动

2020年10月14日，江苏、新疆两省区及兵团召开对口支援工作座谈会

书馆——“石榴籽”书屋，在巩留县揭牌启用。书屋总投资148万元，藏书5000余册，成为巩留县文化新地标。

同日 昆山市向阿图什市捐赠首批10辆新能源公交车。

14日 南通市援疆工作组组织中南置地、江苏中南慈善基金会、上海享物公益基金会、清华大学和北京大学、上海长宁消防救援支队等社会各界公益代表在伊宁县开展“一厘米温暖”公益活动，为伊宁县学校捐赠价值20余万元的图书及数字影院、打印机、电脑等设施设备。

14～17日 江苏省省长吴政隆率代表团在新疆考察访问，与自治区、兵团对接对口援疆工作。自治区主席雪克来提・扎克尔、兵团司令员彭家瑞参加有关活动。其间，两省区及兵团召开对口支援工作座谈会。吴政隆代表省委、省政府看望慰问江苏援疆干部人才。代表团先后考察克州广播电视台、克州人民医院、克州三千年风情街、伊犁

2020年10月14日，江苏省省长吴政隆（左四）在克州人民医院考察调研

2020年10月15日，江苏省省长吴政隆（前排右二）在伊犁州临床医学研究院考察

州临床医学研究院、伊宁市伊犁河·镶文化小镇、中哈霍尔果斯国际边境合作中心、霍尔果斯人力资源大数据产业园、伊犁将军府、奎屯市帝锚城市旅游综合体、新疆利泰丝路投资有限公司、兵团七师胡杨河市职业技术学校、胡杨河市文化馆等江苏援疆项目。

15日 南京市市长韩立明率代表团赴伊宁市考察调研，召开南京市对口支援伊宁市、特克斯县工作座谈会，向两地各捐赠500万元援助资金。并前往喀赞其、六星街景区调研南京援建项目。

同日 镇江市代表团在兵团四师可克达拉市考察，并捐赠70万元帮扶资金。

16日 援疆项目“关爱母亲行动·两癌筛查”在克州启动，项目覆盖2500名适龄农村妇女。

同日 奎屯市召开2020年青年干部党性锻炼专题培训班行前动员会。

同日 扬州市党政代表团到新源县交流考察，并参加新源县扬新中学、第三中学交

2020年10月15日，南京市市长韩立明（前排中）率代表团在伊宁市考察调研

付仪式。

17日 尼勒克—常州市、武进区交流座谈会在尼勒克县召开，常州市、武进区向尼勒克县捐赠特色援疆资金650万元。

18日 南京市对口支援伊宁市首个体育援疆项目签约仪式举行。北京中迹（南京）体育管理有限公司与伊宁市文化和旅游局签订战略合作协议。3年内，由中迹公司捐助伊宁市1000万元现金等价物服务，包括指导协助、宣传推广伊宁市大型赛事和开展文体产业招商引资工作，推动伊宁马拉松、自行车、赛车、赛马等相关运动项目场地建设和产业发展。

19日 江苏省民族团结进步表彰大会在南京举行，省委书记娄勤俭出席会议并讲话，省长吴政隆主持会议。35个集体、55名个人获得表彰，其中，扬州市对口支援新源县前方指挥组获“全省民族团结进步模范集体”称号，江苏第十批援疆医生、阿合奇县人民医院院长谢志毅（挂职）获“全省民族团结进步模范个人”称号。

20日 江苏省人力资源和社会保障厅对口帮扶新疆克州技工院校建设工作座谈会在克州召开，双方签署合作备忘录。江苏将利用3年时间，帮扶克州建成1所高水平技师学院，帮助克州各市、县建成1所高水平技工学校，提升克州技工院校建设和技能劳动者培养水平。

同日 南京正大天晴制药有限公司援助伊宁市卫生健康委捐赠仪式在伊宁市人民医院举行，捐赠价值262.5万元的莫西沙星注射液。

21～26日 伊犁州党政代表团在江苏考察访问。省委书记娄勤俭、省长吴政隆分别会见代表团一行。其间，代表团赴南京、连云港、盐城、苏州等地考察。

23～25日 伊犁州特色农产品展销暨旅游推介会在南京国际展览中心举行，伊犁州80家企业的生鲜果品、牛羊肉、乳制品等9类1000余种特色商品参加展销。

24日 张家港市—巩留县公立医院血栓防控医联体建设启动暨疫情防控物资捐赠仪式在巩留县人民医院举行，张家港市向巩留县人民医院捐赠价值24万元的医疗设备及物资。

25日 兵团四师创锦农业开发有限公司与南京农业大学国家肉品质量安全控制工程技术研究中心举行产学研合作基地签约仪式。该项目是镇江市援疆工作组招才引智项目。

28日至11月2日 伊犁州新华医院心脏大血管中心开展第11批心脏大手术，南京鼓楼医院专家团队连续奋战4天，完成13例心脏外科手术。其中，主动脉夹层腹腔支架植入术+原位开创术填补伊犁州心脏手术空白。

2020年10月22日，江苏省委书记娄勤俭在南京会见伊犁州党政代表团

2020年10月30日，昭苏县农牧业和旅游业项目推介会在泰州举行

29日 江苏省干部人才援派工作座谈会在南京召开。

30日 “牧歌昭苏·天马故乡”昭苏县农牧业和旅游业项目推介会在泰州举行，昭苏县政府与扬子江药业集团江苏龙凤堂中药有限公司、泰州市文旅集团、泰州市交投集团等10家企业签订合作协议。

是月 江苏援伊指挥部和伊犁州党委组织部联合组织全州百名优秀年轻干部赴江苏相关对口支援市县经济开发区、工业园区，进行为期3个月跟班学习。

是月 奎屯—徐州“丝路汉风”嘉年华活动在徐州举行。

11月

3日 首个新疆阿合奇生活馆在无锡市开馆。通过O2O“线上精准营销+线下深度体验”的模式，展销来自阿合奇的沙棘系列饮料、“攀登羊”羊肉礼盒、牦牛肉等特色食品及库姆孜乐器、民族手工艺品等。

4日 连云港地区第二家伊犁特色农产品展销中心开业。

5～10日 在江苏援伊指挥部支持下，伊犁州首次在第三届中国国际进口博览会上设立伊犁农产品展位，展示宣传伊犁州州直8家企业40余种产品。

6日 由中国产业海外发展协会、连云港市援疆工作组共同主办的中哈产能合作重点项目——霍尔果斯经济开发区（市）投资贸易对接洽谈会在北京举办。

7日 “长江水·天山情”巩留风情文化节暨张家港援疆10周年分享会在张家港举行。

9日 江阴天江药业有限公司向霍城县捐赠价值30万元中药配方颗粒，用于预防新冠病毒。

12日 由南京市商务局、南京市援疆工作组主办的“2020伊宁食材”主题美食创新大赛在南京举行。

23日 江苏省神经内分泌肿瘤诊治中心伊犁州分中心在伊犁州友谊医院揭牌成立。

12月

3日 伊犁州召开第八次民族团结进步模范表彰大会，江阴市、张家港市、盐城市援疆工作组获“民族团结进步模范集体”称号，江苏援伊干部张为中、顾敏霞、马忠洪、朱晓峰、董治获“民族团结进步模范个人”称号。

16日 2020年江苏教育对口支援克州工作暨第二批“援藏援疆万名教师支教计

划”中期工作总结会在克州召开，并举行“江苏教改实验班”“苏老师工作站”“心连心·江苏教育大篷车”授牌（旗）仪式。

18日 “遇见新疆”名优特产店在昆山开业。

同日 盐城市援疆工作组举行“察布查尔县百万消费扶贫产品进盐城”集中发车仪式。

19日 在江苏援伊指挥部支持下，东方航空公司无锡—伊宁直飞航线首航，标志着无锡直飞伊宁航班开通，江苏至伊犁的往返航班增加到3个。

同日 常州市武进区援疆工作组在武进区举办“消费扶贫·武尼同行”年货节，帮助受援地销售农副产品600余万元。

20日 无锡市援建的阿合奇县农副产品加工厂投产。

21日 江苏（武进）水稻研究所与尼勒克县政府签订共建“黑山头大米”战略合作框架协议，共同开展高品质及高产抗病品种筛选、引种和示范工作。

2020年12月16日，“心连心·江苏教育大篷车”授旗仪式在克州举行

2020年12月18日，“遇见新疆”名优特产店在昆山开业

2020年12月26日，首届『特克斯牛羊节暨南京餐饮百店万人品鉴活动』签约现场

26日 伊犁州特克斯县政府、南京市餐饮商会、南京市江宁区援疆工作组主办的“四季新疆·美好‘食’光”——特克斯牛羊节暨南京餐饮百店万人品鉴活动在南京市江宁区开幕。开幕式上，各类农牧产品销售签约总额2450万元。

是月 徐州市援疆工作组、徐州报业传媒集团、徐州市文化广电和旅游局、徐州市旅游业协会、奎屯市文化体育广播电视和旅游局、新疆奎屯国际旅行社有限责任公司联合发起的首次对口援疆包机旅游活动暨“徐奎情·援疆行‘徐奎丝路汉风号’旅游援疆包机活动”启动。

2021年

1月

6日 扬州市援疆工作组在新源县那拉提景区举行“天山雪松根连根·扬州新源一家亲”活动，为那拉提景区乐队捐赠价值30万元乐器。

6～8日 南京市江宁区援疆工作组发起的江宁医疗援疆公益项目——“明眸看百年”特克斯县白内障免费复明工程启动。

11日 新疆首例儿童粪菌移植手术在伊犁州友谊医院边境合作区分院成功实施。该手术由伊犁州友谊医院儿科江苏援疆医生朱丹荣和周莉完成。

同日 中国菌群移植平台——江苏援疆治疗中心、新疆伊犁州治疗中心揭牌仪式在伊犁州临床医学研究院举行。

20日 自治区抗击新冠肺炎疫情表彰大会在新疆人民会堂举行。江阴市对口支援霍城县工作组组长、霍城县委副书记顾文浩被授予“抗击新冠肺炎疫情先进个人”称号；江苏省第十批对口支援新疆克州医疗队集体被授予“抗击新冠肺炎疫情先进集体”称号，医疗队队长宋宁宏被授予“抗击新冠肺炎疫情优秀共产党员”称号，医疗队成员肖庆龄、邱小松被授予“抗击新冠肺炎疫情先进个人”称号。

22日 江苏省“十四五”对口援疆克州规划对接会在乌鲁木齐召开。自治区发展改革委援疆工作处、江苏省发展改革委支援合作处、克州发展改革委等单位相关人员参加会议。

2月

3日 江南大学食品学院、江苏援克指挥部、克州职业技术学院三方共同签订南疆馕产业研究院共建协议。

8日 江苏省委书记娄勤俭、省长吴政隆在南京与省对口支援前方指挥部及帮扶工作队主要负责人座谈，向广大援派干部及其家人表示诚挚慰问，并致以新春祝福。座谈会上，娄勤俭充分肯定省对口支援前方指挥部及帮扶工作队取得的工作成绩。会议指出，援派人员扎实做好疫情防控各项工作，通过对口扶贫、产业合作帮助当地迅速恢复生产，助力102个国家级贫困县脱贫摘帽、近400万人实现脱贫。会议强调，要做好巩固拓展脱贫攻坚成果同乡村振兴有效衔接，为全国发展大局作出江苏贡献。

24日 全省对口支援协作合作工作电视电话会议召开。省委书记娄勤俭、省长吴政隆作出批示，省委常委、常务副省长樊金龙出席会议并讲话。

25日 在全国脱贫攻坚总结表彰大会上，昆山市对口支援新疆阿图什市前方工作组、南通市对口支援新疆伊宁县工作组、连云港市对口支援新疆霍尔果斯口岸前方工作组、盐城市对口支援新疆察布查尔锡伯自治县工作组被表彰为“全国脱贫攻坚先进集体”，路璐、臧豹、颜忠元被表彰为“全国脱贫攻坚先进个人”。

25日至3月1日 克州考察团在江苏考察访问。省委常委、常务副省长樊金龙在南京会见考察团一行。其间，考察团前往无锡、常州、宿迁、盐城、苏州等地，对接产业合作项目。

3月

4日 新疆克州江苏馆移交暨开馆仪式在克州举行。该馆位于克州三千年风情街。

16日 霍尔果斯经济开发区（市）在苏州工业园区举行招商推介会。会上，5家江苏企业与霍尔果斯就国际物流、休闲旅游、新材料、纺织服装和教育科技项目签订战略投资协议。苏州工业园区合作发展局代表各街道与霍尔果斯各村（社区）签订乡村共建合作协议，现场捐赠80万元。

2021年3月4日，克州江苏馆在三千年风情街建成并正式移交地方

18日 霍尔果斯经济开发区（市）在连云港举行招商推介会。会上，江苏自贸区连云港片区与霍尔果斯经济开发区就亚欧陆海通道建设、通关便利化改革、信息互联、经贸合作等签订战略合作协议。连云港中等专业学校与霍尔果斯市职业高中在师资力量、教学实验器材、人才培养等方面达成共建协议并签约。新铁运联网络科技有限公司、连云港电子口岸信息发展有限公司等企业与霍尔果斯经济开发区招商局就海铁联运、休闲旅游、国际物流、粮食加工等5个项目举行签约仪式。

21日 经盐城市援疆工作组牵线，察布查尔县政府与新疆浙新互联国际物流有限公司就煤炭储运及货运铁路建设项目签订战略合作协议。

24～26日 霍城县党政代表团在江阴市考察江阴经济高质量发展、城市精细化管理等工作，对接江阴产业援疆、人才援疆等方面合作。

26日 南京江北新区与伊宁市在江北新区智能制造产业园举行产业援疆签约仪式。

28日 伊犁（江苏）纺织服装产业园招商推介会在苏州市吴江区盛泽镇举行，中国东方丝绸市场协会、苏州市服装业商会及吴江、昆山地区30余家纺织服装企业参会。

是月 昆山籍中国工程院院士钱七虎设立的“瑾晖慈善基金”出资20万元，资助阿图什市100名贫困学生。自2015年开始，昆山市通过多种形式资助阿图什市贫困学生2829人次，资助总金额近1700万元。

4月

2日 乌恰·常州“师生手拉手”结对线上签约仪式在乌恰县举行，两地500名教师、近万名学生万里连线，精准结对。

6日 盐城市援疆医疗团队组织开展“盐察情”基层巡回义诊活动。

7日 由江苏援疆教师张宁教授领衔的国家级技能工作室在克孜勒苏职业技术学院挂牌成立。这是该院自主申报获批的第一个国家级技能大师工作室,也是克州唯一一个国家级技能大师工作室。

8日 苏州工业园区教育局和霍尔果斯市教育局“远程教研互动课堂暨教育质量提升工程”启动仪式分别在苏州工业园区星海实验中学和霍尔果斯市国门初级中学举行。

同日 2021年扬州世界园艺博览会开幕。伊犁园占地1900平方米,以“百米长卷、天然画廊”为主题,以蜿蜒流长的伊犁河谷为串联,展现伊犁各地风光。

10日 江苏教育援疆“科创教育实验课程”暨“科创教育实验室”在阿图什市启用。联想公益基金、苏州中星拟景有限公司、苏州居未智能科技有限公司等捐赠价值近30万元智能菜园实验室、VR虚拟现实实验室和ICode编程实验室设备。

12日 江阴圣华盾防护科技股份有限公司向霍城县捐赠一次性医用防护服2万套,价值150万元。

15～23日 南京市妇幼保健院6名专家到克州开展技术指导和帮扶工作。

16日 苏州市与霍尔果斯市两地联合开展德育共建活动。苏州工业园区唯亭实验小学、莲花学校、星海实验中学等学校,通过班主任教育教学展示、讲座培训、沟通对话等形式,助力霍尔果斯市提升德育师资水平。

17日 华运文旅集团首趟“苏伊号”援疆专列抵达特克斯县。该专列是南京市江宁区援疆工作组引入的长三角地区2021年赴伊旅游长期专列,全年可为伊犁州输送上万名游客。

同日 昭苏县委、县政府和泰州市援疆工作组主办的昭苏县旅游产业推介暨农牧

2021年4月17日,华运文旅集团首趟“苏伊号”援疆专列抵达特克斯县

产品展销活动在泰州开幕。昭苏县大富农商集团有限责任公司组织多家单位参展，为泰州市民带去新疆馕产品、水晶粉等昭苏特色农牧产品。

19日 江苏省政府召开常务会议，省长吴政隆主持会议。会议指出，要认真开展好对口支援、对口协作、对口合作，充分发挥好对口地区特色优势，坚持“输血”与“造血”相结合，坚持工作力度不降，切实加强人才支援、技术支持、产业协作、劳务合作，在医疗、科教等民生领域加快补短板，全面推进乡村振兴，扎实推动共同富裕，为促进区域协调发展、构建新发展格局作出新的更大贡献。

同日 霍城县党政代表团在上海市江阴商会举行旅游招商暨产业招商推介会，并举行霍城县人民政府驻上海招商联络处揭牌仪式。

20日 江苏援伊指挥部、江苏省文联和伊犁州政府联合创办的伊犁州苏伊文化交流中心成立。

21日 江阴市政府、霍城县政府主办的“惠远古城·芳香霍城”2021年霍城县（长三角）旅游推介暨文旅招商会在江阴举行。会上，霍城县文化体育广播电视和旅游局、霍城县旅游发展投资有限责任公司、新疆土拨鼠国际旅行社有限公司与江阴市旅游文化产业发展有限公司等12家企业签署合作协议。

同日 “中国箭乡 · 锡伯家园”2021年察布查尔文化旅游推介会在盐城举行。

23日 江阴市援疆工作组、霍城县党政代表团赴江南大学学习考察。其间，双方签订校地合作框架协议，商定共建技术转移分中心，在特色农副产品深加工、生态保护与旅游资源开发等方面展开合作。

同日 苏州市援疆工作组和霍尔果斯市招商局、文化体育广播电视和旅游局、农业农村局联合主办的霍尔果斯经济开发区（市）招商推介会在苏州举行，华东地区200余家企业和协会参加，集中签约投资项目17个、农业产业科技帮扶项目2个。霍尔果斯市农业农村局与中国科学院上海技术物理研究所苏州研究院、苏州农业职业技术学院签订产学研合作协议，苏州援疆产品品牌——“苏伊优果”同步揭牌。

同日 徐州市云龙区委区政府、徐州市文化广电和旅游局、徐州市援疆工作组、淮海战役烈士纪念塔管理局、奎屯市文化体育广播电视和旅游局、徐州报业传媒集团，联合淮海经济区相关城市文旅部门主办的2021淮海经济区文旅产业博览会暨奎屯（徐州）文旅招商推介会在徐州开幕。

26日 江苏—克州5G远程眼科手术开通仪式在江苏省人民医院和克州人民医院同步举行。江苏省人民医院眼科专家通过5G通信远程调控眼底激光手术，为4名克州糖尿病视网膜病变患者施行双眼视网膜激光光凝治疗。

同日 霍城县党政代表团在南京市江阴商会举行旅游招商暨产业招商推介会，并举行霍城县人民政府驻南京招商联络处揭牌仪式。

同日 乌恰县乡镇干部能力素质提升班在常州市委党校开班。

29日 在自治区庆祝“五一”国际劳动节暨表彰大会上，江苏援疆干部人才、新源县教育局党委委员、副局长（挂职）杜稼锋，伊犁州友谊医院医生陈翔和江苏省第三批“组团式”医疗援疆队队长、克州人民医院党委副书记、院长宋宁宏获“开发建设新疆奖章”。

同日 伊犁州歌舞剧院与无锡市歌舞剧院联合打造的大型原创历史歌舞剧《汉家公主》在南京首演。

5月

1日 在江苏援克指挥部推动下，南京至喀什（克州）直飞航线首航仪式在南京禄口国际机场举行。

同日 以“丝路四季行・世界零距离”为主题的2021年霍尔果斯文化旅游节暨首届“金亿杯”时尚模特大赛在霍尔果斯中国文化馆启动，在苏州市援疆工作组协调下，近300件苏州特色非遗展品在活动中亮相。

6～12日 江苏省疾控系统7名放射卫生技术专家到克州，支援医疗机构医用辐射防护检测和非医疗机构放射性危害因素检测工作。

7日 南京市属三甲医院、南京市疾控中心18名医疗专家到伊犁州，开启对口柔性援疆工作。

2021年5月1日，南京—喀什（克州）直航首航仪式在南京禄口国际机场举行

【链接】医学建设和公卫体系双提升，南京柔性援疆托起伊宁群众“健康梦”！

5月7日，来自南京三甲医院、南京市疾控中心的18名医疗专家承载宁伊情谊，跨越万水千山，踏上柔性援疆的征程，开启了新一轮的对口帮扶工作。

这是贯彻落实第三次中央新疆工作座谈会精神、深入推进医疗卫生人才柔性援疆的具体举措，希望可以持续提升伊宁当地的医疗质量和水平，更好地服务于当地群众，实现东西部医疗优势资源共享。

排除万难，让边疆群众健康有“医靠”

与普通援疆不同，柔性援疆时间不长，多为3个月左右，但持续性和灵活性兼顾。此次援疆专家涉及专业比较多而且更“专”，比如骨科的关节外科，心血管内科，精神卫生科，还有护理和影像学。2020年的新冠肺炎疫情对“公卫体系”提出了更高的要求，所以此次专门派出了3位来自南京的公共卫生专家。

为了让边疆群众的健康有“医靠”，援疆专家克服了种种困难。考虑到伊宁当地急需开展腹腔镜下全子宫切除手术，擅长此项技术的南京市第一医院妇产科医生强琰主动请缨。但是“意外来得太突然”。就在上个月，强琰医生扭伤了脚，只能“一瘸一拐”工作。但是她坚持按原计划执行援疆任务，因为“不想让伊宁妇女同胞们失望，希望她们可以早些享受到先进的医疗技术，让她们少受苦。这点困难，我可以克服。”

提升能力，让边疆百姓家门口看大病

医疗援疆，自协作以来，一批又一批的南京医疗专家来到新疆伊宁，无私奉献、尽心尽责，数年间，在江苏优质医疗资源的扶持下，伊宁的医疗水平得到全面提升，让伊宁老百姓在家门口也能看大病。

2017年8月，柔性援疆专家、南京市第二医院心内科主任医师汤涌援伊当天就做了10台手术。他动作娴熟，高超的手术技巧令当地医生大开眼界并传为佳话。伊宁市人民医院少数民族患者居多，当天手术的少数民族患者占到三分之二。其间，一名少数民族病人突发血流停止现象，汤涌果断实施救治措施，很快病人转危为安。“因为他们之前缺乏技术，很少开展心脏介入手术。经过带教和后来的远程交流，现在已经完全可以做这样的手术。”据悉，目前，伊宁市人民医院心内科连续三年心血管介入手术量在自治区排名前23名，在全州排名第2名，2019年开展冠脉造影+PCI术896例。

在此行的专家中，鼓楼医院麻醉科副主任医师顾伟已经是第二次柔性援疆了，上一次是2013年，当时带去快速康复理念，教会他们围术期的阵痛技术，传授了“无痛病房”的模式。开展大型复杂手术，麻醉技术很关键。同样，援疆结束后，顾伟和伊宁市人民医院结下了深厚情谊，双方沟通交流很多，伊宁市人民医院的麻醉能力得到了全面提升，当然，医院治疗水平也不断提升。

据悉，2011年至今，南京先后选派10批次204人次的短期柔性专家援助伊宁市医疗卫生工作。通过远程教育会诊系统、网络沟通等，建立医联体，以“组团式”援疆为载体，让老百姓在家门口享受到了南京医疗专家的高超技术。

“输血”“造血”并重，为伊宁医防能力“强筋壮骨”

“输血”重要，“造血”同样重要，想要托起伊宁人民的“健康梦”是需要全方位的援助。记者从南京市卫生健康委获悉，柔性援疆和普通援疆相互补充，根据当地群众的需要，及时调整援助的方向和专业，让医学援疆接地气，让他们的医防能力“强筋壮骨”。

比如，2017年在南京市卫生健康委、援疆前指及各位专家的帮助下，伊宁市精神卫生中心正式成立，开启了伊宁市精神卫生工作的新里程，

填补了伊犁州的空白。2019年，在南京医科大学附属南京脑科医院的大力支持和帮助下，伊宁市癫痫中心在精卫中心正式成立，并签订医联体癫痫专科联盟协议，为医院特色专科的发展迈出了崭新的一步。2019年，伊犁州伊宁市人民医院精神卫生中心项目已纳入2020年国家项目库，项目床位编制140张，建设面积1.12万平方米。已成为伊犁河谷乃至自治区精神病患者的首选就诊专科。为了让精神卫生中心更细化，此次柔性援疆名单里，增加了脑部影像学专家和精神护理学专家，有着30年精神护理经验的张丽是南京脑科医院的副主任护师，此次帮扶就是希望帮他们的精神科护理建章立制，通过培训、带教提升他们这个专科的护理能力。

上次顾伟是作为麻醉科专家进行援助，而此次，他作为医务处、麻醉科双重援助身份前往伊宁。他说，这次，他希望通过医院院务管理能力的传授，让他们的医院管理更上一层楼。而“公卫专家”也是此次柔性援疆的另一亮点。建立“帮带提升”机制，采取“团队带团队”“专家带骨干”“师傅带徒弟”“管理人才学习交流”等形式，提升伊宁市医疗、公共卫生整体发展水平，努力打造一支留得住、能战斗、带不走的医疗卫生人才队伍。

（原文刊载于2021年5月8日“中国江苏网”，本文有删节）

11日 25名常州市援疆教师赴乌恰县14所乡村中小学，开启2021年首批常州—乌恰“心连心·教育大篷车”活动。

同日 “王华基金会助学金”颁发仪式在兵团四师可克达拉市金山实验学校举行。

14日 南京市援疆工作组开展“山区牧民点亮工程”，解决巴彦岱镇苏勒阿勒玛塔村13户山区牧民用电难题。

15日 江苏南京—新疆伊宁消化学科学术交流会暨南京鼓楼医院互联网医院伊宁分院揭牌仪式在伊宁举行。

同日 “苏克杯”全国摄影大展启动仪式暨新闻发布会在中国摄影家协会举行。摄影大展通过直观的影像展示克州风光人文、民俗文化、发展成就、江苏对口支援克州10

2021年5月15日，『苏克杯』全国摄影大展启动仪式暨新闻发布会在克州举行

年来的丰硕成果。

21日 霍城县江苏医院和江阴市人民医院医疗专家实施澄霍两地肿瘤诊疗首例多学科远程会诊，标志着江阴在霍城县江苏医院援建的多学科远程会诊中心启用。

同日 江苏银宝控股集团有限公司与新疆农丰农业开发集团有限公司签订高标准农田共建运营项目合作协议，实现两地国有企业产业合作新突破。

22日 江苏省中外社会文化交流协会、伊犁州苏伊文化交流中心主办的首届"百年华诞·文化润疆·翰墨传情"苏疆两地书画联展在霍尔果斯市开幕。

23日 江苏援伊指挥部、伊犁州文化和旅游局与江苏省广播电视总台合作打造的旅游援疆品牌——"江苏广播新疆丝路之旅"首发团欢迎仪式在特克斯县喀拉峻草原举行。

25日 江阴市援疆工作组联合霍城县委组织部、江阴市委组织部成立的"澄远英才工作站"挂牌仪式在江阴市委党校举行，霍城县干部人才集中培训班同时在江阴开班。

6月

1日 昆山市援疆工作组在阿图什市昆山育才学校举行"青春无限，童心向党"庆"六一"慰问活动，向阿图什市19所学校捐赠价值116余万元的书籍、书包等学习用品及助学金。

2日 伊犁州党政代表团在江苏考察访问，省长吴政隆会见代表团一行。

同日 盐城市援疆工作组联合察布查尔县团委在察布查尔县举行百名援疆干部人才结对百名边疆学生启动仪式。

5日 霍尔果斯市党政代表团在苏州考察访问。

8日 江苏省援建伊犁州农产品质量安全管理平台启动仪式在特克斯县举行。

9日 南京医科大学附属常州第二人民医院减重代谢外科中心乌恰分中心成立仪式在乌恰县人民医院举行。

12日 江阴市文体广电和旅游局联合霍城县文体广电和旅游局创作编排的情景剧《大爱援疆人》在霍城首演，讲述江阴援疆干部人才的感人故事。

同日 江苏省第十批援疆医疗队赴阿克陶县巴仁乡巴仁村开展"我为群众办实事"义诊活动。

15日 新源县召开第十批援疆专业技术人才中期轮换总结表彰大会。

同日 无锡市国联发展集团向霍城县捐赠教育援疆资金70万元。

19日 江苏（南京）援疆产业园在伊宁边境经济合作区挂牌。

21日 尼勒克县召开第十批援疆专业技术人才中期轮换总结表彰会。

22日 "情系边疆·创业伊宁"伊宁—南京两地企业家交流座谈会暨伊宁市政府

招商专题推介会在伊宁召开。

同日 金湖县和兵团七师一三〇团举行“智慧援建”远程网络视频项目签约仪式。

22～23日 无锡市党政代表团在阿合奇县考察援疆工作，看望慰问援疆干部人才，并召开对口支援工作座谈会。

23日 昭苏县召开泰州“名师送培”暨援疆教师中期轮换座谈会。

24日 江苏援疆项目霍城县第一人民医院（霍城县江苏医院）综合病房楼投入使用。

25日 伊宁市、巩留县、伊宁县、乌恰县分别召开第十批援疆专业技术人才中期轮换总结表彰会。

同日 奎屯市召开欢送徐州援疆教师座谈会。

同日 江苏援疆项目察布查尔县乡村客运站开工建设。

27日 盐城市石油机械行业协会5家企业与察布查尔镇11个村（社区）、孙扎齐牛录镇5个村签订结对共建协议，并捐赠80万元帮扶资金，标志着盐城市社会力量援疆“十团挂十镇、百企援百村（企）、千人帮千户”为主题的“十百千”结对共建活动全面启动。

28日 伊宁县千亿级纺织产业园区启动暨第四批招商引资项目集中开工仪式在伊宁县举行。

2021年6月28日，伊犁州苏伊文化交流中心主办的江苏伊犁书画艺术交流展在伊犁州博物馆开展

同日 伊犁州苏伊文化交流中心主办的“书天山奇境千里，画伊犁风光无限”江苏伊犁书画艺术交流展在伊犁州博物馆开展。

7月

1日 江苏新潮仁爱基金会向霍城县江苏中学爱心助学捐赠仪式在江阴市援疆工作组驻地举行。基金会捐赠70万元设立助学奖学基金，用于奖励家境困难的优秀学子。

同日 江苏省投入4000余万元援建的伊犁州博物馆正式对外开放。

4日 无锡市、南京技师学院援助阿合奇县技工学校大型机械实训设备捐赠仪式在阿合奇县举行，向该校捐助资金及实物合计135万元。

5日 盐城市援疆工作组组织的“万名盐城人包机游伊犁（察布查尔）”活动首批游客抵达察布查尔县锡伯风情园。

8日 江苏援疆项目察布查尔县公共图书馆、乡村旅游集散中心开工建设。

11日 南京江北新区与伊宁市举行合作共建签约仪式。江北新区智能制造产业园与伊宁边境经济合作区签署园区共建协议，江北新区4家企业分别与伊宁边境经济合作区、伊宁市发展改革委同步签署战略合作协议，江北新区泰山街道与伊宁市托格拉克乡签署街镇（社区）结对协议。

12日 南京经济技术开发区与伊宁边境经济合作区签署合作共建协议。

同日 乌恰县教师教学能力素质提升班在常州市委党校开班。

同日 南京小厨娘餐饮有限公司向特克斯县教育局捐赠30万元。

13日 江苏省政府办公厅与伊犁州政府办公厅在伊犁召开交流合作座谈会，共商交流合作模式，签订交流合作协议书。

14日 奎屯市举行第十批援疆专业技术人才中期轮换交接工作座谈会。

16日 霍城县召开第十批第一期援疆专业技术人才欢送会。

19～21日 江苏省委常委、常务副省长樊金龙在新疆阿克苏参加第八次全国对口支援新疆工作会议，并召开江苏援疆工作座谈会。座谈会指出，要自觉对标新时代党的治疆方略，科学编制并实施好“十四五”规划，真抓实干、埋头苦干，确保党中央关于援疆工作的决策部署落到实处、见到成效。要坚决响应、忠实践行习近平总书记发出的伟大号召，努力打造江苏对口援疆工作品牌，向党和人民交上满意答卷。樊金龙代表江苏省委、省政府看望慰问省对口支援伊犁、克州干部人才代表。

21日 常州市武进区援疆工作组中期轮换的第一批7名干部人才抵达尼勒克县，

开始为期一年半援疆工作。

22日 江苏援伊指挥部举行第十批援疆专业人才中期轮换欢送会。

29日 伊宁市举行援助南京市防疫物资发车仪式。此次捐赠的物资包括医用防护服5000套、医用检查手套2万副、医用一次性口罩40万只、牛奶600箱、酸奶600箱、馕1万个、小奶丁50箱、葡萄干500千克、巴旦木500千克、核桃500千克、杏干1000包。

31日 南通市援疆工作组牵头如皋市相关单位与伊宁县委组织部、团县委及武功乡、麻扎乡、喀什镇等单位建立合作共建关系，并落实对口援疆资金及设备、物资共计100万元。

是月 江苏援疆项目兵团四师军垦博物馆开工建设。

8月

3日 在江阴市援疆工作组推动下，霍城县政府与江苏大东新材料科技有限公司装配式建筑材料产业化项目通过视频连线方式进行签约。该项目总投资3.6亿元，主要生产金属外墙装饰一体板。项目建成后，可带动300人就业。

5日 江阴市临港经济开发区向霍城县捐赠结对帮扶资金50万元。

8日 江苏援克指挥部与克州教育局联合召开2021年对口支援克州教育项目推进会。

11日 特克斯县捐赠的近80吨抗疫物资抵达南京市江宁区。

18日 连云港市"组团式"援疆医疗队实施霍尔果斯市人民医院首例剖宫产手术。

19日 在中共中央宣传部、国家卫生健康委和中央广播电视总台联合主办的"闪亮的名字——2021年最美医生"发布仪式上，全国医疗人才"组团式"援疆团队被授予2021年"最美医生团队"称号，江苏省第三批"组团式"医疗援疆队（克州）队长、省人民医院副院长宋宁宏作为援助方代表参加仪式，并登台领奖。

26日 新源县第二中学食宿楼及配套设施建设工程交付使用。

是月 江苏教育人才"组团式"援疆试点单位——伊犁丝路职业学院（筹备）参加2021年全国职业院校技能大赛，获一等奖1个、三等奖2个。其中，液压与气动系统装调与维护赛项获一等奖，是2021年新疆代表队在全国职业院校技能大赛上获得的唯一一等奖，并实现2017年以来新疆代表队在全国职业院校技能大赛上一等奖"零"的突破。

2021年9月5日，新源县阿勒玛勒镇台勒哈拉社区偏远分散52户牧民定居点电力工程项目通电仪式

9月

5日 新源县阿勒玛勒镇台勒哈拉社区偏远分散52户牧民定居点电力工程项目通电仪式在羊队阿克加孜勒牧民定居点举行。扬州市援疆工作组投资近50万元，安装变压器1座，铺设输电线路4.5千米，安装输配电线杆86个，解决困扰该定居点农牧民生产生活的一个大问题。

8日 江苏援克指挥部与克州教育局联合举行“江苏情·克州抵边村教师耕耘奖”2021年度颁奖仪式，向全州抵边村教师发放资助金。

8～9日 无锡灵山文化旅游集团考察团到霍城考察果子沟—赛里木湖文旅项目，同时召开果赛景区“阿力麻里”文旅项目策划方案座谈会，伊犁州政府代表与无锡灵山文化旅游集团有限公司签署战略合作协议。

9日 江苏省江阴高级中学教师颜忠元、常州市第五中学教师盛红、盐城景山中学教师路璐等3名援疆教师当选“感动江苏教育人物——2021最美中学教师”。

11日 江苏省第十批中期轮换援疆干部人才抵达克州，开展为期一年半的援疆工作。

13日 新疆伊犁州5G未来医学联合实验室在伊犁州临床医学研究院揭牌。揭牌仪式上，伊犁州友谊医院与中国联通伊犁分公司签订“5G+智慧医疗”战略合作协议。伊犁州临床医学研究院是江苏省第十批医疗援疆重点工程，5G未来医学联合实验室是新疆开通的首个“5G医疗专网+边缘医疗云”，标志着伊犁州医疗卫生系统迈入5G时代。

23～25日 由自治区党委组织部、自治区卫生健康委主办的“援疆情·边疆行——第十批援疆医疗专家巡边义诊办实事”活动先后走进察布查尔县人民医院和琼博拉镇小博拉村、昭苏县夏特柯尔克孜族乡，开展义诊送诊、免费提供常见病药品、宣

2021年9月，江苏省委组织部、省卫生健康委及各派出单位有关领导在南京欢送第十批中期轮换援疆干部人才

传常见病多发病防治知识等活动。

24日 江苏中南慈善基金会公益项目“一厘米温暖新疆公益行”走进伊宁县，向伊宁县南通实验学校、伊宁县第二中学、伊宁县萨地克于孜乡小学等7所学校捐赠7000余册图书、100套桌椅及打印机等价值34.6万元教学设备。

24～30日 在无锡市援疆工作组推动下，无锡市相关部门向阿合奇县捐赠新能源公交车、清障车、执法电动车、餐厨垃圾专用车、农用拖拉机、水泵及变频器、校服、执法制服等物资及部分工作经费。

26日 江苏援疆项目特克斯农牧产品供销冷链仓储中心库竣工投入使用，仓储保鲜规模3200吨。

29日 徐州市援疆工作组组织奎屯市玉器、土特产品经销商分赴徐州经济技术开发区、云龙区、沛县等地展销。

同日 常州市第十批援疆干部人才——11名中期轮换的教师与医生抵达乌恰县，开启为期一年半援疆工作。

是月 新疆伊犁州（四师）农特产品展馆（江苏总部）投入运营。展馆位于镇江市健康路体育公园，面积200余平方米。

10月

1日 扬州市援疆重点项目——新源县人民医院异址新建工程落成并投入运行。

同日 伊犁州县级政务服务平台“我的察布查尔”App上线试运行。这是盐城市援疆工作组为察布查尔县专门搭建的民生服务项目。

3日 2021年徐州—奎屯“丝路汉风”嘉年华暨奎屯（徐州）文旅招商推介活动在

徐州博物馆开幕。两地文旅部门签订合作协议，推动徐奎两地在区域联动、信息互通、产业投资、资源共享、人才培养、文艺创作、文旅交流等方面持续深化合作。

5日 克州人民医院援疆医疗队赴阿克陶县维吾尔医医院开展义诊活动。

7日 南通市28名“组团式”援疆教师到达伊宁市，开启为期一年半的援疆工作。

10～20日 文化润疆——江苏书画名家克州邀请展在克州图书馆举行。

13日 克孜勒苏职业技术学院聘任兼职教授仪式在该院举行。克州人民医院的26名专家获聘，包括20名“组团式”援疆医疗专家和6名本地专家，涵盖25个专业。

14日 伊犁州友谊医院成功施行首例胰十二指肠切除术。手术由江苏援疆医疗专家杨小华带领该院医护团队共同完成。

20日 “传承亚夫精神·助力乡村振兴”镇江市银行业保险业与涉农企业合作共建签约仪式在句容市天王镇举行。活动仪式上，新疆伊力特实业股份有限公司、新疆伊帕尔汗香料股份有限公司与江苏亚夫兴农股份有限公司签订合作共建协议。

24日 新源县扬州双创园交付使用。该园是扬州市产业援疆重点建设项目，总投资8000万元，按照“布局集中、用地集约、产业集聚”原则，分东、西两个区域。东区以农副产品深加工为产业发展方向，占地5.07公顷，建成总建筑面积1.82万平方米7栋标准化厂房，同步配套综合楼、食宿楼；西区以建材加工为产业发展方向，占地4公顷，建成总建筑面积1.8万平方米6栋标准化厂房，同步配套综合楼、食宿楼。

30日 克州首例内镜下经鼻蝶垂体瘤切除术在克州人民医院成功施行，标志着该院神经外科微创技术迈上新台阶。此次手术是由江苏援疆医疗专家参与的多学科配合手术。

31日 江苏省委、省政府发布《关于表彰全省脱贫攻坚暨对口帮扶支援合作先进集体和先进个人的决定》，308个集体、544名个人获表彰。其中，江苏援伊指挥部等11个江苏援疆集体获“全省脱贫攻坚暨对口帮扶支援合作先进集体”称号，丁强等44名江苏援疆干部人才获“全省脱贫攻坚暨对口帮扶支援合作先进个人”称号。

同日 克州人民医院举行“模式交互型”互联网医院启用暨十大医疗援疆项目签约揭牌仪式。

是月 江苏援克指挥部被克州党委、政府表彰为“民族团结进步模范集体”，徐扬被克州党委、政府表彰为“民族团结进步模范个人”。

是月 农业农村部发布2021年中国美丽休闲乡村名单，新疆9个村上榜，其中包括昆山市援疆工作援建的阿图什市松他克乡阿孜汗村。

【链接】在新疆，互联网医院助推优质医疗资源下沉——患者不出远门　专家线上问诊

11月3日下午，B超手术机器人又在新疆克孜勒苏柯尔克孜自治州人民医院手术室上岗了，33岁的住院医生邵云强是助手。今天的手术是为患者进行经皮肾镜碎石取石术。

与此同时，江苏省人民医院远程医学中心也正在进行一台高难度手术。手术室中没有手术器械，也没有患者，泌尿手术专家李杰和超声影像专家叶新华目不转睛地盯着两台显示屏，叶新华手握操作仪在巴掌大小的控制面板上移动。

随着他们手中操作仪的移动，5000多公里外的B超手术机器人的手臂就自己舞动了起来，时而轻触，时而变换着角度在患者腹部滑动……实时影像被传送到李杰和叶新华面前的屏幕上。他们反复斟酌，引导邵云强进行精准穿刺，经过近15分钟的进针点及角度调整，最终成功穿刺，建立碎石取石工作通道。邵云强通过钬激光碎石取石，经过30分钟的努力，清石率达100%。这是该院通过这种方式完成的第三例肾结石手术。

“几乎没做过主刀医生，没想到今天做了难度这么高的一台手术，简直太不可思议了！”走出手术室，邵云强说。

援疆医生、克州人民医院泌尿外科主任杨杰介绍，鹿角形肾结石、复杂性肾结石在当地多见，几乎每年都有上百例病例，很多患者整个肾脏被损毁。如果要保住这个肾，就得经皮肾镜碎石，然后取出大大小小的结石。但这项手术必须是经验丰富的高水平泌尿外科医师才能操作。“难点在于需要在B超引导下找到合适的穿刺部位并进行精准穿刺。”杨杰说。

患者现在能在克州完成高难度手术，得益于江苏援疆克州前方指挥部总指挥周伟文提出的“挂号在克州，看病在江苏”的设想。2020年初，受疫情影响，患者转院或外请专家到克州会诊都成了难题。在周伟文的建议下，克州人民医院尝试利用5G互联网实现江苏知名医疗专家对克州患者的“零距离问诊”和“远程检查”。目前已实施远程B超70多例，远程复杂眼科手术32例。在此基础上，克州人民医院互联网医院于10月31日正式启动。

援疆医生、克州人民医院院长宋宁宏介绍，这种诊疗模式在未来会成为常态：“互联网医院辐射到江苏9家医院、克州4家县级医院以及乡镇卫生院、村卫生室。只要配备了相应的设备，患者在村卫生室就可以申请江苏医疗专家进行远程B超检查、问诊。目前克州已有10家基层医疗单位配备了相应设备。”

互联网医院为患者节省了大量精力和经费，宋宁宏说，当地做不了的治疗，患者到乌鲁木齐或者更远的城市看病，交通、食宿费用高不说，还要经历舟车劳顿之苦。外请专家也要额外付一笔出诊费。

相较于传统的远程会诊只是传输病例和检查结果、专家据此判断病情，互联网医院的优势在于专家可以亲诊亲治。阿图什市吐古买提乡迈丹村卫生室内，患者和村医坐在镜头前，克州人民医院的医生通过屏幕向患者问诊，并指导村医进行触诊，根据村医的触诊描述判断病情。通过互联网医院，有限的优质医疗资源可以更加合理分配、有效快速下沉到基层医疗单位。宋宁宏算了一笔账：在偏远地区，常常采取义诊的方式将优质医疗资源送到基层，开车来回就要半天，从阿图什市到克州最远的一个县，单程就要五六个小时，成本很高。

而现在，专家和患者都不需要“出远门”，通过数据的实时传输，就可以解决这一问题。“患者在县级及以下医疗单位，就可以由克州人民医院或江苏后方9家三甲医院的医生来远程诊疗。甚至以前难度比较高的手术，现在只要有手术

室，有一位有手术操作经验的助手协助，就可以在专家的远程引导和监控下通过专业设备完成手术。”宋宁宏说，在远程诊疗的过程中，协助治疗的当地医生同时也在接受培训，“比如相似的B超影像，为什么诊断不同？当地医生的水平会在专家的远程教学中潜移默化得到提升，为当地留下一支带不走的医疗队。”

（2021年11月11日《人民日报》）

11月

2日 由江苏援疆医疗专家为主导的克州首例胸骨后甲状腺肿手术在克州人民医院成功施行。

3日 江苏永钢集团有限公司和张家港市永联为民基金会为巩留县捐赠的3辆负压救护车配送到该县乡镇卫生院。

5日 在江苏援疆医疗专家参与和指导下，兵团四师可克达拉市人民医院妇产科成功施行首例紧急宫颈环扎术。

12日 新疆霍尔果斯人力资源大数据产业园被自治区人力资源和社会保障厅认定为“自治区级人力资源服务产业园”。该园于2020年6月投入运营，是苏州市援疆重点项目，是新疆第三个、伊犁州第一个投入运营的自治区级亿元规模人力资源服务产业园。产业园采用“1+N”布局模式，打造1.2万平方米主园区和位于中哈霍尔果斯国际边境合作中心的国际合作分园区。

同日 苏州工业园区综合保税区与霍尔果斯综合保税区、苏州工业园区海关与中哈霍尔果斯国际边境合作中心海关举行线上合作共建签约仪式，分别签署《苏州工业园综保区与霍尔果斯综保区友好合作协议》和《苏州工业园区海关与霍尔果斯国际边境合作中心海关友好合作协议》。

同日 克州人民医院完成克州首例子宫动脉栓塞辅助的凶险性前置胎盘剖宫产。手术由江苏援疆医生参与完成，术前通过5G远程平台邀请苏州大学附属第一医院介入科主任、教授朱晓黎会诊。

同日 南通市援疆医疗团队到伊宁县英塔木镇开展义诊活动，为当地群众免费看诊咨询200余人次，并赠送药品及器材。

16日 无锡市对口援建阿合奇县技工学校新校区启用揭牌仪式举行。新校区于2020年5月开工建设，累计落实援助资金444.86万元。无锡技师学院、南京技师学院选派3个工种5名专业课教师到阿合奇县开展工作，无锡技师学院增派一名副科级干部挂职1年。

22日 兵团四师总医院召开总结表彰暨欢送第四批镇江市“小援疆”干部大会，表彰9名“小援疆”干部。

25日 克州人民医院重症医学科医生在江苏援疆医疗专家带领下，成功完成首例经气管切开处床旁纤维支气管镜肺泡灌洗术，填补该院在该项技术上的空白。

12月

4日 常州市武进区援疆医生为尼勒克县一名骨盆骨折患者成功实施全县首例经皮外固定支架术。

7日 霍城县党政代表团在无锡考察交流，在江南大学举行铸牢中华民族共同体意识霍城研究基地、江南大学—霍城校地科技合作平台签约揭牌仪式，与无锡团市委举行“民族一家亲·共结石榴情”专题座谈会。

同日 南京市援疆工作组、建邺区政府主办的南京江东商贸区企业家消费援疆——对口援助伊宁市交流会在南京市建邺区举行。

8日 宁伊旅游产业合作签约暨夫子庙新疆伊犁百年古法手工冰淇淋店揭牌仪式在南京夫子庙举行。活动由南京市援疆工作组主办，南京旅游集团、南京秦淮风光旅游股份有限公司分别与伊宁市文旅集团签署旅游产业合作协议。

10日 南京市援疆工作组招商引资签约授牌仪式在南京市建邺区举行。南京市投资促进局与伊宁市政府签订招商引资合作协议；南京江北新区经济发展局及玄武区、建邺区、雨花台区、浦口区商务局（投资促进局）与伊宁市商务工信局同步签订招商引资合作协议；伊宁市政府与南京6家企业签订项目投资协议，涉及食品加工、新材料、生物科技等多个领域。

22日 克孜勒苏职业技术学院举行“江苏情”奖学金、助学金发放仪式。江苏援克指挥部每年安排资金49万元，设立克孜勒苏职业技术学院奖助学金项目。奖学金每年奖励100名学生，助学金每年资助200名学生。

24日 伊犁丝路职业学院（筹备）与常州机电职业技术学院共建“名班主任工作室”签约仪式在线上举行。

26日 “腾飞的霍尔果斯”招商推介会在山东青岛举行。推介会由连云港市援疆工作组、霍尔果斯经济开发区招商局等承办，100余名企业家代表参会。

是月 江苏省人民医院副院长、泌尿外科主任医师、克州人民医院院长宋宁宏被白求恩精神研究会授予第五届“白求恩式好医生”称号。

是月 霍城县第一人民医院（霍城县江苏医院）成为伊犁州唯一的自治区级“组团式”医疗援疆县级试点医院。

【链接】对口支援协作，江苏交出“高分答卷”

“虽然没有亲眼看过，但在你的一番介绍下，我仿佛身临其境。如果有缘，我必定会跨越山河去亲身体验，到时候你可别忘了要做我的小导游。”新疆维吾尔自治区霍尔果斯市苏港高级中学学生阿依曼在给连云港笔友的信中这样写道。一封封书信，是苏霍两地青少年搭上“心桥”的真实写照，更是江苏对口支援协作合作成效的一帧缩影。1月4日，省对口支援协作合作新闻通气会上通报了这样一组数据：党的十八大以来，全省共筹措对口支援协作资金623.7亿元（含建设用地增减挂钩跨省交易资金221.5亿元），累计实施援助项目超过1万个，展现对口援建工作的江苏贡献和江苏力量。

精准帮扶，助力打赢脱贫攻坚战

江苏对口支援新疆克州深度贫困地区，向贫困户发放定制农产品“连心券”，建立起“贫困户+专业合作社+龙头企业”的稳定利益联结机制，助力对口地区提前实现脱贫摘帽；对口帮扶的陕西省平利县茶饮项目让4710名贫困群众走上了因茶致富的道路，紫阳县18家毛绒玩具社区工厂吸纳了上千名留守妇女就业，柞水县以发展木耳为突破口建成脱贫“大产业”、实现了“利民、富村、强县”的良性发展……

“江苏对口支援、东西部协作的西藏、新疆、青海、陕西、贵州等地有些属于集中连片贫困地区、深度贫困地区、国家重点贫困县，脱贫攻坚任务十分艰巨。”省对口帮扶支援合作工作领导协调小组成员王志忠表示，江苏始终盯紧重点贫困人群、深度贫困地区、重点贫困县，通过产业扶贫、就业扶贫、消费扶贫、健康扶贫、教育扶贫、基础设施完善等方式，助推新疆、西藏、青海、陕西等地的102个贫困县全面打赢脱贫攻坚战，近400万人脱贫摘帽。

打赢脱贫攻坚战、全面建成小康社会后，东西部协作工作重心由打赢脱贫攻坚战转到巩固拓展脱贫攻坚成果，全面推进乡村振兴，最终达到共同富裕。为巩固拓展脱贫攻坚成果同乡村振兴有效衔接，我省结对关系调整稳步推进，截至目前，我省共与西藏、新疆、陕西、青海的104个县结对，其中与陕西、青海两省80个县（市、区）结对，国家乡村振兴重点帮扶县26个，东西部协作年度各项任务指标均已全面超额提前完成。

目前，江苏乡村振兴的经验“种子”正向协作地区播撒，支持协作地区全要素借鉴，多领域创新，因地制宜打造乡村振兴示范点。商洛市洛南县借鉴南京市江宁区美丽乡村旅游经验，在保安镇北斗村开发建设“亲农·溪乐谷”乡村旅游扶贫项目，实现脱贫有产业、有分红，带动50余家脱贫户增收致富，户均增收5000余元。柞水县借鉴南京市高淳区国际慢城创建经验，科学布局康慢城、山慢城、云慢城、文慢城等四大特色区域，营盘镇创建成为西北首个、全国第13个国际慢城。西宁、海东引入江苏文化旅游创意资源，对青海22项非物质文化遗产进行综合开发设计，融合“河湟文化”“卡约文化”“西羌文化”，打造文化重镇。

聚焦民生，培养一支“带不走的队伍”

提升保障和改善民生水平是对口支援协作合作工作的第一要务。我省始终坚持把保障和改善民生作为重中之重，将对口支援协作合作援助资金的80%以上向民生倾斜、向基层倾斜、向深度贫困地区倾斜，重点解决一批住房、供水、道路以及教育、医疗等各民族群众牵肠挂肚的民生问题，对口支援协作地区乡村面貌发生历史性改变，各族群众的获得感、幸福感、安全感显著增强。

“江苏省医疗人才‘组团式’对口支援的是新疆克州人民医院，采取省包院、院包科的形式，集中资金、人才、项目等优势资源，实现组团选派、集体作战。”省卫生健康委二级巡视员祁爱平介绍，自2016年以来，我省从9家省属三甲医院选派了三批次共94名医疗管理人才和业务骨干人才，持续“传帮带”，共为当地培养了21个医疗团队，传授了200多项新技术，帮助克州人民医院成为当地唯一的三甲医院，塑造了全国“组团式”医疗援疆中的“江苏品牌”。

除了解决援建地区人民“看病难”的问题，我省还把“书香”带往高原。新疆、西藏、青海在我省开设了新疆班、西藏班，培养的优秀人才在大学毕业后带着深厚民族感情回到家乡、建设家乡。“不仅如此，我们努力发挥援派教师‘种子’作用，通过师徒结对、定期走访、开展讲座培训、组织教研活动、共同申报课题等教学活动，发挥江苏优质教育资源的优势，不断带动当地教师成长。”省教育厅二级巡视员李金泉说。

就业是最大的民生。我省紧盯脱贫群众，紧扣就近就业和转移就业，在继续强化“塑造特色品牌、精准对接需求、强化稳岗保障”的基础上，促进转移就业的同时，更加注重发展产业带动就业、帮培技能促进就业创业。不仅通过技能化开发、市场化运作、组织化输出、产业化打造，培育发展壮大了“紫阳修脚师”“化隆拉面师”“宁姐月嫂”等一批特色鲜明、行业领先、技能突出的区域劳务输出品牌，还采取“互联网+大数据”的方式，提高信息匹配度和时效性，实现求职招聘“秒匹配”。

产业协作，变“输血”为“造血”

因地制宜推动对口民族地区发展特色产业，才能真正解决对口地区发展不平衡不充分问题，促进各民族地区实现共同富裕、共同发展。一直以来，我省坚持“输血”与“造血”并重，帮建产业园区、创业基地、扶贫车间、社区工厂等产业发展载体，在构建新发展格局中助推农牧业、民族手工业、旅游业等产业实现高质高效发展。

“十三五”期间，我省在陕西省安康市投入东西部协作资金3.18亿元，支持其发展毛绒玩具文创产业，实现了“从无到有，从少到多，从弱到强”的飞跃，成为当地的主导产业和富民产业。截至目前，已吸纳就业超1.5万人，其中脱贫人口超过3400人，产品已远销欧美、中东、日韩等80多个国家和地区。近年来，江苏又助力其研发设计、电商服务、展示展销、批发交易、物流等“五大中心”建设，通过创意设计、资源整合、渠道拓展等多点赋能，不断延伸产业链、提升价值链。在去年全球疫情依然严峻的情况下，依托健全的产业链，实现产值超30亿元，内销和出口均实现逆势增长。

在因地制宜发展特色产业的基础上，我省还与对口援建地区合作共建产业发展载体，援建园区基础设施，援助完善园区功能，帮助开展招商引资，选派园区管理人才，增强对口支援协作地区产业园区承载力。

在拉萨市，受援4县均建有产业园区，援建的达孜工业园成为西藏自治区首家区级工业园区，援建的曲水县建成才纳国家级现代农业示范区和首批国家级农业产业融合发展示范园；在陕西、青海协作地区，共建工业园区42个，其中农业园区31个，成为带动当地群众脱贫致富、促进经济增长的主阵地……共建合作园区已成为对口支援协作合作地区经济增长的重要增长极、特色产业壮大的重要基地和群众脱贫致富的重要载体。

打赢脱贫攻坚战后，我省更加注重夯实产业发展基础、健全特色产业链条、拓展产业增质增值增效空间、促进内生可持续发展。在新疆伊犁州，引进“稻鸭子”等有机绿色农产品，新增小龙虾、西杂鲟等养殖新品牌；在西藏拉萨市，围绕推动净土健康产业加快发展，帮助“拉萨净土”区域公共品牌17类商标在国家工商总局成功注册，援助完成藏香、藏鸡、拉萨好水等6个产品标准体系建设。

（2022年1月5日《新华日报》）

2022年1月26日，江苏省委书记吴政隆、省长许昆林在南京与省对口支援前方指挥部及帮扶工作队主要负责人座谈

2022年

1月

4日 可克达拉市镇江高级中学举行“丹凤朝阳”助学金发放仪式，70名学生领取资助资金。该助学金由镇江援疆教师谢宏庆自发成立的。

5日 察布查尔县举行2022年首批消费帮扶产品进盐城发车仪式。新疆创锦福云食品有限公司价值400余万元的54吨优质牛肉销往盐城市。

6日 无锡市援助阿合奇县消防救援设备交付仪式在阿合奇县消防救援大队举行，交付救援支架、提拉套装、定位挽索等价值50余万元的山岳救援装备器材。

11日 南京市江宁区援疆工作组主办的特克斯“线上牛羊节”启动。活动通过抖音平台直播，首场直播吸引1.7万人次观看，3小时订单突破25万元。

26日 江苏省委书记吴政隆、省长许昆林在南京与省对口支援前方指挥部及帮扶工作队主要负责人座谈，代表省委、省政府和全省人民向广大援派干部人才及其家人表示诚挚慰问、致以新春祝福。

2月

8日 南通30余名援疆教师抵达伊宁县。

同日 中央电视台《新闻联播》播出反映江苏援疆医疗专家的重点报道——《穿越冰雪的医疗“大篷车”》,聚焦伊犁州友谊医院副院长张为中等江苏援疆医疗专家,在春节期间,克服大雪封山的困难,进入大山深处为牧民们巡诊看病的事迹。

9日 伊犁州文化和旅游局、南京市援疆工作组牵头,伊宁市文化和旅游局与文旅投资集团主办的伊宁市文化旅游资源推介会在六星街音乐庭院举行,推介伊宁独特的旅游资源和文化魅力,促成伊犁州旅行社协会、导游协会、新媒体联盟、汽车行业商会与六星街音乐庭院签订合作协议。

11日 江苏对口支援协作合作工作会议在南京以视频形式召开,总结交流2021年对口支援合作和东西部协作工作,研究部署2022年工作任务。

18日 南京市援疆工作组在江浦高级中学石榴籽餐厅举行新疆电馕坑设备捐赠仪式,方便远离家乡的新疆班600名同学随时能够品尝到家乡的味道。

25日 中央广播电视总台央视新闻频道策划的《聚焦脱贫攻坚战全面胜利一周年》播出《东西协作帮扶巩固拓展脱贫成果》,报道南通援疆工作组发挥南通“纺织之乡”产业、技术、人才优势和伊犁州伊宁县交通区位、劳动力资源、政策环境等优势,实施产业援疆、促进当地就业情况。

同日 南京市江宁区援疆工作组联手伊犁州临床医学研究院建成自治区唯一县级视网膜病变防控体系。项目结合当地每年一次全民健康体检,为群众检查眼科疾病,同时对糖尿病、高血压等慢性病提供早诊断。该项目每年可为全县15周岁以上约6万人直接减免检查费用近300万元。

29日 南京18名柔性医疗援疆专家抵达伊宁市。

3月

3日 南京市援疆工作组与宁波援疆指挥部签署旅游推广合作协议,共同推动伊犁州伊宁市、阿克苏库车市两地富民就业、经济发展和社会进步。

4日 南京市援疆工作组牵头举办的招商洽谈推介会在南京市建邺区人才服务大厦举行。

7日 南通—伊宁产业对接会在南通市通州区举行,20余家相关企业参加活动。

10日 南京市援疆工作组联合民建南京市委建邺区基层委员会在伊宁市开展“益路相伴,阅建未来”图书捐赠活动,丰富偏远地区儿童的课外阅读体验。民建南京市委建邺区基层委员会与宏爱益基金会向伊宁市教育局捐赠价值50万元图书。

11日 盐城援疆教师工作室(刘建)启动仪式暨第一次示范教研活动在察布查尔

县高级中学举行。

同日 伊犁州霍城县骨干教师到江阴市跟岗培训欢迎会暨培训班开班仪式在江阴市教师发展中心举行。此次跟岗培训为期两个月，10名教育系统后备干部、教师到江阴优质品牌学校跟岗学习。

12日 伊犁州直各县市采取线上和线下相结合方式同步启动2022年重点项目用工专场招聘活动，320家重点项目用工单位提供就业岗位1.34万个。

15日 江苏援疆项目察布查尔县农副产品交易中心开工建设。

16日 自治区党委组织部调研组在伊犁州调研江苏“组团式”援疆工作。

17日 2022年第一季度州直重大项目集中复工开工仪式（奎屯分会场）在伊犁州举行，徐州（奎屯）科技产业园项目启动建设。产业园以“丝绸之路经济带核心区特色品牌园区”为建设目标，总规划占地133公顷，计划投资50亿元，入园企业100家，产值100亿元，预计可带动就业3000人。先期启动一期项目，占地20公顷，计划投资10亿元，建成后可入驻企业24家，可实现年产值15亿元，带动就业1000人以上。

同日 南京市向伊宁市家庭经济困难学生捐资助学活动在伊宁市教育局举行，主要资助伊宁市12所学校400名学生20万元。

18日 在徐州市援疆工作组的联络推动下，奎屯市商务局与江苏省丰县高新技术产业开发区签订“一带一路”装备机械及电动车进出口展示展销中心项目合作框架协议。

同日 张家港援疆医疗团队到巩留县巩留镇蝶湖社区中天世纪城小区开展义诊活动。

26日 江苏“组团式”援疆医疗队“基层健康行”到昭苏县乌尊布拉克乡国马小洪纳海社区，为当地居民提供义诊咨询服务。医疗队由支援伊犁州级医院的江苏省属医院13名专家和支援昭苏县医院的4名泰州市医疗专家组成，这是该医疗队“基层健康行”2022年的第一站。

同日 在南通市援疆工作组推动下，伊犁南通纺织商会成立。这是伊宁县第一家商会，也是伊犁州第一家纺织商会。

30日 “基于课标落实四能，打造生本高效课堂”的初中数学线上教研活动在伊宁市第二十三中学举行。南京、伊犁两地2000余名师生线上交流研讨高效课堂教学模式。

是月 徐州（奎屯）科技产业园开工建设。

是月 由新源县委组织部和扬州市援疆工作组共同拍摄的《新源新梦》，获2021年度自治区党员教育电视片《情倾大地》系列纪实片“十佳作品奖”。

是月 镇江市援疆工作组参与拍摄的《心有疆，爱无疆》被中共中央组织部评为第十六届全国党员教育电视片观摩交流活动一等奖。

4月

6日 江阴市援疆工作组、霍城县教育局联合举办的第八届“苏伊杯”教师教学能力选拔赛暨第二届“澄远杯”教师教学能力大赛开幕。大赛分设6个赛点，覆盖全县6所初中的13个学科，143名选手参赛。

7日 江苏援疆项目伊犁国际旅游集散中心投入运营。

14日 克州人民医院互联网医院采用线上形式召开“肾康体健”工程启动仪式。该工程是继“心明眼亮”工程之后推出的又一惠民举措，为克州肾结石患者、尿毒症透析患者提供免费健康体检。

17日 由江苏隆力奇集团投资建设的霍尔果斯亚欧美谷国际生物科技园举行开工仪式。该项目占地12.15公顷，建成后主要生产各类护肤护理和彩妆等创新产品，出口到中亚、欧洲等国际市场，可直接带动当地1500余人就业。

同日 在特克斯县文化和旅游局组织下，江宁区“文化润疆”项目，依托特克斯历史文化、民族风俗、自然风光等文化旅游资源编排创作的民俗风情歌舞剧《草原婚礼》在特克斯县首演。

27日 在江苏丝路援疆教师团队的促成下，伊犁丝路职业学院（筹备）康复班和常州卫生高等职业技术学校2021级高职康复治疗技术2班的师生通过“云端”连线方式，开展主题为“青春华章谱百年，心手相连筑华梦”的“手拉手”民族团结进步友好班级结对暨主题团日活动。

28日 克州江苏产业园电动车制造项目——国风车业落地签约仪式在江苏援疆人才大厦举行。国风车业是克州江苏产业园采用“飞地”机制建设的阿合奇县无锡园首个签约项目，总投资3000万元，企业投资 1000万元，年产电动车5万辆，产值超1亿元，解决就业100余人。

是月 江苏省“组团式”教育援疆（克州）团队被省总工会授予“江苏省工人先锋号”称号。

是月 江苏省“组团式”援疆医疗队被自治区总工会授予“自治区工人先锋号”称号，宋宁宏“克州挂号，江苏看病”远程医疗工作室被克州总工会命名为2021年“自治州劳模和工匠人才创新工作室”。

5月

4日 江苏援伊指挥部与伊犁广播电视台联合推出专题栏目《情满援疆路》，记录江苏援疆干部人才为伊犁河谷高质量发展付出的努力。

6～29日 伊犁州"文化润疆"艺术精品剧目——大型原创音乐剧（歌舞剧）《解忧公主》在伊犁州文化艺术活动中心（伊犁大剧院）上演18场。

10日 江苏援疆（盐城）产业园挂牌运作。

15日 第一届"金山杯"国学经典作品课本剧表演活动在可克达拉市镇江高级中学举办。活动由镇江教育援疆团队牵头组织开展，旨在传承国学经典、助力文化润疆、提高学生语文素养。

15～20日 由江苏援伊指挥部、伊犁州教育局、伊犁州总工会联合主办的伊犁州第八届"苏伊杯"教师教学能力大赛分7个赛点在伊宁市7所中学举行，227名教师参赛。大赛自2015年以来连续举办7届，覆盖小学（学前）、初中、高中各学段，共有1700余名教师参赛，其中一大批参赛教师成长为各级教学名师和学科教学带头人。

17日 "南京援疆创业就业培训名师工作站"在伊宁市大学生科技创业孵化中心揭牌成立。

18日 "中国早期现代化的先驱——张謇"展览在伊犁州博物馆开展。

21～23日 镇江市援疆医疗专家在兵团四师七十三团、七十八团开展"镇情送医四师行"巡回义诊系列活动，为近300名群众提供服务，并慰问10户困难病患家庭，免费赠送价值3000元药品。

27日 镇江援助第四师可克达拉职业技术学校机电专业设备交接仪式举行。此次援助的6套（3个赛项）机电类设备，总价值76万元。

同日 霍尔果斯市举行2022年度连云港市"组团式"医疗援疆团队欢迎仪式。

29日 江苏省"组团式"援疆医疗队赴阿图什市松他克镇瓦克瓦克村开展"江苏医疗大巴扎·乡村振兴助边行"义诊活动。

30日 南通市援疆工作组组织开展"续如皋情，修援疆路"公益慈善活动，为新疆"如皋村"募集修路资金50万元。

31日 乌恰县黑孜苇乡中学主办的"苏老师工作站"挂牌仪式暨"种子教师成长营"学习汇报活动在该校举办。

6月

1日 江苏援疆项目察布查尔县最美乡村旅游道路——"盐察大道"（图伯特大街）

竣工投入使用。

2日 中共霍城县委宣传部、江阴援疆工作组、广东省梅州市树德文化传媒有限公司联合制作的霍城县“民族团结一家亲”主题微电影开机仪式在霍城县数字影院举行。

6日 扬州市援疆工作组和新疆多彩假期旅行社组织的“十万江苏人游伊犁”夏季首发团抵达那拉提景区游客服务中心广场。

8日 伊犁州第一家24小时政务自助服务区启动仪式在伊宁市举行。该服务区由南京市援疆工作组援助资金、设备和人才完成。

9日 南京市江宁区援疆工作组、特克斯县文化和旅游局联合南京西美旅游集团组织的“百万江苏人游伊犁”首批游客抵达特克斯。

同日 “江苏广播新疆丝路之旅”第二季首发团抵达伊宁市，标志着“江苏广播新疆丝路之旅”第二季启动。

同日 万人游新疆首发团——“援疆情·伊犁行”旅游援疆团抵达奎屯。

同日 江苏省援疆医疗队创新开展的5G超远程机器人辅助腹腔镜肾脏手术在克州人民医院顺利完成，标志着西北地区首例5G超远程机器人辅助腹腔镜手术获得成功。

10～14日 奎屯市文化旅游系统培训考察项目培训班一行10人在徐州进行为期5天的文化旅游交流考察活动。

12日 兵团四师可克达拉市旅游招商推介会在镇江召开。会上推介兵团四师可克达拉市文旅资源、文旅项目、奖补政策、旅游线路，并进行招商引资。两地文旅部门、文旅集团、旅游协会共同签订友好合作协议。

13日 扬州市援疆工作组、新源县政府在扬州共同举办“十万江苏人游伊犁”新源旅游暨名特优农产品推介会。会上，还举行扬州普惠旅行社有限公司和新疆多彩假期旅行社有限公司旅游合作签约仪式，以及扬州援疆优品有限公司和伊犁露园果业公司的果品购销合作签约仪式。

14日 江苏援疆项目阿图什市片区牛羊交易市场在哈拉峻乡建成运营。首届哈拉峻乡优良品种牛羊评比大赛和交易活动同时举行。

同日 阿合奇县乡村振兴专题培训班在无锡市滨湖区委党校举行，来自阿合奇县县乡村三级42名乡村振兴骨干参加培训。

15日 华运文旅集团2022年首趟“新东方快车”旅游专列130名游客抵达特克斯。

同日 阿图什市昆山育才学校和润教师发展中心暨劳动技能教研室在阿图什市昆

山育才学校揭牌成立。

17日 徐州市第一人民医院医疗集团总院与奎屯市妇幼保健院签订对口支援合作协议。徐州市第一人民医院将通过建立远程眼专科医疗网络、专科医疗技术指导等方式，全面助力提高奎屯市妇幼保健院眼科医疗技术和服务水平。

18日 江苏援伊指挥部、伊犁州文化和旅游局联合举办的伊犁州直暨兵团四师、七师首届“民族团结杯”广场舞决赛在伊宁市举行。南京市援疆工作组选送的《宁伊欢舞话情长》获金奖，镇江市援疆工作组选送的《啊，可克达拉》《新疆朋友》分获银、铜奖。此次活动进一步丰富州直各族人民群众文化生活，引领带动群众文化活动经常化、规模化、多样化开展，推动州直文化事业繁荣发展。

20日 霍尔果斯隆力奇聚好优选旗舰店开业。该项目是苏州市2022年重点引进的产业项目，将进一步完善隆力奇在霍尔果斯生产、展示、销售和商务会谈等配套体系建设，为巩固新疆市场、开拓中亚和欧洲等市场打下基础。

同日 巩留县村（社区）妇联主席能力提升专题培训班在张家港市永联干部学院开班，共计50名妇联主席参加培训。

21～26日 伊犁州霍城县教育系统领导干部赴江阴参加赋能培训。其间，两地进行座谈交流，两地34所学校举行结对共建续签协议仪式，江阴市金马印刷有限公司向霍城县教育局捐赠价值10万元图书。

同日 伊犁州政协委员履职能力提升学习培训班在南京市开班，37名委员参加培训。

22～23日 由南京大学和伊犁师范大学主办的首届“一带一路”霍尔果斯论坛在伊宁市举行。论坛主题为“新格局、新挑战、新机遇：经济社会高质量发展研究”。现场发布《重燃“一带一路”研究，再塑全球思想价值链》智库报告，并发出《“一带一路”霍尔果斯论坛宣言》。

23日 阿合奇县药用大蒜产业示范区建设项目举行奠基开工仪式。这是无锡市援疆工作组利用本地大蒜种植天然优势引进的首个超亿元产业项目。

24～26日 2022年“苏伊心连心，共走振兴路”伊犁州名特优农产品南京展销会在南京国际农业展览中心举行。展销会由伊犁州政府、江苏援伊指挥部主办，展销伊犁州直和兵团四师近百家企业千余款特色农产品和传统工艺品，助力伊犁州巩固拓展脱贫攻坚成果与乡村振兴有效衔接。

26日 在镇江市援疆工作组、丹阳市政府及相关部门的支持下，镇江蒙疆农业发展有限公司牵手“上林果语”打造的兵团四师可克达拉市农特产品展馆在丹阳开馆启用。

同日 在伊犁丝路职业学院（筹备）援疆团队牵线下，24名旅游、烹饪专业学生由教师带队，赴北京、上海、杭州等地高星级酒店实习，这是该校首次向区外输送实习生。

27日 伊犁州加强国际传播能力建设专题培训班在南京大学开班。

28日 南京市江宁区卫生健康委联合江宁区慈善总会、南京麦澜德医疗科技股份有限公司举办"慈心善举援疆情"项目三周年爱心接力活动，向特克斯妇幼保健院、克州妇幼保健计划生育服务中心各捐赠价值10万元医疗设备。3年来，"慈心善举援疆情"项目共向特克斯和克州捐赠价值120万元盆底康复设备。

同日 伊宁市政府、南京市浦口区政府、南京市援疆工作组、新疆美术家协会联合主办的"喜迎二十大·描绘新时代"2022年南京新疆两地书画名家作品邀请展在伊宁市文化馆开幕，展出66位书画名家100件书画精品，持续至7月18日。

是月 江阴市援疆工作组开展"我为霍城捐本书"活动，共募集图书6万余册，捐款、捐书价值超150万元。

7月

1日 张家港市援建的巩留县公共服务中心启用。该项目投入援疆资金3700万元，2021年开工建设，总建筑面积9516平方米。

2日 常州市代表团到乌恰县考察交流并召开常州对口支援乌恰工作座谈交流会，向乌恰县政府捐赠资金50万元。

4日 "江苏丝路之旅"首发团欢迎仪式在阿图什市举行，来自江苏各地的148名游客开展为期12天的南疆深度旅游体验。

同日 常州市暨武进区政协负责人一行在尼勒克县考察援疆工作，并向尼勒克县捐赠40万元特色援疆资金。

5日 扬州大学医学院教学医院揭牌暨捐赠仪式在新源县人民医院举行，双方签订合作协议，商定新源县人民医院为扬州大学医学院的教学医院。

同日 "2022南京市文艺援疆志愿服务文艺培训班"开班仪式在伊宁市金陵文化活动中心举行。

同日 "送学克州·职业教育"系列活动启动仪式在克孜勒苏职业技术学院举行。

6日 溧阳市党政代表团一行到乌恰县考察交流并召开座谈会。向乌恰县政府捐赠50万元。

7日 常州市电商企业对口帮扶乌恰县电商发展、乡村振兴战略合作签约仪式在乌恰县举行。

8日 “澄霍教育大讲堂·名师专家霍城行”专题讲座在霍城县举办。专题讲座由霍城县教育局举办，江阴市教师发展中心7名讲师针对教育领域的不同学段、不同学科分别进行专题授课。

同日 南京农业大学产学研合作基地、南京农业大学食品科技学院食品联合研发（检测）中心揭牌仪式在兵团四师可克达拉市创锦富民食品有限公司举行。

10日 由援疆资金全额投入、新源县文化和旅游局和北京国视真爱传媒广告有限公司合作拍摄制作的纪实电视纪录片《草原明珠，醉美新源》，在央视新影发现之旅频道《揽胜神州》栏目首播。纪录片以杏花沟为引，为观众展示新源的四季之美。

14日 “丝路明珠·华美奎屯”旅游援疆团畅游伊犁班列抵达奎屯。该班列由徐州市援疆工作组、奎屯市文化和旅游局主办。来自浙江、江苏等地的140名游客从奎屯市出发，前往独库公路、赛里木湖等景区参观旅游。

同日 盐城市19个学校的校长带队到察布查尔县开展“百名校长骨干教师集中送教”结对共建活动，与察布查尔县19所学校签订合作框架协议，并捐赠57万元。

15日 无锡市援建的阿合奇县“120”指挥调度中心在阿合奇县人民医院成立。

16～26日 南京市援疆工作组联合南京市和伊宁市两地团委共同举办“红色足迹”红领巾动感夏令营。

18日 江苏长诺运动场地新材料有限公司出资330万元捐建的特克斯县喀拉达拉镇寄宿制小学塑胶运动场交付使用，为该县乡镇小学中首个标准化塑胶运动场。

18～22日 兵团四师可克达拉市举行第11届“四师·镇江教学周”。来自镇江的26名教育专家和四师可克达拉市中小学校长、教育管理者、教师，着眼教师队伍建设、校园文化建设、学校内涵提升等方面进行交流，并举办11场讲座，参加活动的四师教师达1200人次。

19～21日 伊宁市党政代表团到南京交流考察，并召开对口支援工作座谈会。19日，伊宁市委市政府、南京市援疆工作组举办“携手南京·建功伊宁”伊宁市（南京）招商引资签约暨企业捐赠仪式。南京旅游集团、鼎艺文旅集团支持伊宁特色农牧产品南京专场公益展销活动价值50万元设备，南京古南都集团向伊宁市捐赠20万元希望小学建设资金，南京需配书院捐赠价值60万元图书，中国光华科技基金会、央务科创（江苏）有限公司捐赠价值100万元图书，南京中陆必得旅游规划设计研究院支持伊宁市乡村旅游规划编制资金200万元。

21日 南京中国科举博物馆联合伊宁市文博院汉家公主纪念馆举办的“三元及

第：家国之梦与华夏文明传承——南京中国科举博物馆馆藏文物图片展”在伊宁市文博院汉家公主纪念馆开展。

23日 南京大学历史学院教学实践基地揭牌仪式在特克斯县易经文化园举行。该基地将以校地合作的方式，推进南京大学考古文博人才培养，挖掘特克斯历史文化底蕴。

同日 兵团四师可克达拉市与江苏科技大学签订“丝路人才培训学院”合作协议。根据协议内容，丝路人才培训学院将依托江苏科技大学，利用江苏区位优势和先进经济社会发展经验，采取培训项目、周末大讲堂、产学研合作等方式，帮助培训干部人才。

同日 伊犁州医学会普外专业委员会、扬州市援疆工作组主办，新源县人民医院承办的伊犁州第一届普通外科微创技术进展及护理学习班暨消化道肿瘤外科微创技术进展研讨会在新源县人民医院举办。

同日 江苏省瑞华慈善基金会与伊犁州友谊医院签约医疗慈善项目，启动“瑞华心悦律动”先心病儿童救助活动。

24日 乌恰县政府在常州举办“西极之光·魅力乌恰”2022新疆乌恰县招商引资推介会，30余家常州市企业代表和常州商会代表参会。推介会上，乌恰县政府分别与金港国际物流代理有限公司、博来客冻干食品装备制造有限公司、星光正工（江苏）采棉机有限公司、江苏猫山屋智慧酒店管理有限公司进行战略合作签约，签约意向投资金额1.3亿元。

24日至8月1日 江苏省苏北人民医院医疗队12名专家在新源县人民医院开展医疗援助工作。江苏省苏北人民医院自2010年起，每年派送专家支援新源县人民医院，通过短期柔性引进和长期驻点等多种方式，持续提升新源县的卫生健康服务能力。

25日 江苏省工程造价管理协会考察组到克州考察交流，并向克州住建局（人防办）捐赠笔记本电脑和专业书籍。同日，考察组专家在州委党校举办建筑工程造价管理专题培训班，州县乡三级300余名相关从业者参加培训。

26日 江阴市援疆医疗队到霍城县边控中心开展“医疗巴扎·健康同行”义诊活动。心内科、消化科等科室16名医疗专家为200余名干部、护边员提供诊疗服务，并免费发放价值4780元药品。

同日 连云港市援疆工作组投放800万元援助资金建设的全国首家具备4K播出能力的县级融媒体中心投入使用。

28日 扬州柔性援疆医疗专家组赴新源县吐尔根乡开展义诊送健康活动。

29日 张家港市和巩留县共同打造的原创音乐剧《蝶恋天山》在巩留县首演。该剧是张家港市援疆工作组实施“文化润疆”工程精心打造的文艺精品示范项目。

同日 江苏艺术基金传播交流推广资助项目、张家港市锡剧艺术中心创排的大型红色经典锡剧《江姐》在巩留县蝶湖上演，为新疆观众展示中华传统戏曲艺术之美。

30日 南京市江宁区慈善总会“大手牵小手”分会捐建的特克斯县特克斯镇东城幸福社区、阿扎提社区慈善超市启用。“大手牵小手”分会每年除提供3万～5万元的生活必需品采购金，还向慈善超市定向捐赠生活、学习用品用于丰富超市物品种类。

同日 盐城市援疆工作组援助察布查尔县人民医院创建的卒中中心通过中国卒中中心联盟验收授牌，此为伊犁州唯一一家卒中中心，全自治区仅4家。

8月

5日 江苏援克指挥部组织拍摄的援疆题材电影《情润天山》开机仪式在克州举行。

同日 中央文明办发布2022年第二季度“中国好人榜”，盐城市援疆教师路璐作为“敬业奉献好人”入选“中国好人榜”。

21日 江苏驰援新疆的应急抗疫物资抵达克州，主要包括棉帐篷3000顶、折叠床3000张、棉被3000套，总价值465万元。

22日 自治区政府新闻办公室召开疫情防控新闻发布会。新冠肺炎疫情发生后，江苏援伊指挥部安排专项资金1400万元，用于建设核酸日检测5万管的气膜实验室，江苏省妇联及南京市、张家港市、江阴市、扬州市、南通市等援疆工作组向受援地捐赠防疫物资或资金，支持当地抗疫。江苏援疆系统累计安排援疆资金1500万元，后方筹

2022年8月5日，江苏援克指挥部组织拍摄的援疆题材电影《情润天山》开机仪式在克州举行

集资金150万元,组织捐助物品247万元,体现与伊犁人民风雨同舟、共克时艰的深厚情谊。

24日 在南京市援疆工作组协调下,南京捐赠的1811箱总价值200万元的防疫物资抵达伊宁市。

25日 在泰州援疆工作组积极协调下,约100万元防疫物资从泰州装车发往昭苏县,其中包括泰州麦瑞杰医用包装有限公司、泰州鑫联诚润生物技术有限公司捐赠的咽拭子套装20万人份和用于核酸采样采集的单咽拭子50万支,价值约90万元;江苏康为世纪生物科技股份有限公司捐赠的一次性使用病毒采样管7万支(10混1,满足70万人采样),价值约10万元。

同日 江阴市援疆工作组募集资金100万元,采购全自动医用PCR分析仪5台,支持霍城县疫情防控工作。

29日 盐城市援疆工作组就地采购一批价值20余万元的18吨保障物资,紧急送往伊宁市疫情防控一线。

是月 扬州市援疆工作组累计投入190余万元,为新源县人民医院购置核酸检测设备和3辆负压救护车;投入270余万元,支持新源县疾控中心建成PCR实验室,提高检测效率,在新冠肺炎疫情防控中发挥重要作用。

是月 南通市援疆工作组协调各方力量,向伊宁县捐助200万元用于购买核酸检测设备和物资,并向有关乡镇捐赠30万元防疫专项经费。

9月

1日 江苏援疆项目察布查尔县人民医院新院区投入使用。

2日 扬州援疆优品农产品商贸有限公司、伊犁福润德农牧业发展有限公司共同举行新源县牛羊肉采购云签约仪式。在扬州市援疆工作组协调下,130万元的牛羊肉采购单为当地滞销牛羊肉打开销售出路。

5日 江苏援克指挥部在克州公安局举行"江苏情·克州一线辅警稳边慰问"捐赠仪式。江苏援克指挥部安排资金340万元,为克州广大长期奋战在基层一线的5800余名基层公安辅警送去慰问品。该活动是江苏援克指挥部专项设立的江苏情系列品牌活动之一,总计投入1400余万元,重点向工作在抵边乡村一线辅警、护边员、乡村医生教师等开展慰问活动。

12日 苏州市援疆工作组向霍尔果斯市捐赠2辆总价值70万元的负压救护车,支持该市疫情防控工作。

14日 江苏援克指挥部在阿图什市吐古买提乡迈丹村举行2022年度“江苏情·克州抵边村医生杏林奖”颁发活动，向全州抵边村优秀乡村医生颁发“杏林奖”。

16日 2022“苏韵乡情”乡村休闲旅游农业（南京）专场推介暨第十八届中国·南京农业嘉年华在江宁区开幕，南京市江宁区援疆工作组协调7家特克斯县代表性农特产企业参加展会。

17日 南京市浦口区向伊宁市捐赠的3辆负压救护车抵达伊宁市，助力伊宁疫情防控工作。

29～30日 第四届“乡村游礼”赶大集国庆节专场公益活动在南京水木秦淮南艺后街举办。经南京市援疆工作组协调，专门设立对口援疆帮扶企业产品展位，伊宁市文旅集团、农商集团旗下伊牧欣供应链（南京）有限公司连续4次参加，推出的伊犁百年古法手工冰淇淋、奶啤等特色产品受到青睐。

10月

2～5日 江苏援疆医疗队到阿克陶县布伦口乡苏巴什村边境一线，为边防官兵和护边员义诊。

14日 江苏省派出医疗队支援伊犁州疫情防控工作，主要开展医疗救治和核酸检测工作。同时，江苏支援提供的医疗设备试剂、医用防护、生活保障等物资1600余件随医疗队一起抵达伊犁，其中包括伊犁急需的核酸检测试剂、呼吸机、除颤仪器等11类物资，价值2000余万元。

24日 江苏省海州高级中学和新疆霍尔果斯市苏港中学举行的“连霍手拉手”联合教研系列活动首场活动——“语文篇”在线上拉开帷幕。

2022年10月26日，江阴市援疆工作组向霍城县捐赠9辆负压救护车

26日 江阴市援疆工作组向霍城县捐赠9辆总价值270万元的负压救护车，支持该县新冠肺炎疫情防控工作。

是月 阿图什市新冠肺炎疫情暴发后，江苏援克指挥部协调安排援助资金600余万元，采购10万瓶维生素C、10万瓶维生素D滴剂，30万只N95口罩等紧缺物资驰援克州抗疫；安排援助资金80余万元支持克州人民医院采购急需的血透设备、防护服、儿童口罩及部分短缺药品。昆山市援疆工作组协调昆山市慈善基金会、新江建设、中原建设等单位累计捐赠203余万元，采购保暖内衣、棉大衣7200余件、方便面等食品1238箱，向乡镇、街道捐赠防疫资金90万元。

是月 在无锡市援疆工作组推动下，总投资1000万元的阿合奇县苏木塔什乡阿合塔拉村猎鹰场改造提升（一期）项目竣工投入使用。

11月

6日 由奎屯市委、市政府和徐州市援疆工作组共同打造的新疆园亮相第十三届中国（徐州）国际园林博览会。新疆园命名为"新疆是个好地方"，占地4000平方米，选取最具特色的自然景观、民居民俗、植物园艺、历史人文等元素，展现新疆自然和人文之美。

8日 镇江市向兵团四师可克达拉市捐赠6辆总价值180万元的负压救护车，支持该市新冠肺炎疫情防控工作。

9日 伊犁丝路职业学院（筹备）卫生健康学院与常州卫生高等职业技术学校开展以"优化教学设计，提高课堂实效"为主题的校际学科教研交流活动。

10日 伊犁州教育局教研室在尼勒克县第一中学举行"聚焦课程标准，精准课堂教学"高中数学新课程实施研讨会，江苏省优秀教师、南京市田家炳高级中学副校长黄凯和南京市优秀青年教师、南京市高中数学学科带头人、南京市第十三中学张居敏等专家参加研讨会。伊犁州直3市8县近400名数学教师线上参会。

同日 在伊犁州教育局教研室、伊犁州教育学会援疆教师季学平的组织下，"研学新课标，践行新课程——'宁·伊'两地初中数学教学课例设计研学"主题教研活动举行，全州各县市教研员及八年级数学教师300余人在线上参与交流研讨。

13日 徐州市文化广电和旅游局、奎屯市委市政府、徐州市援疆工作组主办的2022徐州—奎屯"丝路汉风"嘉年华暨奎屯（徐州）文旅招商推介会在徐州举行。

21日 无锡市滨湖区7个镇（街道）向阿合奇县8个乡镇（场）捐赠皮卡车仪式在阿合奇县政府广场举行，共捐赠8辆总价值88万元的皮卡车。

是月 在常州市武进区委、区政府支持下，根据尼勒克县疫情实际需要，武进区援疆工作组筹集特色援疆资金150万元，用于采购扩增仪、全自动分杯处理系统、全自动液体工作站和核酸检测车等设备，满足日常全民核酸检测需要，进一步提升核酸检测能力。同时，筹集80万元采购1000套钢丝床（含被褥）等物资和药品。

12月

1日 伊犁州党委、伊宁市委市政府、南京市援疆工作组等相关领导组成的慰问组前往伊犁河宾馆慰问江苏省援疆医疗队，对医护人员的辛勤付出表示感谢。

15～17日 特克斯县“旅游+媒体”融合应用平台在南京召开的2022长三角高新视听博览会上展出。该平台是由南京市江宁区援疆工作组、特克斯县融媒体中心联手打造，江宁区融媒体中心规划设计并指导实施的援疆项目。平台集景区慢直播、客流统计、气象监测、车流统计、旅游资讯汇聚等功能于一体。该项目的慢直播系统自启用以来，在特克斯融媒体中心新媒体账号常态化直播，与央视等多个平台联合直播20余场次。

19日 南京市援疆工作组举行资助伊宁市在区外普通高校就读学生助学金发放仪式，向资助学生代表每人发放6000元助学金。

同日 昆山市援疆工作组筹集320万元医疗援助资金，向阿图什市7个乡镇卫生院捐赠9辆救护车及相关医疗物资。

20日 国家发展改革委印发通知，向各地区、各部门推介“2022年全国消费帮扶助力乡村振兴优秀典型案例”116个，其中江苏有4个案例入选，分别为省商务厅“强化东西部对口协作，打好商务帮扶组合拳”，南京市江宁区人民政府的“市场运作，社会参与，打出江宁消费帮扶组合拳”，无锡市对口帮扶工作组的“创新帮扶机制，无锡再发力”，扬州市人民政府的“多措并举，做大做强扬州消费帮扶品牌”。

2023年

1月

12日 淮安市召开对口援疆工作汇报会，回顾总结3年来淮安对口援疆工作，慰问为边疆事业付出辛勤汗水、作出突出贡献的干部人才。

29日 江苏省委书记信长星、省长许昆林在南京与省对口支援前方指挥部及帮扶工作队负责同志座谈，代表省委、省政府和全省人民向广大援派干部人才及其家人致以诚挚慰问。

2023年1月29日，江苏省委书记信长星、省长许昆林在南京与省对口支援前方指挥部及帮扶工作队负责人座谈

2月

3日 江苏省对口支援协作合作工作电视电话会议召开。会议深入学习习近平总书记关于对口支援合作和东西部协作的重要论述重要指示精神，传达学习江苏省委书记信长星和省长许昆林与省对口支援前方指挥部及帮扶工作队负责人座谈时的工作要求，总结交流2022年工作情况，部署安排2023年重点任务。省委常委、常务副省长马欣出席会议并讲话。

10～14日 特克斯县首批"新农人"示范培训班赴江苏观摩学习，8个乡镇60名村党支部书记、村委会主任、致富能手等参加培训。

12日 克州教育局举行江苏省第二批教育部"组团式"援疆教师欢迎仪式。100名援疆教师陆续抵达克州，开启教育援疆工作。

14日 伊宁市在江苏等省区（市）普通高校就读学生助学金发放仪式在伊宁市教育局举行。137名品学兼优、家庭经济困难的大学生每人领取6000元助学金。助学金全部来自南京援疆资金。

15日 霍城县村（社区）党支部书记培训班在江阴市委党校开班，全县30名村（社区）党支部书记参加为期10天的培训。

20日 张家港市援疆工作组与苏州市慈善总会、中国光华科技基金会积极对接，为巩留县图书馆和6所中小学校捐赠价值231万元的5万册图书。

3月

1日 霍城县党建领域考察交流代表团到江阴考察。

2日 霍城县“百名头雁”赴江阴挂职跟班活动在江阴市委党校启动。

16日 南京市援疆工作组举办书画名家援疆作品捐赠仪式，向伊宁市捐赠江苏省中国画学会、中国国家画院南京创作中心艺术家现场创作的书画作品。

4月

7日 根据中央统一部署，江苏省第十一批援疆骨干人员启程赴新疆。上午，省委、省政府在南京召开欢送座谈会。江苏省第十一批援疆干部人才共448人。会前，对先行赴新疆的89名骨干人员进行培训。

15日 是日起，江苏省第十批援疆干部人才期满陆续返回。

喀拉峻草原（秦杰／摄）

第一章
组织领导

围绕促进新疆社会稳定和长治久安总目标，江苏加强对援疆工作的组织领导，先后成立省对口支援办公室、省对口支援工作领导小组、省对口援藏援疆工作领导协调小组，分别成立对口支援伊犁州和克州前方指挥部，建立和完善前方与后方、支援方与受援方“两结合”的协调配合机制。按照规划先行、有序推进的原则，先后制定《江苏省对口支援新疆伊犁州州直地区和新疆生产建设兵团农四师、农七师综合规划（2011～2015年）》《江苏省对口支援新疆克州综合规划（2011～2015年）》《江苏省“十三五”对口支援新疆伊犁州直地区和新疆生产建设兵团四师、七师经济社会发展规划》《江苏省“十三五”对口支援新疆克州经济社会发展规划》等，推进受援地科学发展、后发赶超。

针对边境地区多为经济欠发达少数民族地区的现状，1979年，中央制定东部经济发达省市对口支援自治区和少数民族比较集中的省市（云南、贵州、青海）的方案，其中江苏对口支援广西、新疆。江苏省委、省政府随即作出部署，设立专门办事机构，并建立两省区党政领导人会商制度。

1996年，中央作出对口援疆决策后，江苏省委、省政府高度重视，提出“全省援疆、全力援疆、全面援疆”工作方针和“主动支持、密切合作、优势互补、共同发展”原则，在人才、资金、技术等方面给予伊犁州全方位支持和帮助，并成立专门办事机构负责援疆工作。1997年2月，江苏选派首批援疆人才赴新疆，到伊犁、塔城、阿勒泰地区和奎屯市工作，拉开对口援疆帷幕。从2002年选派第四批干部人才开始，江苏单独支援伊犁州直地区，同时增加霍城县作为对口支援试点县。

2010年，全国对口支援新疆工作会议提出进一步组织全国力量，加强对口援疆工作要求，启动新一轮对口援疆工作。会议明确江苏在原对口支援伊犁州基础上，增加对口支援克州和兵团农四师、农七师。同年，中央新疆工作座谈会召开，明确新时期新疆工作指导思想、主要任务、工作要求，对推进新疆跨越式发展和长治久安作出战略部署。江苏省委、省政府认真贯彻落实中央精神，省委书记和省长率团先后到克州和伊犁州调研考察，对接对口支援工作。年内，成立江苏省对口援藏援疆工作领导协调小组。省委、省政府先后召开全省对口支援新疆工作座谈会和全省对口援藏援疆工作会议，明确江苏新一轮对口援疆工作总体思路和工作方案，提出“江苏援疆工作要继续走在全国前列，要为受援地区经济发展、民生改善、社会稳定作出更大贡献”要求。此后，江苏省委、省政府认真贯彻第二次、第三次中央新疆工作座谈会和历次全国对口支援新疆工作会议精神，以习近平新时代中国特色社会主义思想为指导，完整准确贯彻新时代党的治疆方略，全面落实中央对援疆工作的要求部署，坚决扛起对口支援的重大政治责任。

1997年至2019年对口援疆20余年间，江苏适时召开省委常委会会议、省政府常务会议，专题研究援疆工作，审议重大援疆事项；每年召开全省对口支援工作会议、座谈会，总结交流全省对口援疆工作情况，部署援疆具体工作；每年组织党政代表团、访问团、慰问团赴伊犁州和克州及兵团，实地指导援疆工作。把编制规划作为做好对口支援工作的重要前提，坚持“真情援疆、科学援疆、持续援疆”，为受援地经济跨越发展、民生显著改善、社会长治久安作出不懈努力。

第一节　组织机构

1979年对口支援新疆工作开始后，省委、省政府确定省计划委员会为主管援疆工作部门，设立专门办事机构。江苏11个设区市与新疆14个地（州、市）分别实行直接对口支援。其中，南京市对口支援乌鲁木齐市，苏州市对口支援昌吉回族自治州、克孜勒苏柯尔克孜自治州，无锡市对口支援石河子市，常州市对口支援塔城地区，镇江市对口支援博尔塔拉蒙古自治州，扬州市对口支援哈密地区、和田地区，南通市对口支援巴音郭楞蒙古自治州、吐鲁番地区，盐城市对口支援阿勒泰地区，淮阴市对口支援阿克苏地区，徐州市对口支援喀什地区，连云港市对口支援伊犁地区。各支援地与受援地建立起稳定的支援协作关系。1983年，成立对口支援办公室（系省经济协作委员会下属机构），主管援疆工作。2003年7月，成立江苏省对口支援工作领导小组。2010年11月，成立江苏省对口援藏援疆工作领导协调小组。后根据工作任务调整，于2014年7月、2019年4月先后更名为江苏省对口支援工作领导协调小组、江苏省对口帮扶支援合作工作领导协调小组。2022年4月，成立江苏省对口支援协作合作工作领导小组。各时期省级对口支援工作领导机构切实履行职责，加强对援疆工作的组织协调，加强与各有关部门的工作联系，推动各项工作扎实开展，并与国家相关部门保持密切联系，最大程度地争取国家对江苏援疆工作的支持。

2010年江苏启动新一轮对口援疆工作后，健全和深化直接对口到受援地的援疆机制。苏州、连云港对口支援霍尔果斯经济江苏开发区，南京对口支援伊宁市，江阴对口支援霍城县，南通对口支援伊宁县，徐州对口支援奎屯市，泰州对口支援昭苏县，常州武进区对口支援尼勒克县，扬州对口支援新源县，盐城对口支援察布查尔县，张家港对口支援巩留县，南京江宁区对口支援特克斯县；无锡对口支援阿合奇县，常州对口支援乌恰县，昆山对口支援阿图什市；镇江对口支援农四师团场，淮安对口支援农七师团场。同年8月，分别成立江苏省对口支援新疆伊犁州、克州前方指挥部，是全国19个支援省市中唯一设立2个前方指挥部的省份。承担对口支援任务的各市、县（市、区）分别组建前方工作组。同时，成立由省纪委、省监察厅等部门人员参加的监督检查工作领导小组。省前方指挥部和各市县前方指挥机构作为援疆工作的责任主体、实施主体，注重协调联动，进一步完善前方指挥部和后方领导协调小组办公室的配合机制，进一步优化前方指挥部和工作组与受援地的沟通协调机制，在省委省政府和受援地党委政府的领导下，积极推进各项具体对口支援任务的组织实施。强化队伍建设，把加强援建队伍管理作为一项重要的基础工作，抓好规范管理，加强制度建设，着力打造一支纪律严明、作风过硬、素质优良的干部队伍。严格组织管理、重大事项报告制度、请销假制度和援疆项目资金管理、审计制度等，保证援疆队伍行为规范、有章可循。

附：

江苏省对口支援新疆工作方案（摘要）

苏办发〔2010〕25号

一、总体要求

高举中国特色社会主义伟大旗帜，坚持以邓小平理论和“三个代表”重要思想为指导，深入贯彻落实科学发展观，认真贯彻落实中央新疆工作座谈会、全国对口支援新疆工作会议精神，从维护祖国统一、促进民族团结、实现中华民族伟大复兴的高度出发，按照先富帮后富、逐步实现共同富裕的要求，以强烈的政治意识、深厚的民族感情、务实的工作精神，全力做好对口援疆工作，真正做到江苏与新疆心连心、一家亲，手牵手、共发展，为加快建设繁荣富裕和谐稳定的社会主义新疆作出应有贡献。

基本思路是，围绕促进新疆跨越式发展和长治久安的目标，坚持以科学规划为引导，以改善民生为重点，以项目建设为抓手，以干部援助为关键，实行干部援助与项目援助相结合，经济援助与智力援助相结合，政府主导与企业参与、社会支持相结合，全力把对口援疆这件大事办实办好。

工作目标是，到2015年，受援地区经济发展明显加快、各族群众生活明显改善、城乡面貌明显改观、公共服务水平明显提高、基层组织建设明显加强、经济社会发展综合实力明显增强；到2020年，确保受援地区实现全面建设小康社会目标。

二、基本原则

（一）统筹兼顾，突出重点。根据中央要求，新一轮对口援疆在增加受援地区及调整结对关系基础上，建立直接对口到县（市）、兵团师团场和霍尔果斯经济开发区的援助机制。既要支持好国家要求重点支援的霍尔果斯经济开发区和地处南疆的克州，又要援助好北疆的伊犁州，同时做好新疆生产建设兵团对口援助工作。

（二）民生优先，全面支持。把保障和改善民生作为对口支援的首要任务，着力解决各族群众生产生活中迫切需要解决的住房、饮水、教育、卫生、交通等方面的突出问题。全面实施经济援疆、干部援疆、人才援疆、教育援疆、科技援疆，把“输血”与“造血”“硬件”建设与“软件”建设、物质支援与文化交流结合起来，着力增强受援地区自我发展能力。

（三）规划先行，有序推进。按照立足当前、着眼长远、因地制宜、保持特色、确保质量的原则，编制好我省对口支援综合（总体）规划。配合国家有关部门制定专项规划。精心组织、周密安排规划实施工作，确保对口支援工作有序推进，取得实效。

（四）优势互补，深化合作。把江苏与新疆各自优势结合起来，谋求共赢发展。力争通过开展新一轮对口支援工作，以支援促合作，以合作促发展，实现两省区优势叠加、共同发展。

三、结对关系

根据中央下达江苏的援助任务，综合考虑受援方的现状、需求和我省市、县（市、区）的综合实力，安排12个省辖市和昆山、江阴、张家港市、南京市江宁区、常州市武进区共17个单位，与受援地区形成结对关系。其中苏州市对口支援霍尔果斯经济开发区（苏州为领队单位），连云港市参与，争取早日把霍尔果斯经济开发区建成我国西部边陲对内对外开放开发的一颗明珠。

四、主要任务

（一）以支援城乡居民住房建设为重点，加快改善受援地区各族群众的基本生活条件。按照现代化和民族特色相统一的要求，规划建设好新农村和新城镇；支持受援地区加快实施农村安居工程、游牧民定居工程和危房改造工程；配套建设村庄和城镇的水、电、气、路等基础设施，做好垃圾及污水处理和周边绿化等环境整治工作。

加强劳动力技能培训和转移，促进扩大就业。支持发展能够提供更多就业岗位的劳动密集型企业、中小企业、民营企业以及文化旅游等第三产业，尽可能多地吸纳当地少数民族劳动力就业；帮助受援地区组织开展对城镇待业人员和农村富余劳动力的职业培训，提高工作技能，促进劳动力转移和就业。

（二）以发展教育医疗为重点，支持受援地区发展社会公共事业。改善办学条件，支持受援地区建设幼儿园、寄宿制学校、教师周转房、校舍安全工程、职业教育实训基地和推进教育信息化等项目，提升教育现代化水平；接受受援地区职业学校教师到我省职业院校挂职、进修；输送优秀教师，支持受援地区办好职业技术学校、寄宿制学校；吸收少数民族学生到江苏读大学高中，接受职业技术培训。

加快实施卫生帮扶工程。以选派医疗卫生技术骨干为重点，以支持基层基础医疗设施建设为抓手，以培养当地卫生人才为着力点，通过传授技术、帮助管理、改善条件、培养人才，支持受援地区县级医院、乡镇卫生院、社区卫生服务中心基础设施改造和设备配置，支持受援地区精神卫生、卫生监督、妇幼保健等专业公共卫生机构基础设施改造和设备配置，提升受援地区医疗技术水平和医疗服务能力，帮助改善当地老百姓看病就医条件。

（三）以推进企业合作为重点，积极支持受援地区发展经济。按照因地制宜、优势互补、用好政策、双赢发展的原则，充分发挥我省产业、资金、技术优势和新疆资源地缘、政策等优势，推进企业合作。加大投入力度，派出技术力量，帮助受援地区建设好农业示范园区，发展设施农业和特色林果业，提高农牧业产出水平；集中力量支持霍尔果斯经济开发区加快建设，争取早日将其建成我国向西开放的窗口和新疆经济新的增长点；鼓励两地企业开展多种形式的合作，提高资源开发和综合利用水平，共同培育特色优势产业；依托新亚欧大陆桥连云港东桥头堡和霍尔果斯口岸，加强物流、运输等方面合作，重点扩大对中亚和东北亚的双向对外开放；发挥双方独特的旅游资源优势，加强旅游合作开发，联手开拓旅游市场。

（四）以人才援疆为重点，选优配强援疆干部。选派政治坚定、协调能力强、有奉献精神和实践经验的干部以及业务水平较高的专业技术干部，包括教师、医生、农业技术人才进疆工作；通过双向挂职、两地培训等办法，帮助受援地区培养专业技术干部、人才；支持受援地区基层政权和基层组织建设；开展民族团结"手拉手"活动，促进两地干部群众特别是青少年的联谊交往，进一步促进民族团结。

五、时间安排

新一轮对口支援工作期限为2011年至2020年。2010年为工作准备年，主要任务是明确结对关系，组建工作班子，成立前方指挥部，建立后方协调机制，开展调查研究，制定我省2011年至2015年对口支援综合规划，明确对口支援的目标、任务以及具体项目和标准，并开展试点。主要工作有：一是加强援疆干部培训，中央已对负责对口援疆工作的领导干部和领队、主要骨干进行了集中培训，省里将对各级援疆干部和援建项目的负责同志进行集中培训；二是组织各级援疆干部的领队和援建项目的负责同志赴疆，进行深入调查研究；三是编制对口援疆工作综合规划；四是选择适当地方开展试点；五是组织其他援疆干部、人员在今年底前陆续进疆。

从2011年开始，全面组织实施。

六、工作措施

（一）加强领导，建立对口援疆工作机构。加强对口援疆工作的组织领导，建立和完善前方与后方、支援方与受援方"两结合"的协调配合机制。成立我省对口援藏援疆工作领导协调小组，由罗志军省长任组长，副省长史和平、省委组织部常务副部长刘国中任副组长，省纪委、省委组织部、省委宣传部、省发展改革委、省经济和信息化委、省教育厅、省财政厅、省人力资源社会保障厅、省住房城乡建设厅、省卫生厅等有关部门参加，并在省发展改革委设立办公室，具体牵头组织指导协调有关工作。成立省对口援藏援疆监督检查工作领导小组，由省纪委副书记、监察厅厅长解畅任组长，省审计厅厅长赵耿毅任副组长，并在省监察厅设立办公室，具体负责监督检查工作。在新疆克州、伊犁州分别成立省对口支援新疆克州、伊犁州前方指挥部，成立中共江苏省对口支援新疆克州、伊犁州前方指挥部党委和纪委。前方指挥部受省委、省政府和省对口援藏援疆工作领导协调小组领导。前方指挥部党委隶属省委领导，纪委隶属省纪委领导。前方指挥部、指挥部党委同时接受驻地党委、政府的领导。我省各有关市、县（市、区）也要成立前后方相应组织机构，抽调精干力量，组成工作班子，加强组织领导，密切协调配合，高质量、高效率地做好对口支援工作。

（二）做好对接，全面落实对口支援各项任务。重点搞好“三个对接”：一是加强规划对接。按照国家明确的规划编制要求，把当前急需和长远发展统筹起来，把对口支援和当地经济社会发展融合起来，尽快组织编制对口援疆规划和实施方案，明确对口支援工作的目标、任务和年度安排，以科学规划有力有序推进对口援建工作。二是加强项目对接。在制定规划的基础上，参照国家下达的援助资金实物工作量要求，明确重点任务，确定相关的实施项目。按照“群众期盼的事先干、条件具备的事先干”的原则，把援建工作落实到项目上、落实到实物工作量上，抓紧排出具体援助项目，明确援助工作责任和时序进度。力争成熟的项目早启动、早实施、早见效。三是加强人员对接。在近期调研、初步对接的基础上，承担对口支援任务的各市、县（市、区）要派出工作班子赴受援地区深入调研，提出责任明确、措施扎实的具体实施方案，抓紧开展前期工作。

（三）统筹安排，确定对口支援资金筹措和管理办法。根据中央布置我省的负担比例、筹资规模和我省区域经济财政发展状况，按照财政部确定的收入口径，实行分地区分比例负担办法。各地对口支援资金量，按照地方财政一般预算收入的一定比例负担，具体比例为：苏州、无锡、常州、南京4市（含下辖县，下同）为0.5%，南通、扬州、泰州、镇江4市为0.4%，徐州、淮安、盐城、连云港4市为0.3%，宿迁和11个脱贫攻坚县不负担；市县负担以外的部分，由省财政负责。按照“统一筹措、统筹安排”的原则，切实加强援助资金的筹措和管理。统筹安排、合理使用好中央财政资金、新疆维吾尔自治区配套资金、对口援助资金和社会资金，确保全省完成中央下达的援助任务。参照国家确定的受援方实物工作量需求资金数，加强援建项目的统筹协调和资金调剂等工作，确保援建项目顺利实施。我省援建项目管理办法和援助资金筹措管理办法，分别由省发展改革委和省财政厅会同省援疆前方指挥部制定。

（四）健全制度，强化工程管理。凡涉及我省援助资金为主建设的援建工程要严格执行项目法人、招投标、工程监理、合同管理、竣工验收等基本建设制度，实行“交钥匙”工程管理。加强项目和资金管理，精打细算、厉行节约，努力提高资金使用效益，援建资金原则上直接安排到县，不得用于党政机关办公楼和其他楼堂馆所建设，不得搞不符合实际的形象工程和“花架子”。严格工程质量管理，坚决杜绝“豆腐渣”工程。加强对各类援疆资金和项目的检查、稽查和审计，确保资金安全、项目安全和干部安全。让江苏援建的每一项工程都成为合格工程、廉洁工程、人民满意工程，经得起群众的检验、历史的检验。

（五）定期检查考核，落实相关责任。我省各有关市、县（市、区）要将工作责任落实到单位和个人。省发展改革委、省委组织部要定期组织考核，重点考核对口支援工作任务完成情况及实际效果。组织部门要将考核结果作为干部奖惩与任用的重要参考。落实援疆人员的有关政策，建立评比表彰制度，加强援疆工作中先进人物和先进事迹的宣传报道，营造对口支援工作良好氛围。

附：

江苏省贯彻落实中央关于对口援疆决策部署有关情况的报告（摘要）

苏办发〔2010〕72号

今年中央新疆工作座谈会和全国对口支援新疆工作会议结束后，江苏省委、省政府认真贯彻落实中央决策部署，以强烈的责任意识、深厚的民族感情、务实的工作精神，全力做好新一轮对口援疆这件大事，努力做到江苏与新疆心连心、一家亲，手牵手、共发展。目前新一轮对口援疆的各项前期准备工作正在按计划紧张有序地向前推进。

一、精心组织，建立新一轮对口援疆新机制

按照加强组织领导的要求，迅速建立前方与后方、支援方与受援方“两结合”的协调配合工作机制，做到了“一明确、四到位”。

一是明确结对关系。建立了直接对口到县（市）的援疆体制，安排12个省辖市和在全国百强县（市）中排名领先的5个县（市、区）共17个单位，分别对口支援新疆伊犁州所有直属的10个县（市）、克州的3个县（市）、新疆生产建设兵团2个农师团场以及霍尔果斯经济开发区。其中，把援助霍尔果斯经济开发区放在重中之重位置，由办开发区经验丰富的苏州市对口支援，连云港市参与。

二是领导机构到位。重点建立三个体系：（1）建立领导体系。成立省对口援藏援疆工作领导协调小组，由罗志军省长任组长，史和平副省长、省委组织部刘国中常务副部长任副组长，省有关部门参加，并在省发展改革委设立办公室。承担援疆任务的市、县（市、区）也相应成立了组织机构。（2）建立前方指挥体系。省分别在伊犁州、克州设立前方指挥部。8月底正式揭牌运转。承担对口支援任务的市、县（市、区）按照结对关系，分别成立了工作组，并抓紧推进相关工作。（3）建立监督检查体系。成立省对口援藏援疆监督检查工作领导小组，并分别在伊犁州、克州前方指挥部设专职纪委书记，负责前方指挥部的纪律检查和干部队伍管理等工作。

三是人员到位。选优配强援疆干部，共选派了指挥部和工作组工作人员122名，其中大学本科以上学历者占94.3%，平均年龄41.6岁。目前这些援疆干部已全部进疆到位。同时，认真做好第七批援疆干部和人才的选派工作，选派299名政治坚定、协调能力强，有丰富实践经验的干部和业务水平较高的专业技术干部，包括教师、医生、农业技术人才到新疆工作，计划今年年底陆续进疆到岗。

四是资金到位。根据中央布置我省的负担比例、筹资规模和我省区域经济财政发展状况，确定了分地区、分比例负担办法。2011～2015年5年累计，江苏援助资金91.76亿元，其中省级负担19.58亿元，市县72.18亿元。目前，我省已开设了省援疆资金专户，并将2011年度需筹措的资金任务下达到相关市县，要求在2011年3月底前将应筹资金汇缴至省援疆资金专户。同时，把前方指挥部工作经费纳入省级部门预算管理，并审核拨付了启动经费。

五是管理制度到位。研究制定《江苏省对口支援新疆援建项目管理办法》和《江苏省对口支援新疆援建项目资金管理办法》等文件，统一援建项目设计、建设、补助标准，对援建项目的前方与后方、支援方与受援方的职责分工，以及项目的审批、实施与管理、资金拨付程序等方面都作出了明确规定。

二、突出重点，扎实推进对口援疆各项工作

2010年是新一轮对口援疆的准备之年，按照中央部署，着重抓了三个方面工作。

一是认真编制规划。按照国家对援疆规划编制的要求，在第一时间启动编制工作，成立工作机构，制定工作方案，落实工作经费，并组织力量到受援地区深入开展调研对接。目前，我省对口支援伊犁州、克州综合规划已初步完成，筛选排定了2011～2015年对口援建项目清单，并开展了明年拟实施项目的相关前期准备工作。

二是积极开展试点。按照“群众期盼的事先干、条件具备的事先干”的要求，在伊犁州的伊宁市、霍城县和克州的阿图什市先行试点，启动实施了伊宁市达达木图乡设施农业标准化示范基地、霍城县职业技术学校、阿图什市住房保障工程等一批试点项目，总投资3.1亿元，其中我省援助1.5亿元。目前试点项目资金已落实到位，项目建设正在抓紧推进，争取年底前竣工投入使用。同时，迅速启动新一轮教育援疆工程。顺利完成了今年江苏省属高等院校在伊犁州、克州定向招生285人的录取工作；新增两所中学招收新疆普通高中班，新增招生801人；派出由12名特级教师、优秀教师组成的专家团赴伊犁讲学，受训人员近3000人；充分发挥江苏优质教育资源优势，组织力量制作教学资源样片，供新疆培训教师使用。

三是扎实推进产业园区建设。按照全国对口援疆工作意见，江苏对口支援新疆伊犁州、克州13个市县和2个农师团场，为充分发挥霍尔果斯口岸与连云港这两个欧亚大陆桥东西桥头堡的作用，我省主动安排连云港市对口援助霍尔果斯经济开发区。决定把援建霍尔果斯经济开发区作为江苏对口援疆的重中之重，加强组织协调，加大规划、建设和管理力度，与国家有关部委、新疆维吾尔自治区党委政府一道，加快推进开发区建设。

三、多方参与，努力开创苏疆交流合作新局面

新一轮对口援疆工作开展以来，我省各地各部门迅速行动，通过政府推动、多方联动与两地互动等形式，推动形成全社会热情关心伊犁州、克州，积极支持新疆发展的良好格局。4月中旬，梁保华书记、罗志军省长率江苏党政代表团赴新疆调研对接；8月底，史和平副省长率江苏代表团和产业合作考察团到新疆伊犁州、克州进一步考察对接，并举办产业合作洽谈会。近期，省相关部门及承担援疆任务的有关市、县（市、区）纷纷派出工作班子，奔赴受援地区深入调研对接；一些民营企业也主动到新疆开展市场调研，寻求合作商机。省红十字会还向克州捐献了价值52万元的医疗仪器。与此同时，受援地区政府及部门也积极主动到江苏对接。双方交流合作氛围日益浓厚，对口支援工作已成为江苏和新疆人民加深感情的纽带、加强合作的桥梁、共同发展的平台。

下一步，我们将按照中央要求，抓紧完成新一轮援疆规划编制工作，认真总结试点经验，加强对援疆干部的培训，全面深化、细化、实化各项措施，扎实推进对口支援各项工作有力有序地开展，确保新一轮对口援疆开好局、起好步。

一、领导小组

江苏省对口支援工作领导小组　2003年7月25日，省援藏工作领导小组、省三峡工程库区农村移民安置工作领导小组、省与陕西省挂钩扶贫协作领导小组和省对口支援三峡工程库区移民领导小组合并，成立江苏省对口支援工作领导小组，同时对领导小组成员进行相应调整，副省长李全林任组长。领导小组办公室设在省经济与贸易委员会。

江苏省对口援藏援疆工作领导协调小组　为深入贯彻中央第五次西藏工作座谈会精神，切实做好对口支援西藏拉萨市及新疆伊犁州和克州工作，2010年11月18日，成立江苏省对口援藏援疆工作领导协调小组，省委副书记、省长罗志军任组长。2011年3月，因人事变动和工作需要，调整省对口援藏援疆工作领导协调小组组成人员，省委书记、省人大常委会主任罗志军任第一组长，省委副书记、省长李学勇任组长。领导协调小组办公室设在省发展改革委。

领导协调小组主要职责：负责领导、协调各有关市、县（市、区）和省各有关部门贯彻落实中央和省委、省政府关于对口支援西藏、新疆工作的决策部署，督促检查中央和省委、省政府决定事项落实情况；加强对援藏、援疆工作统筹协调，促进有关方面密切协作，形成合力；组织开展调查研究，及时向省委、省政府报告对口援藏、援疆工作重要情况，研究提出对策措施，供省委、省政府决策参考；负责审核审定江苏对口支援西藏、新疆总体规划和专项规划；负责审定江苏对口援藏、援疆资金和项目；落实中央和省委、省政府交办的涉及对口支援的其他事项。

江苏省对口支援工作领导协调小组　根据中央部署，江苏在开展援藏援疆工作之外，陆续承担对口支援青海省海南州、对口帮扶贵州省铜仁市工作任务，并继续承担对口支援重庆、湖北三峡库区工作任务，以及挂钩扶贫陕西省部分市县的工作任务。为切实做好全省对口支援工作，2014年7月25日，江苏省对口援藏援疆工作领导协调小组更名为江苏省对口支援工作领导协调小组。省委书记、省人大常委会主任罗志军任第一组长，省委副书记、省长李学勇任组长，同时调整有关组成人员。领导协调小组办公室设在省发展改革委。

领导协调小组主要职责：负责领导、协调各有关市、县（市、区）和省各有关部门，贯彻落实中央和省委、省政府关于对口支援工作的决策部署，督促检查中央和省委、省政府决定事项落实情况；加强对口支援工作统筹协调，促进有关方面密切协作，形成合力；组织开展调查研究，及时向省委、省政府报告对口支援工作重要情况，研究提出对策措施，供省委、省政府决策参考；负责审核审定江苏对口支援总体规划和专项规划；负责审定江苏对口支援资金和项目；落实中央和省委、省政府交办的涉及对口支援的其他事项。

江苏省对口帮扶支援合作工作领导协调小组 2019年4月24日，江苏省对口支援工作领导协调小组更名为江苏省对口帮扶支援合作工作领导协调小组，并调整有关组成人员，省委书记、省人大常委会主任娄勤俭任第一组长，省委副书记、省长吴政隆任组长。领导协调小组办公室设在省发展改革委。

江苏省对口支援协作合作工作领导小组 2022年4月8日，江苏省对口帮扶支援合作工作领导协调小组撤销，成立江苏省对口支援协作合作工作领导小组，省委书记、省人大常委会主任吴政隆任第一组长，省委副书记、省长许昆林任组长。领导小组办公室设在省发展改革委。

【链接】江苏援疆成效显著，经验值得借鉴

援疆20年特别是党的十八大以来，江苏省认真贯彻落实中央关于对口支援新疆工作的总体部署，以强烈的政治责任感和历史使命感，按照“真情援疆、科学援疆、持续援疆”的工作方针，全力推进受援地经济社会发展，对口支援工作取得了积极成效。在今年7月份召开的第六次全国对口支援新疆工作会议上，江苏省领导作为分组组长专门在会上进行了经验交流发言。

那么，江苏援疆工作有何成效和亮点？有何经验值得大家借鉴？近日，国家援疆新闻平台对江苏省对口支援工作领导协调小组办公室（以下简称“江苏省对口支援办”）有关负责人进行了专访。

关键词一：总体情况

国家援疆新闻平台：请问援疆20年特别是党的十八大以来，江苏省对口支援新疆工作的总体情况怎么样？

江苏省对口支援办：我省的援疆工作由来已久。1979年，中央作出关于“加强边境地区和少数民族地区的建设”的决定，指定江苏对口支援新疆维吾尔自治区。经省、区政府批准，我省原11个省辖市（地区）和新疆的14个地、州、市分别实行直接对口支援，建立稳定的支援协作关系。1992年以后，根据中央的统一安排，同新疆的对口支援工作逐步转为日常的经济协作活动。

1997年，根据中央对口支援新疆工作的部署，我省开始选派援疆干部赴新疆伊犁哈萨克自治州工作。并从2002年选派第四批援疆干部起，中组部开展援疆试点县工作，明确由江苏省承担伊犁州霍城县援疆试点任务，援疆工作进入到干部援助为主与项目援助相结合的新阶段。我省决定由无锡市承担对口援助伊犁州霍城县的援疆试点任务，省级援助资金重点向霍城倾斜，项目援建重点以社会公益项目为主。

2010年，根据党中央、国务院的决策部署，在新一轮对口援疆工作中，明确我省对口支援伊犁哈萨克自治州10个县（市），以及新疆生产建设兵团农四师、农七师，并新增对口支援克孜勒苏柯尔克孜自治州阿图什市、乌恰县、阿合奇县。

2012年党的十八大以来，我省进一步加大

了工作力度，全面落实中央新一轮对口支援新疆工作任务，成立了由省委书记任第一组长、省长任组长的省对口援藏援疆工作领导协调小组，设立了伊犁州和克州两个前方指挥部，17个前方工作组，选派了400多名各级干部赴疆工作。特别是第二次中央新疆工作座谈会后，根据新形势新要求，我省又调整充实了领导协调小组，明确了今后一个阶段对口支援新疆工作的总体要求和重点任务。五年来，省委书记和省长先后三次率领党政代表团赴疆对接推进援疆工作，省政府分管负责同志和各市、县党政负责同志每年多次赴疆检查推进援疆工作，有力推动了对口支援新疆工作的顺利开展。

关键词二：着力点

国家援疆新闻平台：请问援疆20年特别是党的十八大以来，江苏省对口支援新疆工作的着力点在哪儿？

江苏省对口支援办：按照省委、省政府提出的"真情援建、科学援建、持续援建"和"江苏对口支援工作要走在全国前列"的工作要求，我省积极有序开展了对口支援新疆工作。

一是加强组织领导。省委常委会、省政府常务会每年都把做好新一轮对口支援工作列入当年重点工作进行目标考核。省政府每年召开一次全省对口支援工作会议，专题研究部署对口支援工作。前方指挥部、各对口支援市、省各有关部门自觉以强烈的责任感、使命感、紧迫感落实各项工作任务，为做好对口支援工作奠定了坚实的工作基础。为认真贯彻落实中央第二次新疆工作座谈会和全国对口支援新疆工作会议精神，省委、省政府出台了《关于进一步做好对口支援新疆工作的实施意见》，进一步明确了新形势下做好援疆工作的总体要求和工作任务，为新形势下做好对口支援工作指明了方向。

二是强化规划引领。为确保援疆工作的科学化规范化，我省结合受援地经济社会发展实际，开展了一系列发展规划的编制工作。在编制"十二五"对口支援总体规划的基础上，我省还分别组织编制了对口支援新疆伊犁州、克州干部人才发展规划，克州发展战略规划、霍尔果斯开发区总体发展规划、一区三园城市发展规划和合作中心产业规划等一批专项规划，填补了当地专业领域规划的空白。在认真总结"十二五"对口支援工作经验的基础上，编制完成了"十三五"对口支援伊犁州、克州等规划，为全省有的放矢做好对口支援新疆工作奠定了基础。

三是规范项目管理。我省十分重视对口援建项目的科学化管理、规范化运作，要求援建项目高起点规划、高水平设计、高质量实施。在实际工作中，我省认真落实国家对口支援新疆项目管理工作的有关要求，按照民生优先的原则，深入调研，严格筛选，加强年度计划的审核安排，确保将80%的资金用于民生、用于基层。严格规范进度程序，抓质量、抓进度，确保项目按序时进度完成和援建资金安全。定期对项目建设的程序、进度和资金使用管理等情况开展督促检查，推动了援建项目的规范建设和顺利实施。

四是深化援受两地合作交流。我省对口支援工作始终按照中央要求、围绕受援地需求、契合基层农牧民期盼展开，前方指挥机构和全体援疆干部全面融入受援地区，全面参与受援地各项工作，后方领导协调机构和相关部门及各对口支援市积极构建与受援地区党委政府的沟通协调机制，全力支持推进对口支援工作。形成了援受两地党委政府统一领导、援受双方齐抓共管、前后方协调配合、各族群众积极参与的对口支援格局，有力促进了各项对口支援任务的落实。同时，我省还认真做好与新疆伊犁州、克州党政代表团的互访交流活动，协调两地青少年、文化、技术人才等方面的交流交往，推动援受双方密切往来，促进了民族团结。

关键词三：成效

国家援疆新闻平台：请问援疆20年特别是党的十八大以来，江苏援疆工作有哪些突出成效？

江苏省对口支援办：对口援疆特别是新一轮对口支援新疆工作开展以来，我省根据中央援疆工作的总体部署，注重发挥资金、技术、人才优势，全力推进各项工作，促进了受援地经济发展，取得了积极成效。

一是注重改善民生，使当地群众广受援建之益。“十二五”期间，我省共安排对口支援新疆伊犁州、克州项目1201个，资金91.76亿元；2016年，安排援助新疆伊犁州资金18.12亿元，援疆项目258个；安排援助克州援疆资金4.85亿元，援建项目59个。定居兴牧、安居富民、农村饮水、环境改造等城乡基础设施以及教育、医疗等民生项目占援建资金的80%以上。这些项目的实施建设，极大地改善了当地农牧民的居住条件和生活水平，提升了受援地教学、医疗卫生能力，完善了社会公共服务功能。我省还加大受援地基层公共服务设施建设力度，实现了村级、社区服务中心建设全覆盖，夯实了联系和服务群众的基础。

二是加强产业合作，促进了受援地经济内生增长。新一轮援疆工作开展以来，我省进一步加强与新疆的产业合作，增强受援地内生发展的动力和活力。“十二五”期间，组织了一系列产业合作洽谈活动，共签订产业合作项目275个，投资总额2375亿元。开工建设项目突破100个，到位资金超300亿元。已经建成投产的项目超过30个，实现产值超过500亿元，完成税收超过40亿元，创造就业岗位2万余个。2015年我省开展了与建设兵团的产业对接，召开专场产业对接会，组织35家企业到新疆实地考察、洽谈投资项目，17家企业与兵团有关企业签订了产业合作协议，总投资77.5亿元，在全国开了好头，得到了兵团上下的高度评价。2016年，我省实施了伊犁州产业援疆“1001”工程，全年实现产业援疆计划总投资100亿元左右，投入30亿元以上，带动当地群众1万人就业。继续推进纺织服装援疆工作，推动霍尔果斯红豆服装厂二期项目建成投产，形成年产500万套针织内衣的生产规模，推动奎屯天虹基业一期50万纱锭项目建成投产，实现20万吨差别化纱线产能，直接带动就业3000余人。重点推进克州园区建设，继续推进阿图什昆山产业园、乌恰常州工业园、阿图什小微企业园建设，安排专项资金，持续开展专题招商，促进了当地特色产业的发展。

三是突出智力援助，强化了受援地跨越发展要素支撑。针对受援地缺技术、缺资金、更缺人才的状况，我省充分发挥江苏人才优势，积极整合教育卫生资源，大力加强基地建设和实地培训指导，加大专业人才引进力度，以人才智力促进受援地跨越式发展。“十二五”期间，共为新疆培训干部人才19.4万人次，招收新疆中职班、普通高中、普通高校各类学生近2万人，培养新疆籍普通高校毕业生4842人。同时，通过开展互访考察、学术交流、专题研讨、项目合作以及组织多批次新疆骨干教师、中小学校长、疾控和医疗骨干技术人才到江苏进行培训进修，有效促进了受援地教育、医疗水平的提高。2016年，我省安排新疆伊犁州教育干部人才培训项目13项，援助资金达1718万元，培训伊犁中小学教师4000多人。继续扩大江苏普通高校定向招生规模，2016年江苏普通高校共投放伊犁定向招生计划505名，比上年增加91名，增幅超过20%。重点帮扶大学生就业创业，扎实开展新疆伊犁籍少数民族2016届江苏高校毕业生回伊就业计划，帮助回伊待业的26名毕业生全部实现就业。

四是强化园区建设，构建了受援地经济持续发展重要载体。我省充分发挥在工业园区建设管理方面的成功经验，把新疆霍尔果斯经济开发区建设作为对口支援的重中之重，高起点、高标准编制了霍尔果斯经济开发区总体规划和专项规划，建成了苏新商务中心、东部产业转移园集宿区，园区主要道路等基础设施以及园区行政服务中心和南部联检区，极大改善了投资环境，提升了园区承载力。为入驻企业提供便利的生产生活设施和服务。目前，已有69个产业项目进驻园区，总投资284亿元。积极组织我省纺织服装企业赴霍尔果斯洽谈合作，签约项目20个，投资金额22.7亿元。此外，还帮助建设了昆山阿图什工业园、常州乌恰工业园、兵团四师可克达拉产业园区和七师五五工业园等一批小微企业集中区，有效促进了当地群众就业。

五是深化人文交流，营造了民族融合浓厚氛围。积极探索“镇村结对、部门牵手、平台合作”的“滴灌式”精准援建新模式，组织开展了多种形式的互访交流、合作帮扶活动。伊犁州前方指挥部和各工作组分别建立“一村一社区”联系帮扶机制；克州前方指挥部实施“1+X”相互关心、相互帮助、相互学习行动，省妇联组织的以家庭为单位的“江苏—伊犁共建美好家庭”，以及团省委组织的“苏新少年儿童手拉手夏令营”“银发医疗人才援助行动”等活动，从不同领域、不同层面开展面对面、手拉手、心交心的交流交往，社会援助工作亮点纷呈，全社会联动联手支持对口支援工作的良好氛围更加浓厚。

关键词四：方法与模式

国家援疆新闻平台：江苏援疆工作成效显著，说明江苏在多年的援疆工作中逐步形成了一些富有成效的工作方法与模式，这方面能不能介绍一下？

江苏省对口支援办：按照中央的决策部署和省委、省政府真情援疆、科学援疆、持续援疆的对口支援工作方针，我省在多年的援疆工作中也逐步形成了一些富有成效的工作方法与模式，并积累了一些工作经验和体会。

首先，全省上下高度重视，是做好对口援疆工作的组织保障。省委、省政府提出了“我省对口支援工作要走在全国前列”的工作要求，多年来，省委、省政府切实加强对口支援新疆工作的组织领导，根据对口援疆工作的需要，及时制定出台相关政策措施，解决援建工作的问题。省委、省政府主要领导多次率党政代表团赴新疆对接对口支援工作，每年都派出省级代表团赴对口支援地区检查推进援建项目建设，与受援地交换援建工作意见。省各有关部门和各有关市县党委、政府认真履行职责，协调推进援建工作，广大援疆干部牢记使命、不负重托、勇于奉献，积极发挥援疆主力军作用，这些都为做好对口支援新疆工作奠定了坚实的基础和组织保障。

其次，坚持规划先行、科学引导是做好援疆工作的科学保障。新一轮援疆工作开展以来，我省在总结前期工作的基础上，认真学习贯彻中央关于对口支援新疆工作的大政方针，深入受援地开展调研，分别组织编制了“十二五”对口支援新疆伊犁州、克州规划，“十三五”对口支援新疆伊犁州、克州发展规划以及一系列专项规划，这些规划的编制实施，确保了对口支援新疆工作始终以科学的规划为引领，更加符合中央要求、更加契合受援地实际需求，更加体现江苏特色。

第三，坚持科学管理、规范运作是确保援建项目优质高效的重要手段。我省十分重视对口援建项目的科学化管理、规范化运作，要求每个援建项目都是优质工程、廉洁工程、人民满意工程。2011年，我省制定出台了《江苏省对口支援新疆项目和资金管理办法》，前方指挥部也出台了相关实施细则，促进了江苏援疆项目科学规范有序实施。在项目实施过程中，前方指挥部和项目单位积极推行现代工程项目管理理念和模式，实行专业化管理。强化过程监督检查，加强项目督查和审计，探索建立了援建项目现场督查联系点工作制度，围绕工程建设、资金拨付等多个环节，强化廉政风险防控，有效提升了援疆工程建设质量和受援地满意度，确保了项目的优质、廉洁、高效。

第四，坚持"输血"与"造血"相结合，是增强受援地内生发展动力的重要途径。多年来，我省在扩大资金援助新疆的同时，不断加大产业援助力度，受援地内生发展的动力和活力得到了较大提高。截至2016年，江苏与新疆签订产业合作项目275个，投资总额超2300亿元，完成税收超40亿元，创造就业岗位2万余个。在产业合作中，我省按照"政府推动、市场带动、产业互动、环境促动"的原则，积极搭建苏新两地企业交流合作平台，及时帮助赴疆企业协调问题，极大地提升了受援地产业发展的承载力。省政府还专门制定下发了《贯彻落实〈国务院办公厅关于支持新疆纺织服装产业发展促进就业的指导意见〉的实施意见》，积极推动纺织服装企业向新疆转移，促进了新疆纺织服装业发展，有效解决了当地群众就业。

第五，坚持对口支援与加强民族交流并重，是对口支援新疆工作的重要立足点。多年来，我省把争取民心、促进民族交融作为对口援疆工作的重要组成部分，在受援地开展了一系列交流交往和暖人心、解民忧活动，不断增强受援地群众的凝聚力和向心力，有力地推进了援建工作，融洽了干群关系，增进了民族团结和友谊。同时，我省深入推进援受双方党政机关、企事业单位、社会团体交流交往，开展了"苏伊青少年手拉手""最美家庭走亲戚""十万江苏人游伊犁"等一系列活动，着力营造苏伊交融一家亲的浓厚氛围，使两地群众的民族感情进一步增进，夯实了社会长治久安根基。

关键词五：下步打算

国家援疆新闻平台：江苏援疆工作下一步有何打算以确保江苏援疆工作继续走在全国前列？

江苏省对口支援办：下一步，我省将进一步全面贯彻落实中央新形势下的治疆方略和部署，认真学习贯彻即将召开的党的十九大会议精神，贯彻落实第六次全国援疆工作会议精神，完善思路、细化举措，坚持有的放矢，帮在关键处，把实施"十三五"对口支援规划作为全面贯彻中央要求的重要抓手，把加强交流、交融作为增进民族团结的重要途径，不断巩固经济、人才、教育、科技、文化、卫生援疆相结合的工作格局，把支援新疆作为江苏的政治责任、重点工作，办好办实办出成效，确保我省援疆工作继续走在全国前列。

以改善民生为重点，进一步加强援疆资金项目统筹规划。继续坚持民生优先原则，援疆资金向基层倾斜，向保障和改善民生倾斜，多办受援地急需、当地各族群众急盼的实事。直接用于民生项目和工程的援疆资金不低于资金总量的80%。大力提升受援地基础教育、基本医疗水平；继续推进安居工程，逐步完善城乡基础设施建设，促进受援地城乡基础设施和生活条件改善。

以扩大就业为抓手，深入推进产业援疆。全力推动霍尔果斯劳动密集型加工工业集聚地建设，积极引导和推动我省纺织服装等劳动密集型企业赴疆投资合作。抢抓丝绸之路经济带建设的历史机遇，积极推动苏新两省区在口岸共建共用、商贸物流合作、产业优势互补等方面加强合作。积极引导和推进受援地农村特色产业发展，重点推进农业示范园建设，积极扶持手工刺绣、民族服饰品、工艺品等手工业，帮助受援地完善就业服务体系。

以契合受援地发展需求为核心，不断加大人才智力援助力度。重点抓好各级党政干部、创新创业人才、公共服务领域人才三支队伍的培训。加大劳动力职业技能培训力度，支持受援地“双师型”教师培养培训和劳动力职业教育基地建设，支持和帮助克州建设职业技术学校，不断扩大当地教师培训规模。进一步扩大我省地方高校面向新疆受援地区投放的本专科特别是师范类高校的招生计划，继续办好省内新疆中职班、普通高中班，做好省内新疆少数民族学生教育管理服务工作。

以增进民族团结交融为目标，着力推进多领域多层次的交流合作。进一步深化“镇村结对、部门牵手、平台合作”的“滴灌式”援疆模式。继续开展少年儿童“手拉手”夏令营和中小学各种联谊交流活动以及各领域的对口交流、考察学习活动。更加积极主动地参与受援地民族工作，紧密团结受援地各族群众，凝聚人心，促进民族团结。

同时，我省将加大对新疆生产建设兵团团场的支援力度。进一步加强我省相关市对兵团团场的对口支援工作，结合兵团四师、七师建市安排援建基础设施项目，支持和帮助兵团运用现代农业技术，培养农业技能人才。引导和鼓励省内企业到兵团所属产业园区投资发展。

（原文刊载于2017年10月10日中国发展网，本文有删节）

二、前方指挥部

2010年7月，省委决定组建江苏省对口支援新疆伊犁哈萨克自治州前方指挥部、江苏省对口支援新疆克孜勒苏柯尔克孜自治州前方指挥部。8月，省委办公厅、省政府办公厅印发《江苏省对口支援新疆伊犁州、克州前方指挥部机构设置、主要职责和干部选派及管理工作方案》。2011年3月，分别成立中共江苏省对口支援新疆伊犁州、克州前方指挥部委员会。江苏援伊指挥部负责伊犁州、兵团四师、兵团七师对口支援工作，江苏援克指挥部负责克州阿图什市、阿合奇县、乌恰县对口支援工作。指挥部受省委、省政府和省对口援藏援疆工作领导协调小组领导，同时接受受援地党委、政府领导。指挥部党委隶属省委领导，同时接受受援地党委领导。指挥部总指挥、副总指挥由省委任命。指挥部工作人员由省委组织部统一选派，职务由指挥部党委任命。各有关设区市、县（市、区）分别组建对口支援新疆工作小组，同时受前方指挥部和派出地、受援地党委、政府领导；成立援疆工作小组党组织，受指挥部党委和派出地、受援地党委领导，以指挥部党委领导为主。

前方指挥部及其党委主要职责：贯彻执行中央关于对口支援新疆工作的方针政策，认真落实省委省政府、自治区党委政府和兵团对援疆工作的部署，统筹做好经济援疆、干部援疆、人才援疆、教育援疆、科技援疆工作；按照省对口援藏援疆工作领导协调小组要求，负责做好对口援助规划编制和组织实施工作；负责与受援地党委政府及有关部门的工作沟通与协调；及时准确地向省委省政府、省对口援藏援疆工作领导协调小组，自治区党委、政府和兵团报告援疆工作进展情况和重要信息；负责伊犁州、克州指挥部党的建设，加强党风廉政建设，总结、宣传援疆工作中的先进人物和事迹；负责伊犁州、克州指挥部工作人员管理；承办省委省政府和省对口援藏援疆工作领导协调小组交办的其他事项。

江苏省对口支援新疆伊犁哈萨克自治州前方指挥部 2010年7月成立。省政府副秘书长于青山（第六批留任）任党委书记、总指挥，伊犁州党委副书记；省委组织部副厅级干部苏春海任党委副书记、副总指挥，兵团农七师党委常委、副师长；泰州市副市级干部张余松任党委副书记、纪委书记，伊犁州纪委副书记。8月30日，指挥部揭牌。是月，援疆干部相继到位。2011年8月，省委组织部批复，指挥部内设办公室、干部人才组、规划建设组、财务审计组。2012年8月，指挥部成立产业援疆领导协调小组，专门负责产业援疆、产业合作。

2013年8月，省委调整指挥部成员，徐州市副市长李连玉任党委书记、总指挥，伊犁州党委副书记；南京市鼓楼区副区长费丽明任副总指挥，伊犁州副州长；省质量技术监督局副厅级干部冯新南任党委副书记、副总指挥，伊犁州副州长；省教育厅副厅级干部霍宝柱任党委副书记、纪委书记，伊犁州纪委副书记。2014年3月，指挥部在规划建设组另设园区项目办、旅游开发办，在财务审计组设绩效督查监察办。8月，新疆伊犁州党委、政府决定成立援疆重大项目建设管理领导小组，指挥部总指挥任组长。领导小组对重大项目规划设计统一把关，统一扎口，工程招标统一实施，资金拨付统一审批，安全监理统一管理。2014年9月，宿迁市委常委田洪任党委书记、总指挥，伊犁州党委副书记。

2016年12月，省委调整指挥部成员，盐城市委常委、秘书长潘道津任党委书记、总指挥，伊犁州党委副书记；省交通运输厅交通工程建设局局长何平任党委副书记、副总指挥，伊犁州副州长；省环保厅环境监察局局长张明华任党委副书记、副总指挥，伊犁州副州长；省海外企业集团有限公司纪委书记彭忠任党委副书记、纪委书记，伊犁州纪委副书记。

2019年12月，省委调整指挥部成员，省委政法委副书记朱斌任党委书记、总指挥，伊犁州党委副书记；泰州市政府党组成员陈翔任党委副书记、副总指挥，伊犁州政府党组成员；淮安市副市长周青任副总指挥，兵团七师党委副书记、副师长；省司法厅二级巡视员顾爱平任副总指挥，兵团四师党委副书记、副师长；淮安市副市长董国喜任副总指挥，兵团七师党委副书记、副师长。

江苏省对口支援新疆伊犁州前方指挥部总指挥、副总指挥名录

批　次	姓　名	援疆前单位及主要职务	援疆时单位及主要职务	援疆时间
第七批	于青山	江苏省政府副秘书长（正厅级）	援伊指挥部党委书记、总指挥，伊犁州党委副书记，州政协党组书记、副主席，农四师党委副书记、副政委	2010.12 ～ 2013.12
	苏春海	江苏省委组织部副厅级干部	援伊指挥部党委副书记、副总指挥（副厅级），农七师党委常委、副师长	2010.09 ～ 2013.12
第八批	李连玉	徐州市副市长	援伊指挥部党委书记、总指挥，伊犁州党委副书记	2013.08 ～ 2014.09
	田　洪	宿迁市委常委（正市级）	援伊指挥部党委书记、总指挥，伊犁州党委副书记	2014.09 ～ 2017.01
	费丽明	南京市鼓楼区副区长	援伊指挥部副总指挥、伊犁州副州长	2013.08 ～ 2017.01
	冯新南	江苏省质量技术监督局副厅级干部	援伊指挥部党委副书记、副总指挥，伊犁州副州长	2013.08 ～ 2017.01
第九批	潘道津	盐城市委常委、秘书长	援伊指挥部党委书记、总指挥，伊犁州党委副书记	2016.12 ～ 2019.12
	何　平	江苏省交通运输厅交通工程建设局局长	援伊指挥部党委副书记、副总指挥，伊犁州副州长	2016.12 ～ 2019.12
	张明华	江苏省环境保护厅环境监察局局长	援伊指挥部党委副书记、副总指挥，伊犁州副州长	2016.12 ～ 2019.12
第十批	朱　斌	江苏省委政法委副书记	援伊指挥部党委书记、总指挥，伊犁州党委副书记	2019.12 ～ 2023.04
	陈　翔	泰州市政府党组成员	援伊指挥部党委副书记、副总指挥，伊犁州党委常委、副州长	2019.12 ～ 2023.04
	周　青	淮安市副市长	援伊指挥部副总指挥，兵团七师党委副书记、副师长	2019.12 ～ 2021.09
	顾爱平	江苏省司法厅二级巡视员	援伊指挥部副总指挥，兵团四师党委副书记、副师长	2019.12 ～ 2023.04
	董国喜	淮安市副市长	援伊指挥部副总指挥，兵团七师党委副书记、副师长	2021.09 ～ 2024.09

说明：各批援疆时间存在压茬交接情况。

江苏省对口支援新疆克孜勒苏柯尔克孜自治州前方指挥部　2010年7月成立。省水利厅副厅长陆永泉任党委书记、总指挥，克州党委副书记；省住房和城乡建设厅副厅级干部张鑑任党委副书记、副总指挥，克州副州长；省审计厅纪检组副厅级干部沈自力任党委副书记、纪委书记，克州纪委副书记。8月31日，指挥部揭牌。是月底，援疆干

2010年8月30日，江苏援伊指挥部举行揭牌仪式

2010年8月31日，江苏援克指挥部举行揭牌仪式

部相继到位。2011年8月，省委组织部批复，指挥部内设办公室、干部人才组、规划建设组、财务审计组。

2013年8月，省委调整指挥部成员，泰州市副市长王斌任党委书记、总指挥，克州党委副书记；盐城市副市长崔浩任党委副书记、副总指挥，克州副州长；省水利厅副厅级干部任晓明任党委副书记、纪委书记，克州纪委副书记、副州长。

2016年12月，省委调整指挥部成员，连云港市委常委、政法委书记关永健任党委书记、总指挥，克州党委副书记；省农业委员会副巡视员季辉任党委副书记、副总指挥，克州副州长；共青团江苏省委党组成员、省少先队总辅导员姜东任党委副书记、纪委书记，克州副州长。

2019年12月，省委调整指挥部成员，省民族宗教事务委员会副主任、党组成员周伟文任党委书记、总指挥，克州党委副书记；宿迁市政府党组成员王晓东任党委副书记、副总指挥，克州政府党组成员。

江苏省对口支援新疆克州前方指挥部总指挥、副总指挥名录

批　次	姓　名	援疆前单位及主要职务	援疆时单位及主要职务	援疆时间
第七批	陆永泉	江苏省水利厅副厅长（正厅级）	援克指挥部党委书记、总指挥，克州党委副书记	2010.08 ～ 2013.12
	张　鑑	江苏省住房和城乡建设厅副厅级干部	援克指挥部党委副书记、副总指挥，克州副州长	2010.08 ～ 2013.12
第八批	王　斌	泰州市副市长（正市级）	援克指挥部党委书记、总指挥，克州党委副书记	2013.08 ～ 2017.01
	崔　浩	盐城市副市长	援克指挥部党委副书记、副总指挥，克州副州长	2013.08 ～ 2017.01
第九批	关永健	连云港市委常委、政法委书记	援克指挥部党委书记、总指挥，克州党委副书记	2016.12 ～ 2019.12
	季　辉	江苏省农业委员会副巡视员	援克指挥部党委副书记、副总指挥，克州副州长	2016.12 ～ 2019.12
第十批	周伟文	江苏省民族宗教事务委员会副主任	援克指挥部党委书记、总指挥，克州党委副书记	2019.12 ～ 2023.04
	王晓东	宿迁市政府党组成员	援克指挥部党委副书记、副总指挥，克州政府党组成员	2019.12 ～ 2023.04

说明：各批援疆时间存在压茬交接情况。

附：

江苏省对口支援新疆伊犁州、克州前方指挥部机构设置、主要职责和干部选派及管理工作方案

苏办发〔2010〕19号

为贯彻落实中央新疆工作座谈会和全国对口支援新疆工作会议精神，切实做好干部人才援疆工作，根据中央和省委省政府有关文件精神，制定本方案。

一、机构设置

在新疆伊犁州、克州分别成立江苏省对口支援新疆伊犁州、克州前方指挥部（以下简称伊犁州指挥部、克州指挥部），成立中共江苏省对口支援新疆伊犁州、克州前方指挥部党委（以下简称伊犁州指挥部党委、克州指挥部党委）。伊犁州指挥部负责伊犁州和新疆生产建设兵团农四师、农七师的对口支援工作，克州指挥部负责克州3个县（市）的对口支援工作。

伊犁州、克州指挥部受省委省政府和省对口援藏援疆工作领导协调小组领导，同时接受受援地区党委政府的领导。伊犁州、克州指挥部党委隶属省委领导，同时接受受援地区党委的领导。

二、主要职责

伊犁州、克州指挥部及其党委根据省委省政府的授权，履行以下职责：

1.贯彻执行中央关于对口支援新疆工作的方针政策，认真落实省委省政府、新疆维吾尔自治区党委政府和新疆生产建设兵团对援疆工作的各项工作部署，统筹做好经济援疆、干部援疆、人才援疆、教育援疆、科技援疆各项工作。

2.按照省对口援藏援疆工作领导协调小组的要求，负责做好对口援助规划编制和具体组织实施工作。

3.负责与受援地党委政府及有关部门的工作沟通与协调。

4.及时准确地向省委省政府、省对口援藏援疆工作领导协调小组、新疆维吾尔自治区党委政府和新疆生产建设兵团报告援疆工作进展情况和重要信息。

5.负责伊犁州、克州指挥部党的建设，加强党风廉政建设，总结、宣传援疆工作中的先进人物和先进事迹。

6.负责伊犁州、克州指挥部工作人员管理。

7.承办省委省政府和省对口援藏援疆工作领导协调小组交办的其他事项。

三、人员配备及领导职数

伊犁州指挥部专职工作人员暂定12名，克州指挥部专职工作人员暂定9名。实际

工作中严格按需配备，逐步到位。

伊犁州指挥部设总指挥1名（正厅级），副总指挥2名（副厅级）。克州指挥部设总指挥1名（正厅级），副总指挥1名（副厅级）。

四、干部选派

伊犁州、克州指挥部总指挥、副总指挥由省委任命。指挥部工作人员由省委组织部统一组织选派，原则上从省有关部门抽调。指挥部工作人员职务由指挥部党委任命。

指挥部干部人选基本条件是：政治立场坚定、政治敏锐性强，坚定不移地贯彻执行党的路线方针政策，认真学习和实践邓小平理论、“三个代表”重要思想，全面贯彻落实科学发展观；组织纪律观念强，坚决执行党的民族和宗教政策，维护祖国统一和民族团结；事业心和责任感强，勇于吃苦，甘于奉献；思想解放，作风扎实，有较强的工作能力和较丰富的实际工作经验，熟悉群众工作；年富力强，身体健康。担任市厅级职务的，年龄一般在50岁以下；担任县处级及以下职务的，年龄一般在45岁以下；专业技术干部，年龄一般在55岁以下。

各派出单位要把好选派人选的政治关、能力关、民意关、廉政关，注意选派政治素质好、思想作风硬、工作能力强、群众公认度高、自我要求严的优秀干部。要结合后备干部培养锻炼工作，注意选派后备干部和优秀年轻干部到新疆培养锻炼，让他们在艰苦地区丰富阅历、增长才干。对符合条件、需提拔任职的干部，可按《干部任用条例》规定的程序先办理任职手续，再安排进疆工作。

五、干部管理和有关待遇

指挥部干部的管理按中组部和省有关规定执行。伊犁州、克州指挥部要加强对指挥部工作人员的管理，坚持和完善请销假、重大事项报告和定期谈心谈话等制度，及时了解掌握干部的思想动态和工作表现，严格要求、严格教育、严格管理、严格监督。指挥部和派出单位要加强联系、及时沟通。派出单位要坚持做好管理、服务工作，经常主动地了解援派干部的工作、学习、生活情况，随时掌握他们的工作表现和思想作风情况。在援疆工作期间，干部职务需要调整的，由派出单位在征求指挥部党委意见后，按干部任免程序办理。

指挥部干部在疆工作期间，在受援地区任职的干部年度考核由受援地区按干部管理权限组织进行，考核结果抄送各派出单位；不在受援地区任职的干部年度考核，由指挥部党委组织进行，考核结果抄送各派出单位。干部考核要广泛听取当地干部群众的意见，全面了解干部在疆工作期间的学习、工作和思想情况，重点了解干部在疆期间的工作表现。干部在疆工作期间，经考核不能胜任或有其他原因需要轮换的，由指挥部商派出单位进行轮换，轮换前报省委组织部备案。指挥部干部工作期满后，派出单位要会同指挥部党委共同做好考核工作，考核结果作为今后干部使用的重要依据。对在疆工作期间作出突出成绩的，要予以表彰和奖励；工作表现突出的，要优先提拔使用。

指挥部干部在疆工作期间，只转组织关系，不转户口、行政关系和工资关系，享受我省援疆干部的各项待遇。派出单位要为他们办理在疆期间人身意外伤害保险。休假和探亲，按国家有关规定执行。

六、各有关省辖市、县级市（区）对口援疆的机构设置、人员配备等相关事项

各有关省辖市、县级市（区）按照新的结对关系，组建对口支援新疆工作组（以下简称援疆工作组），分别受伊犁州、克州指挥部和派出地、受援地党委政府领导。成立援疆工作组党组织，受指挥部党委和派出地、受援地党委领导，以指挥部党委领导为主。工作组人员暂定7～9名。各工作组设组长1名，副组长1名，其他人员根据实际工作需要配备。工作组组长、副组长兼任对口支援县（市）单位党政负责人。工作组党组织主要负责人担任指挥部党委委员。

各援疆工作组的机构设置、人员配备、干部选派和管理办法，由各有关派出省辖市、县级市（区）根据实际情况研究制定。

各援疆工作组及其党组织负责人在任免后，分别报省委组织部，省对口援藏援疆工作领导协调小组办公室，伊犁州、克州指挥部党委备案。

【链接】这里是一个温暖的大家庭

1月12日清晨9时30分，记者与江苏援克指挥部办公室副主任孙荣友走进了指挥部的餐厅。指挥部的成员已经围坐在餐厅内的两张圆桌旁，孙荣友告诉记者，指挥部是半军事化管理，每天早饭就相当于早点名，所以每个指挥部的成员早晨这个时间必然会集中在这里。

指挥部的餐厅整洁简单，孙荣友告诉记者，由于指挥部里有些人还不适应新疆的饮食，所以他们单独设立了餐厅，厨师可以按照江苏的饮食习惯做饭。

指挥部副总指挥张鑑一边吃早饭，一边和记者聊天说："因为15日指挥部的成员就要回江苏，今天我们要开个小会，部署一下临走前的工作，你可以听听。"张鑑还向记者介绍说，江苏驻克州指挥部目前有67名干部，除了教师和医生，其他都来自江苏省各厅局委办，对口援助克孜勒苏柯尔克孜自治州的阿图什市、乌恰县、阿合奇县。指挥部设立了三个处室：办公室、干部人才处、规划建设处。

上午10时零5分，指挥部三个处室的负责人都坐在了会议室。张鑑讲话中要求各处室负责人在回江苏过年前把手里的工作再梳理一下，回到江苏后要去相关部门汇报，为春节过后开展工作做好准备。各处室的负责人也介绍了各自的工作安排。

散会后张鑑带着记者参观了指挥部的各个办公室，他告诉记者，江苏省委、省政府对做好新一轮对口援疆工作高度重视，8月初就确定了援疆指挥部的成员，并入驻了克州。

记者看到，指挥部的每个办公室简单但都很整洁，墙上都挂着不同内容的各项制度，每个办公桌上都堆放着一叠一叠的文件，办公室里都很暖和。

指挥部干部人才处副处长黄炜对记者说，他们的主要职能是围绕援疆工作，注重培育“造血”机能，实施人才援疆战略，推进干部人才培训工程。

走进指挥部的规划建设处，曹阳处长正在忙着最后整理《江苏省对口支援新疆克州援建工程项目实施方案》。曹阳向记者介绍说，在与克州相关部门、三县市工作组及三县市党委、政府充分协商的基础上，前方指挥部与州委、州政府联合建立江苏省援建项目实施与管理联席会议制度。定期共同研究援建项目计划实施方案中的重点和难点问题，提出援建项目实施与管理政策建议，协调解决援建项目实施与管理重要事项，组织对援建项目实施情况进行监督检查，促进援建方与受援方之间协作配合，建立协调、顺畅的长效工作机制。

在指挥部办公室，孙荣友副主任告诉记者，为了更好地服务于援疆工作，指挥部建立了“江苏省对口支援新疆克州网”，让更多的人了解克州，了解江苏省对口支援新疆的工作。

记者简单地浏览了一下，感到网站内容丰富，有“工作动态”“援建项目”“产业合作”“克州概况”等十几个栏目，让人一目了然。记者随后与张鑑去看今年实施的几个项目。在阿图什市住房保障工程项目的工地，记者看见几十幢住宅主体已基本完工。张鑑介绍说，这是去年江苏省先行启动的两个项目之一，总投资7747万元，建设保障性住房870套，包括解危解困住房390套，廉租住房480套，商铺42个。这是一个集住宅和社区文化、卫生、活动中心、商铺为一体的住宅小区。另一个项目是阿合奇县护边新村项目，总投资3000万元，新建200户、约16200平方米住宅及供排水管道、供电线路、道路、供暖、天然气管道等配套设施。

张鑑又带着记者来到了已经放假的阿图什育才学校。他对记者说，今年江苏援疆资金中，计划投资4000万元对这个学校进行改造重建，建成的学校一定会成为阿图什市最漂亮的学校，也会成为阿图什市一道亮丽的风景线。

随后记者又随张鑑来到今年将要投资扩建的一条阿图什市城市大道，张鑑反复询问负责拆迁的阿图什市城建部门的领导，要求确保今年3月底之前完成基本拆迁工作，为工程按时施工做好保障。

一上午的时间不知不觉就过去了，中午两点多记者又来到了指挥部的食堂。在午餐桌上，记者感觉到这里就像一个大家庭，大家操着家乡的口音开着玩笑，没有领导干部之分，没有相互间的客套，大家在一起其乐融融，始终让人有一种家的感觉。

吃完午饭，孙荣友告诉记者，因为要回江苏了，指挥部的干部们还想去看看他们关心的几家农牧民，记者欣然一同前往。汽车走了一个多小时来到了吐古买提乡巴什苏洪木村的阿里木江·阿布杜拉音家，孙荣友等为阿里木江送上了米面油和一些生活用品，问他家里还有什么困难。阿里木江笑着说，没啥困难，他很感谢江苏援疆指挥部的干部们，希望指挥部的干部们能让他们的家人到克州看看，到他家里来做客。孙荣友告诉记者，他是因一次偶然机会到过阿里木江家，看到阿里木江家境困难，就向指挥部领导说了这件事，从那以后，指挥部成员就将阿里木江和他周围的几户村民作为他们个人对口援助的对象。

又看望了几户村民，等回到指挥部时，已是深夜12时了。指挥部的许多成员都没吃饭在着急地等待着我们。指挥部总指挥、克州党委副书记陆永泉正好也从乌鲁木齐开会回来，得知我们还没回来，执意也要等我们一起吃晚饭，让记者再次感受到了江苏指挥部这个大家庭的温暖。

（2011年1月18日《新疆日报》）

层林尽染（袁江仁/摄）

第二节　援建规划

2010年召开的全国对口支援新疆工作会议要求各援疆省市抓紧做好调查研究，编制对口支援专项规划，确保规划科学、协调、可行。根据中央要求，江苏把编制规划作为做好对口支援工作重要前提，围绕改善民生、发展经济、促进就业、培养人才等方面要求，结合当地实际，组织编制完成《江苏省对口支援新疆伊犁州州直地区和新疆生产建设兵团农四师、农七师综合规划（2011～2015年）》《江苏省对口支援新疆克州综合规划（2011～2015年）》《江苏省“十三五”对口支援新疆伊犁州直地区和新疆生产建设兵团四师、七师经济社会发展规划》《江苏省“十三五”对口支援新疆克州经济社会发展规划》，并按照各综合规划要求，编制对口支援新疆伊犁州、兵团四师、兵团七师、克州干部人才发展规划，克州发展战略规划、霍尔果斯开发区总体发展规划等，初步形成多层次、全方位、高起点的规划体系。通过共同完善规划体系，把江苏技术优势、人才优势与伊犁州、兵团、克州政策优势和资源优势相结合，把江苏的发展理念与受援地发展目标相融合，共同明确受援地区域定位和总体发展目标，推进受援地科学发展，后发赶超。《克州发展战略规划》填补了克州规划体系空白，先后被评为自治区和江苏省优秀城市规划设计二等奖、全国优秀城乡规划设计三等奖。

2011年10月25日，由江苏省对口支援的伊犁州、克州综合规划编制工作双双获自治区对口援疆规划编制工作『创新奖』

《江苏省对口支援新疆伊犁州州直地区和新疆生产建设兵团农四师、农七师综合规划(2011～2015年)》 2010年12月9日,该规划由江苏省对口援藏援疆工作领导协调小组会议审议通过。规划总体目标是:按照《关于进一步加强和推进对口支援新疆工作的实施方案》总体要求,到2015年,伊犁地区经济发展明显加快、结构层次明显提升、各族群众生活明显改善、城乡面貌明显改观、公共服务水平明显提高、基层组织建设明显加强、可持续发展能力进一步增强。通过强化特色农业、食品加工、煤化工、矿产开采、生物医药、建材、现代物流等产业援助,突出招商引资作用,加强双方企业合作,促进经济发展速度明显加快。通过对口援助和互利合作,初步建成霍尔果斯经济开发区,开放型经济达到新水平,帮助伊犁地区实现经济跨越式发展。促进结构层次明显上升,到2015年,工业化水平明显提高,商贸产业更加繁荣,现代物流业、现代旅游业规模稳步提升,使得二、三产业比重不断提升。促进各族群众生活明显改善,到2015年,城乡居民收入达到西部平均水平,消除绝对贫困现象。优先推进安居富民工程建设,配套建设水、电、路、气等基础设施,农村安全饮用水得到妥善解决,城市供水率和燃气普及率基本达到全国平均水平,新型城乡发展格局基本形成,城镇化水平明显提高。促进公共服务水平明显提高,到2015年,城乡居民医疗卫生制度实现全覆盖,新型农村养老保险实现全覆盖,基层公共服务设施建设两年内达到全覆盖。可持续发展能力明显增强,到2015年,生态系统结构和功能保持稳定。

《江苏省对口支援新疆克州综合规划(2011～2015年)》 2010年12月9日,该规划由江苏省对口援藏援疆工作领导协调小组会议审议通过。规划总体目标是:按照《关于进一步加强和推进对口支援新疆工作的实施方案》总体要求,把对口支援克州作为江苏人的“再次创业”,举全省之力,特别是集中苏州、无锡、常州三市优势资源和力量,结合克州实际,致力克州自身发展能力的不断提升和克州经济发展方式的加快转变,通过对口支援,帮助克州走出一条质量好、效益高、各族群众真正得实惠的科学发展之路,促进克州“希望之州”奋斗目标早日实现。到2015年,克州地区生产总值达到84亿元以上,地方财政收入达到8亿元,城镇居民人均可支配收入达到15600元,农牧民人均纯收入达到3650元。实现农业增效、农民增收,努力使对口支援三县(市)工业化水平提高,经济发展明显加快;民生建设普惠于民,各族群众生活明显改善;新农村建设步伐和城市化进程加快,城乡面貌明显改观;公共服务和社会保障体系逐步完善,公共服务水平明显提高;执政能力和依法治理能力提升,基层组织建设明显加强。

《江苏省“十三五”对口支援新疆伊犁州直地区和新疆生产建设兵团四师、七师经济社会发展规划》 2016年12月,该规划经国家发展改革委审核和江苏省对口支援工作领导协调小组批准，于2017年4月19日由省对口支援工作领导协调小组办公室印发。规划总体目标是：经过5年努力，对口援疆工作内涵进一步深化，援疆工作机制进一步健全，援疆管理制度进一步完善，援疆效益充分发挥。通过经济、干部、人才、教育、科技、文化、卫生援疆等多种举措，进一步推动伊犁地区能源、矿产、土地等资源优势充分发挥，向西开放的区位优势充分利用，历史文化、风情旅游等人文优势充分挖掘，助推伊犁地区发展成为天山北坡经济强区、中心城市、向西开放重要门户、世界级旅游精品和丝绸之路经济带核心支点，促进伊犁地区和全国同步实现全面建设小康社会目标，促进受援地区保持社会稳定和长治久安。推进伊犁地区新型工业化、农牧业现代化、旅游资源开发和外向型经济发展，促进伊犁地区经济实力进一步提升、各族群众生活进一步改善、城乡面貌进一步改观、公共服务水平进一步提高、基层组织建设进一步加强、可持续发展能力进一步增强。到2020年，伊犁州直地区生产总值达到1308亿元，一般公共预算收入达到100亿元，二、三产业占国民经济比重提高到81%。将霍尔果斯经济开发区打造成丝绸之路经济带核心支点的排头兵、向西开放的桥头堡和“四港一谷”（国际物流港、国际金融港、国际航空港、国际信息港和国际旅游谷）建设的先行区。伊犁州直地区城镇居民人均可支配收入和农牧民人均纯收入分别达到38288元和17295元，消除绝对贫困现象。农村安全饮用水问题得到基本解决，城市供水率和燃气普及率基本达到全国平均水平，新型城镇化得到稳步推进，伊犁州直地区城镇化率达到48%。伊犁州直地区全面普及学前三年教育和以中等职业教育为重点的高中阶段教育，教育现代化水平显著提升。改善生活及医疗卫生条件，伊犁州直地区群众平均预期寿命达到73岁，新型农村社会养老保险实现全覆盖。注重援疆项目与生态环境相协调，确保伊犁地区生态环境不受破坏，经济社会可持续发展。

《江苏省“十三五”对口支援新疆克州经济社会发展规划》 2016年12月，该规划经国家发展改革委审核和江苏省对口支援工作领导协调小组批准，于2017年4月19日由江苏省对口支援工作领导协调小组办公室印发。规划总体目标是：促进经济发展速度进一步加快。积极创新援建工作思路与模式，结合产业援疆、人才援疆、科技援疆与企业合作等方式，加快产业结构调整步伐，推进克州建设包括新型工业化、现代农牧业与现代服务业在内的现代产业体系，并结合克州两个国家级对外口岸建设，加快克州外向型经济发展步伐。到2020年，促进克州实现地区生产总值年均增长11%、地方公共财政预算收入年均增长12%、外贸进出口总额年均增长15%。

促进各族群众生活进一步改善。通过援建工作，加快推进克州特色农牧业发展水平，不断提升农牧民就业水平与收入水平。积极促进基础性工业、旅游业与传统手工业发展，通过扶持中小微企业、个体企业和民营企业发展，促使产业发展对克州的就业带动作用进一步增强；按照大众创业、万众创新要求，加强对克州职业教育、职业培训和就业创业引导的援建工作，促进各族群众在创业就业能力增强基础上，实现收入稳步增长、生活条件加快改善。

促进城乡面貌进一步改观。持续加大对保障城乡民生建设的援建工作，进一步推进安居富民工程、游牧民定居工程和城镇保障性住房及水、电、气、路、热等基础设施和学校、医院、养老院等公共服务设施方面建设，加强环境整治，使各族群众现实生活有改善，未来生活有希望。促进克州到2020年实现人均住房使用面积达到27平方米的小康标准，农村安全饮用水得到基本解决，城市供水率和燃气普及率基本达到全国平均水平，新型城镇化得到稳步推进，城镇化率达到50%。

促进公共服务水平进一步提高。到2020年，促进克州基本实现学前三年教育和以中等职业教育为重点的高中阶段教育普及，教育现代化水平显著提升；改善生活及医疗卫生条件，新型农村社会养老保险实现全覆盖。

促进可持续发展能力进一步增强。结合克州生态环境特点与发展实际，加大对克州生态文明建设的援建力度，促进克州城乡人居环境改善。通过加大生态建设与环境保护方面援建投入，实现克州在单位地区生产总值能耗、单位地区生产总值二氧化碳排放、主要污染物排放控制等方面满足自治区相关要求。

【链接】规划先行，引领全面小康之路——来自江苏对口支援新疆克州前方指挥部的报告

援疆综合规划率先通过评审

【现场】2010年12月，江苏省对口支援新疆克州综合规划暨专项规划率先通过新疆维吾尔自治区和江苏省组织的评审，并受到高度评价和充分肯定。其中，江苏对口支援新疆克州人才发展规划和五年实施方案成为对口援疆省市中唯一的专门规划，得到了新疆维吾尔自治区领导的高度评价。

【纵深】在规划编制过程中，江苏省委、省政府主要领导多次关心规划编制工作。多位省领导及无锡市、常州市、苏州市党政代表团等先后赴克州，就规划编制等援疆工作提出指导意见。省委组织部、省人社厅、省水利厅、省农委、省高院、省检察院、省人口计生委、省红十字会等有关单位负责同志率团到克州考察调研，就新一轮对口援疆工作进行对接。

江苏省对口支援克州综合规划确定了对口支援的“三大重点、八个领域、二十四项任务”，并反复斟酌、精心排定援建项目。比如：

着力改善住房条件与生活环境。实施住房及城乡建设类项目共25项，新建及改造住房共5万户以上。

积极推进教育设施建设。教育项目14项，建设面积共8.3万平方米。

大力推进医疗卫生设施建设。卫生项目8项，建设面积共1.5万平方米。

促进公共管理与服务水平提升。社会公共管理及服务类项目9项，建设面积共2.1万平方米。

克州57年来有了第一个战略规划

【现场】2011年5月22日，由江苏专家帮助克州制定的《克州发展战略规划》通过专家组论证，将成为克州未来20年发展的指导性规划。

【纵深】在对口支援综合规划之外，江苏援疆克州指挥部组织力量精心编制克州发展战略规划。该规划在江苏援疆克州指挥部的组织下，由江苏省城市规划设计研究院负责编制。

规划明确：通过贯彻落实中央对新疆实现跨越式发展和长治久安的总体要求和战略部署，不断增强自我发展能力，着力将克州建设成为经济稳步提升、人民生活殷实的富裕之州，民族风情浓郁、地域特色鲜明的人文之州，民族关系融洽、社会环境稳定的祥和之州，边疆安全巩固、生态格局稳固的安定之州；干群思想解放、区域关系和谐的开放之州。确保到2020年实现建设全面小康社会的奋斗目标，力争到2030年初具现代化基础，并成为南疆地区重要的新兴经济增长极和对外开放的桥头堡。

专家认为，《克州发展战略规划》指导思想明确，提出的区域定位、总体目标和具体要求，符合克州发展趋势，提出的产业突破、空间统筹、设施支撑、特色营造、民生保障、生态稳固等战略具有较强的前瞻性和可行性，将促进克州跨越式发展。

经济社会发展规划全覆盖

【现场】经过历时6个多月的深入调研和科学论证，7月19日，作为江苏省对口支援克州规划编制类的重要项目——《乌恰县城市总体规划（2010—2030年）》顺利通过评审论证。该规划由乌恰县委、县政府及常州市对口支援乌恰县前方工作组共同委托常州市规划设计院承担修编。

【纵深】江苏援疆克州指挥部还积极开展多层次多领域克州发展规划编制。为促进克州抢抓新一轮援疆的重要历史机遇，引领克州站在新起点，实现新跨越，指挥部在战略规划指导下，按照“立足当前、着眼长远、因地制宜、全面发展”原则，大力推进受援一市两县城市总体规划修编工作，进一步优化城市空间布局，配套完善城市基础设施和公共服务设施，提升城市载体功能，助推克州城市化、现代化进程。

此外，指挥部还编制小城镇规划、村庄（农牧民定居点）规划，引导农牧民向城市、村镇集聚，改善生产、生活条件，推进村镇建设集约式发展、可持续发展，加快社会主义新农村建设；编制水利、农业、矿产资源等相关行业发展规划，力求克州经济社会发展规划全覆盖。

在项目实施之前，江苏援疆人同样注重规划编制。总投资逾亿元、规划总面积11000亩的昆山阿图什戈壁农业科技示范园即为一例。在江苏援疆克州指挥部的大力协助下，昆山市援疆工作组邀请具有丰富经验的南京农业大学和江苏省农科院实施规划编制，规划提出，要按照“立足当前、着眼长远”的原则，高科技、高品位、高水平精心建设，打造自治区一流的农业科技示范园，成为克州戈壁产业发展的重要技术引擎。

（原文刊载于2011年8月3日《新华日报》，本文有删节）

四师成片设施农田（袁江仁／摄）

第二章 民生援建

真情援疆，民生为重。对口支援新疆工作启动以来，江苏始终把保障和改善民生放在优先位置，以解决受援地群众最直接、最现实、最紧迫的问题为重点，安排80%以上援助资金用于民生项目，重点建设安居富民、定居兴牧、节水供水、学校医院、社区（村）服务中心等一批民生项目，从伊犁河谷到帕米尔高原，一桩桩惠民实事不断为新疆各族人民群众的幸福生活加码。

江苏认真贯彻中央决策部署，坚持把保障和改善民生作为对口支援的出发点和落脚点，在援建思路上注重突出民生，在资金投入上重点保障民生，在项目建设上优先改善民生，着力办好受援地急需、老百姓期盼的实事，把各项民生工程建成民心工程，让当地各族群众真正得到实惠。

江苏省第九批援疆干部支援伊犁州民生工程建设纪实

2010年之前，江苏民生援建主要围绕救灾应急、城乡基础设施、基层组织活动中心建设等方面开展。项目主要集中在伊犁州直。2000年，阿勒泰和塔城地区遭受特大雪灾，江苏捐款捐物，支援灾区重建，并在灾区建立3所希望小学。2003年12月，昭苏发生地震灾害，江苏捐助资金300万元，用于抗震救灾。2002～2005年，江苏投入援助资金8000万元，实施伊宁市江苏路、伊宁市汉家公主纪念馆、霍城县江苏中学、霍城县江苏医院、霍城县江苏大道及农村中小学危房改造、抗震安居房建设等工程。2006～2008年，江苏投入援助资金2亿多元，共援建160余个项目，包括130个基层组织活动中心、17所学校、3所乡村卫生院、5个基础设施项目。其中，重点民生项目有伊犁州江苏远程教育中心综合楼、伊犁州妇女儿童活动中心、伊犁州妇幼保健院病房综合楼、伊犁州“120”急救中心、伊犁州广电传媒中心、霍城县广电传媒中心等。2008～2010年，江苏投入援助资金2.28亿元，共援建项目86个，其中重点民生项目有伊犁州苗苗幼儿园综合楼、伊犁州老干部教育培训综合楼、伊犁州广播电视发射塔、伊犁州新华医院肿瘤治疗中心、霍城县职业技术学校、霍城县城饮用水水源地及管网建设、霍城县城一期集中供热、特克斯县广播电视发射观光塔等。这些项目为推进伊犁州经济社会发展起到积极作用。2007年起，在阿合奇县实施“三年十项行动计划”，至2010年，共投入援助资金3287万元，援建抗震安居房、幼儿园等项目40个。

2010年起，根据中央新一轮对口援疆工作要求，江苏援助工作进一步突出以民生为重点，民生项目资金占到援助资金总量80%以上。加大受援地城乡基础设施建设力度，建设一批道路、桥梁、水利工程，改善各族群众生产生活条件；大力实施定居兴牧、安居富民、保障性住房、整村改造等工程，改善当地群众人居环境；加快实施安全饮水、引水入户工程，解决农村贫困群众饮水安全问题；积极援建教育、医疗卫生、文化体育、社区服务、社会福利等公共服务设施，推动受援地社会公共事业快速发展。在伊犁州和兵团2个师，2011～2013年，安排援助资金约32亿元援建一批民生项目，其中近17亿元用于城乡住房建设，近13亿元用于发展教育卫生及其他社会事业，近2亿元用于实施村（社区、连队）党组织活动中心项目。2014～2016年，安排援助资金50.4亿元，其中民生项目占比80.9%。集中实施农牧民安居富民和定居兴牧工程、乡村教育卫生设施改善、乡村道路改造、农村饮用水工程、广电全覆盖等民生急需项目，其中援助建设

“两居工程”（安居富民工程、定居兴牧工程。下同）4.99万户、中小学校（幼儿园）57所、医院（卫生所室）59所。2017～2019年，安排援助资金57.72亿元。其中，支持受援地推进乡村振兴战略，重点解决一批水、电、路、气、房以及教育、医疗卫生等各族群众普遍关心的民生问题。建设安居富民房、定居兴牧房4.53万户，中小学、幼儿园及配套设施项目217个，县乡村三级卫生健康服务基础设施项目164个，打通民生改善“最后一公里”，让群众看得见、用得上、得实惠。安排援助资金2.07亿元，实施村（社区、连队）党组织活动中心项目176个，支持便民服务中心、党员活动中心、文化站等公共服务基础设施建设。在克州，“十二五”期间，共安排援助资金19.3亿元，援建项目187个，其中教育项目23个、医疗卫生项目16个、文体和传媒项目9个、“两居工程”等住房项目10个、改善群众生活项目62个、其他基础设施项目24个；“十三五”期间，共安排援助资金27.3亿元，至2019年，完成教育项目22个、改善群众生活项目28个，支援一大批医疗卫生和文化体育等项目。

江苏许多民生援建项目在受援地具有标志性意义。伊犁州广播电视覆盖系统扩大工程，使州直地区广播电视覆盖率由原来不到70%提高到98%；昭苏县泰州大道又称天马大道，成为昭苏县一条重要景观风光带；乌恰县自来水厂的建成，从根本上改变乌恰县城长期供水不足、水质得不到保障的状况；霍城县萨尔布拉克河综合治理工程，将河水、林带、道路堤防构成水清景美的新景观，具有显著社会效益和生态效益；新源县西部饮水解困工程，使喀拉布拉镇、肖尔布拉克镇、塔勒德镇、新源马场3镇1场5万余名群众生产生活用水问题得到解决；伊宁县安居富民工程投入援助资金3.4亿元，援建模式和经验在自治区推广；特克斯县高级中学、伊宁县南通实验学校、新源县扬新中学、昭苏县泰州高级中学、克州中等职业技术学校等援助资金均超亿元，可克达拉市镇江高级中学援助资金2.4亿元，这些学校成为伊犁州、克州重要教育阵地；伊宁市金陵维吾尔医医院、特克斯县江宁人民医院、霍城县江苏医院及阿图什市人民医院新院援助资金均超亿元，伊宁县人民医院标准化建设工程获中国建设工程“鲁班奖”。在江苏长期帮扶、大力援助下，受援地城市化进程和新农村建设步伐日益加快，公共服务和社会保障体系逐步完善，涉及老百姓切身利益的交通、水电、住房、上学、看病等问题得到较好解决，促进受援地社会全面发展、百姓安居乐业。

薰衣草田（王天明/摄）

第一节 道路桥梁

对口支援工作开始后，为改善受援地基础设施落后的状况，江苏投入大量资金用于道路桥梁建设，改善群众出行条件。伊宁市江苏路、霍城县江苏大道的建成，解决群众行路难问题，同时加快城市化进程。2010年新一轮对口援疆工作开始后，先后实施昭苏县泰州大道、察布查尔县盐城大道、尼勒克县武进大道、乌恰县常州大道、阿图什市昆山大道及帕米尔大桥等一批道路桥梁建设项目，促进受援地城市功能日趋完善，城乡面貌不断改观，各族群众生活更加便利。

伊宁市江苏路 2003年6月开工建设，2004年8月竣工通车，总投资9321万元，其中援助资金1700万元。项目位于伊宁市繁华区域的二环路北二环路段，长2500米、宽80米，沥青混凝土路面，按城市主干道二级标准建设。二环路是连接市区主干道的环状动脉。江苏路的建成，使二环路得以全线畅通，不仅缓解市区交通压力，而且为城区向北拓展奠定重要基础，更为加快旧城改造创造必要条件。

霍城县江苏大道 2004年8月开工建设，2005年8月竣工通车，投入援助资金1000万元。项目位于霍城县清水河开发区，长2120米、宽36米，沥青混凝土路面，配套供排水、供电、照明设施。该道路完善清水河镇配套设施，改善西城区路网布局，拉开道路建设框架，使城市发展空间得到拓展、招商环境得到改善，为推动霍城县经济社会快速发展发挥重要作用。

2004年8月25日，伊宁市江苏路通车仪式

尼勒克县武进大道（2016年摄）

察布查尔县盐城大道（2020年摄）

昭苏县泰州大道（2013年摄）

乌恰县常州大道（2012年摄）

尼勒克县武进大道 2013年5月开工建设，2014年7月竣工通车，总投资1.5亿元，其中援助资金1800万元。道路位于新城区，为南北向城市主干道，北起迎宾路，南至南三路，与团结路、环湖路、文化路、解放路、中学路相交，为双向6车道，全长3800米、宽100米，沥青混凝土路面。配套建设供水、排水、供热、通信、电力、路灯等附属设施，景观绿化面积18万平方米。该路纵贯尼勒克县城南北，连接新城北公共服务片区、新城南旅游商贸片区及湿地公园旅游服务中心，被誉为“援疆第一景观大道”。

察布查尔县盐城大道 2013年5月开工建设，当年10月竣工通车，总投资3000万元，其中援助资金900万元。项目位于察布查尔县城南新区，西起团结路，东至文化南路，总长1200米。主要建设两道宽22米机动车道、宽14米非机动车道，沥青混凝土路面，配套建设给排水管网等。该项目对推动城南新区建设发展起到积极作用。

昭苏县泰州大道 2012年6月开工建设，2013年5月竣工通车，总投资4800万元，其中援助资金4002.53万元。该路又称天马大道，为双向6车道，全长2523米，路基宽60米。工程还包括道路两侧配套设施及景观绿化、亮化工程。

兵团四师六十二团、六十四团市政道路改扩建工程 2013～2014年建设，总投资11277.32万元，其中援助资金9900万元。改扩建六十二团金边镇市政道路9611米，总投资6625万元，其中援助资金5400万元。改扩建六十四团苇湖镇市政道路8946米、218国道至团镇公路6824米，总投资4652.31万元，其中援助资金4500万元。

乌恰县常州大道 2011年5月开工建设，2012年8月竣工通车，总投资1200万元，其中援助资金1038万元。道路长2642米、宽15米，双向4车道。2014年，重点建设常州大道东延段硬化、亮化、桥梁等。该项目为乌恰县城北地区开发打下良好基础。

阿图什市帕米尔路西延段市政工程 2012年9月开工建设，当年11月竣工通车，总投资1282万元，均为援助资金。全长718米的帕米尔路西延段市政工程，主要包括机动车道、人行道、交通工程、照明工程、绿化工程、地下管网等，等级为城市主干道，沥青混凝土路面；全长329米的环城西路与帕米尔路西延段相交改线，等级为城市支路，沥青混凝土路面。

阿图什市帕米尔大桥 2013年4月开工建设，2014年11月竣工通车，总投资3296万元，均为援助资金。该桥横跨博古孜河，长282米、宽29米，双向4车道，为城市景观桥。帕米尔大桥打通了连接市区与阿扎克乡和工业园区的快速路，成为阿图什市第二条向西出城的通道。2017年12月，桥体亮化工程完成。该桥成为阿图什市标志性建筑。

阿图什市友谊路改造工程 2014年4月开工建设，同年9月竣工通车，总投资4255.95万元，均为援助资金。项目对长5900米、宽38米的友谊路（含站前路段）进行

阿图什市帕米尔路西延段（2014年摄）

阿图什市友谊路（2020年摄）

阿图什市帕米尔大桥（2018年摄）

全线改造，主要包括改造沥青路面、人行道、绿化管网、供排水管网、综合通信管沟、照明工程、公交站台工程等，并加装护栏。该道路是阿图什市首条城市标准化道路。

阿图什市新城路和交通路 2016年3月开工建设，当年9月竣工通车，投入援助资金3861.48万元。道路总长3570米。其中，新城路长2240米、宽35米，交通路长1330米、宽31米。

江苏省对口支援新疆部分道路桥梁项目情况表

单位：万元

地区	序号	项目名称	援助时间	援助资金
伊犁州	1	伊宁市江苏路	2003～2004	1700
	2	霍城县江苏大道	2004～2005	1000
	3	霍城县体育馆北路、政和路、水定路改扩建工程	2012	997.61
	4	霍城县团结北路、幸福路改扩建工程	2012～2013	1042.69
	5	奎屯市西区育才路	2013	341.88
	6	尼勒克县武进大道	2013～2014	1800
	7	霍尔果斯市基础设施修缮	2014～2015	6337
	8	察布查尔县盐城大道	2013	900
	9	昭苏县泰州大道	2012～2013	4002.53
	10	昭苏县木扎尔特路	2012～2013	375.18
兵团	1	四师六十二团、六十四团市政道路改扩建工程	2013～2014	9900
	2	四师七十一团市政道路	2014	600
	3	四师七十二团市政道路	2014	600
克州	1	阿合奇县科克乔库尔村道路	2015～2016	452.1
	2	乌恰县常州大道	2011～2012	1038
	3	乌恰县城区主干道路改扩建及绿化亮化工程	2017～2019	2526
	4	阿图什市经一路、纬二路	2011	136
	5	阿图什市菜窖路改扩建工程	2011～2012	718
	6	阿图什市帕米尔路西延段市政工程	2012	1282
	7	阿图什市帕米尔大桥	2013～2014	3296
	8	阿图什市友谊路改造工程	2014	4255.95
	9	阿图什市新城路和交通路	2016	3861.48
	10	阿图什市阿扎克路（团结路）市政工程	2016	3270.8
	11	阿图什市锦绣路和教育路、振兴路市政工程	2016	3180.23
	12	阿图什市劳动路、民生路市政工程	2017	2190
	13	阿图什市沿河路、健康路市政工程	2017	2353
	14	阿图什市阿孜汗路市政工程	2017	1800
	15	阿图什市文化路北延市政工程	2017	503.56
	16	阿图什市滨河路（环城西路）市政工程	2017～2018	1140
	17	阿图什市阿扎克乡及周边园区道路改造工程	2017～2020	17652.8

说明：表中所列项目为单次投入或累计投入援助资金100万元以上项目。

哈萨克族传统体育娱乐活动——姑娘追（吴斌／摄）

第二节　公用设施

江苏注重对受援地供水、供电、供气、供热等工程援建，改善当地群众生产生活条件。2005～2009年，投入援助资金2000万元，在霍城县实施县城集中供热、饮用水水源地及供水管网改扩建工程。2010年后，安排援助资金实施昭苏县小洪纳海自来水厂，四师团场供排水、供热等城镇配套建设工程，阿合奇县佳朗奇新城供暖管网工程，乌恰县自来水厂（伊尔克什坦口岸下迁及工业园区供水配套工程），阿图什市自来水厂等一批项目。其中，结合四师保障性住房建设，为18个团场援建城镇供水、排水、集中供热、天然气输送等工程，快速提升城镇综合承载能力。这些项目的建成，既改善群众生产生活条件，又助力精准扶贫，促进当地经济社会全面发展。

霍城县县城集中供热工程　2005～2008年建设，总投资1158万元，其中援助资金1000万元。建设内容主要包括购置1台40吨锅炉，建设1座341平方米锅炉房，改扩建3座换热站，铺设管道3.1千米。该项目实现县城集中供热，提高供热保障能力。

昭苏县小洪纳海自来水厂　2014～2015年建设，总投资4100万元，其中援助资金2100万元。项目位于昭苏县洪纳海乡阿克塔斯村牧业草原，建设内容主要包括厂区土建、制水设备、绿化、硬化、亮化、管网建设等。水厂占地2公顷，总建筑面积4000平方米，日供水能力1.5万立方米。该项目从根本上解决洪纳海乡供水短缺问题，提升居民饮水品质。

阿合奇县佳朗奇新城供暖管网工程　2012～2013年建设，总投资1730万元，其中援助资金1438万元。建设内容包括主管道一级热网管道7026米（直径200～600毫米）、支管网9145米。支管网包括托河太湖小区供热管网（管道直径100～300毫米一级热网管道、钢管1573米）、佳朗奇新城无锡新村供热管网（管道直径50～200毫米一级热网管道、钢管7572米）。该项目解决新城区无供暖管网问题，破解无锡新村、太湖小区居民冬季取暖难题。

阿合奇县老城区污水处理厂改扩建及配套管网工程　2019年建设，总投资4000万元，其中援助资金1500万元。厂区占地2.24公顷，主要承担阿合奇县老城区综合生活污水处理。项目分期建设，近期建设规模为日处理能力5000立方米，远期建设总规模为日处理能力1万立方米。建设工程包括深度处理车间、附属用房、变配电间、污泥脱水车间、水质调控中心、紫外线消毒间等12个单体工程。

乌恰县自来水厂 2011～2012年建设，总投资3840万元，其中援助资金2640万元。该项目占地5.25公顷，建筑面积3557平方米，绿化面积1.58公顷。水源地为开普太希水库，设计日处理水能力为近期2.1万立方米、远期3.68万立方米，是2011年乌恰县工程类重点项目，也是江苏援建的重点民生项目。该项目改变乌恰县城长期供水不足、水质得不到保障的状况，从根本上解决口岸下迁区、口岸园区、常州工业园区及县城和黑孜苇区域3.5万名居民和农牧民用水问题，彻底结束祖祖辈辈“喝黑水”“洗黑澡”的历史。

乌恰县城区给水主管网改造及引水工程 2015～2020年建设，投入援助资金3220万元。2015～2016年，投入援助资金470万元，改造老城区2平方千米给水主管网，提高老城区近2万名居民的供水质量。2017年，投入援助资金500万元，新建饮用水供水管道6000米、绿化水供水管道4030米。2018～2020年，投入援助资金2250万元，实施县城和工业园区引水工程，建设引水管道30千米，蓄水池、减压池各1座。

阿图什市自来水厂 2014年建设，总投资1791万元，其中援助资金1250万元。项目占地1.2公顷，建设内容主要包括总面积6000平方米配套建筑，在314国道铺设日供水量1.6万立方米供水管网及直径600毫米供水管线10千米。

江苏省对口支援新疆部分公用设施项目情况表

单位：万元

地区	序号	项目名称	援助时间	援助资金
伊犁州	1	霍城县县城集中供热工程	2005～2008	1000
	2	霍城县县城饮用水水源地及供水管网改扩建工程	2008～2009	1000
	3	新源县自来水厂升级改造工程	2019	506.8
	4	昭苏县小洪纳海自来水厂	2014～2015	2100
	5	昭苏县污水处理厂提标改造工程	2018～2019	1456.74
克州	1	阿合奇县太阳能电站	2008～2009	130
	2	阿合奇县佳朗奇新城供暖管网工程	2012～2013	1438
	3	阿合奇县老城区污水处理厂改扩建及配套管网工程	2019	1500
	4	阿合奇县老城区自来水厂	2019	500
	5	乌恰县自来水厂	2011～2012	2640
	6	乌恰县城区给水主管网改造及引水工程	2015～2020	3220
	7	乌恰县安居房电采暖工程	2018～2020	1319
	8	阿图什市自来水厂	2014	1250
	9	阿图什市吉祥小区供暖改造工程	2018	244.9

说明：表中所列项目为单次投入或累计投入援助资金100万元以上项目。

第三节 水利工程

为兼顾水灾防治和水资源开发利用，江苏加大受援地水利工程建设，重点围绕中小型灌区、高效节水、防洪、小流域治理等方面进行援建。实施霍城县萨尔布拉克河综合治理工程、察布查尔县孙扎齐牛录镇朗喀村塘坝库底防渗及渠道改扩建工程、阿合奇县防洪改建工程、阿图什市格达良乡戈壁农业示范工程等，不仅使受援地群众摆脱洪水威胁，还着眼于人民生活和工农业生产发展需要，提高水资源利用率，解决制约农牧业发展的主要问题，保障土地灌溉需求。

江苏重视受援地饮水安全，加大资金投入，改变受援地部分地区饮水难、水质差状况，改善当地群众生活条件，实施新源县西部饮水解困工程、阿图什市农村饮水管道入户工程等一批项目，对乡村级水源地及输配水管网进行建设、改造，解决供水“最后一公里”入户问题，使受援地农村饮水安全问题得到长期稳定解决。同时，饮水入户工程的实施，改善项目区饮水条件，提高人居环境质量。

伊宁市农村饮水改造升级工程 2014～2015年建设，总投资8502万元，其中援助资金750万元。建设内容主要包括潘津乡、达达木图乡、托格拉克乡、英也尔乡入户

2012年10月16日，江苏省水利厅捐助100万元，支持克州水利事业发展

管网工程（包括水井表、水表、水龙头、阀门等配件）。该工程使1.15万户农户用上清洁卫生的自来水。

霍城县萨尔布拉克河综合治理工程 2005～2006年建设，分两期实施，投入援助资金2948.86万元。一期工程投入援助资金2425万元，建设内容包括萨尔布拉克河218国道桥河段护岸堤及两岸河滩地造林建设。建成河两岸防护堤5.7千米、河道滚水堤8条422米，造林28公顷。二期工程投入援助资金523.86万元，建防洪堤2.3千米。该项目把原来裸露的河床建成由河水、林带、道路堤防构成的水清景美的新景观，集自然生态景区、灌溉、防洪功能为一体，具有显著生态效益和社会效益。

霍城县切德克苏饮水安全工程 2011～2013年建设，总投资3500万元，其中援助资金2500万元。该项目占地3公顷，新建地表水净化水厂1座，建设内容主要包括水源地、水厂、沉砂池和蓄水池。铺设输水管道14千米，其中近期输水管道7千米，建设规模为近期日供水量8000立方米、远期日供水规模4万立方米。

霍城县农村饮水安全入户工程 2014～2017年建设，投入援助资金599万元。投入援助资金500万元进行水源地建设、管道铺设、水表安装等工程，共完成新打机井2眼，新建泵房、管理站房各2座，改建泵房2座，安装水泵4台、变频设备3台，铺设输配水管道58千米，完成入户2382户；投入援助资金99万元，实施可克达拉牧业村自来水工程。该项目解决霍城县清水河镇城西一村、城西二村、二宫村（含移民点）、牧场村及可克达拉牧业村农牧民长期存在的饮水安全问题。

尼勒克县农村饮水安全入户工程 2014～2015年建设，共投入援助资金100万元。2014年，投入援助资金50万元，实施科克浩特浩尔蒙古族乡恰哈那木村饮水入户工程项目，主要包括铺设管道4.88千米，建设集中水表井62座，安装分水器62个、水表300个、室内立杆90套，铺设入户水管24.6千米，确保300户居民饮水安全。2015年，投入援助资金50万元，实施苏布台乡尤喀克买里村饮水入户工程项目，主要包括建设集中水表井72座，安装分水器72个、水表360个、室内立杆360套，铺设入户水管29.16千米，解决360户居民饮水安全问题。

伊宁县农村饮水安全入户工程 2014～2019年建设，投入援助资金324.69万元。2014～2016年，投入援助资金135万元，完成喀拉亚尕奇乡、吐鲁番于孜乡、愉群翁回族乡3个乡的4个村“最后一公里”集中水表井入户工程。2017年，投入援助资金99.87万元，为青年农场、愉群翁回族乡、喀拉亚尕奇乡的6个村集中安装水表井880座、分水器880个、水表4400个、室内立杆4400套、入户聚乙烯（PE）管110千米。2019年，投入援助资金89.82万元，在萨地克于孜乡实施人畜安全饮水机井及其配套管

霍城县萨尔布拉克河治理工程（2007年摄）

察布查尔县孙扎齐牛录镇朗喀村塘坝库底防渗及渠道改造工程（2015年摄）

新源县西部饮水解困工程惠及百姓（2016年摄）

道项目，缓解该乡用水难问题。

察布查尔县孙扎齐牛录镇朗喀村塘坝库底防渗及渠道改扩建工程　2014～2015年建设，总投资388.32万元，其中援助资金243.62万元。建设内容主要包括朗喀干渠改扩建及配套建筑物建设、塘坝库底防渗工程、放水涵洞等。该项目提高水资源利用率，解决因干旱缺水制约全村农牧业发展问题，确保朗喀村133.33公顷土地灌溉需求，为该村脱贫奠定基础。

新源县西部饮水解困工程 2014～2015年建设，总投资4140万元，其中援助资金2143万元。新源县西部喀拉布拉镇、肖尔布拉克镇、塔勒德镇、新源马场是全县供水最困难的区域，绝大部分村（队）每日供水2小时，饮用及灌溉用水严重不足。项目共建成输水主管网366千米、高位蓄水池（蓄水总量1200立方米）3座、120米深井2眼，配置末端进户设备1.2万余套。工程投入使用后，该区域实现全天候供水，3镇1场5万余名群众生产生活用水难问题得到解决，同时带动当地服务业发展，是新源县受益面最广的援建项目之一。

昭苏县贫困乡村饮水安全工程 2018年建设，投入援助资金350万元。项目在喀夏加尔镇乌克勒加尔村、克乌克加尔村，阿克达拉镇苏勒萨依村、阔图尔海村，萨尔阔布乡萨尔阔布村、阔额尔墩村，乌尊布拉克乡乌尊布拉克村、喀勒喀特村，洪纳海乡乌鲁昆盖村，喀拉苏镇阿亚克喀拉苏村、塔斯阿尔纳村，夏特柯尔克孜族乡玛热勒特村，胡松图喀尔逊蒙古族乡阔斯托别村8个乡镇13个贫困村1012户居民实施饮水管网工程，新建接网管道总长56.37千米，新增闸阀井41座、检查井3座、户级水表井173座、智能无线卡表1012套，穿越沥青路埋设钢管19处、穿越渠道底部埋设钢管2处。

兵团四师七十九团饮水安全工程 2018～2019年建设，总投资852.5万元，均为援助资金。项目建设内容主要包括新建管径600毫米输水管道2.5千米、检查井17座、排污井3座，改扩建水厂，更换净水设备及管理设备。该项目结束团场居民喝河坝水的历史。

阿合奇县饮水安全工程 2008～2010年建设，共投入援助资金129.97万元。2008年，投入援助资金50万元，实施哈拉奇乡阿克白依提村饮水安全工程，铺设管道3.2千米，解决55户牧民饮水问题。2009年，投入援助资金29.97万元，实施哈拉布拉克乡麦尔开其村饮水安全工程，铺设主管道6.05千米、入户管道4.1千米，建闸阀井10座，解决110户居民饮水问题。2010年，投入援助资金50万元，实施色帕巴依乡沙尔桂兰克村饮水安全工程，铺设管道6.76千米，建机井1眼、闸阀井6座、水厂1座，解决74户居民饮水问题。

阿合奇县防洪改建工程 2014～2016年建设，投入援助资金3961.47万元。2014～2015年，投入援助资金1000万元，按照30年一遇标准，实施阿合奇县城南山防洪改建工程，改建泄洪渠3条，总长5.1千米，保护县城免遭南山暴雨洪灾影响。2015～2016年，投入援助资金962.92万元，实施哈拉奇乡泄洪渠二期工程，修建泄洪渠45.35千米，使泄洪渠东266.67公顷牧草基地及下游哈拉奇村、布隆村2000名居民免受洪水威胁。投入援助资金1998.55万元，实施阿合奇县库兰萨日克乡山洪防治一期工程，修建堤防5.1千米，使该乡灌区1200名居民及1000公顷耕地摆脱洪水威胁。

阿图什市阿湖水库设施及博古孜河防洪坝修复工程　2011年建设，投入援助资金117万元。项目包括阿湖水库大坝照明及低压线路改造、通信工程和库区交通桥桥墩基础维护，博古孜河大桥上游防洪坝修复、河道清除、大桥下游防洪坝修建、丁字坝重建及丁字坝基础处理等工程。该项目确保阿湖水库和博古孜河沿岸安全防洪度汛，最大程度减少灾害损失。

阿图什市农村饮水管道入户工程　2011年建设，总投资504万元，均为援助资金。项目覆盖吐古买提、哈拉峻、格达良3个乡22个村，使4012户48394名农牧民告别人畜共饮“塘坝水”状况，饮水安全问题得到解决。其中，吐古买提乡6个村，饮水管道入户986户，受益人口13960人；哈拉峻乡9个村，饮水管道入户1526户，受益人口16917人；格达良乡7个村，饮水管道入户1500户，受益人口17517人。

阿图什市农村饮水配套工程　2014年建设，总投资2700万元，其中援助资金605万元。项目在阿湖乡、松他克乡、阿扎克乡实施，建设内容主要包括积水廊道355米、集中井1座、消毒管理站房1座、减压池3处、减压阀3处、消毒设备1台、自动化控制系统1套、水质检测设备1套、闸阀井319座，铺设供水主管道35.2千米、入户管网107.6千米，日供水规模8120立方米。该项目解决和改善3个乡近7万人饮水安全问题。

阿图什市乌瑞克河调水一期工程（工业园区供水工程）　2016～2018年建设，总投资2.85亿元，其中援助资金5000万元。该项目地跨乌恰县与阿图什市，水源为位于乌恰县黑孜苇乡乌瑞克河。乌瑞克河调水工程分为阿图什市工业园区供水工程和阿图什市配水工程两期，其中一期工程为全线管道输水，由取水建筑物、输水管道、麻扎尔塔格水库、末端调节水池4部分组成，建设管线、闸门、支墩、在线监测系统等水利设施，新建输水管道全长51千米，设计日供水能力5万立方米。全线设置进排气阀井49座、泄水阀井15座、节制阀13座、消能阀及阀井7座、超压泄压阀7座、电磁流量计井7座、进入孔6处，沿线管道一侧有支墩56座、镇墩19座，另有4000立方米调节水池2座。

江苏省对口支援新疆部分水利工程项目情况表

单位：万元

地区	序号	项目名称	援助时间	援助资金
伊犁州	1	伊宁市农村饮水改造升级工程	2014～2015	750
	2	特克斯县饮水安全改善工程	2015	200
	3	霍城县萨尔布拉克河综合治理工程	2005～2006	2948.86
	4	霍城县切德克苏饮水安全工程	2011～2013	2500
	5	霍城县农村饮水安全入户工程	2014～2017	599
	6	霍城县惠远镇金梁子社区安全饮水工程	2018	162.65
	7	尼勒克县农村饮水安全入户工程	2014～2015	100
	8	霍尔果斯市伊车嘎善锡伯族乡伊车嘎善村七组渠系工程	2019	240
	9	巩留县农村饮水工程	2014～2015	100
	10	伊宁县农村饮水安全入户工程	2014～2019	324.69
	11	察布查尔县孙扎齐牛录镇朗喀村塘坝库底防渗及渠道改扩建工程	2014～2015	243.62
	12	新源县西部饮水解困工程	2014～2015	2143
	13	新源县新源镇饮用水源地保护治理工程	2018	198.88
	14	昭苏县贫困乡村饮水安全工程	2018	350
兵团	1	四师沉砂池	2011～2013	3000
	2	四师七十九团饮水安全工程	2018～2019	852.5
克州	1	阿合奇县饮水安全工程	2008～2010	129.97
	2	阿合奇县城北大街水渠环境整治工程	2013	200
	3	阿合奇县防洪改建工程	2014～2016	3961.47
	4	阿合奇县孔吾拉齐水库工程	2015～2016	2555.6
	5	阿图什市阿湖水库设施及博古孜河防洪坝修复工程	2011	117
	6	阿图什市农村饮水管道入户工程	2011	504
	7	阿图什市农村饮水配套工程	2014	605
	8	阿图什市乌瑞克河调水一期工程（工业园区供水工程）	2016～2018	5000

说明：表中所列项目为单次投入或累计投入援助资金100万元以上项目。

【链接】喝上清泉水，感谢江苏人

7月25日天刚亮，阿图什市格达良乡库都克村的吐逊古丽·坎吉就再也睡不着了，这天对她来说是一个特别的日子，江苏昆山市援建的“农村饮水管道入户工程”就要通到她家了。

上午，施工人员完成最后一道工序后，将饮水管线接到吐逊古丽家的厨房，装上了小鸭造型的水龙头。她用手轻轻一拧，清凉的泉水潺潺流出，她接了满满一碗，双手捧起一口气喝光了，50多年来，她还是第一次喝上这么甜的泉水。

当得知眼前的人就是帮助家乡建设、让乡亲们喝上清泉水的江苏援疆干部时，她激动地拉着昆山市援疆干部、阿图什市水利局副局长朱文祥的手说：“谢谢你们，感谢江苏援疆干部！”阿图什市农村供水总站主任托合提·买合苏提检查完水井从外面回来，喝了一口水深有感触地说：“我出生在格达良乡，从记事起就跟着父亲赶着毛驴车去15公里外的河里拉水，河水泥沙多，拉回来要沉淀后才能喝。1997年国家改水工程全面实施，乡亲们吃水难有了一定改善；这些年政府加强民生建设，从山里引来清泉水，将自来水管线铺到村口，可一些农民没能力将饮水管道安装入户，吃水难问题没有得到彻底解决。”吐逊古丽接过话茬："是啊，最难过的是冬天，要到几公里外的冰河里砸冰、化水。不干净的水还让老头子得了痢疾住了几次院。”现在，情况发生了改变。库都克村家家户户门前都有一口新水井。一位老乡端了一碗水来到人群中，村民们按照传统习惯，你尝一口我咂一口，兴奋得像是过节一样的喝“酒”。

朱文祥向记者介绍说，昆山市对口支援克州阿图什市后，在第一年就确定了2.3亿元项目资金。援疆干部经过一个月调查研究，确定通过21个民生重点项目的实施，让边疆各族群众真切地感受江苏昆山人民的深情厚谊。吐逊古丽忙里忙外，在铺满花毯的炕上摆上了油馃子、酸奶疙瘩、芝麻馕、西瓜、杏子。她女儿努尔古丽·依买尔端出自家酿的酸奶让客人品尝。

今年4月，昆山市援建的第一个重点民心工程——“农村饮水管道入户工程”，在吐古买提、哈拉峻和格达良三个乡铺开。

负责工程的援疆干部严格按照项目规定组织施工，目前已经完成了90%的工程量，预计到8月10日全部完工。“再过10多天，‘无花果之乡’4000余户农牧民的吃水问题将彻底得到解决。”朱文祥说。

“有了干净水，我就能经常洗头发、洗衣服了。看，那是新买的洗衣机，我们的生活就要大变样了，这要感谢江苏来的叔叔阿姨们！”在乡里当老师的努尔古丽·依买尔用流利的汉语表达出了全体村民的心里话。

（2011年7月29日《新疆日报》）

【链接】援疆资金注入甘泉润心田

由江苏援疆资金援建的乌瑞克河调水工程开工建设，是近5年阿图什市最大的水利项目，也是阿图什市各族群众最期待的民生工程。

随着阿图什市经济社会快速发展，人民生活水平不断提高，城乡用水量不断增强，工程性缺水问题日益突出，城市居民用水靠提取地下水，水资源供给不足成为阿图什市经济社会发展的瓶颈。为尽快解决水资源制约问题，2016年5月31日，州、市两级党委、政府决定实施乌瑞克河调水工程。

乌瑞克河位于乌恰县境内，因是冰川融水，水质很好。乌瑞克河调水工程地跨乌恰县与阿图什市，工程取水口位于乌瑞克河出山口6千米以上，取用乌瑞克河地表径流，通过管道输水至阿图什市工业园区，末端进入阿图什市康泉自来水厂，管道总长78.2千米，年调水能力1600万立方米。

记者在江苏援疆前方指挥部项目组了解到，乌瑞克河调水工程划分为阿图什市工业园区供水工程和阿图什市配水工程两期。

阿图什市工业园区地处阿图什市和喀什市交界的“金三角”地带，由于工业园区不断扩大，用水量增多，园区水资源短缺问题已成为严重影响园区发展的核心问题。阿图什市工业园供水工程为一期工程，主要由取水建筑物、输水管道、位于阿图什市上阿图什镇的2011年投入使用的麻扎尔塔格水库、末端调节池四部分组成。全线长51.155千米，工程总投资29646.93万元，其中江苏省援疆资金5000万元。

努尔·艾则孜家住阿图什市，日常生活中

非常关心阿图什市各项事业的发展。努尔·艾则孜说："等正式通水了，我们就能喝上纯净的冰山融水了，这得感谢江苏援疆资金。不光是这个工程，他们的到来，让我们生活的各个方面变得越来越好，感谢江苏、感谢来自江苏的亲人们。"

肉孜买买提·阿吉是阿图什市阿扎克乡铁提尔村1小队村民。2016年，在阿图什市委组织部驻村工作队的帮助下，铁提尔村村民家中通上了自来水管道。肉孜买买提·阿吉一家再也不用喝需要静放许久的浑浊水了。乌瑞克河调水工程中阿扎克乡作为工程的一个分水口，为村民们能够喝上质量更好的水提供了可能。"能用上自来水我们一家已经很高兴了，没想到现在还能喝上更好的水，感谢江苏省的援助，让我们的生活越来越好。"肉孜买买提·阿吉说。

乌瑞克河调水工程是一项德政工程、民心工程和造福各族群众的大事，在援疆资金的帮助下，阿图什市引来了各族人民群众期盼的甘泉。据了解，从2010年至2016年，江苏共在克州实施民生改善类项目143个，投入援疆资金191730.5万元。不光是阿图什的各族群众能够享受到甘甜的优质水，2012年8月11日，由常州市援建的乌恰县城及口岸供水项目正式启用，建设乌恰水厂总投资3840万元，其中江苏省对口援助2640万元。在江苏援疆资金的帮助下，乌恰县、伊尔克什口岸下迁区及园区、黑孜苇区域占全县人口近70%的3.5万居民牧民的饮水安全问题也得到了解决。

（原文刊载于2017年6月28日《克孜勒苏日报》，本文有删节）

江苏省水利专家指导新源县水利工程建设（2011年摄）

第四节 住房及配套改造工程

改善受援地居民居住环境一直是江苏援疆的重要内容。

在伊犁州，从2010年援建伊宁县吐鲁番于孜乡灾后重建安居富民整乡推进试点项目实施后，江苏重点援助安居富民房、游牧民定居房、公共租赁房和廉租房、城市棚户区改造及基础设施配套建设，受援地居民、农牧民生活条件得到明显改善。2011～2013年，江苏援建住房建设项目164个10.35万户，投入援助资金16.65亿元，占援助资金总额的42.7%。其中，安居富民房项目52个9.3万户，援助资金10.38亿元；游牧民定居用房项目27个8274户，援助资金1.9亿元；城市棚户区改造项目58个2131户，援助资金7775万元；住房配套工程项目27个，援助资金3.6亿元。新建的牧民定居房遏制草地退化，改善牧民生产生活条件，使牧民居有定所、畜有暖圈，从根本上实现牧民安居乐业，促进社会和谐稳定。在住房建设中，江苏高起点规划、高水平设计、高质量建设，全面提升工程品质，体现"高、精、亮、新"等特点，努力使援建项目成为受援地样板工程，其中很多项目获"天山杯""扬子杯"优质工程奖。同时，项目建设力求做到将安居工程建设与村庄环境整治相结合，与历史文化名村保护相结合，以整村推进为主，达到"路通、灯亮、绿化、美化、净化"的效果。2015年开始，重点解决农村"五保"户、低保户、贫困户及残疾人家庭4类特殊困难群众住房问题，免费为288户困难群众每户建造60平方米房屋。2017～2019年，建设安居富民房、定居兴牧房4.53万户。

在克州，2011年，编制《农牧民定居点规划汇编》《农牧民定居点建设技术要求》。2010～2016年，江苏安排援助资金4.74亿元，建成游牧民定居房8973户、安居富民房21094户、廉租房及公共租赁房7513户，安排援助资金3.2亿元，建设一批事关群众生产生活的城乡基础设施和"两居工程"（安居富民工程、定居兴牧工程）配套设施。2017年，援助克州建设安居富民房8676户，投入援助资金1.42亿元。其中，3148户一般户每户补助1万元，5528户建档立卡贫困户、低保户、农村分散供养特困人员、贫困残疾人家庭4类重点对象每户补助2万元。2018～2019年，一大批安居富民房持续开工建设。江苏援建的住房及配套改造工程，不仅投入资金量大，而且坚持高标准、高质量，极大改善克州各族群众住房条件。

一、“两居工程”

伊宁市安居富民工程 2011～2019年建设，累计投入援助资金30912.25万元。2011年，投入援助资金1979万元，用于伊宁市达达木图乡下苏拉宫村示范点工程及基础设施配套建设；投入援助资金1277.25万元，用于伊宁市园艺场示范点工程及基础设施配套改造和环境综合整治；投入援助资金2519万元，每户补助1万元，新建安居住房2519户。2012年，投入援助资金4700万元，在1场5乡17个村整村推进新（改）建安居房4700户，每户补助1万元；投入援助资金1880万元，推进下苏拉宫村安居富民工程二期基础设施建设。2013年，投入援助资金4685万元，新（改）建安居房4685户，每户补助1万元。2014年，投入援助资金4000万元，新（改）建安居房3500户，每户补助1万元，另500万元用于克伯克于孜乡示范点建设。2015年，投入援助资金2157

2011年4月1日，伊宁市群众载歌载舞欢庆安居富民整村示范工程开工

伊宁市园艺场安居富民示范点工程整治后的农牧民庭院（2013年摄）

伊宁市达达木图乡下苏拉宫村安居富民工程（2012年摄）

万元，新（改）建安居房2157户，每户补助1万元。2016年，投入援助资金471万元，新（改）建安居房2740户。2017年，投入援助资金3600万元，补助3600户，每户1万元。2018～2019年，投入援助资金3644万元，用于补助一般户和低保户、“五保”户、残疾人家庭、贫困户人员。

伊宁市定居兴牧工程 2011～2019年建设，投入援助资金626万元。2011年，投入援助资金200万元，用于潘津乡苏拉宫村（60户）、汉宾乡（40户）游牧民定居异地安置工程，补助100户住房建设，户均面积60平方米，户均造价10万元，每户补助2万元。2013年，投入援助资金300万元，建设南岸新区乌库尔齐村游牧民定居点150户，户均建设80平方米砖混结构住房及60平方米辅助用房，每户补助2万元。2017年，投入援助资金60万元，补助46户住房建设。其中，一般户32户，每户1万元；贫困户14户，每户2万元。2018～2019年，投入援助资金66万元，补助46户住房建设。其中，一般户26户，每户1万元；贫困户20户，每户2万元。

特克斯县安居富民工程 2011～2019年建设，投入援助资金5469.9万元。2011～2013年，投入援助资金1300万元，为农村无房户、特困户家庭补贴新建抗震安居住房1300户，户均面积80平方米。2014～2015年，投入援助资金250万元，为农村无房户、特困户家庭补贴新建抗震安居住房250户，户均面积80平方米。2016年，投入援助资金1600万元，对新（改）建安居房进行补贴，对自治区重点扶贫对象，每户补助2万元，全面解决年度11个贫困村无房户和全县困难户建房补助。2017～2019年，投入援助资金2319.9万元。其中，2017年，投入援助资金2030万元，补助1215户（一般户400户、贫困户815户）；2018年，投入援助资金224.9万元，补助“五保”户、低保户、残疾

特克斯县库热游牧民定居点（2013年摄）

人家庭共346户建设安居房；2019年，投入援助资金65万元，补助“五保”户、低保户、残疾人家庭共100户建设安居房，每户6500元。

特克斯县定居兴牧工程　2011～2019年建设，投入援助资金3495万元。2011～2013年，投入援助资金2400万元，补贴新建游牧民定居住房1600户，户均面积80平方米，户均造价8.7万元（含棚圈）。2017年，投入援助资金380万元，补助定居兴牧工程，共300户，其中一般户220户、贫困户80户。2018年，投入援助资金555万元，补助定居兴牧工程，一般户、“五保”户、低保户、残疾人家庭共555户，每户1万元。2019年，投入援助资金160万元，补助定居兴牧工程，补助一般户、“五保”户、低保户、残疾人家庭共160户，每户1万元。

霍城县安居富民工程　2011～2019年建设，投入援助资金25390.89万元。2011年，投入援助资金2200万元，实施安居富民工程3400户。其中，8个村整村推进农牧民危旧房屋更新改造，建设高标准安居富民房1488户，其中新建760户、改造提升728户，整村推进更新改造按照有关政策进行补助，同时配套完善供水、道路和绿化等附属设施。2012～2013年，投入援助资金5495.24万元，更新改造农村危旧房屋，实施安居富民工程5251户。其中，新建3150户，户均面积80平方米，户均造价约10万元；改造提升2101户，户均造价约5万元，分别在13个乡镇（中心）实施。2014～2015年，投入援助资金8120万元，对8120户建房进行补贴，每户1万元。2016年，投入援助资金1964万元，对982户贫困户建房进行补贴，每户2万元；投入援助资金303.96万元，推进安居工程基础设施配套项目。2017年、2018年、2019年，分别投入援助资金2479.19万元、2743.4万元、2085.1万元，补助建设

霍城县芦草沟镇牧业村牧民定居房（2012年摄）

安居房，户均面积80平方米，补助标准为贫困户每户2万元、一般户每户1万元。安居富民工程在解决农民住房难的同时，注重完善道路、绿化、广场等配套设施，并结合产业发展，鼓励农民兴建农家乐、家庭旅馆、农业体验等旅游配套服务设施，保障农民持续增收。

霍城县定居兴牧工程 2011～2019年建设，投入援助资金1921.93万元。2011年，投入援助资金150万元，用于补助建设牧民定居房150套，分别在8个乡镇场实施，采用集中新建与“插花”（易地扶贫搬迁安置方式的一种，指将贫困户在原有居民村落或临近村庄进行分散安置）相结合方式实施，户均面积80平方米，户均造价约12万元；投入援助资金671.93万元，用于芦草沟镇牧业村改造提升94户，同时建设道路、水渠、自来水、供电线路、绿化，新建农牧民文化活动小广场、村委会办公场所、浴室、超市、卫生室、幼儿园等配套公共基础设施。2012～2013年，投入援助资金700万元，补助建设游牧民定居房700套，户均面积80平方米，棚圈面积100平方米，户均造价约13万元。2017～2019年，投入援助资金400万元，用于牧民定居工程，共400户，每户补助1万元。

奎屯市“两居工程” 2011～2012年建设，投入援助资金1474万元。2011年，投入援助资金322.5万元，建设游牧民定居房140户，其中新建40户、拆除重建100户，总建筑面积1.32万平方米，户均面积94平方米。2012年，投入援助资金218万元，实施开干齐乡安居富民工程，共建218户，户均面积94平方米，户均造价16万元，每户补助1万元；投入援助资金933.5万元，推进游牧民定居配套工程建设，包括地下管网、道路及排水、院墙、绿化等。

奎屯市开干齐乡安居富民工程（2013年摄）

尼勒克县苏布台乡定居兴牧工程示范点(2012年摄)

尼勒克县安居富民工程　2011～2019年建设,投入援助资金14386.5万元。2011年,投入援助资金1000万元,补助建设安居房1000户,户均面积80平方米,户均造价8万元。其中,苏布台乡建设住房200户,为尼勒克县安居富民建设工程示范点。2012～2013年,投入援助资金3000万元,补助建设安居房3000户,每户1万元。2014～2015年,投入援助资金2400万元,补助建设安居房2200户,其中200万元用于示范点建设。2016～2019年,投入援助资金7986.5万元,补助建设安居富民房。

尼勒克县定居兴牧工程　2011～2013年建设,投入援助资金3400万元。2011年,投入援助资金1000万元,实施定居兴牧工程,补助建设400户,平均住房面积86平方米,平均棚圈面积80平方米,户均造价13万元。其中,苏布台乡为尼勒克县定居兴牧工程示范点,投入援助资金175万元,补助建设住房70户。2012年,投入援助资金750万元建设300户,每户补贴2.5万元。2013年,投入援助资金1650万元,补助建设住房1650户,每户1万元,平均住房面积80平方米,户均造价8万元。

霍尔果斯市安居富民工程　2016～2019年建设,投入援助资金2560万元。2016年,投入援助资金1117万元,新建安居富民工程1117户,每户建筑面积80平方米,平均造价12万元,每户补助1万元。2017年、2018年和2019年,分别投入援助资金617万元、617万元和209万元,补助1443户新建住房,每户1万元。

巩留县安居富民工程 2011～2019年建设，投入援助资金13545.7万元。2010年春，受连续强降雨夹雪天气影响，巩留县2940户房屋倒塌，5600户住房成为危房，另有2.1万户城乡居民住房达不到抗震设防要求。2011年，实施安居富民工程，投入援助资金1550万元，补助550户农民建设安居房，户均面积80平方米，总建筑面积12.4万平方米；投入援助资金770万元，实施450户示范点项目，其中新建安居住房226户、改造性住房224户，修建道路、上下水、绿化、防渗渠等配套工程。2012～2013年，投入援助资金3600万元，结合灾后重建，补助3600户农民建设安居房，户均面积80平方米，总建筑面积28.8万平方米，户均造价9万元，每户补助1万元。2014～2015年，投入援助资金2200万元，补助2000户安居房建设，并完善萨尔布群村安居富民集中连片区道路、防渗渠、球场、绿化等基础设施。2016～2017年，投入援助资金3744万元，补助安居房建设，户均面积80平方米。2018年，投入援助资金1173万元，对建档立卡贫困户、低保户、特殊困难群体、残疾人员4类重点户建房每户补助2万元，对国有农场4类重点户建房每户补助1.1万元，对特殊困难群体每户再追加补助1万元。2019年，投入援助资金508.7万元，继续实施安居富民工程。

巩留县定居兴牧工程 2012～2019年建设，投入援助资金1419万元。2012年，投入援助资金450万元，补助450户牧民建设定居房，户均住宅面积80平方米、棚圈面积100平方米，总建筑面积8.1万平方米。2013年，投入援助资金500万元，补助500户牧民建设定居房，每户1万元。2017年，投入援助资金274万元，补助274户牧民建设定居房。2019年，投入援助资金195万元，用于牧民定居房建设。

伊宁县安居富民工程 2010～2019年建设，投入援助资金33724.89万元。2009年冬至2010年春，伊宁县遭受60年不遇的雨雪灾害。其中，吐鲁番于孜乡所辖4个行政村灾情最为严重，2216户受灾群众中有1819户急需重建住房。2010年，江苏省将吐鲁番于孜乡上、中、下吐鲁番于孜村灾后重建安居富民工程列入2010年援疆试点示范性项目，投入援助资金2524.89万元，按照“高起点规划、高标准建设、十年之内不落伍”总要求，实施灾后重建安居富民工程整乡推进工作。2011年，在完成先期试点基础上，按照“一乡一村”筛选，确定20个村作为示范村，以点带面，促进整体推进，共投入援助资金1954万元，重点打造愉群翁回族乡斯拉木于孜村、多浪农场农二队、吐鲁番于孜乡克伯克于孜村3个示范点。该安居富民示范点项目成为江苏援建模式示范典型，得到中央领导及自治区和伊犁州领导肯定，援建模式和经验在自治区推广。2011～2016年，投入援助资金17246万元，按照“农户自建为主、统筹为辅”方式，补贴建设安居富民房17196户。2017年，新建安居富民房6900户，投入

巩留县安居富民工程（2013年摄）

伊宁县安居富民工程（2011年摄）

援助资金4000万元。2018年，安居房面积按照40～60平方米建造，补助标准分两种类型：低保、“五保”、残疾、精准扶贫“四类户”每户3.72万元，一般户每户2.65万元。至2018年10月，全县完成3046户建设任务（含2017年续建330户），开工率、竣工率均为100%，总投资9262.5万元，其中援助资金4000万元。2019年，完成全县2604户安居房建设任务，全部实现当年开工、当年竣工，总投资9143.45万元，其中援助资金4000万元。

【链接】一片漂亮的“红房子”——江苏援建伊宁安居富民工程见闻

出伊宁县城向西，沿着平坦的柏油路行走20多分钟，我们一行便到了吐鲁番于孜乡下吐鲁番于孜村。抬眼望去，蓝莹莹的天空下，一排排红顶新砖房矗立在树丛中，格外悦人眼目。

“现在我们住上了‘红房子’，雪下得再大，也不怕了。”忙着与家人清扫门前积雪的阿力木江·阿西木笑眯眯地说。

“有了这个‘红房子’，天上下刀子我们也不害怕了。”阿力木江·阿西木的妻子许库尔班·斯那依接过话茬幽默地说。阿力木江夫妇所说的“红房子”，就是去年新一轮对口援疆工作开展以来，在江苏援伊犁哈萨克自治州指挥部、南通援伊宁县工作组的大力支持、协助下，伊宁县整乡推进安居富民工程，帮助村民盖的新房。一砖到顶的112平方米抗震房，屋顶是红色彩钢，房内客厅、卧室、厨房、卫生间齐全，卫生间里还安装了坐式抽水马桶和淋浴器，村民们可以随时洗上热水澡。“住进像别墅一样漂亮的房子，这是我想都不敢想的事。”领着记者参观的阿力木江·阿西木高兴地对记者说。45岁的阿力木江·阿西木一家5口人，3个孩子都在上学，原来住的土坯房是父母留下来的，已有30年了，遇到雨雪天气，屋内就漏水。去年初伊犁遭遇60年不遇的雨雪灾害，他家的土坯房彻底倒塌了。据介绍，那次灾害中，伊宁县2万多户房屋倒塌受损，近10万人受灾，仅吐鲁番于孜乡3473户群众中，受灾群众就达2216户，占全乡总户数的70%，急需重建户达1819户。

本着“群众期盼的事先干、条件具备的事先干”的原则，按照“高起点规划、高标准建设、十年之内不落伍”的总要求，统一设计图纸、统一建设规格、统一主体风格和基本色调，以整乡推进的方式，开始大规模的重建工作。

“经过4个月的建设，房子盖起来了，8月15日，我们全家就高高兴兴搬进了新房。”快人快语的阿力木江·阿西木告诉记者。像阿力木江一样，吐鲁番于孜乡急需重建住房的1819户村民也都搬进了新居。

伊犁州党委副书记、江苏对口支援伊犁州前方指挥部总指挥于青山告诉记者：“今年我们有安居富民工程、游牧民定居工程、棚户区改造及配套设施等城乡住房建设项目26个，安排援疆资金5.3亿元，建设各类安居房5万套。”

现在，阿力木江·阿西木一家正在盘算着今年怎样发展生产，尽管去年他家种地收入1.3万元，加上5头奶牛的收入，总收入不算少，但阿力木江·阿西木并不满意。

“我家的房子评估价15万元，我打算用房子抵押贷款五六万元，搞育肥养殖，发展庭院经济，这样一年下来收入不会少。”阿力木江对今年的计划充满了信心。在吐鲁番于孜乡下吐鲁番于孜村，还有许多村民都有着与阿力木江一样的新打算，相信随着援疆工作的推进，还会有更多的村民住上漂亮的“红房子”，过上幸福的好日子。

（原文刊载于2011年3月11日《新疆日报》，本文有删节）

察布查尔县安居富民工程　2011～2018年建设，投入援助资金18495.5万元。2011年，投入援助资金1130万元，实施察布查尔县安居富民“插花”工程，采取“插花”方式（易地扶贫搬迁安置方式的一种，指将贫困户在原有居民村落或临近村庄进行分散安置），在全县15个乡镇（场）新建1130户安居房，户均面积80平方米左右，户均造价8万元；投入援助资金450万元，实施爱新色里镇纳旦芒坎村和琼博拉乡墩买里村安居富民整村推进示范工程。2012年，投入援助资金2567.5万元，扶持1975户安居房建设，户均面积80平方米，每户补助1万元，其余资金用于察布查尔镇乌宗布拉克安居富民基础设施配套工程建设。2013年，投入援助资金5373万元，新建安居房4573户，每户补助1万元，户均面积80平方米，其中800万元用于灾后重建整村推进示范点基础设施配套工程。2014年，投入援助资金1515万元，扶持500户安居房建设，每户补助1万元，其余资金用于海努克乡切吉村、察布查尔镇蒙霍尔村、孙扎齐牛录镇孙扎齐牛录村基础设施配套建设。2015年，投入援助资金988万元，扶持798户安居房建设，每户补助1万元，其余资金用于加尕斯台乡上加尕斯台村、孙扎齐牛录镇孙扎齐牛录村牧民定居点基础设施配套工程，以及海努克乡切吉村基础设施配套和整村推进配套项目建设。2016～2018年，投入援助资金6472万元，补助3236户贫困户新建安居房，户均面积80平方米左右，每户补助2万元。

察布查尔县定居兴牧工程　2011～2012年建设，投入援助资金1599万元。2011年，投入援助资金508万元，在察布查尔县坎乡连片建设153户牧民定居房，户均住宅面积80平方米，棚圈面积250平方米，户均造价11万元（含棚圈等），每户补贴3万元，配套建设水、电、路等基础设施；投入援助资金491万元，在加尕斯台乡连片建设97户牧民定居房，每户补贴3万元，其余200万元用于配套建设村委会办公室及锅炉房、澡

察布查尔县加尕斯台乡牧民定居示范点（2012年摄）

堂、厕所和水、电、路等基础设施。2012年，投入援助资金600万元，补助新建200户游牧民定居房，每户3万元。

新源县安居富民工程 2011～2019年建设，投入援助资金13239万元。2011年，推进新源镇玉什布拉克村安居富民项目（示范点）建设，总投资1275万元，其中援助资金600万元，在316省道南侧集中新建安居房62户，建设办公室、幼儿园等公共设施用房，配套完善道路、沟渠、绿化、美化等基础设施；同时在316省道北侧“插花”（易地扶贫搬迁安置方式的一种，指将贫困户在原有居民村落或临近村庄进行分散安置）方式改建、扩建安居房58户，并完善基础设施。2012年，投入援助资金2250万元，补助建设安居富民房2250户，每户住房面积80平方米左右。2013年，投入援助资金3457万元，补助建设安居富民房3457户。2014年，投入援助资金100万元，补助建设抗震安居房100户。2015年，投入援助资金100万元，补助建设抗震安居房100户。2016年，投入援助资金2277万元，补助建设安居富民房2277户，户均面积80平方米。2017年，投入援助资金3323万元，补助2323户，其中一般户1323户、贫困户1000户。2018年，投入援助资金1000万元，补助1000户，每户1万元。2019年，投入援助资金132万元，补助115户。其中，17户建档立卡贫困户每户补贴2万元，50户低保户、48户贫困残疾人家庭每户补贴1万元。

新源县定居兴牧工程 2011～2017年建设，投入援助资金5960万元。2011年，投入援助资金1250万元，建设占地40公顷的那拉提镇阿尔善村定居兴牧暨产业发展项目，新建游牧民定居房103户（分为建筑面积102平方米和120平方米2种户型，汉族、哈萨克族、维吾尔族3种风格）、棚圈103座（每座140平方米），以及供水、供电、路灯、公路等基础设施和旅游产业配套工程；投入援助资金800万元，建设占地20公顷的

新源县塔勒德镇安居富民房（2019年摄）

阿热勒托别镇孕马基地定居兴牧暨产业发展项目，新建游牧民定居房100户（按哈萨克族风格，统一为彩色钢顶样式，实行人畜分离，结构布局经济、实用、美观、抗震），配套建设活动中心240平方米、医务室400平方米、幼儿园680平方米、畜牧站220平方米及办公室240平方米；投入援助资金600万元，建设占地30公顷的洪土拜村克孜勒金格勒牧民定居点项目（示范点），新建游牧民定居房、棚圈100座，配套建设村卫生室、幼儿园、文化活动室、畜牧多功能服务站等。2012～2013年，投入援助资金3050万元，新建定居兴牧房1220户（含棚圈）。2017年，投入援助资金260万元，继续推进定居兴牧工程建设。

新源县阿热勒托别镇孕马基地定居兴牧工程（2013年摄）

新源县那拉提镇阿尔善村（2015年摄）

【链接】江苏投入数千万元　助哈萨克族牧民入住新家

“10月底，我就能搬进新房了，感谢政府让我住到真正的房子里！”64岁的哈萨克族牧民诺落丹·哈什骑在马上，又一次来到工地看看自己的新家。畅想着一个月后的新生活，诺落丹喜上眉梢。

诺落丹住在位于新源县那拉提镇的阿尔善村。这个村是一个以哈萨克族为主的纯牧业村，共有草场50万亩，耕地1.6万亩。全村1225户牧民都是常年生活在马背上的游牧民族。

江苏扬州援建的那拉提镇阿尔善村定居兴牧暨产业发展项目最重要的意义，就是让有定居意愿的牧民能够拥有自己固定的“家”。该项目总投资3990万元，其中扬州投入对口援疆资金1250万元。

“还有一个多月的时间，牧民就能搬进新家了。”江苏扬州援疆建设指挥部办公室主任唐朝文介绍说，该项目的生活区共建造牧民定居房100栋，面积都在100平方米以上。生产区同时新建面积为140平方米的棚圈100座，供牧民饲养牲畜使用。

在施工现场，记者看到风格各异的牧民定居房基本完工。100多平方米的房间宽敞明亮，墙壁上色彩亮丽、具有哈萨克民族风格的图案似乎在向我们诉说着这个民族的历史。“毡房可以迎接客人，其他房间可以安排家里人居住。牧民住进来后，这里将是一片其乐融融的景象。”唐朝文说。

“家里一共有9口人，以前饲养的牲口放牧到哪里，全家就搬到哪里。简易的棚子在夏天居住尚可，到了冬天，全家就躲到山坳里避寒。以前住的地方没水、没电、没暖气，新房子里什么都有了，真想快点搬进来啊！”

面对即将到来的新生活，诺落丹充满了期待。“江苏扬州援建的定居兴牧项目不仅要使牧民安家，还要打造旅游产业。”那拉提镇党委书记李江龙介绍说，该项目以打造“华夏哈萨克第一村”为目标，要把牧民定居和发展旅游结合起来，项目为此规划了高档商务接待区。

（2011年9月22日“新华网”）

昭苏县安居富民工程　2011～2019年建设，投入援助资金31044万元。2011年，分别投入援助资金1405万元、1106万元、1965万元，推进洪纳海乡别斯喀拉盖村、喀夏加尔乡萨尔乌孜克村、夏特柯尔克孜族乡新尼孙上村示范点建设工程。2012年，投入援助资金5000万元，补助新建2700户、改扩建1300户、地震重建1000户，户均补助1万元。2013年，投入援助资金4500万元，补助4500户。2014～2015年，投入援助资金4562万元，补助3562户，其中1000万元用于加强夏特柯尔克孜族乡、喀夏加尔镇、萨尔阔布乡、乌尊布拉克乡基础设施等配套建设。2016年，投入援助资金4838万元，补助新（改）建住房4838户，每户1万元。2017年，投入援助资金3643万元，补助2322户，其中一般户1001户、贫困户1321户。2018～2019年，投入援助资金4025万元，补助建设安居富民房4025户。

昭苏县定居兴牧工程　2011～2019年建设，投入援助资金3476万元。2011年，投入援助资金1175万元，补助建设游牧民定居房450套，户均面积80平方米。2012年，

昭苏县安居富民工程（2012年摄）

投入援助资金550万元，补助220户牧民建设定居房，户均2.5万元，每户定居房80平方米。2013年，投入援助资金975万元，补助390户，户均2.5万元，总建筑面积3.12万平方米。2017年、2018年和2019年，分别投入援助资金350万元、150万元、276万元，补助776户游牧民建设定居房，户均1万元。

阿合奇县护边牧民抗震安居房 2007～2009年建设，投入援助资金250万元。阿合奇县处于地震多发带，农牧民收入低，绝大部分住着简陋的土坯房，有的仍然延续传统的游牧生产方式，居无定所。尤其是居住在边境一线的守边农牧民，地处偏远，建房难度极大。2007年、2008年和2009年，分别补助100户、50户、100户护边牧民修建抗震安居房，户均面积50～100平方米，每户补贴1万元，结束部分边民住土坯房、冬窝子的历史。

阿合奇县安居富民工程 2011～2018年建设，投入援助资金5662万元。2011～2015年，投入援助资金1700万元，援建阿合奇县农民安居房1700户，每户补助1万元。2016年起，按照乡村规划引领新、基础设施配套新、美化亮化风貌新、“三区”分离格局新、室内功能完善新“五新”标准，实施农村安居富民工程。设计户型20余种，采用砖混结构，房屋内上下水、厨房、卫生间等设施齐全。建档立卡贫困户、低保户、特困供养户、其他贫困户4类重点对象每户60平方米，一般户60～80平方米。2017年，投入援助资金1990万元，新建安居富民房995户，其中40～60平方米362户、60～80平方米633户，每户补助2万元。2018年，投入援助资金1522万元，补助建设安居房761户，其中“五保”户8户、农村低保户447户、建档立卡贫困户300户、残疾人家庭6户，分为60平方米、80平方米两种户型，主要分布在色帕巴依乡易地搬迁小区、色帕巴依乡和谐小区、库兰萨日克乡吉勒得斯小区、哈拉奇乡红旗小区、阿合奇县佳朗奇新城花园、哈拉奇乡希望小区、苏木塔什乡鸿福小区、苏木塔什乡安康家园等小区，每户补助2万元；投入援助资金450万

昭苏县定居兴牧示范点（2011年摄）

阿合奇县护边牧民抗震安居房（2014年摄）

元，在苏木塔什乡阿合塔拉村阔以托海小区，建设道路及附属设施。

阿合奇县定居兴牧工程 2011～2018年建设，投入援助资金3504万元。2011～2014年，投入援助资金3054万元，补助游牧民建设定居房（无锡新村），帮助牧民告别简陋的土坯房，住进水、电、暖配套齐全的定居房。2018年，投入援助资金450万元，为全县5乡1镇379户农牧民建设定居房，其中贫困户300户、一般户79户，均按照贫困户不低于60平方米、一般户不低于80平方米标准建设。通过工程建设，改变游牧民生产生活方式，满足就医、就学等基本需求，增加就业机会。同时，牲畜圈养后，改善阿合奇县牲畜养殖条件和环境，遏制超载过牧和草地退化，有效保护阿合奇县草原植被。

乌恰县安居富民工程 2011～2019年建设，投入援助资金7409万元。2011～2015年，投入援助资金3180万元，补助建设乌恰镇、黑孜苇乡等乡镇安居房3180户，户均1万元。2016～2018年，投入援助资金2980万元，补助建设安居房1490户，户均2万元。2019年，投入援助资金1249万元，继续实施农村安居和安居富民工程。

乌恰县定居兴牧工程　2011～2016年建设，投入援助资金4201万元，补助建设库勒阿日克新村（常州一村）、坎久干牧民定居新村（常州二村）、阿依布拉克牧民定居新村（常州三村）、康西湾牧民定居新村（常州四村）和黑孜苇乡常州新村等游牧民定居兴牧房3537户。2011年，投入援助资金800万元，补助800户。2012年，投入援助资金600万元，补助600户。2013年，投入援助资金1825万元，合作共建2137户。2014年，投入援助资金312万元，完成2013年未补助的312户补助任务，全面完成自治区下达的乌恰县“十二五”期间3537户游牧民定居任务。2016年，投入援助资金664万元，补助牧民建设黑孜苇乡阿依布拉克牧民定居小区。

阿图什市安居富民工程　2011～2020年建设，投入援助资金48635万元。2011年，首批安居富民工程项目开工，投入援助资金2678万元，对阿图什市1镇6乡2678户农牧民住房进行改造，总建筑面积21.42万平方米。2012～2013年，投入援助资金7000万元，补助建设安居富民房7000套，总建筑面积56万平方米。2014年，投入援助

阿合奇县阿合奇镇佳朗奇村牧民定居新村（2011年摄）

阿合奇县安居富民房（2014年摄）

资金3140万元，补助改造阿图什市3140户农牧民住房，总建筑面积25.12万平方米。2015年，投入援助资金3000万元，补助改造阿图什市3000户贫困农牧民住房，按村庄规划和集中连片建设，总建筑面积24万平方米。2016年，投入援助资金5800万元，实施安居富民工程。2017年，投入援助资金10900万元，补助新建7024套安居富民房。其中，建档立卡户3876户，户均补助2万元；一般户3148户，户均补助1万元。2018年，投入援助资金9710万元，补助建设安居富民房。2019～2020年，投入援助资金6407万元，继续实施安居富民工程。

阿图什市定居兴牧工程 2011～2014年建设，投入援助资金4188万元。2011～2012年，投入援助资金2355万元，在吐古买提乡、哈拉峻乡进行游牧民定居工程项目试点建设，援建230套定居房及配套设施，住房、牲畜暖圈户均面积、总面积分别为80平方米、1.84万平方米。2012～2014年，投入援助资金1833万元，在哈拉峻乡阿其布拉克村等地援建集中连片游牧民定居房1833套，每户补助1万元，户均面积80平方米。

乌恰县黑孜苇乡阿依布拉克牧民定居新村（常州三村）（2014年摄）

阿图什市安居富民工程（2020年摄）

【链接】“安居富民房是我们的‘暖心房’”

新一轮对口援疆工作中，“民生建设”被摆在了重要位置。近日，在昭苏县洪纳海乡，记者望着崭新的安居富民工程感叹时，一直在旁边玩耍的小姑娘突然很得意地说：“援疆盖的。”这个叫祖木来提的女孩12岁。她说，以前房子不漂亮，冬天很冷，现在漂亮又暖和。

搬进新居的哈萨克族牧民沙待提特别兴奋，热情招待来定居点参观的客人。53岁的她快人快语，“以前在山里，喝水要走几公里山路，靠扁担挑水，还没有用过电灯。现在好了，用上电灯、喝上自来水了！”幸福洋溢在她的脸上。是的，在今天的定居兴牧点，水、电、路配套设施齐全，学校、医院离得都很近，家里的电视、电话等设施也一应俱全。腊彦林一家原是霍城县清水河镇幸福村的村民，一家六口人住在不到100平方米的土坯房子内。每到雨季，房子漏水是常有的事，屋外的道路更是泥泞难行。那时，腊彦林家唯一的收入就是5亩地的蔬菜销售所得，根本没有能力建新房。

2011年，霍城县实施安居富民整村推进工程项目。清水河镇把幸福新村规划建设与安居富民工程、村庄整治、庭院改造、农村道路村村通、农村改厕等有机结合起来，使村庄变得整洁、优美。

腊彦林的新家有120平方米，分为上下两层，卧室、客厅、厨房、卫生间等一应俱全。

“我做梦都没想到自己会住进这么好的房子，村里的环境也变得这么干净整洁。安居富民房是我们的‘暖心房’。”腊彦林开心地说。

今年，江苏省共实施562个项目，投入资金25.7亿元。其中，75%以上的援疆资金都用于民生建设，并以高起点、高水平、高效益为出发点，建成了一大批安居富民、定居兴牧、保障性住房、教育、就业培训、医疗卫生等项目。

其中，完成安居富民房59928户、定居兴牧房5554户，完成棚户区改造和保障性住房1718户。

这些援建项目，对改善伊犁州各族群众生产生活条件，加快社会事业发展，促进民族团结，都发挥了重要作用。

（2013年5月17日《伊犁晚报》）

昭苏县洪纳海乡安居富民工程（2012年摄）

“两居工程”筑就美好生活

二、棚户区改造

伊宁市棚户区改造工程 2011年建设，总投资4746万元，其中援助资金500万元。项目位于伊宁市潘津乡皮里青煤矿，新建住房500户，每户50平方米，户均补助1万元。

奎屯市棚户区改造及开干齐乡游牧民定居配套工程 2011～2012年建设，投入援助资金2148.19万元。2011年，投入援助资金1000万元，实施棚户区改造工程，累计改造乌尔迈克小区、绿荷里小区、东秀苑小区、夏哈拉小区、东庭苑小区、毓秀里小区6个小区共1000户，其中夏哈拉小区、乌尔迈克小区810户为示范点工程项目；投入援助资金948.19万元，推进棚户区及开干齐乡游牧民定居点供水、供电、绿化等配套工程建设。2012年，投入援助资金200万元，继续实施棚户区改造，共补助200户，每户80平方米，每户1万元。

昭苏县棚户区改造工程 2011～2013年建设，分两期实施，投入援助资金5850.23万元。一期工程于2011～2012年建设，投入援助资金1728.02万元，对147户危旧房实施改造，户均面积90平方米，总建筑面积1.32万平方米。二期工程于2012～2013年建设，投入援助资金3422.21万元，实施284户棚户区改造，户均面积90平方米，总建筑面积2.56万平方米。2013年，投入援助资金700万元，对一、二期棚户区改造工程进行基础设施配套建设，解决昭苏县多年遗留的“城中村”棚户区脏乱差问题。

奎屯市棚户区改造后的乌尔迈克小区（2013年摄）

三、保障性住房

兵团七师保障性住房 2011～2019年建设，投入援助资金12180.27万元。2011年，投入援助资金850万元，补助建设一二三团廉租房1012套，总建筑面积7.5万平方米；投入援助资金400万元，补助建设一二四团廉租房590套，总建筑面积5.2万平方米；投入援助资金750万元，补助建设一二五团廉租房960套，总建筑面积8.46万平方米；投入援助资金1000万元，补助建设一二九团廉租房1280套，总建筑面积11.63万平方米。2012～2013年，投入援助资金6300万元，补助建设廉租房6300套，平均每套75平方米，每套补助1万元。2014年，投入援助资金2000万元，补助建设保障性住房2000套，平均每套75平方米，每套补助1万元。2019年，投入援助资金263.37万元，实施七师一二八团保障性住房配套基础设施和环境整治项目，建设老旧小区内绿化等配套基础设施；投入援助资金616.9万元，推进七师一三〇团连队安置房及配套设施建设。

兵团七师一二三团廉租房小区（2012年摄）

兵团七师一二三团廉租房小区（2013年摄）

兵团七师一二九团廉租房小区（2013年摄）

兵团七师一三〇团廉租房小区（2013年摄）

兵团四师保障性住房 2011～2016年建设，投入援助资金20785.4万元。2011年，投入援助资金4032.6万元，实施四师保障性住房及城镇配套建设项目，建设团场住宅小区和城镇配套设施；投入援助资金2500万元，实施六十二团、六十六团保障性住房示范项目。2012年，投入援助资金6764万元，推进保障性住房及城镇配套工程，改善5000户居民居住环境，含小区规划、中心连队、配套设施建设。2013年，投入援助资金2750.8万元，支持2622户团场职工改善住房条件及相关配套建设。2014～2016年，投入援助资金4738万元，补助建设4738套保障性住房，每套1万元。

左　2011年4月2日，兵团四师保障性住房暨江苏援建项目开工仪式举行

右　兵团四师六十二团退休职工搬进援建的新房喜笑颜开（2012年摄）

兵团四师七十三团保障性住房（2013年摄）

阿图什市保障性住房　2011～2015年建设，投入援助资金9146万元。2011年，投入援助资金2958万元，建设砖混结构经济适用房390套。其中，炎武小区解危解困房216套，每套65.77平方米；经济适用房174套，每套68.74平方米。投入援助资金397万元，在松他克路原大成公司院内建设廉租房480套，每套50平方米。投入援助资金441万元，在松他克路原大成公司院内建设公共租赁房108套，建筑面积7045平方米。2012年，投入援助资金500万元，在阿图什市市政家属院建设廉租房220套，每套49平方米，总建筑面积1.08万平方米；投入援助资金500万元，在市政家属院和炎武小区内建设公共租赁房355套。2013年，投入援助资金450万元，在阿图什市玉华苑、香港城各建设廉租房110套；投入援助资金1100万元，建设公共租赁房936套，其中1镇5乡640套、昆山产业园296套。2014～2015年，投入援助资金2800万元，建设公共租赁房590套，其中昆山产业园472套、轻工业园区118套。

四、配套及改造工程

特克斯县齐勒乌泽克乡阔布村新农村建设　2011～2013年建设，投入援助资金1443万元，分3年实施。2011年，投入援助资金870万元，完成154户农牧民住房新（改扩）建工程，并进行村内道路等基础设施建设。新建6条巷道共3千米，栽种树苗580株，安装门灯（路灯）308盏，新（改）建村委会、老年活动中心、培训中心、卫生院等共2000平方米，建设文化墙800平方米。2012年，投入援助资金350万元，补助200户安居房新（改扩）建及基础设施配套建设。2013年，投入援助资金223万元，补助500户安居房建设。

尼勒克县喀拉苏乡加尔托汗村整村改造工程　2018年建设，投入援助资金1914.12万元。建设内容主要包括：村内道路及附属基础设施、整村生态厕所示范改造、垃圾收集处理配套设备、村级公共服务平台、村民活动广场、牲畜集中饲养基地。针对该村缺乏污水处理系统的状况，引进家用无水生态环保厕所，组织专人利用村民夜校，宣传“厕所革命”意义、介绍生态厕所优点等，转变农牧民卫生观念，在充分征求村民意见的基础上，最终形成牧民接受的建设方案，率先在伊犁州实现整村旱厕改造。

察布查尔县察布查尔镇蒙霍尔村基础设施配套工程　2014年建设，投入援助资金509.79万元。新增巷道路灯75盏，巷道两侧绿化1.5万平方米，改造巷道围墙2390米，新建居民大门85座，衬砌村庄U型渠道总长5390米，配套涵管桥70座。项目改变蒙霍尔村脏乱差的旧貌，村民生活环境、出行条件得到明显改善。

察布查尔县海努克乡切吉村整村推进配套工程 2014～2015年建设，总投资1403.36万元，其中援助资金803.36万元。项目重点实施3大类12项工程，侧重于社区功能提升、基础设施配套和创业就业扶持。其中，社区功能提升包括整村规划修编，文化体育广场、幼儿园、便民服务中心等工程；基础设施配套包括自来水入户、庭院灌溉用水、供电、供暖、道路等工程；创业就业扶持包括社区商业、农副产品集散中心、红花科普馆、手工作坊基地等工程。项目建成后，进一步改善群众居住环境，提升社区服务功能，促进创业就业。

昭苏县整村环境整治及道路提升改造工程 2018～2020年建设，投入援助资金4179万元。对昭苏镇库尔吾泽克村、喀夏加尔镇克乌克加尔村、洪纳海镇克孜勒加尔村、乌尊布拉克乡麻扎尔村、阿克达拉镇阿克达拉村、萨尔阔布乡苏乎托海村、喀拉苏乡阿尔帕克尔曼村、察汗乌苏蒙古族乡霍图沟村、夏特柯尔克孜族乡库斯托别村、胡松图喀尔逊蒙古族乡喀拉布拉克村10个村进行环境整治，每村安排250万元基础建设配套资金，累计配套建设村庄道路25千米、供水管道30千米、排洪渠25千米、亮化和绿化工程等。

察布查尔县海努克乡切吉村整村推进配套工程（2020年摄）

兵团七师一三〇团展望里小区景观提升改造工程（2014年摄）

兵团七师团场小城镇、小区基础设施配套和环境整治工程　2011～2013年建设，投入援助资金5053万元。2011年，投入援助资金2120万元，实施七师团场及小区基础设施配套和环境整治项目。其中，1670万元用于一二四、一二九两个团场新建小区外围基础设施配套及环境整治，并补助两个团场供热工程；450万元用于补助一二三、一二四、一二五、一二九4个团场小区规划设计费用。2013年，投入援助资金2933万元，支持一二三团、一二五团、一三〇团团场小城镇及小区基础设施配套和环境整治项目，每个团场补助近1000万元。整治后的团场小区环境优美、设施齐全，被当地群众称为“淮安小区”，成为所在团场一道亮丽的风景线。

江苏省对口支援新疆部分住房建设项目情况表

单位：万元

地区	序号	项目名称	援助时间	援助资金
伊犁州	1	伊宁市棚户区改造工程	2011	500
	2	伊宁市安居富民工程	2011～2019	30912.25
	3	伊宁市定居兴牧工程	2011～2019	626
	4	特克斯县齐勒乌泽克乡阔布村新农村建设	2011～2013	1443
	5	特克斯县安居富民工程	2011～2019	5469.9
	6	特克斯县定居兴牧工程	2011～2019	3495
	7	霍城县兰干乡梁三宫村整体搬迁安置房	2011	1800
	8	霍城县安居富民工程	2011～2019	25390.89
	9	霍城县定居兴牧工程	2011～2019	1921.93
	10	奎屯市“两居工程”	2011～2012	1474
	11	奎屯市棚户区改造及开干齐乡游牧民定居配套工程	2011～2012	2148.19
	12	尼勒克县定居兴牧工程	2011～2013	3400
	13	尼勒克县安居富民工程	2011～2019	14386.5
	14	尼勒克县种蜂场“溧阳村”基础设施	2016	260
	15	尼勒克县喀拉苏乡加尔托汗村整村改造工程	2018	1914.12
	16	霍尔果斯市安居富民工程	2016～2019	2560
	17	巩留县安居富民工程	2011～2019	13545.7
	18	巩留县定居兴牧工程	2012～2019	1419
	19	伊宁县安居富民工程	2010～2019	33724.89
	20	伊宁县定居兴牧工程	2017～2018	699
	21	察布查尔县琼博拉乡抗震安居房	2009	100
	22	察布查尔县定居兴牧工程	2011～2012	1599

续表

地区	序号	项目名称	援助时间	援助资金
伊犁州	23	察布查尔县安居富民工程	2011～2018	18495.5
	24	察布查尔县察布查尔镇蒙霍尔村基础设施配套工程	2014	509.79
	25	察布查尔县海努克乡切吉村整村推进配套工程	2014～2015	803.36
	26	新源县定居兴牧工程	2011～2017	5960
	27	新源县安居富民工程	2011～2019	13239
	28	新源县肖尔布拉克镇洪土拜村人居环境建设	2018	200.2
	29	新源县肖尔布拉克镇塔斯库买村“美丽乡村”建设	2018	154.45
	30	昭苏县棚户区改造工程	2011～2013	5850.23
	31	昭苏县安居富民工程	2011～2019	31044
	32	昭苏县定居兴牧工程	2011～2019	3476
	33	昭苏县喀夏加尔镇乌克勒加尔村生态环境综合治理渠道工程	2017	179.1
	34	昭苏县贫困乡村基础设施	2018～2019	680
	35	昭苏县整村环境整治及道路提升改造工程	2018～2020	4179
兵团	1	七师团场小城镇、小区基础设施配套和环境整治工程	2011～2013	5053
	2	七师保障性住房	2011～2019	12180.27
	3	七师一二九团吸纳人口连队居住点作业用房	2019	609.39
	4	四师保障性住房	2011～2016	20785.4
克州	1	阿合奇县护边牧民抗震安居房	2007～2009	250
	2	阿合奇县安居富民工程	2011～2018	5662
	3	阿合奇县定居兴牧工程	2011～2018	3504
	4	阿合奇县乡镇基础设施改造提升工程	2019～2020	1613
	5	乌恰县定居兴牧工程	2011～2016	4201
	6	乌恰县安居富民工程	2011～2019	7409
	7	阿图什市定居兴牧工程	2011～2014	4188
	8	阿图什市保障性住房	2011～2015	9146
	9	阿图什市安居富民工程	2011～2020	48635
	10	阿图什市城市环境综合整治工程	2012	1262
	11	阿图什市昆山新村配套工程	2013	135
	12	阿图什市阿湖乡阿其克村脱贫攻坚乡村振兴示范村	2019	444
	13	阿图什市松他克乡硝鲁克村脱贫攻坚乡村振兴示范村	2019	512
	14	阿图什市阿扎克乡布亚买提村脱贫攻坚乡村振兴示范村	2019	640
	15	阿图什市阿扎克乡麦依村脱贫攻坚乡村振兴示范村	2019	321

说明：表中所列项目为单次投入或累计投入援助资金100万元以上项目。

【链接】援疆圆了安居梦

赶上了好政策，我们才能住进这么好的房子！

迎着草原上旖旎的阳光，塔斯肯站在自己105平方米的新居前呼吸着清新的空气。看着就要拆除的原先的土坯房，这个哈萨克汉子百感交集。

今年1月29日凌晨，一场突如其来的灾害打乱了人们的生活节奏。受哈萨克斯坦6.1级地震的影响，昭苏县数千间房屋受损倒塌。距离震中最近的夏特柯尔克孜民族乡玛热勒特村的别达阔尔片区，受灾最为严重。塔斯肯家的房子也摇摇欲坠。

"民生优先，急事先办"是新一轮援疆的要求。江苏省和受援地党委、政府迅速作出决定，提前启动玛热勒特"安居富民"整村推进工程，帮助村民重建家园。

塔斯肯对住新房充满了期待，但又为资金犯了愁。援疆资金、国家和自治区补贴等，他可拿到近3万元。以前他们家只靠25亩地维持生计。去年底，塔斯肯参加了乡里的泥瓦工培训班，虽说现在干起了大工，一天收入有300元，但家里积蓄并不多。要建起100平方米的抗震房，还需要好几万。玛热勒特属于自治区级贫困村，村民建房资金有缺口，不在少数。

"按照泰州援疆工作组的要求，整村推进必须让每户都享受到援疆政策。"夏特柯尔克孜族乡党委书记史宁介绍，援疆干部与我们一起研究，拿出了整村推进一户不漏和扶贫帮困方案：前期建房用砖和构造柱由政府提供；5户联建，节省人工工资；就近取材，以石头建造围墙；协调农村信用社、邮政储蓄银行给村民贷款；对于特困户，乡里再给适当补助……

于是，玛热勒特村伴随着春天的热闹忙碌起来——砌砖、拉沙、拌浆……塔斯肯的砌筑手艺，有了用武之地。

"新房子100多平方米，有厨房、卫生间、浴室、客厅。等有了钱再好好装修一下，就和城里人的房子一样漂亮了。"塔斯肯说："赶上了好政策，我们才能住进这么好的房子！"

幸福新村里的幸福生活

在人们的印象中，土坯房子、泥泞的乡村小路，是农村生活的真实写照。而在霍城县水定镇的幸福新村里，太阳能路灯、柏油马路、上下水管道、垃圾处理等基础设施配套完善；村民的住房均是由淡紫色的房屋外墙、红色的彩钢屋顶、洁白的院墙组成，加上独门小院，就如同一栋栋精美的小别墅。

副镇长锁金虎说："这里将会入住近200户村民，其中援疆资金注入了800万元，用于村委会等基本建设，为了让村民'乐业'，还把援疆资金与其他资金捆绑使用建了一个养殖小区。我们要把幸福新村打造成为功能完善、适宜居住、旅游观光、庭院致富的新型农村。"

为了解除村民们的后顾之忧，镇政府已经为村里55岁以上的女性和60岁以上的男性办理了城镇职工养老保险。"现在，我每月都可以领到四五百元的养老金，解决基本生活不成问题，再过几年老伴的养老金也可以领了，这些钱足够我们花了。"腊彦林乐呵呵地说。对于没有达到规定年龄，并且有劳动能力的村民，政府将会根据其兴趣爱好，举办相关培训班，为他们创造再就业的机会。

村民马义和说："哎呀，我们太幸福了，你没看我们那个大牌子上写的幸福新村嘛！我们感到非常幸福，我们村的名字就叫幸福新村！"

援疆圆了老军垦的"楼房梦"

3月31日清晨，新疆生产建设兵团第七师一二四团十二连职工杨新军在鞭炮声中搬进新家，鲜艳的对联映红了他的笑脸，幸福的感觉充溢了他的胸中。在江苏淮安援建的两室一厅新楼房里，他看着崭新的一切激动地说："能够从住了十几年的土坯房搬进宽敞明亮的新楼房，我这是托了党的援疆政策的福啊！”

“民生优先，是新一轮援疆的总体要求。”江苏省对口支援新疆伊犁州前方指挥部总指挥、伊犁州党委副书记、州政协党组书记于青山告诉笔者：“我们从2010年开始的伊宁县吐鲁番于孜乡灾后重建安居富民整乡推进试点项目开始，就把安居富民、定居兴牧和保障性住房建设作为我们援疆的一项重点内容来抓。我们的目标，不仅让老百姓住上好房子，更要过上好日子！”

截至目前，江苏在伊犁的各项安居工程已全部完成。江苏援疆在安居富民工程实施中形成的“四个结合”经验，即“整村推进与扶贫帮困相结合，统筹规划配套建设与新农村建设相结合，住房条件改善与和拓宽增收致富渠道相结合，村庄硬件设施条件改善与基层党组织建设相结合”，已在自治区推广。

（原文刊载于2013年9月23日《新华日报》，本文有删节）

兵团七师团场职工住进“淮安小区”后的幸福生活

第五节　教育设施

江苏将教育援疆放在突出位置，着力加强基础设施建设，重点是推进中小学校和幼儿园，特别是农村中小学校和幼儿园及职业学校建设，不断改善教学条件，提升受援地教育现代化水平。1999年，投入援助资金30万元，援建阿勒泰地区富蕴县喀拉通克乡常州希望小学，这是江苏首个教育援疆项目。2000年，投入援助资金142万元，在阿勒泰和塔城地区建设希望小学3所。至2007年，累计投入援助资金1262万元，共建希望小学34所。2000～2010年，江苏累计投入援助资金6314万元，新建、改扩建中小学、幼儿园及职业学校45所，霍城县江苏中学、霍城县职业技术学校等重点项目建成投入使用。2010年新一轮对口援疆工作开始后，江苏继续把教育援疆作为对口支援优先内容。在伊犁州及兵团四师、七师，2011～2013年，投入援助资金7.9亿元，援建教育项目32个，涉及4所职业学校、21所中学、4所小学和3所幼儿园新建、改扩建和配套工程。2014～2016年，投入援助资金8.79亿元，用于65个基础设施项目建设，其中援建中小学校、幼儿园57所。2017～2019年，投入援助资金10.9亿元，援建中小学、幼儿园及配套设施项目217个。其中，投入援助资金23873万元建设的兵团四师可克达拉市镇江高级中学是投入援助资金最多的教育项目。在克州，2010～2019年，江苏投入援助资金支持克州师资培训学校建设和19所中小学、16所幼儿园改扩建，改善近百所学校教学硬件设施，新增校舍17.65万平方米。2011年，江苏安排教育项目5个，投入援助资金6834万元，新建乌恰县实验小学综合楼、阿合奇县第三幼儿园、阿图什市昆山育才学校、阿图什市第一中学综合楼及其他教学配套设施等。2012年，投入援助资金5212万元，用于续建乌恰县实验小学综合楼、阿合奇县电教中心及配套设备、阿图什市昆山育才学校改扩建、阿图什市第一小学标准化建设等项目，进一步改善克州教育教学软硬件设施。特别是一批学生宿舍和食堂等设施的建成投入使用，为偏远农牧区住读学生创造良好的食宿条件。2014～2016年，安排教育类基础建设援助资金1.93亿元，重点建成一批幼儿园、中小学校和职业高中，推进中小学教育标准化建设。阿图什市、乌恰县实现镇村幼儿园全覆盖，阿合奇县通过国家义务教育学校标准化和义务教育均衡发展验收。2017年，投入援助资金9000余万元，实施教育项目24个，其中新建、改扩建中小学及幼儿园13所。推动薄弱学校硬件改造和教辅、生活用房建设，加强农牧区、偏远地区寄宿制中小学建设，实施农村初中校舍改造工程，推动教育资源向农牧区、偏远地区倾斜。新建、改扩建一批安全、适用的幼儿园，扩大幼儿教育覆盖面。制定对克州中等职业技术学校的对口支援计划，推进克州职业技术学院创建工作。2019年，实施克州第二幼儿园教学楼改造工程。推进阿图什市昆山育才学校改扩建工程，新建5072平方米教学楼1幢，完善配套教学设备与设施。

在江苏援助下，伊犁州、兵团四师、七师和克州各级教育机构硬件设施建设得到快速发展，学校网点布局更加合理，教学条件显著改善，受援地适龄儿童学前教育覆盖率和小学、初中入学率大幅提高，城乡教育资源更加平衡。

一、学前教育设施

特克斯县乡村幼儿园提升改造工程 2015～2016年建设，投入援助资金600万元，对10所乡村幼儿园进行改造提升。其中，援助资金全额保障齐勒乌泽克镇中心幼儿园、喀拉达拉镇中心幼儿园、特克斯镇阿克塔斯幼儿园、乔拉克铁热克镇萨尔阔布幼儿园及特克斯镇阿热勒幼儿园出新改造，并添置部分幼儿园教学设备，对部分幼儿园警卫室、围墙、大门、地面、厕所、锅炉房、供排水管网等基础配套设施进行修缮。

霍城县江苏幼儿园 2005年建设，投入援助资金500万元。项目占地7300平方米，建筑面积4080平方米，建幼教楼1幢，设有教室、幼儿休息室、多媒体计算机教室、图书室、师生作品展览室等。同年11月，霍城县机关幼儿园迁入新址，并更名为霍城县

霍城县江苏幼儿园（2012年摄）

江苏幼儿园。该项目结束霍城县无高标准幼儿园历史。

霍城县江阴幼儿园　2015～2016年建设，投入援助资金2000万元。项目为“交钥匙”工程，占地1.3公顷，建设内容主要包括1幢3层框架结构教学楼，总建筑面积6500平方米，配套建设围墙、大门、管网、绿化、场地，并购置配套桌椅、教学设备、屋顶太阳能发电设施等。

霍城县乡村幼儿园　2017～2019年建设，总投资2000万元，其中援助资金1195.29万元，新建央布拉克村幼儿园、兰干乡阳光村幼儿园、三道河乡大柳树村幼儿园等。

奎屯市幼儿园　2017年建设，投入援助资金2658.68万元。其中，1716.88万元用于第十一幼儿园建设，总建筑面积4500平方米，包括教室、办公用房、食堂、多功能教室及配套工程与教学设备购置等；941.8万元用于新建第十幼儿园、第十二幼儿园、第十三幼儿园，改扩建奎屯市开干齐幼儿园教学楼。

尼勒克县农村幼儿园　2014～2016年建设，总投资594.96万元，均为援助资金。建设内容包括改善农村幼儿园基础设施，新建2所农村幼儿园，总建筑面积1400平方米。

霍尔果斯市第二幼儿园　2014～2015年建设，总投资1500万元，其中援助资金1400万元。项目为“交钥匙”工程，建筑面积4871平方米，可容纳12个班级360余名幼儿就读。

霍尔果斯市乡村幼儿园　2017年建设，投入援助资金2696.56万元。该项目是2017年霍尔果斯市政府“一号工程”。在莫乎尔牧场、格干沟牧场、伊车嘎善锡伯族乡共新建10所幼儿园，总建筑面积1.06万平方米，其中幼儿园主体建筑1.03万平方米。

霍尔果斯市第二幼儿园（2015年摄）

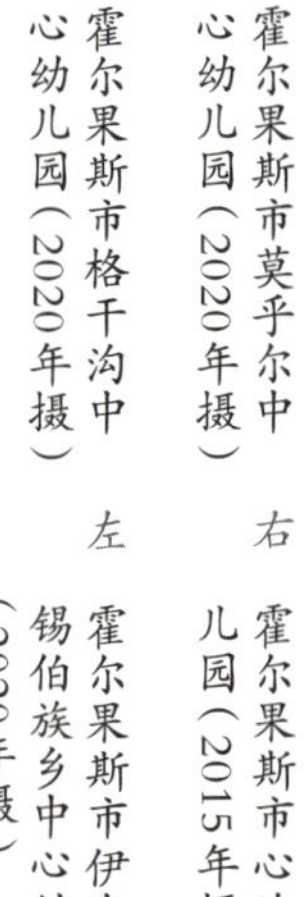

右 霍尔果斯市莫乎尔中心幼儿园（2020年摄）

左 霍尔果斯市格干沟中心幼儿园（2020年摄）

右 霍尔果斯市心连心幼儿园（2015年摄）

左 霍尔果斯市伊车嘎善锡伯族乡中心幼儿园（2020年摄）

共建设幼儿活动室和寝室39间，配套建设幼儿园室外给排水、供电、采暖、道路硬化、绿化等公用工程。2017年9月1日，1300名幼儿如期入园。该项目方便霍尔果斯偏远牧区、农村学龄前儿童就近入园。

巩留县乡村幼儿园 2014～2018年建设，投入援助资金1470.29万元。2014～2015年，投入援助资金536.79万元，为8所农村幼儿园实施新（改扩）建和添置配套设备，其中新建1所、改建1所，为6所幼儿园购置配套设备。2017～2018年，投入援助资金933.5万元，为全县38所幼儿园购置配套设备。

巩留县第一幼儿园 2017～2019年建设，投入援助资金1000万元。项目占地1.12公顷，建筑面积6310平方米。该项目从根本上解决县城西片区幼儿入园难问题，消除幼儿园大班额问题，为实现学前3年免费教育，进一步规范幼儿园教育管理奠定基础。

察布查尔县城南新区幼儿园及乡村幼儿园 2014～2015年建设，投入援助资金1436.05万元。项目为察布查尔县新建6所幼儿园，分别位于城南新区、种羊场、海努克乡切吉村、坎乡苏阿苏村、爱新色里镇、孙扎齐牛录镇孙扎齐牛录村。其中，城南新区幼儿园建筑面积3606平方米，种羊场幼儿园建筑面积1680平方米，海努克乡切吉村幼儿园建筑面积900平方米，坎乡苏阿苏村幼儿园建筑面积821平方米，爱新色里镇幼儿园建筑面积828平方米，孙扎齐牛录镇孙扎齐牛录村幼儿园建筑面积801平方米。该项目解决城南新区及相关镇村内1200名幼儿入园难问题。

新源县心连心艺术幼儿园 2014～2015年建设，总投资2280万元，均为援助资

巩留县第一幼儿园（2019年摄）

金。项目占地1.3公顷，建筑面积4400平方米，建有15个标准幼儿教室、音体美教室、教学辅助用房及室外活动场地，可满足450名幼儿入园需求，缓解老城区幼儿入园难问题。工程获伊犁州“天马杯”和扬州市“琼花杯”优质工程奖。

昭苏县南城区幼儿园 2014～2015年建设，总投资2200万元，其中援助资金1800万元。项目占地1.33公顷，总建筑面积3800平方米，能容纳300名幼儿就读。该项目缓解昭苏县学前教育设施不足问题。

新源县心连心艺术幼儿园（2016年摄）

克州第二幼儿园的孩子们排队进园（2019年摄）

克州第二幼儿园 2017～2019年建设，投入援助资金742万元。主要对建筑面积6292平方米的原有教学楼进行改造，其中装饰工程8000平方米、采暖工程2986平方米，对室外场地进行绿化。同时，购置幼儿彩色课桌72套、彩色椅子400张、原木双层床200张、玩具柜48套、小消毒柜12台等教学设备，购置幼儿四人餐桌100套、大消毒柜3台等食堂设备。

阿合奇县中心幼儿园 2007～2008年建设，总投资1100万元，其中援助资金250万元。项目占地1.46公顷，建设3层教学楼，建筑面积7603平方米，设有常规教室24间，可容纳800名幼儿就读。该项目改变幼儿园房屋破旧、教学设施落后、学具短缺、办公条件简陋状况。

阿合奇县第三幼儿园 2011～2015年建设，投入援助资金1148.9万元。项目占地7500平方米，建筑面积5968平方米。该项目提升当地幼儿学前教育服务水平，扩大基础教育覆盖面，同时改善佳朗奇社区公共服务体系，为构建配套完善的新城区奠定基础。

乌恰县乡村幼儿园 2014～2016年建设，投入援助资金1733万元。2014年，投入援助资金733万元，新建波斯坦铁列克乡中心幼儿园与6所村级幼儿园（总建筑面积3424平方米）及配套设施，建设吾合沙鲁、托云两乡中心幼儿园与康西湾村幼儿园配套设施。2015～2016年，投入援助资金1000万元，先后建成托云乡托云村，吾合沙鲁乡恰提村、吾合沙鲁村，巴音库鲁提乡阿克亚村，乌鲁克恰提乡克孜勒库热克村，吉根乡萨哈勒村、斯木哈纳村、哈拉铁列克村及黑孜苇乡也克铁热克村、江吉尔村、坎久干村共11所村幼儿园，平均建筑面积400余平方米；完成膘尔托阔依乡阿合奇村、膘尔托阔依村和乌鲁克恰提乡萨热克巴依村3所村幼儿园基础设施改造、配套建设及设备购置。

阿图什市第三幼儿园　2016年建设，总投资1074万元，均为援助资金。项目占地3454平方米，建设3层教学楼及配套设施，建筑面积3200平方米。设9个班，可容纳400名幼儿就读。

阿图什市第四幼儿园　2016年建设，总投资1231.6万元，均为援助资金。项目占地5979平方米，建设3670平方米综合楼及配套设施。设9个班，可容纳400名幼儿就读。

乌恰县吉根乡斯木哈纳村幼儿园（2022年摄）

二、义务教育设施

伊宁市金陵二十一中学　2014～2016年建设，总投资7098万元，均为援助资金。项目占地8.33公顷，总建筑面积2万余平方米，新建综合楼1幢、小学部教学楼2幢、中学部教学楼2幢、餐厅1幢、400米标准田径场、篮球场及其他配套附属设施，配备语音、音乐、实验等功能性教室及一座可容纳600人的多功能厅，并购置教学器材设备等。该校是九年一贯制学校。其中，小学部6轨制，可容纳1440名学生就读；中学部10轨制，可容纳1500名学生就读。

伊宁市金陵二十八中学　2017～2018年建设，总投资8657.4万元，均为援助资金。项目占地4.87公顷，总建筑面积2.24万平方米。建设有小学部教学楼、中学部教学楼、综合楼、行政办公楼、运动场、附属用房及道路、供水、供电、供热、排水等设施，并试点建设校园光伏电站系统。学校整体规划科学、布局合理、外观时尚，是一所花园式学校，最大办学规模为66个教学班，可容纳近3000名学生就读。

伊宁市金陵二十一中学（2020年摄）

伊宁市金陵二十八中学（2018年摄）

特克斯县江宁中学（第一中学）（2020年摄）

霍城县江阴小学（2019年摄）

特克斯县江宁中学（第一中学）　2018～2023年建设，计划总投资14000万元，均为援助资金。项目占地10.13公顷，总建筑面积3万平方米，新建包括公共课教学楼、学生宿舍、行政办公楼、食堂及风雨操场、标准化跑道等体育设施和附属工程。学校为15轨制，可容纳2000名学生就读。项目全部建成后，将使该校成为集教育教学、综合实验、体育运动等为一体的新型标准化中学，实现特克斯县城初中独立办学点“零”的突破。至2020年，投入援助资金10963万元，完成教学楼、实验楼、学生宿舍、食堂和风雨操场等建设及部分教学设备购置。

霍城县瞻德中学行政楼、艺体楼　2015～2016年建设，总投资1.2亿元，其中援助资金2709.59万元。学校占地12.6公顷，总建筑面积4.25万平方米。援建的行政（图书）综合楼面积7500平方米、艺体楼4200平方米。

霍城县江阴小学　2017～2019年建设，总投资3722万元，均为援助资金。项目占地4.53公顷，总建筑面积1.25万平方米，共建有教学楼2幢，综合办公楼、报告厅和餐厅各1幢，可容纳1500名学生就读。同时建设运动场、警卫室、厕所、篮球场等附属设施，并全面完善室外道路硬化、绿化，水电暖等公用工程。建筑采取中轴对称布局方式，斜坡屋顶，呈现浓郁的江南建筑风格。项目获伊犁州建筑工程“天马杯”优质工程奖。

奎屯市第十小学、第十中学（九年一贯制学校） 2011～2013年建设，分两期进行。总投资1.1亿元，其中援助资金9954.15万元。项目占地10.07公顷，总建筑面积3万余平方米。一期工程为学校中学部（市第十中学），建设教学楼3幢、行政办公楼1幢、学生宿舍楼1幢、学生食堂1幢，可容纳36个教学班1800名学生就读。二期工程为小学部（市第十小学），建设教学楼3幢，办学规模为36个教学班，可容纳1620名学生就读。此外，建有风雨操场及300米塑胶运动场。

尼勒克县武进实验学校 2017～2019年建设，总投资1.5亿元，其中援助资金9365.61万元，是常州市武进区投资最大的“交钥匙”工程。学校占地8.53公顷，总建筑面积近4万平方米。项目内容包括小学教学楼、中学教学楼、中小学实验楼、行政楼、餐厅及配套设施设备。学校办学规模为45个班，可容纳2100名学生就读。项目的

奎屯市第十中学（2020年摄）

尼勒克县武进实验学校（2019年摄）

尼勒克县小学生在校园里活动（2016年摄）

建成，分流尼勒克县第二小学、第四小学、第二中学部分学生，逐步消除尼勒克县学校严重超员的大班现象，缓解城区义务教育阶段入学压力，促进全县教育事业健康发展。2019年，该项目获自治区“天山杯”优质工程奖。

霍尔果斯市苏港中学（霍尔果斯口岸完全中学续建工程） 2011～2013年建设，总投资3000万元，其中援助资金1700万元。项目为霍尔果斯口岸完全中学续建工程，主要建设内容包括青少年活动中心、标准环形塑胶跑道、学生食堂、学生宿舍及其他辅助建设项目。学校原名霍尔果斯口岸完全中学，2013年9月启用，2014年9月成立高中部，成为十二年一贯制学校。学校占地5.8公顷，总建筑面积1.7万平方米。

霍尔果斯市丝路小学改建工程 2016年建设，总投资3060万元，其中援助资金1000万元。项目结合改造老校区，新建综合教学楼和青少年活动中心、宿舍、食堂、公共厕所、400米标准塑胶运动场、警卫室等配套设施。

霍尔果斯市第二小学、第二初级中学（九年一贯制学校） 2018～2020年建设，总投资12461万元，其中援助资金11461万元。第二小学占地6.03公顷，投入援助资金6561万元，总建筑面积2.44万平方米，其中援建面积1.94万平方米。建设内容主要包括教学楼、综合楼、学术报告厅、学生食堂、公共卫生间、运动场及配套设施。第二初级中学占地6.08公顷，投入援助资金4900万元，总建筑面积1.5万平方米，其中援建面积1.16万平方米。建设内容主要包括教学楼、学生宿舍楼、厕所、浴室及配套设施。

霍尔果斯市第二小学、第二初级中学（九年一贯制学校）（2020年摄）

巩留县第二小学（2017年摄）

巩留县第二小学异址新建及配套设备　2014～2017年建设，投入援助资金3700万元。2014～2015年，实施异址新建项目，总投资3400万元，其中援助资金1900万元。学校占地7.7公顷，建筑面积2.08万平方米。建设内容主要包括教学楼2幢、行政楼3幢、艺术楼、连廊、风雨操场、食堂及室外供排水、电供暖等设施。设有6个篮球场、4个排球场和标准化操场（含400米塑胶跑道）。办学规模为62个教学班，可容纳2700余名学生就读。2016～2017年，投入援助资金1800万元，实施第二小学配套设施建设，完善学校阶梯教室、报告厅、心理咨询室、实验室等设施，使该校成为一所标准化、现代化小学。

巩留县张家港实验学校　2017～2019年建设，总投资7800万元，其中援助资金4015万元。项目总建筑面积1.6万平方米，主要建设学校行政综合楼、教学楼及田径场（标准化操场、塑胶跑道）、图书馆、体育馆、篮排球场、学生机房、多媒体教室、食堂、车棚等配套工程。该工程获自治区“天山杯”优质工程奖。

伊宁县第四中学综合楼及配套工程　2014～2016年建设，总投资1800万元，均为援助资金。建设内容包括综合楼、宿舍楼、塑胶运动场。综合楼建筑面积4092平方米，集办公、多功能室于一体；宿舍楼总建筑面积3350平方米，共建有宿舍74间，可供592名学生使用；塑胶运动场包含400米环形跑道、标准足球场、篮球场、排球场、羽毛球场、乒乓球场、铅球场和跳远场地，总面积1.3万平方米。同时，为学校录播教室、图书室、电子琴室、钢琴室、地理活动室、计算机教室等功能室援助设备。

伊宁县南通实验学校　2015～2019年建设，总投资11164.28万元，均为援助资金。该校为九年一贯制学校，可容纳2500名学生就读。2015～2016年，投入援助资金9460万元，建设内容主要包括小学部教学楼，中学部教学楼、实验楼、综合教研楼及报告厅、宿舍楼、食堂、塑胶运动场、文化广场及附属配套设施，总建筑面积2.7万平方米，并购置教学设备。2017～2019年，投入援助资金1704.28万元。其中，620万元用于新建宿舍楼2幢，总面积3000平方米；投入援助资金788.67万元，用于购置教师办公椅及微机室、物理实验室等功能室设备，学生住宿生活及食堂设备和校园文化建设；投入援助资金295.61万元，将餐厅四楼改造为乒乓球专项训练场馆。该校成为中国乒乓

巩留县张家港实验学校（2020年摄）

伊宁县南通实验学校（2020年摄）

球协会乒乓球运动学校伊犁生源基地。该项目解决喀拉亚尕奇乡、吐鲁番于孜乡等周边乡镇学生"上学难、上学远"问题。学校主体工程获自治区"天山杯"优质工程奖。

察布查尔县盐城实验学校附属设施 2018～2019年建设，投入援助资金2000万元。建设内容主要包括餐厅及浴室、多功能厅、300米塑胶跑道、塑胶运动场、硅PU篮球场及绿化、地面硬化和网络通信工程等。其中，餐厅及浴室面积2906平方米，地上2层，内设2座大型公共浴室、2间操作间、4间库房、4间洗碗间、4间更衣室、6间卫生间，餐厅能容纳1900余名学生同时就餐。多功能厅面积1025平方米，地上1层，内设大型舞台、更衣间、卫生间，为全县学校功能最全的活动大厅。连廊建筑面积418平方米，地上2层。300米标准化运动场，内设主席台、看台、跳远沙坑、铅球场地，均为全县最高标准。硅PU篮球场时为全县学校内最高规格的篮球场。该项目改善和提升察布查尔县办学条件。

兵团四师六十二团中小学改造工程 2013年建设，总投资1592.06万元，均为援助资金。20世纪末，六十二团集中办学，全团10余所小学合并为团部小学。2011年，在校学生近1300人，食堂、浴室、开水房等无法满足学生生活需求。项目建设内容包括改扩建中小学食堂、浴室、水房等，总建筑面积2981平方米；新建标准塑胶运动场、中小学部跑道及校内路面硬化、绿化草坪等工程。该项目有效解决学生和教职工生活难题。

兵团四师七十三团金山中学小学部附属设施 2013～2014年建设，总投资697.14万元，均为援助资金。在2011年伊犁"11·1"地震中，该校小学教学楼、学生宿舍楼、学生食堂、锅炉房等多处基础设施被损毁，亟待修复重建。项目按照"示范学校"标准建设，总建筑面积3586平方米，包括建筑面积1500平方米宿舍楼、500平方米食堂、170平方米公共厕所和1.8万平方米风雨操场。

兵团四师可克达拉市金山实验学校 2017～2019年建设，总投资8432万元，其中援助资金4600万元。项目占地4.69公顷，总建筑面积1.92万平方米，主要包括小学教学楼、初中教学楼、综合实验楼、风雨活动室、体育馆、学生餐厅、学生宿舍及塑胶跑道、标准化塑胶篮球场、排球场。有计算机室、学术报告厅、录播教室、舞蹈形体室等多功能教室30余间，配备交互式多媒体教学设备、全光纤数字校园网络，是网络技术和多媒体技术全覆盖的智慧校园。该校是九年一贯制学校，办学规模为36个教学班，其中小学部24个班、初中部12个班，可容纳1620名学生就读。

阿合奇县同心中学 2012～2019年建设，投入援助资金1260.25万元。2012～2013年，投入援助资金881.85万元，建设电教中心大楼。大楼建筑面积4922平方米，设有化学实验室4间、物理实验室5间、生物实验室2间、地理实验室1间、劳技实验室

兵团四师七十三团金山中学小学部教学楼（2020年摄）

兵团四师可克达拉市金山实验学校（2019年摄）

阿合奇县同心中学（2012年摄）

乌恰县实验小学综合教学楼（2022年摄）

阿图什市昆山育才学校（2014年摄）

阿图什市昆山第二小学（2019年摄）

1间、语音室2间和计算机机房4间，彻底改变学校实验、电教落后状况，为提高农村学生动手操作和实验探究能力奠定基础。电教中心还配备校史室、荣誉室、党员活动室、心理健康教育咨询室、会议室、行政办公室等，改善学校办公和教学环境。2018年，投入援助资金278.4万元，建设同心中学启智楼信息技术现代化综合服务平台，主要包括智慧校园平台、心理健康指导中心、智慧创客教室、教育教学活动辅助平台及“班班通”项目。2019年，投入援助资金100万元，实施启智楼二期配套工程。

乌恰县实验小学综合教学楼　2011～2012年建设，投入援助资金2286万元。项目位于乌恰县实验小学西侧，为一幢5层教学楼，总建筑面积9404平方米，建设内容包括教学楼主体及附属工程，综合楼共有教室48间。该项目使城区其他小学五、六年级学生纳入县实验小学集中上学，进一步改善就学条件，提高办学质量。

乌恰县黑孜苇乡小学配套工程　2017～2018年建设，总投资1200万元，其中援助资金1000万元。为贯彻集中办学要求，乌恰县整合羊场、也克铁热克、康西湾、阿热布拉克、库拉力克5所小学，合并建设黑孜苇乡小学。该工程主要新建食堂、宿舍、篮球场、排球场等，并利用常州市江南农村商业银行捐赠的65万元，配置直饮水设备。

阿图什市昆山育才学校 2011～2019年建设，分两期实施，总投资9379万元，其中援助资金9208万元。2011～2014年，一期工程投入援助资金7546万元，建设图书馆、教学楼、食堂、风雨操场、宿舍楼，总建筑面积2.63万平方米，以及配电房、体育看台等附属设施，绿化、操场围栏、图书馆多功能厅装修工程及设备、食堂锅炉工程、图书馆阅览室设施等配套设施。项目建成后，设54个教学班，可容纳2160名学生就读。2016年，投入援助资金162万元，开展学校内涵建设。2019年，二期工程投入援助资金1500万元，新建建筑面积5072平方米教学楼1幢及室内教学设备购置、室外道路硬化、消防管网、给排水管网、供电线路、弱电等配套工程建设。

阿图什市昆山第二小学重建工程 2016～2018年建设，总投资6638万元，其中援助资金5878万元。项目总建筑面积1.81万平方米，其中教学楼3幢1.56万平方米，另有食堂、塑胶跑道、篮球场、排球场等配套工程。学校设50个教学班，可容纳2000名学生就读。

阿图什市乡村中心学校 2017～2018年建设，投入援助资金4585万元。项目对吐古买提乡中心学校、阿湖乡中心学校、格达良乡中心学校及库都克学校、哈拉峻乡中心学校、阿扎克乡中心学校进行改扩建和基础设施配套建设，并购置教学设备。该项目显著改善阿图什市乡村办学条件，全面满足适龄儿童就学需求。

三、高中教育设施

伊宁市金陵中学 2011～2013年建设，总投资1.17亿元，其中援助资金6745万元。伊宁市金陵中学是南京市为伊宁市打造的“名校工程”战略重点项目。学校占地13.33公顷，总建筑面积4.65万平方米。2011年，投入援助资金5957万元，建设教学楼

伊宁市金陵中学（2013年摄）

特克斯县高级中学（2020年摄）

霍城县江苏中学（2012年摄）

3幢、综合实验楼1幢、学生公寓2幢、学生食堂1幢、图书馆1幢，400米标准塑胶跑道、篮球场等体育运动场，生活服务用房等配套设施及教学仪器设备购置。2013年，投入援助资金788万元，建设数字化教室、电子图书馆、多媒体教室和实验室，推进绿色生态校园建设。学校配置以数字化信息和网络为基础的先进管理系统，拥有先进的实验室，标准化考场可同时容纳300人参加考试。学校可容纳4000名学生就读，其设施规模居伊宁市首位、伊犁州前列。

特克斯县高级中学　2011～2015年建设，总投资2亿元，其中援助资金16487.85万元，是“交钥匙”工程，为当年伊犁州单体最大的教育类援疆项目。项目占地15.7公顷，总建筑面积5.4万平方米。初中部设57个班（县第一中学投入使用后，初中部搬出，仅举办高中），高中部设48个班，可容纳5200名学生就读。该项目实现特克斯县11所初高中集中办学，既节约教育资源，又缓解乡镇学生到县城就读造成的入学高峰压力，也为该县逐步普及高中阶段教育打下良好基础。

霍城县江苏中学　2003～2019年建设，投入援助资金7193.36万元。2003～2004年，投入援助资金2300万元，建设综合楼1幢、教学楼2幢、阶梯教室2间、学生宿舍楼2幢及餐厅、体育场、看台等配套设施。校园绿化面积4.5万平方米，占校园面积的45%，达到花园式学校标准。该项目改善教学条件，解决教学用房短缺状况。2011

年，投入援助资金2100万元，建设教学楼和体育馆。2017～2019年，投入援助资金2793.36万元，建设科技楼、报告厅、图书馆和教师周转房，扩建学生餐厅，新增建筑面积1.12万平方米。至2019年，学校占地10公顷，总建筑面积1.9万平方米，有教职工220人、教学班52个，在校学生2868人。项目获伊犁州建筑工程“天马杯”优质工程奖。

奎屯市第二高级中学（徐州高级中学）　2018～2019年建设，总投资13000万元，均为援助资金。项目总建筑面积5.28万平方米，分两期建设。一期建筑面积3.37万平方米，主要建设内容包括教学楼、教辅楼、学生宿舍、学生餐厅、行政办公楼、风雨操场、室外运动场及配套设施等。该项目成为奎屯市教育援建标志性工程。

尼勒克县武进高级中学　2011～2015年建设，分两期实施，投入援助资金8300万元。项目占地17.6公顷，总建筑面积8.65万平方米，可容纳3500名学生就读。一期工程于2011～2013年建设，投入援助资金4754万元，总建筑面积4.47万平方米，主要建设内容包括教学楼、行政楼、实验楼与艺术信息楼、学生公寓、学生食堂等。二期配套工程于2014～2015年建设，投入援助资金3546万元，完善提升学校设施功能，使其成为集信息化、现代化、智能化、园林化于一体的高级中学。项目的建成，改善当地办学条件，较好地满足尼勒克县高中阶段教育需求。

霍尔果斯市苏港高级中学　2018～2020年建设，投入援助资金9266.9万元。项目为“交钥匙”工程，是立足霍尔果斯、都拉塔口岸实际，高质量推进对口援建的重点建设工程项目之一。项目占地8.1公顷，总建筑面积2.97万平方米，其中教学楼6011平方米、综合楼6632平方米、食堂3414平方米、宿舍楼6485平方米、图书馆4113平方米，以及室内外运动场地、道路广场等附属配套设施。设教学班24个，可容纳1200名学生就读。

奎屯市第二高级中学（徐州高级中学）（2019年摄）

尼勒克县武进高级中学（2014年摄）

巩留县高级中学（2013年摄）

巩留县高级中学 2011～2015年建设，总投资8800万元，其中援助资金5999.75万元。2011年，为整合发展高中教育，在巩留县东环路新址援建校舍10幢及风雨操场、塑胶跑道等附属设施。2013年，巩留县第二中学高中部整体搬迁进入，成立巩留县高级中学。学校占地18公顷，总建筑面积7.12万平方米，有教学班57个，在校学生3016人。学校的建成，使巩留县城镇学校布局更加合理。

伊宁县高级中学综合楼、宿舍楼及配套工程 2011～2013年建设，总投资1756.02万元，均为援助资金。新建1幢5000平方米教学楼、1幢3500平方米宿舍楼，购置计算机、实验器材、餐厅设备等。

察布查尔县高级中学（第三中学新校区） 2011～2012年建设，总投资8000万元，其中援助资金3718万元。2011年以前，察布查尔县仅有第一中学、第三中学和伊犁奶牛场中学3所完全中学，无法满足学生就读需求。2011年4月，县第三中学在县城南新区建设新校区。按照国家示范学校标准规划设计，占地13.07公顷，总建筑面积4.8万平方米，绿化面积1万余平方米。校区由9个单体建筑组成，包括主教学楼、4幢学生公寓楼、图书艺术楼、食堂、浴室、厕所。后又建成标准化塑胶田径场和多功能体育馆。该项目满足3500余名师生教育教学需求，使该校成为环境优美、设施一流、理念先进的完全中学，改善当地办学条件，促进教育均衡发展。2018年9月，察布查尔县将县第三中学、县第一中学、海努克镇中学高中部整合，更名为察布查尔县高级中学。

新源县第二中学（第二中学、第四中学合校异址新建工程）　2011～2013年建设，总投资1.05亿元，其中援助资金8718.69万元。项目占地13.4公顷，总建筑面积4.4万平方米，主要建设内容包括教学楼、实验室、图书馆、风雨操场、食堂、学生宿舍、行政楼等。合并后新建学校成为新源县第二中学，设66个教学班，可容纳3500名学生就读。该工程改善了新源县办学条件，为将新源县第二中学打造成伊犁河谷乃至全自治区一流高中名校奠定基础。

新源县扬新中学　2017～2019年建设，投入援助资金13399.45万元。该校是一所全日制学校，占地20.87公顷，建有教学综合楼、食堂、风雨球馆、室外运动场等。由

察布查尔县第三中学（2013年摄）

新源县第二中学（2018年摄）

新源县扬新中学(2020年摄)

昭苏县泰州高级中学(2020年摄)

新源县第八中学及第六中学分校异址新建后合并而成。其中，第八中学异址新建工程投入援助资金7345.77万元、第六中学分校新建工程投入援助资金6053.68万元。项目总建筑面积5.6万平方米，其中第八中学新建校舍3.12万平方米、第六中学分校新建校舍2.48万平方米。学校初中部可设60个班级，满足2500名学生就读；高中部可设52个班级，满足2600名学生就读，使全县入学难问题得以解决。

昭苏县泰州高级中学　2014～2019年建设，投入援助资金15037.66万元。2014～2016年，投入援助资金14305.73万元，建设内容包括教学楼、实验楼、综合楼、体育馆、食堂、宿舍楼，以及围墙、道路、室外排水管、室内弱电管线、采暖管道和绿化、亮化工程等附属设施。项目占地12公顷，总建筑面积3.4万平方米，设计在校学生规模2400人，按标准化办学要求建设。2017～2019年，投入援助资金731.93万元，援助校园爱国主义文化建设、校园绿化及电脑等。该项目提升昭苏县高中办学条件和水平，带动南部新城区发展。

兵团七师胡杨河市高级中学　2014～2016年建设，总投资36551万元，其中援助资金6200万元。项目占地16.67公顷，总建筑面积5.8万平方米，建设内容主要包括教学楼、实验楼、综合楼（含图书馆）、艺术楼、体育馆、学生宿舍楼、教工宿舍楼等，可容纳1800名学生就读。它是团场学校有史以来建设标准最高、功能最齐全、环境最优美的一所高中学校。

兵团七师胡杨河市高级中学（2019年摄）

兵团四师六十四团镇江中学（2020年摄）

兵团四师可克达拉市镇江高级中学（2019年摄）

兵团四师六十四团镇江中学改扩建工程 2011～2012年建设，投入援助资金3902.77万元。该校前身是20世纪50年代修建的一所民族中学，历经50余年，3幢教学楼均成危房。2011年，镇江市援疆工作组把六十四团中学列为第一批第一个“交钥匙”教育设施援疆项目。建设内容主要包括新建综合教学楼7332平方米、学生餐厅及开水房、浴室3002平方米、风雨活动室建筑面积3430平方米、环形塑胶跑道400米、电动大门1座等。设6个年级、42个教学班，可容纳2250名学生就读，满足1500名学生寄宿。

兵团四师可克达拉市镇江高级中学 2014～2018年建设，总投资2.46亿元，其中援助资金23873万元，为镇江市投入援疆资金量最大的“交钥匙”工程。项目占地15.67公顷，建设内容主要包括教学楼、礼堂、艺术楼、实验楼、图书馆、体育馆、食堂、办公楼及学生和教职工宿舍，总建筑面积6.7万平方米。工程获兵团“昆仑杯”优质工程奖。

阿图什市第一中学综合楼及配套工程 2011～2012年建设，总投资3195万元，其中援助资金2695万元。建设内容主要包括新建6层框架结构、建筑面积9207平方米的综合教学楼，以及场地硬化、塑胶运动场、篮球场、排球场、主席台、看台和人工草坪，供热、供排水管网改造工程等配套设施及其他附属工程。学校设19个班，可容纳950名学生就读。

阿图什市第二中学配套工程 2014～2015年建设，投入援助资金2100万元。建设内容主要包括300米跑道及运动场、门卫室、围墙、消防池及管网、篮球场、排球场及绿化等配套工程。学校设36个教学班，可容纳1800名学生就读。

阿图什市第一中学（2012年摄）

阿图什市第二中学运动场（2015年摄）

四、职业教育及培训设施

霍城县江苏职业技术学校 2010～2016年建设，投入援助资金4841.26万元。2010年，投入援助资金2000万元，实施一期工程，占地4公顷，总建筑面积1.33万平方米，主要建设教学楼、实训楼、宿舍楼、食堂，以及室内外绿化，和采暖、消防等设施购置。2011年，投入援助资金1970万元，实施二期工程，学校面积扩大至7.3公顷。二期工程总建筑面积3393平方米，包括教学楼、学员宿舍楼各1幢，并购置教学、宿舍设备，建设标准运动场，进行校园硬化、绿化及其他配套设施建设。2016年，投入援助资金871.26万元，在霍城县中小企业创业园内建成实训基地，总建筑面积4300平方米。

奎屯市中等职业技术学校学生食堂等配套工程 2016～2018年建设，投入援助资金1575.66万元。其中，投入援助资金1400万元，新建学生食堂，共3层，建筑面积4138平方米，可同时容纳850人就餐，解决学生就餐空间不足问题，后取名为“彭祖楼”。

巩留县职业技能培训基地及就业培训中心 2011～2013年建设，总投资3641.88万元，其中援助资金1500万元。项目分2期建设。一期包括教学楼、实训楼、宿舍楼、餐厅，总建筑面积10637平方米；二期为培训综合楼及校园绿化、硬化、管网、围墙等工程，总建筑面积4508平方米。基地可提供600～800人课堂学习、200人实训车间、400人住宿和500人就餐空间。项目投入使用后，增加焊接、缝纫、汽修、酒店管理等专业课程，改变职工职业技能培训无场所实施、无基地实训的局面，并辐射和带动周边县市职工职业技能培训。

霍城县江苏职业技术学校（2012年摄）

伊宁县职业教育实训基地　2011～2012年建设，总投资1300万元，其中援助资金890.46万元。项目位于伊宁县职业教育中心，建设内容主要包括新建1幢3000平方米的实训楼及配套教学设备和1幢3000平方米餐厅。

新源县职业技术学校（含创业就业培训服务中心）　2015～2016年建设，总投资8000万元，均为援助资金。项目占地10公顷，总建筑面积2.11万平方米。建设内容主要包括创业就业培训服务中心、教学楼、实训楼、报告厅、食堂、浴室、宿舍及附属建筑。服务中心含人力资源市场和职业教育两个功能区，集教育、就业服务与人才培训于一体，是伊犁州硬件条件最好的职业教育基地。该中心每年可培养专业技术人才1500人，填补该县职业技术教育空白。远期规划可容纳3000名学生就读，并逐步发展成为以旅游服务管理、电子商务、民族服饰刺绣为精品特色专业的伊犁州一流职业学校。该工程获江苏省“扬子杯”、自治区“天山奖”、伊犁州“天马杯”、扬州市“琼花杯”等优质工程奖。

兵团七师胡杨河市职业技术学校　2014～2016年建设，总投资4.5亿元，其中援助资金14381万元。项目占地24公顷，总建筑面积6.8万平方米，主要建设内容包括新建职校教学楼、实训楼、综合楼（含图书馆）、体育馆、室外运动场、学生宿舍楼、教师宿舍楼等。学校是七师现代职业技术人才培训基地，可容纳全日制学生3000人就读。该项目较好地满足七师及周边区域职业教育及七师经济社会发展对高素质劳动者和技能型人才的需要。

新源县职业技术学校（2016年摄）

兵团七师一三七团扶贫教育培训综合楼 2017年建设，总投资545.44万元，均为援助资金。项目建设综合楼1幢，建筑面积2000平方米，并配套建设供暖、供水、排水、电气等设施。该项目为该团职工提供一个功能齐全、设施完善的扶贫教育综合培训中心，提高职工脱贫致富能力。

霍尔果斯经济开发区兵团分区职工培训实习基地 2017～2018年建设，投入援助资金2000万元，建设集教学、培训、实训为一体的综合性大楼，建筑面积6000平方米。基地集产业培训、岗位实训、就业服务为一体，年培训规模3000人次，重点培养入驻兵团四师"一市一区三园"的纺织服装类、食品加工类、计算机与网络管理类等专业技术人才。

克州科技和职业培训中心 2013～2015年建设，总投资6407万元，其中援助资金3200万元。项目总建筑面积1.75万平方米，工程主要包括主楼、裙房等，是集科技、教育、职教为一体的综合性培训基地。

兵团七师胡杨河市职业技术学校（2019年摄）

克州师资培训中心（2015年摄）

克州师资培训中心　2014～2015年与江西省共同援建，其中江苏投入援助资金2240万元。建设内容主要包括新建教学楼、教学信息化平台、室内运动场等。其中，教学楼总建筑面积1.56万平方米，能同时容纳1000余人集中培训。购置包括食堂、住宿、教师办公、多媒体教室、电教及教学桌椅等设备。该项目改善克州教师培训条件，填补克州州级教师培训学校空白。

克州中等职业技术学校升级改造工程　2015～2020年建设，投入计划外援助资金13000万元。学校占地67公顷，是全国唯一一所具有柯尔克孜民族特色的中等职业技术学校，2011年被自治区确定为重点建设的8所职业学校之一。工程包括新建图书馆、学术交流与技能比赛中心、医疗康复中心、综合实训楼、大门等，总建筑面积3.3万平方米。2019年，该校成功创建为克孜勒苏职业技术学院，实现克州高等教育“零”的突破。

克孜勒苏职业技术学院（2022年摄）

克孜勒苏职业技术学院体育馆（2022年摄）

克孜勒苏职业技术学院综合实训楼（2022年摄）

克孜勒苏职业技术学院图书馆（2022年摄）

帕米尔人才大厦（克州州委党校二期） 2018～2019年建设，总投资3470万元，均为援助资金。地下1层，地上12层，总建筑面积1.24万平方米，建设内容主要包括公寓、大会议室、创客空间、食堂、地下车库。

阿合奇县职业高中 2014～2015年建设，总投资1050万元，均为援助资金。该项目坐落于佳朗奇新城，建设集文化教育、职业培训、职业实训、中短期培训于一体的综合教学大楼，同时配套综合楼、学员食堂等。建筑面积4723.2平方米，可容纳300名学生实习、实训。

乌恰县农牧民职业技能实训场地 2017～2019年建设，总投资1600万元，其中援助资金900万元。建设内容主要包括实训教室、宿舍生活区5275平方米和户外实训场地及配套附属设备，供排水、供电、供热和道路、地坪、绿化、教具车辆库等配套工程，并对场地进行硬化、绿化7000平方米。项目投入使用后，乌恰县大力开展职业技能、劳动预备制、纺织服装等培训，年培训农牧民6000人次，带动当地农牧民就地就业和脱贫致富。

江苏省对口支援新疆部分教育设施情况表

单位：万元

地区	序号	项目名称	援助时间	援助资金
伊犁州	1	伊犁州江苏远程教育中心综合楼	2007	1100
	2	伊犁州江苏苗苗幼儿园综合楼	2008～2010	600
	3	伊犁州党委党校学术报告厅	2008～2010	200
	4	伊犁师范学校教师教育建设	2014～2016	12800
	5	伊犁州教师培训中心配套项目及扫尾工程	2017	1363.95
	6	伊犁州社会主义学院综合楼	2018	1900
	7	新疆应用职业技术学院学生综合楼	2018～2020	2683.64
	8	伊宁市金陵中学	2011～2013	6745
	9	伊宁市金陵二十一中学	2014～2016	7098
	10	伊宁市边境经济合作区幼儿园	2015	120
	11	伊宁市金陵二十八中学	2017～2018	8657.4
	12	特克斯县高级中学	2011～2015	16487.85
	13	特克斯县乡村幼儿园提升改造工程	2015～2016	600
	14	特克斯县第六小学附属设施	2016	1000
	15	特克斯县喀拉达拉镇琼库什台、哈因等小学设备购置及维修改造工程	2018	279.03

续表

地区	序号	项目名称	援助时间	援助资金
伊犁州	16	特克斯县江宁中学（第一中学）	2018～2020	10963
	17	霍城县江苏中学	2003～2019	7193.36
	18	霍城县江苏幼儿园	2005	500
	19	霍城县委党校	2006～2007	1006
	20	霍城县江苏职业技术学校	2010～2016	4841.26
	21	霍城县初级中学教学楼及附属设施	2012～2014	2000
	22	霍城县第一中学教学楼、综合楼及配套工程	2014	740
	23	霍城县江阴幼儿园	2015～2016	2000
	24	霍城县瞻德中学行政楼、艺体楼	2015～2016	2709.59
	25	霍城县远程教育站点	2016	330.23
	26	霍城县乡村幼儿园	2017～2019	1195.29
	27	霍城县江阴小学	2017～2019	3722
	28	霍城县惠远镇则徐中心学校运动场等	2018～2019	359.93
	29	奎屯市委党校干部综合培训楼	2008～2010	200
	30	奎屯市第十小学、第十中学（九年一贯制学校）	2011～2013	9954.15
	31	奎屯市第六小学改扩建工程	2014～2015	500
	32	奎屯市第九小学风雨操场	2016	536
	33	奎屯市中等职业技术学校学生食堂等配套工程	2016～2018	1575.66
	34	奎屯市幼儿园	2017	2658.68
	35	奎屯市职业技能教育培训中心	2018	1000
	36	奎屯市第二高级中学（徐州高级中学）	2018～2019	13000
	37	尼勒克县第一中学学生公寓楼	2006	100
	38	尼勒克县职业技术学校教学楼、宿舍楼	2007～2008	240
	39	尼勒克县武进高级中学	2011～2015	8300
	40	尼勒克县农村幼儿园	2014～2016	594.96
	41	尼勒克县教育信息化提升工程	2016～2017	2473
	42	尼勒克县武进实验学校	2017～2019	9365.61
	43	霍尔果斯市苏港中学（霍尔果斯口岸完全中学续建工程）	2011～2013	1700
	44	霍尔果斯市第二幼儿园	2014～2015	1400
	45	霍尔果斯市丝路小学改建工程	2016	1000
	46	霍尔果斯市乡村幼儿园	2017	2696.56
	47	霍尔果斯市第二小学、第二初级中学（九年一贯制学校）	2018～2020	11461
	48	霍尔果斯市苏港高级中学	2018～2020	9266.9
	49	巩留县职业技能培训基地及就业培训中心	2011～2013	1500
	50	巩留县高级中学	2011～2015	5999.75
	51	巩留县第二小学异址新建及配套工程	2014～2017	3700

续表

地区	序号	项目名称	援助时间	援助资金
伊犁州	52	巩留县乡村幼儿园	2014～2018	1470.29
	53	巩留县张家港实验学校	2017～2019	4015
	54	巩留县第一幼儿园	2017～2019	1000
	55	伊宁县连云港中学教学楼	2006～2007	110
	56	伊宁县老干部教育培训综合楼	2009	100
	57	伊宁县职业教育实训基地	2011～2012	890.46
	58	伊宁县高级中学综合楼、宿舍楼及配套工程	2011～2013	1756.02
	59	伊宁县幼儿园	2014	500
	60	伊宁县职业教育中心及就业平台	2014	500
	61	伊宁县第四中学综合楼及配套工程	2014～2016	1800
	62	伊宁县南通实验学校	2015～2019	11164.28
	63	伊宁县阿乌利亚乡阿乌利亚小学足球运动场	2016	150
	64	伊宁县第一小学运动场	2016	300
	65	察布查尔县高级中学（第三中学新校区）	2011～2012	3718
	66	察布查尔县城南新区幼儿园及乡村幼儿园	2014～2015	1436.05
	67	察布查尔县第一中学运动场	2017～2018	800
	68	察布查尔县盐城实验学校附属设施	2018～2019	2000
	69	察布查尔县盐察职教班实训场地	2019	217.15
	70	察布查尔县标准化考场	2019～2020	550
	71	新源县徐州幼儿园教学楼	2010	100
	72	新源县第二中学（第二中学、第四中学合校异址新建工程）	2011～2013	8718.69
	73	新源县心连心艺术幼儿园	2014～2015	2280
	74	新源县第一中学运动场	2014～2015	160.2
	75	新源县则克台镇阔克英村幼儿园	2015	214.8
	76	新源县别斯托别乡阿西勒布拉克华邦希望小学食堂、宿舍	2015～2016	100
	77	新源县职业技术学校（含创业就业培训服务中心）	2015～2016	8000
	78	新源县 27 所寄宿制学校提升工程	2015～2016	1024
	79	新源县就业实训基地	2017～2019	211.34
	80	新源县扬新中学	2017～2019	13399.45
	81	昭苏县职业教育中心	2011～2013	499.99
	82	昭苏县南城区幼儿园	2014～2015	1800
	83	昭苏县泰州高级中学	2014～2019	15037.66
	84	昭苏县乡镇学校功能提升工程	2018	316.05
	85	昭苏县南城区学校（昭苏县第四中学）	2018～2019	8000

续表

地区	序号	项目名称	援助时间	援助资金
兵团	1	七师一二三团中学宿舍楼	2011	480
	2	七师一二四团中学及小学教学楼抗震加固工程	2012	640
	3	七师一二七团中学教学楼抗震加固工程	2012	360
	4	七师高级中学学生宿舍楼、浴室光电一体化改造工程	2012～2019	1450
	5	七师奎屯职业技术学校新校区	2014	5263
	6	七师胡杨河市高级中学	2014～2016	6200
	7	七师胡杨河市职业技术学校	2014～2016	14381
	8	七师一三七团扶贫教育培训综合楼	2017	545.44
	9	七师一二六团中学配套工程	2018	190.35
	10	四师第二中学配套工程	2011	400
	11	四师七十九团中学改造工程	2011～2012	595
	12	四师六十四团镇江中学改扩建工程	2011～2012	3902.77
	13	四师六十一团幼儿园	2012	349.96
	14	四师七十一团幼儿园	2012	332.05
	15	四师六十二团中小学改造工程	2013	1592.06
	16	四师七十一团中学运动场	2013	500
	17	四师七十三团金山中学小学部附属设施	2013～2014	697.14
	18	四师可克达拉市镇江高级中学	2014～2018	23873
	19	四师六十一团中学运动场	2015	350
	20	四师六十九团中学塑胶跑道	2016	200
	21	四师七十八团幼儿园	2016	300
	22	四师六十六团中学运动场	2016～2017	400
	23	四师七十二团中学运动场	2016～2017	500
	24	霍尔果斯经济开发区兵团分区职工培训实习基地	2017～2018	2000
	25	四师可克达拉市金山实验学校	2017～2019	4600
	26	四师七十团第一中学篮球场	2018	380
	27	四师七十五团幼儿园	2018	125
	28	四师七十六团幼儿园室外运动场及配套工程	2018	230
	29	四师七十七团中学学生宿舍	2018	180
	30	四师七十八团学校学生食堂	2018	181.86
克州	1	克州科技和职业培训中心	2013～2015	3200
	2	克州师资培训中心	2014～2015	2240
	3	克州廉政教育基地	2015	150
	4	克州中等职业技术学校升级改造工程	2015～2020	13000

续表

地区	序号	项目名称	援助时间	援助资金
克州	5	克州第三中学附属设施	2017	144.9
	6	克州第二幼儿园	2017～2019	742
	7	帕米尔人才大厦（克州州委党校二期）	2018～2019	3470
	8	阿合奇县中心幼儿园	2007～2008	250
	9	阿合奇县第二幼儿园	2009	230
	10	阿合奇县第三幼儿园	2011～2015	1148.9
	11	阿合奇县同心中学	2012～2019	1260.25
	12	阿合奇县职业高中	2014～2015	1050
	13	乌恰县实验小学综合教学楼	2011～2012	2286
	14	乌恰县江南幼儿园	2012～2013	150
	15	乌恰县乡村幼儿园	2014～2016	1733
	16	乌恰县黑孜苇乡小学配套工程	2017～2018	1000
	17	乌恰县农牧民职业技能实训场地	2017～2019	900
	18	阿图什市第一中学综合楼及配套工程	2011～2012	2695
	19	阿图什市昆山育才学校	2011～2019	9208
	20	阿图什市第一小学综合楼及配套工程	2012～2015	825
	21	阿图什市第二中学配套工程	2014～2015	2100
	22	阿图什市委党校（人力资源学校）	2014～2017	6578
	23	阿图什市专业技术人才楼	2015	794
	24	阿图什市第三幼儿园	2016	1074
	25	阿图什市第四幼儿园	2016	1231.6
	26	阿图什市第二小学重建工程	2016～2018	5878
	27	阿图什市 13 所乡村幼儿园	2017	850
	28	阿图什市第六中学	2017	179.9
	29	阿图什市阿扎克乡中心学校运动场	2017	118.9
	30	阿图什市乡村中心学校	2017～2018	4585
	31	阿图什市教师培训中心	2017～2019	4149.1
	32	阿图什市职业教育学校	2017～2020	4680.5

说明：表中所列项目为单次投入或累计投入援助资金100万元以上项目。

那拉提之春（杨晓千／摄）

第六节　医疗卫生设施

医疗卫生援疆是江苏援疆工作重点之一。2010年前，江苏援建伊犁州妇幼保健院综合楼、州“120”急救中心、霍城县江苏医院、乡村卫生院等医疗卫生基础设施，并向受援地医院捐赠医疗设备和资金。2010年新一轮对口援疆工作开始后，江苏重点推进援疆医疗卫生帮扶工程，支持伊犁州实施基层基础医疗卫生设施建设。2011～2013年，投入援助资金，推动伊宁市人民医院、伊宁县人民医院、昭苏县人民医院等项目建设，以及新源县中医医院整体搬迁工作。2014～2016年，江苏共援建伊犁州医院（卫生所室）59所，包含伊宁市金陵维吾尔医医院、奎屯市疾病预防控制中心、巩留县中医医院异址迁建、四师医院综合楼等项目，改善受援地就诊条件和医疗卫生综合服务能力，实现“大病不出城，小病不出乡”。2017～2019年，实施县、乡、村三级卫生健康服务基础设施项目164个，包含察布查尔县人民医院、新源县人民医院、昭苏县人民医院、七师胡杨河市人民医院、四师可克达拉市人民医院及奎屯市火车站社区卫生服务中心等项目，提升县乡医疗卫生服务能力，稳定和巩固基层卫生医疗服务基础。投资建设远程医疗会诊系统，实现江苏省与伊犁州、县（市）、乡（镇）、村四级远程诊疗系统对接。在克州，2011～2013年援建6所卫生院，为阿图什市人民医院、乌恰县人民医院购置医疗设备等，实施阿合奇县大病统筹等健康提升项目。投资建设克州远程医疗会诊系统，使克州各族农牧民及时得到一流医院、一流专家优质诊疗服务。2014～2016年，安排医疗援助资金1.72亿元，用于克州妇幼保健院业务用房、阿图什市人民医院新院等项目建设和医疗设备购置。在全力帮助克州人民医院创建三级甲等医院基础上，加强克州人民医院硬件建设，使医院硬件条件迅速得到改善、医疗水平和管理能力迅速提升。2017～2019年，重点实施克州人民医院软硬件、阿图什市人民医院新院建设等项目，加强县（市）医院、乡（镇）卫生院和村（社区）卫生室标准化建设，优化农村牧区医疗卫生资源配置，改善农牧民医疗卫生条件。

一、医　院

伊宁市人民医院　2011～2013年建设，投入援助资金3704万元。项目以建设伊犁州各市县中硬件设备最优、医疗水平最高的现代化综合性医院为标准进行援建。2011年，投入援助资金700万元，购置医疗设备，帮助该院建成仪器设备先进的检验科和放射科。2012年，投入援助资金1044万元，参与建设医院综合楼，进行外墙保温、装饰和内部装修等，并购置配套设备。2013年，投入援助资金1960万元，引进现代化仪器设备，将泌尿科、消化科、产科、骨科打造成特色专科；建设区域化远程会诊医疗卫生系统信息平台，将医院建成伊犁州一流数字化医院。

伊宁市金陵维吾尔医医院　2014～2017年建设，总投资14144.5万元，均为援助资金。项目占地3.2公顷，总建筑面积3.43万平方米。新建门诊楼、病房楼、餐厅及其他辅助用房，实施院内道路、景观绿化、医疗配套附属设施工程和医疗器械设备购置

伊宁市人民医院（2013年摄）

伊宁市金陵维吾尔医医院（2017年摄）

特克斯县江宁人民医院（2018年摄）

等。医院以维吾尔医专科特色诊治为主，同时开设内科、外科、皮肤科等12个科室，拥有Ⅲ级手术室6间、负压手术室1间、重症监护室1间和住院病床350张。该医院是北疆地区唯一一所综合服务功能强、维吾尔医特色显著、专科优势明显的现代化综合性医院。

特克斯县江宁人民医院　2016～2019年建设，投入援助资金13834万元。项目占地8公顷，总建筑面积2.75万平方米，建设内容主要包括门诊楼、住院部及其他辅助用房，购置医疗设备、医疗污水处理设施设备，完善配套公用设施建设等。医院设床位285张，是全县唯一一所集医疗、急救、护理、预防、康复为一体的综合性二级甲等医院，承担特克斯县及周边县区近20万人的医疗、急救、护理、预防、康复等职能，突发公共卫生事件处置及妇女儿童保健三大类38种传染病防治等医疗救护任务。项目获伊犁州"天马杯"优质工程奖。

霍城县江苏医院　2003～2019年建设，投入援助资金14984.69万元。2003年，投入援助资金500万元，新建病房楼，建筑面积5780平方米，开设内科、儿科、外科、妇产科、中医科、手术室、产房、中心药房、影像科等科室及住院处，设床位177张。2004年，投入援助资金1200万元进行改扩建，新建门诊楼、医技楼、住院大楼。改扩建后的医院占地6.23公顷，总建筑面积1.1万平方米，其中改扩建面积1.07万平方米。同年，医院更名为霍城县江苏医院（原名霍城县第一人民医院）。2011～2012年，总投资1600万元，其中援助资金1324.3万元，建设内科、儿科病房楼，总建筑面积6514平方米，设床位150张。2017～2019年，投入援助资金11960.39万元，建设综合楼，建筑面积3.2万平方米，并完善给排水、供暖、供电设施，实施道路硬化绿化等工程，

2004年8月26日，霍城县江苏医院竣工典礼

霍城县江苏医院（2012年摄）

霍城县中医医院（2016年摄）

其中230万元用于架空连廊建设。综合楼集诊断、检查、医疗、住院、康复等功能于一体，设急诊、手术、ICU和常规功能科室，新增床位280张。改造工程完成后，硬件水平达到自治州同级医院领先水平，为群众就医提供更优质的医疗服务。项目获伊犁州建筑工程"天马杯"优质工程奖，被评为自治区"天山杯"优质工程奖。

霍城县中医医院　2011～2016年建设，投入援助资金5720万元。2011～2012年，投入援助资金1720万元，进行标准化建设，新建住院楼等建筑，总建筑面积8800平方米。2015～2016年，总投资9000万元，其中援助资金4000万元，建设住院楼2幢、业务及辅助用房1幢、门（急）诊楼1幢，总建筑面积2.8万平方米。

奎屯市妇幼保健院　2013～2014年建设，总投资3840万元，其中援助资金3800万元，建设1.07万平方米综合楼。同时，投入援助资金500万元，配备四维彩超、乳腺钼靶、DR-X光机、全自动生化仪等先进医疗设备。规范的产科、新生儿科，新建的层流手术室，宽敞明亮的就医环境，完善的医疗设施，使医院就诊环境和诊疗水平得到显著提升，达到国家级标准化妇幼保健院建设标准，推动当地妇幼保健事业发展。

奎屯医院　2016～2019年建设，投入援助资金6500万元。2016年，投入援助资金1400万元，购置医疗设备。2017～2019年，投入援助资金5100万元，建设儿科综合病房楼。项目分为儿童医疗服务体系及综合病房两部分，总建筑面积3.21万平方米。1～8层为儿童医疗服务体系，建筑面积1.53万平方米，设床位160张；9～16层为综合病房楼，建筑面积1.68万平方米，设床位252张。项目建成后，奎屯市逐步建立起儿童医疗服务体系，改善区域儿童医疗基础设施条件，提高儿童基本医疗覆盖率和保障水平。

巩留县人民医院　2011～2017年建设，投入援助资金2501.2万元。2011～2013年，投入援助资金2001.2万元，新建门诊楼，购置医疗设备，完善基础设施。2017年，

奎屯医院第一住院部（儿科综合病房楼）（2019年摄）

2011年7月21日，巩留县人民医院门诊部落成启用

巩留县中医医院（2016年摄）

启动综合病房楼建设，总投资1.05亿元，其中援助资金500万元，总建筑面积1.53万平方米，主要包括血液透析室、影像中心、学术报告厅与会议室、体检中心、内镜室等。该医院建成后，达到二级甲等综合性医院标准，能满足每天600～800人次门诊量需求，床位数增至600张，环境、医疗条件和服务能力发生很大变化。

巩留县中医医院异址迁建工程及老年康复中心　2014～2016年建设，投入援助资金5958万元，其中中医医院异址迁建投入援助资金4958万元、老年康复中心投入援助资金1000万元。项目占地4.67公顷，总建筑面积1.88万平方米，包括门（急）诊楼、病房楼、老年康复楼，内设层流手术室和ICU室，配置医疗仪器设备，有床位264张，可满足每天300人次就诊。该医院成为一所集中医、中西医结合医疗、预防保健、老年康复等于一体的二级甲等中医医院。该项目为巩留县打造伊犁河谷东部医疗卫生高地的标志性工程。

伊宁县人民医院标准化建设　2011～2013年建设，总投资2.1亿元，其中援助资金7609万元。伊宁县人民医院成立于1952年，软硬件建设与标准化医院之间存在很大差距，至2011年只有180张开放床位。农村新农保、城镇医保实施以后，许多患者因为该院接诊能力有限，不得不转上级医疗机构就诊。异地新建内容主要包括新建病房大楼2.2万平方米，门（急）诊、医技楼1.34万平方米，配套动力中心、食堂、连廊和污水处理站。在原有17个临床医技科室基础上，新成立呼吸科、肾内科、重症医学科（ICU）、新生儿重症监护室、神经外科、血液透析室、内窥镜室等9个临床医技科室，有层流净化手术室10间，开放床位500张。2014年，县人民医院转院率由40%下降为13%。2017年，伊宁县人民医院被评为二级甲等医院。该项目获中国建设工程“鲁班奖”。

察布查尔县人民医院医疗业务用房及配套设施　2017～2020年建设，总投资2.12亿元，其中援助资金6000万元。察布查尔县人民医院原有医疗服务用房条件远低于国家标准，当地政府决定在新城区新建一所总建筑面积4万平方米、床位500张的综合性医院。项目占地8.93公顷。其中，建筑面积2.7万平方米的医疗业务用房及其配套设施主要由援疆资金投资建设。该项目使察布查尔县整体就医环境和服务水平得到显著提升。

新源县中医医院整体搬迁工程　2011～2012年建设，总投资4427.67万元，均为援助资金。该工程是新一轮对口援疆工作开始后，江苏省援建伊犁州项目中首个投入使用的医院项目。医院原占地5300平方米，建筑面积8000平方米，基础设施落后、就医环境差。整体搬迁工程占地1.8公顷，总建筑面积1.35万平方米，建设内容主要包括

察布查尔县人民医院（2020年摄）

新源县中医医院（2019年摄）

新源县人民医院（2021年摄）

门诊楼、病房楼、急诊楼、后勤楼及配套设施。搬迁后，医院功能区划分合理，设26个科室，突出熏蒸、中药饮片、中医特色治疗，床位增至150张，就诊条件和住院环境得到显著改善，医院各项建设达全州领先水平。

新源县人民医院异址新建工程　2017～2021年建设。新源县人民医院始建于1951年，由于地处老城区，发展空间严重受限，不能满足群众就医需求。2017年，该院异址新建项目被列入扬州市援疆重点建设项目，总投资3.4亿元，其中扬州市投入援疆资金1.8亿元。新建成的医院占地7.74公顷，建筑面积7.7万平方米，设有门诊楼、医技综合楼、急诊大厅、儿童急诊大厅、内科系统病房楼、外科系统病房楼、体检中心、综合病房楼、膳食部及医护技能培训中心、感染病房楼及相关配套附属设施等，拥有床位1000余张，是一家集医疗、预防、教学、科研、康复等功能于一体的综合性县级医疗机构。

昭苏县人民医院　2011～2013年建设，总投资1.36亿元，其中援助资金8170万元。项目占地6.67公顷，总建筑面积2.73万平方米，建设内容主要包括新建住院楼、传染病房楼、门诊楼、后勤保障楼及污水处理、医疗垃圾处理等附属工程和外部配套工程，并购置医疗设备。该项目使医院就医环境和服务水平得到显著提升。

昭苏县妇幼保健院　2014～2016年建设，总投资2900万元，其中援助资金2575.1万元。项目占地1.33公顷，总建筑面积5000平方米。该项目填补昭苏县东部医院空白，优化该县医疗卫生资源布局，进一步提高全县妇幼保健水平。

兵团七师医院综合楼及设备　2012～2016年建设，投入援助资金4500万元。2012～2014年，总投资12760万元，其中援助资金4200万元，实施综合楼建设项目。该项目为一幢19层建筑，面积2.9万平方米，包括急诊部、门诊部、住院部、医技科室、保障系统、行政管理用房等。2016年，投入援助资金300万元，为七师医院购置医疗设备。项目建成后，七师医院硬件设施得到明显改善。

昭苏县人民医院（2013年摄）

昭苏县妇幼保健院（2016年摄）

兵团七师胡杨河市人民医院 2017～2018年建设，总投资1.39亿元，其中援助资金4000万元。项目占地6.23公顷，建设内容主要包括门诊医技综合楼、住院楼、后勤楼等，总建筑面积2.71万平方米，设床位150张。该项目较好地满足当地医疗、保健、救治、防疫、科研需要。

兵团四师医院 2014～2019年建设，投入援助资金2421万元。2014～2015年，总投资6800万元，其中援助资金1900万元，实施综合楼项目，总建筑面积2.1万平方米，包括急救中心、康复中心、妇幼保健中心等，地下1层，地上17层。投入使用的康复中心拥有当地硬件设施最好的医疗用房，有效缓解该医院医疗用房紧张状况，改善团场职工就医环境，提升医院医疗服务能力。2018年，投入援助资金230万元，为医院重点专科泌尿外科配备第二代钬激光系统1套和国产医用组织刨削系统1套。2019年，投

兵团七师胡杨河市人民医院（2019年摄）

右 兵团四师医院（2020年摄）

左 兵团七师医院综合楼（2020年摄）

兵团四师可克达拉市人民医院（2021年摄）

入援助资金600万元，其中援助资金291万元，实施医院镇江重症示范医学中心项目建设，并购置医疗设备。

兵团四师六十二团医院门诊部、住院部 2017～2018年建设，总投资2699万元，其中援助资金1300万元。项目占地8.67公顷，总建筑面积1.65万平方米，其中住院楼8435平方米、门诊医技楼7627平方米、行政后勤保障楼438平方米。主体建筑为地上3层框架式结构，设计床位200张。

兵团四师可克达拉市人民医院 2017～2019年建设，总投资4.03亿元，其中援助资金8800万元。项目占地6公顷，总建筑面积8.67万平方米，主要包括门（急）诊楼、医技楼、住院楼、体检后勤综合楼及锅炉房、液氧中心、污水泵站、制氧站、洗衣房等配套设施。项目的建成，优化可克达拉市医疗资源配置，提升城市服务功能。

克州妇幼保健院 2016～2017年建设，投入援助资金1910万元。2016年，投入援助资金1410万元，实施业务用房建设，建筑面积7380平方米。2017年，投入援助资金500万元，为医院购置临床信息系统、妇女与儿童保健系统等医疗信息系统及其他医疗卫生设备。该项目进一步提高克州妇幼保健院服务能力。

克州人民医院内科大楼 2016～2019年建设，总投资1.52亿元，其中援助资金2960万元。大楼地下1层，地上12层，总建筑面积4.8万平方米，包括内科病房、儿科病房和全科医生临床培训基地，共设床位800张。

克州人民医院（2019年摄）

克州人民医院东院（2019年摄）

阿图什市人民医院新院（2020年摄）

克州人民医院东院（克州人民医院友谊路院区） 2019年建设，投入援助资金1.2亿元。建设内容主要包括新建门诊病房楼和养老楼，总建筑面积2.48万平方米。其中，门诊病房楼共5层，建筑面积1.7万平方米，内设康复科、全科医学科、老年病科及食堂、超市，设床位173张；养老楼建筑面积0.78万平方米，共有62个房间，设床位108张，作为克州康复技能培训学员和外地到医院交流交往人员住宿用房。

阿合奇县人民医院 2014～2018年建设，投入援助资金2708.7万元。2014年，投入援助资金625万元，新建建筑面积4500平方米外科楼1幢；投入援助资金677万元，为医院购置核磁共振等医疗设备。2016～2018年，投入援助资金1406.7万元，新建科教综合楼、血库等基础设施，购置CT等设备，打造重点特色科室，提升医疗医技水平。

阿图什市人民医院新院建设及医疗设备 2015～2019年建设，投入援助资金15959.5万元。援建前，该医院是阿图什市唯一一所市级医院，总建筑面积1.8万平方米，无法满足当地群众就医需要。新院位于阿图什市工业园区，占地3.6公顷，总建筑面积2.99万平方米。建设内容主要包括门诊医技楼，内设门诊、急诊、重症监护（ICU）、B超、放射、检验、体检等医技科室及行政办公区；综合住院楼，内设9个临床科室及手术室、产房等，设床位272张；传染病楼，内含发热门诊、结核病防治“三位一体”、艾滋病治疗点，设床位99张。另建有辅助用房，并集中购置配套医疗设备。该项目使医院就诊范围覆盖工业园区、阿扎克乡和上阿图什镇，满足周边10万余名群众就医需求。

二、卫生院（室）、社区卫生服务中心

伊宁市都来提巴格街道社区卫生服务中心 2017～2018年建设，总投资1076万元，其中援助资金800万元。项目占地4000平方米，建设内容主要包括业务楼、康复病房、全民健康体检中心、中医馆及配套设施等，总建筑面积3000平方米。该中心为辖区居民提供优质高效的预防、医疗、康复、保健、健康教育和计划生育指导等公共卫生服务和基本医疗服务，改善社区各族群众就医环境。

伊宁市塔什科瑞克乡卫生院 2017～2018年建设，投入援助资金800万元。项目占地6400平方米。新建业务楼3000平方米，包括门诊部、康复病房、医技科室、中医科和体检中心。卫生院可满足辖区内3.5万名居民诊疗需求，为辖区居民免费提供健康咨询、随访治疗、动态监测、档案建立、家庭医生服务等14项基本公共卫生项目服务。

伊宁市塔什科瑞克乡卫生院（2020年摄）

奎屯市乌鲁木齐西路社区卫生服务中心（2020年摄）

霍城县江苏医院萨镇分院（萨尔布拉克镇卫生院） 2014～2015年建设，总投资1600万元，其中援助资金800万元，新建综合业务楼，建筑面积6550平方米。

奎屯市北京路社区卫生服务中心 2012～2013年建设，总投资600万元，其中援助资金420万元。建设内容主要包括综合楼、道路、绿化、供配电、给排水、消防等，总建筑面积2358平方米。该项目改善群众看病就医条件，为居民提供预防保健及全科医疗服务。

奎屯市乌鲁木齐西路社区卫生服务中心 2016年建设，总投资1750万元，其中援助资金1600万元。项目总建筑面积4501平方米，建设内容主要包括建筑面积4101平方米综合楼，内设临床科室、预防保健科室、医疗科室及管理保障房等各类业务用房，食堂、停车库、污水处理设备间、消防控制室、泵房、消防水池等配套设施。

奎屯市火车站社区卫生服务中心 2017～2018年建设，投入援助资金2203.59万元。2017年，投入援助资金1718.25万元，建设业务用房、车库、食堂及门卫室等基础设施，总建筑面积4550平方米，其中业务用房主体楼3800平方米。2018年，投入援助资金485.34万元，为该中心配套室内外设施，购置医疗及办公设备。该项目进一步方便奎屯市西区居民就医。

巩留县村级卫生室标准化改造工程 2014～2015年建设，投入援助资金400万元。新建和改造村级标准化卫生室22所，每所卫生室使用面积不少于120平方米，提高村级卫生室标准化达标率，改善村级医疗卫生条件，农牧民一些常见病足不出村就能得到诊疗。该村级卫生室标准化建设项目设计方案在伊犁州广泛推广。

伊宁县乡镇（场）、村卫生院（室）改扩建及示范化门诊建设 2012～2018年建设，投入援助资金2084.58万元。2012～2013年，投入援助资金600万元，主要用于改扩建喀什乡、曲鲁海乡、巴依托海乡3所中心卫生院，麻扎乡、吐鲁番于孜乡、萨地克于孜乡等乡镇（场）卫生院，新建多个儿童免疫示范门诊。借鉴南通示范乡镇卫生院创建模式，结合伊宁县实际情况，制定伊宁县示范乡镇卫生院评价标准，进行标准化建设。

奎屯市火车站社区卫生服务中心（2019年摄）

新源县阿勒玛勒镇卫生院（2019年摄）

2014～2015年，投入援助资金646万元，实施中心卫生院、乡镇（场）卫生院和村级卫生室标准化建设，其中300万元用于建设胡地亚于孜乡卫生院业务用房及辅助设施。2016～2018年，投入援助资金838.58万元，为2所乡镇卫生院、70所村卫生室标准化建设购置医疗设备。

察布查尔县村卫生室 2014～2015年建设，总投资476.24万元，其中援助资金285.74万元。项目覆盖全县13个乡镇的27个行政村，新建25所、改扩建2所村卫生室，每所卫生室建筑面积约100平方米。该项目进一步完善农村卫生三级网络，改善基层医疗机构服务条件，较好地满足各族农牧民就医需求。

察布查尔县阔洪奇乡卫生院 2015～2016年建设，总投资425.06万元，其中援助资金283.37万元。建设内容主要包括1500余平方米业务用房及警务室、垃圾焚烧、污水处理和围墙等配套设施以及道路硬化、绿化。该项目改善阔洪奇乡卫生院业务用房紧张状况，推进乡镇卫生院达标建设。

新源县阿勒玛勒镇卫生院 2014～2015年建设，总投资650万元，其中援助资金300万元。新建2760平方米门诊病房综合楼，内设门诊服务中心、医疗设备用房、住院病房及周转宿舍和附属设施。项目建成后，医院合理划分功能区域，内设18个科室，强化中医馆，突出熏蒸、中药饮片等中医特色治疗，床位增至40张，使新源县东部1镇2场（阿勒玛勒镇，野果林改良场、台勒哈拉牧场）2.9万名群众医疗卫生服务条件得到改善。

昭苏县乡镇卫生院（室） 2017～2018年建设，投入援助资金1779.34万元。建设内容主要包括新建喀夏加尔镇卫生院（建筑面积2500平方米）、昭苏军马场喀尔坎特卫生院（建筑面积1500平方米）、喀拉苏镇阿合牙孜卫生院（建筑面积1100平方米）、巴

阿合奇县阿合奇镇卫生院（2018年摄）

斯喀拉苏村卫生室（建筑面积400平方米）、夏特柯尔克孜族乡玛热勒特村卫生室（建筑面积300平方米），共5800平方米。该项目进一步完善该县乡村卫生网络，改善基层医疗服务条件，方便群众就医。

阿合奇县阿合奇镇卫生院　2011～2012年建设，总投资713.47万元，均为援助资金。该院始建于1958年，原名吾曲镇卫生院。重建项目占地5100平方米，总建筑面积3628平方米，其中门诊楼建筑面积2468平方米，设有门诊部、住院部、护理部、公共卫生科、药剂科等，承担全镇农牧民基本医疗、健康教育、计划免疫、妇幼保健、公共卫生服务等工作。

乌恰县乡镇卫生院改扩建工程　2013年建设，总投资1680万元，其中援助资金990万元。项目重点建设黑孜苇乡、巴音库鲁提乡、托云乡、吾合沙鲁乡、吉根乡、乌鲁克恰提乡6所乡镇卫生院，新增业务用房8000平方米，新增床位100张，使农牧区2万名农牧民医疗卫生条件得到明显改善。

乌恰县巴音库鲁提乡卫生院（2022年摄）

乌恰县吉根乡卫生院（2022年摄）

乌恰县托云乡卫生院（2013年摄）

阿图什市格达良乡卫生院（2015年摄）

阿图什市格达良乡卫生院　2015年建设，总投资463万元，均为援助资金。新建2201平方米综合楼及围墙、道路、绿化、硬化、室外管网等配套工程。同时，为医院购置医疗和办公设备等。

三、其他卫生设施

伊宁市金陵抗病毒治疗中心　2014～2017年建设，总投资7996.8万元，均为援助资金。项目占地1.33公顷，总建筑面积1.56万平方米，建设内容主要包括门诊楼、住院病房楼、餐厅及道路、景观绿化、医疗配套设施等，并购置医疗设备。该治疗中心设立诊疗中心、检验中心、透析中心、关爱中心、宣教中心5大功能区，拥有无菌手术室6间、重症监护室1间、住院病床230张，住院部实现病人病房与医护单元物理隔离。该中心是新疆唯一一所为艾滋病人提供治疗、护理、心理帮助、行为干预等一整套服务的综合性传染病医院。

伊宁市戒毒康复中心　2017～2019年建设，总投资4080.5万元，均为援助资金。项目占地5.49公顷，总建筑面积9821平方米，建设内容主要包括戒毒人员用房、业务用房、民警备勤用房、智能管理系统及室外配套附属工程等。

奎屯市疾控中心　2014～2015年建设，总投资2700万元，其中援助资金2400万元。奎屯市疾控中心始建于1975年，基础设施简陋，疾病预防水平相对落后。项目建成后，中心占地由3000平方米增至7750平方米，业务楼由4635平方米增至6001平方米（其中，实验室由800平方米增至2400平方米），使该中心在疾病预防与控制、监测检验与评价、健康教育与促进、技术管理与服务等公共卫生服务能力方面得到显著提升。实验室获“全国优秀结核病参比实验室”称号。

巩留县公共卫生中心　2014～2016年建设，总投资2800万元，其中援助资金2300万元。项目占地1.33公顷，总建筑面积1.07万平方米。公共卫生中心将原有县妇幼保健站、县疾控中心和县计生服务站进行优化整合，新建疾控中心业务用房4600平方米，改建6100平方米县中医医院原综合病房楼及附属设施。设置床位110张，配备检验科、妇产科、儿科、保健科、结防科、慢性病科等科室。该项目基本解决疾控、妇幼保健计生业务用房严重不足问题，推动儿科诊疗服务项目开展。疾控实验室成为伊犁州首家达标的县级实验室，许多从未开展的实验检测项目得以实施，全面提升全县疾病预防检测和控制水平，是伊犁州第一家县级综合性公共卫生机构。

察布查尔县计划生育服务站及人口和家庭健康服务中心　2014年建设，总投资732.47万元，其中援助资金366.24万元。项目总建筑面积3628平方米，设有男诊室、

奎屯市疾病预防控制中心（2015年摄）

女诊室、手术室、检验室、康复室等功能科室。该项目对察布查尔县开展计生服务、提高人口素质起到积极作用。

察布查尔县疾病预防控制中心业务楼及配套工程 2016年建设，总投资1022.04万元，其中援助资金580万元。项目建筑面积3587平方米。该项目较好地满足区域内居民基本公共卫生服务需求，对提升全县疾病预防控制工作质量乃至全县疾控体系建设水平起到积极作用。

江苏省对口支援新疆部分医疗卫生设施项目情况表

单位：万元

地区	序号	项目名称	援助时间	援助资金
伊犁州	1	伊犁州友谊医院门诊大楼	2006～2007	400
	2	伊犁州妇幼保健院综合楼	2006～2007	600
	3	伊犁州“120”急救中心	2006～2007	400
	4	伊犁州新华医院肿瘤治疗中心	2008～2009	1000
	5	伊宁市16个村级卫生室	2008～2010	160
	6	伊宁市人民医院	2011～2013	3704
	7	伊宁市金陵维吾尔医医院	2014～2017	14144.5
	8	伊宁市金陵抗病毒治疗中心	2014～2017	7996.8
	9	伊宁市都来提巴格街道社区卫生服务中心	2017～2018	800
	10	伊宁市塔什科瑞克乡卫生院	2017～2018	800
	11	伊宁市戒毒康复中心	2017～2019	4080.5
	12	特克斯县乔拉克铁热克镇卫生院	2011	100
	13	特克斯县喀拉托海乡卫生院	2015	113
	14	特克斯县江宁人民医院	2016～2019	13834
	15	霍城县江苏医院	2003～2019	14984.69
	16	霍城县14所乡镇卫生院	2008～2010	799
	17	霍城县妇幼保健院综合业务楼	2011～2014	800
	18	霍城县中医医院	2011～2016	5720
	19	霍城县江苏医院萨镇分院（萨尔布拉克镇卫生院）	2014～2015	800
	20	奎屯市北京路社区卫生服务中心	2012～2013	420
	21	奎屯市传染病医院	2013～2014	2000
	22	奎屯市妇幼保健院	2013～2014	3800
	23	奎屯市疾控中心	2014～2015	2400

续表

地区	序号	项目名称	援助时间	援助资金
伊犁州	24	奎屯市乌鲁木齐西路社区卫生服务中心	2016	1600
	25	奎屯医院	2016～2019	6500
	26	奎屯市火车站社区卫生服务中心	2017～2018	2203.59
	27	尼勒克县妇幼保健院	2010～2013	620
	28	尼勒克县疾控中心	2014～2015	300
	29	尼勒克县农村医务室	2014～2016	290
	30	霍尔果斯市人民医院配套用房	2016	1005
	31	霍尔果斯市妇幼保健院	2016	1000
	32	巩留县人民医院	2011～2017	2501.2
	33	巩留县村级卫生室标准化改造工程	2014～2015	400
	34	巩留县公共卫生中心	2014～2016	2300
	35	巩留县中医医院异址迁建工程及老年康复中心	2014～2016	5958
	36	伊宁县乡镇计划生育服务站改扩建及服务设施	2011	200
	37	伊宁县人民医院标准化建设	2011～2013	7609
	38	伊宁县乡镇（场）、村卫生院（室）改扩建及示范化门诊建设	2012～2018	2084.58
	39	察布查尔县妇幼保健院配套工程	2010～2012	690.5
	40	察布查尔县计划生育服务站及人口和家庭健康服务中心	2014	366.24
	41	察布查尔县乡村卫生室	2014～2015	285.74
	42	察布查尔县阔洪奇乡卫生院	2015～2016	283.37
	43	察布查尔县疾控中心业务楼及配套工程	2016	580
	44	察布查尔县人民医院医疗业务用房及配套工程	2017～2020	6000
	45	新源县中医医院整体搬迁工程	2011～2012	4427.67
	46	新源县阿勒玛勒镇卫生院	2014～2015	300
	47	新源县哈萨克医医院附属设施	2017～2018	756.28
	48	新源县人民医院异址新建工程	2017～2021	18000
	49	昭苏县人民医院	2011～2013	8170
	50	昭苏县计划生育世代服务中心	2012～2013	180
	51	昭苏县妇幼保健院	2014～2016	2575.1
	52	昭苏县乡镇卫生院（室）	2017～2018	1779.34
	53	昭苏县中医医院	2017～2019	3497.16
兵团	1	七师医院综合楼及设备	2012～2016	4500
	2	七师一二六团医院门诊综合楼抗震加固工程	2014～2015	651
	3	七师一二七团医院综合楼、疾病预防控制中心	2017	565.56
	4	七师一三七团医院综合楼	2017	800

续表

地区	序号	项目名称	援助时间	援助资金
兵团	5	七师胡杨河市人民医院	2017～2018	4000
	6	七师一二三团医院综合楼	2019	740
	7	七师一二七团医院基础设施配套工程	2019	325.61
	8	七师中医医院污水处理站及地下管网改造工程	2019	108.84
	9	四师医院	2014～2019	2421
	10	四师军垦花苑社区卫生服务中心	2015	300
	11	四师七十九团医院综合楼	2016	300
	12	四师六十三团医院门诊综合楼	2017	430
	13	四师六十二团医院门诊部、住院部	2017～2018	1300
	14	四师可克达拉市人民医院	2017～2019	8800
	15	四师可克达拉市绿缘医院	2018～2019	1000
克州	1	克州妇幼保健院	2016～2017	1910
	2	克州人民医院内科大楼	2016～2019	2960
	3	柯尔克孜族医药研究院	2018	124
	4	克州人民医院东院（克州人民医院友谊路院区）	2019	12000
	5	阿合奇县阿合奇镇卫生院	2011～2012	713.47
	6	阿合奇县人民医院	2014～2018	2708.7
	7	阿合奇县苏木塔什乡卫生院	2017	285
	8	阿合奇县色帕巴依乡卫生院	2017	290
	9	阿合奇县乡镇卫生院标准化建设	2019～2020	500
	10	乌恰县康复中心	2013	538
	11	乌恰县乡镇卫生院改扩建工程	2013	990
	12	乌恰县吐尔尕特口岸医院迁建配套工程	2018	300
	13	阿图什市格达良乡卫生院	2015	463
	14	哈拉峻乡卫生院	2015	637
	15	阿图什市乡镇卫生院改扩建工程	2015～2016	200
	16	阿图什市人民医院新院建设及医疗设备	2015～2019	15959.5
	17	阿图什市乡镇（街道）卫生院及村卫生室标准化建设	2017～2019	1559.1
	18	阿图什市疾病预防控制中心设备及配套工程	2019	170

说明：表中所列项目为单次投入或累计投入援助资金100万元以上项目。

第七节　文体设施

对口援疆工作开始后，江苏把文化体育设施援建作为江苏民生援建重要内容。2003年，江苏与新疆共同建设汉家公主纪念馆，纪念2100余年前远嫁新疆伊犁的细君和解忧两位汉家公主。其后，又陆续援建一批文化活动中心和广电传媒等设施。2010年新一轮对口援疆工作开始后，江苏继续加大对受援地文体事业援建力度，尤其是新建一批广电“村村通”设施，农村电视覆盖率和偏远农牧区群众收视率大幅提高。伊犁州广播电视覆盖系统扩大工程及特克斯县广播电视发射观光塔、胡杨河市广电传媒中心、阿图什电视台、乌恰县电视台等新建和改扩建工程，为受援地广播电视事业发展提供设施保障。伊犁州广播电视覆盖系统扩大工程完成后，使州直广播电视覆盖范围由60%（广播）和68%（电视）提高到98%，兵团四师、七师实现有线电视数字化团场覆盖率90%以上。江苏还重点援建一批群众文化体育设施和健身场所，伊宁市金陵群众文化活动中心、奎屯市青少年活动中心、霍尔果斯口岸文体活动中心、新源县青少年文化活动中心（新源县文化艺术中心）、可克达拉市文化馆、乌恰县博物馆（城市规划展示馆）等一批大型文化体育项目竣工投入使用，推动县、乡、村三级群众性文化体育活动广泛开展，较好地满足各族群众日益增长的文化体育需求，为提升受援地公共文化服务水平、推动民族传统文化繁荣发展发挥积极作用。

伊犁州电视中心大厦续建项目　2006～2007年建设，总投资1177万元，其中援助资金375万元。在原有6层基础上续建5层，局部7层，总续建面积3382平方米。该项目进一步改善中心职工办公环境，办公区和技术创新区划分更加清晰，更加符合电视专业办公要求。

伊犁州广播电视覆盖系统扩大工程　2014～2015年建设，投入援助资金3000万元。建设内容主要是在各市县原有广播电视设施基础上，新建1座主站和若干座补点基站。该项目使伊犁州广播电视讯号发射覆盖范围由60%（广播）和68%（电视）提高到98%，利用国家和自治区实施的“村村通”和“户户通”接收设施可达到接收全覆盖。

伊犁州民生综合档案保管利用中心　2017～2019年建设，投入援助资金5153.64万元。项目总建筑面积1.2万平方米，包括档案库房5000平方米、展厅4000平方米、技术用房2000平方米、综合业务用房500平方米及附属用房500平方米。中心向社会和

伊犁州电视中心大厦续建工程竣工典礼（2007年摄）

新源县扩大广播电视覆盖系统设施（2016年摄）

群众提供档案利用、公开文件和档案信息网上查询等服务。

伊宁市汉家公主纪念馆　2003～2004年建设，投入援助资金300万元。纪念馆占地7000平方米，总建筑面积1791平方米，其中主展厅500余平方米。整座建筑群具有鲜明的汉代建筑风格，平面布局分主展厅和4个副展厅，并建有汉阙、亭阁、长廊和雕塑。纪念馆以细君、解忧两位公主远嫁新疆为主线，用历史事实证明新疆自古以来就是中国领土不可分割的一部分。

伊宁市电视台维吾尔语电视剧译制中心　2013年建设，投入援助资金400万元。译制制作系统按照2套录音棚规模进行建设，包括3个上下载站点、1个审片站点、6套音频工作站及12套抄、译、校对工作站及中心存储系统。该系统是集音视频节目录制、下载、抄写、翻译、校对等功能于一体的数字化、网络化完整系统。该中心的成立，填补伊宁市少数民族语言广播影视节目空白。

伊宁市金陵群众文化活动中心（2016年摄）

伊宁市金陵群众文化活动中心（金陵民族工艺创业就业中心） 2014～2016年建设，总投资4950万元，其中援助资金4750万元。项目占地6700平方米，总建筑面积1.26万平方米，设有非物质文化遗产展示厅、多功能展厅、舞蹈排练厅、民族舞蹈传承及演艺厅、体育活动馆、各类文化培训教室等，是一座集文化活动体验、体育健身、文化创意等功能于一体的文化教育综合体。中心免费向群众开放，较好地满足各族群众文化体育活动需求。

【链接】文化援疆：用文化润泽伊犁大地

7月9日一大早，在伊宁市金陵群众文化活动中心门前，前来参加活动的群众鱼贯而入。“自从这个援疆项目建成后，每天来这里的市民达500余人，这里已成为各族市民开展文化活动的培训中心。”负责管理的伊宁市文化馆馆长韩瑛华介绍说。

从硬件着手，打造群众文化活动大客厅

在2016年之前，人们对伊宁市文化馆的认识只局限于位于伊宁市公安局旁的一座破旧小楼，没有排练场所，乐器缺乏，设施陈旧，很难开展市民文化活动。金陵群众文化活动中心是由伊宁市对口支援城市南京援建的“交钥匙”项目，项目总投资4950万元。活动中心内设非物质文化遗产展示厅、演艺厅、美术展厅、体育活动室及舞蹈、合唱、器乐、美术等各类培训室，于2016年6月投入使用。

记者走进二楼的民族乐器室，伊宁市文化馆副馆长亚力坤·苏力坦正在教授学生学习民族乐器都塔尔。这个在馆里工作20余年的汉子谈起现在的文化环境感慨万千：“这是我工作这么多年来条件最好的，无论从活动场所还是乐器上来说，都比以前好。”活动中心近百件民族乐器，让亚力坤对今后的工作更加充满信心。

文化下基层，让文化融入百姓生活

“在金陵群众文化活动中心，每个人都可以寻找到属于自己的乐趣。在这里，真正体现出文化走进百姓生活、文化融入百姓生活，来我们这里学习都是零门槛、全免费的。”韩瑛华说。

今年68岁的李社会家住距离伊宁市24公里外的兵团四师70团，每天早上他都要开车来这里，跟合唱团的成员们练上一嗓子。“每天都来，跟老朋友们唱唱歌、聊聊天，身心健康，还能交到朋友，特别好。”李社会说。

伊宁市文化馆现在每天有28支群众队伍同时活动，每周共有140支群众活动队伍，受益群众达1万人。文化馆内每天都是热闹非凡。

打造精品文化，让文化的种子生根发芽

有了硬件设施，更重要的是提高软件服务。今年以来，该文化馆积极开展各类培训10次，受益群众400多人，选派干部和文化志愿者11人次参加各级各类培训，做到“请进来、走出去”，极大地提高了基层文体工作者、文化志愿者、艺术团演员和文化馆干部的专业素质。

据了解，伊宁市文化馆积极开展“送文化下乡”活动，下基层演出、辅导，满足群众对文化的需求。据统计，今年上半年下基层演出共70余场，下基层辅导60人次，通过下基层巡演，让老百姓在家门口享受到文化大餐，乡镇文化取得长足发展。

为推动江苏、伊犁两地的文化融合，援疆干部注重延伸和拓展援疆内涵，突出民族文化的挖掘与传承，突出历史文化的保护与开发，2011年至2013年，南京援疆指挥组以喀赞其片区为民族文化的代表，累计投入援疆资金4150万元，实施了包括吐达洪巴依大院修缮和保护工程、新建伊犁赛乃姆演艺中心和民族手工艺品研发创意中心项目、特色街巷建设等的喀赞其民俗旅游区基础配套设施建设，使喀赞其成为伊宁市文化旅游的“新名片”。特别是建造的自治州唯一的集反映新疆自然山水和民俗风情为一体的4D小影院，使群众更能感受到现代化技术与民族文化相融合带来的独特效应。

目前，文化援疆已成为江苏援疆工作的一大亮点。文化援疆，播撒文化的种子，让文化根植在伊犁大地，滋润各族儿女的心田。通过文化援疆滋养心灵、加强文化认同，才能真正促进各族人民手拉手、心贴心。

（原文刊载于2017年7月11日《伊犁日报》，本文有删节）

霍城县广电传媒中心 2006～2007年建设，总投资1074万元，其中援助资金923万元。项目建筑面积5916平方米，设有节目制作室、机房、办公用房及电视发射接收设施等。

霍城县广电传媒中心（2012年摄）

奎屯市青少年活动实践基地（2020年摄）

奎屯市青少年活动实践基地　2011～2012年建设，总投资6130万元，其中援助资金2000万元。项目总建筑面积2.15万平方米。新建科技展览中心、专业教室、普通教室、计算机教室、观演厅、综合活动馆、文化艺术馆、科技科普馆、多功能报告厅、综合培训用房及室外配套等。实践基地是奎屯市唯一一所公办校外教育场所，也是北疆具有辐射周边功能、水平一流的校外教育基地，先后被评为国家级和自治区青少年校外教育示范场所与自治区级青少年科技教育示范基地。

霍尔果斯口岸文体活动中心　2011～2013年建设，总投资8000万元，其中援助资金3000万元。项目包括体育馆、博物馆、展览馆、文化馆等，总建筑面积1.9万平方米。该项目改变口岸没有文化活动场所的局面。

新源县文化艺术中心（新源县青少年文化活动中心）　2014～2015年建设，总投资2800万元，均为援助资金。项目占地1.56公顷，建筑面积5960平方米。一楼为哈萨克族非物质文化遗产展览馆，展厅面积1987平方米，主要介绍哈萨克族历史文化、非物质文化遗产、传统乐器及音乐设备、传统医学、手工艺品等内容；二楼为多功能文化艺术培训中心，设有美术培训室、古琴培训室、舞蹈排练厅、钢琴声乐培训室、书画室、手工陶艺室、冬不拉（阿肯）培训室及办公室；三楼为舞蹈排练室和演艺厅。项目获扬州市"琼花杯"、伊犁州"天马杯"、自治区"天山杯"优质工程奖。中心为新源县哈萨克族非物质文化遗产展览馆、新源县文化馆、新源县歌舞团驻地，是哈萨克民族文化艺术科普展示和传承教育基地，也是新源县文化教育标志性工程。

胡杨河市青少年活动中心　2015年建设，总投资7210万元，其中援助资金1500万元。项目与七师文化活动中心、垦区档案馆合建，是胡杨河市城市配套公共建筑。占

新源县文化艺术中心（2015年摄）

地1.8公顷，总建筑面积14795平方米，其中青少年活动中心6908平方米。项目的建成，为胡杨河市青少年提供校外文化活动场所，搭建青少年兴趣、特长培养平台。

兵团七师胡杨河市广电传媒中心 2015～2017年建设，分3期实施，总投资8517万元，其中援助资金5850万元。建设内容主要包括发射塔及塔座、多功能演播中心、网络多媒体传输中心。该项目从根本上解决七师广电传媒设施落后状况。

《伊犁垦区报》全媒体数字资源发布平台 2016年建设，投入援助资金220万元。建设内容主要包括网站内容管理系统、数字报纸系统、数字资源检索系统、手机阅报、掌上新闻通、报刊微信平台6个子系统及计算机、服务器设备购置等。

兵团四师调频广播、电视网络 2016～2017年建设，投入援助资金600万元。建设内容主要包括3千瓦发射机（含天馈系统）7套、1千瓦发射机（含天馈系统）1套、120米拉线铁塔4座、80米拉线铁塔1座，以及采编播设备高清数字化改造。

兵团四师可克达拉市文化馆 2014年建设，总投资4300万元，其中援助资金600万元。项目又名金谷文化广场，占地1.33公顷，为地上2层框架式结构，建筑面积5217平方米，舞台307平方米，观演厅855座，后台活动室10间。该项目为丰富可克达拉市群众文化生活提供场所。

乌恰县博物馆（城市规划展示馆） 2012～2013年建设，总投资1200万元，其中援助资金562万元。项目占地2公顷，总建筑面积7046平方米，是一个集民俗文化、规划展示、教育、休闲等多功能于一体的综合性展馆。一层为乌恰县城市规划展示馆，二层为乌恰县博物馆。该项目是新疆首座柯尔克孜族博物馆，为更好地研究保护、传承发展柯尔克孜族民俗文化提供平台。

乌恰县电视台和调频广播、无线电视发射塔 2014～2018年建设，总投资2300

万元，其中援助资金1330万元。其中，2014～2015年，总投资2000万元，其中援助资金1130万元，建设县电视台，高9层，建筑面积7000平方米，集远程教育和广播电视传输、采编、制作等于一体。2017～2018年，总投资300万元，其中援助资金200万元，与乌恰县政府合作实施乌恰县电视台和调频广播与无线电视发射塔工程，新建调频广播、无线电视发射塔1座，占地400平方米，塔高120米。

阿图什电视台扩建及译制中心设备　2016～2020年建设，总投资5900万元，均为援助资金。项目占地1.1公顷，总建筑面积9214平方米，其中地上8315平方米、地下899平方米，主体建筑8层，局部1层，并为译制中心购置设备。

兵团七师胡杨河市广电传媒中心（2020年摄）

江苏省对口支援新疆部分文体设施项目情况表

单位：万元

地区	序号	项目名称	援助时间	援助资金
伊犁州	1	伊犁州妇女儿童活动中心	2006	800
	2	伊犁州电视中心大厦续建工程	2006～2007	375
	3	伊犁州广播电视发射塔	2008～2010	500
	4	伊犁州广播电视覆盖系统扩大工程	2014～2015	3000
	5	伊犁州民生综合档案保管利用中心	2017～2019	5153.64
	6	伊宁市汉家公主纪念馆	2003～2004	300
	7	伊宁市电视台维吾尔语电视剧译制中心	2013	400
	8	伊宁市金陵群众文化活动中心（金陵民族工艺创业就业中心）	2014～2016	4750
	9	特克斯县太极坛	2011～2013	977.66
	10	霍城县老干部活动中心	2004～2005	250
	11	霍城县图书馆、科技馆（青少年活动中心）、体育馆“三馆合一”项目	2006～2007	120
	12	霍城县广电传媒中心	2006～2007	923

续表

地区	序号	项目名称	援助时间	援助资金
伊犁州	13	霍城县人民大会堂	2006～2007	427
	14	霍城县科技综合服务中心	2011	2568.3
	15	奎屯市青少年活动实践基地	2011～2012	2000
	16	奎屯市文化体育活动中心	2012	200
	17	霍尔果斯口岸文体活动中心	2011～2013	3000
	18	霍尔果斯青少年校外活动中心	2012～2013	522.6
	19	都拉塔口岸文化站	2016～2018	802
	20	察布查尔县海努克乡海努克村文化大院	2018～2019	250
	21	察布查尔县加尕斯台镇农村文化广场	2019	200
	22	新源县文化艺术中心（新源县青少年文化活动中心）	2014～2015	2800
	23	那拉提草原民俗博物馆多媒体设备安装及装修工程	2015～2016	100
	24	昭苏县青少年活动中心	2010	100
	25	昭苏县细君公主墓园	2011～2012	280
兵团	1	七师一二四团职工文化活动中心	2011	400
	2	七师社区及重点连队党群活动中心	2011～2013	1100
	3	七师胡杨河市青少年活动中心	2015	1500
	4	七师胡杨河市广电传媒中心	2015～2017	5850
	5	四师七十二团档案馆（红军历史陈列馆）	2011	260
	6	四师七十四团公共文化设施	2013	160
	7	四师可克达拉市文化馆	2014	600
	8	四师七十六团青少年文化中心	2015	400
	9	四师六十一团综合文化活动中心	2016	350
	10	《伊犁垦区报》全媒体数字资源发布平台	2016	220
	11	四师调频广播、电视网络	2016～2017	600
克州	1	阿合奇县科技文化体育中心配套工程	2019	436
	2	阿合奇县文化艺术展览厅及文化旅游宣传项目	2019	121.6
	3	乌恰县博物馆（城市规划展示馆）	2012～2013	562
	4	乌恰县广播电视台和调频广播、无线电视发射塔	2014～2018	1330
	5	乌恰县村级（社区）科技文化活动室	2015～2016	300
	6	阿图什电视台数字电视系统工程	2014	792.38
	7	阿图什市上阿图什镇有线电视线路改造工程	2015	309
	8	阿图什电视台扩建及译制中心设备	2016～2020	5900

说明：表中所列项目为单次投入或累计投入援助资金100万元以上项目。

第八节　村（社区）公共服务与社会福利及其他设施

江苏在援建工作中重视城乡基层公共服务设施建设，根据受援地发展和群众需求，建设霍尔果斯北社区服务中心等集党群活动、群众议事、便民服务、教育培训、文化娱乐为一体的一大批村（社区）公共服务设施，推动建立市（县）、乡镇（街道）、村（社区）纵向到底、横向到边的信息化工作网络，对加强精神文明建设和丰富人民群众业余生活具有重要作用。

为改善孤儿、孤老等重点特殊群体、困难群众的生活条件，江苏还援建儿童福利院、敬老院、救助站、老年活动中心、综合康复中心等一批社会福利项目。其中，伊宁县社会福利中心、阿图什市康养中心等项目，投资大、设施新，极大地改善困难人群生活条件。同时，围绕解决就业难题，江苏投入援助资金建设基层劳动就业社会保障平台，使市（县）、乡镇（街道）、村（社区）等劳动保障服务实现信息共享，促进城镇富余劳动力实现就近就业，以此带动农民纯收入、城镇居民可支配收入实现“双倍增”。

一、村（社区）公共服务设施

伊宁市村（社区）公共服务设施　2011～2019年建设，投入援助资金3412.74万元。2011年，投入援助资金524.69万元，建设赛里木、托特科瑞克两个社区服务中心和园艺场、下苏拉宫2个村服务中心，总建筑面积4500平方米。2012年，投入援助资金90.53万元，用于社区功能和信息化建设；投入援助资金200万元，用于都来提巴格街道都来提巴格社区建设，建筑面积1418平方米。2017～2018年，投入援助资金2112万元，新建艾兰木巴格街道巴依库勒社区、塔什库勒克乡新路街社区、都来提巴格街道吉格代勒克社区、潘津乡苏拉宫村等8个达标基层服务中心，平均每个村（社区）补贴264万元。2018～2019年，投入援助资金485.52万元，改扩建伊犁河路街道、潘津镇、达达木图乡、塔什库勒克乡村（社区）服务基础设施。

特克斯县村（社区）公共服务设施　2011～2013年建设，投入援助资金620万元。2011年，投入援助资金100万元，新建7个社区活动场所，建筑面积4200平方米，每个社区600平方米；投入资助资金50万元，新建3个村活动场所，建筑面积1200平方米，

伊宁市达达木图乡下苏拉宫村服务中心（2012年摄）

奎屯市东轩苑社区服务中心（2012年摄）

尼勒克县尼勒克镇第二社区服务中心（2012年摄）

尼勒克县苏布台乡博尔博松村服务中心（2016年摄）

霍尔果斯市北社区服务中心（2015年摄）

巩留县巩留镇哈萨克买里社区服务中心（2011年摄）

伊宁县巴依托海镇茶依其温村便民服务中心（2016年摄）

察布查尔县察布查尔镇果尔敏西街社区服务中心（2015年摄）

每个活动场所400平方米。2012年，投入援助资金190万元，新建1个村级示范点，改建、配套2个村活动场所。2013年，投入援助资金280万元，建设“交钥匙”工程特克斯镇社区综合服务中心，建筑面积1550平方米。

霍城县村（社区）公共服务设施 2011～2019年建设，投入援助资金4507.84万元。2011～2013年，投入援助资金579.06万元，建设5个社区、6个村活动中心，总建筑面积7400平方米。其中，霍城县大西沟乡上大西沟村是基层党组织村级服务中心建设示范点，为其配套部分设备、科普读物等。2014～2015年，投入援助资金1665万元，新建村级服务中心3个、村级卫生室4所、村级幼儿园2所。2016年，投入援助资金456万元，实施3个村级服务中心、2所村级幼儿园配套工程建设。2017年、2019年，分别投入援助资金918.11万元、889.67万元，建设3个村活动场所和13个村民小组活动室，建筑面积7500平方米。

奎屯市社区服务中心 2011～2017年建设，投入援助资金3584.44万元。2011～2012年，投入援助资金2476.6万元，建设乌鲁木齐东路街道东轩苑、东亭苑、乌尔迈克等12个社区服务中心，总建筑面积1.32万平方米。服务中心集舞蹈排练活动场所、台球乒乓球室、书画室、健身馆、手工制品编制室、青少年成长工作室、党员干部现代远程教育站、社区居民大学、“假期十点钟”学校等服务功能于一体，面向辖区居民免费开放。2017年，投入援助资金1107.84万元，建设喀拉尕什、绿洲、苏瓦特3个社区服务中心，主要包括社区办公用房及居民活动场所，内设一站式服务中心、老年人日间照料中心、文体活动室、图书阅览室、心理咨询室等功能区。

尼勒克县村（社区）公共服务设施 2011～2016年建设，投入援助资金2262万元。2011～2012年，投入援助资金1932万元，完成1个社区和13个村服务中心建设，建筑面积7510平方米，并为示范点建设配套设施。2014年，投入援助资金30万元，建设乌拉斯台乡库斯仁村活动中心。2016年，投入援助资金300万元，建设3个村服务中心，总建筑面积1800平方米。

霍尔果斯市村（社区）公共服务设施 2012～2018年建设，投入援助资金1992万元。2012年，投入援助资金300万元，建设南社区综合服务中心。2016年，投入援助资金500万元，建设卡拉苏社区服务中心，建筑面积1200平方米；投入援助资金300万元，新建2个村级组织活动中心。2017年，投入援助资金200万元，改造亚欧西路街道红桥社区服务中心，包括消防、强弱电、会议设备及室内装修等；投入援助资金692万元，建设祥和社区服务中心，建筑面积6200平方米，主要包括室内装修、地面硬化、室外绿化等工程。

霍尔果斯市北社区服务中心 2014～2015年建设，投入援助资金6000万元。项目总建筑面积1.06万平方米，集商业、文化、体育、卫生、教育于一体，成为霍尔果斯市居民休闲娱乐中心场所。该工程获伊犁州“天马杯”优质工程奖。

巩留县村（社区）公共服务设施 2011～2018年建设，投入援助资金2435.7万元。2011～2012年，投入援助资金2076万元，新建、改扩建32个村（社区）公共服务设施。其中，2011年新建13个 、改扩建4个，2012年新建8个、改扩建7个。2017～2018年，投入援助资金359.7万元，为89个村（社区）配备或更新电脑、打印复印一体机、照相机、桌椅等办公设备。

伊宁县村（社区）公共服务设施 2011～2018年建设，投入援助资金4767.79万元。2011～2012年，投入援助资金2200万元，新建22个、改建45个村级综合服务示范中心，满足村干部办公、村级服务和便民活动需要。2014～2015年，投入援助资金1300万元，新建12个村级文化活动室。2016年，投入援助资金495万元，建设墩麻扎镇墩麻扎村、巴依托海镇茶依其温村、阿乌利亚乡哈萨克布力开村3个“一村一社区”示范工程项目；投入援助资金80万元，推动喀拉亚尕奇乡吉尔格朗村建成400平方米文化活动室。2017～2018年，投入援助资金692.79万元，实施吉里于孜镇上肉孜买提于孜村、下肉孜买提于孜村、胡地亚于孜镇下他郡村服务中心建设项目。

察布查尔县村（社区）公共服务设施 2011～2018年建设，投入援助资金1001.7万元。2011年，投入援助资金160万元，新建察布查尔镇果尔敏西街社区1592平方米社区用房，建设米粮泉回族乡阿顿巴村和托布中心巴音村、孙扎齐牛录乡乔尔盘村、扎库齐牛录乡查干布拉克村、良繁场农二连5个村1739平方米的活动办公场所。2012年，投入援助资金213万元，新建果尔敏东街社区1800平方米社区用房，配置部分设备和图书等配套设施；建设孙扎齐牛录乡切提布拉克村、堆依齐牛录乡堆依齐牛录村、米粮泉回族乡米粮泉村、阔洪奇乡玉奇吐格曼村4个村3081平方米活动办公场所。2013年，投入援助资金28.7万元，实施海努克乡部分村活动中心设施配套项目。2018年，投入援助资金600万元，建设加尕斯台乡巴合提村、伊纳克村，海努克乡乌尔坦村，坎乡阿拉尔村等4个便民服务中心，米粮泉回族乡克米其买里村、米粮泉村、扎库齐牛录乡寨牛录村3个村民活动中心及其配套设施。

察布查尔县察布查尔镇便民服务中心 2016年建设，总投资1087.52万元，其中援助资金563.21万元。项目建筑面积4580平方米，主要包括就业服务及青年活动、妇女之家、“六点钟” 学校、居家养老、日间照料等便民服务平台。项目建成后，方便群众和企业办事，为老年人日间照料、居家养老、青年和妇女就业创业培训等提供便利服务。

新源县别斯托别乡昂达斯村服务中心（2019年摄）

新源县新源镇恰普河阿吾孜村服务中心（2019年摄）

新源县村（社区）公共服务设施 2011～2019年建设，投入援助资金4591.21万元。2011～2012年，投入援助资金1250万元，新建2个社区和13个村办公场所，共9400平方米。2016年，投入援助资金240万元，建设塔勒德镇塔勒德村公共服务设施，建筑面积约1400平方米。2017～2019年，投入援助资金3101.21万元，分2期推进村（社区）公共服务设施建设。其中，首期建设阿热勒托别镇喀拉盖勒苏村，新源镇恰普河阿吾孜村，喀拉布拉镇喀拉布拉村，别斯托别乡昂达斯村、铁勒哈拉村、恰普河加嘎村，塔勒德镇喀拉托别村，那拉提镇阿尔善村6个乡镇8个村图书室、村民文化活动室、会议室及辅助用房等公共服务设施，建筑面积6523平方米。项目的建成，使新源县一批村级公共服务设施达到自治区便民服务场所标准化、管理规范化、活动经常化、服务功能最大化的要求。

昭苏县村（社区）公共服务设施　2011～2019年建设，投入援助资金7176.4万元。2011～2012年，投入援助资金1357万元，建设1个社区服务中心，建筑面积400平方米；新建7个、改扩建10个村级服务中心，每个面积400平方米。2013年，投入援助资金776万元，实施6个村级服务中心提升改造工程，总建筑面积4800平方米。2017年，投入援助资金600万元，建设喀夏加尔镇别迭村、乌克勒加尔村，阿克达拉镇塔勒德萨依村，洪纳海镇克孜勒加尔村，察汗乌苏蒙古族乡达力图村等6个村级服务中心。2018～2019年，投入援助资金4443.4万元，新建乌尊布拉克镇麻扎尔村，昭苏镇墩买里社区等11个村（社区）公共服务设施，共1.2万平方米，并对部分村级服务中心实施改造提升工程。

兵团七师团连社区公共服务设施　2011～2017年建设，投入援助资金1550万元。2011～2013年，投入援助资金1100万元，实施七师社区及重点连队党群活动中心建设项目。其中，2011年，在一二三、一二四、一二五、一二九团按照标准分别建设1个社区党组织活动中心，每个补助75万元。2012年，建设3个社区党组织活动中心，每个面积约1000平方米，每个补助100万元。2013年，在一三〇团、一三七团及工八团3个团场各建设1个社区活动中心，每个面积约1500平方米，一三〇团、一三七团分别补助200万元，工八团补助100万元。2017年，投入援助资金450万元，建设一二六团社区服务中心项目，总建筑面积4125.95平方米，同时配套室外给排水、道路、供热、供电等基础设施。

兵团四师团连社区公共服务设施　2011～2019年建设，投入援助资金6796.23万元。2011年，投入援助资金180万元，在四师七十团建设1个社区服务中心，在六十二团建设1个基层组织活动中心。2012年，投入援助资金180万元，改造提升1个重点社区服务中心、1个中心连队组织活动中心。2014～2015年，投入援助资金1400万元，实施师团连社区服务中心建设，建设军垦花苑社区、军垦佳苑社区、六十三团福源社区、六十四团二十一连社区、七十团拜什墩社区、七十二团团结路社区、七十八团阿热勒社区、七十九团祥和社区8个社区服务中心。2016年，投入援助资金400万元，建设六十八团社区居民综合服务中心用房及附属设施3000平方米；投入援助资金697万元，建设六十一团、六十二团、六十四团、六十五团、七十一团、七十五团团场综合服务中心，每个团场1000平方米。2017年，投入援助资金1100万元，实施团连社区综合服务中心项目，建设团场基层党组织活动中心8个，建筑面积8583平方米，其中六十一团七连党组织活动中心1196平方米、六十七团团部作业一区党员文化活动中心1006平方米、六十八团团部党员多功能活动室1500平方米、六十九团五连基层组织活动中心1200平方米、七十一团团部迎宾路社区党组织活动中心1237平方米、七十二团团部红军路

兵团四师六十二团七连党群活动中心（2019年摄）

社区党员活动中心825平方米、七十八团团部库什台社区基层党组织活动中心816平方米、七十九团羊场便民服务中心803平方米。投入援助资金470万元，实施七十九团综合服务中心建设。2018年，投入援助资金1283.18万元，建设团场基层党组织阵地7个，总建筑面积7900平方米，其中六十二团九连1000平方米、六十三团十六连1000平方米、六十六团十连1000平方米、七十团团部1200平方米、七十三团八连1600平方米、七十四团三连1100平方米、三十六团二连1000平方米。2019年，投入援助资金988.67万元，建设三十六团一连、六十四团十八连、六十七团七连、六十八团七连、六十九团十一连党组织活动中心，总建筑面积4000平方米；投入援助资金97.38万元，实施七十九团综合服务中心项目，包括道路铺装、绿化、修建大门及庭院灯具、室内设备设施购置。

阿合奇县村（社区）公共服务设施 2011～2019年建设，投入援助资金551万元。2011年，投入援助资金158万元，建设基层组织活动中心7个，其中新建农牧场所属村队活动中心5个、村级组织活动中心和社区活动中心各1个。2018年，投入援助资金150万元，实施乡镇、村（社区）基层公共服务设施建设项目及附属工程。2019年，投入援助资金243万元，实施阿合奇镇南大街社区服务中心附属工程、阿合奇镇沿河路社区服务中心附属工程和各乡镇（场）管道维修工程。

乌恰县村（社区）公共服务设施 2011～2019年建设，投入援助资金935万元。2011年，投入援助资金257万元，建设基层组织活动中心6个，其中新建社区活动中心5个、村级组织活动中心1个，并补助配套设施建设资金。2017年，投入援助资金278万元，建设黑孜苇乡江吉尔村514平方米村民服务中心及配套设施，村干部周转房8间及配套设施。2018～2019年，投入援助资金400万元，提升和改造9个乡镇村级基层组织活动中心基础设施。

阿图什市村（社区）公共服务设施　2011～2020年建设，投入援助资金3636万元。2011年，投入援助资金500万元，建设基层组织活动中心14个，并补助配套设施。其中，村级10个，500平方米8个、216平方米2个；社区4个，每个1200平方米。2018年，投入援助资金125万元，新建光明路街道南湖社区综合服务中心大楼，共3层，占地432平方米，建筑面积1300平方米。2019～2020年，投入援助资金3011万元，实施阿图什市综合民生项目建设，加强13个村3个社区综合服务楼及附属设施和阿扎克乡文化设施建设。

乌恰县吉根乡萨哈勒村委会（2022年摄）

阿图什市文化路社区党群服务中心（2017年摄）

二、社会福利设施

伊宁市敬老院 2011～2012年建设，总投资1000万元，其中援助资金600万元。敬老院占地2公顷，主体工程建筑面积4380平方米，辅助工程包括楼内外装修（含电梯）、路面硬化、园林景观建设，以及老人活动器材、康复器材和医疗服务器材等设施购置。

霍城县敬老院及老年活动中心 2006～2013年建设，投入援助资金1118.6万元。2006年，总投资290万元，其中援助资金130万元，建设1幢面积2000平方米综合楼，有房屋42间，可容纳80名老人。2011～2013年，投入援助资金988.6万元，建设敬老院综合楼1幢3500平方米、老年活动中心综合楼1幢4500平方米、室外健身广场建筑面积950平方米、室外门球场建筑面积500平方米，并完善配套供暖、供排水等公用设施及绿化工程。

伊宁县社会福利中心 2017～2019年建设，总投资1.3亿元，其中援助资金10740.77万元。项目占地4.33公顷，总建筑面积3.2万平方米，建设内容主要包括老年养护楼、儿童福利院及附属设施。项目总床位600张，以政府兜底集中养老为主（300张床位），以社会化养老为辅（200张床位），同时将儿童福利院纳入其中（100张床位），重点解决伊宁县特困群体集中供养问题，实现社会福利事业综合体功能多样化、服务多元化，填补伊宁县综合性社会公益服务设施建设空白。项目获伊犁州“天马杯”优质工程奖，成为新疆设施最优、档次最高、功能最全的县级社会福利中心。

察布查尔县中心敬老院配套工程 2018～2019年建设，投入援助资金520万元。项目建设内容主要包括新建建筑面积1200平方米餐厅及活动室，地上2层，框架结构；新建值班室及消防水池、配电工程、连廊及配套室外硬化、绿化、亮化、围墙等基础设施和室内装修及其他相关设备。该项目为失能老人提供集护理、康复、娱乐为一体的照料服务，提高老年人福利事业整体水平。

兵团七师胡杨河市养老院 2015～2017年建设，项目总投资3150万元，其中援助资金1000万元。项目建设1号老年公寓及配套设施，建筑面积8934平方米。

兵团四师七十团谊群养老院 2016年建设，投入援助资金580万元。项目建筑面积2500平方米，可接收养老人员62人。

兵团四师六十九团香极地康养中心 2018年建设，总投资1100万元，其中援助资金540万元。项目占地2公顷，为地上主体2层、局部3层花园式建筑，主体建筑面积3600平方米，设计床位100张。主要配套工程有人工湖、休憩亭台、现代廊坊，绿化面积1.23万平方米，绿化率60%。项目集养老、康复、休闲、娱乐为一体，填补该团养老场所空白。

伊宁市敬老院（2013年摄）

伊宁县社会福利中心（2019年摄）

兵团七师胡杨河市养老院（2020年摄）

兵团四师七十团谊群养老院（2020年摄）

兵团四师六十一团残疾人托养中心 2018～2019年，总投资1300万元，其中援助资金1050万元。项目总建筑面积4268平方米，为地上4层框架结构，配套设施有消防水池（面积469平方米、容积550立方米）及水、电、暖、电话、电视等。

阿图什市康养中心（市中心敬老院、儿童福利院综合大楼） 2017～2019年建设，投入援助资金2059.63万元。项目包括市养老护理院、残疾人康复中心及消防水池、绿化、院墙、大门、值班室等配套工程，占地5.42公顷。新建综合大楼，地上6层，建筑面积1.09万平方米，设有床位200张，由阿图什市人民医院全面托管运营，同时承担市残联康复和市民政养老院托养护理功能，优先解决阿图什市特困供养人员难题。

三、其他设施

伊宁市基层劳动就业社会保障服务平台 2014～2015年建设，投入援助资金2000万元。项目包括伊犁河路街道办事处、汉宾乡、克伯克于孜乡等10个劳动保障平台，每个平台建筑面积300平方米，并建设市、乡镇（街道）、村（社区）三级劳动保障服务信息系统平台，实现各级劳动保障系统信息资源共享、业务操作同步。该平台整合人力资源市场、劳动力市场、社会保险办理等资源，集网上办理、网上咨询和查询等功能于一体。平台的建立，进一步完善当地劳动就业和社会保障公共服务功能。

伊宁市殡仪馆 2017～2019年建设，投入援助资金4313.93万元。项目异地新建殡仪馆，占地5公顷，共建有30间守灵厅（告别厅），总建筑面积1.15万平方米。殡仪馆集守灵、火化及殡葬用品销售、餐饮、住宿服务于一体，为治丧群众提供全方位殡仪服务。

霍尔果斯行政服务中心 2013～2014年建设，投入援助资金7407.49万元。中心占地1.67公顷，建筑面积1万平方米。项目获伊犁州“天马杯”优质工程奖和自治区“天山杯”优质工程奖。

奎屯市公共自行车服务系统 2014年建设，总投资1100万元，其中援助资金1000万元。项目建设30个点，投放自行车1000辆，是2014年江苏省第一个交付使用的援疆项目和北疆首个公共自行车服务运营系统。

昭苏县劳动就业服务中心 2014～2015年建设，总投资1600万元，其中援助资金1031万元。项目占地6700平方米，总建筑面积3500平方米。项目建成县、乡（镇）、村三级联网信息服务平台，及时发布就业信息，增加群众就业机会。

昭苏县客运综合服务中心及配套工程 2017～2018年建设，投入援助资金3074.32万元。项目占地4公顷，总建筑面积6322平方米（含站务楼5480平方米），包括站前广场、停车场、发车场2.6万平方米硬化，7374平方米绿化工程及其他附属设施设备购置与安装工程等。项目建成后，日均旅客发送能力1.1万人次，有效满足昭苏县中远途客运服务。

兵团七师胡杨河市政务服务中心　2019～2020年建设，总投资5250万元，均为援助资金。中心于2020年12月20日落成并投入试运行。项目占地1.82公顷，大楼主体3层，建筑面积9572平方米。中心具有行政审批、中介服务、公共事业服务、便民服务、公共资源交易等多项政务服务功能。按照功能划分为社会事务类服务区、工商税务服务区、社保医保服务区、经济事务类服务区、工程建设项目审批综合窗口5个服务区，共设106个窗口。另设有中介服务区、自助服务区、银行服务区等。在政务大厅内设置有咨询台、办事等候、自助服务终端设备等辅助功能区域，配置查询机、自助终端机、好差评系统等。该项目改善兵团七师胡杨河市政务服务工作条件。

霍尔果斯行政服务中心（2020年摄）

兵团七师胡杨河市政务服务中心（2021年摄）

江苏省对口支援新疆部分村（社区）服务、社会福利设施及其他设施情况表

单位：万元

地区	序号	项目名称	援建时间	援助资金
伊犁州	1	伊犁州老干部教育培训综合楼	2008～2010	750
	2	伊犁州红十字综合服务中心	2017	134.47
	3	伊宁市敬老院	2011～2012	600
	4	伊宁市村（社区）公共服务设施	2011～2019	3412.74
	5	伊宁市基层劳动就业社会保障服务平台	2014～2015	2000
	6	伊宁市公共服务中心	2017～2018	3328
	7	伊宁市殡仪馆	2017～2019	4313.93
	8	特克斯县村（社区）公共服务设施	2011～2013	620
	9	霍城县老干部活动中心	2004～2005	250
	10	霍城县敬老院及老年活动中心	2006～2013	1118.6
	11	霍城县市民服务中心	2008～2010	450.14
	12	霍城县行政服务中心	2008～2010	800
	13	霍城县村（社区）公共服务设施	2011～2019	4507.84
	14	霍城县人力资源市场就业服务平台及信息网络系统	2014～2015	470
	15	霍城县惠远镇便民服务中心附属工程及设施设备	2018～2019	210.27
	16	奎屯市社会福利中心	2011～2013	700
	17	奎屯市社区服务中心	2011～2017	3584.44
	18	奎屯市公共自行车服务系统	2014	1000
	19	尼勒克县社会福利园区	2011～2015	1700
	20	尼勒克县村（社区）公共服务设施	2011～2016	2262
	21	尼勒克县环保监测业务用房	2012～2013	259
	22	霍尔果斯市村（社区）公共服务设施	2012～2018	1992
	23	霍尔果斯行政服务中心	2013～2014	7407.49
	24	霍尔果斯市北社区服务中心	2014～2015	6000
	25	霍尔果斯市环境监测站	2015	700
	26	中哈霍尔果斯国际边境合作中心配套区邻里中心	2016～2017	1074.1
	27	霍尔果斯市就业和社会保障服务平台	2018	248.34
	28	巩留县村（社区）公共服务设施	2011～2018	2435.7
	29	巩留县基层劳动就业社会保障服务平台	2014	100
	30	巩留县蝶湖示范社区综合服务中心	2017～2019	800
	31	伊宁县村（社区）公共服务设施	2011～2018	4767.79

续表

地区	序号	项目名称	援建时间	援助资金
伊犁州	32	伊宁县社会福利中心	2017～2019	10740.77
	33	伊宁县儿童福利院	2018～2019	1541.2
	34	察布查尔县村（社区）公共服务设施	2011～2018	1001.7
	35	察布查尔县残疾人康复教育综合服务中心	2014～2015	249.58
	36	察布查尔县察布查尔镇便民服务中心	2016	563.21
	37	察布查尔县残疾人托养中心	2018～2019	120
	38	察布查尔县中心敬老院配套工程	2018～2019	520
	39	新源县村（社区）公共服务设施	2011～2019	4591.21
	40	昭苏县村（社区）公共服务设施	2011～2019	7176.4
	41	昭苏县劳动就业服务中心	2014～2015	1031
	42	昭苏县客运综合服务中心及配套工程	2017～2018	3074.32
兵团	1	七师团连社区公共服务设施	2011～2017	1550
	2	七师胡杨河市养老院	2015～2017	1000
	3	七师一二三团养老院	2016	250
	4	七师一二五团养老院	2019	123
	5	七师胡杨河市政务服务中心	2019～2020	5250
	6	四师团连社区公共服务设施	2011～2019	6796.23
	7	四师老年服务中心	2012	400
	8	四师七十团谊群养老院	2016	580
	9	霍尔果斯经济开发区兵团分区职工培训实训基地	2017～2018	2000
	10	四师六十九团香极地康养中心	2018	540
	11	四师六十一团殡仪馆	2018	290.74
	12	四师六十一团残疾人托养中心	2018～2019	1050
	13	四师六十九团养老院	2018～2019	473
	14	四师可克达拉市政务服务中心	2018～2019	2748
	15	四师七十九团养老院	2019	280
克州	1	阿合奇县 8 个行政村办公场所	2007	280
	2	阿合奇县村（社区）公共服务设施	2011～2019	551
	3	阿合奇县佳朗奇公共服务中心	2012～2013	450
	4	乌恰县村（社区）公共服务设施	2011～2019	935
	5	乌恰县社会福利中心	2012	870
	6	乌恰县城交通运输服务中心	2014～2015	450
	7	乌恰县常州工业园区公共运输服务中心	2014～2015	250
	8	乌恰县厕所改造工程	2018	100

续表

地区	序号	项目名称	援建时间	援助资金
克州	9	阿图什市村（社区）公共服务设施	2011～2020	3636
	10	阿图什市综合应急救援中心	2012～2015	1270
	11	阿图什市城市公交车	2013～2017	1303
	12	阿图什市康养中心（市中心敬老院、儿童福利院综合大楼）	2017～2019	2059.63

说明：表中所列项目为单次投入或累计投入援助资金100万元以上项目。

江苏省对口支援新疆部分设备情况表

单位：万元

地区	序号	援助设备	援助时间	设备价值
伊犁州	1	伊犁州电子政务外网设备	2016～2017	957.17
	2	伊犁技师培训学院实训设备购置	2017	400
	3	伊犁州友谊医院开发区分院医疗设备	2019	1000
	4	伊犁州直十大临床医学中心设备	2019	264.72
	5	伊犁州新华医院设备	2019	220
	6	伊犁州工程建设项目审批管理系统	2019	199.8
	7	伊宁市社会管理和服务信息化工程设备	2013	559.47
	8	伊宁市远程教育站点设备	2016～2017	491.66
	9	伊宁市教育培训中心设备	2018	783
	10	伊宁市“12345”市长热线平台设备	2018	237.99
	11	伊宁市教学教研设备	2018～2019	101.16
	12	伊宁市标准化卷库及考试指挥平台	2019	197.94
	13	伊宁市新能源公交车	2019	400
	14	特克斯县党员干部现代远程教育管理中心站点设备升级改造工程	2016	100
	15	霍城县大西沟中华福寿山景区区间车	2016	260
	16	霍城县消防车辆及消防设备	2016	150
	17	霍城县中小学学术报告厅设备	2019	256.05
	18	霍尔果斯幼儿园设施设备	2012	100
	19	霍尔果斯市教学实验设备	2016	160
	20	尼勒克县医疗装备提升工程	2016	600
	21	尼勒克县党员干部远程教育站点	2016	110
	22	巩留县青少年活动中心设备	2018～2019	260
	23	伊宁县医疗卫生设备	2012～2019	1882.16
	24	伊宁县教学及配套设备	2016	687.95
	25	伊宁县高考标准化考场及配套设施设备	2016	250

续表

地区	序号	援助设备	援助时间	设备价值
伊犁州	26	伊宁县职业技术学校实训设备	2017	290.83
	27	伊宁县电视台双通道高清播出服务系统	2017	400
	28	伊宁县急救站点设备	2017～2018	650
	29	伊宁县第二中学校舍维修改造及办公设备	2017～2019	909.81
	30	伊宁县中小学生图书设备	2018	134.25
	31	察布查尔县乡村远程教育站点标准化项目	2016	110
	32	察布查尔县乡镇场手持终端采集设备	2017	205
	33	察布查尔县高清视频会议系统	2017	250
	34	察布查尔县检查站设备	2017～2019	540
	35	察布查尔县新城区实训基地	2019	780.44
	36	新源县远程教育站点设备	2016～2017	224.46
	37	昭苏县传媒中心设备	2019	200
	38	昭苏县远程教育站点设备	2019	200
兵团	1	七师中医医院医疗设备	2017	350
	2	七师基层医院医疗设备	2017	500
	3	四师六十八团养老院技改设备	2018	200
	4	四师六十七团养老院配套设施及健身器材	2018～2019	212.68
克州	1	克州远程医疗专家会诊系统	2011	166
	2	克州教师培训学校室内体育及信息化设备	2016	1152.3
	3	克州教师培训学校、克州电大教学设备	2016	447
	4	克州人民医院设备	2017	800
	5	克州妇幼保健生育服务中心产科设备	2018	100
	6	克州教育系统“空中课堂”设备	2019	160
	7	阿合奇县平安建设信息化平台	2012～2013	130
	8	乌恰县人民医院设备	2011～2019	1050
	9	乌恰县文化艺术中心设备	2014	200
	10	乌恰县乡镇卫生院医疗设备	2017～2019	530
	11	乌恰县文体、传媒硬件设备	2018～2019	200
	12	乌恰县城市智能交通系统	2019	385
	13	阿图什市人民医院配套设备	2011～2014	1778
	14	阿图什市乡村卫生院设备	2012	300
	15	阿图什市城市公交车	2013～2017	1303
	16	阿图什市公共交通信号系统	2014	194
	17	阿图什市中小学教育标准化建设设备	2014～2015	910

续表

地区	序号	援助设备	援助时间	设备价值
克州	18	阿图什市城乡交通设施	2017～2020	942.2
	19	阿图什市阿扎克乡卫生院麦依卫生分院等全民健康体检设备	2019	280

说明：表中所列项目为单次投入或累计投入援助资金100万元以上项目。

【链接】改善民生：江苏援疆第一主题词——我省新一轮援疆工作回望

2010年12月23日，江苏省第七批援疆干部正式踏上新疆的土地。一年来，从农牧民安居新区的建设，到教育援疆、卫生援疆……改善民生，成为江苏援疆第一主题词。

安居富民，农牧民居住条件大大改善

【新闻回放】去年9月下旬，当记者走进伊犁州察布查尔锡伯自治县爱新色里镇80岁的金钟老人新家时，这位曾经参加过全国射箭比赛的老牧民自豪地对记者说："这么漂亮的房子，城里也少见呢！"盐城市援疆工作组组长唐敬告诉记者，这里将建成华夏锡伯族第一村。"原先，锡伯族农牧民居住分散，房子多是泥坯墙。江苏新一轮援疆工作开展后，像金钟老人的这栋新房，自己只要出2万元，另外的建设经费都来自江苏的各级援疆资金，目前已建成200栋既现代又有民族风情的农牧民安居楼。"

【背景展开】江苏省委、省政府在新一轮援疆大幕开启之际，就提出了"江苏援疆工作要继续走在全国前列，要为受援地区经济发展、民生改善作出更大贡献"的要求。第七批援疆干部按照"群众期盼的事先干、条件具备的事先干"的要求，与受援地各级党委政府无缝对接，优先实施安居富民、定居兴牧等民生项目。2011年，江苏对口支援伊犁州安排的城乡住房援助资金达5.0268亿元，建设总户数为29552户，其中安居富民26021户，定居兴牧2384户；援助克州城乡住房项目9个，援助资金10354万元，已进入竣工验收阶段。共完成城市保障性住房978套，其中，经济适用住房390套，廉租住房480套，公共租赁住房108套；完成农民安居房3428户；完成游牧民定居房1430户；完成乡镇干部教师周转房288套。

一年来，数以万计的农牧民告别了"冬窝子"，高标准抗震房代替了土打墙，柏油路、水泥路通到了家门口，群众喝上了方便卫生的自来水，电视机的频道从五六个增加到了五六十个，卫生间从室外搬到了室内，上学、看病、买东西比以前方便得多，现代文明的生活方式仿佛在一夜之间降临。

教育援疆，为农牧民提供发展后劲

【新闻回放】在南疆偏远的阿合奇县同心中学，有一支来自无锡的援疆教师工作队，其中的丁强担任了同心中学校长。丁强担任校长之初就向县教育局立下军令状：争取教学质量有较大幅度提高，升入江苏省等省市新疆高中班的学生突破零，争取有5名学生升学。一学期下来，同心中学江苏省等省市新疆高中班达线学生29名，被天津、上海等城市高中录取9名；另有30名学生被对口援疆省市的高中录取。"这种改变是前所未有的。"阿合奇县教育局局长艾提·买买提告诉记者，"丁校长他们带来的不仅是先进的教学方式，还带来了先进的学校管理理念。他们不仅改变了学生，也改变了教师，为新疆的发展提供了人才上的后劲。"

【背景展开】2011年，江苏对口支援伊犁州的教育资金投入达2.157亿元，启动实施教育建设项目18个，一批新建、改扩建的普通高中、职业教育学校已经建成或正在建设中，进一步提升了受援地办学条件;对口支援克州的学校及教育类项目5个,投入资金6834万元,新建乌恰县实验小学综合楼、阿合奇县第三幼儿园、阿图什市昆山育才学校、阿图什市一中综合楼及其他教学相关配套设施。

针对新疆部分学校教师队伍整体素质不高、学校管理水平和教育质量亟待提升的问题,援疆教师们编制了对口支援教育专项规划,采取在疆当地培训为主、赴江苏培训为辅的方式,帮助培养骨干教师队伍。援疆教师在以身作则开展工作的同时,抓住一切机会传道授业解惑,留下带不走的知识,永远为新疆各族群众造福。

卫生援疆,留下一支带不走的医疗队

【新闻回放】一位维吾尔族老人躺在伊犁州巩留县人民医院脑外科的病床上,手术后的他神志清晰、表达自如,是援疆的江苏专家蒋锋将他从死亡线上拯救了下来。就在去年,伊犁河谷有了历史上第一个县级脑外科科室,为周边地区脑外伤患者赢得了宝贵的急救时间。另外,伊犁河谷第一个县级医院的泌尿外科也在今年建立,这些专门科室的建立使得伊犁河谷基层医疗质量迅速提升。

【背景展开】去年,江苏对口支援伊犁州各县(市)用于建设基础设施的资金投入达1.64亿元,一座座新的医疗大楼拔地而起。对口援克安排医院及医疗类项目6个,援助资金1806万元,新建阿合奇县阿合奇镇卫生院,添置了医疗设备,并在全州实施大病统筹等健康提升项目。

除此以外,江苏省卫生系统对援疆医疗资源统筹规划,以求资源共享。在伊犁,从州级三甲医院到县级医院,各类援疆医疗专家的深度介入,极大地增强了原有科室的技术力量,有129项新技术填补了当地空白。在克州,江苏援疆医生实施手术409台次,培训当地医护人员3400人次。"'输血'与'造血'两手硬是我们卫生援疆的特色。援疆医生3年建立或巩固一个科室,带出一批本地的业务骨干,就等于为新疆留下了一支带不走的医疗队伍。"江苏卫生系统援疆负责人顾帮朝说。

尤其值得一提的是,第七批援疆干部还通过各种形式向当地群众捐款,"一对一"结对帮扶82对。伊犁"11・1"地震后,援疆工作人员深入灾区第一线,向省里汇报、争取救灾资金500万元,援疆干部踊跃捐款,地震灾后指挥部及各工作组捐款捐物近百万元,其中援疆干部个人捐资捐物达20多万元。

(2012年1月31日《新华日报》)

【链接】伊犁随处可见"江苏印记"

自2013年12月第八批援伊工作开展以来,江苏三年共实施各类援疆项目575个,安排援疆资金50.4亿元,其中,农牧民安居工程、乡村教育卫生设施改善、乡村道路改造、农村饮用水工程、广电全覆盖等基层民生急需改善项目资金占总援疆资金的81%。真情援疆、科学援疆、持续援疆,交流交往交融,江苏援疆工作在全国赢得了"工作最实在、成效最显著"的良好口碑,其中苏伊融合发展的经验和做法在全国已产生品牌效应。

今年是第八批援伊工作收官之年。9月中旬,第五届中国—亚欧博览会在新疆举办期间,记者与部分省的媒体同行应邀深入伊犁采访。一路走来,让记者倍感亲切的是,作为江苏对口支援地区,蓬勃发展的伊犁随处可见"江苏印记",从农牧民安居工程等民生项目的实施到苏伊开发园区"一对一"结对共建,从帮助打造伊犁国际旅游谷、推动旅游富民到"请进来"与"走出去"相结合开展人才援疆,苏伊全方位融合发展可谓硕果累累。

刚交工验收的昭苏县泰州高级中学建筑群

气势恢宏，即使搁在江苏也很上“档次”。据该校党支部书记张凯杰介绍，建筑面积3.4万平方米、预计在校生规模2400人的这所新中学由对口支援昭苏的泰州援建。说到新中学的作用，张凯杰举了一个例子：“原来的昭苏县高级中学没有标准化考场，包括今年在内，过去学生都必须赶往外地参加高考，今后再也不用那么受累了。”

第八批援伊工作三年来，江苏共援助建设“两居工程”44932户、中小学校及幼儿园57所、医院及卫生所室59个，建成的伊犁州扩大广播电视覆盖工程项目使州直广电覆盖率由原来的不到七成提高到98%。

就业是民生之本。在霍城县三道河乡塔吉尔就业工场，一些少数民族女职工正忙着加工锅巴、薯条、妙脆角等膨化食品。记者尝一尝，滋味还真不错，一问价，一小包才一块钱。性价比如此之高，惹得不少记者同行纷纷“慷慨解囊”。在霍城，类似这样的由政府搭建平台、吸引企业入驻、解决少数民族妇女“家门口”就业的工场共有36个。“通过培育服装制作、食品加工等技能要求低、用工需求大的小微企业，全县就业工场直接吸纳就业1200余人。”县委副书记、江阴市对口支援霍城前方工作组组长崔荣国说，三年来，江阴市围绕霍城县产业培育和岗位开发编排的就业类项目共14项，投入资金1.36亿元。

在西北边陲的伊宁市，由南京市对口援建的金陵群众文化活动中心总投资4950万元，其中南京援疆资金投入4750万元。据中心文化馆馆长韩瑛华介绍，自今年7月份投入使用后，丰富多彩的娱乐休闲活动让中心成为广大市民的精神家园。

（原文刊载于2016年10月18日《新华日报》，本文有删节）

【链接】江苏助力克州改善民生　打造援疆别样景致

自新一轮援疆工作开展以来，江苏省始终把保障和改善民生放在优先位置，安排84%以上援疆资金用于民生项目，让克州百姓能够享有优质的教育、住上温暖的房子、吃上安全的饮用水、接受先进的医疗救治……这些成为江苏每一位援疆干部所关注和努力的方向。

一排排崭新的安居房整齐划一，房顶上的卫星接收器和太阳能热水器鳞次栉比，援疆为民生建设带来了新景象。

安居富民，增产创收。新一轮援疆工作开展以来，江苏省以解决受援地各族群众生产生活中最直接、最现实、最急迫的问题为重点，大力支持建设城镇居民保障性住房、安居富民、定居兴牧等基础设施建设。截至2016年，江苏省共安排援疆资金3.81亿元，建成8973套牧民定居用房、21094套安居富民用房。安排援疆资金498万元，用于“两居工程”配套建设。安排援疆资金9296万元，建成7513户廉租房及公共租赁房。积极打造“两居工程”的同时，还安排援疆资金3.18亿元，建成了一批事关群众生产、生活的城乡基础设施。这些项目的建成，改善了各族群众的生产生活条件，使各族群众普遍得到了对口援助的实惠。

作为江苏常州对口援疆的重点项目之一，乌恰县小微企业产业园位于乌恰县城往东6公里处。走进园区，不同规模的车间厂房里传出轰鸣的机器声，各条生产线上一派繁忙景象。

在乌恰驼峰绒毛有限公司原料车间，从事清洗驼毛工作的员工阿布都热合曼·卡德尔，原是乌恰县黑孜苇乡叶克铁列克村牧民，以前他一年辛辛苦苦放牧的收入才5000多元，日子过得紧紧巴巴。

2015年3月，阿布都热合曼进入了乌恰驼峰绒毛有限公司。上班第一个月他就拿到了5000元工资。“1个月的收入就顶过去1年的收入！”他抑制不住激动的心情，表示对以后的生活充满了信心。

“现在在工厂每天都是正常上下班，不用担心家里的孩子和老人没人照顾，我们村里的朋友看到后很羡慕，都表示也想和我一样，成为工厂里的工人。”阿布都热合曼·卡德尔告诉记者。

据了解，乌恰县小微企业产业园就业人数中，95%是当地的农牧民，经过专业技能培训之后，他们已经成为企业的生力军。

就业乃民生之本。江苏省坚持把“促进产业、带动就业”作为援疆工作的突破口，重点建设阿图什昆山产业园、乌恰常州工业园、阿合奇轻工业园等，通过招商引资和政策扶持，吸引一批纺织、轻工、电子等劳动密集型企业入驻，积极打造克州现代产业集聚载体，打造群众就业高地。

据了解，截至2016年，江苏省共安排597万元，通过实施“9331”创业引导工程等项目，培训、引导、帮助、扶持克州各族群众以自主创业带动就业。鼓励克州职业技术学校与企业合作，为企业量身定制开展实用技能培训，先后为国利华服装有限公司、中兴能源培训了近500名技能型人才。

乌恰县地处帕米尔高原，上游水库的水经过煤层带和戈壁滩，流到乌恰时已经成了“黑水”“泥水”。水质不过关，肾结石、胆结石成了多发的地方病。因此，常州把建设乌恰自来水厂列为援建重要民生工程，投入资金2640万元，占当年支援乌恰总投资的近70%。

短短一年时间，彻底改变了乌恰县城长期引水不足、水质得不到保障的状况。如今，乌恰县实施了城区供水管网改造和农牧区安全饮水工程，解决了城乡2万余名群众生活用水问题。

2014年11月，阿图什市帕米尔大桥正式建成通车。如今，大桥上车辆川流不息，既是阿图什市向西出城的重要通道，也是昆山对口援助阿图什的一个缩影。

江苏省还投入资金4000多万元，建设克州教师培训学校、阿图什市昆山育才学校、第一小学、第二中学配套、乌恰乡镇村幼儿园、阿合奇县职业高中等一大批教育基础设施，大力改善克州教育教学条件；安排卫生医疗行业援疆资金2000多万元，采购核磁共振等医疗设备；继续实施大病统筹和少数民族儿童健康提升工程，有效解决农牧民看大病问题，维护少数民族孕（产）妇和儿童健康；总投资2700万元的阿图什市三乡饮水配套工程，铺设主管道35.224公里，入户管网107.59公里，解决和改善阿湖乡、松他克乡、阿扎克乡69705人的饮水安全问题。

这一项项民生工程的建设，对改变克州城乡面貌和群众生产生活条件起到了推动作用。

今天的帕米尔高原上，援疆民生项目随处可见，克州各族群众已从这些实实在在的项目中得到了“看得见、摸得着”的实惠：住上了抗震房、走上了柏油路、喝上了自来水、享受免费上学……这些巨大的民生变化已成为江苏援疆工作最抢眼的“景致”，受到当地群众的广泛赞誉。

（原文刊载于2017年6月29日《克孜勒苏日报》，本文有删节）

伊犁河谷风光（袁江仁 / 摄）

第三章 产业援建

江苏始终坚持把产业援建作为对口支援工作的重要内容。结合江苏和新疆受援地各自优势，以产业项目为核心，以园区建设为载体，以招商引资为手段，以增强受援地内生动力为目的，全方位推动产业援建。经过20余年发展，江苏产业援建从单体项目向产业集群延伸，从单方援建向优势互补拓展，从政府主导向市场发力融合，产业援建正驶向高质量发展的新蓝海。经过援建，受援地产业结构更加合理，产业特色更加鲜明，内生发展动力和活力不断增强，带动更多当地群众就业增收和脱贫奔小康。

1997年对口援疆工作开始后，江苏在派遣干部人才援疆的同时，在全国最早探索经济（产业）援建模式，坚持“输血”与“造血”结合、支援与共赢并重，开启产业援建工作。至2010年，江苏派遣大量懂经济、会管理、技术强的干部在受援地主要经济部门和国有企业任职，推动各项经济改革工作。加强农牧业技术推广和设施农业试点建设，推动受援地特色农牧业发展；重点援建霍城清水河江苏工业园（南区），大力发展园区经济；积极参与霍城县惠远古城等项目策划和前期建设，援建伊犁游客服务中心与教育基地，积极推介伊犁旅游资源，加快旅游业发展；大力开展招商引资活动，吸引企业到伊犁州考察和投资兴业，累计签订招商引资项目481个，到位资金46.53亿元。这一时期，产业援助以单个项目为主，以招商引资为主要内容，注重打基础、补短板，更加关注项目的经济效益，

2010年新一轮对口援疆工作开始后，江苏省委、省政府提出“产业援疆要走在全国前列”的目标，实施“政府主导、市场运作、互利共赢”的产业援建机制，产业援助的内涵更加丰富，领域和形式更加宽广和多元，产业援助工作进入新阶段。

2011～2015年，江苏在伊犁州和兵团四师、七师实施产业发展项目107个，投入援助资金8.76亿元。农牧业方面，扶持特色农业产业项目24个，投入援助资金1.2亿元，重点援建伊宁市达达木图乡设施农业标准化示范基地、奎屯市林果新苗圃繁育基地、霍城县千头奶牛养殖小区和万头育肥羊基地等项目，推进特色林果业、养殖业发展。工业方面，援建霍城县清水河江苏工业园（北区）、伊宁县城南中小企业产业园、兵团七师五五工业园区等园区的基础设施，提高园区吸引力和承载力。商贸流通方面，以霍尔果斯和奎屯为中心，重点发展口岸和商贸物流业。文旅产业方面，协助制定伊宁市喀赞其民俗旅游区、特克斯县喀拉峻大草原、伊宁县托乎拉苏景区、新源县那拉提镇“哈萨克第一村”等景区规划，并援建景区基础设施。招商引资方面，制定《产业合作工作方案》，以“百企千亿”产业援疆活动为平台，引导鼓励江苏等地企业到伊犁投资兴业。借鉴苏州工业园区管理经验，重点推动霍尔果斯经济开发区建设，苏新中心、苏新工业坊和苏新公社等招商项目建成投入使用。

2011～2015年，江苏在克州投入就业与支持产业发展类资金6.78亿元，实施项目46个。农牧业方面，援建阿图什市戈壁产业及农业示范园、乌恰县特色养殖繁育基地等项目，特色戈壁产业得到快速发展。工业方面，大力推进新型工业化园区建设，安排援助资金5.86亿元，重点建设阿图什昆山产业园、乌恰常州工业园区、阿合奇无锡轻工业园等园区的基础设施及配套设施。文旅方面，加大旅游和文化特色产业扶持力度，援建阿图什市怪柳林（仙木园）景区与服务设施；指导编排大型舞剧《英雄・玛纳斯》，使

其成为全国文化援疆活动实施后推出的首部舞台剧目。招商引资方面，开展20余场项目推介会、产品展销会，邀请100余家江苏大企业到克州考察、调研。

2016年开始，江苏继续高质量推进产业援建，促进各族群众就近就业，产业援建在受援地精准扶贫和全面建设小康社会中的作用越来越明显。

在伊犁州和兵团四师、七师，援建巩留县生态农业观光园、四师七十二团“光伏滴灌+土壤改良+订单农业”示范项目、奎屯市开干齐乡畜牧养殖示范区等项目，推动农牧业转型升级和提质增效。实施“伊犁农产品到苏消费”行动计划，帮助名优特农副产品进入江苏市场。继续完善巩留县城北中小微企业创业园、察布查尔县中小微企业园、七师五五工业园区等园区道路、标准化厂房建设，打造各类孵化基地和创新中心。全面落实苏新两省区《共建伊犁（江苏）纺织服装产业园区合作框架协议》，助推伊犁州纺织服装产业做大做强，重点打造霍尔果斯市、伊宁县、奎屯市纺织服装产业园，带动群众就业1.6万人。伊宁县轻纺产业区被中国纺织工业联合会授予“全国纺织产业转移试点园区”称号。2017年，制定《江苏省产业援伊引导资金管理暂行办法》，明确重点支持农产品深加工、纺织、旅游等产业合作，推动品牌建设、市场开拓、创业就业等项目。每年安排6000万元产业引导资金，支持援疆企业发展。实施“江苏企业来伊投资”行动计划，共引进企业205家，落实投资187亿元，新增就业岗位近2万个，实际解决就业1.3万人，其中建档立卡贫困户1300余人。支持昭苏县天马文化产业园、霍城县央布拉克民俗村等文旅项目建设，助推伊犁州文旅业发展。实施“十万江苏人游伊犁”行动计划，2019年，江苏到伊犁游客超100万人次。

在克州，推动阿合奇县发展以沙棘为代表的特色林果产业，联合苏宁易购集团股份有限公司推动新疆首个电商扶贫实训店落户克州，打通农产品销售“最后一公里”。设立“遇见新疆”江苏体验中心，举办“克州年货大巴扎进南京”等活动，销售特色农副产品5000余万元。持续建设阿图什昆山产业园、小微企业园，阿合奇无锡轻工业园和乌恰常州工业园区，重点发展纺织服装、电子组装、林果深加工等劳动密集型产业，解决群众就业难题。各类园区入驻企业超过220家，就业群众8000余人。加强旅游基础设施建设，新建集购物、餐饮、住宿于一体的克州三千年风情街，推动美丽乡村旅游和民族文化村建设。

20余年来，江苏实施的产业援疆项目，不仅涉及农牧业生产、农产品加工、纺织、化工、机械等传统产业，也有太阳能光伏、风电装备制造、生物制药等新兴产业，还有金融、物流、旅游等现代服务业，填补部分地区产业空白，使受援地产业结构更加合理，特色产业更加壮大，内生发展动力和活力不断增强，带动更多当地群众就业增收和脱贫奔小康。经过20余年发展，江苏产业援建从单体项目向产业集群延伸，从单方援建向优势互补拓展，从政府主导向市场发力融合，产业援建正驶向高质量发展的新蓝海。

库尔德宁秋色（曹家富／摄）

第一节 农牧业

伊犁州、克州等受援地虽然具有发展特色农业和畜牧业先天优势，但在对口援建前，农牧业尽管整体规模不小，但产业较弱。1997～2010年，江苏以派遣专业技术人才在伊犁州农牧业机构任职和实施单一项目为主，重点加强技术推广和设施农业试点建设。2010年新一轮对口援疆工作开始后，江苏着力在农业园区与设施农业、养殖繁育基地、特色林果业、农产品加工展销等方面开展援建。农业方面，重点援建伊宁市达达木图乡设施农业标准化示范基地、巩留县生态农业观光园、阿图什市戈壁产业及农业示范园等一大批农业园区和高效设施农业、特色林果产业基地。伊犁州成功打造红花、中药材、马铃薯、蔬菜加工等6大特色种植产业带，克州戈壁特色农业得到快速发展。畜牧业方面，重点援建伊宁市托格拉克乡肉牛养殖基地、霍城县千头奶牛养殖小区和万头育肥羊基地、兵团四师畜牧养殖基地、乌恰县特色养殖繁育基地等项目，促进受援地畜牧业转型升级和农牧民就业增收。

一、农业产业园区和示范基地（项目）

伊宁市达达木图乡设施农业标准化示范基地 2011～2012年建设，投入援助资金1000万元。按照打造伊宁市现代设施农业、农业旅游观光和农产品出口展示基地的要求，建成高标准温室大棚49栋，主要种植反季节蔬菜，每栋大棚年收入5万～7万元，全年实现增收约300万元。项目建成后，成为新疆重要的蔬菜产出地，产品出口至中亚地区。

霍城县农业科技示范园 2011～2015年建设，投入援助资金1816万元。2010年12月，伊犁农业科技园区被科技部确定为国家级农业科技园区，是新疆第二个国家级农业科技园区，也是伊犁州首个国家级农业科技园区。项目建设采用“一园三区”形式，分别建在伊犁州霍城县、察布查尔县和特克斯县。其中，霍城农业科技示范园是核心区。2011年，投入援助资金1116万元，兴建园区基础设施，建成科技综合服务中心和仓储物流中心。2014～2015年，投入援助资金700万元，主要建设培训综合楼、葡萄长廊、新品种试验基地及配套设施等。其中，投入援助资金580万元建设的培训综合楼，建筑面积2800平方米（地下室900平方米），主要用于农民葡萄种植技术培训，兼具展示、交易、观光、酿酒、葡萄酒贮存等功能。园区以科技为依托，对整合全县种植业、农产品加工、物流、观光旅游等产业有重要意义。

奎屯市林果新苗圃繁育基地 2011年建设，总投资1909万元，其中援助资金1009万元。项目位于奎屯市区东部，占地160公顷。一期工程修整苗圃地160公顷，改良土壤33.33公顷，种植防护林4公顷，完成挖排碱沟、耙地整地等基础建设。二期工程进行配套道路、灌溉设施建设，新建5个扦插池、4栋荫棚及大棚，完成26.66公顷苗木种植，种植各类苗木28万余株。后期引进宿根花卉、紫叶风箱果、紫叶稠李、栾树、薄皮核桃、北美红栎、美国红枫等新品种苗木。2017年，基地春秋两季出圃各类苗木13.8万株。该项目的建设，推动奎屯林果产业发展，并为城市绿化发挥积极作用。

奎屯市开干齐乡蔬菜大棚示范项目 2017年建设，总投资558.14万元，均为援助资金。项目新建温室大棚30栋及道路、水电、围栏等配套设施，主要种植反季节蔬菜。

伊宁市达达木图乡设施农业标准化示范基地（2013年摄）

奎屯市林果新苗圃繁育基地（2016年摄）

项目的实施，进一步促进开干齐乡设施农业发展，提高农牧民蔬菜种植水平和经济收入。

尼勒克县农业科技示范园 2014～2015年建设，总投资1870万元，其中援助资金300万元。项目建设示范棚6栋、生产棚44栋及蔬菜保鲜库1座（库容750吨），建成农业科技管理服务中心，配套建有农产品质量检测中心、农牧民及农牧技术人员培训中心、农业新技术新品种研究中心等设施。项目促进尼勒克县设施农业规模化发展，提高农牧业科技水平。

巩留县生态农业观光园 2017～2019年建设，总投资1亿元，其中援助资金1587.79万元。项目以自治区级贫困村巴合拜村为核心，引进新疆富芍生物科技有限公司，按照“党支部+土地股份合作社+企业+农户”的合作模式，种植经济效益和观赏价值俱高的油用芍药168.53公顷。同时对全村进行整体规划，整治村庄环境，建设完善游客中心等旅游服务设施，设置农家乐、家访点、3D墙体画、马车、观光自行车等体验项目，打造集芍药新品培育、规模化种植、芍药花观赏、产品体验、制品推广、乡村旅游、休

奎屯市开干齐乡蔬菜大棚（2019年摄）

巩留县生态农业观光园（2019年摄）

闲观光、就业创业于一体的综合生态农业示范园。2019年5月11日，生态农业观光园开园，开园当季村集体增收5万余元，农牧民增收40余万元，成为伊犁州农牧民脱贫致富典型。

伊宁县萨地克于孜乡农牧民花卉种植培训基地 2017～2018年建设，投入援助资金350万元，在萨地克于孜乡建设2300平方米的智能温室大棚，包括棚内花卉苗床、移动喷灌车、自动温控设备、采暖设备、配电设备及附属办公用房、锅炉房等。该项目帮助村民在庭院内建大棚，通过免费发放花苗等方式鼓励村民在自家庭院里种植万寿菊、矮牵牛、鸡冠花等。同时打造集培训、就业于一体的花卉种植基地。农户既可以在自家庭院种花养花，还可以依托花卉基地卖花与务工，项目为贫困户与附近群众就业创收开辟新途径。2017年，萨地克于孜乡通过花卉基地帮助150余户花农实现增收300万元。花卉基地的建设，使萨地克于孜乡成为伊犁河谷花卉集散地，花卉栽培成为当地富民产业。同时，花卉基地经济效应向周边县市及霍尔果斯口岸拓展辐射，推动花卉产品走出国门。

昭苏县脱毒马铃薯良种繁育基地（袁江仁／摄）

昭苏县脱毒马铃薯良种繁育基地 2011年建设，总投资900万元，其中援助资金300万元。昭苏县气候冷凉湿润、土壤肥沃疏松，具有发展马铃薯产业得天独厚的自然优势。但当地薯种性能退化严重，良种繁育工作滞后，成为制约农业种植结构调整的瓶颈。江苏根据昭苏县气候特点，并依托江苏农业科技优势，援助当地发展马铃薯育种产业。项目建设内容包括马铃薯原种恒温恒湿库、田间滴灌工程、隔离网膜及日光温室改造。通过抓好脱毒苗组织培养室建设、技术改进、送技术人员学习等方式，解决脱毒苗生长瘦弱难题。项目实施当年，生产脱毒马铃薯试管苗50万株，繁殖原种100万粒230吨，繁殖一级种薯近5000吨，实现农民增收500万元。2019年，基地实现年产试管苗500万株、微型薯750万粒、原种2500吨、大田种薯2.5万吨。项目带动农产品加工业、流通业发展，促进农村劳动力转移。马铃薯产业成为昭苏县龙头产业，该县成为新疆最大的脱毒马铃薯良种繁育基地。

兵团四师七十二团“光伏滴灌+土壤改良+订单农业”示范项目 2018～2019年建设，投入援助资金1713.18万元。项目建设机井10眼、地下主管42千米、支管35千

米及配套附属建筑物150座。该项目是精准扶贫项目，充分发挥援疆扶贫在“四位一体”（专项扶贫引导、行业扶贫跟进、社会扶贫支持、援疆扶贫倾斜）大扶贫中的重要作用，有利于改善民族连队困难职工生活。

阿合奇县无锡高新农业科技示范园 2012～2013年建设，投入援助资金377.86万元。园区内建设气调库、果蔬加工车间，还配套建设果蔬直销店。该园集种植、加工、储运于一体，实现产供销良性循环。

阿合奇县特色林果产业基地 2015～2017年建设，投入援助资金353万元。针对克州多为盐碱地的实际，无锡市援疆工作组与中国科学院植物研究所、中国科学院南京土壤研究所、江苏省林业科学研究院等单位合作，将特色林果沙棘深加工作为阿合奇县产业发展主攻方向。2015～2016年，投入援助资金269.8万元，推动沙棘、杏树等特色经济林木种植。2016年，阿合奇县参加季节性沙棘采摘的农牧民2000人次，当地农户年均增收5000余元。2017年，投入援助资金83.2万元，栽植苹果苗10公顷4000余株，带动农牧民增收。2019年，引进新疆中科沙棘科技有限公司，延长产业链，沙棘种植面积超3333.33公顷，帮助贫困户年均增收5000元。

阿图什市戈壁产业及农业示范园 2011～2013年建设，投入援助资金4718.58万元。项目位于阿图什市南郊阿扎克乡库木萨克村戈壁滩，规划面积733.33公顷，核心区面积13.33公顷，为江苏对口支援克州重点项目。示范园按设施农业、露地节水园艺两大研发区域建设，是拥有育苗中心、研发中心、检测中心、培训中心、加工中心、营销中心的现代化农业科技园。昆山市援疆工作组邀请南京农业大学、新疆农学院的专家给当地农户提供免费培训、示范，指导农户种植。依托阿图什市金弘农业科技有限公司

阿图什市戈壁产业及农业示范园智能温室大棚（2011年摄）

对示范园进行管理。引进经济林果、蔬菜、花卉等新品种，探索新型栽培模式，引导戈壁产业提升规模化、现代化经营水平。至2019年，农业示范园带动就业112人。示范园的建设，推动农牧民群众从传统戈壁农业向现代科技农业转变，为各族百姓开辟致富新途径，也为克州和南疆地区戈壁产业发展起到示范引领作用。

光伏育苗中心　2011年建设，投入援助资金696.86万元，时为新疆唯一的光伏设施农业基地。建筑面积5400余平方米，内设遮阳保温系统、电动控制系统、湿帘循环水系统、环流风机系统、自动灌溉系统和计算机控制系统等。中心实现全自动化控制，全年不间断运行，年育苗200万株，可供整个阿图什市使用，并向当地农民免费提供各类果蔬秧苗。

科技孵化中心及附属工程　2011～2012年建设，投入援助资金636.28万元。中心总建筑面积2498平方米，地上2层，包括大门、门卫室、配电室、浴室及公共厕所、道路、绿化等附属配套设施。该项目建成后，通过与南京农业大学合作，开展新产品研发和农产品精深加工，推动阿图什市农产品保鲜技术、农作物防病虫害技术、工厂化育苗技术、规模养殖技术、信息技术在农业上的应用研究，全面提升园区农业科技创新能力。

培训中心　2012～2013年建设，投入援助资金920.54万元。中心建筑面积3437平方米，地上2层。该中心建成后，成为阿图什市农业技能培训基地，对农民实用技术提高、农业科技创新成果转化、增加农产品长期有效供给起到重要作用。

特色林果业基础设施　2013年建设，投入援助资金990.37万元。建设灌溉给水管网22.54千米、毛管750.16千米，打井7眼，安装变压器7台、施肥罐7台等配套设施。

阿图什市巴库果园农业示范园　2014年建设，投入援助资金937.65万元。建设内容主要包括配套用房等设施建设工程和滴灌改造、绿化等配套工程。

配套用房等设施建设工程　2014年5～8月建设，总投资517.2万元，均为援助资金。项目建设巴库果园农业示范园配套用房505平方米、配套用房大堂网架700平方米、职工宿舍192平方米、锅炉房40平方米及设备、道路硬化、路缘石、绿化、智能温室维修、室外管网等配套设施。还改造原工程计划外的暖气管、建设围墙14米及大门、道路硬化204平方米和鹅卵石路面206平方米等工程。

滴灌改造、绿化等配套工程　2014年建设，总投资420.45万元，均为援助资金。项目内容包括建设灌溉给水聚乙烯（PE）管网6.51千米、毛管37.8千米、过滤器2套、150立方米施肥罐2台等配套设施及栽种法国梧桐160株等绿化工程。还有原工程计划外的栽种苹果树、核桃树、樱桃树、桃树等1368株，铺设管网450米等配套设施。

江苏省对口支援新疆部分农业产业园区和示范基地（项目）情况表

单位：万元

地区	序号	项目名称	援助时间	援助资金
伊犁州	1	伊宁市达达木图乡设施农业标准化示范基地	2011～2012	1000
	2	霍城县农业科技示范园	2011～2015	1816
	3	奎屯市林果新苗圃繁育基地	2011	1009
	4	奎屯市开干齐乡蔬菜大棚示范项目	2017	558.14
	5	尼勒克县农业科技示范园	2014～2015	300
	6	巩留县设施农业基地	2011～2012	200
	7	巩留县生态农业观光园	2017～2019	1587.79
	8	伊宁县萨地克于孜乡农牧民花卉种植培训基地	2017～2018	350
	9	新源县别斯托别乡设施农业	2012	100
	10	昭苏县脱毒马铃薯良种繁育基地	2011	300
兵团	1	七师现代设施农业蔬菜基地节能日光温室	2012	400
	2	七师奎东农场设施农业	2017	400
	3	四师现代高效农业科技示范园	2011	300
	4	四师设施农业、畜牧业发展项目	2011～2012	958.6
	5	四师七十二团“光伏滴灌＋土壤改良＋订单农业”示范项目	2018～2019	1713.18
克州	1	阿合奇县阿合奇镇吾曲村蔬菜大棚	2007～2008	300
	2	阿合奇县无锡高新农业科技示范园	2012～2013	377.86
	3	阿合奇县阿合奇镇佳朗奇村农牧民创业园（苗圃基地）	2013	100
	4	阿合奇县特色林果产业基地	2015～2017	353
	5	乌恰县戈壁产业园生态农业发展项目	2018	460
	6	乌恰县草场修复工程	2018～2019	360
	7	阿图什市戈壁产业及农业示范园	2011～2013	4718.58
	8	阿图什市巴库果园农业示范园	2014	937.65
	9	阿图什市库木萨克农业示范园	2015～2016	294.69
	10	阿图什市格达良乡戈壁农业示范工程	2016～2017	1000
	11	阿图什市设施农业、林业及农村改造及配套项目	2016～2020	750

说明：表中所列项目为单次投入或累计投入援助资金100万元以上项目。

二、畜牧业养殖繁育基地

伊宁市托格拉克乡肉牛养殖基地　2012～2013年建设，总投资1200万元，其中援助资金600万元。项目位于伊宁市托格拉克乡上托格拉克村，建设标准化牛舍16栋、饲料加工厂、搅拌站、青贮池及职工宿舍、办公室、道路、防疫设施、围墙等配套设施。该基地一次性存栏肉牛3300头，年出栏肉牛1000头，带动当地农民人均年增收1000元，建设规模、经济效益居伊犁州首位。该项目在2012年伊犁州经济观摩会上获一等奖。

霍城县千头奶牛养殖小区和万头育肥羊基地　2011～2012年建设，总投资1980.85万元，均为援助资金。项目建设三宫乡养殖小区，占地20公顷，总建筑面积5.4万平方米，共建设养殖小区12个，同时完善配套设施。通过养殖示范基地建设，有效推广奶牛养殖和牛羊育肥集成技术，提高奶牛生产和牛羊育肥效率，达到增收目的。

奎屯市开干齐乡畜牧养殖示范区　2016年建设，总投资1572.2万元，均为援助资金。项目总建筑面积6000平方米，包括办公用房、拌料车间、产羔羊舍、干草棚、消毒值班室等单体建筑及10栋羊舍与生活用房改造。项目推动当地畜牧业由放牧模式向标准化、规模化养殖转变，变散养为集中饲养，提高畜牧业商品率。

伊宁市托格拉克乡肉牛养殖基地（2012年摄）

尼勒克县畜牧产业示范园 2011年建设，投入援助资金500万元。该示范园前身为尼勒克县新疆褐牛良种繁育场，占地10公顷，是尼勒克县重要的畜牧业生产场之一。项目建设标准化牛舍2栋3840平方米、草料棚2栋1800平方米、运动场1.05万平方米，并建设库房、拌料房、防疫室、青贮窖、污粪处理池、晒粪场及住房、水电、道路等配套设施。2011年引进生产母牛120头，2012年培育优质种公牛63头。项目集科研、教学、技术推广于一体，建成后每年能提供优质新疆褐牛种公牛200余头，大幅提高尼勒克县良种褐牛存栏量，每年可改良当地牛约4万头，带动农牧民直接增收8000万元。

巩留县良种奶牛养殖繁育及兽医服务中心 2011～2013年建设，投入援助资金603.81万元。2011年，巩留县良种奶牛养殖繁育中心工程开建，建设配种室、犊牛室、产房、青牛牛舍等，建筑面积3640平方米，2012年10月建成投产，可养殖良种牛657头。项目投产后，与巩留县标准化养殖小区项目、高标准饲草料基地项目（国家项目）紧密结合，以点带面，推动巩留县奶牛品种改良和标准化奶牛养殖小区建设，完善产业链配套，促进农牧民增收。2012年，新建巩留县兽医服务中心，2013年竣工。项目建成后，改变巩留县奶牛养殖繁育落后局面，促进良种奶牛规模化发展。

伊宁县养殖示范基地 2011年建设，投入援助资金500万元。项目位于愉群翁回族乡等地，新建标准化奶牛养殖或标准化牛羊育肥示范基地2个，新建育肥棚圈17座，总建筑面积9350平方米，并配有草料场、青贮池、防疫室等。项目的建成，改善当地发展现代畜牧业基础设施，推进养殖业标准化、规模化、专业化、产业化进程，实现人畜分离，切实提高公共卫生安全和畜牧产品质量安全水平。

察布查尔县爱新色里镇标准化养殖小区 2011年建设，总投资493.6万元，均为援助资金。项目位于爱新色里镇纳旦芒坎村，在自建养殖小区基础上进行改造提升，占地6公顷，总建筑面积5790平方米，其中棚圈面积5478平方米，包括200头牛规模化标准棚圈1座、50头牛规模化标准棚圈10座、挤奶厅1座，以及消毒通道等基础设施。项目实现人畜分离，不仅有利于保护和改善生态环境，而且对促进现代畜牧业发展、带动农牧民增收具有积极意义。

昭苏县伊犁马种畜场 2011～2017年建设，投入援助资金850万元。2011年，投入援助资金500万元，购置国内外优质种马120匹，其中种公马20匹、生产母马100匹。建设种马厩及配套工程，建筑面积1400平方米。2015年，投入援助资金150万元引进优质种马。2017年，投入援助资金200万元引进优质种马，其中4～6岁优质种公马4匹。项目的实施，有效改良伊犁马种群结构和种群质量。

察布查尔县爱新色里镇标准化养殖小区（2012年摄）

兵团七师一三一团奶牛场扩建工程 2011年建设，投入援助资金600万元。2011年，一三一团奶牛场被农业部评定为“哈拉苏种牛场”和“国家学生奶奶源示范基地”。为进一步扩大规模，在淮安市的支持下，打造万头奶牛场。项目占地100公顷，建设1.5万平方米牛舍、挤奶厅等设施。帮助奶牛场从国外订购两套先进的挤奶设备，每套设备每小时实现480头牛挤奶，时为国内位数最大的转盘式挤奶设备。项目提高一三一团奶牛场规模化水平，促进奶牛养殖新技术推广，提高团场工人收入。

兵团四师团场职工多元增收项目 2014～2016年建设，投入援助资金9352万元。为帮助四师团场职工早日脱贫致富，2014年、2015年、2016年，分别投入援助资金3600万元、3600万元、2152万元，扶持、资助18个团场发展设施农业、特色养殖、农产品加工等项目。还帮助2.7万户贫困家庭银行贷款8.1亿元，援助贴息资金3240万元。2017年末，贫困团场全部脱贫摘帽，人均生产总值73353元，是2010年的2.96倍；人均可支配收入16242元，是2010年的1.38倍；人均纯收入36364元，是2010年的1.76倍。

兵团四师畜牧养殖基地 2017年建设，投入援助资金3000万元，建设六十七团、七十四团、七十五团、七十六团、七十七团5个团场育肥牛标准化养殖场和良种能繁母牛标准化养殖场，建成育肥牛牛舍、能繁母牛牛舍等39栋，配套建设自动饮水、投料、刮粪等系统，以及饲料棚、青贮窖、办公室、诊疗室、牧业机械等设施设备。项目围绕规模化养殖、产业化经营，发展畜牧业全产业链模式，以基地规模推动龙头企业发展，以资源整合促进产业集群。在项目带动下，2017年，四师有年出栏万头（只）以上牲畜养殖场21个。

兵团四师六十二团全自动现代养鸡场（2016年摄）

兵团四师六十四团育肥牛养殖圈舍（2020年摄）

兵团四师七十七团养殖圈舍（2020年摄）

乌恰县特色养殖繁育基地（2011年摄）

乌恰县特色养殖繁育基地　2011年建设，总投资326万元，均为援助资金。项目位于黑孜苇乡东南侧黑水河边，建设鸡舍6栋2700平方米、饲料库150平方米及配套设施，饲养家禽3万羽。项目重点发展特色家禽养殖，并为农牧民提供育苗育雏服务。

乌恰县牲畜育肥标准化厂房　2014～2015年建设，投入援助资金400万元。项目位于黑孜苇乡阿依布拉克村，占地2.93公顷，总建筑面积1.7万平方米，包括生产区建设标准化轻钢结构厂房30栋，每栋占地525平方米，饲草加工厂房、防疫隔离舍、办公室及生活区宿舍等1200平方米，配套配种、锅炉房等设施，购置饲草加工设备及运输车辆等。项目的建成，推动乌恰县畜牧业规模化发展。

江苏省对口支援新疆部分畜牧业养殖繁育基地（项目）情况表

单位：万元

地区	序号	项目名称	援助时间	援助资金
伊犁州	1	伊宁市托格拉克乡肉牛养殖基地	2012～2013	600
	2	特克斯县齐勒乌泽克镇巴喀勒克村中药草原养生鸡扶贫项目	2017	180
	3	霍城县千头奶牛养殖小区和万头育肥羊基地	2011～2012	1980.85
	4	奎屯市开干齐乡畜牧示范项目	2013	500
	5	奎屯市开干齐乡畜牧养殖示范区	2016	1572.2
	6	奎屯市开干齐乡奶牛挤奶站扶贫项目	2017	158.84
	7	尼勒克县畜牧产业示范园	2011	500
	8	尼勒克县畜牧科技示范园	2014～2015	210
	9	尼勒克县万亩现代畜牧业示范园	2016	500
	10	霍尔果斯莫乎尔牧场格干牧业村玉齐布拉克组扶贫养殖业合作社	2018	200
	11	巩留县良种奶牛养殖繁育及兽医服务中心	2011～2013	603.81
	12	伊宁县养殖示范基地	2011	500
	13	伊宁县现代畜牧科技示范园	2019	300
	14	察布查尔县爱新色里镇标准化养殖小区	2011	493.6
	15	新源县阿热勒托别镇孕马基地定居兴牧暨产业发展项目	2011	800
	16	昭苏县伊犁马种畜场	2011～2017	850
兵团	1	七师一三一团奶牛场扩建工程	2011	600
	2	四师团场职工多元增收项目	2014～2016	9352
	3	四师畜牧养殖基地	2017	3000
克州	1	阿合奇县养殖基地	2009	100
	2	乌恰县特色养殖繁育基地	2011	326
	3	乌恰县牲畜育肥标准化厂房	2014～2015	400

说明：表中所列项目为单次投入或累计投入援助资金100万元以上项目。

【链接】江苏援疆助农民走上致富“快车道”

初春，伊犁河谷地区春寒料峭，江苏援疆工作组已先行一步，根据伊犁哈萨克自治州各地实际情况亮出“十八般武艺”，带动当地农民脱贫致富。

在伊宁县萨地克于孜乡，村民马秀兰正忙不迭地在大棚里扦插菊花。在南通市援疆工作组“牵线”下，如今，南通的市花成了当地花卉基地的新“名片”。

萨地克于孜乡是当地有名的“花卉之乡”。去年，南通市援疆工作组决定以菊花为“主打”，进一步丰富当地花卉品种，先后投入350万元用于建设智能温室大棚等设施，运来了3200余盆菊花作为母本，并请来花卉种植专家授课。

“我们希望以花卉种植合作社为示范引领，进一步带动农民的种植积极性，逐步打开伊宁市等地的花卉市场。”南通市援疆干部、伊宁县人力资源和社会保障局副局长赵阳说，当地还与企业达成合作，未来将为花农“兜底”，全部收购各色花卉。

伊宁县的花卉产业得以“更上一层楼”，而在察布查尔锡伯自治县，先前的“短板”也在盐城市援疆工作组的帮助下得到弥补。

尽管察布查尔锡伯自治县的光热资源丰富、水质纯净，但由于缺乏技术支持，当地的农民一直没能“涉足”蟹虾养殖产业。2015年起，在盐城市援疆工作组的协调下，当地企业与江苏水产科研部门开展合作，利用集成高效生态养殖技术，开始尝试稻蟹、稻虾共作种植、养殖。

经过双方的不断探索，优质的水产品逐渐受到周边县市的欢迎，也让当地农民增收不少。坎乡库勒特克奇村水产水源养殖合作社负责人管小平透露，合作社去年亩平均增收超过了1500元。

目前，大型机械正在库勒特克奇村进行推土、挖塘作业，来自江苏的水草、蟹苗和小龙虾种苗也已就位。管小平说，在江苏省水产部门成熟技术的推动下，今年合作社将进一步扩大螃蟹养殖规模，放大“稻蟹、稻虾共作”示范效应，预计可带动超过300户农户。

江苏省对口支援伊犁州前方指挥部总指挥、伊犁州党委副书记潘道津介绍，近年来江苏援疆各工作组通过安排援助资金、实施援疆项目、筹划帮扶活动等多种形式，积极帮助伊犁州广大群众增收致富。

（2018年3月22日《伊犁日报》）

第二节　工　业

对口支援新疆工作开始后，江苏始终把工业援建作为产业援建工作的重点。1997～2010年，工业援建以伊犁州为主，重点在霍城县，主要形式为干部派遣、资金资助、项目援建和招商引资，援建霍城清水河江苏工业园等一批工业基础设施，并通过援疆干部的桥梁纽带作用，搭建招商平台，引进一大批重点工业项目。

2010年新一轮对口援疆工作开始后，江苏产业援建以工业园区建设为核心，重点围绕能源电力、资源矿产、纺织服装等资源密集和劳动密集型产业进行布局，引领当地培育工业龙头。注重借鉴发挥江苏在园区建设方面的理念和经验，协助受援地科学制定霍尔果斯经济开发区总体发展规划、霍城经济开发区总体规划、清水河配套产业园区产业规划、伊南工业园区总体规划、新源县工业园区规划、阿图什市工业园区规划等。根据受援地发展需要，江苏直接参与奎屯市小微企业创业孵化园、察布查尔县中小微企业园、七师五五工业园区、阿图什昆山产业园、乌恰常州工业园区等一批重点园区建设，并援助园区和经济开发区基础设施建设，建设大量的标准化厂房、园区道路、孵化中心等，增强产业园区吸引力和承载力。注重深化两地园区合作，探索创新园区共建模式。至2019年，江苏有23个经济开发区、园区与伊犁州和兵团四师、七师的18个经济开发区、园区建立战略合作关系，形成两地园区优势互补、产业转移、人才技术交流的互动局面。同时，江苏援建奎屯创智大厦、兵团分区创新创业科技孵化基地、霍尔果斯创业创新中心等特色产业项目，起到良好的示范引领作用。经过援建，伊犁州逐步形成以电力、纺织、食品等为龙头的支柱产业，兵团四师、七师工业得到快速发展，克州逐渐形成以矿产资源、能源电力、特色产业基地等为主的工业经济。

一、工业园区

霍城清水河江苏工业园　2005～2019年建设，总投资2亿元，其中援助资金1.4亿多元。2005年，清水河江苏工业园（南区）作为重点援疆项目开始建设，由江苏省和无锡市援建。该园是霍城经济开发区的核心工业园，规划面积3平方千米，距离霍尔果斯口岸20余千米，处于“亚欧大陆桥”的咽喉要道。园区依托区位、资源、援疆三大优

2007年9月12日，霍城经济开发区江苏工业园剪彩仪式

势，重点发展农副产品加工、轻工机电组装、机械加工、建材出口。2010年，为适应经济发展趋势，在霍城经济开发区（清水河镇）西卡子村区域内设立清水河江苏工业园（北区），主要由江阴市参与援建。江苏主要援建园区标准化厂房、污水处理厂、园区道路、供排水、供热等基础设施和相关配套设施。该园区的建成，为霍城县营造良好的投资环境发挥重要作用，奠定该县工业发展基础。至2019年底，工业园引进落户企业32家，合同资金31亿元，实现产值5.3亿元。

江苏工业园（南区）基础设施　2005～2019年建设，投入援助资金1亿多元。其中，2005～2010年累计完成投资1亿多元，其中援助资金6000余万元，完成3500平方米园区投资服务中心、4万余平方米标准化厂房、2.1千米道路硬化、10千米供排水管道、7千米10千伏高压线路、12千米通信设施、日处理污水5000吨污水处理厂、垃圾处理站等基础设施建设，先后吸引昌泰实业、太湖钢构、农夫果园、阿林匹亚、连霍铝业等企业入驻。2014～2019年，投入援助资金3987.77万元，进行园区建设。其中，2014～2016年，投入援助资金2987.77万元，实施园区污水处理厂续建工程，建设江苏大道西延段、江苏大道无锡路段，以及原江苏大道配套设施改造提升工程。2017～2019年，投入援助资金1000万元，实施园区污水处理厂提标改造工程，建设污水深度处理池10座，总处理容量2.5万立方米。

江苏工业园（北区）基础设施　2011～2013年建设，投入援助资金4179.6万元。其中，2011年，投入援助资金3800万元，建设道路、供排水、供热等基础设施。2013年，投入援助资金379.6万元，建设横五路、横六路供排水工程和横九路绿化亮化工程。

奎屯市小微企业创业孵化园　2014～2016年建设，投入援助资金4992.4万元。2014～2015年，投入援助资金4242.4万元，建设标准化厂房16栋、实训车间、培训场所等，建筑面积3.5万平方米。2016年，投入援助资金750万元，进行室外配套工程建设。项目的建成，为奎屯市小微企业创新创业搭建平台，为企业提供最直接、最经济的支持，进一步增强奎屯经济"造血"功能。

都拉塔口岸中小微企业创业园　2018～2019年建设，总投资2967万元，均为援助资金。项目建设包括3栋1万余平方米标准化厂房，水、电、暖等配套设施和E号路延长线等。项目的建成，填补都拉塔口岸产业园载体的空白，为企业入驻园区奠定基础。

霍城经济开发区江苏工业园厂房（2022年摄）

伊宁县城南中小企业产业园 2014～2015年建设，投入援助资金4500万元。产业园地处伊宁县城南新区，规划面积2平方千米，重点发展新型建材、农产品精深加工、生物制药、彩印包装、纺织服装等产业。项目对园区内6.5千米道路、景观用房建筑、节点广场景观及绿化工程等基础设施进行改造，提升园区整体形象，为招商引资提供硬件支持。

察布查尔县中小微企业园 2014～2016年建设，投入援助资金8719.53万元。项目由盐城市和察布查尔县合作共建，规划面积10平方千米，重点打造2平方千米核心区。重点建设园区邻里中心及配套设施、中小微企业孵化基地2个项目，提升中小微企业园区承载能力和竞争力，使其成为察布查尔县招商引资、培育产业、促进就业、财税增收、民生改善等方面的核心平台和重要载体，为推进察布查尔县工业发展发挥重要作用。建成后的中小微企业孵化基地陆续有25家企业入驻，实现就业3500人。园区成为江苏省与自治区共建的伊犁（江苏）纺织服装产业园核心示范园区，成为自治区三大服装产业基地之一。

邻里中心及配套设施 2014～2015年建设，总投资1.02亿元，其中援助资金6209.53万元，总建筑面积1.45万平方米。项目位于园区核心区中心位置，占地2.67公顷，设计有超市、医疗卫生、金融、邮政通信、社区生活、文化用品、餐饮住宿等9个功能业态，并具备会展、审批服务、商务活动等5项基本功能，可满足入区企业、人员的日常需求，是中小微企业园重要的服务功能集聚中心。

中小微企业孵化基地 2016年建设，总投资3555万元，其中援助资金2210万元，

察布查尔县中小微企业园（2021年摄）

总建筑面积约1万平方米。项目以建设标准化厂房为基础，配套建设科研、办公、辅助用房和职工宿舍，共新建标准化厂房5栋、中小企业孵化基地研发中心，以及道路、供排水、供热等配套工程。

新源县工业园区 2013～2019年建设，投入援助资金6071万元。2013年，投入援助资金228万元，修建工业园区一号街道路545米，主要包括道路、绿化带、人行道、给排水、路灯等，园区投资环境得到改善。2014～2016年，投入援助资金4343万元，分两期建设工业园区道路，总长约10千米。其中，2014年，投入援助资金1143万元，建设工业园区B区长3300米、宽15米的主干道——工业大道，以及工业园区A区4号支路600米。2015～2016年，投入援助资金3200万元，实施工业园区道路二期工程，将工业大道延长6700米。项目建成后，工业园区路网与邻近国道形成环状结构，园区交通条件、投资环境得到较大改善；工业用地空间储备增加到1333公顷，园区发展空间得到拓展，承载能力得到提高；生活设施逐步配套，为入驻企业职工创造宜居环境，为园区带来良好声誉和形象。2018～2019年，投入援助资金1500万元，在新源工业园区A区开工建设新源扬州科创园标准化厂房及附属设施。

昭苏县食品工业园区 2016年建设，总投资4000万元，其中援助资金2700万元。昭苏县有6万头褐牛和百万尾羊，但长期处于自养、自繁、自销阶段。为延长农畜产品产业链，援建食品工业园。建设内容主要包括园区道路9.7千米、供水管网8.8千米、排水管网12千米及绿化、亮化等基础设施。园区为当地带来200余个就业岗位。

新源县工业园区道路（2016年摄）

昭苏县食品工业园区道路（2016年摄）

兵团七师五五工业园区（2013年摄）

兵团七师五五工业园区　2011～2019年建设，总投资17亿元，其中援助资金2.63亿元。主要援建标准化厂房、园区道路、供排水、供热等基础设施和高新科技孵化园。园区重点发展新材料、新能源、化工、机械制造等产业。至2019年底，园区引进落户企业86家，成为七师重要经济增长极。

启动区　2011～2015年建设，投入援助资金1亿元，建成2.8平方千米启动区“三通一平”（水通、电通、道路通和场地平整）基础设施。至2012年7月，完成启动区各种管线铺设，建成开通总长9.7千米的7条道路。

高新科技孵化园　2016～2019年建设，投入援助资金9329万元。2016年，投入援助资金2000万元，实施项目一期，主要用于1平方千米起步区基础设施建设及其配套。2017～2019年，投入援助资金7329万元，实施项目二期，建设集厂房、办公、科研、生活区等于一体的科技企业孵化器，总建筑面积2.07万平方米，包括孵化办公楼、展览馆、宿舍，以及配套供水、排水、供热管网、电力电缆等。高新科技孵化园对园内科技型企业和创业企业进行孵化，降低创业企业风险和成本，提高企业创业成功率。

淮安园标准化厂房　2018年建设，投入援助资金7000万元，建设每栋面积1.2万平方米的厂房2栋、每栋面积5000平方米的厂房14栋，同时配套区间道路、绿化、亮化、公用设施等。

兵团一师一团金银川镇少数民族连队创业园　2017～2019年建设，投入援助资金2778.75万元。2017年，一师一团金银川镇成为七师代管团场后，投入援助资金1188万元，援建一团金银川镇少数民族连队创业园。项目占地3.33公顷，总建筑面积7869平方米。2018年、2019年，又分别投入援助资金375万元、1215.75万元，推进园区建设。同时，全力推动五五工业园区结对支援一团共建产业园，总规划面积4.75平方千米。采用“淮安、七师资源落地+少数民族运营管理”模式，重点扶持发展“互联网+”民族特色食品电商、少数民族手工艺品制作、民族文化创意影视传媒等创业项目。项目实现就近就地就业100余人，吸纳外来就业人口100余人。

兵团四师七十三团金岗循环经济产业园　2015～2019年建设，投入援助资金1550万元。2015年，投入援助资金500万元，建设产业园供水工程一期，主要包括供水处理池2座及管网、泵房等。2018～2019年，投入援助资金1050万元，建设产业孵化园。项目总建筑面积5708平方米。其中，标准化培育厂房3栋，每栋建筑面积1364平方米，总建筑面积4091平方米；科研培训楼建筑面积1617平方米，以及道路硬化、绿化、室外管线、围墙、大门等附属设施。

兵团四师六十四团镇江创业孵化园少数民族刺绣生产车间(2018年摄)

兵团四师六十四团镇江创业孵化园 2018年建设，投入援助资金900万元。项目建筑面积4489.64平方米，新建厂房4栋及水、电、暖、绿化、亮化等配套设施，是针对兵团四师少数民族脱贫目标任务而设立的创业孵化园。重点培育少数民族刺绣、地毯加工等传统工艺传承人，年培训300余人。

乌恰常州工业园区 2012～2017年建设，总投资21363万元，其中援助资金9294万元。该园区是喀什经济开发区伊尔克什坦口岸园区的配套产业园区。一期规划面积9.9平方千米，主要产业为进出口产品组装加工、特色民族产业、新型建材、仓储物流、矿产品深加工、冶炼、石油化工等。2011年，确定由常州新北工业园区对口支援。主要援建园区道路、污水处理厂、产业创新服务中心、标准化厂房等基础设施和配套设施，并投入产业专项引导援助资金。至2019年底，登记入园企业47家，带动当地2700余人就业。

招商服务中心 2012～2013年建设，投入援助资金300万元，建筑面积3351平方米。

产业创新服务中心 2014～2015年建设，总投资2500万元，其中援助资金1200万元，建筑面积1.03万平方米。

配套工程 2014～2015年建设，总投资6000万元，其中援助资金1579万元。建设内容主要包括防洪、生态引水渠系，10千伏输变电线路、桥梁、道路硬化、亮化、绿化、供排水、通信、天然气管网铺设、供暖等配套设施。

小微企业产业园标准化厂房及配套工程 2014～2016年建设，总投资5900万元，其中援助资金2500万元。新建标准化厂房18栋及配套设施，每栋建筑面积1600平方米。

污水处理厂及配套工程 2015～2016年建设，总投资2450万元，其中援助资金1600万元。建设内容主要包括污水处理厂1座及设备购置。污水处理厂占地16公顷，设计排放标准二类水，一期工程日处理污水能力5000立方米。

道路硬化及配套工程 2017年建设，总投资1200万元，其中援助资金565万元。项目改建横一路、横六路，全长1853.75米，内容主要包括道路工程、交通工程、照明工程及桥涵工程。

基础设施配套工程 2017年建设，总投资725万元，其中援助资金500万元，新建、改建排水管道7250米。

乌恰常州工业园区产业创新服务中心（2015年摄）

乌恰常州工业园区内的小微企业产业园（2016年摄）

阿图什昆山产业园 2012～2019年建设，总投资3.57亿元，其中援助资金3.22亿元。项目规划面积5.24平方千米。经3个阶段建设，至2019年，建成21栋共8万平方米标准化厂房、园区企业孵化中心等主体建筑，完成区内道路、给排水、污水处理、供电供暖供气、亮化等工程项目建设，建成邻里中心、职工宿舍、职工食堂等配套项目。有光伏产业、机械加工、环保科技、建材加工等低耗能、低污染企业14家入驻，成为推进阿图什市经济发展新的增长极，解决就业2000余人。

第一阶段（2012～2013年）重点建设1～9栋标准化厂房、企业孵化中心、邻里中心及园区内道路等项目，总投资1.95亿元，均为援助资金。重点建设项目如下：

1～4栋标准化厂房及附属工程 2012年建设，总投资1748.77万元，均为援助资金。总建筑面积1.08万平方米，包括土建、给排水、供电等附属工程。

昆山大道、苏州路 2012年建设，总投资2829万元，均为援助资金。建设内容主要包括行车道、绿化带、给排水、桥涵工程等附属设施。沥青混凝土路面。项目建成后，有效改善阿图什昆山产业园道路环境，有利于园区招商引资和项目推进。

左上 阿图什昆山产业园标准化厂房（2014年摄）

右上 阿图什昆山产业园道路（2014年摄）

左下 阿图什昆山产业园供暖设施（2015年摄）

右下 阿图什昆山产业园园区水厂（2015年摄）

园区企业孵化中心 2012～2013年建设，总投资2862.87万元，均为援助资金。总建筑面积8877平方米，其中主楼地上8层、地下1层，建筑面积7708平方米；辅楼地上2层，建筑面积693平方米。附属配套设施有传达室、配电房、室外道路、室外给排水消防、围墙等。

5～9栋标准化厂房 2013年建设，总投资2015.42万元，均为援助资金。总建筑面积1.28万平方米，单栋厂房建筑面积2551平方米。

邻里中心 2013年建设，总投资3631.95万元，均为援助资金。工程内容包括地上5层、地下1层的邻里中心主体建筑及配电房等附属设施，总建筑面积1.25万平方米。

苏州路北延段、陆家路、淀山湖路、千灯路、玉山路、张浦路工程 2013年建设，总投资5386万元，均为援助资金。建设内容主要包括公路、车行道、绿化带、给排水工程等附属设施，等级为城市次干道二级标准，沥青混凝土路面。

第二阶段（2014～2015年）重点建设10～21栋标准化厂房和道路、园区水厂等配套项目，总投资1.01亿元，均为援助资金。重点建设项目如下：

消防应急救援中心配套设施工程 2014年建设，总投资787.37万元，均为援助资金。项目包括锅炉房及其设备、门卫室、大门、室外化粪池、供排水、道路、电缆、供热、燃气等管网，以及室外道路、人行道、跑道场地硬化及铺装、绿化、篮球场等配套设施工程，消防器材及消防车购置等。

水厂（一期） 2014年建设，总投资1238.25万元，均为援助资金。园区水厂规划日供水能力2万吨，总用地4公顷，一期工程达到日供水能力1万吨。工程主要建设2000立方米清水池1座、二级加压泵房1座、加氯间1间，以及水厂办公室、值班室、配电室等附属设施。

路灯及邻里中心配套设施工程 2014～2015年建设，总投资437.78万元，均为援助资金。建设内容主要包括在园区苏州路、昆山大道、陆家路和张浦路4条道路上安装路灯179盏，邻里中心新建值班室、围墙、沥青路、箱式变压器及电缆、化粪池，以及室外管网等配套设施。

10～21栋标准化厂房 2014～2015年建设，总投资5684.7万元，均为援助资金。项目总建筑面积3.09万平方米，其中12栋标准化厂房3.06万平方米。项目还包括室外消防管网、上下水管网、道路硬化、供电变压器及管网、围墙大门、门卫室、消防泵站等配套设施。

供热工程 2014～2015年建设，总投资537.75万元，均为援助资金。项目建设锅炉房1座及其附属设施，购置装机容量2×4.2兆瓦的锅炉，另新建燃煤锅炉彩钢房。

绿化工程　2015～2016年建设，总投资698.52万元，均为援助资金。工程主要包括阿图什昆山产业园核心区、苏州路北延段绿化及配套工程和昆山产业园区广场的绿化工程。园区核心区绿化面积1.97万平方米，铺设彩色混凝土1.21万平方米；花岗岩铺装4518平方米及其他配套设施；在苏州路北延段种植法桐200株。

第三阶段（2016～2019年）重点建设昆山产业园基础配套及提升工程，包括给水、燃气、热力、装修、污水处理厂和房屋改造等工程，总投资6114.45万元，其中援助资金2857.83万元。重点建设项目如下：

污水处理厂　2015～2016年建设，总投资1857.87万元，其中援助资金1800万元。整个工程建筑面积3951平方米，设计日污水处理规模1.4万立方米。工程主要包括办公楼、值班室、锅炉房、车库、食堂、机修间、配电室、预处理车间、沉砂池、初沉池、二沉池、污泥脱水车间、回流及剩余污泥泵池、鼓风机房、紫外线消毒车间等。

基础设施配套及提升工程　2016年建设，总投资4205.75万元，其中援助资金1000万元。项目共分给水工程、绿化给水工程、燃气工程、热力工程、防火建设工程、展示展销厅装修工程等8项。

阿图什市小微企业园　2014～2019年建设，分4期实施，投入援助资金8688.23万元。2014年6月，项目一期开建，投入援助资金1900万元，建设标准化厂房3万平方米。2015年，投入援助资金2081万元，建设园区厂房及配套设施，完成一、二期建设。2016年，投入援助资金1000万元，重点加强基础设施及配套项目建设，完成三期建设。2017～2019年，投入援助资金3707.23万元，进行四期建设，建成3层钢结构厂房14栋，总建筑面积2.04万平方米。至2019年，共建厂房40栋和可容纳3000人的职工宿舍、食堂等，总建筑面积近6万平方米；29家企业入驻，解决当地群众就业3000余人。小微企业园成为阿图什市新的经济增长极和创业就业、脱贫致富的新载体。

阿图什市小微企业园（2015年摄）

二、特色项目

霍城县"就业工场"项目 2014～2016年建设，总投资1330万元，均为援助资金。项目在霍城县11个乡镇的社区、村组建设以少数民族服饰加工、民族手工艺品加工等为主的就业工场36个。"就业工场"设有足球、小花帽、薰衣草产品、民族服饰等加工生产车间。项目的建成，解决城乡富余劳动力特别是农村妇女就近就地长期稳定就业800余人，带动就业1200人以上。

奎屯—独山子经济技术开发区综合经济发展中心（创智大厦） 2014～2016年建设，总投资1.5亿元，其中援助资金8647.47万元，总建筑面积4.7万平方米，主要包含开发区规划展示馆、企业总部、服务外包中心、工业设计中心、证券金融及结算中心、软件开发中心、培训中心、商务办公、中小企业孵化器等。创智大厦时为江苏援建项目单体最大建筑，为奎屯市地标性建筑。

霍尔果斯创新创业中心 2017～2019年建设，总投资1.4亿元，其中援助资金12947万元。中心占地6284平方米，建筑面积2.8万平方米。框架结构，整体21层，裙房4层，包含创客展厅、会议培训、餐饮、娱乐活动、多功能厅及配套设施辅助用房；配套完善中心公用工程设施建设。中心是苏州援疆建设规模最大的项目，主要功能是为大学生、创业人员提供创业、培训场所，同时成为人才中介组织和机构、股权投资类企业、影视传媒类机构、电子科技及电子商务类企业集聚地。

巩留县城北中小微企业创业园民生工业基地 2017～2019年建设，总投资3956.6万元，均为援助资金。建设标准化厂房1.5万平方米，并配套基础设施和8个民生坊。基地投入运营后，为巩留县招商引资搭建平台、创造条件，推动医用无纺布、家纺服装、民族服饰、中药材加工等项目落地。至2019年底，基地引进众康医用材料、麦琪尔宠物食品、瑞龙农业科技等6家企业落户，实现产值10亿元。

霍尔果斯经济开发区兵团分区创新创业科技孵化基地 2015～2017年建设，总投资5.4亿元，其中援助资金8092万元。项目位于兵团四师，是镇江援建的标志性项目和示范工程。一期建筑面积17.35万平方米，含9栋标准化厂房；二期建筑面积6.74万平方米，含3栋标准化厂房，包括大学生创业园、高新技术服务中心。一、二期配套设施均有办公室、会议室、展览厅、接待中心、食堂、宿舍，可容纳1000余人同时食宿。至2018年，该基地入驻企业496家，到位资金150亿元。

霍尔果斯创新创业中心（2020年摄）

霍尔果斯经济开发区兵团分区创新创业科技孵化基地（2020年摄）

江苏省对口支援新疆部分工业园区（经济开发区）及配套设施项目情况表

单位：万元

地区	序号	项目名称	援助时间	援助资金
伊犁州	1	伊宁市伊宁园区南京双创产业中心	2018	160.72
	2	伊宁市伊宁园区中小企业创业孵化园标准化厂房及配套设施	2018～2019	2500
	3	霍城清水河江苏工业园区综合楼	2006～2007	683.66
	4	霍城清水河江苏工业园广场	2006～2007	114.5
	5	霍城清水河江苏工业园垃圾处理站	2006～2007	107.79
	6	霍城清水河江苏工业园污水处理厂	2006～2007	410
	7	霍城清水河江苏工业园标准化厂房	2006～2010	5379
	8	霍城县清水河江苏工业园（北区）基础设施	2011～2013	4179.6
	9	霍城县“就业工场”项目	2014～2016	1330
	10	霍城清水河江苏工业园（南区）基础设施	2014～2019	3987.77
	11	霍城县服装服饰产业园（中小企业创业园）	2016	1558.04
	12	霍尔果斯经济开发区清水河配套园区标准化厂房和基础设施	2017～2018	1221.52
	13	霍城县食品产业园及配套工程	2017～2019	1752.17
	14	奎屯—独山子经济技术开发区科技服务中心	2012	500
	15	奎屯市就业创业一条街	2014～2015	2585
	16	奎屯—独山子经济技术开发区综合经济发展中心（创智大厦）	2014～2016	8647.47
	17	奎屯市小微企业创业孵化园	2014～2016	4992.4
	18	奎屯—独山子经济技术开发区中小企业创业园厂房及配套工程	2016	1000
	19	尼勒克县中小企业创业基地	2014～2016	705.04
	20	尼勒克县武进民生产业园标准化厂房	2017～2019	1522
	21	霍尔果斯新疆红豆服装有限公司标准化厂房	2015	6000
	22	中哈霍尔果斯国际边境合作中心配套区首开区标准化厂房	2016	5071.37
	23	霍尔果斯创新创业中心	2017～2019	12947
	24	霍尔果斯莫乎尔片区格干社区就业工厂	2019	307.54
	25	都拉塔口岸中小微企业创业园	2018～2019	2967
	26	巩留县“民生坊工程”项目	2017～2018	812.81
	27	巩留县城北中小微企业创业园民生工业基地	2017～2019	3956.6
	28	伊宁县城南中小企业产业园	2014～2015	4500
	29	察布查尔县中小微企业园	2014～2016	8719.53
	30	察布查尔县海努克乡脱贫攻坚民生坊厂房	2017	148.7
	31	察布查尔县阔洪奇乡就业创业孵化基地	2017～2018	300
	32	新源县工业园区	2013～2019	6071
	33	昭苏县食品工业园区	2016	2700

续表

地区	序号	项目名称	援助时间	援助资金
兵团	1	七师五五工业园区启动区	2011～2015	10000
	2	七师五五工业园区高新科技孵化园	2016～2019	9329
	3	七师五五工业园区淮安园标准化厂房	2018	7000
	4	一师一团金银川镇少数民族连队创业园	2017～2019	2778.75
	5	兵团霍尔果斯口岸工业园区标准化厂房	2011	3028.82
	6	四师六十九团特色香料加工和配套工程	2012	540
	7	霍尔果斯经济开发区兵团分区创新创业科技孵化基地	2014～2016	8092
	8	四师七十三团金岗循环经济产业园	2015～2019	1550
	9	四师六十四团镇江创业孵化园	2018	900
	10	霍尔果斯经济开发区兵团分区工业垃圾处理厂	2018	1100
克州	1	阿合奇县无锡轻工业园标准化厂房	2014～2015	500
	2	乌恰常州工业园区招商服务中心	2012～2013	300
	3	乌恰常州工业园区产业创新服务中心	2014～2015	1200
	4	乌恰常州工业园区配套工程	2014～2015	1579
	5	乌恰常州工业园区公共运输服务中心	2014～2015	250
	6	乌恰常州工业园区小微企业产业园标准化厂房及配套工程	2014～2016	2500
	7	乌恰常州工业园区污水处理厂及配套工程	2015～2016	1600
	8	乌恰常州工业园区道路硬化及配套工程	2017	565
	9	乌恰常州工业园区基础设施配套工程	2017	500
	10	乌恰县江苏常州高新技术和人才推广中心	2018	350
	11	阿图什昆山产业园区	2012～2019	32200
	12	阿图什市小微企业园	2014～2019	8688.23
	13	阿图什市创业孵化基地	2016	225
	14	阿图什市阿湖乡、上阿图什镇就业创业基地	2019	1000

说明：1.表中所列项目为单次投入或累计投入援助资金100万元以上项目。

2.表中“一师一团金银川镇少数民族连队创业园”为对口支援延伸项目。

第三节 商贸流通业

伊犁州和克州是连接东西、通往中亚的重要通道，是丝绸之路经济带新疆区段的重要枢纽。2010年，第一次中央新疆工作座谈会明确在霍尔果斯设立享受特殊政策的经济开发区。2012年3月，商务部确定在新疆打造和扶持乌鲁木齐、伊宁、喀什、霍尔果斯、奎屯5个商贸物流中心城市（口岸），进一步提升霍尔果斯、奎屯等地在新疆区域经济发展中的支撑和带动作用。其中，霍尔果斯口岸和都拉塔口岸是江苏援建的重点，江苏安排苏州和连云港两市进行援建，常州市对口援建克州口岸。

对口援建前，受援地存在商贸物流基础设施不完善、商贸网点较少、口岸服务能力弱、物流园区规模小且布局不合理等问题。对口援建后，根据受援地商贸流通业发展的区位和政策优势，江苏加强口岸道路工程等基础设施建设，建成都拉塔口岸道路及景观改造工程、吐尔尕特口岸国门等项目，提高口岸服务能力和物流效率，招商落地苏新中心等项目，吸引更多企业、商户到口岸投资创业。同时，加强双方口岸协调合作机制建设，签订《关于进一步加强两地口岸合作的协议》和《乌鲁木齐海关、南京海关连—喀、连—霍集装箱班列监管协议》等，促进口岸物流业发展。

充分发挥中哈国际边境合作中心优势，推进受援地物流运输业建设。苏新两地利用连霍高速公路和陇海、兰新铁路线共同发展新亚欧大陆桥新通道的公铁、海铁跨国多式联运，服务和促进大陆桥物流业持续快速发展。2012年12月15日，连云港—霍尔果斯首列直达货运集装箱列车从连云港始发，标志着中哈对开列车成行，新亚欧大陆桥在阿拉山口外新增一条出境通道。按照集货、建园、聚产业的发展思路，援建奎屯市西区商贸现代物流园区、兵团四师恒信物流等项目，帮助受援地构建物流体系，助力受援地产品走出去。

协助受援地结合城市规划做好商业网点布局规划，着力发展具有民族特色的商业街、农贸市场。以霍尔果斯、奎屯等地为中心，援建一批物资储备中心和商贸市场，提高受援地城乡居民生活水平。

积极帮助受援地产品展销。江苏援疆干部利用后方单位、个人关系等推动受援地名优产品打入江苏等地市场。2009年，推动江苏省20余家大型超市、农副产品批发龙头企业与伊犁州相关县市和企业签订19项农产品购销合同，合同金额9.5亿元，打开伊犁农副产品在江苏的销路。帮助伊犁巴口香、紫苏丽人、尼勒克蜂业、巩留黑加仑等伊犁优势产品进入江苏大型超市采购系统。在南京、苏州、扬州、盐城、镇江等地建立实体展销平台，提升新疆特色产品产销对接能力。创新农产品与超市、批发市场对接方式，推动在上海、南京等中心城市建设常态化销售平台，帮助受援地特色农产品进入长三角地区市场。充分利用国内各大展销平台，组织受援地企业参加中国—亚欧博览会、中国西部国际投资贸易洽谈会、江苏农业国际合作洽谈会等国内大型展会，与企业开展经贸合作，拓宽产品销售渠道。2016年起，江苏援伊指挥部实施"伊犁农产品到苏消费"行动计划，至2019年，累计在江苏销售有机大米、有机牛羊肉、薰衣草产品、干果等农产品超亿元。连续两年组织100余家农业龙头企业参加中国—亚欧博览会、中国西部国际投资贸易洽谈会等大型展会，签约项目超过100个，金额近50亿元。2018年起，江苏援克指挥部组织45家企业参加第16届南京国际纺织品面料博览会、2017年亚欧商品贸易博览会、江苏国际服装节、江苏省经济薄弱地区扶贫招商和特色农产品展销会等，补贴参展企业30余万元。

发挥江苏电商集聚优势，推进受援地电子商务进农村、进社区，促进线上线下融合互动。2016年，江苏援克指挥部投入援助资金26.6万元推动克州农产品进超市，投入援助资金10万元建设克州农产品电子销售平台。江苏援伊、援克指挥部和部分工作组设立电商产业发展援疆引导资金，补贴当地电商平台建设。扬州市在新源县援建电子商务产业园，推进物流快递与电子商务协同发展。南京市在"南京市农副产品网"开辟伊宁专栏，推广伊宁市名优特农产品。2017年，南京市江宁区供销合作总社的"赶超网"电商平台与特克斯县"特爱淘"电商平台合作，"双十一"期间，帮助销售当地农产品100余万元。2018年6月，苏宁易购中华特色馆——克州馆在阿图什市上线运营，新疆首家苏宁易购电商扶贫实训店同步开业。

2012年12月15日，连云港—霍尔果斯直达列车首发

一、口岸物流

218国道霍尔果斯口岸段附属设施 2018～2019年建设，总投资1300万元，其中援助资金1091万元。对218国道霍尔果斯口岸段互通区域连接线进行路灯架设，对互通区进行绿化。

都拉塔口岸道路及景观改造工程 2016～2019年建设，投入援助资金3586.3万元。项目分为道路路面建设和景观改造两个子项。其中，建设8号路1286米、F号路1178米、C号路300米；新建6号路路基、路面350米；E号路景观改造工程包括新建两侧各4米人行道及各4米绿化带种植工程，全长2021米，人行道面积1.82万平方米，灌木、乔木绿化总面积1.34万平方米。

察布查尔县农副产品物流配送中心 2017～2018年建设，总投资280万元，其中援助资金115万元。项目总建筑面积1100平方米，其中保鲜库200平方米，分拣车间200平方米，加工、包装车间300平方米，质检用房100平方米，业务办公用房及警卫室300平方米，完成配送中心院内地面硬化等配套设施建设。

兵团四师恒信物流项目 2011～2013年建设，总投资3112万元，其中援助资金1200万元。项目位于兵团霍尔果斯口岸工业园A区，建设内容主要包括万吨级保鲜气调库和标准化厂房。

都拉塔口岸E号路（2017年摄）

江苏省对口支援新疆部分口岸和物流项目情况表

单位：万元

类型	序号	项目名称	援建时间	援助资金
口岸项目	1	霍尔果斯铁路口岸查验设施等	2016	600
	2	中哈霍尔果斯国际边境合作中心“平安工程”项目	2016～2017	290
	3	218国道霍尔果斯口岸段附属设施（二期）	2018～2019	1091
	4	都拉塔口岸联检区围墙及卡口	2016	200
	5	都拉塔口岸道路及景观改造工程	2016～2019	3586.3
	6	乌恰县吐尔尕特口岸国门	2018	300
物流项目	1	伊宁市寄递物流安检平台	2017～2018	255.83
	2	奎屯市西区商贸物流园区	2012	200
	3	奎屯市物资储备中心	2013	1000
	4	霍尔果斯市伊车嘎善锡伯族乡喀拉塔斯村保鲜库	2019	273.58
	5	察布查尔县农副产品物流配送中心	2017～2018	115
	6	兵团四师恒信物流项目	2011～2013	1200
	7	兵团四师霍尔果斯口岸工业园区集装箱堆场	2015	600
	8	兵团四师物流集团（鸿途运输公司）冷库	2018	220

说明：表中所列项目为单次投入或累计投入援助资金100万元以上项目。

二、商贸网点

伊宁市巴彦岱镇精准扶贫就业产业基地暨农贸市场改造工程 2018～2019年建设，总投资1143万元，其中援助资金800万元。原巴彦岱农贸市场建于2011年，经过多年使用后存在设施老旧、环境简陋、消防落后等问题，不能满足当地商户及群众需求。该项目将改造农贸市场与解决巴彦岱镇扶贫就业、产业升级相结合，解决市场升级和巴彦岱镇政府精准扶贫两个问题。建设内容主要包括新建钢结构交易大棚6970平方米，改造建设交易摊位120个，硬化市场地面6913平方米，完善市场内供排水、供暖、消防等设施，完成市场外围改造、屋面维修等。改造后市场可容纳固定商户93户、流动商户150余户，其中新增精准扶贫商铺50个。市场通过免费提供商铺或返租金的形式对50户贫困家庭进行就业帮扶。

奎屯市东区农贸市场 2014年建设，总投资1000万元，其中援助资金500万元。建设内容主要包括彩钢交易大厅986平方米、商业楼1203平方米。项目的实施，改变蔬菜市场原先脏乱差的状况，解决附近居民买菜难的问题，并为当地提供多个就业岗位。

新源县电子商务产业园 2018年建设，投入援助资金485万元。产业园建筑面积1000余平方米，设有电子商务服务中心、电子商务创业孵化中心、农旅产品O2O（线上线下）体验馆。项目的建成，为入驻企业、个人提供电子商务培训孵化、品牌建设、产销对接、论坛交流、营销策划、产品展示和其他衍生增值服务，以及免费提供办公场地、水、电、网络、摄影棚等配套设施。当年吸引农产品类、传统商贸流通类、网上代购类企业21家和创业个人19人入驻。

兵团七师一三七团农副产品批发市场 2011～2015年建设，投入援助资金800万元。2011年，投入援助资金300万元，对该市场建设进行补贴。2015年，投入援助资金500万元，进行扩建，并进一步完善、提升市场功能。建设内容主要包括果品交易区2703平方米，冷库、保鲜库1614平方米，综合服务区815平方米，商铺5943平方米，以及道路、停车场硬化等附属配套工程，总建筑面积1.11万平方米。该项目使市场批发能力最高达每天1000吨，促进一三七团农副产品生产发展。

兵团四师可克达拉市电子商务公共服务平台 2018～2019年建设，总投资1823万元，其中援助资金873万元。项目建设可克达拉市电子商务公共服务平台及综合服务楼5513平方米，配套建设室外管网、道路硬化绿化、围墙及大门等，购置主要信息设备及其他辅助设备配件、软件等。

乌恰县吐尔尕特口岸农贸市场迁建工程 2019年建设，投入援助资金400万元。项目占地8800平方米，总建筑面积2656平方米，其中果蔬、服饰、日常生活用品交易区等建筑面积2312平方米，活畜交易区建筑面积344平方米，以及给排水改造、围墙、大门、地坪等附属工程。

新源县电子商务产业园（2019年摄）

江苏省对口支援新疆部分商贸项目情况表

单位：万元

地区	序号	项目名称	援建时间	援助资金
伊犁州	1	伊宁市巴彦岱镇精准扶贫就业产业基地暨农贸市场改造工程	2018～2019	800
	2	奎屯市粮油物资储备交易中心	2014	500
	3	奎屯市东区农贸市场	2014	500
	4	奎屯市西区农贸市场升级改造工程	2018	100
	5	奎屯市再生资源交易市场及绿色回收亭	2018	200
	6	奎屯市金源粮油收储有限责任公司南库区	2019	288.9
	7	伊宁县哈萨克族手工刺绣及农林业产业专业合作社	2013	794.18
	8	新源县电子商务产业园	2018	485
兵团	1	七师一三七团农副产品批发市场	2011～2015	800
	2	四师农特产品展销中心	2018	150
	3	四师可克达拉市电子商务公共服务平台	2018～2019	873
	4	二师三十六团农产品交易中心	2018	900
克州	1	乌恰县伊尔克什坦口岸园区中亚国际商品展示展销中心	2016	400
	2	乌恰县吐尔尕特口岸农贸市场迁建工程	2019	400

说明：1.表中所列项目为单次投入或累计投入援助资金100万元以上项目。

2.表中“二师三十六团农产品交易中心”为对口支援延伸项目。

三、产品展销

智能援疆超市 该项目是科技型新零售项目，以销售新疆特色农产品为主题，以智能超市实体店为载体，通过规模化布局达到一定的销售规模。具体运作以实体店为锚点，展开线上社群新零售的平台布局，实现线上线下互为支撑的一体化发展模式。江宁区援疆工作组协调后方商务、供销及相关街道等单位，推动智能援疆超市选址落地，协调受援地单位，为新疆农产品进入江苏销售提供便利，帮助当地企业争取产业引导资金55万元。2018年，伊犁合疆农业科技有限公司在南京开设首家援疆超市。至2019年底，共开设江苏议事园店、东郊国宾馆店、花样年华购物中心店、常州武进店、南京生命科技园店等10个智能援疆超市，运营状况良好，日均销售新疆产品超过2000元。

新疆特色产品江阴展销中心 2010年开业。项目位于江阴市区，面积100平方米，主要展销新疆哈密瓜、库尔勒香梨、西梅、阿克苏苹果、新疆牛羊肉、伊犁酒系列等特色产品。

新疆特色产品江阴云亭展销中心 2018年开业。项目位于江阴市云亭街道,展厅面积200平方米、保鲜仓库面积100平方米,主要展销新疆红枣、枸杞、哈密瓜、库尔勒香梨、阿克苏苹果、新疆牛羊肉等特色产品。

新疆伊犁州霍尔果斯农特产品苏州展销中心 2018年11月开业。项目位于苏州工业园区苏悦广场,主要展销黑枸杞、黑蜂蜂蜜、薰衣草、天山雪菊等50余种伊犁特色农副产品。经销商直接采购当地产品并引入苏州市场,既扩大当地农副产品销售渠道,又帮助当地百姓增收。

新疆伊犁特色优质农产品连云港展销中心 2018年9月开业,面积300平方米。展销中心采取“援疆工作组+农产品经销商+农民专业合作社+农户”的运营模式,实现伊犁农产品在连云港及周边地区展销常态化,为伊犁农产品进入江苏及周边沿海地区市场提供新渠道和平台。同时,利用连云港市农发集团销售渠道,采取线下为主、线上为辅的方式,让伊犁绿色品牌农产品和中亚、俄罗斯等国家与地区特色商品进入连云港市场,并辐射苏北、鲁南等地区。

北纬43° 巩留特色农产品销售旗舰店 2019年5月开业。项目位于张家港市区,面积1000余平方米,其中一楼展厅200余平方米。该店配有电商平台,采用“线上+线下”销售模式,形成新疆牛羊肉、驼奶、干果、鲜果、蜂蜜、饮品、酒类、香氛系列等8大类300余个品种的产品体系。旗舰店在巩留配套有1000平方米的馕产业园,实施“巩馕进港”项目,所有产品实施线上线下同步销售。

位于张家港市区的北纬43° 巩留特色农产品销售旗舰店(2019年摄)

扬州烟花三月馆新源馆（2016年摄）

扬州烟花三月馆新源馆 2016年6月，扬州市广陵区政府与新源县政府达成农副产品产销合作协议。9月，建成开馆。该馆位于扬州市食品产业园烟花三月馆一楼，面积约200平方米，由江苏扬州食品产业园无偿提供，展示新源县16家企业近百款产品，涵盖白酒、蜂蜜、大米、食用油、面粉、薄皮核桃、熏马肉等产品，成为扬州市展示新源文化、展销新源名优特产品的新平台。

镇江四师特色产品展销馆 2011年6月开馆。展销馆位于镇江古运河畔，建筑面积1300平方米，共5层。1～2层为商务洽谈、接待室，3～4层为特色产品展示大厅，第5层为仓储室。主要展示和销售四师特色产品。

苏宁易购“一馆一店”项目 2018年6月29日，苏宁易购中华特色馆——克州馆在阿图什市上线运营，新疆首家苏宁易购电商扶贫实训店同步开业。苏宁易购“一馆一店”借助苏宁集团物流体系、售后服务体系和信息化支撑体系，为克州特色农产品提供全面、专业的供应链服务和品牌推广，解决该地区农产品销售难问题，打通贫困地区特色商品销售新渠道，创新以市场带动产业和就业的“造血式”精准扶贫新模式。同时，苏宁集团以“前店后厂”的方式，通过线上苏宁易购中华特色馆和线下苏宁易购电商扶贫实训店推动“农产品上行”和“工业品下行”，不断挖掘和激活克州农村电商潜力，服务乡村振兴。

第四节　文旅产业

伊犁州、克州是古丝绸之路的重要门户，拥有悠久的历史文化、神奇的自然景观、浓郁的民俗风情，文化旅游资源极为丰富。伊犁河谷坐山怀水，有那拉提草原、唐布拉百里画廊、托乎拉苏草原、惠远古城、八卦城等自然与人文资源，享有“塞外江南”的美誉。克州既有壮丽神奇的帕米尔高原、南疆最大的高山草原——玉其塔什草原，也是联合国教科文组织非物质文化遗产——柯尔克孜族英雄史诗《玛纳斯》的故乡。文化旅游产业是受援地经济新的增长点和最具发展潜力的优势产业之一。1997～2010年，江苏通过派遣干部、投入资金、策划宣传等方式，参与霍城县惠远古城、察布查尔县锡伯民俗风情园等项目的建设，并援建伊犁游客服务中心和教育培训基地。2010年新一轮对口援疆工作开始后，江苏更加重视文旅产业援建，通过协助编制旅游发展规划、加大旅游基础设施投入、开展全域旅游建设、做好旅游品牌宣传等措施，推动受援地文旅产业快速发展。

做好重点旅游规划，有序推进受援地旅游开发。江苏协助伊犁州编制《伊犁河旅游风景区总体规划》《霍城县旅游发展规划》《惠远古城规划》《昭苏县全域旅游总体规划》《巩留县旅游发展总体规划（2018～2025）》《库尔德宁景区景观景点规划》《恰西（塔里木）景区景观景点规划》等规划。2016年6月，江苏旅游系统46家单位与伊犁州对口单位签订结对帮扶协议，帮助伊犁州策划编制旅游规划、设计、方案等20余部，涵盖州直重点景区、特色乡镇、乡村旅游、旅游商品研发设计等。“十二五”期间，江苏安排70万元资金编制克州旅游发展规划。阿合奇县在无锡市帮助下，于2011年率先完成旅游总体规划。

加大资金投入，加快受援地旅游景区基础设施建设。重点建设旅游道路、景区停车场、游客服务中心，加强旅游安全、应急救援、环境保护等基础设施建设，努力做到配套齐全、布局合理、便捷安全，与自然景观相协调，与游客需求相适应，使景点面貌焕然一新。开展伊犁州直旅游标识系统全覆盖工程，让伊犁州成为新疆第一个规范统一旅游标识标牌的地州。重点援建伊宁市喀赞其民俗旅游区、特克斯县喀拉峻大草原、霍城县惠远古城、尼勒克县湿地古杨景区、伊宁县托乎拉苏景区、巩留县库尔德宁景区和恰西（塔里木）景区等基础设施，打造霍城县央布拉克民俗村、新源县那拉提镇“哈萨克第一村”、昭苏县天马文化产业园等特色项目。在克州，重点援建阿合奇县科克乔库尔柯尔克孜民俗文化村（非遗小镇）、乌恰县黑孜苇乡坎久干村美丽乡村旅游项目、阿图什市克州三千年风情街等特色项目。经过援建，受援地景区硬件设施和接待能力显著提高。

江苏旅游援疆包机首发团

推进两地旅游交流合作，打造旅游品牌。2011年6月，江苏省旅游局与自治区旅游局在南京召开旅游援疆工作座谈会，并签订旅游合作协议。两地联手举办旅游推介会、旅游节庆等专项活动。各市县援疆工作组利用推介会、美食节、洽谈会、文化交流等形式开展推介宣传活动。2015年6月，江苏首趟伊犁旅游专列载着700余名江苏游客抵达伊犁州，这是当年伊犁州接待规模最大的区外旅游专列，也是江苏开出人数最多的旅游专列。2016年5月，“十万江苏人游伊犁”活动拉开序幕。至2019年，江苏到伊犁游客累计200余万人次。2016年起，每年安排援助资金1600万元，支持开通伊宁至上海、天津、喀什等10条旅游新航线，2017年开通“江苏人游克州”旅游包机，为推动受援地旅游业发展构建方便快捷的空中走廊。协助宣传推介当地旅游资源，推出“伊犁四季精品旅游线路游”“千名旅行商伊犁行”等专题活动，拓展长三角、珠三角等主要客源市场。在国内外打响“伊犁国际旅游谷”“塞外江南·诗画伊犁”“世界的帕米尔·永远的玛纳斯”等旅游品牌。

重视文化产业援建，推动文化旅游深度融合。江苏指导或参与制作的电影《好运特克斯》、电视剧《解忧公主》、大型舞剧《英雄·玛纳斯》等一批文化精品，取得较好的社会和经济效益。协助受援地深入挖掘底蕴深厚的民族文化资源，打造特色民族文化品牌。昭苏县以天马国际旅游节为契机，宣扬民族文化、草原文化，延伸马文化旅游，助力农牧民增收致富。克州将《玛纳斯》与旅游文化进行整合，连续举办多届克州玛纳斯国际文化旅游节。

随着文旅援疆的不断推进，受援地文旅产业从弱到强，不断壮大，旅游精品加快创建，边境游、自驾游、康养游、民宿等新业态蓬勃发展，文旅融合加快发展，一批文艺精品不断推出，文旅产业成为当地经济高质量发展的重要引擎。

一、旅游资源开发与基础设施建设

伊犁州直旅游标识系统全覆盖工程 2014年建设，投入援助资金2200万元。该项目制作总览图、导览牌、简介牌、引导指示牌、提示警示牌等各类标识标牌4486个，严格按照国标规范要求，在所有的标识标牌上印制伊犁国际旅游谷标识，使伊犁州成为新疆第一个规范统一旅游标识牌的地州。

伊犁州重点旅游景区厕所达标建设项目 2017～2019年建设，投入援助资金1394.9万元。为支持伊犁州全面创建国家全域旅游示范区，援助伊犁州重点旅游景区星级厕所达标建设。2017～2018年，一期投入援助资金1055万元，新建那拉提景区厕所3座、喀拉峻景区3座、夏塔景区1座、库尔德宁景区1座、惠远古城景区1座、中华福寿山景区1座、唐布拉景区4座、锡伯古城1座，改造霍城县旅游厕所3座。2018～2019年，二期投入援助资金339.9万元，新建伊宁市喀赞其民俗旅游区厕所1座、伊宁县托乎拉苏景区1座、兵团四师景区2座、兵团七师景区2座、那拉提景区1座、琼库什台1座、细君公主墓景区1座、巩留县恰西景区1座、白石峰森林公园1座。经过建设，提高景区厕所卫生环境，解决旅游景点如厕难等问题。

伊宁市喀赞其民俗旅游区改造工程 2011～2019年建设，投入援助资金5132.48万元。喀赞其民俗旅游区是反映伊犁维吾尔民俗风情为主的特色街区，2010年被评为

伊宁市喀赞其民俗旅游区（2011年摄）

伊宁市喀赞其民俗旅游区吐达洪巴依大院（2013年摄）

伊犁赛乃姆演艺广场（2013年摄）

国家3A级旅游景区。项目对喀赞其民俗旅游区的街巷、景区开发及配套设施等方面进行援建，重点发掘文化资源，改善环境面貌，提升服务功能，将其打造成展示民族特色文化、拉动文旅产业发展、带动群众增收致富的伊宁城市文化旅游品牌。其中，2011年，投入援助资金1000万元，实施民族风情特色街区项目，重点对吐达洪巴依大院进行修缮保护和开发利用。修缮后，大院民族建筑特色鲜明，现代化4D小影院、投影技术融入其中，深受广大游客喜爱。项目在2011年伊宁市经济观摩会上获一等奖，成为2012年新疆旅游现场观摩会观摩点。2012年，投入援助资金2100万元，实施步行街项目，建设融旅游商品展销与旅游观光为一体的步行街，总建筑面积6918平方米。2013年，投入援助资金1050万元，实施旅游配套设施项目，建设伊犁赛乃姆演艺广场，改造建设集旅游商品展销、文化展示、观光游览为一体的特色街巷等。2018～2019年，投入援助资金764.48万元，建设喀赞其民俗旅游区南门游客服务中心，修建喀赞其南门景区服务用房500平方米及停车场、公共厕所等旅游配套设施，建设旅游信息平台。2019年，投入援助资金218万元，维修改造喀赞其乌兹别克文化大院。经过持续援建，喀赞其民俗旅游区成为伊宁市重点景区，每年吸引大量游客参观。

特克斯县喀拉峻景区基础设施 2011～2017年建设，投入援助资金378万元。2011年，投入援助资金150万元，实施喀拉峻草原旅游设施综合开发，建设游客接待中心等基础设施，并对景区进行宣传推介。为丰富喀拉峻草原旅游设施，先后引进天翼航空公司动力滑翔伞和三角翼等项目，填补当地空中旅游空白。2016年11月，喀拉峻国际生态旅游区被评为国家5A级旅游景区，成为新疆第10家、伊犁州第2家国家5A级旅游景区。2017年，投入援助资金228万元，实施喀拉峻—喀甫萨朗旅游小镇基础设施建设项目，重点对旅游小镇出入口节点进行基础设施建设。

特克斯县八卦城整体形象提升工程 2015～2018年建设，投入援助资金461万元。特克斯以其独特的八卦城建布局在民间得名“八卦城”，是世界唯一保存完整的八卦城。项目坚持保护与开发相结合，围绕提升八卦城整体形象，对太极展馆、离街民族

国家历史文化名城特克斯县（“八卦城”）（2019年摄）

特克斯县离街民族风情街（2018年摄）

风情街区进行规划设计和提升改造。其中，离街是八卦城中“乾坤震巽坎离艮兑”八街之一，从2015年5月开始，重点将离街打造成多民族文化风情街区。由7条巷道和多个特色院落组成，涉及哈萨克、汉、维吾尔、回、蒙古、柯尔克孜6个民族120户居民，集丝路文化、草原文化、易经文化于一体。项目按照“修旧如旧”的设计理念，对水、电、供暖设施进行改造。一期建设和改造2条总长600米街巷，面积2.5万平方米，2016年6月10日建成对外开放，11月被评为国家3A级旅游景区。2018年，进行离街二期建设，共建设和改造5条街巷，长1100米，面积6.7万平方米，当年8月竣工。共开设电商结合小店15家，带动区域就业500余人，其中贫困群众约220人。

霍城县惠远古城提升恢复改造工程 2014～2016年建设，投入援助资金4000万元。清乾隆年间，建立惠远城，设伊犁将军府，伊犁成为清代新疆政治军事中心。无锡市、江阴市结合当地实际，协助编制《霍城县旅游发展规划》《惠远古城规划》，并重点推进惠远古城国家4A级旅游景区建设。通过争取国家项目、地方财政支持、民间资本参与，至2010年，累计筹资5000万元，建设惠远伊犁将军府、衙署文庙、东北城门等工程。2014～2016年，投入援助资金4000万元，打造惠远古城核心景区，重点改造提升解忧公主馆、边防史馆；建设惠远古城南门、西门、将军广场；提升改造南街、西街，将景区内电力及通信架空线改造入地，建设景区导览标识系统等。经过系统建设，惠远古城成为霍城县重要旅游景点，古城美誉度和知名度得到提升。

2015年9月26日，霍城县惠远古城陈列馆开馆仪式

霍城县央布拉克民俗村 2015～2019年建设，投入援助资金1200万元。项目改造央布拉克民俗村阿瓦克街、水定街、河巷街和果园街4条民俗区巷道，统一粉刷，建成环境整洁的民俗旅游街区。在打造民俗旅游样板区方面，推出“乘‘马的’、赏民俗、游古城”旅游产品。开发景区漫游观光和民俗旅游项目，全力打造央布拉克民俗村民俗旅游品牌。投入援助资金200万元，对村民自家住房、庭院、葡萄架和房前屋后的菜园进行改扩建和装饰，打造全村13个特色民俗旅游观光家访点，新建丝路风情·央布拉克歌舞餐饮广场，建成民族特色小吃一条街。支持和鼓励农民就业创业，100余名村民从事街区主管、讲解员、驾驶员、保安、保洁、马车师傅和歌舞演员等工作，带动500余名村民从事餐饮、手工业、养殖业和发展庭院经济等，拓宽增收渠道。2017年，全村仅民俗旅游街区门票收入就达220万元。经过建设，央布拉克村获评“中国乡村旅游模范村”“中国少数民族特色村寨”。

【链接】央布拉克民宿带热旅游，富了乡亲

“来，来，来，快请进！”5月15日，央布拉克村阿日瓦克街42号院的主人扎米拉·吾甫尔热情地迎接着到自家小院体验民宿的6位游客。

“我们从广州来，听说新疆的民宿很有特点，能够体验原汁原味的民族风情、民俗文化，特意提前一个月通过旅行社预订了房间。”游客陈剑峰说。

“哇，太漂亮了！”一进门，游客郑梅就发出惊叹。只见院子四周满是绿植和鲜花，庭院中央的葡萄架上爬满了绿色的藤蔓，墙上一幅盛开的薰衣草喷绘图让人心情舒畅。

扎米拉的家位于霍城县惠远镇央布拉克村民俗旅游区核心区，是全村13个特色民俗旅游观光家访点之一，也是旅游区民宿首批开放的“歌舞人家”。

央布拉克村毗邻中国历史文化名城惠远古城。过去，因为不懂如何开发旅游资源，村子发展一度缺乏后劲。

2010年新一轮对口援疆工作开展后，央布拉克村来了一些新面孔，他们是从江苏省江阴市来的援疆干部。这些援疆干部不喜欢坐办公室，除了在村子里转，就是往村民家里跑。转完、跑完后，他们开始动员村民办农家乐。在他们的一再努力下，村里有几户人家办起了农家乐。央布拉克村村民“靠天吃饭、靠地穿衣”的生活模式，自此发生了改变。

“惠远古城每年有10多万名游客，如何把这些游客资源引向央布拉克村，让更多央布拉克村村民也能吃上旅游饭？”

“央布拉克村维吾尔族民俗文化特色优势明显，怎样才能把它打造成民俗旅游品牌？”

……

随着对口援疆工作的不断推进，江苏省对口支援伊犁哈萨克自治州前方指挥部、江阴市援霍工作组不断与当地党委、政府进行着思想碰撞。

“江阴市的长江村是中国经济十强村、全国新农村建设示范村，如果长江村能和央布拉克村结成帮扶对子，一定会对央布拉克村的旅游起到带动和促进作用。”几番思想碰撞后，大家提出了“结对共建”的工作思路。江苏省对口支援伊犁州前方指挥部会同受援地援疆办研究制定了

《关于进一步深化镇村结对携手奔小康工作的实施意见》，高位推动镇村结对工作。长江村很快与央布拉克村签署了结对帮扶框架协议。

结成“兄弟”后，长江村每年给央布拉克村援助30万元，帮助其发展乡村旅游。为打造央布拉克村民俗特色产业，江阴援霍工作组先后投入援疆资金1200万元，规划陈列馆、修缮道路、精装庭院……又将江阴市新桥镇新桥村与央布拉克村发展成结对帮扶对象，进一步发展民俗旅游等富民产业。

现在，每到旅游旺季，游客搭乘着观光“马的”穿梭在各个民俗家访点，他们或欣赏民族手工艺品制作，或品尝传统茶点，或观看文化演出，各民俗家访点游客络绎不绝。

2015年央布拉克村获评“中国乡村旅游模范村”后，又获评“中国少数民族特色村寨”。如今，民俗旅游已成为当地百姓增收脱贫的主要途径。2017年央布拉克村村民人均纯收入为1.56万元，2018年达到1.63万元。

在历届江阴援霍工作组持续接力下，央布拉克村的旅游价值已日益凸显。“没有江阴援霍工作组的帮助，我们就不会有这么多的收入。”央布拉克村民俗旅游区“茶点人家”女主人玛依努·买买提说。

因为奶茶做得好，玛依努家的庭院被打造为“茶点人家”。旅游旺季时，她家一天能接待上百位游客，日收入过千元。

在扎米拉家二楼四星级标准的民宿房间里记者看到，扎米拉将游客午休后的床单整理得一尘不染后，又特意在床尾铺上了一条约40厘米宽、富有民族特色的艾德莱斯绸床幔。“我相信，在我家住过的游客一定会想再来，也会带来更多新的游客。”自信的微笑洋溢在扎米拉的脸上。

扎米拉说，去年她靠民俗游实现了5万元收入。今年加上民宿，预计能够收入10万元。

【记者手记】笑脸背后故事多

在央布拉克村采访，给人印象最深的是随处可见的笑脸，既有游客舒心的笑容，更有村民畅快的笑颜。这一张张笑脸，正是对江苏援疆扶贫举措的赞许。

从不懂旅游到开农家乐、从事民俗游，再到开办民宿，央布拉克村村民在当地党委和政府、江苏省江阴市援疆干部的倾情帮助下，一步一步改变了固化思维，一步一步摆脱了原有的生产方式，进而寻找到了增收致富的道路。在央布拉克村民俗旅游区，各家访点的主人都会微笑着邀请游客到室内参观，从建筑到内饰，从家具到布局，浓郁的民俗风情吸引众多游客。

采访时，每当说起江阴援疆干部为帮助他们发展旅游而做的种种努力，村民都会表现出深深的感恩之情。用“滴灌”式援疆模式打造央布拉克村民俗旅游样板区，是新一轮对口援疆工作开展以来，江阴市历届援疆工作组始终接力的扶贫工作。为了打造这个旅游样板区，他们中的很多人经常奔波在百姓家、民俗点以及建设工地上，零距离帮扶，心贴心服务。

（原文刊载于2019年5月24日《伊犁日报》，本文有删节）

尼勒克县湿地古杨景区基础设施 2014～2017年建设，投入援助资金2063.95万元。2014～2015年，投入援助资金1388.95万元，建设景观大门、游客服务中心、生态停车场、道路等，以及文化产业园，引进现代互动娱乐类项目，联合常州嬉戏谷打造环幕影院、3D过山车、4D影院等项目，增强景区的体验性和互动性。2016年，投入援助资金600万元，完善游客接待、服务等设施，提升湿地古杨景区功能，改善生态环境，打造互动体验类旅游项目。2017年，投入援助资金75万元，建设湿地古杨景区游客便民工程，加强生态环保厕所、区间游览车等基础设施建设。经过持续建设，湿地古杨景区硬件设施和品质不断提升，2014年获批国家4A级旅游景区，2015年创建为自治区级生态旅游示范区。

伊宁县愉群翁乡村旅游富民项目 2014～2016年建设，投入援助资金600万元。项目利用愉群翁回族乡愉群翁村居民房屋独有的前庭后院式构造优势，统一街区建筑风格，对居民门楼、墙体精心设计，在墙体线条、绘画、颜色等方面体现回族民族特色。配套建设2300平方米乡村俱乐部和750平方米民俗馆，制作具有浓厚回族文化特色的装饰和广告牌，提升农家乐街道文化氛围。建设大型牌楼和280米葡萄长廊作为农家乐街区的地标建筑，并以葡萄长廊为中心轴，按照"一轴四街区"建设规划，重点打造在景观布局、花卉种植及经营模式方面具有特色的东西花语巷、团结巷、幸福巷、和谐巷4条巷道。至2016年，改造提升回民民居108户，建设4条回民特色美食街、葡萄长廊和千亩葡萄采摘园等一批设施，带动农家乐经营户增长数量超过30家，经营户年纯收入增加5万元，带动就业300余人，旅游商品和土特产品销售400万元，初步形成回民特色旅游产业区。2015年9月，愉群翁村入选农业部"中国美丽休闲乡村"名单。

伊宁县托乎拉苏景区提升工程 2014～2016年建设，总投资3829万元，均为援助资金。景区位于伊宁县东北40千米处，平均海拔2300米。景区拥有总长45千米五媳妇沟大峡谷，最大落差200米，地形地貌多样化，有雪山、草原、杉树林、河流、冰川等。2014年，援建景区大门至五媳妇沟20千米三级旅游观光道路、景区大门、游客服务中心，提升改造换乘中心，以及环保设备配置、景区旅游标识系统完善等。当年

伊宁县愉群翁回族乡农家乐一条街（2016年摄）

伊宁县托乎拉苏景区大门（2016年摄）

新源县那拉提镇『哈萨克第一村』——阿尔善村（杨晓千／摄）

10月，完成全线道路建设。2015年，实施景区大门和游客服务中心建设和改造。同时，向自治区争取资金1.5亿元，解决景区外道路问题，使托乎拉苏大本营与五媳妇沟景区成为托乎拉苏景区两处重要的观光景点。2016年，投入援助资金130万元，购置景区观光车。

新源县那拉提镇"哈萨克第一村"　2011～2012年建设，总投资3990万元，其中援助资金1250万元。"哈萨克第一村"是一个依托定居兴牧工程构建的特色民俗旅游景区，实名阿尔善村，是那拉提草原上的一个行政村，也是新源县哈萨克族人数最多的村。项目位于那拉提河谷度假景区北面，占地40公顷，建设具有哈萨克族特色的牧民定居房103套。项目设计体现"马背弯弓射箭理念"，民居采取雪花六瓣造型和108星宿布局，错落有致，民族风情、地域特色浓郁。在实施游牧民定居工程基础上，发展农业观光游、乡村民俗游、民族风情游等乡村生态旅游，以挖掘、传承、保护、开发、弘扬哈萨克民族传统文化为核心，建设佳艺乐歌舞剧场、佳克斯新疆特色产品购物中心、巴合提家园、阿尔善马队、克赛部落等功能服务区，拓展伊犁州哈萨克族文化旅游的内涵与外延。项目带动全村农牧民年人均增收4000余元。

新源县就业富民示范项目（肖尔布拉克酒文化旅游小镇、新源镇采摘园、坎苏乡特色种植园及牧家乐示范项目） 2014～2016年建设，投入援助资金3080.67万元。该项目为提升地方旅游业发展水平、拉动创业增收提供有力支撑。

肖尔布拉克酒文化旅游小镇项目　工程对镇区中心街800米道路两侧建筑进行改造提升，形成西域特色的酒文化街。改造房屋外立面1.17万平方米，改造建筑面积2.3万平方米；改造肖尔布拉克镇酒文化一条街大道路面、给排水设施、照明设施、绿化设施；建设肖尔布拉克酒文化旅游小镇入口标志及喷泉等景观设施；扩建肖尔布拉克酒文化旅游小镇游客接待中心用房500平方米、停车场2000平方米；完善肖尔布拉克镇西域酒文化博物馆内游览步道、景观、环卫等基础设施。

新源镇采摘园项目　采摘园面积133公顷，种植桃、枣、葡萄、苹果、核桃等品种。项目管理区占地1.33公顷，建筑面积1200平方米，为江南古典园林风格建筑。建有林果采摘园入口牌楼、管理用房、果树科普室、果品展销点、果农培训教室、果品体验厅等。项目提升新源县果园科学管理和经营水平，解决种植户销售难问题，促进果农增收。

新源县坎苏乡万亩特色种植园牧家乐设施（2016年摄）

新源县肖尔布拉克酒文化一条街（2015 年摄）

新源县新源镇采摘园（2019 年摄）

坎苏乡特色种植园及牧家乐示范项目 项目在特色中草药种植示范园基础上，新建旅游服务区宽16米的主干道6.4千米、停车场5900平方米；建设农牧民培训教室、农家乐牧家乐示范点等设施，建筑面积1650平方米；设立民俗民情活动区、垂钓休闲区、观景烧烤区；对旅游服务区进行绿化，整理景区河道。该项目是那拉提旅游风景区的延伸拓展，是游客感受哈萨克农牧民生活的体验式项目，带动当地农牧民创业致富。

新源县湿地旅游开发基础设施 2014～2016年建设，总投资2722万元，均为援助资金。项目位于肖尔布拉克镇苇湖湿地区域，以316省道高潮牧场为起点，修建通向景区的连接道路，配备景区通勤车，满足景区车辆通行要求。同时，建设游客码头、停车场、公共厕所、观景台等配套设施。通过苇湖湿地基础设施建设，打造1200余公顷的苇湖湿地景观，形成新源县"东有那拉提草原，西有苇湖湿地公园"旅游发展新格局。该项目方便沿线2个乡镇、1个农场约5万名群众出行，带动1000余人就业。

昭苏县白马旅游服务区、乌孙山旅游服务区 2014～2015年建设，总投资2600万元，其中援助资金2200万元。建设内容主要包括服务区景观大门、停车场、厕所、迎客亭、送客厅、道路提升、给排水、电力电信、标识牌等基础设施。经过建设，服务区接待能力和服务水平大幅提高。

兵团四师六十九团香极地香料植物观光产业园 2015年建设，投入援助资金300万元。园区占地133.3公顷，是一家以香料植物、花卉为主体的园区。建设内容主要包括香料产品展厅、中心广场、园区道路及配套设施。园区设置游客服务中心、产品展示厅、旅游厕所、生态停车场、医务中心、安保中心等基础配套设施。同时，设有香料体验中心、DIY工作室、农副产品销售厅、香料特色手工艺寄售厅等产品体验、特色销售、创

那拉提国家湿地公园（2020年摄）

兵团四师七十四团钟槐哨所风景区（2015年摄）

业支持等项目，以香料产业带动旅游业发展。

兵团四师七十四团钟槐哨所风景区　2018年建设，投入援助资金412.77万元。2007年，《戈壁母亲》剧组拍摄外景场地选为七十四团哨所，受主人公钟槐无怨无悔守边护边事迹的影响，团场干部群众称哨所为钟槐哨所。建设内容包括新建房屋建筑面积1000平方米、主楼2层，内设多功能展厅、会议室、餐厅、休息室等；修建2A级旅游公厕2座，面积120平方米。修建草坪停车场3000平方米、绿化带5000平方米，室外给排水、电力管网1000米等。经建设，该风景区的旅游接待能力得到提升。

阿合奇县科克乔库尔民俗文化村（非遗小镇）　2014～2019年建设，投入援助资金2135万元。民俗文化村位于阿合奇县佳朗奇新城西，占地150公顷，是集自驾、水景、主题文化、民俗、世界遗产、文艺演出、健康养生、漂流探险于一体的综合性民俗旅游惠民项目。项目以保护传统的柯尔克孜族村落原貌及民风民俗为宗旨，以整村打造为目标，统一规划，统一建设，新建的45套安居富民房和原有的房屋通过提炼民族元素、就地取材等方法，形成富有特色的民居村落；完善村庄配套设施，新建富有民族特色的景观桥1座、村内道路6千米及全村给排水系统。通过猎鹰、库姆孜、刺绣3个非遗工作室和猎鹰马术表演场、玛纳斯舞剧，彰显民族文化；通过湿地公园、特色林果、田园牧歌等项目，凸显高原河谷风光。至2016年，相继建成柯尔克孜旅游文化客厅、游客服务中心、亲水文化街区项目，完成核心区一期建设。2019年，投入援助资金200万元，建设文化村居素普·玛玛依纪念馆和附属工程。文化村被评为全国乡村旅游示范点，其所在地佳朗奇村入选农业农村部公布的2019年“中国美丽休闲乡村”名单。

乌恰县黑孜苇乡坎久干村美丽乡村旅游项目 2018～2020年建设，投入援助资金1503万元。项目得益于坎久干村与常州市天宁区郑陆镇牟家村的结对帮扶共建，通过借鉴牟家村美丽乡村建设经验，依托当地杏园内上百株古杏树和自然风光，借助常州市对口援疆力量，发展具有柯尔克孜特色的综合乡村旅游项目，是提升乌恰县农牧村庄“造血”功能和实现精准扶贫、带动创业就业的民生工程。2018年，投入援助资金600万元，建设道路1千米、安居富民小区、旅游度假生态园，并进行村居环境整治。2019～2020年，投入援助资金903万元，建设游客接待中心、精品度假木屋及安居富民小区、生态养殖基础设施等。2019年6月对外营业，当年累计接待游客10万余人次，项目直接带动16户贫困户45人次就业，向全村建档立卡贫困户137户464人分红24.6万元。百杏生态园2019年被评为国家3A级旅游景区。

阿图什市怪柳林（仙木园）景区 2014年建设，总投资837万元，均为援助资金。景区占地6.67公顷，有古柳树90株，树状千奇百怪，距今800余年。项目致力于将怪柳林景区打造成阿图什市首个具有自然与人文景观相结合的景区，新建游客中心、步行道、围墙、门卫、停车场、厕所及四周绿化景观等。项目的建成，为阿图什市旅游资源开发、发展旅游经济提供样本。建成开放后，年接待游客1.8万人次，门票收入50万元，带动周边农民就业和收入提高。

阿图什市克州三千年风情街 2019年建设，总投资4459万元，其中援助资金3800万元。项目位于阿图什市环城北路以南，是新疆唯一的柯尔克孜族风情街。占地8.58公顷，总建筑面积1.95万平方米。项目主要有玛纳斯主题广场、超大水系景观湖、美食广场风情夜市、民俗演艺大舞台、葫芦文化长廊、儿童乐园、民宿等。其中，一期有

乌恰县黑孜苇乡坎久干村美丽乡村（2021年摄）

阿图什市怪柳林(仙木园)景区(2020年摄)

各族群众在阿图什市克州三千年风情街载歌载舞(2019年摄)

3688平方米克州特色主题馆一条街，4200平方米游客接待中心，3850平方米克州美食广场，3500平方米人工湖，1000平方米儿童游乐区，200余间民宿、免税店及生态停车场。项目是新疆首屈一指的集建筑艺术、民俗文化、餐饮文化、歌舞演绎、休闲娱乐及旅游观光等功能于一体的特色文旅项目。2019年7月3日开业，82家商户入驻美食档口，开业首个周末接待游客近万人次。项目的建成运行，集中展现“观看民俗风情表演，品尝新疆美食、西域水果，购买新疆土特产”的新疆文化旅游特点，进一步补齐克州旅游建设短板，打造独特文化品牌，带动500余人就业。

江苏省对口支援新疆部分旅游资源开发与基础设施建设项目情况表

单位：万元

地区	序号	项目名称	援助时间	援助资金
伊犁州	1	伊犁游客服务中心和教育培训基地	2010	400
	2	伊犁州直旅游标识系统全覆盖工程	2014	2200
	3	伊犁州重点旅游景区厕所达标建设项目	2017～2019	1394.9
	4	伊犁州林则徐纪念馆红色旅游经典景区基础设施	2018	149
	5	伊宁市喀赞其民俗旅游区改造工程	2011～2019	5132.48
	6	伊宁市达达木图乡布拉克维吾尔“塔兰奇”民俗文化村中心景区	2014	192
	7	伊宁市六星街手风琴珍藏馆	2019	314.48
	8	特克斯县喀拉峻景区基础设施	2011～2017	378
	9	特克斯县八卦城整体形象提升工程	2015～2018	461
	10	霍城县惠远古城提升恢复改造工程	2014～2016	4000
	11	霍城县央布拉克民俗村	2015～2019	1200
	12	霍城县大西沟中华福寿山景区区间车	2016	260
	13	霍城县大西沟乡生态农业旅游采摘园	2016	200
	14	尼勒克县湿地古杨景区基础设施	2014～2017	2063.95
	15	尼勒克县旅游规划及景区基础设施提升完善工程	2014～2019	1002.79
	16	尼勒克县唐布拉旅游景区基础设施	2015	500
	17	霍尔果斯旅游开发扶持资金	2016	200
	18	巩留县野核桃沟景区旅游公厕	2018	147.99
	19	伊宁县伊犁世居民族文化产业及展示演艺中心	2012～2015	4310.87
	20	伊宁县愉群翁乡村旅游富民项目	2014～2016	600
	21	伊宁县托乎拉苏景区提升工程	2014～2016	3829
	22	伊宁县旅游咨询服务中心	2016	100
	23	察布查尔县扎库齐牛录镇旅游接待中心及爱国主义教育基地	2019	160
	24	新源县那拉提镇阿尔善村定居兴牧暨产业发展项目（那拉提镇“哈萨克第一村”）	2011～2012	1250
	25	新源县湿地旅游开发基础设施	2014～2016	2722
	26	新源县就业富民示范项目（肖尔布拉克酒文化旅游小镇、新源镇采摘园、坎苏乡特色种植园及牧家乐示范项目）	2014～2016	3080.67
	27	新源县那拉提景区游客服务中心停车场扩建及环境提升工程	2016	100
	28	新源县旅游宣传推介及产业提升项目	2017～2019	315.05
	29	新源县那拉提旅游品牌形象展示店	2018～2019	400
	30	昭苏县旅游产业扶持项目	2012	600

续表

地区	序号	项目名称	援助时间	援助资金
伊犁州	31	昭苏县白马旅游服务区、乌孙山旅游服务区	2014～2015	2200
	32	昭苏县灯塔知青馆旅游建设项目	2016	120
	33	昭苏县水冲式旅游公厕	2017	395.34
	34	昭苏县夏塔景区基础设施配套工程	2017～2018	2195.56
	35	昭苏县昭苏镇吐格勒勤布拉克村“印象灯塔·红色小镇”旅游发展项目	2018	150.66
	36	昭苏县乡村旅游节点建设项目	2019	490.19
兵团	1	四师六十九团香极地香料植物观光产业园	2015	300
	2	四师七十四团钟槐哨所风景区	2018	412.77
克州	1	阿合奇县游客服务中心及配套设施设备	2012	429.82
	2	阿合奇县科克乔库尔民俗文化村（非遗小镇）	2014～2019	2135
	3	乌恰县黑孜苇乡坎久干村美丽乡村旅游项目	2018～2020	1503
	4	阿图什市怪柳林（仙木园）景区	2014	837
	5	阿图什市克州三千年风情街	2019	3800

说明：表中所列项目为单次投入或累计投入援助资金100万元以上项目。

二、旅游宣传推介

“十万江苏人游伊犁”活动　2016年4月，江苏援伊指挥部联合14个工作组开展“十万江苏人游伊犁”活动，并赴江苏8个城市举办旅游推介系列活动。5月26日，首列江苏旅游专列抵达伊宁站，600余名江苏籍游客开启“十万江苏人游伊犁”之旅。各援建市县出台奖励补贴细则，整合周边客源市场，召开旅游推介会，协调当地旅行社积极宣传，制定精品线路，以自驾游、搭乘飞机等形式组团赴伊犁州旅游人数逐年上升。2016年5～11月，通过援疆渠道组织到伊犁旅游的江苏团组超过2000个，其中专列21趟，共接待游客20.7万人次。2017年，组织旅游包机105架次、旅游专列21列、自驾游及落地自驾游1.2万车次，江苏到伊犁游客超过35万人次，2018年达75万人次，2019年突破100万人次。“十万江苏人游伊犁”活动成为江苏省旅游援疆特色品牌。

“塞外江南·诗画伊犁”旅游品牌推广　2017年起，江苏援伊指挥部协调组织伊犁文化和旅游“走出去”推介活动，打响“塞外江南·诗画伊犁”的名气。安排援助资金1600万元，支持开通区内外新航线。区内新开伊宁至塔城、阿勒泰、喀什航线，区外开通伊宁至银川、长沙、郑州、杭州等航线。铁路方面，安排资金40万元，支持伊犁在上海至伊宁列车上投放“塞外江南·诗画伊犁”旅游广告。鼓励江苏旅行社通过旅游包机、旅游专列和落地自驾等形式组织游客到伊犁旅游。先后举办“天山雪松根连根·苏伊旅游心连心”活动、江苏伊犁旅游企业合作交流会、“行摄伊犁·爱满天山”落地自驾公益行等活动。2018年，江苏援伊指挥部和各工作组累计投入援助资金1000余万元用于自治州和各县市及兵团四师、七师旅游宣传推广工作，在上海、南京、海南等地举办旅游宣传推介活动，旅游推介会超过100场；邀请全国各地旅行商、媒体记者近千人到伊犁考察，帮助打响“塞外江南·诗画伊犁”旅游品牌。在江苏援疆力量支持下，2019年5月18日和21日，伊犁州文化和旅游推介活动分别在南京和杭州两地进行专场推介。在南京活动现场，举办伊犁文化和旅游图片展、伊犁非物质文化遗产展示、民族服饰展和舞蹈表演等活动，宣传推广“塞外江南·诗画伊犁”旅游品牌。

2016年5月26日，『十万江苏人游伊犁』开游暨首趟苏伊旅游专列欢迎仪式

2017年7月1日，春秋航空扬州—乌鲁木齐首航式暨江苏十万人游伊犁·新源启动仪式

2018年9月2日，镇江『万人游四师可克达拉市』旅游专列抵达伊宁市

2018年4月27日，『塞外江南·美丽伊犁』伊犁旅游产品推介会在南京举办

镇江“万人游四师可克达拉市”旅游活动 2017年4月下旬，兵团四师与镇江市签署旅游合作协议，深度开发两地旅游产业，达成镇江“万人游四师可克达拉市”活动意向。5月26日，镇江、苏州、无锡等地400余名游客乘坐“十万江苏人游伊犁”旅游专列抵达伊宁市，到兵团四师六十九团香极地香料植物观光产业园观赏游玩，标志着镇江“万人游四师可克达拉市”活动启动。2018年4月，“塞外江南·美丽伊犁”江苏推广周镇江分会场——“草原之夜”四师可克达拉市镇江旅游推介会在镇江举行，发布《镇江“万人游四师可克达拉市”奖励补贴办法》。2017～2019年，组织多批次旅游专列、自驾房车和飞机团游四师可克达拉市活动，带动江苏旅客近5万人次赴伊犁、四师可克达拉市旅游，进一步扩大四师旅游市场，增强四师旅游业在全国的影响力。

“塞外江南·美丽伊犁”江苏推广周 2018年4月，江苏援伊指挥部在江苏13个设区市举办“塞外江南·美丽伊犁”伊犁旅游产品推介会。4月13～22日，扬州市援疆工作组结合“扬州烟花三月国际经贸旅游节”活动，组团参加扬州名特优农产品博览会。3月13日起，扬州市援疆工作组利用1个多月时间，在江苏、上海、浙江、山东、安徽举办100余场新源旅游推介会。4月21～22日，由徐州市援疆工作组、奎屯市政府、徐州报业传媒集团、徐州市旅游局共同主办的淮海经济区第八届旅交会暨“援疆情·奎屯行”旅游推介会举行。4月22日，由特克斯县政府、南京市江宁区援疆工作组主办的大美新疆·伊犁（特克斯）农产品展销会在南京开幕，展销伊犁（特克斯）农副产品、民族手工艺品300余种。4月27日，南京市将推介会现场放在购物中心，这是一次新的尝试。其他各县市推介会因地施策，从农业、文化、贸易等不同角度，推广“塞外江南·美丽伊犁”品牌。

“丝路风情地·大美南疆游”——长三角旅游援疆联盟·南疆旅游南京站推介会　2018年，上海、江苏、浙江、安徽等省市援疆指挥部联合发起成立长三角地区旅游援疆合作联盟。2019年4月15日，克州党委政府、江苏省文化和旅游厅、江苏援克指挥部在南京举行南疆旅游推介会。克州、喀什、和田、阿克苏等地区旅游代表分别介绍各地旅游资源和热门线路。会上，为“新疆克州旅游资源江苏营销推广中心”授牌。此次活动，推动江苏与新疆两省区在旅游产业发展方面进行全方位、多层次、宽领域合作。

中国·霍城薰衣草文化旅游节　为向国内外朋友展示魅力霍城、大美新疆，霍城县委、政府决定把薰衣草特色经济发展为地方支柱产业，让霍城成为全国薰衣草行业示范县。2011年7月9日，举办新疆首届薰衣草文化旅游节，充分展示霍城发展新气象、新变化、新形象，提升霍城知名度和美誉度。此后每届旅游节，江苏均给予资金支持，并协助开展经贸洽谈、芳香论坛等活动。

2014年6月21日，中国·霍城第四届国际薰衣草文化旅游节开幕式暨江苏·伊犁旅游结对仪式

第四届玛纳斯国际文化旅游节　2011年7月8～10日在乌恰县举办。旅游节由克州政府和常州市政府共同主办，乌恰县政府承办，来自毗邻国家吉尔吉斯斯坦共和国友人和自治区嘉宾、玛纳斯文化传承和研究专家学者及新闻媒体等近千人参加。其间，举办开幕式、玛纳斯文化表演、农牧民传统体育运动会、文艺晚会、旅游考察等多项活动。常州市政府与乌恰县政府签订《常州市援助乌恰旅游发展框架协议》。

【链接】产业援疆让伊犁之旅更美更舒适——江苏省旅游援伊工作掠影

近几年，“塞外江南·诗画伊犁”红遍网络，成为旅游者的打卡热地，伊犁正成为一个人人向往、人人赞叹的旅游胜地。

据州文化和旅游局数据统计，2018年州直全年接待游客4118.07万人次，同比增长41.76%，旅游收入488.54亿元，同比增长70%。2019年1～9月，州直累计接待游客5236.81万人次，同比增长56.03%；实现旅游收入628.64亿元，同比增长77.1%。

在这不断刷新的数字背后，得益于江苏省对口支援伊犁州前方指挥部的鼎力支持。

江苏省第九批援疆干部来伊开展工作以来，将旅游援疆作为产业援疆的重要抓手，围绕“旅游兴疆”战略目标，进一步加大产业援疆、游客送疆、人才援疆力度，全力助推伊犁大发展，努力实现高质量推进旅游援疆工作新突破，力争把旅游业打造成伊犁经济发展和社会进步的战略性支柱产业和重要引擎。在“补短板、提品质、促发展、惠民生”的旅游援疆思路支持下，伊犁旅游业呈现出大发展、大跨越、大建设、大完善的态势，伊犁旅游正乘风破浪迈向远方，走向世界。

三年聚力解决“三难一不畅”

伊犁人文荟萃、景色别致，越来越多的人不断发现它的美，来伊犁旅游的人数节节攀升，但同自治区其他地州一样，如厕难、停车难等“三难一不畅”等基础设施建设问题一直困扰着伊犁旅游业发展，也是游客反映比较集中的问题，而最先敏锐感觉到这一点的是援疆干部。

“游客旅途基本需求得不到解决，他们很难有兴趣再来，这是伊犁旅游的短板，我们必须补课。通过近三年的产业援疆，我们拿出3000余万元彻底解决了旅游景点如厕难、停车难等问题，实现伊犁州国家A级旅游厕所和第三卫生间在主要景区全覆盖。”江苏省对口支援伊犁州前方指挥部产业合作组副组长、伊犁州文化和旅游局副局长刘旭东说。

州直各县市援疆工作组全力支持当地旅游基础设施建设，纷纷出招，积极行动，完成了33个旅游厕所建设。

那拉提草原是中国六大最美草原之一，七、八月迎来旅游旺季。在众人拍摄美景之时，来自广东的游客刘女士却用手机拍摄景区的“绿房子”——新建的生态环保旅游公厕。“不管是坑位还是洗手台、镜子都干干净净，和前几年相比真是天壤之别。”刘女士发出感慨，这个公厕简直可以和酒店洗手间媲美。今年，扬州援疆工作组投入专项资金420万元，景区管委会按照五星级标准在主要节点新建3个生态环保公厕和一个污水处理中心。那拉提景区管委会主任史宁告诉记者，以前景区的公厕采用化粪池处理，成本高，新建公厕一体化污水处理后可以两次、三次重复使用，既达到了国家污水处理标准，又节约水，是自治区5A级景区首家采用的先进技术，也为今后新疆景区公厕建设打造了样板。

需求解决了，游客自然越来越多。今年的古尔邦节小长假，那拉提景区游客接待量达7万余人，并在8月11日突破景区单日游客接待量2万余人，比同期增长74.72%，创历史新高。

今年夏天，由于独库公路、仙女湖在网络爆红，来国家4A级景区唐布拉旅游的游客特别是自驾游游客激增，但景区早有准备，公厕、观景点、停车位、休憩点样样齐全，保障了游客的需求。原来，按照产业援疆要求，尼勒克县武进援疆工作组持续加大景区投入力度，先后投入500万元，在百里画廊50公里长的景区沿线设置了12个环保旅游公厕，并修建了多处节点停车位，让游客有处停车、有点观景，玩得舒适尽兴。

支援景区建设　提升景区档次

伊犁旅游资源丰富，各类景区也在不断升级更新中。在产业援疆中，按照援疆指挥部的要求，各援疆工作组认真梳理当地旅游资源，按照高标准、上规模、有档次方向建设，支持伊犁州打造一批精品旅游景区、特色民族风情文化街区和农牧家乐集聚区，促进各族群众就地就近就业。

在富有传奇色彩的旅游胜地昭苏夏塔，因为长期供电不正常制约了景区发展。今年，泰州援疆工作组拿出2200万元援疆资金启动28公里夏塔景区电力设施项目，建成昭苏县35kW洁屯布拉克变电站并投入使用。“现在景区24小时供电正常，游客的餐饮、住宿、通信等难题迎刃而解。到今年8月份，景区票务收入已经达到去年一年的收入。”夏塔景区负责人白天明说。

恰西风景区是一个避暑休闲胜地。记者在景区看到，景区核心区原有的餐饮区全部被清空，在景区外围新建了游客接待区，这里毡房林立，公厕、商店、停车场、餐厅一应俱全。

“我们牵头组织了17个单位对恰西—塔里木景区开展综合整治，拆除各类违规建筑80余处，新规划建设了旅游接待区，安置了67户牧民经营户，改变了以往景区长期存在的脏、乱、差问题，消除了森林火险和水体污染隐患。”巩留县委副书记、张家港市援疆工作组组长邵军民告诉记者，这个自4月起历时50天的巩留县旅游发展的大动作，工作组勇挑重担，彻底改变了景区的面貌，提升了景区的品位和档次。

海拔2549米的伊昭公路是新疆最美旅游公路之一。今年，在盐城援疆工作组的支持下，察布查尔锡伯自治县提升伊昭公路的旅游服务水平，在白石峰扩建了600平方米的休憩点，划出了200个停车位，设置了12个旅游环保公厕和多个工具房，还新建了一个联通通信塔。

今年，南京援疆指挥组以“文化+旅游”的思路开展产业援疆，先后投入近1400万元，在伊宁市喀赞其民俗旅游区南门修建游客中心、生态停车场，修缮乌孜别克文化大院和伊宁市六星街民俗文化展览馆暨亚历山大手风琴珍藏馆，让伊宁市的旅游项目更丰富更多元。

在江苏省产业援疆的大力支持下，伊犁旅游设施不断完善，景区服务水平不断提升。尼勒克县文化和旅游局局长龚秀琴发出感叹：“在援疆项目和资金的支持下，景区基础设施和旅游质量得到了跨越式提升。可以说，产业援疆为伊犁旅游赢得了游客的好口碑。”

增加资金投入　打造精品旅游

在产业援疆中，江苏援疆指挥部不断加大对外宣传伊犁的力度。2017年以来，累计投入援疆资金2000余万元，多渠道、多形式宣传伊犁，特别是协调开展“塞外江南·诗画伊犁”江苏省推广周系列活动，伊犁和江苏联动，各县市和受援地互促，把诗画伊犁的美名传播得很远。

于是，就有了扬州市那拉提旅游体验馆、武进区原汁原味新疆体验馆等场馆的建成。“十万江苏人游伊犁”、自驾公益行、“万名南京老人候鸟式康养旅游”等活动随即跟上，援疆指挥部还邀请腾讯、途牛、同程等线上旅游企业和长三角自驾旅游协会到伊犁考察旅游线路，举行2019江苏伊犁旅游交流合作洽谈会，积极拓展长三角、珠三角、京津冀、四川重庆等市场，在交通线路和央视、江苏媒体上投放宣传广告。

各县市援疆工作组也积极行动，以推介会、美食节、洽谈会、文化交流等形式开展推介宣传伊犁旅游活动。同时，援疆工作组以那拉提景区和扬州瘦西湖景区合作模式为经验，对旅游人才开展培训交流，引人引智，不断壮大伊犁旅游人才队伍。南京援疆干部首次担任伊宁文旅集团总经理，半年不到扭亏为盈，2019年销售有望突破600万元，集团名气也大幅提升。

“好雨知时节，当春乃发生。”在勃勃生机的伊犁大地上，旅游援疆就像如丝细雨浸润着伊犁美景，让景区悄悄发生着变化，带给游客惊喜。

说得好不如做得好。援疆指挥部安排援疆资金1.2亿元，用于编制全域旅游规划、专项规划和旅游基础服务设施建设，全力支持伊犁主要旅游景区提档升级，打造精品景区。另外，安排援疆资金1600万元支持伊犁州设立新航线补贴基金，累计开通伊宁至上海、天津、杭州、长沙等10条新航线；投入2000万元支持东方航空江苏分公司开通南京到伊宁的直飞航班。

3年来，江苏省充分发挥旅游业在兴疆、富疆、稳疆中的积极作用，积极发力，找准关键点，有序进行产业援疆，不断提升景区档次，特别是在全域旅游规划编制上引入新理念，在基础设施建设上实现新提升，在旅游品牌拓展上取得新成效，为实现伊犁从旅游资源大州向旅游经济大州跨越贡献出了江苏援疆力量。

（原文刊载于2019年10月11日《伊犁日报》，本文有删节）

空中草原（丁小强／摄）

三、文化产业

江苏紧扣受援地多民族、多元文化特点，重视文化产业援建。2013年，省文化厅帮助伊犁州编制文化产业发展规划、国家级公共文化示范区创建规划等，以规划引导文化产业发展。2015年，江苏文化产业援疆代表团与自治区文化厅共同主办“江苏文化产业伊犁行活动周”，让两地文化产业合作项目第一次在伊犁落地生根。指导创作电影《好运特克斯》、电视剧《解忧公主》、大型舞剧《英雄·玛纳斯》等文化精品，取得较好的社会和经济效益。其中，《英雄·玛纳斯》将口头传唱的柯尔克孜族英雄史诗《玛纳斯》首次搬上舞台。江苏援克指挥部安排援助资金100万元将其纳入重点文化产业项目加以推进，使其成为全国文化援疆活动实施后推出的首部舞台剧目，向世人展示柯尔克孜族文化的独特魅力，引起国内外广泛关注。2019年，投入援助资金700万元支持玛纳斯舞剧改编及在江苏巡演活动。《好运特克斯》影片剧本获评江苏省十大优秀剧本和首届江苏省电影剧本优秀奖——“钟山奖”。进一步推动文化旅游深度融合。克州将《玛纳斯》与旅游文化进行整合，连续举办多届克州玛纳斯国际文化旅游节。各受援地民间工艺品及民族文化产品市场规模不断扩大。2014～2015年，建设伊宁市金陵群众文化活动中心（金陵民族工艺就业创业中心），该中心成为伊宁文化产业标志性工程。启动文化产业园和相关设施建设。2015～2016年，泰州市援建伊犁州昭苏县天马文化产业园。南通市建设伊宁县伊犁世居民族文化产业及展示演艺中心等文化设施，为文化产业发展提供硬件保障。

2015年8月6日，江苏文化产业伊犁行活动周启动仪式

伊宁县伊犁世居民族文化产业及展示演艺中心　2012～2015年建设，总投资1.1亿元，其中援助资金4310.87万元。演艺中心位于伊宁县城南新区，为伊犁河谷第一家民族文化演艺中心，设民俗展厅、城市规划展厅、数字影院等功能区。2014年，海门市文化广电新闻出版局向中心捐赠编辑线、摄像机、笔记本电脑等价值20余万元设备及书画作品30幅。

昭苏县天马文化产业园　2015～2016年建设，总投资8808万元，其中援助资金7484.5万元。早在汉代，汉武帝就将身形健硕、奔跑神速的伊犁马赐名“天马”。2003年，昭苏县被农业部授予“中国天马之乡”称号，自此，昭苏县成为国内首屈一指的马产业基地。项目位于昭苏县南城区，占地5.47公顷，建筑面积8200平方米。天马文化产业园建筑风格独特，建筑设计理念来自昭苏天马，建筑外形呈流线型，富有张力，抽象地反映昭苏天马的形体特征。造型分上、中、下三部分，分别以白色、灰色和绿色，象征昭苏的雪山、高地和草原。重点建设天马产业研发中心（含天马产业研究院和博士后流动工作站）、天马文化博物馆、天马产业信息平台、天马文化广场等，成为西北最大的天马文化产业园。产业园建成后，进一步促进昭苏县马产业与旅游业融合发展，加快马产业成果转化，提升马产业辐射作用，助力农牧民增收，成为昭苏县地标性建筑，为推广马文化新添一道亮丽风景。

电影《好运特克斯》　该片由南京市江宁区援疆工作组邀请江苏华红集团出资拍摄，2013年5月在特克斯开机，2014年1月首映。该片主要反映特克斯风土人情，融合青春、爱情、励志等元素，被誉为新疆版的《庐山恋》，通过大银幕向全国推介特克斯。

舞剧《英雄·玛纳斯》　2014～2015年，无锡市演艺集团歌舞剧院和新疆阿合奇县歌舞团共同创排大型民族舞剧《英雄·玛纳斯》。该剧由被列入世界非物质文化遗产的中国少数民族三大英雄史诗之一的《玛纳斯》改编而成，是中国柯尔克孜族第一部民族舞剧，也是全国文化援疆开展后推出的首部舞台剧目。这种跨地区、跨民族、跨文化的文艺合作，成为文化援疆新模式。2015年5月19日，该剧在无锡首演后，先后在南京、北京、新疆等地和俄罗斯、美国、加拿大、柬埔寨等国演出50余场次。入围2015年度国家艺术基金舞台艺术创作资助项目，2016年获第五届全国少数民族文艺会演剧目银奖。

【链接】无锡与阿合奇携手打造文化援疆精品
——舞剧《英雄·玛纳斯》"走"出去让民族传统文化大放异彩

"学会控制呼吸、转圈，眼睛要有神，注意表情，跳起来……"12月1日上午，在无锡演艺集团歌舞剧院排练大厅里，柯尔克孜族演员拜谢古丽·乔开西和无锡歌舞剧院的演员们在执行导演的指导下排练舞剧《英雄·玛纳斯》，准备12月中旬以后在上海和南京等地开展第二次巡演。

从今年5月在无锡首演，到7月参加第四届中国新疆国际民族舞蹈节，8月回家乡克州演出，再到签下明年赴俄罗斯的演出订单，由无锡歌舞剧院携手阿合奇县歌舞团推出的大型舞剧《英雄·玛纳斯》，一经推出便大获成功。最近还获得了400万元的国家艺术基金项目资助。

无锡演艺集团董事长、歌舞剧院院长刘仲宝说，此次召集两地的演员二度排练，是为了对舞剧进行修改提升，突出玛纳斯的英雄气魄和宽容胸怀，让文艺作品更走心，更感染人。

新修改后的舞剧《英雄·玛纳斯》在内容、声光上强化处理，通过90分钟的表现，在原有的基础上，强化英雄玛纳斯的气魄，树立玛纳斯宽容的胸怀，让观众树立心目中的英雄；剧情更加合理，更加紧凑，第二幕中玛纳斯和公主卡妮凯的邂逅增加了爱情基础，史诗最后是玛纳斯因患重病逝世，舞剧改编之后，玛纳斯被柯尔克孜族人永远崇拜，把玛纳斯精神升华，让现代人接受，通过这部舞剧得到思考，得到启迪。通过艺术处理强化剧情，形成氛围，这部舞剧让观众感觉到震撼力，感受到英雄的气魄。

了解民俗成为舞剧编排的必修课

舞剧《英雄·玛纳斯》取材于被列入世界非物质文化遗产的长篇英雄史诗《玛纳斯》，以玛

2017年3月，舞剧《英雄·玛纳斯》在南京演出

纳斯及其子孙8代人为主线，叙述柯尔克孜族人民保家卫民的英雄业绩和忠诚、勇敢、包容的伟大精神。

历时2年多，总编导门文元、执行编导汤成龙和他们的团队才完成了《玛纳斯》由史诗向舞剧的编排。无锡市歌舞剧院"80后"汤成龙主要负责舞蹈动作的编排。他告诉记者，创作过程虽然艰辛，但也充满着感悟和收获。每个民族都有它的民族性、风格，有自己的文化元素和文化符号。开始时他根本不了解这个舞种，后来去阿合奇县4次采风，到柯尔克孜族牧民家中，走进毡房和牧民同吃、同住，了解牧民饮食，了解婚礼什么样子、丧葬什么样子，了解诺鲁孜节等重大节庆活动，才从生活中提炼出艺术表现形式。

两地舞蹈演员齐心协力、默契配合

如何通过富有感染力的舞蹈完整地再现玛纳斯英雄的一生，并充分展现柯尔克孜民族文化的符号和内涵？这需要两地舞蹈演员齐心协力，默契配合。

柯尔克孜族姑娘古丽加玛丽·阿曼吐尔是一名一岁多孩子的母亲，参加舞剧《英雄·玛纳斯》的排练和演出时孩子出生4个月，她提前给襁褓中的女儿断奶，来到离家万里之外的无锡。在排练的间隙，古丽加玛丽时常拿出手机，充满柔情地观看丈夫发过来的视频和照片，还不时地亲吻屏幕里的女儿。她告诉记者说："我好想她，每天看不够。觉得亏欠孩子很多，想起这些，就想哭。但是，我觉得值得，因为是排一部我们柯尔克孜族自己的舞剧，我一定要来。"

现在只要一有空闲时间，两地演员就会一起揣摩舞蹈动作、手把手相互教习。无锡演员倪铮峰教柯尔克孜族小伙舞蹈，在盾牌舞中，由于一个节拍好几个动作，阿合奇县当地的演员节奏跟不上，他就把一个个动作进行分解，一个动作一个动作地教，有时甚至一个动作练到20遍。倪铮峰说："没有任何捷径，只能一遍遍地练习，还好柯尔克孜兄弟们勤奋，有时候我们都排练完，他们还加班加点地排练。"

"柯、汉一家亲，文化永相连！"经过许多次的排演，阿合奇演员和无锡演员们早已融合到了一起。

文化援疆助力史诗"走"出去

随着援疆活动的不断深入，无锡对阿合奇县的援助，从基础设施、民生等方面走向文化合作。"《英雄·玛纳斯》是全国文化援疆活动中推出的优秀舞台剧目。如果没有王新辉、林小异、刘仲宝这3人的努力，观众就不可能在舞台看到《英雄·玛纳斯》，史诗《玛纳斯》也不会被大众知晓。"邓新萍说。

王新辉是阿合奇县委书记，刘仲宝是无锡演艺集团董事长、歌舞剧院院长，林小异是无锡援疆干部（援疆3年，又决定留下3年）。得知将柯尔克孜族的文化瑰宝《玛纳斯》打造成一部"拿得出手"的舞台作品是阿合奇县各族人民的共同心愿，林小异多次联系刘仲宝，就创排所需的资金、演员、商演条件等问题一一协商解决。在王新辉等人的努力下，阿合奇县歌舞团成功"牵手"无锡歌舞剧院，合力打造了大型民族舞剧《英雄·玛纳斯》。

今年3月4日，在邓新萍的带领下，阿合奇县歌舞团23名年轻演员抵达无锡与另外40余名当地舞蹈演员汇合，开始舞剧《英雄·玛纳斯》的排演。

11月22日，阿合奇县的25名舞蹈演员万里迢迢来到无锡，再次投入大型舞剧《英雄·玛纳斯》的排练，准备第二轮巡演。

"作为一个县级团，我们的创作、演员和市场运作，和屡获大奖的无锡同行存在很大差距，但两地的合作是取经的好机会。经过几次的联合排演，阿合奇歌舞团的演员水平得到快速提升。"

邓新萍坦率地说。

作为中国三大英雄史诗之一的《玛纳斯》，表现了柯尔克孜族人民追求自由的美好愿望。这部长达20多万行的史诗于2009年成功入选世界非物质文化遗产名录。

史诗《玛纳斯》为什么以舞剧的形式呈现给观众呢？刘仲宝告诉记者，无锡的舞剧在全国是比较有名的，他想到用舞剧的形式立体表现《玛纳斯》，文学著作中用高山、雄鹰等描绘英雄，这也恰巧和舞剧这种形式很匹配。玛纳斯不仅是克州人民的英雄，也是中华民族的英雄。

史诗《玛纳斯》是一种随性的演唱，舞剧中加入了一些玛纳斯奇弹唱。阿合奇县的"玛纳斯奇"苏云都克·哈热说："作为'玛纳斯奇'，我们以前通过弹唱的方式想把《玛纳斯》流传下去。现在好了，通过舞剧这种舞台艺术，它的流传更为广泛，想到这个我就特别自豪。"

王新辉说，无锡、阿合奇县两地演员共同演绎的大型柯尔克孜舞剧——《英雄·玛纳斯》的上演，让这个民族的民族英雄第一次呈现在舞台上，并改变了两千多年来依靠口头传唱进行的传承方式。史诗《玛纳斯》改编成舞剧后，突破方言制约，扩大了影响力，实现了英雄史诗的另类传唱。舞剧的上演是以现代文化为引领的结晶，是无锡文化援疆的真实见证；同时，也创新了载体，让高原瑰宝走出大山、走出深巷、走进大都市，向世人展示着柯尔克孜民族传统文化独特的魅力。

（原文刊载于2015年12月22日《克孜勒苏日报》，本文有删节）

莫乎尔秋色（程军／摄）

第五节 招商引资

招商引资是江苏产业援建的重要方式和内容，更是促进受援地经济发展的有效途径。1997～2002年，江苏前三批援疆干部针对受援地实际情况，有重点、有针对性地“走出去，请进来”进行招商引资。带团前往江苏等地举办洽谈会、恳谈会、招商推介会；主动走访企业，了解投资意向，开展项目洽谈；利用自身人脉资源，邀请企业家到伊犁州考察、投资兴业。1999年，江苏援疆干部协助伊犁州党委、政府成功举办首届伊犁州经贸洽谈会。2000年，江苏省党政代表团赴新疆考察，举行两省区工作座谈会，签订合作项目41个，协议资金23.7亿元，有力推动两省区经济合作。

2002～2005年，江苏省第四批援疆干部把招商引资作为“一号工程”，邀请新加坡、马来西亚、哈萨克斯坦、印度尼西亚等国企业及国内江苏苏宁集团、长城公司等到伊犁州考察合作项目，促成7个项目落户乌鲁木齐市、奎屯市、霍城县等地；促成农业部重点龙头企业南京老山药业有限公司与伊犁百信蜂业公司合资合作；为伊宁市引进湖北安琪酵母公司高活性干酵母项目、苏洋食品工业园等7个项目；为奎屯市引进天基钢铁项目、常州溧阳开利地毯厂、锦程箱包等项目；为伊宁县引进莱克盛木业制品公司和蓝天中纤厂等项目；为察布查尔县引进山西省山鑫煤业有限公司建设的60万吨煤矿项目；为新源县引进孕马尿深加工及生物制药、良种牛生物胚胎工程和产业化等项目。江苏省第四批援疆干部共促成伊犁边贸，农业和旅游资源开发，基础设施建设等领域的数百个项目，协议资金26亿元。

2005～2008年，江苏省第五批援疆干部组织伊犁州及州直有关县市代表团到北京、上海、江苏、浙江、陕西等地开展上门招商活动，全面宣传、推介伊犁的优势资源和重点招商项目，组织参加中国西部国际投资贸易洽谈会等重点招商展会。利用援疆资金为霍城县建成功能齐全的清水河江苏工业园区，吸引10余家规模企业进驻；为察布查尔县引进金龙水泥等5个项目；为尼勒克县引进唐布拉松湖铁矿、阿克塔斯度假村等5个项目；为巩留县引进石灰窑及电石厂等7个项目；为奎屯市引进龙海硅业等5个项目，其中龙海硅业生产的高纯度硅微粉产品被评为高科技产品，填补自治区空白；为新源县引进苏源铁矿开发、铜精粉等8个项目；为霍尔果斯口岸引进瑞威兰食品加工等4个项目；为伊宁县引进伊犁东渡硅业有限公司等2个项目；为伊宁市引进天宝祥食品加

2006年4月24日，霍城县清水河经济技术开发区投资环境推介会签约仪式在无锡举行

工有限责任公司项目。江苏省第五批援疆干部共组织引进项目80余个。此外，江苏援疆干部参与的招商引资活动也取得显著成效。

2008～2010年，江苏省第六批援疆干部把招商引资作为推进伊犁经济社会发展的重要举措，充分发挥自身优势，加强当地招商队伍建设，加大宣传推介力度，利用自身各种资源，邀请一批有实力的大企业到伊犁州考察、洽谈，邀请江苏有关领导和专家介绍招商引资工作经验，组团带队参加区内外的各类招商活动，共签订招商引资项目合同129份。

1997～2010年，江苏协助受援地累计签订招商引资项目合同481份，到位资金46.53亿元，一大批招商项目相继投产，吸纳大量劳动力就业，为伊犁州经济发展提供强劲动力，为伊犁州社会稳定作出积极贡献。

2010年新一轮对口援疆工作开始后，江苏援伊、援克指挥部和各工作组先后出台招商引资工作考核办法、产业合作平台项目资金管理办法等制度规定，建立产业合作（招商引资）项目库，创新项目建设管理模式。帮助受援地开展各种招商活动，在标准化厂房出租费用、企业税收、产品销售补贴、用工补贴等方面给予优惠，出台一系列招商扶持政策，同时充分梳理好、对接好、利用好中央给予新疆和西部地区的优惠政策。重点引进投资规模大、产业链条长、产出效益好、科技含量高、带动就业多的项目。

2011～2013年，江苏援伊、援克指挥部参加江苏省组织开展的“百企千亿”产业援疆计划、苏新洽谈会等活动。江苏援伊指挥部举办新疆伊犁州产业招商暨霍尔果斯经济开发区项目推介会、签约会等招商展会，共组织各类招商推介活动30余场次，邀请江苏等地20余批300余家商户到伊犁和兵团考察洽谈，促成69个项目签约落地。江苏援克指挥部组织江苏产业援疆克州合作项目洽谈签约仪式，协助阿图什市、阿合奇县、乌恰县赴江苏举办近20场项目推介会、产品展销会，重点跟踪推进江苏·克州产业合作项目40余个，总投资逾70亿元。

2014～2016年，江苏援伊指挥部每年4月集中开展“招商引资推进月”活动，共组织各类招商推介活动300余场次，邀请江苏等地600余批5000余名客商到伊犁和兵团考察洽谈，200余个产业招商项目签约落地，总投资485亿元。吸引江苏天虹、红豆、金昇三大纺织服装企业在伊犁投资兴业，形成新疆重要纺织服装产业基地，带动1万余人就业。江苏援克指挥部制定《招商引资考核奖励办法》《江苏克州产业合作平台项目资金管理办法》，持续开展专题招商。先后在新疆、江苏组织开展20余场项目推介会、产品展销会。签约特变电工等项目，企业投资总额30多亿元。主动与江苏省纺织工业协会、江苏省服装协会及一些重点企业联系，有针对性地开展专题招商推介。

2017～2019年，江苏援伊指挥部实施“江苏企业来伊投资”行动计划。设立6000

2012年8月8日，『江苏企业家伊宁行』专题招商座谈会在伊宁市举行

江苏省中小企业『一带一路』克州行（2019年摄）

万元产业引导资金，组织开展百余场招商活动，推动江苏等东部省份纺织服装等劳动密集型产业向伊犁州和兵团四师、七师转移，增强发展活力。签约项目297个，其中落地209个，投资总额158亿元，增加就业岗位2万余个。江苏援克指挥部开展“百日招商竞赛”“江苏百家中小企业‘一带一路’克州行”等活动，推动一批重点招商项目落地。为进一步加强江苏、克州两地产业合作与交流，2017年，江苏援克指挥部推动成立克州江苏商会。

通过加强招商引资，吸引大批投资规模大、带动能力强的产业项目落地，为推动受援地产业转型升级、培育发展新动能奠定基础，并带动大量群众就近就业和脱贫致富。

一、招商活动

伊犁州江苏经贸洽谈会 2004年4月8～14日，伊犁州党政考察团先后在南京、江阴、无锡、南通举行经济社会发展座谈会，宣传推介伊犁州，江苏中洋集团、金太阳油脂有限公司、大生集团等50家企业参加座谈，签订经贸合作、市政建设、油脂化工等9份合作协议。

“百企千亿”产业援疆计划 2011年8月，江苏启动“百企千亿”产业援疆计划，100家江苏企业与伊犁州和克州签约项目111个，投资总额1264.1亿元。其中，伊犁州签约项目57个，投资550.5亿元；克州9个，投资36.5亿元；其他地区45个，投资677.1亿元。2012年，江苏援伊指挥部制定实施产业援疆、产业合作工作方案，在南京举办江苏“百企千亿”产业援疆项目落实情况座谈会，制定“百企千亿”项目落实工作责任制，完善对口援疆产业项目联系制度，配套跟进与“百企千亿”援疆产业合作相关保障措施。“十二五”期间，江苏始终把“百企千亿”活动作为产业援疆重要突破口，各工作组每年组织受援地到江苏对口市县进行1～2次宣传推介活动，累计举办苏伊产业合作、交流等各类宣传推介活动386场次，组织江苏等地630批7000余名客商赴伊考察，促成168个重点产业项目落地实施，总投资1120亿元，到位资金230亿元。其中，建成项目86个，总投资140亿元，带动就业3万余人。

江苏—新疆产业合作签约活动 2012年4月10日，江苏—新疆产业合作洽谈会在乌鲁木齐举行，集中签约项目26个，总投资518亿元。2013年5月17日、21日，江苏省分别在伊犁州、克州举行产业合作项目集中签约仪式，共洽谈签约项目108个，总投资535.6亿元。

“江苏企业来伊投资”行动计划 2017年起，江苏援伊指挥部实施“江苏企业来伊投资”行动计划。至2019年，共引进企业205家，累计投入援助资金1.8亿元，实施产业援疆项目495个，落实投资金额187亿元，新增就业岗位近2万个，实际解决就业1.3万人，其中建档立卡贫困户1300余人。园区建设方面，伊宁县轻纺产业园·伊宁县家纺服装产业园一期5万平方米15栋标准化厂房投入使用，柏特娜服饰、三润服饰、文普丝路服饰等9家企业入驻，吸纳5000名群众就业；二期工程总投资4.6亿元，建筑面积14.9万平方米，2019年10月30日竣工投入使用，可吸纳就业8000～10000人。伊宁县轻纺产业园·伊宁县织造产业园17万平方米标准化厂房投入使用，园区和8家南通织造企业签订投资协议，2019年底前全面进驻，新增用工4000余人。2018年1月，伊宁县轻纺产业区被中国纺织工业联合会评为“全国纺织产业转移试点园区”。协调后方单位为受援地提供优质金融服务，江苏省金融租赁股份有限公司为园区企业购置设备，实现轻资产化。推动江苏省信用再担保集团有限公司帮助组建伊犁州农业融资担保有限公司，推动江苏省农村信用联社帮助引进机构设立村镇银行，推动华泰证券参与新疆伊犁巴口香实业有限责任公司改制上市。

新疆伊犁哈萨克自治州产业招商暨霍尔果斯经济开发区项目推介会　2012年6月6日在南京举行，共促成江苏新一轮对口援疆项目27个，签约总额192.2亿元。签约项目针对性强，涉及产业门类多，主要包括新能源项目2个，新材料产业和基础设施建设项目5个，现代商贸物流服务业项目3个，旅游产业项目2个，石油化工产业、煤电煤化工产业项目3个，育种、滴灌农业产业化项目3个，肉食品加工、薰衣草化妆品开发特色产业项目2个，拖拉机组装、起重机装备制造等机械制造业项目2个，其他类项目5个。

新疆伊犁哈萨克自治州·霍尔果斯经济开发区招商推介会　2013年5月6日在苏州工业园区举行，霍尔果斯经济开发区与江苏宜兴海达电缆有限公司等企业签订11个合作项目，总投资100.6亿元。

江苏产业援疆伊犁哈萨克自治州合作项目洽谈签约仪式　2013年5月17日在霍尔果斯经济开发区举行，共签约项目86个，总投资447.3亿元。

江苏·伊犁产业援疆项目考察签约活动　2015年6月25～26日，江苏省经信委、商务厅、国资委、工商联联合组织的江苏省企业代表团一行82人，到伊犁州开展产业援疆项目考察签约活动。25日，江苏企业代表团考察伊宁市规划馆、伊宁市喀赞其民族手工业基地、霍尔果斯经济开发区伊宁园区、霍尔果斯经济开发区兵团分区、霍城县清水河配套产业园区。26日，江苏·伊犁产业援疆项目签约仪式在霍尔果斯经济开发区举行。签约项目24个，总投资61亿元。其中，8个项目涉及纺织服装、建筑机械、生物制药等劳动密集型产业，可提供5000余个就业岗位。

新疆伊犁州招商引资暨旅游推介会 2016年4月在江苏8市分别举办，由江苏援伊指挥部与伊犁州政府共同组织。会上，伊犁州推出一批招商项目，涉及纺织服装、轻工及农副产品加工、旅游、基础设施建设等方面，并积极推介伊犁州旅游资源。

兵团七师招商恳谈会 2018年11月14日在奎屯市举行，淮安市援疆工作组组织百名企业家参加。会上，淮安经济技术开发区盐化工招商服务管理办公室与五五工业园区签订招商合作协议，伊犁汉腾农牧科技开发有限公司南京分公司与新疆蓉臻名优特产销中心签订新疆名优特产品产销合作协议，淮安市师苑国际旅行社有限公司与新疆胡杨河旅游文化产业发展有限公司签订旅游合作协议，淮安市一起游国际旅行社有限公司与奎屯阳光教育旅行社有限公司签订旅游合作协议，4个项目总投资8.65亿元。

兵团四师经贸合作恳谈会 2011年6月在镇江市召开，共签约产业项目10个，总投资42亿元。签约的重点项目有霍尔果斯口岸新型建材产业园、兵团霍尔果斯工业园江苏建材园、沙林醋厂改造、兵团霍尔果斯口岸工业园区基础设施建设合作、大型综合商业广场建设、新型节能产品生产、全过程透明化安全食品生产示范基地建设、10万吨酒精生产项目合作、薰衣草产品合作销售、伊珠葡萄酒经销等。

2016年4月，新疆伊犁州招商引资暨旅游推介会在常州、南通、扬州、镇江等地召开

新疆克州招商引资项目推介会 2014年12月在昆山市举行,共签约项目7个,总投资23.7亿元,涵盖药品制造、光伏发电、食品和干果加工销售、数控科技、电子科技、电梯组装销售等领域。

江苏·克州产业援疆项目签约仪式 2015年6月24日在阿图什市举行,共签约项目14个,涉及新能源、服装家纺、装备制造、电子信息、生物科技、现代服务业等领域,总投资44亿元。其中,新疆戈壁绿洲商业综合体项目,总投资3亿元;特变电工新疆新能源股份有限公司光伏配套设备生产及加工项目,总投资3亿元。

【链接】产业援疆:“引凤筑巢”促民就业

近年来,江苏省对口支援伊犁州前方指挥部借鉴江苏产业发展成功经验,加大招商引资力度,坚持把产业援疆与就业援疆相结合,通过“引凤筑巢”促进各族群众就业、脱贫致富。

作为江苏徐州纺织行业的龙头企业,天虹基业纺织有限公司在奎屯规划建设了100万锭规模的现代化纺纱工厂。2015年7月10日,公司一期工程开工建设,仅用5个月就实现了首个15万锭车间投产;不到1年,实现了3个厂房50万锭规模全部投产目标,创造了纺织项目投资建设与投产的新速度。今年上半年,企业产量达到39000吨,产值超过8亿元。同时,千余名少数民族群众应聘至该企业,从农牧民转变为产业工人。尼勒克县哈萨克族姑娘古丽·热合曼提汗应聘到该公司后,从一个普通的细纱车间女工成长为厂长助理,收入也从刚开始的3000元增长至现在的近8000元。她说,现在,有了稳定的工作和收入,日子过得充实又有盼头。

“十二五”至今,在援疆干部的引领下,“南雁北飞”和“引凤筑巢”正变为现实,一批批江苏优势产业、一个个大型集团相继涌入伊犁。如江苏金昇、山东佰郑集团等近400万锭棉纺项目落户奎屯—独山子经济技术开发区。苏新中心、苏新工业坊、苏新公社等产业援疆项目,农夫山泉高档浓缩果汁加工等重点农业产业化项目,陆续落地投产……

在加大产业援疆力度的同时,江苏前指周密调研,根据受援地的发展、群众的需求和能力,精准施策,引导各族群众就地就近就业、创业。

在由产业援疆项目支撑的伊宁市喀赞其手工业基地,玛卡恩手工艺品、月光舞台服饰、西帕里克特色营养馕等在内的54家小微企业实现了创业、发展。如今,这里已经有旅游产品1800余种,实现直接就业2000余人。

在霍城县朝南社区,援疆资金投入建成的就业工场直接坐落在社区的居民楼间,30余名社区居民实现了就业。在江苏援疆资金的支持下,遍及霍城县13个乡镇、社区、村组的30个就业工场现已全部投入使用,解决城乡富余劳动力就业,特别是农村妇女就地就近长期稳定就业800人以上,带动就业1200人以上,实现增收3000万元。

今年,第九批援疆干部持续用力,安排39个产业援疆项目。同时,举办了多场招商推介活动,并组织江苏纺织服装企业到伊犁考察对接,全力推动伊犁产业发展,助力各族群众实现就业梦、创业梦。

(2017年9月20日《伊犁晚报》)

二、招商项目

特克斯县温德姆酒店 2018年，由特克斯县政府与北京迪顿投资管理有限责任公司签约投资兴建，总投资6.5亿元。项目按五星级酒店标准建设，占地3.8公顷，建筑面积6.3万平方米，由1幢4层酒店大堂、2幢4层客房、11幢3层院落客房及1幢1层设施用房组成，共有客房350间。项目于2020年5月开工建设。

江苏振发太阳能科技发展有限公司伊犁图开光伏产业园 2011年12月11日，江苏振发太阳能科技发展有限公司与伊犁州政府签订伊犁图开光伏产业园合作协议。根据协议，计划投资100亿元，在图开沙漠划定区域开发600兆瓦光伏电站和设施农业，并建设光伏研究中心和配套设施。一期30兆瓦光伏电站于2013年12月并网发电，二期50兆瓦光伏电站于2016年6月并网发电。项目成为伊犁州绿色环保示范项目。

伊犁新矿煤业有限公司年产600万吨煤矿项目 2008年签约。项目投资主体为山东新汶矿业集团（伊犁）能源开发有限责任公司的全资子公司伊犁新矿煤业有限责任公司。项目位于霍城县，占地26.67公顷，总投资23.24亿元。矿井是国家批准的《新疆伊犁伊宁矿区总体规划》的4号井田，设计年生产煤炭能力600万吨，服务年限112年，矿井实际按1000万吨标准进行建设装备。该矿井作为伊北煤炭有限责任公司年产20亿标准立方米煤制天然气项目配套工程，工业场地距伊北煤炭有限责任公司煤化工基地4千米。所产煤种主要为长焰煤和不粘煤，适宜煤炭气化和液化，其产品直接供给煤化工行业，走煤炭深加工和发展循环经济之路，实现煤炭洁净高效转化。项目建成后，每年可实现销售收入25.6亿元、利税8.6亿元，提供就业岗位2000余个。

霍城县江苏振发太阳能光伏发电站（2012年摄）

伊犁恒辉淀粉30万吨淀粉科技改扩能项目　2012年签约。由伊犁川宁生物技术有限公司投资，为该公司配套企业，扩建年产30万吨淀粉及附属产品生产线。项目总投资5.62亿元，占地33.33公顷。分两期建成。一期20公顷，2012年10月投入试运行；二期13.33公顷，2014年建成投产。项目建成后，每年共需原料玉米约50万吨。主要产品为玉米淀粉、葡萄糖浆、麦芽糊精、玉米浆，副产品主要为玉米胚芽、玉米蛋白粉、纤维蛋白饲料等。项目建成后实现年均营业收入16.39亿元，年均利润总额1.35亿元，提供就业岗位240余个。

新疆金玛依石油化工有限公司60万吨/年重油裂解项目　2010年4月，该项目在奎屯—独山子石化工业园南区开工建设。项目总投资4.96亿元，占地43.27公顷，分两期实施。一期形成15万吨/年重油加工能力，于2010年建成投产；二期于2015年建设完毕。项目年产值23.6亿元，实现利税2.47亿元，新增就业岗位408个。

新疆昆玉钢铁有限公司年产200万吨钢铁循环经济及配套项目　项目位于奎屯—独山子经济技术开发区，由山东石横特钢集团投资建设。项目总投资60亿元，占地140公顷。2011年9月开工建设，2013年5月，炼铁、炼钢、轧钢及配套动力系统相继投产，创造新疆钢铁企业建设工期最短、全系统一次试车成功两项纪录。项目可实现年销售收入60亿元、利税10亿元以上，安置劳动力2200余人。

新疆佰郑棉纺有限公司70万锭纺纱、织布、服装项目　新疆佰郑棉纺有限公司成立于2014年5月27日，是山东佰郑集团全资子公司。项目位于奎屯—独山子经济技术开发区奎东特色产业园，占地119.07公顷，总投资50亿元，2016年建成投产，实现年产40支棉纱1万吨或60支棉纱5500吨规模，带动就业近400人。

新疆金玛依石油化工有限公司厂区（2012年摄）

新疆奎屯利泰丝路纺纱项目 2015年6月28日，项目一期工程开工奠基仪式在奎屯保税物流中心举行。项目由江苏金昇实业股份有限公司投资建设，总投资60亿元，占地117.73公顷，建设规模为100万纱锭及200万锭筒子纱加工。项目采用世界先进的气流纺、环锭纺纺纱设备及纺纱工艺，生产高品质纯棉纱、化纤混纺纱等。2018年全部建成投产，年产值70亿元，解决社会就业4000余人。二期工程于2020年7月建成投产，总投资23.5亿元，生产规模年产6.4万吨棉纱，年产值18亿元。

新疆天虹基业纺织有限公司100万锭纺纱项目 2016年6月28日，项目开工奠基仪式在奎屯—独山子经济技术开发区举行。项目占地102.4公顷，由徐州天虹纺织集团投资50亿元建设，采用世界先进纺纱设备，生产高附加值的差别化纱线。自2016年建成投产至2019年，共实现产值70亿元，实现销售收入68亿元，上缴税收近3亿元，提供就业岗位5000余个。

新疆帝锚城市旅游商业综合体项目 2018年5月在奎屯市开工。该项目是由徐州帝锚投资有限公司按照国家5A旅游景区级标准建设的城市水文化主题公园，总投资5亿元，建筑面积12万平方米，占地50公顷，建设室内水主题公园、酒店餐饮娱乐、文化娱乐等设施，2020年7月投入运营。该项目是新疆首个以海洋元素为主的游乐基地，集水世界、餐饮宾馆、集散大厅、影视中心、大型娱乐设备、婚庆中心、商业拓展为一体。

霍尔果斯苏新工业坊、苏新公社 2011～2012年建设，投资2.75亿元。2011年5月，苏州工业园区出资在霍尔果斯设立直属国资公司——霍尔果斯苏新置业有限公司，负责援建项目开发建设和经营管理。苏新工业坊投资1.29亿元，建筑面积2.59万平方米，由3栋单层厂房、3栋双层厂房、1栋行政楼组成。苏新公社投资1.46亿元，由5栋

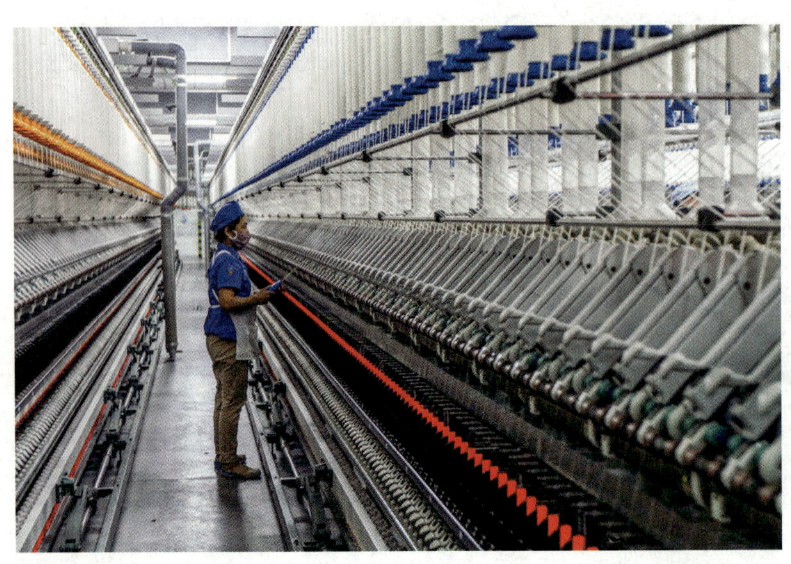

新疆天虹基业纺织有限公司生产车间（2016年摄）

霍尔果斯苏新工业坊（2013年摄）

霍尔果斯苏新公社（2019年摄）

6层宿舍和2栋配套用房组成，有宿舍655间，可容纳3600人居住。项目成为霍尔果斯经济开发区亮点工程和标杆项目。

霍尔果斯苏新中心　2011～2013年建设，总投资13.14亿元，由苏州工业园区出资设立的霍尔果斯苏新置业有限公司投资。项目位于霍尔果斯口岸中哈霍尔果斯国际边境合作中心内，占地5.8公顷，包括1幢写字楼、1幢商贸中心、2幢酒店式公寓，是集贸易、办公、企业信息服务、金融服务等于一体的大型综合体，是霍尔果斯经济开发区（市）和中哈霍尔果斯国际边境合作中心示范性建筑。义乌国际商贸城、中免集团、中科国际等26个重点项目及涉及银行、免税商场、股权投资等方面的40余家企业入驻苏新中心，带动当地金融、物流、商贸等现代服务业加快集聚。2016年，苏新中心营业商户2300余家，实现就业1万余人。该中心成为霍尔果斯经济开发区亮点工程和标杆项目。

伊犁力创钢铁物流园　2013年9月，伊犁力创钢铁物流园开工建设。项目位于伊

霍尔果斯苏新中心（2019年摄）

宁县胡地亚于孜乡，总投资4.5亿元，占地13.33公顷。一期投资1.5亿元，建筑面积1.5万平方米，2014年11月交付使用。二期投资3亿元，2014年7月开工，建筑面积6万平方米。园区内部设置伊犁力创钢铁物流园和伊犁力创建筑建材园。该园是伊犁州唯一工装建材一站式购物基地。其中，力创钢铁物流园是伊犁河谷地区最大钢铁建筑建材仓储物流集散地。至2016年，吸引八一钢铁、伊犁钢铁在内的新疆5大钢厂和州直35家钢铁贸易公司进驻，销售涉及钢材、塑钢门窗、铁艺加工、聚氯乙烯（PVC）管材、电线电缆、五金机电等系列建筑材料。

伊犁国际农机交易中心 2014年建设，总投资1.5亿元。项目位于伊宁县胡地亚于孜乡商贸仓储物流园。分两期建设。一期占地6公顷，建筑面积4.5万平方米，安排就业人员1000人。交易中心是中国西北地区标准最高、产品最全、功能最多的专业化农机交易市场之一，也是伊犁河谷唯一的农机交易市场。

山东新汶矿业集团（伊犁）能源开发有限责任公司"伊犁一号"矿井 项目位于察布查尔县南部琼博拉镇，西邻哈萨克斯坦，2007年开工建设，投资2300万元，建设规模1000万吨/年。矿井共建设南、北2个工业场地，共有主斜井、缓坡副斜井、回风立井、回风斜井、材料副斜井、进风立井6条井筒及与地面配套建设同等规模的动筛排矸车间。至2018年，矿井生产的主工业广场——南工业广场各类地面设施、办公生活厂区及北工业广场各类生活设施完成建设。建成材料副斜井、回风立井、回风斜井、进风立井、缓坡副斜井5条井筒，井下矿建工程基本完成，2019年投产。项目达产后，可实现年煤炭销售收入16.8亿元，年上缴税金及附加2.35亿元。

新疆晶科能源有限公司太阳能级单晶硅棒生产项目 2012年4月，扬州华尔光电科技有限公司与新源县代表团签约扬州华尔单晶硅项目，并在新源县注册成立新疆那拉提新能源有限公司。项目位于新源县工业园A区，占地33.3公顷，实际投资4.5亿元，新建5条生产线、330台单晶硅炉。2012年4月开工，是当年伊犁州直工业类重点项目，2013年11月建成投产。受当时市场、资金等因素影响，该项目自2014年后一直处于停产状态。2016年，扬州市援疆工作组参与引进总部位于江西的晶科能源控股有限公司接盘该项目。当年5月，注册成立新疆晶科能源有限公司，投资10亿元，主要生产太阳能级单晶硅棒。2016年6月投产，当年实现销售额1.43亿元。2018年，建有95型单晶炉320台、晶盛120型单晶炉760台，具备4吉瓦产能，实现营业收入30亿元，纳税2亿元，生产规模居国内同行业前三位，是新疆打造千亿元级硅基新材料产业的重点企业。

新源县万得商贸城 2019年3月27日开工建设。总投资约8亿元，规划用地30公顷，总建筑面积26万平方米，分4期开发建设，建设周期约6年。一期6万平方米，项目涵盖建材家居、五金机电、汽车修理、电动摩托、农资生资、农机农具、工程机械、小商品8个业态，2019年底竣工；二、三期建筑面积10万平方米，涵盖会展中心、物流中转中心、特色美食街、电商孵化中心等；四期为10万平方米高端住宅区。

新疆恒顺沙林食品有限公司 2012年9月20日，在霍尔果斯经济开发区兵团分区奠基。项目由镇江恒顺醋业股份有限公司和兵团四师六十三团合资组建，专业从事香醋等调味品生产。项目一期投资1亿元，新建制醋、酱料等生产及辅助用房等，新增先进工艺设备592台（套），形成年产7000吨香醋生产规模，2016年9月试产成功。2017年4月，公司取得食品生产许可证。2017年7月投产。公司拥有“北固山”和“沙林”两个品牌，生产香醋、陈醋、白醋等9个规格产品。

霍尔果斯天盛国际中心 2012年12月26日，在霍尔果斯经济开发区兵团分区签约。项目由浙江曙光控股集团投资30亿元打造，占地6.67公顷，建筑面积33万平方米，由8幢高层组成，其中五星级酒店4万平方米、办公室和公寓9万平方米、商业大厦12万平方米，另有5万平方米地下停车库。项目于2013年8月开工建设，2017年11月主体封顶，一期16万平方米基本建成。天盛国际中心集酒店、商业、办公、公寓于一体，为霍尔果斯口岸地标性建筑。

江苏省援疆干部参与引进的部分亿元以上招商项目情况表

序号	签约（建设）时间	项目名称	建设地点
1	2011	南京众泰集团投资兴建新世纪软件科技园	伊宁市
2	2012	新疆西拓投资有限公司世贸中心	
3	2012	新疆苏源生物工程有限公司年产万吨 L- 苯丙氨酸项目	
4	2012	伊犁紫峰房地产开发有限公司老城改造工程	
5	2012	新疆荣能新材料有限公司资源综合利用新型建材项目	
6	2012	新疆誉州气体制造有限公司工业制气及非标容器项目	
7	2018	特克斯县温德姆酒店	特克斯县
8	2007	新疆养生堂基地果业有限公司	霍城县
9	2008	伊犁新矿煤业有限责任公司年产 600 万吨煤矿项目	
10	2011	霍城县利霍能源有限公司尾气余热发电项目	
11	2011	江苏振发太阳能科技发展有限公司伊犁图开光伏产业园	
12	2012	伊犁恒辉淀粉 30 万吨淀粉科技改扩能项目	
13	2012	伊犁加稀管道有限公司超高分子聚乙烯管道、高密度聚乙烯缠绕管道	
14	2010	新疆金玛依石油化工有限公司 60 万吨 / 年重油裂解项目	奎屯市
15	2011	新疆昆玉钢铁有限公司年产 200 万吨钢铁循环经济及配套项目	
16	2012	新疆兴达伟业泡塑新材料有限公司可发性聚苯乙烯 EPS 树脂项目	
17	2013	中煤百甲重钢科技有限公司	
18	2014	新疆佰郑棉纺有限公司 70 万锭纺纱、织布、服装项目	
19	2015	新疆奎屯利泰丝路纺纱项目	
20	2016	新疆天虹基业纺织有限公司 100 万锭纺纱项目	
21	2018	新疆帝锚城市旅游商业综合体项目	
22	2019	徐工集团徐工智联物流有限公司供应链项目	
23	2005	杭州五洋能源实业有限公司五洋阿克塔斯度假村	尼勒克县
24	2007	新疆天华矿业有限责任公司松湖铁矿 50 万吨铁精粉项目	
25	2008	神东天隆集团新疆众邦矿业公司日处理 2000 吨铜选矿厂及配套矿山项目	
26	2008	尼勒克县瑞祥焦化有限责任公司年产 90 万吨煤焦化工程及综合利用	
27	2010	南方矿业日处理 4000 吨铜选矿厂	
28	2011	瑞鑫矿业 8 万吨金属硅项目	

续表

序号	签约（建设）时间	项目名称	建设地点
29	2011	霍尔果斯苏新工业坊、苏新公社	霍尔果斯经济开发区（市）
30	2011	霍尔果斯苏新中心	
31	2012	霍尔果斯经济开发区兵团分区中烨氢能源产业援疆项目	
32	2013	江苏连云港港口集团霍尔果斯物流场站	
33	2018	霍尔果斯连云港大厦	
34	2015	巩留县伊河鲟业养殖项目	巩留县
35	2015	伊犁同鑫精细陶瓷有限公司	
36	2018	巩留县华凌农牧科技产业园	
37	2018	巩留县众康医用材料有限公司	
38	2013	伊犁力创钢铁物流园	伊宁县
39	2014	伊犁国际农机交易中心	
40	2017	江苏纬伦纺织 6000 万米织布项目	
41	2006	新疆金龙水泥有限公司年产 200 万吨新型干法水泥生产线	察布查尔县
42	2007	山东新汶矿业集团（伊犁）能源开发有限责任公司“伊犁一号”矿井	
43	2010	伊犁天山水泥有限责任公司水泥生产线	
44	2011	张家港化工机械股份有限公司、中科合成油技术有限公司合资6 万吨重型非标压力容器项目	
45	2012	新疆那拉提新能源有限公司	新源县
46	2013	新源县金鼎工贸有限公司物流园	
47	2014	新疆博瑞特热能有限责任公司城西新区（2 号热源）集中供热项目	
48	2012	新疆晶科能源有限公司太阳能级单晶硅棒生产项目	
49	2017	伊犁金诚佳业制管有限公司镀锌管生产项目	
50	2019	新源县万得商贸城	
51	2014	昭苏江苏大酒店	昭苏县
52	2012	新疆恒顺沙林食品有限公司	霍尔果斯经济开发区兵团分区
53	2012	霍尔果斯天盛国际中心	
54	2013	中节能太阳能股份（镇江）有限公司光伏发电项目	
55	2017	博海新型墙体材料项目	
56	2013	江苏·中兴商贸城	兵团七师
57	2014	江苏金太阳 30 兆瓦光伏发电项目	
58	2015	淮安化工产业园	
59	2015	特变电工新疆新能源股份有限公司光伏配套设备生产及加工项目	阿图什市
60	2017	阿图什鸿运发纸业有限公司新建瓦楞纸生产线	
61	2017	新疆紫金有色金属有限公司 10 万吨锌 / 年冶炼项目	乌恰县

【链接】产业援疆：质量比速度重要

一

当记者一行来到霍城县清水河江苏工业园采访时，一个简单的事实让记者颇为震惊——2011年，园区征迁土地的量是过去5年的总和。

一个工业园区的土地有人要，这就证明进来的企业多了。伊犁加稀管业有限公司就是2011年引进的企业之一。这家企业当年考察、当年投资建设、当年投产，速度令人诧异。该公司总经理金丽娟告诉记者，她来了两次就跟霍城县方面签订了投资协议。之所以这么快就把投资意向定下来，首先是国家支援新疆经济社会发展和产业援疆的政策指向明确，其次是霍城县的援疆干部在发展理念上好沟通。

这样的答卷并没有让州党委常委、霍城县委书记王进健满意。在他看来，伊犁加稀管业只是个例，霍城县正处于传统经济向工业化转型的初级阶段，这个阶段承载完善的产业集群的能力并不成熟，需要政府大量投入基础性建设。伊犁加稀管业生产的管材正好是进行基础设施建设不可或缺的产品，所以企业能很快地投产建设。但要想吸引更多的企业入驻，江苏工业园不仅要保证企业的土地供应，更要投入资金为企业生产搭建平台。只有把这些基础工作做到位，产业援疆的速度才会更快。

作为产业援疆的一个重要支点，2011年，霍城县为提高江苏工业园的承载能力，精心编制了园区产业规划、北区控制性详规，投资4500万元新建园区自来水厂1座和37公里供水管网，争取国家项目资金7600万元建设北区18公里道路、城区3公里主干道和高速公路互通式立交，新建标准化厂房两万平方米。当年，完成招商引资到位资金17.35亿元，其中引进百亿元项目1个、超亿元项目8个。

二

其他县市的产业援疆进程，同样把重心放在了质量上。

伊宁市达达木图乡设施农业发展速度较快，喀赞其景区游人不断增多，南京市针对这些优势专门制定和实施规划。徐州市结合自身产业、资金和技术优势，利用奎屯市资源、地缘、政策等优势，根据该市"十二五"期间产业发展需求，重点在机械加工、食品及农副产品加工、新能源、新材料及商贸物流等方面加大招商力度，并以引进的徐州企业为基础，在奎屯—独山子经济开发区打造徐州—奎屯工业园。淮安市进一步深化两地政府间、部门间的合作，扩大合作面和合作领域，发挥淮安农业大市、农七师农业大师的优势，促成淮安农科院与农七师农科所建立长期合作关系，共同为两地农业产业发展作贡献。

泰州市投入300万元援疆资金，在昭苏县实施了脱毒马铃薯良种繁育基地建设项目。2011年，已生产试管苗50万株，繁殖原种230吨；繁殖一级种薯近5000吨，实现利润250万元；带动该县种植马铃薯3.3万亩，每亩比种植小麦、油菜增收100～200元，全县种植马铃薯增加效益400万～600万元。同时，农业专家陈俊才还针对性地设计、实施了江苏淮南冬小麦品种引种试验、春小麦播种量试验、春小麦肥料运筹试验等项目，并形成了详细的总结材料。

张家港市在巩留县投入援疆资金200万元，新建和改造温室共500座，指导农民在温室内种植油桃和反季节蔬菜，不仅丰富了蔬菜供应，还带动了贮藏、加工等产业发展；投资500万元用于现代畜牧业示范点良种牛繁育中心项目建设，以点带面推动巩留县奶牛品种的改良和标准化奶牛养殖小区建设。

盐城市3名农林水专家经常深入田间地头，开展专业技术指导培训和现场示范，向当地的农林水专家介绍盐城在农林水方面的成功经验和好的做法，直接参与了受援地重点打造的全国最大的榛子生产基地和全国有机水稻生产基地项目建设。

武进与尼勒克之间搭建合作平台，成立了“承接产业转移工作领导小组”，认真梳理、编制了尼勒克鼓励发展、可以承接转移的三大产业40多项产业目录，一大批产业合作项目正在紧锣密鼓地推进。

值得一提的是，亚欧大陆桥上的两个重要口岸——连云港口岸和霍尔果斯口岸的合作力度将进一步加大。连云港市正着力加快两地口岸在陆桥物流领域的产业合作步伐，针对“连云港—霍尔果斯口岸物流座谈会”上主要物流企业提出的问题和建议，积极探索壮大两地口岸间陆桥运输市场的新举措。

三

根据江苏省援疆前方指挥部提供的数字，截至2011年12月31日，产业援疆在伊犁州直包括农四师、农七师已开工实施的项目有26个，项目总投资额68.1亿元，完工项目15个，据不完全统计，实际投资额近45亿元，项目投产后新增主营业务收入72.9亿元，已投产项目预计实现税收5.4亿元。在伊犁以外的其他地州范围内实施项目59个，达成投资意向金额625.8亿元，预计实现税收达到67.2亿元。

此外还有一组数字，江苏省援疆前方指挥部自江苏省决定实施产业援疆“百企千亿”活动以来，共组织各类产业合作签约和对接在谈项目62个，正式签约及有投资意向的项目投资额近200亿元。项目涉及农产品加工、纺织、化工、机械等传统产业，也有太阳能光伏、风电装备制造、生物制药等新兴产业，还有软件信息服务、物流、旅游等现代服务业，注重产业链的打造和强化。

在产业援疆实施的过程中，可以看到几个鲜明的特点，首先是援疆干部特别注重深入调查研究，找准产业合作切入点。第二是注重优势互补，激发两地互利共赢的内生动力。三是把“产业援疆”与“科技援疆”“人才援疆”“金融援疆”相结合，发挥全面援疆整体效应。通过与国家开发银行江苏省分行、江苏银行等金融机构签订战略协议，授信规模超100亿元，放大援助资金效应，支持受援地基础设施、重点项目建设。四是政府主导，企业为主，市场运作，完善产业援疆体制机制，助推伊犁社会经济实现跨越式发展。

“政府资金保民生，社会资金促产业。”在江苏省推进产业援疆的过程中，通过与当地资源优势相结合的产业建设，让受援地经济真正实现可持续性发展，也为更宏大、更持久的产业援疆埋下了伏笔。

（2012年3月5日《伊犁日报》）

【链接】产业援疆：打造取之不尽的“地上宝矿”

我省产业援疆不断有大动作。4月7日，阿图什昆山工业园揭牌；9日，总投资518亿元的26个产业援疆项目在乌鲁木齐签约；10日，25个产业项目开工建设……从理念到资金，从规划到长效机制，从项目引进到人才、技术支撑，我省已形成全方位深度介入的产业援疆体系。自治区党委书记张春贤高度评价江苏产业援疆迈出可喜步伐，并寄予更大厚望。

从高位推动到形成机制，绘就产业援疆美好图景

4月9日，乌鲁木齐新疆迎宾馆。苏新产业合作洽谈会上，总投资518亿元的26个项目签约。而台下，一大批赴疆考察的江苏企业家在寻找商机。

去年我省成功组织了“百企千亿”产业援疆活动，签约项目111个，总投资1200多亿元。目前，已开工建设38个，10个项目投产，投资金额超过110亿元。新一轮援疆启动以来，江苏与新疆两省区达成投资协议总额近2000亿元、项目150多个（不含两省区清洁能源合作项目），走在全国援疆19个省（市）前列。徐矿、雨润、苏宁、徐工、南京医药等江苏一批知名大企业落户新疆，为新疆经济注入强劲活力。

分管援疆工作的副省长史和平介绍，我省产业援疆起步早，早在新一轮援疆启动之前，我省各类企业在受援地投资就达33亿元，在全国援疆省市中位居第一。领导重视、高位推动是做好产业援疆的保障。去年，省委书记罗志军、省长李学勇亲自带队赴疆考察，部署推进“百企千亿”产业援疆计划。江苏省在制定新一轮对口援疆工作方案时，就将产业合作、帮助受援地发展产业作为援疆的重要任务，并多次召开专题会议，研究产业援疆工作，明确江苏省经信委为产业援疆牵头单位，相关部门配合，与前方指挥部共同推进产业援疆工作。

产业援疆，我省全方位推进，每年列出专项产业援疆资金，选派相当比例具有经济工作经历、招商引资经验的援疆干部，形成产业援疆工作机制。同时，出台考核办法，加大技术支持，开展职业培训……蹚出一条产业援疆的“江苏路径”。

互补促进合作，把资源优势变成产业优势

坐落在伊犁霍城的江苏工业园，是我省产业援疆的一个缩影。园区精心编制了产业规划和控制性规划，投入1.2亿元完善基础设施，引进超亿元项目10个。园内企业伊犁玉龙钢管有限公司把生产基地从无锡延伸至霍城，光每吨钢管的运费就能为采购方降低500元。公司虽然才投产不到半年，就已计划新设生产线。

结合当地实际，带动产业勃兴。阿合奇县地处高寒山区，全县一年生产总值不到5亿元。这样一个贫困地区，却保留着几乎完整的柯尔克孜族古老文化。对口支援阿合奇县工作组组长戴泉介绍，这是一笔看不见的财富。工作组邀请江南大学和徐州师范大学联合制定《阿合奇县旅游发展规划（2010—2030）》，开展全县旅游资源普查，将旅游确定为全县的支柱产业。通过设计旅游标识，举办“百名党报老总看阿合奇”活动，建设猎鹰场、柯尔克孜旅游文化客厅等连环举措，促使偏远小县迈开旅游业大步，现已有国内外游客陆续前来探奇。

2010年5月23日，伊犁玉龙钢管有限公司开工奠基仪式

伊犁玉龙钢管有限公司生产车间（2011年摄）

政府+市场，“江苏经验”带来的不仅仅是项目

霍尔果斯经济开发区，是国家在新疆新确立的两个经济特区之一，铁路、公路、航空和管道直通中亚，被视为自治区重要的经济增长极。霍尔果斯开发区管委会副主任、苏州对口支援霍尔果斯口岸前方工作组组长吴宏，援疆之前担任苏州工业园副主任。他介绍，园区建设、运作吸收了苏州工业园政府推动、市场化运作的经验。政府引导国有资本投入15亿元，按现代园区理念，先期建设高标准配套项目。

这一园区建设理念深得江苏企业家认同。宇龙集团在开发区投资8亿元建设综合性保税物流中心，集团董事长陆海羽告诉记者，苏州工业园过来投钱了，就有胆量来了。由苏州鹏云置业集团投资8亿元的国贸中心也正式签约落户，江苏企业的入驻成为开发商招商的金字招牌。

4月10日，史和平副省长在专门召开的开发区建设座谈会上提出，尽快建立精干高效、充分授权的管理体制，加大对基础设施建设的投入，加大招商引资力度，以及创新开发区建设思路，促进开发区早日发挥效能的工作建议，霍尔果斯经济开发区的建设将走上快车道。

产业援疆，留下的不仅仅是项目。企业入驻后，迫切需要在当地吸收技术工人、种养能手等专业人才。我省通过建设职业培训学校、开设形式多样的培训班等，一年多来，已培训各类专业人员3.2万多人。维吾尔族人阿依莎是3个孩子的妈妈，去年到江苏工业园上班，一个季度的收入等于养羊一年的收入。她的丈夫也动了心，开始定时上班。村里七八个姐妹跟着进了厂。

招商引资，引来的不仅仅是企业。察布查尔县对口支援工作组组长唐敬告诉记者，他把盐城滨海开发区的招商理念和举措带到新疆，制定并履行跟踪服务企业的制度。

产业援疆，得到的也不仅仅是产业。伊犁招商局党工委书记李德亮说，和江苏干部在一起，走路的步子快了，工作的精气神也不一样了。江苏干部经常以东部发达地区先污染后治理的教训，强调生态的重要，因此，大家在招商中都紧绷着环保这根弦。

新疆的干部群众喜欢这样比喻：新疆的地下埋藏着丰富的宝藏，江苏大力推进产业援疆，为新疆打造了取之不尽的“地上宝矿”。从理念到生活方式，从人才到技术，产业援疆的深远影响正一天天释放。

（原文刊载于2012年4月16日《新华日报》，本文有删节）

【链接】江苏在新一轮对口支援中创新机制，产业援疆融合发展

白雪皑皑的天山脚下，杏花已在枝头绽放，伊犁河水欢腾起来。4月中旬，记者行走克州戈壁，踏访伊犁草原，感受中央实施新一轮对口援疆战略以来，新疆大地上发生的深刻变化。

作为正在转型升级的东部沿海经济大省，江苏实施产业援疆的创新机制备受关注。真情援疆、科学援疆、持续援疆，在新一轮对口援疆中，江苏省委、省政府提出“产业援疆要走在全国前列”的目标，有效实施“政府主导、市场运作、互利共赢”的机制，为新疆跨越式发展和长治久安强筋壮骨。

政府主导，规划先行，建设“重要增长极”

312国道，从苏州城北穿越而过，一路向西，止于中哈边境的伊犁哈萨克自治州霍尔果斯口岸。江苏援疆工程苏新中心，就将崛起在霍尔果斯经济开发区内。

霍尔果斯，古丝绸之路上的一个重要驿站，从20世纪90年代以来，一直是以边贸生意闻名的小口岸。随着2010年5月中央确定在此建设经济开发区、实行特殊政策以来，这座与哈萨克斯坦隔河相望的西部边城，肩负起全国向西开放的“桥头堡”重担。

中央在实施新一轮对口援疆中，将霍尔果斯经济开发区作为新疆实现跨越式发展的重要增长极，把对口支援任务交给了具有建设国际化产业园经验的苏州工业园区。

带动受援地经济实现跨越式发展，产业园区是核心动力。在有“先规划，后建设”成熟经验的苏州工业园区带动下，霍尔果斯经济开发区成为“政府主导、规划先行”的一个缩影。

在苏新中心开阔的工地上一眼望去，高高的脚手架前，一辆辆吊车忙碌地运转着，工人们热火朝天地施工在钢筋水泥间。不久的将来，这里会耸立起栋栋高楼，成为集贸易、办公、金融服务等于一体的投资重地。来自江苏的工程师告诉记者，苏新中心占地约87亩，总投资15亿元，主体商贸中心将于今年9月竣工；而不远处的东部产业转移园一期厂房也将在今年6月交付使用。

横跨两国边境的中哈霍尔果斯国际边境合作中心，作为跨境经济贸易区和区域合作项目，是我国与其他国家建立的第一个国际边境合作中心。中心以南两公里处的中方配套区，比照珠澳跨境工业园区的税收、外汇等相关政策、功能定位和管理模式执行，进行出口加工、保税物流和仓储物流。

目前，经济开发区总体规划编制工作已通过自治区初审，近期将上报国务院审批。新兴集团、庆华集团、苏州工业园国资公司等企业投资211亿元的14个项目已经先期入驻开发区。

一年多来，江苏企业产业援疆的跟进效应凸显，在新疆伊犁州、克州和乌鲁木齐市共举办产业援疆项目集中签署仪式3次，签约项目137个，签约总额为1783亿元，江苏省政府从中筛选确定了30个重点推进项目，按照“启动速度快于平均水平、开工比例大于平均水平、投产达产先于平均水平”的标准推动实施，现已全部开工建设。

市场推动，互利共赢，资本运作“四两拨千斤”

要“输血”更要“造血”，靠“市长”更要靠“市场”——这是江苏实施产业援疆的突出特色。

面临产业转型升级、发展方式亟须转变的工业大省江苏，部分资源型企业有“走出去”的需求；在经济相对欠发达的资源大省新疆，经济社会发展有“引进来”的愿望。通过市场这只“看不见的手”，将能够优化资源配置，实现双赢。

新一轮援疆工作启动以来，江苏省政府为苏新中心等三个项目安排的4000万元产业援疆专

项引导资金，已为园区引来社会资本15亿元。

2011年8月，由江苏省委书记罗志军、省长李学勇率队的党政代表团，赴新疆启动对口援疆“百企千亿”行动计划，100家江苏企业与新疆伊犁州和克州共签下项目111个，项目投资总额达1264.1亿元。截至目前，已开工建设38个，其中建成投产10个，投资金额超过100亿元。徐矿、雨润、苏宁等一批江苏知名大企业已落户新疆。

产业援疆，企业是主体。徐矿集团是江苏产业援疆的排头兵，它为什么要“走出去”？“走出去”以后有何收获？

徐矿集团董事长皇新海告诉记者：随着煤炭资源的枯竭，从2003年开始，徐矿集团确立“产区从东向西转”的思路，大规模实行“走出去”战略。目前，在新疆伊犁、克州等地，已分布着5个能源合作产业基地。2011年，徐矿集团迎来大转折之年——首次实现了异地产能高于本地产能，并完成营业总收入236.29亿元，实现利税37.76亿元，年末总资产360亿元，均实现了五年翻番。

“江苏安排产业援疆专项资金以及市场化运作，可以起到‘四两拨千斤’的作用，最终将实现两地优势互补、资源共享，融合发展。”新疆伊犁州党委书记李学军说。

优势先导，产业突破，地区实现跨越式发展

走马新疆大地，最让记者惊叹的是“戈壁产业”。

在南疆克州，历来有着“种粮没有土，放牧没有草，财政没有源，百姓口袋没有钱”的说法。

如今，记者看到的完全是另一番景象：阿图什市郊库木萨克村苍茫的戈壁滩上，一座占地5000平方米的现代智能温室内春意盎然，西红柿苗、辣椒苗、茄子苗含绿吐翠。这是由江苏省全额援建的阿图什市戈壁产业及农业示范园一期工程。建成仅8个月，已相继培育出各类蔬菜秧苗200余万株，全部免费发放给全市农民所承包的550座温室大棚。

设施农业、新兴产业、园区经济……都是在江苏有着成熟发展经验的优势产业，将它们嫁接到新疆这片广袤的土地上精心培育，已经结出丰硕的果实。“随着科技示范园全面建设和农业发展方式的转变，预计2013年园区周边农牧民的人均收入将由现在的1900元增加到2900元，克州‘戈壁产业’的设施农业、现代畜牧业、特色林果业，也将实现跨越式发展。”江苏省对口援疆克州前方指挥部总指挥陆永泉说。

新一轮产业援疆的重点项目，不仅涉及农产品加工、纺织、化工、机械等传统产业，也有太阳能光伏、风电装备制造、生物制药等新兴产业。金融、物流、旅游等现代服务业，在部分地区填补了产业空白。

产业的发展离不开人才、智力的支撑，江苏专门编制了对口支援新疆干部人才发展规划，明确五年人才援助的目标任务，2011年组织伊犁州358名干部、克州51名干部到江苏挂职，为受援地培养了一支撤不走的人才队伍。

跨越式发展的最终受益者是老百姓。在克州阿合奇县定居兴牧工程佳朗奇无锡新村，我们见到了告别土坯房、刚刚入住水电气齐全新居的阿依古丽一家三口。主人的脸上洋溢着幸福的笑容：“住在这里感觉真好！”佳朗奇无锡新村建设规模为200户，户均建筑面积153.5平方米，考虑到游牧民族的生活习惯，屋后建有近100平方米的院落。

这里的干部群众，对于跨越式发展有着自己的体会，“从游牧时代，跨过原始农业社会，一下子过渡到了现代农业时代”。

2011年，克州实现生产总值47.75亿元，增长15.7%；城镇居民人均可支配收入12090元，农牧民人均纯收入2426元，增加524元。伊犁州实现生产总值495.2亿元，同比增长15%；城镇居民人均可支配收入14332元，增长16%；农牧民人均纯收入7813元，增长18.5%。

新一轮援疆，江苏省对口支援新疆2个州、13个县（市）、2个农师团场以及霍尔果斯经济开发区，担负着全国最重的援疆任务。江苏省副省长史和平表示："江苏具有产业、人才和资金等多方面的比较优势，与新疆经济互补性强。我们坚持把产业援助作为援疆工作的重中之重加以推进，两地产业合作向深度发展。"

新疆维吾尔自治区党委书记张春贤说，一年多来，江苏新一轮援疆各项工作取得明显成效，已经形成涵盖民生工程、产业、人才、规划、文化等诸多方面的全方位援疆态势，走在各省市前列。

（原文刊载于2012年4月25日《人民日报》，本文有删节）

【链接】产业援疆为伊犁经济发展谱新篇

（上）

产业援疆：最令人振奋的是变化

从一座座拔地而起的厂房、重点项目落地生根，到特色农业、养殖业在伊犁为农牧民增收致富添了新途径，解决城乡富余劳动力长期稳定就业……产业援疆给伊犁各族群众生产生活带来的变化处处显现，伊犁产业发展势头强劲，而这些实实在在的变化只是产业援疆在伊犁的一个缩影。

"十二五"以来，苏新中心、振发太阳能光伏发电、金玛依石油化工等168个重点产业项目落地实施，计划总投资1120亿元，到位资金近230亿元。其中，已建成86个，总投资140亿元，带动就业3万余人。这组数据的背后写满了江苏省对口支援伊犁无私的奉献和付出。

受援地发展能力提升

霍城县惠远镇央布拉克村村民尼亚沙在家门口就业了，作为一名家庭妇女，她从没想过去企业就业。如今，村里的就业工场成了她实现梦想的地方，通过自己灵巧的双手，她每月可挣3000多元工资。这使她不仅照顾了家人，还改善了家庭生活，她说现在自己是最幸福的人。

央布拉克村是一个少数民族聚集村，维吾尔族村民占全村总人口的90%以上。面对少数民族妇女走不出家门、找不到适合自己的就业岗位的情况，援疆干部积极想办法促进家庭妇女就业。就业工场开到家门口，为央布拉克村少数民族妇女搭建了就业平台，解决了就业难题。

江苏省江阴市对口支援霍城县前方指挥组副组长，霍城县委常委、副县长陈文斌告诉记者，指挥组重点打造就业工场建设项目，希望通过援疆资金的投入，把产业援疆打造成民族团结的示范工程。

江苏省对口支援伊犁州前方指挥部依托伊犁民俗优势，大力发展少数民族特色手工业，积极扶持发展各具特色的民族手工业基地建设。通过援疆扶持，目前伊宁市喀赞其手工业基地已吸引包括玛卡恩手工艺品、月光舞台服饰、西帕里克特色营养馕等在内的54家小微企业入驻，旅游产品达1800余种，实现直接就业2000余人。利用援疆资金在霍城县13个乡镇的社区、村组建设以少数民族服饰加工、民族手工艺品加工、新疆特色产品加工等为主的30个就业工场，解决城乡富余劳动力特别是农村妇女就近就地长期稳定就业800人以上，带动就业1200人以上，实现增收3000万元。

重点项目遍地开花

近段时间以来，一些由伊犁企业研发、以伊

犁农业特色产品为原料、在伊犁本土生产的系列化妆品悄然走入爱美女性的视野，玫瑰系列化妆品、薰衣草系列化妆品……深受各族消费者的喜爱，通过加盟销售的产品遍布天山南北，走向国内外市场。

产业援疆全面实施后，江苏省对口支援伊犁州前方指挥部加大对就业带动强的当地企业的扶持力度，牵线搭桥，引导企业与江苏科研机构加强科技合作，不断提升企业发展水平，增强产业竞争力；积极促进伊犁紫苏丽人生物科技有限公司与江苏动植物研究机构开展合作，使薰衣草精油生产工艺达到国际先进水平，为企业发展提质增效。目前，已解决本地富余人员就业300余人，带动1500户薰衣草种植户增收。

通过产业援疆项目的实施和重点项目的对接，5月30日，新疆解忧公主薰衣草园与无锡雪浪山生态园正式结为友好园区。双方共建薰衣草园基地，走科学发展之路，注重薰衣草新品种研发，加强新品种培育，以优质品牌领先于薰衣草大众化种植。进驻无锡雪浪山生态园，不仅是把伊犁特色农业薰衣草产业作为现代农业和休闲农业的重要题材植入到对口城市的尝试，更是伊犁农产品实施“走出去销售”的探索，开创了产业援疆工作的新模式。

江苏省对口支援伊犁州前方指挥部依托大农业优势承接产业转移，积极引导受援地农村特色产业发展，加大对现代农业科技示范园育种组培、产业化种植、标准化养殖三大基地的帮扶力度。投资7亿元的冷水鱼养殖、投资3亿元的江苏恒顺食醋及调味品生产基地、投资1亿元的美利奴细毛羊养殖基地、投资1.5亿元的农夫山泉高档浓缩果汁加工等重点农业产业化项目落地实施。

江苏省对口支援伊犁州前方指挥部积极支持发展伊犁特色林果业，先后从全国选聘十几名知名专家教授来伊开展林果实用技术培训，州直目前已建立林果培训示范基地34个，培训技术人员1000余人次、果农1万余人次。

就业创业齐奔小康

住宽敞明亮整洁的安居富民房、走平坦的柏油路、喝干净的自来水、居优美的乡村、树文明新风尚，享受和谐社会带来的新生活——这是霍城县三道河乡塔尔吉村各族村民如今生活的真实写照。是什么力量让这个昔日贫穷落后村一跃成为远近闻名的富裕村？

“我要感谢党。没有党的好政策，我不会住进这样漂亮的新房。”搬进新房的村民哈国强连声赞叹援疆给他们带来的喜人变化，在援疆资金的扶持下，他家新修建120平方米的安居富民房内装饰得别具一格。

在哈国强家的院子里，停着一辆重型货车，他除了种好地，还跑运输，日子过得红红火火。村民们与哈国强一样，每年农忙时在家种地，农闲时外出打工或创业，部分村民还在村里当上了保洁员或进行劳务输出，在家门口就有了一份工作。为感谢援疆给村民生活带来的喜人变化，哈国强与村民们在村中央竖起一块感恩的石头。哈国强告诉记者，大家就是要感恩党的好政策，感谢援疆的无私援助。

（下）

产业援疆：加速融入“一带一路”建设

一辆辆满载货物的国际班列从江苏中哈（连云港）国际物流合作基地驶出，经霍尔果斯口岸抵达哈萨克斯坦等中亚国家。从高层引领推动到地方积极落实，从融入发展到重点项目建设……当前，江苏省对口支援伊犁州前方指挥部加速融入“一带一路”建设中，步伐坚定，成果喜人。

新理念优势互补

新疆作为丝绸之路经济带核心区，承载着新的历史使命。作为向西开放的前沿，江苏省对口支援伊犁州前方指挥部在"一带一路"建设中主动作为，力促两地优势资源互补发展。

江苏省对口支援伊犁州前方指挥部充分发挥霍尔果斯经济开发区的龙头带动作用，加快构建以"特区"为龙头，以伊宁市、奎屯市带动各县市产业园特色发展，打造丝绸之路经济带的重要节点城市和区域性产业、贸易、文化中心。

江苏省对口支援伊犁州前方指挥部将产业援疆工作积极融入"一带一路"发展，加强苏伊产业精细对接，大力承接江苏等地产业转移，力争使伊犁成为江苏产业转移的首选地、合作发展的示范区。从江苏乃至全国选聘优秀外贸商务专家参与管理和顶层设计，加强苏伊东西桥头堡合作，加快对内对外开放步伐，释放"特区"特殊政策的巨大活力。

为加快融入"一带一路"倡议，江苏省委、省政府高度重视产业援疆工作，主要领导亲自调研，省领导及相关部门多次来伊现场办公，指导产业援疆工作，在资金、人力、物力上给予最大程度倾斜。江苏省对口支援伊犁州前方指挥部与伊犁州、县两级联合成立产业援疆工作领导小组，上下联动，加强配合，深入推进产业援疆，苏伊两地在丝绸之路经济带上东西桥头堡的优势更加突出。

新思路蓝图绘就

"我建厂房，你发展。"江苏省将先进的理念融入霍尔果斯市的建设发展中，2011年6月兴建的苏新工业坊也于2013年全部竣工投入使用，而新建的苏新公社则可为整个配套区解决3500人的生活住宿问题并提供全面的综合配套服务。

新一轮援疆工作开展以来，江苏省将霍尔果斯市作为援疆重点突破区域。在具体工作中，江苏省坚持援疆工作共同规划、重大项目共同确定、重点问题共同解决、重点工程共同推进，形成齐抓共管的强大合力。

在援建过程中，江苏省更加突出受援地主体作用，项目确定充分尊重伊犁州党委、政府和各族群众意愿，项目建设最大程度依靠受援地参与。

江苏省对口支援伊犁州前方指挥部实施"园区对接"工程，以共享招商信息、传授管理经验、交流互派干部、加强产业合作为重点，制定实施苏伊工业园区"一对一结对帮扶计划"，目前江苏省15个园区结对支持伊犁州直和兵团四师、兵团七师12个园区，江苏省8个开发区与伊犁州直6个开发区建立战略合作关系，开辟了互惠互利、合作发展的广阔前景。坚持把园区作为承接产业转移的主阵地，推进招商前移，建立投资项目、投资政策、落户企业"三个信息库"，鼓励受援地园区到江苏园区驻园招商，做到双方招商信息无缝对接。

同时，江苏省对口支援伊犁州前方指挥部还实施"筑巢引凤"工程。加快完善产业发展配套设施条件，安排专门援疆资金支持州直重点经济开发区道路、供排水、路灯、绿化等基础设施配套建设。已研究出台《霍尔果斯纺织服装产业引导资金管理办法》，扶持霍尔果斯纺织服装示范基地建设。

江苏省对口支援伊犁州前方指挥部通过实施伊宁市创业就业园、奎屯市和伊宁县就业创业一条街、昭苏县城南旅游商品一条街等一批创业就业平台项目建设，为当地各族群众特别是少数民族群众创造更多就近就地就业创业机会。同时每年安排援疆资金，为入驻创业园区小微企业和个人提供贷款贴息支持。

江苏省对口支援伊犁州前方指挥部把"百企千亿"工程作为产业援疆重要抓手，充分发挥援疆桥梁纽带作用，通过"走出去、请进来"的方式开展招商推介活动，会同受援地组织参加哈洽会、亚欧博览会、西洽会等重要会展，在江苏各地举办苏伊产业合作、交流等各类推介宣传活动386场次，江苏及全国各地630批7000余客商来伊考察，举行“百企千亿”江苏对口支援新疆产业合作项目（伊犁州）签约活动。

新未来合作共赢

江苏省对口支援伊犁州前方指挥部坚持市场导向，注重优势互补，努力实现互利双赢。重点围绕放大对口援疆功效、促进产业就业、增强“造血”功能，深入研究苏伊两地产业特点，广泛加强产业合作。

依托开放优势，苏伊两地合力推动丝绸之路经济带核心支点建设。抢抓“一带一路”倡议发展机遇，充分发挥霍尔果斯特区优势，积极推动苏伊两地在口岸共建共用、商贸物流合作、产业优势互补等方面加强合作，努力建设丝绸之路经济带上的产业明珠、就业基地。推动跨境运输合作和口岸资源整合，连云港港口集团投资5亿元在霍尔果斯经济开发区建设舰桥国际综合物流园项目，加快形成霍尔果斯区域物流枢纽中心。中哈霍尔果斯国际边境合作中心是丝绸之路经济带上唯一的跨境自由贸易区，为强势推进合作中心建设，引导苏州国资公司率先投资17.25亿元建设苏新中心、苏新工业坊、苏新公社等产业援疆项目，目前5家商业银行和27家股权投资企业入驻苏新中心，5家物流企业和商贸公司入驻苏新工业坊。在苏新中心等产业援疆项目的引领带动下，义乌国际商贸城、中免集团、中科国际等总投资234.5亿元的22个重点项目入驻合作中心，目前涉及商品展示、餐饮娱乐、商业设施等领域的7个重点项目建成投运，营业商户达2300余家，实现就业1万余人，仅2014年出入合作中心人员就达178万人次，为霍尔果斯市发展聚集了人气，注入了活力。

依托资源、政策优势，苏伊两地携手加快发展劳动密集型产业。江苏省对口支援伊犁州前方指挥部深入挖掘伊犁在政策、资源等方面的突出优势，大力推动江苏及其他省市的纺织、农副产品加工、物流、小商品市场等劳动密集型产业加速向伊犁转移。依托政策优势承接产业转移，充分利用中央和自治区支持纺织服装业发展的特殊优惠政策，积极引导江苏及其他省市的纺织服装企业到伊犁投资，全力推进以霍尔果斯为重点的劳动密集型加工业基地建设，红豆集团服装加工项目落地实施，建新国际棉纺项目扎实推进，江苏金昇、佰郑集团、天虹集团等近400万锭棉纺项目已落户奎屯—独山子经济技术开发区。

江苏省对口支援伊犁州前方指挥部坚持优化环境，注重产业服务，不断提升受援地自身发展能力。牢固树立“亲商、安商、富商”理念，围绕产业发展需要，坚持多措并举、多管齐下，着力营造融入式产业援疆良好环境。在促进经济发展的同时，江苏省对口支援伊犁州前方指挥部把人才培养作为促进就业、发展产业的重要举措，紧紧围绕产业发展需求，重点培养规划、产业、招商、旅游、企业管理等经济管理紧缺人才，突出加强职业技能人才培训，江苏省教育厅组织8所重点职业技术学院集中对口支持伊犁职业技术学院，在师资、设备上给予受援地大力支持，加快提升职业教育水平。为加快霍尔果斯纺织服装基地建设，安排专项人才资金，支持霍尔果斯纺织产业新增工人培训。

（原文刊载于2015年6月26日、27日《伊犁日报》，本文有删节）

【链接】从输血到造血，江苏产业援疆结硕果

江苏省把“产业援疆”放在援疆工作的重要位置，以发展产业促就业，发挥劳动力密集型企业的产业优势，以“一带一路”作为发展机遇，积极打造克州现代产业集聚载体，激发产业园区的作用，在解决当地各族群众就业问题的同时，走出一条产业促就业、就业促稳定的新路子。

瞄准产业打造发展平台

阿图什昆山产业园如今人气很旺，附近的农民都愿意在这里就近务工、培训。家住阿图什市阿扎克乡提坚村的阿尼古丽·吾甫尔，从一名家庭妇女成为工厂里务工的工人，她说：“在希望服装厂里工作很快乐，和姐妹们一起在生产线上比赛，看谁做得多，做得好，我们是按计件拿工资的，一个月能挣2000元左右，自己挣钱养家，我的生活变得有意义了。”

宽阔平整的道路、宽敞明亮的厂房、整齐划一的生产线……阿图什昆山产业园初具现代化规模，园区总规划用地面积5.24平方公里，总投资3.9亿元，一期启动区规划用地面积为2.24平方公里。目前，阿图什昆山产业园建成的21栋标准化厂房已全部落实入驻企业，中兴能源、磐科涂料、天意消防等企业实现当年洽谈、当年落地、当年开工、当年产出，总投资达2.9亿元。

江苏援疆省市大力推进受援地新型产业园区建设，共安排援疆资金5.86亿元，重点建设阿图什昆山产业园区、乌恰常州工业园区、阿合奇轻工业园区厂房、道路工程及相关配套设施项目。

投资1.4亿元建设的阿图什市小微企业产业园、乌恰县（常州）工业园区小微企业产业园及基础设施配套项目，瞄准当地民族特色手工业的发展前景，鼓励和拉动克州劳动密集型小微企业入驻小微企业产业园，造好一条条“脉管”，使克州经济发展有了“造血功能”。

筑巢引凤企业纷纷落户

江苏援疆前方指挥部副总指挥、副州长崔浩说：“我们全体成员都是编外的‘招商局’，并出台《招商引资工作考核办法》，每年安排专项资金150万元，充分调动各方积极因素，采取项目招商、产业招商、资源招商、以商引商等多种方式，增强招商效果。”

江苏援疆前方指挥部先后在新疆、江苏组织开展了20多场项目推介会、产品展销会，广泛宣传克州产业政策和产业合作项目；邀请100余家江苏大企业到克州考察、调研。

6月24日，克州举行江苏·克州产业援疆投资项目集中签约仪式。这次举行产业援疆项目洽谈签约活动就是产业援疆工作的一个阶段性成果，共有14个重点项目进行了签约，项目涉及新能源、服装家纺、装备制造、电子信息、生物科技、新材料、现代农业、现代服务业等8个领域，总投资44亿元。一期总投资35亿元的梅亿新能源汽车产业园项目签订投资合作协议，将形成年产20万辆纯电动汽车的生产能力。

8月5日至7日，自治区招商局组织浙江、江苏、福建、江西等17家商业联合会，100余家企业家代表来克州进行产业援疆考察、座谈，举行项目推进见面会暨签约仪式。

青睐乌恰常州工业园区的企业看上了这里天时、地利、人和的有利时机，今年新入园企业12家，在园区注册登记的企业总数达到38家，列入园区统计的企业实现工业总产值8.5亿元，同比增长30%，带动当地就业近1850人。

围绕当地特色沙棘种植业，通过招商引资，阿合奇沙棘加工厂建成投产，将有效带动当地一、二、三产业的发展。

据了解，2014年底，落户园区企业77家，实现产值11.6亿元，实现就业人数2837人。今年

上半年新增产业援疆项目18个，投资总额44.9亿元，与2014年同期相比增长68.8%。

大力扶持特色产业绽异彩

在大力发展加工制造业的同时，围绕克州戈壁农业、旅游和文化特色产业，加大扶持力度，取得实效。

江苏援疆前方指挥部协调江苏省农委、南京农业大学、扬州大学等大专院校与克州合作共建农业科技示范园、特色养殖基地等农业项目。由江苏省农委及南京农业大学提供技术支持的阿图什·昆山戈壁产业科技示范园、阿合奇县无锡高新农业科技示范园和常州·乌恰特色养殖基地已竣工投入使用。

记者在阿图什·昆山戈壁产业科技示范园看到，一期占地5400多平方米智能温控育苗工厂电子喷灌的仪器正在洒向新培育的果蔬苗，库木萨克戈壁产业示范基地的农民到了收获的季节，只见菜农忙着摘西红柿，温室里红彤彤的西红柿十分诱人。据了解，正在运作的共有324座温室，研发、育苗、种植、销售、培训一体的阿图什·昆山戈壁产业科技示范园，对推广农业新技术、新成果，普及科技知识，加快科技兴农、惠农、富农及发展农村经济起到了积极推动作用。

集种植、加工、储运于一体的阿合奇县无锡高新农业科技示范园，不仅建设了先进的气调库和果蔬加工车间，还配套建设了果蔬直销店，实现了农超对接。

农、畜、禽、渔养殖一条龙的乌恰县特色养殖基地，为乌恰县农牧民发展特色家禽养殖业提供了良好的育苗育雏服务，科技致富的理念在受援地已深入人心。

为更好地挖掘开发特色文化旅游资源，将玛纳斯舞剧编排纳入重点文化产业项目加以推进，并安排资金100万元，通过无锡演艺集团歌舞剧院与阿合奇县文工团合作创排了大型舞剧《英雄·玛纳斯》，在无锡进行了首演，先后在新疆话剧团、阿克苏、阿合奇、阿图什进行了巡演，在各族群众中引起了很大的反响。

产业援疆已成为新一轮援疆的主流，通过产业援疆不仅大大改善了当地的产业结构，促进了当地农牧民增收，同时也对援助省区调整产业结构，延伸产业链起到了很好的调节作用，援疆工作输血和造血的有机结合，实现了江苏、克州经济效益的互利共赢。

（2015年8月7日《克孜勒苏日报》）

2012年6月27日，江苏援克指挥部与自治区江苏企业联合会（商会）签署合作协议

【链接】江苏产业援疆驶向新蓝海

记者前不久来到位于新疆伊犁哈萨克自治州伊宁县的轻纺产业区，只见现代化标准厂房里，纺织机器和设备有序运转，不少穿着整洁工装的少数民族工人穿梭其间，一派忙碌的景象。

投资过亿元的伊宁轻纺产业区，是我省产业援疆的重要项目之一。

新一轮产业援疆中，我省紧紧抓住“一带一路”重大发展机遇，围绕推进供给侧结构性改革，深挖苏新两地产业优势互补的潜力，推动新疆优势产业进入发展快车道。从单体企业到产业集群，从援建到优势互补，从政府主导到市场发力，江苏产业援疆正驶向新蓝海。

集聚产业，新疆跨越式发展添动力

在伊宁轻纺产业区的三润集团新伊工厂，热孜艳木正在娴熟地缝制裤料。曾是家庭主妇的她此前没有任何收入，全家只靠丈夫放牧为生。如今，热孜艳木每月可领到近2000元的工资。“在家地位明显高啦！”她笑着说。

“新疆具有原材料和人力资源优势，但缺乏先进的技术和理念，而南通则恰恰相反，双方的优势叠加，实现了两地的互利共赢。”伊宁县委副书记、南通工作组组长张华说，绕开南通曾走过的“弯路”，工作组严把入驻企业“质量关”，从报名的众多企业中严格筛选出一批实力强、发展质态好的大型企业。目前园区一期已吸纳8家企业入驻，带动就业近5000人，力争通过3～5年时间，将轻纺产业区打造成“全伊犁最大的产业援疆基地，自治区最大的就业基地、服装生产基地，以及全国最大的坯布生产基地”。

同样受益于以产业集群方式援疆的还有霍尔果斯。作为丝绸之路经济带核心区支点之一以及我省产业援疆的核心区域，整个霍尔果斯已成为一个巨大的产业园区，一端连接广袤的中亚欧洲市场，一端连接中国最繁华的经济地带。居中而坐，尽享物流、商贸等区位优势的，是伊犁河谷。

“十三五”以来，我省援疆工作组通过积极搭建产业合作平台，达成了一大批产业合作意向。仅2017年，伊犁州签约项目181个，意向投资201亿元，其中落户124个，带动就业10736人；克州新入驻企业16家，总投资9亿元。

“江苏的产业援疆，不是简单的产业转移、设备转移，而是把江苏的资金以及最先进的技术、管理和人才优势与当地优势资源相结合，推动新疆产业的跨越式迈进。”我省对口支援伊犁州前方指挥部总指挥、党委书记、伊犁州党委副书记潘道津说。

随着一个个产业援疆项目的落地，一座座现代化工业园区建成，许许多多像热孜艳木一样的农牧民走出家门、走进工厂，用自己的双手脱贫致富、创造幸福。

嫁接技术，传统产业焕发新活力

千亩稻田绿油油，螃蟹田里打洞洞……若不是亲眼所见，记者也未曾想到，江苏人爱吃的螃蟹、小龙虾会出现在伊犁州察布查尔县坎乡库勒特克齐村的水稻田里。

“以前村民哪见过螃蟹，还以为是蜘蛛，不敢养，如今看到收成，大伙都排着队盼着江苏来的蟹苗。”伊犁州察布查尔县委副书记、盐城对口支援察布查尔县前方工作组组长李强告诉记者，察布查尔县是自治区三大水稻产区之一，拥有22万亩水稻田，但过去螃蟹、虾养殖一直是空白。自2017年起，盐城工作组通过给予资金、人才、技术等全方位的支持，帮助该地成功引进稻蟹养殖技术，不仅让伊犁人吃到了本地自产的螃蟹，更拓宽了该县农民增收致富的渠道。27岁的郑玉龙承包了72亩稻田进行稻蟹养殖。这位水产养殖专业毕业的大学生算过细账：一亩田投放4至5公斤蟹苗，每公斤成本50元，到9月中旬，可收成蟹20至25公斤，按每公斤80元批发，除去成本，每亩地的螃蟹净收入1000元。每亩田还可产350公斤有机稻米，按每公斤6.5元批发，每亩稻米可收入2275元。采用稻蟹共作技术的稻田比普通稻田增收1500余元。

在新疆有着几百年历史的葡萄种植技术，也在江苏产业援疆的过程中迭代升级。

木纳格葡萄作为自治区最香甜的葡萄品种之一，种植历史已长达上百年。然而，由于该品种葡萄低产、受气候波动大、不易运输，当地种植户始终难以致富。

江苏援疆专家、省林业科学研究院何旭东博士告诉记者，“过去当地种植户一味追求产量，不舍得修剪，导致葡萄品质不好，卖不上好价格。”要想引导农民改变传统的种植模式，还得从改变他们的种植观念入手。今年起，我省对口支援新疆克州前方指挥部投资250万元，建设占地200亩的葡萄长廊，把它打造成葡萄标准化种植的“样板工程”。

种了20多年葡萄的维吾尔族果农沙吾尔·居买将自家的3亩地“托付”给江苏援建的葡萄长廊。“江苏专家教我们的方法果然有用，去年葡萄园的亩产每斤只有5毛钱的收成，今年葡萄长得好，预计每斤能卖到2块钱左右。”

挖掘潜能，美丽经济更具魅力

8月正值伊犁河谷的旅游季，走进新疆霍城县央布拉克村，道路两旁整齐有序的少数民族特色民居掩映在绿树丛中，维吾尔族乐曲伴着姑娘们轻盈的舞步，和着香气扑鼻的各种烧烤味旋转、升腾……

央布拉克村原是个贫困落后的民族村，在江阴市对口支援霍城县工作组的帮扶下，走出了一条民俗与观光相结合的旅游富民新路子。

在央布拉克村的家访点“茶点人家”，记者遇到了刚从苏州、无锡“取经”回来的女主人玛依努尔·买买提。自从4年前开起了家访点，每年短短5个多月的旅游季，能为玛依努尔·买买提一家带来近5万元的收入。坐在漂亮的房子里就可以挣钱，她以前想都没有想过。“江苏援疆干部组织的这趟学习，让我大开眼界，见识到了专业化程度高的旅游服务业。”接下来，她打算进一步美化庭院，改善提升餐饮服务水平，让“塞外江南”的美丽风景更有魅力。

第九批援疆工作开展以来，我省深挖当地旅游资源，通过资金、理念等全方位的支持，打造了一系列旅游名片。比如，对口支援伊犁州前方指挥部结合伊犁州旅游产业发展特点，制定了旅游援疆3年工作思路，在国内外打响“伊犁国际旅游谷”“塞外江南·美丽伊犁”两张名片。

如何让更多人来到新疆，感受新疆之美？新一轮“十万江苏人游伊犁”活动成了拓展客源的“金钥匙”。据不完全统计，今年上半年江苏游客到伊犁突破20万人次，到新疆突破50万人次。

随着旅游援疆的不断推进，天山南北的“美丽生态”正在逐步成为“美丽经济”，旅游业成为当地经济高质量发展的重要引擎。

（2018年9月24日《新华日报》）

【链接】江苏：聚焦脱贫攻坚，推进产业援疆

2017年以来，江苏省对口支援克州前方指挥部始终坚持把发展产业促进就业作为援疆扶贫的主渠道，大力开展产业招商与合作，着力引进纺织服装、电子产品组装等劳动密集型、就业带动型企业，不断增强“造血”功能，助力脱贫攻坚。

加大基础设施投入，构建产业发展平台。持续加大产业援疆投入力度，先后投入4.175亿元用于产业发展的基础设施建设。建成江苏扶贫

产业园、昆山电子产业园，新增厂房面积32400平方米并投入使用，园区吸纳、承载产业发展能力显著增强；持续推进葡萄种植教学基地、构树扶贫基地等一产提质增效项目；陆续开工建设坎久干美丽乡村、国门观光、北山坡旅游风情街、医养结合体等一批三产服务业项目。

自去年下半年以来，昆山电子产业园已成功引进4家电子企业入驻，解决近千人就业。借助昆山电子产业优势，为华为、中兴、苹果、联想等电子领域领军企业提供配套零件，着力打造南疆地区消费电子产业组装加工集聚区，逐步走出一条依靠全球市场带动本地就业创收的新路，今年预计年销售将达到1亿元。

强化产业招商，着力引进项目落地。以纺织服装、电子产品组装等劳动密集型产业为重点，以招商小分队形式，多次赴江苏、广东、重庆等地开展招商活动，组织专场项目推介22次。组织“江苏百家中小企业克州行”和“光彩事业克州行”活动，邀请200余位企业家来州投资考察，成功引进纺织服装、电子组装、新型建材、电商等36个产业项目落地，带动3000余人就业。

今年年初，新引进落户的新疆七彩古丽服饰有限公司是上海一家外贸公司投资创建的企业，公司拥有稳定的外贸订单，主要出口欧美等国外市场。以公司为龙头，向园区服装企业和卫星工厂提供稳定充足的订单。

深化产业合作，促进产业提档升级。积极发挥江苏产业、科技、人才优势，加强苏克两地交流合作。从江苏省林科院引进技术带头人，赴克州就木纳格葡萄提质增效开展技术培训；组织召开阿合奇沙棘产业发展研讨会，邀请国际沙棘协会、南京农业大学等专家多次进行技术指导，帮助克州提升沙棘种植管护、沙棘产品研发营销能力；成立克州盐碱地改良人才工作站，开展科研攻关，引进试种盐碱水稻，推广试种兼具绿化、用材与饲料用途的杂交构树，有效利用了戈壁荒地；多次邀请中国刺绣艺术大师来克州开展技艺交流培训，推动柯尔克孜族刺绣技艺创新；成功推动自治区工业和信息化厅在克州、乌鲁木齐、克拉玛依三地首批试点推广小微企业信息化服务券，帮助企业补足信息化短板。克州首创的企业服务券做法已在自治区推广覆盖。

拓展市场渠道，搭建产品外销平台。先后组织120多家（次）企业参加中国电子信息博览会、中国亚欧博览会、中国国际中小企业博览会等全国性贸易洽谈会，展示克州名优特新产品，帮助企业主动对接市场，取得较好效果。成功上线苏宁易购中华特色馆——克州馆，设立“遇见新疆江苏体验中心”，举办“克州农牧产品大巴扎进江苏”活动，不断拓展渠道，强化农产品外销平台建设，去年农特产品销售超过3000万元。

（2019年5月30日《克孜勒苏日报》）

【链接】江苏省为伊犁州量身打造脱贫“金钥匙”

2018年，江苏省安排援疆资金18.12亿元，共实施八大类346个援疆项目。结合伊犁州积极推进乡村振兴战略，重点解决一批水、电、路、气、房以及教育、卫生医疗等各族群众的民生问题，建设安居富民、定居兴牧工程2.01万户，中小学、幼儿园及配套项目64个，实施县、乡、村三级卫生健康服务基础设施项目23个，打通民生改善“最后一公里”，让各族群众看得见、用得上、得实惠。

发展扶贫产业　助力脱贫攻坚

从贫困村民到产业工人，察布查尔锡伯自治县琼博拉乡琼博拉村村民古丽娜孜·吐尔逊利用会缝纫的技能，在新疆贤真服饰有限公司上班一个月就挣到2000多元工资。

位于察布查尔县伊南工业园区服装产业园的新疆贤真服饰有限公司成立于2018年5月，主要经营皮手套、纺织品等，通过批发零售，产品出口到美国、俄罗斯等国家，年生产240万双手套，可吸纳400人就业。一批和古丽娜孜一样家庭贫困的农民都走上了依靠双手勤劳致富的道路，华丽转身成为产业工人。

一项项民生工程的实施，造福伊犁州各族群众；一批批产业项目的落地，使贫困群众就近就地就业；一处处工业园区投入使用，伊犁各族群众从身边可触可感的援疆项目中深切地感受到来自党和政府的关怀和温暖。

今年，江苏省对口支援伊犁州前方指挥部深入实施扶贫专项行动，实行产业扶贫、就业扶贫、教育扶贫、健康扶贫、扶志扶智多管齐下，切实增强贫困群众脱贫致富内生动力和自身“造血”功能。因地制宜大力扶持发展油芍、有机大蒜种植及园艺花卉等特色产业，帮建农村电商产业园、扶贫创业基地、民生坊等就业载体，带动7000多名贫困群众在家门口创业就业。全年实施援疆扶贫项目111个，安排援疆资金8.89亿元，占年度总资金的48.5%。

截至目前，江苏114个优强乡镇（街道）、212个村（社区）分别与受援地111个乡镇（团场）、145个薄弱村（社区、连队）结对共建，帮扶资金4000多万元，年内实现伊犁州148个贫困村和兵团四师、七师6个贫困连队结对全覆盖。

持续开展“万人帮万户，共同奔小康”援疆帮扶活动。截至目前，江苏704家机关企事业单位、6984名爱心人士，捐资捐物价值7300万元，帮扶贫困家庭1万多户、3.22万人。同时，350名援疆干部人才与667户贫困家庭结对，募集捐赠物资价值365.8万元，想方设法帮助贫困户脱贫。

和谐幸福新图景　安居乐业谱新篇

2018年12月3日，在新源县别斯托别乡阿什勒布拉克村村民艾布拉海提·阿布沙依提温暖的新房里，不仅有暖气、淋浴、燃气，现代化的家电也一应俱全。他介绍说，能过上幸福新生活，得益于党和政府的扶持与江苏省对口支援伊犁州前方指挥部的大力援助，让与他一样家庭贫困的村民实现安居梦。

艾布拉海提一直梦想着能搬进宽敞明亮的新房。这个安居梦在江苏省的援助下，终于实现了。

近年来，像艾布拉海提一样的各族农牧民在逐年增加。在他们心中，安居富民工程得民心、惠民生、促民安。

江苏省对口支援伊犁州前方指挥部始终坚持民生优先、民生先动，出实招、干实事、见实效，一大批涉及各族群众切身利益的民生难题得到解决，伊犁河谷处处展现出各族群众安居乐业、和谐幸福的新图景。

突出精品工程建设。按照“三年援疆项目两年半完成，不留尾巴到下期”的工作目标，盯紧把牢选好项目、建好项目、管好项目三个关键关口，严格执行《江苏省对口支援伊犁州项目管理实施细则》《江苏省对口支援伊犁州项目资金管理实施细则》，高标准实施质量管控，努力把每一个援疆项目都建成优质工程、民心工程、精品工程、廉洁工程，争创一批“鲁班奖”“天山杯”“昆仑杯”项目，叫响江苏援建品牌。

不断创新援疆举措　发展活力持续增强

在伊宁市喀赞其民族手工业基地的大门口，“科学援疆、真情援疆、持续援疆”红色大字映入眼帘，全国各地前来参观、游玩、学习、购物的各族群众络绎不绝。

为吸引更多优秀的民族企业来基地创业发展，基地给予企业前5年免租金、后期减半收取租金的优惠政策，并对入驻基地的企业给予用工招聘、融资贷款等综合政策服务，帮助更多优秀企业做大做强，成为发展少数民族手工加工业和旅游文化产业的生力军。

江苏省对口支援伊犁州前方指挥部坚持把发展产业促进就业摆在突出位置，拓展接受两地产业合作、劳务协作空间，多渠道、多形式创造就业岗位，帮助各族群众实现就业。

围绕受援地“一产上水平、二产抓重点、三产大发展”的要求，结合产业基础和资源禀赋条件，大力发展特色优势产业，最大程度地促进各族群众就近就地就业。

一产助推农牧业提质增效，支持发展现代设施农业、中药材等特色农业和高效畜牧业，引进推广稻虾、稻蟹共作和龙虾养殖等新技术1000多亩，着力提高农牧业产业化水平。

二产助推纺织服装产业做大做强，认真落实苏新两省区政府共建纺织服装产业园区合作协议，加快打造奎屯市、伊宁县、察布查尔县等纺织服装产业园，呈现出集群化、集约化发展的良好势头；支持奎屯纺织产业园内徐州天虹、江苏金昇等援疆企业进行技改扩能；建设伊宁县轻纺产业区，建成家纺服装产业园一期5万平方米15栋标准化厂房，吸纳就业4000多人，轻纺产业区被中国纺织工业联合会授予“全国纺织产业转移试点园区”。2018年1至10月，实现签约项目116个，协议投资187.28亿元，其中落地85个、投资108.89亿元，带动就业13617人，建档立卡贫困人口1285人。

三产助推旅游业加快发展，认真落实自治区旅游兴疆战略，安排援疆资金提升全域旅游规划，支持近亿元帮助景区景点建设旅游厕所、停车场、游客服务中心等，进一步完善旅游公共基础服务设施。

围绕伊犁州发展改革所需，江苏省对口支援伊犁州前方指挥部坚持把智力援疆放在重要位置，持续加大实用型、紧缺型人才选派和培养力度，打造一支带不走的高素质干部人才队伍。今年，投入援疆资金8447万元加大育才引才力度，继续实施人才集聚、素质提升、民生就业、医教惠民、强基固本“五大行动计划”，安排培训项目345个，帮助培训党政干部等各类人才7.14万人次，变“输血”为“造血”。

一个个产业和援疆项目的实施，如同一根根纽带，把江苏省与伊犁州各族群众的心紧紧连在一起，也为伊犁州经济可持续发展打下了坚实的物质基础。如今，伊犁州的产业发展已经站在新的起点，正阔步迈向辉煌的未来。

（2019年1月4日《伊犁日报》）

【链接】产业援疆为伊犁发展增添新活力

第二次中央新疆工作座谈会召开以来，招商引资、发展产业成为对口援疆工作的着力点，江苏省出新招、出实招，在产业援疆政策的促进下，一批强产业、惠民生、促发展的项目在我州各地建成投产，促进了我州经济发展方式转变、特色优势产业提档升级、群众就业增收。

依托伊犁丰富的旅游资源，近两年，江苏省投入近亿元资金帮助伊犁景区景点建设旅游厕所、停车场、游客服务中心等公共基础设施，帮助打响“塞外江南·诗画伊犁”品牌，促进自治州第三产业实现质的飞跃。

7月12日，在伊宁市喀赞其民俗旅游区，喀赞其景区马车队队长阿布都·卡德尔正在喂养马匹、擦拭马车。“夏天人多，生意好的时候，一个月能挣6000多元。”他说。

从小生活在喀赞其的阿布都·卡德尔告诉记者，真没想到在家门口拉马车也能够成为他的生计。喀赞其作为伊宁市老城区，有着深厚的文化底蕴，在南京援疆指挥组的支持下，街区的改造基本上没有拆除一幢旧房子，保持了街区原有肌理，现如今的喀赞其已旧貌换新颜，成为伊宁市旅游一张新的名片。

伊宁市喀赞其景区副总经理马丽英说，喀赞其景区是一个多元文化、多民族融合的大型人文景区。援疆工作组的支持，提升了景区民俗文化品位，为景区带来了新的理念。

这两天，南京市对口支援伊宁市前方指挥组正在对喀赞其景区新打造的景点——乌兹别克大院进行院内地坪铺设及粉刷装修。再过不久，这个有着140多年历史的大院将再次向游客展现风采。

南京市援疆指挥组旅游发展办主任王爱平介绍，援疆3年来，先后投资800多万元修建喀赞其南门游客中心，投资200多万元修复乌兹别克大院，另外还出资320万元修建了六星街手风琴博物馆。通过对旅游产业的投入，带动了旅游经济发展和当地居民就业致富，在旅游的文化和提升方面也发挥了积极作用。

为助推伊犁创建国家全域旅游示范区，江苏每年安排援疆资金1600万元支持开通伊宁—上海、天津、喀什等10条旅游新航线，开通南京至伊宁市直航，着力构建方便快捷的空中走廊。加大客源拓展、游客送疆力度，在上海、南京、海南等地举办旅游宣传推介活动，帮助打响"塞外江南·诗画伊犁"品牌，提升伊犁旅游在长三角、珠三角客源市场的知名度和美誉度。建立奖补机制，开展"十万江苏人游伊犁"活动，2017年组织赴疆旅游包机105架次、旅游专列21列、自驾游及落地自驾游1.2万车次，江苏游客游新疆达到35万人次；2018年继续开展"十万江苏人游伊犁"活动，全年突破75万人次。

近年来，南京市江宁区对口支援特克斯县前方指挥组把就业作为助力特克斯县发展的重中之重来推进，通过转移就业、引进产业等渠道，不断带动居民就业增收。2018年，投入资金350万元，助力特克斯县离街二期改造，目前离街共开设电商结合的实体小店25家、哈萨克族手工艺品合作社2家、特色民宿18家、特色餐饮5家，实现直接就业180人，间接带动就业300余人。

借助旅游业大发展的东风，特克斯县离街居民玛依拉·托洪别克将自家偏房改造成了一间专门出售哈萨克族传统手工艺品的民族特色小店，来往光顾小店的游客络绎不绝，这让她在家门口就实现了创业，增加了收入。

旅游业的蓬勃发展，不仅促进了百姓增收，也直接带动了当地富余劳动力的就业。"念初·舍"是离街比较有代表性的民宿之一。记者了解到，在这里工作的4名服务员都是本地居民。服务员祖姆来提·阿布沙拉姆通过旅游培训就业，每月收入3000元以上。

像祖姆来提·阿布沙拉姆这样在离街实现就业的当地居民还有很多，何兰·热斯拜就是其中之一。曾经四处奔波打零工的他，如今在"念初·舍"当一名管家，在实现就业的同时积累民宿经营管理经验，他希望以后搭上旅游的快车，开一家属于自己的民宿。

近年来，江苏省持续推进产业援疆，帮助各族群众实现就近就地就业。在纺织服装产业方面，2017年以来，实现签约项目258个，协议投资306亿元，其中落地181个，增加就业岗位19300多个。通过转移增加就业，两年成建制转移2769名富余劳动力到江苏等地就业。

（原文刊载于2019年7月23日《伊犁日报》，本文有删节）

花香怡人（王天明／摄）

第四章
智力援助

江苏不断完善以干部人才支援和受援地人才培养为重点的智力援疆格局，1997～2019年累计向受援地选派10批2540余人次干部人才，着力开展教育援助、医疗卫生援助、规划编制与科技援助、文化援助与交流，拓展智力援助内涵和实效，把"硬件"援建与"软件"援助结合起来，在加强"输血"功能的同时，注重提升受援地经济社会发展的"造血"功能，增强受援地发展内生动力，为受援地培养一支"带不走的队伍"，有效保障受援地经济社会发展需求。

1997年，中央确定江苏对口支援伊犁州，江苏首批32名援疆干部人才进驻伊犁，拉开江苏智力援疆序幕。2010年第一次中央新疆工作座谈会召开后，江苏全面构建以干部人才支援和受援地人才培养为重点的智力援疆新格局，着力开展教育援助、医疗卫生援助、规划编制与科技援助、文化援助与交流，拓展智力援助内涵和实效，把“硬件”援建与“软件”援助结合起来，在加强“输血”功能的同时，注重提升受援地经济社会发展的“造血”功能，为受援地培养一支“带不走的队伍”，有效保障受援地经济社会发展需求。1997～2019年，按照中共中央组织部计划，江苏累计向受援地选派10批2540余人次干部人才。此外，通过柔性引才、选派志愿者和“小援疆”方式，不定期选派人才实施支援，先后安排农牧、水利及教育、卫生等相关领域专家4000余人次到受援地开展工作，有效缓解当地人才短缺问题。

干部人才援助。江苏援疆干部人才协助受援地制定城市发展、产业发展和人才培养等一系列规划，并立足当地实际，提出关于经济发展、体制改革、制度建设、人才培养等方面建议。协助受援地招引紧缺人才，实施定向培养，优化干部人才结构，提升人才质量。分类分层次实施受援地党政干部、专业技术人才、职业技能和劳动就业培训，并对新疆籍普通高校毕业生实施专门培训培养。至2019年，累计为受援地培训培养干部人才80万人次。江苏援疆干部人才成为受援地稳定与发展的实干队，新思想、新观念和新经验的传播队，促进干部培训教育、经济技术合作与交流的联络队，大力推介受援地的宣传队，赢得受援地干部群众的赞誉，被称为“最可敬的人”。

教育援助。在不断改善受援地办学条件的同时，江苏充分发挥自身教育资源优势，通过选派教育人才支援、创建支教品牌，打造“新疆·江苏班”，开设江苏新疆高中班、中职班，组织受援地教师培训，开展学校结对帮扶、奖学助学，实施联合办学和高校定向招生等措施，全面推进以基础教育、职业教育为重点的教育援助，使江苏教育理念、标准、模式在受援地扎根，促进受援地学校管理理念不断更新，制度体系不断完善，教育方式不断创新，名校、名科、名师不断涌现，受援地教育教学整体水平得到提高，累计10万余名师生受益。

医疗卫生援助。在加强受援地医疗硬件建设的同时，江苏通过选派医疗卫生人才和“组团式”援疆等方式，帮助受援地医疗卫生机构接诊病人近70万人次，新建一批临床科室、特色科室及远程会诊平台，引进新技术、新项目1500余项，组织医护人员进修培训，开展巡诊义诊和特色医疗活动，全方位推进医疗卫生援助，使受援地医疗管理更规范，科室门类更齐全，新技术应用更普遍，医疗水平不断提升，医疗服务能力大幅提高，有效解决受援地群众“看病远、看病难、看病贵”问题。江苏医疗卫生援疆形成以人才支援为重点，从医疗诊治到疾病防控、妇幼保健、卫生监督、血液供应全覆盖，从援助城市医疗卫生单位到城乡全覆盖，从单纯技术援助到专业、管理、科研和教育业务全覆盖，实现江苏医疗卫生援疆整体推进。

规划编制与科技援助。江苏始终把援助规划编制工作摆在重要位置，坚持科学规划引领受援地经济社会发展。派出专业团队，安排援助资金，帮助受援地编制城镇总体规划、基础设施建设规划、产业发展规划等。针对受援地经济社会发展需求，江苏推动科技成果向受援地转移转化，加强受援地现代农牧业科技研究，加大良种选育、高效种养、农业节水、农产品深加工等技术支持力度，提升农牧业效益，增加农牧民收入。薰衣草精深加工关键技术研究、脱毒马铃薯良种繁育、冬小麦滴灌高产栽培技术、玉米大面积超高产研究、水生蔬菜引种、小龙虾北疆养殖、稻蟹共作技术推广等科研项目取得良好经济与社会效益。

文化援助与交流。江苏采取选派人才、援建文化设施、开展文化交流等措施，拓展文化援疆渠道，深化文化援疆内涵，全面推进文化润疆，筑牢中华民族共同体意识，建设多民族共有精神家园。通过实施共创民族舞蹈、文物和民族风情展览、文化志愿者边疆行等文化合作交流活动，促进江苏与受援地交往交流交融。两地共同打造的大型民族舞剧《英雄·玛纳斯》《天山魂》成为象征民族团结合作的精品佳作。

【链接】江苏智力援疆增强受援地“造血功能”

江苏省新一轮对口援疆开展以来，一批批教育、医疗等领域的专业技术人才走进新疆伊犁。他们不仅把先进的技术和经验输送到伊犁各行各业，而且也在当地培养了一支“带不走的队伍”，帮助他们实现从“输血”到“造血”的转变。

将优质教育资源惠及伊犁大地

“齐步走，一二一，一二一……”跟着小学生整齐的步伐，记者走进了霍城县江阴小学，首先映入眼帘的是现代化的教学楼和教学设施。小学生们欢快地走进教室，脸上绽放着笑容。

据了解，霍城县江阴小学今年2月建成并投入使用，占地约68亩，其中援疆资金投入共4150万元，刚进入学校的第一批学生共有944名，教师目前共有66名。霍城县江阴小学党支部书记闫玉芳说：“江阴小学的建立，使得学生们能就近上学，而且也分流了霍城县1000多名小学生的就学压力，极大地便利了当地的学生。”

正在操场上跳着花绳的五年级学生马孜宣高兴地说：“新学校离我家很近，而且学校设备非常好，科学实验课、书法课、音乐课等等我都非常喜欢，而且马上就会建成多功能的展播厅，这也让我很激动。”

江阴对口支援霍城工作组组长邢益新告诉记者，在智力援疆方面，工作组主要通过“显隐结合”的方式进行援助，“显”的方面就是硬件的投入，包括帮助当地建学校，引进先进教学设备和优秀的教学人才，“隐”的方面最重要的就是聚人心，对当地家庭困难的学生进行资金援助，让他们能够上得起学。

江苏援疆工作组创新开展“组团式”教育援疆模式，不断提升受援地教育教学质量。创新开展“名校长＋学科带头人＋中层骨干教师”教育“组团式”援疆，发挥320名援疆支教教师的骨干带头作用；基础教育方面，新增结对共建学校162所，总数达608所，占到受援地学校总数的56.6%。连续两年，霍城县江苏中学“江阴班”一本上线率100%，伊宁县二中“南通班”、尼勒克县武进中学“武进班”二本上线率100%。

“‘组团式’医疗”情暖民心

“我刚做完手术四天，现在已经可以下床走动了，而且恢复得特别好，朱锦富医生每天都会过来看望我，真的非常感谢他。”28岁的马美艳笑着说道。

据了解，马美艳做的手术名为“全腔镜房间隔缺损修补术”，此前伊犁州友谊医院是不能开展此手术的，自从援疆医生朱锦富来了之后，才填补了友谊医院的这项技术空白。

伊犁州友谊医院党委委员、副院长朱锦富向记者介绍说，自从2017年2月底入科以来，共完成各类胸心外科手术近400例，其中心脏手术200多例，先后开展了心脏大血管手术、冠状动脉搭桥术等9项新技术，填补了伊犁州胸心外科多项医疗技术空白。

据了解，江苏不断加大医疗“组团式”援疆力度，创新“资源共享”模式，将原来对单个医院的援助拓展为对整个卫生医疗系统的组团援疆。朱锦富说：“援疆期间，我深深地爱上了伊犁这片热土，为了友谊医院胸心外科的学科建设和医疗水平持续健康发展，我主动申请把援疆时间延长到三年，尽我所能为伊犁的卫生事业作出更大贡献。”

柔性引才为受援地注入内生动力

“最令我印象深刻的就是张老师将课本中的知识迁移到现实生活中，一次科学课上，张老师让学生们亲自动手试验如何保证鸡蛋从五层高的楼上下落不会摔破，学生们都在争前恐后地尝试，积极性非常高，课后学生们也表示非常喜欢这种上课方式。”霍城县江阴小学党支部书记闫玉芳说。

闫玉芳向记者介绍说，江苏省柔性引才教师张建国在该校任职副校长，在校期间，从管理和教学两个方面为学校提供了众多帮助，如学校领导班子的管理、教学课程的设计、青年教师的培养、教学方法的改善等，都为学校提供了许多实质性的帮助。

新一轮对口援疆开展以来，江苏省不断加大对伊犁州的育才引才力度，大力实施柔性引才公开招募工作，鼓励教育、医疗、科技、农牧、旅游、规划等领域退休专家“银发援疆”。

63岁的柔性引才专家成元仁是已经退休的中医医生，来到昭苏县中医医院已经一个多月了。他说：“我来这里给自己的任务就是要培养20个学生，通过手把手教他们去看病，去收集病史，切实提高他们的中医治疗能力。”

患者玛尔江古丽因常年腹泻，四处寻医问诊，一直不见好转，最终找到成元仁医生，他开了3副药之后，病情明显得到了好转。她说：“我想不到能有这么好的医生，非常感谢他，感谢援疆医生。”

“医治好这么多病人，我非常有成就感和自豪感，如果有机会我还是会继续到新疆发挥我的余热。”成元仁笑着说。

（原文刊载于2019年11月3日人民网，本文有删节）

第一节　干部人才支援

1997年2月，江苏首批32名干部抵达新疆，分别被安排到伊犁州伊犁、塔城、阿勒泰3个地区和奎屯市工作。2002年，伊犁州区划调整，江苏对口支援任务相应调整为单独支援伊犁州州直及所辖县（市）。当年，江苏选派第四批援疆干部，对口支援伊犁州及伊宁市、奎屯市、霍城县、伊宁县、新源县和霍尔果斯口岸。其中，霍城县被中共中央组织部确定为第一轮援疆干部担任县（市）委书记试点县，江苏从无锡市选派优秀干部担任霍城县委书记、县委副书记和县政府经济部门主要负责人。2005年，第五批援疆干部对口支援地增加巩留县、尼勒克县和察布查尔县。2008年，第六批援疆干部对口支援地增加特克斯县和昭苏县。至此，江苏对口支援伊犁州及其所辖10个县（市）和霍尔果斯口岸。2007年，无锡市开始对口帮扶克州阿合奇县，至2010年，共派出40名援疆人员到阿合奇县挂职。

这一阶段，智力援助工作以干部援疆为主，包括党政管理干部和技术干部两类。党政干部主要在受援地各级党政机关任职，有的担任领导班子成员，有职、有权、有责，直接参与当地重大决策；技术干部以医生为主，少量教师和其他人才参与，每批次一般在新疆工作3年。至2010年，按照中共中央组织部计划，江苏累计选派6批306名援疆干部人才。伊犁州受援州直部门、单位由第一批4个增加到第六批22个，受援县市由第一批2个增加到第六批10个，实现援疆干部和援疆工作全覆盖，形成以干部援疆为龙头、干部援助与项目援助相结合、经济援助与智力援助相结合的援疆工作格局。

2010年，新一轮对口援疆工作开始。江苏在原对口支援伊犁州和克州阿合奇县基础上，增加克州阿图什市、乌恰县和兵团农四师、农七师。同年12月，江苏第七批（克州第一批）干部人才500余人赴疆，单批援疆干部人数超过前6批总和，且呈逐批上升趋势。在选派干部人才同时，通过柔性人才引进、志愿者派遣、结对帮扶等措施，加大人才援助力度。

1997～2019年，江苏累计派出10批2540余人次干部人才，其中教师540余人次、医疗卫生人员830余人次。他们坚持“真情援疆、科学援疆、持续援疆”，在各自岗位上踏实苦干，带去先进的工作理念和思路，发挥“传帮带”作用，提升当地干部人才队伍整体素质和工作水平，促进受援地社会稳定和长治久安，经济跨越式发展。

一、第一批干部人才支援（1997.02～2000.01）

江苏省首批援疆干部人才共32人（含专业技术人才7人），其中党政干部来自省地质矿产厅、省农林厅、省计经委、省财政厅、省卫生厅等省直单位和无锡、连云港、常州3个市，专业技术人才来自高校、医院等部门。无锡市委常委丁大卫为此批援疆干部人才总召集人。

因援疆期间工作成绩突出，丁大卫被自治区党委、政府记二等功，吴峰枫、周金刚、汪宝林、张勤被自治区党委、政府表彰为“优秀援疆干部”。王水于2017年被中共中央组织部、中共中央统战部、国家发展改革委、人力资源和社会保障部授予“全国对口支援新疆先进个人”称号。

首批援疆干部人才帮助编制《伊犁地区农业综合开发总体规划》，提出伊犁经济发展建议，组织伊犁地区招商引资活动；帮助处于困境的企业进行改制和重组，使其重现生机；促成阿勒泰地区与南通市建立友好地市关系。江苏凤鸣集团与阿勒泰哈纳斯酒业集团签订在阿勒泰合资年产5000吨酒精项目，引进阿勒泰“白桦液”酒在江苏总经销。医务人员带去先进医疗技术，仅1年时间，成功施行手术100余例，其中10例为伊犁州友谊医院首创。他们为边疆发展注入新的活力，赢得受援地各族人民信赖。

2000年1月15日，江苏省首批援疆干部人才返苏前合影

【链接】真情献伊犁——记援疆干部丁大卫

1997年2月，伊犁各族人民迎来了首批江苏援疆干部，带队的就是时任无锡市委常委的丁大卫，他被组织任命为原伊犁地委副书记，分管经济工作。现在他为江苏省南通市市长。

丁大卫到任后首先突出抓了招商引资和对外开放工作。他先后3次代表地委组织邀请几十家全国有影响力的大报的总编辑和记者来伊犁考察访问，他还利用江苏援疆干部的优势，有重点地对外寄发各类函件500多封，促进了东西交流及南北联系。每次接待来伊考察人员，他都以伊犁与江苏援疆干部的双重身份做好沟通工作。

作为主管经济的副书记，他几乎跑遍了原伊犁地区所有的企业。在企业改革的关键时期，在企业的干部职工最需要帮助的时候，丁大卫总是出现在他们面前。面对原地直企业近一半亏损、一些骨干企业已处于停产半停产的状况，丁大卫及时提出了以学邯钢为重要内容，突出抓好扭亏增盈工作，并领导和策划了原伊犁地区几十家企业的改制和改革工作。通过督促策划，原伊犁地区粮油加工企业进一步拓展了南疆市场，在保持中亚市场销售量的同时，加快对东部市场的拓展，在山东、江苏等地打开了局面。

原地区毛皮肠衣厂是地直老企业，企业处境艰难。经过细致调研分析，丁大卫果断地提出了“好船出港，坏船搁浅”的方针，实行分块搞活，重点狠抓了羊剪绒这一市场看好的产品，积极帮助该产品拓宽市场，使该产品产销率达到了90%。抓原地区重点骨干企业亚麻纺织联合公司的解困工作，实施“个案”处理和破产重组，也是丁大卫援疆工作精彩的一笔。

根据组织安排，丁大卫还承担了江苏援疆干部召集人的责任。他注意加强援疆干部内部的管理和学习，并注意发挥援疆干部的合力作用，组织推动实施“捐资助学”“牵线搭桥”“自身建设”等活动，由援疆干部牵线促成了江苏省教委、无锡市、锡山市、宜兴市等单位向原伊犁地区捐赠160余万元；资助国家级贫困县——尼勒克等县（市）300余名少数民族贫困学生就学；促成了江苏有关院校、医疗单位、企业等免费为伊犁培训人才，已有10名医务人员、42名城建专业学生、50名企业技术骨干赴江苏培训深造。援疆干部牵线搭桥，介绍两地达成经济合作项目数十个。

三年援疆路，一生援疆情。至今，丁大卫依然在关注伊犁人民，与伊犁各界保持着密切联系。

（原文刊载于2007年9月11日《伊犁日报》，本文有删节）

江苏省首批援疆干部人才总召集人、伊犁地委副书记丁大卫（左二）率伊犁地区代表团参加乌鲁木齐贸易洽谈会（1998年摄）

二、第二批干部人才支援（1998.03～2001.01）

江苏省第二批援疆干部人才共32人（含专业技术人才26人），主要来自省直机关、省内企事业单位、科研机构和无锡、徐州、常州、南通、连云港5个市。无锡市委常委丁大卫为此批援疆干部人才总召集人。

因援疆期间工作成绩突出，狄立新、周雅峰、罗立波、陈金福被自治区党委、政府表彰为“优秀援疆干部”。

第二批援疆干部将沿海地区先进经验和新疆实际相结合，创造性开展工作，取得明显成效。伊犁地区援疆干部加快招商引资步伐，促进东西部合作，推动新疆、江苏有关市县结为友好地州市县。阿勒泰地区援疆干部帮助制定旅游发展规划，利用地缘优势扩大对外开放。塔城地区援疆干部提出加快非公有制经济发展意见，使非公有制经济上缴税金大幅度增长，仅2000年上半年就比上年同期增长47.41%。江苏医生所在医院门诊率明显上升，业务收入增加，医生完成多台高难度手术，攻克许多疑难杂症。

2001年1月，伊犁地区举行江苏省第二批援疆干部欢送大会

三、第三批干部人才支援（1999.06～2002.06）

江苏省第三批援疆干部人才共57人（含专业技术人才37人），其中党政干部来自省直有关单位和无锡、常州、南通、徐州4个市，专业技术人才以医生为主。常州市委常委何祖大为此批援疆干部人才总负责人。

因援疆期间工作成绩突出，陈斌被自治区党委、政府记二等功，霍宝柱、顾诺之、刘广哲、何祖大被自治区党委、政府表彰为"优秀援疆干部"。何祖大被国务院授予"全国民族团结进步模范个人"称号，2017年被中共中央组织部、中共中央统战部、国家发展改革委、人力资源和社会保障部授予"全国对口支援新疆先进个人"称号。

第三批援疆干部人才既是友好使者，又是桥梁纽带，在西部大开发中充分发挥自己的优势和作用。1999年底，阿勒泰和塔城地区遭遇60年一遇特大雪灾，援疆干部多方协调，争取到550万元捐款，支援灾区重建。积极推动伊犁州产业经济发展，协助州党委、政府举办伊犁州经贸洽谈会，在伊犁州建设高标准、高质量、高起点国家级香料烟示范基地，促成徐州市与塔城地区签订经贸科技文化友好合作协议，推进两地区域经济联合与协作。他们举办培训班传授新知识、新观念、新经验，影响和带动当地干部群众观念更新和思想解放。医疗卫生人员发挥自身专业特长，推广应用新技术，填补当地技术空白14项。促进两地教育交流，南京大学与伊犁州教育局签订为期3年的研究生支教协议；江苏省教育厅与伊犁州教育局签订协议，对伊犁州教育人才进行定点锻炼培养；扩大江苏高校在伊犁州的招生规模。协调联系新闻单位组织"记者西部行"，专程到伊犁州全方位宣传报道，扩大伊犁州知名度和影响力。

2000年8月，江苏省省长季允石（前排左八）在伊犁州看望慰问第二、三批援疆干部人才，并与大家合影

【链接】天山塔河不会忘记——我省援疆干部支持伊犁建设纪实

在第三批援疆干部期满返回之际，自治区党委副书记周声涛满怀深情地对江苏援疆干部作了这样的评价：

“你们是促进生产力发展的工作队”

江苏援疆干部为伊犁重要的产业经济发展付出了巨大的努力，推进了地方经济的发展。

第一批援疆干部召集人、原伊犁地委副书记丁大卫援疆期间，负责对伊犁亚麻公司进行了改制和重组，核销企业债务3.8亿元，使这个有职工1500多人、少数民族职工占70%、负债率达177%的企业重现生机。针对察布查尔锡伯自治县在种植香料烟方面得天独厚的自然条件，第三批援疆干部、伊犁州党委副书记陈斌和另一名援疆干部顾华一起，先后10次赴北京为香料烟项目的实施争取国家支持。2000年8月，国家烟草专卖局决定无偿拨款1300万元，在伊犁建设高标准、高质量、高起点国家香料烟示范基地5万亩，2001年已先期开发建成1万亩示范基地，当年基地收入超过1000万元，给基地所在县的人民带来了实实在在的利益和发展希望。

先后赴伊犁工作的专业技术人员中有许多专家型人才。进疆后，他们发挥自己深厚的专业造诣和丰富的实践经验，成为所在单位的业务骨干或学科带头人，缓解了伊犁州各类人才尤其是专业技术人才紧缺的情况。第一批援疆干部、副主任医师、任州友谊医院副院长的赵中辛博士在伊犁工作期间，开展各种手术200余例；第二批援疆干部、任州友谊医院副院长的王月秋和塔城地区妇幼保健医院的曹佩霞是3批援疆干部中仅有的两名女同志，完成了50余例复杂妇科、产科手术。第三批在伊犁州卫生系统从事医疗工作的援疆干部到来后，填补当地技术空白14项。

江苏改革开放的新经验、新观念，影响和带动了一大批当地干部群众的观念更新和思想解放，这些将对当地的社会经济发展产生更为久远的影响。第三批援疆干部、塔城地委副书记刘广哲提出把发展非公有制经济作为地区经济发展的重要战略选择，在地委达成了共识，在他的建议下，成立了地区非公有制发展局，出台一系列举措，使民营经济在塔城国民经济中的比重迅速提高至43.5%，对财政的贡献率由1999年的17%提高到2002年的31%。援疆干部还积极采取各种形式，向当地干部群众传授知识和经验。5年来，他们还主动联系派出单位为对口援助地区和部门培训各类人才。据不完全统计，5年来，我省共为伊犁州举办各类培训班20期，培训人才200多名，挂职干部150名。

“你们是促进新疆与其他省市经济技术合作与交流的联络队”

身处西部大开发热潮中的江苏援疆干部，充分发挥桥梁纽带作用，有力地促进了两地经济、社会效益双赢互利。

通过援疆干部的牵线搭桥，在“互惠互利、优势互补、共同发展”的原则下，一批经济协作项目已经启动和实施。2000年5月，自治区党委书记王乐泉、江苏省省长季允石出席奎屯市西部国际贸易中心项目签字仪式。这一项由第三批援疆干部、州政府副秘书长顾诺之和州经委副主任陈亮牵线搭桥的项目，是5位南通人投资5000万元兴建的，将对扩大奎屯市的人流、物流，带动相关产业的发展产生重要影响。类似这样的项目可以信手拈来：第一批援疆干部、任阿勒泰地区行署副专员的杨维兴联系的“喀纳斯纯净水”项目；第一批援疆干部、伊宁市委副书记吴峰枫任职期间，积极促成的投资1800万元生产6000吨对氨基苯甲醚项目；第二批援疆干部、伊宁市委副书记、伊宁边境经济技术合作区工委书记周雅峰引进的镇江客商在合作区投资750万元建设新型建材厂项目；第二批援疆干部、奎屯市委副书记狄立新联系促成的江苏正昌集团投资240万元的预混料生产线项目等等。

每一个援疆干部成绩的取得，都离不开后方单位的大力支持。1999年、2000年阿勒泰和塔城地区遭受特大雪灾后，何祖大、刘广哲同志立即向省委、省政府和家乡单位常州、徐州市委市政府汇报情况，分别争取到省和有关市县捐款200万元和350万元。第三批援疆干部、州教育局副局长霍宝柱积极促进两地教育交流，州教育局与南京大学签订了为期3年的研究生支教协议，南京大学每年派一批博士、硕士研究生到伊犁州大中专院校执教一学期；促成州教育局与省教育厅签订协议，自2000年起伊犁州每年派10名中小学校长、大中专院校中层干部到江苏对口学校锻炼；从江苏争取普通高校本科招生指标，2000年江苏拿出30个本科指标放在南京师范大学面向伊犁州招生，2001年南师大等10所高校面向伊犁州及新疆招生计划总计达200多名。

“你们是维护新疆稳定、增进其他省市对伊犁了解的宣传队”

我省援疆干部把新疆当作自己的第二故乡，倾注了满腔热情，以各种方式宣传介绍新疆。

1999年，州党委、政府作出了举办伊洽会的决定后，他们立即行动起来，利用探亲、访友、出差等一切机会介绍伊犁州在西部大开发中的重要地位和巨大的发展潜力，宣传伊犁悠久的历史文化和独特的“塞外江南”草原风光、民族风情等，广泛邀请客商访伊参加伊洽会，协助州党委、政府成功地举办伊洽会。为了加快伊犁大开发、大发展的步伐，让伊犁走出新疆、融入沿海发达地区，援疆干部参与策划和组织了3次大规模、大跨度的招商引资活动，先后赴上海、江苏、浙江、山东、广州和深圳等省市，召开伊犁大开发信息发布会，开展经贸洽谈活动。在援疆干部协调组织下，南通市多家新闻部门联合组织“记者西部行”专程到伊犁进行的全方位宣传报道，伊犁州新闻代表团赴江苏采访等都引起较大反响。援疆干部对伊犁的宣传，扩大了伊犁的对外知名度和吸引力，对伊犁的民族团结和发展经济、招商引资起到重要作用。

（原文刊载于2002年7月24日《新华日报》，本文有删节）

2002年6月18日，阿勒泰地区欢送江苏援疆干部人才合影

【链接】洒下一片真情——记江苏援疆干部、塔城地委副书记刘广哲

1999年6月，身为江苏省徐州市委常委的刘广哲辞别亲人，踏上了援疆之路。作为分管经济技术协作、个体私营经济、乡镇企业、旅游、供销、工商、技术监督和邮电通信等经济工作的塔城地委副书记，刘广哲到位后告诫自己，不烧三把火，不踢头三脚，深入实际，调查研究，在吃透实情的基础上开展工作。

经过对塔城地直60多个部门、五县二市的调研，刘广哲向塔城地委建议：要加快地区经济发展，必须把发展非公有制经济作为战略重点。在地委的支持下，塔城地区非公有制经济发展局成立了，《进一步加快发展非公有制经济的政策规定》和25个部门的承诺服务办法等政策、规章出台了，全地区加快发展非公有制经济大会召开了。一石激起千层浪，塔城地区非公有制经济借此东风迅猛发展，对地区财政的贡献份额成倍增长。

同时，刘广哲也着手开始对塔城地区乡镇企业进行改组，以明晰产权为突破口，对198家乡镇集体企业进行分类指导，组建股份合作制企业37个、股份有限公司14个，拍卖出售54个，破产16个，公转私营42个，承包15个，加入集团4个，使乡企改制任务全部完成。接着，他又通过引资等手段完成各类项目106个，总投资7664万元，使全地区乡企取得明显成效。2000年营业收入达26亿元，实现利润1.9亿元，上缴税金8500万元，塔城地区乡企综合指标由此位居全自治区第三位。

实施西部大开发，加大东西部合作是重点。刘广哲又出击了。经他主持制定的塔城地区扩大招商引资总体规划和工作方案，为塔城地区进一步扩大招商引资打开了局面。作为江苏省人大代表，刘广哲利用一切机会介绍新疆、宣传塔城，在一切可利用的场合进行穿针引线。经过努力，徐州决定在塔城建50万担优质棉基地，同时建设棉花深加工项目，目前已投资1000万元开建一期工程。在2000年的乌洽会上，塔城地区实施招商项目75项，总规模17.2亿元，引进资金15.6亿元。在2001年6月的青岛塔城经贸合作座谈会上，刘广哲带领的塔城代表团积极协调，使塔城签到了28个项目。在广州博览会上，刘广哲又争取到了广东麦科特集团在乌苏投资4亿元发展14万纱锭的合作项目。

2000年冬至2001年春的那场50年不遇的特大雪灾人们仍记忆犹新。当时，刘广哲受命送第二批援疆干部回乡，到徐州时已是除夕，他立即打电话询问灾情，并要求秘书每日一报。当灾情日益加剧时，他开始奔走于徐州及江苏省内的各个机构，请求经济援助。当家乡有人问他，好不容易回家过个年，为何还要那么忙？他动情地说："塔城是我的第二故乡，故乡遭灾、人民受苦，我能安心吗？"

（2002年6月14日《伊犁日报》）

【链接】一生援疆情

【7月23日，记者采访了南通市委常委、政法委书记陈斌，见到"第二故乡人"，又勾起了他对3年援疆工作的回忆。】

过去我是江苏的伊犁人，现在我是伊犁的江苏人，身份变了，但心意和情意没有变。想想可真快啊，转眼已经回来6年了。1999年6月至2002年6月这段在伊犁援疆的日子对我来说是终生难忘的，三年援疆路，一生援疆情啊！

1999年，带着江苏省委和省政府的殷切期望，我和另外56名援疆干部一同踏上了西行的

征程。6月的伊犁正是瓜果飘香的季节，红彤彤的苹果、晶莹剔透的葡萄，还有像蜜一样甜的西瓜，这些纯天然的水果对于我们这57个江苏人来说可是稀罕物啊！蓝蓝的天空，刺眼的金色太阳以及绿色的草场，当看到伊犁这些没被污染的自然景观时我们惊呆了，这就是伊犁发展的优势，这就是伊犁最大的财富啊！

在伊犁工作3年，我对伊犁的认识从感性上升到理性，伊犁是个宝地，只是还没有找到发展的好机会。现在我还能记得当时在伊犁搞了5大工程，建立察布查尔国家级香料烟示范基地；建了新源自来水厂，解决了群众的饮水难题；通过援疆干部牵线搭桥建成了奎屯商贸城；并开展了干部人才的培训工程等。授人以鱼，莫若授人以渔，一个干部只能援疆3年，而伊犁也要靠自身来发展壮大，这关键还是要培养干部。当时，我和陈亮等几个援疆干部一同与援助地多方联系，先后往援助地选派了好几批干部进行培训。

就援疆工作，我在新华社大内参上刊登了《怎样做好新形势下的援疆工作》的文章，其中总结了前两批援疆工作的经验，并展望了今后援疆工作发展的趋势。就在这篇内参中我大胆地提出援疆工作要借鉴援藏工作的经验，选派县委书记四套班子同时去开展援疆工作，因为这种团队方式不仅培养和锻炼干部，而且县委书记一把手到任，能全方位地加大对口援助的力度，使援疆工作拓展的空间更大。援疆工作还得靠输血，南通是“教育之乡”，教育很发达，利用这一优势，我们选派了100名县处级干部，分成3批进行了培训，而这也是全国第一批培训干部的培训班。随后，这一做法在全国推开，《人民日报》还做了经验介绍。

伊犁丰厚的自然资源就是自身的财富，千万不要走先发展后治理的老路。伊犁是通向中亚市场的桥头堡，一定要依托这个优势，做强外贸，我想用不了多久，伊犁也会成为国家的一个重要基地。

（原文刊载于2007年9月11日《伊犁日报》，本文有删节）

2000年7月26日，江苏省第三批援疆干部、伊犁地（州）委副书记陈斌（右一）调研伊犁广电工作

江苏省第三批援疆干部、塔城地区援疆干部负责人刘广哲（前排中）在援疆工作会议上发言（2001年摄）

四、第四批干部人才支援（2002.07～2005.07）

江苏省第四批援疆干部人才共52人（含专业技术人才24人），其中党政干部主要来自省直机关及南京、无锡、徐州、常州、南通、连云港等市，专业技术人才均为医生。南京市副市级干部俞明为此批援疆干部人才领队。

因援疆工作成绩突出，江苏省援疆干部工作队被自治区党委、政府表彰为“援疆工作先进集体”，霍城县援疆干部集体被自治区党委、政府记二等功。俞明被自治区党委、政府表彰为“优秀援疆干部领队”，并记二等功；项雪龙被自治区党委、政府表彰为“优秀援疆县（市）委书记”，刘中、蒲开达、陈良玉（女）被自治区党委、政府表彰为“优秀援疆干部”。

第四批援疆干部人才结合工作实际，深入基层调查研究，撰写调研报告、文章数十篇。开展技术援疆、智力援疆、项目援疆和物资援疆等工作，拓宽合作领域和援助渠道。3年间，建成伊宁市江苏路、汉家公主纪念馆、霍城县江苏中学、江苏医院、“110”报警指挥中心、清水河镇江苏大道等重大民生工程，并促成苏伊友好市县、友好单位、友好医院、友好学校结对百余对，无偿援助大量资金、物资。联合开拓伊犁边贸、农业、旅游资源、基础设施建设等领域300余个合作项目，协议资金26亿元。援疆干部还发挥自身优势，争取到中央、自治区关于县乡村道路、中小学校危房改造、退耕还林、那拉提大型灌区、旅游基础建设等一批国债项目，有力促进伊犁经济发展。

2005年7月，伊犁州举行江苏省第四批援疆干部工作总结表彰暨欢送大会

2005年7月，伊犁州举行江苏省第四批援疆干部工作总结表彰暨欢送大会。图为江苏省援疆干部领队、伊犁州党委副书记俞明（左二）和江苏省援疆干部、霍城县委书记项雪龙（右二）接受表彰

在援疆干部不懈努力下，伊犁州教育局与江苏省教育厅及南通市、苏州市等7个市教育局签订友好合作协议，组织60余名专家、名师、名校长到伊犁讲学，培训人数5000余人次；南京大学等江苏高校向伊犁州派遣支教研究生156人；伊犁州先后选派300余名教师和教育管理干部赴江苏培训、挂职锻炼；伊犁州直3所高校、32所中学、1所小学和8所幼儿园与江苏省70余所学校和幼儿园建立“手拉手”友好学校，初步形成两地对口交流合作网络。同时，组织江苏省卫生系统73个团共529人到伊犁讲学、访问、考察；伊犁州卫生系统5个班次、36个考察团共278人赴江苏学习考察，江苏省有关医院免费接受州直医疗卫生单位进修培训130人次；伊犁州卫生局与南京市卫生局结成友好卫生局，局直属单位、8县2市的医院均与江苏各地有关单位结为友好单位。3年间，援疆医生举办各类培训班22次，培训近4000人次，在多个领域主持应用120个新项目、新技术，填补伊犁州90项技术空白，使伊犁州总体医疗技术水平明显提升，在一定程度上缓解专业技术人才紧缺情况。

援疆干部以高度政治责任感和满腔热情投入到援疆试点县——霍城县各项工作之中。3年间，共引进招商项目208个，合同金额9亿多元，到位资金超过7亿元；引进和培育一批辐射带动能力较强的龙头企业，新增就业人员2032人。经过近3年努力，该县经济、社会各方面工作呈现出蓬勃的发展潜力和良好的发展趋势。

【链接】感动伊犁——记江苏省援疆干部领队、州党委副书记俞明

作为江苏省援疆干部领队、州党委副书记的俞明在伊犁的1000多个日日夜夜里，带领50多名援疆干部人才，不负重托、不辱使命，使江苏省一举成为全国各省市援疆队伍中的领军队伍，受到伊犁各族人民的爱戴。2004年8月，中共中央政治局委员、自治区党委书记王乐泉在接见率团访问新疆的江苏省委领导时，称赞说：“江苏省援疆力度最大，江苏省援疆干部形象最好。”

不负重托铸忠诚

2002年7月，俞明带队的第四批江苏援疆干部穿过茫茫戈壁，由东海之滨来到塞外江南——伊犁。

几年来，一批又一批来自江苏省的优秀干部，沿着312国道来到西北边陲，在伊犁这块美丽的土地上，留下他们深深的足迹。在两地党委、政府的高度重视和高位推动下，援疆工作捷报频传，伊犁经济发展高潮不断，对口支援的江苏、伊犁两地已是金线搭桥，水乳交融。背负两地重托的第四批援疆干部在伊犁将如何表现，成了人们关注的焦点。

面对新的使命，俞明感到自己肩上担任的分量，暮云垂壁、落日熔金，俞明在伊犁河边久久徘徊，深深思索。临行前，时任江苏省委书记的嘱托仿佛又回响在耳边："你这次去伊犁不仅仅是人的支援，还要考虑一些援助项目，帮助伊犁在经济上更快发展，要增强造血功能呀！"

俞明决定把江苏经验和伊犁实际相结合，找准切入点和突破口，确定新的援疆工作思路，为了解伊犁实际情况，俞明克服了饮食、气候等方面的困难，风尘仆仆地到伊犁州20多个县（市）进行了广泛深入的调研，之后又率队到哈密等地方学习借鉴广东省的经验，并拍下大量照片。

夜深了，俞明窗前的灯却亮到很晚很晚，凌晨五六点，人们还在睡梦中，俞明却又坐在灯下开始挥笔疾书。在这些不眠之夜里，俞明撰写出了《江苏广东两省援疆工作比较研究》《广东、浙江、上海近年援疆无偿拨款和开展经协工作情况》《关于提高江苏省援疆工作组织程度的请示》等调研文章，并先后几次向省领导汇报。"我把照片放得很大，把报告带给书记看。报告给了领导们一个震动。我说，我们就要在这三年内赶上去！"

正是在俞明的带领下，江苏援疆干部们细致分析，大胆探索、多方努力争取，使援疆工作受到江苏省委、省政府的高度重视，新的援疆工作机制开始形成，江苏省援疆工作有了重大突破，援疆工作得到了江苏省全方位的支持。2004年4月，江苏省人民政府和伊犁州人民政府签署了对口支援框架协议，同时两地组织人事、教育、卫生、经贸4个部门也签署了对口支援协议，项目资金每年都被列入江苏省财政计划。双方县市（区）、学校、医院之间也结成了100多对友好单位。

也正是在俞明等援疆干部们的精心策划和多方面努力下，江苏和伊犁双方高层领导成功地

2005年6月29日，伊犁州干部群众欢送俞明（前排左）等江苏省第四批援疆干部人才

进行了互访。2004年4月，俞明和援疆干部们积极协调和参与了伊犁州4个党政代表团赴长三角、珠三角、环渤海湾考察招商活动。俞明陪同州党委书记张国梁、州长柯赛江率团赴苏、浙、沪考察访问。三个省市的主要领导先后亲切会见伊犁州党政代表团。2004年8月，江苏省党政代表团一行50余人访问了自治区、自治州，取得了空前的成功，产生了巨大的影响。

霍城县作为中组部确立的援疆试点县之一，江苏援疆干部们带项目、带资金、带技术，增强了这个县的“造血”功能。作为第四批援疆干部的带队人，俞明经常到霍城县调研，全力支持和帮助县委书记项雪龙等开展工作。3年来，该县社会、经济发生很大变化，呈现出大发展的趋势。

江苏大道、汉家公主纪念馆、霍城县江苏中学等一批援疆项目迅速在伊犁展开，数千万元的财政无偿支援源源不断地涌向伊犁。近3年来，江苏省的援疆资金投入迅速增加到1.3亿元，比前6年猛增10多倍，江苏省的援疆工作在区内外产生重大影响。

但是，俞明明白，援疆工作是个宏伟的系统工程，援疆干部个人的力量终究是有限的。他发挥自己有较为广泛工作联系的优势，在两地牵线搭桥，把自己当成了东西交流的使者。

通过不断努力，3年来，江苏省第四批援疆干部吸引企业投资伊犁，达成300多个经济发展合作项目，协议资金达到26亿元，其中俞明自己就引来投资1亿多元。

为了弥补边疆干部观念和思想上与沿海发达地区的差距，近3年来，在俞明的带领下，第四批援疆干部多方争取，促成伊犁州1600多人赴江苏省接受培训，为加快伊犁州发展提供了有力的人才支持。

州党委办公厅工作人员张伊强是土生土长的伊犁人，平时不多言语，可提起俞书记，却感触颇多：“俞书记思路新，想问题全面，工作节奏快、务实，不达目的不罢休。”俞明务实的精神、开拓创新的工作方法和高超的领导艺术也给州党委副秘书长施洪涛留下了深刻印象，他说：“俞明把单一的援疆变成了双向互动，把伊犁州和江苏省的交流推向了一个新阶段，江苏省的大力支持成了伊犁跨越式发展的重要动力。”

世界有爱才转动

2003年12月1日，昭苏县突然发生地震，灾情牵动着全州上下的目光，俞明等州领导在第一时间赶往灾区。汽车在雪野上奔驰，灾区人民的安危牵动着俞明的心，他在颠簸的车上用手机不停地向江苏省委、省政府多名领导汇报昭苏县地震灾情，请求给予援助，引起了江苏省委、省政府的高度关注，立即协调解决。当天下午，当俞明等州领导赶到灾区时，江苏省捐助的300万元救灾款也已汇出，为处在严寒中的灾区人民送去了暖暖的春意。

在伊犁的1000多个日日夜夜里，俞明和伊犁各族人民结下了深厚的友谊。俞明每个月的工资并不高，他平日生活俭朴，为了不给伊犁增加负担，很多差旅费都是回南京报销。但是，为帮扶困难职工、困难家庭，俞明却毫不吝惜。几年来，他个人捐款就达5000多元。在俞明的带动下，州直的12名江苏援疆干部和霍城县萨尔布拉克镇的20名家境贫寒的学生结下了不解之缘，两年来，他们每个人负担两个孩子的学费。不久前，俞明和援疆干部们又去看望这些孩子，当他将饱含深情的助学金交给这些品学兼优的贫困学生时，孩子们的眼眶都湿润了。俞明对孩子们说：“你们马上就要初中毕业了，我要继续资助你们把高中念完。如果谁能考取大学，我们将负责你们大学4年的全部学费！”

俞明是50多名援疆干部人才中年龄最大的，3年来，他对工作从不懈怠，双休日也坚持工作。由于奔波劳累，身体状况下降，血压升高到

170～180毫米汞柱，甚至发生休克，但他放不下工作，不愿意去住院，就靠自己吃药控制，这些事他从不对外人说起。

历史上，曾有来自江苏的细君、解忧两位公主出嫁到伊犁，对促进民族团结、维护祖国统一作出了积极贡献。俞明潜心研究了这段历史，在全国核心期刊上发表了《细君、解忧公主和亲述论》等3篇论文，在较大范围内产生了影响。为了纪念这两位公主，俞明亲自确定项目、选定地址、争取资金，促成了汉家公主纪念馆项目的建设，使这一纪念馆成为2100多年来伊犁与江苏、少数民族与汉族血肉联系的标志，成为一处爱国主义和民族团结的教育基地。

如今，俞明完成了党交给的光荣使命，就要带着对伊犁的依恋回到故乡，回到深深思念的家人身边了，俞明此时的心境和三年前已截然不同。他说："三年前，我觉得任务艰巨，对工作成效心里没底气，现在，我觉得我这三年获益匪浅，不但提高了领导能力，也确实为伊犁做了一些有益的事情。"

俞明及援疆干部的所作所为感动了伊犁人民。他用自己的人格力量和对党、对人民的无限忠诚，诠释着一个人对国家、对社会应该担当起怎样的责任；他用自己的故事，解读人与人之间应该有着怎样的情感，带给人们感人至深的心灵冲击。

（原文刊载于2005年4月28日《伊犁日报》，本文有删节）

五、第五批干部人才支援（2005.07～2008.07）

江苏省第五批援疆干部人才共60人（含专业技术人才23人），其中党政干部来自省直机关和无锡、徐州、常州、南通、连云港、淮安、盐城、扬州8个市，专业技术人才均为医生。扬州市委副书记、常务副市长洪锦华为此批援疆干部人才总领队。

因援疆工作成绩突出，江苏省援疆干部工作队和霍城县江苏省援疆干部集体被自治区党委、政府表彰为"援疆工作先进集体"。洪锦华被自治区党委、政府表彰为"优

2007年9月13日，江苏省第五批援疆干部人才庆祝江苏援疆工作十周年，并与伊犁州当地领导合影

2005年8月12日，伊犁州召开欢迎江苏省第五批援疆干部座谈会

2008年7月1日，江苏省第五批援疆干部集体获自治区表彰

秀援疆干部领队”，张士怀被自治区党委、政府表彰为“优秀试点县（市）委书记”，许国峰、许峰、谢洪标被自治区党委、政府表彰为“优秀援疆干部”。

第五批援疆干部人才坚持整体与局部相结合、当前与长远相结合、“输血”与“造血”相结合、继承与创新相结合原则，形成多层次、广角度、宽领域援疆工作思路，把援疆工作由江苏省、市两级为主延伸到县、乡（镇、街道）、村，由政府力量为主发展到调动其他各方面力量，由财政支持为主扩大到文化、教育、卫生、旅游、企业、人才等各个方面。

3年间，江苏援疆干部提出意见和建议800余条，其中多数被自治州各级党委、政府和所在单位采纳；累计争取中央和江苏援疆资金4.18亿元，援建学校、卫生院等160余个基础设施项目；制定《伊犁州江苏援建项目管理实施办法》，跟踪监督援建项目每个环节，高质量完成伊犁州江苏远程教育中心综合楼、伊犁州妇女儿童活动中心、伊犁州广电传媒中心、霍城县委党校和广电传媒中心、清水河江苏工业园服务大楼等15个重点项目。围绕伊犁各项事业发展，突出资源利用型、生态保护型，以及以地缘资源为优势的进出口加工型项目招商,着重抓好以工业园区为载体的项目招商,3年共引进项目80余个,到位资金超过23亿元。

江苏援疆干部人才注重发挥桥梁纽带作用,依托江苏派出单位的支持,不断创新深化交流合作机制。3年间,江苏、伊犁两地组团互访952批1.2万人次,缔结各类友好单位240余对;资助伊犁教育、卫生、科技项目,落实双方职业教育联合招生1450人,争取到江苏高校向州直定向招生180个名额;多次组织伊犁文艺团体赴江苏演出,组织江苏艺术家到伊犁采风,开展文化交流,宣传推介伊犁,使伊犁知名度不断提高,影响力不断扩大。

其间,霍城县以“争创伊犁河谷和谐社会示范区”为目标,坚持以人为本,大力改善民生,各项工作取得新突破,学龄儿童入学率99.8%,农牧民新型合作医疗参合率92%,农村广播电视覆盖率90%以上,率先成立全自治区首家县级慈善协会和全州首个农牧区贫困户企业发展小额信贷信用担保中心。

【链接】绵延援疆路　深挚手足情——第五批江苏援疆干部三年工作回顾

中共中央政治局委员、自治区党委书记王乐泉曾高度评价:“江苏援疆工作力度最大,江苏援疆干部形象最好!”这是对江苏省先后派出的五批援疆干部在伊出色表现的最好总结。自2005年以来,以总领队洪锦华和副总领队张士怀为首的第五批江苏援疆干部,不负组织重托和两地人民的厚望,与伊犁各族人民同呼吸、共命运、心连心,以自己的行动认真实践着“立志做事,不枉三年春秋;建功立业,不负江东父老;经受锻炼,不忘组织重托”的誓言,开创了多层次、广角度、宽领域的援疆工作新局面,在前四批援疆干部工作的基础上,为伊犁的经济发展和社会进步作出了重大贡献。

观念援疆取得新突破

援疆干部充分发挥爱学习、善思考的优势,学习掌握先进的发展和管理理念,跟踪国际、国内先进技术,深入基层一线调查研究,将江苏发展经验和模式与伊犁实际相结合,就如何进一步加快伊犁发展、提高单位业务工作水平等方面积极建言献策,撰写了一批高质量的调研文章,提出了800多条可行性意见、建议,其中多数被自治州各级党委、政府和所在单位采纳;积极组织伊犁干部赴江苏培训和挂职锻炼,开阔视野,解放思想,增长才干;邀请一批江苏著名专家、学者来伊讲学、举办论坛,传播新理念,讲授新技术;很多援疆干部亲自到党校、干校讲课。各种会议、讨论发言、交流思想和实际工作,影响带动了伊犁各级干部,打开了伊犁干部解放思想、更新观念的新的渠道和窗口,极大地促进了伊犁干部的思想解放和观念更新进程。

援疆干部充分发挥管理经验丰富、专业技术精湛等优势,在日常工作中培养当地干部成长,特别是援疆医疗专家以自身精湛的医术、高尚的医德赢得了广大医护人员和各族群众的赞誉。他们毫无保留地将医疗技术传授给当地医护人员,采取自制课件、讲学、教学查房等方式,发挥“传帮带”作用,促进我州一大批高素质的医疗技术骨干快速成长,为伊犁医疗卫生事业发展作出了突出贡献。

三年来，援疆干部充分发挥优势，智力援疆工作取得硕果。第五批江苏援疆医疗专家三年来共抢救危重病人2400多人次，实施各类手术3000多例，开展了一批医疗新技术项目，有39项填补了自治区、自治州的空白。他们积极争取江苏培训教育等资源的支持，三年共培训伊犁干部2100名；落实苏伊两地职业技术院校联合招生计划1450名，加快了我州干部人才培养步伐。

牵线搭桥 对口支援 深化拓展

在苏伊两地党委、政府的高度重视和大力支持下，对口支援工作由以往单一的干部援疆，实现向资金、项目、无偿援助、人才、智力等全方位、广角度、多领域拓展；仅第五批援疆干部赴伊以来，在援疆干部的积极努力下，江苏省各级政府、部门和社会各界援助力度不断加大，合作领域也由以资金和项目为主转变为资金、设备、技术、智力、管理多个方面同时进行，"1015"对口协作工程发挥了重要作用，智力援助力度不断加大，十大援建项目进展顺利。三年来，第五批援疆干部在争取项目、资金援助工作方面成效显著，单独或参与促成招商引资项目80多个，到位资金超过23亿元，争取江苏无偿援助资金2.45亿元。

援疆干部积极参与援建项目的建设管理，制定了《伊犁州江苏援建项目管理实施办法》，跟踪援建项目的每个审批环节，协调拨付资金，保证工程质量和进度。目前，州妇幼保健院、妇女儿童活动中心、伊犁电视台综合楼以及霍城县委党校、新闻传媒中心、人民会堂等13个大型援建项目和一大批各类援建项目已竣工投入使用，州远程教育中心综合楼、霍城县三馆合一项目和其他援建项目已基本完成，成为江苏援疆工作造福伊犁人民的历史见证。

三年来，经援疆干部协调联络，苏伊两地领导互访频繁，每年伊犁州都派出高规格的党政代表团赴江苏省考察访问，州直属县（市）和州直机关、部门组成一批考察团组赴江苏考察学习、缔结友好单位；江苏党政代表团先后两次访问伊犁，援疆干部派出市县、厅局、单位派出大批考察团组来伊考察。特别是江苏省委书记梁保华、副书记王寿亭，省委常委、纪委书记冯敏刚，各援疆干部派出市县、厅局、单位主要领导来伊考察，高位推动援疆工作，带来了大笔的资金，签订友好合作意向，在人才援疆、项目援助、智力

江苏省第五批援疆干部、霍城县委书记张士怀代表江苏向霍城县兰干乡茹先巴克村捐赠打井资金（2007年摄）

支持等方面，进一步加大了对伊犁的支援力度。苏伊两地合作的形式更加多样，内容更加务实，形成了多层次、宽领域的合作交流新机制。援疆干部积极创新援疆工作方式，扩大缔结友好单位的范围，友好单位已经从市县、部门之间扩展到乡镇、街道、村、学校和医院；争取江苏方面派出多个教育、医疗卫生服务队，有80多人进行为期2个月以上的教学观摩和医疗服务，无锡市分别派出两批14名高素质医疗专家开展为期一年的医疗服务，江苏向伊犁部分高校派出支教教师；资助伊犁教育、卫生、技术科研项目，达成州直11所职业技术院校与江苏10所院校签订联合招生1450人的协议，争取到江苏高校向州直投放180个定向招生计划。

援疆试点县——霍城县工作成绩斐然

三年来，以州党委常委、霍城县委书记张士怀同志为首的9名援疆干部，与霍城县四套班子领导一道，团结带领全县各族干部群众奋发进取，把苏南发展经验与霍城实际有机结合，创造了试点县独特发展模式，使霍城县各族干部群众享受到了发展的成果。三年来，霍城援疆试点县招商引资到位资金就达10.07亿元，同比增长201.54%，无锡等无偿援助折合资金3800多万元，并为霍城争取国家、自治区专项资金4000万元，为伊犁经济社会各项事业增添了发展动力。经过三年不懈努力，霍城经济社会实现了又好又快发展，事关全县长远发展的基础性工作取得较大进展，全县主要经济指标高于州直县（市）和5个援疆试点县的平均增幅。

自治区党委常委、组织部部长韩勇在霍城调研时称赞：霍城县援疆工作队在全区中是落实科学发展观的示范团队，是建设和谐社会的示范团队，是援疆工作的模范团队，县委张士怀同志是援疆的模范县委书记。

三年来，第五批江苏援疆干部竭尽全力为伊犁人民办好事、办实事，与伊犁各族干部群众建立了深厚的感情。据不完全统计，三年来，援疆干部个人扶贫济困、捐款捐物达53.8万元，捐资助学达400多人，扶贫济困300多人，用自己的实际行动密切了与伊犁各民族群众的关系，践行了“三个离不开”思想，极大地促进了民族团结进步事业的发展。援疆干部以踏实的工作态度、务实的工作作风和实实在在的工作成绩，展现了江苏援疆干部的团队精神和良好素质，赢得了全州各族干部群众的信赖和广泛赞誉，被伊犁各族人民誉为“最可敬的人”。

（2008年7月1日《伊犁日报》）

【链接】点滴缀绿已成青——第五批援疆干部三年社会事业工作纪实

说起援疆工作，许多人总会觉得这些属于“高来高去”，经常是从高位推动的工作，与自己的生活关系并不息息相关。但是在河谷各地，却有许多由援疆资金捐助而成的项目已经惠泽河谷百姓；许多由援疆干部搭建起的文化桥梁已然产生了令人难以想象的社会价值，更有很多的人受惠其中。近日来，记者通过采访，撷取了援疆工作的几个小小亮点，也正是这些点滴之处的收获，凸显了援疆工作的力度与高度。

今天的社区已经不一样了

6月10日上午，家住伊犁毛纺织厂社区的老人何家训跟往常一样，收拾好乒乓球拍、毛巾、保温杯等运动的必备物品，跟家里人道了声“我去打球了！”就走出了家门。

夏日里的伊毛社区，已经是绿树成荫，凉爽宜人。何家训哼着小曲，轻车熟路地来到了位于喀赞其街道办事处伊毛社区的文化活动中心。“还有比我更早的！”何家训笑着说。的确，在这个宽敞的大厅里，三张崭新的乒乓球台前，已经聚集了好几位平时经常到这里来活动的老人，几句寒暄之后，何家训便跟球友们切磋了起来……

这样的场景每天在社区文化活动中心都会上演，这块让老人们既能锻炼身体，又能够怡然自得地享受天伦之乐的场地也是拜援疆资金所赐。记者通过采访了解到，喀赞其街道办事处伊毛社区的办公楼、活动中心和小广场都坐落在原伊犁毛纺织厂1989年所建的花园内，因为年久失修，又缺乏资金支持，原先绿草如茵的花园变成了杂草丛生的“三不管”。2006年，伊宁市通过援疆干部牵线搭桥，争取到了20万元援疆资金支持，不但在花园内新建了社区活动中心，更对这里原先的仿古建筑进行了修葺，还对这里的地面进行了硬化，一个袖珍却又漂亮的小广场成了社区一景。

“原先我打乒乓球要到州老年活动中心，夏天还好说，等到冬天坐公交车到了那里，已经是手脚冰凉。就算到了，人也不老少，核算下来，运动不了多久啊！”何家训一边打球，一边和记者交流着，“现在有了这么一块场地，我们这些老人们方便多了！”

公共服务设施建设惠民便民

虽说最近伊宁市气温高得有点不太正常，但环城北路社区的低保户买买江却忘不了去年的那个冬天有多么冷。确实，2007年的冬天对老伊宁人而言，冷得不同寻常。“天气实在冷得让人不敢出门，可每个月的低保金我总得去领，家里就靠这个过日子呢。”

往年冬天，环城北路社区的低保户们领取最低生活保障金时确实非常“受罪”：社区办公室只有两间，虽然社区的工作人员忙得不亦乐乎，却也没办法让所有领取低保金的人都走进办公室不受冻。社区党支部书记唐琴告诉记者：“领取低保金的时候，我们只能在大冷天让大部分工作人员都入户，只留下发放低保金的负责同志在这里忙。”唐琴说，因为天气冷，只能让年纪大点的低保户进办公室，年轻点的都排队等候，买买江就是等候的年轻人之一。

让我们把时钟拨回2007年11月30日，同样是一个寒风凛冽的日子。由援疆资金支持新建的环城北路社区办公楼正式投入使用了！唐琴兴奋地说：“我们这楼虽小，但‘五脏俱全’，以后低保户领取低保金再也不受冻了，我们工作人员干起工作来也更有干劲了。我们打心眼里感谢援疆干部，感谢他们为我们社区基层工作人员所想所做的一切。”

通过采访记者了解到，2007年，伊宁市艾兰木巴格街道办事处环城北路社区、琼库勒克街道办事处英阿亚提社区在援疆干部积极运作和100万元援疆资金的支持下，新建了办公楼。“看着社区办公楼修起来，我们这些社区的群众心里也高兴。”买买江笑着说。

其实在首府两个社区所发生的变化，几年来在河谷各地层出不穷：霍城县清水河镇城西三村新办公楼拔地而起，巩留县阿尕尔森乡二道湾村、东买里乡莫因古则村等6个村阵地建设项目等一大批公共服务设施建设项目，无不浸透着援疆干部的心血和汗水。

吹响伊犁文化东进的集结号

现任新疆美术家协会副主席、州美术家协会常务副主席，同时也身为新疆画院特聘画家的俄罗斯族伊犁本土画家波力亚的画室就坐落在与具有浓郁民族风情的新华东路毗邻的一条小巷里。

4月11日，波力亚的画室迎来了一位客人——南京芝兰书画艺术有限公司总经理王学升。也在当日19时，王学升代表公司正式与州美术家协会签下了一份合作协议书，在今年，南京芝兰书画艺术有限公司将重点扶持河谷画家，并在年内购买价值20万元的伊犁本土画家油画作品。

州美术家协会秘书长赵宏林告诉记者，因为伊犁河谷相对封闭的自然环境，在没有援疆干部介入伊犁书画市场之前，伊犁书画家只能依靠个人力量，通过在区内、赴其他省市参展，或者小批量地被本土之外收藏家收藏等渠道，向外推介伊犁书画作品。“与整个河谷的书画创作者队伍相比，有实力、有能力走出去参展的画家只能占到一成。”赵宏林感慨地说。“我们就是缺少一个能够向外推介伊犁书画作品的通道，更缺少这样一个人。”丁捷恰好扮演了这样一个角色。赵宏林向记者介绍了一个鲜为人知的细节：丁捷本身也是一个书画收藏家，他对伊犁本土画家的作品非常赏识。但是每当他看中哪幅作品之后，并不是自己出面去买。“因为他知道，如果他出面，可能伊犁画家们都会不好意思谈价钱，所以委托我帮他谈好价钱，然后买下来。”

从2007年至今，州党委外宣办、州文联在第五批援疆干部、州党委宣传部副部长丁捷的牵线搭桥下，积极通过援疆渠道，向江苏及其他省市推介伊犁美术家的美术作品，在《新华日报》《新视觉艺术》《美术关注》《艺术品典藏》《名人作品》等报刊上发表了大量推介伊犁画家及其作品的文章、图片，并组织江苏评论家撰写了伊犁画家评论系列文章，策划出版了《伊犁美术七家艺术欣赏》等专著，进一步提高了伊犁画家的知名度，增强了伊犁文化的吸引力。一批热爱西部文化、民族文化、特色文化的艺术家，企业家，目光开始聚焦伊犁，王学升就是其中的一位。相信通过援疆这座桥梁，伊犁文化东进的集结号已经吹响，必然会有花开满园的那一天。

（原文刊载于2008年7月1日《伊犁日报》，本文有删节）

【链接】以感恩的心送别亲人

听闻第五批援疆干部即将离开伊犁的消息，郑丽、关笑、小库尔班江、曼丽等那些曾受到援疆干部帮助过的人们纷纷表达他们对援疆干部的感激之情。他们和家人都表示，援疆干部的无私帮助他们会用一辈子来感恩，在他们心里，援疆干部不是亲人但胜似亲人。离别当即，他们以各自不同的感谢方式来给亲人送行。他们眼含泪水，默默地祝愿亲人们一路平安、永远幸福。

郑丽：书信传达谢意

郑丽一家早就开始商量如何在援疆干部走之前来表达谢意，最后一家人决定由父亲郑金明来执笔给援疆干部们写一封感谢信。

郑金明曾做过心脏手术和肺部手术，至今他的胸口还有手术后留下的一个小孔，他已经好久没有干过什么力气活儿了。但是这次不同，他是怀着十分激动的心情写信的，一封并不长的信，他却写了好几天，忘记了身上的病痛，也忘记了什么叫疲惫，他一笔一画、用非常工整的字来写信，他一边写一边流泪。

他是一个几乎没有任何劳动能力的病人，完成一封信对他来说简直就是一件超强体力的活儿！他在信中这样写道：“当我提起笔来，感激之情就禁不住涌上心头。当我看到女儿郑丽，就不由想起洪锦华、陈凤楼、丁捷及其他援疆干部。感谢你们对郑丽无微不至的关怀和爱护，感谢你们对我们全家的帮助，你们给了郑丽第二次生命，你们让我们一家重新燃起对生活的信心，我们全家永远不会忘记你们！”郑金明在信中最要感谢的就是洪锦华，他回忆了洪锦华在郑丽病后多次前往医院、家中探望的情景，仅洪锦华及其夫人为郑丽的捐款就达到了1万元。他说：“我是遇到好书记了，每当想起您在百忙之中还关心着郑丽，我的眼泪就止不住地往下流。有您这样党的好干部，我们一定能克服目前的困难。”

面对恩人的离别，郑金明感慨万千，他说：“你们就是我们全家的亲人。洪书记请您放心，我们一定会好好地活下去，教育郑丽好好学习，以优异的成绩来回报你们的恩情！”郑丽知道洪锦华要走，伤心地哭了，她说：“洪伯伯，真舍不得您走！以后，我会好好学习，我会经常写信给您汇报我的学习成绩。希望您也多保重身体，祝愿您全家都平安、健康、幸福！”

关笑：全家要去送行

“洪书记他们什么时候走，我一定提前赶回伊犁。我们全家都要到机场去给他们送行！”关笑的父亲关文瑞从乌鲁木齐市给记者打来电话时说。

自从锡伯族少年关笑患病后，关文瑞就一直在乌鲁木齐市打工挣钱。当他得知洪锦华等第五批援疆干部要走时，立即打电话和家人商量，要全家出动去机场为援疆干部送行。“我已经联系了我所有的亲戚，到时候至少有60名亲戚要一起前往机场送援疆干部，我们会准备好鲜花、锦旗和横幅，我的一位已经80多岁的姨姨还要亲自给洪书记敬杯酒哩！就是不知道这么多人机场让进不？”关文瑞在电话那头告诉记者。

关笑对记者说：“听说援疆的叔叔伯伯们就要离开伊犁了，我很难过，他们给予的帮助将成为我永生的回忆。忘不了爱心大使洪锦华伯伯，忘不了慈祥和善的崔伟叔叔，忘不了事必躬亲的许国峰院长，忘不了善解人意的钱建平麻醉师，忘不了……”在关笑的心里，有很多人他忘不了，这些人都是他的救命恩人！

“叔叔、伯伯，你们就要离开伊犁返回故乡，但你们留给我的情谊，将温暖我的一生。”关笑用这句话，表达他对援疆干部永恒的感恩之情。

小库尔班江：送面锦旗抒感激

6月27日，小库尔班江和爷爷吐尔干江一起将一面写着“无私帮助民族情深、爱心无限情满伊犁”的锦旗送到了洪锦华的手中，以此来感谢洪锦华、丁捷等援疆干部对他们的帮助。

小库尔班江拉着洪锦华的手用汉语说：“洪爷爷再见，我忘不了您！”

吐尔干江也是双手紧紧握着洪锦华的手，久久不愿松开。他告诉记者，小库尔班江得病后，洪锦华、丁捷等援疆干部多次前往他家进行探望，并送来慰问金。这让他们一家人感受到了民族大家庭的温暖。援疆干部这种跨越民族的爱心，将深深地烙印在吐尔干江一家人的心头。当他把援疆干部要走的消息说给小库尔班江时，懂事的小库尔班江就嚷着要爷爷陪他去看援疆干部。吐尔干江说，库尔班江虽然小，但他的心里对援疆干部有说不完的感激之情。

曼丽：真心感谢谢洪标

新源县42岁的维吾尔族下岗女工曼丽给本报写信要感谢一个人，那就是援疆干部、新源县副县长谢洪标。曼丽在患子宫癌生命垂危之际，谢洪标先后多次为她捐助手术费、医疗费和生活费，并联系医院和专家为她免费做手术，挽救了她的生命。同时，谢洪标还资助曼丽的妹妹丽莎动手术治疗多发性子宫肌瘤。

曼丽在信中说：“在我治病的两年中，谢县长前后拿出3万多元的治疗费和生活费，把我从死神的手中夺了回来，我一辈子都不会忘记他，他是我遇上的大好人，大恩人，是我的再生父母！”曼丽表示，听说谢县长要走了，她没有什么可以拿来报答他的，唯有把这份感激之情时刻铭记在心，化感激为动力，好好把病养好，好好地生活、工作，以此来回报谢洪标的恩情。

（2008年7月1日《伊犁日报》）

【链接】援疆干部:有志而来,有为而归——访第五批援疆干部总领队、州党委副书记洪锦华

在江苏援疆干部援伊工作开展10周年之际,本报记者于9月7日专访了州党委副书记洪锦华。

记者:您作为第五批援疆干部的总领队,如何看待这10年的援疆工作?

洪锦华:按照党中央的安排,从1997年2月,第一批援疆干部积极响应党中央号召,不远万里到伊犁工作以来,江苏省已派出5批230多名援疆干部先后到伊犁州工作。10年来,在自治区、自治州党委、政府的正确领导和亲切关怀下,在江苏大后方的大力支持和伊犁各族干部群众的热情帮助下,这个特殊群体把伊犁当作"第二故乡",与各族人民群众同呼吸、共命运、心连心,积极进取,辛勤奉献,其自身优势得到有效发挥,自身资源得到有效利用,自身能力得到有效提高,为伊犁州的经济发展、改革开放和社会进步起到了积极的推动作用。应该说,在这10年的援疆工作中,援疆干部们是有志而来,有为而归。

记者:您认为援疆工作已在伊犁州经济社会的哪些方面有了影响?

洪锦华:我把援疆干部这个群体比作8个队:宣传队、招商队、帮扶队、牵引队、联络队、医疗队、核心队和传播队。具体到我们第五批来说,全体援疆干部借助各种机会,利用各类媒体、多种渠道广泛宣传伊犁优越的自然生态环境、优越的人居生存环境、优惠的投资兴业环境,宣传伊犁的发展战略、发展重点和发展目标,发挥了宣传队的作用。

两年来,全体援疆干部积极组织企业家来伊考察投资,组织伊犁招商团赴江苏等地招商,由援疆干部直接和间接引来的项目达60余个,项目到位资金超过了13亿元。援疆干部可以说是名副其实的招商队。

两年来,我们共落实江苏各级无偿援助资金超2亿元,这些资金加上援疆干部个人奉献的20余万元资金,共援建了160余个项目。

联络队和牵引队,主要是从建立江苏—伊犁长期合作机制这方面来讲。两年来,由于援疆干部的积极努力,苏伊之间广泛缔结友好关系,由一人援疆变成了多层面援疆。截至目前,已联络组织伊犁州党政干部70余批1500余人到江苏接受培训或挂职锻炼,每期时间2到3个月不等,全部费用由江苏负责。我们已从江苏请来各类专家66人次,伊犁接受培训教育和服务达3170人次,包括党政领导、经济管理、规划设计、新闻宣传、医疗卫生、文化教育和旅游等各个方面。

江苏第五批援疆医疗队专家,以高超的医疗技术和优质的服务态度,树立了良好的形象。

两年来,在霍城工作的援疆干部与各族干部群众共同努力,充分发挥核心队的作用。目前,我们可以有把握地预测第五批江苏援疆干部3年援疆结束时,援疆试点县霍城几项重要的经济社会发展增长指标可以走在伊犁州直各县(市)的前列,可以走在自治区5个援疆试点县的前列,可望大大超过上一期援疆实绩。

在观念援疆上,第五批援疆干部发挥了传播队的作用,各自结合分管工作实际,借鉴在援助地工作的成功经验和做法,对伊犁经济社会发展提出了许多有价值的新理念、新思路、新方法和新举措。

记者:洪书记,您刚才讲到了第五批援疆干部发挥的帮扶队作用,据我所知,第五批援疆干部在这方面作出了无私的奉献,您本人也被评为10大感动伊犁人物之一,您能否详细介绍一下这方面的情况?

洪锦华:我们这批援疆干部的帮扶工作,主要在4个方面发挥了作用。一是促进了伊犁社

会事业的发展。我们利用这些资金援建了一批社会事业的项目，在州本级援建了电视传输中心、远程教育中心、妇幼保健中心、妇儿活动中心、120急救中心；在援疆试点县霍城援建了广电大楼、县委党校、县人民大会堂、清水河江苏工业园基础设施项目等。另外，还有十几个在有关县（市）和乡（镇）的援建教育卫生项目：希望小学、中学教学楼、幼儿园、医院等。二是促进了伊犁基层阵地建设。我们利用这些资金为伊犁援建了130多个村党支部、村委会和城市社区、居委会办公场所，设施配套，功能齐全，作用极大。我们的这一举动得到了自治区、自治州党委、政府和组织部门的充分肯定，得到了伊犁各族人民的高度赞扬。三是促进了一大批伊犁弱势群体生产生活条件的改善。数十个危重病人，因为有了援疆干部与医疗专家的救治和援助，生命得以挽救；数百个贫困家庭，因为有了援疆干部的援助，生活得以改善；数千名贫困学生，因为有了援疆干部的援助，有望完成学业。四是有一批特殊群体得到援疆干部的援助。我们组织发动全体援疆干部向患心脏病的中学生郑丽捐助了5万多元现金，并向江苏募集1万多元，使她成功地进行了两次心脏手术。还有100余名艾滋病孤儿得到救助，60余名残疾人坐上了轮椅，几家敬老院得到了改造。总的来说，我们这批援疆干部希望能实实在在办好事、实事，为构建和谐伊犁尽可能地发挥我们的能量。

记者：从自治区来看，伊犁的援疆工作处在一个什么水平？有哪些方面比较突出？

洪锦华：自治区马上要召开第三次援疆工作总领队会议，从我参加的前两次总领队会议来看，应该说，伊犁援疆工作在争取项目和资金、招商引资、干部培训、阵地建设、试点县工作和个人奉献这几个方面已走在自治区前列。

记者：从目前的情况来看，第五批援疆干部已经超额完成了当初来伊犁所确定的工作目标，在剩下的援疆时间里，你们准备如何度过呢？

洪锦华：两年的援疆工作已结束了，在第三年的援疆工作中，我们援疆干部有决心做到思想上不松懈，热情和激情更高一点；学习上不松懈，调研与思考更多一点；工作上不松懈，事业心和责任感更强一点；团结上不松懈，姿态和觉悟更高一点；廉洁上不松懈，形象和影响更好一点，以更加优异的成绩圆满完成3年援疆工作。

（原文刊载于2007年9月12日《伊犁日报》，本文有删节）

江苏省第五批援疆干部总领队、伊犁州党委副书记洪锦华（中）主持召开援疆工作座谈会（2006年摄）

六、第六批干部人才支援（2008.07～2010.12）

江苏省第六批援疆干部人才共73人（含专业技术人才29人），其中党政干部来自省直机关及无锡、徐州、常州、南通、连云港、淮安、盐城、扬州8个市，专业技术人才均为医生。江苏省政府副秘书长于青山为此批援疆干部人才领队。

因援疆期间工作成绩突出，江苏省援疆干部工作队、霍城县援疆干部集体被自治区党委、政府表彰为“援疆工作先进集体”。于青山、张叶飞、刘乐明、华建强、吴小巧、施民新、郭逸新、陶荣龙、高美峰、王峰、钱钢、嵇绍乾、贺宝祥、唐仲贤被自治区党委、政府表彰为“优秀援疆干部”。

第六批援疆干部人才按照“突出科学发展，实现由节点控制向过程控制的转变；坚持功能建设，实现由‘输血’机能向‘造血’机能的转变；注重互惠共赢，实现由单方支援向双方互动转变”的基本思路，推进苏伊两地合作与交流。

3年间，援疆干部深入调研，撰写100余篇调研报告，提出数百条创新性意见和建议，被当地党委、政府和所在单位采纳；在争取援助、招商引资、建言献策、促进交流、医疗服务、扶贫帮困等方面扎实工作，落实无偿援助资金、物资2.28亿元，争取国家、自治区项目资金8212万元；共签订招商引资项目129个，由援疆干部直接引进或参与引进的项目实际到位资金32亿元。加大资金投入，建成伊犁旅游游客服务中心与教育培训

2008年7月24日，江苏省领导与即将启程赴新疆的第六批援疆干部人才合影

基地、伊犁州江苏苗苗幼儿园综合楼、特克斯县广播电视发射观光塔等一批重大基础设施工程。协调江苏省与伊犁州相关县市和企业签订19项农产品购销合同，合同金额9.5亿元，打开伊犁农副产品在江苏的销路。3年间，江苏、伊犁互访937批7374人次，缔结各类友好单位227个；组织协调1300余名伊犁干部赴江苏培训或挂职；联系江苏专家、学者到伊犁讲学，培训干部1.5万人次。

全面加强霍城县试点工作，制定完善36项管理制度和可操作性强的考核、评价、奖励办法，极大调动广大干部职工积极性。在农业上，规范和新建合作社35个，转移输出劳动力19.66万人次，农村富余劳动力转移创收5.2亿元，形成“龙头兴产业，产业带基地，基地富农户”的良性循环；工业发展实现新突破，江苏工业园成为伊犁州最具潜力、最有活力的工业园区。进一步深化“1015”对口协作工程（无锡市、江阴市10个市直单位、镇区与霍城县10个县直单位和15个乡镇场结对），在原有基础上，新增霍城县17个重点贫困村与无锡市17个镇（街道）结成对口帮扶单位。推动旅游业发展成为优势产业，实现旅游收入3.2亿元。实施县城改造，完善农村路网，城乡面貌大为改观。

【链接】同呼吸 共命运 心连心——援疆干部向伊犁各族人民交出满意答卷

11月21日，霍城援疆试点县举行江苏援建项目启动暨捐赠仪式。在这次捐助仪式上，援疆干部为霍城县教育系统援建3个项目，分别为“太湖情”助学促进会奖学基金项目捐助启动资金100万元、捐助价值100多万元的70架钢琴和价值10万元的学生学习用品。这些钢琴将配发到全县的每所学校。再过几天，第六批江苏援疆干部就要返回江苏了，临行前他们仍然不忘再为“第二故乡”多办件实事。

“援疆干部为我们教育系统办了很多实事，两年多来为我们县争取教育‘两基’资金8000多万元，使霍城县顺利通过国家‘两基’达标验收。他们办的这些好事、实事，老百姓都看在眼里、记在心上，我们全县各族干部群众都舍不得他们走。”霍城县教育局干部说出了他们对第六批江苏援疆干部的心里话。

2008年7月，第六批江苏援疆干部来伊开展对口支援工作，他们舍小家、顾大家，远离亲人故土，他们用情与情的交融，在伊犁这片热土辛勤耕耘、无私奉献着……招商引资、教书育人、救死扶伤、田间地头，他们的身影几乎无所不在，他们的每一次奉献都构成了支援边疆、投身西部大开发的最美风景。

快速进入工作角色。第六批江苏援疆干部来伊后，主动克服两地差异及工作、生活方面的困难，认真学习各项方针政策，了解伊犁人文历史和当地风俗习惯，深入基层一线调查研究，很快进入工作角色。他们将江苏发展经验和模式与伊犁实际相结合，撰写了128篇高质量的调研报告或论文，向当地党委、政府或单位提出了涉及多个领域的1012条创新性工作建议，有771条建议被当地党委、政府和所在部门单位采纳，取得明显成效。

科学制定援疆工作目标。第六批江苏援疆干部虚心听取当地干部群众的意见、建议，管理协调组多次召开会议，集思广益，研究确定了援

江苏省第六批援疆干部、伊犁州党委常委、霍城县委书记张叶飞（右一）深入基层调研（2009年摄）

疆工作基本思路，制定了援疆工作总体目标计划。工作中，援疆干部注意调动各方面工作积极性，将江苏先进的管理理念及工作方法与受援单位实际相结合，通过实际工作影响带动当地干部进一步解放思想、更新观念，有效地促进了分管工作业务水平的提升。

智力援疆成效显著。两年多来，第六批江苏援疆干部主动融入伊犁建设发展环境中，不断深化理念、技术、智力援疆，进一步拓宽了两地交流学习空间；组织协调1385名伊犁干部赴江苏培训挂职，开阔视野、解放思想、增长才干；协调联系江苏方面专家、学者来伊讲学，举办论坛，传播新理念、传授新技术，共在伊犁培训干部14981人次，极大地促进了伊犁干部的思想解放和观念更新。

发挥桥梁纽带作用。第六批江苏援疆干部紧紧依托江苏派出单位大后方优势，想方设法邀请各有关方面领导、专家、企业家、艺术家来伊访问、考察，寻求对援疆工作进一步的支持。通过援疆干部的努力，苏伊两地多领域交流与合作迈上新台阶。

招商引资取得新突破。两年多来，第六批江苏援疆干部从江苏各方面争取到各类无偿援助资金2.28亿元，援建伊犁86个项目。同时，争取到国家、自治区项目资金8212万元；共签订招商引资项目合同129个，由援疆干部直接引进和参与引进的项目实际到位资金超过32亿元，一大批开发项目相继投产，并为当地培养了一支招商人才队伍，为伊犁经济发展增添了强劲动力。

积极开展医疗救治。第六批29名江苏援疆医疗专家充分发挥业务骨干和学科带头人的作用，共接诊2.2万余人次、会诊2100例、义诊4084人次，抢救危重病人1585例，主持和参加各类手术3434台（次），使数万名伊犁各族群众享受到了高质量的医疗服务。同时，为伊犁争取到江苏卫生系统大量的医疗设备、资金、技术、车辆的支持，有84名当地医疗卫生技术人员到江苏免费进修。

霍城援疆试点县工作成效显著。两年多来，试点县援疆干部，依托江苏省和无锡市的援助支持，在霍城县积极调整产业结构，实现设施农业、林果业、养殖业等规模化发展。大力开展招商引资工作，江苏玉龙集团、新汶集团、中电投公司等一批大企业落户霍城。加强项目工作，争取国家部委、自治区和自治州各类项目246个，资金4.44亿元，实施了城镇建设、水利、农村道路建设等一大批利民惠民工程。目前,全县经济发展、民族团结、边防巩固,各项社会事业都取得了优异的成绩,呈现出平稳较快发展的良好局面。

为伊犁各族群众办好事。第六批江苏援疆干部时刻把群众疾苦放在心上,积极开展扶贫帮困活动,努力为伊犁各族群众大办好事实事。援疆干部先后为贫困家庭、贫困学生、患病的少数民族儿童捐款、提供免费治疗和扶贫济困。截至目前,第六批江苏援疆干部捐资助学、扶贫济困捐款达54.34万元,扶贫济困和捐资助学451人,赢得了伊犁各族人民的真心爱戴和由衷敬佩,被伊犁各族人民誉为“最可敬、最可亲、最可信的人”。

两年多来,第六批江苏援疆干部与伊犁各族人民同呼吸、共命运、心连心,艰苦奋斗,攻坚克难,做了大量卓有成效的工作,推动了援疆工作取得新的发展,为伊犁的经济发展和社会进步作出了突出贡献,受到了伊犁各族干部群众的热情欢迎和广泛赞誉,为伊犁人民交出了一份满意的答卷。

(原文刊载于2010年11月25日《伊犁日报》,本文有删节)

【链接】历经两载援疆路 书写一生援疆情——记第六批江苏援疆干部、伊宁县委副书记高美峰

到过伊宁县的人,都会有一种感受:这两年伊宁县的变化太大了,城市靓了、美了;企业多了,经济发展速度快了;农牧民的生活越来越富裕了……这些变化背后,也包含着第六批江苏援疆干部、伊宁县委副书记高美峰的不懈努力和无私奉献。

2008年,高美峰从江苏连云港市来到伊宁县,担任县委副书记。援疆期间,高美峰千方百计为伊宁县的经济发展建言献策,频繁奔波于江苏和伊犁之间,跑资金、引项目、邀人才、求合作、促发展,积极为当地传播新思想、新理念。两年多来,高美峰协调落实援疆资金达500多万元;组织实施了伊宁县发展战略规划项目、老年活动中心项目等“两大五小”援疆项目8个;组织安排了医疗援疆、教育援疆和干部挂职培训、两地文化交流等工作;接待了江苏与伊犁两地互访团组85批664人次;促成23对两地单位结为友好单位;协调落实助学资金7万多元;参与了包括庆华煤化工项目在内的当地招商引资项目10多个,涉及招商资金近300亿元,其中独立引进了总投资1.36亿元、年产3.6亿块空心砖的伊犁聚祥建材项目……

2008年12月5日,江苏省第六批援疆干部、伊宁县委副书记高美峰(左二)参加连云港市援助伊宁县发展战略规划项目签约仪式

“企业多了，经济发展了，农牧民才能尽快富裕起来。”在高美峰看来，引进企业、留住企业，让大企业为地方经济服务才是关键问题。两年多来，高美峰往返于江苏与伊犁之间，找项目、引资金，乐当“跑腿”书记和牵线“红娘”。当初，庆华集团第一次来伊宁县考察时，高美峰在接待中就敏锐地发现，庆华集团老总有合作的意向和实力，为此，高美峰及时向县委主要领导进行了汇报和建议，伊宁县紧紧抓住这个机会向庆华集团寻求“联姻”。正是这次细致、周到的接待安排，让庆华集团坚定了进一步合作的意向。

“物质援疆是一时的，观念、理念的援疆才是援疆的内在含义。”两年来，高美峰在积极跑项目、引资金的同时，还为当地传播新理念、新观念。2008年7月，高美峰刚到伊宁县，就迅速投入到工作中，下乡镇、跑基层、走村入户做调研。在这期间，他发现伊宁县有坚强的领导班子，有丰富的矿产资源，有优越的区位优势，有发展的强烈愿望，恰恰需要一个明确发展方向、确立发展定位、体现发展战略的综合性发展规划。为此，高美峰上任后，就着手抓“伊宁县发展战略规划项目”，为保证项目科学合理，他还邀请上海的规划博士团队来伊宁县，就这个项目反复调研和考察、论证和修改，历经一年终于完成。这一项目不仅得到县委、县政府的高度评价，还得到了伊宁县各族干部的赞赏，在今年的解放思想大讨论活动中，伊宁县委、县政府发文让全县各个单位及干部群众学习这个战略规划。据了解，这一项目的实施，带来了发达地区的先进理念，使各部门、各单位学习了经验，开阔了思路，统一了认识，解放了思想，对伊宁县发展具有深远的影响。

此外，高美峰还积极参与了伊宁县的三产、工业以及旅游、物流、商贸等重大项目推进工作，为伊宁县经济社会事业的发展贡献了力量。正如高美峰所说：“在伊宁县这片热土上，我已倾注了太多太多的情感，这是我深爱的‘第二故乡’。”

（原文刊载于2010年10月11日《伊犁日报》，本文有删节）

2010年12月，江苏省委书记罗志军（前排中）等省领导与即将启程赴新疆的第七批援疆干部人才合影

七、第七批干部人才支援（2010.12～2013.12）

江苏省第七批援疆干部人才共572人（含专业技术人才418人），其中援伊犁州387人，援克州104人，援兵团四师、七师81人。党政干部来自省级机关和各对口支援市、县（市、区），专业技术人才主要为医生和教师。江苏省政府副秘书长于青山任江苏援伊指挥部总指挥，江苏省水利厅副厅长陆永泉任江苏援克指挥部总指挥。

因援疆期间工作成绩突出，江苏援伊指挥部被自治区对口援疆工作协调领导小组授予“创新奖”，江苏援克指挥部是全国19个援疆省市20个指挥部中唯一一个被自治区党委、政府授予“开发建设新疆奖状”的指挥部，江苏省援伊指挥部、援克指挥部及南京市、无锡市、徐州市、常州市、南通市、盐城市、扬州市、泰州市、南京市江宁区、江阴市、常州市武进区、张家港市、昆山市援疆工作组被自治区党委、政府表彰为“援疆工作先进集体”。于青山、陆永泉被自治区党委、政府表彰为“优秀援疆干部领队”，王进健被自治区党委、政府表彰为“优秀援疆县（市）委书记”，张余松、黄继跃、王天明、景伯明、袁焕明、姚雪峰、王远、朱伟、张永文、沈永岱、魏友松、彭根大、周恩超、杨晓阳、马海波、于成功、杨亚伟、张勇、张瑞刚、陶荣龙、许颂河（女）、陈曙梁、张翊翔、马鑫、费晓忠、王凯、柳炳桃、王志明、唐敬、许高明、刘正东、黄雪元、郑星刚、屈陈江、李桂山、翟元国、陶玉平、陈林、蔡庆康、陈俊才、李万平、王桂超、朱志坚、蒋

启军、王明柱、刘萍萍（女）、李海、虞泰柱、杨国成、黄伟文、承波、于寿成、陈俏松、江敏、王丽雯（女）、周建国、王锁荣、黄炜、戴泉、杨晓中、丁强、陈道桢、王生大、张海涛、戴虹、邹松年、管凤良、朱文祥、邱侃、尹弘青、朱丽霞（女）、王素军、卞卫东被自治区党委、政府表彰为“优秀援疆干部人才”，同时被自治区党委、政府记二等功。镇江市、淮安市援疆工作组被兵团党委、兵团表彰为“援疆工作先进集体”。于青山同时又被兵团党委、兵团表彰为“优秀援疆干部领队”。余国根、陈发荣、吕仁卿、邹建平、苏春海、吴锦虎、卫龙君被兵团党委、兵团表彰为“优秀援疆干部”，并记二等功。2017年，丁强、张翊翔、陈俊才、袁焕明、解正高被中共中央组织部、中共中央统战部、国家发展改革委、人力资源和社会保障部授予“全国对口支援新疆先进个人”称号。

江苏援伊指挥部编制完成《江苏省对口支援新疆伊犁州州直地区和新疆生产建设兵团农四师、农七师综合规划（2011～2015年）》《江苏省对口支援新疆伊犁州、农四师、农七师干部人才发展规划（2011～2020年）》，确定援建目标任务。3年间，安排援助资金40亿元，共实施682个项目。扶持受援地做大做强特色产业，共扶持特色产业项目24个。举办伊犁州产业招商暨霍尔果斯经济开发区项目推介会等重要展会，3年共举办产业合作对接会、推介会30余次，组织20余批300余家江苏企业到伊犁考察、洽谈，促成69个项目落地建设，推动伊犁州经济社会发展。依托江苏科教人才优势，组织开展“苏伊名家讲坛”“杏林春风”“青蓝帮带”等一系列科教活动，变“输血”为“造血”，让受援地增强持续发展能力。

2011年4月8日，江苏援伊指挥部总指挥、伊犁州党委副书记于青山（前排中）考察尼勒克县援疆项目

江苏援克指挥部编制完成《江苏省对口支援新疆克州综合规划（2011～2015年）》《江苏省对口支援新疆克州干部人才发展规划（2011～2020年）》，确定援建目标任务。3年投入援助资金10.79亿元，实施援建项目139个。改变援建项目“交支票”“交钥匙”传统模式，以合作共建方式，逐步建立硬件与软件齐推、“输血”与“造血”并进的援疆模式。援建项目中，游牧民定居房、农民安居房、廉租房及公共租赁房、教育、卫生、供水、供暖等民生工程占援建项目和援疆资金的比例均超过80%。阿图什市昆山育才学校、阿合奇县佳朗奇新城供暖管网工程、乌恰县常州大道等民生项目交付使用。3年间，开展干部人才援疆项目157个，共培训克州人才干部1.1万余人次，其中组织16批次280人到江苏挂职锻炼，1800余人次基层干部到江苏培训；组织江苏专家、学者36批次130人到克州送教，7000余名干部人才参加培训；柔性引才269人。

【链接】2011年江苏援建伊犁工作综述

自2010年中央新疆工作座谈会召开后，新一轮援疆工作被摆上更重要的地位。2010年12月23日，江苏省第七批援疆干部正式踏上伊犁的土地。

一年来，从定居新房的建筑风格到室内水、电、卫的配套，从传统的游牧方式转变到农业现代化生产方式的设计，从大中专毕业生的培训到党政干部及企业家的素质提升，从课堂教学到教科研活动的开展，从救治病人到留下“带不走的医疗队”，从农作物的选种到农业科技示范园的建设，从招商引资到“百企千亿”行动，从试点县建设到推进霍尔果斯经济开发区建设，从小学生“手拉手”到两地人民“心贴心”，在伊犁州直、农四师、农七师各地，处处涌现出一轮轮发展建设

江苏援克指挥部总指挥、克州党委副书记陆永泉（左三）陪同省领导考察乌恰县安居富民项目（2011年摄）

高潮，新变化、新成就、新突破成为这个时代的最强音。

一笔笔援疆资金、一个个重大项目、一项项民生工程，犹如金秋硕果挂遍了伊犁河谷，加快了自治州经济社会跨越式发展和长治久安的步伐。

对口支援：成为推动发展的重要力量

2011年，江苏对口援疆工作的目标是以“保障和改善民生”和“增强受援地自我发展能力”为主线，以全面实施对口支援规划为抓手，以改善当地群众基本生活条件、支持受援地区产业发展、促进就业、培养干部人才为重点，以建立完善的人才、技术、管理、资金等全方位对口支援体制机制为保障，积极促进受援地实现跨越式发展和长治久安两大任务。

第七批援疆干部从伊犁经济社会发展实际需要出发，采取多种形式，积极参与伊犁建设，不断深化和发展了援疆内涵。回首细数援疆项目，广泛涉及农、林、牧、水、电、交通、能源、文化教育、医疗卫生、广播电视、城镇建设、基层政权建设、农房改造、人才培养等诸多领域。

2011年，江苏在伊犁州直、农四师、农七师共安排援疆项目162个大项、313个小项，援助资金12.31亿元。截至目前，已开工项目304个，已完工项目301个，援疆资金完成年度计划的102.5%，其中安居工程98%（安居富民100%，定居兴牧100%，棚户区改造93%，配套设施86.3%），社会事业项目115.4%，产业项目133.9%，干部人才培养95.7%，基层阵地建设114.4%。

随着援疆工作实践经验的积累和伊犁经济社会发展新要求，援疆工作迅速增加人才、技术的援助规模，进一步向基层倾斜，并不断深化援助内涵，促进援疆工作向纵深发展，形成了全方位、多层次、宽领域的格局。资金、人才和技术方面的对口援建，为伊犁的经济发展、基础设施建设、人民生产生活水平改善、现代文化体系构建起到积极的推动作用。

在2011年12月10日召开的州直专项工作座谈会上，州党委书记李学军指出，对口支援是有力支撑、有力促进的举措，是伊犁经济社会发展的重要组成部分。李学军说，江苏援疆工作一直走在全国前列，既贯彻中央精神，又结合江苏、伊犁实际，创造了不少理念、机制、做法和经验。

2011年2月3日，江苏省第七批援疆干部、霍城县委书记王进健（右二）和从江苏赶来的家人一起到村民家中包饺子过年

经过共同努力、团结协作、狠抓落实，2011年江苏援疆工作取得新成效、迈上新台阶，江苏援疆干部表现得非常优秀、非常尽心，他们的工作作风、工作精神和无私奉献受到伊犁州各级党政组织和干部群众的赞扬。李学军同时要求，要做好总结，深入推进援疆工作，充分发挥江苏援疆作用。

民生优先：让群众得到摸得着的实惠

江苏省委、省政府在新一轮援疆大幕开启之际，提出了“江苏援疆工作要继续走在全国前列，要为受援地区经济发展、民生改善、社会稳定作出更大贡献”的要求。第七批援疆干部以强烈的责任意识、浓厚的民族感情、饱满的工作热情和务实的合作精神，按照“群众期盼的事先干、条件具备的事先干”的要求，与受援地各级党委、政府无缝对接，密切配合，忘我奉献，优先实施安居富民、定居兴牧等民生项目，为各族群众捧出了一道道惠民大餐。

2011年，共安排城乡住房援助资金50268万元，建设总户数为29552户，其中安居富民26021户，定居兴牧2384户。

牧民告别了冬窝子，高标准抗震房代替了土打墙，柏油路、水泥路通到了家门口，群众喝上了方便卫生的自来水，电视频道从五六个增加到五六十个，卫生间从室外搬到了室内，上学、看病、买东西比以前方便得多，现代文明的生活方式在一夜之间降临。

同时，2011年教育援疆资金投入达21571万元，启动实施教育建设项目18个，一批新建、改扩建的普通高中、职业教育学校已经建成或正在建设中，进一步提升了受援地办学条件，2011年累计投入1.64亿元，用于各受援县市医院基础设施建设，一座座新的医疗大楼拔地而起。

援疆的老师和医生，在以身作则开展工作的同时，抓住一切机会传道授业解惑，留下带不走的知识，永远为伊犁各族群众造福。

2011年，第七批援疆干部共捐助了4419万元现金和物资，其中现金3276万元，援疆干部通过各种形式捐款119万元，“一对一”结对帮扶82对。在伊犁“11·1”地震后，指挥部和相关工作组领导深入灾区第一线，了解灾情，慰问受灾群众，积极向江苏省汇报争取救灾资金500万元，援疆干部踊跃捐款，地震灾后指挥部及各工作组捐款捐物近百万元，其中援疆干部个人捐资捐物达20多万元。

借助一大批援疆资金和项目的实施，涉及伊犁各族群众切身利益的住房、看病、上学、交通、饮水、通信等问题得到基本解决，各族人民的生活水平不断提高，城乡面貌发生巨大变化。这些行动，受到了中组部、卫生部、自治区等各级的高度肯定与赞赏，更让各族群众得到了看得见、摸得着的实惠，真切感受到党中央、国务院的亲切关怀，感受到江苏省委、省政府和7800万江苏人民的深情厚谊。

“输血”“造血”并举：激发干部群众的创造力

随着援疆工作的不断深入，各地援疆工作组在做好“输血”型援疆的同时，更加注重“造血”型援疆，不断增强受援地区的自我积累、自我发展的能力。

2011年，江苏援疆资金安排了1.44亿元，用于帮助受援地建设工业园区、农业示范园区，发展高效设施农业、特色林果业和规范化养殖小区等24个符合受援地特点的特色产业发展项目。同时，组织开展的“新疆名特优农副产品巡回大巴扎江苏行”活动，有力地提高了新疆名特优农副产品在江苏的影响力，为以后建立长期的供销网络、开拓市场奠定了良好的基础。

招商引资工作已成为产业援疆活动的重要抓手，“百企千亿”产业援疆活动已取得明显成效。各工作组都积极邀请企业家、商会来伊考察，协调组织受援地到江苏举办项目推介会。目前，由援疆干部组织各类产业合作签约和对接在谈项目共62个，正式签约及有投资意向的项目投资额近200亿元。

江苏省对口支援伊犁州前方指挥部创造性地开展了“连心牵手”“名家引智”“杏林春风”“暖心希望”“青蓝帮带”和“绿色生态”等“六大行动”，积极推进科学援疆。在第七批援疆干部的努力下，“连心牵手”活动组织江苏省教育、卫生、科技等各级单位与伊犁相关单位进行了62次项目对接或签订合作协议；“名家引智”行动创设“江苏·伊犁名家讲坛”，邀请教育、医疗方面的专家73批次384人赴伊，举办了315场讲座、辅导、报告会，58175名当地干部群众听讲，组织江苏特级教师开展送教上门活动，培训教师5000人次；“杏林春风”行动组织援疆医生深入开展讲座、巡回医疗和义诊活动，目前已开展义诊活动114次，接受服务的群众达18054人次；“青蓝帮带”行动制定专业技术人才“拜师结对”工作制度，所有援疆教师、医生、专业技术人才都至少与一名当地的工作人员签订了师徒结对协议。

苏伊合作：新领域不断实现新突破

作为新一轮援疆工作的重中之重，江苏举全省之力，力争早日把霍尔果斯经济开发区打造成我国西部边陲的一颗璀璨的“明珠”。江苏省及时调整结对关系，进一步加强组织协调，加大规划、建设和管理力度，借助江苏办园区和港口建设的经验，由苏州市和连云港市共同对口援建霍尔果斯经济开发区，并安排援疆资金4000万元，主要用于霍尔果斯经济开发区编制规划、人才培养、招商引资、平台建设等工作。

2011年，第七批援疆干部在高标准做好江苏开发区管理软件转移、高起点做好发展规划编制、高效率开展人员交流培训、高频率开展对政策争取和研究等方面做了大量工作，各项援建工作顺利推进，并取得了初步成效。总投资约15亿元的“苏新中心、东部产业转移园、东部产业转移园集宿区”项目，在短短3个月内克服各项困难，完成立项、设计、土地挂牌、建设招标等程序，于2011年6月20日开工建设。2011年12月23日，连云港至霍尔果斯集装箱国际公铁联运新通道正式开通，给霍尔果斯及整个自治州的对外开放提供了新机遇，对促进经济开发区加快建设起到了骨干、示范、引领和带动作用。

作为援疆试点县的霍城县，在江苏省、无锡市和江阴市各级各界的大力扶持和关心下，始终秉承科学援疆、务实援疆、真情援疆的理念，不断推进苏霍两地的合作交流，保持了霍城经济社会平稳较快发展。预计全年实现生产总值62亿元，增长15.6%；地方固定资产投资19.8亿元，增长54.1%；规模以上工业增加值3.77亿元，增长20.7%；社会消费品零售总额10.6亿元，增长14.7%；财政一般预算收入2.2亿元，增长26%；全县村集体收入1200万元，农牧民人均纯收入7768元，同比增加1025元。

江苏省对口支援伊犁州前方指挥部总指挥、伊犁州党委副书记、州政协党组书记于青山在第七批援疆干部集体进疆时说：“来新疆前，要想想自己为什么来，来了之后想想能干些什么，等离开的那天，再看看自己留下了什么，希望都能拍着胸脯说：‘三年援疆，一生无悔。’”

共同团结奋斗，共同繁荣发展。援疆，不仅推动了伊犁州经济社会又好又快发展，更在伊犁各族人民心中树立了一座不朽的丰碑。

（原文刊载于2012年1月11日《伊犁日报》，本文有删节）

【链接】援疆，江苏在塞外树起丰碑

2010年12月，肩负着全省人民的重托，江苏第七批援疆干部和专业技术人才启程奔赴新疆。在全国的援疆阵容里，江苏人数最多。而对口支援新疆伊犁，又是重中之重。

两年过去了，省对口支援伊犁州前方指挥部坚持“科学援疆、真情援疆、持续援疆”，统筹谋划，倾情实施，狠抓落实，援疆工作取得明显成效。天山以北广袤的伊犁地区，到处留下江苏援疆工作人员的足迹，他们用真情、真心谱写了新一轮援疆工作中华丽的篇章。

关注民生：新一轮援疆的重中之重

2010年，地处祖国边陲的伊犁，遭受了一场60年不遇的暴雪袭击。铺天盖地的暴雪覆盖了田野草原、掩埋了牧场羊圈……灾难发生后，江苏省援伊指挥部团队迅速走进灾区。总指挥于青山第一时间赶往伊宁县吐鲁番于孜乡上吐鲁番于孜村、中吐鲁番于孜村等灾情严重的村落。

于青山是江苏省第六批援疆干部总领队。2008年7月，他拜别耄耋之年的父母，告别妻儿，告别江南水乡，带领第六批江苏援疆干部踏上了援疆之路，来到了遥远的新疆伊犁。3年过去了，他的足迹印在伊犁州的山山水水、乡野牧场。按时间，于青山该传下援疆接力棒了。然而，归期将临那一刻，当省委、省政府领导谈及“需要一名熟悉情况的总指挥领导江苏省新一轮援疆工作”时，他毫无条件地服从了援疆大局，留了下来，作为伊犁州党委副书记、江苏省对口支援新疆伊犁州前方指挥部总指挥，完成了上一轮与新一轮援疆的无缝对接。

面对灾情，迅速进行灾后重建，是援疆工作的当务之急，重中之重！于青山与受灾地党委、政府共议灾后重建事宜，并第一时间将灾情向江苏省委、省政府汇报。江苏省委、省政府迅速作出决定，将伊宁县吐鲁番于孜乡灾后重建与安居富民整乡推进相结合，作为新一轮江苏省对口支援伊犁州试点项目，以“高起点规划、高标准建设、十年不落伍”为标准，以经济、实用、美观为原则，为受灾农民重建家园。几个月之后，凝聚着江苏援疆干部心血和汗水的一排排安居富民房顺利建成，受灾群众在严寒到来前搬进了新居。

2011年，江苏省倾力支援伊犁地区灾后重建的同时，于青山亲率前方指挥部规划编制队伍，以“摸清情况、把握标准、突出重点、统筹兼顾”原则，深入伊犁州直有关部门以及10个县（市）和农四师、农七师团场，走遍援建地的山山水水、草原乡村，确定援建项目，征求多方意见，以围绕“改善民生、发展经济、促进就业、培养人才”为中心，编制、完成《江苏省对口支援新疆伊犁州综合规划（2011～2015年）》。2010年11月，凝聚着江苏省援疆团队智慧和心血的规划文本得到了受援方以及国家部委的首肯，并通过了国家部际联席会审定。

分管援疆工作的江苏省副省长史和平，要求把各族群众最急需、最期盼的事抓紧抓好。在与前方指挥部干部座谈时，史和平说：“老百姓的笑容是对援疆干部最好的回报。”按照“民生优先，急事先办”的总体要求，围绕“倾斜民生、符合需求、突显亮点、带动市场、克服难点”，《江苏省对口支援新疆伊犁州综合规划（2011～2015年）》明确，2011～2015年，江苏援助伊犁州资金预计达57.55亿元。这笔大体量的资金投入，分分厘厘都饱含着7800万江苏人民对伊犁百姓的深情厚谊。

2011年4月16日，伊犁人民不会忘记这一天。这一天，江苏省援建伊犁首批100个民生项目在8县2市同时破土动工。这一天，同一时刻，在伊宁市、在奎屯市、在伊宁县、在新源县、在昭苏县、在巩留县、在霍城县、在特克斯县、在尼勒克县、在察布查尔锡伯自治县喜庆的开工典礼现场，万民集聚，鞭炮炸响，鼓乐齐鸣，拨动着天山之弦、伊河之韵。民声、乐声、鼓声、鞭炮声，鸣响着同一心声：感谢中央政府，感谢江苏人民，感谢新一轮援疆！

为了确保做好这些民生工程，2012年3月中旬开始，指挥部分成3个组赴14个前方工作组督查续建项目复工、新建项目开工准备情况，做到早布置落实、早开工建设。6月，前方指挥部又对州直8县2市、霍尔果斯和兵团农四师、农七师的江苏援疆项目进行了第二轮现场督查，了解援疆项目建设进展，调研援疆存在问题和困难。对个别存在推进慢等问题安排专人进行重点督查，负责跟踪，帮助协调解决存在问题和困难，确保不因个别项目影响江苏援建项目进展。

援疆民生工程必须高起点规划、高水平设计、高质量建设，江苏援疆人做到了。据了解，前方指挥部要求所有援疆项目都要全面提升援建项目工程品质，体现“高、精、亮、新”等特点，努力使江苏援建项目成为受援地样板工程。不少援建项目以申报自治区和江苏省建筑建设金奖为目标，并提出了誓夺“天山杯”“扬子杯”，冲刺“鲁班奖”的誓言。各援疆项目普遍在项目部醒目位置设置工程进度表、计划表，实行挂图作战，责任到人，每周一通报，每月一考核，做到周周清、月月清，把责任考核落到实处。

在推进安居富民和定居兴牧项目建设中，前方工作组采取多种方式，对受援地建筑从业人员进行培训，既保证工程质量，又降低建房成本，还促进就业增收。有的工作组从后方聘请或增派建设方面专业人员对援疆基本建设项目进行现场管理，引入代建公司对建设项目进行专业化管理。有的工作组邀请受援地人大代表、政协委员、业主代表、群众代表对援建项目进行视察和评议。7月，前方指挥部和伊犁州政府联合在特克斯县（南京市江宁区对口支援）召开援疆项目建设现场推进会，督促各地又好又快推进项目建设。正因如此，江苏援建的基本建设项目都经受了2011年的“11・1”地震和2012年的“6・30”地震的考验，所有援建项目无一受损。

教育卫生援疆为受援地打下百年之基

在霍城县江苏职业技术学校的实训大楼上，一条横幅格外醒目：“感恩伟大祖国，感谢江苏人民。”这个占地110亩的全新校区，由江苏省援疆资金投入近5000万元建设而成，2011年9月正式启用。学校负责人王军自豪地介绍：“我们的办学条件在整个伊犁河谷地区都是一流的，这里的一草一木都是江苏人民支持的结果。”该校原先只有100多名在校学生，而今年的招生计划就超过了500名。

教育援疆、卫生援疆，有江苏省委、省政府的强力支持，有7800万江苏父老乡亲作坚强后盾，江苏援疆人在伊犁擦亮了“江苏品牌”——在张家港市援助的巩留县高级中学施工现场，该县教育局局长闫小林说，这是张家港对口支援巩留最大的民生工程，学校占地200亩，计划投入8800万元。而在尼勒克县，高级中学建设也是“十二五”期间常州市武进区最大的援疆项目，占地面积255亩，计划投资超亿元，建成后将从根本上缓解农牧区孩子初中升高中入学难的问题。异地重建的新源县二中建筑面积43766平方米，将包括3幢教学楼、图书馆、风雨操场、宿舍楼的第二中学打造成精品工程。扬州工作组副组长，新源县委常委、副县长李桂山狠抓项目推进，项目经理吴剑严抓工程质量。被称为“铁军”的江苏弘盛建设集团从扬州总部调集150名建筑工人，与援建四川工程中招募的150名熟练工人组成的300人建筑团队抓紧工期，工程节节推进。为了确保工程质量并如期竣工，伊宁市委副书记、南京援疆指挥组组长杨晓阳等亲临南京市援建的、民众翘首以盼的伊宁市金陵中学工程进行现场办公，协调工程中需要解决的问题；为了保证特克斯县中学一期项目、县历史文化名城太极塔项目、齐勒乌泽克乡阔布村新农村建设、喀拉峻大草原旅游设施综合开发项目顺利进展，南京市江宁区对口援建特克斯县前方工作组组长、特克斯县委副书记李万平要求将项目落实到人头，并提出“责任到人、挂图作战”的口号。援疆干部融入、跟进，使工程进度日日刷新……

对于拥有42万人口的伊宁县来说，建于几十年前的县人民医院已无法满足人民群众对医疗卫生服务的需要。基于此，南通市援疆工作组通过调研考察，确定了伊宁县人民医院标准化建设这一造福当地民众的项目，并列入江苏省援疆项目大盘。袁鸿飞、徐武钧、吴昊、朱红星等来自南通市的专业技术干部就是在冰天雪地中跟随大部队赶赴伊宁县的。他们放下行装，立即投入工程设计招标、设计方案审查等前期准备工作。工程从立项之初，就定位为民生工程、民心工程。南通援疆组的工程技术专家牢记使命，介入工程每一阶段都一丝一毫不懈怠。

“积极推进医疗卫生帮扶工程，建设一批基层基础医疗卫生设施，下大力气，下定决心，做强做大县级医院，提高医疗服务水平，切实改善老百姓的就医条件。做到大病不出县，小病不出乡、不出村，在较短时间内，把州直医疗卫生体系建立健全起来，让百姓从中得到实惠……”这是江苏省新一轮援疆理念。

“输血”变“造血”

“援疆对硬件的投入是有限的，潜力无限的是理念，变‘输血’为‘造血’，才有持续的发展能力。”江苏省对口支援伊犁州前方指挥部党委副书记、副总指挥苏春海说。

前方指挥部把2012年确定为产业援疆年，组织实施了《产业援疆、产业合作的工作方案》。继去年“百企千亿”之后，今年4月，前方指挥部积极参加江苏省人民政府在乌鲁木齐市举办的产业合作对接会，协助企业和各工作组做好产业合作对接工作，伊犁州共签约项目16个，签约资金360多亿元。今年6月，前方指挥部和伊犁州政府组织产业招商考察团赴江苏，在南京举办“新疆伊犁哈萨克自治州产业招商暨霍尔果斯经济开发区项目推介会”和“项目签约仪式”，促成27个项目签约，签约金额达192.2亿元。同时在南京举办江苏“百企千亿”产业援疆项目落实情况座谈会，就进一步深化产业援疆推动机制，创新苏伊两地产业援疆合作机制，制定“百企千亿”项目落实工作责任制，完善对口援疆产业项目联系制度，配套跟进与“百企千亿”援疆产业合作相协调的相关保障措施，找准产业结合点，发挥江苏和伊犁互补优势等方面交换意见、达成共识。目前，一个“人人关心产业援疆、个个参与产业合作”的援疆工作新局面已初步形成。

产业援疆是江苏新一轮援疆的一大特色。一批大企业、大集团、骨干企业和相关配套企业入驻受援地。江苏常州华盛天龙光电和扬州华尔光伏科技公司联合投资20亿元在新源县建设金三鼎新能源单晶硅项目。此外，由前方指挥部牵线搭桥，苏伊两地签订协议，拟创新流通模式、打通产销链路，在南京市农副产品物流中心建立新疆伊犁州农产品（南京）直销中心，将伊犁名特优农副产品源源不断地销往江苏。江苏宇慧集团在察布查尔县投资1亿元，新建年产3000吨滴灌带、pv管生产线项目。江苏金华隆种子科技有限公司在察布查尔县投资8000万元，新建种子加工项目。江苏恒泽堂药业公司，在霍城县投资5000万元进行薰衣草化妆品的研发和生产。

发展现代物流、金融保险、文化创意、商务会展等现代服务业，也是江苏产业援疆的重要内容。

苏春海介绍说，江苏在这方面的推进力度也很大。“比如说江苏企业投资8000万元在伊宁边境合作区建设技术与产业转移中心孵化园，为承接江苏等地技术与产业转移提供综合性一站式服务。5月，乌鲁木齐海关与南京海关正式签署集装箱班列监管协议，今后凡是经连云港海关办理出口转关及过境通关手续的进出口货物，都可以通过铁路集装箱班列运输方式转关至喀什、霍尔果斯海关，在海关监管下换装公路运输工具出境，实现‘属地报关，口岸验放’等跨区域通关合作模式。”

江苏在援建工程又好又快向前推进的同时，特别注重受援地的持续发展能力，干部人才培养等工作也取得了丰硕成果。“依托江苏科教人才优势，创新干部人才援疆新模式，这样才能切实增强受援地造血机能。”苏春海说。

两年来，江苏援疆人努力发挥好江苏科教人才优势，坚持干部人才援疆“两优先、两确保”（资金优先考虑、项目优先安排，确保干部人才工作的资金不低于援疆资金的5%、确保干部人才援疆工作走在全国前列），为伊犁州的跨越式发展和长治久安提供有力的干部人才保证和智力支持。针对伊犁州干部人才培训量大、集中组织难的实际情况，前方指挥部采取“统分结合、以分为主”的方式，各地工作组和受援地有关部门共同组织干部人才培训项目。今年干部人才培训项目共92个，参加培训各类人员达62594名。其中，“优秀中青年干部赴港培训班”被纳入江苏省政府“千人赴港培训项目”中。前方指挥部对基层干部培训采取主体培训和专题班次相结合、“走出去”与“请进来”相结合、理论培训与挂职锻炼相结合等方式，90名县处级领导和45名女性领导干部已经轮训完毕。

此外，前方指挥部精心组织受援地未就业大学毕业生赴苏培养，主动作为、精心组织、全力协调，足额安排培养经费，积极争取江苏大后方支持，分3个批次选派3300名未就业普通高校毕业生到江苏39所高校进行岗前培训和社会见习。首批试点班199名学员已经圆满完成学习培训任务，并在伊犁州直各县（市）社区等基层部门开始工作；第二批2470名学员已经结束在校学习，转入岗位实习阶段；第三批650名学员正在江苏9所高校接受培训。

尤其值得一提的是，前方指挥部“六大行动”开创了干部人才援疆新模式。

——“一帮一”结对帮扶活动，搭建对口支援新平台，对口联系由省、市两级为主延伸到县、乡镇（街道）、村（社区）。今年共结成601对友好乡镇、友好单位，开展两地互访交流2324批23373人次，建立起“大援疆”下的“小援疆”模式。

——“名家引智”工程。今年，前方指挥部组织103批次516人来伊犁举办245场讲座、辅导、报告会，4万多名受援地干部人才参加。4月，南京大学、南京市规划设计院的12位专家教授在伊犁开展了为期15天的城乡规划与管理专题培训讲座。7月，江苏省教育厅组织中小学教育专家团来到伊犁州开展送教讲学活动。

——“杏林春风”行动。今年州直及各县市援疆医生累计接诊31253人次，会诊2205例，主持和参加各类手术2642例，抢救危重病人1062人次；引进新技术、新项目110项；巡回义诊119次，接诊15353人次，赠送药品22万元。

——“青蓝帮带”行动。219名援疆教师、医生和受援地550名教师、医生建立师带徒关系，发挥“传帮带”作用，培养受援地专业技术人才，接受带教的受援地医生都已基本能独立完成各项诊疗。

——“暖心希望”行动。今年以来，江苏省各级各单位以及个人捐款捐物共8007万元（其中现金6988万元，援疆干部个人通过各种形式共捐款51万元）。在镇江、苏州援疆工作组的牵线搭桥和大力支持下，江苏一名患者捐献的两个角膜分别在江苏和伊犁成功移植，援疆大爱让受援地两名普通群众重见光明。苏州“光明行动”走进霍尔果斯，为新疆50多名眼科患者进行了免费治疗。在“6·30”地震灾害面前，江苏援疆干部人才成为一面旗帜，奋战在抗震救灾一线并率先向灾区捐款；结束援疆任务即将返程的援疆医生纷纷放下行囊奔赴震区开展医疗救助和心理疏导，受到自治区党委书记张春贤的充分肯定。

——“绿色生态”行动。援疆干部人才栽种树苗近2万株，培育“援疆生态友谊林”，弘扬绿色生态理念。

硕果累累，塞外矗立江苏援疆丰碑

2010年12月，在新一轮援疆干部大会上，总指挥于青山郑重地说：“来疆前，要想想自己为什么来，来了之后想想能干些什么，离开的那天，再看看自己留下了些什么，希望到那一天，我们都拍着胸脯说：‘三年援疆，一生无悔’。”

两年援疆，赢来了伊犁大地翻天覆地的变化。除了民生援疆、教育援疆、卫生援疆所取得的成就，江苏援疆还有几大亮点：

成果之一，是霍尔果斯经济开发区建设成效明显。今年4月，《霍尔果斯经济开发区总体发展规划（2011～2020年）》正式通过自治区发改委评审，上报国务院。开发区一区三园的城市总规划（霍尔果斯市总体规划、伊宁市产业配套园区规划、霍城清水河产业配套园区规划）也已完成编制并上报自治区。开发区控制性规划和霍尔果斯口岸城市设计规划编制、经济开发区产业发展规划编制、开发区融资发展规划研究、中哈合作中心城市设计规划和霍尔果斯旅游发展规划等各类专项配套规划编制已经全面启动。4月，伊犁得尔达国际物流有限公司正式在苏州工业园区援建的东部产业转移园内注册成立，成为已经交付使用的东部产业转移园（一期）内入驻的首家东部大型物流公司。江苏沙钢和润能源投资有限公司、苏州市顺合物资贸易发展有限公司在霍尔果斯中哈国际边境合作中心投资10亿元，建设23万平方米的霍尔果斯国际金融中心大楼，吸引各类金融机构和商务项目入驻。苏州鹏云置业集团有限公司，在霍尔果斯中哈国际边境合作中心投资8亿元，建设30万平方米的集商业、商品展示、交易为一体的多功能商业综合市场——苏尔斯国际贸易中心。5月，两家分别由江苏企业投资，注册资本各为1000万元的新疆富川进出口贸易有限公司和新疆实邦进出口贸易有限公司正式进驻开发区，东部企业集聚效应日益显现。

成果之二，是围绕建设幸福霍城总目标，援疆试点县工作取得新进展。作为中组部确定的援疆试点县，霍城县围绕建设幸福霍城总目标，实施“五区”战略，强势推进项目建设，积极完善基础设施，着力构建产业体系，继续改善民生保障，实现了经济社会发展稳步提升的良好态势。

成果之三，是创新援疆监督方式，强化援疆监督效果。新一轮援疆中，江苏对口援建资金量大、项目数量多、分布地域广，社会各方关注度高。如何保证每个项目不出问题，每一分钱都花在受援地群众身上？前方指挥部党委副书记、纪委书记张余松说，江苏在各援疆省市中率先编制完成廉政风险防控手册，开发运行电子监察平台，通过“制度+科技”，构筑起江苏廉洁援疆防火墙。为促进援疆项目建设和资金管理高效安全、廉洁运行，省前指与伊犁州纪委及农四师、农七师纪委联合出台《关于对江苏省对口援建项目实施情况开展监督检查的意见》，在19个援疆省市中率先编制了《江苏省对口支援新疆伊犁州基本建设项目廉政风险防控手册》，主要围绕加强风险防控，完善援疆责任机制；实施公开监察，完善援疆督查机制；用好电子平台，完善援疆考核机制；突出制度建设，构建援疆监管体系等方面开展监督检查工作，特别是电子监察平台的建设使用和廉政风险防控工作取得了显著成效，确保江苏省对口援疆资金安全、项目安全、干部廉洁。

成果之四，是加强援疆队伍建设，建设边疆能力不断提升。江苏援疆干部创造性地开展了“情系塞外江南，展示江苏形象”主题教育活动和“学理论、学业务、学先进，比思想、比绩效、比奉献，看个人素质提升、看团队精神凝练、看援疆成果展现”的“三学三比三看”活动，切实加强援疆干部人才队伍建设，加强对援疆干部人才考核，充分激发了广大援疆干部的工作热情和激情。两年多来，援疆干部人才队伍得到了受援地党委、政府和人民群众的充分肯定，涌现出一批优秀典型。前方指挥部党委荣获自治区“创先争优先进基层党组织”光荣称号。泰州援疆医疗队情系高原，服务各族人民，受到了受援地的高度赞誉，伊犁州党委、政府专门下发了《关于开展向江苏泰州援疆医疗队学习活动的决定》。

江苏援疆大手笔的资金援助，大手笔的城乡规划，大手笔的建筑规模，使得伊犁地区城市在变，团场在变，乡村在变，草原在变，景区在变，口岸在变。城市、乡村、草原、口岸在翻天覆地的巨变中高声吟唱。那吟唱荡气回肠，回响在天山山脉，荡漾在赛里木湖……

（原文刊载于2012年12月31日《新华日报》，本文有删节）

【链接】“江苏元素”深深楔入“伊犁追求”

“江苏元素”是什么？是矗立在伊犁大地上的安居房、学校、医院、社区阵地等民生工程，是随着援疆大潮进入伊犁的江苏企业、资金、技术、人才、管理，更是援疆干部在相互融合中带来的以“创业创新创优、争先领先率先”为内涵的“江苏精神”。

“伊犁追求”是什么？是实现跨越式发展和长治久安的历史使命，是“建设天山北坡西部经济强区”，是“打造亚欧大陆桥西部桥头堡”。

当援疆的浪头迭起，“江苏元素”已深深楔入“伊犁追求”，成为“伊犁追求”不可或缺的组成部分。

元素一：人

援建昭苏的泰州医疗专家曹素珍结束春节休假回伊犁时，带的行李中有一包超过13公斤的衣服，这并不是她自己用的，而是带给她的干女儿巴合达尔和她姐姐吾力巴尔的。

一次偶然的机会，泰州援疆前方指挥组听说有一家哈萨克族牧民因病致贫，条件很差。指挥组组长陈林带领曹素珍等几名援疆人员前去慰问，发现几年前这家最小的男孩患上了白血病，父母为治病四处举债，最后孩子没保住，家庭也因此一贫如洗。

曹素珍在他们家发现唯一值钱的东西就是一个电子钟，不过，懂事又勤奋的巴合达尔和姐姐吾力巴尔又让援疆干部眼前一亮——在这样的环境里，姐妹俩还是在父母的大力支持下自学了汉语，可以自如地和他们交流沟通。曹素珍当场提出要结对帮扶一个孩子，陈林也深以为然，于是陈林与姐姐吾力巴尔结成帮扶对子，曹素珍与妹妹巴合达尔结对。

多了一个孩子，多了一份责任。陈林身为组长，很难抽出时间去嘘寒问暖，曹素珍也在进疆一年间完成了200余台手术，闲暇时间所剩无几，但从不忘隔三差五去姐妹俩所在的曙光中学看看，询问她们的生活和学习情况，看看有没有需要帮助的地方。而巴合达尔姐妹俩也渐渐成了援疆楼里的常客。时间久了，曹素珍习惯地称巴合达尔“女儿”，巴合达尔则叫她“干妈”。

据不完全统计，2011年，援疆干部充分发挥桥梁纽带作用，江苏政府层面为伊犁州直捐赠款物5605万元，其中现金4394万元，个人捐赠122万元。

江苏省对口支援伊犁州前方指挥部总指挥、伊犁州党委副书记、州政协党组书记于青山说："选择了援疆，就意味着奉献。我们每一名援疆干部一定要把伊犁当故乡，视伊犁人民为亲人，以伊犁发展为己任，这样才能做到3年援疆，一生无悔。"

元素二：物

高标准抗震安居房代替了土打墙，柏油路、水泥路通到了家门口，精心规划的小区不仅考虑了群众的衣食住行，还为今后增收致富提供了极为可行的路子；买东西比以前方便得多；群众喝上了方便卫生的自来水；电视频道从五六个增加到五六十个；孩子们的学校不仅不比区内任何一所学校差，甚至超过了江苏的有些学校；看病不仅不用动辄往大城市跑，而且在家门口还能享受到专家级的诊疗；村干部喜气洋洋地搬进了新的办公场所，在家门口帮老百姓处理闹心事……这些处处跃动着"江苏元素"的建筑物内，让现代文明的生活方式仿佛在一夜之间降临。

江苏省委、省政府提出的"群众期盼的事先干、条件具备的事先干"这一要求，在援疆过程中得到了切实体现。在项目安排上，援疆工作遵循"抓民生就是抓发展、抓民生就是抓和谐、抓民生就是抓稳定"的理念，从老百姓最关心、最迫切、最受益的角度出发，把保障和改善民生放在援助的优先位置，着力帮助各族群众解决住房、教育、医疗、就业等基本民生问题，让伊犁各族群众得到实惠，感受到党中央、国务院的亲切关怀和江苏的鼎力支持。在项目实施中，以让各族群众过上现代文明生活为目标，坚持高起点、高水平规划建设，把住房建设与城镇化建设、社会主义新农村建设统筹起来，把改善群众的生活条件与解决生计问题结合起来，采取集中连片、整村（乡）推进的方式，统一规划、统一设计，不仅帮助建设住房，同时建设水、电、路、气等基础设施及学校、幼儿园、医务室等配套设施，与庭院经济、养殖小区等富民举措有效结合起来，努力让各族群众不仅住得方便舒适，而且生计有保障、致富有希望。

"今年援疆在社会事业方面安排了总造价4.8亿元的62个项目，到年底，州直学校和医院的硬件将发生质的变化，每个县都有一所高质量的学校，一所满足当地群众就医的综合医院。"于青山说，新一轮援疆进行一年之后，援疆干部在生活上越来越轻松，但工作却越来越繁重，伊犁州直发展离小康的差距，需要从硬件和软件两个方面同时弥补，这就是援疆干部工作的不竭动力。

元素三：业

2011年当年签约、当年投资、当年建设并当年投产的伊犁加稀管业有限公司总经理金丽娟到霍城考察两次后就签订了投资协议书，她说："霍城的发展水平像东南沿海的20世纪80年代，但政府的运作理念已经跟目前最先进的理念完全接轨，在这样的地方投资，既有国家的大政策依靠，又有援疆干部的理念支持，不愁发展不起来。"

自去年下半年开始，江苏省对口支援伊犁州前方指挥部敏锐地意识到，随着援疆工作的深入，产业援疆的必要性和迫切性必然越来越凸显，为此，前指早早提出了将产业援疆摆上各工作组重要议程的要求。

"百企千亿"项目是江苏省委、省政府组织产业援疆的主要手段之一。该项目的主要内容是通过政府部门的协调以及行业商会的沟通，使伊犁丰富的自然、人文资源与江苏省庞大的产业集群进行对接。

同时，江苏省委、省政府还将产业援疆与金融援疆紧密结合起来，与国家开发银行江苏省分行、江苏银行等金融机构签订战略协议，授信规模达100亿元以上，有效地支持了受援地基础设施、重点项目建设。

截至2011年12月31日，州直在此项目下的签约金额已达550.5亿元。项目涉及农产品加工、纺织、化工、机械等传统产业，太阳能光伏、风电装备制造、生物制药等新兴产业，还有软件信息服务、物流、旅游等现代服务业。已开工实施的项目有26个，项目总投资68.1亿元，完工项目15个。项目投产后，新增主营业务收入72.9亿元，已投产项目预计实现税收5.4亿元。

今年，产业援疆的重点已明确为现代设施农业、特色林果业、规模养殖业及建设现代工业园区和农业园区。伊犁的产业结构，也将因援疆而发生质的变化。

元素四：理念

江苏最大的优势是理念的优势，援疆对硬件的投入是有限的，潜力无限的是理念。这是江苏省对口支援伊犁州前方指挥部党委副书记、副总指挥苏春海在多次接受记者采访时反复表达的观点，也是援疆工作的一项共识。

从苏春海所了解的情况看，伊犁州直乃至整个新疆都存在这样一种情况：农牧业强，产业弱；传统观念强，市场观念弱。苏春海坚持一个观点，那就是援疆要在理念和认识上与当地发生撞击，这样才能迸发出火花。如果理念上的认识达不到，发展必然滞后。

2011年，江苏省对口支援伊犁州前方指挥部开始将援疆医疗资源作为一个整体进行配置。72名援疆医生中，有3人担任州、县卫生局副局长，25人任医院副院长，其余的全部担任科主任职务。

72名医生不但是州直援疆医疗资源配置的核心力量，还是承接援建后方资源的重要平台。援疆医生的使用，打破了地域和行政区划的樊篱，不仅使当地群众得到了最大的实惠，也让有专长的援疆专家有了用武之地。

江苏省编制了对口支援伊犁州直教育专项规划。充分发挥江苏省优质教育资源丰富的优势，通过举办培训班、干部挂职、教师和学生支教、名师讲学等多种方式，帮助伊犁州直教师提高教学能力和教育科研水平。

目前，察布查尔锡伯自治县三中正在推行多层级集体备课，而援疆教师将东部先进理念与伊犁州直教育实际相结合而编写的教材或课程资料也陆续推出。在新源，扬州援疆教师团队专门针对新疆区情、学情的课程资料编写已近尾声。江苏省特级教师姚明编著的13万字的《高中古典诗歌鉴赏教程》一书，准备在江苏公开出版的同时，提供给伊宁县二中作为教材。

在中组部的援疆试点县霍城县，一个名为“百千万工程”的人才培养计划正开展得如火如荼，对该县党政领导干部、村干部、企业经营管理人才、专业技术人才及“新农村、新农民”创业能力的培训，归根结底还是为了让理念交融，让发展共进。

（原文刊载于2012年4月10日《伊犁日报》，本文有删节）

【链接】情系帕米尔——江苏省对口支援新疆克州工作纪实

3年来，江苏省援疆在助推克州跨越式发展进程中发挥了重要作用，受到党和国家领导人及自治区主要领导等的充分肯定，赢得了克州各族干部群众的广泛赞誉。江苏省对口支援克州前方指挥部在全国19个援疆省市的20个指挥部中，是唯一被自治区授予“开发建设新疆奖状”的。

3年来，江苏省共投入援疆资金107929万元，全面支持克州经济社会各项事业发展，其中工程项目建设93975万元，干部人才培训13954万元。实施援疆项目139个，其中工程项目124个，干部人才培训15大类，民生类项目占到八成以上。

在工程项目建设中，坚持高起点规划、高标准建设、高水平管理，努力打造援疆精品工程。所有援建项目均实现当年开工100%、资金到位100%、完成实物工作量100%的目标，其中常州和无锡工程类援建项目三年任务两年基本完成。乌恰水厂等一大批民生项目投入使用，促进了克州经济社会加快发展，有效改善了克州群众的生产生活条件，使克州各族群众切实感受到党和政府的温暖，感受到新一轮援疆工作带来的新变化、新实惠，感受到江苏人民的深情厚谊。多个援建项目获得自治区“天山杯”优质工程奖和“建筑工程安全文明工地”称号。

在干部人才培训中，依托江苏优质培训资源，明确目标，创新思路，落实举措，通过多层次、多形式的培训，造就了一支适应克州大开放、大开发、大建设要求的干部人才队伍。3年共培训克州干部人才11000多人次，其中到江苏进行培训的基层干部1800多人次，柔性引才269人，克州干部人才依法执政、科学发展、社会管理和服务群众水平大幅提升，干部人才结构得到进一步优化。援疆教师、医生情系克州，扎实工作，克州教育和卫生事业得到快速发展。

指挥部与克州党委、政府密切配合，建立健全产业援疆工作机制，以园区建设为重要载体，把克州政策、资源、区位优势转化成产业优势、发展优势。经过3年的共同推进，克州已初步形成了现代产业发展规模，一个现代化的对口协作、产城结合、南疆地区一流的产业合作园区已初见成效。重点跟踪推进与落实的江苏—克州产业合作项目近30个，总投资达55亿元。

为确保援疆工作廉洁高效，前方指挥部健全制度，落实责任，坚持把集中检查与日常监管、传统检查方式与现代科技手段结合起来，开发建设了电子监察系统和援疆项目远程定位审计监察系统，加强动态监管，同时充分发挥援疆监督员等社会监督作用，打造了全国“廉洁援疆”品牌。

江苏省后方各有关单位从发展理念、人才、资金、技术等方面给予全面支持，形成了多方关注、倾力支持、合力援疆的良好格局。有关单位和企业还多次到克州洽谈合作，捐款捐物。在援疆资金之外，江苏省后方有关单位共向克州捐款捐物达5000余万元。

3年来，克州大地发生了巨大变化，展示了新疆跨越式发展和长治久安的美好前景。江苏与克州心连心、一家亲，手牵手、共发展。两地人民在交往、交流、交融中建立了友谊，增进了感情，受援地各族干部群众进一步感受到了祖国大家庭的温暖，增强了“四个认同”。奋斗在克州的江苏援疆干部人才，以敏锐的政治觉悟、坚定的政治立场、扎实的业务能力、显著的工作成效和严明的工作纪律，树立了江苏干部的良好形象，得到了受援地干部群众的一致好评。在巍巍帕米尔高原，他们用火热的激情和无悔的挚爱诠释了生命的意义，实现了心灵的洗礼和升华！

（原文刊载于2013年11月13日《新华日报》，本文有删节）

八、第八批干部人才支援（2013.12～2016.12）

江苏省第八批援疆干部人才共625人（含专业技术人才409人），其中援伊犁州392人，援克州134人，援兵团四师、七师99人。党政干部来自省级机关和对口支援市、县（市、区），主要为城乡规划、工程建设、招商引资、开发区运行、教育卫生管理等专业型干部，专业技术人才主要为医生和教师。徐州市副市长李连玉、宿迁市委常委田洪先后任江苏援伊指挥部总指挥，泰州市副市长王斌任江苏援克指挥部总指挥。

因援疆期间工作成绩突出，江苏援伊指挥部、援克指挥部及南京市、无锡市、徐州市、常州市、苏州市、南通市、连云港市、盐城市、扬州市、泰州市、南京市江宁区、江阴市、常州市武进区、张家港市、昆山市援疆工作组，江苏省医疗人才"组团式"支援克州人民医院工作队，江苏省对口支援伊犁州医疗人才援疆工作队，江苏援克指挥部干部人才组被自治区党委、政府表彰为"援疆工作先进集体"。田洪、王斌被自治区党委、政府表彰为"优秀援疆干部领队"，费丽明、冯新南、霍宝柱、汪国强、高飞、袁焕明、朱从江、朱宏、王高元、陈宗喜、徐仁平、陈小波、孟令伟、毛文斌、江浩、吴向阳、杨明、杜剑、周忠运、代效力、马凯、王善龙、缪玉梅（女）、丁兴华、张华、周云旗、张雷、刘燕锋、顾留根、唐尧、黄益群、徐君海、陆凯、杨锦峰、徐良峰、王志华、崔荣国、陈文斌、赵仲彤、史建青、吴群英（女）、黄文龙、陶峰、王松石、张爱民、张广斌、王耀民、孙瑜（女）、施坚、田守进、张英明、环志中、裘龙玉（女）、景伟斌、苏悦（女）、黄永生、夏光伟、沙顺

2014年6月25日，江苏省委书记罗志军（前排左八）在伊犁州看望慰问第八批援疆干部人才，并与大家合影

喜、李国权、蔡圣强、顾爱春、钱鑫(女)、朱敏、焦龙、郭霖华、施金龙、梅枝忠、李道武、刘虹飞、叶明华、马建立、史国刚、张宏伟、周新宇、李文华、卞小芳(女)、陈中本、何影菲(女)、赵晖、崔浩、任晓明、唐佳根、方立本、谭晓、宋宗纬、武晓春、霍宗利、沈立新、金洪涛、陈斌、董平、封以生、张明、孙泽阳、王庆华、姚财兴、刘志伟、石海峰、马海鹰(女)、王平武、钱峰、金祝华、金钧、孙道崎、贾红亮被自治区党委、政府表彰为"优秀援疆干部人才"。同时,自治区党委、政府对被表彰为"优秀援疆干部领队"和"优秀援疆干部人才"的党政干部记二等功1次,专业技术人员记功1次。镇江市援疆工作组及教育援疆团队、淮安市援疆工作组被兵团党委、兵团表彰为"援疆工作先进集体"。田洪被兵团党委、兵团表彰为"优秀援疆干部领队"。丁憬、刘学军被兵团党委、兵团表彰为"优秀干部领队"。戴永卿、顾建武、王光国、孙太元、高飞、董文生、李牧、韩强、张传飞、刘奕、蒋东明、耿良道、刘永军、徐天亮、刘仁柱、林宁、丁以山、蔡正鹏、夏建勋、周光礼被兵团党委、兵团表彰为"优秀援疆干部人才"。同时,兵团党委、兵团对被表彰为"优秀援疆干部领队"和"优秀援疆干部人才"的党政干部记二等功1次,专业技术人员记功1次。2017年,唐尧、袁焕明、蒋晓平和王华(2016年因公殉职)被中共中央组织部、中共中央统战部、国家发展改革委、人力资源和社会保障部授予"全国对口支援新疆先进个人"称号。

江苏援伊指挥部编制完成《江苏省"十三五"对口支援新疆伊犁州直地区和新疆生产建设兵团四师、七师经济社会发展规划》。3年间,投入援助资金50.4亿元,实施援建

2014年6月26日,江苏省委书记罗志军(前排中)在克州看望慰问第八批援疆干部人才,并与大家合影

江苏援伊指挥部总指挥、伊犁州党委副书记田洪（右三）到群众家走访座谈（2015年摄）

江苏援克指挥部总指挥、克州党委副书记王斌（左二）实地调研援建项目（2014年摄）

项目575个。实施苏伊开发园区“一对一”对口共建，江苏15个园区对口支援伊犁州、兵团四师和七师12个园区，江苏8个开发区与伊犁州6个开发区建立战略合作关系，为伊犁州量身打造纺织产业园等重点产业园区。举办“十万江苏人游伊犁”活动，重点打造伊犁特色旅游品牌。选派名院名医组团援疆，创新实施“六大人才培养工程”，探索干部人才援疆精准化发展，助力江苏援疆工作走在全国前列。

江苏援克指挥部编制完成《江苏省“十三五”对口支援新疆克州经济社会发展规划》，3年投入援助资金13.33亿元，共实施援建项目142个（其中工程类项目78个），其中安排民生类项目资金11.11亿元，占援助总资金的83.35%，促进受援地城乡居民生活条件明显改善。重点建成一批幼儿园、中小学校和职业高中，推进中小学教育标准化建设，教育软硬件水平同步提升。阿图什市、乌恰县实现镇村幼儿园全覆盖。安排计划外援助资金1.3亿元，推进克州职业技术学院创建。创造性实施“嵌入式”援疆模式，该模式作为整体工作法成为被自治区发文推广的整体工作法。构建项目建设合作共建、人才培养“五化一体”（科学化谋才、精细化育才、政策化引才、多元化用才、融合化成才）、民族团结“1+X”三大机制，成效显著。2014年、2016年，江苏援克指挥部获自治区“开发建设新疆奖状”。

【链接】真情援疆，在大美伊犁写下江苏大爱

江苏援疆在伊犁

6月7日中午，淮安援疆医生倪贵华、朱晋龙、周光礼一行来到60岁的当地居民玉山·铁木尔阿洪家里例行回访。得知江苏医生要来，玉山在自家餐桌摆满了手抓羊肉、手抓饭，并特意打开了一瓶珍藏多年的好酒。“现在我晚上睡得好多了！”曾饱受失眠之苦的玉山举起酒杯一饮而尽后说，“谢谢你们，江苏的亲人！希望你们以后能常来做客！”

以上，是本报记者5月底、6月初赴新疆采访期间见证的一个场景。如今，在万里之遥的伊犁哈萨克自治州，常常上演着这样的温情画面。

“江苏亲人”带来的是真情

真情援疆，江苏人成为最贴心的亲人。6月4日，4岁的哈萨克族小姑娘沙娅和妈妈一起来看自己的“汉族爷爷”——泰州市对口支援昭苏县前方工作组组长沙顺喜。“腿里的钢板上周刚取出来，下个月开始就可以正常走路啦！”一见面，妈妈库拉西就开心地报告这样一个好消息。库拉西一度心情低落，女儿生病、丈夫没有工作，这让她几乎看不到生活的希望。有一次，沙顺喜在下乡调研时，获悉了这一家的状况，与她家“结了亲”。在沙顺喜的帮助下，不仅女儿看病的2万元医药费解决了，老公在有机肥厂也找到了工作。“沙娅9月份就要上幼儿园了吧。今后，一直到你上大学，所有的学费由我来出！”看到同样开心的沙娅，“沙爷爷”又作出了新的承诺。

真情援疆，我们看到江苏援疆人的全面融入。6月2日下午，霍尔果斯市委办公大楼，几名下班的年轻公务员在电梯里向连云港援疆工作组组长陈中本热情地打招呼。“怎么感觉每个人都认得你？”面对记者略带玩笑的提问，陈中本笑着解释说，“大家天天在一起吃食堂，当然认识啦！”他介绍，连云港援疆工作组全面融入地方，坚持同吃、同住、同工作。“我们与当地同志一起吃大食堂、住宿舍楼单间、在任职单位按时上下班，培养起了良好感情，结下了深厚友谊。”

真情援疆，我们看到江苏援疆人的制度设计。记者在兵团七师采访时，淮安援疆工作组组长刘学军介绍，工作组开展了“六个一活动”——“交一个朋友”“认一门亲戚”“办一件实事”“引一个项目”“搭一座桥梁”“提一条建议”。“我们要求，援疆干部每人要结交一个民族朋友或基层朋友，每月交往交流不少于一次。对结亲家庭实施关爱帮扶，每月走动不少于一次，实质性排忧解难帮扶不少于一个。”

“江苏亲人”树起的是品牌

“600分以上2人，500分以上48人，400余名考生达到本科线！”7月5日晚，记者获悉了南通教育援疆的最新“战果”。由南通援疆教师团队“全面接管”的伊宁县二中，采用南通先进教学模式，连续两年在高考中都取得历史性突破。“伊宁县是伊犁的人口大县，有45万人。在伊宁县，对教育怎么支持都不为过。”南通援疆工作组组长丁兴华说。

同样，在昭苏，一座宛如度假村的学校——昭苏泰州中学即将投入使用。“这是昭苏最好的建筑！”陪同记者参观的昭苏县委书记钱志福对这一教育援疆品牌赞不绝口。“江苏援疆干部不仅为我们造好了硬件，也植入了先进理念。”他说，“这既解决了眼下群众的期盼，也能持续推动

昭苏教育的发展。”

除了江苏教师，还有江苏医生，成为伊犁人信赖、钦敬的品牌。据介绍，江苏派出名院名医“组团援疆”，他们在以高超的医技解除各族群众身体病痛的同时，更以爱心浇灌民族团结之花。伊犁哈萨克自治州友谊医院副院长朱宏凭借精湛的医疗技术，通过开展用胃镜帮助5岁维吾尔族小朋友取出误食的纽扣电池等一系列高难度手术，将江苏援疆医生的高大形象扎根在各族群众心里。此外，江苏援疆医生还全力帮扶伊犁哈萨克自治州友谊医院顺利通过三级甲等医院复审，帮助伊犁哈萨克自治州奎屯医院、中医医院、新华医院成功创建为三级甲等医院。伊犁各大医院在援疆对口单位倾力援助下各具规模，有的专科已发展成为自治区级甚至国家级重点专科。

江苏输出的不仅是教育、医疗品牌。6月5日下午，记者到伊犁州新源县采访时，正好碰上扬州瘦西湖景区的同志到结对的那拉提草原景区“传经送宝”。扬州援疆工作组组长蒋元峰说：“我们不仅进行景区品牌输出、经验输出，还将新源当作扬州‘第七个县’，实现了乡镇结对共建全覆盖，建立起了产业招商、项目合作、劳务输出等全方位合作机制。”

在霍城县惠远镇央布拉克村采访，一进村委会记者便看到墙上有江阴市援疆工作组组长崔荣国的名字。“我是村里的第一书记。”他解释说。而在这个村，不仅有崔荣国这个“品牌”，还有大名鼎鼎的长江村。牵线江阴长江村结对共建，现在央布拉克村的旅游已经远近闻名，年接待游客2万人次以上。“我们是中国乡村旅游模范村、卫生示范村、民主法治示范村。”村支部书记阿布拉江自豪地说。

“江苏亲人”沟通的是文化

“亲戚是走出来的。”交往交流交融，这是促进民族团结的重要载体，也是培养感情、增进感情的重要手段。“扬帆起航江苏行”“苏伊共建美好家庭”“少年儿童手拉手夏令营”“江苏名师名医伊犁行”……记者了解到，通过多种交流活动，江苏、伊犁两地1000多家机关单位建立了紧密的合作关系，446所中小学、幼儿园与伊犁学校结为友好学校。特别值得一提的是，依托伊犁优势旅游资源，充分发挥旅游桥梁作用，江苏援疆开展“以旅为桥促交流，苏伊交融一家亲”主题活动。2015年有2万多名江苏游客抵伊观光旅游，今年这一数字将增加到10万！

交往交流交融，最深入人心的是文化。2016年春节，一部讲述了从徐州走出去的汉家公主——解忧公主在西域传奇一生的连续剧《解忧公主》在央视热播。这部作品，是在徐州市对口支援奎屯工作组的大力支持下拍摄的。因为解忧公主，不少哈萨克族群众习惯亲切地称呼徐州人为“亲戚”。

而常州市武进区援疆工作组组长叶明华对自己组织的汉字听写大赛津津乐道。“我们连续两年组织‘尼武杯’汉字听写大赛，决赛阶段比赛，两地主要领导到场，全县600多名干部群众共同观看，激发文化认同感。”他说，“还有一个细节，去年的大赛，小学、初中组，都是少数民族选手得了第一名！”

（原文刊载于2016年7月22日《新华日报》，本文有删节）

【链接】科学援疆，为伊犁发展植入江苏“血液”

行走在辽远壮美的伊犁河谷，随处可见的是江苏元素。从项目到资源，从人才到理念，江苏科学发展的因子已深深嵌入伊犁的发展血脉之中。科学援疆，既要“输血”，也要“造血”；“输血”是表，“造血”才是本。从“授人以鱼”到“授人以渔”，江苏的援疆模式正在发生着深刻的变化和转型。

6月28日，新疆奎屯市，总投资50亿元的新疆天虹基业纺织有限公司一期项目50万纱锭全面建成投产，可实现20万吨差别化纱线产能，年销售收入超50亿元。

天虹基业是江苏徐州产业援疆中的龙头项目。记者5月底6月初赴新疆伊犁州采访时，从江苏省对口支援伊犁州前方指挥部（以下简称“省前指”）了解到，近3年来，50多亿元来自江苏的援疆资金注入伊犁，撬动上千亿元社会资本落户伊犁河谷；除了项目和资金，随之而来的，还有智力、技术、理念等无形资源。这些，都为伊犁州的科学发展奠定了坚实基础。

产业合作，增强受援地造血能力

6月2日下午，记者走进新疆霍尔果斯红豆服装有限公司，车间里数百名少数民族女工正在缝纫机上生产针织内衣。新疆红豆由苏州援疆工作组引进，继去年9月份首期投产后，今年4月实现二期投产。两期共形成生产500万套针织内衣规模。

产业援疆，是江苏各项援疆工作的基础和支撑。

省前指副总指挥、伊犁州副州长费丽明告诉记者，为深化苏伊产业合作，江苏推进苏伊开发区“一对一”结对共建，江苏15个园区结对支持伊犁、四师、七师12个园区，江苏8个开发区与伊犁6个开发区建立合作关系，共享招商资源。

“扬州路灯照亮伊犁河谷，扬州日化用品遍布新疆大地……”扬州援疆工作组组长蒋元峰说，为推进产业援疆，扬州创新招商方式，成立新源县驻扬州市招商分局，在北京、上海、深圳等地组织产业推介会30场次，先后有能荣集团、斯洛尔照明电器、豪纬交通集团等一批扬州企业落户伊犁州，总投资9.2亿元。

6月下旬，由淮安援疆工作组引进的20个项目在奎屯市新疆生产建设兵团第七师签约，总投资35.7亿元。组长刘学军介绍，这是淮安组开展“1011招商行动”（即工作组自身招引1个10亿元重特大项目，11个团场联络员各招引1个亿元项目）以来的重大成果。去年11月，经工作组牵线，淮安盐化新材料产业园区与七师五五工业园区签订协议，共建“七师·淮安化工产业园”，协议总投资超100亿元，建成后将成为七师经济新的重大增长极。

新一轮援疆工作开展以来，目前已组织各类招商活动260余场次，邀请江苏等地605批5200余名客商来伊考察洽谈，江苏金昇300万锭棉纺加工、中超新能源年产5万公里电缆及导线、山东佰郑集团、中煤百甲重工钢等165个产业项目签约落地，总投资425亿元，已建成投产80个。

“科学援疆，既要‘输血’，也要‘造血’；‘输血’是表，‘造血’才是本。”省前指总指挥、伊犁州党委副书记田洪表示，产业援疆是省委、省政府的重大部署，最终目的是通过产业布局，全面提升伊犁州区域自我发展能力。

旅游共建，激活丰富的优势资源

“十万江苏人游伊犁，可以拉动伊犁GDP上升1%。”6月3日上午，江苏省对口支援伊犁州前方指挥部副总指挥、伊犁州副州长冯新南接受记者采访时说，去年伊犁州旅游收入达115亿元，占经济总量的17%。旅游援疆，是江苏产业援疆的重要组成部分，也是援疆工作中最具特色的部分之一。

在霍城县，江阴援疆工作组组长崔荣国告诉记者，工作组一方面投入援疆资金4000余万元打造惠远古城核心景区，另一方面投入260万元开发中华福寿山景区，并成功申报4A级景区。经过工作组的倾力打造，来霍城旅游人数由2014年的70万人次增加到2015年的120万人次，增长了70%；旅游收入由2014年的8亿元，增长到2015年的12亿元，增长了50%。

冯新南介绍，伊犁州旅游资源丰富，全州共有15个草原，1357个景点，4A级以上景点11

个，其中5A级2个；最大的草原那拉提草原达2800平方公里。“立足优势旅游资源，我们实施伊犁州旅游标识牌全覆盖、那拉提5A提升等25项重大旅游援建项目建设，扶持喀拉峻、湿地古杨等11家景区创建为国家4A级景区。”

在硬件设施建设提升的基础上，今年省前指又开展了“十万江苏人游伊犁”活动，配套300万元旅游援疆宣传引导资金，鼓励江苏旅行社组织包机专列来伊旅游。省前指旅游开发办主任、伊犁州旅游局副局长戴洪宇告诉记者，活动开展以来，已有6万多名江苏游客抵伊观光旅游。

在这一活动背景下，各援疆工作组如八仙过海、各显神通——南通在14个援疆工作组中率先开通旅游专列；徐州则实现了徐乌直航；南京开发和建设了喀赞其民俗旅游区和塔兰奇民俗文化村，做粗拉长旅游景区服务链条；泰州则为昭苏县量身打造旅游特色产业集群，研发旅游商品58类380余种。据江宁援疆工作组组长焦龙介绍，江宁为特克斯县引进天翼航空公司动力滑翔伞和三角翼项目，填补了空中旅游空白。

就业富民，鼓起老百姓钱袋子

6月2日上午，在位于霍城县纺织服装产业园的卓远服装有限公司，不大的厂房内，有30位工人正在缝纫机上做工。老板付永强说，他2014年被援疆工作组送去援助地培训管理，回来后就创办了这家服装厂。“来回路费、培训费都由援疆资金出，不用自己花钱。”

崔荣国介绍，这片纺织服装产业园是江阴援疆工作组建的“就业工场”之一。在霍城县，江阴工作组投入援疆资金1500万元，建设“就业工场”36个，实现全县11个乡镇全覆盖。“通过引进民族服饰等小微企业，吸纳就业1200余人，人均月收入1000多元。”

在伊宁市，南京援疆指挥组投入4750万元，新建了伊宁市金陵民族工艺创业就业中心；同时依托伊宁市喀赞其民族手工业基地平台，投入援疆资金200万元，对入驻基地的小微手工业企业进行贷款贴息，两年来共帮助12家小微企业贷款5598万元，解决就业520人。南京市援疆指挥组组长蒋晓平说：“南京工作组立足发挥民族群众的长处，实现就近就业创业，让他们有事干，有钱挣，有盼头。”

“以大产业带动大就业，以大就业促进大富民”，田洪告诉记者，产业援疆其实是一举两得，无论是工业产业，还是当地旅游产业，不但能促进当地经济发展，更重要的是，能带动群众就业，让万千家庭有了工资性收入。

6月7日上午，在奎屯市天虹基业纺织有限公司换纱车间内，细纱换纱工、20岁的蒙古族小伙奥棋加葡告诉记者，他刚来这里3个月，现在1个月计件工资能拿5000多元。项目经理史玉安透露，目前天虹基业已在当地招收工人2730人。在徐州工作组招商引资下，目前已有9个项目落地奎屯，全部完工后可吸纳就业1万人以上。

为推动当地群众就业，江苏援疆各工作组还实施了就业技术培训。南通启动“百千万”就业援疆计划，通过职业教育实训基地建设、在南通工贸技师学院开设新疆中职班等方式，3年来，为伊宁县培养百名职教师资人才、千名技能劳动者，引导推荐万人就业。

省前指规划建设组组长、伊犁州发改委副主任袁焕明介绍，2016年，江苏又启动了“1001”工程，即全年实现产业援疆计划总投资100亿元，带动当地群众1万人就业。

理念植入，探索全域化援疆模式

6月1日上午，记者在巩留县中医医院迁建与老年康复中心项目看到，整座康复大楼采用自然采光，显得敞亮而通透。

“整个项目投入援疆资金7400万元，目前中医医院开放床位168张，康复中心开放床位96

张。”院长于华说，该项目采用从张家港引入的“医养结合”新模式，让老人享受一体化养老与医疗护理服务，还可以医保结算。这种模式被该县县长努尔波拉提·木哈米亚称为全县医疗与养老事业的“里程碑”。

在伊犁河谷采访，记者看到的不仅是一个个援建项目，更有许多先进科学的发展理念和管理模式被源源不断地植入，为伊犁州经济和社会事业发展注入了新鲜血液。

2014年，苏州援疆工作组完成了霍尔果斯开发区行政服务中心建设。苏州援疆工作组组长韩江介绍，该中心吸收借鉴了苏州工业园区“一站式”服务理念，精简、整合了各类审批事项，大大提高了办事效率。

“江苏省援疆工作要走在全国前列！”这是江苏省委、省政府在中央新疆工作座谈会后为援建工作确定的目标。省前指园区办主任、伊犁州政府副秘书长景伯明表示，走在全国前列的，不仅是资金的投入、项目的建设，更重要的，是把江苏前沿的理念、先进的做法以及科学的发展模式引入伊犁。

对此，江苏援疆人进行了全方位的探索和思考，不仅在单项事业上引入了全新理念，更在全域化科学发展上，探索出“嵌入式”“滴灌式”等科学援疆模式。

“3年安排资金超过50亿元，没有一笔资金出问题。”江苏援伊指挥部财务审计组组长朱从江介绍，江苏省财政厅、审计厅在注重援疆财务审计制度建设的同时，还借鉴了省内财政资金管理的先进经验，为江苏援疆财务工作构建了“专户管理，封闭运行”的援疆资金管理模式。在实际工作中，该模式被不少援疆省市学习和借鉴。

（原文刊载于2016年8月10日《新华日报》，本文有删节）

【链接】真情援疆　科学援疆　持续援疆——情系帕米尔　书写殷殷大爱

在帕米尔高原上，江苏援疆干部牢记神圣使命，肩负历史重托，以最真挚的情感、最务实的工作、最动人的奉献，在万里之外的克州大地书写殷殷大爱。援疆以来，江苏省对口支援克州前方指挥部紧紧围绕新疆工作总目标和州党委、政府的中心工作，科学谋划、精准发力，扎实做好对口支援克州的各项工作任务，为推动克州经济社会发展作出了积极贡献。

2014～2016年，江苏省对口支援克州共安排援疆资金13.3亿元，142个项目，其中工程类项目78个。通过强化项目计划管理、规范项目前期手续、狠抓项目进度和质量，项目计划执行率达100%，资金到位率100%，项目开工率100%，按时序进度完成任务率100%。

民生建设力度明显加大

在对口支援克州过程中，江苏省始终将保障和改善民生放在优先位置，集中援疆资金着力解决克州各族群众生产生活中最直接、最现实、最急迫的问题。3年共安排民生类项目资金11.11亿元，用于民生工程的援疆资金占援疆资金总额的80%以上。

大力推动城乡居住条件明显改善，安排援疆资金3.557亿元，建成安居富民、游牧民定居用房13202套（户）和一批与群众生产、生活息息相关的城乡基础设施，使近3年成为各族群众受益最多、经济发展最快、城乡面貌变化最大的3年。进一步提高克州医疗服务水平，安排医疗援疆资金1.723亿元，用于州妇幼保健医院业务用房、阿图什市人民医院新院等项目建设或医疗设备采购。在全力支持州人民医院成功创建三级甲等医院的基础上，江苏省选派7个省级医院的20名医疗人才“组团式”援助州人民医院，并安排援疆资金1000万元用于州人民医院硬件建设，使医院硬件设施迅速改善、医疗水平和管理能力迅速提升。

产业援疆打造江苏品牌

不断夯实克州产业发展基础，借鉴江苏省产业发展成功经验，突出新型工业化园区建设，增强克州“造血”功能和自我发展能力。

积极打造克州现代产业集聚载体，江苏省共安排援疆资金3.87亿元，重点建设阿图什昆山产业园、乌恰常州工业园和阿合奇轻工业产业园，推进阿图什小微产业园等吸纳劳动力强的小微园区建设，支持民族特色手工业和劳动密集型小微企业入驻，入驻及注册企业129家，投资总额66余亿元，解决就业6200余人，吸引了中兴能源、特变电工等一批企业的入驻。

制定《招商引资考核奖励办法》《江苏克州产业合作平台项目资金管理办法》，每年安排专项资金，持续开展专题招商。主动与江苏纺织工业协会、服装协会以及一些重点企业联系，有针对性地开展专题招商推介，先后在新疆、江苏组织开展20多场项目推介会、产品展销会，邀请100余家江苏大企业到克州考察，使一批项目成功落户克州，锻炼出一批带不走的招商队伍。同时，发展优势特色产业，大力扶持戈壁产业，建成库木萨克农业示范园、乌恰城东戈壁产业科技生态园、阿合奇县无锡高新农业科技示范园。实施一批农畜牧业、特色旅游等“短平快”项目，阿合奇县科克乔库尔文化村被列入自治区旅游新业态100佳。

教育援疆获得全面突破

建设完成克州教师培训学校和克州远程教育网两大平台；制定实施教师培训“115行动计划”，将江苏名校课堂和名师资源引进克州，开展江苏名师送教26批300多人次；举办覆盖学前教育到中小学教育的教师培训班，培训教师1.1万多人次；实施教育系统“帕米尔3123人才培育计划”“青蓝123人才培育计划”等教师培养工程。根据教师水平和需求，每年实施赴江苏“三百教师培训工程”，近千名教师和管理人员到江苏跟班学习或参加短期培训。注重发挥援疆教师作用，实行“1+X”师带徒，每学期举办一次以援疆教师为主的公开课，切实提高克州教育教学和管理水平。

2014～2016年，安排教育类基础建设援疆资金1.935亿元，重点建成一批幼儿园、中小学校和职业高中，推进中小学教育标准化建设，阿图什市、乌恰县实现镇村幼儿园全覆盖。实施“千校手拉手”计划，将江苏名校与克州中小学结对，通过教师互访、共同教研、图书捐赠、学生写信实现教育深度交融。推动实施“民族团结天使行动计划”，每年选拔200名民族团结天使在江苏举办民族团结融情夏令营，形成人人争做民族团结模范的良好局面。

（原文刊载于2016年8月31日《克孜勒苏日报》，本文有删节）

九、第九批干部人才支援（2016.12～2019.12）

江苏省第九批援疆干部人才共624人（含专业技术人才449人），其中援伊犁州389人，援克州135人，援兵团四师、七师100人。党政干部主要为交通运输、项目管理、宣传策划、文化旅游、教育卫生管理等专业型干部，专业技术人才主要为医生和教师。盐城市委常委、秘书长潘道津任江苏援伊指挥部总指挥，连云港市委常委、政法委书记关永健任江苏援克指挥部总指挥。

因援疆期间工作成绩突出，江苏援伊指挥部、援克指挥部及南京市、无锡市、徐州市、苏州市、南通市、连云港市、盐城市、扬州市、泰州市、南京市江宁区、江阴市、常州市武进区、张家港市、昆山市援疆工作组，江苏省医疗人才“组团式”支援克州人民医院工作队、江苏援伊指挥部直属医疗工作队、江苏援克指挥部工程项目组被自治区党委、政府表彰为“援疆工作先进集体”；江苏援伊指挥部获评自治区“民族团结一家亲和民族团结联谊活动先进集体”“旅游客源援疆贡献奖”，江苏援克指挥部获自治区“开发建设新疆奖状”“脱贫攻坚组织创新奖”，“组团式”援克医疗组被自治区授予“工人先锋号”称号。潘道津、何平、张明华、彭忠、陈勇、孙维新、桓恒、董虎、孟展、刘晓静、顾寿永、朱锦富、成兵、侯振、刘泽萱（女）、童晓佳、蔡健、李庆华、王爱平、姜建平、彭太保、周江、邓友明、甄文庆、程峰、袁威、王成、王灿、季培琛、徐荣艳、朱俊岭、陈东安、刘江船、张伟、陆泉明、马文刚、张华、周勇、徐新、张振宇、汤振洪、黄建德、张静（女）、蒋剑峰、李小飞、臧新、范荣、邬海江、江峰、顾忠伟、陆伟良、袁军、卢明霞（女）、谢纬、刘

2018年9月27日，江苏省委书记娄勤俭（前排左七）在伊犁州看望慰问第九批援疆干部人才，并与大家合影

益、徐保钰、董建、左凌宇、钱斌、杭向阳、崔庆和、薛建忠、谢群丰、周勇、彭锦、张树森、严东泰、朱建国、周国新、邱树立、李红波、曾艳辉、徐宜强、黄海伟、顾红星、林海、孟德和、陆志林、阚海茵、戚立俊、郭永伟、张道勇、陈述、刘晨、张玲玲（女）、全冬明、张晋一、鞠晓悦（女）、周兆彬、殷绍燕（女）、季涛、宋网筛、姜孝亮、匡凯、陈银海、李善源、沈荣国、杨娟（女）、陈川、关永健、季辉、姜东、任向东、臧玉森、缪树杰、李勇强、殷长俊、陶永飞、李全朋、晁亚丽、华菲、张云峰、张蕾（女）、周国仁、沈立新、黄乃宏、陆庆、王世群、沈欢喜、张铭、周振伟、徐云芳（女）、李翀、黄华平（女）、陶鸣浩、眭伟敏、杨桦、王强、谈小东、姚振平、沈业华、易阳、田子农、毛平安、吴伟君、罗志峰、黄力凡、冯宜、丁君（女）、葛全、吴丹岭、郭庆峰、顾震华被自治区党委、政府表彰为“优秀援疆干部人才”。同时，自治区党委、政府对被表彰为“优秀援疆干部人才”的党政干部记二等功1次、专业技术人员记功1次。丁强获自治区“优秀共产党员”称号。镇江市援疆工作组及援疆医疗队、援疆教师团队，淮安市援疆工作组被兵团党委、兵团表彰为“援疆工作先进集体”。王为华、张敏、张永意、陆炳西、张永、韦刚、刁华伟、丁笑笑、朱万喜、樊江峰、镇永新、魏王俊、周青、张培刚、徐洪云、杨冰田、白志锋、何秀哲、穆亚东、阮如亮、潘立军、孙杰、钮建雨、韩良荣、胡海波、曹斌被兵团党委、兵团表彰为“优秀援疆干部人才”。同时，兵团党委、兵团对被表彰为“优秀援疆干部人才”的党政干部记二等功1次、专业技术人员记功1次。

江苏援伊指挥部制定《伊犁州脱贫攻坚援伊扶贫专项行动实施方案》，把资金向民生项目倾斜，实施产业援疆、人才培训、镇村结对、“万人帮万户，共同奔小康”等多项举

2018年9月26日，江苏省委书记娄勤俭（前排左六）在克州看望慰问第九批援疆干部人才，并与大家合影

江苏援伊指挥部总指挥、伊犁州党委副书记潘道津（中）陪同中央北疆调研组在霍城县三道河乡塔尔吉村调研（2017年摄）

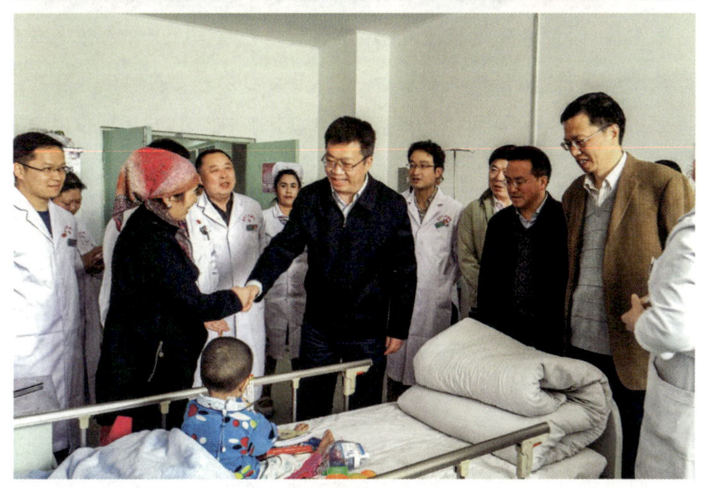

江苏援克指挥部总指挥、克州党委副书记关永健（前排中），到克州人民医院看望『润心计划』救治的柯尔克孜族儿童（2018年摄）

措，着力推动脱贫攻坚。3年间，投入援助资金57.72亿元，实施援疆项目949个。其中，投入援助资金26.7亿元，实施援疆扶贫项目315个。支持受援地推进乡村振兴战略，重点解决水、电、路、气、房及教育、医疗卫生等民生问题，建设安居富民房、定居兴牧房4.53万户，中小学、幼儿园及其配套设施项目217个，县、乡、村三级卫生健康服务基础设施项目164个。另投入4038万元，援建新增受援地兵团一师一团金银川镇少数民族连队创业园和二师三十六团农产品交易中心等项目。

江苏援克指挥部把民族团结和脱贫攻坚作为首要任务，科学统筹援疆资源。3年间，投入援助资金16.38亿元，实施援疆项目187个。持续建设产业园区，重点发展纺织服装、电子组装、林果深加工等劳动密集型产业。推行“连心券”精准扶贫新模式，选择全州7个贫困村进行整村帮扶。实施援受两地镇村结对帮扶，110对乡镇村结对，实现深度贫困乡村全覆盖，助推乌恰县、阿合奇县和阿图什市先后脱贫摘帽。实施“帕米尔人才”4项计划，推进医疗人才“组团式”援疆，打造江苏组团教育品牌。

【链接】江苏“小援疆” 伊犁大幸运——江苏援伊“小援疆”工作纪实

2017年9月，距离江苏第九批对口支援伊犁州干部人才入疆的时间节点还不到10个月的时间。

近300天的时间里，江苏援伊前指在高质高效完成“大援疆”的基础上，结合伊犁州和兵团四师、七师实际，立足受援地改革发展需要，紧密结合受援地各族群众所需所盼，做精做细自选动作，积极实施各类“小援疆”活动，组织后方单位、爱心人士与受援地贫困家庭结对帮扶，组织前后方乡镇、部门、重点单位、村结对共建，组织后方名医、名师来伊送医送教，组织前后方开展民族团结联谊、文化交流等活动，组织后方技术专家柔性支持受援地建设和发展，使援疆工作深入群众、更接地气，用“小爱心”融汇“大团结”，以“小援疆”凝聚“苏伊情”，营造属于伊犁各族群众的大幸运。

“小援疆”促镇村共建 借东风助脱贫攻坚

“小康路上一个都不能掉队。”脱贫攻坚是一项重大的政治任务，实现贫困人口如期脱贫，帮助受援地贫困群众脱贫，是援疆干部人才义不容辞的责任。援伊前指牢记中央嘱托和使命责任，扎实推进扶贫援疆工作，积极探索开展特色援疆工作，助力伊犁脱贫攻坚任务。

进入2017年新的援疆周期，援伊前指深入调研，结合受援地特色，组织实施了“万人帮万户，共同奔小康”援疆帮扶活动，广泛动员后方单位、党员干部职工、社会爱心人士与受援地困难群众结对，开展扶持创业就业、发展生产、就医就学、帮扶生活等多种形式的扶贫济困活动，帮助受援地困难户精准脱贫。

记者通过采访了解到，截至目前，借助江苏援伊力量，援疆团队已为6855户贫困家庭提供帮助，累计募集资金3960万元。南京援疆工作组发起“水滴助学·爱心储蓄罐”活动，20位爱心人士资助伊宁市20名家庭贫困学生3年的学习费用。南京江宁援疆工作组组织江宁区爱心家庭与特克斯县300户贫困家庭结对，累计捐助资金160万元。无锡江阴援疆工作组从江阴苏利化学募集60万元帮扶款，用于实施霍城县困难群众健康饮用水工程。张家港援疆工作组发动31位江苏爱心游客募捐资金、校服等价值近20万元。泰州援疆工作组组织泰州市14家媒体与昭苏县20户贫困家庭结对。同时，全体援伊干部人才与贫困家庭结对，每人出资数千元，采用赠送扶贫牛羊、发展特色庭院经济、帮助劳动力就业和捐助米面油生活物资等灵活多样、针对性强的措施，想方设法帮助贫困户脱贫。

基础不牢，地动山摇。援伊前指在深入开展新一轮援疆工作伊始，就把敏锐的“触角”延伸到了州直乡村一级。镇村强，则基础强，援伊前指深化拓展“镇村结对”，组织江苏212个村（社区）、114个优强乡镇（街道）分别与州直、兵团四师、七师145个薄弱村（社区、连队）、111个乡镇（团场）结对共建，重点帮强组织建设、帮促就业富民、帮建先进文化、帮提发展后劲。

南京江宁区援疆工作组每年募集资金600余万元用于镇村结对帮扶，实施“三联四帮四促”，即联乡（镇）、联村、联户，帮政策宣传、帮生产生活、帮创业就业、帮教育医疗，促脱贫攻坚、促民生改善、促民族团结、促社会安定。徐州援疆工作组筹措110万元资金，用于帮助结对乡镇困难群众。无锡江阴长江村与霍城县央布拉克村结对共建，长江村每年援助30万元，帮扶央布拉克村加强基层阵地建设、整修道路、树立旅游标识牌、修缮少数民族特色建筑，帮助该村荣获“中国乡村旅游模范村”称号。无锡澄江街道、顾山镇、旅游局等为结对单位捐赠帮扶资金200余万元，用于扶贫相关工作。苏州张家港援疆工作组组织后方10个区镇和147个村（社区）分别与巩留县13个乡镇场和81个村居结对，实现镇村结对全覆盖。

同时，各县市援疆工作组充分发挥主观能动性，不断创新创优扶贫援疆活动。

徐州援疆工作组组织“徐奎一家亲，携手奔小康”活动，常州武进援疆工作组开展“同心同愿，同奔小康”活动，连云港援疆工作组举办“共筑丝路梦·携手奔小康”活动，南通援疆工作组启动“爱心图书捐赠公益行动”，淮安援疆工作组实施“团县融合”“六个一”工程活动（落实一次互访交流、兴办一件民生实事、招引一个投资项目、推动一批换岗学习、签订一份结对协议、打造一项品牌工作）。

“小援疆”应民生诉求
众百姓享“软性”福祉

悠悠民生，健康最大。为了进一步保障受援地各族群众健康，援伊前指在加大医疗卫生“组团式”援疆的基础上，积极探索推进医疗卫生“小援疆”，协调江苏医疗卫生机构与受援地医疗卫生机构结对共建，邀请江苏医疗卫生专家来伊开展义诊，组织受援地危重病人到江苏诊治。今年以来，组织援疆医生开展“民族团结一家亲，爱洒天山伊犁行”“银发医疗人才援疆”等义诊活动110余场次，深入牧区、农村义诊群众1.2万人次，免费发放价值近20万元的各类药品。

江苏省人民医院、江苏省疾控中心等多家医院与受援地医院建立结对共建关系，援建远程诊疗中心，援助医疗硬件设备，促使受援地各族群众享受到江苏优质医疗资源。江阴援疆工作组组织无锡明心心脏病救助基金来霍城县开展心脏病筛查及救助活动，21位符合条件的霍城患者分批赴无锡明慈医院接受免费治疗。

教育是民生的基础，关乎百姓的切身利益。为了让更多受援地学龄儿童接受优质教育，援伊前指多方协调，积极拓展教育“小援疆”，组织支教入伊、送教入伊等活动，通过“多帮一”方式推进后方学校援建伊犁学校。今年以来，援伊前指共组织教育专家、高校教授和中小学骨干教师等20余批次200余人来伊犁送学送教，组织98名大学生和南京师范大学10名研究生来伊犁支教，支持增强受援地学校师资力量，共开设观摩课300多节，举办主题讲座100余场，近10000名师生受益。

与此同时，遴选伊宁市第八中学等6所高中挂牌南京晓庄学院优质生源基地，输送更多受援地学生到江苏就学。推进盐城技师学院等6所学院与伊犁技师培训学院对口共建，南京工程高等职业学校等4所学校集中支援霍尔果斯中等职业技术学校，南京工业职业技术学院等8所学院集中支持伊犁职业技术学院，在师资、设备、专业学科建设等方面给予重点支持，加快培养受援地急需的纺织服装、旅游管理、电子商务等领域人才。通过共建帮扶，2017年，伊犁技师培训学院师生获得了自治区职业技能大赛8个一等奖、全国职业技能大赛3个三等奖的好成绩，职业教育领域捷报频传。

“小援疆”拉近苏伊距离
心连心拱卫民族团结

7月24日12时，在尼勒克县第二小学门前，各族学生夹道欢迎从常州市武进区来的16名小朋友和几位叔叔阿姨。“克勒高斯尔·热合木别克姐姐，你好。我是符亦君，之前给你写过信。”江苏小朋友符亦君走到一个身穿白色衬衣的哈萨克族女孩跟前，给了她一个深情的拥抱。

“我记得呢，你今年9岁，喜欢画画，我比你大4岁，是你的‘姐姐’。”克勒高斯尔激动地说。见面的这一刻，孩子们露出了天真灿烂的笑容，兴奋之情感染了在场的工作人员，特别是同行的援疆干部、尼勒克县委组织部副部长冷亚春。冷亚春告诉记者，今年，武进区实施“同心同愿，同奔小康”工程，开展“同心关爱行动”，经过前期两地教育部门的积极组织和协调，当天武进区自愿报名的爱心家庭的16名小朋友来到尼勒克县，与当地贫困家庭的16名学生结对，随后要上门走“亲戚”。克勒高斯尔家在尼勒克县加哈乌拉斯台乡套乌拉斯台村，离县城约20公里。符亦君和她妈妈徐新美的到来，受到了克勒高斯尔家人的热情招待。

这是“小援疆”工作为营造州直民族团结大氛围所付出的一部分。从来到伊犁开展援疆工作伊始，全体援疆干部就把“民族团结是新疆各族人民的生命线，也是援疆干部人才的生命线”这句话作为座右铭。以援伊前指为龙头，切实当好桥梁和纽带，通过“小援疆”促进苏伊两地干部群众交往交流、走动互动，沟通感情、增进友谊，成为全体援疆干部的工作重点。

据了解，援伊前指联合共青团江苏省委等单位组织开展苏伊少年儿童“心连心、一家亲、手拉手、齐步走”活动，实施“一十百千”行动，即援建1支鼓号器材、创建10个手拉手红领巾书屋、捐赠100个爱心包裹、结成1000对少先队员互助对子（每个对子每年互寄一封交友信、互赠一次生日贺卡、互打一次祝贺民族传统节日的电话、互讲一个家乡美的故事），组织伊犁30名少数民族学生赴江苏，参加“携手假日、爱心暖阳”主题夏令营活动，在青少年幼小的心灵里播撒民族团结的种子，架起两地青少年心灵沟通、情感融合的桥梁。邀请江苏省演艺集团艺术家参加伊犁州“庆七一，民族团结一家亲”文艺演出，开展“扬州·新源民族团结促进文化交流宣传月”“七师淮安文化巡回演出”等系列活动，加强文化互动，塑造文化认同。泰州援疆工作组组织“丝路信使”自行车赛，7名泰州信使骑行5171公里，把42份来自泰州饱含深情的书信送到了昭苏亲人的手中，并捐款捐物总计10多万元，架起了民族体育文化交流桥梁。

“大后方”助力河谷建设
“小援疆”缓解人才紧缺

前文中所提及的，伊犁技师培训学院在国内各类比赛中屡屡斩获大奖，离不开一位江苏籍老师的付出，他就是江苏省盐城技师学院退休教师——张建国。

张建国不远万里，来到伊犁技师培训学院授课，不顾自己60多岁的高龄，每天专心致志带着钳工专业的学生从早苦练到深夜，潜心研究竞赛规程、选手和教练团队，切实发扬工匠精神，在精益求精、精雕细琢中下功夫见实效。他亲自带领机械加工系4名专业教师维修调试好磨床、车床等多台设备，极大提高了设备的使用效益，同时也带出了一批师资力量。

人才是第一资源，随着经济社会快速发展，伊犁各个发展领域对于人才的“渴求”前所未有。然而，受地缘、经济等多方因素影响，伊犁河谷普遍存在人才数量尤其是高层次人才数量相对少的问题，一定程度上制约了受援地的发展。“大援疆”受规模、领域等限制，选派干部人才数量、结构层次未必满足受援地所需。针对这一问题，援伊前指积极探索智力“小援疆”，通过柔性引才、“银发援疆”等方式，协调后方单位，选派受援地急需的经营管理、专业技术等骨干人才赴伊短期援疆，组织江苏教育、医疗、科技等领域退休专家赴伊指导帮扶，通过讲学指导、顾问服务、项目支持、联合攻关、岗位帮带等方式，为受援地发展服务，缓解受援地人才紧缺问题。今年，伊犁州直和兵团四师、七师已柔性引进各类所需人才319人，张建国等一批“银发”名家受到了伊犁干部群众的认可和爱戴。

（原文刊载于2017年9月5日《伊犁日报》，本文有删节）

【链接】件件“微帮扶”　深深共建情——江苏对口支援伊犁“万人帮万户，共同奔小康”活动扫描

3年前，由江苏省第九批援疆干部开展的“万人帮万户，共同奔小康”帮扶活动在尼勒克县启动。这一活动由尼勒克县武进实验学校教师林冲发起，旨在为该校贫困学生在江苏寻找一位结对亲戚。

3年来，帮扶活动用一件件小事，充实了援疆工作的内涵，温暖着受援地群众的心。

帮扶活动接地气

“亲爱的新疆小朋友，你好。这本书是我一年级时最爱看的书，这里面的故事惟妙惟肖，生动有趣，希望你能爱上这本书。同时赠你一支钢笔，希望你能写出一手好字。”这是在2017年6月江苏南通援疆工作组第三次开展爱心图书捐赠公益行动中，如皋市白蒲镇林梓小学学生颜铝湘在捐赠的图书扉页上写下的文字。

2017年至2018年，这一爱心图书捐赠公益行动共举办了4次，为伊宁县募集了100万册图书，价值2400万元，实现了南通援疆工作组为伊宁县每个学校建成一个标准图书馆、每个班级建成爱心图书角、让每个孩子课外读本拥有量达到东部沿海发达地区水平的目标。

3年来，通过南通援疆工作组的牵线搭桥，南通市20多个部门、乡镇（街道）分别与伊宁县相关部门和园区、乡镇签订了对口支援协议，已帮助伊宁县争取各类民生援助资金1000万元；创新实施“百名南通名师进伊宁”活动，通过“石榴籽爱心公社”“南通雏鹰助学社”等多个社会慈善组织，对口支援伊宁县贫困学生和家庭。

南通援疆工作组开展的活动只是江苏开展“万人帮万户，共同奔小康”帮扶活动的一个缩影。在特克斯县，南京援疆指挥组推行“2+9”联乡联村脱贫帮扶模式，每年投入600多万元帮扶2个困难乡镇、9个困难村；在巩留县，张家港援疆工作组通过“1+1帮1”帮扶活动，持续帮助当地800户贫困户；在新源县，扬州工作组持续开展“援疆情、暖冬行”帮扶活动，为1000多名贫困学生、困难群众捐赠过冬衣物……

这些看似微小的帮扶活动，进一步激发了江苏和伊犁两地人员参与共建、交流融合的热情。

要“输血”更要“造血”

今年7月初，在盐城援疆工作组牵头下，南京大学苏州校友商会来到察布查尔锡伯自治县阔洪奇乡2000亩甜瓜种植基地实地考察，出谋划策，帮助村民发展特色产业。

这已不是南京大学苏州校友商会第一次在

2017年4月22日，江苏援伊指挥部在尼勒克县启动『万人帮万户，共同奔小康』活动，现场捐赠帮扶资金90余万元

提升结对乡镇、村自身“造血”能力上下功夫了。2018年，该商会就为结对扶贫村察布查尔锡伯自治县孙扎齐牛录镇朗喀村捐赠产业启动资金5万元，每年按市场价回购5000只羊，通过给村民“输血”带动村民“造血”。

伊宁市托格拉克乡萨依托格拉克村村民斯迪克江·于素甫江之前因病致贫，没钱盖房子。南京援助伊宁建设安居工程启动后，南京援疆指挥组为他盖起了60平方米的新房子，还给他家新建了牲畜养殖棚圈。

援疆干部蔡健是斯迪克江的结对“亲戚”，看着“亲戚”住的问题解决了，又操心起“亲戚”的发展问题。他购买了一头母牛，鼓励斯迪克江发展养殖业，后来母牛相继产下3头小牛。斯迪克江的妻子也在蔡健的帮助下到乡里做了环卫工，斯迪克江一家逐步摆脱了贫困。

类似的事情在江苏省各个援疆工作组还有很多。“万人帮万户，共同奔小康”帮扶活动全面调动起了援疆前后方力量，让援疆工作在“微帮扶”中也能激发受援地群众的内生动力。

真诚交往情谊浓

“万人帮万户，共同奔小康”帮扶活动促进了江苏和伊犁各族群众之间的交往交流交融，涌现出很多感人的故事。

伊宁县巴依托海镇茶依其温村村民艾依沙木·艾克热木一家就因为援疆活动牵线搭桥，多了一个南通“亲人”。

原来，艾依沙木的大女儿地拉帕尔·艾依沙木2018年考上了大学，最初学费没有着落，后来在艾依沙木的结对“亲戚”、伊宁县委副书记、南通援疆工作组组长张华的帮助下，江苏龙信集团执行董事陈伯元帮地拉帕尔交了7000元学费，此外，还每月资助她500元生活费。

今年8月，陈伯元再次来到伊犁，并承诺一定会想办法帮他们，一直到地拉帕尔大学毕业。

2018年刚刚大学毕业步入职场的新源县青年郑丽遭遇了视网膜脱落的变故，家境贫困的她想到了自己远在扬州的结对“亲戚”洪锦华。洪锦华听说后立即把郑丽接到扬州，在苏北人民医院接受了手术。洪锦华和很多爱心人士共为郑丽的手术花去10多万元……

因为“万人帮万户，共同奔小康”帮扶活动，伊犁众多困难家庭和素不相识的江苏家庭成为“亲戚”。他们因为帮扶相识，且因为真诚交往，不断续写着两地人民的情谊。

（2019年10月16日《新疆日报》）

【链接】伊犁河谷镌刻“江苏印记” 对口援疆汇聚“苏伊情深”

我省从1997年开始对口支援新疆伊犁州，至今已走过22年历程。22年来，江苏开展援疆工作努力干在实处、走在前列。第九批援疆工作启动以来，江苏省对口支援新疆伊犁哈萨克自治州前方指挥部（以下简称“江苏省援伊前指”）共投入援疆资金57.72亿元，实施项目949个。

天山脚下波涛滚滚的伊犁河、浩浩荡荡奔腾入海的扬子江，见证江苏援疆干部人才与伊犁各族干部群众心连心、手牵手，合力谱写发展篇章。共同发展、团结进步的种子，在苏伊两地各族群众的携手灌溉之下长成了参天大树，枝繁叶茂、硕果累累。“三年援疆路，一生伊犁情”，江苏援疆干部人才在伊犁河谷对口援疆汇聚“苏伊情深”。

扶贫援疆：3年投入资金26.7亿元

万里援疆，民生为重。江苏援伊前指始终把支持受援地打赢脱贫攻坚战作为首要任务。制定援疆扶贫三年行动计划，实行产业扶贫、就业扶贫、教育扶贫、健康扶贫、扶志扶智多管齐下，切实增强贫困群众脱贫致富内生动力和自身“造血”功能。

“3年来，第九批援疆工作实施的949个项目中，扶贫项目有315个，资金26.7亿元，占援疆总资金46%以上。”江苏省援伊前指党委书记、总指挥，伊犁州党委副书记潘道津说。

2017年初，由江苏省第九批援疆干部开展的“万人帮万户，共同奔小康”帮扶活动在伊犁州尼勒克县启动。3年来，帮扶活动中一件件小事，充实了援疆工作的内涵，温暖着受援地群众的心。

帮扶活动进一步激发了江苏和伊犁两地人员参与共建、交流融合的热情。此外，江苏省援伊前指还制定《援疆干部人才开展“民族团结一家亲”和民族团结联谊活动实施方案》，全体援疆干部人才积极参加“民族团结一家亲”活动，与1334名少数民族群众结对子、认“亲戚”、交朋友，真心诚意为群众办实事、做好事、解难事。

在深化拓展“镇村结对”小援疆项目中，江苏233个乡镇（街道）、131个村（社区）与受援地133个乡镇（街道）、239个村（社区、连队）结对共建、合作发展，帮扶资金8000多万元，实现伊犁州148个贫困村和兵团四师、七师贫困连队结对全覆盖。用“小爱心”融汇“大团结”，以“小援疆”凝聚“苏伊情”。

“到2020年实现全面小康，打赢脱贫攻坚战，是党对人民的庄严承诺，也是援疆工作必须承担的历史使命，我们必须不折不扣完成。”潘道津表示，3年来，江苏省援伊前指坚持将援疆项目资金最大程度地向受援地倾斜，围绕贫困群众最关心、受益最直接、需求最迫切的问题实施精准援疆。

产业援疆：为“造血”注入不竭动力

奔腾的伊犁河滋养着大片河谷草场，给沿岸带去勃勃生机。3年来，江苏省援伊前指通过一产助推农牧业提质增效、二产助推纺织服装产业做大做强、三产助推旅游业加快发展，大力发展特色产业、绿色产业，以产业带动就业，为受援地发展引来源头活水，激发产业发展的内生动力。

金秋时节，察布查尔锡伯自治县坎乡的螃蟹和小龙虾养殖基地里热闹非凡，一派丰收景象。螃蟹、小龙虾在伊犁河畔成功养殖，得益于江苏省海洋与渔业局专家们的悉心指导。近几年，盐城援疆工作组找准定位，积极对接技术合作，让水产养殖业逐步成为当地的支柱产业。

“输血”与“造血”齐头并进，是江苏产业援疆的一大特点。依托新疆丰富的资源，近年来江苏省援伊前指加快霍尔果斯市、奎屯市、伊宁县等地纺织服装产业园建设，做大做强纺织服装产业。

江苏省援伊前指深入拓展苏伊两地产业合作、劳务协作空间，加快打造一园多区模式的伊犁（江苏）纺织服装产业园，设立6000万元产业引导资金，组织开展百余场招商活动，协助建立招商点，推动东部省份以纺织服装为主的劳动密集型产业向受援地转移，实现签约项目258个，协议投资306亿元，其中落地181个，增加就业岗位19300多个。为帮助受援地纺织服装产业集聚集群发展，徐州市对口支援奎屯市前方工作组支持江苏金昇、天虹等企业技改升级，实现年产纺纱132.65万锭，带动4890多名群众就业。为认真落实自治区旅游兴疆战略，江苏省援伊前指每年安排援疆资金1600万元，支持开通伊宁至上海、天津、喀什等10条旅游新航线，开通南京到伊宁直航。建立奖补机制，开展“十万江苏人游伊犁”等活动，旅游产业援疆的巨大能量正在伊犁河谷持续释放。

援疆为伊犁州旅游业发展注入了新活力，而文化援疆也如春风化雨、润物无声，在伊犁州谱写出民族团结协奏曲。3年来，江苏省援伊前指组织伊犁州歌舞剧院到南京、常州、盐城、苏州、南通、泰州等地开展“民族团结一家亲”公益巡演活动，两地艺术家共同唱响民族大团结主旋律。扬州援疆工作组举办“细君公主回扬省亲”等系列活动，充分展现各族群众团结友爱、中华文化认同源远流长。此外，“苏伊两地艺术家文化交流活动”火热开展，支持苏伊两地共同创作民族舞剧《天山魂》、音乐剧《黑眼睛》和广播剧《琴声悠远》等文化作品，并在两地巡回演出，有力促进了两地文化共同繁荣发展。

民生援疆：增强各族群众获得感幸福感

民生连民心，民生大如天。3年来，江苏省财政共安排对口支援伊犁州援疆资金57.72亿元，共实施八大类949个项目。

“从幼儿园到我家，走路10分钟就能到。我每天把孩子送到幼儿园后再去商店，很方便！”霍尔果斯市莫乎尔牧场村民库丽加丽·赛达合买提说，她一直想开个小商店，可是要照顾孩子脱不开身，“村里有了幼儿园后，这个愿望就实现了。”

霍尔果斯市莫乎尔牧场中心幼儿园是连云港的援疆项目，这座1600平方米幼儿园的建成使用，使霍尔果斯偏远牧区农村儿童就近接受免费教育成为现实。

可克达拉村是一个离霍城县清水河镇较远的牧业村，由于这里土地碱性大，再加上交通不便、基础设施建设滞后，该村320户农牧民喝不上自来水，只能喝井水。为了解决当地农牧民“饮水难”的问题，江阴援疆干部到村里调研，通过实地勘察确定利用援疆资金在可克达拉牧业村实施自来水入户项目，管网接入村民院内，解决了清水河片区村民“饮水难”的问题。

江阴市对口支援霍城县前方工作组规划建设办主任邬海江说：“了解情况后，我们四处奔波跑项目，在多部门的支持下终于争取了200万元的项目资金，用于改善群众饮水难的问题。还记得，是去年8月7日，清洁的自来水流淌到了社区每一户居民家中，解决了金梁子社区以及部分附近散居牧民的生活用水难题。”

68岁的金梁子社区居民马二乃，一提起这事就开心得合不拢嘴。他指着院里的一辆机动三轮车说：“我在这矿上生活了48年，从20岁的小伙子到现在，一直被‘饮水难’困扰着。以前我就开个三轮车隔三差五去拉水，光三轮车就跑坏了3辆，盛水的塑料桶用坏多少已记不清了，想到用水的事情就头疼。现在好了，家里接上了自来水，又干净又方便，感谢援疆干部！”

霍城县委副书记、江阴援霍工作组组长邢益新说：“两年半的时间，江阴工作组完成3年任务，共安排投入计划内援疆资金超过4.6亿元，在脱贫攻坚、改善民生、教育医疗等重点领域共实施37个援疆项目，民生领域投入占比达到86.3%。”

“一直以来，江苏省援伊前指注重基层民生建设。”江苏省援伊前指党委副书记、纪委书记彭忠介绍说，第九批江苏援疆干部人才重点解决一批水、电、路、气、房以及教育、卫生医疗等各族群众牵肠挂肚的民生问题，打通民生改善“最后一公里”，让群众看得见、用得上、得实惠。

智力援疆：留下“带不走”的高素质队伍

春风化雨，润物无声，人才是稳疆兴疆的第一资源。第七次全国对口支援新疆工作会议强调，要突出抓好干部人才援疆，做到精准选派、科学使用，最大程度发挥作用。

3年来，江苏省援伊前指坚持把智力援疆放在重要位置，从单一的干部援助向综合性人才、技术、管理援助转变，持续加大实用型、紧缺型人才选派和培养力度。一批教育、医疗领域的专业技术人才走进伊犁，打造带不走的高素质干部人才队伍。

在盐城援疆工作组，有一对夫妻档——蔡金龙、徐维兰夫妇，他们一起来到察布查尔锡伯自治县高级中学支教，一个教数学，一个教物理。在互相启发、互相勉励中，夫妻俩在教学中逐渐得心应手起来，他们通过一系列实践，创新摸索出“低起点、小循环、多反馈、高要求”的教学模式，在不增加学生负担的情况下，在提高学生的能力和成绩上下功夫，使不同层次的学生都能有所发展、有所进步。很快，学生的精神面貌、学习习惯和行为习惯有了明显的好转。作为学校教科处副主任的徐维兰还有了“徒弟”，学校的特岗教师韩慧洁、赵方琪与徐维兰结为帮教师徒，每天到她的课堂听课。后来，韩慧洁在学校的汇报课比赛中获得了一等奖，徐维兰比自己获了奖还开心。

得益于江苏创新开展的“组团式”教育援疆模式，伊犁州教育教学质量明显提高。3年时间里，基础教育方面，江苏与伊犁新增结对共建学校162所，总数达608所，占受援地学校数的56.6%。选派优秀骨干教师到受援地任教，并借助“远程在线课堂”等网络途径，成功“嫁接移植”江苏教学经验，帮助提升受援地基础教育教学水平。连续两年，霍城县江苏中学“江阴班”一本上线率达100%。在职业教育方面，江苏职业院校与受援地17所职业学校结成共建对子，在师资、设备、学科建设上给予重点支持，帮助培养“双师型”教师51名，着力提高职业教育就业率。在盐城技师学院等职校的指导帮助下，伊犁技师学院去年在第45届世界技能大赛新疆选拔赛上荣获团体一等奖。

提到援疆医生、南京鼓楼医院普外科主任王浩，55岁的哈萨克族农民巴克吐鲁干说：“如果没有南京医生，我早就不在了。”

去年10月的一个周末，王浩对口支援的伊宁市人民医院来了急诊伤者巴克吐鲁干，几天前他在工地上从两米高的地方跌落，一根钢管直插腹部，当地卫生院把钢管拔下后，简单处理了一下伤口。两天后巴克病情加重，腹痛、发高烧，王浩赶到一看，病人身体蜷缩成一团，他当即意识到伤者肠道受了外伤，需要立即手术。手术中王浩发现，伤者腹腔污染很严重，直肠还有穿孔。手术很成功，术后一星期巴克就出了院。“伊宁医院的条件有限，很多手术器械、材料都没有。”王浩说，尽管如此，他一年里还是做了100多台手术，其中肠胃手术占四五成，且带了两个徒弟，“手把手地教，他们的业务长进很快”。

医疗援疆中，江苏省援伊前指创新“资源共享”模式，将原来对单个医院拓展为对整个卫生医疗系统的组团援疆，80名援疆医疗专家在受援地统一调配，广泛开展业务交流、技术指导、讲学示教等工作，持续放大示范效应和带动作用。2017年以来，累计接诊15万人次，实施手术10002台，抢救急难重症患者4434人次，为受援市县引进新技术、新项目178项，切实提升了受援地临床技术水平和公共卫生医疗综合服务能力。

“江苏省援伊前指不断加大育才引才力度，组织实施人才集聚、素质提升、民生就业、医教惠民、强基固本‘五大行动计划’。同时，大力实施柔性引才公开招募工作，鼓励教育、医疗、科技、农牧、旅游、规划等领域退休专家‘银发援疆’，探索‘组团式’柔性引才，为受援地发展把脉问诊、献计献策，不断增强受援地发展内生动力。”彭忠说。

3年来，天山脚下处处传颂着援疆干部与伊犁各族干部群众的感人故事。站在新的历史起点上，迎接新的机遇和挑战，苏伊两地携手并肩，同频共振，共同谱写伊犁河谷更加美好的明天。

（原文刊载于2019年12月19日《新华日报》，本文有删节）

【链接】江苏万里援疆路 改善民生铸真情——江苏省新一轮对口支援克州工作综述

新一轮对口援疆工作开展以来，江苏省对口支援克州前方指挥部始终坚持民生优先，选派援疆干部人才290名，安排援疆项目187个、资金16.38亿元，始终把保障和改善民生放在突出位置，一笔笔真金白银、一项项惠民之举、一桩桩利民实事，让援疆工作看得见、摸得着、可持续，为全州各族群众的幸福生活"加码"，在帕米尔高原奋力书写下新的援疆答卷。

"连心券"架起干群"连心桥"

江苏省对口支援克州前方指挥部借鉴江苏"科技创新券"的做法，探索推行"连心券"精准扶贫新模式，率先在种植葡萄和无花果的贫困户中试点，从种植和销售两端发力，激发贫困户生产致富动力。

阿图什市松他克乡阿孜汗村贫困人员克热木·买提热依木是一名残疾人，每年到了无花果大量上市的时候，他都在为无花果的销路犯愁，有些来不及采摘或者摘下来卖不完的无花果只能眼睁睁看着坏掉。

去年，克热木·买提热依木和企业签订了"连心券"，每卖出一个无花果就可享受政府0.3元的奖励。光无花果这一项他就领到了销售金和奖励金6000元，让他坚定了继续发展无花果种植的信心和决心。

2017年以来，江苏省对口支援克州前方指挥部共帮助4000户贫困户销售无花果250万个、葡萄2万多吨，户均增收2000元。

同时，将"连心券"范围拓展到棉花、红枣等作物，将领域拓展到庭院经济扶贫、转移就业扶贫等6大领域，确保贫困户稳定脱贫。

为了让村民在家门口实现就业，由国家扶贫资金建设的阿图什市上阿图什镇博依萨克村制衣厂2018年正式投入使用。走进制衣厂，41名女工正在认真缝制衣服口袋。

村民阿娜尔古丽·亚力坤在乌鲁木齐一家制衣厂打过两年工，为了照顾孩子和老人，阿娜尔古丽·亚力坤回到了家乡。得知村里要成立制衣厂，阿娜尔古丽·亚力坤主动报了名，因为有经验，阿娜尔古丽·亚力坤很快就上手了，还成了其他员工的老师。

目前，在制衣厂有28名贫困家庭的妇女实现就业，昆山市对口支援阿图什市前方工作组对贫困妇女每名每月补助150元。此外，制衣厂还让50户贫困户参与分红，去年每户贫困户分到了490元的红利。

博依萨克村贫困妇女在家门口实现就业，而且每个月还能享受到补助，得益于江苏省昆山市对口支援阿图什市的新模式。

今年，阿图什市在现有对口援疆工作机制下，进一步深化携手奔小康行动。阿图什市在前期开展昆山市优强乡镇、村与阿图什市乡镇、村结对帮扶6对的基础上，充分发挥江苏省昆山市对口支援阿图什前方工作组的桥梁纽带作用，将镇村结对帮扶向深度贫困乡（镇）、贫困村延伸，实现了阿图什市7个乡（镇）、69个贫困村援疆省市帮扶共建全覆盖。还将对全州7个贫困村进行整体帮扶建设，助推今年全部退出贫困，打造援疆助力脱贫示范村。"连心券"作为援疆扶贫创新模式，整体嵌入克州脱贫攻坚工作中，在党和人民群众之间架起"连心桥"。

产业援疆助力群众就业

阿图什昆山电子产业园是江苏省对口支援克州前方指挥部2018年重点打造的特色产业园区。园区借助江苏昆山电子产业优势，为"小米""华为""苹果"等电子领域领军企业配套，引进5家电子企业入驻，预计年销售达1亿元，打造南疆"电子元器件组装加工集聚区"。目前，园区入驻企业总数超过220家，就业群众8000

多人。

大力发展戈壁经济，引进试种具有多种用途的杂交构树，推广种植规模达2500亩，带动就业农民1500人。推动阿合奇县沙棘种植面积超5万亩，帮助贫困户年增收5000元。

记者从州林业和草原局了解到，通过2017年秋季引种试验以及2018年栽培示范，已实现在阿图什市北山坡戈壁滩上以不换土的方式成功种植杂交构树。

“杂交构树的大量种植，既能获得粗蛋白木本饲料，解决农牧争地的矛盾，提高和保护农民收益、富裕广大农村，又能改善和保护生态环境，强化水土保持，优化人类生存环境，是一项实现‘经济—生态—社会’三个效益统一的利国利民工程。初步计算，在克州种植构树，刨除种植成本每亩收益可达到2000～3000元，可作为林业扶贫项目推广。”江苏省对口支援克州柔性引进高级人才何旭东博士解释。

为试验杂交构树叶片的适口性，克州林业人才工作站博士团队将剪下的叶片用于喂牛、羊及兔子等食草动物，发现牛、羊等动物非常喜欢吃杂交构树叶片。“后期，我们还将进一步持续试验，结合当地畜牧业的发展探索最佳的种养模式。”何旭东博士表示。

以旅游消费援疆为带动，实现两个效益双丰收。加强旅游设施建设，新建集购物、餐饮、住宿于一体的克州三千年风情街，打造以“天门—国门”为主题的帕米尔高原精品线路。与知名旅游企业合作，推出“江苏人游克州”专线，开通旅游包机，今年预计输送游客2000人。

干部人才援疆增强“造血”功能

借鉴江苏省人才工作经验，加大人才援疆力度，坚持育、引、用并举，积极构建支撑克州发展的科学人才体系，补齐短板，增强“造血”功能。

实施帕米尔人才四项计划，汇聚各类人才，制定“3123”人才计划。出台并落实资金补贴、项目支持、进修提升、健康体检等政策待遇，共培养领军人才103名、骨干人才260名、后备人才481名。制定“人才工作站”计划，在全州建立24个人才工作站，其中3个院士工作站，推动人才工作迈向更高层次。实施“双百”英才计划。共招录非新疆籍优秀大学生1300多名，引进紧缺型人才37名，充实乡镇干部队伍，为基层发展注入活力。

2018年8月，在江苏省医疗援疆的帮助下，柯尔克孜民族医药研究院揭牌成立。研究院依

2017年11月27日，江苏援克指挥部举行『连心券』扶贫政策兑现会

托江苏省临床医学研究院各项资源优势，在培养专业研究人才，完善柯尔克孜医疗理论体系，帮助建设临床科室，成立柯尔克孜民族医药院内制剂制作中心，并在临床、科研、教学等方面深入合作，到2020年初步建成相对健全的柯尔克孜民族医药及医疗服务体系，打造具有本地特色的医疗服务中心。

同时，研究院依托援疆优势，积极推进改革创新，形成科学系统的柯尔克孜民族医药体系，促进柯尔克孜民族医药文化更好地传承发展，更好地为患者服务。研究院负责人、州医院柯医科副主任地里努尔·玉山表示，借助“组团式”援疆，研究院开始将采集到的标本进行鉴定，并大量引进人才，壮大柯尔克孜医疗队伍，争取早日拿到柯尔克孜民族医药资质。

培养本地人才。推进“院包科”“师带徒”工作，累计结对180人次，传授新技术、新项目200多项，培养出一批本地人才，州人民医院心胸外科卡德尔江·木沙医生已主刀完成心脏手术18台，心血管科许天宝医生已开展复杂冠脉介入手术。

打造江苏组团教育品牌，培育内生动力。优化150名江苏援疆教师配置，安排7名教师担任中小学校长，开通江苏名校“远程直播课堂”，集中力量打造江苏示范校和示范班。实施援疆教师“传帮带”工程，开设江苏名师工作室，推动援疆教师与1000余名当地教师结成师徒，带动教师队伍整体素质的提高。支持发展职业教育。推动江苏省25所高职院校与克州职校建立“校包系”合作机制，培育民族农牧林、医学护理和艺术教育等一批特色专业，为克州发展输送实用技能人才。

在克州大地，一项项事关百姓福祉的援疆工程投入使用；一个个百姓牵肠挂肚的问题在援疆干部的帮助下得到解决；一个个援疆干部与受援地各族群众守望相助、血浓于水的感人故事口口相传。援疆已成为铭刻在克州广袤大地上的一张大爱名片，成为滋润全州各族群众心田的一泓清泉。

（2019年7月17日《克孜勒苏日报》）

【链接】倾力援疆，留下一支带不走的队伍——江苏“组团式”医疗教育援疆侧记

2016年12月，第九批援疆工作启动，扶贫、教育、医疗等领域的专业技术人才不仅把先进的技术和经验输送到伊犁各行各业，还在当地培养了一支“带不走的队伍”，帮助他们实现从“输血”到“造血”的转变。

人才是稳疆兴疆的第一资源。三年来，江苏省援伊前指坚持把智力援疆放在重要位置，一批教育领域专业技术人才走进伊犁，带来了先进的技术和管理经验。

苏州援疆工作组陆泉明担任霍尔果斯市国门初级中学校长，为了将苏州的教育理念和先进的教学方法传播到霍尔果斯，他邀请苏州工业园区名校校长通过专家讲座、沙龙座谈等形式，进一步开拓霍尔果斯教师们的视野。现在，两地网上课堂和研讨已步入常态化，他还组织30多位苏州名教师来霍交流。

霍尔果斯市莫乎尔片区开干社区的李志远，女儿在连云港援疆工作组援建的学校毕业考上了大学，今年暑期，他历时4个多月，骑马带着两面锦旗不远万里来到连云港表达感谢。

今年9月，江宁援疆工作组援建的特克斯县初级中学新校区正式投用，中学凝聚了江宁人民的无限情意——教育设备不够，江宁开发区伸出援手，两年共捐赠700万元的教育教学设备；江宁区追加2400万元援助款，解决县教育工程历史遗留问题。

江苏援疆工作组不断提升受援地教育教学质量，创新开展“名校长＋学科带头人＋中层骨干教师”教育“组团式”援疆，发挥320名援疆支教教师的骨干带头作用；基础教育方面，新增结对共建学校162所，总数达608所，占到受援地学校数量的56.6%。连续两年，霍城县江苏中学“江阴班”一本上线率100%，伊宁县二中“南通班”、尼勒克县武进中学“武进班”二本上线率100%。

“本打算前往乌鲁木齐做手术，听说州友谊医院来了胸心外科的援疆专家，我们就决定在这里手术。”马美艳的父亲马均一说。马均一口中的专家，就是江苏省人民医院胸心外科主任医师朱锦富。他作为第九批援疆专家来到了伊犁州友谊医院并担任副院长一职，在援疆近三年时间里，共完成各类胸心外科手术近400例。

“援疆三年，我要把临床经验、医疗技术留下来。”朱锦富对当地医生“手把手”教学，亲自带教年轻医生，真正实现了“打造一支带不走的队伍”的愿望。

武进人民医院医务科副科长、主任医师王丽雯是“疆二代”，曾跟随父母在新疆生活20多年。2011年武进组建第七批援疆工作组，王丽雯毅然加入，成为武进首批援建尼勒克队伍中唯一的女同志。九年来，她三赴尼勒克，逐渐填补当地高危孕产妇和重症新生儿急救空白，并定期开设儿科讲堂，培训当地医护人员。

江苏省第九批援疆工作启动以来，持续深化拓展“组团式”医疗援疆内涵和外延，凝心聚力打造“十大临床医学中心”江苏医疗援疆特色品牌，建立省市对应医院和科室建立交流机制，江苏各级医院与伊犁州县两级80家卫生机构、231个重点科室分别通过团队对团队、科室对科室，实现医疗资源互联互通。

“帮助受援地困难群众真脱贫、脱真贫是援疆工作的首要任务。”江苏省援伊前指党委书记、总指挥，伊犁州党委副书记潘道津说。三年来，江苏省援伊前指制定了援疆扶贫三年行动计划，实行产业扶贫、就业扶贫、教育扶贫、健康扶贫、扶志扶智多管齐下，高质量推进与受援地交往交流交融，切实增强贫困群众脱贫致富内生动力和自身“造血”功能。

2017年至2018年，南通援疆工作组爱心图书捐赠公益行动在伊宁县共举办了4次，募集了100万册图书。三年来，通过援疆工作组的牵线搭桥，南通市20多个部门、乡镇（街道）分别与伊宁县相关部门和园区、乡镇签订了对口支援协议，已帮助伊宁县争取各类民生援助资金1000万元。

徐州援疆工作组把发展产业带动就业作为增强“造血”功能的主抓手，摆放在扶贫援疆的重要位置。三年来，在工作组的努力下，共在江苏等地开展各类招商推介活动40余次，邀请考察客商50余批400人次，确定重点推进项目50余个，已成功签约产业项目27个，协议投资额达72亿元，已落地项目25个，扶贫援疆迸发出强劲力量。

据统计，江苏省援伊前指三年来共组织江苏768家企事业单位、8403名爱心人士，捐资捐物价值1.22亿元，为1.46万户困难家庭提供帮助。同时，642名援疆干部人才与1278户贫困家庭结对子，捐款捐物价值700多万元，千方百计帮助贫困户脱贫。

（2019年11月29日《新华日报》）

附：

第十批干部人才支援（2019.12～2023.04）

江苏省第十批援疆干部人才共632人（含专业技术人才 443人），其中援伊犁州387人，援克州141人，援兵团四师、七师104人。党政干部主要为招商引资、经济发展、项目管理、文化旅游、宣传策划、教育卫生管理等专业型干部，专业技术人才主要为医生和教师。江苏省委政法委副书记朱斌任江苏援伊指挥部总指挥，江苏省民族宗教事务委员会副主任周伟文任江苏援克指挥部总指挥。

因援疆期间工作成绩突出，江苏援伊指挥部、援克指挥部及南京市、无锡市、徐州市、常州市、苏州市、南通市、连云港市、盐城市、扬州市、泰州市、南京市江宁区、江阴市、常州市武进区、张家港市、昆山市援疆工作组，江苏援伊指挥部干部人才组、直属医疗工作队，江苏省医疗人才“组团式”支援克州人民医院工作队，江苏援克指挥部综合组、项目协调组被自治区党委、政府表彰为“援疆工作先进集体”；朱斌、陈翔（江苏援伊指挥部）、沙荣胜、马培伟、吴晓文、吴海峰、罗桂军、严东、张为中、徐骁晗、陈翔（伊犁州友谊医院）、戴银芳（女）、孙云飞、何伟东、刘利华、储开峰、刘春、郑晓明、孔南钢、谈晶、傅光俊、蔡圣红、蔡国勤、黄洪、李冬梅（女）、张磊、杨毅、岳鸣、潘苏利、张林、李春建、龚亮、商显福、蔡文胤、姜伟、金怡（女）、黄继超、张华、周勇、张迎春、卫清、周学力、丛茂勇、黎叶飞、张振宇、张帅赛、朱晓峰、马忠洪、周瑛（女）、袁佩刚、刘飞、颜忠元、蒋文龙、闫慧敏（女）、高明荣、王谋、赵建华、张舒、刘建、王顶、徐书灿、祁建成、黄

2020年10月15日，江苏省省长吴政隆（前排中）在伊犁州看望慰问第十批援疆干部人才，并与大家合影

江苏省第十批援疆(伊犁州)工作纪实

晓伟、孟令剑、王进法、陆平、惠静(女)、吴耀刚、王浩、方春龙、居勇、韩志新、陶晓飞、李晓明、王志美(女)、许顺华、汤东、李杰、张小平、梅国华、张翔、茅威、许强、张俊明、张杏宇、肖飞、李建民、王才权、易骏飞、张风雷、陈银海、王鹏、张寅、刘祥贵、徐治国、裴晓冬、陈名恭、戴玉虎、潘知翔、马晓峰、徐献鹤、施有为、顾君、周伟文、王晓东、张珍义、谭申、徐扬、丁蛮、高建新、陈宁童、夏金、毕磊、郭江峰、宋宁宏、张海峰、李全朋、刘波、杨杰、卜林、陶永飞、许筱云(女)、钱云、陈一欢、宋志远、岳俊、董梁、陈五林、王齐明(女)、赵静(女)、钱振强、谢宗渊、周沁(女)、周建荣、陆铜新、商汉勇、陈琦、周栋、王珂杰、蒋羽清、张跃跃、李桂林、谈顺良、姚亮、谢志毅、包鸿、张志强被自治区党委、政府表彰为“优秀援疆干部人才”。同时,自治区党委、政府对被表彰为“优秀援疆干部人才”的党政干部记二等功1次,专业技术人员记功1次。镇江市援疆工作组及教育援疆团队、医疗援疆团队,淮安市援疆工作组及援疆医疗团队被兵团党委、兵团表彰为“援疆工作先进集体”,顾爱平、张映桥、潘杰、朱巍巍、戚妍、凌鑫、韩峰、卞贻辉、于欣、张仁君、常建军、张文昭、杨扬、董国喜、黄沛江、刘宝虎、朱雷、李永、姚兵、谷彪、徐建昌、徐昌政、朱建军、华伟、严佩强、冯齐强、刘海云、毛宗善被兵团党委、兵团表彰为“援疆工作先进个人”。同时,兵团党委、兵团对被表彰为“援疆工作先进个人”的党政干部记二等功1次,专业技术人员记功1次。

江苏援伊指挥部坚持政治导向,坚定不移促进受援地社会稳定和民族团结。3年共实施援疆项目696个、安排援疆资金62.1亿元,投入力度位居全国前列。坚守资金投

2020年10月14日,江苏省省长吴政隆(前排中)在克州看望慰问第十批援疆干部人才,并与大家合影

江苏援伊指挥部总指挥、伊犁州党委副书记朱斌（中）深入援疆项目工地指导工作（2020年摄）

江苏援克指挥部总指挥、克州党委副书记周伟文（前排右二）带队招商（2020年摄）

向基层和民生领域“两个80%”底线，建立项目实施与核销“两份清单”等机制，项目实施更加规范有序。支持受援地2个国家级贫困县摘帽、148个贫困村出列，16.7万名群众脱贫。遴选江苏100个优强乡镇、富裕村与受援地经济薄弱镇村结对共建，助力乡村振兴。响应兵团向南发展战略，支持基础设施建设，助推产业发展和就业增收。坚持全面融入，援疆干部在受援单位任实职、分实工、担实责，统筹做好地方工作和援疆工作。坚持远近结合，既立足当前解决突出民生问题，又着眼长远扶智扶志、增强内生发展动力。帮助高水平编制国土空间、经济发展、园区建设、文化旅游、生态环境等50多个专项规划或实施方案，引领受援地高质量发展。坚持争创一流，聚焦4个方面16项重点任务，实施“三交”（交往交流交融）拓展、民生援疆、文旅援疆、创先争优“四大工程”，集中力量打造特色亮点。投入3600万元，建成集科研、培训、医学成果转化为一体的全疆一流的伊犁州临床医学研究院，并获自治区编委正式机构批复；“5G+应急救治”项目获工业和信息化部、国家卫健委批复试点。建成全疆一流的伊犁州博物馆新馆，成为

江苏省第十批援疆（克州）工作纪实

城市文化地标性建筑。霍尔果斯创新创业中心等多个项目获自治区“天山杯”优质工程奖。共有3个集体和3个个人获得中共中央、国务院表彰，74个集体和个人获得省部级表彰，部分工作被中央新疆办、中共中央组织部、中共中央统战部、自治区组织部等宣传或推广，央视《新闻联播》《人民日报》等作了采访或介绍。2022年1月，国家发展改革委通报“十三五”对口支援新疆绩效综合考核评价结果，援伊（兵团）工作获得一个综合、四个专项绩效“较为突出”（最高等次）评价。

江苏援克指挥部实施援疆项目316个，安排援助资金16.69亿元。其中，将80%以上资金投入民生类、基层类项目。聚焦高原高寒边境一线，补齐区域交通、饮水安全、供气供暖、高原防洪、电力通信、农贸集市等基础设施短板，拓展巩固脱贫攻坚成果，开展消费帮扶，推进受援地全面建设宜居宜业和美乡村。推动智力援疆，实施“帕米尔人才计划”，制定《关于通过“揭榜挂帅”机制引领“智力援疆”工作开新局的实施意见》，协助开展克州干部人才“大培训”“大提升”行动，为建设美好克州赋能。务实推进产业援疆，推动州级层面成立克州江苏产业园，构建新型“逆向飞地”园区机制，推动口岸园区建设，加快标准化厂房载体建设，开展“产业援疆江苏行”活动，支持畜牧业等特色产业发展。全面深化教育文化医疗援疆，高质量改善教育基础设施条件，高质量培养本地骨干教师队伍，高质量发挥实验学校示范作用，高质量推动职业教育提质增效，受援地教育事业再上新台阶；打造“组团式”医疗援疆品牌，开展“互联网+智慧医疗”，推动受援地医疗条件进一步改善和技术水平不断提高。支持基层新时代文明实践所（站）等宣传载体建设，注重《玛纳斯》等非遗传承保护，注重文旅产品开发，深入推进文化润疆工程。探索建设“石榴籽家园”，开展苏克两地结对共建，项目化推进“苏克一家亲石榴计划”等活动，深化拓展苏克两地交往交流交融的广度与深度，做好铸牢中华民族共同体意识工作。对口援疆综合效益显著提升，援疆工作获得广泛赞誉。昆山前方工作组被党中央、国务院授予“全国脱贫攻坚先进集体”称号，江苏援克指挥部和无锡前方工作组被江苏省委、省政府授予“全省脱贫攻坚暨对口帮扶支援合作先进集体”称号，江苏援克指挥部党委被自治区党委授予“先进基层党组织”称号。江苏省援疆（克州）医疗队代表全国医疗人才“组团式”援疆团队受到中宣部、国家卫健委表彰，医疗队被自治区党委、自治区人民政府授予“抗疫先进集体”称号，被自治区总工会授予“工人先锋号”称号。江苏省“组团式”教育援疆团队被江苏省总工会授予“工人先锋号”称号。常州市援疆工作组脱贫攻坚工作获省委、省政府通报表扬，被自治区扶贫开发领导小组授予“自治区脱贫攻坚组织创新奖”。

【链接】情牵“塞外江南”，同谱共富新篇——江苏省第十批对口支援伊犁州工作纪实

对口援疆是党中央交给江苏的光荣任务，是江苏义不容辞的政治责任。3年多来，江苏第十批援伊干部人才完整准确贯彻新时代党的治疆方略，带着责任与情怀，肩挑千钧担、远跨万重山，扎根新疆伊犁州及兵团四师、七师，投入696个项目、62.1亿元援疆资金，让祖国最西陲的各民族干部群众感受到党中央的深切关怀和江苏人民的深情厚谊。

一个个项目，激活产业“造血”

进入4月，伊犁州新源县的那拉提景区冰雪逐渐消融，顶冰花悄然绽放，来自天南海北的游客不仅可以在这里欣赏到“塞外江南”的胜景，还能品尝到冶春茶社正宗的淮扬菜，留宿在江南久负盛名的金陵饭店旗下酒店那拉提金陵山庄。这样极具融合碰撞的体验离不开江苏援疆工作组的倾力相助。

那拉提景区具有世界级旅游资源优势，第十批江苏援伊前方指挥部全方位支持那拉提景区进行提升改造，丰富优化景区旅游产品和服务供给，已建成草原牧民生活体验区、旅游度假接待区、原生态环境保护区等7个特色区域。“进入旅游旺季，酒店经常一房难求。目前，酒店二期建设即将完工，专业的酒店服务将助力那拉提景区整体发展再升级。”那拉提金陵山庄总经理马苻根说。

“三年来，围绕将伊犁河谷打造成世界级旅游目的地目标，江苏聚焦资源整合、要素投入、品质提升和市场开拓，助力伊犁打造一流旅游强州、一流旅游景区、一流旅游产品、一流旅游品牌。”第十批江苏援伊前方指挥部党委书记、总指挥朱斌说。

在援疆项目支持下，伊犁州有了文旅发展专项资金，高水平编制伊犁文旅产业高质量发展三年行动计划，开展重点景区创建和改造提升行动；推进伊犁老城喀赞其和六星街、唐布拉、天马文化旅游园等景区建设，支持南京、无锡、郑州等直飞航线；支持成功创建国家全域旅游示范区1个、自治区全域旅游示范区2个，推动伊犁旅游产业主要指标位居全疆前列。

3月31日，记者在伊宁县纺织产业园见到伊犁州伊宁县委副书记、南通市对口支援伊宁县前方工作组组长张华。这位援疆十年的江苏干部，对伊宁县的纺织产业发展了然于胸，言辞之间难掩自豪。“南通是国内最大的家纺产业集散地，新疆具有原材料、劳动力、土地、电力等比较优势，国家也出台多项支持纺织产业发展的扶持政策。我们认为，可以将南通纺织产业移植到伊宁县来，在这里创办纺织产业园区。”

如今置身于北疆人口第一大县伊宁，人们都会惊讶于眼前现代化的纺织产业园景象：20平方公里的规划面积上，一座座标准化厂房拔地而起，5000多人在这里实现就业，工厂车间里纺纱机器轰鸣，各民族群众脸上洋溢着奋斗的干劲。20岁的维吾尔族青年塔西买买提在南通师傅张万友的带领下，已经熟练操作梳棉等工艺，“南通来的师傅教得又快又好，我在家门口就能上班拿工资真好。”

如今，这座千亿级纺织产业园已经成为两霍两伊一体化、支撑霍尔果斯向西开放的重要平台，园区全部建成投产后，预期形成350万锭纺纱、2.5万台织机规模，吸纳就业8万余人，将极大助力当地经济发展和乡村振兴。

聚焦“伊犁所需”，发挥“江苏所能”，第十批江苏援伊工作组充分推进伊犁资源优势与江苏先发优势紧密结合，千方百计协助受援地招商引资，助力伊犁州产业高质量发展。3年来累计招商签约落地项目225个，到位资金172亿元，为伊犁州招商引资工作连续三年排名全疆第一做

出了积极贡献；重点建设9家援疆产业园，推动江苏与伊犁16对园区合作共建……

一件件实事，温暖各族群众

3月30日上午，伊犁州中医医院肛肠科医生范培熟练地打开医院互联网平台，在线上为患者复诊。“不用跋山涉水，在家就能享受到大医院的医疗资源，省时省力又省钱。”患者朱良良感叹。

“互联网医院项目是江苏省中医院援疆的显著成果。这个平台可以实现患者线上挂号缴费，医生线上问诊下医嘱，最后把患者的药品直接邮寄到家。”江苏省中医院伊犁分院副院长孙云飞说，互联网医院让当地的患者不出伊犁，就能够享受到援助地优质专家的服务，既培养了伊犁当地医生，又能让各族人民群众患者享受到优质资源。

兵团第四师可克达拉市镇江高级中学高二学生艾迪娅·玉素甫江最喜欢江苏老师讲的课，“老师通过漫画等多种形式将书本上较为枯燥的内容变得鲜活，让我们理解知识更透彻”。这是江苏“组团式”教育援疆成果的缩影。三年多来，派出一批又一批优秀教师来到边疆，取得喜人成绩：伊犁丝路职业学院荣获37个国家级、自治区级技能奖项，在全国职业院校技能大赛中实现新疆代表队近五年来一等奖零的突破；江苏班高考本科上线率近100%，其中可克达拉市镇江高级中学实现清华北大录取零的突破。

在江苏一批批援疆干部人才多年努力下，伊犁和兵团四师、七师已基本实现“小病不出县团、大病不出州师”，教育质量水平迈进全疆地州第一方阵，疑难急重症找江苏援疆医生，孩子上学进援疆老师班级，已成为各族群众普遍共识和最理想选择。

行走在伊犁河谷，处处可见江苏援伊资金帮扶的民生项目。从方便居民出行的“扬心桥”到帮助牧民售卖牛羊肉，伊犁人民需要什么，江苏就支持什么。“冬天下大雪，我们果农急得不得了。”特克斯县阿克铁热克村果农至今难忘疫情期间销路不畅的问题，江宁援疆组通过联系客商、消费帮扶专馆等行动，让村里的苹果销售一空。“现在村里每家都有20亩地种苹果，每年能增加十多万元的收入，感谢江苏援疆干部。”

一颗颗“种子”，留下带不走的队伍

来疆为什么？在疆干什么？离疆留什么？这是每一个援疆的江苏干部人才时时思考的问题。对于伊犁州友谊医院副院长、伊犁州临床医学研究院常务副院长，江苏省人民医院眼科副主任张为中和他的同事来说，通过建设平台来培养本地的高水平医务人员，把党中央对人民群众的关怀带到最实在的地方，这就是他们的回答。

为了解决新疆医疗资源和医疗人才相对匮乏的问题，第十批江苏援伊前方指挥部投入3500万元援疆资金用于相关平台建设。2020年底，由江苏省人民医院与伊犁州人民政府合作共建的伊犁州临床医学研究院正式成立，这个全疆首家地州级建立的集“医学研究、人才培养、成果转化”三位一体的综合性医学研究机构，成为第十批江苏援疆一张亮丽名片和长期造福伊犁各族群众的“金窝窝”。

“研究院资助107项研究课题，诞生20多项研究成果，最重要的是培养了一大批本地医学专家，让他们从临床思维转向研究思维，探索更好的治疗方案。”张为中告诉记者，针对执业医师资格证考试通过率低的问题，研究院通过专业考前理论与实践技能辅导，使伊犁州2021年比2020年多产生170名医生。毕业于新疆医科大学的热依沙·西尔扎提从2020年开始，在伊犁州友谊医院和伊犁州临床医学研究院接受规范化培训。今年秋天将奔赴基层的她说：“我要把在这里学到的诊疗方法带到基层去，保护群众的身体健康。”

作为淮安市第二批“组团式”援疆团队的领队，淮安市实验小学副校长方彬来到兵团第七师后，在当地组建“方彬名师工作室”，将专业教学方法带给边疆教师。“江苏老师的课程设计科学又新颖，对我们的教学有很大启发和助益。”听了方彬的授课后，兵团第七师胡杨河第一小学老师宋静雪说。

伊犁丝路职业学院实施“青蓝工程”师徒帮带行动计划，中小学推行援疆教师与本地教师“双备课组长制”，医院建设“专科联盟”示范点……赠人玫瑰，授之以渔。第十批江苏援伊工作组累计投入援疆资金2.6亿元，开展各类培养培训1500期覆盖24万人次。他们带着一腔热血和理念方法，为新疆培育了一支带不走的人才队伍，为当地发展留下宝贵的人才资源。

一次次“牵手”，让苏伊两地心更近

3月31日傍晚，一阵阵悠扬的二胡声从伊犁州霍城县江阴小学传来，身着民族特色服饰的孩子们熟练地用二胡演奏着哈萨克族民歌《玛依拉》。“以前在电视上看到二胡我就非常喜爱，现在终于可以亲手演奏它了。”霍城县江阴小学五年级学生赛非艳高兴地说。

最是文化润人心。“2021年，通过江阴援霍工作组引入，我们深度参与‘二胡进校园’援疆项目，让霍城人民感受传统文化的魅力，也搭建起江阴和霍城两地文化艺术交流的桥梁。”江阴天骐文化发展有限公司总经理陈立科说。

三年多时间里，第十批江苏援伊工作组紧扣铸牢中华民族共同体意识这一主线，积极开展两地结对交流活动，促进苏伊两地广泛交往、全面交流、深度交融，把两地人民的心紧紧联系在一起。

手拉手，民族团结一家亲。第十批江苏援伊重点安排江苏省100个优强乡镇、富裕村与伊犁贫困村结对帮扶，深化各民族交往交流，增进民族感情；协同推进来自苏伊兵三地200余所学校、2000余个班级的15万余名中小学生以书信形式记录身边感人事迹，苏伊两地“万里鸿雁传真情”书信交友活动深度促进了两地青少年情感交流互动；联合组织伊犁州首届“民族团结杯”广场舞大赛，吸引参加活动各民族群众达10万人，提升了公共文化服务水平，促进了各族群众交往交流交融……

为了让“文化润疆”成色更足，第十批江苏援伊工作组深挖当地文化底蕴，推进精品创作，促进文化传承。投入4000余万元支援建设的伊犁州博物馆已常态化向公众开放，作为爱国主义教育基地，每天有8000多人前来参观。此外，还先后创作大型原创歌舞剧《解忧公主》《林公渠》《四季·伊犁》、话剧《那拉提恋歌》、长篇报告文学《和你在一起》。

（2023年4月17日《新华日报》）

【链接】多领域“组团式”援疆，持续提升百姓“幸福指数”

三年援疆路，一生援疆情。“孩子读书想上‘江苏班’，百姓生病要找江苏医生看，这是苏伊两地‘民族团结一家亲’结下的深厚情谊。”第十批江苏对口支援伊犁州前方指挥部党委书记、总指挥朱斌感慨地说，援疆工作就是要让当地人民感受到党的好政策带来的美好生活。

医疗援疆，留下“带不走”的队伍

“援疆工作不仅要授人以渔，更要为当地建一个‘鱼塘’。”伊犁州友谊医院党委副书记、州临床医学研究院常务副院长张为中参与援疆工作以来，常常将这句话说给苏伊两地医护人员听。张为中认为，援疆不光要为当地百姓治病，更要推动当地医疗事业的发展，培养一支“带不走”的医疗队伍。

中午12点，伊犁州临床医学研究院三楼多媒体教室内，新疆医科大学毕业生热依沙西尔扎担与同伴们正在学习SOAP病例书写课程，讲台上的老师来自江苏援疆工作队。热依沙西尔扎担说，援疆专家每周授课两次，不仅帮助当地医生备战住院医师规范化培训考试，还将先进医疗理念传授给大家。

下午3点，霍尔果斯市人民医院六楼病房内，13岁的阿合特列克热依木正躺在病床上小憩，两天前他刚做完阑尾炎手术。“你们可能无法想象，三年前，这个医院还不具备手术条件，胆结石、阑尾炎、剖宫产等手术都要连夜往周边医院送。”霍尔果斯市人民医院副院长黄继超介绍，2020年以前，医院持证医师少、硬件设施落后、医疗服务水平不高，无法满足各族群众寻医问诊需要。针对这一突出问题，第十批连云港援疆工作组积极对接后方单位，先后从连云港市市属各三级医院选派3批39名医疗专家，接力开展“组团式”医疗援疆工作，使霍尔果斯市人民医院从社区医院的规模迅速提升为能手术、能救治，初具二甲医院诊疗服务能力的县域中心医院。

“三年来，我们先后接诊患者3万余例，抢救危重患者200余例，开展三、四级手术200余例。完成了霍尔果斯市人民医院历史上首例肝胆外科微创手术，成功抢救了首例大面积气胸患者，开展剖宫产手术接生首个新生儿。”黄继超说，如今，“做手术”和“生孩子”等当地民生需求迫切的问题都得到了实质性解决，有30余项技术和项目填补了当地医疗空白。

“医术精湛、精心救治、医之楷模、恩情不忘”，在特克斯县江宁人民医院五官科诊室内，挂着患者麦坦古丽送来的一面锦旗。2022年9月20号，住在县城的麦坦古丽艾比力感到眼部不适，看东西模糊不清，就医当天即办理了住院手续。医生诊断为视网膜分支静脉阻塞引发的黄斑水肿，经过手术治疗后，目前她的视力已恢复到4.8。就诊期间，所有住院和治疗费用全免，这让麦坦古丽艾比力感激不已。

“特克斯县海拔高、紫外线强，百姓饮食结构相对单一，眼部疾病较为高发。近三年，我们持续开展眼底筛查项目，有效做到眼部疾病和慢性病的早发现、早干预、早治疗。”江宁援疆指挥组成员，特克斯县卫生健康委副主任曹国建介绍，江宁援疆指挥组筹集资金1000万元，建成特克斯县视网膜病变防控体系，县医院及各乡镇卫生院通过眼底照相机能够查出视网膜、视神经、黄斑等眼科疾病，同时对糖尿病、高血压等慢性病提供辅助诊断，每年可为全县15周岁以上人群体检直接减免费用近300万元。

智力援疆，让孩子们拥有高品质教育

生态展示馆、理化生探究实验室、机器人创客教室……在兵团第四师可克达拉市镇江高级中学，一流的硬件设施配备齐全。作为江苏省镇江市对口援疆的“交钥匙”工程，学校总投资2.5亿元，是一所全寄宿制公办高中。

“孩子入学前，我们对校园环境和师资力量进行了充分了解，在得知有江苏老师在校授课后，我们信心更足了。”殷长风的儿子殷浩作为2022年该校优秀毕业生，被北京大学物理系录取。他告诉江苏记者，虽然是寄宿制高中，但每次孩子放假回家，提及老师如同挚友，“昀姐”“小土豆”……这些都是孩子和老师间亲切的昵称。

艾迪娅玉素甫江是高二（8）班的学生，她觉得江苏援疆老师的讲课方式更加生动，通过漫画、图文资料等将书本上较为枯燥的内容重新架构，说教结合的形式更能帮助学生们将难点要点入脑入心。

"'孔子东游，见两小儿辩斗，问其故。'哪位同学可以将这句话翻译成白话文？"在胡杨河第一小学，来自淮安市实验小学的副校长方彬正在授课。作为淮安市小学语文学科带头人，方彬曾被教育部授予"全国优秀教师"称号。作为淮安市第二批"组团式"援疆团队的领队，她来到当地后积极开展教育教学活动，并组建了"方彬名师工作室"。

"江苏是教育大省，陆续派出一批又一批优秀教师援疆，不仅让我们当地学生享受了高品质教育，也对我们当地教师教学水平进行了很大提升。"兵团第七师胡杨河市教育局局长肖江表示。

文化润疆，以书香滋养百姓精神家园

"锣鼓响，眼神亮！走上台，戏曲唱！"离伊宁市400公里远的奎屯市图书馆，一位身着长衫的老师正在上国学课，台下垂髫稚子边念边学，有模有样。在教室外等候的谭零是一位幼儿园大班孩童的家长，"传统文化要传承，得从娃娃抓起，这样的国学课孩子感兴趣，也能学到知识。"谭零说，这个图书馆距离她家车程约10分钟，书籍齐全，环境整洁，还经常开设讲堂沙龙，是周末带娃的好去处。

"为了更深入开展新时代文明实践服务，奎屯市图书馆作为总馆，已和全市所有街道乡、社区村49个图书分馆实现了通借通还，一卡通等功能让每位市民足不出户，即可共享公共文化发展成果。"奎屯市文化体育广播电视和旅游局党组书记、副局长白云介绍，2021年，徐州援疆资金投入500万元，用于数字图书馆的建设，以"一座图书馆、温暖一座城"全新的服务理念，面向广大市民免费开放，每年吸引到馆读者10万余人次，最高日接待可达1200余人次，成为奎屯市标志性文化服务阵地。

民生无小事，枝叶总关情。三年来，江苏援疆共安排项目949个，资金59.9亿元。其中，民生领域项目720个，援助资金占比80.2%，对民生工作的重视程度可见一斑。理好千头万绪之事，办好千家万户实事，一幅幅温暖的民生图景正在伊犁河谷徐徐展开。

（2023年4月13日中国江苏网）

【链接】变"输血"为"造血"，推动产业援疆高质量发展

一朵棉花"开出"亿元产业链

"苏伊两地虽相隔4000余公里，但资源丰厚如同'蓄水池'，我们援疆工作者要做好'引水器'，让两地优势流动起来，实现产业的'双向奔赴'。"伊犁州伊宁县委副书记、南通市对口支援伊宁县前方工作组组长张华2013年来到伊宁，已扎根这片热土十年之久。"在哪里都要实干，做有价值的事情。"张华说，在"第二故乡"敢干实干，是为了让更多当地百姓过上高品质幸福生活。

中国棉花产量约占全球总产量的1/4，其中约90%产自新疆。南通作为闻名全国的"纺织之乡"，有市场、有订单、有技术，但用地紧张，劳动力短缺。张华和援疆团队深入思考、实地调研，致力打通"痛点"形成优势互补：以"腾笼换鸟"模式，将原材料供给及加工流程放在前端伊犁，将销售及研发放在后端南通，探索援疆产业合作转型新路子。

"我们创建了纺织产业园，建成标准化厂房和配套设施50万平方米，现在入驻纺纱、织造、家纺、服装等各类企业20余家，全部达产后实现年产值50多亿元，吸纳就业5000多人。"一朵棉花带来数亿产值，张华用十年青春造福"第二家乡"。张华很忙，他的手机常年处于"热线"状态，招商引资电话多到来不及接；他常常上午还在伊宁县纺织产业园，中午就飞往乌鲁木齐与新

合作商洽谈。产业园的吸引力从何而来？张华给投资商就说两句话：新疆的政策，南通的服务。目前，产业园被商务部认定为国家外贸转型升级基地。

走进产业园内的贻程纺织科技有限公司，纺织机隆隆作响，清花、梳棉、并条、气流纺……各区域工人们有条不紊地开展生产工作。公司经理沈雁介绍，他们是南通本地企业，2021年了解到伊宁县有纺织产业园项目。“新疆的产业政策和税费减免补贴对于我们企业来说很有吸引力，2021年6月，我们与产业园正式签约，定了2万平方米的厂房。”沈雁说，入驻产业园后，他们招聘了不少当地员工，并从南通带来一批老师傅手把手教技术，现在每年纱线订单量约700吨，今年他们又在产业园二期加订了4万平方米新厂房。

“土疙瘩”变身致富“金疙瘩”

“冬天一下大雪，我们果农就急得要命，一个个‘金蛋蛋’压在家里咋个办？亏得是援疆干部，搭建线上平台把果子销出去，你说我们高兴不高兴！太感谢他们了！”75岁的章元岭家住特克斯县阿克铁热克村，他说，江苏援疆队伍不仅给村里修了路，还给果子找销路，他们村里每家都有20亩地种苹果，去掉成本3万元，每年能有17万元的收入。

同样得益于消费帮扶的还有哈萨克族牧民吐拉江。2022年底，受疫情影响，吐拉江家里的1000头羊和100头牛不知该销往何处，后来江宁援疆组为当地农产品开通专项客服通道，订单式送往江苏南京。短短一个月，吐拉江家里的牛羊销售一空，大大提振了包括他在内的牧民们的养殖信心。

“我们全心全意当好‘业务员’，注重产业支持，结合地方产业现状和产品出疆物流成本较高实际，设立产业引导资金400万元，用于消费帮扶物流费用补贴、消费帮扶渠道建设、产业基础设施建设等，助力产业培育和企业稳步发展。”南京市江宁区融媒体中心原采集中心主任、援疆干部华勇介绍，江宁区第十批援疆组进疆后，坚持市场援疆，以牛羊节为突破口，打出消费帮扶“组合拳”，全力推销特克斯农牧产品。三年来，援疆组累计帮助销售牛羊肉、农产品过亿元，将特克斯县科润源农牧业发展有限公司培育成为规上企业，并推动其扩建扩产。江宁消费帮扶还入选了“2022年全国消费帮扶助力乡村振兴典型案例”。

经济“小组团”撬动发展“大动能”

从“拿地即开工”到“竣工即登记”，优化营商环境的“江苏速度”在伊犁州奎屯市结出硕果。在徐州（奎屯）科技产业园内，辉达装配式建筑公司正抓紧赶制新一批装配材料。据公司负责人透露，他们是2022年5月份与产业园正式签约，拿地即开工，从厂房搭建到投入生产不到一年时间，目前正在试生产阶段。

“我们第十批徐州工作组努力把经济‘小组团’打造成为奎屯经济发展的‘助推器’、人才培养的‘孵化器’和干部人才援疆项目实施的‘样板田’。”徐州援疆干部、奎屯—独山子经济技术开发区规划建设局副局长陈晓新介绍，徐州援疆工作组到奎屯市后，把推动园区建设作为产业援疆的重要载体，全力推进徐州（奎屯）科技产业园、江苏援疆（徐州）产业园建设，推动一批重大项目落地建设。

江苏援疆（徐州）产业园占地800亩，总建筑面积25万平方米，于2022年底全部交付使用，已有赛诚科技等10余家企业落户。徐州（奎屯）科技产业园于2022年3月正式开工建设，一期占地400亩，目前已签约企业25家，基本建成厂房18栋；二期占地600亩，基础配套建设与招商工作正同步展开；三期建设工作也将有序推进。科技产业园建成后，入园企业将达100家，产值约100亿，将带动就业3000余人。

“根据第八次全国对口支援新疆工作会议精神，省前指高度重视产业援疆和促进就业工作，积极采取有效措施，坚持把产业带动就业放在首要位置，积极促进群众就地就近就业，最大限度地促进各族群众稳定就业与脱贫致富。”第十批江苏对口支援伊犁州前方指挥部党委书记、总指挥朱斌介绍，三年来，援疆系统累计招商签约落地项目225个，到位资金172亿元，为伊犁招商引资工作连续三年排名全疆第一作出了积极贡献。

1000多个日日夜夜，第十批江苏对口支援伊犁州前方指挥部团结带领援疆干部人才，对口支援伊犁州直11个县市和兵团四师、七师2市29个团场，推动发展、改善民生、凝聚人心，克服疫情影响、创新机制举措，努力打造民族团结工程，安排援疆项目696个、投入援疆资金62.1亿元，扎实推动援疆工作走在全国前列。

（2023年4月14日中国江苏网）

【链接】万山作证，“苏”写援疆大爱——江苏省第十批对口支援克州工作纪实

2020年，第十批江苏省援疆干部人才跨越千山，来到新疆维吾尔自治区克孜勒苏柯尔克孜自治州。他们坚持以习近平新时代中国特色社会主义思想为指导，深入贯彻新时代党的治疆方略，发扬“忠诚、爱边、创新、实干、坚韧、率先”的精神，奋力书写江苏援疆新答卷。

强边固防，真情建设和美家园

在位于帕米尔高原北部的乌恰县，独特地理环境带来水质偏碱性、矿物质含量高，当地人肾结石等疾病高发。常州援疆工作组争取援疆资金1440万元，率先为全县所有学校配备净水、安全直饮水系统，对学校生活用水管道进行改造，当地学生的结石病发病率明显下降。“第一次感觉到水是甜的！”回忆起第一次使用直饮水系统，黑孜苇乡中学7年级学生阿依达娜·卡特力江说。

3年间，江苏援疆克州前方指挥部聚焦高原高寒边境一线助力强边固防，先后投入1.9亿元支持一批抵边村基本公共服务设施建设。为全州抵边村1130户“三类”困难户和818名残疾人办理综合保险，为预防其返贫加装一道“保险杠”。投入9900多万元支持完善边境基础设施，开展“江苏情”系列慰问活动，为在抵边村工作的教师、医生及护边员送去温暖。投入3.7亿元，支持受援地儿童福利院、城乡区域交通、饮水安全、供气供暖、高原防洪、电力通信以及农贸集市、应急避险中心等与群众生产生活息息相关的民生项目建设。

阿合奇县哈拉布拉克乡平均海拔3000多米，畜牧业是当地牧民赖以生存的支柱产业。今年3月，无锡援疆工作组推动援建的哈拉布拉克乡“江苏情·集体帮扶农场”项目正式挂牌。该项目采取“党建引领+集体经营+群众分红”发展模式，借助援疆人才、技术、资金优势，让边民足不出户便能享受到畜牧业发展红利。

3年间，江苏援疆克州前方指挥部务实推动巩固拓展脱贫攻坚成果与乡村振兴有效衔接。建成州柯尔克孜羊良繁中心，在阿图什市昂额孜村、谢依提村等地建成13个现代化“江苏情·集体帮扶农场”，打造“1+13”克州江苏畜牧示范园体系。实施柯药种植加工、沙棘及白蒜规模化扩种等14个乡村振兴项目，完成无花果种植、棉花保险“连心券”等精准扶贫项目。持续开展消费帮扶，支持克州供销社建设3个农村基层站点，扶持“遇见新疆”销售平台在江苏新建20个门店、“寻味新疆”增设8家直营店，促进克州农副产品销售。

勇于探索，不断激发发展动能

传统的“飞地经济”模式，是从发达地区

"飞向"欠发达地区。无锡援疆工作组积极推进"逆向飞地"新模式，在交通区位条件、人力资源条件相对较好的阿图什市，依托克州江苏产业园建设无锡阿合奇工业园，以劳动密集产业为主攻方向，重点面向长三角地区宣传阿合奇及克州产业政策，加大招商引资力度。如今，"飞地经济"成为阿合奇经济高质量发展的新引擎，4座标准化厂房已开工建设。2022年4月，无锡国风车业成为首个在阿合奇落地的无锡产业项目。

3年间，江苏援疆克州前方指挥部大力创新园区发展模式。积极推动成立克州江苏产业园，采用"飞地园区"机制整合阿图什市昆山产业园、乌恰县常州产业园、阿合奇县无锡产业园，形成"1+3"园区经济发展新框架。推动口岸园区建设，协调上合组织（连云港）国际物流园与克州伊尔克什坦口岸园区开展公铁联运合作，促成无锡市、连云港市与克州全面深化经贸合作。动员援疆干部人才发挥自身优势，充分发挥前后方协会商会、专业招商公司、入园企业、平台公司等第三方作用，通过多种方式开展招商活动。推动出台并落实入园企业奖补政策，支持特色产业发展，启动建设克州江苏现代农业示范园。以江苏省农科院和新疆农大专业技术团队为依托，支持建设克州柯尔克孜羊种质资源保护研究院。推进克州盐碱地改良耐盐品种选育项目，高标准建设良种示范田、高产田。

打通堵点，多方推动民生建设

2022年6月，新疆克州人民医院与江苏省人民医院成功连线，使用全国产化"图迈"机器人共同完成首例5G超远程机器人辅助下腹腔镜手术，实现一场跨越约5000公里的健康接力。

如今，利用5G技术，克州患者在家门口就能享受到江苏知名专家的服务。不久前，在江苏援疆医疗队推动下，国家级"江苏援疆'模式交互型'互联网医院社会管理和公共服务综合标准化试点"正式落户克州人民医院。

3年间，江苏援疆克州前方指挥部着力打造"组团式"医疗援疆品牌。通过支持医院重点专科建设、构建急危重症医疗救治体系、优化师徒帮带机制、组建纵向医联体和远程医疗协作网、开展巡回义诊等，提升受援医院综合实力。支持利用5G和机器人技术开展远程问诊、远程检查、远程手术，实施"克州挂号、江苏看病"148例、5G远程眼科手术40例、5G远程机器人超声引导下经皮肾穿刺碎石取石术25例、5G远程泌尿外科手术21例。协调江苏9家省属医院，通过5G技术与克州县、乡、村三级卫生机构互联互通，初步建成以州人民医院为中心的远程医疗"9+1+4+N+N"框架体系，远程手术案例获世界5G大会二等奖。

2022年9月，阿图什市松他克镇的穆凯代斯·木特力甫来到阿图什市中等职业技术学校报到，成为该校首批新生之一。参观充满现代气息的综合教学楼、实训车间、学生宿舍、报告厅、学生食堂时，她连连惊叹："新学校，亚克西！"

为加快培养当地紧缺的现代产业技术人才，在昆山援疆工作组多方协调推动下，2020年5月，投入援疆资金近8000万元的阿图什市中等职业技术学校破土动工，并于2022年7月挂牌招生，填补了该市中等职业教育的空白。

3年间，江苏援疆克州前方指挥部着力推动文化教育事业发展。先后实施克州教育优质均衡发展、克州职业技术学院质量建设、克州技工学校质量提升项目，极大改善克州办学条件。集中江苏援疆教师对5所克州中小学开展"组团式"支援，分别增挂江苏实验学校牌子，其中克州二中挂牌一年间，高考升学率同比增长44.87%。开通抵边村"空中课堂"，将江苏援疆教师课堂同步直播到抵边乡村的12所小学。

固本培元，铸牢中华民族共同体意识

3月18日至23日，克州原创少数民族大型歌舞剧《玛纳斯》作为2023年“全国民族地区艺术院团晋京展演”首台剧目，在北京连演4场。而这背后，是所有演职人员的辛苦付出，以及江苏援疆克州前方指挥部的倾情支持。

长期以来，江苏援疆克州前方指挥部大力推进文化润疆工作。在整理已有民族史诗《玛纳斯》资料基础上，融入现代文化元素，以当地演员为主，多方联合创排原生态、现代版歌舞剧《玛纳斯》。该剧生动讲述英雄玛纳斯及其七代子孙前仆后继、保卫家园的故事。

3年间，江苏援疆克州前方指挥部扎实构建铸牢中华民族共同体意识基层工作体系。投入350万元在前指和3个前方工作组联系的行政村，以及“组团式”对口支援的医院、学校等35个基层单位，开展“石榴籽家园”建设试点。推动克州州级单位与江苏省省级机关、县级单位与江苏支援城市市级单位以及医院、学校、文化单位之间广泛结对共建，形成“三交”工作基本格局。推进36个苏南地区全国综合实力千强镇结对帮扶克州30个乡镇，做到江苏对口支援的两县一市所有乡镇全覆盖。选树20家苏克交往交流交融示范单位，促进两地干部群众双向互动。持续深化“苏克一家亲石榴计划”“健康克州行”等7项工作。开展“‘关爱克州师生，促进民族团结’系列活动”，实施“走边防、抗高反、送安眠”、“1+N”文化润疆等项目。深化开展“科技援克、科创克州”、“苏克教育‘暖心行动’‘携手行动’”、苏克青少年学生“手拉手·结对子”“同上一堂课、同唱一首歌”等项目，引导各族学生铸牢中华民族共同体意识。

（2023年4月19日《新华日报》）

【链接】江苏“组团式”医疗援疆托举克州人民“健康梦”

州人民医院用6年时间完成了从“老破小”到三甲医院的华丽转身，江苏和克州两地医护人员共同探索，着力解决医疗人才短缺、医疗物资匮乏、医疗技术滞后、群众看病难等问题，为克州医疗卫生事业注入强劲动力，基本实现“常见病、多发病就地解决”的目标。

“伏枥创新”聚资源

2022年，南疆首台微创手术机器人落户州人民医院，外科医生通过操控机械臂，进行复杂的手术，现已应用于泌尿外科、妇科、胸外科及普通外科手术，提高了手术精准度及安全性，使州人民医院迈出了精准化治疗领域“里程碑”的一步。

克州高度重视“组团式”医疗援疆工作，加强顶层设计，给予援疆医疗人才充分信任，大胆选用有管理经验的援疆医疗人才担任医院院长、副院长，其他骨干人员担任科室主任或首席专家，任实职、分实工、担实责，全面参与重点学科建设、重要科研项目攻关和医院管理决策，在医院综合管理、制度建设、学科建设等方面发挥了重要作用。

在援助方式上，江苏确立了“输血式”援疆、“组团式”援疆、“集体作战”的援助理念，研究制定“院包科”计划，从江苏省人民医院、苏州大学附属第一医院、南京医科大学第二附属医院、江苏省中西医结合医院等9个省属三甲医院，先后选派94名医疗骨干，重点结对帮扶急诊、麻醉手术、妇科、消化、心脏、普外、肿瘤、介入、肾病等12大科室，通过“团队带团队”“科室对科室”的方式，引入先进管理理念、提升医疗服务能力、逐步健全诊疗科目。

在硬件支援上，江苏前指每年安排医疗人才“组团式”援疆专项资金800万元用于支持州人民医院硬件建设，投入援疆资金2亿元建设克州医养结合健康扶贫养老中心，对爱婴病房、急诊重症病房进行改造提升，打造柯尔克孜民族医药研究院。医院编制床位、固定资产、员工总数均翻倍增长。现有血管造影介入治疗系统、小型C型臂、飞利浦CT、西门子双源CT、全自动生化分析仪等百万元以上大型医疗设备40多台（件）。

“授之以渔”育英才

“来到江苏省人民医院仅三个月，在导师和带教老师的帮助下，我在脑动脉瘤夹闭术、颅底肿瘤切除术方面有了质的提升，我将倍加珍惜接下来七个月的进修时间，把技术学扎实，回克州后为患者贡献自己的全部力量。”在江苏省人民医院进修的州人民医院神经外科医生阿塔吾拉·图尔逊说。从2016年江苏“组团式”援疆工作开展以来，赴江苏培训、进修的本地医护人员共有100余人，其中不少人已经2次进修，学成归来后成为本地专业领域的行家里手。

“要从根本上解决本地医疗卫生事业的瓶颈，最有效的策略就是提升当地医护人员的能力水平，这才是长久之计。”江苏省人民医院副院长、州人民医院院长宋宁宏说。

江苏“组团式”援疆团队不断探索、创新医疗人才培养方式，开展“院包科”“师带徒”、团队带团队等培养模式。先后有20名专家与71名当地医生结成对子，帮带本地医务人员改善知识结构、提升岗位技能。6年来，帮带“师徒”合作开展新技术新项目、填补当地技术空白189项。

在此基础上，致力于本地高端医疗人才培养，励建安、阮长耿、沈洪兵、王学浩、顾晓松5个“院士工作站”先后落户州人民医院，邀请16位知名专家担任首席专家，传播医学先进理念、前沿技术和宝贵经验，累计举办学术讲座300余场次，开展重要手术136台次。

自“组团式”医疗援疆开展以来，成功培养本地重点人才16名，成功申请7项自治区科研项目，获批自治区自然基金项目3项，平均每年获得自治州级科研项目15项，SCI论文超10篇，核心期刊发表论文21篇，一批带不走的医疗人才队伍正在快速发展壮大。

“初心如磐”惠民生

阿图什市吐古买提乡玛依丹村距州人民医院路途较远，群众到医院看病不容易，因此援疆医疗专家团队去了62次，每次去之前，村民们都会早早来到村卫生室等待。

为有效解决困难群众看病难、看病贵问题，江苏“组团式”医疗团队开展了多项惠民工程，让克州患者实现足不出户即可享受高效优质的医疗服务。

针对克州先天性心脏病高发的现状，大力实施“心明眼亮”工程，由援疆资金兜底为家庭困难的先天性心脏病患者和白内障患者免费治疗。截至目前，已顺利开展27期，救治817名患者，成功为619名眼病患者送去光明，为198名心脏病患者成功“修心”，患者医疗费用由数万元下降到完全免费，受益群体从克州扩大到喀什地区。

开展“银发援疆”活动，选派江苏国内知名退休医疗专家35名，为患者手术20台次，带教示教486人次，到乡村一线开展门诊、义诊活动惠及4000余人次。组织援疆专家走遍边远牧区和边境哨所，开展“江苏医疗大巴扎”“春蕾行动”，为群众和守边战士义诊80余次，并广泛开展儿童先天性心脏病、妇女宫颈癌筛查活动，累计捐赠6.3万余元药品，惠及3800余名克州百姓，实现医疗专家和患者之间真正“零距离”。自“组团式”援疆工作开展以来，三批次94名援疆医生共同美好愿景正成为现实。

（原文刊载于2022年3月17日《克孜勒苏日报》，本文有删节）

【链接】江苏援疆在帕米尔高原上绘就乡村振兴新画卷

行走在“万山之州”克州，除了连绵不断的群山、苍茫无际的戈壁，最让人印象深刻的还是随处可见的笑脸——走出大山搬入新居的一家人其乐融融，种植园内擦拭汗水的柯族大爷收获着喜悦，无花果树下奔跑的小朋友朝气蓬勃……踏上新征程，江苏援疆克州前方指挥部不断巩固拓展克州脱贫攻坚成果，在推动乡村振兴工作中迈出坚实步伐。

精耕细作让高原薄土“生金”

7月15日中午，阿图什市哈拉峻乡坎阿热力村“柯药创新园”，70岁的加汗巴依·斯提木胡里正在为黄蜀葵除草、施肥。今年5月底，第一批百亩黄蜀葵刚刚种下，加汗巴依也从牧羊人变成种植园工人。“骑电动车5分钟就到园子，一个月挣4000元，放在过去哪敢想?”看着嫩绿的黄蜀葵幼苗，笑容爬上了老人满是汗水的脸庞。

坎阿热力村村干部王军帅介绍，黄蜀葵具有很高的药用价值，亩产值可达3000多元，是传统农作物的3倍多。在援疆干部的牵线下，江苏苏中药业集团与这个边疆小山村结缘，联手将这朵“致富花”种在帕米尔高原上。该项目总投资705万元，今年首批试验种植100亩，明年预计在全村870亩耕地上全面推开，预计每亩可增收2000余元。

推进乡村振兴，产业振兴是关键。在克州，谷地、盆地遍布山间，山地占全州面积的90%，平地显得十分珍贵。如何解决“一方水土难养一方人”？两年多来，江苏援疆克州前指在精耕细作上做文章，投入约1.9亿元引入边境片区牛羊交易市场、无花果新品培育智能温室大棚、沙棘白蒜种植等21个乡村产业振兴项目。

深耕土地提质增效的同时，农业产业链也在不断延长。发展得好的项目，已经能够打通一二三产业，做到特色种植、精细加工、乡村旅游相结合，木纳格葡萄便是一例。

6月下旬，阿图什市阿扎克乡产业一条街两侧，成片的木纳格葡萄已经坐果，酝酿着丰收的希望。阿扎克乡布亚买提村村民努尔买买提·孜比不拉坐在自家厂房里，正为葡萄收购做准备。在昆山援疆工作组的支持帮助下，公司去年收购新鲜葡萄1200吨，生产葡萄干200多吨。今年，上海、江苏等地的订单早早就来了，仅这一项就让公司产值增加200多万元。而在这条街上，围绕木纳格葡萄的种植、收获、销售，当地农户共注册成立20多家企业，一年总产值超亿元。

易地搬迁“搬”出幸福新生活

位于战备国道219沿线的克孜勒陶新村年龄只有“1岁”，是抵边乡村环境整治项目实施后诞生的一个新村。58岁的斯拉依力·居马的家就在这里，大伙儿纷纷聚在他家，谈天说地、笑声不断。

“村民们都说，这一搬，生活跨越了几十年。”对过去贫苦的日子，斯拉依力·居马刻骨铭心。搬迁前，群山包围的克孜勒陶村“种地没有土、放牧没有草、出门绕山跑”，村民住的是石窝子、土坯房，喝的是河坝水。“寒冬腊月最是难熬，泥巴房子四处漏风，手脸冻得通红，全家人只能围坐在土炕上。”搬迁后，村民们住上宽敞明亮的富民安居房，厨房、卫生间，家具、电器等一应俱全，院里种菜种果，屋后鸡羊满圈，日子越过越红火。

两年多来，江苏援疆克州前指投入1.6亿元对一批抵边村试点开展人居环境整治，帮助提升改造民房3000余户。同时，随着乡镇供暖改造、生活垃圾处理、数字乡村建设等一批援疆民生项目的稳步推进，乡村基础设施、公共服务短板被不断补齐，出行难、用电难、用水难等长期制约边疆地区发展的瓶颈也被一一破解。

为了让群众"搬得出、稳得住、能致富"，江苏援疆克州前指在13个经济薄弱村投入6500万元建设"江苏情·帮扶农场"，探索建立防止返贫帮扶机制，带动120个低收入家庭户年均增收2万余元，每个村集体年增收15万元。

开发乡村旅游让美景变"钱景"

走进阿图什市阿孜汗村馕文化巷，仿佛进入"时光隧道"，长长的立体墙绘静静诉说着馕的故事，吸引不少游客驻足观看。在巷子深处的吾孜克仁达西打馕部，库尔班江·买买提正在馕坑前忙碌，一锅金黄的窝窝馕即将出炉。"我家三代打馕，手艺就这样一代代传了下来。"随着阿孜汗村的名气越来越响，库尔班江的打馕部也成了"网红打卡地"。

阿孜汗村紧靠博古孜河，交通便捷，区位优越，村里的无花果久负盛名。在江苏援疆克州前指的统筹指导下，昆山援疆工作组深挖当地特色资源，以"仙果新乡村、幸福阿孜汗"为主题，分步骤开展综合环境提升及特色风貌改造，先后完成安居尔广场、木栈道步行环线、游客服务中心、沿街民房立面改造、馕文化巷、石榴园、百岁园等项目。

村子美了，游客纷至沓来。去年阿孜汗村的游客量达10万人次，比2020年增加4倍，还被评为2021年中国美丽休闲乡村和国家3A级旅游景区。村民艾拉·赛买提经营的尼罗餐厅，最多时有近百人同时就餐。"现在村里环境好了，旅游的人多了，生意也越来越红火。"

乘着江苏援疆的东风，越来越多的美丽乡村在帕米尔高原上绽放。江苏援疆克州前指把"一村一品"乡村建设思路引入克州，打造一批乡村环境整治省级示范项目。越来越立体的乡村振兴图景，让克州百姓直呼"日子越过越有盼头了，江苏援疆亚克西"。

（2022年7月28日《新华日报》）

【链接】巍巍天山下　浓浓苏克情——民生援疆增进百姓福祉

7月15日，在乌恰县人民医院，记者见到了82岁的"白衣圣人"吴登云。从热血青年到白鬓暮年，来自江苏高邮的吴老在边疆当了近60年医生，为牧民们送去健康和希望，如今仍坚持每天坐诊，"这里的老乡都熟悉我了，他们是病人，更是亲人"。

时光荏苒，真情不变。在新一轮江苏对口援疆工作中，保障和改善民生依然被放在优先位置。两年多来，江苏援克前方指挥部共实施民生类项目249个，投入援疆资金14.36亿元，占总援疆资金的89.28%，把党中央的关怀、江苏人民的深情厚谊送到克州人民心坎里。

7月19日11时30分，新疆克州人民医院手术室，一台特殊的5G超远程经皮穿刺肾镜取石手术正在进行。万里之外，江苏省人民医院超声医学科主任医师叶新华正通过5G网络远程机械臂，辅助援疆医生杨杰进行穿刺精准定位。不到1个小时，手术顺利完成。

这是江苏援疆医疗队在克州成功开展的第20例5G超远程机器人辅助腹腔镜手术。杨杰告诉记者，克州水质偏碱性、矿物质含量高，导致结石类疾病高发，过去做难度大一些的结石类微创手术，患者需要飞到乌鲁木齐甚至外省。"远程超声打破了时空界限，让医生的'手'伸得更'长'更'远'。"

乘着5G发展的东风，越来越多的克州人民在"家门口"就能享受到优质医疗服务。江苏"组团式"医疗援疆创新"智慧"医疗，促进江苏后方9家医院、克州人民医院、三县一市人民医院、各乡（镇）卫生院、各村卫生室"9+1+4+N+N"互联互通，构建州、县、乡、村四级远程医疗网络体系。"像一棵大树向下扎根一样，我们把互联网医院做深、做实，将江苏优质医疗资源向克州基层延伸，真正实现‘小病不出乡、大病不出州’。”克州人民医院院长、江苏“组团式”医疗援疆队队长宋宁宏说。

不仅边陲村庄的百姓享受到江苏优质医疗资源，克州江苏实验中学的师生们也获得江苏教育资源带来的新机遇。去年9月增挂“克州江苏实验中学”牌子的克州二中，在今年的高考中迎来历史性突破：本科上线率跃居全州第一，63人考上一本，其中4名学生的高考成绩进入全自治区前500名。

改变过去将援疆老师分散在各个学校的“老办法”，江苏援疆克州前指集中援疆教育资源，选择5所学校挂牌建设“克州江苏实验学校”，着力打造全州示范学校，通过以点带面提升克州教育教学水平。

克州二中高三（7）班的谢伊代·艾合买提，是这种模式的直接受益者之一。高二时，谢伊代的成绩还只处于中游，到了高三，在江苏老师的辅导帮助下，她的成绩突飞猛进，高考总分424分。28日晚，她在电话里兴奋地告诉记者，她已经被心仪已久的新疆医科大学临床医学专业录取啦！

由江苏援疆前指搭建的“空中课堂”，也让更多抵边村的孩子和老师同步享受江苏的优质教育资源。7月15日11时，乌恰县黑孜苇乡中学二楼教室内，全县75名老师正在聆听南京老师丁玉祥线上分享教务常规管理经验。对于今年5月刚被任命为乌恰县实验小学教导主任的陈海霞来说，这场教务教研培训就如同一场“及时雨”。听了5天课，陈海霞记下厚厚一沓笔记，“不同年龄段的老师如何分类管理、建立个性化档案，听完我心里有数了”。

如今行走在帕米尔高原上，无论是地处偏僻的山区村落，还是隐于绿洲的静谧小城，江苏援疆资金帮扶的民生项目几乎随处可见，两地心手相牵，民族情谊也愈加醇厚绵长。

再过一个月，阿合奇县乡村农贸综合市场就要开门迎客了，新鲜蔬菜和过去买不到的海鲜将“走”上当地老百姓的餐桌。阿合奇县市场监督管理局副局长王敏杰告诉记者，过去，由于阿合奇县人口较少、没有农贸市场，当地种植大户生产的蔬菜瓜果大多被集中运到100多公里之外的阿克苏，再由菜贩子运回本地销售，“几经转卖，不仅菜不新鲜了，菜价也跟着涨了几倍，疫情期间很多蔬菜甚至出现了断供”。为了保障当地群众的“菜篮子”，去年8月，无锡援疆工作组投入援疆资金1500万元配套当地专项资金，在阿合奇县启动乡村农贸综合市场项目建设。项目建成后，将能满足全县各族群众30天以上生活物资应急需求。

而在地处帕米尔高原北部的乌恰县，另一项民生工程——健康饮水项目，已惠及全县59所中小学、幼儿园的孩子们。黑孜苇乡中学校长哈尔地白克告诉记者，乌恰县的自来水硬度大、碱性高、杂质多、水质差，达不到直饮水标准，特别是春夏降水季，自来水十分浑浊，但当地学生受经济条件和生活习惯影响，带瓶装水的极少，该校过去每年都有10名左右学生患胆囊炎、结石类疾病。去年以来，常州援疆工作组投入援疆资金1440万元，为全县所有学校配备净水、安全直饮水系统，对学校生活用水管道进行改造。

（2022年7月29日《新华日报》）

第二节　干部人才培养

江苏在对口援疆工作中，始终将干部人才培养放在突出位置，坚持以受援地的发展需求为导向、以推进受援地扩大干部人才规模为基础、以协助受援地提升干部人才素质为核心、以促进受援地干部人才优化结构为主线，帮助受援地统筹干部人才队伍建设，不断提高受援地干部人才综合素质和工作能力，为受援地社会稳定和长治久安提供干部人才保证和智力支持。1997～2010年，累计帮助受援地培训人才5.8万人次，接收干部人才4500余人次到江苏挂职培训。2010年新一轮对口援疆工作开始后，江苏协助受援地制定人才培养规划，统筹推进受援地人才队伍建设；坚持“人才资源优先开发、人才结构优先调整、人才投资优先保证、人才制度优先创新”原则，明确干部人才工作资金不低于援疆资金总量的5%；通过委托培养、柔性引才、“走出去、请进来”培训、建立新疆人才培训基地等措施，持续加强党政干部、专业技术人才、企业经营管理人才、农村乡土人才、少数民族人才和富余劳动力培训培养，使他们快速增长知识、开拓视野、提升能力。

江苏援伊指挥部通过“江苏·伊犁大讲堂”“名家引智”“杏林春风”“青蓝工程”“江苏名医伊犁行”和“组团式”援助等措施，实施“六大人才培养工程”（强基固本管理人才、跨越发展经济人才、百年大计教育人才、普惠民生医务人才、就业富民实用人才和持续发展后备人才）。仅2011～2013年就举办培训近300场，培训人才18.17万人次。江苏援克指挥部探索形成科学化谋才、精细化育才、政策化引才、多元化用才、融合化成才的“五化一体”人才援疆机制，着力培育领军人才、骨干人才和后备人才，着力推进党政人才、企业经营管理人才、专业技术人才“三支队伍”建设；实施“帕米尔‘3123’人才培育计划”（3年时间培育100名领军人才、200名骨干人才、300名后备人才）和“‘双百’（100名专业技术人才、100名基层干部人才）青年紧缺人才引进计划”，优化干部人才队伍结构。

至2019年，江苏为受援地培训培养干部人才80万人次。受援地干部人才依法行政、科学发展、社会管理和服务群众水平大幅提升，干部人才结构持续优化，有力推动各项事业蓬勃发展。

一、干部人才发展规划

江苏坚持规划先行，逐年实施，全面推进干部人才培养培训工作，不断改善受援地人才结构，提升干部人才素质和能力。2010年新一轮对口援疆工作开始后，江苏援伊、援克指挥部针对受援地实际，分别编制《江苏省对口支援新疆伊犁州、农四师、农七师干部人才发展规划（2011～2020年）》《江苏省对口支援新疆克州干部人才发展规划（2011～2020年）》，明确人才援疆工作总体目标、主要任务和措施，并制定《江苏省对口支援伊犁州、农四师、农七师干部人才援疆工作实施方案（2011～2020年）》《江苏省对口支援克州干部人才援疆工作实施方案（2017～2019年）》等文件，推动规划落实。在规划实施过程中，江苏援克指挥部联合克州政府制定12个配套文件，形成“育、引、用”人才制度体系。同时，各市县援疆工作组和受援地制定相应人才规划和年度计划，形成长短结合、上下协调的人才发展规划体系。

附：

《江苏省对口支援新疆伊犁州、农四师、农七师干部人才发展规划（2011～2020年）》（摘要）

江苏省委、省政府高度重视干部人才援疆工作。1997年以来，先后派出7批援疆干部，实施了一大批援建项目，培训了一大批干部人才，不仅有力地促进了新疆经济社会发展和社会稳定，而且探索了江苏对口援疆的经验，为江苏省做好新一轮援疆工作奠定了坚实的基础。

未来十年，受援地区的人才资源总量要力争达到32万人、专业技术人才总量超过13万人、高技能人才达7万人。因此，做好新一轮援疆工作必须抓住机遇，应对挑战，把干部人才队伍建设作为强疆之基、发展之本、稳定之要，优先发展、优先投入，努力把干部人才援疆工作打造成整个援疆工作的品牌，努力把江苏省干部人才援疆工作打造成全国干部人才援疆工作的品牌，开创干部人才援疆工作新局面。

一、指导思想、基本原则和总体目标

（一）干部人才援疆工作的指导思想

坚持以邓小平理论和“三个代表”重要思想为指导，深入贯彻落实科学发展观，围绕新疆实现跨越发展、长治久安的战略目标，以受援地区的发展需求为导向、以推进受援地区扩大规模为基础、以协助受援地区提升素质为核心、以促进受援地区优化结构为主线，帮助受援地区统筹干部人才队伍建设，为全面做好对口支援工作，进一步巩固党的执政基础，加快建设繁荣富裕的社会主义新疆提供强有力的人才保证。

（二）干部人才援疆工作的基本原则

人才优先、引领发展。促进受援地区牢固确立干部人才优先发展的战略地位，坚持人才资源优先开发、人才结构优先调整、人才投资优先保证、人才制度优先创新，最大程度满足受援地区经济社会发展对干部人才的需求，引领经济社会跨越式发展。

突出重点、统筹推进。协助受援地区加强对重点领域、重点行业人才的引进、培养和使用工作，以高层次、高技能人才队伍建设为重点，整体推进受援地区各类人才队伍建设，优化干部人才队伍结构，促进各类人才均衡发展。

分类指导、协调发展。根据受援地区经济社会发展的不同阶段，区域、行业发展的不同要求，加强对受援地区的分类指导，协助受援地区建立各具特色的干部人才队伍管理体系和工作机制，促进受援地区干部人才的协调发展。

创新机制、激发活力。促进受援地区创新人才发展理念，优化人才发展方式，探索建立适应受援地区发展需要的干部人才引进、培养、使用新机制，最大程度地激发受援地区干部人才的创造活力，促进优秀人才向受援地区集聚。

互动并进、内生机制。着眼增强受援地区人才发展的内生动力，建立苏疆两地优势互补、资源共享的干部人才引进、培养、使用机制，提高受援地区干部人才的科学发展能力，实现受援地区干部人才的可持续发展。

（三）干部人才援疆工作的总体目标

到2015年，促进受援地区干部人才发展取得明显进步；到2020年，推动受援地区成为新疆地区优秀人才流动的重要选择地，受援地区的人才资源总量不断增加，每万人口拥有的人才数有明显提高，各类人才队伍的结构趋向更为合理，干部人才队伍的素质大幅提升。促进受援地区营造鼓励创新、支持创业、宽容失败的人才环境，形成人才资源培养、流动、评价、选拔、使用、激励、保障机制。

二、干部人才援疆工作的主要任务

（一）协助受援地区引进培养重点产业发展急需人才

围绕受援地区确定的主导产业、重点产业、优势产业的发展需求，协助受援地区引进和培养煤电煤化工、现代农业、民族医药、特色资源产业等领域急需的紧缺人才。

主要举措：协助受援地区加强产业、行业人才发展规划和分类指导，开展人才需求预测，定期发布急需紧缺人才目录。充分利用江苏的高校资源，帮助受援地区优化职业技术学校学科专业设置，完善重点产业和领域人才培养体系。协助受援地区组织实施重点产业人才开发工程，加大新兴产业人才引进和培养力度。推动受援地区制定鼓励人才创新创业的优惠政策，引导各类人才向重点产业集聚。

（二）协助受援地区开发社会发展重点领域紧缺人才

协助受援地区加强科技、教育、医疗卫生等重点领域的人才开发，培养造就一支职业化、专业化的社会发展人才队伍。

主要举措：依托江苏高校、科研院所和医疗卫生等机构，采取合作培养、项目引领、定向培养或在职培训等方式，协助受援地区开发社会事业发展重点领域的紧缺人才，创新社会工作人才管理体制机制，协助受援地区制定社会工作培训质量评估指标体系，不断扩大社会工作人才队伍总量，提高社会工作人才队伍素质，优化社会工作人才队伍结构。

（三）协助受援地区重点推进“三支队伍”建设

协助受援地区在统筹推进党政人才、企业经营管理人才、专业技术人才、高技能人才、农村实用人才和社会工作人才6支人才队伍建设的同时，重点推动“三支队伍”建设。

1. 党政人才队伍建设。适应受援地区经济社会跨越式发展和长治久安的需要，帮助受援地区提高领导水平和执政能力，建设一支眼界宽、思路宽、胸襟宽的高素质党政人才队伍。

主要举措：协助受援地区组织实施党政人才素质提升工程和“双带”型基层干部人才工程。采取省对州（师）、市对县（团场）、县对乡“双向挂职”的方式，全方位加强两地的干部人才交流；通过两地培训、在线学习、基地教育等方式，协助受援地区大规模开展党政干部教育培训，全面提升受援地区干部人才的综合素质和发展能力。

2. 企业经营管理人才队伍建设。适应受援地区产业结构优化升级和实施“走出去”战略的需要，帮助受援地区提高企业经营管理人才市场开拓能力、竞争能力和现代经营管理水平，加快培养造就一支职业化、现代化、懂经营、善管理的优秀企业家队伍。

主要举措：协助受援地区组织实施企业家培育工程。依托江苏知名企业、高水平大学和高层次人才创新创业基地，通过跟班学习、见习锻炼、专项培训等方式，加强企业经营管理人才培训，全面提升受援地区企业管理人才队伍的整体素质。

3. 专业技术人才队伍建设。适应受援地区经济社会发展需要，以提高专业技术人员专业水平和创新能力为核心，以培养引进高层次人才和紧缺人才为重点，推动受援地区打造一支数量充足、素质优良、结构合理的专业技术人才队伍。

主要举措：协助受援地区组织实施专业技术领军人才工程和师资队伍建设工程。通过“引才”与“引智”相结合、项目与人才相结合，采取“专家+团队”“项目+团队”

等多种形式，进一步扩大专业技术人才队伍规模，提高专业技术人才的创新能力和业务水平。

三、干部人才援疆工作的重点人才工程

（一）协助开展高层次人才引进工程

协助受援地区围绕经济社会发展战略目标，依托各类创新创业载体和重点项目，通过核心团队带动、项目合作等方式，分层次、有计划地帮助受援地区引进各类高层次人才。

（二）协助开展党政人才素质提升工程

围绕受援地区党政人才队伍建设需要，充分利用江苏党政人才教育培训资源，采取“请进来”与“走出去”相结合、培训与挂职相结合等方式，帮助受援地区培训党政人才。

（三）协助做好重点产业人才开发工程

适应受援地区重点产业发展需求，帮助建设一批产业基地，制定优惠政策，引导和鼓励江苏高校、科研院所的高层次人才向重点产业集聚；帮助受援地区引进重点产业发展急需人才。帮助受援地区在煤电煤化工、农牧机械、现代农业、物流商贸、生态文化旅游、民族医药等重点领域培养各类骨干人才。

（四）协助开展企业家培育工程

着眼于大力提升受援地区经济发展水平，以激励人才创新创业为导向，拓宽苏疆合作培养渠道，加强科技人才的集成支持，建立多元化的创业风险投资体系，协助受援地区培育一批勇于创新、敢于创业、具有一定自主创新和经营管理能力的企业家队伍。

（五）协助开展专业技术领军人才培养工程

围绕提升受援地区的自主创新能力，以提升综合素质为核心，协助受援地区对具有培养潜质的中青年人才进行基础性培养和战略性开发，通过项目资助、结对培养、赴苏深造等举措，培养一批能推动区域和行业发展的优秀专业技术带头人。

（六）协助开展师资队伍建设工程

协助受援地区不断加强师资队伍建设，通过选拔优秀在职教师脱产到江苏省进行学习、选派江苏优秀师资到受援地区对中小学教师进行就地培训、开展网络培训等形式，促进受援地区教学水平的提高。

（七）协助开展高技能人才培养工程

围绕受援地区产业发展，以提升职业素质和职业技能为核心，协助受援地区完善以企业为主体、学校教育与企业培养相结合、政府推动与社会支持相结合的高技能人才培养培训体系，推动建设一批高质量的技能人才培训基地，加快造就一批结构合理、技艺精湛的高技能人才。

（八）协助开展人才基层集聚工程

着眼于优化受援地区的人才结构，协助受援地区进一步整合资源，加大政策引导和待遇激励，推动高等院校、科研院所的人才和科研成果向基层和经济发展一线集聚。协助受援地区制定鼓励毕业生面向基层就业的优惠政策，鼓励优秀高校毕业生到农村基层任职；鼓励委派青年志愿者、大学实习生以及各类人才到基层开展“支医、支农、支教”工作。

（九）协助开展“双带”型基层干部培养工程

着眼于加强受援地区基层组织建设，完善激励保障机制，依托华西新农村建设基地、昆山全面小康建设基地、常熟现代农业示范基地等培训基地，通过开展双向培训、跟班学习、实践锻炼等方式，为受援地区培养一批能够带头致富、能够带领群众共同致富的“双带”型基层干部。

（十）协助开展劳动力转移培训工程

围绕受援地区的就业扶持政策，协助受援地区开展农业富余劳动力的技能培训，引领他们在当地农牧业现代化中转移就业。协助受援地区积极发掘就业岗位，大力开展城镇待业人员、农村富余劳动力、初高中毕业生和未就业普通高校毕业生的就地订单式培训或到江苏省的深造培训和见习；协助受援地区地方政府有组织地选派一定数量有技能专长的人员到江苏就业。

干部人才援疆工作目标分解表

项　目	单位	2015 年	2020 年	年均
一、赴苏培训、挂职	人次	3450	6900	690
党政人才培训、挂职	人	1000	2000	200
企业经营管理人才培训	人	250	500	50
专业技术学科带头人深造	人	50	100	10
专业技术骨干培训	人	2000	4000	400
其中：教育	人	1000	2000	200
卫生	人	500	1000	100
农村富余劳动力培训	人	150	300	30
二、就地培训	人次	6000	12000	1200
党政人才	人	2500	5000	500

续表

项　目	单位	2015 年	2020 年	年均
其中："双带"型基层干部	人	500	1000	100
企业经营管理人才	人	500	1000	100
师资队伍	人	1000	2000	200
医疗卫生人员	人	500	1000	100
"两后生"等农村富余劳动力	人	1500	3000	300
三、人才奖励（两年一次）	万元	—	—	250

四、干部人才援疆工作的重要举措

协助做好引导和鼓励人才创新创业政策的制定。协助受援地区制定在资金扶持、税费减免、科技支持等方面的优惠政策，完善知识产权、技术等要素作为资本参股的政策措施，支持和鼓励各类人才创办企业。在干部人才援疆工作资金中，设立人才专项奖励资金，用于对优秀创新企业、优秀创业人才、优秀创业项目的奖励；鼓励受援地区发展各类创投机构，为各类人才创新创业提供投融资服务。

协助做好柔性引才政策的制定。协助受援地区按照"不求所有，但求所用"的原则，通过智力入股、兼职兼薪、成果推广转化、特聘岗位等各种形式，鼓励有关单位通过科技项目联合攻关、咨询论证、技术引进、讲学等方式，建立人才柔性流动的渠道。协助引进一些重点产业、重点项目、重点学科急需的各类人才智力，做到"引才"与"引智"紧密结合。

协助做好高层次人才引进政策的制定。协助受援地区对急需的高层次人才、紧缺人才制定有关优惠政策，畅通引进人才"绿色通道"，简化人才引进手续。

协助做好人才奖励政策的制定。协助受援地区设立各类干部人才奖项，对作出突出贡献的专家、学者和为当地经济建设和社会进步事业作出显著成绩的各类人才进行表彰奖励，充分发挥经济利益和社会价值双重激励的作用。帮助建立以体现人才价值为导向的分配激励机制、薪酬制度、兼职兼薪制度以及技术、专利入股参与分配制度等。每年从干部人才援疆工作资金中，安排5%作为"人才奖励资金"，专门提供给优秀创新企业和创业项目作为启动资助和人才奖励。

协助建立"人才特区"。协助受援地区依托霍尔果斯特殊经济区建设，创新人才发展体制机制，集成优化区域科技扶持政策，发挥好创业投资引导资金、科技发展专项资金、担保资金的作用，建设人才引进的"政策洼地"、人才发展的"创业宝地"。

协助做好人才创新创业平台建设。协助受援地区依托各类开发园区建立科技研发机构和科技企业孵化器，着力打造技术公共服务、技术成果交易、创新创业融资服务和社会化人才服务的平台；鼓励和支持重点企业建立院士工作站、企业工程中心等创新平台；帮助建设一批产业示范基地和技术服务示范平台；引导和鼓励高校、科研院所与企业共建各类研发平台。

创新干部人才援疆模式。建立“援疆人才+受援地干部人才”“人才+项目+资金”“专家+团队”等模式，探索专业团队、股权合作、技术参股等多元化援疆方式。

协助构建干部人才培养教育基地。发挥江苏高校、企业、科研机构等资源优势，建立院校培养基地、企业培养基地、科研院所培养基地。利用江苏干部人才在线教育培训资源，与受援地区的人才培训网络教育平台对接，实现培训资源共享。

构筑干部人才全面合作平台。以“苏疆心连心、一家亲，手牵手、共发展”为主题，组织实施江苏与受援地区校、院、所、企、区之间的“连心”“牵手”工程，打造干部人才、创业项目、产业研发、扶贫帮困等全方位援助合作提升平台，适时组织“江苏专家伊犁行”等大型活动，为受援地区经济社会发展提供决策咨询，构建校企、校地合作的优势平台。

五、干部人才援疆工作的保障措施

干部人才援疆资金优先保证政策。在对口援疆中，确保干部人才工作的资金占援疆资金总量的5%，统筹用于干部人才引进、培养、使用和奖励。

加强干部人才援疆工作的组织领导。在苏疆两地党委、政府的领导下，江苏省对口支援新疆伊犁州前方指挥部和受援地区负责本规划的组织实施、统筹协调和宏观指导。各地各部门按照责任分工，坚持分级管理、分类指导的原则，制定具体的实施办法，分解细化规划确定的具体目标任务，确保规划的各项任务落到实处。

建立干部人才援疆工作的考核和绩效评估机制。制定规划实施情况的监控指标体系，组织开展中期评估，三年一轮组织开展干部人才引进、培养、使用工作的跟踪考核和效果评估，适时进行动态调整。建立规划实施情况的定期报告制度和考核制度，确保规划有效实施。

营造良好的舆论氛围。广泛宣传干部人才援疆工作的重大意义、目标任务和重大举措，宣传人才引进、培养、使用的相关政策措施，推广各地各行业引进、培养、使用人才方面的成功经验、典型案例，加大对作出突出贡献人才的宣传力度，进一步营造全社会关心、支持干部人才援疆工作的舆论氛围。

附：

《江苏省对口支援新疆克州干部人才发展规划（2011～2020年）》（摘要）

目前，克州人才资源总量33835人，其中党政人才7293人、企业经营管理人才600人、专业技术人才18898人；具有高级专业技术职称或研究生学历的高层次人才969人；每万人口拥有人才数642人。2009年，人才贡献率11%。与新疆发展的新形势、新任务的要求相比，克州干部人才发展还存在一些不相适应的地方：人才资源总量相对不足，人才队伍结构仍不尽合理，人才整体素质仍然偏低，特别是高素质人才极为缺乏，人才投入严重不足，人才发展环境急需改善，人才大量流失与人才引进困难并存等。

未来十年，新疆将进入一个新的历史发展阶段，是落实中央西部大开发和区域共同发展的重要时期，也是克州全面建设小康社会的重要时期。面对发展和稳定的重大机遇和挑战，必须大力实施干部人才强州战略，把干部人才队伍建设作为强州之基、发展之本、和谐之要，摆上特别突出的位置，科学规划、重点突破、整体推进，开创克州地区干部人才援疆的新局面。

一、指导思想、基本原则和战略目标

（一）指导思想

坚持以邓小平理论和"三个代表"重要思想为指导，深入贯彻落实科学发展观，牢牢把握江苏省对口支援新疆的优势和历史机遇，坚持江苏与新疆"心连心、一家亲，手牵手、共发展"，解放思想、解放人才、解放科技生产力，以高层次领军人才为突破点，以发展需求为导向、以扩大规模为基础、以提升素质为核心、以优化结构为主线，统筹干部人才队伍建设，为全面做好对口支援新疆工作，进一步巩固党的执政基础，加快建设繁荣富裕的社会主义新疆提供强有力的人才保证。

（二）基本原则

人才优先、引领发展。牢固确立人才优先发展的战略地位，坚持人才资源优先开发、人才结构优先调整、人才投资优先保证、人才制度优先创新，最大程度满足克州经济社会发展对人才的需求，引领经济社会跨越式发展。

突出重点、统筹推进。加强克州重点领域、重点行业人才的引进、培养和使用工作，以高层次、高技能人才队伍建设为重点，整体推进克州地区各类人才队伍建设，优化干部人才队伍结构，促进各类人才均衡发展。

分类指导、协调发展。根据克州经济发展的不同阶段，区域、行业发展的不同要求，制定相应的政策措施，建立各具特色的干部人才队伍管理体系和工作机制，促进克州干部人才的协调发展。

创新机制、激发活力。创新人才发展理念，优化人才发展方式，探索建立适应克州发展需要的干部人才引进、培养、使用新机制，最大程度地激发干部人才的创造活力，促进优秀人才向新克州集聚。

互融互动、内生机制。着眼于增强克州人才发展的内生动力，建立苏克两地优势互补、资源共享的干部人才交流培养机制，增强干部人才援疆的造血功能，促进干部人才援疆向宽领域、多角度、深层次推进。

（三）战略目标

到2015年，克州干部人才发展在新疆走在前列；到2020年，把克州建成新疆地区优秀人才集聚地，人才发展主要指标基本达到全国平均水平。具体指标如下：

——规模不断壮大。人才资源总量64239人，年均增长6%左右，每万人口拥有人才数931人，专业技术人才总量超过2.7万人，高技能人才总量达1000人。

——结构趋于合理。重点发展的矿产资源开发、现代农牧业等产业实现高层次人才“双递增”目标，高层次人才占人才资源总量的比例要达到4.7%以上，高技能人才占技能劳动者比例达到30%以上，行业人才布局趋于优化。

——素质大幅提升。人才的受教育程度得到提高，党政人才中具有大学本科以上学历的达到65%以上，主要劳动年龄人口受过高等教育比例达15%，每万劳动力中研发人员达21人/年，高技能人才占技能劳动者的比例达到30%。

——效能明显提高。建立健全符合当地人才资源开发特点、有利于促进人才全面发展的人才开发体制机制，构建比较完善的人才公共服务体系和人才政策体系，形成激励人才干事业、支持人才干成事业、帮助人才干好事业的社会环境；人力资本投资占GDP比例达12%，人才贡献率达到25%。

人才发展主要指标表

项　目	单位	2009年	2015年	2020年
人才资源总量	万人	3.4	4.8	6.4
每万人口拥有人才数	人	642	774	931
其中：1. 党政人才	人	137	141	148
2. 企业经营管理人才	人	11	12	15
3. 专业技术人员	人	359	371	391
每万劳动力中研发人员	人/年	2	14	21
高技能人才占技能劳动者比例	%	12.2	22	30
主要劳动年龄人口受高等教育比例	%	9.6	12	15

续表

项　目	单位	2009年	2015年	2020年
人力资本投资占GDP比例	%	6.9	10	12
人才贡献率	%	11	20	25

说明：人才贡献率数据为区间年均值，其中2009年数据为1999～2009年平均值，2015年数据为2009～2015年平均值，2020年数据为2009～2020年平均值。

二、干部人才援疆的重点和主要任务

（一）大力引进培养重点产业发展急需人才

围绕克州地区确定的主导产业、重点产业、优势产业的发展需求，大力加强急需紧缺人才的引进和培养。到2020年，在矿产资源开发、现代农牧业、交通运输、对外贸易、特色旅游等领域培养引进急需人才2000名。重点产业和领域各类专业人才数量充足，整体素质和创新能力显著提升，人才结构明显优化。

主要举措：加强产业、行业人才发展规划和分类指导，开展人才需求预测，定期发布急需紧缺人才目录。调整优化各类学校学科专业设置，完善重点产业和领域学科体系。组织实施重点产业人才开发工程，加大重点产业和新兴产业人才引进和培养力度。制定鼓励人才创新创业的优惠政策，引导和鼓励各类人才向产业集聚。

（二）大力开发社会发展重点领域紧缺人才

适应构建社会主义和谐社会、实现长治久安的要求，大力加强克州社会事业发展重点领域的人才开发力度。到2020年，在教育、医疗卫生、科技、文化宣传等社会重点领域引进培养紧缺人才1500名。

主要举措：依托江苏高校科研院所、医疗卫生机构等优势，在克州建立人才培养基地；采取合作培养、项目引领等方式，加强克州社会发展人才的引进和培养；组织实施高层次人才引进工程、专业技术领军人才工程、高技能人才工程，大力开发社会发展的紧缺人才。

（三）大力推进“三支队伍”建设

在统筹推进党政人才、企业经营管理人才、专业技术人才、高技能人才、农村实用人才和社会工作人才6支人才队伍建设的同时，重点加强“三支队伍”建设：

1.党政人才队伍

按照加强党的执政能力建设和先进性建设的要求，以提高依法行政能力和处理复杂事务能力为核心，建设一支政治坚定、勇于创新、勤政廉洁、求真务实、奋发有力、善于推动科学发展的高素质党政人才队伍。到2015年，具有大学本科及以上学历的党政人才占党政人才队伍的45%，到2020年达到65%。

主要举措：采取省对州、市对县、县对乡“双向挂职”的方式，全方位加强两地的干部人才交流；通过两地培训、在线学习、基地教育等方式，大规模开展党政干部教育培训；组织实施党政人才“三种能力”提升工程以及“双带”型基层干部人才工程等，全面提升克州地区干部人才的综合素质和发展能力。

2.企业经营管理人才队伍

适应加快推进新型工业化、大力发展农业产业化和全方位扩大对内对外开放的需要，以提高现代经营管理水平和企业市场竞争力为核心，以优秀企业家和职业经理人为重点，着力加快培养造就一支职业化、现代化、懂经营、善管理的优秀企业家队伍。到2015年，企业经营管理人才规模达到300名，到2020年达到1000名。

主要举措：依托江苏知名企业、大学和高层次人才创新创业基地，通过跟班学习、见习锻炼、专项培训等方式，加强企业经营管理人才培训。组织实施企业家培育工程，加强科技人才的集成支持，全面提升克州企业管理人才队伍的整体素质。

3.专业技术人才队伍

适应推动克州经济社会跨越式发展需要，以提高专业技术人员专业水平和创新能力为核心，以高层次人才和紧缺人才为重点，打造一支具备一定规模、素质优良、结构合理的专业技术人才队伍。到2015年，专业技术人才总量达2.3万名左右，到2020年达2.7万名左右。

主要举措：创新人才援疆模式，畅通人才引进的绿色通道，建立灵活的柔性引才政策，通过“引才”与“引智”相结合、项目与人才相结合等方式，进一步扩大专业技术人才队伍规模。组织实施专业技术领军人才工程，提高专业技术人才的创新能力和业务水平。

三、重点人才工程

（一）高层次人才引进工程

围绕克州经济社会发展战略目标，实行高层次人才无障碍引进，依托各类创新创业载体和重点项目，通过核心团队带动、项目合作等方式，分层次、有计划地开展“510”引才工程，5年引进各类高层次人才10名，到2020年引进40名左右。

（二）党政人才素质提升工程

围绕克州党政干部人才队伍建设需要，充分利用江苏党政人才教育培训资源，坚持“请进来”与“走出去”相结合、培训与挂职相结合，到2020年培训和挂职分别达到1350和150人次。

（三）重点产业人才开发工程

适应克州地区重点产业发展需求，制定优惠政策，完善激励措施，引导和鼓励高校、科研院所高层次人才向克州重点产业集聚，加强区域合作，建设一批产业基地；依托外经贸企业、口岸和边贸城市等吸引、聚集人才，积极开展国际合作交流，引进国外智力，到2020年，在矿产资源开发、现代农牧业、交通运输、对外贸易、特色旅游等重点领域培养各类骨干人才1800名左右。

（四）企业家培育工程

着眼于大力提升克州经济发展水平，以激励人才创新创业为导向，设立企业家培育专项资金，拓宽苏克合作培养渠道，加强科技人才的集成支持，建立多元化的创业风险投资体系，培育一批勇于创新、敢于创业、具有一定自主创新和经营管理能力的企业家队伍，力争到2020年，培养企业年销售额500万元以上的企业家100名。

（五）专业技术领军人才工程

围绕提升克州的自主创新能力，以提升综合素质为核心，对具有培养潜质的中青年人才进行基础性培养和战略性开发，通过项目资助、结对培养、赴苏深造等培养举措，到2020年，力争培养科技前沿学术带头人10名，成绩显著、代表州级学术带头人20名，工作突出、起骨干作用的县级学术带头人50名。

（六）高技能人才工程

围绕新疆产业发展，结合克州地区富余劳动力转移需要，以提升职业素质和职业技能为核心，完善以企业为主体、学校教育与企业培养相结合、政府推动与社会支持相结合的高技能人才培养培训体系，建设一批面向石油石化、煤炭、矿产、纺织、特色农牧产品生产加工等行业的高质量技能人才培训基地和公共实训基地，加快造就一批数量充足、结构合理、技艺精湛的高技能人才。到2020年，新增高技能人才500名左右。

（七）人才基层集聚工程

着眼于优化克州的人才结构，进一步整合资源，加大政策引导和待遇激励，推动高校、科研院所的人才和科研成果向基层和经济发展一线集聚。制定鼓励毕业生面向基层就业的优惠政策，对到基层创新创业的优秀毕业生给予一次性资助；选派优秀科技人员到基层企业挂职任职；鼓励委派青年志愿者、大学实习生以及各类人才到克州基层开展“三支一扶”工作。到2020年，吸引3000名大中专毕业生到基层服务。

（八）“双带”型基层干部培养工程

着眼于加强克州地区基层组织建设，完善激励保障机制，依托华西新农村建设基地等培训基地，通过开展集中培训、跟班学习、实践锻炼等方式，为克州培养一批能够带头致富、带领群众共同致富的“双带”型基层干部。到2020年，培养400名“双带”型基层干部（每村1到2名）。

四、重要政策举措

（一）重要政策

1.干部人才援疆资金优先保证政策。在对口援疆中，确保干部人才工作资金不低于援疆资金的5%，克州每年拿出一定资金，统筹用于干部人才引进、培养、使用、奖励，制定税收优惠政策和金融信贷扶持政策，鼓励支持有实力的企业、社会组织和个人设立人才发展基金、奖（助）学金，多形式投资人才资源开发。

2.引导和鼓励人才创新创业政策。制定资金扶持、税费减免、科技支持、融资服务等方面的优惠政策，完善知识产权、技术等要素作为资本参股的政策措施，支持和鼓励各类人才创办企业。设立人才专项奖励资金，用于优秀创业项目、优秀创新企业、优秀创业人才的奖励；鼓励克州地区发展各类创投机构，为各类人才创新创业提供投融资服务。

3.柔性引才政策。按照“不求所有，但求所用”的原则，通过智力入股、兼职兼薪、成果推广转化、特聘岗位等各种形式，鼓励有关单位通过挂职、聘任、科技项目联合攻关、咨询论证、技术引进、讲学、远程会诊等方式，建立人才柔性流动渠道，允许各类人才工作关系不转、户口不迁、合同约束、自由流动，引进一些重点产业、重点项目、重点学科急需的各类人才智力，做到“引才”与“引智”紧密结合。

4.高层次人才引进政策。对急需的高层次人才、紧缺人才，给予工资待遇、住房补贴、科研经费、生活津贴、子女入学、配偶就业、社会保障等方面的优惠政策，畅通引进人才“绿色通道”，简化人才引进手续。

5.人才奖励政策。设立“优秀人才贡献奖”，对作出突出贡献的专家、学者和为当地经济建设和社会进步事业作出显著成绩的各类人才进行表彰奖励，每两年评选一次，充分发挥经济利益和社会价值双重激励的作用。积极落实各项补贴政策和优惠待遇，建立以体现人才价值为导向的分配激励机制、薪酬制度、兼职兼薪制度以及技术、专利入股参与分配制度等。加大对优秀少数民族干部和人才的奖励力度。建立优秀援疆干部优先提拔使用制度、援疆干部人才留疆职级晋升和生活补助制度等方面的激励政策。

（二）重大举措

1.制定人才工作特殊政策

聚焦特定对象，实施特别政策，营造特殊环境。依托阿图什工业园区、伊尔克什坦及吐尔尕特口岸建设，创新人才发展体制机制，在人才流动、职称评定、收入分配、社会保障、税收、行政审批等方面制定特殊优惠政策，促进阿图什工业园区、伊尔克什坦及吐尔尕特口岸快速全面发展。

2.加强人才创新创业平台建设

依托开发园区建立科技研发机构和科技企业孵化器，着力打造技术公共服务、技术成果交易、创新创业融资服务和社会化人才服务的平台；建立科研工作（流动）站、重点实验室、工程技术研究中心等创新平台；引导和鼓励高校、科研院所与企业共建各类研发平台。

3.建设人才公寓

加快规划实施“克州人才公寓园区”项目，为引进的人才提供一个生活、学习、休闲的场所，免费居住，到一定的服务年限并作出一定贡献的，产权归引进人才所有。

4.创新人才援疆模式

扩大建立分层“双向挂职”规模。建立“援疆人才+克州人才”“人才+项目+资金”“领军人才+团队”等模式，探索专业团队、股权合作、技术参股等多元化援疆方式。

5.构建干部人才教育平台

发挥江苏高校、企业、科研机构等人力和师资优势，建立院校培训基地、企业培训基地、科研院所培训基地。利用江苏现有的干部人才在线教育培训资源，与克州的人才培训网络教育平台对接，实现培训资源共享。

6.开展人才对接主题活动

围绕“苏疆手牵手、共发展”，组织“百名江苏高级专家克州行”“百名江苏青年企业家走进克州”“优秀教育工作者克州论坛”等大型活动，为克州地区经济社会发展提供决策咨询，构建校企、校地合作的优势平台。

五、保障措施

1.加强干部人才援疆工作的组织领导

江苏省对口支援新疆克州前方指挥部负责本规划的组织实施、统筹协调和宏观指导。依据本规划制定具体的实施办法，分解细化规划确定的具体目标任务。指挥部干部人才处和克州党委组织部负责统筹、组织和协调。各对口支援市工作组和克州各地各部门按照责任分工，坚持分级管理、分类指导的原则，制定详细的贯彻落实计划，确保规划各项任务落到实处。

2.创新干部人才援疆工作运行机制

干部人才援疆工作由克州前方指挥部和江苏、克州两地党委组织部牵头负责。克州党委组织部负责提出干部人才援疆工作需求，克州前方指挥部负责统筹确定并分解干部人才援疆工作任务；各工作组负责协调落实各县（市）的干部人才援疆工作任务，其他任务由江苏省委组织部帮助协调落实。

3.构建上下衔接的援疆干部人才规划体系

各部门、各行业立足实际，按照新一轮干部人才援疆工作规划确定的发展重点，分别编制干部人才援疆工作实施细则，保证规划中各项目标任务落到实处。

4.建立干部人才援疆考核和绩效评估机制

制定规划实施情况的监控指标体系，组织开展中期评估，三年一轮组织开展干部人才引进、培养、使用工作的跟踪考核和效果评估，适时进行动态调整。建立规划实施情况的定期报告制度和考核制度，确保规划有效实施。

5.营造干部人才援疆工作良好的舆论氛围

广泛宣传本规划的重大意义、目标任务和重大举措，宣传人才引进、培养、使用的相关政策措施，推广各地各行业引进、培养、使用人才方面的成功经验、典型案例，特别是加大对作出突出贡献人才的宣传力度，进一步营造全社会关心、支持干部人才援疆工作的舆论氛围，形成人人都作贡献、人人都能成才的社会环境。

二、干部人才培训

江苏省前三批援疆干部在伊犁州累计举办培训班208期，培训干部人才1.69万人次。江苏省第四批援疆干部推动伊犁干部人才1000余人次到江苏参加培训，200人次到江苏挂职锻炼。江苏省第五批援疆干部组织伊犁州干部人才2100人次到江苏挂职培训锻炼。其中，由江苏省委组织部安排到南京大学、苏州市农村干部学院培训及到江苏各地挂职、培训361人次，各有关市县和省级机关有关部门联系安排1700余人次。邀请沿海地区专家学者到伊犁讲课、举办论坛，为伊犁培训干部人才2.6万人次。江苏省第六批援疆干部组织协调伊犁干部人才1385人次赴江苏培训挂职；邀请江苏省专家学者到伊犁讲学、举办论坛，为伊犁培训干部人才1.5万人次。至2010年，通过举办培训班、专家送教、结对帮扶、挂职锻炼、考察交流等措施，帮助受援地培训干部人才6.1万人次。

2010年新一轮对口援疆工作开始后，江苏援伊、援克指挥部专门成立干部人才工作组，加大对受援地干部人才培训力度，扎实推进党政干部培训、职业技能培训、就业培训，着力提升人才队伍适应当地需求、服务中心工作、推进事业发展的素质和能力。在南京大学、南京师范大学、南京农业大学、苏州市农村干部学院、中国矿业大学、江苏师范大学、徐州医学院（2016年更名为徐州医科大学）、徐州工程学院、徐州技师学院等高等院校建立新疆人才培训基地。其中，在南京农业大学设立的“克州干部人才培训基地”，是克州在东部发达地区建立的首个干部人才培训基地。开展教育事业“双提升、双改善”（提升教育教学质量、师资力量，改善办学条件、人才结构）培训、医疗卫生事业“三个明显”（保障能力明显增强、服务水平明显提高、人才结构明显改善）培训、职业技能培训、乡村振兴和脱贫攻坚培训、农林牧业技术人才培训、青年科技英才培训、企业经营管理人才培训及创新型科技人才、职业教育高级教学管理人员研修、卫生系统高级专业人才研修、新型工业化专题研修、新型城镇化专题研修等。

2011～2013年，江苏安排援助项目资金3.3亿元，用于伊犁州干部人才培养，共实施近1300场次（个）培训交流项目，直接培训受援地干部人才18.17万人次。在克州，投入干部人才援助资金1.5亿元，开展项目157个，共为克州培训干部人才1.1万余人次。至2019年，江苏累计投入援助资金10余亿元，为伊犁州、克州和兵团四师、七师培训人才80万人次。

党政干部培训 江苏始终把党政干部培训作为智力援助的重要内容，先后举办党

江苏省第四批援疆干部组织伊犁州干部到南通培训学习（2003年摄）

2011年3月16日，克州基层干部在南京农业大学培训

2017年11月1日，伊犁州村（社区）党组织书记苏州培训班开班仪式

阿合奇县干部在无锡现场参观学习（2018年摄）

政人才“四种能力”（依法执政能力、科学发展能力、社会管理能力、服务群众能力）提升等专题培训班和党政主要领导干部研修班、优秀青年党政干部研修班。通过专题培训、交流考察、跟岗锻炼等形式，加强基层干部培训，提升基层干部联系群众、服务群众能力。1997～2002年，为伊犁、塔城、阿勒泰地区举办培训班25期，培训党政干部1200余人次，安排200余名干部到江苏挂职。至2010年，在南京、无锡、苏州、连云港等市举办伊犁州县处级、乡科级干部和乡科级后备干部培训班，组织援疆干部或不定期选派江苏党政干部为当地干部授课，累计培训受援地干部5.3万人次；安排受援地4700余名干部到江苏挂职锻炼。

2011年起，江苏全面实施对口支援干部人才发展规划，进一步加强对受援地党政干部培训。2012年1月，江苏省委组织部印发《关于做好新疆伊犁州、克州基层干部赴江苏轮训工作的通知》，用2年时间对伊犁州、克州县乡村（社区）及兵团四师、七师团场连队基层干部进行轮训。省委党校与兵团党委党校签订干部人才培养合作协议，搭

江苏援克指挥部组织举办『江苏大讲堂』（2018年摄）

新疆教育管理干部领导力提升高级研修班在南京举办（2019年摄）

建双方学习交流平台。在轮训基础上，举办领导干部研修班、中青年干部培训班、少数民族党政干部培训班、乡镇（街道）党政班子成员培训班、村（社区）党政正职培训班、党委办公室系统人员培训班、少数民族人大代表和政协委员培训班、乡村振兴和脱贫攻坚研修班及城市建设管理、民政、纪检监察干部等专题培训班。把受援地中青年干部纳入江苏“千人赴港培训计划”，选派优秀干部到香港参加培训。江苏还充分发挥人才优势，组织党校专家学者、实践经验丰富的党政干部送教上门，把先进工作思路与举措传授给当地党政干部。

专业技术人才培训 1997年对口援疆工作开始后，江苏通过援疆专业技术人才帮带、举办专业技术培训班、组织到江苏跟班学习等途径，帮助受援地专业技术人员不断学习新理论、新知识、新技术，优化知识结构，提高创新能力。2010年新一轮对口援疆工作启动后，江苏加大对受援地专业技术人才培训力度，在江苏和受援地实施农牧业、工业、经济、教育、卫生、城市建设、质量管理、企业发展等专业技术人才培训，帮助受援地建设高素质创新型专业技术人才队伍。举办城乡规划与管理培训、现代农牧业研修、农牧业专业技术骨干培训、工业技术人才培训、青年科技英才培养等专业技术人才培训研修，组织江苏专家到受援地送教，组织受援地专业技术人才到江苏挂职锻炼、跟班培训、考察交流，组织援疆专业技术人才开展结对帮带活动，逐步形成多门类、多渠道、多层次、全方位的专业技术人才培训格局，创出江苏智力援疆新特色。

2011年8月11日，中国工程院院士、中国矿业大学教授刘炯天在伊犁州作专题报告会

2012年4月19日，江苏专家为伊犁州城乡规划与管理专题培训班授课

2013年5月11日，伊犁州新型工业化及园区工作专题培训班在无锡开班

江苏省培训受援地党政干部部分情况表

单位：人（人次）

地区	序号	培训名称	参训人数	培训地点	培训时间
自治区	1	新疆乡村振兴和脱贫攻坚研修	42	南京市	2018
	2	新疆教育管理干部领导力提升高级研修	61	南京市	2019
	3	新疆城市管理暨市容市貌整治培训	140	奎屯市	2019
伊犁州	1	伊犁州干部培训和挂职锻炼	6823	南京市等地	2012
	2	伊犁州、克州、兵团基层干部轮训	4633	南京市等地	2012～2013
	3	伊犁州优秀青年党政干部研修	50	南京市等地	2013
	4	伊犁州县市党政主要领导干部研修	30	南京市等地	2013
	5	伊犁州优秀中青年环保监管人员培训	40	南京市等地	2013
	6	伊犁州民政事务高级管理人才培训	30	南京市等地	2013
	7	伊犁州纪检监察干部高级研修	40	南京市等地	2013
	8	伊犁州农产品质量安全管理培训	200	伊犁州	2013
	9	伊犁州直新型城镇化研修	50	南京市等地	2013
	10	伊犁州直新型工业化研修	50	南京市等地	2013
	11	伊犁州干部培训	2967	南京市等地	2014
	12	伊犁州干部挂职锻炼	233	南京市等地	2014
	13	伊犁州党委办公系统人员培训	36	南京市	2016
	14	伊犁州政府办公系统人员培训	150	伊宁市	2016
	15	伊犁州乡镇（场、街道）党务工作培训	400	伊犁州	2016
	16	伊犁州乡镇（场、街道）主要领导培训	40	南京市等地	2016
	17	伊犁州村级少数民族干部培训	40	南京市等地	2016
	18	伊犁州宣传干部培训	30	南京市等地	2016
	19	伊犁州老干部工作人员培训	200	伊犁州	2016
	20	伊犁州司法业务培训	120	伊犁州	2016
	21	伊犁州人社业务骨干能力提升培训	140	伊犁州	2016
	22	伊犁州法院、检察业务骨干培训	400	伊犁州	2016
	23	伊犁州信访干部培训	50	伊犁州	2016
	24	伊犁州残疾人工作者培训	40	南京市等地	2016
	25	伊犁州发展规划干部跟班培训	12	南京市等地	2016
	26	伊犁州人大干部培训	28	南京市	2017
	27	伊犁州基层党支部书记培训	51	徐州市	2017

续表

地区	序号	培训名称	参训人数	培训地点	培训时间
伊犁州	28	伊犁州直村（社区）党支部书记培训	340	张家港市、南京市江宁区	2017
	29	伊宁市中青年干部培训	22	南京市	2011
	30	伊宁市乡镇基层干部培训	20	南京市	2011
	31	伊宁市乡村干部轮训	543	南京市	2012 ～ 2013
	32	伊宁市基层骨干培训	50	南京市	2014
	33	伊宁市少数民族党政干部培训	40	南京市	2014
	34	伊宁市城市管理培训	120	伊宁市	2014
	35	伊宁市党政机关副科级干部挂职培训	30	南京市	2014
	36	伊宁市城市建设管理干部跟班培训	12	南京市	2014
	37	伊宁市干部挂职培训	1136	南京市	2014 ～ 2016
	38	伊宁市乡镇（街道）党政班子成员培训	30	南京市、伊宁市	2015
	39	伊宁市村（社区）党政正职培训	50	南京市、伊宁市	2015
	40	伊宁市中青年干部培训	30	南京市、伊宁市	2015
	41	伊宁市乡村（社区）党政班子成员培训	60	南京市	2016
	42	伊宁市党政领导挂职	2	南京市	2016
	43	伊宁市少数民族人大代表、政协委员培训	60	南京市	2016
	44	伊宁市纪检监察干部能力提升培训	350	伊宁市	2016
	45	伊宁市纪检监察业务骨干培训	30	南京市	2016
	46	伊宁市纪律检查专业技术人才跟班学习	4	南京市	2016
	47	伊宁市妇女干部、共青团干部考察学习	60	南京市等地	2016
	48	伊宁市财政干部能力提升培训	40	南京市	2016
	49	伊宁市招商系统干部培训	25	南京市	2016
	50	伊宁市工商系统干部培训	264	伊宁市	2016
	51	伊宁市食品药品监管执法人员培训	100	伊宁市	2016
	52	伊宁市社区党支部书记等培训	4700	南京市、伊宁市	2017
	53	特克斯县县乡村三级干部培训	2697	南京市江宁区、特克斯县	2011 ～ 2015
	54	特克斯县党政领导干部培训	3028	特克斯县	2016
	55	特克斯县党员干部培训	484	南京市江宁区	2016 ～ 2017
	56	特克斯县村支部书记、乡镇组织委员培训	84	南京市江宁区	2017
	57	特克斯县在职公务员培训	260	特克斯县	2018

续表

地区	序号	培训名称	参训人数	培训地点	培训时间
伊犁州	58	霍城县干部培训	817	无锡市、江阴市、中国香港	2011 ～ 2012
	59	霍城县干部挂职培训	572	江阴市	2011 ～ 2016
	60	霍城县县乡村三级干部轮训	190	无锡市	2013
	61	霍城县党员干部培训	10000	江阴市、霍城县	2014 ～ 2016
	62	霍城县万名基层干部素质提升培训	10000	江阴市、霍城县	2017 ～ 2019
	63	奎屯市中青年干部培训	26	徐州市	2011
	64	奎屯市残疾人工作者培训	30	徐州市	2013 ～ 2015
	65	奎屯市基层骨干培训	106	奎屯市	2014
	66	奎屯市基层干部挂职培训	15	徐州市	2014
	67	奎屯市文体教育总工会系统干部培训	106	徐州市	2014
	68	奎屯市妇女干部培训	27	徐州市	2015
	69	奎屯市民政管理人才培训	18	徐州市	2015
	70	奎屯市文体干部培训	34	徐州市	2016 ～ 2017
	71	奎屯市年轻后备干部培训	32	徐州市	2017
	72	奎屯市城市管理执法培训	10	徐州市	2017
	73	奎屯市执法系统专业技术骨干培训	10	徐州市	2017
	74	奎屯市党员干部培训	100	奎屯市	2017
	75	奎屯市卫生计生管理干部培训	19	徐州市	2017
	76	奎屯市宣传骨干培训	10	徐州市	2018
	77	奎屯市党务工作者培训	108	徐州市	2018 ～ 2019
	78	尼勒克县党政干部培训	200	常州市武进区	2011
	79	尼勒克县县乡村三级干部挂职培训	187	常州市武进区	2012
	80	尼勒克县干部挂职培训	600	常州市武进区	2013
	81	尼勒克县党政干部培训	31	常州市武进区	2014
	82	尼勒克县中青年干部培训	10	清华大学	2014
	83	尼勒克县党政干部进修	36	复旦大学	2015
	84	尼勒克县干部跟班培训	433	常州市武进区	2015 ～ 2016
	85	尼勒克县县级领导挂职培训	2	常州市武进区	2016
	86	尼勒克县党政干部培训	395	常州市武进区	2017
	87	尼勒克县基层干部集中轮训	125	常州市武进区	2018

续表

地区	序号	培训名称	参训人数	培训地点	培训时间
伊犁州	88	霍尔果斯经济开发区中层干部培训	32	新加坡	2011
	89	霍尔果斯经济开发区领导干部培训	200	苏州市、新加坡	2012
	90	霍尔果斯经济开发区党员干部培训	205	苏州市	2013
	91	霍尔果斯经济开发区干部培训	1040	新加坡、苏州市、霍尔果斯市	2013 ～ 2016
	92	霍尔果斯经济开发区党政领导干部培训	1430	苏州市、霍尔果斯市	2017
	93	霍尔果斯经济开发区后备干部培训	259	苏州市	2017
	94	霍尔果斯基层干部培训	350	连云港市	2017 ～ 2018
	95	霍尔果斯经济开发区干部专题培训	38	浙江大学	2018
	96	都拉塔口岸党员干部培训	12	连云港市	2018
	97	巩留县党政干部培训	1584	张家港市	2011 ～ 2017
	98	伊宁县党政干部培训	492	南通市	2011 ～ 2013
	99	伊宁县直、乡镇后备干部培训	150	南通市	2017
	100	察布查尔县乡镇长、机关干部挂职培训	37	盐城市	2011 ～ 2016
	101	察布查尔县县乡领导干部培训	129	盐城市	2012
	102	察布查尔县中青年干部培训	98	盐城市	2012 ～ 2017
	103	察布查尔县县乡村三级干部轮训	122	盐城市	2013
	104	察布查尔县新型城镇化培训	21	响水县	2013
	105	察布查尔县基层干部培训	140	盐城市	2014 ～ 2016
	106	察布查尔县党政干部培训	1653	盐城市	2014 ～ 2017
	107	察布查尔县村（社区）“两委”正职培训	40	盐城市	2015
	108	察布查尔县锡伯族干部培训	20	察布查尔县	2015
	109	察布查尔县后备干部培训	62	盐城市、察布查尔县	2016 ～ 2017
	110	察布查尔县村（社区）“两委”正职培训	35	盐城市	2017
	111	察布查尔县乡镇（场）领导班子培训	30	盐城市	2017
	112	察布查尔县县乡村三级领导培训	356	察布查尔县	2017
	113	察布查尔县村级后备干部培训	209	察布查尔县	2017
	114	新源县党政人才培训	860	扬州市、新源县	2011 ～ 2013
	115	新源县干部挂职培训	102	扬州市	2011 ～ 2017
	116	新源县县乡村三级干部培训	631	扬州市、新源县	2012 ～ 2013
	117	新源县基层干部培训	478	扬州市、新源县	2014 ～ 2016
	118	新源县后备干部培训	194	扬州市、新源县	2014 ～ 2018
	119	新源县乡镇党政领导班子成员培训	321	扬州市	2016 ～ 2018

续表

地区	序号	培训名称	参训人数	培训地点	培训时间
伊犁州	120	新源县四套班子成员和部门负责人培训	45	清华大学等	2017～2018
	121	昭苏县乡镇及县直机关干部培训	240	泰州市	2011～2013
	122	昭苏县党政干部培训	3820	泰州市、昭苏县	2014～2016
	123	昭苏县中青年后备干部培训	597	泰州市	2014～2017
兵团	1	兵团党政领导干部研修	120	南京市等地	2014～2016
	2	兵团党政领导干部研修	40	南京市	2019
	3	七师基层干部培训	580	淮安市	2011～2013
	4	七师党政领导干部研修	320	淮安市	2014
	5	七师党政干部培训	600	淮安市、南京市	2016
	6	七师一二五团干部综合素质提升培训	41	淮安市	2016
	7	七师基层干部培训	1720	七师	2017
	8	七师发展改革委干部培训	20	淮安市	2017
	9	七师干部挂职培训	59	淮安市	2017～2019
	10	七师一二七团干部培训	6	涟水县	2018
	11	四师党政领导干部培训	56	镇江市	2011
	12	四师县处级干部进修	6	镇江市	2011
	13	四师中青年干部进修	6	镇江市	2011
	14	四师公务员对口培训	41	南京市等地	2011
	15	四师基层干部培训	58	镇江市	2011
	16	四师连队党支部书记培训	10	镇江市	2011
	17	四师农牧团场正职领导挂职	6	镇江市	2012
	18	四师组工干部培训	45	镇江市	2012
	19	四师连队主要领导培训	80	镇江市	2012
	20	四师连队干部培训	90	镇江市、四师	2013
	21	四师中青年干部培训、跟班培训	33	镇江市、四师	2013
	22	四师城镇管理干部挂职培训	40	镇江市	2013
	23	四师中青年干部挂职培训	3	镇江市	2013
	24	四师社区干部培训	65	镇江市	2013～2016
	25	四师党政干部挂职培训	12	镇江市	2014
	26	四师中青年干部培训	50	苏州大学	2014
	27	四师党委书记能力提升研修	45	北京大学	2014
	28	四师干部综合能力提升培训	250	四师	2014

续表

地区	序号	培训名称	参训人数	培训地点	培训时间
兵团	29	四师基层主要领导干部轮训	40	镇江市	2014
	30	四师群众路线教育骨干培训	30	镇江市	2014
	31	师市政法干部综合治理能力培训	72	镇江市	2015
	32	师市民政管理干部业务培训	40	镇江市	2015
	33	师市基层少数民族干部业务培训	38	镇江市	2015
	34	师市统战系统党建工作业务培训	39	镇江市	2015
	35	师市交通系统干部业务培训	35	镇江市	2015
	36	师市基层政权建设业务培训	40	镇江市	2015
	37	师市基层妇联干部培训	120	镇江市	2015 ～ 2017
	38	师市残联干部培训	10	镇江市	2016
	39	师市青年干部培训	43	镇江市	2016
	40	师市基层少数民族干部培训	40	镇江市	2016
	41	师市纪检监察干部业务培训	39	镇江市	2016
	42	四师干部挂职锻炼	4	镇江市	2016
	43	师市少数民族干部培训	39	镇江市	2017
	44	师市基层党组织书记培训	41	镇江市	2017
	45	四师基层干部能力提升培训	40	镇江市	2018
	46	四师民政及社区骨干综合业务培训	40	镇江市	2018
	47	四师党组织书记培训	200	四师	2018
	48	师市人大代表、政协委员培训	240	四师	2018
	49	四师办公室系统干部培训	70	四师	2018
	50	四师团场综治、信访干部培训	40	镇江市	2018
	51	四师青年干部培训	40	四师	2018
	52	四师年轻干部挂职培训	16	镇江市	2018
	53	师市财政系统干部业务培训	200	四师	2019
	54	师市经济工作培训	50	镇江市	2019
	55	师市民政（社区）工作培训	40	镇江市	2019
	56	师市人社系统业务骨干培训	40	镇江市	2019
	57	师市人社系统经办业务综合培训	400	四师	2019
	58	师市宣传思想暨文化广电培训	90	四师	2019
	59	师市高层次人才研修	40	四师	2019

续表

地区	序号	培训名称	参训人数	培训地点	培训时间
兵团	60	师市人大代表、政协委员培训	30	四师	2019
	61	师市党委书记培训	40	南京市等地	2019
	62	师市连队“两委”干部培训	180	镇江市	2019
	63	师市巡察干部业务培训	40	四师	2019
	64	师市团干部培训	50	镇江市	2019
克州	1	克州党政干部培训	3500	南京市等地	2011～2013
	2	克州干部挂职培训	280	南京市等地	2011～2013
	3	克州政法系统干部培训	23	南京市等地	2015
	4	克州基层干部培训	90	南京市等地	2015
	5	克州干部跟班培训	100	南京市等地	2015
	6	克州基层政权建设培训	30	南京市等地	2015
	7	克州干部人才培训	79	南京市等地	2017
	8	克州水利系统干部培训	60	克州	2017
	9	克州乡村振兴和脱贫攻坚培训	122	克州	2018
	10	阿合奇县干部培训	1200	无锡市	2011～2017
	11	乌恰县机关、乡镇、社区干部培训	350	常州市	2011～2013
	12	乌恰县党政干部培训	726	常州市、乌恰县	2014～2016
	13	乌恰县后备干部挂职培训	8	常州市	2017
	14	乌恰县村（社区）第一书记专题培训	41	常州市	2018
	15	阿图什市基层领导干部培训	340	阿图什市	2011～2013
	16	阿图什市基层干部培训	370	南京市等地	2011～2013
	17	阿图什市科级干部培训	951	阿图什市	2011～2014
	18	阿图什市村“两委”班子成员培训班	238	阿图什市	2014
	19	阿图什市基层政权建设培训	1806	昆山市、阿图什市	2014～2019
	20	阿图什市村干部政策理论培训	500	阿图什市	2015
	21	阿图什市党政干部挂职跟班进修	16	南京市等地	2016
	22	阿图什市干部培训	2671	阿图什市	2017
	23	阿图什市乡镇村干部轮训	5652	阿图什市	2018
	24	阿图什市干部培训	238	南京市等地	2019

江苏省培训受援地专业技术人才部分情况表

单位：人（人次）

地区	序号	培训名称	参训人数	培训地点	培训时间
伊犁州	1	伊犁州旅游饭店管理知识讲座	280	伊犁州	2006
	2	伊犁州旅游专题培训班	26	南京市	2007
	3	伊犁州青年科技英才培训	115	江苏省	2012 ～ 2017
	4	伊犁州现代卫生管理培训	1000	伊犁州	2013
	5	伊犁州旅游业高级管理人才研修	50	伊犁州	2013
	6	伊犁州通信专业技术人员跟班学习	4	江苏省	2016
	7	伊犁州工业“两化”融合专业人才跟班学习	4	江苏省	2016
	8	伊犁州科技创新与管理培训	60	伊犁州	2016
	9	伊犁州城乡规划专业人才培训	220	伊犁州	2016
	10	伊犁州公路工程质量监管人才培训	36	江苏省	2016
	11	伊犁州审计业务培训	200	伊犁州	2016
	12	伊犁州统计业务骨干培训	30	江苏省	2016
	13	伊犁州检验人员能力提升培训	172	伊犁州	2016
	14	伊犁州数据质量管理培训	300	奎屯市	2016
	15	伊宁市财经专业培训	70	伊宁市	2014
	16	伊宁市旅游管理人员挂职培训	6	南京市	2014
	17	伊宁市农产品检测专业技术人员挂职培训	4	南京市	2014
	18	伊宁市城建规划等专业技术人员挂职培训	17	南京市	2014
	19	伊宁市领军人才挂职培训	12	南京市	2014
	20	伊宁市文化产业管理人员挂职培训	6	南京市	2014
	21	伊宁市规划专业技术人员培训	650	伊宁市	2014 ～ 2015
	22	伊宁市专业技术人才培养培训	300	东南大学	2014 ～ 2016
	23	伊宁市少数民族精英人才培训	34	南京市	2015
	24	特克斯县农牧民实用技能培训	1733	南京市江宁区、特克斯县	2011 ～ 2019
	25	霍城县专业技术人才培训	11016	江阴市、霍城县	2011 ～ 2016
	26	霍城县产业专业技术人才培训	4659	无锡市、霍城县	2018
	27	奎屯市企业专业技术人才培训	1000	奎屯市	2015
	28	奎屯市绿化专业技术培训	60	奎屯市	2016

续表

地区	序号	培训名称	参训人数	培训地点	培训时间
伊犁州	29	奎屯市网络管理技术培训	20	徐州市	2016
	30	奎屯市知识产权战略运用培训	70	奎屯市	2017
	31	奎屯市残疾人工作者手语培训	80	奎屯市	2018
	32	奎屯市职业卫生专业培训	180	奎屯市	2018
	33	尼勒克县农牧专业技术人才培训	500	尼勒克县	2012
	34	尼勒克县农业病虫害防治技术培训	2500	尼勒克县	2013
	35	尼勒克县专业技术人才培训	29	常州市武进区	2014
	36	霍尔果斯专业技术人才培训	740	苏州市	2011～2019
	37	霍尔果斯专业技术人才培训	340	连云港市、霍尔果斯市	2011～2019
	38	霍尔果斯广播电视技术人员培训	6	连云港市	2014
	39	巩留县专业技术人才培训	2304	张家港市、巩留县	2011～2019
	40	伊宁县专业技术人才培训	1456	南通市、伊宁县	2011～2019
	41	察布查尔县经济人才培训	100	察布查尔县	2011
	42	察布查尔县专业人才跟班学习	13	盐城市	2012
	43	察布查尔县发展人才培训	20	盐城市	2013
	44	察布查尔县专业技术人才跟班学习	10	盐城市	2014
	45	察布查尔县大数据平台骨干培训	180	察布查尔县	2015
	46	察布查尔县“锡伯文化研究”人才培训	20	察布查尔县	2015
	47	察布查尔县专业技术人才培训	180	察布查尔县	2017
	48	新源县农牧水专业技术人才培训	3000	新源县	2011～2013
	49	新源县工业专业技术人员培训	100	新源县	2015
	50	昭苏县农牧业等专业技术人员培训	24	泰州市	2011～2013
	51	昭苏县经济人才培训	1059	泰州市、昭苏县	2014～2016
兵团	1	七师专业技术人才培训	2000	淮安市、七师	2011～2019
	2	七师企业高管等人才专题研讨	570	七师	2014
	3	四师南岗化工骨干人才培训	30	江苏省	2012

续表

地区	序号	培训名称	参训人数	培训地点	培训时间
兵团	4	四师审计专业人才培训	120	四师	2014
	5	四师农林果业技术培训	500	四师	2014
	6	四师建筑业技术培训	150	四师	2014
	7	四师交通建设技术培训	150	四师	2014
	8	四师专业技术人员培训	78	苏州市	2015
	9	师市企业专业人才能力提升培训	30	镇江市	2016
	10	师市科技创新培训	20	镇江市	2017
	11	师市伊力特酿酒知识培训	60	四师	2019
克州	1	克州工程建设管理培训	100	克州	2011
	2	克州青年科技英才培养	14	江苏省	2013
	3	克州农林牧水专业技术人员培训	40	南京市	2015
	4	克州专业技术人才培训	190	南京市	2015
	5	克州专业技术人才跟班进修	15	江苏省	2016
	6	阿合奇县专业技术人才培训	1250	无锡市、阿合奇县	2011～2019
	7	乌恰县专业技术人才培训	1380	常州市、乌恰县	2011～2019
	8	阿图什市专业技术人才培训	1560	昆山市、阿图什市	2011～2019

【链接】授鱼莫如授之以渔——第五批援疆干部人才培养三年工作纪实

援疆工作的内容牵涉方方面面，而加强对当地干部人才的培养，建立一支永不走的援疆队伍已成为历批援疆干部的共识，来伊工作的江苏省第五批援疆干部在这方面就做了许多实实在在的事情。

一

“言传身教”是来伊工作的江苏第五批援疆干部在对当地干部人才培养方面最突出的表现。“他们就像我们的老师，手把手地教我们。”5月29日，记者来到州友谊医院采访时，该院肿瘤放疗科副主任李宏深有感触地说。州友谊医院原来没有单设肿瘤放疗科，但随着患者的增多，原来附属于其他科的放疗设备和人员已经远远满足不了患者的需要，为了解决这一难题，援疆干部施健来到该院工作后，向院领导建议成立肿瘤放疗科，得到院领导的同意。新成立一个科室，人才、技术和设备是急需解决的三大难题，尤其是人才的培养，不是一朝一夕就能解决的。为了培养科室技术骨干，施健手把手地教，不厌其烦地讲解、示范。经过3年的努力，一批技术骨干迅速成长起来，毕业于石河子医学院临床医疗系的常学智现任肿瘤放疗科副主任，他谈起施健对自己的“言传身教”，言谈中充满了感激。常学智说，自己虽然是大学本科毕业，在医院也工作了十几年，但以前只是进行普放，对同步化疗、精确放疗技术接触很少，更不用说进行具体操作了。施健来了后，耐心地给他和同事们讲解同步化疗和精确放疗的有关理论知识，并在实践中对他们进行指导，经过3年的努力，常学智、李宏等一批技术骨干在同步化疗、精确放疗等方面都能独当一面。

其实，在州医疗卫生系统，像施健这样的援疆干部还有很多，在州友谊医院工作的援疆干部王政华根据多年的工作经验，提出了“每周三一小讲，每周六一小讲”的讲课学习制度，加强人才培养和梯队建设，在她的带教下，一批年轻医生迅速成长起来，成了技术骨干。据了解，州医疗卫生系统每年至少有四五批业务骨干到江苏对口单位培训学习，州疾控中心、监督所、中心血站和伊宁市、霍城县、新源县的卫生单位与江苏对口单位达成了人才培养合作协议，3年来，州医疗卫生系统选派到江苏进行学习的人员达200多人次。

二

“请进来，送出去”是第五批援疆干部在加强对当地干部人才培养方面采取的又一措施。谈起这一点，伊犁旅游界的朋友们最有体会。为了帮助自治州做好旅游人才的培训工作，2006年7月，在江苏援疆干部王洪舟的努力下，由江苏省旅游局选派的南京金陵旅馆管理干部学院教授樊平来到伊犁，举办了一期旅游饭店管理知识讲座，自治州各大旅游宾馆、饭店中层以上管理人员280人接受了培训。同年10月，江苏省旅游局为自治州19名旅游行业的干部和景区负责人在南京师范大学举办了为期一周的高级研修班。2007年10月，来自州直、塔城、阿勒泰地区的26名学员参加了在南京金陵旅馆管理干部学院举办的旅游专题培训班，南京师范大学和南京金陵旅馆管理干部学院的教授分别为学员讲授了旅游目的地创新发展、旅游规划编制与管理等方面的知识，最后还进行了考试，并为学员们颁发了结业证书。

实际上，对旅游行业干部人才的培养，只是援疆干部在加强当地人才培养方面的一个缩影，像这种“请进来，送出去”的培训模式在其他行业也有明显体现。在第五批援疆干部总领队、州党委副书记洪锦华的努力下，去年10月，自治州40名中青年干部到扬州市进行了为期3个月的学习考察；在援疆干部宋波的协调下，伊宁县先后选派了5批业务骨干到连云港挂职，该县二中10余名教师到江苏考察学习，两名优秀教师还到江苏省东海县挂职锻炼。霍城县、察布查尔县、新源县、伊宁市等各县市都有大批干部被送到江苏及其他兄弟省市学习深造。可以说，江苏省第五批援疆干部采取“请进来，送出去”的办法，为自治州培养了大批各类干部人才，为自治州经济社会发展作出了巨大贡献。

三

“交流互动”是第五批援疆干部在加强对当地干部人才培养方面采取的一项立竿见影的措施。“到援助地考察学习，使我们这些中层干部开阔了视野，工作思路和理念都发生了新的变化。”5月30日，记者在州建设局采访时，该局建管处处长梁新智谈起自己到援助地考察学习后的收获时说。

梁新智于2006年到江苏部分建筑企业进行了考察学习，江苏一些大型建筑企业先进的管理理念对他的启发很大，就建筑企业市场管理方面的一些问题，梁新智谈了自己的一些感想。以前总感到市场管理无事可做，大多就是应付一下上面的检查，但考察学习后，梁新智认识到，市场管理仅仅局限于应付上面的检查是不够的，还必须加强日常监管，特别是要学会管理前置，把问题消灭在萌芽状态，不要等到有了问题再去“亡羊补牢”。

朱志明是在州建设局工作的江苏援疆干部，他特别注重构建江苏和伊犁两地间干部互动交流的平台。在他的努力下，州直建设系统干部到江苏学习考察的有8批次，累计有80多人，江苏到伊犁考察的干部有20批次,人员达300人。为了提高州直建筑企业的资质等级,朱志明经过多方努力,从江苏等地引进了7名一级项目经理和20名各类技术人员。同时,他还组织当地建设企业干部到江苏一些大型建筑企业考察学习,提高了这些干部的管理水平。在他与同事们的努力下,伊犁建设工程有限责任公司取得由国家颁发的一级施工企业资质,成为自治州首家一级施工企业,目前,该企业已经拥有一大批优秀人才。

为加强干部互动交流,在自治州各县市的援疆干部都做了大量工作。在援疆干部谢洪标的努力下,新源县与徐州市委组织部签订了3年干部培训计划。目前已有5批60名干部到徐州市进行了培训,徐州市党政代表团47批604人次也先后来伊考察,新源县还组织了党政、工商、企业等代表团7批90人次到徐州市考察学习。在援疆干部陈荣华和葛社清的努力下,察布查尔县20多名乡干部到江苏考察学习,两地共有8批106人次实现互动交流。伊宁市、奎屯市、霍城县、尼勒克县及州直部分单位的党政干部也与江苏省的党政干部进行了互动交流。通过交流,双方取长补短,得到了共同提高。

四

关注教育是第五批援疆干部在加强对当地干部人才培养方面做的一件功在当代、利在千秋的大好事。

在州教育局工作的援疆干部孙其华对当地教育的关注远远超过其他人,他经过调查研究,写成了《伊犁教育发展报告》,分析了州直教育的现状、面临的困难及对策,受到州领导的高度重视。孙其华还提出了"州科研基地建设和学科带头人培养"三年计划,通过江苏省教育界的资金支持,建立了州直科研基金,确定了州直21个科研基地和45名学科带头人。孙其华还积极争取江苏省对新疆高校招生计划的支持。2007年,落实江苏部分高校争取到88名招生计划,今年又落实92名招生计划。其实,关注伊犁教育的援疆干部不只是孙其华一人,在伊宁市工作的援疆干部顾晓明就把自己的关注点放在了该市的职业教育上,他不但协调解决了该市职业教育的基地和校舍问题,还帮助解决了20台电脑等教学设备,并请来了8名教师,支持伊宁市职业教育。顾晓明认为,援疆不仅是资金上的支持,更重要的是为当地今后的发展培养一支高素质的人才队伍,这可能就是这些援疆干部关注教育的原因所在。

(2008年6月28日《伊犁日报》)

【链接】打造一支永远带不走的人才队伍——江苏省开展克州人才培养战略初见成效

授人以鱼,不如授人以渔。2011年以来,江苏省认真贯彻中央新疆工作座谈会精神,加强对克州的干部队伍人才和高校毕业生培养,资本、技术、人才源源不断地向克州输送,帮助克州提升了自我发展、可持续发展和长远发展的能力。

培养干部人才 共建智力支撑

干部人才是经济社会发展的重要因素,干部人才援疆是新一轮援疆的主要内容和关键环节。江苏省援助克州前方指挥部提出,要把人才干部队伍建设作为强州之基、发展之本,科学规划、重点突破、整体推进。按照"坚持人才资源优先开发、人才结构优先调整、人才投资优先保证、人才制度优先创新、资金优先考虑、项目优先安排,确保干部人才工作资金投入不低于5%,确保干部援疆工作走在前列,最大程度满足克州经济社会发展的干部人才需要"的思路统筹干部人才培养,努力造就一支适应克州大建设、大开放、大发展需求的一支"永远不走的干部队伍"。

2011年，江苏援疆省市实施了党政人才依法执政能力、科学发展能力、社会管理能力和服务群众能力“四种能力”提升项目；在教育事业上实施了提升教育教学质量、提升师资力量，改善办学条件、改善人才结构“双提升、双改善”项目；在医疗卫生事业方面实施了医疗卫生保障能力明显增强、医疗卫生服务水平明显提高、医疗卫生人才结构明显改善“三个明显”的发展项目。开展了培训、进修、挂职、人才引进等9大类36个项目，把培训、交流、考察等结合起来，在南京大学设立了首个克州干部人才培训基地。举办克州县处级干部、乡科级干部、组工干部、青年后备干部、统战政法干部培训等20个专题培训班，组织克州教师、医护人员赴江苏院校进修、培训和交流。全年培训克州干部人才800人，投入资金1783万元。

同时，积极组织邀请40余名江苏省知名专家学者、县（市）领导干部，优秀基层干部赴克州，举办了以“开明开发开放、共建希望之州”为主题的江苏“三创”（创业、创新、创优）实践与探索交流报告、建设项目法人培训班、专题讲座和送学上门等活动，全州接受培训近3000人次。

培养大中专生　破解就业难题

2011年3月，自治区普通高校毕业生赴对口援疆省市培养计划启动以来，克州共向江苏省选送2批605名大学生，分别在江苏南京审计学院、扬州大学、江苏技术师范学院、江苏大学、常熟理工学院、苏州工业园区职业技术学院等6所院校进行1至2年的培养。培训内容包括岗前专业知识技能培训、岗位实习以及政策理论、法律法规知识学习和参观现代企业乡镇、新农村建设等，着重提升未就业高校毕业生的就业技能。

克州首批97名学员抵达江苏省后，江苏省组织、人社、教育、财政、发改等部门积极协调，周密安排，确保了培训任务的各项工作落到实处。各培养高校积极创造条件，全力做好克州学员的接待、教学、管理和服务工作。在第一批新疆籍普通高校毕业生培养试点的基础上，江苏对口支援克州前方指挥部结合克州各县（市）教师队伍紧缺的现状，将第二批508名新疆籍普通高校毕业生专业全部设置为教育类，并纳入特岗教师计划，组织实施新疆籍普通高校毕业生参加特岗教师面试、军训、体检、教育工作。各培养高校提前制定教学方案、购置教学设备、建立考核制度、调配优秀师资力量，使其在学习上有动力，在生活上有保障。

在江苏接受培养的新疆籍普通高校毕业生不仅学到了就业的本领，而且开阔了视野，转变了就业观念，也将为克州带来新的发展思想和先进的发展力，他们将成为提升克州自我发展、可持续发展和长远发展的能力和动力。

（原文刊载于2012年2月3日《克孜勒苏报》，本文有删节）

【链接】苏伊智力援疆谱写人才强州新篇章

江苏和伊犁虽远隔千山万水，但对口支援却使两地血脉相连。2010年，党中央、国务院作出全国19个省市和中央部委开展新一轮对口支援新疆的重大战略决策。智力援疆是其中具有决定性作用的关键环节，也是全面援疆的重要组成部分。帮助伊犁州直培养一支高素质的干部队伍，是江苏省人才援疆、智力援疆的中心环节。

俗话说：“授之以鱼，不如授之以渔。”江苏省发挥科教人才优势，探索干部人才援疆工作的新模式，筹划了作为人才援疆项目的“连心牵手”“名家引智”等六大行动，不仅奠定了江苏省与伊犁州共同合作发展谋划蓝图的基础，也为州直跨越式发展提供了智力保障和人才支撑，使州直人才不但“有鱼吃”，更加“会捕鱼”。

授之以鱼——“连心牵手”

新一轮对口援疆工作伊始，江苏省就制定了江苏省对口支援新疆干部人才发展规划，与伊犁各院校开展“连心牵手”行动，并签订了合作协议书，期望通过开展“连心牵手”行动，带动伊犁州大中专院校相同和相近专业院系建设不断提高，推动苏伊院校在干部锻炼、学科建设、科技合作、帮扶助学等方面的合作，并逐渐形成高等职业教育人才培养与专业建设对口支援模式。

2011年2月，在江苏省委组织部、江苏省委党校的大力支持下，在江苏省对口支援伊犁州前方指挥部副总指挥苏春海，前指干部人才组组长、州党委组织部副部长王天明的多方协调下，江苏省委党校与伊犁州委党校签订了建立友好合作关系协议，江苏省委党校“伊犁州局（科）级优秀青年干部在职研究生班”在江苏省委党校顺利举行了开学典礼。这标志着江苏省委为伊犁州培养高层次人才的开始，也标志着伊犁州委党校的办学档次和水平又上了一个台阶。

在江苏省委党校开办伊犁州局（科）级优秀青年干部在职研究生班，并把培养“社会学专业——社会经济发展与管理”方向的在职研究生作为智力援疆项目，是对中央新疆工作座谈会精神、中央新时期新疆工作总体部署的具体落实，是加快推动伊犁州实现科学发展、跨越发展的具体举措，是人才援疆、智力援疆、加强伊犁州干部人才队伍建设的实际行动。党政领导干部通过赴江苏省各地参观考察，学习江苏省先进的经济发展经验和社会管理经验，开阔了眼界，增长了见识；江苏省委党校专家、学者来伊为学员授课，不但让学员聆听到高层次专家、学者对前沿理论问题的思考与阐述，还让其感受到发达省区改革开放的成就。这不但有力地提升了伊犁州委党校的办学水平和培训质量，也对伊犁州优秀青年后备干部的培养起到了巨大的推动作用。

新疆未就业普通高校毕业生赴援疆省市培养是一项功在当代、利在千秋的工作。2010年中央新疆工作座谈会召开后，为进一步解决好大学生就业问题，自2011年3月起，新疆就启动了未就业普通高校毕业生赴援疆省市进行岗前培养的计划。通过择优选拔、定向培养的方式，分两批选送了2.2万名未就业普通高校毕业生赴援疆省市参加相关培训活动。两年来，伊犁州共有3300多名学员陆续送到江苏省进行在校培训和社会见习，此举有效缓解了伊犁州教育资源匮乏、人才队伍建设的燃眉之急，为州直培养本地专业人才和党政人才、经济社会发展提供了人才保障。

授之以渔——“名家引智”行动

“授之以鱼，不如授之以渔。”培养当地人才，增强自身“造血功能”，给伊犁培养一支有思想、有方法、有学识、有见解的人才队伍，是第七批江苏援疆干部共同的目标和努力的方向。为充分利用江苏省委党校教师赴疆授课的机会，江苏省对口支援伊犁州前方指挥部配套了“名家引智行动——社会学专家伊犁行”项目。通过开设“苏伊名家讲坛”等，邀请江苏省知名专家、学者来伊举办专题讲座。此行动使州直党政领导干部虽身处西北，却能零距离接受发达地区头脑风暴的洗礼，享受专家高层次、高水平的理论熏陶，参与学者面对面的交流探讨，现场领略名家的智慧与风采，无形中拉近了基层干部与高层专家、学者的距离，为伊犁经济社会发展凝聚了共识、汇集了智慧，推动了干部的思想大解放、文化大融合、理念再创新。

“专家教授的授课十分精彩，或有客观的知识点，或有研究的成果总结，或有贯穿古今的系列分析，或有开拓创新的思维意识，带给我们的都是不可多得的思想交流和丰富知识，对今后的工作、生活、学习有积极的推进作用。”这正是学员们对“名家引智行动——江苏省委党校专家伊犁行专题讲座”的赞赏和肯定。

智力援疆带来的不仅是大批人才，更重要的是观念和制度上的更新。江苏专家来伊犁讲学，不仅把东部发达地区的先进理念和工作经验无私传授给州直各级党政领导干部，还将科学发展等一系列理论上的重要问题在授课中传递，为州直理论工作者搭建了一个很好的、常态化的交流平台，有利于州直理论工作者加强学术修养，转变观念，解放思想，提高业务水平。

据悉，自2011年9月至今，已有11批42名江苏省知名专家教授，以伊犁州委党校主体班、城乡规划培训班、后备干部培训班、“三化”培训班、江苏省委党校伊犁州局（科）级优秀青年干部在职研究生班、各县市周末大讲堂为载体，专题讲授管理学、社会学、哲学、电子政务、党的十八大精神辅导等经典课程，累计达30余场，受众达1.3万多人次。

互动交流，鱼渔兼得

2010年的春天，当全国对口支援新疆的号角吹响后，苏伊干部教育系统迅速掀起声势浩大的援疆热潮。无论是援疆工作前方指挥部、分管单位，还是各个受援单位都积极行动起来，为智力援疆工作的全面展开添砖加瓦、贡献力量。

为进一步加强伊犁州委党校的师资队伍建设，江苏省委党校每学期都安排一名伊犁州委党校的骨干教师参加江苏省委党校县处班跟班学习，并免去所有培训和食宿费用，目前已有3名骨干教师参加了师资培训。通过优良的课程学习、精心的管理和周到的服务，参训教师丰富了理论知识、提升了教学水平。

江苏省委党校在国家社科基金项目、国家自然科学基金项目、国家软科学项目研究方面优势明显，学科研究门类齐全，经过两校领导和科研管理部门的初步协商，拟于近期在国家级和西部地区的社科基金项目申报、课题研究，东西部地区社会调查研究、科研资源共享，重大学术论坛交流及研讨会等各方面积极尝试探索合作，也欲将科研支援发展成为援疆工作的重要组成部分。

自治区党校系统“百名骨干教师培养计划”项目开展以来，仅伊犁州委党校就有参加专业培训班9人，考察调研班5人，国内高校访问学者3人，出国（境）培训1人，攻读学位资助2人，课题资助8项，为州直党员干部学习培训、专业技术人才队伍特别是党校系统师资队伍的建设提供了新的思路和动力，有效提升了党校骨干教师的业务水平，推动了自治区党校系统师资队伍整体素质的提高，为新疆干部教育事业发展奠定了坚实的人才基础。

第七批援疆工作即将结束，江苏省智力援建伊犁州直的各项活动也取得了累累硕果并实现了圆满开局。智力援疆也成为一个响当当的品牌，谱写出人才强州的新篇章。

（2013年11月21日《伊犁日报》）

三、职业技能培训

江苏注重对受援地劳动者进行职业技能培训。2007～2009年，无锡市出资150万元，用于阿合奇县农村劳动力转移培训，为受援地外出务工人员举办缝纫等职业技能培训45期，培训5000余人次。2010年新一轮对口援疆工作开始后，江苏按照对口支援人才发展规划，把职业技能培训作为帮助受援地脱贫攻坚的重要措施。举办设施农业培训、农村青年产业化带头人能力提升培训、农产品质量安全管理与市场营销培训、农牧民种植养殖培训、林果实用技术培训、农牧机械手培训、新型职业农民培训、牲畜育肥技术培训、企业经营管理人才培训、企业班组长和技工培训、建筑技能培训、汽车维修培训、电子商务人才培训、服装设计与加工培训、刺绣技术培训、旅游管理及从业人员培训、中西式糕点制作培训、家政服务与养老育婴培训等行业培训班，促进受援地富余劳动力实现就业，企业职工稳定就业，农牧民脱贫致富。

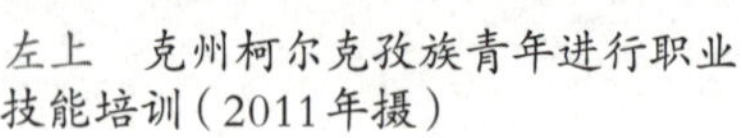
左上　克州柯尔克孜族青年进行职业技能培训（2011年摄）

右上　2016年11月，新疆克州绣娘到苏州学习苏绣技艺

左下　伊宁县农村妇女进行中式面点培训与竞赛（2014年摄）

右下　2014年10月30日，新源县举办农牧民种养殖业培训班

江苏省培训受援地职业技能人才部分情况表

单位：人（人次）

地区	序号	培训名称	参训人数	培训地点	培训时间
伊犁州	1	伊犁州农村青年产业化带头人培训	200	伊犁州	2013
	2	伊犁州林果业种植技能培训	11000	伊犁州	2014
	3	伊犁州基层宣讲员培训	100	伊宁市	2016
	4	伊犁州导游、景区讲解员培训	200	伊犁州	2016
	5	伊犁州星级宾馆部门经理培训	200	伊犁州	2016
	6	伊犁州旅游管理人员培训	40	江苏省	2016
	7	伊犁州博物馆讲解员培训	60	南京市	2017
	8	伊宁市现代农业和农产品市场营销培训	1200	伊宁市	2011
	9	伊宁市旅游及文体人员培训	15	南京市	2011
	10	伊宁市农村实用人才培训	800	伊宁市	2015
	11	伊宁市企业经营管理人才培训	49	南京市	2015～2016
	12	特克斯县农村实用技术培训	20	特克斯县	2017
	13	特克斯县旅游业从业人员培训	200	特克斯县	2017
	14	霍城县农业生产新技术培训	16700	霍城县	2011
	15	霍城县就业技能培训	1000	霍城县	2014～2016
	16	奎屯市星级饭店和旅行社、餐饮企业管理人员培训	42	徐州市	2011～2012
	17	奎屯市高技能人才培训	3000	奎屯市	2013～2014
	18	奎屯市旅游专业培训	100	奎屯市	2014
	19	奎屯市应急救援技能培训	98	奎屯市	2015
	20	奎屯市电子商务人才培训	16	徐州市	2015
	21	奎屯市化工、电气、机械等专业技能培训	1000	奎屯市	2015
	22	奎屯市家政服务综合技能培训	139	奎屯市	2016
	23	奎屯市新型职业农民培训	7	徐州市	2018
	24	尼勒克县牲畜育肥技术培训	40	尼勒克县	2011
	25	尼勒克县畜禽养殖技术与疫病防治、蔬菜大棚病虫害防治等培训	3000	尼勒克县	2011～2014
	26	尼勒克县旅游接待人员培训	412	常州市武进区、尼勒克县	2012
	27	尼勒克县养殖、品种改良、疫情防治培训	13000	尼勒克县	2014
	28	尼勒克县农牧民实用技术培训	9900	尼勒克县	2015
	29	尼勒克县就业创业培训	50	尼勒克县	2015

续表

地区	序号	培训名称	参训人数	培训地点	培训时间
伊犁州	30	尼勒克县畜牧、花卉等专业培训	14550	尼勒克县	2017
	31	尼勒克县务工人员岗前培训	50	尼勒克县	2018
	32	霍尔果斯技工培训	10000	霍尔果斯市	2014～2016
	33	伊宁县林果业种植培训	2100	伊宁县	2011
	34	伊宁县企业负责人培训	50	伊宁县	2012
	35	伊宁县农村实用技能人才培训	313	伊宁县	2013
	36	伊宁县剩余劳动力培训	6000	伊宁县	2015～2016
	37	察布查尔县中小企业管理人员培训	100	察布查尔县	2011
	38	察布查尔县劳动就业培训	300	察布查尔县	2011
	39	察布查尔县农村实用技能人才培训	150	察布查尔县	2013
	40	察布查尔县农村致富带头人培训	482	盐城市	2015～2017
	41	察布查尔县建筑技能培训	923	察布查尔县	2017
	42	察布查尔县经济林林木种苗技能培训	203	察布查尔县	2017
	43	察布查尔县农村实用人才培训	132	察布查尔县	2017
	44	新源县企业经营管理人才培训	220	新源县	2011～2015
	45	新源县农牧民培训	5000	新源县	2011～2016
	46	新源县家政服务培训	50	新源县	2013
	47	新源县林果业种植培训	763	新源县	2013～2015
	48	新源县建筑行业技能人才培训	511	新源县	2013～2017
	49	新源县旅游酒店厨师、服务员培训	550	新源县	2014～2015
	50	新源县养蜂技术培训	135	新源县	2015
	51	新源县农牧机械手培训	100	新源县	2015
	52	新源县刺绣技术培训	100	新源县	2016
	53	新源县旅游酒店经营管理人才培训	200	新源县	2017
	54	新源县企业高技能人才培训	9	扬州市	2017
	55	昭苏县就业富民实用人才培训	1440	昭苏县	2014～2016
兵团	1	七师实用技能人才培训	200	七师	2011～2013
	2	七师紫砂工艺产品制作培训	30	七师	2018
	3	七师芦笋产业化种植技术培训	400	七师	2018
	4	四师林果产业培训	200	四师	2014
	5	四师企业经营管理人才培训	40	四师	2014

续表

地区	序号	培训名称	参训人数	培训地点	培训时间
克州	1	阿合奇县就业培训	9752	阿合奇县	2011
	2	阿合奇县酒店管理及服务、服装加工与设计、畜牧实用技术、民族手工艺制作等培训	1528	阿合奇县	2011～2013
	3	阿合奇县大中专毕业生、新型林果业种植技术、旅游接待等培训	756	阿合奇县	2014～2016
	4	乌恰县乱针绣培训	10	常州市	2018
	5	阿图什市职业技能培训	90	阿图什市	2015

四、新疆籍普通高校毕业生培养

新疆籍普通高校毕业生培养工作是援疆工作的一项重要内容。江苏省委、省政府对此项工作高度重视，认真贯彻落实中央决策部署，把受援地普通高校毕业生岗前培养作为一项民生工程和民族团结工程抓实抓好。2011年初启动试点工作，江苏省委组织部牵头召开省援藏援疆办、省发展改革委、江苏援伊指挥部、江苏援克指挥部和省财政厅、省人力资源和社会保障厅及有关高校参加的协调会，专题研究试点班准备工作，确定南京师范大学、南京信息工程大学、南京审计学院（2015年更名为南京审计大学）、常州大学、扬州大学、江苏师范大学承担试点任务。2011年3月，试点班开班，伊犁州、克州298名毕业生入学。同年8月，经省对口援藏援疆工作领导协调小组批准，专门成立由省委组织部、省人力资源和社会保障厅、省发展改革委、省教育厅、省民族宗教事务委员会、省财政厅等部门组成的新疆籍普通高校毕业生培养工作协调小组，加强对培养工作的组织领导。省对口援藏援疆工作领导协调小组印发《新疆籍伊犁州克州普通高校毕业生在江苏培养工作实施方案》，明确培养分两批实施，每批一年半。每批第一阶段按照“实际、实用、实效”原则，在江苏相关院校进行为期一年的专业理论知识培训，第二阶段根据学员所学专业、拟就业岗位，在培养地进行为期半年的岗位实习。培训涉及乡镇管理、社区管理、教育、卫生、法律、财会、规划建设、农林水牧8大类10种专业岗位。培养经费除自治区和受援县（市）承担的部分外，其余全部由江苏省援疆资金统筹安排。培养期满考试合格者，回新疆后按照协议预定岗位实行实名制进编上岗。同时，召开江苏省培养新疆籍普通高校毕业生计划工作会议，要求省各有关部门、各有关市县和高校抓好新疆籍高校毕业生培养工作。承担培养任务的高校在原6所承担试点任务高校基础上，增加南京邮电大学、南京工业大学、南京财经大学、南京医科大学、南京中医药大学、南京林业大学、南京工程学院、金陵科技学院、南京晓庄学院、苏州大学、苏州科技学院、苏州农业职业技术学院、沙洲职业工学院、苏州工业园区职业技术学院、常熟理工学院、无锡商业职业技术学院、无锡职业技术学院、无锡城市职业技术学院、无锡科技职业技术学院、江阴职业技术学院、江苏技术师范学院、扬州市职业大学、扬州环境资源职业技术学院、泰州畜牧兽医职业技术学院、南通大学、南通职业大学、南通航运职业技术学院、南通农业职业技术学院、南通纺织职业技术学院、徐州医学院、徐州工程学院、盐城工学院、盐城师范学院共33所高校。承担援疆任务的17个设区市和县（市、区）成立相应工作协调小组，推进培养工作。同年9月上旬，省新疆籍普通高校毕业生培养工作协调小组成立4个督查组，对承担培养任务的各设区市和县（市、区）及39所（后增加到41所）高校相关准备工作进行督查，促进培养工作落实。

在实施培养过程中，各地各高校按照全省统一部署，创造性地开展工作。学校选派优秀教师任教，为学员"量身定做"学习课程，注重理念更新和素质提高。南京医科大学选派优秀教师给新疆班授课，还特别开设心理教育讲座，增强学员的沟通能力。根据

2011年3月23日，伊犁州举行首批少数民族普通高校毕业生赴江苏省培养欢送大会

2011年8月22日，江苏实施新疆籍普通高校毕业生来苏培养计划工作会议召开

2011年9月25日，巩留县举行普通高校毕业生赴江苏省培训欢送大会

学员拟任工作，安排相同或相近的岗位进行为期半年的实习，使其迅速胜任工作，学以致用。2012年2月，首批新疆籍普通高校毕业生到南京、南通等11个对口援助地乡镇（社区）基层单位进行为期半年的岗位实习。扬州市创造性地实施“1+3”实习模式，即1名新疆学员结对1名乡领导、1名乡干部和1名部门干部，将岗位实习培训责任明确到人，由3名干部负责所带学员的工作理念指导和专业技能培训。在上课和实习之余，全省41所培养高校和17个对口援助地相关部门，组织新疆籍高校毕业生到经济技术开发区、产业园区、大型现代企业、农业示范园区参观考察，让学员开阔视野、转变观念。

至2013年，江苏累计培养新疆毕业生4917人，提前完成培养任务，受到自治区党委、政府通报表彰。其中，为伊犁州和兵团四师、七师培养3358人（包括伊犁州3299人，兵团四师、七师59人），为克州培养1559人。在江苏接受培养毕业大学生学到就业本领，转变就业观念，为受援地带来新的发展思想和动力，形成一大批能够扎根基层、服务基层的实用型人才队伍。

【链接】执政为民暖民心，情系学子就业梦——克州籍高校毕业生赴江苏高校培养纪实

2月7日，记者来到乌恰县赴江苏省学习、培养的学员家，倾听学员们对赴援疆省份学习、培养的所思所感。尼沙斯孜·巴依是2011年参加培训的首批学员，过去一年的培训让他感触颇多：“走出来后才知道祖国是多么富饶和辽阔，一年的培训让我看到了很多，学到了很多。学习理论知识的同时我的思想也跟着转变了，我一定会用所学到的知识和理念建设我的家乡。”像尼沙斯孜·巴依这样的幸运儿在克州有781名，2011年他们赴援疆省份高校学习、培养，增长了见识，开阔了眼界，更感受到了祖国大家庭的无限温暖，在学习、培养的日子里，他们有着太多的感触、太多的感动、太多的感恩。

组织实施普通高校毕业生赴援疆省市培养

计划，是新疆着力解决民生问题而作出的一项重大战略决策，通过把高校毕业生送到援助省市培养，让他们增长知识、提高技能、增强就业竞争力，切实为新疆培养一批能够服务基层、扎根基层的实用技能型人才和骨干人才，这是党中央情系边疆、意牵边疆各族人民群众而出台的惠民、暖民政策，而这一系列举措包含着党中央对边疆地区的深情厚谊。

江苏省委、省政府领导高度重视克州籍高校毕业生培养工作，江苏省委书记罗志军、省长李学勇指示省有关方面要精心组织，周密安排，确保成效。史和平副省长、周游副秘书长多次召集会议研究部署培养工作，在省援疆工作领导协调小组的统一领导下，江苏省相关部门根据省委、省政府领导指示精神，紧紧围绕加强领导、健全机制、周密部署、精心组织、强化督导、注重宣传等方面开展工作，全力做好克州籍高校毕业生来江苏培养计划的落实工作。

自2011年3月自治区普通高校毕业生赴对口援疆省市培养计划启动后，克州党委、政府高度重视、精心组织，各援疆省市高位推动、精心安排，承担培养任务的院校高度负责、精心实施，克州领队和每名学员高度自觉、能够全身心地投入到培养任务中来，扎实推动了克州普通高校毕业生赴对口援疆省市培养计划的顺利实施，圆满完成了克州两期共781名大学生赴对口援疆省市培养的选送任务。第三批300个岗位已经有3200人报名，报名人数明显超过第一、二批报名人数。

克州籍普通高校毕业生在江苏高校学习计算机课程（2011年摄）

2012年6月27日，南通大学举行新疆籍普通高校毕业生培训班结业典礼

用双手建设美好家园

江苏省苏州工业园区职业技术学院的领队郑永豪和学生们同住一个楼层，他说："带去的学员们都非常珍惜这次学习、培养机会。"记得刚开学没几天，他发现有学生早上5点多就拿着书本去校园里读书了。

"从参加考试到成绩公布，两天后当我得知我入选了，幸福感扑面而来。"李秀云告诉记者，她学的专业是汉语言文学，2009年毕业于山西大学，毕业后一直找不到合适的工作，她开始边打零工边考公务员。

从2009年至今，不管是国家还是自治区的公务员招考，李秀云频繁地出入各类招考考场。此次，李秀云在公开招考中名列前茅，又顺利通过了体检，来到苏州学习。她说："我不知道该怎么说我现在的心情，只是觉得生活突然向我打开了一道门，前面的路一片光明，幸福的生活在向我招手。"

返乡学员当宣传员

赛丽古是2011年9月第二批赴苏州工业园区职业技术学院接受培养的学员，于今年元月初统一回来，她带她的亲戚玛丽努尔报名，玛丽努尔2007年毕业于乌鲁木齐职业大学，已经是两个孩子的母亲，小的孩子才8个多月大，表妹赛丽古给她讲，到苏州培养不管是管理还是吃住行都安排得非常好，自己一分钱也不用花，走之前工作就签订了。玛丽努尔再也坐不住了，准备报名考试，到闻名世界的苏州去看看，开开眼界。

买哈巴是2002年毕业于新疆师范大学的大学生，一开始准备报名参加赴常州培养时，丈夫不太同意，说去了以后不知道情况到底怎么样，回来的工作一系列问题也不知道怎么样。可是，随着第一批和第二批赴援疆省份培养学员回来，得知同学、亲戚、朋友们的亲身经历，买哈巴的公婆和丈夫打消了一切顾虑，全力支持她来报名，婆婆还叫她全力以赴复习，一定要考上，家里的家务活和孩子，婆婆一个人全包了。她说她一定要努力，一定要抓住这次千载难逢的好机会。

王逗听了参加第一批培养的学员回来所讲的一些所见所闻后，她决然地放弃了在西安一所待遇不错的学校工作，选择再次回到校园学习、培养。她说："以前上大学时会考虑到生活压力，但现在这些问题不存在了。我可以全身心地投入到学习当中，学自己想学的东西，将来回到阿图什市幸福街道办工作，不仅能留在父母身边工作，还可以为自己的家乡尽一份力。"

做细做好做实　尽善尽美尽责

江苏省委、省政府高度重视克州籍高校毕业生的培养工作，为了把培养工作做细做好做实，专门成立培养工作协调小组，并多次召开专题会议明确工作职责，强化沟通协调，研究工作方案，细化培养措施，加强对各地和高校的指导、协调，准确把握培养工作动态，及时研究解决出现的问题。把培养工作细化再细化，认真再认真，只求把这项系统工程做得好上加好，成为让党中央放心，让省委和新疆各级党委、政府及学员父母放心的品牌惠民工程。

为落实省领导要把培养工作做出品牌的要求，江苏省各地、各高校按照省里统一部署，为接纳克州籍学员的培养，各部门各学校创造性地开展工作，特色鲜明，准备工作精心细致。日常管理上，制订了学员手册、规章制度和应急预案；教学安排上，制订了周密教学方案和考核制度、配全了教学设备器材、配备了优质师资力量；生活保障上，妥善安排了新疆随队管理服务人员的办公、食宿；重新装修布置学生宿舍、清真食堂和文化活动场所，还为学生宿舍配备了洗衣房、浴室，有的还配有会客室，统一配备了全套的生活用品，新购置了厨具、灶具和餐具，并明确食品的采购渠道。

同时，学校抽调最得力的师资力量担任培养这项光荣而又艰巨的工作。陈金宁是新疆克州籍高校毕业生南审培养班班主任，从接受新疆培养班工作的那天开始，陈金宁和家人一起的时间越来越少。古尔邦节，他一定是和同学们在餐厅布置晚上聚餐的会场，下午和孩子们一起包饺子，晚上和校领导陪同孩子们一起吃饭，饭后一起举行联欢晚会，一起跳维吾尔族舞，与新疆的孩子们共同感受在南京欢度节日的快乐。他尽心竭力地做好领导交给自己的每一项任务，尤其是新疆克州培养班这一神圣的历史任务。

将幸福拥入怀中

乌恰县的毕业生巴合提古丽，2005年毕业于喀什师范学院，学的是学前教育，大学毕业后，她参加过几次公务员考试，每次笔试成绩不错，但是，总是过不了面试这一关。为了减轻本身就不富裕的家庭的负担，她在县政府的帮助下，在县劳务派遣中心的公益性岗位打工，工资只有1000元，她渴望有一天通过自己的努力和政府的帮助有一份稳定的工作。去年她从电视上、报纸上以及同学们那里听说高校毕业生赴援疆省份培养，去之前工作就签订好，而且学费、路费、生活费都是国家负担，自己不用花钱时，她激动万分。第一批考试时，她怀孕8个多月了，那时，她只想快快把孩子生下来，她一定要抓住第二批学员考试的机会。去年9月时，她终于通过自己的努力如愿以偿，第一次坐上火车去了江苏省常州技术师范学院，在常州的3个多月，吃住行都是她想都没想到过的。元月初她回来后，大专毕业的爱人听了妻子讲那边的亲身经历后跑到县人事部门打听还有没有机会再去培养，人事部门说过完年第三批培养生就开始报名了，为此，他激动万分，在春节后的第一天就跑到县人事局了解第三批赴援疆省份培养的相关事宜。

毕业生买买提吐尔逊·卡马力2004年考上了吉尔吉斯斯坦的一所大学，2009年毕业后校方直接留他在吉尔吉斯斯坦继续读研究生，还有一年研究生学位就拿到了，可是，78岁的父亲打电话告诉他国家出台的这一惠民政策，他听了后，诚恳地向校方说明了原因，校方准许保留他3年的学位资格，3年内他可赴吉国完成论文答辩。

买买提吐尔逊·卡马力从吉国回来，感觉国家越来越强大，越来越发达，乌恰县的变化更是他所没有想到的。等他来到祖国的南部城市时，目睹了祖国日新月异的一片繁荣景象。更让他感到幸福的是，27岁的他在常州培养时结识了同班的女孩阿依汗，阿依汗是乌恰县巴音库鲁提乡的，两个人相见恨晚，很快坠入爱河，元月初回到家的第三天，买买提吐尔逊·卡马力78岁的父亲和亲戚们到阿依汗家提亲，两人很快就订婚了。买买提吐尔逊·卡马力欣喜地告诉记者，刚开始很多人都问在国外连研究生都不上，回到江苏培养，值得吗，他说当然值得，从常州回来后他更觉得自己的选择和决定是正确的，不管到哪里，祖国的怀抱是最温暖的，不管身处何方，时刻想的是早日回到他的家乡！

（原文刊载于2012年2月11日《克孜勒苏报》，本文有删节）

第三节　教育援助

20世纪50年代，南京师范学院（1984年更名为南京师范大学）开始支援伊犁师范学院（2018年更名为伊犁师范大学），为江苏教育援疆之始。1980年起，南京师范学院、华东水利学院（1985年更名为河海大学）、苏州丝绸工学院（1997年并入苏州大学）等学校为新疆专设少数民族学生班，每年定向招生，为新疆培养人才。

1997年对口援疆工作开始后，江苏始终把教育援疆放在重要位置。1997～2010年，针对受援地需求，支援当地改善办学条件，委派教育干部到当地任职，并派遣少量教师支教；利用江苏教育资源优势为受援地培养人才，包括向新疆定向投放招生计划、开办江苏新疆高中班、实施结对帮扶、开展受援地教师培训等。2011～2019年，江苏在援建大量教育设施的同时，以基础教育师资培训、中等职业教育为重点，进一步加大教师援助力度，按照中共中央组织部计划，共选派教师540余人次，对口支援各类学校50余所和部分教研中心；通过"援藏援疆万名教师支教计划"、大学生支教及志愿者等方式选派教育人才；实施名校、名师、名科创建计划等，致力于打造品牌，形成"丁强模式""南通模式""施坚中学物理教学能手培养工作室""武进名师工作室"等支教品牌；推进"组团式"教育援疆，打造"新疆·江苏班"；多措并举，保障办好江苏新疆高中班和中职班；通过"青蓝帮带"、示范教学、到江苏跟班培训等形式，加强受援地教师

2011年7月20日，江苏省教育专家团送教讲学开班仪式在伊犁州举行

培训，共培养培训教师15.4万人次，为当地留下教育人才；加大对受援地职业教育支持力度，扩大省属高校对新疆的对口招生和定向培养规模。通过基础设施建设、教育人才培养、教育理念创新，江苏打出教育援疆工作的“组合拳”，走出一条具有江苏特色的多层次、多形式、全方位教育援疆之路。

【链接】教育援疆：真的很需要——2011年援疆印象之三

一

对口援疆关乎伊犁各县市经济、政治、文化的发展。而援助内容中人才是基础，教育是关键。

教育援疆的采访，给记者留下最深印象的是发生在伊宁县第二中学的一件事。

援建伊宁县第二中学的南通市派出了5位援疆教师，其中张翊翔担任副校长，分管学校管理工作。2011年二中搬入新校舍后，发生了一件让人意想不到的事——学生认为学校食堂不符合有关要求。

负责处理此事的张翊翔没有立即采取什么措施，而是深入学生，与学生交流。在了解到学生依据的标准是国家的有关规定后，张翊翔和学校领导一起，跟学生连续召开了几次座谈会，并把有疑虑的学生邀请到食堂，全程参与饭菜的制作过程。这种做法，使学生不仅打消了对食堂的顾虑，而且对劳动观念有了新的认识。

从此，伊宁县二中将这种做法作为一项制度确定下来，每个班轮流到食堂劳动一天，全程参与食堂管理、洗菜、切菜、煮饭等步骤，让学生在劳动过程中理解他们每天享用的饭菜如何产生、劳动成果如何来之不易，同时也培养了学生的劳动习惯。“这里的学生非常聪明，他们欠缺非智力因素，像学习习惯、学习目标、学习氛围、家庭对教育重视程度、学生自身人生目标的设定等等。学习纯粹只为了提高分数的教育价值是偏颇的，我个人认为应该在课堂教学中建立良好的师生关系，引导学生把精力投入到学习中，实现人生的跨越。”张翊翔在回忆这件事时，感慨良多。

相比起卫生、产业等来说，教育并不是一个能够很快显出成效的领域。但是，鉴于教育在经济社会发展中基础性、全局性、战略性的地位，伊犁的长远发展真正的依靠还在于伊犁教育的发展。从这个意义上来说，教育援疆真的很需要。

2011年，一支支为伊犁教育“开方抓药”的江苏支援队也悄然走进伊犁教育界，通过基础设施建设、教育人才培养、教育理念革新等措施，引起伊犁教育的悄然质变。

二

伊犁教育事业发展面临的困难和问题比较突出。根据中共中央和江苏省委、省政府关于新一轮教育援疆工作的要求，第七批援疆教师队伍在深入调研的基础上编制了对口支援伊犁州教育援疆专项规划。按照规划，江苏将着力推进教育援疆工程，重点改善办学条件，支持伊犁州建设幼儿园、寄宿制学校、职业教育实训基地和推进教育信息化等项目，提升教育现代化水平；强化师资培训，采取在疆培训为主、到苏培训为辅的方式，帮助州直培养骨干教师队伍；加快发展中等职业教育，重点扶持建设符合新疆区域经济和产业需求的示范性专业和特色专业；切实提高州直教育教学和管理水平，充分发挥江苏教育优质资源丰富的优势，通过举办培训班、干部挂职、教师和学生支教、名师讲学等多种方式，帮助州直教师提高教学能力和教育科研水平。

2011年，教育援疆资金共投入2.18亿元，占当年江苏省对口支援伊犁州援疆资金总投入的17.9%。新建、改扩建一批普通高中、职业教育学校，进一步改善办学条件，提升伊犁教育现代化发展水平。

在实施安居富民整乡整村推进工程时，根据乡村实际情况，同步规划建设幼儿园和小学项目。

2011年，教师培训、教育人才培养共安排2250万元。截至记者发稿时，已组织1037名教师赴江苏培训。10月10日，江苏对口支援伊犁州前方指挥部分别在南京师范大学和南京晓庄学院举办为期30天的培训班，共培训100名教师。7月18日至24日，江苏省教育厅组织江苏的8名特级教师到伊犁开展送教上门活动，惠及全州8县2市，接受培训人数达3000人以上。

三

好的教育思想要靠接触来传递。来自扬州市的援疆教师、新源县第二中学副校长成迎道告诉记者："手把手地培训，一起深入听课、评课、议课，交换心得，即使将来教育专家离开新源县，新源县也能够凭借自己的实力，创造优秀的教育模式。"

南通市援疆教师从受援地学校的校情、生情、学情、教情出发，与当地教职工精诚合作，坚持将教研工作的重点指向课堂，优化课堂教学结构，加强教学行为研究。在学术引领上，充分发挥姚明"江苏省特级教师"的资源价值和学术影响力，成立了"姚明工作室"，通过公开课、学术沙龙、"青蓝工程"等方式，引领支教团队以及受援地学校教师的专业成长。

泰州市援疆教师落实教育工作"三个落地"，介绍泰州集体备课的先进做法和经验，推动集体备课制度的规范化；在昭苏高级中学推行有效课堂教学的探究，在昭苏县中小学校推广考试质量分析。镇江市援疆教师邹建平组织参与农四师小学英语优质课评比大赛和师高中实验教学研讨会，有力地促进了全师教学水平的提高。他还带领援疆教师送教到六十七团场、七十团场中学，为教师开设讲座，讲授公开课，受到一致好评。江阴市援疆教师立足课堂主阵地，加强教育教学常规管理，与受援地学校青年教师签订师徒结对协议，重点在课堂教学、班级管理、科研能力、多媒体课件制作等方面进行为期一年半的帮带指导，促进受援地青年教师专业素养和业务能力的提高。张家港市援疆教师以"五项素质、八项措施"全力提升受援地学校的教学质量，与受援地学校骨干教师结对，从导思想、带业务和传作风3个方面发挥导师作用。江宁区援疆教师积极与受援地学校密切配合，投身于教育教学改革，进行高效课堂试点。与学校教研科室一起完善备课组、教研组制度，实施"青蓝工程"，每名援疆教师结对培养1～2名年轻教师，同时，援疆教师课堂对所有老师开放，可以随时推门听课；组织开办"特克斯县高级中学青年教师教学研修班"，以教学沙龙、学员讲课、教师评课等方式，加强学校教师培训。武进区援疆教师成立了"教研工作室"，通过开设公开课、示范课，在教学管理、教案编撰、教师培训等方面，开展"青蓝工程"和师徒结对活动。

江苏援疆教师的业绩在伊犁产生了广泛影响，正成为教育援疆的品牌。

自从对口援疆战略确立后，江苏对伊犁的教育支援就变得体系复杂——从单项作战到组合推进、从授人以鱼到授人以渔、从"输血"到"造血"的教育援疆工作的"组合拳"，将优秀教学方法和教育理念的影响力辐射开来，悄悄地改变着很多伊犁人。

（原文刊载于2012年2月25日《伊犁日报》，本文有删节）

一、教师派遣

1997年对口支援新疆工作开始后，江苏在第二批干部人才中从南通选派4名教师支援阿勒泰地区第二中学、塔城地区第一中学。第三至第六批次未再通过中共中央组织部计划派遣教师。2010年新一轮对口援疆工作开始后，江苏加大教师选派力度。至2019年，共选派540余人次教师（含第十批）赴受援地实施教育援助，支援伊犁州、克州和兵团四师、七师的50余所中小学、职业学校和教研中心建设。江苏选派的教师多为综合素质高、业务能力强的骨干教师，不少具有高级职称。2018～2020年，江苏落实中央“援藏援疆万名教师支教计划”，集中选派1000余名教师到伊犁州、克州和兵团四师、七师的中小学任教，大规模开展“组团式”教育援疆，还派出大量教师参与短期支教活动。援疆教师紧密结合受援地实际，传授教育教学先进理念和经验，广泛开展教育改革、教学科研、师资培训，形成多层次、多形式、全方位的江苏教育援疆模式，使江苏教育理念、标准、经验留在当地。他们既教学生，也教教师，通过“青蓝帮带”、示范教学、教学科研等活动，为当地留下一大批带不走的教育教学人才。他们无私奉献，坚守岗位，涌现出“边疆教育使者”丁强、“五个一”教育援疆模式创造者张翊翔等一大批先进典型。

示范教学 2011年，无锡援疆教师丁强任阿合奇县同心中学校长，建立定期开展援疆教师公开课示范周制度。南京市江宁区、常州市武进区、张家港市、盐城市、泰州市等地援疆教师同时开设公开课、示范课。此后，示范课成为江苏支教常态。至2019年，江苏援疆教师累计开设公开课、示范课3000余节。援疆教师与受援学校教师组成教研团体，用先进的教育理念、扎实的教学功底带动受援学校创新教学方法。其中，克

江苏援疆教师在克州开设教学示范课（2019年摄）

2011年11月，江苏援疆教师制作的《点电荷的电场》课件在第十五届全国多媒体教育软件大奖赛决赛中，获基础教育多媒体课件一等奖

州实验小学“阳光教育”和“与爱同行——‘1+N’”校际均衡发展计划，克州第二中学“高品质初中课堂教学”和“高中多元特色课程”研究，阿图什市昆山育才学校“和美教育”课程建设，阿图什市昆山第二小学“雪莲文化”校园建设，乌恰县实验小学“中华优秀传统文化合成建设”，阿合奇县同心中学“生本教育”课程建设等成为特色示范项目。扬州市援疆教师主持制定《新源二中集体备课管理制度》，推行学科导学案制度、推门听课制度；主持修订《新源二中教师量化管理办法》《新源二中高考目标管理办法》《新源二中高考成果奖发放办法》等管理制度，推动教育质量提高。援克教师帮助制定《克州幼儿园办园水平评估实施方案》《克州义务教育示范学校建设与评估实施方案》《克州教育“青蓝123人才培育计划”实施方案》等，在克州形成教育援疆制度体系。援伊教师帮助制定《伊犁州教师培训标准》《百年大计教育人才培养计划》等，提高当地教师培训质量，促进受援地教师能力提升。

教学科研 张家港市援疆教师编写教材3本，完善巩留县教材体系。连云港市援疆教师为霍尔果斯市制定中学新课程改革实施方案和新课程教师培训计划。淮安市援疆教师课件《点电荷的电场》获全国多媒体教育软件大赛一等奖。盐城市援疆教师在察布查尔县推行联片教研，使全县办学水平大幅提升。常州市援疆教师在乌恰县开展的教研课题中有8个被自治区教育厅采用，2个被教育部采用。2018年，启动“乌恰县柯尔克孜族儿童汉语阅读障碍的风险因素及语音加工特征”课题研究。2019年4月，苏州市援疆教师领衔的教研课题在克州立项，课题涉及小学到高中各个学科，内容涵盖学校管理、德育实践、课程建设、学科教学研究等方面，填补克州教育科研领域空白。

【链接】江苏援疆教师群像扫描："我只是到了需要我的地方"

"江南就好像一幅工笔画，亭台轩榭，精致考究；而南疆就好像一幅写意画，大漠戈壁，气魄雄浑。"曹恒斌如此描述他心目中的"江南"与"南疆"。

曹恒斌来自江苏盐城，现任新疆克孜勒苏柯尔克孜自治州第三小学副校长。去年底结束首批"万人援疆计划"的援疆教师工作后，曹恒斌选择了"续约"。

2018年8月入疆以来，曹恒斌一直致力于将江南文化的种子播撒到南疆这片深度贫困地区。他带领其他教师在学校开设了20余个阳光社团，包含茶艺、陶艺、刺绣、书法、淮剧等，"孩子们非常感兴趣，因为以前只能在电视上看，而现在可以亲身尝试。每周举办社团活动，孩子们几乎都是扑上去的"。

学生们高涨的热情更加坚定了曹恒斌的想法。这次归来，他带来了为学校量身定制的"经典咏流传"唐诗吟唱和"克州三小书法教程"校本课程。60集的书法视频是曹恒斌在盐城邀请书法老师精心录制的，从一笔一画开始教起。

来自江苏常州的援疆教师陈雨薇则为传播江南刻纸艺术煞费苦心。今年来到新疆前，陈雨薇了解到乌恰县实验小学将创建"最美西极学校"校园文化特色项目，其中就包含常州传统文化刻纸技艺。了解到学校缺乏相应师资的情况，身为科学老师的陈雨薇干上了美术老师的活，"学校需要什么，我就去学什么"。

利用假期，陈雨薇联系上了当地的刻纸大家殷明欣。得知有机会将刻纸技艺传授给新疆的孩子们，殷老先生连连点头，将陈雨薇收为弟子，把刻纸技艺毫无保留地传授给了她。

江苏援疆教师不仅上得了课堂讲坛，也下得了田间地头。来自江苏南通的肖锦就常常扎在田里，因为他说"不能在黑板上种田。"

作为克孜勒苏职业技术学院的农学老师，肖锦不仅在课堂上教书育人，还常常给当地农民上课。他感叹："2018年刚来那会儿，发现这里农产品品质特别好，可连个名字都没有，种植非常粗放，农民也没有商品意识。"

秉持着"以农富农"观念的肖锦开始在学校里建立实验室、开辟实训基地，在校外培训当地农技员、推广农业技术。"这些农技员学习热情非常高，积极跟我互动，还认真记笔记。我要让他们相信农业是可以致富的。"带着这样的信念，肖锦开始了他的第二段援疆教师生涯，"我还有新技术没教完，还有新品种没引进，如果这段时间还不能完成我的设想，我可能会继续留下去。"

203名江苏援疆教师的可爱之处各不相同，但被问及选择援疆的原因时，他们的答案却意外相同——"我只是到了需要我的地方"。

（2020年7月12日新华社报道）

二、受援学校

2010年新一轮对口援疆工作开始前，江苏援助学校和教师数量较少，教育援疆处于探索阶段。2010年新一轮援疆工作开始后，江苏大幅增加一线教师选派数量，受援学校数量不断增加。至2019年，江苏派遣的援疆教师累计在50余所受援学校任教，受援学校类型主要为初、高中和职业教育学校。2018年起，江苏落实中央“援藏援疆万名教师支教计划”，大规模推进“组团式”教育援疆。无锡、盐城、南通等市遴选政治素养高、业务能力强的名校长、学科带头人和骨干教师，集中到受援地基础较好的学校开展为期一年半至三年的“组团式”援疆，建设一批软硬件一流的学校，打造一批有特色、高品质的教育品牌，教育援疆从“顶岗教学”到“组团式”转变，取得显著效果。受援学校在援疆教师带动下，大力推进“创名校、建名科、育名师”活动，深化教育援助内涵和外延。在“组团式”教育援疆支持下，霍城县江苏中学“江阴班”、伊宁县第二中学“南通班”、尼勒克县武进高级中学“武进班”、巩留县高级中学“张家港班”、新源县第二中学“扬州班”连续多年本科上线率100%，受援学校教学质量大幅提升。

伊宁市第一中学　2016年12月，南京市7名援疆教师开始在伊宁市第一中学支教。至2019年，共有22人次（含第十批）江苏援疆教师在该校支教。2019年3月，伊宁市第一中学成立“金陵班”，由援疆教师负责主要学科教学。学校配备专门教室，运用现代化教育手段，采用先进的教学和管理模式，与南京名校进行资源共享、远程授课。通过南京市教师3年包班“组团式”援疆模式，“金陵班”本科上线率提升26.5个百分点，创造建校以来“低进高出”的最好成绩。援疆教师还与该校年轻教师开展“青蓝工程”师徒结对活动，提高教师教学、教研能力。同时，邀请南京市中学教师到学校交流指导，选派年轻骨干教师赴南京学习。

南京市援疆教师辅导伊宁市第一中学学生（2017年摄）

南京市援疆教师在伊宁市第一中学开展教研活动（2017年摄）

南京市援疆教师在伊宁市第一中学上课（2019年摄）

【链接】一位援疆教师的情怀与担当

4300余公里的路程，周江老师从南京市玄武高级中学来到伊宁市第一中学，用心用情抒写着他对伊宁学子的热爱。

周江从教近30年，有非常丰富的教学经验。2018年秋季开学，周江成为伊宁市第一中学两个班的数学教师。面对学生们求知的眼神与家长们的厚望，教书育人的使命感让他更加刻苦地钻研业务、追求效率。

“接手教学任务的第一个月，我发现学生的学习方法、学习态度以及对所学知识的掌握程度等方面与自己在南京所在学校的学生截然不同，我迅速调整教学方法，尽可能用他们能接受的方式授课。”周江说，一周上14节课，每天陪学生午读，加班成了工作常态，虽然工作强度和压力让他几乎喘不过气来，但挺过来了。援疆是祖国的需要，是组织的信任，也是他人生最宝贵的一笔财富，更是工作的动力源泉。

南京对口支援伊宁市前方指挥组和南京市教育局对周江及其他6位援疆教师提出了要求：带出一支过硬的教师队伍。日常教学中，援疆教师与本校同科教师结成互帮对子，一起备课，相互听课。

2018年10月，在自治州“六校联盟”赛课比赛中，伊宁市第一中学有11名教师参加比赛，其中8名获得一等奖。"在比赛前的一次次模拟中，我发现自己状态不好，每次或多或少有失误，没有信心了，是周老师鼓励、帮助我不断完善。比赛时，我发挥得特别好，拿了一等奖。"数学教师丁辰谈及当时的情况，仍然非常激动。

今年，新学期开始，学校面临缺少数学教师的严峻状况。"再给我分一个班吧。"周江找到学校领导，毫不犹豫地挺身而出。他成了高一3个班150余名学生的数学老师。备课、批改作业、个别辅导，周江几乎连轴转，因一份情怀和担当在心中，他毫无怨言。不久前，他还协助南京援疆指挥组和伊宁市教育局促成了伊宁市首个"金陵班"在伊宁市第一中学的成立。

"3个班的数学课，意味着一周要上21节课，每天至少4节课，这个工作量太大了，我们当时特别感动。"高一年级的年级主任张新慧说，这种敬业精神深深感动着大家。

3月16日是星期六，在高一（3）班班主任马俊叶的陪同下，周江来到住在潘津镇苏拉宫村的学生扎依旦木·卡哈尔家中走访。

"一直听女儿说周老师对学生特别好，非常有耐心，常利用中午、晚自习给学生免费补课。今天，你又带着米、油和学习用具来走访，真是太感谢了。"扎依旦木的母亲阿尔孜古丽·热西提拉着周江的手热情地说。

坐在炕上，周江向阿尔孜古丽介绍了扎依旦木的学习情况，帮扎依旦木辅导功课。

援疆之行已近一半，回忆走过的援疆路，周江说，援疆是他人生的重要经历，他已把伊宁当作"第二故乡"，和伊宁市第一中学的老师团结协作、相互学习、共同进步。能尽心尽力为这里的人和这片土地做点事、尽份力，是一种历练，也是一种幸福。援疆期间的所学、所想、所得，都将成为他今后永不磨灭的记忆并受益终身。

"我既然选择了教师这个职业，选择了教育援疆，就会把爱融入日常教学和与他们的相处交流中，虽然累且辛苦，但也快乐、充实。"周江动情地说，在伊宁的日子，他很想家，可他铭记援疆使命。

（2019年3月25日《伊犁日报》）

【链接】姜建平：教育援疆为人生一大事

2018年8月25日，姜建平作为江苏省第九批援疆干部人才，开启了一年半的教育援疆生涯，担任南京市援疆教师领队、伊宁市第一中学副校长，分管教学和教科研工作，并担任高三"金陵班"和高一（1）班数学教学工作。

姜建平作为援疆教师领队，和其他6名援疆教师被分到高中3个年级，各负其责，发挥援疆教师的示范作用。

初到第一中学，姜建平和其他6名援疆教师就一起研究学校教育教学特点、学生学习生活特性等，针对学生实际因材施教，选择适合学生的教育方式。通过大半年时间，姜建平紧盯这些问题，和学校教务处及教研室齐抓共管，一个个举措出台落实，逐一打破学校发展的瓶颈。

姜建平每天早晨8时30分到校，开始一天的日常工作，进教室了解教师到班情况、学生的精神状态等，然后到办公室批改作业，再进班上课。下午听课、评课、开展教研活动，还要做好晨练、午练和晚自习等工作，平均一天工作12个小时。

"我深知'援疆'两个字的分量，为了边疆教育事业，为了这些可爱的孩子能考上理想的大学，我们援疆教师可以克服一切困难。"姜建平道出了所有援疆教师的心声。

学生很喜欢姜建平的课，他是课堂的组织者、引导者、合作者，学生自己发现、探究、讨论问题，学得轻松，课堂气氛活跃。姜建平的课堂都是开放的，上课的导学教案随时提供给其他老师参考，课堂教学形成了“合作探究、启迪智慧、完善人格”的教学风格。

学生卡德尔亚·库尔班江说：“姜老师就像我们的朋友，又像我们的父亲，不仅在生活中关心我们，学习上也不让任何一个人掉队。”卡德尔亚的数学一直不好，但是在姜建平的帮助下，他渐渐喜欢上了数学，发现数学并没有那么难。

任教高三年级的5位援疆教师分工协作，针对每次大型模拟考试中出现的新问题，及时调整复习和考试策略，争取复习效益最大化。姜建平利用课余时间给学生辅导功课，使不同层次的学生都能有所进步，如今，40余名学生已被区内19所职业类高等院校单招录取。

“援疆教师在全力教好所带班级学生的同时，积极推动教育援疆由‘输血’向‘造血’转变，带好一批青年教师。”伊宁市第一中学党支部书记陈小勇说。

伊宁市第一中学针对年轻教师比例高、经验不足的现实状况，教研处有计划地挑选一批年轻教师与援疆教师开展“青蓝工程”师徒结对活动，每名援疆教师分别与两名年轻教师结为师徒，要求援疆教师做到每次听课后都能与徒弟交流，指出课堂教学中存在的不足，提出改进意见和更高的要求。

姜建平告诉记者，援疆教师更重要的是立足当地发展需求，提高教师教学教研能力。半年来，他参加或组织各类研讨活动60次，与老师们交流教学理念和教学方法，探讨课程设计新方案和自己的一些教学心得。他指导的老师参加“伊犁州优秀课比赛”，取得了一等奖的好成绩。

为加快学校发展，在姜建平的精心安排和协调下，学校挂牌成立了“金陵班”，揭开了南京和伊宁教育互动的新篇章。经姜建平牵线搭桥，学校邀请了南京重点中学的教师来交流指导，还先后派出年轻骨干教师赴南京学习。

在学校的统一安排下，7名援疆教师开展了“三进两联一交友”活动。在节假日期间，姜建平带上各种慰问品到伊宁市克伯克于孜乡阿热买里村结对“亲戚”家里，宣讲国家政策，资助贫困学生，把结对认亲户当亲人。

柯尔克孜族学生阿斯哈尔·阿不都卡哈告诉记者，在姜老师眼里，跟学生在一起比任何事情都重要。有时候学生没吃早饭，他就把自己的早饭带给学生；学生没有带外套，他就把自己的衣服给学生穿，让同学们感受到父亲般的温暖。

陶行知先生说，人生为一大事来。姜建平认为，陶行知先生所谓的“大事”，对他来说，就是教书育人，就是为新疆人民培养优秀人才，为民族团结尽一份力。

（原文刊载于2019年5月22日《伊犁日报》，本文有删节）

特克斯县高级中学 2010年12月，南京市江宁区5名援疆教师开始在特克斯县高级中学支教。至2019年，共有21人次（含第十批）江苏援疆教师在该校支教。援疆教师团队积极参与受援学校的绩效工资方案、年级组管理方案等制度的修订，促使学校管理向制度化转变。他们还注重受援地师资队伍培养，通过“援疆教师乡村行”送教活动，以“课堂示范、专题讲座、互动交流”等形式，开设各种类型讲座，培训乡镇基层学校教师，为乡镇教师们传授教育教学新理念、新方法，努力帮助他们提升教育教学水平和能力。

特克斯县高级中学『江宁班』援疆教师（2018年摄）

2021年12月10日，霍城县江苏中学援疆教师师徒结对仪式

霍城县江苏中学　2010年12月，江阴市4名援疆教师开始在霍城县江苏中学支教。至2019年，共有29人次（含第十批）江苏援疆教师在该校支教。2015年6月，霍城县江苏中学成立“江阴班”，4名援疆教师集中在高三“江阴班”任教，分别任语文、数学、英语、物理老师，1名援疆教师同时兼任班主任。援疆教师移植江苏教育教学理念和管理经验，制定适合学生特点的教育教学模式、班级管理方式和针对班级情况的考核评价机制，全力把“江阴班”打造成为全县班级管理、课程改革、教学质量示范点。2016年，“江阴班”49名学生参加高考，一本上线率100%。在“江阴班”示范引领下，学校高考升学率100%，创历年新高。2019年高考，霍城县江苏中学“江阴班”连续两年一本上线率100%，全班55名学生全部考上一本大学。

尼勒克县武进高级中学（第一中学）　2010年12月，常州市武进区6名援疆教师开始在尼勒克县第一中学支教。至2019年，共有25人次（含第十批）江苏援疆教师在该校支教。2014年，尼勒克县武进高级中学在第一中学基础上新建投用，同年开办高中

常州市武进区援疆教师在雪中为尼勒克县武进高级中学学生讲授雪景写作技巧（2015年摄）

参加教育部首批『援藏援疆万名教师支教计划』的常州市教师辅导尼勒克县武进高级中学学生（2018年摄）

“武进班”（武进援疆教师集中教的班级）。2015年，借鉴武进教育管理模式，开设跨年级高中“武进班”2个。2016年，高中3个年级8个班同时开办“武进班”，并带动11个班以“武进班”模式强化教学管理，促进全校教育质量提高，并带动全县教学管理、教研水平逐年提升。2017年，援疆教师重点围绕“武进班”开展教育“组团式”援疆，配齐配优各学科援疆教师，采用先进的管理模式、教学理念，让“武进班”教育援疆品牌更具影响力。2017年，首届“武进班”高考一本上线率32.4%、二本上线率92%，均创历年之最。2019年，“武进班”本科上线率100%，其中一本上线率34.3%；其他各班本科人数和本科上线率均有大幅度提高，实现“低进高出、稳步提升”的良好局面。同年，援疆教师严东泰协助设立“武进新苑奖学金”，资金总额25万元，开创伊犁州援疆教师设立奖学金先河。

【链接】严东泰:加减乘除算不尽的大爱柔情

严东泰,江苏省武进高级中学一名数学老师。去年8月,他响应国家号召,来到尼勒克县,任武进高级中学教研室副主任、唐山丽高中数学教学能手工作室特聘专家,担负高三(5)班、(8)班的教学任务等。

5月8日一大早,刚刚走进高三年级办公室的严东泰还没坐稳,两名同学便急忙跑了进来,带着隔天的疑问向严老师求教。顾不上收拾的严东泰,赶忙拿起草稿纸,为两名学生讲方法、列公式、写步骤……怀着对孩子们的爱,严东泰一天紧张的援疆教学生活开始了。

距离高考不到一个月时间,按照援疆工作组高考冲刺的要求,严东泰和他的学生们一样,争分夺秒,早已投入到了最后的冲刺赛。

丁瑞婷是高三(5)班的数学课代表,对自身要求严格,但是数学成绩还不够稳定。严东泰经常把她叫到办公室,帮助她稳定心态,树立信心,一道题一道题分析错误症结,疏导急于求成的急躁心理,并为她量身定制学习方法,丁瑞婷的数学成绩逐渐稳定上升。今年4月,在全校的数学考试中,丁瑞婷考出了108分,这是全校唯一一个破百的数学成绩。丁瑞婷告诉记者,严老师是她遇到的最好的老师。在丁瑞婷同学的带动下,班级学习氛围越来越浓,乌日格木、何晓双等学生经常主动学习交流、共同进步。慢慢地,班里形成了一个个六七人组成的学习小分队,大家你追我赶,比学赶超,把所有精力都投入到复习上,力争高考取得理想成绩。而严东泰老师也更忙了,除了上大课,课余时间都被同学们占用,但他不厌其烦,一遍遍耐心解答,一次次手把手教,直到同学们弄懂弄通为止。

"参与援疆,尽我所能,能够帮助孩子们更好地成长,也是一种幸福。"严东泰说。每天放学后,拖着疲惫的身体回到援疆楼,严东泰也总忘不了要带回一大摞试卷批改到深夜。夜深人静时,思念早已穿越万里之外:即将高考的女儿,同样需要父亲的关爱啊!

记得3年前,在江苏省武进高级中学任教、一直怀有援疆梦想的严东泰,瞒着家人网上报名申请援疆。2018年,他终于接到了参与援疆的通知,此时,女儿已步入高三,同样是教师的妻子教学任务非常重,面对组织的召唤,严东泰陷入了犹豫。最终,父母的支持、妻子的理解,以及在女儿崇拜的目光中,严东泰登上了飞往新疆的航班。如今,严东泰所带的班级,成绩有了明显的提升,这让他感到欣慰,他的付出有了回报。

严东泰的付出,远远不止这些。

今年4月,他在与尼勒克县武进高级中学校长唐山丽的一次谈话中,了解到高二年级学生阿丽米热·阿地勒别克的父亲因脑梗常年卧床,母亲没有固定工作,家境十分困难。听到阿丽米热家的情况后,严东泰十分同情,立即决定在她高中期间,每学期捐助1200元学费。"这笔钱将从我们设立的帮困资金中支出。"严东泰说。

原来,严东泰参与援疆后,发现一些学生家庭出于多种原因,家境十分困难,他看在眼里、疼在心里,一直想着要通过自己的努力帮助他们。

趁着假期回武进的机会,他向老同学史伟峰聊起了援疆的事。同样富有爱心的史伟峰,听到新疆还有不少贫困家庭,立即商量筹措了5万元帮困资金,帮助尼勒克县贫困家庭的孩子上学。

截至目前,严东泰、史伟峰两人累计捐助超过了1万元,而爱心,还在延续。

"虽然自己的生活也并不宽裕,但是看到一些学生家庭条件更加困难,我就想帮帮他们,希望孩子们努力学习,有一个好的未来。"严东泰说。

(原文刊载于2019年5月20日《伊犁日报》,本文有删节)

巩留县高级中学 2010年12月，张家港市6名援疆教师在巩留县第二中学支教。2011年，在学校高中部开设2个“张家港班”（高三年级），均由援疆教师任教。当年，援疆教师所带教的高三班，高考本科达线率87.5%，比2010年提高12个百分点。2012年，高考二本以上上线率47.5%，比2011年提高2.3个百分点，29名学生被重点院校录取。2013年，援疆教师带教的高考班一本上线21人、二本达线29人。2013年2月，第二中学高中部迁入巩留县高级中学，江苏累计派遣12名教师在巩留县第二中学援教。2013年12月，8名援疆教师在巩留县高级中学支教。至2019年，共有38人次（含第十批）江苏援疆教师在该校支教。2011年4月，在该校设立“张家港教育奖励资金”，每年对优秀教师进行奖励。在援教工作中，每批援疆教师秉承“给学校留下一支带不走的骨干队伍”的理念，以“青蓝工程”建设为抓手，经常开展教学专题讲座，所带教的青年教师在省级以上刊物发表多篇论文，为学校师资队伍建设、教育教学质量提升作出贡献。特别是援疆教师施坚领衔的自治区“施坚中学物理教学能手培养工作室”，在培养当地教师中发挥积极作用，获自治区科技辅导员创新成果一等奖。工作室活动并未因援疆教师轮换而中断，持续发挥作用。2019年，该校“张家港班”45名学生高考全部达本科线，连续两年本科上线率100%。其中，一本上线率73%以上，有27名学生被全国重点院校录取。

2011年4月13日，张家港奖励资金捐赠暨巩留县第二中学“青蓝工程”结对仪式

附：

施坚中学物理教学能手培养工作室

工作室成立于2014年9月23日，是自治区教育厅批准成立的首批39个中小学教学能手培养工作室之一，由张家港市援疆教师施坚领衔。2015年4月10日，在巩留县高级中学举行“施坚中学物理教学能手培养工作室”阶段性成果展示暨伊犁州物理教学研讨交流活动中，施坚作题为“实验教学情境的校本开发与课堂实施策略的研究”的学术讲座。他从自制教具、微视频、教学论文、课题研究等角度，现场展示工作室一年的成果（自制近20套教具、发表11篇高质量物理教学专业论文、编辑近20个微视频及相关课堂实践实录片段），教研成果得到与会教师和专家的高度评价。工作室成员中有3人次获伊犁州物理教学大赛一等奖、2人次获伊犁州民族语物理教学大赛二等奖、2名年轻教师被评为县级教学能手，6名教师制作的10个微视频由江苏凤凰教育出版社出版发行。施坚举办县级以上学术讲座8次，17篇论文在省级以上刊物发表，参与编写《初高中物理教程》等教学参考用书3本。

【链接】循循善诱为人师——访第八批援疆干部、巩留县高级中学教师施坚

“选择了援疆，就是选择了一份光荣，选择了一份责任，选择了一份奉献。”2014年2月，第八批援疆干部、巩留县高级中学教师施坚开始了一年半的援疆工作，他凭着强烈的事业心和严谨的教学态度，用真情赢得信任和声誉，为巩留县高级中学物理教学改革发展作出了积极贡献。

“教育援疆不能仅仅局限于‘输血’，更重要的是‘造血’。”施坚在教学理念、教学方法等方面勇于开拓、敢于创新，为巩留县培养了一支带不走的骨干教师队伍，留下了一批带不走的物理自制教具和先进教学理念。

“施老师的教学理念、教学方法很新颖、很独

2014年9月23日，江苏援疆教师施坚（前排中）参加巩留县高级中学『施坚中学物理教学能手培养工作室』第一次会议暨成员签字仪式

特，我们都非常喜欢听他的课。”巩留县高级中学高二（2）班的哈萨克族学生沙妮亚深有感触地说。沙妮亚是施坚每学期定期资助帮扶对子，施坚从生活、学习上关心帮助沙妮亚。在2014年度自治区普通高中学生研究性学习成果评比中，他指导沙妮亚的参评项目“自制平抛竖落仪”获得了一等奖。

“原本不容易理解的内容，听了施老师的课就明白了。”学生们普遍这样反映。对少数民族学生，施坚在课堂上不厌其烦地从最基础的知识讲起。

备课、上课、测试、批改作业、辅导学生，掌握每个班级、每名学生的学习情况，施坚除了承担两个高中班的物理教学工作外，还承担了学校的物理实验研究工作。他经常与物理组教师一起对“单摆等高性演示仪”“伽利略斜面”“‘爬坡’的小球”3套自制教具和3套厂制教具进行调试和改进。今年4月10日，他积极参加自治州的教学成果展示，通过公开课和两个小时的学术讲座，高质量、高标准展现了巩留县教师专业素养和教学成果。

在施坚开展教学研讨、讲座、课堂展示、自制教具、制作微视频、编著、撰写论文、课题研究等一系列工作的基础上，2014年9月23日，自治区“施坚中学物理教学能手培养工作室”正式挂牌成立。作为工作室的创办人，他付出的艰辛和努力换回了累累硕果，17篇教学论文发表在国家、省级知名期刊上。他参加自治州评优课、展示课3次，开设巩留县展示课、公开课20余节，学术讲座8次，自制教具20套，完成自治区、江苏省苏州市课题2项，制作微视频20个，参评的科技辅导员创新成果获自治区一等奖，还被自治区科协选送全国参赛。

目前，“施坚中学物理教学能手培养工作室”已培养初、高中物理教师10名，有两人荣获自治州物理教学比赛一等奖，两人获自治州民语物理教学比赛二等奖，两人被评为巩留县教学能手，参与自治州课堂展示5人次。

“选择援疆，我无怨无悔。我爱这片自己曾经洒下汗水、奋斗过的地方，我爱朝夕相处的老师和学生们。”在即将结束援疆工作时，他这样感慨地对记者说。

（原文刊载于2015年7月17日《伊犁日报》，本文有删节）

伊宁县第二中学　2010年12月，南通市5名援疆教师开始在伊宁县第二中学支教。至2019年，共有34人次（含第十批）江苏援疆教师在该校支教。2011年，江苏特级教师姚明、张翊翔等5名援疆教师任教高三毕业班。他们推行学校管理人本化、国家课程校本化、德育教育系列化、教育科研常态化、阅读写作哲理化、课堂教学情景化和生活化，打造特色课堂、高效课堂，助推该校高考进入伊犁州第一方阵。组建姚明工作室，推进该校语文学科建设。2012年，通过公开选拔方式，配齐配强以援疆教师陈曙梁为校长的学校领导班子，致力于将伊宁县第二中学打造成伊宁县“南通中学”。2013年12月至2019年，援疆教师周云旗任校长，援疆教师团队全面管理学校教学教研。援疆教师团队形成援疆主体“校长+团队”、援疆策略“聚焦+辐射”“移植+嫁接”、援疆目标“输血+造血”的“一体两翼一目标”的系统化、立体式教育援疆工作格局，探索出一条“优师强教”的智力援疆之路。在教师中“移植嫁接”先进理念，实施“教研一体化”，促

南京师范大学在伊宁县第二中学建立研究生教育实践基地（2015年摄）

进教师专业水平提高，逐步形成一支带不走的骨干教师队伍。组建3届南通实验班，英语、数学、物理、化学4门学科教学均由援疆教师担任。2015年，该校高考成绩取得重大突破，3人突破600分，改写学校从未有学生超过600分的历史，其中1人被北京大学录取。援疆教师冯浩担任班主任的毕业班53人，52人达二本线，冯浩被评为"'感动杏乡'十大人物"。在援疆教师指导下，学校5名本地教师参加伊犁州5县1市7校同课异构比赛，4人获一等奖。2017年，该校有422人成绩达二本分数线，高考成绩领跑周边县市同类学校，学生整体成绩出现由"高峰"向"高原"迈进的重大变化。学校被当地群众誉为"家门口的南通中学"。2019年高考，该校84人成绩达一本线，上线率10.5%；333人成绩达二本线，上线率41.6%。

附：

"五个一"教育援疆"南通模式"

2011～2013年，南通市援疆教师团队在伊宁县全力打造"立足一个班级，示范一个学科，引领一个年级，带动一所学校，影响一个区域"的"五个一"教育援疆南通模式。把南通中学办进伊宁，让伊宁教学融入南通教育。倡议发起联合教研活动，吸引伊犁河谷8县2市400余名一线骨干教师参与。创建伊宁县第二中学、霍城县江苏中学、察布查尔县第三中学高一、高二语文、数学、英语联考机制。创立江苏省特级教师姚明工作室，开发主编《思行集》《腾飞》和汇编《高考复习策略》等一系列校园文化产品和教研资料，供全体教师借鉴。举办新课程改革讲座20余场，开展"对口援疆背景下南

南通市援疆教师姚明在上示范课（2011年摄）

通伊犁语文课程改革整合”“边疆民族地区学校践行生活教育的策略研究”等教育课题研究，传播课程改革和教育教学新理念。2014年，伊宁县成功申报全国新教育实验区，成为自治区第二个新教育实验区。

姚明工作室

2011年3月组建的姚明工作室，成员为伊宁县第二中学全体语文老师。通过公开课、讲座、参加学科技能比赛、互相听课、学科及备课组活动、交流备课笔记、接受咨询、提供图书及教学资料等多种形式，开展务实有效的工作。其间出版《古典诗歌鉴赏》（东南大学出版社2012年版），在省级刊物发表5篇论文，编写并实际使用涵盖基础知识、现代文阅读、古代诗文阅读、写作的高考复习资料，为该校语文学科建设以及学生语文素养提升发挥积极作用。

【链接】“听到你安慰，眼泪滚落下来”——新疆伊宁学生笔下的江苏支教老师

一

7月14日下午，我们见到新疆伊宁县二中高三（1）班学生乃皮赛。她乌黑的头发在头顶盘起一个好看的发髻，走起路来细碎的脚步快得像一阵风，打招呼、回答提问时一脸阳光，浑身散发着快乐。

赴新疆前的7月11日下午，我们在海门援疆老师座谈会上第一次听到她的名字。今年2月20日起，来自海门3所知名中学的5位老师到新疆伊宁支教。乃皮赛这个维吾尔族姑娘被每位老师提到，有赞誉也有惋惜——老师们觉得她有实力考上北大，为伊宁县二中增添光彩，但乃皮赛高考成绩为549分，加上政策加分总计599分，离北大录取分数线肯定还差一点儿。

7月12日晚，我们抵达伊宁县，同南通援疆办的同志交流时又提到乃皮赛，真想看看这个维吾尔族姑娘，准备给她一些鼓励，帮她排解失落情绪。

当我们见到乃皮赛，提到高考成绩时，乃皮赛坦陈自己没考好，比多次模拟考试评估少考50分。她准备填北大医学院试试——据说，该院录取对少数民族学生有所倾斜。讲到这里，她语调兴奋起来，说如果分数不够，就转报某某大学医学院、某某大学医学院……一口气报了五六所，学校不同，学医的志向不变，她太渴望做个医生了。

二

海门5位援疆老师来到伊宁二中，对高三（1）班学生最初的整体印象是：素质很好，学习刻苦，但基础不扎实、方法欠科学、习惯要改进。而从2月下旬到6月上旬总共不到4个月，他们决定在把握重点、查漏补缺的同时，千方百计增强同学们对学习、对人生的信心。

信心比黄金还宝贵！这些老师做得怎样呢？

高三（1）班维吾尔族女生沙里艳在高考后的札记里写道："高三的生活是艰苦的，是流着眼泪和汗水的坚持！我们很幸运，有一群来自遥远江苏的可爱可敬的老师陪伴。最令我感动的是语文老师汤老师，他带着父亲去世的伤痛来到这里，成为和我们并肩作战的伙伴。作为少数民族学生，困扰我的最大难题就是语文学习中天书般的文言文阅读。汤老师的到来，让我对克服文言文难题有了信心。无论做练习还是试卷上那四五百字的文言文，汤老师总会逐字逐句地翻译，一点一点传授文言文阅读技巧……我很感谢他，是他给了我展望未来的希望！"

援疆老师们满怀柔情地向孩子们传递信心，也只有温暖的情感之河，才能让孩子们从心底孕育出自信的花朵。

女生马慧丽在札记中写道："缘分是一种很奇妙的东西。若没有援疆计划，也许你们从不会踏上新疆伊宁这片土地，我们也不会结识这样温暖美好的你们。我很庆幸，在高中生活的最后一段时间遇到一位暖心可爱的班主任……高三的心情像过山车一样起伏太大，住校的我又因为身体、伙食等问题萌生了退缩的想法。站在你的桌前诉说着很多事，听到你轻声安慰，鼻头一酸眼泪便不争气地滚落下来，心底被温暖充斥着。在冲刺阶段，总看见你穿梭在自习室里，看着你在不怎么整齐的桌上给我们翻着想要的资料，看着你像朋友一样开玩笑疏导我们心里的郁闷。谢谢缘分，让我们认识了这样的你。"

被马慧丽这么深情记住的，是班主任老师张静。维吾尔族姑娘伊甫提哈尔也写道："有一次学校举行颁奖仪式，身体向来不够好的我站了许久后晕倒了。张老师当天正好去开会，隔壁班班主任将我送至医院。当我醒来后，看到的是含着泪一脸着急的张老师，那慈爱的目光就如母亲一般，让我永生难忘。学习上，她帮我答疑解惑，生活中对我无微不至的关心，让我在最后那一百多天多了一丝再苦也要坚持的信念。"

三

我们见到乃皮赛的那天下午，当地有关部门也开了个座谈会，参加者除乃皮赛和上述3名写札记的学生，还有两名学生。

乃皮赛告诉我们，从高考前20多天起，每天下午最后一节课，全班同学都要跟随海门来的5位老师跑步。一圈约600米，女生至少跑一圈，男生起码跑两圈。大家开始有点不习惯，过几天就整齐起来，感到特别有趣特带劲，一两圈跑下来，都觉得轻快多了。

跑步道路上有几个大理石圆球，是为挡汽车驶入设置的。一次，海门来的数学老师邓老师站在圆球旁，问班上一米八几高的男生哈米扎提·海米提："你估计老师能搬得起吗？"哈米扎提走过去试了一下，100多公斤重的圆球纹丝不动，他转眼看到邓老师摆好架势弯下腰，双手稳稳地把石球搬起来。同学们一声惊呼，随即腾起一片笑声。大笑之后，气氛活跃了，大家的心情也更放松。

我们沿着同学们跑步的路线走了一圈，快到道路终点时，天突然下起雨来，这使6名同学想起另一个场景。今年6月7日，高考第一天上午，天下雨了。第一场考试结束，雨下得更大。同学们走出考场走向食堂，猛然发现5位老师全在门口等着大家，给同学们带来所有雨具，还准备了汤水，不少同学一下子热了眼眶……

笑别这些可爱的孩子，我们采访了伊宁二中校长周云旗。他原是南通市田家炳中学校长，来伊宁二中任职已是第四个年头。他告诉我们，伊宁二中高三（1）班和高二（1）班被称为“南通班”，由南通市抽调所属县市的教师负责教学。几年下来，一个班辐射一个年级，一位老师影响一门学科，全校学习风气日渐浓厚、教学质量稳步提升。去年起，学校没有一位老师调走，今年也没收到一份老师请调报告。老师们对自己的学校越来越有信心，伊宁本县以及周边地区想进伊宁二中读书的学生也越来越多。今年高考，该校高三（1）班学生成绩全部在本科分数线以上，其中重点本科上线率达70%。

（2017年8月1日《新华日报》）

【链接】周云旗：用心用智做教育

“让每一位援疆老师都成为一面旗帜，带动示范引领更多教师投入到教学工作中。”

“把眼光定在高处，点子要恰到好处，关怀要到心灵深处，干在一线实处。”

……

说这些话的是伊宁县教育局副局长、援疆教育团队负责人，曾任伊宁县第二中学校长的周云旗。

12月23日，周云旗告诉记者，2014年他服从组织安排，从江苏省南通市第三中学来到伊宁县，连续六年援疆，把教育援疆根植于伊宁县这片热土上。

2014年，周云旗刚来新疆就给自己定下3个目标。2016年，周云旗定下的3个目标全部实现了。

从“组团式”援疆理念的提出，到全面提升伊宁县教育工作上新台阶，社会各界对周云旗的评价仅用“优秀”一词不足以表达到位。周云旗带领援疆教师团队，使伊宁县第二中学连续实现多项历史性突破：本科升学率突破50%；理科最高分以663分创历史新高，跻身自治区前150名；文科最高分以654分改写无人超越600分的历史，自治区排名第9名。

2016年，3年援疆工作结束时，伊宁县各族学生家长对周云旗的援疆教育团队工作十分认可，纷纷请愿让他留下来。看到学生和家长信任的眼神，周云旗开启了第二轮援疆工作历程。

周云旗带领的援疆教师团队形成援疆主体“校长+团队”、援疆策略“聚焦+辐射”“移植+嫁接”、援疆目标“输血+造血”的“一体两翼一目标”的系统化、立体式教育援疆工作格局，探索出一条“优师强教”的智力援疆之路。点评交流教师的课程；全面了解一线教师的课堂教学情况；关心和资助贫困家庭学生；积极参加各学科活动；连续五年，每年引进10名南京师范大学研究生来伊宁县支教……周云旗的辛勤付出得到了回报。他先后荣获自治区优秀援疆干部、援疆工作特殊贡献奖，全国“五一劳动奖章”……

周云旗饭后散步，走在街道上，不相识的维吾尔族老太太会走上前来给他打招呼问好，言语间充满敬意；他去理发店理发，理发师拒不收费。

“您是我们全家的恩人。”理发师对周云旗深表谢意。原来，理发师的孩子曾是问题少年，父母对他失去信心。这个孩子主动找到周云旗，真诚悔过。在周云旗的耐心辅导下，孩子学习进步很快，并考取了大学。

对学生，周云旗关爱有加；对优秀教师，他更加用心培养。

周云旗说，让教师在教学中有归属感、幸福感和获得感，不仅可以稳定教师队伍，还能全面提升教师的教学水平。

经周云旗多方协调，伊宁县重点学校各科教师分批次赴江苏省南通市各学校跟岗轮训，全方位感受当地教育文化、感知学校精细化管理，提升教育教学水平。

“周云旗在援疆工作中努力打造一支带不走的教师队伍，把基础教育工作当作科研工作来做，是一位用心、用智慧做教育的人。”伊宁县南通实验学校校长助理兼教科室主任葛德均这样评价周云旗。“我非常敬佩周云旗。他先后援疆6年，从柔性援疆到万人支教，从出金点子到在伊宁县举办全国大型教研活动，周云旗调动所有的资源为伊宁县教育事业精准发力，作出了可圈可点的贡献。”伊宁县南通实验学校党支部书记顾瑞环说，周云旗的努力赢得了广大教师、学生和家长的认可，伊宁县各族学生都亲切地称呼他为“周爸爸”。

“再苦再累都是值得的。”周云旗说，6年援疆工作，他无怨无悔。

（2019年12月26日伊犁新闻网）

察布查尔县高级中学　该校原名察布查尔县第三中学，2018年更为现名。2010年12月，盐城市3名援疆教师开始在察布查尔县第三中学支教。至2019年，共有32人次（含第十批）江苏援疆教师在该校支教。2012年，盐城市选派陈宏兆任学校分校区校长，2013年改任县第三中学校长。陈宏兆带领援教团队（包括副校长、教务主任、主体班班主任），实施“四大工程”：以提升教师专业素养为核心的教师队伍建设工程、以新课程实施为核心的教育教学质量再提升工程、以整体提升教师价值追求为核心的学校文化建设工程、以提高师生幸福感为核心的学校人文保障工程。2012年9月，在察布查尔县第三中学高中部设立“盐城班”，学生45人，援疆教师均任教高三年级课程。2013年，全校501人参加高考，本专科达线428人，创历年新高。其中，“盐城班”42名学生参考，录取率100%。在后续援疆教师的努力下，该校教学质量、学校管理、高考成绩得到显著提升。2020年，该校985人参加高考，本科上线率45.7%。

新源县第二中学　2010年12月，扬州市3名援疆教师开始在新源县第二中学支教。至2019年，共有25人次（含第十批）江苏援疆教师在该校支教。2011年，3名援疆教师参与该校教学、教研与高三年级管理。援疆教师促成“二轮复习专题化”“高三各轮复习有效管理”等新方法在高三年级部实施。2012年，实施“高考升学目标化”“高考管理人文化”等管理新举措，连续两年刷新新源县第二中学高考纪录，本、专科上线率100%。2014年，推动实施新源县第二中学名校提升计划。2016年，新源县第二中学高考本专科上线率100%，居伊犁州8县之首。该校考生获伊犁州民考汉（少

2018年3月2日，新源县第二中学援疆教师、自治区优秀援疆干部人才戚立俊作讲座

数民族学生在参加全国普通高等学校统一招生考试时，使用汉文答卷）理科状元，并以679分居自治区民考汉排名第10位，刷新该校高考成绩最高分历史纪录。同年10月，新源县第二中学通过自治区示范性普通高中评估验收，成为伊犁州第二所自治区示范性高中。2017年，扬州市4名援疆教师创设"三学（自学、互学、导学）课堂"教学模式，从校长室、教科室、教务处和年级部4个层面，层层落实，推进优质课达标工作。经过三轮连续推进，全校优质课达标率大幅提升。同年，学校高考本科上线率89.8%，民考汉本科上线率100%，创历年新高。2019年，该校本专科上线率100%，其中本科上线率80.3%，居伊犁州直8县之首。

昭苏县泰州高级中学　2010年12月，泰州市5名援疆教师开始在昭苏县泰州高级中学支教。至2019年，共有20人次（含第十批）江苏援疆教师在该校支教。每批援疆教师融入当地环境，认真教学，参加听课、教研等各项活动，融入当地教师群体，与该校青年教师进行"青蓝工程"结对，带去先进的教学理念和教学方法。2017年，昭苏县泰州高级中学成立"泰州班"，5门主要学科（语文、数学、英语、物理和化学）均由泰州援疆教师任教，全部采用泰州教育教学模式，致力打造教育教学高地，引领学校理念创新。

兵团七师高级中学　2010年12月，淮安市4名援疆教师开始在七师高级中学支教。至2019年，共有20人次（含第十批）江苏援疆教师在该校支教。每批援疆教师认真教学，带去先进的教学理念和教学方法。2017年，援疆教师"组团式"包班七师高级中学"淮安班"。2019年高考，全班38名学生中有33名学生被一本高校录取（其中985高校12人、211高校16人），得到家长学生高度认同。援疆教师团队积极参与学校教学教研；在教师中结对带徒，促进教师专业水平提高，逐步形成一支带不走的骨干教师队伍。

兵团四师可克达拉市镇江高级中学　2018年7月，镇江市4名援疆教师开始在可克达拉市镇江高级中学支教。至2019年，共有8人次（含第十批）江苏援疆教师在该校支教。该校是镇江市援疆史上单体投资最大的"交钥匙"工程。学校采用"名校长+中层管理骨干+学科骨干教师"的教育援助方式。2018年，镇江选派江苏省丹阳高级中学党委副书记朱万喜任校长。同时，从镇江市四星级以上省重点中学中，精选30名教育教学骨干参加"援藏援疆万名教师支教计划"进行组团援疆，承担援助学校基础建设、学科教学、学校管理及班级管理等任务。同年8月，首批招收的12个民族807名新生入学。首届高一年级开设16个班，其中包括2个镇江创新实验班。2019年两次联考，高一年级以近70分的均分优势领先当地同类学校。同年秋季，该校招生850人，优质生源比例高达95%。

江苏援疆教师带领兵团七师高级中学『淮安班』学生参观周恩来同志故居（2018年摄）

江苏援疆教师、自治区优秀援疆干部人才朱万喜与可克达拉市镇江高级中学学生交流（2019年摄）

阿合奇县同心中学 2010年12月，无锡市援疆教师开始赴阿合奇县同心中学支教。至2019年，共有36人次（含第十批）江苏援疆教师在该校支教。援疆教师团队充分发挥引领示范作用，利用无锡市先进教育教学理念和管理模式，从规范教学、建章立制入手，通过完善教学管理机制、狠抓教学常规落实、加强教学质量检查等措施，提高教师教学工作质效。援疆教师积极开设示范课、公开课，深入各教研组，深入课堂，通过"青蓝工程"师徒结对、业务指导、课堂示范、专业培训、经验交流、课题研究、班主任队伍建设等多种有效途径，提升阿合奇县教师课堂教学水平、教科研能力和德育管理实效，推进学校教育教学各项工作步入规范化管理轨道。在江苏援疆教师团队带领下，学校各年级学生平均成绩大幅度提高。2016～2019年，在自治区组织的各类学科竞赛中，60余人次分获一、二、三等奖，普通高中录取率70%以上。2019年，该校学生考取援助地新疆高中班学生57人、对口省市援疆班30人，高中升学率77.5%。"青蓝工程"的实施为学校青年教师快速成长搭建有效平台，青年教师获得多个国家级、自治区级教

2018年12月17日，阿合奇县同心中学援疆教师、自治区优秀援疆干部人才冯宜（中）开设心理课堂

2019年4月，阿合奇县同心中学开通『锡慧在线』，同步分享无锡优质资源

学课题。学校被评为全国教育科学“十二五”规划教育部规划课题先进实验学校。仅2019年，在教学业务竞赛方面就有40名教师获州级荣誉，8名教师获自治区级以上荣誉，2名教师获江苏省“教海探航”征文比赛二等奖。2019年，成立丁强校长工作室，投入近10万元，用于奖励教育、教学质量显著和教研有成效的教师和团队。江苏援疆教师团队还积极开展送教下乡和示范观摩活动，指导农村薄弱学校开展校园文化建设和教学教研活动。

附：

丁强模式

2010年12月，无锡市6名援疆教师到克州阿合奇县同心中学支教，领队丁强任校党委书记兼校长，其他5名教师分别担任校党委委员和部门负责人。针对同心中学办学质量不理想，很多学生不会用汉字写自己的名字，化学、物理科目班级平均分只有十几分，没有学生考上援助地新疆高中班等问题，丁强决定由无锡教师担任教研组组长，每周组织教学交流，手把手进行教科研示范。同年6月，无锡教师支教后的第一次中考，9名学生被援助地新疆高中班录取，实现“零”的突破。2013年，无锡市新城中学教师钱峰接任校长。2016年，无锡市广勤中学教师黄力凡继续接棒。其间，同心中学学生的成绩持续提高。2015年，阿合奇县以同心中学为龙头，在克州率先通过国家义务教育均衡化评估验收，在新疆的国家级贫困县中为第一批。“丁强模式”成为南疆地区教育援疆典范。

2019年7月6日，阿合奇县同心中学举行『丁强工作室』揭牌仪式

【链接】无锡援疆教师"春天的承诺"

从2011年2月到2012年6月，近一年半的时间，他们几乎没有一个节假日休息过，承担的工作量是以往的3倍。甚至连亲人去世，自己受伤，都未曾离开过工作岗位。

在今年的援助地新疆高中班考试中，他们支教所在地——新疆克州阿合奇县同心中学，学生成绩有了惊人的提升，原来远赴外地读书的孩子开始陆续返回同心中学。

丁强、陈其明、陆远军、邵叶青、吴军胜、董曙华，这6名江苏省无锡市援疆教师，将诺言汇成一缕永不干涸的清泉，书写了阿合奇教育的春天。

压力

2010年12月26日。

告别家人和亲朋，丁强和另外5位老师组成的无锡对口支援新疆克州阿合奇县教育工作组，踏上了"万里援疆路"。

无锡与阿合奇的缘分始于2007年。而教育作为对口帮扶的重要内容，得到了无锡市委、市政府的高度重视，至今，无锡已选派85名市级骨干教师、学科带头人赴阿合奇县讲学、交流；接受阿合奇县106名中小学、幼儿园负责人、教师到无锡挂职锻炼。

与以往选派机关干部到阿合奇县教育局挂职支教不同，无锡这次派遣的都是一线教师。

领队丁强被任命为阿合奇同心初级中学的党委书记兼校长，其他5位老师担任校党委委员及各部门负责人。

阿合奇虽自然条件很差，但政府明确教育是阿合奇发展的重心。这无疑给丁强他们注入了一剂"强心针"。

简单收拾行囊，援疆教师开始了在阿合奇"春天的事业"。

冬天最低气温达到零下20℃，寒风刮在脸上就如刀割一样；夏天沙尘暴延续多日，不戴口罩说话，嘴里便满是沙尘。

真正让援疆教师"头疼"的，是当地学生薄弱的文化基础。

援疆老师不得不把课堂教学的进度放慢，再放慢，把知识点一个一个"拆解"。就是这样，充分的练习和训练后，刚学习的内容，还是有部分学生很快就遗忘了。

在陈其明的博客中，他这样记录着班级第一次家长会："我到班级一看，只有一半学生家长来参加家长会，心一下子凉了。"

一时间，支教老师感受到了前所未有的压力。

责任

陈其明在讲解课文的同时穿插讲述外面世界的精彩，比如世博会、江南风光，"看到下面一双双眼睛闪着亮光，我就知道这个法子有效果"。

过完暑假，阿依乔力盼离开家乡，到援助地新疆高中班去上学。临行前，阿依乔力盼的父母嘱咐女儿："不管到哪儿，都不能忘记援疆老师吴军胜对你的关爱！"

阿依乔力盼原本成绩处在班级中游，是有可能考上内高班的学生。可今年2月，学校刚开学，吴军胜发现她上课注意力不是很集中、经常发呆，成绩也是直线下降。

任课老师对她都不再抱任何希望了，但吴军胜却不想放弃这个女孩儿。吴军胜找她谈心，一直到第五次，阿依乔力盼终于开口了：家人发生了车祸，原本条件就很差的家庭，现在连收入来源也没了，所以整天不知干什么好。

吴军胜和阿依乔力盼进行了长谈，告诉她学习的重要性。在初三这个关键阶段，吴军胜给她买了学习文具和学习资料，同时对她的生活进行了帮助，并通过学校为她争取到了助学金。在吴军胜的关心下，阿依乔力盼最终以优异成绩考上了第一批援助地新疆高中班。

孩子们的巨大变化，成为这批身处异乡的援疆教师们最大的期盼。可谁又知道，他们忍受着常人难以忍受的痛苦。

去年寒假，陈其明处理完岳父的丧事后按时回到学校。就在开学后不到一个月，他的爷爷又因病去世，他没有请假，也没有告诉任何人，而是强忍悲伤给学生进行中考复习。

援疆老师到来之后，同心中学各年级的各门功课都提高了10多分，有的更是提高了近20分。在自治区组织的各类学科竞赛中，学校60多人次分获一、二、三等奖，学生阿依库古丽被评为自治区第二届“民族团结好少年”。

改　变

今年7月底，虽然援疆教师早已返锡，但走进同心中学，学校欢送老师的横幅依旧悬挂在大门口。

阿合奇县教育局局长艾提·买买提说，丁校长他们带来的不仅是先进的教学方式，还带来了先进的学校管理理念。

在陈其明的班里，阿合力别克学习成绩较差，但擅长弹奏库姆孜（柯尔克孜族独特的民族乐器）。

弹库姆孜将来也能作为一种职业，因此家里对孩子学习并不重视。

“让家长重视孩子的学习，首先要让这个学生成绩有进步，学习有兴趣。如果学生进步了，想学习了，就容易做通家长的思想工作。”

于是，接下来的每天，陈其明利用课余时间辅导阿合力别克，经常鼓励他。一段时间下来，阿合力别克逐渐融入了班集体，学习有了进步，更有了兴趣。

看到孩子进步，阿合力别克的父母也很高兴，越来越重视对孩子学习的督促，并主动到学校询问孩子的学习情况。

本着要“输血”更要“造血”的理念，无锡6位援疆教师分别担任了语文、数学、物理、化学、英语等各科的教研组长，教研组每星期定人、定时间、定地点交流、学习，组长传授怎样备课、怎样设计课堂教学。

“我们虽然离开了，但他们已经把‘接力棒’传递下去了。”陆远军指着徒弟王爱琴说道，“她刚刚获得了自治区教师讲课大赛二等奖，现在比我出名多了。”

一年中，同心中学取得了一个又一个突破：申报了6个省级课题，填补了学校办学史上课题研究的空白。

如今，第二批7名无锡援疆教师已出发远赴祖国的最西边，他们将以对教育的痴心，延续“春天的承诺”，描绘阿合奇教育的下一个春天。

（2012年12月2日《光明日报》）

乌恰县实验中学　2012年8月，常州市5名援疆教师在乌恰县实验中学支教。至2019年，共有31人次（含第十批）江苏援疆教师在该校支教。援疆教师开设示范课、公开课31次，其中县级11次。通过“青蓝工程”师徒结对、业务指导、课堂示范经验交流、集体备课等有效途径，组建名师工作室1个，带徒弟26人，培养骨干教师67人。组织学生交流1次、两地师生互访78人。在江苏援疆教师带领下，学校教学质量得到提升，各年级学生平均成绩大幅度提高。

常州市援疆教师辅导乌恰县实验中学学生（2011年摄）

阿图什市昆山育才学校江苏援疆教师集体备课（2018年摄）

阿图什市昆山育才学校 2012年，昆山市1名援疆教师到阿图什市昆山育才学校支教。至2019年，共有21人次（含第十批）江苏援疆教师在该校支教。2013年，选派5名教师在该校支教，其中一人任副校长。2015年第一学期，援疆教师执教班级期中、期末考试成绩明显高于同年级平均分，创历年新高。2017年，学校获“第四届全国未成年人思想道德建设工作先进单位”称号，是自治区学校中唯一获此荣誉的单位。2018年，苏州选派33名优秀教师作为“援藏援疆万名教师支教计划”成员，在该校“组团式”支教。同年，学校新设初中部，有七年级4个班，由江苏援疆教师任教各学科，并组织德育和教学管理。2019年6月，该校七年级在克州组织的中小学期末联考中，各学科成绩均名列全市第一，7门学科平均总分超过全市第二名近150分。援疆教师在学校开展“青蓝工程”师带徒及教师培训活动，帮助培养骨干教师，收到良好效果。打造援疆示范校，打造的语文读写互动、情景英语、足球、版画、科技等7大特色课程，教学质量广受家长和社会认可。

江苏支援受援地学校（教学机构）情况表

单位：人次

地区	序号	受援学校（教学机构）	第七批援疆教师	第八批援疆教师	第九批援疆教师	第十批援疆教师	小计
伊犁州	1	伊犁职业技术学院	—	1	1	—	2
	2	伊犁州高级技工学校	—	1	1	—	2
	3	伊犁州教师培训中心	—	—	4	—	4
	4	新疆应用职业技术学院	—	—	—	3	3
	5	伊犁丝路职业学院（筹）	—	—	—	9	9
	6	伊宁市第一中学	—	—	15	7	22
	7	伊宁市第三中学	11	4	—	—	15
	8	伊宁市第六中学	2	3	—	—	5
	9	伊宁市第八中学	3	4	—	—	7
	10	伊宁市第九中学	—	4	1	—	5
	11	伊宁市第十九中学	2	—	—	—	2
	12	伊宁市教研中心	2	—	—	—	2
	13	特克斯县高级中学	5	4	7	5	21
	14	特克斯县初级中学	1	—	—	—	1
	15	霍城县江苏中学	8	8	8	5	29
	16	霍城县职业技术学校	—	1	—	—	1
	17	霍城县教育局专业技术人才	—	—	—	1	1
	18	奎屯市第一高级中学	5	2	2	—	9
	19	奎屯市第一中学	4	—	—	—	4
	20	奎屯市第二中学	2	—	—	—	2
	21	奎屯市第三中学	3	—	—	—	3
	22	奎屯市教研中心	4	—	—	—	4
	23	奎屯市职业中等专科学校	—	3	—	—	3
	24	奎屯市第二高级中学（徐州高级中学）	—	—	—	4	4
	25	尼勒克县武进高级中学（第一中学）	6	5	8	6	25
	26	尼勒克县第二中学	—	1	—	—	1
	27	尼勒克县教育局教研室	—	—	2	—	2
	28	霍尔果斯市苏港高级中学	—	1	—	—	1
	29	霍尔果斯市国门初级中学	—	—	1	1	2

续表

地区	序号	受援学校（教学机构）	第七批援疆教师	第八批援疆教师	第九批援疆教师	第十批援疆教师	小计
伊犁州	30	霍尔果斯市丝路小学	—	—	1	1	2
	31	巩留县第二中学	11	1	—	—	12
	32	巩留县高级中学	—	15	15	8	38
	33	伊宁县第二中学	10	9	8	7	34
	34	察布查尔县高级中学	9	6	12	5	32
	35	新源县第二中学	8	5	6	6	25
	36	新源县第八中学	2	—	—	—	2
	37	新源县职业技术学校	—	1	1	—	2
	38	新源县第六中学	—	1	4	—	5
	39	新源县中心小学	—	1	—	—	1
	40	新源县第三小学	—	1	—	—	1
	41	昭苏县高级中学	5	—	8	7	20
	42	昭苏县育英学校	5	6	—	—	11
兵团	1	七师高级中学	7	3	10	—	20
	2	七师奎屯职业技术学校	—	1	—	—	1
	3	七师教育局专业技术人才	—	—	—	2	2
	4	四师第一中学	10	11	5	—	26
	5	四师可克达拉市镇江高级中学	—	—	4	4	8
	6	四师可克达拉市金山实验学校	—	—	—	1	1
克州	1	克州职业技术学院（中等职业技术学校）	—	—	1	1	2
	2	阿合奇县同心中学	1	21	9	5	36
	3	阿合奇县中学	10	—	—	—	10
	4	乌恰县中学	6	—	—	—	6
	5	乌恰县实验中学	5	11	10	5	31
	6	阿图什市第一中学	9	—	—	—	9
	7	阿图什市昆山育才学校	1	9	7	4	21
合计			157	144	151	97	549

说明：表中数据为中共中央组织部计划派遣数，不包括短期援疆和“援藏援疆万名教师支教计划”人员数据。

【链接】"组团式"援疆在伊犁州直13所学校全面推开

1月13日，伊宁县第二中学高三年级学生西尔艾力·亚力坤在援疆教师陈晓宇的指导下做了一份翔实的寒假复习计划，他要利用一个假期的时间把"短腿"物理课补上来，抓住高考前最后一次"逆袭"的机会。

原来，2020年，西尔艾力所在学校来了第十批援疆教师，在援疆教师鲜活的教学理念和灵活的教学方式下，他的成绩大幅提高，有了好的学习方法，人也自信了不少。农牧民的孩子在家门口就能享受到优质教育，这得益于自治州开展的"组团式"援疆工作。

为促进伊犁州教育水平提升，让伊犁学生享受到"苏式教育"，自第十批江苏援疆工作开展以来，江苏省援伊前方指挥部积极推广"组团式"援疆试点单位做法，出台《江苏省对口支援伊犁州（含兵团）"组团式"援疆工作三年行动计划（2020～2022年）》，逐步形成了伊犁州本级试点示范、面上"一县一校"的"组团式"援疆工作新格局。

据了解，2020年江苏援疆资金投往伊犁教育领域达4.3亿元，重点支持"组团式"教育援疆学校，提升硬件水平、建设示范阵地、培养培训人才、打造优势学科等，极大改善受援地办学条件。

江苏第十批援疆教师共468名，其中251名教师具有高级职称，占总人数的一半以上，这些教师集中选派到"组团式"教育援疆学校。在2020年伊犁教师专业技术职务任职资格评审中，又有25名援疆教师被评为正高级教师，74名援疆教师被评为高级教师，276名援疆教师被评为"优秀援疆教师"。

伊宁县第二中学就是"名校长+管理层+骨干教师"的"组团式"教育援疆模式试点学校。来自南通大学附属中学的物理一级教师陈晓宇作为第十批援疆教师，被分到伊宁县第二中学高三"南通班"带物理课。陈晓宇多次获得南通市高中物理优课评比一等奖，在"一师一优课"评比中还获得过部级优课。他在教学中带头执教公开教研课《原子的核式结构模型》，用精心制作的课件将学生引进美妙的物理世界，把南通先进的教学理念带进了伊宁县第二中学。此外，陈晓宇等27名援疆教师还与伊宁县本土教师结成教育教学师徒对子，在课堂教学、课题研究、论文写作和班级管理等多方面、全方位引领徒弟拾级而上、快速成熟。

南通市援疆专家、伊宁县教育局副局长、伊宁县第二中学校长卫清表示，他们已经启动了"一校包一科"计划，数理化等学科有相对应的南通名校对接，它们都是江苏省学科基地学校，可以更有针对性地加强伊宁县第二中学各个备课组的建设。

据了解，南通援疆工作组还在州直首创教育援疆新模式——"百名南通名师进伊宁"，每批援教团以月份命名，分别开展为期一个月的支教活动，做到重点学校全覆盖、主要学科全覆盖、各学龄段全覆盖、学年全覆盖、岗位全覆盖。利用"组团式"援疆专家技术力量，各江苏援伊工作组还在受援学校创造性运用江苏教学经验方法，打造了霍城江苏中学"江阴班"、伊宁县二中"南通班"、尼勒克武进中学"武进班"、巩留县高级中学"张家港班"、新源县二中"扬州班"。同时还争取到江苏13所高水平院校线上精品课程资源免费向丝路职业学院（筹备）师生开放。争取到江苏省教育厅授权伊犁州教育局使用"江苏省名师空中课堂平台"资源，面向伊犁州中小学师生实现远程共享。

从"授之以鱼"到"授之以渔"，州直教育教学取得长足进步。在江苏省支援下，2020年全国职业院校技能大赛教学能力比赛中，作为唯一代表新疆参加现场决赛的院校——伊犁丝路职业学院（筹备）的急救护理团队和工艺美术团队均荣获了国家二等奖的好成绩，实现了2018年赛事改革以来新疆团队入围现场决赛“零”的突破；在2020年全国第一届职业技能大赛中，该院汽车钣金和喷漆专业获得西部技能之星奖和优胜奖，并入选国家集训队，属新疆有史以来取得的最好成绩；该院援疆团队指导青年教师获技工院校教师教学能力大赛国赛二等奖，实现新突破。

此外，伊宁县第二中学本科录取率稳定在50%以上，考入复旦、中科大等985高校已不再是遥不可及的梦想。霍城江苏中学“江阴班”、尼勒克武进中学“武进班”、巩留县高级中学“张家港班”、新源县二中“扬州班”连续三年二本上线率100%。

“在家门口就能享受到江苏教育大省的优质资源，哪个家长还会择校呢？”伊宁县莫洛托乎提于孜乡莫洛托乎提于孜村村民马志梅说出了农牧区家长的心声。

江苏教育援疆“硬件”和“软件”建设结合，采取“请进来、走出去”的方式，从“授之以鱼”到“授之以渔”，从“输血”到“造血”，建立大密度、多层次、立体化的教育对口支援体系，增强了受援地教育自我发展能力。

（2020年1月20日《伊犁日报》）

【链接】伊犁孩子家门口享受“苏式教育”

俗话说，中国教育看江苏。江苏是教育大省，人才大省。而“组团式”援疆是放大援疆工作综合效益的有效方法，是全面提升受援地教育水平的重要抓手。为提升伊犁教育水平，让伊犁学生享受到“苏式教育”，第十批江苏援疆工作开展以来，江苏省对口支援伊犁州前方指挥部认真落实自治区组织部部署要求，主动对标“组团式”试点单位做法，在伊犁州及兵团四师、七师13所学校全面推开，形成伊犁州本级试点示范、面上“一县一校”的“组团式”援疆工作新格局，取得了明显成效。

项目建设提升教育惠民水平

为推动教育均衡发展，江苏援伊前指不断对受援地加大基础项目建设投资，助力改善各县市学校办学条件，完善教育基础设施，提升教育惠民水平。2020年，江苏援伊前指对口支援资金19.6亿元，其中投往教育领域就达5.87亿元，重点支持“组团式”教育单位提升硬件水平、建设示范阵地、培养培训人才、打造优势学科等。

近日，记者在奎屯市第二高级中学施工现场看到，该校宿舍楼项目混凝土主体结构已经顺利封顶。据了解，该项目内容为扩建原1号宿舍楼，并新建2号宿舍楼，总投资4445万元，占地13900平方米，是徐州援疆工作组援助奎屯市的重点民生建设类项目，项目建成后将给奎屯市第二高级中学上千名学生的学习生活带来更多的便利。

占地330亩的新源县第六中学、第八中学援疆建设项目是扬州援助新源的续建项目。在2017～2019年第九批援疆工作中，扬州援疆工作组投资1.34亿元完成了5.6万平方米包括教学楼、宿舍楼、食堂等12个单体楼栋的建设。在第十批援疆工作中，扬州援疆工作组投资5200万元完成了道路管网建设、景观绿化等配套工作。目前已经进入竣工验收阶段，即将交付使用，届时可以解决4000多名孩子的上学问题。

今年，盐城援疆工作组投资550万元，在察布查尔锡伯自治县初级中学和高级中学建成2

个高考标准化考点、145个考场，确保每年察布查尔县学生普通高考、中考都能在标准化考场进行。

拉长板补短板打造教育高地

在硬件基础不断完善的基础上，江苏援伊前指拉长板、补短板，提升受援地教育整体水平。创新探索“名校长+管理层+骨干教师”的“组团式”教育援疆模式，遴选政治素养高、业务能力强的名校长和学科带头人及骨干教师，集中到伊犁州基础较好的学校开展为期1年半至3年的“组团式”援疆，建设一批软硬件一流的、伊犁乃至自治区最好学校，着力打造丝绸之路经济带上区域教育高地。

南通援疆工作组充分发挥“教育之乡”的优势，在伊宁县试点推广南通教育模式，以南通学校校长为首的教育援疆团队“全面接管”伊宁县第二中学，“嫁接移植”南通教学经验，精心打造伊犁河谷的“南通中学”，伊宁县高考成绩连续三年实现历史性突破，学生整体成绩由“高峰”迈向“高原”，当地群众称之为“家门口的南通中学”。

为帮助提升伊宁县基础教育软实力，南通援疆工作组在伊犁河谷首创教育援疆新模式——“百名南通名师进伊宁”行动，每批援教团以月份命名，分别开展为期一个月的支教活动，做到重点学校全覆盖、主要学科全覆盖、各学龄段全覆盖、学年全覆盖、岗位全覆盖，通过“传帮带”等多种形式，促进伊宁县教育全面提升。

利用“组团式”援疆专家的技术力量，各工作组在受援学校创造性地运用江苏教学经验方法，连续三年，伊宁县二中“南通班”、尼勒克县武进中学“武进班”、霍城县江苏中学“江阴班”二本上线率100%。

培养一支带不走的教师队伍

针对伊犁教育短板问题，各援疆工作组还有效利用后方资源，持续推进重点学科建设。无锡职业技术学院、常州机电职业技术学院、江苏旅游职业学院等13所院校的线上精品课程、网络教育资源，免费向伊犁丝路职业学院（筹备）师生开放。

江苏第十批援疆教师和支教教师共454名，其中，251名教师具有高级职称。除此之外，今年还商请后方单位柔性引进教师34名，集中选派到“组团式”援疆学校，有3名教师担任受援学校校长、13人担任副校长，其他均担任了年级、科室的主任、副主任或学科骨干。

戚立俊是扬州市宝应县氾水高级中学物理教师，他在新源县第二中学援疆已经有4年时间了。作为新源县二中高三年级教学管理掌舵人，学校高考成绩的逐年提升离不开戚立俊“三轮援疆”的全力以赴。2017年，第一轮援疆时，他带去了“三学课堂”教学模式，帮助新源县二中通过了新疆维吾尔自治区示范高中验收，让扬州教育理念在新源当地落地生根。

据戚立俊介绍，“三学课堂”教学模式的内容分3句话——带着问题自主学，围绕问题合作学，定向问题演练学。这个模式让青年教师得到成长，骨干教师也得到锻炼。

新源县二中教师乌热依提·玉素甫说：“在教学方面，戚校长对我有很大的帮助，用他交给我们的教学方式上课，学生们都特别感兴趣，成绩明显提高。”

新源县二中学生苏瓦特·吐尔生波拉提，是戚立俊的结亲户。在生活中，戚立俊经常找苏瓦特聊天，了解孩子的心理状态及家庭情况；在学校，他经常辅导孩子文化课，给予孩子最大的帮助。苏瓦特告诉记者：“非常感激戚老师的帮助，他的鼓励和肯定，都是引导、推动我前进的动力。”

近年来，江苏援伊前指全力促进教育援疆

工作，围绕立德树人这一教育的根本任务，通过教育基础设施建设、援疆支教、师傅带徒弟、专家带骨干、团队带团队、名校长名师和教研水平提升工程、青少年交流交往、大学生资助等方式全方位提升教育援疆质量，培养一支“永远带不走的教师队伍”和“永远带不走的学校管理人才队伍”。

今后，江苏将结合伊犁教育的实际需要，继续做好教育援疆工作，进一步多方争取资源，给予更大力度扶持，进一步细化援助举措，提升新疆教育管理能力和教研教学水平，持续放大“组团式”援疆综合效应，让各族群众在家门口就享受到更高水平的教育服务。

（2020年9月23日《伊犁日报》）

三、江苏新疆高中班

为加快新疆各族人才培养步伐，国务院办公厅于1999年印发《关于进一步加强少数民族地区人才培养工作的意见》，决定从2000年秋季开始，在北京、上海等12个经济发达城市的13所一类高中开设新疆高中班（简称新疆班）。2000年，根据教育部关于有关城市开办新疆高中班的实施意见，江苏首先在南京、无锡、苏州3所学校开办新疆班，学制4年（含预科1年）。2004年，江苏3所学校首届新疆班235名学生参加高考，99%以上被高校录取，并有3人考入清华大学和北京大学。2005年，根据教育部、国家发展改革委、财政部关于新疆班扩招要求，江苏在盐城、扬州、镇江、泰州增加4所学校开设新疆班，办班学校达7所。2010年起，国家再次扩大新疆班招生规模。当年，在徐州、淮安增加2所学校开设新疆班。2011年，在连云港、宿迁增加2所学校开设新疆班。至2019年，南京、无锡、徐州、苏州、连云港、淮安、盐城、扬州、镇江、泰州、宿迁等市11所学校开设新疆班，在校学生占全国新疆高中班学生总数的七分之一。江苏多措并举，保障新疆班开设和教育，所办学校均为江苏省四星级高中；重视教学质量，安排认真负责的骨干教师任教新疆班；切实保障学生饮食，丰富学生课余生活，推进各民族学生交往交流交融。2019年起，江苏省新疆班学制与省内普通高中保持一致，统一为3年制。省财政每年按每名学生3000元标准补贴给学校，各办班城市配套落实每年人均不低于8000元的学习、生活经费和每班8名教职工的编制，部分地区人均经费超过1万元。省教育厅每年组织召开新疆班办学工作经验交流会，成立江苏省新疆班协作会，促进新疆班提高办学质量和育人水平。至2019年，累计有1万余名江苏新疆班学生考入大学，许多人毕业后回乡建设，成为各个行业的中坚力量。

江苏省江浦高级中学新疆班 江苏省江浦高级中学位于南京市浦口区，创建于1939年，是江苏省首批95所重点中学之一、江苏省四星级普通高中和国家级示范高中。2000年9月，该校承办新疆班，为全国首批13所办班学校之一，首次招收新疆学生2个班80人，2002年起扩大到每年3个班120人。学生主要来自自治区各地州，包括

2019年9月，江苏省江浦高级中学获“全国民族团结进步模范集体”称号

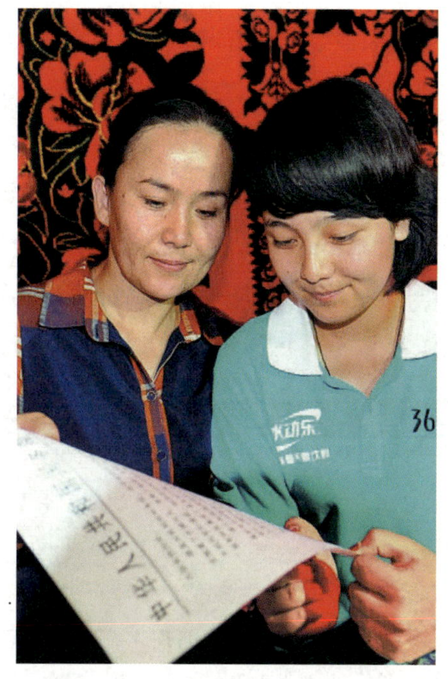

江苏省江浦高级中学新疆班学生古丽米热（右）和母亲认真阅读李克强总理的回信（2014年摄）

维吾尔族、汉族、回族、哈萨克族、蒙古族、柯尔克孜族、塔吉克族等。学校成立由校长任组长、副校长任副组长的领导小组，选派政治立场坚定、思想素质过硬、业务水平高、奉献精神好的优秀教师负责新疆班管理和教学工作。学校坚持走特色化、多样化、优质化发展之路，不断优化新疆班的教育方法，形成举旗坚定、管理规范、队伍敬业、设施先进、民族交融、质量一流的现代化教学特色。学校探索适合新疆班的教学方法，自学与辅导并存，教育与管理并重。营造老师是亲人、学校是我家、祖国是个大家庭的温馨氛围，同时注重管理细微化和精准化，让新疆班各族学生能够安心学、跟上学、学得进、提高快。在“明德·精进”校训引领下，坚持德育为先，教学相长，致力打造“以润为要，塑美育德”的民族团结进步教育文化。学校始终将民族团结进步教育与学科教学创新融合，以重点课题为引领，各学科深入挖掘学科民族团结进步的素材，开展民族团结进步教育进课堂系列活动。挖掘学生潜能，发展学生个性特长，培养学生创新能力和科学精神。实现课程生活化、多元化、系列化，全面提高教育质量。学校举办家长团与全体新疆班学生见面会，开展宣讲活动，藉亲情促团结，构筑中华民族大家庭。加强校园文化建设，组建“一家人民族团结社团”“雪莲艺术团”“天山足球队”“乃菲斯国画社”“雨山书画社”等学生社团组织，推进各民族学生交往交流交融。至2019年，该校新疆班招收学生20届2500余人，毕业1900余人，许多优秀毕业生被清华大学、北京大学、南京大学等名校录取，毕业后回到家乡参与建设。办班以来，学校实现三个“百分百”：学生高考百分百升学、人才培养百分百合格、教育阵地百分百无事故，受到中央、

省市各级领导充分肯定和新疆各族群众广泛赞誉。2014年8月11日，中共中央政治局常委、国务院总理李克强给该校新疆班学生古丽米热·米提吾拉回信，鼓励她和同学们挥洒青春，放飞梦想，健康成长，用所学的知识回报社会。2015年11月，中共中央政治局常委、全国政协主席俞正声到该校视察，对学校新疆班工作给予充分肯定。学校先后获“江苏省民族团结进步模范集体”“江苏省工人先锋号”等称号。2019年9月，该校被国务院授予“全国民族团结进步模范集体”称号。副校长朱远富获“自治区优秀教育工作者”“全省民族团结进步模范个人”等称号。

【链接】爱心浇灌　绽放浦口“民族团结花”

雪莲花开
浦口大地

10月19日，在江苏省民族团结进步表彰大会上，江浦高级中学校长陈久贵代表学校接受国务院表彰的“全国民族团结进步模范集体”授牌，副校长朱远富作为“全省民族团结进步模范个人”代表，在大会上进行交流发言。

江苏省江浦高级中学新疆高中班（以下简称“江中新疆班”）开办20年来，培养了大批学子进入高等学府深造，并被评为“全国民族团结进步模范集体”“江苏省民族团结进步模范集体”“江苏省文明单位”“南京市民族团结进步模范集体”。20年来，江中新疆班一代又一代的教职员工呕心沥血、辛勤付出，用爱与温暖合奏出中华民族一家亲的团结乐章。

20年坚持，让“思乡情”化为“思源行”。在江浦高级中学校园内有一座“思源楼”，这正是江中新疆班的教学楼。取名“思源”既是希望新疆班的孩子们将思乡之情化为思源之行，学有所成、报效祖国，也象征着全校师生爱护民族团结。2000年9月，江中新疆班正式开办。20年来，在省市区各级党委、政府的重视和关心下，新疆班老师们将“促进各民族像石榴籽一样紧紧抱在一起”的要求细化成具体行动，用关怀和温暖点亮孩子们的未来，也将“铸牢中华民族共同体意识”深深根植在孩子们的心中。办班20年来，共招收新疆学子2600多名，他们中有很多人选择回到家乡，奋斗在天山南北。

20年关怀，为新疆学子在南京建一个“家”。“让每一个学生、每一个家庭感受到‘中华民族一家亲’的浓厚氛围。”正是秉持着这样的信念，江中新疆班用20年的关怀，为新疆学子们在南京建了一个“家”。新疆班老师朱远富介绍说，他一直记得2004年暑假，自己在新疆喀什经过4个多小时颠簸，来到贫困生艾力家中家访的情景，这让他下定决心一定要把新疆班办好。20年来，江中新疆班历届毕业生均已进入各地高校深造，贫困生艾力在毕业后还成了扶贫模范，用智慧和汗水建设着美丽新疆。

20年来，江浦高级中学已经培养出一支由全国民族团结先进个人、江苏省优秀共产党员、南京市劳动模范、南京市优秀教育工作者等组成的优秀教师团队，每一位老师都对异乡求学的新疆学子们倾注了全部的心力和热情。在江中新疆班，老师们播撒下的温暖处处可见：张兴乐老师18年如一日悉心关照新疆班孩子们的生活；班上有学生患病住院，“石榴妈妈”孟建英老师毫不犹豫地垫上医疗费用并全天精心陪护；姜海玲老师走遍大街小巷为孩子们寻找节日礼物；邹大博老师自费购置400多本图书让孩子们享受读书乐趣；聂倩云老师每晚为学生耐心讲解数学题……新疆班的教职员工用实际行动践行着“像石榴籽一样紧紧抱在一起”这个目标。

20年成长，“天山雪莲”在爱心园地绚烂绽放。“我有一个汉族的‘亲姐妹’。”江中新疆班少数民族学生夏迪娜（化名）开心地说。她口中的“亲姐妹”，就是与她同念高二的江苏学生赵敏（化名），两人形影不离，情同姐妹。每逢节日假期，赵敏的妈妈都会做夏迪娜最爱吃的新疆菜，并邀请她来家里过节，羊肉手抓饭、大盘鸡、炒米粉……满是新疆佳肴的饭桌，总能温暖慰藉着“每逢佳节倍思亲”的夏迪娜。

在江浦高级中学，像这样的故事还有许多。学校组建了“一家人民族团结社团”“天山足球队”“乃菲斯国画社”等学生社团组织，以此为载体，着力推进各民族学生交往交流交融，推动民族团结进步事业蓬勃发展。2017年，学生阿丽米热获得“江苏新疆班民族团结一家亲”演讲比赛特等奖。2018年，新疆班足球队荣获南京市“市长杯”校园足球联赛冠军。2019年，“乃菲斯国画社”获南京市优秀中学生社团和“最佳人气社团”称号。学生夏皮卡提江在首届南京市中学生校园十佳歌手大赛中荣获校园“十佳歌手”称号……

在江浦高级中学新疆班的育人园地内，民族团结之花常开长盛，一朵朵“天山雪莲”绚烂绽放，汲取了爱心的雨露精华，也传递着亲如一家的芬芳。大批来自偏远农牧区的孩子在新疆班快速成长，为新疆源源不断地培养着少数民族优秀人才，更架起了一座座推动民族团结进步的桥梁。

（2020年10月24日《新华日报》）

江苏省江浦高级中学新疆班丰富多彩的校园生活（2020年摄）

无锡市青山高级中学新疆班 无锡市青山高级中学位于无锡市滨湖区，前身是1953年创办的新联补习班，是江苏省四星级普通高中、全国“五讲四美三热爱”活动发源地。2000年9月，该校承办新疆班，为全国首批13所办班学校之一，首次招收新疆学生2个班80人，2002年起扩招到每年3个班125人，2012年起进一步扩招到每年招生145人。学生主要来自自治区各地州，包括维吾尔族、汉族、回族、哈萨克族、蒙古族、柯尔克孜族、塔吉克族等。2011年9月，受江苏省教育厅和新疆克州教育局委托，学校开始承办克州高中班，每年另招收40名来自新疆克州的学生。学校全面贯彻国家教育方针和党的民族政策，坚持以高度的政治责任感全力办好新疆高中班。办班之初，该校成立新疆班思想政治教育工作领导小组和新疆班办公室，负责新疆班工作。学校领导承担新疆班教学工作，并选派优秀青年教师担任新疆班教学管理和服务工作。学校实行“学生成长导师制”，要求全体教职工对新疆班学生在思想、学习、生活和心理四个方面加强关心。增设“民族教育工作奖”，对参与新疆班管理的各类人员给予政策上的

从天山到青山——无锡市青山高级中学新疆班15周年

无锡市青山高级中学首届新疆班学生欢迎大会（2000年摄）

无锡市青山高级中学新疆班学生参加『民族团结教育月』活动（2020年摄）

2005年5月，无锡市青山高级中学获『全国民族团结进步模范集体』称号

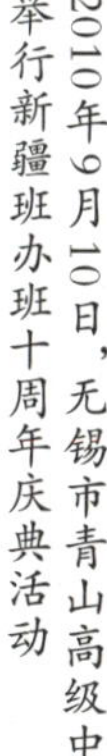

2010年9月10日，无锡市青山高级中学举行新疆班办班十周年庆典活动

倾斜和奖励，加强对新疆班教师关心。坚持“立德树魂，德育为先”，通过开展主题教育月、法制教育学习、心理疏导教育等活动，铸牢中华民族共同体意识。通过推进江苏省“融和共生”政史地课程基地建设，在民族团结进步教育中丰富民族教育形态、提升民族教育质态。开展“师生牵手一家亲”“银发情暖青山”“锡爸锡妈，我来了！”等活动，推动和新疆学生结对。持续开展“构建青春发展共同体”活动，组建40余个学生社团。长期进行“百名天山学子访锡城百家”“无锡学生赴新疆走亲戚”两项学生互访活动。加大学生融入社会步伐，“义工”活动、社会实践、社区服务等形成制度化。办班以来，新疆班学生共获各级各类集体奖项90项、个人奖项365项。至2019年，该校共招收新疆班学生2759人，毕业1819人。2005年5月，该校在全国新疆班学校中第一个获“全国民族团结进步模范集体”称号。新疆班教师集体获评“江苏省巾帼示范岗”。多名新疆班任课教师获“全国民族团结进步模范个人”“自治区优秀教育工作者”等荣誉。

苏州高新区第一中学新疆班　苏州高新区第一中学位于苏州市高新区，创建于1957年，是江苏省四星级普通高中。2000年9月，该校承办新疆班，为全国首批13所办班学校之一，首次招收新疆学生2个班80人，后续逐步扩大到16个班，在校学生600余人。学生来自自治区各地州和兵团系统，包括维吾尔族、哈萨克族、回族、蒙古族、锡伯族、俄罗斯族、塔吉克族、满族、柯尔克孜族、藏族、汉族11个民族，大多来自农村，超过50%的学生为贫困生。至2019年，该校共招收新疆班学生2390人，毕业1880人，1873人考入大学，其中19人被清华大学、北京大学录取，29名优秀学生加入中国共产党。办班以来，苏州市保障新疆班办班各项经费落实到位，高标准修建新疆班教学楼、民族餐厅、学生宿舍楼，保证学生学习与生活。学校按照“严格管理、关心爱护、尊重差异、德育为首、全面发展”的办班方针和“政治可靠、学业进步、身心健康、个性彰显”的学生成长要求，实施新疆班教育管理。建立学校新疆班领导班子，把新疆班管理融入全校教育管理范畴之中。启动“新疆班学生良好心理素质的研究”“多元文化背景下新疆

天山雪莲绽放在江南水乡

苏州高新区第一中学新疆班举行国庆升旗仪式（2019年摄）

苏州高新区第一中学新疆班第十届『唱响校园』活动（2017年摄）

班生活管理的实践研究”等省重点课题研究。制定《新疆班学生常规管理制度》《新疆班学生宿舍管理制度》等规章制度，严格实施规范化管理。针对新疆班学生实际，对学生的学习提出“准时、定位、安静、专注”的要求，以优良习惯促进学生的学习自觉；尊重学生学业差异，实施分层次教学，推进整体发展。注重加强新疆学生和本地学生的教学交往。始终把提高学生政治思想素质作为新疆班教育的“重中之重”，通过“课程教育与主题活动相结合、校内活动与校外实践相结合、教育引导与教育惩处相结合”等方式，全面提升学生思想品德与政治素养，引导各民族同学之间加强交流与交往。重视心理健康教育，开设心理课程和阶段性心理班会课或讲座，培育心理健康且善于交流的优秀群体。成立新疆班学生自主管理委员会，促进学生自主、自理和自律。同时组建“雪莲”学生社团联合会，开展丰富多彩的社团活动，培育和发展学生个性特长，使学生得到全面发展，一大批学生在各级各类竞赛中获奖，30余人在国家级、省级报刊上公开发表文章。该校新疆班各项工作成绩斐然，得到社会各界充分认可，学校获“江苏省民族团结进步模范集体”“江苏省民族团结宣传教育示范单位”等称号。2019年，该校新疆部教师王运帮获“全国优秀教师”称号。

盐城市田家炳中学新疆班　盐城市田家炳中学位于盐城市亭湖区，创建于1958年，是江苏省四星级普通高中。2005年9月，该校承办新疆班，招收1个班42人，后规模扩大到340余人。学生来自自治区各地州，包括维吾尔族、哈萨克族、回族、蒙古族、

盐城市田家炳中学新疆班食宿环境（2020年摄）

柯尔克孜族、汉族等。学校成立新疆班办学领导小组，由校长任组长，分管副校长具体负责新疆班管理。学校确立“严格管理、热情爱护、德育为先、安全为要、全面发展”的办学指导思想，在人员配备、资金安排等方面向新疆班倾斜，为新疆班学生创造良好的学习与生活条件。在师资配备上，学校组建以党员教师、特级教师、市级骨干教师构成的教师团队，推行“全员导师制”，为学生提供精准的生涯向导、思想引导、学习辅导、生活指导和心理疏导，提供适合其潜能优势与成长需求的个性化教育。为解决新疆班学生基础差异较大的问题和适应高考选科的要求，学校形成分层教学、同步发展的教学策略，实行“混插班”和“统编班”相结合的模式。通过各民族学生混学和结对帮扶，让学生在互帮互助、友好相处的生活中增进对民族团结的理解与认同。建立健全新疆班管理制度，督促学生对照执行，努力以“他律”促“自律”。做好学生思想政治教育工作，以“红色”铁军文化、“白色”盐民精神和“绿色”水乡文化为主线，通过传统文化熏陶，激发爱国主义情感，铸牢中华民族共同体意识。通过全校教师参与“代理家长”工作以

盐城市田家炳中学新疆部主任王盐平在新疆班开展生物课教学（2018年摄）

盐城市田家炳中学教师到新疆班学生家家访（2018年摄）

盐城市田家炳中学新疆班家长代表团到学校看望学生（2018年摄）

盐城市田家炳中学新疆班学生参加混合编班学习（2021年摄）

及陪新疆学生过中华民族传统节日、少数民族重要节日等活动，让学生在结对结亲的活动中培养热爱学校、感念师恩的深厚情感。学校开展形式多样的剪纸课、淮剧学唱课、水墨书画课、民族器乐课、典籍诵读课等校本特色活动。新疆班学生在各级各类竞赛中获奖200余人次，学生潜能和个性得到充分发展。至2019年，该校新疆班总计676名学生参加高考，本科录取率98%。该校新疆部主任王盐平获“江苏省教育工作先进个人”“江苏省民族团结进步模范个人”称号。

江苏省丹阳市第六中学新疆班　江苏省丹阳市第六中学位于丹阳经济开发区，创建于1996年，2006年评为江苏省四星级普通高中。2005年9月，该校承办新疆班，首次招生1个班42人，后逐步扩大到3个年级12个班500余人。学生来自自治区各地州，包括维吾尔族、哈萨克族、回族、蒙古族、柯尔克孜族、汉族等。学校为新疆班精选任课教师，提升教育质量，新疆班在全省新疆班联考中一直保持良好的成绩。学校制定专门的民族团结教育校本教材，在预科、高一开设“三史”教育课；开设政治、历史

江苏省丹阳市第六中学新疆班学生参加丹阳市2015年中学生文艺会演（2015年摄）

江苏省丹阳市第六中学新疆班学生参加第九期『听爷爷讲党的故事』活动（2021年摄）

课，进行常态化的政治、历史教育；开辟民族教育陈列室、民族教育橱窗栏，在环境上营造民族团结氛围；申报民族团结教育科研课题，加强民族团结教育研究；根据学科特点，设计民族团结教育环节；组建新疆班文艺社团，开展民族团结心连心晚会等活动；开展“民族团结进步年”系列专题教育活动，促进各民族交往交流交融。坚持做好学校教育和家庭教育的衔接，教师暑期护送学生回疆，广泛开展家访活动。节假日活动固定化，民族节日组织民族团结心连心晚会，教师节、国庆节、春节分别组织感恩主题作文竞赛、书法比赛等活动；学校每年组织学生到丹阳、镇江、南京等地参观学习，了解地方历史、经济和文化。至2019年，该校新疆班招生15届1339人，毕业823人，高考连续多年本科上线率100%，多名学生考取清华大学、浙江大学、南京大学等高校。2006年、2011年、2020年，学校被评为“全省民族团结进步模范集体”。2015年，校长朱万喜获“全省民族团结进步模范个人”称号。教师李斌、尹林华、张旭东获“自治区优秀教育工作者”称号。2019年，该校高二（3）班获“自治区民族团结先进班级”称号。

江苏省邗江中学新疆班　江苏省邗江中学位于扬州市邗江区，创建于1956年，2004年被评为江苏省首批四星级普通高中。2005年9月，该校承办新疆班，2005年、2006年各招1个班，招生数均为42人。2007年，扩招到2个班。2014年，扩招到每年3个班120人左右。学生来自自治区各地州，包括维吾尔族、哈萨克族、回族、蒙古族、塔吉克族、满族、柯尔克孜族、汉族等。办班之初，学校成立新疆班工作领导小组，校长担任组长。按照“政治合格、业务过硬、责任心强、乐于奉献、富有爱心、年富力强”的标准，从教师队伍中抽调优秀教师，组建新疆班专职教师队伍。遵循学生思想品德、心理素质形成和发展规律，组成德育分管校长—新疆部—班主任—教师（包括内派教师）—学生五级德育管理网络。遵循“立德树人”的教育宗旨，秉持“成长教育”办学思想，构建“大课堂”课程体系，促进新疆班学生健康成长。在“自主·导学”课堂、独具特色的校本课程、丰富多彩的活动课程三者组成的“大课堂”课程体系中，新疆班同学的人文底蕴、科学精神、学会学习、健康生活、责任担当、实践创新等核心素养逐步形成。至2019年，

江苏省邗江中学新疆班学生十八岁成人仪式（2019年摄）

江苏省邗江中学教师金丽萍带领新疆班学生开展研学活动（2019年摄）

江苏省邗江中学新疆班师生共度春节（2019年摄）

江苏省邗江中学新疆班学生写春联、迎新年（2019年摄）

新疆班累计招生15届1390余人，毕业821人，全部升入高等院校就读。多名学生被北京大学、中国人民大学、复旦大学、上海交通大学、南京大学、东南大学、浙江大学等学校录取。教师谢军、金丽萍、冯小丽分别获“全国新疆高中班优秀教育工作者”“全国新疆高中班优秀教师”“全国新疆高中班民族团结优秀教师”称号。

【链接】江苏省邗江中学新疆班：我们都有一个家

刚刚过去的“五一”小长假，去年毕业考入中国人民大学的马倩和其他10余名新疆班学生专程从全国各地返回邗江中学，看望培育他们的老师。他们说，一辈子也忘不掉在邗江中学学习生活的时光：我们都有一个家——新疆班。在邗江中学，记者深入采访新疆班学生，倾听发生在他们中的感人故事。

深切感受到“母亲般大爱”

“每逢佳节倍思亲。在这个陌生的城市，我们并没有感到远离亲人的孤寂和寒冷。因为每逢佳节，都有校领导和老师陪伴我们。在这里我们学会为人处世，在这里我们快乐成长……”写下这段文字的是邗江中学新疆班学生热娜（化名）。说起她为什么写下这样充满感情的文字，中间还有一段故事。

“不好了，热娜晕倒了！”2012年4月的一天夜里，金丽萍老师刚刚上床，突然接到电话：瘦弱的热娜癔症发作晕倒了！她立即赶到学校，和其他老师一起将热娜送到苏北人民医院。检查、输液……金老师回到家已经是凌晨3点半。第二天中午，热娜再次晕倒，金老师又立即带她到医院检查，待金老师回到家时又已是深夜。

由于连日劳累，金老师自己的病痛越来越严重，但她在学生面前没有丝毫流露。每天到校第一件事，就是去看望热娜，帮她冲开水、照顾她吃药、和她聊天。热娜输液时，她总会去面馆买一份热娜爱吃的辣酱面，一口一口地喂给她吃。那几天，同事们见她气色不好，都劝她请假休息，她却笑笑说：“孩子生病时，就是想有个家人多陪陪自己啊。”不久之后的一个晚上，热娜再次晕倒。金老师自己忍着病痛，坚持跑上跑下，一直到12点多才帮热娜办妥住院手续。第二天，医生告诉金老师，由于过度劳累，病情加剧，她必须立即住院做手术。可金老师一直等到热娜家长来校接孩子后才进行手术。就在手术前一天早上，金老师还回校帮热娜办理出校证明。医生责备她：没见过要手术了还到处乱跑的病人！

热娜后来在她的一篇文章中这样写道：“她不是我的母亲，却给了我母亲般的大爱！”

老师的关爱激励她考上了大学

“老师，我收到录取通知书了！我以313分的成绩考取成都中医药大学。谢谢你。”新疆班学生阿依谢姆古丽在收到录取通知书时，第一时间将喜讯告诉她的班主任老师。

“阿依谢姆古丽的所有经济来源就是她家中放养的三只羊，一年只有700余元的经济收入。”阿依谢姆古丽的班主任说，接手新疆班时就发现，阿依谢姆古丽很特别。交谈后才了解到，阿依谢姆古丽家经济拮据，她只有夏天、冬天和春秋天三套衣服。得知这一情况后，班主任当即买了衣服和一箱牛奶送给阿依谢姆古丽，其他老师也对阿依谢姆古丽倾注关爱，你悄悄为她买衣服，我悄悄为她买水果，让阿依谢姆古丽感受到温暖。在老师们的帮助下，阿依谢姆古丽的学习劲头更足了，学习成绩也从后几名一路奋进，高考终于考上成都中医药大学。

从新疆来扬负责新疆班学生工作的艾洁尔古丽老师告诉记者，新疆班的学生大多来自贫困的农牧区，在心理、生活等方面都不同于江苏孩子。“教育新疆班学生，首要任务不是去抓学习成绩，而是呵护学生的心灵，温暖学生的心，让他们能在这里安心、舒心地生活与学习。只有这样，学生才会感应老师的关爱，主动亲近你，各项教育目标也才能实施。”新疆班负责人谢军老师说。

大爱无疆成果喜人，大学录取率100%

大爱无疆，温情传递，带来的是一连串的喜人成果。

邗江中学自2005年承办新疆高中班以来，教育教学工作业绩骄人，至今累计招生12届共1017人，有8届毕业生参加高考，大学录取率100%。88人考入985高校，220人考入211高校，2016届麦丽克扎提·麦麦提明被北京大学录取。邗江中学先后被评为江苏省民族团结工作示范单位、扬州市民族团结工作先进单位。

邗江中学与新疆之间时时传递着深深的民族之爱。每当节假日，就会有许多新疆班毕业生回到邗江中学看望老师。邗江中学60周年校庆时，在家乡教育领域闯出一片天地的2009届学生木合力斯赠送一座鼎给母校，表达对母校的祝愿；2012届的艾力专程赶来协助校庆演出的准备工作。2015年4月，新疆新源县歌舞团还专程带着新疆人民的感激之情来到邗江中学，与新疆班师生欢聚一堂，共唱团结之歌……

（2017年5月9日《扬州日报》）

江苏省口岸中学新疆班 江苏省口岸中学位于泰州市高港区，创建于1926年，2004年被评为江苏省首批四星级普通高中。2005年9月，该校承办新疆班，招生1个班43人，后续逐步扩大到4个年级12个班，在校学生400余人。学生来自自治区各地州，包括维吾尔族、哈萨克族、回族、蒙古族、汉族等11个民族。学校实施“全方位关心、全天候关注、全覆盖关怀”的“三全”教育理念，扎实开展“五个认同”教育。学校专门投资3000余万元，为新疆班新建现代化教学综合大楼和学生公寓，配备先进的教学设备和生活设施，为学生提供优质的学习、生活保障。成立新疆部，科学选聘教师队伍，通过激励导向、“双岗双责”、协调机制、教师培训四大管理策略，打造以市级以上骨干教师为主的教师队伍，并率先在全国设立“民族教育教师岗位津贴”和班主任特岗津贴。深化教学研究，新疆班教师在《中国民族教育》《中国教育报》等报刊发表论文160余篇，新疆部拍摄的专题视频《让民族团结之花绽放在扬子江畔》被教育部评为“育人精彩瞬间”。制定《新疆部学生管理手册》《新疆部课程实施手册》《新疆部综合实践活动手册》等制度，激发学生的学习热情，增强学生在学习方面的独立性和责任感。注重学生终身发展，以“导师制”形式对他们进行提优培养。实施“双岗双责”结对帮扶，提高学生学业水平。注重心理疏导，及时缓解学生心理困惑。学校新开辟“五个认同”图片展览室，结合中国传统节日和重大节点开展系列主题活动，在校园内营造“五个认同”教育氛围，弘扬中华民族优秀传统文化和各民族独特文化。至2019年，该校新疆班共招收学生15届1329人，毕业848人，高考录取率100%，重点本科录取率98.23%，3名学生被清华大学和北京大学录取，32名学生获省市级表彰。学生丁悦当选为共青团第十七次全国代表大会代表，学生徐仕佳被评为“全国励志成长成才优秀学生”。学校于2009年9月和2014年9月两次被国务院表彰为“全国民族团结进步模范集体”，2018年被国家民委表彰为“全国民族团结进步创建示范单位”。新疆部获“全国模范职

2009年，江苏省口岸中学获“全国民族团结进步模范集体”称号，并于2014年再获该称号

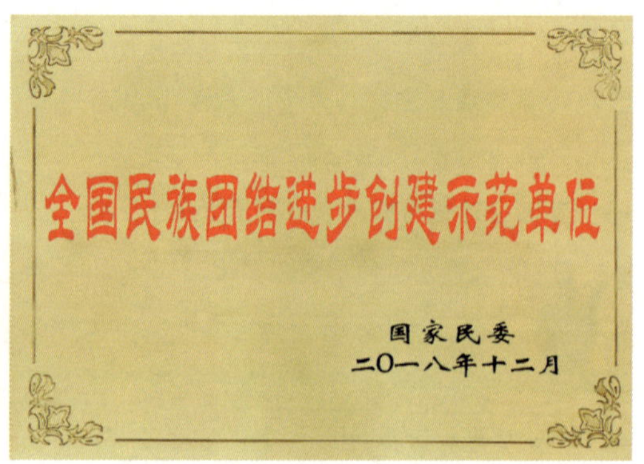

2018年，江苏省口岸中学获“全国民族团结进步创建示范单位”称号

2020年10月1日，江苏省口岸中学新疆班学生庆祝中华人民共和国成立71周年

工小家”“江苏省民族团结宣传教育示范单位”“江苏省巾帼文明岗”“江苏省工人先锋号”等称号。教师戴承忠被评为“自治区优秀教育工作者”，丁骏被评为“全省民族团结进步模范个人”。史海燕被评为“江苏省优秀教育工作者”“江苏省新长征突击手”，并被自治区评为“新疆高中班优秀教师”。

江苏省侯集高级中学新疆班 江苏省侯集高级中学位于徐州经济技术开发区，创建于1956年，是国家级示范性普通高中、江苏省首批四星级普通高中。2010年9月，该校开始承办新疆班，首届招收1个班43人，后逐步扩招到2轨8个班，在校新疆籍学生350余人。学生来自自治区各地州，包括维吾尔族、哈萨克族、回族、蒙古族、柯尔克孜族、汉族等12个民族。学校坚持“以人为本、以师生发展为本”办学理念，构建全方位、立体化育人体系。实施“党建育人”项目，打造省级“一校一品”党建文化品牌，打造思想政治教育大课堂，筑牢理想信念。实施“明德文化”工程，围绕“私德润身、公德善心、大德铸魂”，坚持“每月一主题”，开展爱国爱党、“我们的节日”“中华民族一家亲”“同心共筑中国梦”等主题活动，引导学生树立正确的国家观、民族观、文化观。开展生涯规划教育，成立学生成长指导中心，建成职业模拟体验室、学业未来馆等28个校内功能室和12个校外“生涯践习基地”，打造江苏省“订制式普通高中生源规划课程基地”，重点实施“在多元文化视角下跨文化生涯教育”校本课程，指导各民族学生更好地规划人生。推进社团建设，突出学生自我管理、自我教育、自主发展办学特色，成立6大类124个学生社团，每年参与社团活动的学生超过1.5万人次，新疆班学生全员参与社

江苏省侯集高级中学新疆班教师李贞在教学（2020年摄）

2019年寒假，江苏省侯集高级中学新疆班学生参加『党在我心中』系列活动

团活动。实施“协同育人”项目，打造融合教育大课堂，促进各民族学生广泛交往交流交融。重视新疆班管理模式顶层设计，建立教师交流和轮岗机制，优化管理干部和教师队伍配备。创新开展“我在侯中有个家——结对子·心连心”师生结对活动，当好学生成长导师。开展各族学生结对交友，互帮互助互学。成立“红石榴工作室”，强化新疆学生情感陪护和心理抚慰。密切家校联系，组织赴新疆家访活动，关注特殊个体，帮扶学生阳光成长。至2019年，该校新疆班共招生10届756人，毕业326人，高考升学率98%以上，一大批学生被南京大学、浙江大学等全国知名高校录取。2020年，该校被评为“江苏省民族团结进步模范集体”。2012年、2013年，教师王孝军被评为“江苏省中小学校优秀共产党员”“全国新疆高中班优秀教育工作者”。教师李贞被评为“感动江苏教育人物——2020最美班主任”。

江苏省淮州中学新疆班　江苏省淮州中学位于淮安市淮阴区，创建于1943年，是江苏省四星级普通高中。2010年9月，该校承办新疆班，招生1个班43人，后办班规模

天山淮水
心相印
同心共筑
民族情

逐渐扩大为2轨8个班，在校学生350余人。学生来自自治区各地州，包括维吾尔族、哈萨克族、回族、蒙古族、柯尔克孜族、汉族等。学校按照“严、爱、细”的工作原则，建立健全“全员、全程、全方位”的“三全”管理机制，扎实推进政治立场“有态度”、精致管理“有深度”、关心关爱“有温度”的“三度”教育，不断探索创新新疆班教育教学管理机制。学校成立新疆班工作领导小组，由校长担任领导小组组长。专设新疆部，加强对新疆班工作指导与管理。投入1700万元，新建新疆班综合楼。投入50余万元改建1000余平方米民族餐厅。选派优秀教师担任新疆班教师，做好学生学习指导、生活服务等工作。制定《江苏省淮州中学新疆班学生一日常规》和《江苏省淮州中学新疆班学生常规管理量化考核办法》等管理制度，从仪容仪表、学习常规、文明就餐等8个方面强化对学生的常规管理。学校率先在江苏省新疆班中进行混班教学，是全省唯一一所推行全员混班教学的学校。2019年1月，在全国新疆班南片区座谈会上，混班教学经验作为典型汇报交流。以“民族团结一家亲，同心共筑中国梦”为主题，开展党员、

江苏省淮州中学党委书记、校长孙立祥与结对新疆班学生交流（2021年摄）

江苏省淮州中学在全国新疆班南片区座谈会上作经验交流（2019年摄）

江苏省淮州中学新疆班学生参观周恩来同志故居（2016年摄）

江苏省淮州中学新疆班学生参加校园文体活动（2016年摄）

骨干教师结对新疆班学子活动。学校定期组织学生开展以“为中华之崛起而读书”主题教育活动和以“感恩”为核心的系列德育主题活动。学校以江苏省中小学品格提升工程重点项目“普通高中民族团结进步教育的体系建构”为抓手，推进民族团结进步教育，打造学生发展指导中心、民族团结进步教育基地、校本课程群。至2019年，新疆班共招生10届740余人，毕业330余人，多名学生被南京大学、中国人民大学等高校录取。2012年、2015年，学校分别被评为“江苏省民族团结宣传教育示范单位”“江苏省民族团结进步模范集体”。2021年，学校被国家民委命名为“第八批全国民族团结进步示范单位”。2020年，校长孙立祥获“全省民族团结进步模范个人”称号。

连云港高级中学新疆班 连云港高级中学位于连云港市连云区，创建于1956年，是江苏省四星级普通高中。2011年9月，该校承办新疆班，首批招收学生1个班40人，后招生规模扩大为2轨8个班，在校学生350余人。学生来自自治区各地州，包括维吾尔族、哈萨克族、回族、蒙古族、汉族等民族。学校实行“导师制”，即每一名新疆班学生有一名教师与之结对子，切实做到教书与育人相统一。高标准建设学生发展指导中心，打造民族风情馆。组建多民族学生参与的学生社团，开展丰富多彩的社团活动。学校以民族教育为抓手，以民族团结为主线，通过思想团结、活动团结、学习团结、生活团结等方面开展活动，逐步培育学生的民族团结观念，养成民族团结思维习惯。学校整合校外教育资源，利用国庆节、寒暑假等主要节点，组织师生到校外社会实践基地参观、实践、培训，激发学生对中华民族的认同感和民族自豪感。组织赴疆家访活动，使家长了解学生在校成长情况，扩大党的惠民政策社会影响力。至2019年，新疆班5届毕业学生共283人，其中一本上线率62.43%、二本上线率95.14%；数十名学生被中国科学技术大学、西安交通大学等重点院校录取。2019年，学校获“第七批全国民族团结进步示范单位”称号。2020年，学校被评为江苏省首批民族工作“红石榴家园”。2013年，新疆部教师殷晓珍被自治区评为“新疆高中班优秀教师”。2020年，教师吴安兰获“全省民族团结进步模范个人”称号。2021年，教师王丽爱获“江苏省先进工作者”称号。

连云港高级中学2016级新疆班集体风采（2020年摄）

2011年9月1日，连云港高级中学首届新疆班班主任殷晓珍给学生上语文课

连云港高级中学新疆班教师到学生家家访（2016年摄）

江苏省宿迁中学新疆班 江苏省宿迁中学位于宿迁市宿城区，创建于1927年，2005年被评为江苏省四星级普通高中。2011年9月，江苏省宿迁中学承办新疆班，首批招收1个班40人，2012年招生45人。2013年起，办班规模扩大，每年招收2个班。2019年，扩大至4个年级8个班，共有学生350人。学生主要来自南疆喀什、和田、阿克苏和克州等地州，包括维吾尔族、汉族、回族、哈萨克族、蒙古族、柯尔克孜族、塔吉克族等10个民族。学校专设新疆部，新疆班整体单独编班，部分优秀学生插入本地班。至2019年，新疆班有专业素质过硬、经验丰富的教师30余人，其中市学科带头人、骨干教师6人，高级教师19人。新疆班坚持德育为首，提升学生政治觉悟和文明素养。举行"祖国在我心中""中国梦我的梦""民族团结一家亲"等系列主题班会，提高学生思想政治觉悟；利用节假日、纪念日举办专题活动，定期举行诗歌朗诵比赛、演讲比赛和读书报告会等，激发学生学习动力，培养爱国情感，促进民族交流交融。按照"低起点、小坡度、小容量"的原则实施新疆班教学，加强对学生分层要求和个别指导，努力提高课

堂教学实效；通过平行分班，形成班与班之间良性竞争，激发学生学习动力；通过阶段性调研测试及成绩分析总结、表扬与批评，营造你追我赶的氛围；通过优秀作业展、优秀试卷展，发挥优秀生引领作用；通过学习标兵、进步标兵评比，为学生树立榜样；通过与本地班的统一考试，让孩子们认识差距，激发师生动力；通过师生结对帮扶，对孩子们进行“导师制”指导，全面关心孩子的思想、学习、生活、心理和身体健康等各个方面。推进“融入”教育，促进民族团结和谐。开设书法、剪纸和古诗文诵读等课程，并定期举办经典诗歌朗诵比赛、书法、美术（剪纸）作品展览，向学生介绍中华传统节日来历、风俗习惯。利用暑假时间，组织本地学生与新疆学生结对认亲、走亲戚活动，促进民族间交往交流交融。其中，2016年拍摄的以反映该校结对认亲的专题纪录片《喀拉峻的春天》获江苏省优秀影片展评二等奖。办班以来，该校新疆班累计培养6届毕业生350余人，本科上线率、一本上线率和重点院校录取人数名列全省新疆班前茅。2013年，教师张修平获“自治区新疆高中班优秀教师”称号。

江苏省宿迁中学新疆班2016级学生举行成人仪式（2020年摄）

江苏省宿迁中学新疆班教师到学生家家访（2021年摄）

江苏省宿迁中学（2017年摄）

四、职业教育援助

1997年对口援疆工作开展后，江苏通过江苏伊犁两地联合招生，推动职业教育基地和校舍建设，捐赠教育教学设备等方式，帮助受援地职业教育发展。2010年新一轮对口援疆工作开始后，江苏援助受援地职业教育工作全面展开，除推进基础设施建设外，重点扶持建设符合新疆区域经济和产业需求的示范性专业和特色专业，逐步完善职业教育体系。江苏职业教育援助实现从自主行动到高位推动，从分散援助到全方位援助，从硬件建设到增强软实力转变。

加大资金投入，加强中等职业教育基础设施建设。至2017年，在伊犁州安排落实资金1.7亿元，支持霍城县江苏职业技术学校、伊宁县职业教育实训基地、巩留县职业技能培训基地、昭苏县职业教育中心、新源县创业就业培训服务中心等6所中等职业技术学校建设，实现20万以上人口县均建成主体职业学校的目标。安排落实资金1.5亿元，支持州本级师范教育、卫生教育，建成州教师培训中心和乡村医师培训中心。在兵团和克州援建七师胡杨河市职业技术学校、四师中等职业技术学校及克州科技和职业培训中心，扩建克州中等职业技术学校。扶持伊犁州和兵团四师、七师共建伊犁州职业教育园区，建设中等职业技术学校4所，2018年均建成投入使用，在校学生1.5万人。

选派江苏职业院校专业教师赴疆支教，接收受援地职业学校教师到江苏职业院校挂职、进修，在江苏举办职业教育教师和教学管理人员研修班、培训班。2013～2016年，伊犁职业院校有100余名教师到江苏职业院校培训学习、跟岗锻炼，江苏职业院校有50余名教师到伊犁职业院校指导专业建设、实训基地建设、带训教师队伍。2016年，举办“一带一路”苏伊职业教育改革发展论坛，江苏教育专家和伊犁州职业院校校长“面对面”交流办学经验，共商两地职业教育合作项目。受援地职业院校借鉴江苏职业院校管理经验，逐步健全学校管理机构和管理制度。注重吸收和培养一批当地能工巧匠成为教师，培养当地经济社会发展需要的手工艺者。

发挥江苏职业教育资源优势，加大院校之间交流帮扶力度，构建对口帮扶体系。2014年，江苏与伊犁州、克州签订帮扶职业教育发展协议，明确江苏在规划、专业建设、教师培养等方面予以指导与帮助，帮助受援地职业学校做好专业设置、实训基地建设和就业指导工作，促进受援地职业教育质量和水平提升。开办面向对口支援县市的中等职业班，接收并资助受援地学生到江苏接受中等职业教育，对学业期满、具备条件的毕业生尽量安排在江苏就业。县市职业学校也与援疆市县职业学校结成帮扶学校。至2019年，受援地职业院校与江苏职业院校实现结对帮扶全覆盖。

伊犁职业技术学院 为促进伊犁州高等职业教育快速发展，应伊犁州政府请求，江苏省安排南京工业职业技术学院（2020年更名为南京工业职业技术大学）、江苏农林职业技术学院、江苏农牧科技职业学院、常州机电职业技术学院、南京化工职业技术学院（2015年更名为南京科技职业学院）、江苏经贸职业技术学院、江苏工程职业技术学院、南京旅游职业学院8所高等职业院校分别在电气、农林、畜牧、机电、化工、商贸物流、纺织服装、旅游8个专业领域对口支援伊犁职业技术学院。2014年8月3日，江苏8所高职院校对口支援伊犁职业技术学院签约仪式在伊宁市举行。8所高职院校共同对口支援一所新疆院校是江苏教育援疆的组织形式创新，双方在院校交流、专业建设、师资队伍建设、资源共享、产学研合作、实训基地建设、技能大赛训练等8个方面进行深度交流合作。江苏其他职业技术学校也参与帮扶伊犁职业技术学院。其中，2016～2020年，常州信息职业技术学院为该校援建实训室提供帮扶资金超过100万元。

伊犁技师培训学院 2018年，江苏安排盐城技师学院、常州技师学院、苏州技师学院、镇江技师学院、南京交通技师学院分别与伊犁技师培训学院签署共建协议，重点帮扶旅游管理、汽车钣金与涂装、电子商务等8个专业建设。同年8月，南京旅游职业学院与伊犁技师培训学院签署全面对口支援合作协议，双方通过互派教师、课程建设、干部交流等形式不断深化合作内容。

伊宁县技工学校 2013年，伊宁县技工学校成立，与伊宁县职业高中两块牌子、一套班子。2014年起，南通市连续3年，每年投入援助资金300万元以上，用于购置伊宁县技工学校实训设备。南通工贸技师学院、南通技师学院等单位遴选经验丰富的指导老师，做好合作培训工作。至2014年，学校为社会培养和输送专业技术人才1.6万人，为促进县域经济发展提供大量职业人才。2015～2016年，南通每年投入援助资金500万元，用于就业平台和职业教育实训基地建设，全方位、多层面加强伊宁县技工学校建设，扩大办学规模，提升办学实力。至2017年，该校有教师102人，在校学生突破1500人，设有汽车应用与维修、服装设计与生产、计算机应用、果树花卉生产技术、中式烹饪、工程机械驾驶与维修、宾馆服务、机电技术应用等专业。学校先后获“全国就业先进单位”“全国农村职业教育先进单位”“自治区中等职业学校学生资助工作先进单位”等称号。

霍尔果斯中等职业技术学校 2012年，苏州旅游与财经高等职业技术学校、南京工程高等职业学校、无锡汽车工程高等职业技术学校、镇江高等职业技术学校4所学校（后增加江苏省连云港中等专业学校）与霍尔果斯中等职业技术学校签订对口支援协议，建立全面对口支援合作伙伴关系，在专业建设、专业师资、技术服务、校企合作等方面进行全方位援助。范围涵盖财经商贸类、旅游服务类、信息技术类、交通运输类、资源环境类、公共服务与管理类、土木水利类、文化艺术类等专业。

新源县职业技术学校　2015年，扬州市援建的新源县职业技术学校交付使用，扬州市选派援疆教师担任该校副校长。2016年9月，扬州旅游商贸学校课程基地在新源县职业技术学校挂牌，协助新源县职教中心（与县职业技术学校两块牌子、一套班子）开办服装设计与加工专业，提供启动资金15万元。扬州相关企业到新源县兴建服装厂，成为新源县职业技术学校服装设计与加工专业学生实习基地。同年，新源县职业技术学校烹饪、旅游、酒店管理专业第一次招生。2017年，江苏旅游职业学院选派烹饪、旅游管理专业2名骨干教师到新源县职业技术学校支教3个月。他们从专业教学、专业建设、校本教材建设、人才培养规划、校企合作、班主任工作、教科研、校园文化建设8个方面帮助新源县职业技术学校提升专业水平；帮助新源县职业技术学校制定首批专业人才培养方案，召开专业教学研讨会议，在教务处设立专业部，全面负责相关专业建设。援疆教师还为全县旅游、餐饮、宾馆从业人员举办专题培训。

兵团七师奎屯职业技术学校　2013年12月，江苏省淮阴商业学校选派援疆教师担任七师奎屯职业技术学校副校长，分管学校教学管理等工作。援疆教师帮助学校推进校企合作，增强办学活力，试行“现代师徒制”，聘请企业专家、能工巧匠长期担任学校外聘教师，定期到学校授课，为毕业生“零距离就业”奠定基础。以技能大赛、创新大赛为抓手，通过“技能活动周”“第二课堂”等活动，加强学生专业技能训练。组织制定并实施职业教育“356”联盟计划（“3”指淮阴商业学校、淮安市高级职业技术学校、淮安生物工程高等职业学校3所国家中等职业教育改革发展示范学校，分别对接七师奎屯职业技术学校烹饪、音乐、机电、汽车应用与维修等专业；“5”指促进淮安教师“一帮一”结对交流学习、校企合作等5项重点工作；“6”指实现人才培养多元、教师团队优良、职业技能过硬等6大成效），建立淮安职业教育援疆长效机制，加速七师奎屯职业技术学校融入淮安职业技术教育联盟，组织淮安6所高职院校及江苏其他高职院校与七师奎屯职业技术学校开展专业合作，全面加强学校专业建设。促成苏州工业园区职业技术学院与七师奎屯职业技术学校建立“伙伴学校”；促成江苏海事职业技术学院与七师奎屯职业技术学校联合办学，培养国际物流专业人才；促成南京特殊教育职业技术学院（2013年更名为南京特殊教育师范学院）为七师奎屯职业技术学校培养康复训练专业师资，将七师奎屯职业技术学校打造成新“丝绸之路”经济带蓝领基地。2016年，组织淮阴商业学校等淮安4所高职院校与七师奎屯职业技术学校建立职校联盟，在教师互派、学科重建、学生代培、合作办学等方面增进校际合作，打造特色专科。2019年，该校开设供用电技术、水利施工、汽车运用与维修、烹饪、学前教育、机电一体化6个专业，在校学生906人，毕业学生243人，就业率98%。同年，该校获兵团组织的中等职业学校优秀传统文化素养大赛优秀组织奖。

克孜勒苏职业技术学院　该院前身为克州中等职业技术学校。2013年，克州整合职业教育学校、师范学校、专业技术培训中心等，建成具有南疆民族特色的克州中等职业技术学校。根据江苏省教育厅与克州教育局签订的职业教育帮扶协议，江苏省昆山第一中等专业学校、常州卫生高等职业技术学校和无锡汽车工程高等职业技术学校分别与克州职业技术学校在机电技术应用、数控技术应用、电子技术应用，护理、药学、康复治疗技术，汽车运用与维修、汽车美容与装潢、汽车整车与配件营销等方面开展双向交流合作。14名克州职业技术学校教师赴江苏3所对口学校完成3个月学习交流。2014年，江苏援克指挥部联合克州方面专题研究职业教育发展，确定"保留中等职业技术学校，依托职校升级，成立高职部，逐步建成高等职业技术学院"的工作思路。2015年，江苏投资1.3亿元用于学校升级改造工程，建设综合实训中心、医疗康复中心、图书馆、学术交流与技能比赛中心等。江苏10所高职院校与该校签订对口帮扶协议11个，联手创建克州首所高职院校。当年，江苏农牧科技职业学院、徐州幼儿师范高等专科学校分别与克州中等职业技术学校畜牧兽医和学前教育两个专业联合进行办学试点。2017年，江苏援疆教师丁莉东被任命为学校校长。克州中等职业技术学校引进周乐

2020年4月20日，江苏省第二批"援藏援疆万名教师支教计划"教师抵达克孜勒苏职业技术学院

山、乔森等5位名师并成立工作室，聘请克州人民医院22名江苏援疆医生担任兼职教授，并招聘专家、能工巧匠和优秀企业人员27人任校外兼职教师，形成名师定期送教到校机制，助推相关专业快速发展。创新实施“校包系”模式，借力江苏24所高水平职业院校对口支援该校相关专业系（部），重点指导现代农业技术、护理、学前教育、汽车应用与维修、电子商务和旅游管理等专业建设和人才培养。2018年12月5日，南京师范大学文学院与克州中等职业技术学校举行“克州国语教学研究中心”揭牌仪式，南京师范大学文学院长期在人才支援、语言教学上提供支持，助力克州中等职业技术学校全面提升教学水平。2019年5月，克州中等职业技术学校更名为克孜勒苏职业技术学院，成为克州首所高职院校，是全国唯一具有柯尔克孜民族特色的职业学院，重点建设农经工程、医护工程、教育艺术、工业（汽车）工程和文化旅游5大专业群。9月15日，克孜勒苏职业技术学院招收300名学生，这是克州招收的首批高职生。

江苏省对口支援与结对帮扶新疆职业院校部分情况表

地区	受援学校	援助学校
伊犁州	伊犁丝路职业学院（筹）	无锡职业技术学院
		常州机电职业技术学院
		江苏旅游职业学院
	新疆应用职业技术学院	盐城幼儿师范高等专科学校
		盐城工业职业技术学院
	伊犁州教师培训中心	南京师范大学
		江苏第二师范学院
		南通师范高等专科学校
		徐州幼儿师范高等专科学校
		常州教师发展中心
		苏州教师发展中心
	伊犁技师培训学院	南京交通技师学院
		江苏省盐城技师学院
		江苏省常州技师学院
		苏州技师学院
		镇江技师学院
		南京旅游职业学院

续表

地区	受援学校	援助学校
伊犁州	伊犁职业技术学院	南京工业职业技术大学
		江苏农林职业技术学院
		江苏农牧科技职业学院
		常州机电职业技术学院
		常州信息职业技术学院
		南京科技职业学院
		江苏经贸职业技术学院
		江苏工程职业技术学院
		南京旅游职业学院
		徐州工业职业技术学院
	伊犁州高级技工学校	江苏省盐城技师学院
		江苏省如皋中等专业学校
	伊犁师范学院	徐州工程学院
	特克斯县职业高中	南京市江宁区中等专业学校
	霍城县职业技术学校	江阴中等专业学校
	奎屯市职业中等专业学校	江苏省徐州技师学院
	尼勒克县职业学校	常州市武进区职业教育中心
	霍尔果斯中等职业技术学校	江苏省连云港中等专业学校
		无锡汽车工程高等职业技术学校
		江苏省南京工程高等职业学校
		镇江高等职业技术学校
		苏州旅游与财经高等职业技术学校
	巩留县职业技术学校	江苏省张家港中等专业学校
	伊宁县技工学校	南通工贸技师学院
		江苏省南通技师学院
	察布查尔县职业教育中心	盐城生物工程高等职业技术学校
		盐城机电高等职业技术学校
		盐城市高级职业学校
	新源县职业技术学校	江苏旅游职业学院
		扬州高等职业技术学校
		扬州旅游商贸学校
		扬州生活科技学校

续表

地区	受援学校	援助学校
兵团	七师奎屯职业技术学校	江苏海事职业技术学院
		江苏食品药品职业技术学院
		苏州工业园区职业技术学院
		南京特殊教育师范学院
		淮阴师范学院
		江苏省淮安技师学院
		淮安市高级职业技术学校
		淮安生物工程高等职业学校
		江苏省淮阴商业学校
	四师伊犁职业技术学校	镇江高等职业技术学校
		镇江技师学院
克州	克孜勒苏职业技术学院	江苏工程职业技术学院
		江苏省南京工程高等职业学校
		江苏省南通卫生高等职业技术学校
		南京卫生高等职业技术学校
		常州卫生高等职业技术学校
		连云港职业技术学院
		江苏省连云港中医药高等职业技术学校
		江苏经贸职业技术学院
		南京交通技师学院
		常州交通技师学院
		南通职业大学
		江苏城乡建设职业学院
		江苏农林职业技术学院
		江苏卫生健康职业学院
		江苏安全技术职业学院
		江苏省昆山第一中等专业学校
		无锡卫生高等职业技术学校
		盐城幼儿师范高等专科学校
		无锡汽车工程高等职业技术学校
		江苏省无锡交通高等职业技术学校
		淮海技师学院
		江苏农牧科技职业学院
		徐州幼儿师范高等专科学校
		南京师范大学

【链接】聚力“技校创建”描绘发展新蓝图

“你看，我们这里的4S店教学区，跟正规的汽车4S店一样。”在州职业技术学校宽大的教学车间，援疆干部、州职业技术学校校长丁莉东自豪地说。一群少数民族学生在教师的指导下，认真观察了解汽车发动机的构造。其他诸如民族服装设计、库姆孜乐器制作和民族风味食品加工制作等课程，颇具新疆地域特色。

2017级护理班学生阿迪拉·托乎提告诉记者：“来州职业技术学校学习到现在，我亲眼见证了学校的发展。每年都有江苏教师来我们学校开设讲座，指导实训，他们的新教法、新理念让我们耳目一新。援疆教师带来的新教学理念，使我的专业课学习更加轻松。”

2014年6月26日，克州人民政府与江苏省教育厅签约，加大江苏对克州职业教育对口帮扶力度。同时，学校引进周乐山汽车运用与维修名师工作室、国家级技能大师乔森工作室和电子商务专业国家级优秀教学团队，为教师发展、成长提供平台和机遇。

2015年，江苏省增拨援建资金1.3亿元，支持克州职业技术学校扩建工程，新建图书馆、医疗康复中心、学术交流与技能比赛中心、综合实训中心等5个单体工程。

在江苏援克前指和江苏省教育厅大力支持下，18所江苏省高水平职业院校先后派遣专家对口帮扶克州职业技术学校，重点指导学校制定现代农业技术、护理、学前教育、汽车运用与维修、电子商务和旅游管理等专业建设规划和人才培养方案。帮助引进江苏省有突出贡献中青年专家、江苏高校“青蓝工程”中青年学术带头人、江苏省职业教育名师工作室负责人、国家级技能大师和国家级优秀教学团队等职教资源，创建边疆（汽车）产教园。江苏教育援疆由“输血”变“造血”，创新江苏省高水平职业院校对口克州职业技术学校（“校包系”）机制，建立多方位、多层次对口支援体系，为克州职业教育发展插上了腾飞的翅膀。

围绕克州职业教育质量能力提升和高职院校创建工作，中央、自治区和江苏援疆已投入专项资金2.98亿元，未来3年还将投入1.86亿元，用于新校区基础设施建设、实训基地提档升级、专业课程开发和教育资源建设。

（本文节选自2018年9月26日《克孜勒苏日报》，原标题为《倾情援疆惠民生 各族群众乐开怀——江苏省对口支援克州服务保障民生综述》）

伊犁丝路职业学院（筹备）援疆教师团队合影（2020年摄）

江苏新疆中职班 根据教育部、国家发展改革委、财政部关于举办新疆中职班的意见，2011年，江苏安全技术职业学院、江苏省连云港中等专业学校、淮安生物工程高等职业学校3所学校开始举办新疆中职班。至2020年，3所学校新疆中职班在校学生904人，累计毕业学生1859人。

2020年江苏省开设新疆中职班情况表

单位：人

学校名称	开办时间	设置专业	累计毕业生	在校学生
江苏安全技术职业学院	2011	焊接技术与自动化、机电一体化技术、汽车检测与维修技术、计算机应用技术、工程测量技术、电气自动化技术	558	267
江苏省连云港中等专业学校	2011	数控技术应用、机电技术应用等	692	360
淮安生物工程高等职业学校	2011	计算机应用、机电技术应用、畜牧兽医	609	277

五、教师培训与交流

对口援疆工作开始后，江苏始终把师资培养放在重要位置。江苏省第四批援疆干部推动伊犁州教育局与江苏省教育厅及南通市、苏州市等7个市教育局签订友好合作协议书；7个市教育局利用暑期组织60余名名师、名校长、专家到伊犁讲学，培训5000余人次；南京大学等高校向伊犁州派遣支教研究生156人；伊犁州选派300余名教师和教育管理干部赴江苏培训、挂职锻炼。投入援助资金建设伊犁州远程教育中心综合楼。1997～2010年，通过接收伊犁州教师挂职和送教活动，累计帮助培训受援地教师1万余人次。2011～2019年，江苏投入大量资金在受援地建设师资培训中心和学校，在伊犁州建设伊犁州教师培训中心，在克州建设克州师资培训学校。江苏援伊指挥部、援克指挥部与受援地共同制定教育人才培养规划，通过送教支教、就地培训与到江苏培训、传统课堂培训与现代远程培训、短期师资培训与长期人才培养相结合等途径，培训教师15.4万人次。

江苏援伊指挥部与受援地开展“名校长+学科带头人+中层骨干教师”培训，举办“苏伊杯”教师教学能力大赛，提升受援地中小学教师适岗能力；联合伊犁州政府规范教师培训标准，不断提升教师适岗能力。至2017年，江苏在伊犁州和兵团四师、七师安排教师培训项目185个，落实项目资金6000余万元，组织9000余名教师赴江苏培训，500余名江苏教师到伊犁讲学送教，惠及3万余名当地教师。2011～2019年，累计培训伊犁州（含兵团四师、七师）教师等教育人才9.9万人次。

在克州，2011～2013年，依托南京师范大学教师培训方面优势，分层次开展骨干教师、教育管理干部、校长、幼儿教师、优秀青年教师等培训交流项目35个，投入援助资金约3000万元，赴江苏参加培训700余人次，在克州培训近5000人次。2012年10月，江苏对口支援克州教师培训中心在克州电大挂牌。该培训中心充分利用自治区及本地教师资源，以骨干教师为主要培训对象，在当地开展为期3个月至1年系统化、规模化、专业化培训，逐步提升教师教学水平。2014年，实施克州教育系统“帕米尔‘3123’人才培育计划”（用3年时间选拔培育100名领军人才、200名骨干人才、300名后备人才），评选出“帕米尔人才”151人；实施克州教育“青蓝‘123’人才培育计划”（用5年时间培养100名州级教学能手、200名县级教学能手、300名教坛新秀），逐步形成受援地州、县市骨干教师和学科带头人梯队，打造出每所学校均有若干名骨干教师、每个县市均有一支覆盖语言和主要学科的带头人、州有一支覆盖语言和所有学科且具有丰富教学经验和教学指导能力的学科带头人队伍。其中，2018年，江苏共为克州培训语文教师600余人次，全年共邀请12批40余名江苏专家到克州开展讲学、沙龙、课堂示范60余节（次），当地受益教师5000余人次。2011～2019年，累计培训克州教师等教育人才5.5万人次。

援助地培训　采取长期培训与短期培训相结合的办法，在江苏为受援地举办师资提高班、优秀青年骨干教师培训、教师适岗能力提升培训、重点学科带头人业务技能提升培训、职业教育高级教学管理人员研修班、中小学校长培训等，既有数天到1个月短期培训，也有3个月到1年中长期培训。至2019年，伊犁州、克州及兵团四师、七师1万余名教师及学校管理人员参训。组织受援地中小学、幼儿园和职业学校骨干教师、学科带头人及教育管理人才到江苏对口帮扶学校挂职跟班学习3个月左右，让受援地教育人才在挂职跟班过程中参与教学管理、集体备课、听课研讨、教科研等活动，吸收、消化江苏先进的教育理念、方式、经验、做法，使挂职跟班人员的能力、水平普遍得到明显提升。2011～2019年，累计1300余人次到江苏挂职跟班学习。

就地培训　依托师范院校教学力量，在受援地建立教师培训基地，采取短期和长期培训相结合方式，对当地35岁以下少数民族教师进行全员轮训。2011～2019年，江苏省教育厅与各援助市、县（区）教育部门根据受援地教育人才培养计划，累计组织江苏教育专家和柔性招引江苏教育人才3000余人次，为受援地培训教师和学校管理人员10.8万人次。支教教师通过“青蓝帮带”工程和多种培训班，为受援地培训教师3万余人次。其中，通过“青蓝帮带”工程培养当地青年教师2585人，伊犁州（含兵团四师、七师）1456人、克州1129人，数百名“徒弟”教师获县级以上教学比赛奖项。

江苏援疆教师对克州教师进行教学培训（2011年摄）

2011年7月18日，江苏援疆教育专家在伊宁县举办专题讲座

2012年6月28日，尼勒克县第一中学第一届『武进杯青蓝工程』总结表彰大会

2017年7月10日，南京市教育专家赴伊宁市开展教师培训启动仪式

2012年10月16日，江苏省教育学会专家在伊宁县开展专题讲座

2012年10月25日，扬州市对口支援新源县『青蓝帮带』行动拜师仪式

远程教育 2011～2013年，南京师范大学附属中学树人学校与克州两所学校开通互动直播课堂，开展互动教学交流与培训。苏州市与霍尔果斯经济开发区签署远程教育资源共享合作协议书。2014～2019年，泰州通过"互联网+"模式，把泰州教育品牌"泰微课"引进昭苏，实现优质教育资源共享。镇江实验学校与兵团四师七十六团中学通过"互联网+"模式，开展课堂远程教研活动。盐城市与察布查尔县开通"名师网络专递课堂"，开启双方教育理念和教育方式的网上互动。江苏省电化教育馆投入240余万元建成克州远程教育网，建立远程教育课堂，把江苏名校课

堂引进克州，实现江苏名校教学与克州同步，并建设专门网站，把江苏教育资源免费向克州开放。主要形式为同步课堂、集体备课和专家讲座，涉及语文、数学、英语、物理等学科。开设“江苏援疆教育大讲堂”，利用远程教育直播平台、新疆基础教育资源公共服务平台，把好的教学方法送到克州各县市及乡村学校。无锡市与阿合奇县启动“无锡教育·网络扶智专递课堂”项目。

【链接】援疆路漫漫 送教情悠悠——江苏赴新疆克州讲学团送教侧记

“我们新疆好地方啊！天山南北好牧场。戈壁沙滩变良田，积雪融化灌农庄……”

8月8日下午4时，当飞机进入跑道，即将离开乌鲁木齐机场时，《新疆好》那优美的旋律再次在耳畔回响起来。此刻，江苏赴新疆克州讲学团成员，想到7天来送教克州的美好时光，不禁心潮澎湃、思绪万千……

倾情如潮涌

“高老师，近期省教育厅拟组织一批优秀教师到新疆克州送教，我们市教育局经研究决定安排你去。你能去吧？”

“没问题！保证完成任务！”

宿迁市实验学校的高胜光老师放下电话，立刻就到电脑上搜索克孜勒苏柯尔克孜自治州这个陌生的名字。他暗下决心：一定不能辜负组织信任，要认真准备材料，做一次高水平的送教！

其他接到电话的8位老师都毫不犹豫地接受了任务。

今年7月，江苏省教育厅专门下发了《关于做好2017年江苏省中小学教育专家赴新疆西藏青海讲学工作的通知》，要求宿迁市教育局派员承担送教克州的任务。宿迁市教育局欣然领命。早在2010年，党中央就把对口支援克州的光荣任务交给江苏，开启了援疆工作的崭新篇章。江苏对口支援克州前方指挥部坚持把学校作为最好的援疆项目，7年来，先后投入教育援疆资金6.6亿元，高标准建成了一批幼儿园、中小学校和职业高中，推动克州教育水平不断攀升。

相融逐浪高

8月3日的克州，阳光明媚。江苏送教团一行不顾疲劳，来到克州师资培训学校。900名克州教师报以热烈的掌声，克州主管教育的州党委常委、州教育工委书记海布努尔·玉山发表了热情洋溢的致辞，对讲学团一行的到来表示热烈欢迎，她真诚感谢江苏一如既往地来送教、送方法、送新的理念。她说克州真正“攀上”了一个好“亲戚”，一个有才华的“亲戚”。近几年来，克州高、中考成绩在南疆四地州均处于领先地位，这与江苏教育工作者的科学援疆是分不开的。

高胜光和范晓红两位正高级教师、特级教师首先开讲“教师与教育科研”和“课程改革与核心素养”，题目虽大，但两位老师深入浅出，联系实例，娓娓道来。当日天气酷热，空调失灵，但听课的教师们全然不顾，全神贯注，不时报以热烈掌声。台上台下频频互动，一片欢声笑语。

接下来的7位市级名师、学科带头人陆续登台。田作明当场吟诗作联，把教育科研描绘得诗情画意。杨晋闯与学员同唱“只是因为在人群中多看了你一眼”，使文本解读多了几分时尚色彩。张扬秉着“援理念”的原则，介绍了他的数学教学独门绝招，引得学员们课后纷纷上前讨教。刘晓沪的心理健康讲座令克州老师眼界大开，老师们只恨时间太少。郇兆鹏介绍了在物理教学中发展学生核心素养的做法，内容翔实，操作性强。

蔡晓用视频展示英语阅读教学案例，场景生动，妙趣横生。吕苏江是此行最年轻的教师，他的一句“让信息技术与我们的青春一起飞扬”深深打动了在场的每一位老师。

授课结束，大家仍意犹未尽。建立苏疆教师互动QQ群，克州的老师在群里争相发表感言，其中克州教师克里木的小诗最能代表学员的心声：“苏疆人民情谊深，为了教育万里行。心中谢意表不尽，来日有期见真情！”

愿景化虹霓

讲座结束后，江苏送教团成员先后来到克州实验小学、克州江苏职业技术学校，在克州的教学一线，与克州教师、江苏援疆教师进行了亲切交流。克州老师热情好学的态度、江苏援疆人员忘我的奉献精神深深感动了送教团的每一位成员。援疆克州指挥部成员、克州江苏职业技术学校校长丁莉东铿锵表白道：“我们现在的工作状态就是‘5+2’‘白+黑’，这个学校办不好，我愿意再干3年！”

克州一周行，送教老师也深受震撼。援疆意义的光荣与重大，在他们心中化作了神圣的责任感、崇高的使命感，激励他们在今后的工作中砥砺前行，追求卓越。对于克州的山山水水和广大师生，他们也充满了眷恋与祝福。在讲座结束后的分享会上，刘晓沪老师动情地说：“我看到克州老师那种期盼的眼神，我恨不得把自己知道的全部倾倒给他们！”

（原文刊载于2017年8月8日《克孜勒苏日报》，本文有删节）

六、结对帮扶

江苏前三批援疆干部工作期间，组织实施一流大学研究生赴伊犁州支教活动，伊犁州教育局与南京大学签订为期3年的研究生支教协议，南京大学每年派一批博士、硕士研究生到伊犁州大中专院校执教一学期。2000年，江苏省教育厅与伊犁州教育局签订帮扶协议，明确对口帮扶计划，启动教育结对帮扶。2000年起，伊犁州每年派10名中小学校长、大中专院校中层干部到江苏南京、无锡等市对口学校锻炼。泰州市第四中学、江苏省口岸中学、无锡市市北高级中学等江苏学校分别与伊犁州察布查尔县、霍城县有关学校结对。2003年，江苏与伊犁州30所中学友好共建，南通市第二中学、虹桥二中、紫琅中学与伊宁市第三中学、第四中学、第九中学结成友好共建单位。第四批援疆干部工作期间，推动伊犁州教育局与江苏省教育厅及南通市、苏州市等7个市教育局签订建立友好合作协议书；南京大学等高校向伊犁州派遣支教研究生156人；伊犁州先后选派300余名教师和教育管理干部赴江苏培训、挂职锻炼；江苏省70余所学校和幼儿园与伊犁州直3所高校、32所中学、15所小学和8所幼儿园建立“手拉手”友好学校，两地对口交流合作网络初步形成。同时，江苏省教育系统向伊犁州直教育系统捐赠资金、教学仪器、办公设备等140余万元。至2010年，伊犁州州直及市县和克州阿合奇县近百所中小学、幼儿园与江苏相关学校结对，在学校管理、教学改革、师资培训、教育科研、学生德育等方面开展合作与交流。

【链接】天山深处情正浓——南京大学研究生支教团侧记

以加快西部人才培养为己任，三年来，南京大学的百名博士生、硕士生先后到西部边陲伊犁支教，各民族师生张开双臂欢迎他们，神奇美丽的山川撞开了他们的心扉——

结缘，拳拳西部情

走进伊犁师范学院、伊犁州电大、伊犁教育学院3所高校，各族干部、教师一听说我们是来采访南大研究生支教情况的，都竖起拇指：南大研究生好样的！

伊犁州电大党委书记丁爱华告诉我们："这一批研究生6月底7月初就要结束工作返回南大了，真舍不得他们。你看，学校的本、专科远程教育开放课一共不到20门，他们6个人就承担了14门。"他说："边疆地区要发展，人才是关键，可是培养人才需要高水平的师资，这正是我们的'瓶颈'。南大研究生支教三年来，对促进现代远程教育教学发展发挥了积极作用。在新疆16个地州电大开放教育改革评比中，我们学校名列第一，这里面支教的研究生功不可没。"

丁爱华、伊犁师范学院院长赵嘉麒、伊犁教育学院院长赛尔建还介绍了伊犁高校与南大结缘的过程。2000年，由州教育局江苏援疆干部霍宝柱牵线，南京大学领导和研究生院得知了伊犁州的教育情况以及当地高校急需师资的企盼。"西部大开发，教育要跟上，南京大学应该支持。"为此，南大研究生院制定了详细计划，根据伊犁的需求，每学期派出一批、三年派出6批共100名博士生、硕士生支教伊犁3所高校，专业涉及计算机、金融、中文、新闻、外语、法律、心理学等。

为了实施支教计划，南大拨出专项经费，并在各院系研究生踊跃报名的情况下，坚持严格挑选支教志愿者。当时发生了这样一件事：南大党委书记韩星臣要求支教研究生不但是完全自愿，而且要有奉献精神，真正做好去吃苦、去锻炼的准备。有一个硕士研究生在出发前提出，希望回来后能直升读博。韩星臣得知后发火了："支边怎么还讲条件？"结果是临场换人。丁爱华等伊犁3所高校领导得知此事后说："这件事让我们深受教育、深受感动，这说明南大对教育支边认真负责，一片真心。"

三年来，每批支教研究生出发，南大都要举行送行会，谆谆叮嘱。而每一名支教研究生都努力做到不辱南大的声誉和学校赋予的使命，他们的勤奋工作，为边疆教育注入了新的活力。伊犁教育学院的一份报告对三年来的支教进行了评价："首先，研究生支教团的到来充实了我院一线师资，缓解了部分专业教师短缺的压力；其次，支教团成员都是南大研究生院精心挑选的精英，虽然他们大部分没有教学工作经验，但知识功底扎实，头脑敏锐，观念新，把这一优势运用在教学中，使学生受益很大，增强了学生学习、研究问题的兴趣，形成了热烈、积极的校园学习氛围；第三，南大研究生的到来，打破了学生长期以来对研究生神秘而模糊的认识。他们开始明白正规、名校研究生不是高不可攀、他们也能靠勤奋刻苦走进研究生大门。这激发了相当一部分学生和青年教师奋发向上的精神。"

每当春去夏至，天山红花就会盛开在伊犁河谷草原上。伊犁人说，南京大学情牵西部教育，愿研究生支教就像天山红花，越开越绚丽。

难忘，融融师生情

南大外文系研究生戴立云即将结束她在伊犁师范学院的半年支教，"边疆学生热情、淳朴，刚熟悉又要分别了。"说起这儿，她有点伤感。刚来时，教学、环境对她都是陌生的，课堂上难免有点拘谨。这时，一张字条递上了讲台，上写两行字："老师，想家了吧？如果有人欺负你，我们帮你摆平。"戴立云当时特感动，觉得学生很关心、体贴老师。很快，她就全身心投入教学，和学生们打成一片，并建立了深厚的感情。

计算机系研究生王超记下了一次与学生的交谈："我们来半年，教一两门课，然后就走，对你们的帮助其实是很有限的。"不料一个学生说："老师你错了，你们来这儿，除了教书，还给我们带来了很多新的东西。你们的言谈，你们的见闻和经历，你们对事物的看法以及对生活的态度，对我们都很有帮助，让我们很受启发。因为我们从小就生长在这个地方，与外界的交流比较少，你们的到来，给我们带来的知识远远超过了上课的内容。"王超这才发现："原来我对学生还有如此大的影响！"

支教研究生与边疆学生朝夕相处之后，都与戴立云、王超有相同的感受：边疆的学生求知欲特别强，渴望学得更好。因此，他们除了认真上好每一堂课外，课下尽心尽力答疑辅导，还精心开设了各类专题讲座，介绍最新学术动态，开阔学生眼界，受到热烈欢迎。

而在伊犁大学生的眼中，支教研究生则是良师益友，是大哥、大姐。伊犁师院2000级英语专业的苏晓岩、张景、于玲、买买提等学生说起支教老师袁存亮都非常激动："袁老师对学生太好了，为帮助我们学习，不管课上课后，不厌其烦。袁老师水平高，还多才多艺，今年临走前，为我们全班献上了他自己创作的歌曲《回家》，那天晚上，全班同学和袁老师哭成一团。张景在老师的鼓励下，学习自信心大大提高，今年决定考研究生。已回到南大的袁老师，现在还在网上与他保持联系，为他最后冲刺进行辅导呢！"

该院教师也感慨支教研究生"对学生的影响比班主任还大。"每一批支教研究生离开时，学生们都依依不舍，一一上前和老师拥抱惜别，场面感人。而回去后的研究生们直到现在还经常用书信、邮件、电话和伊犁的师生保持密切联系。

（原文刊载于2003年6月21日《伊犁日报》，本文有删节）

2011年起，江苏全面推进教育援疆结对帮扶，学校结对由"一对一"向"多对一"发展，由"校对校"向"教师对教师、专业对专业、课程对课程"拓展，开辟结对帮扶教育援疆新途径。同年，实施《苏伊高校院所"连心牵手"实施方案》，启动江苏高校与受援地高校结对帮扶。2011年8月9日，江苏省11所院校与新疆伊犁师范学院（2018年更名为伊犁师范大学）、伊犁州广播电视大学、伊犁州财贸学校等7所院校签订"连心牵手行动"合作协议书，进一步推进科学援疆、全面援疆。对口援助项目包括师资培训、支教、专业和课程建设、实验实训条件建设、毕业生就业培训和就业市场共享等内容。

2012年，苏州工业园区教育局与霍尔果斯经济开发区教育局在苏州签署两地教育事业合作协议，张家港市和巩留县签订友好学校结对协议，均开展两地校对校结对和学科带头人、骨干教师一对一结对帮扶活动。镇江市与兵团四师开展"百校结对"活动，镇江市54所中小学、幼儿园与四师49所中小学、幼儿园结成共建对子。同年，扬州市教育局与新源县教育局签订学校网络结对协议，广泛开展网络教研、互动评课、远程培训、网上听课、远程课堂教学等交流活动。至2013年，江苏援助县市区学校与伊犁州146所中小学、幼儿园结为友好学校，开展交流合作；江苏省11所高校与伊犁州7所大中专学校签订合作协议，在干部锻炼、人才培养、学科建设、科技合作、帮扶助学等方面对伊犁州院校进行帮扶。

2014～2016年，南京市与伊宁市20所学校结为“姊妹学校”，形成两地学校校长、学科、教师、班级、学生“五位一体”全方位对接。泰州市25所学校与昭苏县23所学校结对共建，通过“互联网+”模式，把泰州教育品牌“泰微课”引进昭苏，实现优质教育资源互有共享，受益师生超过1万人次。徐州市与奎屯市26所中小学、幼儿园及157对学科和2639对教师实行经常性交流合作。常州市武进区11所重点学校与尼勒克县10所学校结对帮扶。2015年9月，江苏省13所院校分别与伊犁师范学院、伊犁州教师培训中心、伊犁职业技术学院、伊犁州实验中学、伊犁州第一中学5所院校签订“手拉手”协议，在院校交流、专业共同建设、人才联合培养、师资队伍建设、信息教学资源共享等方面开展对口支援活动。至2015年，江苏相关学校与伊犁州446所中小学校、幼儿园、职业学校结为友好学校，开展交往交流和对口支援活动。

江苏省·新疆伊犁州院校『连心牵手行动』签约仪式（2011年摄）

2017年5月6日，南京市芳草园小学与阿图什市昆山育才学校开展『手拉手』活动

2015年，江苏援克指挥部与昆山市、无锡市、常州市教育局协调，安排江苏70所大中小学校与新疆克州63所中小学校（包括职校）结对，实现教育部规定的结对学校全覆盖。2019年，江苏73所优质学校与克州学校结对帮扶，援疆教师与1000余名当地教师结成师徒。江苏与伊犁州及兵团四师、七师结对学校608所，结对学校之间通过互派挂职、合作教研、远程互动等多种形式开展管理人员、教师和学生之间交流，大幅提高受援地学校管理和教学水平。

【链接】教育援疆　德泽后人——江苏援助伊犁教育十年回眸

当伊犁4万名中小学生背上了江苏省教育勤工俭学办公室捐赠的崭新书包时，当伊宁市二十四小的小学生们用上崭新的电脑时，当霍城县江苏中学新式教学楼拔地而起时，当一批批江苏教育人士来我州挂职带来先进理念时，当70批1500名伊犁干部踏上江苏大地接受培训时……多少双眼睛不由自主地湿润起来，援疆干部为我州的教育事业付出了太多！

一

伊宁市二十四小校长王银珠告诉记者，学校原有20台电脑，但那些都是上世纪90年代的产品，无法运行现在的操作系统，1999年被州教委封存，计算机教育的相关课程也就一直没有设置。二十四小迁往伊宁边境经济合作区后，学生数量猛增，而且学区范围内的家长对在小学生中开展计算机教育呼声很高。援疆干部、伊宁市副市长顾国华在调研中了解到这一情况后，迅速与南通市政府联系，为二十四小的机房里装备价值20余万元的60台电脑。

7月21日，霍城县最偏远的大西沟乡阿哈卡子小学的学生都背上了新书包来到学校，虽然学校里被洪水冲毁的痕迹依然可见，但孩子们的脸上却是阳光灿烂。因为这灿烂来自被关怀的温暖，来自对今后新校舍的憧憬。

阿哈卡子小学始建于1935年，是一所完全寄宿制牧业小学，因该校原建在古河床上，2006年7月，学校遭受百年不遇的洪水灾害，校舍被毁，致使学生无法正常接受教育。7月21日，该校接受了江苏省江阴市扬子江船厂和江阴市长投集团公司200万元的助教捐赠，学校也因此更名为大西沟江阴希望小学。此次新建的小学规划建筑面积2200平方米，计划于2008年6月交付使用，建成后的希望小学可容纳618名学生，30个教学班级。

“我也能在自己的新学校里上学了。”天天在电视上看到自己的同龄人在那明亮教室里上课的马龙一说起将要建成的新学校，脸上就充满了期待，他说自己一直在盼望着什么时候能和城里的学生一样，现在，在这种期望明年就能实现的时候，他不知道用什么来表达自己的兴奋，只是不停地蹦着，不停地叫着，来使自己的情感得以最大程度的释放。

二十四小、阿哈卡子小学只是江苏10年援疆教育工作中的一个缩影。由于经济发展和地域等因素，自治州教育虽较过去有了长足的发展，但与东部教育情况还有较大的差异。江苏、伊犁相隔万里，如何使两地教育界紧密联系是做好对口支援的重要因素。而两地教育部门和学校之间开展结成友好对口交流单位活动是进行教育援疆的一个重要形式。

根据援疆工作的重点和特点，江苏省确定由江苏10个省辖市教育部门分别负责伊犁州直的一个县市教育部门，省辖市再根据情况确定由大市或一个县级市的教育部门分别与伊犁州直的一个县市教育部门建立友好对口交流关系，在这个基础上，双方再选择一些条件较好、具有辐射力的中小学校建立手拉手友好学校。根据这个工作思路，他们首先从5个有援疆干部任职的县市着手，将这些县市与援疆干部所派出的县市建立联系，先后确定了伊犁州直的伊宁市、奎屯市、伊宁县、新源县、霍城县与南通市的通州市、常州市的武进区、连云港市的灌南县、徐州市和无锡市的江阴市的教育部门之间建立了对口支援友好合作县市。而后，又与有关县市联系协商，确定了江苏的扬州市的江都市，镇江市的丹阳市，泰州市的高港区，南京市的下关区，苏州市的相城区、吴中区与伊犁州直的昭苏县、特克斯县、察布查尔锡伯自治县、尼勒克县和巩留县的教育部门之间建立了对口支援友好合作县的关系。双方签订了友好合作协议书，确定从师资培训、教学教研交流、干部挂职、物资支援等方面开展活动。

二

伊宁市英也尔乡界梁子牧业村是一个以牧业为主的小山村，2005年一场暴雨后，这里的小学土坯房几乎全倒塌了，半年的时间里学校的小学生们都在帐篷里上课，而如今，这所学校在共青团南通市委的资助下，投资50万元建成一所拥有807平方米砖混结构教室的希望小学，并配备了电脑、投影仪等设备。

界梁子牧业村小学校长哈比提每当说起自己学校基础设施的变化，激动的心情无以言表："在援疆干部的帮助下，我们学校的教学设施、教学条件都有了极大的改善和提高，如今学校的办学条件和过去相比真是好得没办法比了。"

据了解，10年来，州党委、政府和教育局领导多次率领州直大中专院校领导赴江苏省教育厅及所辖市、区教育部门和学校进行了成功的教育交流与合作。仅2006年和2007年，江苏省教育系统与伊犁州教育系统缔结了22项友好合作协议；6次组团互访，落实了双方联合招生计划，建立友好关系，并加强了伊犁州教师到江苏参加培训、江苏派专家到伊犁讲学的交流合作，还获得了大量的资金和物资援助，仅2006年，州直县市获得江苏、山东、浙江等省区无偿捐助教育资金约1935万元，援建项目17个，江苏远程教育中心一个项目就得到江苏省援助资金1100万元。南京大学先后派14批在读硕士研究生来伊犁师范学院、伊犁州广播电视大学支教，有力地支援了我州高等教育，扎实有效地推进了教育对口支援工作。

三

第三批援疆干部、州教育局副局长霍宝柱和州教育学院院长助理沈世江把工作切入点放在两地的教育交流上，组织实施了一流大学研究生赴伊支教活动，州教育局与南京大学签订了为期三年的研究生支教协议，南京大学每年派一批博士、硕士研究生到伊犁州大中专院校执教一学期；促成州教育局与江苏省教育厅签订协议，自2000年起伊犁州每年派10名中小学校长、大中专院校中层干部到江苏南京、无锡等市对口学校锻炼；经多方协调，从江苏争取普通高校本科招生指标，2000年江苏从本省本科招生计划中专门拿出30个指标放在南京师范大学面向伊犁州招生，2001年江苏省南京师大等10所高校面向伊犁州及新疆招生计划总计达200多名。

第四批援疆干部总领队俞明在融入第二故乡伊犁的1000多个日子里，目睹了边疆地区教育落后、交通薄弱的困境。在霍城县萨尔布拉克镇，他走访一位贫困户，当得知这家六口人全年的总收入只有1000多元时，他的眼睛模糊了，心被强烈震撼着。萨尔布拉克镇一中有些贫困家庭的孩子成绩虽然好，但因经济原因，纷纷辍学，得知这一情况后，俞明带头资助两名少数民族困难家庭的孩子继续上初中，每人每年提供800

元，以后再每人每年提供2000元上高中，同时许诺今后如能考上大学，一切费用均由他负责，即使离开新疆也不会中断。

霍城县中学过去校舍破烂不堪，俞明率领援疆干部到任后，看在眼里，急在心上。根据实际情况，他写了《广东、山东、浙江、上海近年援疆无偿拨款和开展经协工作情况》，上报江苏省委、省政府，并得到领导的高度重视和经济支援。2005年4月，记者在霍城县看到，3栋造型别致的红色大楼已在校园里拔地而起，学生们欢快地在新教学楼里上课，这座占地面积近10万平方米的霍城县江苏中学总投资达2300余万元，据悉，这个数字占该县财政收入的近一半。

第五批援疆干部在援疆干部总领队、州党委副书记洪锦华的带领下，援疆干部、州教育局副局长孙其华积极争取援助资金，配合江苏省及伊犁州直相关部门，协助落实了江苏省1100万元援疆资金用于建设"伊犁州江苏远程教育中心综合楼"。此外，还争取了江苏省教育厅等单位支持的教科研基金、图书、计算机、课题经费等近90万元。在建立教科研机制方面，加强江苏省教科研力量对伊犁州的支持。2006年4月，州教科所和杂志社分别派出一位同志到江苏协议单位挂职锻炼两个月。为使我州学生都能用上崭新的书包，今年，援疆干部、州党委宣传部副部长丁捷通过努力，从江苏省带回了企业家捐赠的价值近百万元的4万个书包。今年7月，江苏省教科院杨副院长又带了两位专家到伊犁举办了两场学术讲座，并赠送了10万元的教育图书。《江苏教育报》等相关报刊发表了州教科研骨干的文章。同时还启动了"江苏·伊犁校本教研百校共享行动"，首批已有南京师范大学附属中学、南通市东洲中学等6所江苏名校（幼儿园）参加，并与我州实验中学等单位签订了协议，旨在推进我州广大学校的教科研工作，同时也使与江苏学校的合作向名校延伸。

"援疆3年，时间太慢又太快，太长又太短。刚到伊犁，人生地不熟，感到时间太慢，随后，人熟地熟工作熟了，又深感时间过得太快、太短，还有很多事情要干。"这是许多援疆干部共同的心声。

（原文刊载于2007年9月12日《伊犁日报》，本文有删节）

【链接】江苏"组团式"教育援疆持续发力——让克州教师队伍强起来

2018年8月开始，江苏省选派了150名骨干教师，对克州进行"组团式"教育援疆，把先进的教育理念和教育方式留在克州，为当地留下一支"带不走"的优秀教师队伍。

构建教育援疆新格局

搭建一个教师教育和教学教研平台；重点打造近10所克州本地学校；重点培养100位克州特级教师后备人才……"为释放'组团式'教育援疆效应，切实推动克州教育高质量发展，今年，我们将在原有基础上构建'一十百千万'教育援疆新格局。"江苏省对口支援克州前方指挥部干部人才组副组长、克州党委教育工委副书记、克州教育局党委副书记沈本领说。

克州二中化学教师温瑞娟是江苏省教育援疆重点培养的100位克州特级教师后备人才之一，她同江苏省援疆教师严西平结为"师徒"，在严西平的指导下，温瑞娟在多项化学知识竞赛中取得新的突破。今年3月15日—17日，在第八届"威尼尔杯"全国化学数字化实验教学应用及创新设计比赛上，温瑞娟的作品《氢氧化钙固体溶解度随温度变化的数字化实验探究》脱颖而出，成为现场示范展示作品。

为了构建教育援疆新格局，江苏省还充分发挥援疆支教教师在校园管理、教学理念创新等方面的作用，在州直、市直学校设置了24个学科基地，建立互动、交流、分享的工作机制。每周开设两场“江苏援疆教育大讲堂”，利用远程教育直播平台、新疆基础教育资源公共服务平台，把好的教学方法送到克州各县市及乡村学校。

打造特色教育品牌

江苏“组团式”教育援疆的目标是：创新教育理念，发挥援疆教师“组团式”力量，立足克州教育实际情况，以重点打造品牌示范学校为抓手，辐射带动克州全面提高教育教学和管理水平。

在创新教育的引领下，去年8月，阿图什市昆山第二小学在克州“走红”，学校的特色“苏派”教育不仅让学生喜欢上了校园生活，也让学生感受到了学习的乐趣。

走进校园，一栋栋现代化教学楼呈现在眼前。教学楼前，10个造型各异的“雪莲娃”成为校园的亮点。

“我们学校重点打造的是‘雪莲文化’，这是江苏特色与新疆特色的融合。”江苏省援疆教师、阿图什市昆山二小校长蔡林春说，在教学过程中，他们利用课余时间开设了书法、戏曲、茶艺等中国优秀传统文化兴趣班，通过这一方法，让中国优秀传统文化真正扎根校园。

为了打造“苏派”教育品牌，在今年的教育援疆工作中，江苏省计划重点推进克州实验小学“教师发展学校”和“幸福教育”课程建设、克州二中“高品质初中课堂教学”等。

下一步，江苏教育援疆还将针对克州教育发展中出现的主要问题进行研究与实践，精心培养出一批各具特色的品牌示范学校，为克州教育均衡发展、优质发展提供支撑。

培养优秀教师队伍

“我从来没想到在家门口就能参加优秀教师的培训课，不仅学到了知识，而且学会了灵活的授课方法。今后，我要将所学用于教学中，让孩子们学到更多的知识。”阿克陶县玉麦乡库尼沙克小学教师阿吉·玉麦尔江说。

为了推动克州师资培训工作，2018年，江苏省争取了190万元师资培训援疆资金，并为当地培养优秀教师队伍研究制定了培训课程。

2018年，江苏“组团式”教育援疆共为克州培训语文教师600多人次，全年共邀请12批40多位江苏专家来克州开展讲学、沙龙、课堂示范60多节次，当地受益教师达5000多人次。

为了培养一支“带不走”的优秀教师队伍，江苏省150名支教教师与克州近千名教师结为“师徒”，实现日常研修常态化。同时，还成立了8个名师、名校长工作室。

江苏“组团式”教育援疆不仅为当地培养了一批优秀的教师，也让克州越来越多的学生享受到了优质的教育。

（原文刊载于2019年4月2日《新疆日报》，本文有删节）

七、定向委培与联合办学

定向委培 针对新疆人才紧缺问题，20世纪80年代起，江苏高校开始面向新疆投放招生计划，定向培养受援地人才。2000年，江苏从本省本科招生计划中划出30个指标放在南京师范大学，面向伊犁州招生。2001年，南京师范大学、河海大学等10所高校面向新疆定向招生200余人。2003年，江苏在伊犁州定向招生60人。2004年，江苏大学、南京师范大学、河海大学、南京农业大学等15所高校面向伊犁州定向招生105人。2005年，再次扩招100人。2007年，争取88名招生指标。2008年，落实92名招生指标。2010年，江苏地方高校投放新疆本专科招生计划1567人。2011～2015年，江苏累计面向新疆招生计划1.46万人。2016年，江苏普通高校投放伊犁州定向招生计划505人，首次实现本三计划和民考汉计划投放，进一步扩大伊犁州学生受益面。是年，伊犁州普通高考录取率首次超过90%。2017年，江苏援伊指挥部争取多方支持，新增540名扶贫定向伊犁本科招生计划。2018年，协调省属高校投放1139名扶贫定向伊犁招生计划，安排4750.6万元援疆资金资助到其他省市就读的贫困大学生，每人每年6000元。“十二五”期间，江苏为克州普通高考对口帮扶提供招生计划500人，确保克州学生能上好大学。

联合办学 2007年，伊犁师范学院（2018年改名伊犁师范大学）与扬州市职业大学采取“3+2”模式联办小学、幼教专业师资班的模式，学生前3年在伊犁师范学院就读，后2年在扬州市职业大学就读。扬州市职业大学每年选派一线骨干教师常驻伊犁。该班自2007年创办至2019年，共毕业学生673人，其中绝大部分到伊犁公办小学、幼儿园工作。2012～2014年，盐城生物工程高等职业技术学校、盐城机电高等职业技术学校与察布查尔县职业技术学校联合办学，盐城两所高职院校在盐城为察布查尔县培养15个专业137名中专（职）毕业生。至2019年，江苏省江阴中等专业学校与霍城县职业技术教育培训中心、张家港市职业教育中心与巩留县职业教育中心、徐州工业职业技术学院与伊犁职业技术学院、江苏海事职业技术学院与兵团七师奎屯职业技术学校实行联合办学，江苏农牧科技职业学院、徐州幼儿师范高等专科学校分别与克州中等职业技术学校畜牧兽医、学前教育两个专业进行联合办学。

【链接】用教育许伊犁一个未来——江苏援疆一线见闻录

新一轮援疆3年来，江苏省坚持把教育援疆作为对口支援的优先内容，投入教育援疆资金7.44亿元，用于伊犁州及新疆生产建设兵团四师、七师20多个教育援助项目，以教育为先导，以示范校建设为引领，充分发挥了教育在受援地区经济社会发展中的基础性、先导性、全局性和长期性作用，为伊犁的未来注入了更多进取、激扬、和谐的因子。

2013年7月8日，霍城县教育局传出好消息：霍城县江苏中学由4名江阴援疆教师所教的一个高三毕业班56名同学全部考上大学，高考上线率100%，其中一本上线率达到84%，这在该校历年高考中前所未有。

“这实际上是我们江苏教育援疆3年来取得成绩的一个缩影。”江苏省教育厅援疆干部、伊犁州教育局副局长曹国平介绍说。针对伊犁教育面临的突出困难和问题，着力推进教育援疆工程，大力改善办学硬件条件，大力推进职业教育，切实加强教育人才培养，江苏教育援疆取得显著实效。

“江苏，不一定有这么好的学校”

2010年9月，江苏省对口支援伊犁州前方指挥部组织实施新一轮援疆综合规划。看着伊犁落后的教育设施，总指挥于青山坚定地说，“3年中，一定要让伊犁州直每个受援县市都有一所在当地最好的学校投入使用！”

3年来，伊宁市金陵中学、巩留县高级中学、特克斯中学、新源县二中、尼勒克县高级中学、察布查尔县三中分校区、兵团第四师可克达拉镇江中学等一所所学校拔地而起，整齐标准化的校舍、完善的教学设备与资源大幅提升了受援地的办学条件，也成为当地一道亮丽的风景线。

巩留县高级中学位于县城东南角，占地200亩，建筑面积4万平方米，可开设60个教学班，容纳2500名学生，由张家港市对口援建。这所学校的建成，使巩留县汉、维吾尔、哈萨克等民族近3000名高中生能在一个学校上课，并且教室宽敞，教具现代，这也是全县唯一的一所高级中学。

3年前，巩留县的高中学校在现在的县二中，分初中、高中部，由于教室不够用，初一、初二学生要借用职高学校的教室上课。现在，县二中的高中移到高级中学后，巩留县的所有初中生全部移至县二中，为各族学生、老师之间的交流提供了极大的便利。

杨晓冬是来自张家港塘桥高级中学的援疆教师。他告诉笔者，现在的学校条件太好了，他使用的黑板是学校刚配置的，黑板的外层是可以书写的移动板，里层设有电子白板，带储存功能。杨晓东说，这种很现代的黑板在他的家乡也不多，在巩留县只有这所学校配置了。

朋友到伊犁看过江苏援建的学校后，都有一个共同的感觉：“江苏，不一定有条件这么好的学校！”

老来去远方，圆我教育梦

在伊宁县第二中学任教的姚明，来自江苏南通，语文特级教师，年近六旬，是新一轮江苏援疆干部人才队伍中年龄最大的援疆教师。早在大学毕业之际，他就要求到新疆奎屯任教，然而未能如愿；如今有机会直接投身新疆的教育教学工作，令他兴奋不已。他说：“我是奔六的人了，还能工作几年哪，我想更好地发挥特级教师的作用，我不能读万卷书，但我愿意行万里路。”

2011年2月底，姚明的爱人右手臂骨折，用不锈钢支架固定后，住院3个月，需要人照料。但他的新疆高三学生面临高考，考虑再三，姚明把思念和愧疚放在心里，没有请一天假，每天只能通过长途电话慰问住院的妻子，并拜托原来单位的同事、朋友帮自己照顾妻子。高考结束后，姚明才赶回南通市，细心照料妻子拆除支架，直到出院。

一分耕耘一分收获，姚明的付出和努力浇灌出学生优异的成绩。他没有多上一堂课，没有拖延一分钟下课，没有给学生布置超过20分钟的课外作业，但学生减轻了学习负担，没有影响高考成绩，由他任教的高三（9）班，当年高考语文以平均111.3分的成绩取得学校历史最好成绩。为让教育援疆在伊犁留下永久的财富，“特级教师姚明工作室”成立并发挥着重要作用。

为伊犁教育“开方抓药”

良好的办学条件是物质基础，而雄厚的师资力量是“办好学”的核心。3年来，江苏充分发挥教育优质资源丰富的优势，全方位开展教育援疆“造血”工程。

“我们每天的课都像公开课。”来自扬州的援疆教师、新源县第二中学副校长成迎道说，他们在这里上的每一节课，当地教师都会来听课，他们也去听当地教师的课。成迎道告诉笔者：“手把手地培训，一起深入听课、评课、议课，交换心得。即使将来教育专家离开新源县，新源县也能够凭借自己的实力，创造优秀的教育模式。”

“援疆教师在授课方法、教学理念，特别是新课改示范引领方面，对提升我们本地教师的教学水平有极大的促进和带动作用。”巩留县高级中学校长刘江对援疆教师作出这样的评价，“今年，就有原本在伊宁某重点高中读书的孩子转学回来了，并取得了高出家长预期的高考成绩。”

3年来，先后有100多位来自江苏的优秀骨干老师在伊犁州各受援县市进行支教、顶岗教学，通过引领示范、结对帮扶、举办讲座等形式，传播先进的教育理念和经验，帮助受援县市加强教师队伍建设、提高教育教学水平。3年来，有1500多名伊犁州骨干教师和学校管理人员赴江苏培训。连续三年，由江苏省教育厅领导带队，组织江苏知名中小学和幼儿教育专家来到伊犁，深入各县市开展“讲学送教”活动，共培训中小学幼儿园教师和管理人员12000多人次。江苏省各对口援助市（县、区）也先后组织400余名中小学教育专家、特级教师来伊犁受援县市讲学，传授江苏先进教育理念和经验，全面提高伊犁教师队伍素质。

与此同时，结合伊犁建设急需专业人才需求，江苏向伊犁州投放定向本科招生计划730人；146所中小学、幼儿园与江苏援助县市区学校结为友好学校，开展交流合作；江苏省11所高校与伊犁7所大中专学校签订了合作协议，在干部锻炼、人才培养、学科建设、科技合作、帮扶助学等方面对伊犁院校进行帮扶。

通过基础设施建设、教育人才培养、教育理念革新，援助地与新疆的合力推动，江苏教育援疆工作的“组合拳”，正引起伊犁教育的悄然质变。

（2013年9月25日《新华日报》）

第四节　医疗卫生援助

1997年，江苏向伊犁州派出首批援疆医生。此后，各批次援疆干部人才中均有医疗卫生人员，主要援助伊犁各州直医院。2007年，江苏新增援助克州阿合奇县，无锡市开始向该县派遣医疗卫生人员。江苏援疆医疗专家大多担任受援医院领导和业务骨干、学科带头人。他们将先进管理理念、诊疗经验和医疗技术引入伊犁州医院管理、患者诊治、科研攻关、人才培养等实践中。至2010年，江苏共派出6批122人次医疗卫生人员支援伊犁州，共接诊约10万人次，开展各类手术8540余例，抢救危重患者4910人次，巡回义诊1.2万人次；实施新技术、新项目320项；新建临床科室11个，申报科研项目79个；发表论文50余篇，举办学术报告、卫生健康讲座576场次。经援疆医疗卫生人员牵线搭桥，江苏省向伊犁州直捐赠资金2100余万元，捐赠价值350万元的医疗设备和药品及救护车9辆，援建项目40余项；苏伊医疗卫生系统缔结友好单位43对，组团互访91批630人次；免费培训伊犁州医疗卫生人员370人次，举办培训班9期274人次。援疆医疗卫生人员的无私奉献，有力推动受援地医疗卫生事业发展。

2010年新一轮对口援疆工作开始后，江苏医疗卫生援疆由伊犁州扩展到克州和兵团四师、七师，从州级进一步延伸到县市，以县级支援为重心，以人才支持为重点，并由人才、技术支援为主，逐步拓展到技术、资金加项目的宽领域、多层次、全方位对口支援。人员派遣上，州级医疗卫生单位重点安排学科带头人和专业技术骨干，县区级医疗卫生单位重点安排精于常见病、多发病诊治及综合急救能力见长的专业技术人员，主要是内科、外科、妇科、儿科医生。通过现场教学指导、举办学术讲座、带领本地医生开展医疗科研等方式，传授先进医疗技术和诊治经验，为受援地培养大量专业技术人才。在组织委派的基础上，按照“长短结合、灵活多样”原则，各对口支援单位还派出1200余名医疗专家和管理人员不定期到伊犁州开展3～6个月短期援助。同时，全省医疗卫生系统还无偿援助资金超亿元，用于受援地医疗人才培养和医疗机构软硬件建设。帮助受援地医疗卫生机构创建新科室，扶持重点科室和特色科室，推广应用新技术、新项目，不断填补自治区医疗技术空白。创新援助模式，在克州地区先行实施“组团式”医疗卫生援疆，并逐步扩展到其他地区。

至2019年，江苏共向受援地选派医疗卫生人员10批840余人次。援伊医生累计接诊50余万人次，引进新技术、新项目1000余项，主持和参加施行手术4万余例，抢救危重病人2万余人次；举办培训班2500余期，培训医护人员25.4万人次，累计下基层巡回义诊900余场次，义诊近10万人次。援克医生接诊15余万人次，开设“巴扎门诊”100余场次，义诊4万余人次，筛查适龄妇女“两癌”1.1万人，引进新技术、新项目290余项，帮助新建科室13个，培训医护人员2.9万余人次。援疆医生中涌现出王水、解正高等一批先进典型人物。

经过20余年努力，江苏医疗卫生援疆形成以人才支援为重点，从医疗诊治到疾病防控、妇幼保健、卫生监督、血液供应全覆盖，从援助城市医疗卫生单位到城乡全覆盖，从单纯技术援助到专业、管理、科研和教育援助全覆盖，通过“大援疆”与“小援疆”相结合、长期援疆与短期援疆相结合、“输血”与“造血”相结合，实现江苏医疗卫生援疆整体推进，各项工作走在全国前列。

一、医卫人员派遣

1997年2月至2000年1月，江苏第一批援疆医疗卫生人员4人，来自江苏省人民医院、南京医科大学第二附属医院、江苏省肿瘤医院，涉及普外科等科室，分别担任伊犁州友谊医院、伊犁州奎屯医院、塔城地区人民医院、阿勒泰地区人民医院副院长。其中，伊犁州友谊医院副院长赵中辛在援疆工作期间，开展各类手术200余例。2017年，江苏首批对口支援新疆干部、江苏省人民医院普外科副主任医师、伊犁州奎屯医院副院长王水被中共中央组织部、中共中央统战部、国家发展和改革委员会、人力资源和社会保障部表彰为“全国对口支援新疆先进个人”。

1998年3月至2001年1月，江苏第二批援疆医疗卫生人员12人，来自江苏省属和无锡、常州、南通市属12所医院，涉及妇科、普外科、骨科、中医科等科室，分别担任伊犁州中医医院、伊犁州友谊医院、伊犁州奎屯医院、伊犁地区人民医院、阿勒泰地区人民医院、塔城地区人民医院、塔城地区中医医院、塔城地区妇幼保健院副院长。其中，伊犁州友谊医院副院长王月秋、塔城地区妇幼保健院副院长曹佩霞是在这期间援疆的江苏援疆干部人才中仅有的两名女性。她们克服个人生活、身体等方面重重困难，完成许多复杂的妇科、产科手术。

1999年6月至2002年6月，江苏第三批援疆医疗卫生人员30人，来自江苏省属和无锡、南通、徐州市属19所医院，涉及心胸外科、心血管内科、消化科、儿科、骨科、肿瘤科、麻醉科等科室，分别担任伊犁州新华医院、伊犁州友谊医院、伊犁州奎屯医院、伊犁州中医医院、塔城地区人民医院、阿勒泰地区人民医院相应科室主任或副主任，其中副主任医师职称以上12人，占援疆医生总数的40%。援疆医生推广应用新技术，填补当地技术空白14项。

2002年7月至2005年7月，江苏第四批援疆医疗卫生人员24人，来自江苏省属和南京、南通、扬州、常州市属19所医院，涉及心血管内科、呼吸科、神经外科、心胸外科、妇产科、儿科、骨科、外科、肾脏科、麻醉科等科室，分别担任伊犁州中医医院、伊犁州新华医院、伊犁州友谊医院、伊犁州奎屯医院相应科室主任或副主任，其中副主任医师职称以上16人，占援疆医生总数的73%。3年间，援疆医生共接诊病人1.98万人次，指导和参加各类手术3000余例；院内外会诊900余例，参加危重病人抢救1000余例；开展应用新技术、新项目118项，84项新技术填补伊犁州医疗诊断技术空白；举办各类学术讲座200余场，听课人数3600余人次；主持科研课题21项，在省部级以上刊物发表学术论文53篇，撰写调研报告11篇。

江苏省第四批援疆医生、自治区优秀援疆干部人才陈良玉接诊病人（2005年摄）

江苏省第四批部分援疆医生在伊犁州奎屯医院合影（2002年摄）

【链接】奋战在西域边陲的江苏援疆医生

“既然派我来，那我就代表着江苏医生的水平，不做出点成绩，树出点威名，那江苏医生的光彩哪里去了？”援疆医生冯松杰这样向记者吐露心声。实际上，去年7月来到伊犁的第四批22名援疆医生不负众望，在短短一年内就树起了江苏医生的“品牌”，被当地医生亲切地称为“后勤医生”“救急医生”。

近年来，伊犁哈萨克自治州医疗卫生条件已有很大改善，但医疗设备更新不快、药品不足的问题依然存在。江苏援疆医生到伊犁后，纷纷向家乡医院争取设备和药品的支持。伊犁州新华医院有6个手术台，而麻醉咽喉镜却只有两副，援疆医生宋杰来了后，从南通带来了4副麻醉咽喉镜。他们还积极争取当地医院领导的支持，为改善本科室医疗设备奔走呼喊。援疆医生陈良玉来到伊犁州友谊医院后发现，这个当地设备最好的三甲医院居然没有宫腔镜。为此，她多次向该院领导反映、争取，不久前，一套崭新的宫腔镜终于买了回来。

有“南通外科一把刀”之称的刘俊华教授是南通医学院附属医院心胸外科主任，到了伊犁后就被称为“救急医生”，每当其他科的医生做手术时遇到难题或意外，刘教授总是力挽狂澜，成为“救急高手”。为此，他经常要在两台手术之间来回穿插，换好几次手术衣，专业也从心胸外科“扩展”到了泌尿外科、普外科，一年大型手术做了60多例。

据伊犁哈萨克自治州卫生局副局长孙宁生介绍，短短一年中，江苏的22名援疆医生已开展了填补伊犁空白的58个新医疗项目，累计手术1100多例，会诊1500人次，抢救病人500人次。采访中，援疆医生纷纷强调：有了危重病人我们主动上，不怕担责任，但在平时我们不抢病人看，不抢刀开，因为我们希望当地年轻医生有更多的机会。

一方面，援疆医生帮助当地医院严格科室管理、建立规章制度。到伊犁之初，友谊医院援疆医生刘俊华查房时发现，一名在深夜赶来的腹膜炎患者居然在医院等了10个小时无人搭理，刘教授深感愧疚，随后建立了严格的科室管理制度。麻醉科医生宋杰到了伊犁后随即起草并建立了交接班制度、麻醉药品管理制度。另一方面，援疆医生还在手术中言传身教，提高当地医生医术水平，同时开办各种培训班。儿科医生葛振华数次到基层医院义务培训、讲学，带了一大批“徒弟”。内分泌科医生周鹏除举办糖尿病讲座11次外，还带领当地医生一起做国家级的医学课题，教他们怎样做研究。冯松杰的话代表了援疆医生们的心声，他说：“我们在这里只不过3年的时间，能做的事有限，但如果培养出了一批当地骨干，留下了一支不走的‘援疆医生’，那我离开伊犁时心会很踏实。”

（2003年9月12日《新华日报》）

2005年7月至2008年7月，江苏第五批援疆医疗卫生人员23人，来自江苏省中医院、南通大学附属医院、徐州医学院附属医院（2016年更名为徐州医科大学附属医院）、常州市第一人民医院，涉及心血管内科、妇产科、胃肠外科、肿瘤科、骨伤科、肾科等科室，分别担任伊犁州新华医院、伊犁州友谊医院、伊犁州奎屯医院、伊犁州中医医院相应科室主任或副主任。援疆医生技术职务均在副主任医师以上，江苏4所医院领队分别担任相应受援医院副院长。3年间，援疆医生共接诊2万余人次，院内外会诊2000余

江苏省第五批援疆医生到牧区义诊（2007年摄）

江苏省第五批部分援疆医生合影（2006年摄）

例，参与抢救危重病人2400余人次，指导和参加各类手术3000余例，举办讲座300余场，下乡义诊5000余人次，为基层医疗机构开展教学查房120余次，开展新技术、新项目39项，开设专科5个。

【链接】矢志援疆播撒爱——第五批援疆干部三年医疗工作纪实

第五批援疆医疗专家在伊犁的三年来，一点一滴地体会着在这片热土上工作、学习和生活的艰辛、快乐和纯粹。他们以精湛的医术、高尚的医德赢得了广大医护人员和各族群众的赞誉。

自2005年7月以来，援疆医疗专家充分发挥业务骨干和学科带头人的作用，积极引入先进的管理理念和医疗技术，在健全机制、临床实践、科研项目、人才培养和专科建设等方面做了大量卓有成效的工作，取得了显著的工作成绩。援疆医疗专家心系群众，全心全意为各族患者提供优质服务，积极诊治危重、疑难病人，成功开展了很多新的手术和临床治疗，使很多危重病人转危为安。

为了打造一支“带不走”的援疆医疗队伍，为了使自己的所学所长更多地为伊犁的各族人民服务，援疆医疗专家们发挥传、帮、带作用，通过现场指导、学术培训讲座、开展医疗科研等方式，毫无保留地将自己多年的实践经验和先进的医疗技术传授给当地医生，极大地加强了医疗学科建设和专业人才培养。同时，争取到江苏卫生系统大量的医疗设备、资金、技术、车辆的支持，开展医疗讲座400多场次，一批当地卫生技术人员到江苏免费进修，创建的肿瘤、风湿、针灸等5个专科已形成品牌效应。州中医医院援疆医生陈茂义通过传、帮、带，使医院骨科医务人员医疗技术水平较以前有一定提高。目前骨科创伤已可开展较大难度四肢手术及骨病的治疗，手术效果令人满意，没有发生一例医疗事故及医疗纠纷，手外科的治疗亦有较大发展。州中医医院援疆医生李华伟将江苏省中医院肾科多年积累的经验毫无保留地传授给青年医生，取得了较好的临床疗效。西医治疗上也采用国际上最新的循证医学成果，使肾病科初步形成了对于肾病综合征、急慢性肾小球肾炎和急慢性肾功能衰竭血液透析治疗等的中西医结合诊治特色，并且开始收治儿童肾脏病患者，疗效良好，扩大了诊疗范围。目前，州中医医院肾病科血液透析室已由原来的两台血液透析机增加到4台，扩大了治疗的规模，满足了更多肾病患者的治疗需求，已在伊犁河谷初步形成了品牌效应。州友谊医院援疆医生施健从南通大学附属医院带来了乳腺放射治疗支架，现已应用于临床，大大提高了放射治疗的质量。三年间，他将全部的精力和时间投入到科室的建设、人才培养、放疗技术水平的提高和临床治疗上，使州友谊医院放疗科有了根本性的变化和发展。他引入、开展的肺癌等中心不规则挡铅定位照射技术、脑垂体瘤旋转定位技术、脑瘤大野套小野照射技术、放、化疗同步治疗宫颈癌低剂量放疗技术、头颈部恶性肿瘤诱导化疗加放疗技术、乳腺癌病人使用乳腺托架技术等14项先进的放疗技术和同步放化疗的先进治疗方法，不仅挽救了患者的生命，提高了癌症患者的生存质量，而且还填补了我州在该领域的技术空白，使该院放疗技术步入了自治区的前列。

在援疆医生的积极牵线搭桥下，受援单位与援疆医生派出单位也建立了交流合作的长效机制。州友谊医院和曾经派出过援疆干部的单位，如江苏省人民医院，南京市第一医院，江苏省苏北人民医院，南通市第一人民医院，无锡市第一、第二人民医院等都建立了长期友好关系，签订了友好合作协议。2006年8月与南通大学附属医院又签订了友好合作协议，形成了互通信息、技术协作、人员往来等方面的机制。

第五批援疆医生三年间在各自的专业领域无私奉献，他们爱岗敬业的精神也深深感染了周围的同事。援疆医生、州中医医院行政副院长、风湿病主任医师苏建明在我州率先成立了第一家风湿免疫专科。科室成立以来，已成功抢救数十例危重患者，使一些危重疑难病例得到了及时诊治处理。州中医医院援疆医生艾炳蔚博士在调查研究的基础上，提出了州中医医院针灸科发展的总体思路是发挥针灸优势，突出地域特色，以临床为基础，科研为先导，加强周边对外文化交流，加强专科专病建设。针对新疆地区少数民族饮食结构的不合理、肥胖人群较多以及腰椎间盘突出症高发的特点，艾炳蔚博士开展了针灸减肥专科和颈肩腰腿痛专科。州友谊医院的援疆医生们都积极开展新技术、新项目和科研课题，至今，他们共开展手术400余例，抢救危重病人300余人次，进行疑难病例会诊百余例，开展科室内讲座合计约80次，参加培训人数约2000人次，应用新技术、项目30余项，其中20余项填补了当地空白。

“上善若水，大爱无言”。三年的援疆工作，使援疆干部们学习到了很多，也给受援医院带来了很大变化。边塞伊犁的一草一木、一人一物，都深深地融入他们的骨髓，溶化为纯粹的热爱。纯粹人生，静以修为；矢志援疆，终生无悔，而他们洒在这片土地上的每一滴汗水和每一份情意，伊犁人民都会永远铭记。

（原文刊载于2008年7月1日《伊犁日报》，本文有删节）

【链接】援疆是一种责任和义务——记第五批援疆医生，州奎屯医院党委委员、院长许国峰

3月26日，与往常一样，援疆医生、现在已为州奎屯医院院长的许国峰和心内科的医生护士们一起到病房查房。虽然身为院领导，但许国峰每个星期都要到病房去查房，这样的查房制度他已经坚持了近3年。

2005年8月，作为第五批援疆医疗技术人员之一，许国峰从常州来到奎屯。“除了想对新疆有了解，更多的是想在这里做一些有益于新疆医疗卫生方面的事，同时也是一种对自我的挑战。”他说。

“报名援疆初始，妻子有顾虑，因为家里有84岁的老父亲和面临考初中的儿子需要照顾，但考虑到边疆的人民需要我们的医疗支援后，她更多的是理解和支持。”没有尽到一个做丈夫和父亲的责任，许国峰很愧疚。

刚到州奎屯医院之初，许国峰担任医院副院长兼心内科副主任。他很快进入了角色。在对医院相关学科的技术水平、学术发展方向进行了初步的了解后，他制定了工作计划。

他积极支持肿瘤科的吴骏副主任大胆管理，同时协调与兄弟科室的关系，使肿瘤科的规范化治疗渐入正轨，他分管的科室也都有了新的提高。他还毫无保留地把先进的医学科学经验和临床手术经验传授给心内科的医生和护士。

“我是来工作的，不是来挣钱和镀金的。”作为一名医生，许国峰想得更多的是怎样搞好工作。在做好分管工作的同时，他不放松一线临床工作，除参加专科门诊外，还有每周一次的专科业务查访及心导管诊疗操作，不但部分解决了患者诊疗难题，也使自己的业务能力有了持续的提高。对许国峰来说，救死扶伤是医生的天职。去年9月，他利用丰富的临床经验和深厚的功底，成功地为一名大面积急性心肌梗死合并心源性休克、频发作阿斯综合征的患者实施了紧急冠状动脉内支架植入术，及时挽救了患者的生命。

几年来，许国峰利用自己精湛的医术先后多次挽救患者的生命。他还积极撰写临床论文，有2篇文章在省级专业杂志发表。

为帮医院锻炼、培养出更多优秀的医生，许国峰每周都要在科室组织讲课，每次讲课之前他都精心备课。在此基础上，他还充分利用查房和病情专题研讨等时机，现场为医护人员讲解示范。

“在许院长身上我们学到了不少先进的管理和护理经验，这让我受益匪浅。”州奎屯医院心内科主任王勇深有感触地说。

伊宁市学生关笑永远也忘不掉，是许国峰救了他的性命。关笑肾脏疾病需要换肾，但是他们家庭非常困难，许院长就积极联系常州的医院，并把关笑接到常州市第一人民医院免费为他换肾。关笑恢复健康后，又回到了学校。

2005年，许国峰在了解医院泌尿外科已具备开展同种异体肾脏移植的技术条件，但由于缺乏肾源，这一技术未能开展后，经过不懈的努力，最终由常州市第一人民医院何小舟院长亲自携带肾源来奎屯，与医院泌尿科一起为两名患者成功地进行了肾移植手术，2006年，又成功完成了2例肾移植手术，使医院成为州直唯一一家具有脏器移植资质的医院。

为进一步加深两地两院之间的交流和协作，结合常州市第一人民医院的优势学科，他多次派相关科室的医护人员赴常州进修。在他们的努

力下，这几年常州市捐赠了医疗救助车等多种设备，捐款超过100万元，为医院的发展创造了条件。

去年，经过人事调整，许国峰担任了州奎屯医院院长职务，他感到肩头的责任和压力比以往更大了，他说，只要他在州奎屯医院干一天，他就要尽心尽力更好地为患者服务。在他的带领下，医院的各项工作得到了很大的发展。

就要离开奎屯了，当记者问到对“第二故乡”有什么感想时，许国峰深有感触地说：“奎屯给我留下了太多的回忆！3年来，我和同事们建立了深厚的感情，我的视野更开阔了，考虑的面更广了，说实在的我真有些舍不得走。”

“许国峰是一个友谊使者，是一座桥梁。3年来，他把医院当成了自己的家，全心扑在工作上，真正把援疆看成一种责任和义务，3年来，他留下的是技术和给老百姓治病的人才。”州奎屯医院院长助理南建胜是这样评价他的。

（2008年6月27日《伊犁日报》）

【链接】妙手仁心写赤诚——江苏医疗卫生援助伊犁十年回眸

“没有援疆医生就没有新华医院的今天。”伊犁州新华医院负责人说。他谈到江苏援疆医生到来时正值新华医院管理、经营上的低谷期，援疆医生不仅为医院带来过硬的医疗技术，加强了重点学科，使医院重新赢得患者的信赖，而且带来了新的医院管理思路和经营理念，帮助医院走出了困境。几年来，新华医院无论是业务收入、固定资产形成，还是床位利用率都比原来成倍增长。

就在今年8月20日，江苏无锡市妇幼保健院薛文群院长一行5人来到霍城县妇幼保健站，他们代表无锡市妇幼保健院为该站捐赠了一台胎心监护仪，并慰问在此工作的援疆医生顾宇静。薛文群在肯定两地的友好对口关系取得的成绩后，表示今后将继续在人才培训等方面给予大力支持。同时，薛文群还详细介绍了无锡市妇幼保健院近年来的发展变化以及经验，并从医院管理、“三基”培训、病历书写方面详细介绍了经验。

作为受惠最大的霍城县，该县卫生局支部书记任鸿宾深有感触地说，自从援疆医生来了之后，霍城县卫生系统最大的一个变化就是看书的医护人员越来越多。2005年7月，第五批援疆试点县干部来到霍城，通过他们的努力，建立了与无锡“1015”工程协议，县卫生局作为首批“1015”工程的县直单位，率先与无锡市卫生局、无锡市医管中心签订了对口支援三年的协议书。无锡市卫生局、医管中心与霍城县卫生局积极沟通，并根据霍城实际需求专业和要求，按照一一对口的原则，于2006年2月与2007年3月，从无锡市直属医疗卫生单位先后派出两批业务强、思想好、素质高的不同专业业务骨干和医疗卫生专家来霍城分别开展为期一年的对口支援活动。

两批无锡市援疆医疗队各7名专家来霍城县后，该县卫生局按不同单位和专业方向所需，将专家分配至县江苏医院、第二人民医院、中医医院、妇幼保健站、疾控中心、卫生局卫生监督所等6家单位，开展正式援霍工作。援疆医生坚持“以临床为基础，科研带动教学，加强专科建设和人才培养，促进两地间项目合作与技术交流，努力打造一批带不走的援疆干部”的思路，积极参与管理，进行讲课培训，临床示教，帮带传教，开展新业务项目，积极参加会诊，定期下乡开展巡回医疗工作等，发挥了重要的作用，有效地提高了该县卫生系统的医疗技术水平、管理水平和服务能力，使霍城县的卫生事业发生了很大的变化。

包括霍城县的援疆专家，江苏卫生系统的援疆专家先后已经来过5批，他们中的专业技术人员尤其是医务工作者表现十分突出。目前在伊犁州友谊医院、州中医医院、州新华医院、州奎屯医院、霍城县各大医院工作的江苏援疆医生以精湛的医疗水平，全心全意为边疆各族患者服务的精神，赢得了伊犁当地广大医护人员和各族群众的交口称赞。

来自扬子江畔的“白衣天使”为各族患者带来福音的例子不胜枚举。州新华医院外三科副主任刘俊华2003年成功为一名患先天性心脏病的哈萨克族少女进行“动脉导管结扎”手术。以往在州新华医院这样的手术需要用3个小时，而刘医生只用了45分钟就干净利落完成了。江苏省中医院主任医师冯松杰担任州中医医院中西医结合肾病科主任后，专家效应凸显，每天上门求诊疑难杂症的病人络绎不绝。州友谊医院干四科副主任周鹏是糖尿病专家，他主持的《伊犁地区不同民族人群脂糖代谢异常的流行病学调查》被确立为自治区专项科研课题。州友谊医院妇产科副主任陈良玉开展的宫腔镜微创技术以及口服米索扩展宫颈技术，更是事关众多患者，尤其是尚未生育妇女的人生幸福以及家庭幸福。该技术通过对妇女宫腔疾病定性定位治疗，避免了因妇女异常出血，就不分青红皂白切除子宫的不科学医疗手段。

第五批援疆专家在各医院领导的支持下，发挥自己的专业特长。州新华医院新组建的肿瘤科，已收治肿瘤患者190余例；州中医医院组建的风湿科，填补了我州风湿病科的空白，门诊、住院病人已达千余人次。艾炳蔚博士结合州中医医院的实际，提出针灸科发展规划，加强专科专病研究，新开展了针灸减肥治疗项目，吸引了不少哈萨克斯坦的患者，日门诊量达30余人次。

2005年，经援疆干部、州奎屯医院副院长许国峰牵线搭桥，常州市第一人民医院院长何小舟，携肾源、率手术组与奎屯医院医务人员一道，历时7个小时，为两名患者成功地进行了肾移植手术，开创了伊犁州肾脏移植的先河。截至目前，州奎屯医院已经成功开展肾移植手术4例。常州市第一人民医还接受并成功地为备受伊犁人民关注的伊宁市八中锡伯族学生关笑进行了肾移植手术。

前后5批卫生系统援疆干部，守得住清贫，耐得住艰苦，自觉遵守廉洁从医的各项规定。州奎屯医院援疆专家拒收患者名烟、州新华医院援疆专家拒收红包2000元的事迹被《常州日报》《伊犁日报》报道后，在伊犁卫生系统引起了强烈反响。援疆专家还心系伊犁人民，19名援疆干部共为贫困患者捐款1.2万元，州友谊医院援疆专家施健每年资助伊宁市二十六小贫困学生孙莹300元，他们用实际行动谱写了一曲曲民族团结之歌。

州中医医院副院长苏建明写给因患癌症去世父亲的《一封永远无法寄出的信》在自治区《党的生活》刊登，州卫生局党组号召全州卫生系统干部和医务工作者向苏建明等援疆干部学习。苏建明同志的先进事迹被报道后，也引起了广泛的社会关注，自治区党委常委、组织部部长韩勇还亲自写了回信。根据苏建明同志事迹改编的短剧，先后在州中医医院建院20周年《好时光》专场文艺晚会和州直卫生系统“廉政之声”文艺汇演中演出，短剧真切感人，催人泪下，援疆干部的奉献精神深深震撼了卫生工作者的心灵。

相对于援疆专家的技术和精神境界来说，援疆所带来的理念更新更让伊犁人民受惠。

在苏建明副院长的带领下，州中医医院利用每周六抽查各病区病历，指导全院医务人员正规书写病历，奖优罚劣。经过三个月的指导，甲级病历由指导前的20%上升到73.9%，基本消除了丙级病历。州新华医院肿瘤科的高超副主任从江苏等地带回一套16本“三基三严”训练及医院管理方面的书籍，供医院学习、借鉴。其他专家也积极为医院管理建言献策140余条，近90%的意见、建议被采纳。

经第五批援疆专家牵线搭桥，援助资金1000万元建设的州妇幼保健院病房综合楼、州友谊医院门急诊大楼，顺利完工交付使用；江苏省卫生厅支援血压计、听诊器等村级卫生室医用设备200套，价值7万余元，已全部分发到州直200家村卫生室；派送40多名卫生管理、医护人员到江苏省免费学习进修。

担任州卫生局副局长的援疆干部崔伟，在两年的援疆工作中通过督察评比狠抓了州直各医院的医院管理年工作，并将这一制度推广到州中医医院和县级医疗机构；推行单病种限价、一单通等，努力降低医疗费用，推动了州直医院管理工作上台阶，受到自治区卫生厅的充分肯定。在加大药品和医用耗材招标采购工作力度方面，今年，全州药品集中招标采购量达1.8亿元，平均降价15%；新一轮高值医用耗材招标确认成交品种534条，平均降11.78%；主持州直乡镇卫生院设备招标采购共节省资金186万元。

此外，江苏省卫生厅等单位还支援我州卫生系统业务经费和物资共计110多万元，极大地促进了伊犁州卫生事业的发展，树立了江苏医务人员的良好形象。

生命诚可贵，健康价更高，一座楼也许会长久矗立，但不是永远；江苏医疗援助惠及伊犁河谷群众生命与健康的丰功伟绩却会被伊犁各族人民永远记在心中，那就是一座与生命同在的赞歌。江苏援疆医疗工作者把责任与情感交融在一起，构建着一座座爱的丰碑，谱写着一曲曲保护生命的赞歌。只有爱的丰碑，才会永久矗立。

（2007年9月12日《伊犁日报》）

2008年7月至2010年12月，江苏第六批援疆医疗卫生人员29人，来自江苏省属医院和徐州、常州、南通、扬州市属14所医院，涉及心血管内科、妇产科、骨科、肿瘤科、麻醉科、肾科、儿科、针灸科等科室，分别担任伊犁州新华医院、伊犁州友谊医院、伊犁州奎屯医院、伊犁州中医医院、伊犁州妇幼保健院相应科室主任或副主任，其中副主任医师职称以上27人，占援疆医生总数的93%。3年间，援疆医疗专家共接诊病人2.2万余人次，会诊2000余例，义诊4000余人次，抢救危重病人1500余例，主持和参加手术3400余例。推广应用新技术、新项目85项，填补当地技术空白20项；举办培训班130余期、科室讲座340余场，培训医务人员1.25万人次。2008年，无锡市选派5名医疗卫生人员支援克州阿合奇县。至2010年10月，无锡市共有14名医疗卫生人员支援阿合奇县人民医院、妇幼保健站。

江苏省第六批援疆医生在伊犁州妇幼保健院接诊（2009年摄）

【链接】真情汗水洒热土　卫生援疆竞风流——第六批江苏省卫生援疆干部的先进事迹

2008年7月，第六批江苏省卫生援疆干部来到伊犁，他们放弃了江苏良好的工作和生活环境，把汗水与心血融入了伊犁这片炽热的土地。在州党委、政府以及各受援单位的关心、支持和帮助下，在短短的两年时间里，他们不仅为自治州的医疗卫生事业发展作出了突出贡献，为自治州各族患者提供了先进的技术和良好的医疗服务，同时也丰富了人生的阅历，增强了对祖国边疆的热爱。

两年援疆　成绩斐然

从来伊犁的第一天起，江苏卫生援疆干部以“技术援疆”“科技兴卫”为己任，把江苏先进的管理理念、丰富的临床经验毫无保留地运用到实践中去，传递到本地医生手中，在大量的临床实践中发挥了很大的作用，为本地医院的医疗实践积累了丰富的临床经验。

江苏援疆医生，每一位都立志于推动伊犁的医疗卫生事业进步，每一位都用自己的知识与技术奉献自己的青春。

江苏省卫生厅监督处副处长，州卫生局党组成员、副局长赵淮跃，作为第六批卫生援疆干部的领队，牢记稳疆兴疆的重托，认真履行领队和医生的职责，加强自身锻炼，不辱使命，为伊犁卫生事业发展作出了积极贡献。他先后荣获自治区卫生系统先进个人、伊犁州直优秀共产党员等称号，并在自治区医政工作会议上代表伊犁州卫生局做大会发言，交流工作经验。

加强对医疗机构医院管理年活动的督导、考核，改善了医疗服务，提高了医疗质量。切实履行公共卫生监管职责，妥善处理了突发公共卫生事件，指导州直卫生监督部门开展监督执法，检查餐饮单位、医疗机构、企业，查处各类违法案件60余起，评定食品卫生量化分级管理40家。积极做好援疆医生管理工作，认真履行卫生援疆总领队职责，定期座谈、了解援疆医生工作、生活情况，协调解决相关问题，及时向受援单位反馈汇报。

援疆专家、伊犁州友谊医院副院长施民新同志为该院开展直视心脏手术起到了积极的推动作用，亲自主刀开展了难度较大的肺癌根治术、食管癌根治术、巨大纵隔肿瘤切除术，填补了一项伊犁州技术空白；在重点学科建设中，为技术薄弱的学科争取到15名免费外派进修学习名额，学以致用，提升技术水准；在院领导的支持下，成立了州友谊医院乳腺治疗中心，举办了首届乳腺癌综合治疗学习班，开展了大量的改良式乳腺肿瘤手术；成立了州友谊医院肿瘤治疗中心，提出了肿瘤病人单病种治疗模式管理办法。

科研带教　技术援助

为了促进伊犁州医疗卫生建设事业的发展，努力打造一支"永不走的援疆队伍"，卫生援疆干部们积极培养本地人才，以临床研究为基础，通过申报科研项目、举办学术讲座、开展教学查房等形式，加强两地技术交流与合作。两年来，卫生援疆干部为州直各级医疗卫生机构免费进修培训专业人才187人，来我州讲学示教达百余场次，举办各种专业培训班8期，开展科室讲座270期，小面积培训人才达万人左右；举办各类学术讲座330余场，满足了上万人的听课愿望；开展教学查房3000余人次；申报科研课题6项、继续医学教育项目3项，在省部级以上报刊发表论文17篇，撰写调研报告2篇，其中仅施民新医生一人就组织申报6项科研课题，举办自治区级各类继续教育学习班20余次；通过他的积极争取，医院还获得了南通市卫生系统医疗基础建设捐款30万元。

援疆干部在广泛调研的基础上，紧密结合州情，主动谋划卫生事业发展大局，赵淮跃亲自撰写了《伊犁州直医疗卫生资源调整方案》，制定了3年卫生援疆规划，提出了"地方党委、政府领导，卫生行政部门牵头，援受双方整体对接"的工作思路，形成了医院、疾控、妇幼、监督等各受援单位与江苏省市县卫生系统整体对接的民间卫生援疆工作新思路。

援疆医生在两地交流中发挥着"施工队"的作用，采取高位推动与基层往来相结合的方法，不断加强两地的业务交流和友好合作，实现了苏伊两地医院、疾控、妇幼、监督、血站的整体对接和全方位覆盖。主动协调州新华医院与江苏省徐州4家医院结为对口支援友好协作单位。精心策划和安排州直卫生系统党政代表团赴江苏考察学习，圆满完成各项任务，加强了与江苏卫生系统的紧密联系和友好交流。

江苏省还为对口帮扶单位安排学习考察团，缔结友好单位，为州直医疗卫生单位无偿捐赠资金、设备，加强了州直医疗卫生单位的软硬件设施，为伊犁州卫生事业的发展作出了突出的贡献。

心系伊犁　真情奉献

据了解，第六批卫生援疆干部原本就是江苏省委、省政府在当地各个行业上挑选的业务尖子，来伊后他们珍惜有限的援疆工作时间，以对伊犁各族人民深厚的感情，争分夺秒利用自己精湛的医术为各族患者解除病痛。

2009年7月，一名刀伤病人失血7000毫升，已造成失血性休克，生命垂危。通常情况下，这样的病人很难抢救过来，医院和医生都要承担很大的风险，但是援疆医生施民新主动请缨主刀，在院领导的正确指挥下，他和胸外科的本地医生一起对病人及时进行了剖胸手术，成功挽救了病人的生命。

援疆医生、州友谊医院心血管科副主任徐云，在飞机上精心救治和护理突发疾病的少数民族妇女；援疆医生、州奎屯医院妇产科副主任谈佩华，代表常州市妇幼保健院向州奎屯医院无偿捐赠价值5万元的医疗器械；援疆医生、州中医医院肾病科副主任方立明，在回乡照料患重病的岳母后不久，接到返院通知，毅然舍下亲人，在国庆长假前几天回到伊犁，投入繁重的医疗工作。

援疆医生、州友谊医院骨一科主任时新，为10岁左右患儿进行先天性髋关节脱位截骨矫形术、陈旧性肩关节后脱位切开复位固定术、同侧股骨干及股骨颈骨骨折切开复位内固定术等骨科甲、乙类手术；援疆医生、州友谊医院放疗科副主任刘向阳，在临床医疗服务中抢救了大量的危重病人。

援疆医生、州友谊医院麻醉科副主任陈强，

在州妇幼保健院与扬州援疆医生一同对一名产后羊水栓塞并发严重DIC大出血休克的患者进行连续五天五夜的紧张抢救，终于把患者从死亡线上拉了回来。

援疆医生、伊犁州奎屯医院陈春华医生，主动要求将一年半的援疆工作期延长为3年。援疆医生、州妇幼保健院妇产科主任王志学及新生儿科主任徐苏东两位专家坚持每周4次的业务查房和教学查房、参与疑难病例讨论与业务学习、教学式手术演示，坚持每周一、三、五的门诊坐诊制和周六的院周会工作制，参与主持院级和州级母婴专项技术培训和专题讲座，实现了援疆资源的共享。

在工作过程中，他们多次拒收和主动退还患者的谢礼，多次为伊犁贫困地区捐款捐物，为贫困学生捐资助学，为困难群众“送温暖、献爱心”，为“民族团结互助基金”捐款。

卫生援疆干部的战斗岗位不仅在医院里，伊犁的8县2市到处都活跃着援疆医生的身影。他们放弃了大量的休息时间，多次深入基层，深入农牧贫困地区，深入各个学校、医疗卫生单位，免费义诊，为各族群众送医送药，组织检查各种疾病的防控工作。

有志而来　有为而归

在采访中，第六批卫生援疆干部都说，援疆两年多来，他们在两地党委和政府的大力支持下，取得了一些成绩，为伊犁的卫生事业发展作出了一定的贡献，同时，两年多的援疆过程也使他们得到了巨大的收获。

卫生援疆干部们表示，两年来，州直各级领导在政治、工作和生活上都给予援疆干部高度的关心、支持和重视。援疆干部也更加清醒地认识到援疆工作的重大意义。在这两年多的时间里，卫生援疆干部们在伊犁度过了奥运、国庆等重大节日，增强了作为一个中国人的民族自豪感和自尊心。在这两年来，援疆医生下基层、进乡村，给无数百姓解除了病痛，也锻炼了他们吃苦的精神和坚强的意志。在医院内外，援疆医生开展新项目、新技术，研究各种疑难杂症，填补了自治州、自治区医疗技术的空白，为病人解除了病痛，同时也提升了自己发现问题、解决问题的能力，提升了自身的医疗水平和医疗技术。

在近两年的卫生援疆工作中，卫生援疆干部把伊犁当故乡，视患者为亲人，不仅适应了这里的生活，也喝惯了醇香的奶茶，把自己深深地融入了这片神奇的土地，实践着“有志而来，有为而归”的援疆誓言。

（原文刊载于2010年4月19日《伊犁日报》，本文有删节）

2010年12月至2013年12月，江苏第七批援疆医疗卫生人员人数大幅增加，达176人，其中伊犁州142人（含兵团四师、七师19人）、克州34人，主要来自江苏省属医院及各对口支援市属和县（市、区）属医院，涉及科室较以往更多。援伊医疗卫生人员主要援助伊犁州新华医院、伊犁州友谊医院、伊犁州奎屯医院、伊犁州中医医院、伊犁州妇幼保健院，伊宁市人民医院、伊宁市妇幼保健院，奎屯市疾控中心、奎屯市妇幼保健院，伊宁县人民医院、伊宁县中医医院，霍城县江苏医院、霍城县中医医院，察布查尔县人民医院、察布查尔县妇幼保健院、察布查尔县中医医院，巩留县人民医院，新源县人民医院、新源县妇幼保健院、新源县中医医院，昭苏县人民医院、昭苏县中医医院，特克斯县人民医院、特克斯县中医医院，尼勒克县人民医院、尼勒克县妇幼保健站，兵团四师医院，兵团七师医院、兵团七师中医医院。援克医疗卫生人员主要援助阿图什市人民医院、阿合奇县人民医院、乌恰县人民医院。

江苏援伊犁州医疗队3年累计接诊13.1万人次，会诊7000余例，指导和参与各类手术7700余例，抢救危重病人5900余人次；引进新技术、新项目282项；举办各类培训班700余期，培训3.65万人次；推动伊犁州卫生管理干部赴江苏挂职学习12批次120人，卫生技术人员赴江苏进修培训65批次723人；巡回医疗和义诊3.26万人次，赠送价值47万元药品。在全州实施“卫生帮扶”工程，投入援助资金4亿元，用于26个卫生项目建设。援克州医疗队接诊患者4.3万人次，指导和参与各类手术2100余例，抢救危重患者1300余人次；培训当地医护人员6000余人次；为农牧民开展“巴扎门诊”60余场次，义诊1.1万人次，接受咨询2.4万人次；引进医疗卫生新技术、新项目数十项，填补自治州及各县市医疗卫生领域空白10余项。

江苏省第七批援疆医疗队奋战在新源县『6·30』抗震一线（2012年摄）

江苏省第七批援疆医疗卫生人员在受援医院开展业务指导（2011年摄）

【链接】做伊犁百姓的健康守护神——江苏援疆一线见闻录

"治病救人,是我的职责"

9月19日,中秋节。晚上9点多,拨通江苏省人民医院援疆医生、伊犁州友谊医院心胸外科主任医师王晓伟的电话,他正在从宿舍赶往医院的路上。他告诉记者,刚刚接到医院电话,需要立即到急诊室帮助抢救一名刚刚送到的重症病人。而去年的中秋节,他带领科室医务人员成功完成了伊犁州首例心脏急诊冠状动脉搭桥手术。新华社报道《有希望,月就圆——关注那些中秋不能团圆的人们》中就有对他的采访。

出于自然环境、饮食习惯等原因,新疆伊犁州的心胸外科病发病率居自治区前列,每年需要手术治疗的病人将近千例,但是能在本地实施的急症手术却几乎为零。一年多时间里,王晓伟平均两天就要进行一台心胸外科手术。而了解完伊犁州友谊医院与病患的实际情况后,王晓伟发现,友谊医院的心胸外科成立已近30年,各种"硬件"设施比较到位,但是"软件"与江苏的三甲医院有较大差距。因为当地医生的搭桥手术技术水平还差火候。

"团圆,大家都期待。可治病救人,是我的职责。"王晓伟说起连续两年在伊犁过的中秋节,显得很淡定,说到援疆,语气中却透着坚定,"医疗援疆、技术援疆、人才援疆,不是单单做几次手术就可以了,要尽快培养出伊犁州自己的心脏搭桥手术技术团队。只有这样,技术才不会被带走。"

除日常的临床工作外,王晓伟一心扑在技术团队的培养和科室的管理制度、学习制度的建立上。为了营造优质的业务学习氛围,王晓伟每周都会带领科室医务工作者,学习国内外先进的心脏病救治知识,分享自己的临床手术经验。在手术台上,他手把手地指导临床医生实施搭桥手术。同时,在王晓伟和江苏省人民医院援疆医生、伊犁州友谊医院副院长朱伟等人的努力下,伊犁州友谊医院建立了自治区首个多民族先天性心脏病核心家系标本库,通过遗传学、分子生物学等基因方面的科学研究,率先展开多民族的先天性心脏病易感基因研究,为该病的诊断和治疗带来突破,争取从早期预防开始,降低伊犁州先天性心脏病的发病率。

援疆医生"加克斯"

昭苏县是天山和乌孙山之间的一处高原盆地,平均海拔2000多米,高寒、缺氧。2010年12月28日,是泰州援疆医疗队到达昭苏县的第一天。当天,他们就不顾劳累和高原反应,实施了3台手术。他们为一名14岁的哈萨克族少年扎哈尔进行了骨折切开复位固定手术,为一例急腹症手术进行术中指导和协助,完成一台难产剖腹手术,让一对孪生姐妹花平安降生。当听说是援疆医生为孩子做的手术后,扎哈尔的爸爸连声说:"援疆医生加克斯!(哈萨克语,意为'好')"

这是一支特别能吃苦的队伍。他们每天坚持24小时候诊,一旦有情况,随叫随到;坚持周末下乡义诊制度,为农牧民送医送药。

这是一支特别能战斗的队伍。他们开展各类高难度手术上百台,抢救危重患者数百人,推广医疗新项目、新技术30多项。当地群众亲切地称他们为"昭苏高原上的健康守护神"。

伊犁州党委、政府专门下发《关于开展向江苏泰州援疆医疗队学习活动决定》,并组织江苏泰州援疆医疗队先进事迹报告会巡回宣讲。江苏省对口支援新疆伊犁州前方指挥部总指挥,伊犁州党委副书记、政协党组书记于青山这样评价泰州援疆医疗队:"他们是泰州的光荣,也是江苏的光荣!"

留下一支带不走的“医疗队”

从城市到农村，从车间到牧区，一座座江苏援建的医疗大楼拔地而起，一支支江苏援疆医疗队行走在河谷大地，一个个医疗救助的感人故事到处传颂，江苏援疆医生“加克斯”的赞誉声回荡在天山伊水。

援疆3年，在朱伟的努力下，伊犁州友谊医院的麻醉技术目前已完全能适应所有外科手术的需要，并实现了友谊医院国家自然科学基金和SCI论文“零”的突破。在江苏省人民医院院长王虹的直接指导下，伊犁州友谊医院成为新疆第一个实行50种抗生素遴选工作的医院。朱伟很有信心地说：“即使我回江苏后，麻醉科的管理也能够延续，因为科室团队的技术都提高了。”

2012年8月2日，伊犁州友谊医院正式加入江苏省人民医院集团，标志着江苏、新疆两地医疗合作又揭开了新的一页。

通过师带徒、手术示教、病案讨论、教学查房、学术报告、理论讲座等多种途径和措施，人才、项目、技术等方面宽领域、多层次、全方位的对口支援，帮助伊犁培养了一批高素质的医疗卫生人才，打造了一批重点专业学科，推出了一批科研技术成果，建立了一套行之有效的援疆机制。以人才支援为重点，医疗、疾控、妇幼、监督、卫校、血站全覆盖的卫生援疆新格局正在形成，留下一支“带不走的医疗队”的目标日益接近实现。

江苏卫生援疆已有10多年历史，新一轮卫生援疆进一步向基层辐射、向纵深推进，实现了新的跨越。江苏省卫生厅援疆干部、伊犁州卫生局副局长顾帮朝介绍说：“新一轮卫生援疆实现了六大变化，这就是从长期援疆队伍派出向长期和短期相结合转变、从城市医疗帮扶向城乡结合转变、从医疗援疆向医疗和卫生全面援疆转变、从‘输血’向‘输血’和‘造血’相结合转变、从技术援疆向技术和管理相结合转变、从单纯人员定位到具体单位再到援疆专家资源共享转变。”

（原文刊载于2013年9月28日《新华日报》，本文有删节）

【链接】眷眷天山情 悠悠赤子心——记江苏省援疆干部、伊犁州中医医院副院长魏友松

2012年3月，当18岁的哈萨克族少女迪娜挺着大肚子出现在援疆专家、伊犁州中医医院副院长魏友松的面前时，脸色蜡黄、行走不便的她就像一个即将临盆的产妇。经过仔细检查，魏友松确诊迪娜患的是卵巢肿瘤。随着病情的发展，迪娜的肿瘤随时都会危及她的生命，需要尽快手术。迪娜家住尼勒克县，8年来腹部胀痛一直伴随着她，但因家庭贫困，她的病情一直未引起家人的重视。近一个月，迪娜逐渐感到行走不便、身体乏力，病情恶化后才去州中医医院进行诊治。迪娜的病因确诊了，但手术费用却让迪娜的家人望而却步，贫寒的家境使迪娜家人无力支付手术费用。了解到这一情况后，魏友松积极争取院领导支持，号召所在外科全体医护人员主动为迪娜捐款2000元，让迪娜先行住进了医院，医院还为迪娜及家人免费供应一日三餐，全院职工也为其捐款8500元。

为了尽快解除哈萨克族少女的病痛，魏友松多次组织专家会诊，在给迪娜制定详细而周密的手术方案的同时，还决定为迪娜免费实施手术。听到这个消息后，迪娜的家人千恩万谢，流着泪连声说：“加克斯，加克斯！”3月12日，魏友松成功地从迪娜的右侧卵巢中取出一个重4.5公斤的恶性生殖细胞肿瘤，解除了困扰迪娜8年的病

痛，使她的生命转危为安。手术后的迪娜身体恢复很快，也不影响她今后的生育。面对大家的交口称赞，魏友松说："作为一名援疆医生，我只是尽了一份责任，做了自己应该做的事情。"

作为第七批卫生援疆干部的魏友松秉承医者仁心的理念，总是那么亲切，那么用心，对待每名患者都一视同仁，拿出最优质的方案，实施最精心的治疗，真正是待患者如亲人；为更好地开展援疆工作，他根据州中医医院外科的实际情况，积极参与并强化科室管理，提出详细的外科发展计划，进一步加强了制度建设，贯彻落实医疗核心制度，增强科室医务人员的责任意识；他每周坚持门诊，开展科内大查房两次，组织重大手术、疑难病例讨论，并定期开展中医基础理论知识讲座，把自己的临床经验和知识毫无保留地传授给科室青年医生，使科内医务人员对中医药知识有了更进一步的了解；他非常注重人才培养，鼓励各级医务人员撰写学术论文，提高学术水平，还积极组织大家参加自治区医护技能大赛，取得了自治区中医（民族医）医院成绩第一，自治区地州、市和自治区二级医院组团体季军的好成绩，并获州中医医院"优秀组织奖"和"优秀共产党员"光荣称号；他还充分发挥桥梁纽带作用，把伊犁州中医医院与江苏省中医院更紧密地联系在一起，他与援建医院不间断进行联系，选派了3名医生及14名护士长赴援建医院免费进修学习。通过加强双方"一对一"对口帮扶，密切双方合作关系，不断提高医院的医疗质量、学术地位、科教能力和管理水平，进一步培育和打造特色优势品牌，为州中医医院形成独特的竞争、发展优势打下坚实基础。

作为一位援疆专家，伊犁州中医医院副院长魏友松以自己务实敬业、无私奉献的实际行动，赢得了同事和各族患者的赞誉。他的一言一行、一点一滴，都在患者和同事心中留下了难忘的记忆。

（2012年6月15日《伊犁日报》）

2013年12月至2016年12月，江苏第八批援疆医疗卫生人员198人，其中伊犁州140人（含兵团四师、七师25人）、克州58人，主要来自江苏省属医院及各对口支援地市属和县（市、区）属医院。援伊医疗卫生人员主要支援伊犁州直6家及各县（市）和兵团四师、七师等31家医疗卫生单位。3年间，累计接诊15万余人次，主持和参加手术1.47万例，抢救危重病人数千人，举办各类业务培训班225次，培训医务人员8400余人次；赴基层开展巡回医疗、健康宣教40次，义诊患者6000余人次。淮安市援疆医疗团队获兵团颁发的"卫生援疆创新奖"。援克医疗卫生人员主要支援克州人民医院、疾控中心，阿图什市人民医院，乌恰县人民医院，阿合奇县人民医院。3年间，累计接诊5.1万人次，实施手术2300余例，抢救重症患者1400余人次。

江苏省第八批援疆医生开展义诊（2015年摄）

【链接】道不完的援疆情——伊犁州卫生援疆风采

江苏与伊犁，一个是秦淮河畔繁华富庶的鱼米之乡，一个是祖国边陲向西开放的桥头堡，虽然相隔千山万水，但两地人民的深厚友谊源远流长。古有细君、解忧公主远嫁西域，传耕织、平干戈、稳边疆；今有江苏省卫生援疆工作队有志而来，去疾病、传技术、谋发展，与伊犁人民同呼吸、共命运，谱就了一首首感人至深的援疆之歌，书写了一段段催人泪下的援疆故事，卫生援疆之花红遍伊犁大地。自1997年中央作出援疆工作部署以来，江苏省委、省政府及江苏省卫生系统始终把援疆工作作为加强民族团结、维护边疆稳定、促进卫生发展的重大政治任务，高度重视，精心谋划，高位推动，在技术、人才、管理等方面开展了全方位、宽领域的卫生援疆工作，为伊犁州卫生事业的发展作出了杰出贡献，在伊犁大地结出累累硕果，树起了卫生援疆的巍巍丰碑。

2014年6月，在全国对口援疆工作会议召开后不久，由江苏省委书记罗志军带领的江苏省党政代表团不远万里，赴伊犁对接新一轮援疆工作，江苏省卫生计生委主任王咏红随团赴伊，指导、接洽卫生援疆工作。这充分体现了江苏省委、省政府对援疆工作的高度重视，对伊犁各族人民的深情厚谊，对卫生事业的倍加关切。回首往昔，苏伊携手硕果丰；展望未来，两地同心情更浓。同年12月，黄三平书记带领伊犁党政代表团专程赴苏，对江苏17年来无私援伊表达感激之情，共话友谊，对新一轮援疆工作进行深入对接。

自新一轮援疆工作开展以来，江苏省卫生计生委按照“好中选优、专业对口、满足需求”的人员派遣原则，选技术精湛、素质优良的医疗骨干，分别对口支援伊犁州直及各县市31家医疗卫生单位。同时，在组织委派的基础上，按照“长短结合、灵活多样”的原则，江苏卫生系统还派出800余名医院管理和临床医疗专家不定期来伊犁州开展1～6个月的短期援助。通过大力开展“传帮带扶”，有力提升了州直医疗技术水平。近年来，州直县级病人转出率、孕产妇死亡率和婴幼儿死亡率大幅下降。

针对伊犁州卫生事业发展实际，卫生援疆工作统筹规划建设、项目实施、资源管理等多方面因素，因地制宜制定发展规划、实施各类卫生建设项目，不断加大援助力度。2014年投资2.85亿元的伊宁卫校农村卫生人才培训基地、伊宁市维吾尔医医院新建项目、伊宁市抗病毒治疗中心项目等9个重点卫生援建项目落地生根。其中，伊宁卫校农村卫生人才培训基地规划总建筑面积6000平方米，投入2200万元援疆资金，建成后将实现北疆地区卫生人才培训规范化、系统化。同时，江苏省卫生系统还无偿援助9170万元用于受援地的医疗人才培养和医疗机构软硬件建设。江苏省援伊前方指挥部以“真情援疆、科学援疆、持续援疆”为引领，自2014年以来，根据伊犁卫生发展实际需要，以“名院、名科、名医”建设为目标，以卫生援疆项目编排实施为纽带，2014～2015年划拨伊犁州卫生人才培养经费2129万元，赴苏和就地培训伊犁医疗管理干部和专业骨干16800多人次。“江苏名医伊犁行”“伊犁卫生人才骨干培训”“江苏伊犁中医膏方节”等一大批影响深远的卫生人才培养项目落地生根。卫生援疆工作范围从州级扩展到县市，援疆领域由人才、技术支援为主，逐步拓展到技术、资金加项目的宽领域、多层次、全方位对口支援，极大提升了卫生援疆的实效性。

江苏卫生援疆干部人才以“技术援疆”“科技兴卫”为己任，他们临床实践经验丰富、专业造诣深厚、敬业精神强，他们把先进的管理理念和丰富的临床经验毫无保留地运用到援疆实践中去，在大量的临床实践如治疗地方疑难杂症、抢救危急重症患者中立下了赫赫战功。卫生援疆干部人才在伊犁，不仅很好地发挥了“医疗队”的作用，而且还发挥了不可替代的宣传推介伊犁的“宣传队”和搭建两地交流平台的“工程队”的作用。新一轮援疆工作以来，经援疆干部人才穿针引线，江苏与伊犁医疗卫生单位共缔结友好协作单位43个，组团互访91批630人次。

第八批卫生援疆干部视患者如亲人，与伊犁各族人民同呼吸、共命运、心连心，勇挑重担，忘我工作，在医院管理、学科建设、人才培养、民族团结等方面做了大量工作，续写了卫生援疆工作新的业绩。州友谊医院朱宏被评选为伊犁州优秀共产党员；州卫生局鲍军被评选为伊犁州直卫生系统民族团结先进个人；州奎屯医院邵永被评选为优秀共产党员……第八批卫生援疆队伍以实际行动促进了民族大团结，树立了卫生援疆干部人才的良好形象，他们也将以伊犁为“第二故乡”，真情热爱这片土地，在这里挥洒全部的热情和汗水。

（2015年10月20日《伊犁日报》）

【链接】打开生命的绿色通道——访第八批援疆干部、伊犁州友谊医院副院长朱宏

不开刀便可手到病除，患者的生命得以及时挽救；150余台次高难度的内镜手术，成功率100%；凡经他处理的患者从未出现过并发症……在州友谊医院副院长朱宏的行医履历中，这样的病例数不胜数。

手里操作着仪器，目光紧紧地盯着显示屏，熟练的操作技术让每次跟随他手术的医护人员都受益匪浅。医护人员与朱宏同时观察着显示屏上显示的患者病情，根据显示屏上的患者病理图像，朱宏快速判断并总能及时消除患者的疾病“隐患”。

5月13日，一位83岁高龄的患者急需手术。这位患者伴有心、肺、肾多器官衰竭的化脓性胆管炎，对这样一位危重患者进行手术，对朱宏是一个考验。他通过高难度的ERCP内镜取石术，经过近2个小时的紧张手术，最终获得成功。手术后，与他同台手术的医务人员才发现，汗水早已浸湿了朱宏身上穿的重达20公斤的手术铅衣。

“车辆掉头，返回新源县。”去年7月15日，朱宏在新源县开展义诊返回伊宁市的途中，接到一个电话后便火速又赶到新源县。原来，一名患者吃红枣时不慎将枣核吞下，卡在了食管中。经过一个多小时的内镜手术，朱宏成功取出了枣核，并修补了食管穿孔，不但抢救了患者的生命，还使这名患者免于做开胸手术。在下乡巡回医疗、开展边远山区的巡诊义诊活动中，朱宏遇到的疑难病症患者更是数不胜数，而他总是毫无保留地将先进的诊疗技术与医疗理念服务于各族群众。

“纽扣电池有严重的腐蚀性，必须立刻手术取出。”去年11月18日，一名2个月大的维吾尔族婴儿被送进州友谊医院儿科急诊室。原来患儿误食纽扣电池后，电池卡在了食管中，不停落泪的婴儿母亲辗转将婴儿抱到州友谊医院时，已距离事发7个多小时。

在如此小的婴儿身上操作手术风险很大，朱宏下决心要尽一切力量拯救患儿的生命。朱宏在腔镜中心、麻醉科和儿科医护人员的通力合作下，最终成功地将患儿食道内的纽扣电池取出，挽救了患儿的生命。一年多来，他通过此类手术共成功抢救各族患者20余人次，在他的带领下，州友谊医院ERCP、ESD、EUS等消化内镜技术已经处于自治区前列，他还开展了150余次高难度的内镜手术，并逐步带教出一批年轻的医师，使他们都能独立完成手术。

现在朱宏又逐步开展和推广染色胃镜和放大内镜技术，有望明显提高伊犁州的早期食管癌、胃癌、结肠癌和癌前病变的诊断率。今年4月，朱宏又成功申请了自治区适宜技术推广项目——食管早癌和癌前病变的内镜诊疗技术，这也是州友谊医院第一个由地州级单位牵头获得的自治区级技术推广项目，有力推动了全州食管癌的防治工作。

朱宏是第八批援疆干部，南京医科大学博士、江苏省人民医院消化科主任医师，现任州友谊医院党委委员、副院长、消化科副主任、主任医师。

2014年2月底，朱宏来到州友谊医院开始了援疆工作。援疆至今，朱宏先后开展了内镜染色技术、超声胃镜、超声肠镜、胃镜下黏膜剥离术、内镜下早期恶性肿瘤切除术、全身麻醉下ERCP术、内镜下十二指肠乳头扩张成型和切开术、内镜下广基大息肉治疗术、内镜下消化道穿孔修补术、内镜下止血术等共10个医疗项目。

朱宏充分发挥桥梁作用，通过“走出去、请进来”的方式，在他的带领下，州友谊医院消化科在诊疗技术方面有了质的飞跃。在学科建设方面，他带领伊犁州地方专业人才队伍于2014年9月成立了伊犁州医学会消化分会，使得基层专科医师很难获得定期学术交流和专业培训等问题获得了机制性突破。他积极开展“六大人才”对接工程，开展交流与合作及人员培训工作，提升友谊医院技术服务水平。

在医院管理上，朱宏抓住州友谊医院开展自治区重点学科建设的契机，从重点专科临床新技术新项目开展、学科人才培养和教育、科研课题申报、住院医师规范化培训基地建设等方面入手，与相关科室制定适合州友谊医院的重点学科建设规划和措施。截至6月，州友谊医院共28个临床科室成为自治区重点专科，这也使得州友谊医院成为自治区地州级医疗单位中重点学科数目最多的医院。

为了将先进医疗技术传授给更多人，朱宏先后受邀在乌鲁木齐市、克拉玛依市、霍城县、新源县、尼勒克县等地区开展巡回讲学和新技术操作演示，这不仅是医疗援疆的重要举措，也提升了州友谊医院在自治区的学术影响力。

（2015年6月26日《伊犁日报》）

【链接】勤勤恳恳奉献才智——访第八批援疆干部、伊犁州中医医院副院长兼普外科主任王高元

凭着良好的职业操守，他以自己的实际行动照亮了周围的病人，树立了一名共产党员的良好形象，更换来了各族病人的厚爱。他就是第八批援疆干部、自治州中医医院副院长兼普外科主任王高元。

在州中医医院，王高元还分管护理、设备、科教、检验、放射、CT、B超、口腔、门诊等科室的工作。在工作中，王高元丝毫没有领导架子，时时将自己作为普外科的一名普通医生，与科室医务工作者共同协作，开拓工作思路。为使普外科在人才建设方面有所发展，通过他的努力，医院积极引进普外科人才，提高了服务各族病人的能力。

2014年，在王高元及普外科医疗团队的努力下，州中医医院普外科收治病人720余例，诊疗门诊病人9000余例，为病人做手术230余台次，其中为病人实施腹腔镜手术50余台次。

援疆期间，王高元非常重视对青年医生的培养，采取“传帮带”的形式，不断加强科室医务工作者的业务学习，通过开办医疗知识专题讲座、查房现场宣讲、手术中讲解等多种方式，不断提高普外科医务工作者的理论知识及实际动手能力，在普外科形成了良好的学习氛围。

今年1～4月，王高元带领普外科医务工作者为病人进行120余台次手术。他还带领普外科医疗团队开展了低位直肠癌根治、脾切除加断流、左右结肠癌根治等重大手术，并邀请前来自治州参与援疆工作的其他医院援疆医生共同完成数例复杂及疑难手术，让各族病人共享援疆医疗资源。

今年，由王高元指导的普外科申报自治州医疗课题一项，通过努力已申报成功，填补了州中医医院普外科没有医疗课题的空白。

为鼓励医护人员外出学习，王高元在州中医医院积极为医护人员争取人才培养优惠政策，除减免普外科医护人员外出进修期间的任务量外，还对医院外出进修的医护人员给予医院平均奖，鼓励医护人员发表论文。2014年，州中医医院就有84名医生外出进修，由州中医医院派出医护人员参加各类学术会议及短期培训59人次，医护人员发表论文44篇。在他的主持下，州中医医院举办继续教育培训6期，其中国家级培训项目4期，自治州级培训项目2期，培训各族医护人员达7000余人次。

受江苏省对口支援伊犁州前方指挥部和州卫生局的委托，王高元又在州中医医院承办了援疆培训项目一期，累计培训医护人员3000余人次，打造了一个医疗技术过硬的学术团队。

在州中医医院工作期间，王高元要求门诊部优化服务流程，开展各项服务措施，合理分流门诊就诊高峰病人，极大地缩短了病人诊疗等候时间。

这期间，王高元还积极参加巡回义诊活动，先后前往尼勒克、新源、昭苏和伊宁县等地，为各族病人送医、送药，提供优质医疗服务。

（2015年7月10日《伊犁日报》）

2016年12月至2019年12月，江苏第九批援疆医疗卫生人员220人，其中伊犁州151人（含兵团四师、七师26人）、克州69人，主要来自江苏省属医院及各对口支援地市属和县（市、区）属医院。援伊医疗卫生人员主要支援伊犁州直6家及各县（市）和兵团四师、七师等25家医疗卫生单位。3年累计接诊15余万人次，指导和参与各类手

术1万余例，抢救危重病人4400余人次，引进新技术、新项目178项，举办各类培训班230余期，培训医疗专业技术人员1.6万人次。选送受援地管理干部和医疗骨干赴江苏跟班学习，到江苏短期培训56批878人、1月以上进修培训17批265人，安排213名江苏省高层次医疗人才到伊犁交流、讲学、带教，促成两地交往交流63批1078人次。巡回义诊300余场次，深入牧区、乡村义诊群众近5万人次。援克医疗卫生人员主要支援克州人民医院、阿图什市人民医院、阿合奇县人民医院、乌恰县人民医院等单位，3年累计接诊6万余人次，指导和参与手术近5000例。推进“院包科”“师带徒”工作，累计结对徒弟180人次，传授新技术、新项目200余项。开展适龄妇女“两癌”筛查1.1万人次，在克州率先开展全民肺结核和中小学生结核菌素筛查，开展义诊45期，为2万余名边疆群众和边防战士服务。制定医疗组团援疆标准体系，被国家标准化管理委员会列入国家级服务业标准化试点项目。

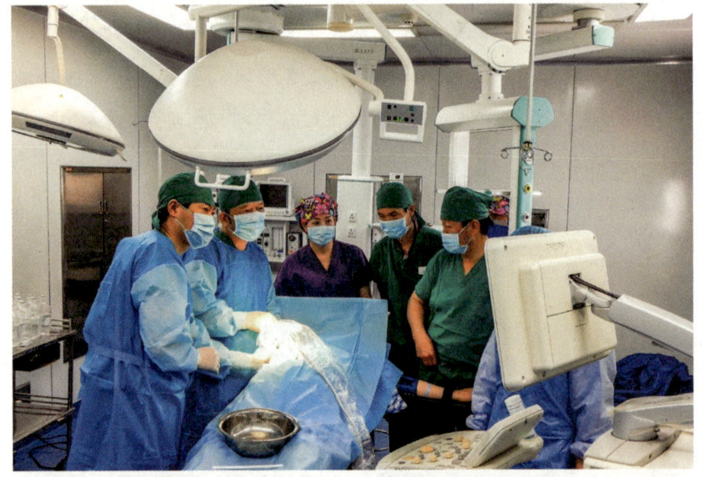

江苏援疆医生指导阿合奇县青年医生开展泌尿疾病微创手术（2018年摄）

江苏援疆医生为克州人民医院医生进行业务指导（2018年摄）

【链接】爱洒天山惠民生　卫生援疆谱新篇
——江苏省第九批卫生援疆医疗队对口支援伊犁州卫生工作回顾

江苏省第九批卫生援疆医疗队紧紧围绕新疆社会稳定和长治久安总目标，聚焦伊犁州医疗卫生事业发展目标，以提升医疗服务能力为核心，以项目建设为依托，以品牌专科建设为抓手，以临床医疗救治为纽带，以人才培养为手段，着力把卫生援疆工作打造成造福伊犁百姓的民心工程和加强民族团结、促进交往交流交融的品牌工程，赢得了各族群众的高度赞誉，谱写了卫生援疆新篇章。

医院发展上台阶　人才“造血”新突破

3年来，江苏省对伊犁州卫生系统累计投入资金7.68亿元（包括兵团四师、七师），投资1.5亿元的特克斯县人民医院新院、投资1.4亿元的霍城县江苏医院综合楼等大批医疗卫生基础设施建设项目相继建成并陆续投入使用。

第九批卫生援疆医疗队牢记使命，主动融入，在医院发展、人才培养上下好“先手棋”、打好“主动仗”，使当地医疗机构管理体系进一步加强，服务能力进一步提升。在卫生援疆专家的倾力帮扶下，伊犁州新华医院统筹新院区整体布局，优化服务流程，于2017年10月完成整体搬迁，2019年7月挂牌“南通大学附属伊犁州新华医院”；伊犁州友谊医院2019年12月挂牌“南京医科大学附属伊犁州友谊医院”；伊犁州妇幼保健院于2017年7月通过原自治区卫计委评审，成为新疆唯一一家地州级的三级甲等妇幼保健院；伊犁州中医医院也于2018年底顺利通过三级甲等中医医院复审；伊犁州友谊医院、奎屯医院、中医医院分别通过国家住院医师规范化培训基地评估验收。

为了实现卫生援疆从“输血”到“造血”的转变，3年来，江苏省对伊犁州共投入人才培养项目资金3734万元，举办各类培训班230余期，培训医疗专业技术人员1.6万人次。大力选送本地管理干部和医疗骨干赴江苏跟班学习，送往江苏短期培训56批878人、一个月以上进修培训17批265人，着力打造人才培养新高地。利用“江苏名医伊犁行”和“柔性引才”项目，吸引213名江苏省高层次医疗人才到伊犁交流、讲学、带教，促成两地交往交流63批1078人次。举办了“南通大学—伊犁州新华医院2019年同等学力硕士学位课程班”“南京医科大学—伊犁州友谊医院研究生同等学力研修班”，94名伊犁州直学员通过层层筛选及入学考试被录取。运用江苏医学院校优质教育资源，对伊犁当地医疗人才进行“造血式”培养，标志着伊犁州级医疗机构在医院建设、人才培养上进入新的发展时期。

重点学科建高地　远程医疗再升格

第九批卫生援疆医疗队紧扣打造“健康伊犁”、共建共享、全民健康的战略主题，以伊犁各族群众就医问诊急需急盼的重点专科为切入点，结合区域医疗机构功能定位和发展方向，统筹伊犁州友谊医院、奎屯医院、新华医院、中医医院和妇幼保健院5家州级医疗机构，重点打造了胸痛中心、卒中中心、心脏大血管疾病诊疗中心、孕（产）妇危急重症救治中心等“伊犁州十大临床医学中心”。积极引进全国知名心胸外科专家王东进教授团队、“国医大师”邹燕勤团队和刘嘉英教授团队等10个江苏顶级专家团队，通过个别指导、现场教学、交流研讨、技术示范、联合开展项目攻关和课题研究等方式，突出抓好本地重点学科建设和精英团队的培养，形成了“互动共赢、双结双促”的工作局面。

在临床医学中心的带动下，“体外受精—胚胎移植”等84项医疗技术填补伊犁州空白，其中显微镜辅助下颈椎ACDF术等6项医疗技术填补了自治区空白。伊宁市精神卫生中心等一批特色科室也逐步发展壮大,有力地提升了基层医疗服务质量和能力。依托江苏省人民医院、南京鼓楼医院等江苏优势医疗资源,积极构建苏伊远程医疗服务平台,实现江苏省与伊犁州、县(市)、乡镇、村四级远程诊疗系统对接,开展的远程视频会诊、远程教学查房、远程医学影像诊断,使伊犁本地疑难杂症的诊断更加迅速、专业,治疗更加精准、有效。

技术援疆惠民生　真情援疆聚民心

第九批卫生援疆医疗队进疆以来,以救死扶伤、守护生命为天职,以下乡义诊、结对认亲、扶危助困为己任,累计接诊14.61万人次,精心指导和直接参与各类手术11988台,抢救危重病人5664人次,引进新技术、新项目200项,为各族群众的健康提供了强有力的保障,树立了江苏卫生援疆的良好形象,在伊犁大地上不仅抒写了壮美的家国情怀,也彰显了江苏人民的真情大爱。

在江苏省对口支援伊犁州前方指挥部的大力支持下,3年来,伊犁州、县(市)卫生健康委员会组织卫生援疆专家开展联合巡回义诊300余场次,深入牧区、乡村义诊群众近5万人次,通过宣传手册、展板、讲座等形式进行健康宣教、艾滋病防治知识宣传、卫生知识普及,免费发放价值近200万元的常用药品,通过义诊筛选出17名贫困家庭先天性心脏病患儿进行免费手术治疗,为基层各族群众提供了优质方便的医疗服务。

援疆专家还利用义诊契机,深入县级医院、乡镇卫生院开展专题培训、教学查房、手术带教,提高基层医疗卫生服务质量。

援疆专家与当地群众结对认亲百余户,捐资助学6万余元,募集爱心衣物5000余件,助力民族团结事业,将赤诚的医者仁心、甘于奉献的大爱之情播撒在天山南北,赢得了伊犁各族群众的由衷敬佩和广泛赞誉,树立了江苏卫生援疆的良好形象。

天山昂首作证,伊犁河含笑代言,第九批卫生援疆医疗队创造了无愧于党和人民的宏伟业绩,以卫生援疆的累累硕果向两地人民交上了一份满意的答卷!

(2019年12月12日伊犁新闻网)

【链接】侯振:接力式援疆的爱心使者

"医生,您能否为我检查一下?"3月20日上午,虽然不是侯振坐诊,但慕名而来的患者还不时敲开他的办公室门,希望他能亲自问诊。

侯振是来自江苏省人民医院的一位援疆医生,目前在伊犁州妇幼保健院担任副院长。慕名前来找侯振的是不孕不育的各族患者。

2018年,州妇幼保健院辅助生殖医学中心被国家批准正式开展体外受精—胚胎移植(试管婴儿),伊犁州卫生健康委员会又将该中心作为伊犁州十大临床中心之一。

取卵、移植、减胎等援疆医疗技术的实施,为试管婴儿的成功分娩提供了技术保障。截至今年2月,州妇幼保健院已实施试管婴儿300余周期,成功分娩了50名健康的试管婴儿,圆了不孕不育患者当母亲的梦想,为患者的家庭带来了希望。

"援疆就是一种大爱,我力争把辅助生殖中心做成一个品牌,为伊犁各族患者家庭带来幸福。"侯振告诉记者,州妇幼保健院辅助生殖中心分娩的第50名试管婴儿出现一波三折的状况。在孕妇怀孕第14周时,原本是双胎妊娠,有一个胎儿发育异常。通过江苏省人民医院赠送给州妇幼保健院的远程医疗系统,州妇幼保健院的专家立即与江苏省人民医院生殖医学中心、产前诊断中心的专家会诊联系，与该院生殖遗传学专家联合会诊后，最终给这名孕妇确定了减胎手术方案。

在侯振的多方联系下，江苏省人民医院为伊宁市的这名患者开通绿色通道，患者从伊宁市前往江苏省人民医院直接入住病房，做减胎手术后返回伊宁市，来回不到一周时间。

“为患者实施接力式援疆医疗，不仅节省了就医时间，还减轻了患者就医的经济负担。”侯振说，援疆远程会诊医疗系统，给患者看病就医带来了实惠和方便。专家与患者进行面对面沟通，还可现场指导医生诊治，对疑难病例作专家会诊分析，并及时提出具体指导意见。

“给患者家庭带来福音，是援疆医生的职责所在。”侯振说，今年2月19日，这名实施减胎手术的孕妇成功分娩了一名健康的婴儿。

侯振说，他深感肩上的责任重大。为了不辜负患者的信任，他要以更高的标准来要求自己，以患者为中心，为患者提供人性化的服务；进一步规范医疗技术，建立统一的医疗标准，做好质量控制。从临床到实验室，严格把关，把医疗前沿技术应用到为患者服务的辅助生殖领域，为更多患者提供优质医疗服务。

“作为一名医务工作者，我非常有成就感。”州妇幼保健院辅助生殖中心主任、主任医师郭小芹说。援疆专家的“传帮带”，为州妇幼保健院带出一批优秀的医疗人才，留下一支“永不走的医疗队伍”，为更多不孕患者家庭送去福音。

（原文刊载于2019年3月27日《伊犁日报》，本文有删节）

【链接】丁强：三年援疆路 架起连心桥

在克州人民医院做了近3年院长，丁强在祖国最西边——新疆维吾尔自治区克孜勒苏柯尔克孜自治州的医疗事业史上留下浓墨重彩的一笔。他策划制定的江苏“组团式”医疗援疆模式，成为援疆工作样板，并在全区推广。

他用点滴行动，践行着医护人员的责任和为人民服务的信念，在边疆谱写了一曲曲感人故事和民族团结赞歌。

医院要满足老百姓的需求

2017年春节前，时任南医大一附院党委副书记的丁强被选派援疆，45岁的他是博导、主任医师、教授。人还没到克州，他就被任命为克州人民医院党委副书记、院长。

同行的20名医生都是来南医大一附院、苏州大学附属医院、江苏省中医院、徐州医科大学附属医院等8家三甲医院的专家。

上任伊始，丁强面对的是一个艰难的局面：医院管理混乱、病人直接找熟悉的医生看病、厕所内臭气熏天。更严重的是，员工人心涣散，人才断层严重，有120多人要求调走、退休，占全院员工的10%，其中有不少是骨干医生。

上班第一天，丁强把医院的每间办公室走了一遍，包括地下室、仓库，跟全院员工挨个见面。幽默、亲切是医院员工对丁强的评价。

面对要求调走的员工，丁强告诉他们，人事调动暂时冻结，3个月后再说。“大家相互给个机会，你们看看我这个院长行不行再作决定。”

医院到底该怎么发展？丁强认为，医院要有综合实力，要满足老百姓的需求。援疆工作一定要以当地的需求为导向。

在来之前，丁强已对这座医院有了详细了解，根据克州人民医院的需求选配业务好、责任心强的援疆专家。医院管理一定要规范有效，加强技术扶持，推广先进技术，培养人才，服务流程要合理、人性化。

丁强从困扰医院和员工发展的问题入手，

2017年4月14日，丁强（前排右二）带领援疆医疗队到海拔4200米的克州阿克陶县布伦口乡苏巴什村开展『春蕾行动』暨惠民义诊

请全院员工提出建议。这一举措赢得了员工的热烈响应，他一共收到83条建议，涉及绩效分配、人才培养、学科建设、诊疗水平、服务流程等内容。

他随即召开职工代表大会，根据建议要求科室负责人提出整改方案并在大会上承诺按期整改。没有伤筋动骨的阵痛，克州人民医院温和地推进了一场大改革，急诊部、门诊部、住院部工作流程被理顺了，医生、护士各司其职，员工们都有了干劲。

为了整治环境卫生，丁强身体力行，每天一大早到医院，从一楼走楼梯到十九楼，员工和患者经常看到院长弯腰捡烟头的场景。

医院各个角落都变整洁了，员工待遇提高了，新开的医疗项目多了……3个月过后，仅有几名员工离开了医院。

克州人民医院党委书记艾斯卡尔说："在这次'组团式'援疆之前，很多人看不到希望，丁院长带援疆医生来之后，大家很受鼓舞，工作积极性提高了。"

"润心计划"架起连心桥

周末时间，丁强带领援疆医生开展义诊活动，先后启动"江苏医疗大巴扎""春蕾行动"等义诊和儿童先天性心脏病筛查活动。他们到边远乡村、边远牧区、边防哨所开展义诊活动，这个做法一直沿袭到现在。"江苏医生来了"，成了当地农村最大的喜讯。

丁强说："在一所小学，我们对1000个孩子做筛查，发现其中有39个孩子患先天性心脏病。"

丁强建议把治疗先天性心脏病作为服务农牧民的一项民心工程来抓，江苏对口支援克州前方指挥部决定整合资金和技术，实施免费救治先天性心脏病患者的"润心计划"。

丁强的目标是以"润心计划"为抓手，培养一批手术、麻醉、心脏B超、重症护理等方面的优秀人才，给克州医院留下新技术、新理念。

多来提·卡热是一名《玛纳斯》史诗传唱艺人。2016年5月，她从马背上摔下来，到克州人民医院住院，诊断出有严重的心脏病。她成为"润心计划"第一名患者。

南医大一附院心脏大血管外科学科带头人张石江亲自为她做了手术。多来提·卡热康复后，身着盛装来到克州人民医院为医生们唱起了铿锵有力、欢快热情的《玛纳斯》，她感谢救命恩人："谢谢你们，让我还可以再唱心爱的《玛纳斯》。”

孔祥清、沈振亚、顾海涛等一批国内心血管知名专家先后来到克州，亲手为患者做心脏病手术。他们手把手地带教、毫不保留地授课。在知名专家的精心指导下，克州医院心血管科整体诊治水平快速提高。截至目前，“润心计划”为200多名患者做了免费手术。

师徒结队“院包科”培养人才队伍

江苏以“组团式”医疗援助方式推动克州医院的发展，是援疆工作的一个创举。20名援疆医生被分配到各科室，当地医生抓管理，援疆医生抓技术，协同管理科室。

2017年8月，江苏省卫生计生委与克州人民政府签订了医疗卫生对口帮扶协议，8家省属医院分别与克州人民医院9个科室实施“院包科”、师徒结对子，克州医院选派30余名医生赴江苏进修学习。

44岁的卡德尔江·木沙说，“润心计划”是他技术成长的里程碑，他已独立完成18台心脏手术，此前，他从未做过心脏手术。

在克州人民医院，能够独立开展工作的医生已有20多人。仅2018年，援助医院知名专家来克州人民医院进行送学上门、教学查房、病例讨论、手术带教活动121次，克州也有130名专业人员到江苏跟班学习。

今年3月，南京医科大学同意克州人民医院创建成为南京医科大学附属医院，并联合举办研究生研修班，有32名学员被录取。克州人民医院同时制定中长期人才发展规划，与17家医学院达成教学基地合作意向，医院临床、教学、科研等工作有了强大后盾，解决了长期困扰克州人民医院发展的青年人才引进无保障的难题。

2018年初，丁强还动员在南京市妇幼保健院工作的妻子张蕾一起援疆。当年4月，她投入克州人民医院妇产科的带教工作，科室的诊疗技术正一项项实现从“零”到“一”的突破。

（2019年11月25日《中国青年报》）

【链接】江苏援疆医生陶永飞：艰苦的地方更需要好医生

在援疆年龄“红线”面前，50岁的江苏省中西医结合医院骨科副主任医师陶永飞赶上了最后一班车。万里援疆，一年半时间，他治病救人，传道授业，履行了一名医生的责任，也留下了对家人的遗憾。

一台手术　牧民重回家中“顶梁柱”

当看到赛都拉时，陶永飞震惊了。工作20多年，他接诊过数万名病人，从来没有见过骨伤这么严重的——前臂畸形，呈四五十度折角，一条胳膊断成了“三节棍”，不仅右手废了，整个上身都受到影响。

原来，赛都拉两年前从马上摔下来，摔断右臂肱骨，医生给他简单包扎，骨伤没有愈合，在骨伤处形成一个新的关节。于是，右手就断成了“三节棍”，因为没钱做手术，这条废胳膊已经折磨了他两年多。

50岁的赛都拉原本是家里“顶梁柱”，骨伤不但给他带来病痛，也让家里生活更加艰难。

2018年初，赛都拉听说江苏来了一批医术精湛的医生，在国家免费医疗政策的支持下，他专程到州人民医院看病。尽管陶永飞是一名经验丰富的骨科医生，但赛都拉的病情复杂程度超出他的想象。骨骼、肌肉严重错位，神经、血管胡乱长在一起。给病人手臂全方位拍片，请教后方专家远程会诊，组织全科一起开了好几个术前讨论会，陶永飞对病人可能出现的问题做了全面的手术预案。由于准备充分，手术十分顺利，没有出现并发症，赛都拉恢复得很好。

一个决定　留下了对家人的愧疚

在援疆之前，陶永飞曾犹豫和矛盾，妻子在医院做护士，孩子在国外读书，家里4位老人已是耄耋之年，岳母大面积脑梗，脏器衰竭，常年病卧在床。

听说他要去援疆，岳父只在一旁掉眼泪。多年来，他们已经习惯了和女婿在一起生活。已经50岁的陶永飞，这是他最后的援疆机会，过了这个年龄，他就不能再去援疆。下定决心来到克州后，他每天忙得团团转，但总要抽出时间和老人视频，嘘寒问暖。

2018年中秋节前一天中午，陶永飞刚从医院回到宿舍，就接到家里的电话，岳母过世了。他一下蒙了，眼泪哗的一下流了下来……

一批徒弟　承接了医疗技术的传承

在陶永飞来之前，州人民医院骨科已经三四年没有援疆医生了。陶永飞到来后，发现科室手术前讨论制度不健全、医生缺乏手术交流、新的技术和理念没有及时更新等一系列问题，也因医疗技术落后，牧区许多骨伤病人不能得到及时有效的救治，骨伤矫正不到位，病人拖延很长时间后才就医，常常导致畸形。

在全面了解情况后，陶永飞成立各种质量控制小组，收了3个徒弟，组织科室医生每周开讲座，完善术前讨论制度，要求医生在手术前进行充分讨论，各抒己见，进行各种风险推演，确定最佳手术方案。

陶永飞有时候一天要做三四台手术。在手术台上，他手把手教徒弟；手术后，他要带着徒弟逐个查床，讨论病例，并给他们教授生物力学矫正矫形、快速康复理念等新技术新理念。

援疆即将结束，陶永飞感慨地说："我在这里有失有得，失的是和家人的陪伴，得的是对边疆的了解，交了一批朋友，留下了技术传承，还有我自己的历练。"

（2019年11月26日《克孜勒苏日报》）

江苏援疆医生、自治区『优秀援疆干部人才』陶永飞（左三）在克州人民医院进行现场教学（2018年摄）

二、医疗人才“组团式”援疆

2016年，在中共中央组织部统筹推进下，国家卫生计生委组织实施医疗人才“组团式”援疆工作，由7个省市省属三甲医院支援新疆南疆4地州及塔城、吐鲁番和兵团一师等地8所医院。根据对受援医院的评估情况确定若干科室和工作目标，成批次组团选派医疗骨干，提升受援医院医疗服务能力和整体管理水平，这是卫生援疆模式创新。

江苏作为国家首批7个医疗人才“组团式”援疆省份之一，认真贯彻中央有关规定和要求，积极探索和实践医疗“组团式”援疆的江苏模式。加强“组团式”援疆统筹规划，分类制定组团医疗援疆长、中、短期发展规划及具体实施方案，实现远期有规划、年度有要点、人人有任务，推动组团医疗援疆工作不断取得更大成效。根据受援地区医疗发展存在的薄弱环节，整合江苏优质资源，从医、教、研等多方面开展对口支援，坚持“好中选优、优中选强”的选拔原则，确保援助团成员政治素质好、工作能力强、作风过得硬。细化医疗人才“组团式”援疆目标任务、援助方式及保障措施，有效推进医疗人才“组团式”援疆。通过“以院包科”（一所医院带动一个科室、一名人才引领一个科室、一个科室服务一方群众）、首席专家制、柔性引才、进修培训、量化考核等方式，不断提升受援地医疗服务和管理水平，既让边疆各族群众在家门口就能享受到优质医疗服务，又帮助当地医生提高医疗技术，为受援地留下一支“带不走的医疗队”。

“组团式”援助克州医院 2016年4月，江苏向克州派出首批“组团式”援疆医疗队18人，来自江苏省人民医院、苏州大学附属第一医院、南京医科大学第二附属医院、江苏省中西医结合医院、江苏省肿瘤医院、徐州医科大学附属医院、南通大学附属

江苏省第一批（第一期）『组团式』援克州人民医院医疗队（2016年摄）

江苏省第二批(第一期)『组团式』援克州人民医院医疗队(2019年摄)

医院7所省属三甲医院，涉及消化科、妇科、普外科、心血管科、心胸外科、麻醉科、肿瘤内科、肾病内科等科室，开启医疗人才“组团式”援疆工作。2017年2月，第二批20名江苏“组团式”医疗人才进驻克州人民医院。至2020年，江苏从9所省属医院共选派63名优秀人才对口支援克州人民医院。加大投入力度，2016年起，每年向克州人民医院投入资金不少于1300万元，其中软件建设不少于500万元。支持克州人民医院硬件建设，重点打造健康管理中心、康复医学中心。加强“组团式”援疆统筹规划，制定克州人民医院工作计划及中长期发展规划，制定《医疗人才组团式援疆十年规划(2017～2027年)》《医疗人才组团式援疆三年行动计划(2017～2019年)》等指导性文件，每3年为一个批次，帮助克州人民医院建成“业务精湛、服务周到、管理科学、环境温馨”的区域医疗服务中心。

“院包科”模式　这是江苏省推出的一种新型医疗援疆模式，旨在落实“精准援助、培养人才、按需援助”理念，充分发挥支援方医疗卫生资源优势，按照受援地疾病谱、就医服务需求等实际情况，不断完善援助工作机制，把特色、重点科室发展作为提升医疗核心技术的突破口，在受援医院创建一批国家级临床重点学科，培育一批自治区级临床重点学科，全面推动克州医疗事业跨越式发展。2017年，江苏安排8所省属三甲医院专家组团援助克州人民医院9个科室。其中，江苏省人民医院医疗专家负责心脏内科、康复医学中心，南京医科大学第二附属医院负责健康管理中心，江苏省肿瘤医院负责肿瘤科，苏州大学附属第一医院负责心血管外科，徐州医科大学附属医院负责重症监护科，江苏省中医院负责消化内科、感染科，江苏省中西医结合医院负责中医科，南通大学附属医院负责普外科。2019年，增加江苏省口腔医院负责口腔科。在“院包科”科室推行“双主任”制，本地医生、援疆医生分别任科室行政、业务主任，既让援疆医生开展业务工作，又充分调动当地医生积极性。聘任后方知名专家担任“院包科”科室首席专家，统领学科建设、人才培养等工作，为持续有效帮扶结对科室夯实基础。强化柔性引才，开展适宜当地的新技术、新项目推广与运用，发挥后方医院技术特长，找准受援科室学科上的薄弱点和空白点，邀请后方知名专家赴克州开展送学上门、教学查房、病例讨论、手术带教等活动，形成“前方连后方”“大团带小团”支援格局，帮助提升受援医院学科建设水平。“院包科”援疆模式实施以后，医院急危重症患者抢救成功率和三、四类手术实施率及住院病人转诊率呈明显“两升一降”态势。

“师带徒”机制　江苏援疆团队把人才培养作为重中之重，因地制宜建立形式多样的“师带徒”工作机制，采取团队带团队、专家带骨干、师傅带徒弟、送到后方医院深造等方式，培训克州医疗人才。克州人民医院各个科室制定《“组团式”援疆人才与克州人民医院“一对二”师徒对接方案》，明确每名援疆专家带教1～3名当地医生，援疆专家与医务人员结成师徒对子，签订目标责任书。制定个性化培养方案，合作开展科研项目。至2020年，江苏援疆专家累计结对徒弟220余人，传授新技术、新项目200余项，共同申报科研课题30余项，带动医院获得自治区级课题4项。推动实行首席专家制，首席专家由包科医院选派，全面负责所在科室整体规划、学科建设、人才培养、医疗质量管理等工作。完善“传帮带”人才培养机制，通过克州医生到江苏进修，江苏专家到克州送教、远程授课、结对帮带等多种方式，帮助克州人民医院培养医疗人才，提升克州人民医院医疗技术和管理水平。

2017年8月，江苏省医院协会管理干部培训基地落户克州。当年11月，中共中央

江苏省第三批（第一期）『组团式』援克州人民医院医疗队（2020年摄）

江苏、克州医卫系统签订“院包科”协议（2017年摄）

江苏“组团式”医疗援疆克州人民医院“师带徒”结对签约仪式（2017年摄）

组织部、国家卫生计生委把克州人民医院作为“组团式”医疗援助观摩点。同年，励建安院士工作站、阮长耿院士工作站相继在克州人民医院落户。2018年12月，江苏援克指挥部被国家标准化管理委员会批准为唯一的“组团式”医疗援疆标准化试点单位。2019年7月，克州人民医院挂牌“南京医科大学附属克州人民医院”。至2020年，江苏累计投入援助资金2.1亿元，克州人民医院编制床位数由898张增加至1500张，固定资产由3.2亿元增长到8.9亿元，门诊、出院和手术人次连续3年增幅13%以上，建成三级甲等医院和南疆地区医疗中心，医院被国家卫生健康委评为“保障医疗安全示范医院”，成功申报自治区级危急重症孕产妇救治中心，被新疆护理学会第十届理事会评为先进团体会员单位。

2017年起，昆山市、无锡市、常州市分别“组团式”援助阿图什市人民医院、阿合奇县人民医院、乌恰县人民医院，建立江苏专家送学克州、培训当地人才的长效机制。

附：

克州人民医院

该医院始建于1954年7月，前身为阿图什卫生院。在江苏援疆的帮扶下，至2022年，医院发展成为一所学科健全、设备完善、技术力量雄厚，集医疗、教学、科研、预防、保健、急救、康养于一体的三级甲等综合医院，编制床位1500张、开放床位1800张，各种先进的医疗设备1000余台（件），高级职称技术人员占全院职工总数30%以上。建成自治区重点专科5个（药剂科、产科、呼吸科、泌尿外科、普外科）、自治州级重点专科6个（心血管科、神经外科、中医科、重症医学科、麻醉科、临检中心）。医院总占地10.2公顷，业务用房总面积13万余平方米，分医院本部和友谊路分院以及正在建设中的传染病3个院区，是国家级住院医师规范化培训基地、江苏省"组团式"医疗援疆受援医院，国家级胸痛中心、全国高级卒中中心建设单位、新疆维吾尔自治区首批互联网医院、5G项目试点医院。

2016年5月6日，克州人民医院江苏『组团式』援疆专家『师带徒』拜师仪式

2016年8月16日，患者向克州人民医院江苏援疆医生、自治区优秀援疆干部人才张蕾（左二）赠送锦旗

"组团式"援助伊犁州医院 2016年4月，江苏医疗人才"组团式"援疆在伊犁州友谊医院启动。伊犁州奎屯医院、伊犁州新华医院、伊犁州中医医院、伊犁州妇幼保健院普外科、心血管外科、重症医学科、儿科、妇产科5名援疆专家，被以名誉科主任形式聘请到州友谊医院进行为期1～3个月的集中帮扶、重点打造，使江苏优秀人才、优质资源发挥最大效益，提升州直医院医疗综合服务能力，同时实现州直各大医疗机构间良性互动、协调发展。江苏后方支援单位还派出相关专家组团短期赴伊犁州，全力帮扶伊犁州友谊医院通过三级甲等医院复审，帮助伊犁州奎屯医院、伊犁州中医医院、伊犁州新华医院创建三级甲等医院。伊犁州部分受援医院加入江苏省对口支援单位医疗集团，达到资源共享、优势互补，在合作共赢上实现新突破。

2017～2019年，江苏援伊指挥部持续放大医疗人才"组团式"援疆效应，重点打造伊犁州胸痛中心、卒中中心、孕（产）妇危急重症救治中心、儿童医学中心、脊柱创伤中心、心脏大血管病诊疗中心、口腔医学中心、生殖医学中心、邹燕勤国医大师传承工作室和哈萨克医药创新研发中心10个临床医学中心，帮助引进10个江苏专家团队，构建伊犁州卫生健康人才高地。10个中心填补伊犁州34项新技术空白。其中，BENTALL+半弓置换术填补自治区空白，1项研究获发明专利。2019年，伊宁县、新源县、察布查尔县、尼勒克县建成紧密型县域医联体，基本实现小病不出村（社区）、常见病不出乡（镇）、大病不出县。

【链接】变零星选派为集体作战——江苏实施"组团式"医疗援疆

2017年12月3日上午9点，江苏已是太阳高照，但在新疆克孜勒苏柯尔克孜自治州，依然是天色朦胧，东方欲晓。全国著名血液病专家、苏州大学附属第一医院血液科主任吴德沛教授，带领克州人民医院的医生们例行查房。他仔细询问患者病情，一一叮嘱注意事项。

在江苏省卫生计生系统的大力支持下，从2016年开始，江苏探索实施"组团式"医疗援疆模式，分两批从8个省属三甲医院选派40多名医疗骨干组团援助克州人民医院。

江苏省对口支援新疆克州前方指挥部总指挥、克州党委副书记关永健说，"组团式"医疗援疆工作变过去零星选派、单兵作战为组团选派、集体作战，有力提升了克州人民医院医疗服务和管理水平，既让边疆各族群众在家门口就能享受到优质医疗服务，也帮助当地医生提高医技，为克州留下了一支"带不走的医疗队"。

"江南名医"来到家门口

"我从来都没想过自己的病能被江苏的大夫治好，他们救了我的命！我的家庭条件不好，如果没有他们的帮助，我不可能恢复到现在这个样子。感谢江苏来的大夫！"这是"润心计划"援疆医疗项目的受益患者——新疆克州柯尔克孜族说唱艺人多来提·卡热发出的感慨。

多来提患有严重的心脏病，必须接受手术才能确保生命安全。然而，当地医院却没有实施这项手术的条件，多来提需要被转至乌鲁木齐治疗，但家里拿不出高昂的医药费。正当多来提一家愁眉莫展之际，江苏省人民医院与克州人民医院联合开展的“润心计划”组团援疆医疗项目找到了他们。

地处帕米尔高原之边、海拔1300米的地域环境，加上饮食习惯和医疗条件的限制，克州的心脏病患者较多。2016年6月，由江苏省人民医院心脏大血管外科、心血管内科、麻醉手术科等科室的13名成员组成的首期“润心计划”专家团队抵达克州，在一周的时间里为当地患者实施了6台心脏外科手术，多来提就是其中的受益者。

“润心计划”是“组团式”医疗援疆的一个项目。自2016年6月至今，该计划已经先后开展了8期，为当地患者实施了62台心脏手术，术后通过当地医生随诊、远程会诊指导等方式，保障患者尽快彻底康复。

“做好对口援疆各项工作，是江苏省委、省政府交给我们的光荣任务，更是我们义不容辞的政治责任和担当。”关永健说，2017年江苏前指共安排援疆项目70个、资金4.9亿元，克州各族老百姓已从中得到“看得见、摸得着”的实惠。

“组团式”医疗援助成了真真切切的帮助。江苏省人民医院党委副书记、克州人民医院院长丁强介绍，2017年医院接诊患者2.02万人次，实施手术1505台次，相比同期增长近10%，越来越多的各族群众在家门口享受到“江南名医”的优质服务。

“院包科”，填补西部医院空白

新一轮对口援疆开展后，江苏省有关领导率团到克州，从医疗状况、科学布局、人才梯队、管理模式等多角度开展调研，一个极具创新的医疗援疆计划出炉：“院包科”援疆思路。

根据克州的需求，江苏省从8家省属三甲医院选拔出了20名医疗专家和管理人才，其中有教授、副教授，还有各医院的领军人物，对口负责克州人民医院的9个科室，开展为期一年半的援疆服务。

江苏省人民医院党委副书记丁强被委派为克州人民医院院长，全面负责克州人民医院的运营管理。他说，“院包科”让所有援疆医疗人才均在相关科室担任科室主任，全面负责科室管理，目的就是促进克州人民医院专业科室持续发展。同时，这8家后方医院还是受援科室的大本营和大基地，无论是技术还是药品、器械，都会给予全方位的支持。

“组团式”援疆医疗团队以“常见病、多发病就地解决”为目标，集中力量打造符合受援地医疗服务需求和医院实际的新科室、重点科室和特色科室，采用新技术新项目，不断填补自治区和各地医疗技术的空白。

克州人民医院心胸外科主任卡德尔江·木沙说，之前的克州人民医院不能做心脏手术，2016年江苏省援疆医生来了后，组建了克州人民医院心胸外科。“自2016年6月以来，江苏援疆医生在我院共做了8批次心脏病手术，没有一例死亡，恢复得都很好。”

一所医院带动一个科室，一名人才引领一个科室，一个科室服务一方群众。“在江苏省‘组团式’援疆医生的带领下，我们医院填补了多项技术空白。”克州人民医院党委书记艾斯卡尔·白西尔感慨地说，“没有江苏的无私帮助，哪有我们医院的快速发展！”

据介绍，“院包科”援疆模式实施以来，医院急危重症患者抢救成功率和三、四类手术实施率以及住院病人转诊率呈“两升一降”态势，特别是转诊转院量同比减少5.2%。

除了医技的提高，管理也上了一个台阶。苏州大学附属第一医院副院长、克州人民医院副院长刘济生说："克州人民医院原来的体检科设置不合理，群众体检要到六楼登记，二楼验血，负一楼拍片子，四楼做B超，往往大半天都完不成体检。"江苏医疗援疆团队来了之后，投资1300万元，在原来体检科的基础上建了一个一站式健康中心。"开业第一天就为300名学生完成体检，3个月为11400名群众完成体检并建成健康档案，非常方便快捷。"刘济生说。

留下一支"带不走的医疗队"

卡德尔江·木沙从医18年，虽然是一名心脏外科大夫，却没做过一台心脏手术，而2017年以来，他的技术成长堪称快速，因为心胸外科目前已经实施的62例心脏手术中，有4例是由他主刀。卡德尔江说："心脏手术一出事就是大事，所以我在手术筹备阶段就有很大压力，江苏来的专家叶文学主任一直鼓励我，还给我当助手，全程指导我，让我得以顺利完成手术。"

从前一直怀疑这么高难度的手术能否做下来，4例手术后，卡德尔江的专业技术获得了很大提高，自信心也骤增。

"医疗'组团式'援疆不仅要给当地患者看病，更重要的是培养当地医疗卫生人才。"丁强说，留下先进的技术与管理经验，克州百姓才能持久享受高质量的医疗服务。眼下，克州人民医院医疗水平和管理能力持续提档升级，并成功登上创建"三甲医院"的平台。关永健说，"组团式"医疗援疆模式不仅"骑自行车带人"，更重要的是"教会别人骑自行车"。江苏援疆医疗团队把人才培养作为工作的重中之重，因地制宜建立形式多样的"师带徒"工作机制。

刘济生说，为了不断完善"传帮带"人才培养机制，除了采取团队带团队、专家带骨干、师傅带徒弟、送到后方医院深造等方式，各个科室还制定了《"组团式"援疆人才与克州人民医院"一对二"师徒对接方案》，明确要求每个专家指导带教1到3名医师，目前，已有40余名医务人员与援疆专家结成师徒对子，并签订目标责任。同时，当地还实行柔性引才。2017年，由美国国家医学院国际院士励建安教授和中国工程院院士阮长耿教授领衔的院士工作站双双落户克州人民医院，重点打造康复医学中心和血液科。这在克州尚属首次，标志着培养克州医疗人才工作迈向更高层次。

"把'输血'真正变'造血'，留下技术，克州百姓才能持久地享受高质量的医疗服务。"克州党委常委、组织部长龙明姬说，"'组团式'医疗援疆模式不仅有效缓解了医疗战线专业人才资源不足的状况，更为克州医疗事业的持续发展奠定了人才基础，为克州打造一支'永远不走的医疗团队'。"

（原文刊载于2018年1月24日《人民日报》，本文有删节）

三、科室建设与诊疗技术创新

科室建设　江苏援疆医疗卫生人员和后方江苏医疗机构相互配合，集中优势力量打造一批符合受援地医疗服务需求和医院实际的新科室、重点科室和特色科室，受援医院科室品牌效益日渐显现。前3批援疆医疗卫生人员大多担任受援医院副院长和科室主任，通过建立规章制度、加强临床带教工作，由点及面加强受援医院科室规范化建设，提高诊疗水平。至2010年，江苏援疆医疗卫生人员推动受援医院创建新的临床科室11个。

2010年新一轮对口援疆工作开始后，随着援疆医疗人才增多，江苏医疗卫生援疆重心逐渐向县区医院倾斜，受援医院新科室建设进一步加强，一大批新科室和特色科室得以创建，促进受援医院医疗技术水平快速提升。2011～2013年，江苏第七批援疆医疗卫生人员立足自身专业优势、发挥个人才智，开展定向帮扶，实施“1+2”帮扶模式，引领科室发展。推进示范科室共建工作，徐州医科大学附属医院帮助伊犁州奎屯医院重点建设肾脏内科、神经内科等科室。2013年4月，伊犁州奎屯医院创建为三级甲等医院。无锡市疾控中心帮助阿合奇县食品安全监测中心建设规范化实验室，开展以纯净水为主的19项理化和微生物项目检测工作。在克州受援医院新开设危重医学科、病理科、新生儿科、眼科五官科病区，共同建立心内科、急诊科，完善医院科室配备。

2014～2016年，江苏第八批援疆医疗卫生人员聚焦对口援助全覆盖，推动伊犁州州直卫生系统与江苏省对口支援单位全面签署交流文本。重点帮扶州本级对口科室50

2019年8月23日，江苏援疆医生参与建设的阿图什市人民医院外二科成立。图为科室全体人员合影

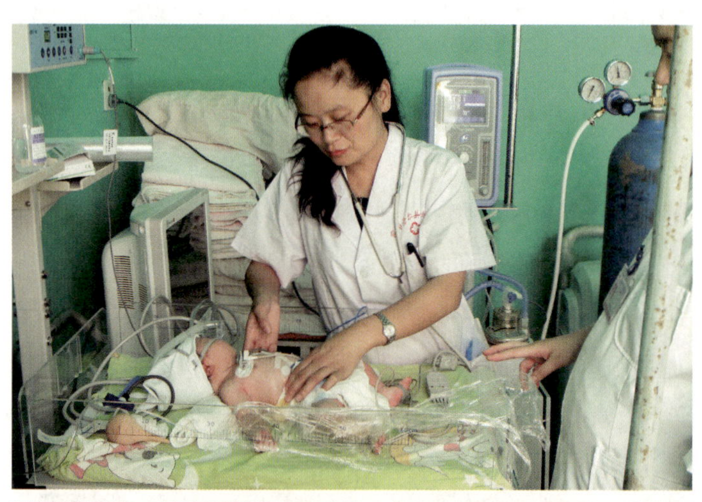

江苏援疆医生帮助察布查尔县妇幼保健院建立『蔡金兰新生儿科』。图为蔡金兰在抢救早产儿（2011年摄）

克州人民医院励建安（左）院士工作站揭牌仪式（2018年摄）

个、县市级对口科室181个，通过开展学术讲座、带教查房、手术演示和学术交流等工作，提升智力援疆层次。打造“江苏名医伊犁行”“江苏伊犁中医膏方节”“伊犁卫生人才骨干培训”等一大批影响深远的卫生人才培养项目，为当地医院科室建设和卫生事业发展注入新动力。在援疆医生帮扶下，伊犁州友谊医院加入江苏省人民医院医疗集团；伊犁州妇幼保健院加入南京市妇幼保健院医疗集团；伊宁县人民医院泌尿外科、察布查尔县人民医院骨科、巩留县人民医院脑外科等逐步发展壮大，成为当地特色科室和名牌科室。

2017～2019年，江苏第九批援疆医疗卫生人员创新思路，打造江苏医疗援疆特色品牌。依托江苏优质医疗资源，在伊犁州以群众就医问诊急需急盼的重点专科为切入点，结合区域医疗机构功能定位和发展方向，统筹伊犁州友谊医院、奎屯医院、新华医院、中医医院和妇幼保健院5家州级医疗机构，打造心脏大血管疾病诊疗中心、孕产妇危急重症救治中心等伊犁州十大临床医学中心，多项技术填补自治区空白。2018年7

月，伊犁中医医院成立邹燕勤国医大师传承工作室。在克州，江苏援疆医疗卫生人员担任克州人民医院院长、副院长及医务部、科教部、门诊部等主要管理部门负责人和各科室负责人，建立健全医院管理、医疗核心制度、风险管理、绩效管理等方面规章制度150多项，提升医疗质量安全和精细化管理水平。承担援派任务的8所省属医院与克州人民医院9个临床科室结成对子，实行“院包科”帮扶，帮助克州人民医院新成立心胸外科、肾内科、血透室、肿瘤内科、血液科、脊柱外科等科室。帮助克州人民医院引进励建安院士工作站、阮长耿院士工作站。

诊疗新技术、新项目　江苏援疆医疗卫生人员持续引进新技术、新项目，填补受援地医疗技术空白，不断提升受援地医疗技术水平。1997～2010年，援疆医疗专家共实施新技术、新项目311项，填补伊犁州179项技术空白。2011～2019年，江苏援伊犁州医生引进新技术、新项目900余项，其中594项技术填补伊犁州空白、142项技术填补自治区空白。伊犁州友谊医院建成新疆首个多民族先天性心脏病核心家系标本库。江

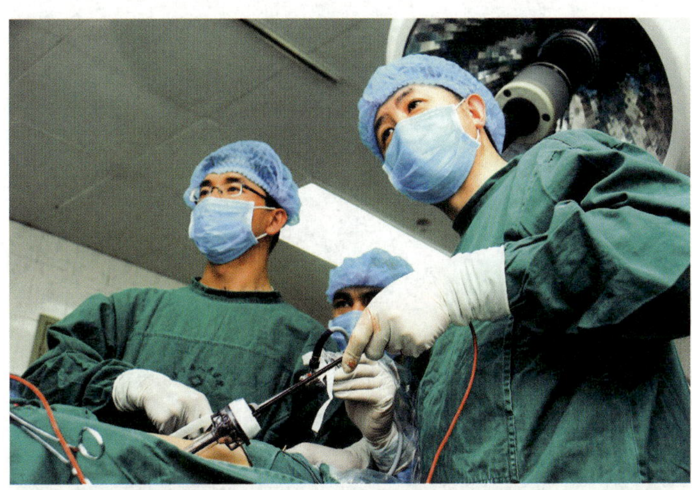

江苏援疆医生实施腹腔镜下肾癌根治演示手术（2011年摄）

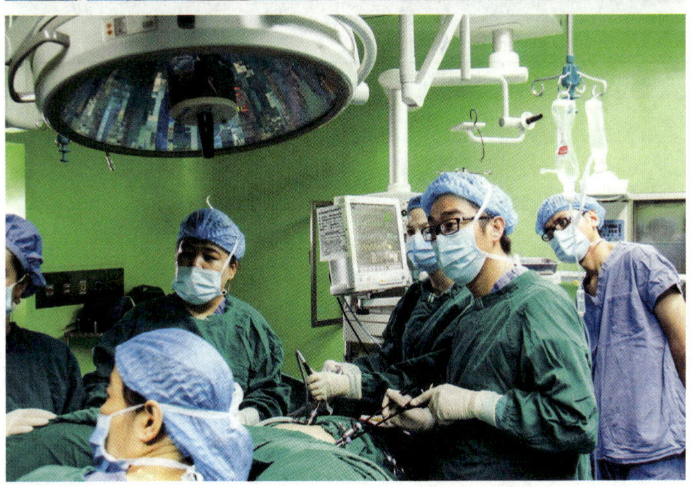

江苏援疆医生指导受援地医生开展腹腔镜手术示教（2014年摄）

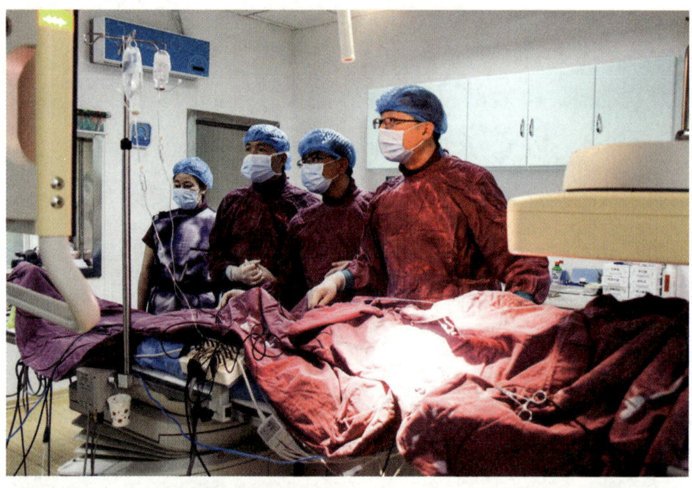

2014年4月17日，江苏援疆医生、自治区优秀援疆干部人才谭晓（右一）率团队开展克州首例阵发性室上速射频消融术

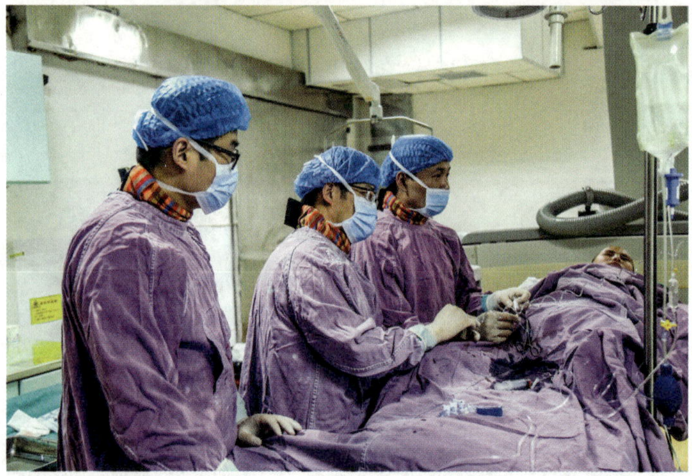

在江苏援疆医生指导下，受援地医生完成克州首例全麻下复杂动脉导管未闭内科介入封堵治疗（2018年摄）

苏援克州医生引进新技术、新项目290余项。其中，2014年，填补当地技术空白37项，开创克州12项医疗技术第一。

【链接】扬州援疆医生攻克罕见妊娠疾病　挽救孕妇生命

10月30日，扬州援疆医生张玲玲在新源县妇幼保健院成功救治一名患残角子宫妊娠的患者。

“我不要住院，我不要手术，我要孩子。”一名情绪很不稳定的孕妇焦躁地跟值班医生说。值班医生努力安慰着病人，看着病人的检查单，严肃而认真地说：“你这种情况很危险，如果异位妊娠破裂、大出血，那是要命的，你必须住院观察治疗，明天请专家会诊进行手术。”

早晨一上班，夜班医生郑莎向张玲玲汇报：“晚上收治的异位妊娠孕妇拒绝手术，认为孩子还活着。”张玲玲详细地查看患者病史。为慎重起见，她带着病人去B超室复查，B超提示：子宫右上方胎囊样包块，性质待定，据头臀径估测孕10周+3天。她结合妇科检查和B超结果，凭着多年丰富的临床经验，考虑残角子宫妊娠可能性很大。她耐心细致地向患者及家属交代病情，反复重申病情的危险性，努力稳定着病人的情绪。苦口婆心地安抚，终于得到了她们的理解并同意手术。在张玲玲的带领下，一个详细而周密的手术计划制定了出来。

下午，手术室护士和麻醉医生紧密配合，手术如期进行。一进入腹腔，手术的复杂性和难度超出了原先的估计。张玲玲副院长一边手术一边向助手详细地讲解残角子宫的发生、解剖，残角子宫妊娠的手术注意事项及手术方法。手术台上，张玲玲有条不紊地指挥和精细地操作，手术台下，护士、麻醉师紧张有序地为手术保驾护航，一台罕见而复杂的手术腹腔镜下右侧残角子宫切除+右侧输卵管切除+盆腔粘连松解术+左侧卵巢囊肿剥除术有条不紊地进行。

终于，患者睁开了眼，气管导管拔出，所有生命体征正常，手术顺利结束。

（2018年11月14日《伊犁日报》）

远程诊疗技术　2014年9月，伊宁市人民医院远程高清网络实时会诊系统与南京市远程医疗会诊中心接轨，借助南京市远程医疗会诊中心，与北京、上海等大城市远程会诊中心联网，通过伊宁市人民医院预约，患者可享受到一流专家高效诊疗服务。2017～2019年，依托江苏省人民医院、南京鼓楼医院等江苏优势医疗资源，构建苏伊远程医疗服务平台；各援助市（区）也积极推动所辖区医疗机构与受援地医疗机构建立

2011年6月15日，江苏省援建的克州人民医院远程医疗会诊中心开通

远程会诊系统，实现江苏省与伊犁州、县（市）、乡镇远程诊疗系统对接，开展远程视频会诊、远程教学查房、远程医学影像诊断等服务。

2011年6月15日，江苏省对口支援克州远程医疗会诊系统开通。该系统总投资166万元，由江苏省人民医院为克州远程医疗会诊提供诊疗技术指导，会诊网络覆盖阿图什市、乌恰县、阿合奇县，保证克州各族群众及时得到一流医院、一流专家优质诊疗服务。2014年，南京医科大学第二附属医院—克州人民医院远程视频会诊系统开通。2017年，克州人民医院与江苏省人民医院结成战略合作医院，并挂牌“江苏省危急重症远程诊疗网络医院”。2019年5月，克州人民医院与苏州大学附属第一医院实现远程会诊。至2019年，克州人民医院与江苏开展多项远程会诊项目，会诊病例超过600例。

江苏省协助受援地医院建设部分科室、中心（工作站）一览表

地　区	受援地医院	科室、中心（工作站）
伊犁州	伊犁州友谊医院	肿瘤治疗中心
		乳腺治疗中心
	伊犁州妇幼保健院	门诊雾化室
	伊犁州中医医院	风湿科邹燕勤国医大师传承工作站
	伊犁州新华医院	口腔医学中心
	伊犁州奎屯医院	脊柱创伤中心
	伊宁市人民医院	放射科
		检验科远程会诊中心
		精神卫生中心
		口腔科
		体检中心
	伊宁市妇幼保健院	妇女保健科
		产后盆底康复中心
	特克斯县江宁人民医院	特色中医理疗科室
		核磁共振专科
	特克斯县中医医院	肛肠科
		妇科
	尼勒克县人民医院	儿科
		心内科
		骨科
		血透中心
		重症医学科

续表

地 区	受援地医院	科室、中心（工作站）
伊犁州	尼勒克县妇幼保健院	儿科
		新生儿科
		产科
	霍尔果斯市人民医院	儿科
		新生儿科
		普外科
		产科
		透析室
		麻醉科
		妇科内分泌门诊
		生殖专科门诊
	巩留县人民医院	脑外科
		病理科
		高压氧舱
		PCR 实验室
	伊宁县人民医院	泌尿外科
		消化内科
	伊宁县中医医院	内三科
	察布查尔县妇幼保健院	蔡金兰新生儿科
		刘红微创妇科
	察布查尔县中医医院	针灸科
		肛肠科
	察布查尔县人民医院	王四清骨科
		王志华心内科
		徐良峰消化内科
	新源县人民医院	眼耳鼻喉科
		新生儿科
		心血管内科
		心血管内科重症监护室
		肾脏内科
	新源县中医医院	中医妇科
		脑病科
		针灸推拿科

续表

地　区	受援地医院	科室、中心（工作站）
伊犁州	新源县妇幼保健院	新生儿科
		不孕不育专科
		宫颈疾病专科
	昭苏县中医医院	胃肠镜室
	昭苏县人民医院	血透室
		重症监护室
		远程会诊中心
		新生儿室
		心脏介入科
兵团	七师中医医院	肛肠诊疗中心
	四师医院	骨科
		金兆辰工作室
		肿瘤放疗科
克州	克州人民医院	肾病内科
		血液透析室
		血液科
		柯医科
		心胸外科
		肿瘤科
		脊椎外科
		急诊病房
		急诊重症监护室
		采购供应科
		风湿免疫科
		内科重症医学科
		励建安院士工作站
		阮长耿院士工作站
	阿合奇县人民医院	儿科
		重症医学科
		重症监护室
		危重症孕产妇及新生儿救治中心
	乌恰县人民医院	危重医学科
		病理科

续表

地　区	受援地医院	科室、中心（工作站）
克州	乌恰县人民医院	新生儿室
		眼科
		五官科
		内一科（心血管、呼吸）
		内二科（内分泌、肾病内、消化内、神经内）
		常州—乌恰骨病防治中心
	阿图什市人民医院	心内科
		急诊科
		新生儿科
		重症医学科
		消化科
		外二科

江苏省帮助受援地医院应用部分新技术、新项目一览表

受援地医院	新技术、新项目名称
伊犁州友谊医院	全腔镜房间隔缺损修补术
	心脏大血管手术
	冠状动脉搭桥术
	肺癌等中心不规则挡铅定位照射技术
	脑垂体瘤旋转定位技术
	脑瘤大野套小野照射技术
	放（化）疗同步治疗宫颈癌低剂量放疗技术
	头颈部恶性肿瘤诱导化疗加放疗技术
	乳腺癌病人使用乳腺托架技术
	肺癌根治术
	食管癌根治术
	巨大纵隔肿瘤切除术
伊犁州中医医院	超声引导下血管穿刺术
	白内障超生乳化加人工晶体插入术
伊犁州新华医院	脑动脉瘤夹闭术
	经鼻蝶垂体瘤切除术
	椎管内肿瘤切除术
	微血管减压术
	小儿无管化经皮肾镜气压弹道碎石术

续表

受援地医院	新技术、新项目名称
伊犁州新华医院	尿道下裂修补术
	输尿管狭窄球囊扩张术
	腹腔镜前列腺癌根治术
	无管化微造瘘经皮肾镜取石术
	腹腔镜下肾肿瘤剜除手术
	腹腔镜下肾错构瘤剜除手术
	后腹腔镜下肾部分切除术
	腹腔镜下双侧腹股沟淋巴结清扫术
	腹腔镜下输尿管膀胱再植术
	牙槽骨修复术＋髂骨取出术
	颌骨骨折切开复位内固定术（口内切口）
	口腔牙种植术
	风心病：二尖瓣＋主动脉瓣置换术
	主动脉夹层：升主动脉置换＋全弓置换＋降主动脉支架植入术
	先心病：室缺修补术
	升主动脉瘤：Bentall+ 部分主动脉弓置换术
	二尖瓣成形术
	三尖瓣成形术
	B 型夹层：降主动脉支架植入术
	缩窄性心包炎：心包剥脱术
	主动脉瓣置换术
	二尖瓣置换术
	先心病房缺介入封堵术
伊犁州奎屯医院	肾移植手术
伊犁州妇幼保健院	贫血三项检查
	呼吸道病原体检测
	过敏原检测
	哮喘诊治
	体外授精—胚胎移植及其衍生技术
	卵母细胞冷冻技术
伊宁市人民医院	腔镜下疝修补术
	双入路多支血管病变支架植入术
	腹腔镜下输尿管切开取石术
	腹腔镜下肾癌根治术

续表

受援地医院	新技术、新项目名称
伊宁市人民医院	多学科合作手术：腹腔镜下双侧精索静脉曲张结扎术 + 胆囊切开清石术
	角膜肿瘤手术
	眼眶脂肪脱垂手术
	上睑下垂矫正手术
	腹腔镜肾癌根治术
	腹腔镜肾盂输尿管成形术
	腹腔镜肾上腺嗜铬细胞瘤切除术
	经尿道前列腺剜除术
	B 超引导下前列腺穿刺活检技术
	下肢动脉缺血性疾病、糖尿病足影像诊断和介入治疗
	静脉性溃疡诊断和髂静脉闭塞介入治疗
	髂静脉受压及两例下肢动脉闭塞治疗
	神经阻滞疗法治疗颈椎病
	葡萄糖酸钙、葡萄糖液联合胰岛素治疗高钾血症
	三磷酸腺苷治疗室上性心动过速
	地尔硫卓治疗严重室上性心动过速
	动静脉内瘘成形术
	膝关节下前交叉韧带重建术
	人工全膝关节置换术
	主动脉内球囊反搏治疗
	根治性右半结肠切除术、小肠间质瘤手术、直肠癌 Hartmann 术
	根治性全胃切除术
	直肠癌根治术
	冬病夏治三伏贴治疗
	改良式横切口在剖宫产中应用
	腹腔镜下腹壁疝修补术
	床旁重症纤维支气管镜检查与治疗技术
	血流动力学监测技术（有创动脉压力监测、中心静脉压力监测）
	ICU 重症镇痛镇静技术
	ICU 重症病人肠内 / 肠外营养技术
	ICU 重症病人容量评估与管理技术
	ICU 重症病人气道管理技术（无创 / 有创机械通气支持技术）
	ICU 重症病人血糖管理技术

续表

受援地医院	新技术、新项目名称
伊宁市人民医院	经皮冠脉左主干病变介入治疗术
	冠脉慢性闭塞病变微导管辅助介入治疗术
	冠脉严重扭曲病变双导丝球囊锚定介入治疗术
	埋藏式心脏复律除颤器植入术
	双腔主动电极永久起搏器植入术
	肺包虫手术
	超声刀下甲状腺癌根治术
	无抽搐电休克治疗
伊宁市维吾尔医医院	糖尿病及并发症中医、维吾尔医治疗
	糖化血红蛋白、电解质测定
	埋线疗法
	放血治疗急性疼痛
	王不留行贴疗法
	肛肠科混合痔外切内扎术
伊宁市妇幼保健院	巴累氏缝合
	利普刀手术
	早孕筛查
伊宁市疾控中心	ICP 检测生活饮用水中 26 种重金属方法应用、高效液相色谱仪检测食品中合成色素方法应用
特克斯县中医医院	运动针法
	醒脑开窍针法
	三九灸
	三伏贴
	火针疗法
	银质针疗法
	胃肠镜诊断及镜下治疗
	关节复位术（膝关节、肩关节）
	二氧化碳激光治疗
	红蓝光治疗仪
	连续硬膜外麻醉操作规范
特克斯县妇幼保健计划生育服务中心	盆底康复治疗
特克斯县人民医院	重症病人及老性疾病诊疗技术应用
	联合麻醉穿刺技术

续表

受援地医院	新技术、新项目名称
特克斯县人民医院	无痛胃肠镜检查
	动脉血压监测
	核磁共振检查技术
	中心静脉穿刺置管术
	右手食指皮瓣移植术
	右侧胫骨骨折外固定术
	颅脑损伤及脑出血手术
	椎管内手术
	奶茶对血脂、血糖的影响（科研项目）
	24 小时尿蛋白、C 肽实验、胰岛素检测
	精索静脉曲张手术
	大隐脉高位结扎及剥脱术
	复杂性动静脉内瘘成形术
	长期静脉导管拔除术
霍城县第一人民医院（霍城县江苏医院）	经腹腔镜右肾切除术
	经腹腔镜胆囊切除胆总管造影术
	经腹腔镜肝右叶囊肿去顶术
	经输尿管镜膀胱多发结石气压弹道碎石冲洗术
	简易持续气道正压通气系统治疗新生儿呼吸窘迫
	甲强龙在喘息性肺炎及重症感染中应用
	过敏原检测
	小儿甲状腺功能亢进诊治
	全肾切除 + 根治
	术后早期肠内营养支持治疗
	免气腹腹腔镜下阑尾切除术
	腹腔镜下食道裂孔疝修补术
	全麻下行腹腔镜胆囊切除 + 甲状腺次全切除术
	眼底荧光造影
	食道裂孔疝修补术
	宫颈癌根治术（广泛子宫全切术 + 盆底淋巴结清扫）
	腹腔镜下输卵管切除术
	经鼻气管插管全麻
	喉罩在全凭静脉麻醉中应用

续表

受援地医院	新技术、新项目名称
霍城县第一人民医院（霍城县江苏医院）	光棒在困难气管插管中应用
	小儿插管全麻临床应用
	颈丛臂丛联合阻滞麻醉临床应用
	经锁骨下静脉穿刺置管术
	腹腔镜下双侧附件囊肿剥除术
	腹腔镜下盆腔粘连松解术 + 双侧输卵管造口术 + 双侧输卵管通液术
	七氟烷在小儿全麻诱导中应用
	视频喉镜在困难气管插管中应用
	双腔管支气管插管单肺通气在胸科手术中应用
	腹膜后巨大淋巴水瘤切除术
	小切口下肢静脉团块剥脱术
	右肺下叶切除术
	甲状腺癌标准根治术
	乳腺囊肿穿刺术
	左肾盂切开输尿管镜下气压弹道碎石后取石术
	经尿道输尿管镜钬激光碎石术
	经皮颈内静脉半永久导管植入术
	颈内静脉置管术
	胃镜下碘染色后靶向活检在食管病变诊断中运用
	全身麻醉内镜 EMR 术
	乳腺癌个体化疗
	改良切口甲癌颈淋巴结清除术
	腹腔镜下卵巢囊肿剥除术 + 缝合成形术
	外阴瘘管切除术
	腹腔镜下子宫肌瘤剥除术
	腹腔镜下全子宫切除术
	曼氏手术（宫颈部分切除 + 阴道前后壁修补术）
	盆腔脓肿清除术 + 腹腔镜下盆腔粘连松解术 + 右侧输卵管切除术
	动静脉内瘘成形术
	内镜下食管支架植入术
	支撑喉镜下会厌囊肿摘除术
	股骨粗隆间骨折闭合复位 PFNA 固定术

续表

受援地医院	新技术、新项目名称
霍城县第一人民医院（霍城县江苏医院）	经腹会阴直肠癌根治术
	磁共振泌尿系水成像
	磁共振胰胆管水成像
	磁共振弥散加权成像
	磁共振弥散张量成像
	磁共振波谱分析
	磁共振血管成像
	膝关节关节镜下半月板成形术
	前列腺剜除术
	乙状结肠腺癌手术
	腹腔镜下肾盂癌根治术（左肾 + 左输尿管全长切除 + 膀胱袖状切除术）
	Kegel 运动配合麦澜德盆底治疗仪对产后盆底功能障碍性疾病的影响
	拉玛泽呼吸法对促进自然分娩的影响
霍城县中医医院	腹腔镜胆囊切除术
尼勒克县人民医院	先天性手指屈曲畸形矫形术
	腹腔镜下普外科微创手术
	V-Y 推进皮瓣修复创面术
	微创经皮钢板内固定术
	微创治疗股骨粗隆间骨折
	急性心肌梗死溶栓术
	全膝和全髋人工关节置换术
霍尔果斯市人民医院	心脏、颈部血管超声检查
	同型半胱氨酸检查
	下肢大血管彩超、腔内超声探头应用、特殊浅表器官和疾病诊查
	全身麻醉下肩关节复位术
	超声筛查先天性心脏病
	中心静脉穿刺术
	急诊嵌顿疝复位修补术
	伤口 VSD 引流术
	宫颈扩张术
	全麻下跖骨切开复位术
	难愈合伤口藻酸盐治疗

续表

受援地医院	新技术、新项目名称
巩留县人民医院	颅内血肿立体定向微创穿刺血肿引流
	阴道镜下宫颈癌筛查
	开颅颅内血肿清除术
	YL–I 型颅内血肿粉碎穿刺术
	腹腔镜下卵巢囊肿剥除术
	肝门部胆管癌根治术
	腰椎压缩性骨折经皮后路椎体 PKP 术
	骨科手术牵引床在髋部骨折闭合复位内固定术中应用
	经尿道膀胱肿瘤电切术
	腹腔镜肾部分切除术
伊宁县中医医院	腹腔镜胆囊切除术
	半髋置换术、膝关节置换术
	内镜下黏膜切除术
伊宁县妇幼保健院	DST 联合 52 项神经运动检查在脑瘫高危儿筛查中应用
伊宁县人民医院	电子胃肠镜检查
	急性心肌梗死静脉溶栓治疗
察布查尔县妇幼保健院	无创呼吸机及高危救治技术
	新生儿静脉营养
	三次及三次以上剖宫产手术
	用利普刀做宫颈赘生物摘除术、黏膜下子宫肌瘤经阴道摘除术
	微创腹腔镜手术
	背带缝合术
	腹腔镜下子宫肌瘤切除 + 盆腔粘连分解术 + 宫腔镜下双侧输卵管插管通液术
	妊娠期糖尿病筛查
	全子宫 + 双附件切除、次全子宫切除
察布查尔县中医医院	葫芦灸
	血气分析及操作手法
	胃镜技术
	混合痔外剥内扎术、肛周脓肿切开挂线引流术等肛肠科手术
	治愈首例 Sheehan 综合征、甲状旁腺功能减退症
察布查尔县人民医院	双侧股骨头坏死人工全髋关节置换术
	双膝关节类风湿性关节炎膝关节表面置换术
	陈旧性肩关节脱位切开复位内固定术

续表

受援地医院	新技术、新项目名称
察布查尔县人民医院	肘管综合征治疗
	先天性髋关节脱位内收肌切断复位蛙式石膏外固定术
	拇外翻畸形切开矫形内固定术
	陈旧性肘关节脱位切开复位内固定术
	四肢长骨干骨折闭合复位髓内钉内固定术
	无创呼吸机治疗Ⅱ型呼吸衰竭
	无创呼吸机治疗机械肺水肿
	心包穿刺置管术
	锁骨下静脉穿刺置管术
	临时和永久起搏器植入术
	米力农治疗顽固性心衰
	胺碘酮治疗恶性心律失常
	阴道前壁修补术
	陈旧性会阴裂伤修补术
	经腹小切口子宫切除术
	宫角妊娠保守治疗
	B 超监护下双氧水双侧输卵管道通液应用
	宫颈微型切除术
	改良式剖宫产
	手法旋转在头位难产中应用
	卵巢畸胎瘤剥离术
	急性 ST 段抬高型心肌梗死超急性期溶栓治疗
	初发 II 型糖尿病胰岛素泵治疗
	VSD 封闭引流 + 中药外敷治疗慢性骨髓炎
	小开窗减压髓核摘除术治疗腰椎间盘突出
	切开复位钢板内固定治疗跟骨粉碎性骨折
	克氏针经皮邻近掌骨固定治疗第一、第五掌骨骨折
	肱二头肌腱断裂止点重建术
	膝后交叉韧带撕脱骨折止点重建术
	胫骨平台骨折内外侧入路切开复位内固定术
	经皮微创内固定治疗股骨髁部骨折
	切开复位经皮克氏针固定治疗儿童桡骨颈骨折
	陈旧性肘关节腕部切开复位术

续表

受援地医院	新技术、新项目名称
察布查尔县人民医院	间断调整石膏治疗小儿肱骨髁上骨折
	股骨头坏死件髋臼发育不良全髋置换术
	肩胛骨骨折手术
	复杂胫骨平台骨折治疗
	习惯性髌骨脱位手术
	肘内翻手术
	顽固性心力衰竭诊治
	右侧股骨粗隆间骨折近端解剖型锁定钢板内固定术
	右侧全髋关节置换术右侧跟骨粉碎性骨折切开复位内固定术
	右侧肱骨外科颈骨折治疗
	粉碎性骨折切开复位内固定术
	腰椎骨折钉棒系统内固定术
	右侧拇外翻畸形截骨矫形术
	右侧肱骨外科颈粉碎性骨折解剖锁定钢板内固定术
	右侧胫腓骨粉碎性骨折交锁髓内钉内固定术
	内镜下活检术
	内镜下止血术
	无痛胃镜
	心包穿刺术
	慢性心力衰竭治疗
新源县人民医院	关节镜下交叉韧带重建术
	经肌间隙微创小切口技术治疗胸腰椎骨折
	耻骨联合螺钉技术
	腹腔镜宫颈癌根治术
	腹腔镜下全子宫切除术
	急性心肌梗死急诊介入治疗手术
	恶性卵巢肿瘤摘除术
	冠状动脉造影术、冠状动脉支架植入术
	肾穿刺活检术
	咽旁手术（颈外经络咽旁肿瘤切除术）
	支撑喉镜下咽肿物活检术 + 右侧颈淋巴结清扫 + 喉全切除术 + 气管道瘘术
新源县妇幼保健院	子宫脱垂腹腔镜阴道骶骨固定术
	腹腔镜下全子宫切除术

续表

受援地医院	新技术、新项目名称
昭苏县中医医院	督脉灸
	子宫输卵管造影 + 子宫输卵管通水
兵团七师医院	食道癌根除术
	贲门癌根除术
	胸腔镜下肺大泡切除术
兵团四师医院	髋关节置换术后感染伴股骨中上段大段缺损翻修手术
	髋关节置换手术
	血管栓塞治疗技术
	眼角膜移植术
	吻合器上痔黏膜环切术
	翼状胬肉切除联合自体角膜缘干细胞移植术
	单纯超声乳化切除联合房角分离治疗急性闭角型青光眼
	全麻病人呼气末二氧化碳检测技术
	吗啡蛛网膜下腔术后镇痛技术
	连续蛛网膜下腔麻醉技术
	骨科重大手术中控制性降压技术
	自体血液回收技术
	动静脉有创血流动力学检测技术
	在喉罩、光棒引导下特殊困难气管插管技术
	胶囊内镜检查技术
	NBI 在消化道疾病诊断中应用
	非酒精性脂肪肝患者血清脂联素水平及脂联素基因多态性
	内镜下 EMR、EPMR、APC 等微创术
	系列免疫组织化学病理检查
	中医水针提升化疗后白细胞技术
	电子纤维支气管镜检查及镜下治疗技术
	核磁共振检查技术
	动静脉内瘘成形术
	华蟾素注射液腔内灌注治疗癌性胸腹水技术
	高场磁共振弥散序列在宫颈癌和子宫肌瘤诊断中应用
	磁共振评分在骨性关节炎诊断中应用
	分子影像在靶向胰腺癌早期诊断中研究
	龙氏正骨手法在颈椎病中应用

续表

受援地医院	新技术、新项目名称
兵团四师医院	肉毒素注射治疗肌张力障碍
	头颅磁共振波谱成像
	超声引导下肝穿刺术
	HBV-DNA、HCV-RNA 等相关检验
	头颅磁共振灌注成像
	胎儿磁共振成像
	甲状腺磁共振弥散成像
	直肠癌磁共振 TNM 分期规范化检查及报告
	肛瘘磁共振检查及报告标准化
	医用直线加速器放疗系统技术
	ARDS 保护性通气策略
	俯卧位通气临床应用
	Lac 及 ScVO2 技术在休克救治的推广
	床边徒手放置鼻腔肠管新技术
	膈肌起搏器在撤机拔管中应用
	肺脂肪栓塞综合救治技能
	全腮腺切除术
	腮腺良性肿瘤改良手术
	上颌骨骨折切开复位内固定术
	颌下腺瓣转移移植术
	颞间隙感染切开引流术
	气管镜检查术、支气管镜黏膜活检术、支气管镜刷检术、支气管镜下灌洗术
克州人民医院	阵发性室上速射频消融术
	腹腔镜下子宫内膜异位病灶清除术
	腹腔镜下子宫肌瘤剔除术
	腹腔镜下盆腔粘连松解术
	腹腔镜下次全子宫切除术
	腹腔镜下卵巢囊肿剔除术
	腹腔镜下卵巢癌肿瘤细胞减灭术
	腹腔镜下腹主动脉旁淋巴结清扫术
	腹腔镜下宫颈悬吊术
	腹腔镜下宫颈癌根治术

续表

受援地医院	新技术、新项目名称
克州人民医院	腹腔镜下盆腔淋巴结清扫术
	腹腔镜下晚期卵巢癌手术
	腹腔镜下子宫内膜癌分期手术
	腹腔镜阴道骶骨固定术
	腹腔镜下子宫疤痕憩室切除术
	腹腔镜下子宫瘢痕妊娠清除术
	腹腔镜下阴道顶端悬吊术
	腹腔镜下阔韧带子宫肌瘤剥除术
	床旁血液持续滤过
	床边盲视法放置鼻肠营养管
	无创正压通气在急性心力衰竭中应用
	黑蜘蛛蜇伤诊疗规范
	急性冠脉综合征急诊快速诊疗
	克州地区高血压患者体位性血压变化与心脑血管事件观察研究
	微导管技术在冠状动脉慢性完全闭塞病变中应用
	拘禁球囊技术在冠状动脉分叉病变介入治疗中应用
	急性心肌梗死抽吸导管冠脉远端灌注给药预防慢血流
	双支架术治疗冠状动脉分叉病变
	永久起搏器植入术
	冠脉内斑块旋磨术
	血管内超声
	肝脏穿刺活检术
	内镜下食管静脉曲张破裂出血套扎术临床应用
	内镜下食管狭窄球囊扩张术
	内镜下食管狭窄支架置入术
	经内镜逆行胰胆管造影术
	内镜下黏膜切除术临床应用
	连续性血液净化治疗
	经皮肾穿刺技术
	食管静脉曲张七连环套扎术及胃镜静脉曲张组织胶注射治疗术
	消化道重建术后 ERCP 术
	消化道恶性狭窄金属支架植入术

续表

受援地医院	新技术、新项目名称
克州人民医院	消化道良性狭窄探条扩张及球囊扩张术
	ESD 技术在早期胃癌及癌前病变治疗中应用
	漏斗胸矫正术
	染色内镜检查
	CT 引导下肺穿刺活检
	原发性肝癌肝动脉化疗栓塞术
	产后大出血子宫动脉栓塞术
	下腔静脉滤器置入术 + 导管内溶栓术
	肝血管瘤动脉栓塞术
	宫颈癌子宫动脉灌注化疗 + 栓塞术
	下腔静脉滤器回收术
	小儿骶管麻醉技术
	经股动脉穿刺全脑血管造影术
	颅内动脉瘤栓塞术
	脑膜中动脉栓塞术治疗慢性硬膜下血肿
	经桡动脉穿刺全脑血管造影术
	永久性双腔起搏器植入术
	房间隔缺损介入治疗
	心血管超声在无保护冠状动脉左主干病变介入治疗中应用
	冠状动脉旋磨术在冠心病钙化病变介入治疗中心中应用
	DK-Mmini Culotte 术式在冠状动脉真性分叉病变中应用
	甲状腺穿刺活检
	中药清热解毒活血通络方内外并举治疗带状疱疹中医治疗技术
	结核性结节性红斑诊治
	穴位治疗非酒精性脂肪肝
	结核感染 T 细胞检测
	血液腺苷脱氨酶（ADA）检测
	耳穴压豆法
	淋巴瘤化疗
	乳腺癌密集化疗
	肺癌靶向治疗及基因测序
	胃癌新辅助化疗
	带线铆钉治疗前叉韧带胫骨髁间棘撕脱性骨折

续表

受援地医院	新技术、新项目名称
克州人民医院	salter 截骨术治疗先天性髋关节脱位
	全麻下复杂动脉导管未闭内科介入封堵治疗
阿合奇县人民医院	骨科带锁髓内钉手术
	鼻内窥镜手术
	肝包虫外囊切除术
	巨大精原细胞肿瘤切除术
	显微镜下翼状胬肉切除术 + 自体结膜移植术
	胆道镜手术、肠镜下息肉电切术
	乳腺癌根治术
	肾镜钬激光碎石手术、输尿管镜下钬激光碎石取石术
	腹腔巨大囊肿切除术
	宫腔镜手术、宫颈癌广泛子宫切除 + 盆腔淋巴结清扫术
	全膝关节置换术
	超声刀腹腔镜下肾部分切除术
乌恰县人民医院	腹腔镜下胆囊切除术
	胬肉切除术
	颅骨修补术
	腹腔镜下阑尾切除术
	开颅血肿微创清除术
	气管切开手术
	凹陷性颅骨骨折清创手术
	后颅窝急性硬膜外血肿清除手术
	脑膜瘤切除手术
	球囊椎体成形术、髋关节置换术
	腰椎间盘突出髓核微创摘除术
	膀胱镜下取石术
	腹腔镜卵巢囊肿剥除术
	白内障人工晶体置换术
	先天性斜视矫正术
	复杂剖宫产手术、宫腔镜手术、全子宫切除术
	腹腔镜下肾根治性切除术
	腹腔镜下肾囊肿切除术
	单孔腹腔镜手术

续表

受援地医院	新技术、新项目名称
阿图什市人民医院	巨大卵巢囊肿切除术
	脊柱、关节置换术
	青光眼治疗手术
	经脐单孔腹腔镜胆囊切除术
	经尿道前列腺等离子切除术
	输尿管镜下钬激光碎石术
	宫腔镜手术
	腹腔镜胆囊切除术
	腹腔镜下囊肿摘除术
	双胎剖宫产手术
	疝气腔镜手术
	急诊微创探查手术
	右半结肠切除术、胆总管切开探查取石术
	利普刀技术
	子宫肌瘤剥除术
	卵巢肿瘤手术
	阴道镜下诊断治疗宫颈疾病技术

四、特色医疗行动

2011年起，江苏援疆医疗卫生人员通过“杏林春风”“江苏医疗大巴扎”“民族团结一家亲，爱洒天山伊犁行”等活动，进行定期和不定期巡诊和义诊，到偏远农牧区送医送药，开展健康教育。邀请医疗专家到受援地进行义诊，开展“银发”医疗人才援疆活动。针对克州儿童先天性心脏病比例较高问题，开展“心佑工程”和“润心计划”，数百名先天性心脏病儿童得到免费医治。至2019年，江苏援疆医疗卫生人员巡诊义诊16余万人次，免费发放价值600余万元多发病、常见病治疗药物，受到各族群众肯定和赞誉。

“杏林春风” 2010年新一轮对口援疆工作开始后，为充分发挥卫生援疆社会效益，集卫生援疆专家之力更好地服务百姓、普惠群众，江苏援伊指挥部和伊犁州卫生局推出“杏林春风”行动——第七批江苏卫生援疆专家联合巡回义诊，在8县2市范围内，以州级医院援疆专家为主体，兵团四师医院、伊宁市人民医院援疆专家协同，每月确定

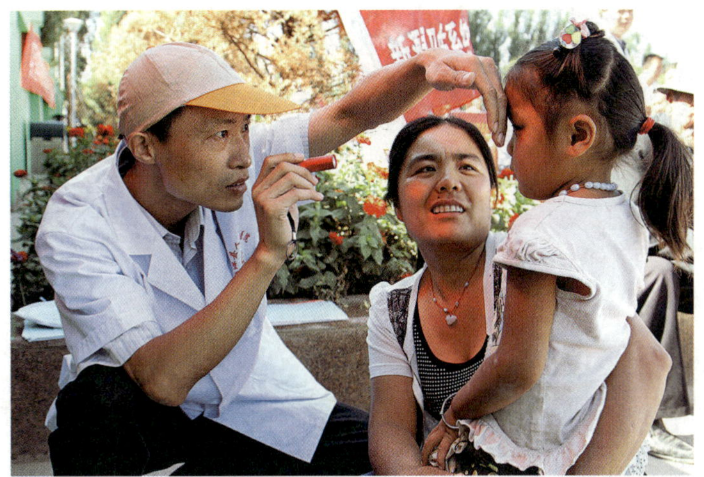

江苏援疆医生在新源县为儿童筛查视力（2012年摄）

江苏援疆医生在克州农村巡诊（2012年摄）

一个主题，深入一个县（市），分别和当地医院援疆专家通过下乡、入户、进医院等多种形式，联合开展义诊及关爱妇女儿童健康、关注艾滋病防治等健康知识宣传普及活动，向群众传授健康防病知识。2011年4月17日，18名援疆医疗专家到伊宁县墩麻扎镇开展义诊咨询服务，接待咨询近500人次，开出处方400余张，发放中医养生指南、疾病预防、健康饮食等宣传册700余份。同年，伊犁“11·1”地震发生后，南通市9名援疆医生赴受灾较重乡镇灾民安置点，对灾民进行身体检查和心理疏导，为200余名群众义诊和服务；盐城市5名援疆医生投入当地灾后救治，向260余人次提供咨询，为100余名群众义诊；江阴市5名援疆医生组成医疗队开展抗震救灾爱心义诊活动，救治病人50余人，免费发放价值1000余元药品。南京市江宁区援疆医生开展下乡巡回医疗活动，涵盖受援县9个乡镇（场）城镇社区、偏远牧区，累计发放价值1.6万元药品，为3000余名农牧民提供医疗服务。2011～2013年，江苏援疆医生参与“杏林春风”1349人次，开展义诊活动277场，服务群众4.37万人次，赠送价值23万元药品。

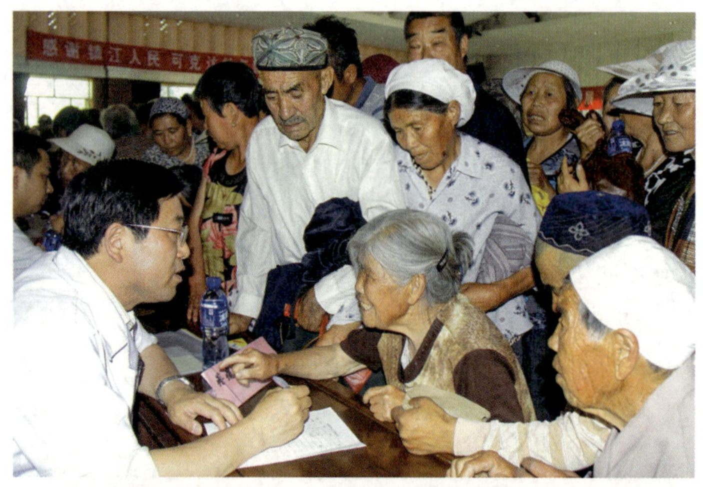

江苏援疆医生参加“杏林春风”义诊行动（2011年摄）

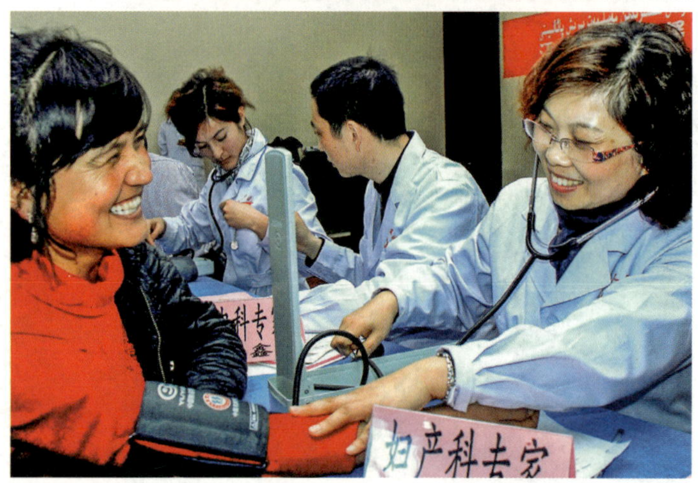

江苏援疆医生在克州参加义诊（2011年摄）

“江苏医疗大巴扎” 2011年起，江苏援克医疗专家利用乡村巴扎（集市）日开展“巴扎门诊”，为农牧民就地提供安全、有效、经济、便捷的医疗卫生服务。2011～2013年，开展“巴扎门诊”60余次，义诊1.1万余人次。2014～2015年，江苏援克医疗专家持续开展“巴扎门诊”，广受农牧民赞誉。2016年江苏“组团式”医疗援疆开始后，援疆医疗团队利用节假日开展“医疗大巴扎”活动，分批下乡，走进边远乡村、牧区、边防哨所开展义诊服务。2016～2020年，江苏援克医疗团队累计开展“江苏医疗大巴扎”51期，惠及3万名群众，免费发放价值11.37万元药品、5万余份健康手册。

江苏医疗大巴扎

2017年5月20日，江苏援疆医生到乌恰县托云乡开展义诊

2017年6月24日，江苏援疆医生到乌恰县玉其塔什草原义诊

2017年江苏援克州医疗专家下乡义诊（“江苏医疗大巴扎”）活动分配表

义诊时间	义诊地点	下乡单位	参加专家
5月11～12日	阿合奇县色帕巴依乡卫生院	克州人民医院	丁强、陈彦、姚成云、王俊宏、叶文学、盛陈毅、徐华、沈天华、刘克冕、张崇国
5月20～21日	乌恰县托云乡卫生院	克州人民医院	刘济生、赵沛、周国仁、徐少华、章少中、常仁安、叶英、武科选、车军勇、程鹏
		阿图什市人民医院	李翀、张明华、吕遥飞、许邹华、任辉杰、吴久龙
		阿合奇县人民医院	吴丹岭、顾震华
6月10～11日	阿图什市哈拉峻乡卫生院	克州人民医院	丁强、陈彦、姚成云、王俊宏、叶文学、盛陈毅、徐华、沈天华、刘克冕、张崇国
		阿合奇县人民医院	鞠樑、陈钰
		乌恰县人民医院	向梅、曹丹、解鹏、邵耐远、毛平安

续表

义诊时间	义诊地点	下乡单位	参加专家
6月24～25日	乌恰县乌鲁克恰提乡卫生院	克州人民医院	刘济生、赵沛、周国仁、徐少华、章少中、常仁安、叶英、武科选、车军勇、程鹏
		阿合奇县人民医院	吴海荣、李冬方
7月1～2日	阿合奇县阿合奇镇卫生院	克州人民医院	丁强、陈彦、姚成云、王俊宏、叶文学、盛陈毅、徐华、沈天华、刘克冕、张崇国
		阿图什市人民医院	李翀、张明华、吕遥飞、许邹华、任辉杰、吴久龙
		乌恰县人民医院	向梅、曹丹、解鹏、邵耐远、毛平安
7月22～23日	阿克陶县奥依塔克镇卫生院	克州人民医院	刘济生、赵沛、周国仁、徐少华、章少中、常仁安、叶英、武科选、车军勇、程鹏
		乌恰县人民医院	向梅、解鹏、邵耐远、毛平安
		阿合奇县人民医院	鞠樑、陈钰、吴海荣、李冬方、吴丹岭、顾震华
8月5～6日	阿图什市吐古买提乡卫生院	克州人民医院	丁强、陈彦、姚成云、王俊宏、叶文学、盛陈毅、徐华、沈天华、刘克冕、张崇国
		阿合奇县人民医院	吴丹岭、顾震华
8月26～27日	乌恰县膘尔托阔依乡卫生院	克州人民医院	刘济生、赵沛、周国仁、徐少华、章少中、常仁安、叶英、武科选、车军勇、程鹏
		阿合奇县人民医院	鞠樑、陈钰
9月2～3日	阿图什市上阿图什镇卫生院	克州人民医院	丁强、陈彦、姚成云、王俊宏、叶文学、盛陈毅、徐华、沈天华、刘克冕、张崇国
		阿合奇县人民医院	吴海荣、李冬方
9月23～24日	阿合奇县阿合奇镇卫生院	克州人民医院	刘济生、赵沛、周国仁、徐少华、章少中、常仁安、叶英、武科选、车军勇、程鹏
10月7～8日	乌恰县吉根乡卫生院	克州人民医院	丁强、陈彦、姚成云、王俊宏、叶文学、盛陈毅、徐华、沈天华、刘克冕、张崇国
		阿合奇县人民医院	吴丹岭、顾震华
10月28～29日	阿合奇县色帕巴依乡卫生院	克州人民医院	刘济生、赵沛、周国仁、徐少华、章少中、常仁安、叶英、武科选、车军勇、程鹏

"银发"医疗人才援疆活动 2015年6月，江苏组织首批11名高层次离退休医疗老专家到克州开展医疗援疆活动。江苏"银发"医疗专家在克州人民医院、阿图什市人民医院坐诊3天，在公安派出所、边防站、学校、农村等地开展义诊6场，诊疗病人735人

次。开展医院查房110人次，举办讲座11场，实施手术6例，带教克州医生254人。9月12～18日，江苏—新疆"银发"人才援疆活动在伊犁州举行，10名专家共进行义诊7次、健康讲座5场，诊疗病人1006人次，带教当地医生110人次。2016年7月，"银发"人才援伊专家团开展医疗援疆工作。2018年5月和2019年3月，分别有江苏12名"银发"医疗专家到克州开展医疗援疆活动。至2020年，35名知名退休医疗专家参加"银发援疆"活动，在新疆开展义诊30余场次，义诊4000余人次，查房364人次，专题讲座35场次，师徒结对24人，带教示教486人次，开展手术20例。活动造福边疆人民，受到自治区领导多次肯定，并专门颁发特聘专家证书。

2015年6月24日，江苏银发（医疗）克州人才工作站揭牌

2015年6月29日，江苏银发医疗专家在乌恰县吉根乡斯木哈纳村义诊

【链接】妙手仁心温暖塞外江南——江苏“银发”医疗人才组团赴疆义诊

10位专家、7场义诊、5场健康讲座、诊疗1006名病人、带教施教110名当地医生……从9月12日到18日，江苏“银发”医疗人才远赴新疆伊犁州，为边防战士、偏远地区牧民、社区居民等伊犁各族群众送医送药。

名医走进边疆牧民家

“非常乐意为边疆人民提供更多帮助，有意义。两个月前，我曾经去新疆克州参加过一次义诊，这次来到伊犁，心中又多了一份对伊犁人民的牵挂。”回顾此次赴伊犁援疆义诊的经历，江苏省政协原副主席、省中医院中医内科主任医师周珉动情地说。

在伊犁的短短8天里，江苏医疗专家们走进当地医院义诊、查房、带教；走进百姓家中，开方诊脉；走进边防部队，为驻守官兵服务，留下了一幕幕感人的画面。

在察布查尔锡伯自治县孙扎齐牛录村义诊时，周珉到老党员铁木拜家中为他诊病，为老人开了中药方子。当看到老人院子里晒的玉米时，周珉细心地建议老人用玉米须泡水喝，减轻高血压症状，还为他身患癌症的老伴看了病，可谓“雪中送炭”。

孙扎齐牛录村一名仅3个月大的锡伯族早产儿因患疝气，肠子掉至腹股沟，江苏省人民医院儿科主任医师陈吉庆当机立断，趁孩子咳嗽的时候为他做了紧急复位处理，立刻消除了疝气的症状，可谓“妙手回春”。

在阿拉马力边防连，当看到19岁战士付昱成腿疼得厉害时，江苏省人民医院主任医师俞明心疼不已。她立刻让付昱成坐下，自己蹲在地上为他按摩起腿关节的穴位来，并且教给他简单的关节保健动作，可谓“医者父母心”。

师徒结对传授医术经验

边疆缺医少药缺人才。专家们在巡诊义诊的同时，还倾心指导当地医生，积极开展学科建设交流。

9月17日，10位江苏援疆的“银发”医疗专家和伊犁州医院的20位医生结对成为师徒，并签署了师徒结对人才培养意向协议书。协议书中明确规定，作为指导老师的医疗专家们要通过电话、QQ、微信等现代通信技术和远程会诊等形式进行疑难病症及急危重手术的技术指导；双方还将共同开展科研课题申报，指导老师们将对结对的当地医生进行学术、科研等方面的指导和带教。

“我们在诊疗中发现，很多当地医生在用药方面的把握还不是很准，经验还不是很足。”江苏省人民医院心内科主任医师张瑶琦说，“我们会把我们的经验更多地传授给这里的医生。”

除了结对成师徒，活动期间，专家们共带教施教伊犁医生110人，伊犁州友谊医院还挂牌建立了“银发”医疗人才工作站，霍城县工作站也在筹备之中。

（原文刊载于2015年10月1日《新华日报》，本文有删节）

“民族团结一家亲，爱洒天山伊犁行”大型巡回义诊 2017年，为深入贯彻第五次全国对口支援新疆工作会议精神和配合自治区、伊犁州党委关于“民族团结一家亲”活动安排，把卫生援疆工作打造成民族团结品牌工程，更好地服务百姓、普惠基层，江苏援伊指挥部、伊犁州卫生计生委共同组织第九批援疆医生在伊犁州直8县2市，开展“民族团结一家亲，爱洒天山伊犁行”大型巡回义诊和健康知识普及活动。至2019年，

2017年7月，江苏援疆医生到新源县那拉提镇喀拉奥依村开展『民族团结一家亲』义诊

共组织援疆医生巡回义诊活动200余场次，深入牧区、乡村义诊群众近5万人次，免费发放价值近百万元常用药品，深入乡镇卫生院等基层医疗卫生机构，规范指导、专题培训、查房带教，帮助提升服务能力和管理水平；开展健康扶贫，为伊犁州17名贫困家庭先心病患儿提供免费手术治疗，大力弘扬救死扶伤精神。

【链接】“爱洒天山伊犁行”——援疆医疗队巡回义诊受称赞

6月14日，在特克斯县马场牧一队卫生室，慕名前来找援疆医生问诊的农牧民排起了长队。当天，江苏省对口支援伊犁州前方指挥部联合伊犁州、克州卫生计生委共同组织第九批江苏省援疆专家，在伊犁州直开展“爱洒天山伊犁行”大型巡回义诊活动，受到当地群众的一致称赞。

当日上午，牧一队卫生室内挤满了前来看病的各族牧民。现场，包括内分泌科、肿瘤科、妇科、儿科等多科别在内的援疆医生在翻译的帮助下与牧民进行交流。对前来就诊的群众，医疗队详细登记他们的相关信息，通过电话回访的方式为他们服务；对一些能现场诊断的疾病，医疗队免费发放药品给患者；对一些需要到医院就诊的患者，医疗队会给他们开处方，患者凭处方到县人民医院就诊。

“我们这里医生少，药品有限，很感谢专家来义诊，给我们送医、送药、送温暖。”牧一队副连长库万得克·木拉提汗告诉记者，牧一队现有90户牧民，共362人，只有一个卫生站，医疗资源有限，专家的到来是大家的福音。

“几天前，我们就得知援疆医生来义诊的消息，今天来看病，还免费拿了药。”村民木哈木江·因那江说，他长期患有胃病，这次医生叮嘱了他许多注意事项，也让他长了知识，懂得了日常保养。他真心感谢为牧民免费看病、送药的医生。

“很多疾病和饮食习惯有关，除按时服药外，你也要注意自身机能的锻炼，保持愉悦的心情，培养良好的生活习惯。”现场，内分泌科医生刘克冕仔细地叮嘱患者。

15日，专家们又马不停蹄来到特克斯县人民医院，开展了查房、义诊、带教、授课等工作。在义诊现场，前来看病的群众络绎不绝。专家们热情地答疑解惑、提供医疗服务。在感染科办公室内，援疆医生车军勇向医生们现场指导住院病人诊断与治疗。他详细翻阅病历，与县人民医院医生们相互交流。

“与专家交流，让我们有机会学到先进的医疗技术，进而提升医疗水平，对于医生和群众来说都是件好事。”县人民医院感染科主治医师吾勒太·达吾列提说。其间，援疆医疗队还对医院医护人员集中开展了知识讲座。

江苏省对口支援伊犁州前方指挥部干部人才组副组长、伊犁州卫计委副主任顾寿永介绍说：“此次开展巡回医疗、义诊、带教等工作，目的是将优质医疗资源带到州直基层一线，通过坐诊、会诊以及临床带教等多种形式，提高州直基层医院医护人员的医疗技术，为基层群众解决实际困难，增加州直各族群众在医疗卫生领域的获得感和幸福感。”

据了解，此次巡回义诊为期6天，共29名援疆专家先后前往特克斯、巩留、伊宁、霍城县送医送药。

（2018年6月20日《伊犁日报》）

“心佑工程” 克州由于高原气候和地理因素，加之产前检查普及有难度，该地区心脏病尤其是先天性心脏病特别高发，看病远、看病难、看病贵成为心脏病患者的难题。为解决这些难题，2014年7月，南京医科大学第二附属医院心血管中心发起实施“心佑

2018年6月14日，江苏援伊和援克两支医疗队在特克斯县马场牧一队共同开展“爱洒天山伊犁行”江苏援疆专家巡回义诊

工程”。该工程最初是将克州先天性心脏病青少年儿童接到南京进行免费医疗救助的公益项目，后来逐渐覆盖新疆、青海、西藏、江苏、安徽、陕西等地，既有政府部门支持，也得到慈善基金会帮助。同年8月，“心佑工程”团队对克州人民医院100余名患儿进行筛查，确定对30名适合手术的患者进行免费治疗。10月，第一批克州患儿到南京接受手术，全部费用由南京医科大学第二附属医院承担。2015年6月、10月，第二、三批患儿到南京接受手术治疗。2015年、2016年，江苏援克指挥部每年安排援疆资金20万元，支持实施该项目。

“润心计划” 2016年，江苏省人民医院、苏州大学附属第一医院和克州人民医院联合开展心脏病救治项目——“润心计划”。“润心”即为滋润心脏，引申为用手术治愈心脏疾病（包括先心病、瓣膜病、冠心病）。6月，江苏省人民医院心脏大血管外科、心血管内科、麻醉手术科等科室13名成员组成首期“润心计划”专家团队抵达克州，为当地

2015年11月6日，『心佑工程』第三期救助的新疆先心病患儿在南京医科大学第二附属医院顺利出院

2016年6月21日，江苏省人民医院、克州人民医院共同启动『润心计划』

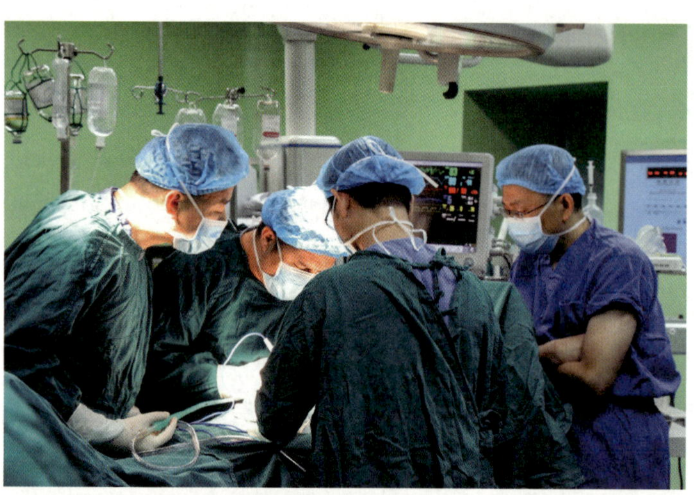

2016年6月23日，『润心计划』第一例手术在克州人民医院实施

『润心计划』获各族群众点赞（2018年摄）

爱在润心路上

患者实施6例心脏外科手术，并全免专家费用，拉开“润心计划”序幕。至2020年，该活动累计实施26期215例手术。其中，最小的一例先天性房间隔缺损患者只有2岁，体重只有7千克；有的瓣膜病患者瓣口面积仅0.5平方厘米。手术难度大、风险高，江苏援疆医疗团队手术成功率依然保持100%。“润心计划”费用也由当初部分免费变为全部免费。为让更多心脏病患者得到治疗，江苏推出“润心计划”后，援疆医疗队专家组先后启动“江苏医疗大巴扎”和“春蕾行动”（先心病筛查）等配套义诊活动，利用节假日组织援疆专家深入边远农牧区、学校开展义诊活动，筛查儿童先天性心脏病患者。“润心计划”不仅造福当地心脏病患者，也为当地培养心脏外科手术、心脏内科介入、麻醉、重症护理等专业人才，带动当地医院心胸外科、心脏内科、麻醉科、输血科、医技科、重症监护室等科室发展。援疆专家充分发挥“传帮带教”作用，将技术毫无保留地传授给当地医生，完成由“输血”到“造血”的转变。

【链接】江苏医疗援疆"润心计划"润了农牧民心

"快把球传过来，地力亚尔！"克孜勒苏柯尔克孜自治州阿图什市第一中学的校园里，地力亚尔·阿里木江正在和同学打篮球，他身影矫健，谁都看不出来他曾经是一名心脏病患者。

地力亚尔3年前被查出患有心脏病。由于治疗费用太高，加上必须到外地才能做上手术，地力亚尔的病一直拖着没有治。今年3月27日，地力亚尔在克州人民医院接受了来自江苏心脏病专家的救治，术后，他的身体迅速恢复，并很快回归快乐的校园生活。

地力亚尔的心脏病能顺利治好，得益于2016年6月起实施的江苏省医疗援疆"润心计划"——由对口支援克州人民医院的江苏8家省级医院组织医疗专家组团来到克州开展心脏病治疗活动。5月12日，苏州大学附属第一医院沈振亚教授率领11名专家外科团队，在克州实施第6期"润心计划"——为7名先天性心脏病患者实施手术。至此，在江苏省对口支援克州前方指挥部的大力支持下，"润心计划"已在新疆克州开展6期43台心脏手术。

克州地处帕米尔高原，由于这里的农牧民长期在高海拔地区生产生活，心脏病成为当地的一种高发病，加之克州本地心脏病医疗技术人员稀缺，当地很多患者家庭不得不选择到乌鲁木齐等外地大医院就诊，不仅需要支付高额的心脏病手术费用，还要承担不少的路费和生活费用。"润心计划"解决了患者这一难题。

今年1岁半的阿力努尔·买买提吐尔地是"润心计划"的受益患者中年龄最小的。在出生8个月时，阿力努尔被检查出患有心脏病，多次在克州人民医院检查，但是由于年纪小、身体弱、经济条件差，一直没能进行手术。今年初，阿力努尔的父亲买买提吐尔地·赛依仃接到克州人民医院医生打来的电话，说江苏专家会来克州人民医院为孩子做心脏手术，一家人高兴得都不敢相信。买买提吐尔地说："按照3万元手术费用计算，通过新农合报销以及医院补助，我们只需要花费三四千元，如果到其他省市做可能要多花费3.5万元。我们实在是太感谢了！"

从气候湿润的江苏来到克州，不仅需要调整近3小时的时差，还需要适应风沙大、常年干燥的气候，但是每一位参与"润心计划"的医疗专家自觉克服困难、抢抓时间，都是下了飞机就直奔工作岗位。

江苏省人民医院小儿胸心外科的主任医师顾海涛教授就多次赴克州为"润心计划"服务。前不久，经历一路长途飞行，他再次抵达喀什机场，大家都担心他身体吃不消，劝他稍作休息再去医院，可是一下飞机，他便着急地赶往克州人民医院。"这里的患者多。时间就是生命，所以要争取最多的时间，多做手术。"顾海涛说，"只要能给当地老百姓减轻经济负担，让农牧民少花钱就能把病治好，我自己辛苦点没有什么。"

第九批江苏援疆干部、前方指挥部总指挥关永健表示："今后，'润心计划'将会继续发挥好江苏省'组团式'医疗援疆'传帮带'的作用，为克州打造一座先进心脏学科的学习平台，将江苏医疗专家先进的医学经验传授给当地的医护人员，为当地培养一支留得住的高素质的心脏专科医疗人才队伍，为更多的克州百姓造福。"

（2017年5月26日《新华日报》）

【链接】“哪怕只有1%的希望，我们也要拼尽全力”——江苏医疗援疆团队挽救花季少女记

9月12日，克孜勒苏柯尔克孜自治州人民医院，16岁的曼孜热古丽·艾尔肯出院了。临走前，她一一拥抱了为她实施心肺复苏、从死神手中为她“抢”回生命的十几位医护人员。

曼孜热古丽在学校的一次体检中，被告知心脏有问题，需做进一步检查。后到克州人民医院检查，她患有先天性房间隔缺损。乡镇卫生院院长告诉曼孜热古丽的母亲吾依热丽·依沙克，孩子得的是先天性心脏病，需要早做手术，现在有一个“润心计划”，可以给孩子免费做手术。

“润心计划”是江苏省医疗人才“组团式”援疆工作的重要项目，是专门针对克州高原气候先心病高发的实际情况而实施的。援疆专家每月两次深入克州各县市和边远牧区，定期开展“江苏医疗大巴扎”和“春蕾行动”义诊活动，筛选适合做手术的患者。

曼孜热古丽幸运地成为“润心计划”第200例手术患者。8月30日，苏州大学附属第一医院心脏大血管外科教授沈振亚带领“润心”团队和克州人民医院的专家一同为她成功开胸“补心”。

可就在术后第二天凌晨，正在宿舍休息的华菲接到电话，说曼孜热古丽突发恶性心律失常，出现心脏骤停。华菲一路狂奔，赶往医院。这时医护人员已经在为小姑娘进行心肺复苏。

“你休息，换我来……”重症监护室里，心胸外科和ICU的10多名医护人员轮换按压，一边交替电除颤，一边静脉用药。

即使汗流浃背，谁也不言停。“她还有机会，我们不要放弃！”援疆医生、该院ICU主任晁亚丽和华菲密切观察着女孩的各项生命体征。“有了，有心跳了！”紧盯着心电监护仪的护士大喊一声。在连续进行超过30分钟的心肺复苏后，曼孜热古丽恢复了微弱的心跳。

“随时有可能再次停跳，必须立刻手术。”征得患者家属同意后，“润心”团队为孩子实施了第二次手术。

术后4小时，曼孜热古丽醒了过来，且意识完全清醒。

“哪怕只有1%的希望，我们也要拼尽全力。是所有医护人员坚定的信念，才最终跑赢了时间。也是这个女孩缺氧耐受力强，才能创造这个生命的奇迹。”华菲介绍说，一般心肺复苏实施满30分钟，患者仍没有出现自主循环的恢复，那么其最终复苏成功的可能性就下降到1%以下。

江苏援疆医生实施『春蕾行动』，赴农牧区开展先心病筛查（2017年摄）

9月10日，记者在病房见到曼孜热古丽时，从未走出过克州的曼孜热古丽微笑着憧憬未来。“我要感谢所有救过我的医生护士，我要好好学习，以后当医生，治病救人。我会努力的！”她比出了一个“胜利”的手势。

（2019年9月23日《新疆日报》）

五、专家指导与进修培训

江苏医疗卫生援疆一直重视提高当地医疗卫生人员技术水平，援疆医生通过师带徒、手术示教、病案讨论、教学查房、学术报告、理论讲座等方式，把先进医疗技术和诊疗经验传授给当地医生。同时，协调选派受援地医疗骨干到江苏培训、考察、进修、跟班学习；邀请江苏医疗专家到受援地讲学、帮带，有效提升受援地医务人员业务能力和管理水平。

1997～2010年，江苏援疆医疗人员和后方医疗机构密切配合，为受援地培训医疗卫生人才近2万人次。2010年新一轮对口援疆工作开始后，江苏采用省统筹和各工作组自主安排相结合、“请进来”与“走出去”相结合、常规培训与专题辅导相结合、长期进修与短期挂职相结合方式，分层次、分类别、全方位地对受援地医疗卫生人员进行培训指导，通过开展“青蓝帮带行动”，制定医疗技术人才“拜师结对”等制度，为受援地留下一支“带不走的医疗队”。

伊犁州和兵团方面。2011～2013年，江苏援伊医疗队举办培训班756期，培训3.65万人次；接收当地管理干部挂职锻炼12批次120人次，接收当地卫生技术人员到江苏进修培训65批次723人次。其中，2011年，江苏省卫生监督部门与伊犁州、县两级卫生监督部门加大对伊犁州公共场所卫生、职业卫生、饮用水卫生及放射卫生人员培训力度，在伊宁市举办南京—伊宁首届高级医学论坛，伊犁河谷地区600余名医疗卫生工作者参加，被自治区卫生厅确定为医疗卫生系统重要培训活动。2014～2016年，江苏援伊医疗队组织开展州直医疗重点学科骨干培养、州直卫生业务骨干培训、州直卫生人才分类培训与适宜技术推广等19大类42个小类培训班，培养当地卫生管理人才、专业技术骨干3135人次，举办各类业务培训班，培训医务人员8400余人次，打造“江苏名医伊犁行”等品牌。2017～2019年，江苏共投入医疗卫生人才培养项目资金3734万元，举办各类培训班230余期，培训受援地医疗专业技术人员1.6万人次。选送当地管理干部和医疗骨干赴江苏跟班学习，送往江苏短期培训56批878人、1月以上进修培训17批265人。利用“江苏名医伊犁行”和“柔性引才”项目，吸引186名江苏省高层次医疗人才到伊犁交流、讲学、带教，促成两地交往交流29批512人次。举办南通大学—伊犁州新华医院2019年同等学历硕士学位课程班、南京医科大学—伊犁州友谊医院研究生同等学历研修班，94名伊犁州直学员被录取。

克州方面。2011～2013年，江苏援克医疗队在当地举办住院医师规范化等培训班，轮训医护人员6000余人次。江苏省中西医结合医院、南京医科大学第二附属医院、江苏省寄生虫病防治研究所、江苏省卫生监督所均派专家到克州，进行现场业务指导，举办卫生监督、妇幼保健等方面专题讲座班18期，培训学员600余人次。组织克州医疗卫生骨干190余人到江苏进行短期或半年以上进修学习。2014～2016年，江苏援克医疗队举办讲座、培训班136期，培训人员7000余人次；143人到江苏进行短期或半年以上进修学习。2015年，克州疾控中心邀请15名江苏专家到克州带教，培训技术人员80余人。2016年7月，克州人民医院"帕米尔人才"培训第二期30名学员在江苏开展为期12天培训交流。同月，南通大学附属医院"送学克州"专家团9人到克州人民医院，举行为期2天学术交流活动。2017～2019年，江苏援克医疗队举办讲座、培训班142期，培训人员8000余人次；158人到江苏进行短期或半年以上进修学习。其中，2017年，江苏4次选派医务人员30余人次到克州讲学和业务指导，举办培训班5期，培训克州医疗业务骨干500余人次。

2011年9月9日，南京—伊宁首届医学高级论坛在伊宁市举行

2015年11月28日，『江苏名医伊犁行』——心胸外科骨干培训班在伊宁市开班

【链接】万里送光明 爱心传温暖——援疆助力伊犁贫困家庭眼病患者重见光明

跨越万里，只为一次爱心的接力传递；一次重见光明之行，只为能让伊犁贫困家庭眼病患者更快康复；这一切无偿的付出，都源于爱心的奉献。

7月27日，苏州大学附属理想眼科医院角膜病科主任赵庆亮来到伊宁市的消息，让州直14名免费接受眼角膜移植的患者们欢呼雀跃。

从双方见面的热情相拥到现场为眼病患者实施手术拆线，从说不完的感谢话语到赠送锦旗表达心中的谢意，从驱车三天赶赴伊宁市到成功摆脱眼病困扰……一场万里送光明的爱心活动，在苏州市与伊宁市两个城市中温暖涌动，感动和帮助了更多伊犁贫困家庭，为眼病患者重树了生活的信心，帮助伊犁贫困眼病家庭摆脱贫困，助力更多贫困家庭走上幸福生活之路。

两名教师重返讲台

伊宁县第三中学教师古丽沙拉·沙布尔拜，2010年眼睛患病后多方寻医治疗，没有适合的眼角膜移植，不仅影响了她的家庭生活也给她的教学带来了困难。

伊宁县胡地亚于孜镇中心学校教师陈婧，2014年眼睛患病后，不仅影响了她的生活，也影响了教学工作，她渴望早日回归三尺讲台，把知识传授给学生们。

去年6月，两人在苏州市“看见吴中”公益基金会的协助下，苏州大学附属理想眼科医院为两位教师免费实施了眼角膜移植手术。重见光明后，两位教师分别重返讲台。

“我的世界变得清晰了。”陈婧告诉记者，从双眼看不清无法给学生上课到双眼能看清楚鲜明的色彩，她的内心非常激动，这一切都得益于苏州市“看见吴中”公益基金会的帮助，该公益基金会不仅帮助了她，也帮助了她的父亲重见光明。她的父亲也得到免费实施眼角膜移植手术，很多与她一样贫困家庭的患者都摆脱了眼病的困扰。去年底，她又前往苏州大学附属理想眼科医院为另一只眼睛移植眼角膜。如今，她的双眼明亮，看到了一个清晰的世界。一双明亮的眼睛不仅让她重新树立了对生活的信心，也让她再次站在讲台上给学生上课，这是她患眼病时想都不敢想的幸福事。

“我要当面向帮助过自己的人表示感谢。”6月2日，古丽沙拉及家人将一面“倾情相助，无私奉献”的锦旗赠送给苏州市对口支援霍尔果斯经济开发区前方工作组产业组组长、霍尔果斯经济开发区商务局副局长杨焰，并借此感谢江苏省全体援疆干部，为伊犁州经济建设和社会事业发展作出了突出贡献。

三位贫困眼角膜患者重见光明

“我太激动了！”得知赵庆亮到伊宁市来给患者复诊的消息后，永吉芳非常高兴，连夜从乌鲁木齐市赶回伊宁市。

永吉芳是察布查尔锡伯自治县扎库齐牛录乡扎库齐牛录村锡伯族村民，1998年眼睛患病后，因家庭负担较重，全家仅靠10亩口粮田维持生计，没钱治疗眼睛。

为永吉芳、古丽沙拉和陈婧三位患者提供眼角膜的则是苏州市一位致力于公益事业多年的爱心志愿者刘鲁卫，他的爱心善举给伊犁三位贫困眼角膜患者带来了光明。而刘鲁卫逝去的生命却依然灿烂，他用平凡的善举创造了不平凡，又给他的生命赋予了新的意义。

在苏州市“看见吴中”公益基金会的帮助下，自从去年免费接受了眼角膜移植手术后，永吉芳在乌鲁木齐市开了一个餐馆。永吉芳告诉记者，之前她一直在家中务农，因眼睛看不到，心里很自卑，与人交谈都不敢直视对方的双眼。如今在爱心人士的帮助下，她有了一双明亮的眼睛，这是她患眼病那段时间想都不敢想的事情，她非常珍惜免费移植眼角膜的机会。苏州大学附属理想眼科医院免费为她实施了眼角膜移植手术。当时，她一人前往苏州市做手术，爱心志愿者对她开展志愿公益服务，把她的生活照顾得非常好。

爱心善举帮助更多患者

7月27日，从和田地区于田县驱车三天赶赴伊宁市的阿不都外力·胡加不拉带着8岁的儿子阿不都许库尔·阿不都外力慕名而来。

在兵团四师医院，赵庆亮为阿不都许库尔的眼睛做了检查。阿不都许库尔的左眼因伤致使眼角膜破裂，还查出他患有白内障，却因家庭贫困无力承担医疗费。赵庆亮说，目前，阿不都许库尔的视力很差，急需做眼角膜移植手术。手术后，孩子的视力将会恢复，不影响生活和学习。

为移植眼角膜的患者进行复诊，现场为眼病患者实施手术拆线……赵庆亮一丝不苟地为伊犁眼病患者热心服务着。忙碌完，赵庆亮与部分伊犁眼病患者合影留念。他告诉记者，伊犁贫困家庭眼角膜免费移植患者前往苏州市复诊路途较为遥远，十分不便。为减轻眼病患者家庭生活负担，他来到伊宁市，旨在为更多眼病患者解除病痛，让他们早日康复。同时，他还与兵团四师医院眼科联合为部分眼病患者开展筛查、手术前的诊断与技术合作、学术交流等工作，旨在培养更多的眼科医疗技术人才，为更多的贫困家庭眼角膜患者提供就医便利。

苏州市"看见吴中"公益基金会综合管理部部长朱梅表示，该基金会计划在10年内救助1000位眼角膜患者，帮助更多需要移植眼角膜的患者重获光明。截至目前，基金会已经无私帮助伊犁14个贫困家庭的眼病患者重见光明。

在杨焰的牵线搭桥下，通过苏州市"看见吴中"公益基金会的帮助，7月31日，赵庆亮在苏州大学附属理想眼科医院为阿不都许库尔免费实施了眼角膜移植手术。

"今后我们全家要以实际行动去帮助更多人，用爱心来回馈社会对孩子的关爱。"8月1日，当阿不都外力看到赵庆亮揭去儿子眼睛上的纱布，能看到一个清晰的世界时激动地说。

（2019年8月5日《伊犁日报》）

援疆『光明行动』让患者重见光明（刘成刚／摄）

第五节 规划编制与科技援助

对口援建工作开始后，江苏始终把援助受援地规划编制工作摆在重要位置，坚持科学规划引领受援地经济社会发展。派出专业团队，安排援助资金，帮助受援地编制城镇总体规划、基础设施建设规划、产业发展规划等。至2019年，江苏在伊犁州和兵团四师、七师投入资金超1亿元，支持受援地规划编制。在克州，投入资金4000余万元，支持受援地规划编制。城镇总体规划方面，帮助制定《伊犁哈萨克自治州州直城镇体系规划（2013～2030）》《克孜勒苏柯尔克孜自治州发展战略规划》；在伊犁州，帮助伊宁市、特克斯县、新源县、昭苏县等地编制乡镇规划，帮助察布查尔县编制部分乡镇灾后重建规划，帮助编制村庄（农牧民定居点）建设规划，霍尔果斯经济开发区总体发展规划及“一区三园”城市发展规划等；在克州，帮助阿图什市、阿合奇县、乌恰县编制城市总体规划、重点乡镇总体规划、村庄（农牧民定居点）建设规划。农业方面，协助巩留县编制《巩留县生态农业观光园项目规划书》《巩留县农业科技示范园发展规划》等。

2011年，伊犁“11·1”地震后，由镇江市参与规划设计的兵团四师七十三团新型城镇全貌

工业方面，协助霍城清水河经济开发区、察布查尔县伊南工业园区、新源县工业园区、阿图什市工业园区等编制规划。文旅方面，协助编制《伊犁河景观带城市设计》《克州旅游发展总体规划（2012～2030）》《霍城县旅游发展规划》《惠远古城规划》《昭苏县全域旅游总体规划》《巩留县全域旅游发展规划》等。这些规划具有较强科学性和前瞻性，对受援地发展、建设具有重要意义。

1997～2010年，江苏选派的科技人才主要集中在农牧业科技领域。他们通过技术指导、专题培训、学术讲座等形式，推广应用新技术，培养当地专业技术人才，促进受援地科技发展。2008～2010年，江苏省与受援地科技合作项目超过20个，总投资1.5亿元。2010年新一轮对口援疆工作开始后，江苏根据《全国科技援疆规划（2011～2020年）》要求，协助受援地完善和出台相关科技政策，制定江苏科技援疆规

江苏省农科院专家在克州开展葡萄种植技术培训（2018年摄）

江苏援建的昭苏县脱毒马铃薯组培室（2012年摄）

划，加大科技人才选派力度，援疆科技人才数量大幅增加。至2019年，江苏选派的科技人才类型扩大到生产生活各方面。他们带去科技新理念、新技术、新成果，帮助受援地提升农牧业、工业、服务业水平。突出对农牧业的科技援助，加大良种选育、高效种养、农业节水、农产品深加工等技术支持力度，提升农牧业效益，增加农牧民收入。开展双方科技系统结对帮扶。至2014年，江苏省知识产权局及12个市（区）知识产权局对伊犁州局及11个县（市）实现"援伊项目全覆盖"和"援伊资金全覆盖"，江苏省知识产权系统对伊犁州累计投入援疆项目经费463万元。通过人才帮带、跟班锻炼、专家指导、举办培训班、推广新技术等，为受援地培养一大批科技人才。2015～2019年，江苏高等院校和科研院所为伊犁州、克州举办科技人才培训班20期，培训学员1500余人次，培养一大批种植能手、养殖大户。2011～2019年，江苏省实施新兴产业园区、农业科技示范园区、高效设施农业和现代养殖业等科技援疆项目80余个，促成一批科技平台建成、科技项目落地和科技成果转化，整体推进受援地科技水平迈上新台阶。

一、规划编制

《伊犁哈萨克自治州州直城镇体系规划（2013～2030）》编制　该规划由江苏省城市规划设计研究院和伊犁州城乡规划设计研究院共同编制。2011年11月，编制工作启动。2014年3月，编制任务完成。经自治区人民政府批准实施。规划以人口与新型城镇化、新型工业化、农牧业现代化、旅游发展、生态建设与环境保护、空间优化与机制协调6大专题研究为支撑，充分贯彻中央"跨越式发展和长治久安"战略要求。规划以科学合理的生态环境容量与承载限度为前提，实现生态环境可持续；以稳妥有序的资源保护与利用方式，实现资源开发可持续。推行量质并重、区域融合、重点集聚、兼顾均衡的新型城镇化路径，实现城镇跨越；推动特色产业、绿色产业的激励与整合，实现产业跨越；推广富民、惠民进程，推进民生保障、文化繁荣，实现民生跨越。发挥空间资源配置引领发展的作用，保障发展空间；发挥交通、物流、市政等设施配置支撑发展和引导要素集聚的作用，保障基础设施合理供给；发挥制度指导和规范发展的作用，创新资源与空间利用协调、产城协调、县市协调、兵地协调发展的体制机制，保障制度支持发展。该规划获2014年江苏省城乡建设系统优秀勘察设计城市规划二等奖。

《克孜勒苏柯尔克孜自治州发展战略规划》编制　该规划由江苏省城市规划设计研究院编制。2010年编制工作启动，2012年完成。经克州人民政府批准实施。规划围绕中央确立的推进新疆跨越式发展和长治久安战略任务，提出克州是“南疆开放门户、能源保障通道、柯族文化源地”战略定位及建设“边陲明珠，幸福家园”总体目标，并形成涵盖克州跨越式发展各阶段指标体系。在战略架构上，重点围绕产业突破、空间统筹、设施支撑、生态稳固、特色营造、民生保障6个方面分别制定相应策略及任务安排，明确具体任务和工作措施。结合援疆资源，提出“三业一出，进城进厂”富民就业策略，引导援疆资金向富民就业领域投放；提出“集约高效，优势转化”资源开发策略，重点明确矿产资源和水资源开发保护要求；提出构筑“一体、两翼、三组团”空间结构，引导城镇人口、产业布局向重点地区集聚；从彰显民族特色、发展旅游角度对克州特色营造进行总体安排，并构建覆盖州域的生态安全格局、综合防灾体系和区域基础设施支撑体系；对民生保障设施提出基本社会保障和公共设施横向服务水平基本均等化总体要求，按照定居兴牧、安居富民策略，引导偏远地区农牧民实施定居安居工程，提升当地农牧民生活水平。该规划为克州建州以来首个编制完成的战略规划，获自治区优秀规划成果二等奖及全国优秀城乡规划设计成果三等奖，对后续开展的系列援疆规划具有重要参考价值。

《霍尔果斯经济开发区总体发展规划（2011～2020）》编制　2011年初，由江苏省城市规划设计研究院负责编制，2013年5月获国务院批准，由国家发展改革委印发实施。规划将霍尔果斯经济开发区定位于区域发展引领区、创新发展示范区、跨境合作先导区；以政策引导、市场主导、民生优先、设施优先、生态优先为主要发展原则；空间布局为霍尔果斯园区、伊宁园区、清水河配套产业园区。规划提出产业发展应积极吸引国内外资金、技术、人才，促进产业集聚，高起点承接产业转移，大力发展外向型经济，着力打造新疆北部产业发展高地，努力增强对周边地区辐射带动作用，逐步构建起以先进制造业和现代服务业为支撑的现代产业体系；开发区公共服务设施分为城市级和片区级两个等级。城市级公共服务中心主要服务开发区及周边邻近地区，片区级公共服务中心主要服务开发区内各功能片区。根据开发区实际需要，在充分利用周边城镇现有设施基础上，合理布局建设各类公共设施；区域基础设施建设要与开发区及邻近地区的产业空间布局相协调，引导产业合理布局。园区基础设施应统筹规划、系统推进、集中建设、分步实施，引导产业集聚发展，提高基础设施利用效率。保障设施安全。从源头上保障供应安全，从管理上保障运行安全，从选址上保障布点安全，从措施上保障应急安全。适度超前建设。适度提高建设标准，合理预留发展空间，构建具有前瞻性的基础设施体系；提升对外开放软硬件水平和对外经济技术合作水平，使开发区经济外向度明显提高，开放型产业合作体系基本建立，经济技术交流程度逐步加深，交通、通信等基础设施体系不断完善，利用外资、吸引人才的能力显著增强，对外开放体制机制创新取得明显突破，将开发区建成我国向西开放先导区、跨境合作示范区。

《霍尔果斯经济开发区“一区三园”总体规划（2012～2030）》编制 该规划由江苏省城市规划设计研究院和江苏省城市交通规划研究中心负责编制。2011年1月编制工作启动，2012年3月完成。经自治区人民政府批准实施。规划主要包括4部分内容。口岸引领，构建以开发区为核心的区域发展格局。规划提出霍伊城镇发展轴概念，引导区域空间集聚；结合资源分布，提出以开发区为核心的制造业产业布局及旅游发展结构；统筹布局综合枢纽，整合区域市政设施，保障水源、能源等供给安全；加强对水资源统筹安排，提出水资源开发途径及潜在承载力。市场主导，构建面向国内外的产业结构体系。规划加强对中亚五国市场需求、产业结构及进出口商品结构的分析，梳理开发区与“两个市场”的产业关系，提出适应开发区发展优势产业门类结构和产业空间结构，引导开发区高效发展。产业先导，探索多情景产城融合空间布局模式。针对开发区“一区三园”特点，构建团块积聚、廊道分隔和带状延伸等不同情形下的产城融合布局模式，为促进开发区产业优先发展提供保障。加强协同，实现多主体背景下的一体化规划。规划在用地范围、功能布局、产业发展等方面进行10余轮双边、多边交流，平衡兼顾各方诉求，力求总体布局整体合理，为开发区快速、协调发展奠定基础。

《克州旅游发展总体规划（2012～2030）》编制 该规划由江苏省城市规划设计研究院和南京必得旅游规划设计研究院组织编制，2011年完成。经克州旅游局批准实施。规划认为克州拥有喀喇昆仑山、天山南脉等诸多山脉，并有柯尔克孜族传统文化，是丝绸之路3条线路穿越新疆后南疆唯一交汇点，旅游资源丰富。提出构建“一体两翼”空间发展结构，形成“一核四区”全域旅游体系（克—喀城市旅游综合服务核、克孜勒苏河谷平原旅游区、西域边境口岸旅游区、西昆仑高原雪域旅游区、南天山民俗文化旅游区），并策划重点项目库。规划实施后丰富克州旅游产品，提升克州旅游产业地位，推动旅游产业实现跨越式发展，使旅游业成为克州的战略性支柱产业、改善民生的富民产业、让人民群众满意的现代服务业，为克州建成世界级高原深度体验旅游目的地、柯尔克孜族文化体验旅游目的地、高原旅游名州打下基础。该规划获江苏省2014年优秀工程设计二等奖。

二、科技载体与平台建设

霍城县科技综合服务中心 2011年建设，投入援助资金2568.3万元。中心占地2.3公顷，建筑面积7681平方米，包括专家大院、科技信息网络中心、科技特派员工作站、科普宣传机构、生产力促进中心、科技成果转化机构、科技信息网站、创业服务中心（企业孵化机构），是一个安全便捷、环境优美的模块化科技型综合服务体。中心为霍城县科技新成果及新技术、新产品应用示范和产业开发提供主要场所，使霍城县基层科技发展从单纯技术指导转变为既重视技术指导，又注重经济效益，充分发挥资源和产业优势，努力培育高成长性企业，推进产业链延伸和转型升级，提升霍城县科技服务与成果转化能力。

伊宁边境经济合作区技术与产业转移中心孵化园 2012年建设，江苏省化工设计院有限公司、江苏省交通科学研究院股份有限公司、苏伊科技产业孵化园等单位共同投资8000万元。这是江苏省“百企千亿”产业援疆重点示范项目，占地2公顷，建设孵化综合大楼、专家服务中心、研发楼、实验楼、中试车间等设施，集科技企业孵化器和众创空间功能于一体，围绕生物科技、新能源、新材料、水资源综合利用、环保节能、电子信息与电子商务、交通物流仓储等重点领域开展孵化服务工作。2018年，升级为自治区级小企业创业基地。孵化园为创新创业者提供一站式、综合性服务，帮助其将发明专利和科技成果尽快转化为商品进入市场。至2019年，累计孵化企业60余家，成为伊犁州“创新驱动、内生增长”核心阵地，在加快高新技术产业化进程、优化产业结构方面发挥重要作用。

伊犁科技信息综合服务平台 2014年，围绕科技成果转化和信息服务，江苏省支持经费100万元，建立包括伊犁州科技信息网、中小企业科技信息与成果转化服务平台、农村科技信息村村通工程在内的科技服务平台。平台成为覆盖全州的政策、市场、技术、产品信息平台。

江苏农村科技服务超市伊宁分店 2015年6月，江苏省生产力促进中心在伊犁州建立江苏农村科技服务超市伊宁分店，该店成为江苏在省外建设的第一家农村科技服务超市。企业确立“公司+超市+农户”发展模式，发挥江苏农村科技服务超市和伊犁薰衣草联盟两个平台优势，面向农业科技园区、农业科技型企业、科技型农村专业合作社、农业专业大户和广大农民，提供“4个服务”：信息服务，把最新的农业科技信息第一时间传达给农民；专家服务，对伊犁州农业科技进行技术指导，研发和培育适合当地的新技术和品种；咨询服务，面对面解决农民生产中遇到的问题；中介服务，通过“引进来”和“走出去”，让农民增产增收，把本地农产品推向区外。

江苏省技术转移联盟新疆分中心　2017年8月，江苏省技术转移联盟新疆分中心在伊犁州挂牌，标志着江苏省与伊犁州科技支援合作进入新发展阶段。该分中心的成立，是加强苏伊两地在推进创新型省市建设中交流与合作的重要举措，也是江苏省技术转移联盟成员单位发挥自身优势，响应国家加快建设丝绸之路经济带核心区、实施创新驱动发展战略的重要行动。苏伊双方可充分利用信息化平台，建设产学研合作服务新疆分平台，促进技术转移供需信息网上有效对接；定期组织“江苏高校院所专家新疆行”“新疆企业家江苏高校行”等活动；建立常态化科技人员为伊宁企业咨询服务的长效机制；为新疆技术转移从业人员开展多形式、多层次业务培训，培养技术转移专业人才队伍。

三、科技研究与推广应用

伊犁州薰衣草精深加工关键技术研究　2008年，在江苏援疆干部推动下，南京野生植物综合利用研究院与伊犁紫苏丽人生物科技有限公司合作，研发薰衣草精油非醇水化、乳化、包埋等精深加工关键技术，实施种植标准化、产业化项目。2012年，双方投资1436万元，共建南京野生植物综合利用研究院伊犁分院，其中建设中试精深加工车间2430平方米，净化级别10万级，实验室800平方米。双方联合研发薰衣草超临界高效萃取在线脱蜡技术、杂花薰衣草精油分子蒸馏精制技术等精深加工关键技术，通过二氧化碳流体萃取工艺应用，让薰衣草在精油制作过程中最大程度保存有效成分，提高产

霍城县薰衣草花海（王天明／摄）

南京野生植物综合利用研究院专家指导薰衣草种植（2008年摄）

品质量。建成年产20吨新型缓释精油材料中试示范生产线、年产100吨薰衣草终端产品生产线各1条，新增年产值3000万元。申请发明专利7项，获授权专利5项，取得中华全国供销合作总社科技成果鉴定1项。分院为伊犁州15家薰衣草企业开发产品50余个，培养技术人员30余人，延伸薰衣草产业链，增强当地薰衣草产业持续发展能力，实现薰衣草特色资源向优势产品转化和增值。

伊犁州马产业科技　“十二五”期间，在江苏援疆干部支持下，伊犁州马产业科技项目申请中央、自治区、自治州科技资金4041万元，到位资金3065.9万元。项目通过良种繁育，提升马的品质，使改良马匹数量不断增加，成果显著。昭苏马场通过改良马匹获得奖牌150余枚，并实现在全国马术大赛上金牌“零”的突破；马产乳量、产肉量大幅提升，良种马驹价格提升10余倍，直接经济效益可观，农牧民养马积极性高涨，开始自发引种、自主改良，养马成为农牧民增收新亮点；通过科技宣传和引导，孕马尿得到资源化利用。该项目不仅推动伊犁州畜牧业结构调整，提高农牧民收入，而且保护当地生态环境。

尼勒克县褐牛品种优化改良　2011～2013年，江苏援疆干部以尼勒克县现代畜牧业产业示范园建设为契机，为当地农牧民提供优质新疆褐牛品种，扩大改良面，提高良种率，促进农牧民增产增收。每年可为农牧民改良本地褐牛约4万头，直接增收8000万元。该项目为新疆褐牛发展搭建起集科研、教学、技术推广为一体的现代化畜牧产业示范区，为新疆褐牛选育提高工作打下坚实基础。

昭苏县小麦种植技术　2011～2013年，江苏省第七批援疆干部根据昭苏县地理气候特点，更新农业发展理念，优化小麦种植模式，从江苏引进冬小麦品种在昭苏示范种植，其中“扬麦16号”亩产391.7千克，比当地品种增产46.1%，开创江苏冬小麦品种在高寒、高海拔春麦区引种成功的先例，变“苏麦”为“疆麦”。主持实施春小麦不同播种量研究，春小麦播种量由40千克左右降至30千克左右，每年可为受援县节省小麦种子400万千克，增收近2000万元。

昭苏县野生药用植物资源迁地保育和优抚驯化试验 该项目于2018年4月立项，2019年12月完成，投入援助资金90万元，由江苏永健医药科技有限公司承担。项目主要研究内容为：借助昭苏自治区级农业科技园区内药材基地，建设昭苏野生药用植物迁地保育和优抚驯化试验基地，重点研究野生药用植物生物学特性；强化野生药用植物种质资源保护与利用、研发，建立重要植物保护、扩繁、培育等一系列关键技术体系；形成多套具有开发潜质的特有野生药用植物优抚、驯化、繁育技术体系。2018年，完成县域内中草药种质资源普查与资料收集、种质资源圃规划。2019年，完成种质资源圃基础设施建设，采挖移栽野生中草药100种，种质资源圃初具规模。2020年，继续完成前期

秋天的昭苏田野（陈诚／摄）

建设，移栽50余种野生中草药，总结野生驯化物种新疆紫草种植技术规程。项目建成2.67公顷野生中草药栽培驯化试验基地，选育神香草、新疆紫草种野生中草药扩繁。总结新疆紫草野生中草药生长技术标准，培养和提升参加项目人员技术水平及研发能力，培训100余人次。建成亚高原药用植物资源圃1处，打造成集科普教育、药用植物驯化、科研基地于一体的综合示范基地，为当地中草药产业发展打下坚实基础。

察布查尔县稻蟹共作技术推广 察布查尔县地处天山北麓、伊犁河南，水质纯净，但由于气候、温度因素，特别是缺乏专业技术人才等，蟹虾养殖一直是空白。2014年，盐城市将稻蟹共作技术引进察布查尔县。主要养殖江苏河蟹新品种中华绒螯蟹"长江1号""长江2号"。通过本地驯化培育蟹种，降低蟹种空运费和减少蟹种运输中死亡问题，在源头上降低养殖成本和风险，发展稻田养蟹，将种稻和养蟹有机结合，形成"稻护蟹、蟹吃饵料、蟹粪肥田"稻蟹生态系统，实现"一水两用、一地双收"。2015年，在消化、吸收江苏稻蟹共作技术基础上，形成一整套符合察布查尔县实际的稻蟹共作有机稻米集成生产技术，为有机水稻可持续发展开辟新途径。为扶持该技术在察布查尔县有机水稻基地大面积推广，盐城市投资50万元，主要用于蟹苗引进、驯养及防逃设施补助。至2019年，引进种养殖新技术发展"稻田蟹""稻田虾"面积133.33公顷，实现年产量50吨，经济效益近400万元，带动农牧民就业300余人，促进农户增收。

【链接】盐城援疆工作组推广先进养殖模式　助力察县发展特色产业

解开网兜口的绳子，倾斜着抖动兜体，轻轻地往上一提，网兜里上千只螃蟹幼苗就散落到浮在水面的一块白色泡沫板上。转瞬间，这些如钱币大小的蟹苗又从白色泡沫板上消失，爬进了灌满水的稻田里。4月6日，记者在察布查尔锡伯自治县坎乡库勒特克其村稻田蟹养殖基地看到，身穿连体胶皮衣裤的吐力汗·阿勒德正忙着往稻田里投放蟹苗。

吐力汗是伊犁悦然生态农业有限公司的员工，从事螃蟹养殖已经4年。他告诉记者，正在投放的蟹苗是公司通过冬投模式自己培育的，投放时间比去年早了近1个月，质量和成活率很高。

"别小看这些小东西，培育成活还真不容易。"掌心托着几只螃蟹幼苗的伊犁悦然生态农业有限公司总经理管小平说。

谈起企业的发展历程，管小平一再提及江苏省盐城市对口援疆工作组。"公司开始养殖螃蟹的这几年，盐城援疆工作组给了我们实实在在的支持。"管小平充满感激地说。

2015年11月，伊犁哈萨克自治州党委组织部与江苏省委组织部远程教育管理中心共建平台组织人员到盐城市建湖县学习。正考虑对公司产业进行结构调整的管小平，通过考察学习，一眼就相中了稻田水产养殖业。

考察学习结束后，管小平立刻前往辽宁省盘锦市引进了500公斤蟹苗进行冬投试验。一年、二年、三年，功夫不负有心人。不仅冬投的蟹苗成功了，还培育出了适合察布查尔当地水质的小龙虾，并解决了越冬、繁殖的难题。

江苏援疆干部引进螃蟹养殖技术，助力察布查尔县农户脱贫致富。图为农民展示收获的螃蟹（2019年摄）

察布查尔县稻蟹共作有机水稻基地（2018年摄）

“如果没有援疆工作组的鼎力支持和25万元的产业资金引导，我们很难做到这一步。”管小平说。

“帮伊犁悦然生态农业有限公司破解水产养殖瓶颈，是为了实现精准扶贫，作为龙头企业，它可以带动老百姓就业增收。”盐城市对口支援察布查尔县工作组工程建设处处长、察布查尔县住建局副局长董建说。

管小平介绍，目前，公司主要养殖的是“长江1号”绒毛蟹。2018年，企业迎来了第一轮受益期，共出售2000万只蟹苗、30吨成品蟹和4吨小龙虾，带动贫困户166户，农民亩均收入可增加2000元。今年，公司计划投资开发1万亩稻渔综合种养示范区，以稻田蟹养殖基地为核心示范区，持续输入河蟹新品种及江苏先进养殖模式与技术，辐射推广带动周边农民发展特色产业，实现产业发展乡村振兴。

“察布查尔生产的螃蟹、小龙虾品质优良，肉质紧实鲜美，很容易打入各地市场。”董建表示，今后，盐城援疆工作组还将在市场开拓方面支持察布查尔水产养殖业，让这里的螃蟹和小龙虾走出伊犁，走向全国。

（2019年4月24日《新疆日报》）

兵团七师水生蔬菜、花卉品种引种　2011年，淮安市在兵团七师一三一团实施水生蔬菜、花卉品种引种试验项目。通过一年试验，成功引种莲藕、茭白、荸荠等水生蔬菜及睡莲、花菖蒲等水生花卉15类30个品种，平均成活率92%以上。这是北纬44°地区第一次全面引种水生蔬菜，使兵团干部职工也能吃上江南水生蔬菜。

兵团七师一三〇团金湖县小龙虾北疆养殖　淡水小龙虾养殖是金湖县特色优势产业。金湖县将在兵团七师一三〇团养殖小龙虾作为援疆重点项目。新疆土壤和水偏碱性，对小龙虾养殖不利。为改善水质和解决新疆水塘里水草少问题，江苏援疆技术人员将牛粪投放到水塘，自然发酵，使水质变酸，同时用增氧机往水塘里持续打氧，还从金湖县运来水草——伊乐藻，成功种植到水塘里。2016年，小龙虾试养获得成功，在苗种长途运输、池塘消毒、栽植水草、施肥培饵、放养、饵料投喂等方面取得成功经验。2017年6月，金湖县50万尾小龙虾"迁移"到北疆，开始规模化养殖，面积6.6公顷。金湖县做好跟踪服务，协助一三〇团在奎屯水库建设苗种繁育基地，开展抱籽虾到基地越冬试验，为苗种自繁自育采集理论数据，着力解决小龙虾低温越冬难问题，促使小龙虾产业在新疆发展壮大。

兵团四师六十七团冬小麦滴灌高产栽培技术研究　2011年，镇江市投入科技援疆专项资金用于兵团四师六十七团冬小麦滴灌高产栽培技术研究。该项目在三连、五连、六连、十一连4个连队实施，确定漫灌小麦面积560公顷、滴灌小麦面积506.67公顷，进行小麦各生育期水肥运筹、化控、病虫害防治等分析和研究。研究结果表明，小麦滴灌土地利用率提高5%左右。滴灌冬小麦田间保苗每公顷增加15万～22.5万穗，每公顷收获穗数557.25万穗，比漫灌每公顷重20.25万穗。平均穗粒数31.3粒，每穗比漫灌增加3.3粒；千粒重50克，每千粒比漫灌重7克。滴灌节省肥料用量20%以上，生育期田间灌水量节约20%～30%。滴灌小麦平均公顷产量8280千克，比漫灌小麦每公顷增产2145千克，平均每公顷增收3300元。

兵团四师七十一团玉米密植高产研究　2011年，镇江市投入科技援疆专项资金援助兵团四师七十一团玉米大面积高产研究。创建万亩高产示范田，培育农业科技示范连9个、科技示范户1450户。采用精量点播、缩行增株密植、测土配方施肥、滴灌移栽技术，推广应用抗病耐密植优良品种。实施统一供种、育苗，适时早播晚收，全程机械化，形成玉米密植高产全程机械化栽培模式。当年，种植玉米726.4公顷，平均单产15840千克，刷新全国玉米大面积高产纪录。2012年、2013年，平均单产均破全国纪录。至2019年，七十一团玉米单产量连续9年保持全国领先。2016年，七十一团玉米密植高产栽培理论与技术研究成果获兵团科技进步一等奖。2018年，玉米密植高产全程机械化绿色生产技

兵团四师六十七团冬小麦田（2013年摄）

江苏林业专家到克州实地指导杂交构树种植（2015年摄）

术研究与应用获兵团农业技术推广合作奖。2019年8月，全国玉米密植高产技术示范观摩会在七十一团召开，推广七十一团玉米密植高产全程机械化栽培模式。

克州非耕地温室中适宜机械化移栽黄沙育苗及栽培关键技术研究　2017年，江苏省农业科学院与新疆农业科学院合作实施“非耕地温室中适宜机械化移栽黄沙育苗及栽培关键技术研究”，充分发挥江苏省农业科学院育苗基质块技术资源优势，开展关键技术联合攻关，针对性解决克州地区非耕地设施农业发展中存在的机械化水平低、人工成本高、沙土储水蓄肥能力差等问题，降低设施农业成本，促进增产增收。

江苏省对口支援受援地部分科技项目情况表

地区	序号	援助时间	项目内容
伊犁州	1	2008～2014	伊犁州薰衣草精深加工关键技术研究
	2	2011～2015	伊犁州马产业科技
	3	2011～2019	江苏援助伊犁民族医药研究与开发
	4	2011～2019	江苏援助伊犁州地方病成因研究
	5	2012	伊宁边境经济合作区技术与产业转移中心孵化园
	6	2014	伊犁科技信息综合服务平台
	7	2014～2015	伊宁高新区产学研示范园建设
	8	2015	江苏农村科技服务超市伊宁分店
	9	2017	江苏省技术转移联盟新疆分中心
	10	2011	霍城县科技综合服务中心
	11	2011～2013	尼勒克县褐牛品种优化改良
	12	2014～2019	察布查尔县稻蟹共作技术推广
	13	2011	昭苏县脱毒马铃薯良种繁育
	14	2011～2013	昭苏县小麦种植技术
	15	2018～2020	昭苏县野生药用植物资源迁地保育和优抚驯化试验
兵团	1	2011～2013	七师水生蔬菜、花卉品种引种
	2	2015～2017	七师一三〇团金湖县小龙虾北疆养殖
	3	2011	四师七十六团脱毒马铃薯良种培育
	4	2011	四师七十一团玉米密植超高产研究
	5	2011	四师六十七团冬小麦滴灌高产栽培技术研究
	6	2016	四师农科所香料脱毒种苗培育（采用生物技术）
	7	2012	四师农科所草本花卉繁种、郁金香种球繁育、葡萄早熟栽培、大棚草莓栽培等技术推广应用
	8	2014	四师综合性现代农业科技示范基地建设
	9	2014	四师金珊瑚早熟葡萄培育
	10	2015	四师红地球葡萄科技成果转化示范基地（都拉塔口岸分场）建设
克州	1	2014	阿合奇县沙棘产品开发
	2	2015	克州杂交构树种植
	3	2017	克州非耕地温室中适宜机械化移栽黄沙育苗及栽培关键技术研究

第六节 文化援助与交流

江苏始终重视文化援疆工作。1999年9月，中央电视台和连云港市政府在伊犁州联合主办“新亚欧大陆桥美术作品汇展”，开启江苏文化援疆序幕。2003年，江苏出资援建的伊宁市汉家公主纪念馆，成为江苏文化援疆标志性工程。在江苏援疆干部努力下，江苏省、市、县多家新闻媒体联合组织“记者西部行”，在江苏多家媒体连续播放伊犁专题节目。江苏省第四批援疆干部联络江苏新闻单位为伊犁日报社投资组建伊犁新闻网，该网成为当时自治区唯一的地州级网络新闻媒体。2005年，江苏援疆干部首次提出“伊犁文化东进”，组织伊犁州歌舞团到江苏演出，拉开两地文艺交流大幕。2007年，国务院《关于进一步促进新疆经济社会发展的若干意见》提出文化援疆后，江苏文化援疆进入新阶段，围绕魅力伊犁主题开展采风、创作，取得丰硕成果。2010年新一轮

2015年12月15日，“丝路行·苏伊情”江苏公益巡演在南京启动

对口援疆工作开始后，江苏采取选派人才、援建文化设施、组织“文化志愿者边疆行”、开展文化交流和文化合作等措施，拓展文化援疆渠道，深化文化援疆内涵，全面推进文化援疆。江苏省文化厅成立援疆领导小组，制定文化援疆规划，与江苏援伊指挥部、援克指挥部密切配合，深化文化援疆工作。搭建交往平台，推进交流交融。举办“江苏文艺巡回演出周”“江苏文化产业伊犁行活动周”“文化志愿者边疆行”、江苏书画家“精彩江苏・美丽伊犁”书画展、苏伊书画艺术家交流互动、“丝路行・苏伊情”江苏公益巡演等文化交流交往活动。实施联合创作，推进文化事业发展。两地合作创排的大型民族舞剧《英雄・玛纳斯》《天山魂》和音乐广播剧《琴声悠远》，成为促进民族团结融合的精品佳作。注重培养受援地文化骨干队伍建设，推动民族文化传承。江苏文化援疆从“送文化”提升到共同合作“种文化”，彰显江苏特色。2013年，江苏省文化厅作为唯一省级文化部门在全国文化援疆工作电视电话会议上做经验介绍。

一、文化援助

作品及文物捐赠 2006年，江苏向伊犁捐赠爱国题材书法长卷《西迁之歌》。《西迁之歌》是在中国西部广泛流传的叙事长诗，描述18世纪中国东北锡伯族军民为保卫祖国西部边疆，奉命西迁新疆、屯垦戍边的故事。这一历史壮举，一直激励着西部各族人民保卫祖国、建设边疆。江苏省国画院书法家管峻将其精心创作的15米长、4000余字楷书长卷——《西迁之歌》，捐赠给察布查尔县锡伯民俗风情园，该作品成为两地友谊与民族团结的艺术见证。2011年，江苏省文化厅将181件美术书法摄影获奖作品捐

江苏书法家管峻（右二）向察布查尔县锡伯民俗风情园赠送书法长卷《西迁之歌》（2006年摄）

赠给伊犁州文化馆。2012年，江苏省文物局将37件（组）汉代文物赠予伊宁市汉家公主纪念馆。苏州收藏家姚嘉康向伊犁林则徐纪念馆捐赠其收藏精品——《林则徐》连环画，包括《虎门销烟》《虎门怒火》《林则徐诗歌（三则）》等7册。此外，江苏省文化厅向伊犁州图书馆捐赠图书1万册。

伊宁市汉家公主纪念馆基本陈列改造提升工程 该项目由江苏省文物局组织、南京博物院实施，2012年5月23日对外开放。为充实展陈内容、丰富展陈形式，南京博物院在国家文物局指导和省文物局支持下，多次实地调研，编制展览内容及展陈形式设计方案，协调江苏省文物局捐赠文物37件。纪念馆改造提升后，突出"和亲、和睦、和谐"主题，在陈列形式、展品内容、服务功能上都有质的提升，对展示宣传汉家公主历史贡献、推动伊犁文博事业发展发挥积极作用。

《歌声飞越天山——柯尔克孜族歌曲专辑》 2016年，由无锡市文联、克州文联和阿合奇县委宣传部共同制作的《歌声飞越天山——柯尔克孜族歌曲专辑》发行，这是首部以汉语演唱的柯尔克孜族歌曲专辑。该专辑收录《阿合奇，神奇的摇篮》《感谢爱情》等17首歌曲，内容涉及柯尔克孜族民族特性、友谊、爱情等；在音乐表现上，采用交响乐团、电声乐队和柯尔克孜族民族乐器相结合方式；配器上除运用传统的和声复调，还采用柯尔克孜族说唱。为方便传唱，专辑除提供完整的歌谱外，还专门配置演唱版和伴奏音乐版。

图书《如梦如歌·新疆新源》《跟我走吧，去那拉提》 2016年9月，扬州市、新源县两地作家、摄影家共同创作的《如梦如歌·新疆新源》《跟我走吧，去那拉提》出版发行。《如梦如歌·新疆新源》精选38个关键词，收录两地摄影家拍摄的精美图片200余幅，由点及面地介绍新源县山川地理、自然景观、历史沿革、民族宗教，讲述主要景点、节日、民俗、特产、名人、遗存等。《跟我走吧，去那拉提》由扬州市蜀冈—瘦西湖风景名胜区管委会、新源县那拉提旅游景区管委会编著，以国家5A级旅游景区那拉提为重点，贯穿春夏秋冬四季，介绍新源县不同时节的旅游攻略。

音乐广播剧《琴声悠远》 由南京市文联总策划，新疆广播电视台、伊宁市文联和南京市广电集团联合出品。该剧以1960年江苏人支边伊犁、南京人落户伊宁为背景，以父子两代人援疆经历为主线，以传承新疆巴扬艺术为纽带，以伊宁俄罗斯族巴扬艺术非遗代表性传承人亚历山大·扎佐林和快递小哥萨沙为主要人物，讲述传承巴扬艺术、在新时代焕发新风采的援疆故事。主创团队由江苏、新疆、北京、黑龙江等地的作家、编剧、导演、音乐家、广播剧演播名家组成，其中有参与文化援疆的南京作曲家，表演团队来自8个民族。2019年3月31日起，4集音乐广播剧《琴声悠远》在北京、南京、新疆和黑龙江等地播出。该剧的热播，在伊宁市掀起手风琴热，伊宁市专门为亚历山大成立

伊宁市六星街亚历山大手风琴珍藏馆（2019年摄）

2019年7月29日，江苏省援建的克州图书馆升级改造工程全面竣工。图为读者在图书馆查阅图书

非遗传承人工作室，伊宁市六星街民俗文化陈列馆暨亚历山大手风琴珍藏馆成为全国众多网友旅游打卡“网红”地。该剧获第19届中国广播剧研究会广播连续剧一等奖。

舞剧《天山魂》 2019年4月30日，由无锡市演艺集团歌舞剧院与伊犁州歌舞剧院共同打造的大型民族舞剧《天山魂》在无锡市首演。《天山魂》是一部爱国主义题材舞剧作品，由50余名演员共同演绎，是我国哈萨克族历史上首部原创舞剧。该剧以电影《冰山上的来客》故事为原型，讲述新中国成立初期驻守在边防线上的人民解放军官兵和当地各族人民一起，捍卫共和国新生政权、维护祖国统一的感人故事。该剧是宣扬民族团结合作的精品佳作，也是庆祝中华人民共和国成立70周年的献礼之作。

克州图书馆升级改造工程 为进一步提升克州公共文化服务水平，满足广大读者阅读需求，2019年，江苏实施重点文化援疆项目——克州图书馆升级改造工程。南京图书馆派业务专家前往克州实地调研，了解克州图书馆现状和需求，确立援助工作具体内容和目标。专门调拨图书7.2万册，提供全套力博图书馆管理软件，价值300余万元。同时，对江苏凤凰传媒集团援助的2万册图书完成数据加工，帮助安装调试图书馆管理系统，完成近10万册图书整理上架和管理系统数据挂接工作，并对克州图书馆员工进行业务培训。当年7月，援助工作完成。升级改造后的克州图书馆，功能面积由原先730平方米增加到6240平方米，新增0～6岁幼童借阅室、少儿活动室、书吧、多功能厅、学术报告厅、研讨室和读者自修区等人性化功能区；启用力博图书馆管理系统、自助办证、借还机、图书检索机、自助微信预约系统等设施，建立高效便捷的网络服务平台，实现扫描二维码即可阅读的“云体验”；藏书18万册，达到国家二级馆馆藏水平；日接待能力由不足20人次增加到200人次。克州图书馆成为馆藏丰富、功能齐全、南疆领先的现代化图书馆，成为江苏文化援疆在克州的标志性成果。

二、文化交流

文化志愿者活动 2011年起，江苏省文化厅会同江苏省文明办和江苏援伊、援克指挥部，组织文化志愿者服务受援地。2011年8月22日，由江苏省文化厅、江苏省文明办主办的2011年“‘春雨工程’——江苏省文化志愿者边疆行大舞台”展演活动在伊宁市开幕，服务范围涵盖伊犁州5个市县，南京、无锡、徐州、苏州、盐城、扬州、泰州等9个设区市近50名文化志愿者参加。活动既有浓郁江苏地方特色的歌舞、相声、杂技、戏曲、器乐表演和非遗传承人现场展示，又有边疆风情的歌舞表演。每场展演，伊犁州艺术家们同台献艺，表演维吾尔族、哈萨克族、锡伯族等边疆少数民族歌舞。特别是霍城县歌

2011年8月22日，『江苏省文化志愿者边疆行大舞台』活动在伊犁开幕。图为江苏艺术家在表演

2016年9月14日，『江苏省文化志愿者大舞台伊犁行』开幕演出

舞团专门创编歌舞《江苏霍城一家亲》，进一步加强两地文化交流。2012年7月9～18日，江苏省文化志愿者伊犁行慰问演出活动在奎屯市、尼勒克县等地举行。江苏省演艺集团京剧院、江苏省戏剧学校、江苏省文化馆、南京师范大学、南京艺术学院、南京市歌舞团、南京市建邺区文化馆及阜宁县杂技团等10余家单位39名文化志愿者，在伊犁地区进行为期10天巡回演出，给伊犁人民送去富有江苏特色的舞蹈《担鲜藕》《江苏新疆民歌联唱》、器乐合奏《迎亲》、杂技《力量》等节目。活动期间，江苏省文化厅向伊犁州图书馆捐赠图书1万册，向伊犁州文化广播影视局捐款5万元。2013年9月11日，江苏文化志愿者边疆行活动在阿图什市开幕，近40名文化志愿者先后为克州3县1市各族群众表演歌舞、相声、京剧、杂技、器乐，现场展示江苏非遗传承项目。2016年8月14～22日，"江苏文化志愿者边疆行大舞台"在伊犁州进行巡演，近40名文化志愿者先后在伊宁市、霍尔果斯市、巩留县、新源县演出，节目包括歌舞《共圆中国梦》、扬州弹词《悠悠运河柳》、扬剧《鸿雁传书》、民歌联唱《茉莉花》《一杯美酒》等。至2016年，江

苏文化志愿者足迹遍布伊犁州、克州14个县（市）及兵团四师、七师。2017～2019年，南京市连续3年组织文艺志愿者到伊宁市开展培训与交流。

文艺演出　2011年12月24日，兵团歌舞剧团和杂技团到江苏慰问演出，在南京举办“兵团人不会忘记”大型文艺晚会。文艺晚会分为“激情岁月”“春潮荡漾”“多彩绿洲”3个篇章，包括舞蹈《边疆处处赛江南》、独唱《兵团故事》、杂技《胡杨魂》、小品《援疆情》等节目。2014年10月3日，江苏省演艺集团到克州举办“民族团结一家亲，江苏克州心连心”专场演出。演出节目有《祝福祖国》、舞剧片段《绣娘》、民歌《怀念战友》、二胡独奏《二泉映月》《赛马》，以及江苏、克州两地歌唱家演唱的柯尔克孜族歌曲《你在哪里》、男女二重唱《敖包相会》。演出将民族风情、传统乐器、经典歌舞剧有机结合，为克州各族群众送上一场具有江南与边疆特色的文化演出。2015年6月，扬州市组织6名书画家和40余名文艺工作者到新源县，与新源书画家、文艺家共同举办书画采风、笔会交流、文艺演出、作品展览等活动，观看演出和画展群众5000余人次。10月19～28日，察布查尔县组织歌舞团赴盐城市及部分结对镇村开展“箭乡文化盐城行”文化交流活动，庆祝盐城援疆10周年。10月，“丝路畅想”——南京·伊宁文化交流专场演出在南京上演，伊宁与南京两地文艺工作者联袂演出具有新疆民族特色和江南风韵的节目，其中《刀郎舞》《黑走马》《葡萄姑娘》等独具新疆风情的歌舞深受观众喜爱。此次演出拉近伊宁人民和南京人民距离，搭建起一个文化交流平台。10月14日，巩留县歌舞团在张家港大剧院举办主题为“多彩巩留，感恩港城”的文艺演出，节目有原创歌曲《感谢张家港》、诗朗诵《援疆情》等。12月15日，“丝路行·苏伊情”江苏公益巡回演出在南京启动。伊犁州文艺工作者为南京、扬州、盐城和连云港观众献上充满西部草原

2014年10月3日，『民族团结一家亲，江苏克州心连心』专场演出在克州举行

民族文化特色的文艺演出，这是伊犁州在新一轮对口援疆工作开始后首次举办的大型文化交流巡演活动。2017年4月，新源县歌舞团20名演员在扬州瘦西湖风景区、宋夹城遗址公园、扬州音乐厅举行多次专场公益表演。扬帆App现场直播宋夹城专场演出，点播人数超过7000人次。2018年4月，奎屯市文化交流小分队在徐州市鼓楼区、丰县、新沂市、邳州市和贾汪区举行“援疆情·徐州行”文艺演出。6月，“江苏文化援疆民族团结心连心”文艺演出在阿图什市幸福路街道塔合提云村举行。同年，伊犁州歌舞团到南京、常州和盐城三地开展“民族团结一家亲”公益巡演音乐会活动。伊犁文艺工作者使用冬不拉、库姆孜等10余种传统民族乐器，演奏《和亲》《温暖的家》《花好月圆》等名曲，展现新疆民族乐器独特魅力。2019年6月19日，“苏伊两地艺术家文化交流暨艺术进校园活动”在伊犁技师培训学院开幕。活动以庆祝中华人民共和国成立70周年为主题，20余名江苏艺术家与伊犁州同行一起采风、创作，与各族学生进行艺术交流。其间，两地艺术家开展艺术交流培训活动12场次、创作活动7次，创作的500余幅作品全部赠送给当地学生、农牧民及文化机构。

巡回展览 *“千秋比肩”——汉家公主故乡出土汉代文物展* 2012年5月23日在伊犁州博物馆开幕。该展览是江苏省出土的汉代精品文物首次组团赴新疆展出，由江苏省文物局、南京博物院策划组织。南京博物院通过文物展览这一特殊文化载体将汉家公主故乡人民的深情厚谊再次带到伊犁。该展览以入选2011年度“全国十大考古新发现”的江苏盱眙大云山江都王陵（墓主人为细君公主祖父）出土文物为主，分为“宏伟王陵”“奢华生活”“高贵出行”“金戈铁马”“域外珍品”“永生之梦”6个部分，通过74件（组）展品，全面展示汉代江苏地区政治、经济、社会生活，尤其对江南先进的手工技艺、奢华的贵族生活进行客观展示，反衬出当年汉家公主远赴边疆、促进民族团结的艰辛与不易，向观众传递热爱伟大祖国、共建美好家园的时代信息。

“天马追风”——新疆伊犁草原文物和民族风情展 2016年8月31日在徐州博物馆开幕。设有“草原深处的瑰丽珠宝”“解忧公主的第二故乡”“游牧民族的风情画卷”3个单元，共展出伊犁州博物馆珍藏的草原精品文物和民俗展品139件，其中有大型草原青铜器、鹿石、波马古墓金银器、元代青花瓷器、丝织刺绣遗宝及草原石人、察合台汗国钱币等，全面展现伊犁浓郁的草原文化和独特民族风情。

“天马来兮从西极”——伊犁草原文化展 2016年11月24日在镇江博物馆开展。展览设伊犁史前草原文化、历史时期游牧文化和哈萨克民族游牧文化3个主题7个单元，对伊犁石器、岩画、青铜器、金银器、兵器和服饰等进行全面展示，让观众领略伊犁草原丰富的游牧历史文化和边塞草原壮丽的民族风情。

“细君归来”——新疆伊犁草原文物和民族风情展　2017年5月18日在扬州博物馆开展。共展出伊犁河谷游牧民族生活用具、饰品等珍贵文物139件，其中有与细君公主同时代的陶器，展示伊犁草原古老的民族风情和悠久的历史文化。

“奔腾岁月”——新疆伊犁草原文物与民族风情展　2017年9月16日在无锡博物院开展。展览的百余件文物不仅展示伊犁草原远古时代的茹毛饮血、狩猎时代的刀耕火种、繁盛时期的突厥汗国、将军统辖的边疆要地和哈萨克族的生活文化，还展现锡伯族传统服饰文化。

“丝路信使”国际自行车赛　该赛事创立于2017年，是亚洲里程最长的自行车赛事，每年举办一届，途经“一带一路”国内沿线城市。2017年6月17日，7名来自不同民族的“丝路信使”从泰州出发，带着泰州新疆班学生和援疆干部家属的信件，途经6省29座城市，穿越平原、丘陵、高原、山地和沙漠，历时26天骑行5171千米，到达昭苏县。至2020年，该赛事连续举办4届，车手给新疆班学生亲属等送去127封家书，成为联系各族群众的一条金丝纽带和一种活动新载体。“丝路信使”既是一项体育赛事，又富含文化、经济、旅游、教育等多种元素，作为世界第二、亚洲最长的自行车赛，引起全国各级媒体广泛关注和报道，直播平台累积播放近9000万流量，网上关注超3亿人次。

“细君公主回扬省亲”活动　2018年6月21日，在伊犁州新源县启动。6月28日，细君公主雕像启程，踏上回扬省亲之路。7月8日，“细君公主回扬省亲”仪式暨细君公主文化园开园仪式在扬州汉陵苑举行，细君公主雕像被安放在汉陵苑。此次活动横跨新源县和扬州市两地，分为7个主题，从“细君公主省亲”文化主题项目到草原传统文化展览，从伊犁草原特色小吃到那拉提草原风情表演，活动让人们在感受伊犁优美风景的同时，体验伊犁大草原的无限魅力。

“壮丽七十年”南京伊宁两地庆祝新中国成立70周年书法美术摄影作品交流展　2019年8月13日至9月3日，在伊宁市丝路之光艺术中心举行，186幅美术、书法、摄影作品参展。展品主题突出、特色鲜明，从不同角度、不同侧面反映中华人民共和国成立70年来伟大的建设成就和新时代南京、伊宁两地多元深厚的文化底蕴。

“走进伊犁”——江苏·伊犁两地艺术家联合采风作品展　2019年12月25～29日，在江苏省现代美术馆举办。此次展览共展出江苏、伊犁两地艺术家采风写生精品160余幅，涵盖美术、摄影、书法等艺术形式，既有江南婉约之美，又有边疆高原之雄，题材丰富、视角独特、风格多样，生动展现伊犁大美风光和人文风情，新疆经济社会发展成就和民族团结、社会和谐景象以及江苏援疆成果。

2019年7月28日，“中国邮政杯”第三届“丝路信使”国际自行车赛开幕式在泰州举行

2019年8月26日，“中国邮政杯”第三届“丝路信使”国际自行车赛昭苏站欢迎仪式

2018年6月21日，“细君公主回扬省亲”活动在新源启动

2018年7月8日，“细君公主回扬省亲”活动在扬州举行

江苏省与受援地文化援助与交流部分项目情况表

序号	项目内容	时 间	地 点
1	伊犁—江苏友好之旅活动	2006	扬州市等地
2	“兵团人不会忘记”大型文艺晚会	2011	南京市
3	连云港海湾画院巡回画展	2011	伊犁州、霍尔果斯市
4	镇江市艺术剧院为兵团四师干部职工演出	2011	兵团四师
5	南京市援疆成果展暨伊犁风情摄影展	2011	南京市
6	江苏省美术书法摄影获奖作品展	2011	伊犁州
7	江苏省文化厅向伊犁州文化馆捐赠 181 件美术书法摄影作品	2011	伊犁州
8	江苏省文化厅向伊犁州图书馆捐赠图书	2011 ～ 2015	伊犁州
9	伊宁市汉家公主纪念馆基本陈列改造提升工程	2011	伊宁市
10	“多彩巩留，感恩港城”文艺演出、“新疆巩留风情节”等主题文化交流活动	2011 ～ 2020	张家港市
11	江苏省文物局向伊宁市汉家公主纪念馆捐赠 37 件（组）汉代文物	2012	伊宁市
12	江苏凤凰出版传媒集团有限公司向特克斯县图书馆捐赠图书	2012	特克斯县
13	“情系霍城、感恩江阴”文艺演出	2012	江阴市
14	“欢庆十八大——援疆十周年成就展”下基层大型巡回展览	2012	霍城县
15	“大美新疆 · 霍城旅游援疆”暨歌舞演出	2012	江阴市
16	常州市、乌恰县合作共建乌恰县博物馆	2012	乌恰县
17	巩留县新疆原生态歌舞走进张家港	2012	张家港市
18	江苏省优秀图书展	2012	伊犁州
19	“金陵风骨，其命惟新”——2012 江苏省国画院书画精品展	2012	伊犁州
20	南京博物院“千秋比肩”——汉家公主故乡出土汉代文物展	2012	伊犁州
21	南京文艺工作者参加伊宁市 2013 年联欢晚会	2012	伊宁市
22	巩留风光摄影作品展	2012 ～ 2014	张家港市
23	“大美大爱——江苏摄影家眼中的新疆克州”摄影作品展	2013	南京市
24	克州第六届玛纳斯国际文化旅游节推介会	2013	南京市
25	电影《好运特克斯》	2013	特克斯县
26	霍城籍大学生感恩江阴汇报演出	2013	江阴市
27	“墨彩霍城 · 走进江阴”——新疆伊犁 · 霍城书画作品展	2013	江阴市
28	武进—尼勒克文化交流演出	2013	常州市武进区

续表

序号	项目内容	时间	地点
29	兵团四师文艺工作者慰问演出	2013	镇江市
30	阿图什市无花果歌舞团“感恩无限援疆情”演出	2013	昆山市
31	“民族团结一家亲，江苏克州心连心”专场演出	2014	克州
32	“走进江阴”新疆风景画家孟二虎油画作品展	2014	江阴市
33	阿合奇县民族刺绣、中国猎鹰之乡、中国库姆孜之乡 3 个非物质文化遗产专题展	2014	无锡市
34	“美丽伊犁，多彩人文”摄影作品展	2014	常州市
35	克州“帕米尔风情”群众美术、摄影展	2014	无锡市
36	“尼武杯”汉字听写大赛	2014 ～ 2018	尼勒克县
37	江苏凤凰出版传媒集团有限公司捐赠图书	2014 ～ 2019	伊犁州
38	“精彩江苏·美丽伊犁”——江苏省美术馆画家赴新疆伊犁美术作品展	2015	伊犁州
39	“江苏文化产业伊犁行”活动周	2015	伊犁州
40	“丝路行·苏伊情”江苏公益巡演	2015	南京市、扬州市、盐城市、连云港市
41	特克斯县歌舞团参加南京市江宁区第十五届“江宁之春”群众文化节	2015	南京市江宁区
42	“援疆杯”丝绸之路国际马拉松赛唐布拉赛事	2015	尼勒克县
43	察布查尔县“西迁圣地·和谐家园”非遗展	2015	盐城市
44	“援疆情·和美伊犁”美术作品交流展	2015	南京市
45	“大汉之源”汉文化西进——丝路汉风·徐州书画作品展	2015	奎屯市
46	常州市武进区、尼勒克县书画摄影艺术家携手创作采风	2015	尼勒克县
47	昆山市书法家、美术家、摄影家等到阿图什市进行文化交流	2015	阿图什市
48	阿图什市歌舞团到昆山市慰问演出	2015	昆山市
49	江苏盐城·新疆察布查尔文化旅游周	2015	盐城市
50	江阴·霍城百景书画作品交流展	2015	霍城县
51	霍城旅游风情展	2015	江阴市
52	昆山市摄影、绘画、书法家到阿图什市采风	2015	阿图什市
53	“携手丝路，共创未来”盐城文化旅游周	2015	察布查尔县
54	察布查尔县歌舞团文艺演出	2015	盐城市
55	“丝路畅想”——南京·伊宁文化交流专场演出	2015	南京市
56	察布查尔县“箭乡文化盐城行”文化交流	2015	盐城市
57	察布查尔县民族歌舞团到盐城开展“一村一社区”结对共建文化交流	2015	盐城市

续表

序号	项目内容	时 间	地 点
58	江阴市援建惠远古城陈列馆	2015	霍城县
59	《英雄·玛纳斯》江苏巡回演出	2015	无锡市、南京市等
60	扬州市文艺工作者到新源采风、演出、交流	2015	新源县
61	江苏女子民族乐团、连云港市文化馆演出团到乌鲁木齐、霍尔果斯、兵团四师六十二团、都拉塔口岸和阿拉马力边防连慰问演出	2015 ～ 2016	霍尔果斯市等
62	盐城·察布查尔美食文化节	2016	盐城市
63	盐城市“盐阜文化箭乡行”文化交流	2016	察布查尔县
64	“天马追风”——新疆伊犁草原文物和民族风情展	2016	徐州市
65	“翰墨薪传”——苏州“牵手西部”书法人才研修班	2016	苏州市
66	“天马来兮从西极”——伊犁草原文化展	2016	镇江市
67	连云港市、霍尔果斯市、都拉塔口岸三地摄影展	2016	霍尔果斯市等
68	“天山月·徐奎情”——2016 徐州奎屯市中秋晚会	2016	徐州市
69	“丝路汉风”徐州非遗展	2016	奎屯市
70	“美丽山城·康养尼勒克”文化交流演出	2016	常州市
71	“感恩盐城 携手前行”——盐城对口支援暨扶贫成果展	2016	盐城市
72	察布查尔—江苏射阳农民画走亲交流活动	2016	射阳县
73	《歌声飞越天山——柯尔克孜歌曲专辑》发行	2016	无锡市、克州
74	无锡市文艺界帮助建立阿合奇县猎鹰合唱团、秧歌队、腰鼓队、健身队等群众文化队伍	2016	阿合奇县
75	《如梦如歌·新疆新源》《跟我走吧，去那拉提》编著	2016	扬州市、新源县
76	扬州·新源文化旅游交流和民族团结促进月活动	2016 ～ 2018	扬州市、新源县
77	“行远及众”——中国水印木刻版画文献展	2017	伊犁州
78	喜迎十九大——中国梦·伊犁情伊犁美术书法作品江苏南京展	2017	南京市
79	“飞来的异域风情，非来不可的你”巩留（张家港）风情节活动周	2017	张家港市
80	“奔腾岁月”——新疆伊犁草原文物与民族风情展	2017	无锡市
81	“细君归来”——新疆伊犁草原文物和民族风情展	2017	扬州市
82	新源县歌舞团公益演出	2017	扬州市
83	江阴锡剧团、霍城民族歌舞团到霍城县乡村演出	2017	霍城县
84	“民族团结一家亲，江阴霍城手牵手”文艺演出	2017	江阴市
85	“汉风墨韵”——彭城画派美术作品交流展	2017	奎屯市
86	“武尼人民心连心，民族团结一家亲”文化交流月活动	2017	常州市武进区

续表

序号	项目内容	时 间	地 点
87	武进·尼勒克文化美食节	2017	常州市武进区
88	“多彩尼勒克”书画摄影展	2017	常州市武进区
89	“民族团结一家亲”巡演	2017	常州市
90	特克斯县书法作品展	2017	南京市江宁区
91	大型舞台音乐剧《黑眼睛》巡回演出	2017	南京市等地
92	南京市江宁区群艺馆参加第五届“天山文化旅游季”开幕式演出	2017	特克斯县
93	江苏省演艺集团艺术家参加伊犁州“庆‘七一’民族团结一家亲”等文艺演出	2017	伊犁州
94	南京艺术家参加伊宁市民俗文化旅游节演出	2017	伊宁市
95	新疆伊犁风情园落户南京市江宁区	2017	南京市江宁区
96	“情牵两地同欢歌”文艺演出	2017	兵团四师
97	“丝路信使”国际自行车赛	2017～2020	泰州市、昭苏县等地
98	“民族团结一家亲”江苏公益巡演	2018	南京市、常州市、盐城市
99	“江苏文化援疆民族团结心连心”文艺演出	2018	阿图什市
100	“援疆情·徐州行”文艺演出	2018	徐州市
101	“美丽伊犁”——历史文化名城特克斯民俗文化展	2018	南京市江宁区
102	江苏省美术馆典藏版画作品展	2018	伊犁州
103	“美丽伊犁”——新疆伊犁民族文化展	2018	淮安市
104	“细君公主回扬省亲”活动	2018	扬州市、新源县
105	“我心向阳”——柳学健中国画作品展	2018	可克达拉市
106	“走进伊犁”——江苏·伊犁两地艺术家联合采风作品展	2019	南京市
107	音乐广播剧《琴声悠远》	2019	伊宁市
108	“壮丽七十年”南京、伊宁两地庆祝新中国成立70周年书法美术摄影作品交流展	2019	伊宁市
109	苏伊两地艺术家文化交流暨艺术进校园活动	2019	伊犁州
110	江苏·伊犁两地艺术家书画交流研讨会	2019	伊犁州
111	“丝路行·苏伊情”江苏公益巡演	2019	苏州市、南通市、泰州市
112	朴拙大美——伊犁鹿石岩画石人拓片展	2019	常州市
113	美丽伊犁——新疆伊犁民俗文化展	2019	淮安市
114	大型民族舞剧《天山魂》巡回演出	2019	无锡市、伊犁州

续表

序号	项目内容	时 间	地 点
115	“太湖托河情”——首届无锡·阿合奇民族工艺美术交流作品展	2019	无锡市、阿合奇县
116	庆祝新中国成立70周年“情系新疆携手发展”——无锡·阿合奇对口支援成果写生作品展	2019	无锡市
117	连云港市艺术家到霍尔果斯采风	2019	霍尔果斯市
118	“共画祖国好·奋进新时代”江阴艺术家新疆采风美术作品展	2019	江阴市
119	海门市山歌艺术剧院参加新疆·伊犁杏花文化旅游节	2019	伊宁县
120	“大美西域　汉风墨韵”——新疆伊犁（奎屯）江苏徐州美术作品交流展	2019	徐州市
121	“新源·扬州文化旅游交流月”活动	2019	扬州市
122	克州图书馆升级改造工程	2019	克　州

【链接】十年援疆路 两地情更浓　两地文化交流促发展

9月7日，记者在伊宁市汉家公主纪念馆内看到，两块巨石摆放在馆内，石头上清晰可见汉代狩猎和劳动的场景。工作人员介绍，前段时间，江苏省徐州市党政代表团来伊犁考察，他们在参观汉家公主纪念馆的过程中得知，纪念馆中的实物太少，代表团的领导当场决定，无偿赠送两块有2000年历史的汉画像石，以丰富馆藏。在不到一个月的时间，两块近1吨重的汉画像石被运到了汉家公主纪念馆。

据汉家公主纪念馆工作人员介绍，去年，纪念馆共接待各地游客9800多人次，其中七成以上是江苏人。最近一段时间，馆内每天接待的参观游客中都有来自江苏各地的游客，除了一些官方代表团外，以游客身份来伊参观的不在少数，他们通过参观，一方面对伊犁有了更深入的了解，另一方面对伊犁产生了一种亲情，希望能为加强两地之间的各种交流做一些工作。

2005年6月，在汉家公主纪念馆开馆之际，《扬州日报》“重走和亲路”栏目记者孟瑶到汉家公主纪念馆采访，时任州党委副书记的援疆干部俞明向她介绍说，汉家公主纪念馆是江苏省第一批对口支援项目中的一项重要文化工程，虽然第四批援疆干部的任职即将到期，但他们付出了大量心血的汉家公主纪念馆将定格下细君与解忧两位来自江苏公主故事的历史瞬间，并继续书写中原与西域之间恒久的情谊，汉家公主纪念馆的建设是一件非常有意义的事。其实，通过汉家公主纪念馆加强两地之间的合作，只是伊犁和江苏两地文化交流的一个缩影。随着越来越多江苏援疆干部的牵线搭桥，两地之间的文化交流形式越来越多。

据了解，2006年4月，按照州党委、政府的安排部署，以州歌舞团、话剧团、歌舞话剧团青年演员为主的伊犁州赴江苏扬州友好之旅演出团，携带“伊犁美”民族歌舞晚会随州党政代表团赴扬州等地参加“伊犁—江苏”友好之旅活动，开展了一系列形式多样的文艺演出，观众达2万余人，圆满完成了州党委、政府交付的演出任务，取得了社会效益和经济效益的双丰收。2005年11月，援疆干部、州党委宣传部副部长丁捷率领州歌舞话剧团赴江苏演出，江苏省委领导亲自接见并宴请演员，协调在南通、常州等地组织演出，引起了当地干群和全国媒体的极大关注。

10年来，援疆干部始终把宣传伊犁、介绍伊犁的经济发展和资源优势作为自己义不容辞的责任，利用一切机会宣传伊犁。在援建干部的努力下，江苏省、市、县多家新闻媒体联合组织“记者西部行”，专程全方位采访报道伊犁，在江苏多家媒体连续播发专题节目，并联系多家广播电台、电视台、报纸等宣传媒体，相继播发、刊登伊犁的专题节目和文章。同时，协调落实伊犁州新闻代表团、歌舞团赴江苏省对口支援地采访和巡回演出。第四批援疆干部联络江苏新闻单位为伊犁日报社投资组建了伊犁新闻网，成为全自治区唯一的地州级网络新闻媒体。第五批援疆干部到达伊犁的第一个月，援疆干部总领队、州党委副书记洪锦华就带领文化宣传口的援疆干部到州直文化宣传单位调研并听取意见，帮助协调文化宣传口的具体困难，制定援疆工作中的项目计划。据不完全统计，10年来，经过援疆干部的多方宣传，江苏组团来疆团数达936批10439人次，其中省级领导带队团数达8批，增进了伊犁与江苏省市的往来，并随着伊犁与江苏在经贸、教育、文化等多领域合作与交流，援疆工作已经产生了多层面、高层面、宽领域的互动宣传效应。

霍城县作为试点县，援疆干部们利用自身的优势，通过文化交流这个平台，不断加强两地之间的经济合作，并取得了较好的效果。援疆干部大力推介霍城县旅游资源成为最典型的事例。

近几年来，霍城的发展得到了江苏省委、省政府、省有关部门和无锡市的大力支持和指导，特别是在旅游资源开发上，从资金、规划等方面全面进行指导和帮助。援疆干部到来后，给霍城的旅游业发展带来了先进的理念和超前的思维，进一步明确了高标准规划、大手笔建设、强力度宣传的旅游工作方向。在旅游客源市场开发上，霍城县也已实现了与长三角地区各大旅行社和客源市场的直接对接。随着“1015”工程的深入推进、“江苏无锡万人游霍城”和“相聚霍城·草原约定”民族文化旅游节暨“西域明珠—霍城旅游黄金季”活动的成功启动，霍城旅游业迎来了前所未有的发展机遇，正步入大建设、大发展的良好时期。霍城县加大对旅游宣传促销的资金投入，将旅游宣传工作作为一项重要基础性工作去抓，近几年来共举办较大规模的旅游宣传活动5次，投入资金300余万元。

2006年初，由州党委常委、霍城县委书记张士怀亲自带队，赴江苏无锡、上海和乌鲁木齐三地分别举办了以“西域明珠，霍城风情”为主题的新疆霍城走进长三角旅游推介会、新疆霍城走进上海旅游座谈会和以“神奇伊犁，魅力霍城”为主题的霍城县走进乌鲁木齐旅游推介会，取得圆满成功，达到了预期的效果。

由新华社、中央电视台中文国际频道、无锡电视台、新疆电视台、《中国旅游报》《中国摄影报》等27家媒体45名记者组成的“2007魅力新疆万里行”大型采访活动采访团来霍城采访，各媒体记者走遍了霍城县神奇而秀美的旅游景点，此次活动为进一步宣传霍城、提升霍城旅游知名度起到积极促进作用。霍城县还在可克达拉草原之夜风情园举办了“张加毅词作音乐演唱会”，整个活动举办得非常成功，将“新疆风情万里行2005新疆国际旅游节——伊犁草原风情游”活动推向一个新的高潮。

霍城县与无锡市旅游局结为“1015”工程对口支援单位。今年6月，在霍城县芦草沟赛马场举行了“相聚霍城·草原约定”民族文化旅游节暨“西域明珠—霍城旅游黄金季”开幕式，让江苏无锡游客切身感受到边疆少数民族异域风情，领略了霍城独特的自然风光和悠久的草原历史文化，对于吸引更多的海内外人士到伊犁、到霍城旅游观光、投资发展，推动霍城乃至自治州经济和社会全面发展起到积极的作用。

在州党委、政府的关心和支持下，援疆干部敢想、敢干，使霍城县旅游业近几年发生了巨大的变化，这一组数字就可以说明问题，2003年全县旅游人数达27万人次，旅游收入755万元；2006年，全县旅游人数达45万人次，旅游收入达2603万元；今年截至目前，接待人数已达到45万人次，旅游收入已达到了5400万元。

（原文刊载于2007年9月11日《伊犁日报》，本文有删节）

【链接】江苏智力援伊结下累累硕果

7月9日，记者电话采访了正在江苏省如皋市接受培训的伊宁县麻扎乡副乡长马军。“到江苏后一直是阴雨连绵，但我们这些学员学习的热情一直高涨。”马军是以伊宁县青年后备干部培训班学员的身份赴如皋市学习的。“时间表排得很满，大家没有怨言。我们来学习，就要对得起援疆干部付出的努力和搭建的平台。”他说。

自2014年第八批江苏援疆干部到伊犁工作后，就搭建起了两地干部人才交流、学习、培训的智力援疆平台。马军只是借这个平台走出去学习的州直基层干部中的一分子。时至今日，智力援疆平台已成为打造伊犁人才储备库的重要抓手，奠定了江苏与伊犁共同谋划合作发展蓝图的基础。

真情满满、科学扶智、持续发力，成为江苏智力援疆工作最为重要的标签。

援疆力量：于伊犁大地书写动人故事

今年3月31日至4月7日，伊犁职业教育捷报频传：在自治区职业院校技能大赛暨全国职业院校技能大赛新疆区比赛中，伊犁技师培训学院的摆涵奇、李宏等49名师生分别荣获一、二、三等奖。

孩子们取得好成绩，离不开万里而来的江苏省盐城技师学院退休教师张建国。张建国不顾自己60多岁的高龄，每天专心致志带着钳工专业的学生从早苦练到深夜，潜心研究竞赛规程、选手和教练团队，切实发扬工匠精神，在精益求精、精雕细琢中下功夫、见实效。盐城援疆干部、伊犁技师培训学院副院长许为柏接受采访时说：“我们聘请张建国老师来伊犁任教，就是希望通过参赛获奖这一突破口，带动伊犁的职业教育发展，为伊犁打造一支技艺精湛的技师队伍。”

援疆干部一直以真情、科学、持续为出发点，在伊犁的山水之间书写着属于援疆力量的故事。

据了解，“十二五”期间，江苏省共安排对口援疆学校建设项目79个（含兵团四师、七师），落实项目资金15.23亿元，占援疆总资金的21%。“十三五”规划编制期间，江苏继续加大教育援疆项目建设力度，规划安排教育项目125个、经费24.98亿元（含兵团四师、七师），占援疆总资金的23.6%。3年间，在江苏省教育厅和各市县教育局的大力支持下，伊犁已有446所中小学、幼儿园、职业学校与江苏相关学校结为友好学校，开展交往交流和对口支援，占到州直学校总数的41.5%。2014年以来，江苏省教育厅专门协调两批21所院校对口支援伊犁5所院校，实现了州直属院校结对交流的全覆盖，解了教育师资培训、职业教育、普通高中教育发展提高的燃眉之急。

而对于引进人才渠道、方式的拓展与探讨，江苏省对口支援伊犁州前方指挥部从未停下过脚步。

5月4日，一场在南京市召开的新闻发布会吸引了诸多媒体的关注。发布会宣布，伊犁州直将首次集中联动开展对口援疆柔性引进紧缺人才公开招募工作。记者通过采访了解到，本次招募计划目标引才205名，主要集中在教育类、卫生类、经济类、农口类、基础设施类等专业技术岗位，原则上服务期限为3个月以上、6个月以内；引进人才津贴、补贴及短期服务性支出每人每月5000元，受援地将在生活、医疗、保险等方面提供优质服务，确保来伊人才干事安心、发展顺心、生活舒心。

州党委组织部副部长、江苏省对口支援伊犁州前方指挥部干部人才组组长高飞说，实现伊犁经济社会跨越式发展和长治久安，需要政策支持、资金投入、项目布局，但根本要靠人才支撑，这是探索拓宽智力援疆渠道、推动江苏援疆在实处的重要措施，也是州直从江苏引进人才的一次有益尝试，将开启智力援疆的全新模式。

走出去学习：打造一支永驻河谷人才队伍

“援疆工作是典型的‘铁打的营盘，流水的兵’。”7月8日，高飞在接受记者采访时如是说，“做人才援疆工作，最为重要的是要打造一支永驻伊犁河谷的人才队伍，这已成为江苏援伊前后方的共识。”

自新一轮援疆工作展开之时，江苏省就首先提出将援疆资金的5%用于干部人才培训。记者通过采访了解到，江苏省对口支援伊犁州前方指挥部通过明确思路，确定了“六大人才培养工程”，即政务管理、经济建设、教育骨干、医务人才、职业技术、后备人才培养工程，抓保障、重统筹，实现优先资金投入、项目实施，确保干部人才援疆工作走在自治区前列。高飞告诉记者，3年来，在干部人才援疆工作方面投入的资金已达到2.8亿元，实施项目1277个。伊犁州直共有15460名各族干部群众借援疆之力赴江苏学习、培训，返回河谷后，在江苏感同身受发展脉搏，心头秉持援疆力量的他们也必将成为伊犁科学持续发展的人才储备。

马军给记者发来了一张伊宁县青年后备干部培训班的课程表，“像网络舆情危机应对与处置、领导干部魅力形象打造这样的课程，我们可能分管过，但处理方式有的时候就显得粗线条了。经过学习和理解老师教给我们的具体方法，以后我们在实际工作中就能更好地处理此类问题。”

伊力亚尔·依拉木江来自伊宁县住房和城乡建设局城管大队，他所关注的则是城市建设中遇到的拆迁、赔付等具体问题该如何应对。“虽然我们来自相对欠发达地区，但在今后的发展过程中也会遇到类似问题。所以，这样的培训对我们而言很有必要。”他说。

高飞告诉记者，除了正常的干部、人才交流培训，江苏省对口支援伊犁州前方指挥部还非常重视两地的民间交流。他说：“我们每年都会邀请伊犁的民族团结模范、优秀青年代表及优秀基层村队干部到江苏观摩学习。”

2015年10月，州直优秀青年赴南京观摩学习。霍城县果子沟牧场牧业村团支部书记卡杰别克·江布尔拜对当时赴华西村的观摩印象颇深。“华西村在实现自身富裕的同时，还带动周边村民走向共同富裕，村民不仅物质生活舒适，精神生活也十分富足。我作为一名大学生村官，要实事求是地干工作，带领村民走富裕之路。”他的话道出了广大团员的心声。

“不积跬步，无以至千里。”马军、伊力亚尔·依拉木江、卡杰别克·江布尔拜的有感而发，是援疆干部乐于看到的，也是干部人才援疆工作的闪光点。

（原文刊载于2016年7月19日《伊犁日报》，本文有删节）

【链接】文化援疆沁润万山之州

阿合奇拥有丰富的非物质文化遗产。民族传统文化如何走出大山，如何走向未来，让区外人民多了解，与现代文化相适应，进而使文化嬗变成为民族进步的指引，这是无锡援建阿合奇前方工作组一直思考的问题。

江苏援克前方指挥部宣传组组长陈仁云介绍，"十三五"以来，江苏统筹援疆项目和克州自有项目两方面的资源，实施了文化援疆"四个一工程"，即创编一台反映柯尔克孜族文化的舞剧，筹建一座非物质文化遗产产业园，培养一支文化骨干队伍，形成一个两地文化交流机制。目前，各个项目进展顺利，大型柯尔克孜族舞剧《英雄·玛纳斯》在全国演出，受到各方好评，并入选国家艺术基金项目。非物质文化遗产产业园科克乔库尔民俗文化村核心区已建成并形成接待能力，文化骨干队伍和文化交流机制初步定型。

得益于本地民俗文化资源，江苏不仅在文艺作品上出精品，为保护传承柯尔克孜民俗文化，江苏援克前方指挥部还把援疆重点放在民俗文化旅游产业项目上，开启了柯尔克孜民居文化的探索和营建，打造出"柯尔克孜人家"——科克乔库尔民俗文化村。这座民俗村距阿合奇县佳朗奇新城不足3公里，是阿合奇县最具柯尔克孜民族传统的村落，是集自驾、水景、主题文化、民俗、世界遗产、文艺演出、健康养生、漂流探险为一体的文化高地。

文化村总投资2000余万元。每户人家的院落各不相同，房子都是原地重建，就地取材，采用当地的片石、鹅卵石搭建而成。林、草、路、渠点缀其间，别有一番风情。文化村的创建，旨在保护传统的柯尔克孜村落原貌、民俗，在不改变农牧民生产生活方式的基础上，改善生活基础设施。通过农牧民工作室的引导设立，实现《玛纳斯》、猎鹰、库姆孜、刺绣等民族文化的保护传承，凸显民族风格，为当地旅游业的发展打下基础。

目前，非遗产业园"科克乔库尔文化村"核心区一期已建成。文化村中，驯鹰老人向游客展示自己心爱的猎鹰。柯尔克孜族人，过着逐水草而居的游牧生活，传承着驯鹰的传统猎鹰文化。

文化村不仅是柯尔克孜文化的保护、传承地，亦是活跃经济的突破点，不仅能增进柯尔克孜族人的自豪感，促进民族团结，而且能改善当地百姓的生活条件，推动经济发展。

（原文刊载于2017年7月26日《克孜勒苏日报》，本文有删节）

江苏省对口支援新疆建设志（下）

江苏援藏援疆建设志编纂委员会 编

江苏人民出版社

图书在版编目(CIP)数据

江苏省对口支援新疆建设志. 下 / 江苏援藏援疆建设志编纂委员会编. -- 南京 : 江苏人民出版社, 2023.12

ISBN 978-7-214-28449-5

Ⅰ. ①江… Ⅱ. ①江… Ⅲ. ①社会主义建设成就-新疆②扶贫-经济援助-工作概况-江苏 Ⅳ. ①D619.45

中国国家版本馆 CIP 数据核字(2023)第 199174 号

书　　名　江苏省对口支援新疆建设志(下)
编　　者　江苏援藏援疆建设志编纂委员会
责任编辑　洪　扬　汤丹磊　李　旭
装帧设计　q-design
责任监制　王　娟
出版发行　江苏人民出版社
地　　址　南京市湖南路 1 号 A 楼,邮编:210009
印　　刷　南京爱德印刷有限公司
开　　本　787 毫米×1092 毫米　1/16
印　　张　95.25　插页 10
字　　数　1755 千字
版　　次　2023 年 12 月第 1 版
印　　次　2023 年 12 月第 1 次印刷
标准书号　ISBN 978-7-214-28449-5
定　　价　688.00 元(全二册)

总　目

目　录

（下）

春天（袁江仁／摄）

第五章
市县对口支援

市县对口支援是江苏援疆的重要组织形式。江苏自1979年开始对口支援新疆，特别是2010年开启新一轮援疆工作以后，各对口支援地除大幅增长援疆资金、不断拓宽援疆内涵以外，还推动“三大转变”：从过去注重“输血”，向“输血”与“造血”并重、更加注重“造血”转变；从过去注重硬件，向硬件与软件并重、更加突出软件转变；从过去注重当前，向当前与长远并重、更加着眼长远转变。在长期的援疆实践中，江苏各对口支援地在产业合作、民生改善、文化教育、交往交流等方面不断发力。从伊犁河谷到帕米尔高原，一个个产业项目、一桩桩惠民实事，不断为当地百姓的幸福生活加码。

1979年，江苏开始对口支援新疆。江苏原11个省辖市（地区）和新疆的14个地、州、市分别实行直接对口支援，建立稳定支援协作关系。其中，南京市对口支援乌鲁木齐市，苏州市对口支援昌吉回族自治州、克孜勒苏柯尔克孜自治州，无锡市对口支援石河子市，常州市对口支援塔城地区，镇江市对口支援博尔塔拉蒙古自治州，扬州市对口支援哈密地区、和田地区，南通市对口支援巴音郭楞蒙古自治州、吐鲁番地区，盐城市对口支援阿勒泰地区，淮阴市对口支援阿克苏地区，徐州市对口支援喀什地区，连云港市对口支援伊犁地区。

1997年，中央确定江苏对口支援新疆伊犁州所辖伊犁、阿勒泰、塔城地区和奎屯市。2002年，调整为对口支援伊犁州州直地区，同时增加霍城县作为对口支援试点县。2007年，新增无锡市对口支援克州阿合奇县。江苏参与援建的各市、县（市、区）成立对口支援工作领导机构，结合各受援地实际，在人才、技术、管理、资金等方面给予援建工作全方位保障。

2010年，新一轮对口援疆工作开始。根据中央部署，江苏对口支援新疆伊犁州直属10个县（市）、克州3个县（市）、兵团2个师和霍尔果斯经济开发区。江苏建立健全直接对口到县（市）的援疆体制，明确由南京市、徐州市、南通市、盐城市、扬州市、泰州市分别对口支援犁州伊宁市、奎屯市、伊宁县、察布查尔县、新源县、昭苏县，江阴市、张家港市及南京市江宁区、常州市武进区分别对口支援霍城县、巩留县、特克斯县、尼勒克县；无锡市、常州市、昆山市分别对口支援克州阿合奇县、乌恰县、阿图什市；淮安市对口支援兵团农七师（今七师），镇江市对口支援兵团农四师（今四师），苏州市、连云港市对口支援霍尔果斯经济开发区（苏州市为领队单位，连云港市参与）。2016年，都拉塔口岸被纳入连云港市对口支援范围。2017年，淮安市对口支援范围延伸至一师一团，镇江市对口支援范围延伸至二师三十六团。各市、县（市、区）相继成立前方工作组，在省对口支援伊犁州、克州前方指挥部和各市援疆工作领导机构领导下，实施具体援建工作。各市、县（市、区）始终聚焦民生实事，将援疆资金的80%以上用于民生工程；大力实施产业援建，发展现代农牧业、特色林果业及现代服务业，促进产业优化升级和农牧民就业；深入开展智力援助，使受援地干部开阔视野、更新观念、增长才干。积极推进扶贫帮困，多措并举帮助贫困群众实现精准脱贫、稳定脱贫；持续深化两地交往交流，增进民族团结。至2019年，受援地贫困县全部脱贫摘帽。2021年2月25日，在全国脱贫攻坚总结表彰大会上，昆山市对口支援新疆阿图什市前方工作组、南通市对口支援新疆伊宁县工作组、连云港市对口支援新疆霍尔果斯口岸前方工作组、盐城市对口支援新疆察布查尔锡伯自治县工作组获“全国脱贫攻坚先进集体”称号。

第一节　南京市对口支援伊宁市

伊宁旧称宁远，为清代伊犁九城之一，地处伊犁河谷盆地中央，距乌鲁木齐市公路里程702千米，1952年建市，是伊犁州州府。2019年，全市面积761.34平方千米，人口58.27万人。伊宁市自然资源丰富，区位优势得天独厚，拥有国家二类口岸，是新亚欧大陆桥西部桥头堡和连接中亚的重要窗口，享有"苹果城""白杨城""丝路花城"等美誉。

根据新一轮对口援疆工作部署，2010年6月，南京市成立对口支援新疆工作领导小组，并成立前方指挥组。2011年8月，在南京市对口支援新疆工作领导小组基础上，成立南京市对口援藏援疆工作领导小组。2016年12月，南京市对口援藏援疆工作领导小组与南京市对口支援与挂钩合作领导小组（2011年9月成立）合并，成立南京市对口支援领导小组。2010年12月至2019年12月，南京市先后选派4批123名援疆干部人才，共实施项目151个，累计投入援助资金14.07亿元。

南京市着眼伊宁市发展需求，科学制定对口支援工作实施方案和工作规划，持续推动一项项民生工程、一批批产业项目、一处处工业园区或加速规划，或开工建设，或建成使用。以改善民生为基础，组织实施达达木图乡下苏拉宫村安居富民整村推进示范点工程、金陵二十八中学、金陵维吾尔医医院、市公共服务中心、新能源公交车等项目，帮助伊宁市人民医院建立伊犁州首个精神卫生中心，成为伊犁州乃至自治区都有影响和示范作用的亮点工程。立足伊宁全域旅游定位，对喀赞其民俗旅游区的街巷、景区开发及配套设施等方面进行援建，成功打造伊宁市旅游新名片，带动两地交往交流关系更加密切，南京市市直部门、街道与伊宁乡镇（街道）结对共建实现全覆盖。

一、民生援建

南京市民生援建成效显著，涵盖住房、教育、卫生、就业、养老和社区建设等方面，助力伊宁市民生保障体系建设。

2011～2013年，按照“创特色、出亮点、求实效”援建方针，加快农村“两居工程”建设步伐，投入援助资金1.82亿元，援建8乡2场1镇安居房13350户和游牧民定居房（含基础配套设施）250户；建成达达木图乡下苏拉宫村和园艺场两个安居富民整村推进示范点，完成示范点路桥、综合管网、广场绿地、景观等公共配套设施建设，其规模和标准化水平在伊犁州均处于领先地位；实施潘津乡苏拉宫村、汉宾乡、塔什库勒克乡、克伯克于孜乡、南岸新区乌库尔齐村游牧民定居项目。实施潘津乡皮里青煤矿棚户区改造工程，新建住房500户，大大改善居民生活条件和居住环境。同步配建的富民市场和商铺有力支持当地居民创业和就业，实现安居与富民有机结合的双重效果。着力发展伊宁市社会事业，投入援助资金1.1亿元，援建伊宁市金陵中学、市人民医院、市敬老院等项目，其中金陵中学、人民医院硬件设备现代化程度在伊犁州各县（市）中为最高。建成托特科瑞克、赛里木、下苏拉宫、园艺场、都来提巴格5个公共服务中心。通过高标准推进公共设施和基础设施建设，发挥援疆项目示范效应，完善服务功能。援建市电视台维吾尔语电视剧译制中心，进一步提高伊宁市少数民族语言影视节目译制水平。

2014～2016年，投入援助资金7128万元，建成克伯克于孜乡安居富民示范点，新建、改建安居房8397户。完成潘津乡、达达木图乡、托格拉克乡、英也尔乡入户管网改造1.15万户。建成4个“交钥匙”“金陵品牌”项目。其中，金陵维吾尔医医院是自治区领先、北疆唯一一所维吾尔医特色综合医院，建有药剂制作场区，推进伊宁市药剂研究的发展，为发扬民族医学奠定基础；金陵抗病毒治疗中心是全国领先、自治区唯一一所综合性传染病医院；市金陵二十一中学填补城市南部片区教育配套空白；金陵群众文化活动中心成为伊宁市重要的文化产业标志性精品工程。实施伊宁市基层劳动就业社会保障服务平台项目，建成乡镇（街道）劳动就业服务大厅10个，实现市、乡、村三级劳动保障服务信息系统平台并网运行。

2017～2019年，投入援助资金7370万元，继续实施安居富民和定居兴牧工程，改善农牧民居住条件。市公共服务中心、市戒毒康复中心、市殡仪馆、市金陵二十八中学及8个社区服务中心、2个社区卫生服务中心和巴彦岱镇精准扶贫就业产业基地暨农贸市场等一大批民生项目建成并交付使用，助力伊宁市在城乡基础设施、基本公共服务、教育和医疗卫生等领域实现提升，惠及更多群众。

2011年4月1日，南京市援建伊宁市安居富民整村推进示范工程开工

伊宁市园艺场居民新居（2011年摄）

伊宁市达达木图乡下苏拉宫村安居富民小区（2012年摄）

伊宁市金陵中学鸟瞰（2013年摄）

伊宁市金陵中学教学楼（2013年摄）

伊宁市金陵中学惠宁楼（2020年摄）

伊宁市金陵抗病毒治疗中心（2018年摄）

伊宁市金陵维吾尔医医院（2019年摄）

伊宁市解放路街道赛里木社区服务中心（2011年摄）

二、产业援建

南京市按照“当前和长远结合、‘输血’与‘造血’并举”工作思路，促进产业发展，助推伊宁市经济实现跨越式发展。

2011～2013年，提出“发挥南京信息资源和产业发展优势，开展两地优势互补、宣传引资并举”产业援疆思路。在援疆资金中安排专项资金进行招商，参加“百企千亿”活动，在南京举办招商推介活动，组织开展“江苏企业家伊宁行”等活动，为伊宁市引进各类项目近20个，总投资35.15亿元，在引进项目数量、投资规模和争取国家项目资金方面，位居全省援疆市县前列。帮助伊宁市申报国家产业项目，争取资金近1亿元。促成国家级伊宁边境经济合作区与国家级南京经济技术开发区结为友好园区，利用南京经济技术开发区的人才优势和成功经验，帮助伊宁边境经济合作区完成伊宁高新技术产业园发展规划；打造伊宁高新技术产业园，由南京经济技术开发区帮助招商，重点引进高新技术企业落户园区。两地园区先后选派17名干部双向挂职锻炼。投入援助资金1600万元，实施农牧业现代化建设项目，建成达达木图乡设施农业标准化示范基地和托格拉克乡肉牛养殖基地。其中，达达木图乡设施农业标准化示范基地按照伊宁市现代设施农业、农业旅游观光和农产品出口展示基地要求建设，托格拉克乡肉牛养殖基地建设规模、经济效益均居伊犁州首位。实施喀赞其民俗旅游区改造工程，主要包括吐达洪巴依大院修缮保护和开发利用，新建步行街及伊犁赛乃姆演艺广场，改造建设融旅游商品展销、文化展示、观光游览为一体的特色街巷。以喀赞其片区为民族文化代表，通过保护性开发与现代科学技术结合，让民族文化焕发新的生机，成为伊宁市文化旅游新名片。

2014～2016年，通过召开专题招商推介会，现场签约项目14个，总投资近20亿元，有效提升产业带动就业的能力。安排产业援疆专项资金350万元，先后实施伊宁市旅游产业、文化产业和纺织服装产业推介项目，组织15批210余家江苏企业到伊宁市考察投资，江苏星博服饰科技有限公司、苏宁易购服务站等劳动密集型项目成功落户。加大创业就业帮扶力度，立足民族手工业特色，安排援疆资金200万元，为入驻伊宁市喀赞其民族工业基地企业提供贴息贷款，小微企业获银行贷款1.08亿元，解决就业1000余人。促成南京新港开发区与伊宁边境经济合作区结对、南京高新区与霍尔果斯经济开发区伊宁园区结对，挖掘伊宁市发展潜力，加快伊宁市园区产业聚集。组织伊宁市企业参加南京食品博览会、农业嘉年华等活动，签订购销合同25份，合同金额近1亿元。开创“互联网+”农业援疆新模式，引进苏宁易购平台，帮助伊宁农业特色产品销售，增加农民收入，带动农民致富。

2011年4月26日，伊宁市投资环境暨旅游资源推介会在南京举行

2012年6月25日，南京经济技术开发区与伊宁边境经济合作区举行交流座谈会

2013年底，伊宁市托格拉克乡高山草原肉牛养殖专业合作社农户分红

2018年4月27日，市民在南京举办的伊宁旅游推介会现场选购新疆特色商品

2017～2019年，引进招商项目近40个，总投资58亿元，带动2000余人就业。2017年，在南京首次举办南京·伊宁金秋经贸洽谈会专场推介活动，赴北京、深圳、上海等地开展“小分队”招商，签约（落地）项目17个，总投资28.5亿元。在南京举办伊宁旅游推介会、产品展销会，推介伊宁农副产品、特色园区、产业愿景和优惠政策，推动南京市农业农村局、鼓楼高新区、徐庄软件园等与伊宁市相关部门、园区签订合作协议，争取企业和其他社会力量到伊宁市投资兴业。组织实施伊宁市城市规划设计、喀赞其民俗旅游区改造工程等项目，累计投入援助资金1500余万元。在援疆资金支持下，喀赞其不仅建成游客服务中心等项目，还确立整体性经营、制度化管理的发展理念，成为伊宁市旅游名片，年平均接待游客超过7万人次，带动4000余人就业。南京还投入援助资金2500万元，建设伊宁园区中小企业创业孵化园两栋标准化厂房及配套设施，引进网络配菜、豆腐加工、糕点加工、红酒酿造等农副产品深加工企业。这类企业不仅具备良好的发展潜力，而且对促进伊犁河谷地区农业产业化发展、带动农民增收等起到很强的推动作用。援建六星街手风琴珍藏馆，修缮乌兹别克文化大院，保护、传承新疆多民族文化，带动当地旅游经济发展。加大创业就业帮扶力度，累计向聘用贫困家庭劳动力的企业优先安排贷款贴息资金450万元。

伊宁市喀赞其民俗旅游区吐达洪巴依大院（2012年摄）

伊宁市喀赞其民俗旅游区赛乃姆演艺广场（2013年摄）

三、智力援助

南京市注重各领域干部人才交流合作，为伊宁市经济社会发展培养大批新生力量。2011～2019年，累计培训党政干部、专业技术人才5.56万人次，引进柔性人才346人，涉及教育、医疗、社保、建设等领域。

2011～2013年，重点围绕打造一个平台、形成一批成果、完善一套制度、培养一支队伍总体工作思路，实施援建伊宁市规划设计研究院、援助规划编制、开展规划人才培养和规划信息化建设等项目，形成《伊犁河两岸景观带城市设计和核心区控制性详细规划》《伊宁市边境经济合作区西片区控制性详细规划》《伊宁市伊犁河两岸发展概念规划》《伊犁河南岸新区总体规划（2012～2030）》等规划成果18项，致力于把伊犁河两岸打造成引领伊宁发展的核心区，建成集宜居、旅游、商务等于一体的“国际门户”。通过“请进来”“送出去”及远程教育等模式，培训和组织两地干部人才交流近6000人次。运用现代信息网络技术，建成南京—伊宁干部人才远程教育培训学院（东南大学现代远程教育新疆伊宁市委党校校外学习中心），开设国民教育系列本科学习提升班，为伊宁市培养急需的专业人才和综合人才。组织1120名新疆籍普通高校毕业生到南京实习、培养。南京培养的伊宁市新疆籍普通高校毕业生人数居自治区同类市县首位，相关资金安排最多，承担培养任务院校也最多。选派12名骨干教师和50名医务工作者，开展教育和医疗援助，发挥团队力量，做好“传帮带”。援疆教师主动参与教学管理、分享理念经验。援疆医疗工作者累计接诊病人近4000人次，会诊220余人次，主持或参加手术240余例，引进新技术34项，其中16项填补伊宁市技术空白。特别是援疆医生成功实施的骨质疏松性胸椎压缩性骨折微创手术、创伤性踝关节骨折脱位精确内固定手术等，在伊宁市均属首例。定期举办“南京援疆专家基层行”活动，累计下基层巡回义诊40场，惠及1万余人次；签订师徒协议书，手把手带教10人；举办培训班27期，培训850余人次。

2014～2016年，准确把握伊宁市在“一带一路”建设中的定位，以打造新疆段西端“最中心城市”为目标，精心编制援建项目规划，帮助谋划伊宁市经济社会发展思路。投入援助资金1774万元，实施“十百千万工程”（以伊宁市人才总量递增10%为目标，精心组织干部人才培训项目，柔性引进各类人才100人，组织当地干部人才赴江苏挂职培训1000人，实现干部人才本地培训1万人次），共组织干部人才培训项目62个，柔性引进人才116人，组织当地干部人才赴江苏挂职培训1136人，培训当地技术骨干1.16万余人次。利用全国著名高校资源，加强对受援地干部人才培养，先后开办浙江大学

2011年6月30日，南京市援疆教师与伊宁市教师『结对牵手』签字仪式

2012年8月20日，南京—伊宁干部人才教育培训学院揭牌仪式

2013年4月22日，伊宁市规划建设干部人才培训开班仪式

2013年8月20日，南京—伊宁干部人才远程教育培训学院揭牌

南京市援疆教师利用业余时间开展集中备课（2017年摄）

南京市援疆教师在辅导伊宁市第一中学学生（2019年摄）

2012年4月21日，南京市援疆医生在伊宁市人民广场义诊

2019年4月4日，南京市援疆医生收到被成功救治的癌症患者赠送的锦旗

伊宁市中青年干部培训班等名校培训班10个，培训近500人次。发挥南京科教名城优势，让南京教育经验和理念在伊宁市落地生根。以伊宁市金陵中学为教育援疆主平台，形成两地结对学校间校长、学科、教师、班级、学生“五位一体”全方位对接，精心打造伊犁河谷的“金陵中学”。同时，推广伊宁市金陵中学教育对接成功经验。伊宁市和南京市两地先后有20所学校结为“姊妹”学校，签订结对子对口支援协议，加强校园文化交流，帮扶伊宁市中小学进行师资培训和进修。先后举办“南京名师伊犁行”“伊宁名校长领航班”活动，促进伊宁市基础教育质量全面提高。探索卫生人才援疆新模式，以“科室”为帮扶单位，以“年度”为时间单位，“组团式”选派南京名医持续帮扶，定点定向打造名医名科名院。建成伊宁市人民医院远程会诊中心，与南京市5所医院实现联网，为伊宁市2400例疑难杂症患者提供高效诊疗服务，让患者足不出市即可享受到江苏先进的诊疗服务。成立伊宁市远程培训中心，与南京市鼓楼医院联合建立教育频道，1800名伊宁市医务人员可直接参与全国学术交流和医疗培训，实现同步教育、同步提升。援疆医疗工作者累计接诊1.1万人次，主持和参加手术920例，深入乡镇及偏远地区义务巡诊4350人次，抢救危重病人156人次，引进新技术、新项目6项。

2017～2019年，投入援助资金近1000万元，开展《伊宁市城市总体规划》修编及《伊宁市城市设计》《潘津镇特色小镇规划》等编制工作。累计投入2000余万元，举办包括促进就业及干部人才培训等项目在内的培训班70个，培训1.2万人次。共派出两批16名教师、5名医生开展教育、医疗“组团式”援疆。2018年，按照国家“援藏援疆万名教师支教计划”要求，南京市派出43人次援疆支教团队，支持伊宁市教育事业发展。援疆教师所在伊宁市第一中学高考本科达线数，2017年162人，2018年193人，创

2019年12月30日，伊宁市召开第九批援伊工作总结暨第十批援伊骨干欢迎大会

造“低进高出”的好成绩。援疆医生帮助伊宁市人民医院建立全州首个精神卫生中心，填补伊犁州空白。伊宁市引进南京市医疗、规划、“放管服”等方面柔性援疆人才130人，有力促进相关领域工作水平提升。

【链接】徐仁平：捧着一颗心来，不带半根草去

十年援疆路，一世援疆情。伊宁市援疆干部徐仁平用青春和汗水铸就了自己别样的人生。

作为援疆教师，他大爱无疆，成就新疆学子的求学梦。2002年8月，徐仁平毕业分配至江苏省江浦高级中学新疆高中班。其间，他从事8年的新疆班一线教学工作，历任7年的新疆班班主任。他坚守三尺讲台，诲人不倦，亲手将自治区各地州360名学子送入大学。

在新疆高中班教育教学岗位上，徐仁平默默耕耘，成绩突出，曾荣获南京市第七届“师德先进个人”、南京市浦口区首届“师德标兵”等荣誉称号。全国总工会副主席、自治区党委常委、自治区工会主席尔肯江·吐拉洪曾亲自批示表彰，并号召全国新疆高中班向徐仁平学习。《江苏教育报》《新疆教育报》《新疆经济报》《新疆都市报》，以及天山网、亚心网等媒体曾先后报道过他的个人事迹。

作为援疆干部，徐仁平无私奉献，谱写了民族团结的新篇章。2013年10月，徐仁平光荣地成为南京市援疆干部中的唯一一名党外干部，踏上了自己新一轮的援疆征程。一年来，徐仁平组织实施干部人才援疆项目32个，送培360人，引进专家92名，就地培训6500人次，送培人数、引进专家数、就地培训人次居自治州前列；主持实施的教育系统全面对接成功经验在全省14个援疆市县全面推广；牵头负责的伊宁市喀赞其民族手工业创业就业基地项目，成功实现700人就业；组织帮扶困难家庭100户，困难学生50名，把党和政府的关怀落到了实处；撰写完成的近20万字援疆工作信息分别在人民网、央广网、天山网、全国援疆网等20个重要门户网站刊登。去年10月，为表彰徐仁平在疆工作成绩，南京市浦口区政府授予徐仁平“家庭美德之星”荣誉称号。

作为一位父亲，徐仁平无怨无悔，舍弃个人小家为大家。2005年女儿出生仅12天，当时徐仁平正担任新疆高中班高三班级的班主任，由于教学工作繁忙，就把母女二人送到农村的父母家，女儿的6年童年都是在农村老家度过的。

此次去援疆，一去三年。对于徐仁平来说，最纠结的就是上小学三年级的女儿。在新疆这一年的日子里，徐仁平每次都忘不了临行时女儿拉着他的手哭着说“爸爸，不要我了”的情景。人家都说女儿与爸爸最亲，但问起徐仁平的女儿最爱谁时，小时候女儿总说是奶奶，现在总说是妈妈。去年国庆节，徐仁平回了趟南京，短短的一周时间，他无比珍惜每一刻与女儿在一起的幸福时光。第一次陪女儿出去旅游，去了趟日照，实现了女儿出生以来第一次看到大海的愿望；第一次给女儿拍了套成长写真集，全家拍了第一张全家福。幸福的时光总是短暂的，当背上行囊匆匆离家的那一刻，徐仁平心里明白：“只有民族好，国家好，家才会好！”

援疆整十载，徐仁平从一名援疆教师到一名援疆干部，谱写了从帮助新疆学子圆大学梦到投身新疆发展大业的人生价值新篇章。

（原文刊载于2015年1月13日《伊犁日报》，本文有删节）

【链接】为首府医疗事业打下坚实基础
——访第八批援疆干部、伊宁市人民医院副院长吴向阳

“医疗水平提高需循序渐进，拔苗助长后患无穷。”在援疆工作中，吴向阳这样总结自己工作心得。

深入医院进行调研、总结分析病人疾病案例，吴向阳的调研工作持续了一个月。通过调研，2014年初，吴向阳根据伊宁市人民医院的实际，确定了对伊宁市人民医院开展医疗援疆的总思路。他提出“三个一工程”，使伊宁市人民医院医疗技术水平得到了显著提升。

“江苏省南京市对口支援伊宁市人民医院的是南京市6家三甲医院，今后伊宁市人民医院将如何发展？我建议错位发展，然后再集中伊宁市人民医院与援疆力量，打造一至两个自治州重点医疗科室。”通过摸底调查后，吴向阳在伊宁市人民医院的一次例会上提出了自己的见解。

“三个一工程”是吴向阳开展医疗援疆期间要带出一至两个徒弟；开展一至两项能够可持续开展的医疗新技术或新项目；协助伊宁市人民医院科室医护人员发表一至两篇论文。对伊宁市人民医院的门诊布局进行改造、建立病人输液大厅、重新开设口腔科、成立体检中心……吴向阳的身影穿梭在伊宁市人民医院里。

转眼，一年到了，吴向阳制定的“三个一工程”取得了可喜的成绩。吴向阳团队的医疗专家们，在一年时间里累计举办各类培训班69期、培训2200人次、接诊病人3650人次、会诊疑难病症病人280例。由吴向阳主持和参加的各类手术420例、抢救危重病人74人次、开展医疗新技术和新项目4项。其中，仅吴向阳个人开展的医疗新项目TEP（腹腔镜下疝修补术）填补了伊犁州的医疗空白。吴向阳带领伊宁市人民医院医护人员累计在国家医学核心期刊发表论文7篇，其中由吴向阳亲自指导撰写的论文《补片修补巨大腹壁切口疝80例》在国家核心期刊发表。

工作之余，吴向阳又成功组织举办第三届“江苏南京·新疆伊宁医学高级论坛”，使伊宁市人民医院首次与伊犁州医学会携手，同时举办了伊犁州肿瘤专业委员会成立及首次胃肠肿瘤规范化治疗研讨班及第六次自治州普外科年会。

援疆期间，吴向阳创新服务方式，横向跨县开展义诊活动，他带着医疗队前往特克斯县，首次在特克斯县中医医院开展义诊工作，义诊结束后，吴向阳为该院医护人员现场授课，受到了医护人员的欢迎；他还带着伊宁市人民医院医务工作者两次走进伊宁市克伯克于孜乡为各族群众送医、送药；工作之余，前往伊宁市各大巴扎群众聚集地，开展医疗巡回月服务；主动到两名生活困难、行动不便的维吾尔族病人家中，为病人免费体检，送医、送药。

只要病人有需求，吴向阳总会不辞辛苦前去诊治。他曾到州友谊医院为病人开刀，应邀前往四师医院查过病房，还为伊宁市人民医院各科室开展医疗新技术、新项目，主动联络在自治州援疆的各类医疗专家，提供医疗技术指导。

“我与医院的医护人员感谢你！你对医院所做的贡献，将永远载入医院发展的史册。”援疆工作即将结束时，伊宁市人民医院院长陈鑫这样对吴向阳说。

（2015年7月4日《伊犁日报》）

【链接】撑起一片希望的天空——访第八批援疆干部、伊宁市第八中学副校长毛文斌

克服教学教材不同以及教学环境的差异，他勇于挑战自我、虚心请教、不断学习，他所带的班级取得了期中考试英语名列普通班第一的成绩。今年5月的期中考试中，他所教的一名学生又夺得年级英语状元桂冠。

他是第八批援疆干部、伊宁市第八中学副校长毛文斌。援疆期间，他深知援疆工作的责任和义务，做到补好位、不越位；多参与、少干预；坚决服从学校大局利益，努力促进学校各项工作的正常有序开展。

“态度决定一切，细节决定成败。”2014年2月底，毛文斌开展援疆工作以来，就将这一理念融入自己的教学生活中。每天清晨，最早来到学校的教师中，一定会有他的身影；在教学中，他坚持每天早读和上课时间提前到达教室候课，他耐心教导、引导和督促学生形成良好的学习习惯。教书的同时，他还向学生积极灌输做人的道理，努力做好教书育人的本职工作，真正履行好一名教师的职责和义务。

2014年3月，毛文斌承担了高一年级（15）班的英语教学任务，第二学期又承担了高二年级（13）班的英语教学任务。面对71名学生的班级和教学教材的不同，他虚心向伊宁市第八中学的教师请教，积极主动去听同一教研组教师的课。毛文斌不仅进行课堂观摩和学习，课后还主动与其他教师进行交流、探讨教学问题，并迅速熟悉、掌握了英语教材新的教学方法，短时间就掌握了教材及新的讲课方式。

在日常教学中，毛文斌关心自己所教的每一位学生，针对部分学习能力薄弱的学生，他经常利用中午休息时间，为学生义务辅导，并给学生听写单词、词组等，来帮助基础薄弱的学生提高学习成绩。通过他的努力，他所带高二年级（13）班学生在第一学期期中考试中，英语成绩名列普通班第一。在今年5月的期中考试中，他教的学生艾迪兰又夺得高二年级英语状元的桂冠。而毛文斌的英语授课水平及爱岗敬业的教学精神，也受到了伊宁市第八中学各族师生的赞誉。

为了全面提升伊宁市第八中学教学和管理水平，毛文斌就如何做好集体备课工作、高三学生如何学习、如何打造高效英语课堂、如何有效开展学科组教研活动等选题为全校师生举办讲座。他还积极参与备课组、教研组活动，热心指

南京市第八批受伊犁州表彰的优秀援疆干部人才合影（2016年摄）

导青年教师参加公开课、“同课异构”和赛课活动，积极参与到伊宁市教育课题《培养学生良好英语书写习惯的研究和策略》，为提高伊宁市英语教学水平贡献自己的力量。

在“建设精品课程，打造有效课堂”方面，毛文斌深入教学一线，在各学科精品课的申报、组织、授课、评比等方面做了大量认真细致的工作，编写和印制了精品课程介绍彩页，引导教师在教学过程中主动研究知识点，在培养学生互助学习等方面起到了带动作用，学科教学成效显著。在2014年12月18日和23日伊宁市教育局两次精品课程展示交流活动中，伊宁市第八中学文理科精品课程受到了伊宁市教研中心的好评。为此，自治州教研中心专程到伊宁市第八中学考察和交流精品课程的开展和实施工作。

援疆期间，毛文斌还荣获伊宁市教育系统“2013～2014年度优秀共产党员”、伊宁市第八中学“2013～2014年度优秀援疆教师”等光荣称号。

（2015年7月15日《伊犁日报》）

四、脱贫攻坚

南京市把扶贫工作摆在对口支援重要位置，从济困、助学和帮助就业等方面入手，将资金、项目向基层贫困村、贫困户倾斜。2011～2019年，共投入救助资金3.66亿元，惠及14余万人次。

2011年，投入援助资金130万元，在伊宁市92个社区普遍建立“爱心超市”，使2万

伊宁市“爱心超市”（2013年摄）

南京市援疆干部为伊宁市贫困学生捐赠学习用品（2017年摄）

2017年6月1日,南京市援疆工作组开展『爱心书包』捐赠活动

余名群众受益。"爱心超市"2011年获伊犁州组织系统创新奖最高奖——"金谏奖"。2011～2012年,南京市协调后方部门、企业和爱心人士,到伊宁市开展公益活动,捐款捐物总价值1240余万元。

2014～2016年,启动金陵助学就业帮困计划。在援疆资金计划外安排"金陵爱心"助学资金315万元,资助伊宁市在校困难高中生1050人;安排"金陵爱心"就业培训资金200万元,分两年组织伊宁市未考入大中专院校的高中、初中毕业生参加技能培训740人;安排"金陵爱心"帮扶资金20万元,帮扶伊宁市困难家庭300户。实施基层结对帮扶行动,筹集帮扶资金1660万元。其中,计划外安排援疆资金500万元,南京市总工会和质监局等25个结对部门捐助800万元,指挥组帮扶"一村一社区"360万元。

2017～2019年,共投入援助资金7500万元,解决伊宁市6000户居民(牧民)住房、1.2万名贫困人口养老保险与医疗保险、2000名在江苏及其他省市高校就读困难大学生就学问题。基本实现结对共建全领域覆盖,牵线促成两地14对街镇结对帮扶,为伊宁困难群众和贫困学生募集2000余万元善款和大量物资。2017年,提前3年完成800户脱贫攻坚任务。2018年,加大就业扶贫力度,实施巴彦岱镇精准扶贫就业产业基地暨农贸市场改造工程和达达木图乡打馕食品工厂扶贫就业项目,为贫困户提供就业岗位约200个。推进城乡富余劳动力到区外转移就业,在南京、徐州等地建立伊宁市劳动力转移就业管理服务站,实现266人到区外就业(其中到江苏就业195人)。会同众多后方单位,募集近1200万元资金和近200万元物资,解决当地困难群众生活和贫困学生就学难题。至2018年底,伊宁市2170户8835名贫困人口全部脱贫。

五、交往交流交融

南京市着力搭建“宁伊两地一家人，民族团结一家亲”交流平台，推进多个层面交往交流交融深入开展。

南京援疆调研行

2011～2013年，投入援助资金245.55万元，与伊宁市文联、市文化体育广播电视局合作，共同实施文化交流项目。主要包括在南京举办摄影展，开展两地摄影人才交流活动；印制图册《在伊宁》，大力宣传推介伊宁，展现南京援疆成果；购置、撰写、创作和编辑丛书、音乐作品；委托南京电视台策划、拍摄主要反映伊宁人文历史、地域风情和经济社会等内容的大型电视纪录片《西域伊宁》，及反映南京援疆成果的电视纪录片《心之疆》。

2014～2016年，南京、伊宁两地党委政府及机关事业单位相互走访学习交流140批1800余人次。开展领导干部“民族团结一家亲”等工作。广泛开展基层社区交流活动，南京市桥北社区、凤凰社区、台城花园社区和珍珠泉旅游度假区分别与伊宁市达达木图村、东站社区、托特科瑞克社区和吉格迪力克村结成共建单位，实现互访交流70余

南京、伊宁两地学生通过视频进行交流（2011年摄）

2017年6月，伊宁市与南京市鼓楼区两地街道共建结对签约仪式

次。邀请南京市艺术家参加伊宁市民俗文化旅游节，举办“援疆情·和美伊犁”美术作品交流展。在南京市第十五届文化艺术节期间，组织伊宁市艺术团在南京举办“丝路畅想”专场演出。

2017～2019年，投入援助资金450余万元，促进双方交往交流。在部门单位、文化艺术等层面，面向干部群众、老人儿童等群体持续深化交往交流交融。继续开展领导干部“民族团结一家亲”等工作，连续3年举办“宁伊两地少年儿童手拉手夏令营”“伊犁老人南京健康行”等活动，组织伊宁市少儿艺术团参加南京2018年中国非遗春节联欢晚会演出，增进彼此了解，促进民族团结。牵线南京市总工会、新工集团、商旅集团及龙虎网等单位，与伊宁市对口单位开展形式多样的交流活动和业务合作。邀请南京市艺术家参加伊宁市民俗文化旅游节，联合南京市文广新局在伊宁市举办非遗展览，组织两地文创企业互访，提升两地文化艺术交流水平。两地共同创作广播剧《琴声悠远》，全方位展示两代人援疆故事，填补伊犁州广播剧空白。

伊宁市青少年赴南京参加夏令营（2019年摄）

2019年3月10日，《八十一棵许愿树》分享会暨『许愿树』公益项目启动仪式在南京举行

南京市援助伊宁市部分项目情况表

单位：万元

序号	项目名称	援助时间	援助资金
1	伊宁市棚户区改造工程	2011	500
2	爱心超市	2011	130
3	市敬老院	2011～2012	600
4	达达木图乡设施农业标准化示范基地	2011～2012	1000
5	金陵中学	2011～2013	6745
6	市人民医院	2011～2013	3704
7	产业援疆及产业合作项目	2011～2013	90
8	市规划院及规划编制项目	2011～2019	1555.09
9	安居富民工程	2011～2019	30912.25
10	定居兴牧工程	2011～2019	626
11	村（社区）公共服务设施	2011～2019	3412.74
12	喀赞其民俗旅游区改造工程	2011～2019	5132.48
13	党政干部、专业技术人才及职业技能等培训项目	2011～2019	8770.39
14	托格拉克乡肉牛养殖基地	2012～2013	600
15	市电视台维吾尔语电视剧译制中心	2013	400
16	文化艺术交流项目	2013	195.55
17	社会管理和服务信息化工程设备	2013	559.47
18	产业招商推介项目	2013～2019	761.58
19	达达木图乡布拉克维吾尔“塔兰奇”民俗文化村中心景区	2014	192
20	农村饮水改造升级工程	2014～2015	750
21	市基层劳动就业社会保障服务平台	2014～2015	2000
22	广播电视覆盖系统扩大工程	2014～2015	300
23	金陵二十一中学	2014～2016	7098
24	金陵群众文化活动中心（金陵民族工艺创业就业中心）	2014～2016	4750
25	金陵维吾尔医医院	2014～2017	14144.5
26	金陵抗病毒治疗中心	2014～2017	7996.8
27	中小微企业贷款贴息项目	2014～2019	550
28	边境经济合作区幼儿园	2015	120
29	区外高校就读贫困生补贴项目	2015～2019	3032.8
30	市远程教育站点设备	2016～2017	491.66
31	历史街区“电采暖”	2017	500
32	金陵二十八中学	2017～2018	8657.4

续表

序号	项目名称	援助时间	援助资金
33	校园文化园地建设	2017～2018	80
34	都来提巴格街道社区卫生服务中心	2017～2018	800
35	塔什科瑞克乡卫生院	2017～2018	800
36	市公共服务中心	2017～2018	3328
37	寄递物流安检平台	2017～2018	255.83
38	城市设计规划及数据平台维护	2017～2018	400
39	市戒毒康复中心	2017～2019	4080.5
40	市殡仪馆	2017～2019	4313.93
41	贫困户基本社会保障补贴项目	2017～2019	674.45
42	柔性引才项目	2017～2019	254.56
43	交往交流交融项目	2017～2019	451.44
44	克伯克于孜乡惠民市场	2018	83.76
45	“12345”市长热线平台设备	2018	237.99
46	市教育培训中心设备	2018	783
47	伊宁园区南京双创产业中心	2018	160.72
48	达达木图乡打馕食品工厂扶贫就业项目	2018	150
49	教学教研设备	2018～2019	101.16
50	巴彦岱镇精准扶贫就业产业基地暨农贸市场改造工程	2018～2019	800
51	伊宁园区中小企业创业孵化园标准化厂房及配套设施	2018～2019	2500
52	扶贫就业项目	2018～2019	1550
53	支教教师保障项目	2018～2019	910.58
54	市标准化卷库及考试指挥平台	2019	197.94
55	新能源公交车	2019	400
56	校园提升工程	2019	199.11
57	远程会诊平台及设备	2019	99.54
58	六星街手风琴珍藏馆	2019	314.48
59	产业就业引导资金	2019	150

说明：表中所列项目为单次投入或累计投入援助资金50万元以上项目。

【链接】十年援疆铸辉煌 乘风破浪立潮头

四千余公里很远，横跨中国地理版图的东西；四千余公里又很近，见证着南京和伊宁两地的“亲情”。在伊宁市高水平硬件设施的学校、先进诊疗设备的医院，不少精品都出自援疆项目。南京援疆干部人才着眼受援地需求，将先进的理念和技术带到第二故乡，为伊宁积蓄发展后劲。十年来，一项项民生工程、一批批产业项目、一处处工业园区或加速规划，或开工建设，或建成使用，使得伊宁各族群众得到了实惠和好处。

自2010年南京市对口支援伊宁市工作开展以来，一批又一批的援疆干部人才坚决贯彻国家援疆战略部署，始终牢记江苏省委、省政府提出的“真情援疆、科学援疆、持续援疆”的指示精神，以民生为主线，开启对口援疆的新篇章。第十批23名援疆干部人才分实工、担实责，奋战在全市的党建、经济、文旅和城建等重要岗位。让这两座名称或简称都带“宁”字的城市，因对口支援工作紧密联结在一起。

项目援疆 惠及民生

“以前火车站片区没有学校，孩子上学单程坐公交车就要40分钟。自从伊宁市第二十八中学建成后，孩子既减少了路途时间，还享受到南京援疆教师的优质资源和一流的教学设施……”家长刘女士开心地说着。2017年，南京援疆工作组总投资8600余万元援建二十八中学，解决了火车站片区孩子上学难问题。

援疆干部人才以改善民生为基础，一批产业项目落地生效，助力伊宁市经济发展，带动各族群众就业增收。自2010年南京市对口支援以来，已累计投入援疆资金16.3亿元，规划实施安居富民、文化旅游、规划和产业等8大类援疆项目181个，行政公共服务中心、新能源公交车采购补助等一批民生项目，已成为当地“立得住，树得起，叫得响”的“招牌”项目。

十年来，南京援疆工作组为9000余户建档立卡贫困户缴纳基本医疗保障补贴900余万元，解决2000多名学生赴区外高校就学的难题，举办专场推介会等活动60余场次。在南京、徐州等地建立了“伊宁市劳动力转移就业管理服务站”，实现有组织转移1500余人到区外就业，带动就业近4000人。2020年南京援疆工作组紧扣当地民生实际，投入援疆资金1.5亿元，援建山区牧民点亮工程、幼儿三价流感疫苗接种等26个民生项目。

牵线搭桥 推动产业促发展

“作为伊宁老城区，喀赞其有着深厚的人文底蕴。在南京援疆工作组的支持下，喀赞其经过改造，变身为民俗旅游区，被打造成游客打卡地，带动了就业。”伊宁市政协副主席、宣传部副部长、市文化体育广播电视和旅游局党组书记苏娉说。她告诉记者，改造工程立足喀赞其实际，充分挖掘了民俗元素和多民族融合的历史文化。走进伊宁市另一条古老街区——六星街，援疆资金打造的手风琴博物馆成为音乐爱好者的交流基地，这让当地居民既改善了居住环境，还增加了额外旅游收入。

十年来，南京援疆工作组对4A级喀赞其民俗旅游区的街巷、景区开发及配套设施等方面进行援建，累计投入7200余万元。如今的乌兹别克文化大院、吐达洪巴依大院等景点，已成为本地旅游新名片，展现伊宁多民族特色文化。

今年，南京援疆工作组设立产业援疆资金5737万元，支持招商引资和特色富民就业产业发展。加大招商引资力度，签约18个重大项目，投资额162.5亿元，截至目前已完成141亿元。加强旅游宣传推广，促成州、市文旅局与“途牛网”“驴妈妈”等签订战略合作协议。

引才聚智 力促“输血”变“造血”

2020年，南京援疆工作组结合伊宁经济社会发展实际，柔性引才43名专家，位居全州第一。比起教育教学硬件投入，更耗费心血的是软件提升，南京先后派出援疆和支教教师175人，“传帮带”当地教师3000余人。2018年，在伊宁市第一中学挂牌成立的“金陵班”，以“组团式”援疆模式创造了学校建校以来“低进高出”的好成绩。疫情期间，第十批7名援疆教师通过云端连接，给千里之外的高三学生上课，到岗后积极调研学情校情，发挥援疆教师示范作用。一中党支部书记陈小勇说，援疆教师由“输血”到“造血”，为当地留下一支带不走的优秀教师队伍，也为学校的发展注入了源源活水。

“组团式”医疗援疆有力提升伊宁市医院在诊疗服务、学科建设等方面的能力，有效解决了当地群众看病远、看病难、看病贵的问题。帮助伊宁市人民医院建立伊犁州首个精神卫生中心、开展“直肠癌根治术”等5项新技术、创立临床静脉营养配置中心。第十批援疆医生将人民医院的4个科室作为试点，实施南京市属重点医院对口帮扶，“院包科”“组团式”新模式正在有序推进。伊宁市人民医院援疆医生帮助填补了自治区治疗消化道肿瘤、骨髓外定位膝关节置换术的空白。

精准帮扶　助力脱贫攻坚

走进伊宁市达达木图乡下苏拉宫村，由南京援疆工作组支援建设的富民安居房格外醒目。“全村有544户搬到了新房，房子宽敞、干净整洁，大家都开心得很……”村民祖丽甫尔·吾买尔江说，非常感谢援疆干部，让他们实现了住上新房的梦想。援疆工作组累计帮助6000多户农（牧）居民改善了住房条件，保障1.2万余名贫困人口养老及医疗保险，为伊宁市全面建成小康社会提供有力支撑。

2020年为决战决胜脱贫攻坚收官之年，第十批援疆干部人才在南京举办宁伊消费扶贫协作签约仪式，在浦口区开设“七彩伊宁”特色农牧产品专卖店，将伊宁市名特优农产品打入南京及华东市场。开创“互联网+”农业援疆新模式，引入线上线下直播平台，帮助伊宁推介销售农牧产品260吨，总销售额近1500万元，解决200名贫困户就业，带动伊犁河谷23家特色农产品企业全面复工复产，助力伊宁全面脱贫攻坚。

伊犁伊阳蜂业有限公司董事长周莲说，在疫情期间，这是最大的一笔销售业务，销售额达60余万元。伊犁唐古莱昆莫生物技术有限公司负责人廖俊英说，公司发了600件树莓酒、树莓罐头、树莓月饼和果丹皮，原材料都是从贫困户家中收购来进行深加工和品牌化包装运作，把伊宁贫困地区的扶贫好产品推广到对口支援省份，从供需两侧让老百姓感受到消费扶贫的“双赢”。

交流交往　搭建宁伊连心桥

“援疆十年来，南京援疆工作组积极搭建‘宁伊两地一家人，民族团结一家亲’交流平台，不但推进民族团结，还为两地乡镇街道、单位部门牵线搭桥，促进多家单位结对共建，在干部人才交流、资金扶持等方面提供了有力保障。今年疫情期间，还开设了11个线上培训班，3000余名党政及企业人才受益。”伊宁市委组织部人才援疆科干部苏贝说。

在南京援疆工作组的牵头下，先后举办“伊犁老人南京健康行”“宁伊两地少年儿童手拉手夏令营”等活动。推动南京街道、市直部门与伊宁相关部门签订合作协议76个，牵线南京伊宁开展双向交流考察活动2000余场次，宁伊两地文联联合创作的广播剧《琴声悠远》获得第十九届中国广播剧研究会专家奖金奖，连续剧一等作品奖。

漫漫援疆路，一生援疆情。援疆工作已成为促进宁伊之间加深交流交往的重要纽带，南京援疆工作组组长郑晓明说：“我们将以中央第三次新疆工作座谈会精神为指引，把党中央的决策部署变为实际工作成效，大力实施项目援疆、产业援疆、干部援疆、人才援疆、教育援疆，推动富民兴疆、文化润疆、团结稳疆，促进对口援疆工作往深里做、往实里做，提升对口援疆综合效益，走出一条具有南京特色的高质量援疆路，让伊宁各族群众享受看得见摸得着的实惠。”

（原文刊载于2020年10月14日江苏新闻网，本文有删节）

【链接】南京柔性援疆人才为伊宁发展添“智”

南京市对口支援伊宁市前方指挥组本着“不求所在、但求所用”的理念，柔性引进医疗、经济、住建、文旅、体育等领域的高层次、紧缺型人才，为伊宁市发展注入内生动力。11月22日，记者从南京援疆工作组了解到，今年以来，通过挂职帮带、项目引才、讲座授课、技术咨询、远程服务等方式已引进人才34人。

医疗援疆工作由过去零星选派、单兵作战变为组团选派、集体作战，有力提高了本地医疗服务和管理水平。5月7日，来自南京多家医疗机构的18名柔性医疗专家人才到达伊宁市。南京鼓楼医院麻醉科副主任医师顾伟已经是第二次参加柔性援疆工作。2013年，他带来了快速康复理念。8年后，他再次踏上伊宁这片热土，带来南京三甲医院先进的医疗管理理念，提升当地医疗综合服务能力水平。

柔性医疗专家在伊期间，累计接诊3600余人次，会诊45例，抢救急危重症15例，主持参加各类手术75台，开展新技术、新项目17项，举办各类专业培训26期、培训610余人次，开展教学查房82次，开展义诊活动18次，受益群众738人次。

为加快伊宁市城市建设，优化住建部门专业技术人才结构，7月12日，南京城建隧桥公司江北分公司经理孙林和南京城建管理集团有限公司项目经理助理苗羽箭来到伊宁市住建局工作。工作期间，他们充分运用南京城建方面的先进经验，与受援单位技术人员交流学习，共同探索适合伊宁城建的“伊宁模式”，推动伊宁市城建迈向新台阶。

南京援疆工作组打破地域限制，面向全国引才引智，激活人才引擎，助推伊宁市文化旅游产业发展。上半年，伊宁市文旅局共引进柔性人才3名。在伊期间，柔性人才积极探索“文化元素＋旅游要素”的发展理念，多次调研伊宁市六星街、喀赞其、伊犁河等景区，探索开发特色旅游产品；策划实施“体育产业＋体育旅游”为核心的赛事活动及体育旅游项目，深入推进体旅融合发展。

9月1日，拥有千万粉丝的旅游主播“杭州小黑”作为柔性人才来到伊宁市文旅局工作。“杭州小黑”的本名叫诸鸣，除了备受大家关注的“网红”身份外，他还是全国优秀导游、国家导游技术技能大师、杭州市终身金牌导游。他充分发挥自身优势，借助抖音、快手等媒体平台推广宣传伊宁市，累计发布拍摄视频数十条、播放量超2000万次。他还在伊宁市各景区开展现场教学，指导讲解员如何提升讲解技巧、结合各自特色运用新媒体制作小视频等。截至目前，累计培训讲解员20余人。

今后，南京援疆工作组将继续加大柔性人才引进力度，以民生需求为导向、以补齐短板为抓手、以精准帮扶为目标，持续引进高端紧缺人才，助力伊宁市高质量发展。

（2021年11月23日伊犁新闻网）

附：

第十批援疆工作综述

南京市第十批援疆工作纪实

第十批南京市共选派33名干部人才对口支援伊宁市，其中党政干部9人、教师2批12人、医生2批10人、其他专业技术人才2人。选派2批84名“援藏援疆万名教师支教计划”教师到伊宁等地支教。柔性引才123人。3年计划投入援助资金5.18亿元，实际投入援助资金5.5亿元，计划外“小援疆”资金5361.82万元，共实施项目96个，其中保障和改善民生类29个、产业援助促进就业类17个、智力援助类22个、文化教育类20个、交往交流交融类8个。

因工作成绩突出，南京市援疆工作组被自治区评为“乡村振兴先进集体”，被江苏省委、省政府表彰为“全省脱贫攻坚暨对口帮扶支援合作先进集体”，郑晓明被省委、省政府授予“全省脱贫攻坚暨对口帮扶支援合作先进个人”称号。

重点抓好民生项目建设，继续着力实施安居富民工程和农房抗震防灾改造工程，改善1134户群众住房条件。投入援助资金9000万元，建设伊宁市第二十三中学分校、伊宁市第二十九中学、伊犁州职业技术学院新校区宿舍楼等学校建设项目，充分满足各族群众对优质教育资源的需求。投入援助资金4500余万元，用于南岸新区卫生院建设及购置医疗设备等，提升医院硬件设施，改善群众就医条件。投入援助资金4777余万元，建设多民族文化展示馆，改善群众文化生活条件。投入援助资金3800余万元，建成墩

南京市第十批援疆干部人才合影（2022年摄）

买里街道友好街社区等一批社区公共服务设施，进一步改善社区办公条件和社区综合服务功能。支持伊宁市政务中心在自治区率先建成24小时政务自助服务区，探索开展投资项目“金牌代办”一条龙服务。

着力加快园区建设。以南京援疆产业园为载体，引入哈萨尔乳业、伊犁已百千、江

伊宁市六星街社区党群服务中心（2020年摄）

2022年2月9日，六星街音乐庭院对外开放

2021年5月14日，南京市援疆工作组开展『山区牧民点亮工程』设备交接仪式

西摩力斯、崇坤新型材料等企业，园区企业基本落满。健全招商引资体系，每年设立500万元招商引资专项资金，3年完成招商引资419亿元，签订协议63个，落地项目32个，实际到位资金15亿元。

加快文旅项目建设。确定“丝路天府·多彩伊宁”旅游品牌形象，重点实施一批援

2020年5月12日，南京市援疆工作组招商引资项目签约仪式

2021年6月19日，伊宁市江苏（南京）援疆产业园挂牌成立

2022年4月7日，伊犁国际旅游集散中心投入运营

疆旅游示范项目。伊犁国际旅游集散中心、机场全域旅游咨询服务中心投入使用；汉家公主纪念馆建成开放；六星街音乐庭院及世界最大手风琴形成景区核心吸引力。推进王蒙主题文化乡村旅游、阿勒玛景区旅游项目；推广“乌孙龟兹故地、新疆独酷之旅”（伊宁—库车）精品旅游线路。全力创建旅游品牌。推进国家5A级景区创建等工作，伊宁市入选“中国文旅融合发展名县（区）案例”，被评为中国气候宜居城市、中国旅游竞争力百强县市、自治区级全域旅游示范区。六星街成功创建国家4A级景区，入选首批国家级旅游休闲街区、第二批国家级夜间文化和旅游消费集聚区；喀赞其、六星街被评为国家级研学旅游基地；苏勒阿勒玛塔村入选中国乡村旅游重点村；丝路之光旅游小镇被评为首批自治区级夜间经济示范街区；巴彦岱村被评为自治区级乡村旅游重点村。

结合受援地需求，引进235名柔性人才，实现“组团式”援疆向经济、城建、医疗等领域拓展。引进96名援疆教师，扎实开展“梧桐计划”“青蓝工程”，组建领航工作室、名师工作站30余个，培养教师1500余人次；援疆职教团队指导受援地教师参加全州技能竞赛，获得总分第二的好成绩；协助创立南京援疆创业就业培训名师工作站，开展

南京市援疆教师、伊宁市第一中学副校长、自治区优秀援疆干部人才蔡圣红在上课（2021年摄）

伊宁市第一中学南京市援疆教师开展教研活动（2021年摄）

2020年6月3日，伊宁市召开欢迎南京市援疆柔性人才座谈会

2021年6月25日，伊宁市召开第十批援疆专业技术人才中期轮换总结表彰会，授予南京教育、医疗援疆团队『优秀援疆团队』称号

2022年12月16日，伊宁市召开第十批（第二轮）援疆专业人才表彰会，授予南京市教育、医疗援疆团队『优秀援疆团队』称号

创业和培训活动50余场，服务1000余人次。南京70名援疆医生组成的医疗团队实施“院包科”精准帮扶模式，深化“师带徒”帮扶机制，累计开展新项目新技术48项，推广前沿技术28项，填补当地空白22项，指导手术2135例，义诊100场；举办培训70期，培训2万余人次。南京鼓楼医院在伊宁市人民医院设立互联网医院分院，南京脑科医院

2022年2月26日，第一期“宁伊云荟”名家讲坛开讲

2022年2月28日，南京市柔性医疗援疆专家抵达伊宁市

2022年5月17日，“南京援疆创业就业培训名师工作站”在伊宁市大学生科技创业孵化中心揭牌成立

在伊宁市人民医院设立分院。支持伊宁市维吾尔医医院建成江苏（南京）中医药试剂中心。3年安排援助资金5042万元用于医疗设施建设、医疗设备及防疫物资购置、人才培养等。协调解决苏勒阿勒玛塔村13户山区牧民和7个村（社区）应急备电难题。南京江北新区与江苏长三角智慧水务研究院帮助伊宁市开发智慧水务系统，解决污水处理能力不足导致漫溢污染问题。支持创新薰衣草精油萃取技术，超过国际标准。争取到500万元科研扶持资金，协调完成伊宁市535套大弯径、多灯头LED路灯设计、生产和更换。为伊宁市重点高中援助一批价值200万元护眼灯具。拓展社会捐赠渠道。3年累计募捐防疫物资、药品、设备、软系统价值1292万元；共开展“小援疆”项目77个，向伊宁市援助款物价值5370万元。帮助在江苏等地普通高校就读学生1885人，资助困难群众、孕产妇和儿童大病救治60人，补贴困难群众基本社会养老保险28572人。

拓展受援地农牧产品销售渠道。举办宁伊消费帮扶签约活动4场，签订协议44项。持续推广“扶贫公益礼包”。支持在南京开设“七彩伊宁”农牧产品专卖店、江苏省供销合作总社农展中心伊犁馆等18个销售专馆，特色产品进入苏果超市640余家门店。

2020年5月12日，江苏省宁伊消费扶贫协作签约仪式在南京市浦口区举行

2020年6月15日，宁伊消费扶贫首批特色农牧产品发车仪式

2020年5月12日,『七彩伊宁』农牧产品专卖店在南京市浦口区开业

2020年2月20日,南京市援疆工作组援助的第二批防疫物资发往伊宁

2020年5月2日,南京市援疆工作组邀请结亲户游览喀赞其民俗旅游风景区

支持伊宁市农商集团打造“七彩伊宁”品牌,在南京设立共享前置仓,累计实现销售5351余万元。伊宁市文旅集团充分发挥援疆资金购置的两辆冷链物流车作用,促进生鲜农牧产品外销,获得200吨牛羊马肉/年的特大订单,并与南京秦淮风光旅游公司合作开设夫子庙伊犁百年古法手工冰淇淋店。加强与苏宁易购、江苏交广网等16个平台

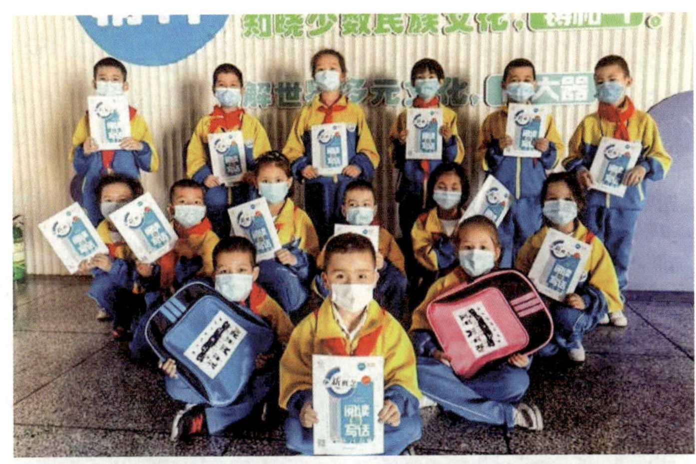

2020年5月31日，『助梦春蕾』捐赠活动在伊宁市第三小学举行，南京市公安局地铁分局和南京市爱心企业向伊宁市10所中小学捐赠图书及教辅资料

2020年8月7日，南京江北新区援助伊宁市仪式举行

2020年10月15日，南京市党政代表团赴伊宁市考察调研，并召开南京市对口支援伊宁市、特克斯县工作座谈会，向两地各捐赠500万元援助资金

合作，助力伊犁特色农牧产品线上销售。举办、组织参加各类展销会、美食节等活动17场。3年累计完成特色农牧产品销售额超亿元。

持续增进两地交往交流交融。先后促成两地党政机关、园区、企事业单位等建立结对帮扶关系59对，开展双向考察交流活动157次、1128人次参加；支持受援地1511人次参加就业能力培训，带动受援地新增就业3198人次，向江苏等地转移就业116人次。推动精品文艺创作。《解忧公主》歌舞剧完成巡演，纪录片《王蒙和他的新疆岁月》在全国党员干部现代远程教育平台展播，与南京大学合作完成《文化伊宁》编纂工作等。加强文化资源保护开发。推进六星街音乐小镇、巴彦岱文学小镇建设，设立景区非遗巴

2022年1月18日，南京市援疆工作组向伊宁市困难群众发放南京市红十字会捐赠的爱心物资

2022年2月18日，南京市援疆工作组向江浦高级中学、南京阿拉丁伊犁旅游推广基地各捐赠两套新疆电馕坑设备

2022年3月17日，南京市援疆工作组向伊宁市400名困难学生发放江苏省、南京市工商联募集的20万元捐款

扎，伊宁市获“中国民间文化艺术之乡”称号。注重文化宣传展示。完成拍摄《见证伊宁》纪录片。举办王蒙研究全国联席会议首届学术年会暨“名家写伊犁”创作采风活动。凤凰出版传媒集团资助出版《这边风景独好——名家写伊犁诗歌散文集》。克服新冠肺炎疫情影响，录制江苏、新疆两地中华优秀文化传承人授课视频，全面开展传统文

2022年6月16日，南京市援疆工作组携手中电熊猫照明公司实施『明亮教室工程』，为伊宁市第三中学教室更换LED护眼灯具

2022年7月16日，南京市援疆工作组联合宁伊两地团委共同举办的『红色足迹』红领巾动感夏令营在伊宁市开营

2022年7月19日，伊宁市委市政府、南京市援疆工作组在南京举行招商引资签约暨企业捐赠仪式

2022年7月19～21日，伊宁市党政代表团到南京交流考察，并召开对口支援工作座谈会

2022年9月17日，南京市浦口区援助的3辆负压救护车运抵伊宁

化进校园活动。深化宁伊文化交流合作。南京市文艺家援疆志愿服务团两次到伊宁市开展专业培训。南京市浦口区与伊宁市、新疆美术家协会联合举办的“南京新疆两地书画名家作品邀请展”，成为伊犁地区高水平的当代书法展览。

南京市援助伊宁市部分项目情况表

单位：万元

序号	项目名称	援助时间	援助资金
1	新能源公交车采购补助项目	2020	1175
2	安居富民工程	2020	498
3	第三中学教学设备	2020	412.7
4	市教研中心设备	2020	200
5	市戒毒康复中心设备	2020	1300
6	乡镇镶产业园建设补助项目	2020	289.2
7	产业援疆专项资金	2020	5737

续表

序号	项目名称	援助时间	援助资金
8	农村健康卫生生活方式培养项目	2020	196
9	贫困户基本社会保障补贴项目	2020	260
10	劳动力转移就业项目	2020	67
11	学校建设项目	2020～2022	9000
12	南岸新区卫生院	2020～2021	1391
13	医院医疗设备	2020～2022	1980
14	社区党群服务中心	2020～2022	4805
15	中小微企业贷款贴息项目	2020～2022	450
16	产业招商推介项目	2020～2022	1296
17	柔性引才项目	2020～2022	321
18	党政干部、专业技术人才及职业技能等培训项目	2020～2022	2638
19	区外高校家庭经济困难生补贴项目	2020～2022	1400
20	支教教师保障项目	2020～2022	1947
21	规划编制项目	2020～2022	2295
22	交往交流交融项目	2020～2022	960
23	汉家公主纪念馆侧展厅展陈项目	2021	135
24	幼儿四价流感疫苗及水痘疫苗接种项目	2021	165
25	自助受理身份证及人像指纹采集设备采购项目	2021	145
26	农房抗震防灾改造工程	2021～2022	576
27	伊犁州职业技术学院新校区宿舍楼	2021～2022	1000
28	医疗卫生设施	2021～2022	1200
29	新时代文明实践中心建设项目	2021～2022	160
30	巴彦岱村王蒙主题文化乡村旅游项目	2021～2022	600
31	市多民族文化展示馆	2021～2022	4777
32	市融媒体中心采编播设备提升改造项目	2021～2022	100
33	航线补贴项目	2021～2022	710
34	困难群众基本社会养老保险保障补贴项目	2021～2022	400
35	困难群众孕产妇儿童大病救治项目	2021～2022	100
36	全域旅游规划策划及宣传推广项目	2021～2022	370
37	全域旅游创建项目	2021～2022	490
38	阿勒玛乡村旅游项目	2022～2023	1284

说明：表中所列项目为单次投入或累计投入援助资金50万元以上项目。

喀拉峻草原（丁小强／摄）

第二节　南京市江宁区对口支援特克斯县

特克斯县地处伊犁河上游特克斯河谷地东段，县城距伊宁市116千米。1937年建县，因境内特克斯河而得名。2019年，全县面积8066.45平方千米，人口17万人。特克斯县城是中国唯一一座建筑完整且规整的八卦城，是国家第四批历史文化名城。境内喀拉峻草原被列入世界自然遗产，并获批国家5A级旅游景区。

根据新一轮对口援疆工作部署，2010年7月，南京市江宁区成立对口支援新疆工作领导小组，并设立对口支援特克斯县前方指挥组。2010年12月至2019年12月，江宁区先后选派4批102名援疆干部人才，共实施项目110个，累计投入援助资金6.08亿元。

江宁区紧扣特克斯县"十二五""十三五"发展规划和实际，先后编制各阶段对口支援特克斯县专项规划，把协助培训干部人才、推进产业发展、扩大就业富民、提升旅游品质作为援疆工作重要任务。把项目资金向保障和改善民生倾斜，辐射教育、医疗、新农村建设、社区综合服务、基础设施改造等民生领域，重点打造伊犁州当时单体最大的教育类援疆项目——特克斯县高级中学，为当地数万学子提供更好的教学环境；投资1.38亿元，建设特克斯县江宁人民医院，让当地群众享受到优质医疗服务。启动空中俯瞰八卦城、喀拉峻项目，发展空中旅游产业，促进特克斯县产业转型升级，增强自身发展能力。深入扶贫第一线，深化"造血扶贫"内涵，成功搭建江宁区青龙社区与阿克托海村的结对帮扶平台；推动伊犁州首个村级光伏发电站在阿克托海村落成并连入国家电网；引入发展草原生态鸡养殖等，村集体经济收入跃至全县第一。从民生工程、暖心助学、义诊工程到转移就业、引企增岗、人才帮带，江宁区为特克斯困难群众的致富道路打下扎实基础。

一、民生援建

江宁区坚持民生为先，在资金投入上向民生领域倾斜，高质量推进民生项目建设。

2011～2013年，坚持集中力量办大事原则，围绕重点民生工程，分别投入援助资金1300万元和2400万元，协助特克斯县完成无房户住房建设1300户和补贴新建定居兴牧房1600户，农牧民住房条件明显改善。投入援助资金16487.85万元，建设特克斯县高级中学，这是当年伊犁州单体最大的教育类援疆项目，为该县普及高中阶段教育打下良好基础。建设14个社区（村）服务中心，为群众提供方便快捷的服务。

2014～2016年，投入援助资金1850万元，支持农村无房户、特困户家庭新建抗震安居住房和定居兴牧房，村容村貌明显改观。投入援助资金13834万元，新建特克斯县江宁人民医院，改善特克斯县医疗条件和人民群众就医环境。从提升办学硬件做起，实施乡村幼儿园提升改造工程，改造出新齐勒乌泽克镇中心幼儿园、喀拉达拉镇中心幼儿园、特克斯镇阿克塔斯幼儿园、乔拉克铁热克镇萨尔阔布幼儿园及特克斯镇阿热勒幼儿园等10所幼儿园，并添置部分幼儿园教学设备；完成县第六小学附属工程建设，实现驻地小学生就近就读；继续实施县高级中学项目。实施饮水安全改善工程，帮助特克斯县阔克铁热克柯尔克孜族乡水厂建设3万立方米取水口沉淀池，彻底解决因洪水造成的水源浑浊问题。扩建喀拉托海乡卫生院业务用房，改善医疗卫生条件。

2017～2019年，投入援助资金3414.9万元，帮助2676户各族群众建设安居富民房和定居兴牧房。总建筑面积2.75万平方米的县江宁人民医院建成投入使用，江宁区追加2000万元援助资金，南京市中医院捐赠价值1100万元医疗设备，解决其搬迁困难问题，改善当地居民就医条件。实施喀拉达拉镇琼库什台、哈因等小学教学设备购置、附属设施维修及电采暖改造工程；投入援助资金10963万元，建设特克斯县江宁中学（第一中学）；追加2400万元援助资金，解决县教育工程历史遗留问题。新建县群众文化活动中心，为群众提供文化活动场所。

特克斯县安居富民工程（2012年摄）

特克斯县高级中学（2020年摄）

2018年12月20日，特克斯县江宁人民医院投入使用

二、产业援建

江宁区通过不断完善招商选商形式，开展全方位、多层次的招商引资，科学推进产业援疆，使旅游业发展成为全县战略性支柱产业。

2011～2013年，签约落户项目3个，投资总额8000万元。江苏西域食品有限公司与特克斯县玖易农业公司签订1200万元农产品供销合作协议。引进文化产业援疆项目，投资拍摄电影《好运特克斯》，向伊犁州建州60周年献礼，成为推介特克斯县的一张亮丽名片。

2014～2016年，江苏昆山百本药业有限公司、江苏西域食品有限公司等7家企业完成投资，为当地近千名劳动力提供就业岗位。围绕特克斯农牧业生产加工和现代旅游业，组织参加第二届中国—亚欧博览会、中国西部国际博览会等招商推介活动。大力发展旅游业，重点抓好喀拉峻草原旅游资源综合开发，引进天翼航空公司动力滑翔伞和三角翼项目，实施空中俯瞰八卦城、喀拉峻草原项目，将喀拉峻草原逐步打造成独具特色的旅游精品。喀拉峻草原成功申报世界自然遗产，为特克斯县旅游发展增添动力。围绕八卦城实施整体形象提升工程，对太极坛展馆、离街民族风情街区进行规划设计和升级改造。2016年6月，与特克斯县政府联合共建的离街民族风情步行街一期建成，成为特克斯县文化示范区。

2017～2019年，设立招商引资、产业引导基金200万元，助推产业招商和旅游发展。签订产业投资协议12份。新疆福林鸣服装一期项目投产，年产服装400万件，解决就业600人。引进总投资10亿元的琼库什台历史文化名村整体开发项目。全县第

2011年6月11日，南京江宇集团考察特克斯市场并捐资20万元

特克斯县城中心的太极坛（2014年摄）

2017年7月14日，特克斯县喀拉峻景区举行欢迎南京市江宁区游客仪式

特克斯县离街民族风情步行街（2019年摄）

一个五星级酒店——温德姆花园酒店和花园度假式酒店——亨通酒店建设工程有序推进。引进通用机场建设项目，为特克斯县发展旅游业创造条件。2018年7月，完成特克斯离街二期工程。促成两地政府签订劳动力转移合作协议，在江宁区建立特克斯县转移就业服务站，在特克斯县建立江宁区—特克斯县转移就业输出基地和培训基地。3年共帮助特克斯县转移劳动力1179人，其中到江宁就业278人 。江宁区供销、商务等部门与特克斯县供销社签订年采购400万元农特产品购销合同。引进电商专家，帮助建设电商平台和农产品销售，推动新疆农产品专营店建设。在南京市和江宁区建成一批援疆无人超市，部分农贸市场设立援疆产品专柜，帮助当地农牧民达成2400万元销售合同。举办"大美伊犁特克斯"农产品（南京）专场展销会，成都、广东等专场旅游推介会10余次。开展地铁快闪、网红直播、寻找旅游达人等活动，受众1000万人以上。2018年，特克斯县旅游人数和收入均同比增长75%以上。

三、智力援助

江宁区深化智力援疆，缓解特克斯县人才短缺问题。2011～2019年，累计培训特克斯县党政干部、专业技术人才1.65万人次，引进柔性人才159人。

江宁援疆教师开启支教之旅

2011～2013年，培训特克斯县干部人才4500余人次，其中组织完成县、乡、村三级干部轮训105人。援疆教师通过师徒结对，帮带当地青年教师；选派青年教师到江宁区学习；组织实施特克斯高中"青蓝工程"（培养年轻骨干教师、学科带头人），实行"推门听课"（在未通知的情况下进入班级听课）；促成8所学校结为友好学校。援疆医生主动与当地医生结成师徒，指导和帮助青年医生；通过开展临床示范教学、举行专题讲座等活动，提升当地医务人员业务水平；派出医务人员到江宁区进修学习。

2014～2016年，培训特克斯县干部人才5500余人次。选派党政干部人才30人、柔性引才11人到特克斯县开展工作。援疆教师成立"江宁教育示范班"，打造"五个一"（立足一个班级、示范一个学科、引领一个年级、带动一所学校、影响一个区域）教育援疆"江宁模式"，4所中小学校与江宁相关学校结为友好学校。援疆医生累计接诊4.74万人次，会诊860余例，主持和参加手术460例，参与抢救危重病人300余人次；组织开展下乡巡回医疗、送医送药活动，免费发放药品活动，巡回义诊近8400人次；开展临床示范教学、举行专题讲座等活动；选派10名医务人员到江宁区进修学习；帮助特克斯县人民医院创建核磁共振专科，填补特克斯县新型影像检查空白。

2017～2019年，培养培训特克斯县干部人才6500余人次。24名援疆教师分别在

上　2011年5月10日，南京市江宁区特级教师讲师团到特克斯县讲学。图为讲师图合影

中左　南京市江宁区援疆教师辅导学生（2018年摄）

中右　特克斯县高级中学成立“朱胄名师工作室”（2018年摄）

下　南京市江宁区援疆干部组织特克斯县群众开展特色刺绣技能培训（2012年摄）

南京市江宁区援疆医生开展『传帮带』活动（2011年摄）

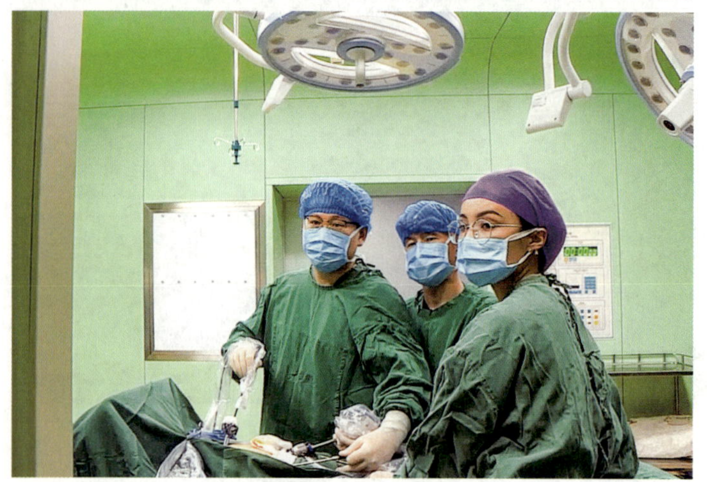

南京市江宁区援疆医生开展腹腔镜下腹股沟疝修补术（2012年摄）

县高级中学、初级中学、第二小学任教，主动参与教学管理、分享理念经验，帮助青年教师提升教学能力。医生团队累计接诊2万余人次，开展手术600余例，下乡送医送药60余次；注重新技术引进，填补医疗技术空白7项，推广应用前沿医疗技术16项；通过组团援疆和柔性援疆相结合方式，不断选派江宁区优秀医疗人才援疆，实现从“输血”向“造血”、从“顶岗”向“帮带”转变；组织开展“手牵手发展、心连心服务”大型义诊，深入偏远山区为各族群众义诊；促成两地重点专科共建，开启“临床诊疗+疾病预防+人才培养+科学管理”多层次支援模式。

【链接】千里援疆　情洒特克斯

——记江苏省援疆干部、特克斯县人民医院副院长刘萍萍

南京江宁医院的儿科副主任医师刘萍萍自踏上援疆征程的那天起，就把对家的眷恋深深融入特克斯县这个第二故乡里，热忱奉献在新的岗位上；把对亲人的思念倾注在特克斯县各族患儿

身上，用天使般的双手，救治了一个又一个小生命，为一个个家庭带去了幸福和欢乐；把愿望和抱负都付诸援疆工作的点点滴滴中去，在平凡的岗位上取得了不平凡的成绩。

为了在有限的援疆时间里发挥最大的援疆效益，刘萍萍在做好日常诊疗工作的同时，也非常注重知识、技术和理念的“传帮带”。在日常工作中，她坚持从病历基本功抓起，指导年轻医生规范病人病历的书写，发现问题及时指出，逐步提高年轻医生的业务水平；她通过规范的临床教学查房，将儿科专业的常见病、多发病的诊疗规范与临床思维传授给儿科医生；她精心准备专题讲课、科室疑难病例讨论，给整个科室医务人员系统传授了儿科医疗方面新知识、新技术；她规范了儿科危重病人诊治及抢救流程，推广儿科重症病人诊疗技术的规范化应用，从而帮助提升了科室整体医疗业务水平；她指导科室规范化建设和管理，在全科建立有效的全员参与业务知识讲课的常规化制度；她个人捐助资金1000元，购置专业用书，帮助科室成立科室专业小书库，有效带动和促进了全科加强业务理论学习、不断拓展专业知识面的良好学习氛围。在今年年初特克斯县发热病人剧增的情况下，刘萍萍不分昼夜参加急会诊，有请必到，以病人的利益为重，以救治生命为己任，从不计较个人得失。援疆近一年来，诊治儿科病人超过1500人次，会诊80余人次，参加重危病人救治46人次，实实在在为当地病患儿解除了痛苦。

除了做好儿科医疗帮扶工作外，作为特克斯县人民医院副院长，刘萍萍还大力协助院长抓好医疗业务，抓好医院核心医疗制度的落实。她充分利用院长业务查房的机会，督促、规范各临床科室的医疗行为，强调始终把医疗质量和医疗安全放在医院各项工作最重要的位置上，使全院医护人员防范医疗风险的意识明显加强，有力保障了医疗护理工作的安全运行。她在医院管理方面积极出谋划策，引入江宁医院一些比较先进的医院管理理念和管理模式，从职工思想建设、医院文化建设、服务措施完善、医疗流程改进、劳务费分配机制、管理制度落实、科室建设、手术室规范化建设及如何有效利用人力资源等方面提出多项合理化建议，对特克斯县人民医院的发展和建设起到了积极有力的推动作用，进一步促进了所在医院和临床科室各项工作的规范化和制度化。她积极为两地医院开展学术交流牵线搭桥，推动两地医疗资源共享，使两地医院的对口支援更加紧密。

当有朋友问及刘萍萍援疆的体会时，她认真地回答：“到特克斯县工作，一是心灵得到净化；二是工作能力得到了很大提高；三是思想认识有了质的飞跃。援疆虽然远离家乡与亲人，却是我人生中一段难忘的经历，是享之不尽的精神财富。我要尽自己微薄的力量，造福更多的特克斯县患者。”

（2012年6月15日《伊犁日报》）

【链接】谱写教育援疆的奉献之歌——记援疆干部、特克斯县高级中学副校长朱志坚

朱志坚2010年底进疆，担任特克斯县高级中学副校长。三年工作期间，按照前方指挥组的要求，开展了大量富有成效的工作，为特克斯县的教育事业发展作出了自己应有的贡献。

特克斯县地处偏僻，外出较为困难，平时教师学习的机会较少，造成了很多教师视野不够开阔。通过朱志坚的积极努力，让特克斯县各层次学校和南京市江宁区各学校结为友好学校后，特克斯的教师接触到江宁的教育。江宁区的各级学科带头人、教育专家也会前往特克斯进行业务

指导，送教上门，开阔教师的视野。

积极培养年轻教师，结成“青蓝工程”。为了提高特克斯县高中的师资力量，使该校教学质量得到健康稳定的发展，朱志坚和所有援疆教师与特克斯县高中一些年轻教师结成“青蓝工程”帮扶对子，协助该校教研室制订了工程的年度计划和实施方案，有力地调动了青年教师的学习主动性和积极性，也在全校教师中形成了比学习、比教研、比进步的良好风貌。三年来，朱志坚带领徒弟积极研究教材，集体备课，两名年轻教师成长很快，已经能独立完成一轮高中的教学任务。

援疆初现成效，高考喜获丰收。在朱志坚和援疆教师的努力下，他们所带班级喜获丰收，在往年的基础上取得了较大的进步和突破。三年当中，2011届实验班本二以上达线计24人，2012届实验班本二以上达线计35人，本科达线人数提高了46%。从实验班来看，2011届上线率为46%，2012届上线率为67%，整体提高了21个百分点。

进入高考前的一个月，特克斯县高级中学安排所有学科教师参加新疆地区第二次模拟考试数据及试卷分析，及时掌握高考试卷的动态，和学科教师分享信息，调整复习的重点。5月，朱志坚面向所有高三学生开设了心理辅导讲座，缓解学生的情绪。考前两周，他安排所有学科教师准备“考前必看”，下发所有高考考点注释，帮助学生理清所有知识点，提高效率。

主动开设讲座，辐射示范效应。朱志坚把教研专题讲座作为相互交流的重要平台，三年当中积极开展各种讲座，所做的《高二化学教学注意点总结》《高二年级月考分析与思考》等专题讲座受到了所在学校师生的欢迎。每次朱志坚带领援疆教师组织的教研活动，除了特克斯县高中的教师踊跃参加外，县初中、小学的许多教师也积极参加，一次听课人数达百人。许多教师听完讲座后都表示受到很大的启发，不论是课件的制作，还是课堂气氛的调节、知识系统的传授等方面都感触颇深。

关心贫困学生，送去江宁援疆教师的温暖。朱志坚能够定期走访贫困学生家庭，了解学生的学习生活和家庭状况，给予学生关心和帮助。带领援疆教师放弃周末休息时间，为贫困学生补习文化课。根据学生的实际学习情况，指导学生制定学习计划，帮助提高学习成绩。同时，援疆教师还通过开设讲座等形式，对县高中各族贫困学生进行心理辅导、知识答疑，以点带面，改善贫困学生的心理状况，提高学习能力。

团结援疆教师，做好各项工作。三年来，朱志坚能够团结所有的援疆教师，开展好各方面的工作，坚持每周学习一次，商讨各种教学安排，取得了良好效果。作为专业技术人员，服务年限为一年半，但所有援疆教师均在一年半之后选择了继续留下，服务年限都达到3年。

（原文刊载于2013年12月20日《伊犁日报》，本文有删节）

【链接】医者情怀　爱洒边疆——记特克斯县人民医院援疆医生沈荣国

11月下旬的特克斯县，气温已经很低了。来自江苏省南京市江宁区方山医院的沈荣国已经习惯了北方寒冷的气候，他像平常一样到病房查房，询问患者身体情况，提出一些日常注意事项，并详细记录每一位患者的情况。

沈荣国来特克斯县人民医院已经第三个年头，目前是该院挂职副院长、内分泌科主任医师。

在特克斯县人民医院，沈荣国通过“传帮带”，不断提高当地医生业务水平，规范化培训教学，谋划医院发展，结合自己的专业技术和当地实际，积极引进先进医疗管理理念，对创新服务模式、完善激励机制、转变工作作风等方面提出了许多意见、建议。2017年以来，沈荣国积极参与自治区学术会议活动。通过他的协调，特克斯县人民医院成功举办了3次州级继续医学教育项目培训班，其中1次“儿童重症肺炎规范化诊断治疗班”和2次“糖尿病规范化治疗培训班”，并承办了州直八县三市的普外科年会等。

今年9月，特克斯县人民医院承办了州直儿科年会，州新华医院、伊宁市人民医院和江宁区人民医院儿科专家到场，通过PPT交流和现场教学，提升了全院医生的医疗水平。

2017年5月，沈荣国刚到特克斯县没多久，早上十点半在病房查房时，突然隔壁病房患者家属呼喊：“医生快来！呼吸没了！”沈荣国迅速跑过去，发现患者呼吸和心跳很微弱，于是立即用呼吸机进行心肺复苏。经过10分钟左右的抢救，患者呼吸和心跳恢复，被送到急救室进行进一步抢救治疗，最终转危为安。患者家属不停地感谢道：“要不是抢救及时，后果不堪设想。”

去年7月，齐勒乌泽克镇一名患有糖尿病的女孩在马路边昏倒，被好心人送到特克斯县人民医院。当时已下班的沈荣国在医院食堂吃饭，接到护士打来的电话后，立即放下碗筷赶到病房。经过初步诊断，昏倒女孩为糖尿病酮症酸中毒，情况非常危险。沈荣国赶紧实施抢救。20多分钟后，患者苏醒过来。又通过一周的住院治疗，出院后定期随访，这名女孩的病情得到了有效控制。

去年8月，沈荣国在阿克托海镇结对亲戚家的小男孩没钱看病，沈荣国当场给男孩母亲古丽娜·居马别克1000元现金，并帮助其前往自治区人民医院做了肘关节畸形矫形手术，之后医院为其减免了手术治疗费用。古丽娜说：“沈医生对我们一家非常好，经常上门探望，不仅为孩子购买学习用品和零食，每逢节日还送来400～600元不等的慰问金。沈医生的恩情我们会铭记一辈子。”

两年多来，沈荣国通过带教、病例分析和学术讲座等方式，将自己的临床经验传授给当地医院的医技人员，“造血”与“输血”并重，为当地培养了一批医疗人才。沈荣国坚持“以患者为中心”的临床服务理念，发扬治病救人的人道主义精神，脚踏实地做好医疗服务的工作态度，深受特克斯县各族患者认可。

两年多来，沈荣国参加医院内组织的抢救危急重症患者60余次，其中2例呼吸心跳停止患者经过心肺复苏抢救成功，积极组织、参加院内会诊、病例讨论300余次。

“援疆改变了我的生活，丰富了我的人生，开阔了我的胸襟，提升了我的生命价值。”这是沈荣国参与援疆工作后最深切的感受。他说，援疆是一段经历，更是一份骄傲和担当。作为一名医务援疆工作者，自己与新疆各族人民结下了深厚情谊。3年援疆路、一世援疆情，如果有机会，他还想来援疆，参与到伊犁的卫生健康事业中，为各族患者送去福音。

（原文刊载于2019年12月18日《伊犁日报》，本文有删节）

【链接】陈银海：因为一群人爱上一座城

7年时间里，他递交了5份援疆报告，平均一年半申请一次。

作为专业技术人才，从鱼米之乡来到西部边陲援疆支教，他在特克斯一待就是7年。他就是来自南京市江宁区的物理教师陈银海。

11月13日，特克斯县高级中学举行国家级课题《经济发展不平衡情况下普及实验与实践性教学的有效途径研究》的开题仪式，这是该校首个国家级课题，课题主持人正是陈银海。

陈银海说："物理是一门对实验依赖性很强的学科，由于条件限制，实验类教学恰恰是特克斯县高级中学的短板。"

为了突破这一短板，陈银海带领学校的6名物理教师一起承担了此项课题的研究。课题将引导教师和学生从手头可以获取的一切资源出发，用最简单的材料和设备去充实物理实验课，进而帮助学生更好地理解物理课程内容，提高学习兴趣。陈银海还以示范观摩课为抓手，帮助青年教师课前磨课、课后研课，并指导青年教师写好教学设计、教学反思、教学案例，推动高中物理教研组团队整体素质的提升。

"陈老师这个国家级的课题，填补了特克斯县高级中学的空白，在教科研方面起到了很好的示范引领作用，学校其他课题组也将以物理组为榜样，积极进行教科研活动，提高学校师资队伍的整体水平。"校长刘敏之说。

7年前，39岁的陈银海主动报名参加援疆支教工作，来到特克斯县高级中学任教。在这里，他发现不少学生学习基础较差，学习兴趣不浓。针对这一现状，陈银海认真探索和钻研，不断改进教学方法。每天，他都会精心准备教案，以培养激发学生学习兴趣为出发点，努力做到因材施教、因人施教。

马欣是陈银海的学生，她特别喜欢陈老师的解题方法。她和同学们都有个心愿，就是希望陈老师可以把大家一直带到高三。

同学们对知识的渴望深深打动了陈银海。为了让更多学生能够走出去，看一看外面的世界，在最初一年半援疆期满后，他选择留下来。

支教有期限，要想孩子们一批接一批地接受良好教育，最好的办法就是培养一支带不走的本地教师队伍。抓住了问题关键的陈银海，开始倾囊相授，带领和帮助当地年轻教师成长。

援疆支教仅有教学能力是不够的，还需要情怀和坚守。在学校和宿舍之间两点一线的简单生活，陈银海坚持了7年。

周末，陈银海有时候会外出，他要去走亲戚。3年前，他与吾尔尼巴沙一家结对认亲，帮助他们解决生产生活中遇到的困难。

吾尔尼巴沙的女儿吾买特·吾尔尼巴沙还记得，陈老师每次来都会帮助弟弟辅导功课，还会给些钱补贴家用。前几年家里没有稳定的收入，姐弟三人的学费都很困难。在陈银海的帮助下，吾买特和姐姐都顺利完成了学业。现在姐姐有了工作，她自己也快毕业了。"真的太感谢陈老师了！"她说。

7年援疆，陈银海见证了特克斯县高级中学整体教学水平的不断提升，学生们的物理成绩也越来越好。在2019年高考中，他所教班级44名学生有39人达到了本科分数线。

因为一群人而爱上一座城。这7年，陈银海付出了很多，同时也收获了很多，和当地老师、孩子、家长结下了深厚的情谊，他也将特克斯视为自己的第二故乡。

陈银海说："明年就是我援疆的第8年，我还要继续为特克斯的教育事业发展添砖加瓦。"

（2020年12月6日《新疆日报》）

2010年12月25日，特克斯县为南京市江宁区第七批援疆干部人才举行欢迎仪式

南京市江宁区第八批援疆干部人才合影（2016年摄）

南京市江宁区第九批援疆干部人才合影（2017年摄）

四、脱贫攻坚

江宁援疆助力脱贫攻坚

江宁区不断扩大共建帮扶领域和覆盖面，促使更多援疆资源惠及特困群体。

2011～2013年，江宁区有15个机关部门18批次人员走进特克斯县，开展结对共建活动，就产业、旅游、教育、卫生等领域达成合作协议12项。开展“真诚江宁人·情暖特克斯”主题实践活动，针对特克斯县特困优秀学生、特困重度残疾人、特困孤儿、特困下岗职工、特困家庭和特困农民六大群体，启动“三年助学计划”，资助“江宁教育示范班”10名家庭贫困学生每人每年3000元。

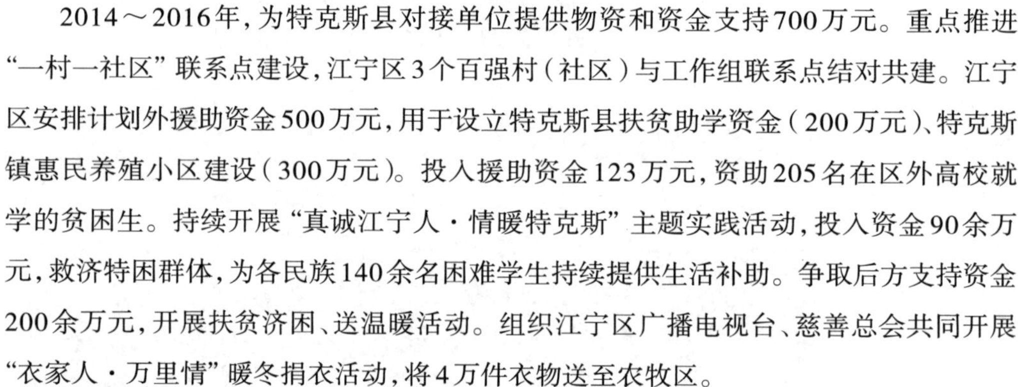

2014～2016年，为特克斯县对接单位提供物资和资金支持700万元。重点推进“一村一社区”联系点建设，江宁区3个百强村（社区）与工作组联系点结对共建。江宁区安排计划外援助资金500万元，用于设立特克斯县扶贫助学资金（200万元）、特克斯镇惠民养殖小区建设（300万元）。投入援助资金123万元，资助205名在区外高校就学的贫困生。持续开展“真诚江宁人·情暖特克斯”主题实践活动，投入资金90余万元，救济特困群体，为各民族140余名困难学生持续提供生活补助。争取后方支持资金200余万元，开展扶贫济困、送温暖活动。组织江宁区广播电视台、慈善总会共同开展“衣家人·万里情”暖冬捐衣活动，将4万件衣物送至农牧区。

2017～2019年，编制《关于加大对口援疆支援脱贫攻坚力度的实施方案》《特克斯县脱贫攻坚援疆扶贫专项行动实施方案》，更加突出援疆资金向基层倾斜、向贫困地区和弱势群体倾斜，突出精准就业富民。以“小援疆”（指统一拨付援疆资金以外的由支援地相关单位、企业或个人捐赠的小额援疆经费）资金为主，先后实施扶贫项目60余个，投入“小援疆”资金6000余万元，助推全县扶贫脱贫工作。开展“四联四帮四促”（联乡〈镇〉、联村、联户、联部门〈单位〉，帮公共服务、帮生产生活、帮创业就业、帮教育医疗，促脱贫攻坚、促民生改善、促民族团结、促社会安定）共建帮扶活动，江宁区2个街道、29个村（社区）和26个部门单位与特克斯县乡（镇）、村和单位部门开展结对共建，推动两地共建帮扶领域全覆盖。累计投入“小援疆”财物2120万元，助推当地脱贫攻坚、民生改善。建立100万元扶贫帮扶基金，推进“千人携手、同奔小康”活动。活动分两年实施，通过相互走访、参加“结亲周”等活动，帮扶困难群众600户。发动后方社会团体和爱心人士开展帮扶助困活动，捐资捐物450余万元，使500余名贫困学生和2500余户贫困家庭受益。在江宁区和结对单位青龙社区共同帮助下，深度贫困村阿克托海村建成伊犁州首个村级光伏发电站，成功并入国家电网，每年为村级经济创收15万元。2018年，特克斯县完成脱贫攻坚任务。

2014年8月26日，南京市江宁区援疆工作组联合特克斯县有关部门单位举行『真诚江宁人·情暖特克斯』助学活动暨『六大爱心行动』启动仪式

南京市江宁区向特克斯县捐赠精准扶贫专项资金300万元（2016年摄）

特克斯县务工人员到南京市江宁区异地就业（2019年摄）

【链接】江宁援疆工作组真情奉献　精准帮扶让“青蛙沟”脱胎换骨

在特克斯县江宁援疆工作组办公室的墙上悬挂着一面写着“情系脱贫攻坚守初心 助推牧区发展担使命”的锦旗。这是该县齐勒乌泽克镇巴喀勒克牧业村村民代表送来的，感谢江宁工作组援疆三年来对该村的大力支持和无私援助。

1月11日，记者在该村看到，村容村貌整洁，房屋整齐分布，大街小巷都安装上了太阳能路灯，部分院落门前停放着小轿车。10余名年轻人正在农牧民文化广场上踢足球，他们玩得兴高采烈，旁边站了部分村民在观看，不时传来阵阵欢呼声。

村民海拉提别克·艾山说，村庄美了，村民的生活发生了翻天覆地的变化，村里经常举办各种精彩的文化活动，他们都积极参加。村里的年轻人也不闲着，踊跃参加村委会举办的各种技能培训。近两年村里的养殖户多了，外出务工的人也多了，村民的口袋鼓了，日子过得甜甜蜜蜜。

巴喀勒克村是自治区级贫困村，全村共有523户，其中建档立卡贫困户158户，村集体经济基础薄弱。2017年以来，援疆工作组与“访惠聚”驻村工作队共同努力，把引导产业发展、实现稳定脱贫作为主攻方向，深入分析村情实际，帮助村级班子调整工作思路、找准发展方向、筹集启动资金。

2017年，援疆工作组牵线江宁区土桥社区与巴喀勒克村结为共建单位，投入帮扶资金30万元，用于农牧民文化广场建设，打造党组织活动中心，基层组织凝聚力、战斗力不断增强。2018年，又投入20万元村公共服务设施资金，用于村基础设施改造，村庄在悄然间发生了巨大变化，柏油路干净了、垃圾进箱了、庭院整洁了、牛羊不上街了、草堆粪便不乱堆了，旧容换了新颜，一片喜人的新气象，进一步提升群众获得感。

为发展特色产业，拓宽致富门路，2017年，江宁援疆工作组投入180万元援疆资金，联合驻村“访惠聚”工作队引进了农林科技有限公司，采取“支部+企业+农户”模式，建设中草药养生草原鸡养殖中心，由企业负责运营，每年固定向村集体分红46万元。目前养殖中心建设规模达到1.5万平方米，共养殖草原鸡5万只，带动了52户贫困村民从事草原鸡养殖。2018年，又为该村投入深度贫困村脱贫攻坚专项资金100万元，用于新疆褐牛养殖项目，实行了规模化养殖、合作社经营，成立了泽恩格巴巴养牛专业合作社，加快了农牧民的脱贫步伐。目前全村的新疆褐牛存栏已达4346头，已有100头以上规模养殖大户2户、50头以上规模养殖户6户。

为进一步促进村民情感交流，打造和谐村风，去年，江宁援疆工作组又投入30万元，用于村民族团结爱国主义教育基地建设，并通过走访慰问、资金帮扶等途径开展困难群众关心关爱工作，夯实了民族团结根基。

通过努力，巴喀勒克村集体经济已从当时不足5万元，到2018年已超过60万元，实现累计集体资产近百万元，并在县里组织的综合考评中名列前茅，去年集体经济收入突破了70万元。

村第一书记、驻该村“访惠聚”工作队队长乌拉木江·沙吐哈力说：“正是因为有了江宁援疆工作组的大力扶持，我们才有更大的干劲儿，各族群众的幸福指数增强了，生活越过越好，巴喀勒克村实现了从‘青蛙’到‘王子’的蜕变。”

（2020年1月13日《伊犁日报》）

五、交往交流交融

江宁区加强两地交往交流交融，推动双方多层次、多领域走动互动，促进对口支援工作走深走实。

2011～2013年，采取“请进来”“送出去”相结合方式，组织特克斯县党政干部、乡镇村干部、民间宣传员分批到江宁区开展交往交流活动。为推广江宁区发展改革的先进理念，组织江宁区部分街道及区交通局、发展改革委、卫生计生委等单位160余人到特克斯县开展对口交流，对特克斯县生态文明创建、固定资产项目投融资等工作提出专业化建议。

2014～2016年，江宁区资助20万元承办特克斯县纳吾肉孜节活动。特克斯县歌舞团演员走进江宁区，参加第15、16届“江宁之春”群众文化节，举办专场演出12场，受到江宁人民欢迎。

2017～2019年，投入援助资金200万元，加大民间文化、体育、青少年、妇女团体等领域交往交流。组织特克斯县妇女创业者赴江宁区学习考察。开展以“我的梦·中国梦”夏令营活动和以“万里鸿雁传真情”为主题的两地少年儿童书信手拉手传真情活动。开展两地群众体育交流，组织篮球、足球等体育比赛。在江宁区举办“美丽伊犁”——历史文化名城特克斯民俗文化展。江宁区群艺馆赴特克斯县参加“天山文化旅游季”开幕式演出，特克斯县歌舞团助力江宁区首届“中国农民丰收节”暨第14届南京农业嘉年华。

2017年6月，南京市江宁区援疆工作组组织特克斯县歌舞团赴北京、南京开展音乐剧《黑眼睛》巡演。图为6月15日在北京解放军歌剧院首演剧照

2017年6月14日，南京市江宁区援疆工作组与特克斯县高级中学进行篮球友谊赛

2018年5月22日，南京市江宁区麒麟街道与特克斯县阔克苏乡举行共建结对仪式

2018年10月5日，特克斯县歌舞团参加南京市江宁区首届『中国农民丰收节』

江宁—特克斯少年儿童书信传真情活动（2018年摄）

南京市江宁区援助特克斯县部分项目情况表

单位：万元

序号	项目名称	援助时间	援助资金
1	乔拉克铁热克镇卫生院	2011	100
2	城乡规划项目	2011～2012	295
3	村（社区）公共服务设施	2011～2013	620
4	齐勒乌泽克乡阔布村新农村建设	2011～2013	1443
5	太极坛	2011～2013	977.66
6	县高级中学	2011～2015	16487.85
7	喀拉峻景区基础设施	2011～2017	378
8	安居富民工程	2011～2019	5469.9
9	定居兴牧工程	2011～2019	3495
10	党政干部、专业技术人才及职业技能等培训项目	2011～2019	1615.91
11	产业援疆及产业合作项目	2012～2013	81.44
12	县援疆干部人才周转房及附属设施	2013～2015	1386
13	广播电视覆盖系统扩大工程	2014～2015	300
14	产业招商推介项目	2014～2019	450.43
15	县饮水安全改善工程	2015	200
16	喀拉托海乡卫生院	2015	113
17	乡村幼儿园提升改造工程	2015～2016	600
18	八卦城整体形象提升工程	2015～2018	461
19	区外高校就读贫困生补贴项目	2015～2019	742.16
20	县第六小学附属设施	2016	1000
21	党员干部现代远程教育管理中心站点设备升级改造工程	2016	100
22	县江宁人民医院	2016～2019	13834
23	交往交流交融项目	2016～2019	231.26
24	博斯坦片区街区小广场改造工程	2017	100
25	齐勒乌泽克镇巴喀勒克村中药草原养生鸡扶贫项目	2017	180
26	阔布村新疆褐牛养殖项目	2017	50
27	救灾补助资金	2017	150
28	柔性引才项目	2017～2019	233.72
29	喀拉达拉镇琼库什台、哈因等小学设备购置及维修改造工程	2018	279.03
30	县群众文化活动中心	2018	140
31	旅游和电商产业推广补贴资金	2018	100

续表

序号	项目名称	援助时间	援助资金
32	贫困村脱贫项目	2018	485.68
33	旅游媒体宣传项目	2018～2019	130
34	支教教师保障项目	2018～2019	352.04
35	江宁中学（第一中学）	2018～2020	10963
36	产业就业引导资金	2019	118.09

说明：表中所列项目为单次投入或累计投入援助资金50万元以上项目。

【链接】九十天，他们在第二故乡留下故事

11月23日傍晚，张长宝在特克斯县援疆楼一边吃着爆辣的火锅，一边说自己上辈子可能是四川人，但更像新疆人。张长宝其实是南京市江宁区人，自治州柔性引才使他成了援疆干部。3个月的援疆工作即将结束，张长宝有些依依不舍，他说："时间过得太快了，还有许多事情想做没来得及做，如果有机会，还会和特克斯的同仁们一起建设边疆。"

特克斯县今年有40名柔性引才干部，他们来自南京、盐城、常州等江苏省不同的地方，分布在特克斯县教育、卫生、城建、环保等多个部门工作。即将离开时，他们中的许多人说，有的地方生活了几年都没有感觉，在特克斯县生活了3个月，就觉得这里是第二故乡了。特克斯县委宣传部一名干部说，他们在第二故乡都有故事。

2016年底，特克斯县提出全域旅游、全域绿色发展战略，农村电子商务是发展战略的支撑之一，今年特克斯县通过国家电子商务进农村示范县初验。张长宝有幸成为特克斯县农村电子商务事业的推动者之一，供职于县供销社，承担"促进电子商务、互联网发展和农产品营销，传帮带一支当地供销管理队伍，提升经营业务人员管理水平"工作。特克斯县提出电商服务乡镇全普及、村社区全覆盖，在不到100天的时间里，他跑遍了特克斯县8个乡镇场的60多个村社区，多方牵线，积极发动村电商服务站点销售线下优势货品，使特克斯县的牛羊肉搭乘航空飞机次日就能到达南京市的餐厅。

农学专业博士刘良峰在特克斯县如鱼得水，参与县现代农业产业园区发展规划、农业生态旅游示范园建设项目、农副产品物流中心建设项目、农用薄膜回收利用项目等规划的编制任务。他主笔的《加强援受两园区合作，深化农业援疆效果》论文被中国农学会评为优秀论文，被农业部第十七届中国农业园区研讨会论文集收录。特克斯县打造全域旅游产业，刘良峰结合自身掌握的企业资源，通过邮件、微信、电话与江宁区商务局、南京市投促局、中青旅、万科、中粮、中航等政府部门和企业取得联系，宣传和推介特克斯县投资环境和重点产业资源。

杨志宝在特克斯县援教时自掏腰包为学生买奖品，鼓励他们端正学习态度、做品质优良的人。他说，他喜爱这些孩子超过江苏的孩子。

和杨志宝共事的一名老师说："杨老师要离开特克斯了，但他的教育理念与和善为人的品质留在了特克斯，我和同事们都留了杨老师的电话号码和微信号，我们是永远的朋友和同事。"

特克斯县委副书记、江苏省南京市江宁区对口支援特克斯县前方指挥组组长张玉力说，每一位通过柔性引才来到特克斯县工作的干部都非

常珍惜这次机会，铆足了劲，将一天当两天、把3个月当一年或更长时间来工作。刘良峰说，新疆人和江苏人是一个家的孩子，兄弟姐妹相遇不易，多为兄弟姐妹做点事是种幸福。

拼命工作的同时，通过柔性引才来特克斯县工作的援疆干部们对特克斯从陌生到熟悉再到深爱。“来之前，觉得这片土地很神秘；来了后觉得好像是久别重逢；现在，这里的人文、民风、社会发展都让人觉得这是一个让人舒服的地方。工作中，我们收获了成绩，也学到了许多。”张长宝说。

援疆干部爱上了特克斯，特克斯人也爱上了援疆干部。

无论张长宝将来走多远、走多久，丽娜·杰克山都会把他记在心里。“他帮我搭上了时代的列车，让我走上了致富路。”丽娜·杰克山说。

丽娜·杰克山大学毕业后想创业，既不知道方向，也没有资金。她和张长宝接触后，张长宝给了她开电商服务站的灵感，他跑前跑后为她落实场所，协调县电商中心为她免费提供计算机、展示柜，发动江宁区供销社干部为她捐赠了价值5000元的货架。“现在，我每月有5000元左右的收入，以后会更好。”丽娜·杰克山说。

（2017年12月6日《伊犁日报》）

【链接】一江润得乌孙绿　十载情牵八卦城——南京市江宁区对口支援特克斯十年侧记

十年光阴，四批援建。一项项工程平地而起，一批批援疆人去了又来。江宁人、江宁情，宛如一江春水缓缓淌过乌孙山脉，浸润着特克斯这片土地。

春潮　唯为民生立其工

“全面援疆、精准援疆、长期援疆。”2010年底，南京市江宁区第一批27名援疆干部人才和专业技术人员来到天山脚下，带来了特克斯县发展急需的项目和资金。开局三年，累计投入资金1.69亿元，江宁区实施援疆项目28个。占地236亩、总投资1.8亿元的特克斯县高级中学，就诞生在这一时期。

伊犁州发改委第一个批准立项的援疆项目、伊犁州单体最大的教育类援疆项目、新疆维吾尔自治区文明工地、“天山杯”建筑工程奖……这个集多项殊荣于一身的民生工程投入使用，圆了特克斯数万学子享受更好教学环境的梦。

“援疆工程不搞形象工程，但工程建设一定要出形象；援疆工作不做表面文章，但一定要做好援疆大文章！”特克斯县江宁人民医院，按照二甲医院标准建设，面积近2.8万平方米，总投资1.5亿元；特克斯县江宁中学，总面积3万平方米，总投资1.1亿元……民生关注的，就是江宁援疆组重点投入的。

十年间，江宁区累计投入6.89亿元，安排对口援疆项目126个，而民生工程投入占援疆资金比例始终保持80%以上。“交钥匙”“交支票”工程辐射医疗、教育、新农村建设、社区综合服务、基础设施改造等重点民生领域。

沧浪　斩贫济困敢请缨

阿克托海村是自治区深度贫困村，建档立卡贫困户曾一度达到60%，2016年全村集体经济收入几乎为零！江宁援疆人深知“造血扶贫”的重要性，化身“月下老人”，甘心做起牵线搭桥的角色，成功搭建起江宁区青龙社区与阿克托海村的结对帮扶平台，推动伊犁州首个村级光伏发电站在这里落成并连入国家电网，结合村情引入发展草原生态鸡养殖……

两年时间，村集体经济收入一跃至全县第一，2020年村集体经济预计可达120万元，实现了从“空壳村”向“百万村”的华丽蜕变！

心所致处，贫亦可富。2020年，疫情形势严峻，特克斯得天独厚的农牧产品对外销路几乎断绝，让农牧民焦虑愁心。紧扣消费扶贫，江宁援疆组再次破题奋进。

春天开始，一串串数字，陆续呈现在两地人民面前：

1个消费扶贫基地、1个消费扶贫专馆、1个消费扶贫专区、5个智能农牧产品销售专柜、7场农产品展销会、60吨牛羊肉订单、1500多万元的农牧产品订单……

产品销售出去了，特克斯品牌打响了，老百姓钱袋子鼓了，困难群众脸上的“花”开了。

十年间，江宁援疆组积极争取后方各界支持，一批批企业单位、爱心团体和爱心人士来疆结亲帮扶，捐款捐物，从暖心助学、义诊工程到转移就业、引企增岗，江宁援疆人始终坚持深入扶贫第一线，斩贫根、舒困心，为特克斯困难群众的致富道路打下扎实的桩基，奠定了奋进的基础。

碧水　万里肝胆万里情

2011年8月，特克斯县将9名援疆干部派到村居挂职，这一增强基层组织力量的创新举措，很快一篇《用创先争优书写援疆赞歌的江宁人》的简报出现在中央创先争优活动领导小组办公室的案头上。以此为始，江宁援疆人接续书写着为“留下来”和“带出去”所进行的不断探索的篇章。

“组团援疆”和“柔性援疆”相结合，不断促进特克斯县的发展从“顶岗”到“帮带”，是特克斯中医妇科、胃肠道消化中心、妇幼保健科3个重点专科的成功共建，和3支优秀医疗骨干团队的顺利打造；青蓝工程、名师边疆行、结对学校跟岗学习和校际结对100%常态化开展，是特克斯一支支青年教师队伍的壮大和整体教学水平的不断提升；多层次、多渠道选派累计逾600名年轻干部赴江宁交流学习、挂职实践，是江宁人为特克斯打造的一支“永不走的人才队伍”。

十年间，先后有257名江宁干部人才赴特援建，其中既有三次入疆的全国卫生计生系统先进个人中医主任刘虹飞，也有五次申请、七年留驻的物理教师陈银海，更不能忘的是三千多个日夜往来中辗转于机场、车站、草原、田间无数的岁月与奉献。

一江春水十年滋润，换得乌孙遍山生机。伴随着江宁人才和江宁理念不断注入的，是两地民情民心更加千丝万缕的交往与融合，是“江特情缘”的不断续写与延伸。2020年，第三次中央新疆工作座谈会对长期援疆提出更高要求，勾画出新疆未来的美好图景。从东方奔涌而来的这一江春水，也势必继续滚滚向前，引领两地携手航向海阔天空。

（2020年12月9日“伊犁组工”微信公众号）

附：

第十批援疆工作综述

第十批南京市江宁区共选派26名干部人才对口支援特克斯县，其中党政干部10人、教师2批6人（4人留任，共10人次）、医生2批10人（2人留任，共12人次）。选派2批32名（2人留任，共34人次）“援藏援疆万名教师支教计划”教师到特克斯县等地支教。柔性引才149人。3年投入援助资金2.85亿元，共实施项目57个，其中保障和改善民生类6个、产业援助促进就业类16个、智力援助类10个、文化教育类14个、交往交流交融类6个、规划编制及预留费用类5个。3年共开展“小援疆”项目120个，解决了一批群众关心的热点、难点、堵点问题。

因工作成绩突出，南京市江宁区援疆工作组被省委、省政府授予“全省脱贫攻坚暨对口帮扶支援合作先进集体”称号，张昭志被省委、省政府授予“全省脱贫攻坚暨对口帮扶支援合作先进个人”称号，王才权被自治区党委授予“优秀共产党员”称号。

改善群众住房条件，实施特克斯县农房抗震防灾改造项目。投入援助资金710万元、3037万元，分别援建县实验小学及幼儿园、县初级中学新建项目。加大医疗投入，建成县人民医院精神防治门诊楼、县中医医院国医馆、县妇幼保健计划生育服务中心综合楼。

根据受援地资源禀赋，研究项目招引领域，制定年度招商计划。组织外出招商14次，对接各类企业140余家，引荐40余家意向企业到特克斯县考察，签订框架协议项

南京市江宁区第十批援疆干部人才合影（2021年摄）

特克斯县中医医院国医馆（2021年摄）

特克斯县阔克苏乡马场二社区美丽乡村田园综合体（2022年摄）

目8个。引入资金3500万元，建成阔克苏乡马场二社区美丽乡村田园综合体项目，打造全州美丽乡村新样板、旅游打卡新网红、就业创业新示范、农民增收新典型。引入资金2600万元，建成特克斯奇石文化馆，致力打造融南京雨花石、特克斯奇石相互交流及收藏、加工、鉴赏、销售于一体的区域奇石及文化产业交流交易中心。引入南京邦景服装公司投资建设宁疆服装厂，于2021年4月投入生产，一期带动近百人就业，人均月收入3000元。促进旅游业发展。投入800万元，建成特克斯县“旅游+媒体”融合应用项目，该项目是伊犁州首家融媒体与旅游调度指挥一体化平台，实现中国八卦城抖音号等特克斯本地平台24小时不间断直播；推动“十万江苏人游伊犁”活动，先后引入华运文旅集团“苏伊号”首趟千人专列、西美之旅援疆专列、江苏广播新疆丝路之旅等60批次

2020年12月26日，首届特克斯牛羊节暨南京餐饮百店万人品鉴活动启动仪式

2021年4月，南京市江宁区援疆工作组引进建设的宁疆服装厂投产

2021年5月23日，『江苏广播新疆丝路之旅』首发团欢迎仪式在特克斯县喀拉峻景区举行

近万名游客赴伊宁和特克斯旅游。针对地方产业现状和产品出疆物流成本较高实际，设立产业引导资金400万元，用于物流费用补贴、消费帮扶渠道建设、产业基础设施建设等，助力产业培育和企业稳步发展。

通过“青蓝工程”、专题研讨、主题讲座、“援疆教师工作室”、多媒体平台网络备课等方式，共开办讲座、沙龙60场次，开设示范课180余节，送教下乡26次，1项教研课题申报为国家级课题。组织江宁区4批次53位名师、名校长走进特克斯，开展特级教师讲坛、校长沙龙等交流活动。两地60余所学校结对，以线上形式架起空中桥梁，开展“我眼中的江宁与我眼中的特克斯主题班会”等活动。

援疆医生累计门诊5000余人次，救治急重症病人300余例，完成普外科、妇产科等各类手术500余例（其中神经外科危重症首次实现县内有效救治）。为受援地培训专业技术人员2000余人次。帮助打造老年科、普外科、妇产科、血透室4个特色专科。推广使用“胰岛素样生长因子结合蛋白试验”等8项技术，填补县医疗系统相关领域技术空白。工作组自筹资金100万元，组织开展“明眸看百年”白内障患者免费复明工程、孕妇及6岁以下儿童缺铁性贫血免费筛查治疗项目，受益2000余人。筹集资金60万元，建成远程视频会诊和影像诊断系统。筹集资金880万元，建成特克斯县视网膜病变防控体系，每年可为全县15周岁以上人群体检直接减免费用近300万元。开展为民义诊、下乡送医送药12次，义诊患者1100余人次，免费发放药品8万余元。促成江宁区中医院、疾控中心、卫生监督所及基层社区卫生服务中心等后方单位和受援地医疗机构结对。

着力实施干部提升工程，构建“线上线下”网络培训新模式，在自治区内实施培养培训项目105个，培训1.17万人次；赴自治区外开展培养培训和跟班学习项目10个，培训253人。针对县住建、文旅、公安、融媒体人才紧缺情况，柔性引进149名人才赴特克斯县开展短期服务。加强县职业学校旅游服务与管理专业建设，购置教学、实训设备，与南京旅游职业学院等高校合作，为县旅游产业大发展培养专业蓝领人才。促进县域旅游发展质量提升，协调江苏等地五星级酒店资深专业人士赴特克斯指导酒店管理和服务工作。争取新疆师范大学、伊犁师范大学支持，举办全县骨干教师培训班2期，培训150余人。协调南京医科大学开展远程网络在线培训62期、1335人次，选派县卫健系统43名骨干赴江宁进修学习、跟岗培训。增强农牧民就业技能，3年共开设设施农业、动物防疫、养蜂技能、畜牧养殖等示范培训班13个，培训650人次。支持和引导群众到以南京、霍尔果斯、奎屯等地就业683人，特克斯（江宁）劳务输出工作站被自治区评为2020年度北疆地区唯一优秀服务工作队。

2020年9月，南京市江宁区『名师边疆行』活动走进特克斯县

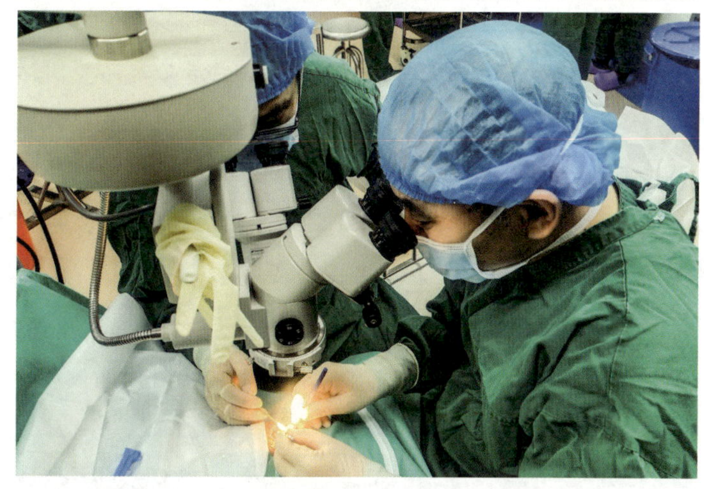

2021年1月6日，南京市江宁区医疗援疆公益项目——『明眸看百年』特克斯县白内障患者免费复明工程启动。图为医生在施行首例手术

通过开辟节庆促销、福利发放、门店销售、餐饮采购、在线网购5种渠道，实施消费帮扶，累计帮助销售牛羊肉等农牧产品超过亿元，将特克斯县科润源农牧业发展有限公司培育成为规模以上企业，并推动其扩建扩产。在采购端，针对生产分散、收储供应组织滞后问题，升级改造一座融保鲜、包装、运输于一体的仓储规模3200吨的农牧产品冷链物流站。2020年、2021年连续两年在南京举办"特克斯牛羊节暨南京餐饮百店万人品鉴活动"。建成南京众彩物流特克斯农副产品网红街区，开设消费帮扶专馆、专柜10个。与南京餐饮商会、来伊份、盒马鲜生等签订合作协议，利用合作方市场和渠道资源把特克斯农牧产品送到江苏市场。南京140余家五星级酒店、中高端连锁餐饮门店常年常态化采购特克斯牛羊肉等食材。组织开展"西果东运"和"扶苹"行动。2021年10月，帮助受援地销售因疫情影响积压田头的苹果2700吨，变滞销为脱销。2022年，联系苹果销售订单6500吨，协调发往南京市场鲜杏440吨、西梅430吨、蜂蜜1万千克。

实施"三千三万"工程，即发动后方各类社会力量就教育、医疗、困难群体三个方面各捐款物超1000万元，受益人数各超1万人。倾情打造“五助聚心”党建品牌。守望相助——2020年初，工作组累计筹援口罩44万只、医用防护服（隔离衣）2230套、医疗救护车20辆及大量医用物资，总价值近600万元。2022年，筹集资金350万元，支持受援地防疫抗疫，用于购买负压救护车、核酸采样小屋，建设县防疫物资应急储备库，购买取暖用煤等。爱心帮助——江宁区社会各界累计捐款捐物折合超600万元，帮助15所学校改善办学条件，帮扶困难家庭品学兼优学生1000余人。筹措资金400万元，为全县义务教育阶段所有边远牧区家庭、建档立卡贫困户家庭、残疾家庭学生及残疾学生捐赠书桌椅和台灯组合1.2万套，受益学生人数占县义务教育段学生总人数的50%。慈善捐助——以海尔曼斯集团捐赠羊绒羊毛衣物4124件、价值600余万元为代表，共募集衣物2.1万件。江宁区慈善总会捐建的东城幸福和阿扎提2个社区慈善超市投入运营，免费为地方困难群众提供生活必需品。团结资助——协调后方4个街道和受援地4个乡镇结对，拨付资金450万元，打造乡镇就业创业示范点4个。筹集资金1005万元，支持8个乡镇和15个村（社区）开展一批“小庭院、小养殖、小市场、小设施、小发屋、小文创”乡村“六小”项目；建成乔拉克铁热克镇阿克铁热克村二片区果园“扶苹路”，打通78户果农苹果出田头“最先一公里”；工作组结对共建的阿克托海村年集体收入突破100万元。交流互助——开展“万里鸿雁传真情”书信交友活动，民族团结之花在苏伊两地青少年中常开长盛。支持创作民俗风情歌舞实景剧《草原婚礼》，让

2020年9月，南京市江宁区为特克斯县所有边远牧区家庭、建档立卡贫困户家庭、残疾家庭及残疾学生，捐赠书桌椅及台灯组合1.2万套

2020年10月17日，南京市江宁区向特克斯捐赠救护车、消防车等车辆

2022年7月30日，南京市江宁区慈善总会『大手牵小手』分会爱心助学金捐赠仪式

南京市江宁区爱心企业捐建的特克斯县乡寄宿制小学塑胶运动场（2022年摄）

2022年7月30日，南京市江宁区慈善总会『大手牵小手』分会捐建的特克斯县特克斯镇东城幸福社区慈善超市启用

全国各地游客了解特克斯草原民俗文化。发挥桥梁纽带作用，协调保障特克斯县党政代表团赴江苏等地交流考察活动，推进两地合作共建。引入后方力量，筹集资金340万元，支持特克斯县28个部门为民办实事。

南京市江宁区援助特克斯县部分项目情况表

单位：万元

序号	项目名称	援助时间	援助资金
1	妇幼保健计划生育服务中心综合楼	2020	473.67
2	人民医院精神防治门诊楼	2020	399.04
3	农村健康卫生生活方式培养项目	2020	359.1
4	区外高校就读贫困生补贴项目	2020	400
5	旅游媒体宣传项目	2020	360
6	中医医院国医馆	2020～2021	505.28
7	产业招商推介项目	2020～2022	110
8	党政干部、专业技术人才及职业技能等培训项目	2020～2022	138
9	柔性引才项目	2020～2022	170
10	支教教师保障项目	2020～2022	838.77
11	转移劳动力就业保障项目	2020～2022	50
12	交往交流交融项目	2020～2022	976
13	农牧产品供销体系提升项目	2021	210
14	融媒体中心广电平台	2021～2022	799.27
15	特色产业扶持项目	2021～2022	100
16	文化旅游业态提升工程	2021～2022	420
17	困难学生补助项目	2021～2022	140
18	规划编制项目	2021～2022	400
19	县初级中学新建项目	2021～2023	3037
20	航线补贴项目	2021～2023	800
21	实验小学、实验幼儿园	2021～2024	710

说明：1.表中所列项目为单次投入或累计投入援助资金50万元以上项目。

2.表中第19、20、21项为跨年度项目。

第三节　江阴市对口支援霍城县

江阴市
对口支援
霍城回眸

霍城县地处伊犁河谷西北部，是中国的西大门，也是通往中西亚等国的咽喉。2019年，霍城县面积3300平方千米，人口27.3万人。

根据新一轮对口援疆工作部署，2010年12月，江阴市成立对口援疆工作领导小组，并设立前方工作组。2017年3月，江阴市对口援疆工作领导小组更名为对口支援工作领导小组。2010年12月至2019年12月，江阴市先后派出4批123名干部人才，共实施项目174个，累计投入援助资金13.83亿元。

江阴市结合霍城县实际，编制各阶段对口支援专项规划，坚持民生优先、基层优先，援建项目涵盖城乡居民住房、基础设施、教育、就业及劳动力培训等领域，为霍城县跨越式发展奠定基础。建成霍城县江苏中学、幼儿园、安全饮水、江苏医院内科和儿科病房楼等项目，各族群众生活水平、满意度、幸福感有了明显提高。援建和改造霍城县服装服饰产业园区，多渠道引进农夫山泉、中超电缆等企业入驻霍城，促进富余劳动力就近就业。扶持旅游产品开发、特色民宿修建等，实施惠远古城提升恢复改造工程，打造央布拉克民俗旅游村为“中国乡村旅游模范村”，吸收贫困人口参与旅游经营和服务。结合霍城实际实施人才培养工程，通过对口培训、柔性引才、交往交流等方式，将无锡、江阴人才“请进来”，本土人才“带起来”。开展与省内企业新的劳务合作，有计划、有组织地实施劳务输出。江阴与霍城建立“多对一”的对口支援，实现友好合作乡镇、部门全覆盖。通过旅游文化推介会等活动，促进两地广泛交往、全面交流、深度交融。

一、民生援建

江阴市集中力量办好一批涉及教育、医疗卫生、社会保障的民生项目，解决好关系百姓切身利益的重大民生问题。

2011～2013年，投入援助资金9217.17万元，实施8651户安居富民房和944户定居兴牧房建设项目。完成兰干乡梁三宫村整体搬迁安置房建设。实施团结北路、幸福路、体育馆北路等改扩建工程，改善群众出行条件。完成党组织和村级服务中心建设，对公园进行绿化。实施切德克苏饮水安全工程、江苏职业技术学校、江苏中学体育馆和教学楼、江苏医院内科和儿科病房楼工程、县敬老院及老年活动中心等项目，提升教育、医疗、养老等领域公共基础设施水平。建设5个社区、6个村活动中心。推进县城2.37平方千米新城区建设。投入援助资金2040.29万元，实施5条道路改扩建工程，提升城市形象，增强群众幸福感。北岸干渠开工建设，麻杆沟水库下闸蓄水等骨干工程完成建设。完成高效节水、安全饮水等工程建设。生态保护全面加强，实施禁牧4万公顷，草畜平衡26.53万公顷。

2014～2016年，继续实施安居富民和定居兴牧工程，受益农户9000余户，其中贫困户982户。建设村级服务中心10个，提升为民服务能力。突出抓好教育、医疗领域重大项目建设。新建霍城县初级中学教学楼及附属设施、第一中学教学楼综合楼及配套设施、瞻德中学行政楼和艺体楼、江阴幼儿园及2所村级幼儿园。在霍城县中小企业创业园内建成江苏职业技术学校实训基地。建成县中医医院、江苏医院萨镇分院、县妇幼保健院综合业务楼等项目。其中，霍城县中医医院累计投入援助资金

2011年4月16日，江阴市援助霍城县民生和产业项目开工仪式

霍城县兰干乡梁三宫村整体搬迁安居富民工程（2012年摄）

霍城县芦草沟镇牧业村牧民定居房（2015年摄）

5720万元，极大改善霍城医疗卫生水平。投入援助资金3800万元，建设江苏大道西延伸段和无锡路段，极大改善道路交通状况。实现霍城县广播电视全覆盖，改善群众业余文化生活。建成清水河镇城西一村等4个村安全饮水项目，改善居民饮水条件，受益人口1.1万人。

2017～2019年，持续推进安居富民和定居兴牧工程，重点做好低保户、分散供养特困人员、贫困残疾人家庭和建档立卡贫困户住房保障工作，共完成安居富民房5708户、定居兴牧房353户。实施惠远镇金梁子社区安全饮水工程，帮助解决困扰村民20余年的饮水难问题。支持受援地基层基础服务设施建设，先后在清水河镇瞻德社区、城北社区、西卡子村、农科站村新建4个村级服务中心和配套设施，完善惠远镇老城、湟渠、金梁子、河巷、央布拉克5个村（社区）服务中心附属配套，在全县人口相对集中的13个自然村兴建村民小组活动室。投入援助资金1195.29万元，援建乡村幼儿园。推进教育、医疗领域设施建设，江苏医院综合楼，江苏中学科技厅、实验楼、餐厅扩

霍城县江阴幼儿园（2016年摄）

霍城县江阴小学（2019年摄）

霍城县江苏中学（2012年摄）

霍城县江苏中学教学楼（2012年摄）

霍城县江苏职业技术学校行政楼（2012年摄）

霍城县江苏职业技术学校实训基地（2012年摄）

霍城县江苏医院综合楼（2012年摄）

霍城县中医医院（2015年摄）

霍城县第一人民医院(江苏医院)综合楼(2019年摄)

霍城县水定镇新荣社区服务中心(2012年摄)

建工程及江阴小学新建项目均竣工验收。其中,江苏医院累计投入援助资金13284.69万元,时为援霍历史上单体建筑面积最大的民生工程,也是单体投资额最大的民生工程,使霍城县医疗硬件水平达到自治州同级医院领先水平。投入援助资金3722万元,改造提升江阴小学校园环境,校园硬件设备达到全县一流,对缓解县城区域适龄儿童入学难及大班教学的压力、促进县城区域义务教育均衡健康发展、提升教学质量具有重要作用。江苏医院综合楼、江苏中学和江阴小学3个项目均获伊犁州"天马杯"优质工程奖。

二、产业援建

江阴市通过帮助霍城县构建现代产业体系,加大园区建设,着力推进产业援疆。

2011～2013年,组织编制项目规划,修编清水河江苏工业园南区、北区详细规划,加快园区建设力度。投资建设清水河江苏工业园道路、供排水、污水处理等基础设施，园区承载能力明显提升，新增入园企业21家。实施千头奶牛养殖小区和万头育肥羊基地建设项目，极大促进当地畜牧业发展，项目区农牧民收入水平显著增加。投入援助资金2568.3万元，建成霍城县科技综合服务中心，为霍城县科技新成果及新技术、新产品应用示范和产业开发主要场所。实施农业科技示范园项目，建设示范园综合服务中心，将技术成果向周边地区推广和辐射。紧扣“抓产业、强经济、谋发展”工作思路，举办招商引资推介会，参加中国西部国际投资贸易洽谈会、中国—亚欧博览会等，签订项目71个，到位资金21.8亿元，太阳能光伏发电、仓储物流、出口服装加工、旅游开发等一批项目落地。举办霍城经贸洽谈会，签约项目20个，协议资金63.7亿元。

2014～2016年，按照“建设三大载体、引育三大产业、深化三大服务，全力构建‘立体式产业援疆’新模式”工作思路，联合霍城经济开发区、招商、经信等部门，通过产业援疆，增加少数民族人员就业，实现富民增收，促进社会稳定。投入援助资金

2011年4月27日，霍城县在江阴市举办招商推介会

霍城县服装服饰产业园（中小企业创业园）（2017年摄）

霍城县就业工场（2014年摄）

霍城县农夫山泉果业有限公司（2016年摄）

霍城县惠远镇央布拉克村游人如织（2019年摄）

1558.04万元，建设霍城县服装服饰产业园，引进服装、手套、地毯等劳动密集型企业，带动当地少数民族妇女就业增收。该园先后被自治区命名为“民生工业示范基地”和“小企业创业基地”。投入援助资金1330万元，在全县11个乡镇建成“就业工场”41个，引进民族服饰、清真食品等技能要求低、用工需求大的小微企业，直接吸纳1200余人就业。在农业科技示范园内建设林果蔬菜育苗科技示范指导培训基地。无锡振发太阳能二期和中超电缆、农夫山泉等项目竣工投产，在当地财税增收、提供就业岗位等方面发挥很大作用。开发建设惠远古城央布拉克民俗旅游区，探索民俗与观光相结合的旅游富民新路子，发展乡村旅游。3年间，旅游综合收入6800万元，实现750余人就近就地就业，农牧民人均年收入11174元。2015年，央布拉克村被国家旅游局评为“中国乡村旅游模范村”。

2017～2019年，江阴市把促进受援地经济发展、扩大劳动力就业作为重要工作全方位推进。投入援助资金4400万元，援建产业项目9个，落实招商引资项目45个，带动3000余人就业。坚持把江阴产业优势与霍城资源优势相结合，以招商促就业。以霍尔果斯经济开发区清水河配套产业园区、服装服饰产业园等园区建设为重点，发展劳动密集型企业。投入援助资金1000万元，实施江苏工业园（南区）污水处理厂提标改造工程。在少数民族聚居村（社区）新建、改建就业工场，解决就近就地就业问题。设立100万元产业援霍专项资金，为14家企业单位争取江苏省产业援助资金近500万元。瞄准亮点抓第三产业，帮助发展芦草沟镇薰衣草旅游产业。编制完成惠远古城保护利用提升总体规划、修复性详细规划，先后实施惠远古城环境整治、重修林则徐家风馆、修缮俄式建筑、修缮钟鼓楼等系列工程，提高霍城旅游业知名度。霍城县在自治区率先启动全域智慧旅游，利用“互联网+服务”，实现游客从观光到体验的转变。

【链接】“立体式”产业援疆为霍城发展添动力

从投资数亿元带动伊犁河谷农副产品深加工的大项目，到中小服装企业提供千余个就业岗位，再到社区建就业工场解决妇女家门口就业；从以前只知道下地干活的农民，到现在参与旅游经营收入不断增加，再到整村华丽转身为“中国乡村旅游模范村”。

三年来，第八批江苏省江阴市对口支援霍城县前方工作组通过实施“立体式产业援疆”模式，不断为霍城县经济社会发展增添动力。

大企业助力农业产业化

11月8日上午，伊犁河谷迎来了入冬以来的第一场小雨，虽然落户在霍尔果斯经济开发区清水河配套产业园区内的伊犁农夫山泉果业有限公司厂区大门还未建好，但公司新投入使用的两条果蔬榨汁生产线，已在不到一个月的时间，完成1200吨NFC果汁（非浓缩还原汁）的生产任务。

“目前公司已完成投资2.7亿元。”伊犁农夫山泉果业有限公司生产制造部部长唐红兵说，两条果蔬榨汁生产线每小时可处理果蔬40吨，一天的处理量就达到近千吨。

看着新厂房、新设备，今年50岁的司炉工热西提·铁木阿吉心里暖暖的。“我每个月有3000多元的工资，公司为我交‘五险一金’，这里有宿舍、食堂，还有午餐补助，我在这里工作很开心。”热西提说，他希望能一直在这个企业干下去。

唐红兵介绍说，生产期公司用工人数可达170～200人左右，都是本地人，其中少数民族员工占到了30%以上。明年再上鲜果榨汁生产线，还能提供100～150个就业岗位。

现在公司在北疆片区的种植基地面积已发展到2.5万亩，涉及种植户约400户。农夫山泉果业有限公司通过推行“公司+基地+农户”企农利益联结农业产业化模式，计划用三年时间，在伊犁河谷建设5万亩黄元帅苹果基地，形成果蔬深加工、保鲜储藏、销售为一体的多元化经营格局，预计年销售收入2亿元以上，上缴税金上千万元，带动农民增收2亿元以上，间接解决千人以上就业问题。

在援疆干部的牵线搭桥下，由江苏中超投资集团有限公司投资2亿元建设的新疆中超新能源电力科技有限公司即将竣工投产，这个以生产各种新能源电缆为主的企业建成后，年产值接近8亿元，可提供200人的就业岗位。

新疆师范大学毕业的哈萨克族小伙阿布来·努尔波松去年底应聘到公司工作，今年3月，他和其他18名员工被派到江苏等地培训，现在，他已能熟练掌握新设备的操作方法了。

“这个月底正式投产，目前已有本地员工40余名。”新疆中超新能源电力科技有限公司行政总监兼综合部经理刘正军说，投产前，公司又在陆续招收一批工人，其中还要招20名30～45岁的女工。

“我们生产出来的产品也主要满足西北地区，今后还要出口到中亚国家。”刘正军说，这几年，中超的电缆产品每年在新疆的销售额一直保持在3亿多元水平。

三年来，江阴援霍工作组通过招商引资，共意向引进产业援疆项目20个，其中签约项目12个，协议投资金额25亿元；开工落地项目6个，已完成投资12亿元。

这些大企业不仅利用当地的资源优势和区位优势，积极参与当地的农副产品精深加工、新材料新能源产业的发展，还为当地财税增收、提供就业岗位等方面发挥了很大的作用。

在家门口就业

在霍城县服装服饰产业园内的伊犁娅娜服饰有限公司生产车间里，40岁的依丽米古丽·艾买提现在已经能够熟练地掌握各种服饰的缝制方法了。

今年初，依丽米古丽免费参加完3个月的服装培训，考试合格后，正式成为娅娜服饰公司的一名员工。她家距离服装厂只有两公里的路程，她每天上班骑电动车只用十五分钟时间，下班后，她能及时赶回家给上一年级的儿子做饭。现在，她除了每个月有1000元的保底工资外，还可以按计件拿提成。

依丽米古丽说，她现在有了这份工作很开心，在家门口上班很方便，还可以照顾家里，自己能挣钱了，也减轻了家里的负担。

依丽米古丽说，明年她的技术会更好，工资也会拿的更高，她要一直在这里干下去。

“公司现在有180多名员工，95%以上是少数民族，大部分都是周边乡镇的家庭妇女。”娅娜服饰有限公司负责人刘明海说，公司去年10月入驻霍城县服装服饰产业园以来，总投资达到了3000万元。

娅娜服饰有限公司是被引进的江苏纺织企业，该公司是一家集设计、生产、销售为一体的专业外贸型进出口企业，公司产品深受中亚国家客户认可。目前公司达到年加工女裙、时装30万件（套）的生产能力。

霍城县服装服饰产业园于三年前启动建设，占地面积500亩，目前已完成中小企业创业园16栋标准化厂房、2.2万平方米的基础设施建设。

三年来，江阴援霍工作组积极配合地方政府围绕纺织服装产业园开展招商引资，主要引进服装、手套、地毯等劳动密集型企业24家，其中来自江浙纺织服装企业10家，总投资3.2亿元。

同时，产业园利用援疆培训资金提供3个月的免费培训，已培训员工800人，实现500人就业，其中95%是少数民族。这个产业园先后被自治区经信委命名为“民生工业示范基地”和“小企业创业基地”。

援霍工作组还在全县建设41个“就业工

场”，建设总面积1.5万平方米，覆盖全县11个乡镇。通过引进民族服饰、清真食品等技能要求低、用工需求大的小微企业，直接吸纳就业1200余人，人均月收入过千元。

重点村转身乡村旅游模范村

虽然现在已进入旅游淡季，但在惠远镇央布拉克村，旅游家访点“打馕人家”的主人阿布都外力·阿布力孜却一直没闲着，他现在每天都在给村民加工馕，因为他打馕手艺好，打的馕香脆，不仅在旅游旺季作为接待游客的食物之一，很多村民都愿意请他加工，这样，每加工一个馕，可以挣到一元的加工费。

阿布都外力说，他家只有三亩地，妻子又是残疾人，还有两个女儿，靠种地根本挣不了几个钱。

2014年，村里开始发展旅游业，阿布都外力家被定为“打馕人家”家访点，从这以后，家里的收入增加了不少。“夏天游客多的时候每个月可以挣4000多元，现在游客少了，我也能挣3000多元。”

央布拉克村坐落于新疆的历史名城惠远古城之中，江阴援霍工作组面对守着旅游资源却依旧贫穷的央布拉克村，在深入调研中很快就发现，这里蕴藏着古朴浓郁的维吾尔族民俗文化。工作组邀请旅游专业人士通过实地调研论证，积极探索民俗与观光相结合的旅游富民新路子，并全力打造央布拉克村民俗旅游品牌。

在霍城县和江阴援霍工作组的大力支持下，当年共投入资金624万元开发建设央布拉克民俗旅游区，确定10户村民为“民俗旅游观光接待户”，配置11辆电瓶观光车和10辆新式“马的”，新建“丝路风情·央布拉克歌舞餐饮广场”、建成民族特色小吃一条街，并与25家旅游公司签订合作协议，一举解决100多人的就业问题。

援疆理念引领下的乡村旅游产生了巨大的裂变效应，三年前，江阴援霍工作组与该村结对以来，先后筹措援疆资金1000余万元，通过发展乡村旅游促进村强民富。

在江阴援霍工作组的倾情付出下，央布拉克村发生了巨大变化。泥泞的巷道平坦了、乡村影院建好了、就业工场开工了、民俗旅游营业了、薰衣草园花开了、就业氛围变浓了……

三年来，央布拉克民俗旅游区接待游客24万人次，旅游综合收入达6800万元，门票收入820万元，实现750余人就近就地就业，村集体总经济收入达69万元，农牧民人均收入达到11174元。去年，央布拉克村被国家旅游局评为“中国乡村旅游模范村”。

三年来，援疆工作组共安排援疆项目44项，投入援疆资金4.5亿多元，其中民生类项目占总援疆资金的87.5%，累计解决就业万余人，其中少数民族占95%以上。

“三年来，我们按照‘建设三大载体、引育三大产业、深化三大服务，全力构建立体式产业援疆’新模式的工作思路，会同霍城县相关部门，努力通过产业援疆，增加少数民族就业，实现富民增收，促进了霍城县的经济社会发展。”霍城县委副书记、江阴市对口支援霍城前方工作组组长崔荣国说，对口援疆，说到底就是把老百姓期盼的事情做好，让群众充分享受到援疆成果，感受到祖国大家庭的温暖。

（原文刊载于2016年11月18日中国日报网，本文有删节）

三、智力援助

江阴市注重各领域干部人才交流合作，为霍城县培养大批干部人才。2011～2019年，江阴市制定人才援疆“百千万工程”和“新百千万工程”，累计培训党政干部、专业技术人才8.1万人次，引进柔性人才289人，涉及教育、医疗、社保、农牧业、城建等领域。

2011～2013年，制定《江阴市对口支援霍城县干部人才培养百千万工程行动纲要》，培训干部人才4.4万余人次。组织1080名干部人才到江阴和中国香港培训；柔性引进专业人才29人（其中硕士研究生13人、本科毕业生16人）；选派24名专业技术人才到霍城开展教育、卫生、农牧业、城建等多领域援助；选派253名霍城县新疆籍普通高校毕业生在无锡和江阴进行培训；举办“霍城大讲坛”，邀请江苏专家106人到霍城授课，培训1.5万余人次。

2014～2016年，采取“组团式”柔性引才、“滴灌式”对口培训、“本土化”技能培训、“梯次化”人才甄别等方式，为霍城县培养干部人才。制定《霍城县“123人才”实施意见》，每3年选拔表彰10名领军人才、20名拔尖人才、30名青年人才，并利用援疆

2011年4月26日，在江阴市委党校举行对口支援霍城县干部人才培养『百千万』工程启动仪式

2016年4月11日，霍城县召开干部人才培训援疆项目启动仪式暨『123人才』命名表彰会议

2017年4月28日，江阴市第九批对口支援霍城县智力援疆『百千万行动计划』启动仪式

2016年7月15日，江阴市援疆医生在霍城县惠远镇央布拉克村义诊

资金给予1万～3万元津贴奖励。打造干部人才援疆“新百千万工程”（每年投入700万元援助资金，用于干部人才培养，实施“百名党政管理干部能力提升、千名专业技术人才知识更新、万名基层干部素质提升”行动计划）。投入援助资金1800万元，实施干部人才培训项目120个，对口挂职100余人，柔性引才150人；培训专业技术人员1000人次，就业技能培训1000人次；组织到无锡和江阴进行对口培训项目50个，培训1200人；培训基层党员干部1万余人次。建立霍城江阴干部人才教育培训基地，启动万众创业工程。建立“请进来”带教的培养机制，在教育、卫生、旅游等重点领域实施“候鸟人才计划”。实施创新帮带提升工程，在霍城县江苏中学成立“无锡·江阴班”，2016年一本上线率100%。

2017～2019年，江阴市致力于霍城人才本地化建设，支持打造受援地高素质人才队伍。继续实施“新百千万工程”，3年累计实施人才培训项目100余个，培训干部人才2.4万人次。从无锡、江阴等地柔性引进短期援疆人才110人，帮助开展“霍城英才”刚性引才计划，引进人才35人。深化教育医疗“组团式”援疆，两批次20名教师医生实现轮换，新增20名支教教师投入工作，引进短期援疆专家100余人。霍城县江苏中学“无锡·江阴班”连续3年高考一本上线率100%；援疆医生成功开展江苏医院首例防旋股骨近端髓内钉手术、首例晚期乙状结肠腺癌手术等，填补当地医疗技术空白。开展援疆教师医生“1+X”结对帮带活动，常年送教送医下乡，定期开展医疗专家免费下乡义诊活动，先后为17个边远地区2000余名农牧民送医送药。

【链接】霍城有我的岗位在那里

——访第八批援疆专家、霍城县江苏医院副院长黄文龙

2014年春天，黄文龙带着他的医疗队来到霍城县江苏医院，作为江阴市人民医院营养科主任兼内分泌科副主任的他，进疆后任霍城县江苏医院副院长。

初到霍城，黄文龙就带领医疗队对霍城县整个医疗单位进行了一次总体的调研，制定了援疆医疗一年半的计划。他坚持每天查房，有疑难问题同科室人员一起研究解决，并带教了3个徒弟，开展一些学科前沿性的讨论，规范他们常见疾病的诊治思路。黄文龙不断了解一些民族特点、民族文化，很快就与当地干部群众打成一片，一起学习群众路线，一起走访患者家庭，一起开展学术讲座，一起制定工作规划，很快给自己贴上了“霍城人”的标签。

了解到医院病理科因为缺乏资金，连本像样的病理图谱都没有。黄文龙自筹资金，为病理科购买了3200元的各种病理图谱，还制定江阴和霍城医院科室之间的小援疆、小合作、小结对等机制，派出病理科医师去江阴市人民医院病理科进修3个月，使霍城县江苏医院病理科的水平有了突飞猛进的进步。在霍城卫生系统打造名院建设中，萨尔布拉克镇社区卫生院医资力量单薄，黄文龙主动提出，每周去一次萨尔布拉克镇社区卫生院进行查房带教工作。在镇医院，他又收了一名徒弟。一年过去了，黄文龙带出的徒弟临床诊治、思维能力有了明显的提高。

“医疗队必须做到资源共享，争取让有限的资源发挥最大的作用，最大程度地服务于整个霍城县老百姓，所以不管你在哪家单位，其他医疗单位需要你，你都必须尽快赶到那家医院。”这是上级对霍城援疆医疗队的要求，也是黄文龙工作的准则。一年半以来，他参加各类义诊26次，惠及普通百姓约三四千人次。

黄文龙经常与江阴市人民医院沟通、磋商，结合霍城县江苏医院和霍城其他医院的需要，建立了短期医疗专家来霍城交流机制。他多次组织短期援疆医疗专家来霍城县江苏医院进行学术讲座、手术、查房，开展新技术、新项目的操作示范。他们娴熟的手术技巧、操作手法、查房风格使许多科室员工开了眼界，为许多技术在医院普遍开展埋下了良好的种子，补充了不足，使得当地患者可以在霍城县江苏医院得到很好的治疗。目前，无锡江阴多家医院向霍城派出专家短期援疆的工作还在继续，争取早日使许多技术完整地在当地得到应用，让霍城的广大患者得到更多、更便利、更先进的治疗。

“人生价值体现在为社会作贡献上，无论大小、多少都是我们生命的意义。无须言累，如果能够尽心尽力地去担当，我不但不累，反而自得其乐。”黄文龙说，“每个人都不能忘记自己应当承担的社会责任，在这一年里，我有援疆的责任，既然来援疆了，就要尽最大努力把光和热奉献给我的第二故乡，浇灌这里的一花一草，使它们开得更加鲜艳。”

（原文刊载于2015年7月21日《伊犁日报》，本文有删节）

【链接】带好徒弟留下真情——访第八批援疆专家、霍城县江苏中学副校长史建青

“再过几天，我的师傅就要回去了，真舍不得他走。”霍城县江苏中学校长陈华说，师傅教会他很多，从师傅身上他学到了怎么做一名优秀的中学校长。

“校长师傅”出自“青蓝工程”，即江苏援疆教师与当地青年教师结对的拜师带徒活动。2014年2月，新一轮教育援疆小组来到霍城县江苏中学，第八批援疆专家、霍城县江苏中学副校长史建青收了陈华为徒。史建青援疆前是江苏省江阴实验中学的副校长，也是教育援疆团队的领军人物。

2014年2月，史建青来到霍城县江苏中学后，撰写了5000多字的《霍城县江苏中学教育发展报告》，对学校师资、生源、班子、经费和设施等方面进行分析，科学提出解决学校教育教学方面问题的办法，作为援疆一年半的整体规划。

“他把成熟的江阴教学理念带来，在师生中潜移默化，给霍城教育事业留下了一笔丰厚的精神财富。”陈华说，史建青师傅建立了“教学质量评价机制”“校本课程开发”“江苏中学名师、名组、名校工程”“干部轮岗制度”等一系列提高学校教育教学质量的长效机制，一心扑在更新办学理念、规范学校管理、加强教师培训、提高教育教学质量上。

在史建青的带动下，学校规范考试服务教学，向课堂要质量、向教研要质量、向团队合作要质量，引入了“以学定教，以教导学”的课程理念，使国家课程校本化；以江苏中学星级学科组建设和集体备课为教师合作平台，改变教师单打独斗的方式，加强交流合作取长补短，并推出“教师职业规划”和“教师成长档案”，以提升教师素质促进学校发展。同时，他还充分利用江阴教育资源，与伊宁市八中、新源县中学、察布查尔锡伯自治县中学组建联盟学校联考制度，得到州教育局的支持。在2014年联盟学校首次活动中，州直10余所重点中学教师相互听课评课，获益匪浅。他还选派骨干教师到江阴南菁中学、江阴高中、青阳中学、华士高中考察学习，使得教师大开眼界。

史建青不仅做好江苏中学的工作，还十分关心支持全州教育事业。联盟活动从最初的三门学科扩大到所有学科、全员参与，从“同课异构”到五校统一考试；每周一次到全县11所学校进行教学交流，把教学理念、成功经验、管理办法带到其他学校，让可借鉴、可复制的江阴学校管理模式在霍城县各学校生根开花。

江苏中学的“无锡·江阴班”已付诸实施，史建青负责了“无锡·江阴班”的组建，从制定办学章程，出台教育教学指导性意见和考核评价方案，到落实各项措施，他对“无锡·江阴班”倾注了心血，旨在把“江阴班”打造成江苏中学的一个“学校管理、课程改革、教育教学质量提高”的标牌工程。“我回去了，可援疆成果一定会保留下来，造福霍城人民。”史建青说。

（2015年7月7日《伊犁日报》）

2012年4月15日，江阴市第七批援疆干部人才参加『江苏援疆友谊林』植树活动

2016年3月19日，江阴市第八批援疆干部人才与霍城县惠远镇央布拉克村群众欢度纳吾肉孜节

江阴市第九批援疆干部人才合影（2019年摄）

四、脱贫攻坚

江阴市帮助霍城建立创业促就业工作机制，全力支持霍城县脱贫攻坚。

2011～2013年，江阴市帮助霍城县开发就业岗位3000余个，实现稳定脱贫4100余人。先后有200余名新疆普通高校毕业生到江阴相关岗位进行实习。两地重点部门、乡镇结对帮扶全覆盖，帮助所联系的贫困户提前脱贫。投入援助资金470万元，建设霍城县人力资源市场就业服务平台及信息网络系统建设项目，先后有400余家企业进场招聘，提供就业岗位近1万个，近4500人达成就业意向。

2014～2016年，江阴市投入援助资金1.36亿元，实施就业类项目14个，在少数民族聚居村（社区）建设“就业工场”41个，扩建服装服饰产业园，实现就地就近就业3200余人。开发就业岗位1.3万余个，实现再就业1.2万余人，转移就业23.55万人次，完成劳务创收15.64亿元。江阴各级各界42批426人次到霍城县考察交流，捐助款物

霍城县水定镇团结社区就业工场（2016年摄）

2016年9月27日，江阴市第八批援疆干部人才为霍城县惠远镇央布拉克村结亲户发放扶贫羊后合影

2019年4月26日，江阴市爱心企业为霍城县特殊教育学校捐赠教学设备

折合金额1235万元。开展扶贫活动，先后协调江阴长江村、宜兴梅家渎村等4个江苏富裕村与霍城央布拉克村等4个贫困村结对扶贫。

2017～2019年，江阴市援疆工作突出精准扶贫、精准脱贫，多措并举扩大就业，解决劳动就业3000余人。全面实施"援疆扶贫行动"，推进镇村结对帮扶，江阴市各镇（街道）与霍城县11个乡镇（场、中心）全部结对帮扶。霍城县6个自治区级贫困村在江阴相关镇（村）结对帮扶下，全部脱贫摘帽。持续深化"万人帮万户，共同奔小康"活动，引导社会力量投入扶贫工作。江阴市捐赠专项帮扶资金300万元，惠及每个乡镇。先后有澄江街道等42个部门单位和企业、30余批次爱心人士到霍城开展结对帮扶、爱心助困等活动。据不完全统计，江阴后方单位和爱心人士共为霍城各族群众捐赠"小援疆"资金1000余万元。2011～2019年，江阴市红十字会陆续向霍城县红十字会援助资金15.7万元、衣物折价38.2万元，江阴市慈善总会向霍城县援助资金90万元。2018年，霍城县整体实现脱贫摘帽。

【链接】援疆为脱贫攻坚注入新动力

救治先天性心脏病儿童、为村民铺设自来水管道、引进能带动就业和市场前景好的优势产业……今年以来，江苏省江阴市对口支援霍城县工作组不断创新工作方法，把精准扶贫与深度扶贫有效结合起来，采取"花样"繁多的扶贫方式，帮助霍城县贫困家庭脱贫致富。

先心病儿童开心地笑了

8月11日，初秋的霍城依旧烈日炎炎，在水定镇团结路西八巷附一巷10号的小院内，不时传出阵阵欢笑声，46岁的艾孜买提·阿洪拜看着快4岁的儿子木合买提·艾孜买提欢快地在葡萄架下跑来跑去，心里有种说不出的幸福感。

推开院子大门，简短的问候后，穿着白大褂的霍城县妇幼保健院儿科主任努尔买买提·艾海提戴上听诊器，开始给小木合买提做检查。

“手术后恢复得不错，现在肺部有点炎症，吃点止咳药就没事了。”努尔买买提叮嘱艾孜买提说。

艾孜买提一家5口人，有3个儿子，木合买提是最小的一个，他刚出生10天就检查出有先天性心脏病。

20多年前，艾孜买提从一家企业下岗后，开始学做生意，最初开过商店，后来就东奔西跑做点小生意，一家5口人就靠他养家糊口。

这些年，家人也带着木合买提去大医院看过，但要做这种手术必须交3万元押金，这让本不富裕的艾孜买提一家犯难了。

“木合买提经常发烧、气喘，处于缺氧状态，平时吃饭也不好。”一家人一直为没钱给木合买提治病发愁。

“6月，江阴援霍工作组联系由江阴江南模塑集团出资的无锡明心心脏病救助基金组织，来霍城开展心脏病筛查及救助活动，霍城县有18名符合条件的先心病儿童获全额资助。”霍城县红十字会常务副会长韩涛介绍说。

7月12日，韩涛全程陪同首批10名患儿和家长前往无锡明慈心血管病医院接受治疗。

在随后的几天里，共有9名符合手术条件的先心病儿童相继接受手术治疗并康复出院，回到伊犁。

“患者及家人来回飞机票报销，手术费医保报销后剩余部分由无锡明心心脏病救助基金报销，每个患儿家庭几乎不用掏一分钱。”韩涛说，正常情况下，做这样的手术要花费七八万元。

无锡明慈心血管病医院是国内有名的先心病专科医院，这里不仅设备一流，还有一批国内外知名的先心病专家。

“木合买提回来后，我们一家人都非常高兴。”艾孜买提说，手术后的木合买提给家里带来了更多快乐。

艾孜买提说，媳妇也在家门口开了一个缝纫店，现在国家政策越来越好，相信今后的日子会越过越好，他们要让3个儿子好好学习，长大后做个对社会有用的人。

虽然家住兵团四师六十二团九连，但16岁的热不开提·艾拉提非常幸运，他成为霍城县首批去无锡治疗的10名先心病儿童中年龄最大的一个。

开朗、爱笑的热不开提10岁时经常流鼻血，检查后发现患有先天性心脏病，因为家庭困难，家里拿不出做手术的3万元押金。

平日里，热不开提干点活就会出现乏力、眼眶发青等症状。

“以前他晚上睡觉，我总是担惊受怕，害怕他突然发病，人就没了。”热不开提的母亲阿孜古丽·艾山江说，陪着他去无锡做完手术后，现在每晚都能安心地睡觉了。

“热不开提打完麻药，临上手术台前还是一脸微笑。”韩涛说，“住院治疗期间，热不开提主动与我结为亲戚，他经常在微信中，用汉语喊我‘妈妈’。”

“我们回来后，亲朋好友和左邻右舍都来看我们，我就把这次治疗的详细情况讲给他们听。”阿孜古丽说，她经常说着说着就激动得说不出话来。

“是政府、是援疆干部给了他又一次生命。”阿孜古丽说，他们全家都很感激。

这次无锡明心心脏病救助基金组织在州直筛查人数达到5382人，共有616名先心病儿童符合手术条件，他们将分批分期前往无锡明慈心血管病医院接受免费治疗。

让村民喝上自来水

看着自来水管沟挖到家门口，施工人员正在

忙着铺设管道，阿力木·霍加的心情和其他村民一样，希望自来水早一天通到家里。

阿力木是清水河镇可克达拉村的村民，因为家里没通自来水，一直喝着在自家院里打的井水。

“井水碱大，外面的客人来了都喝不惯。”阿力木说，最麻烦的是冬天，井里的水泵被冻住后，不是要用火烤，就是要用开水浇。

可克达拉村是一个离清水河镇较远的牧业村，由于这里土壤碱性大，再加上交通不便，基础设施建设滞后，目前还有320户农牧民喝不上自来水，只能喝井水。

“62公里的主管道已开始铺设，项目总投资98.98万元。”清水河镇副镇长李天文告诉记者，建设资金全部来自援疆项目，9月中旬可通自来水，自来水管网接到每户家里，村民一分钱也不用掏。

为了解决这个村农牧民的吃水难问题，今年，霍城县委副书记、江阴援霍工作组组长陈文斌带领援疆干部3次来村里调研，除把自来水入户工程列入援疆项目外，还从工作组日常工作经费中挤出11万元，为村里11户贫困牧民盖起了新房。

今年6月，经江阴援霍工作组牵线搭桥，江苏省苏利股份精细化工有限公司为霍城县红十字会捐赠60万元，用于该县健康饮水入户扶贫项目。目前，可克达拉村有50户农牧民受惠于此项目。

江阴援霍工作组全体干部还积极参与“民族团结一家亲”活动，他们先后三次走访慰问14户维吾尔族“亲戚”，有些干部还自费送牛羊等生产资料，帮助结对亲戚脱贫致富。

今年上半年，在江阴援霍工作组的牵线搭桥下，江阴市旅游局、统战部、澄江街道、顾山镇、规划局等单位先后来霍城县开展结对帮扶走访慰问活动，捐赠帮扶资金100余万元。

让更多人就近就地就业

在霍城县服装服饰产业园伊犁英腾针织品有限公司生产车间里，38岁的维吾尔族妇女木尼兰·艾力正在包装组忙着干活，她来这个厂工作已有一年半时间了，每月工资都可以拿到1500元以上，最高时可以拿到1900元。

木尼兰家有5口人，丈夫没有工作，平时做点小生意，家庭并不富裕，家里有两人享受低保，来工厂之前，她没有工作，在家看孩子。

“我喜欢这个工作，一直要干下去。”木尼兰说，她家住在水定镇团结社区，离工厂很近，骑电动摩托车10分钟就到了，每天上下班后，还能回家给上学的孩子做饭，丈夫很支持她出来工作。

“有了这份工作和收入，家里的生活也有了不少改善。”木尼兰说，她每月的工资除了购买生活日用品外，还能给孩子们买衣服和学习用具。

“她从来不请假、也不迟到，每月还可以拿到200元的全勤奖。”水定镇派驻企业跟班干部帕提曼·艾沙说，木尼兰现在还是包装组的组长，水定镇有150名维吾尔族家庭妇女在工厂里上班，她们工作的积极性都很高。

47岁的阿提古丽·多克江在包装组工作一年了，她家住在水定镇韩家庄子村，虽然离工厂有10公里路，但每天上下班都有专车接送。

阿提古丽的丈夫早已去世了，她一个人带着两个孩子，除了种家里的3亩地外，平时靠在外打零工挣点钱过日子，有了这份工作后，她家的生活也稳定了。

“我很喜欢这份工作。”阿提古丽除每月工资能拿到1500元外，也从不迟到和请假，月月还能拿到200元的全勤奖。

“我一定要让孩子们上好学，将来能有一份

好的工作，为社会做些什么。”阿提古丽说，她相信靠自己的双手，日子会越过越好的。

英腾针织品有限公司是由援疆干部牵头引进的一家江苏企业，主要生产和销售中高档男女品牌毛衣，年生产各类毛衣300万件，产品全部出口欧洲。

“公司采取‘总部+卫星工厂’的模式，可以提供700余个就业岗位，目前已有300多人就业，基本上是周边乡镇的维吾尔族家庭妇女，她们平均每月工资拿到1400元，最高可拿到2800元。”霍城县服装服饰产业园区外联工作负责人孜拉燕·玉苏甫江介绍说。

“两年来，江阴援霍工作组投入援疆资金2250万元，在园区建起了1.5万平方米、5幢标准化厂房，引进5家企业入驻，吸纳当地富余劳动力400多人就业。”园区主任王全斌介绍说，产业扶贫是解决就业的一条重要渠道。

近年来，霍城县累计在服装服饰产业园投入1.7亿元，完成了10万平方米标准化厂房建设，现已入驻企业31家，其中服装服饰类企业22家，初步形成针织、袜业、服装、床上用品等配套加工产业链，辐射带动周边就业工厂6家，解决就业人数1500余人，其中95%以上是少数民族妇女。

位于218国道东侧和县城环城北路南侧的交会处，占地141亩的霍城县兰干乡食品产业园已见雏形，一期投资6000万元、新建10栋标准化厂房主体已完工。

“现在正在建设的是二期的一栋综合业务楼，由援疆资金投入建设。”兰干乡项目办主任杨盛平指着一片繁忙的工地说，二期投入2547万元援疆资金，将建设4栋标准化厂房、1栋综合业务楼，总建筑面积1.5万余平方米，同时配套建设其他附属设施。

“园区主要以加工肉食品、饮品、休闲食品和副食品为主，主要利用当地优质农副产品资源，通过深加工，带动县域经济发展，并采用‘公司+基地+农户’的生产模式，为当地农副产品找出路、想办法、提档次、促延伸。”杨盛平说，园区一期建成后可增加就业1500余人，实现产值5亿元，带动周边农牧产业向纵深发展、提档升级。

“目前已有30多家企业找上门洽谈入驻园区事宜，我们将选择没有污染的、有一定投资规模的、市场前景好的企业。”杨盛平说，二期完工后，将使就业人数达到2000人左右。整个园区投入使用后，将带动区域特色产业的形成，从而带动更多农牧民向产业工人转移，带动区域城镇化的发展。

今年上半年，江阴援霍工作组集中签约10个项目，总投资4.6亿元，已落地注册项目8个，投产后将解决就业1700多人。

“精准扶贫行动迅速、产业扶贫扎实有效、项目扶贫初见成效、结对扶贫形式多样、‘民族团结一家亲’持续接力。”陈文斌用这几句话概括了江阴援霍工作组今年在扶贫攻坚方面所做的工作。

“下半年，我们将按照新一轮援霍工作新思路，重点在项目援疆、扶贫援疆、产业援疆、教育援疆、干部人才援疆、卫生援疆、旅游援疆、交流交往等八个方面持续发力，构筑‘八位一体’的立体式援疆新模式，使援疆工作再上新台阶、走在最前列。”陈文斌如是说。

（2017年8月16日《伊犁日报》）

五、交往交流交融

江阴市突出援受两地融合式交往交流，不断增进民族团结。2011～2019年，江阴、霍城两地党政机关、企事业单位、社会团体开展双向交流考察活动150余批1.2万余人次。

2011～2013年，江阴市协助霍城县举办薰衣草国际旅游节、经贸洽谈会、产业和旅游推介会，扩大霍城影响力和知名度。2014～2016年，江阴市全面启动江阴—霍城“民族团结交流交往计划”，开展“老党员老干部江阴行”“少数民族妇女江阴行”“少年儿童江阴行”等交往交流活动。举办两届自治区“江阴缘疆杯”中小学生国际象棋锦标赛和“新疆之最”千人国际象棋挑战赛，牵线霍城与江阴市特色学校结对。2016年，霍城县被中国国际象棋协会授予“全国国际象棋之乡”称号。2017～2019年，继续支持举办薰衣草国际旅游节、江阴徐霞客旅游节等活动，组织旅游专题推介会5次。落实江苏援伊指挥部要求，开展“十万江苏人游伊犁”活动；在江阴、霍城两地开展招商活动；支持无锡歌舞剧院和伊犁州歌舞剧院开展文化合作，创作编排全国哈萨克族历史上首部原创舞剧《天山魂》。江阴艺术家、书画家到霍城献艺采风，霍城歌舞表演在无锡街头快闪，江阴、霍城两地歌舞团联袂在江阴开展惠民演出，加深两地交流交融。

2016年7月13日，江阴—霍城少年儿童『手拉手』民族团结夏令营开营

2018年7月8日，江阴—霍城红领巾民族团结夏令营开营

江阴市援助霍城县部分项目情况表

单位：万元

序号	项目名称	援助时间	援助资金
1	江苏职业技术学校	2010～2016	4841.26
2	兰干乡梁三宫村整体搬迁安置房	2011	1800
3	城乡基础设施	2011	4000
4	科技综合服务中心	2011	2568.3
5	千头奶牛养殖小区和万头育肥羊基地	2011～2012	1980.85
6	切德克苏饮水安全工程	2011～2013	2500
7	县敬老院及老年活动中心	2011～2013	988.6
8	清水河江苏工业园（北区）基础设施	2011～2013	4179.6
9	妇幼保健院综合业务楼	2011～2014	800
10	农业科技示范园	2011～2015	1816
11	县中医医院	2011～2016	5720
12	定居兴牧工程	2011～2019	1921.93
13	安居富民工程	2011～2019	25390.89
14	江苏中学	2011～2019	4893.36
15	江苏医院	2011～2019	13284.69
16	村（社区）公共服务设施	2011～2019	4507.84
17	党政干部、专业技术人才及职业技能等培训项目	2011～2019	3128.93
18	体育馆北路、政和路、水定路改扩建工程	2012	997.61
19	团结北路、幸福路改扩建工程	2012～2013	1042.69
20	县初级中学教学楼及附属设施	2012～2014	2000
21	援疆干部和专业技术人才周转房	2012～2020	6919.26
22	第一中学教学楼、综合楼及配套工程	2014	740
23	江苏医院萨镇分院（萨尔布拉克镇卫生院）	2014～2015	800
24	人力资源市场就业服务平台及信息网络系统	2014～2015	470
25	人才工程项目	2014～2015	1470
26	就业工场项目	2014～2016	1330
27	惠远古城提升恢复改造工程	2014～2016	4000
28	农村饮水安全入户工程	2014～2017	599
29	清水河江苏工业园（南区）基础设施	2014～2019	3987.77
30	江阴幼儿园	2015～2016	2000
31	瞻德中学行政楼、艺体楼	2015～2016	2709.59

续表

序号	项目名称	援助时间	援助资金
32	央布拉克民俗村	2015～2019	1200
33	产业招商推介项目	2015～2019	939.42
34	区外高校就读贫困生补贴项目	2015～2019	1672.06
35	县远程教育站点	2016	330.23
36	广播电视覆盖系统扩大工程	2016	300
37	大西沟乡生态农业旅游采摘园	2016	200
38	服装服饰产业园（中小企业创业园）	2016	1558.04
39	大西沟中华福寿山景区区间车	2016	260
40	消防车辆及消防设备	2016	150
41	交往交流交融项目	2016～2019	262.13
42	清水河镇环境综合整治工程	2017	154.7
43	兰干乡梁三宫村灌溉工程	2017	199.84
44	“万人帮万户，共同奔小康”活动	2017	300
45	霍尔果斯经济开发区清水河配套园区标准化厂房和基础设施	2017～2018	1221.52
46	江阴小学	2017～2019	3722
47	乡村幼儿园	2017～2019	1195.29
48	食品产业园及配套工程	2017～2019	1752.17
49	惠远镇金梁子社区安全饮水工程	2018	162.65
50	旅游产业发展	2018	148.1
51	惠远镇则徐中心学校运动场等	2018～2019	359.93
52	惠远镇便民服务中心附属工程及设施设备	2018～2019	210.27
53	支教教师保障项目	2018～2019	544.08
54	中小学学术报告厅设备	2019	256.05
55	薰衣草国际旅游节系列旅游推广推介项目	2019	300
56	脱贫攻坚巩固提升项目	2019	237
57	产业引导资金	2019	100

说明：表中所列项目为单次投入或累计投入援助资金50万元以上项目。

【链接】幸福的笑容挂在人们脸上——江苏援疆干部竭力打造“幸福霍城”

10月13日傍晚，夕阳西下，踏着金色的余晖，陈永涛与阿力木结伴而行，从县城南面的家中出来向北而行，大约行走了5公里，来到北区新建成的县人民公园，坐在了一张长椅上。大到霍城县这几年发生的变化，小到家里的柴米油盐，他们无话不谈，开心的笑声在公园里荡漾，感染着周围的游客。不远处，在花丛中散步和在广场上打球健身的居民随处可见。

阿力木和陈永涛是同事，两家相处得十分融洽。县人民公园建成以来，每天晚饭后，两人都会相约散步而来。

“路宽了，街道也干净了，我们居住的环境越来越好。”阿力木指着身后宽阔的街道和拔地而起的高楼大厦告诉记者，现在霍城漂亮了，老百姓的生活也发生了很大变化，这都是江苏援疆干部办的实事。

“尤其是今年的变化最大，应该感激援疆干部的无私奉献。”陈永涛与阿力木有着同样的感受。中央新疆工作座谈会召开和新一轮对口援疆工作启动以来，霍城县第七批江苏援疆干部紧紧围绕建设“幸福霍城”的总目标，以资金援疆、项目援疆、产业援疆、人才援疆为抓手，全面推进民生、经济、教育、科技、文化等各行业和各领域的援疆工作，开创了建设“幸福霍城”的新局面。

小城变漂亮了，一座座高楼拔地而起，一排排路灯亮起来了，街道更宽阔整洁了，居民出行更方便了。看着身边一天天发生着变化，每一位霍城人都更加喜爱自己所居住的这个小县城，“环境变得越来越美，作为霍城人感到自豪”。

在朝阳路两旁，鲜花和各种景观为县城增添了迷人的色彩。“我们把红、黄、绿色的灌木进行搭配，再用草花进行点缀，提升县城绿化的品位。”霍城县园林绿化管理站负责人说。

为给各族群众出行提供方便，该县先后完成了新荣路、中心街、柳树巷子街、朝阳路等路段的人行道改造，并在主街道人行道安装果皮箱、休闲长椅，还摆放了大理石花盆；县政府还投入100万元新建、改建公厕5座，免费对外开放，解决县城居民如厕难问题。

为打造标准化宜居小区，该县投入大量资金用于小区基础设施建设，除供排水、电力、道路、绿化、亮化外，还兴建单独的供热系统，保证今后5年新建住宅的供热需求。

县城最大的变化要数新建的北区。原来7平方公里的老城区，现在向北拓展了2.3平方公里，达到近10平方公里的面积。今年，该县通过新城建设，把环城路全部打通，新城区主干道路全部修通，道路骨架基本完善。通过景观、绿地、公园建设，一方面改变城市景观，一方面也为老百姓提供了锻炼、休闲的场所。

居住条件更舒适了，朝北社区居民阿木提·达吾提因家庭贫困一直在外租房住。这个月，他在全县首批廉租房分配抽签仪式上抽到了一套廉租房。他高兴地说：“政府为我解决了住房问题，我要想方设法早日脱贫。”

今年，该县首批建成190套廉租房，主要为50平方米左右的户型，房屋租金每平方米0.93元，年租金500余元，主要解决低收入、低保户家庭住房困难问题。

村民冯国胜怎么也没想到，在农村生活了大半辈子的他，不仅住上了小别墅，家里还用上了比沼气还清洁方便的天然气。

冯国胜是水定镇柳树巷子村拆迁户，在拆迁前住的是土坯房，做饭和冬天取暖都是烧煤炭。老房子拆迁后，他拿到了一笔可观的拆迁费。他交了16.3万元的房款，其中政府补助4万元，他与老伴搬进了面积为100平方米的小别墅。

红色的房顶、紫色的墙面，乡间别墅、农家小院错落有致，小路整齐划一伸向远方，小路两旁除了绿化带，还安装了太阳能路灯，这就是村民眼里的幸福新村。

63岁的回族村民马义和一家连房子带五亩三分地被征迁，拿到了近60万元拆迁款，他与老伴选择了一套三室两厅、厨卫齐全带院的平房，100平方米的房屋温馨舒适。“这里环境好，房子也宽敞，住在这里，人的心情都不一样。”马义和如是说。

“以前我们在城市拆迁过程中只拆不建，今年是先建后拆，根据不同群体的需求，建设80平方米到140平方米面积不等的房子。同时，完善了供水、排污、天然气、垃圾处理等配套设施。虽然是农村，但实行城市社区化管理。”水定镇有关负责人介绍说，幸福新村模式是霍城县折迁安置工作的一个新尝试。“医疗室、活动室、警务室、综合服务办公室全在这里，我们为村民提供一站式服务。”该负责人指着大门旁的综合楼告诉记者。

近年来，该县把改善民生作为重要战略工程来实施，集中财力办实事、千方百计改善民生，让各族群众实实在在地感受到改革开放带来的实惠、援疆工作带来的实惠和党的富民政策带来的实惠。新房，新景，新希望。就像马义和所说：“党的政策真好，正如我们大门上写的‘幸福新村’，我们的生活很幸福！”

随着该县职业技术学校配套设施和江苏中学教学楼的建成、民汉初级中学的启动建设、霍城县江苏医院内儿科楼和手术室的建成以及中医院无菌治疗室的投入使用，一大批直接关系各族群众生产生活的援疆民生工程陆续建成，提升了百姓幸福指数。

近3年来，该县实施了5大类55个援疆项目，总投资12.24亿元，其中投入援疆资金4.25亿元，涉及水利、交通、教育、卫生等民生工程，解决了农牧民饮水难、百姓出行难、孩子上学难、群众看病难等一批百姓最关切、最期盼和最现实的问题。

产业援疆为经济发展提供强大动力。每年大批民生工程的实施，都需要很大的资金投入，除了援疆资金外，一个经济发展还相对落后的小县城，财政的投入十分有限。

如何解决这一难题？随着近年来一批批重点项目的开工建设和竣工投产，有效拉动了霍城县工业经济快速增长，使经济发展后劲持续增强。

今年，该县专门制定了招商引资的时间表、路线图和任务书，采取小分队招商、驻点招商、节会招商等方式，有针对性、有重点地带着项目赴北京、乌鲁木齐、四川、江苏江阴等地开展招商。上半年，分别在乌鲁木齐、江阴、霍城举办了3场招商推介会，累计签约项目63个，协议资金116.66亿元。截至目前，实现到位资金20.84亿元，同比增长24.9%。

一批批项目洽谈、签约、开工建设，该县迎来了招商引资和项目建设的最好时期。新落户该县的徐工海虹（集团）研发中心项目由新疆徐工海虹（集团）工程机械有限公司投资建设，总投资1.5亿元，建设内容为产品展示中心、总部经济园、办公楼及专家楼。项目建成后，将填补新疆在系列直臂式起重机装配研发上的空白，意味着伊犁将有第一家重型机械6S店及集整机销售、配件、维修、保险、定损、租赁、培训和生产制造于一体的经济实体，为企业进军中亚奠定坚实的基础。

新疆徐工海虹（集团）工程机械有限公司董事长郭文彬向参会的企业家说：“公司之所以选择在霍城投资，就是因为这里交通便利、有较好的投资环境、优惠政策突出、服务到位，特别是各部门及时转变服务观念，为企业提供‘保姆式’服务，营造宽松的环境和发展空间。”郭文彬认为，霍城县农副产品、畜产品、矿产、木材、特色林果、药材等资源丰富，可就地取材、就地加工、就地升值；电力资源充沛，电价远远低于发达地区；工业用地价格便宜，劳动力资源丰富，用工价格低，在这里投资可享受较低的商务成本。在他眼里，霍城处处都有商机。

去年，徐工海虹（集团）从霍尔果斯口岸出口额近3亿元。近两年，企业在海外市场的拓展，为在霍城布局奠定了基础。目前，集团在霍城的项目已经启动。

今年上半年，该县56个投资千万元以上重点产业项目中，续建项目26个，目前已竣工投产11个；新开工项目30个，其中17个项目实现当年洽谈、当年签约、当年开工建设并当年竣工投产。

近年来，该县上下始终牢牢抓住项目不放松，尤其是在抓大项目、大企业、大产业上下功夫、花力气，重点和重大项目都取得了实质性突破。

目前，该县共有总投资1000万元以上重点产业项目56个，其中超百亿元项目1个、超10亿元项目3个、超亿元项目15个。这些项目的建设和投产，不断为全县经济发展注入能量。

（2013年10月25日《伊犁日报》）

【链接】十年情洒援疆路　百年古城芬芳香——江阴市对口支援霍城县十年侧记

十年来，127名江阴人远离故土，跨越万里西行，蓄势接力奋进，以满腔的热情，全新的理念，创新的举措，投身到第二故乡——霍城。

一项项人才智力培育工程，一个个暖心民生工程，一片片就业产业园区项目，如雨后春笋般在霍城大地开花结果。

一批批援霍干部播撒真情，干在实处、走在前列，与霍城各族群众乘风破浪，开启了霍城又好又快发展的崭新篇章。

引才聚智培育“带不走”的人才队伍

人才是决定因素。十年来，一批批援疆干部人才奋战在全县的党建、经济、旅游、医疗、教育等各个岗位，带领霍城迈上发展快车道。

2016年，“无锡·江阴班”正式开班，公开示范课、专题讲座走进课堂，“传作风”“帮思想”“带业务”的教育教学理念和先进办学经验源源不断地植入霍城。万里援疆的教师成为当地人眼中的能人，本地教师执教能力得到大家广泛认同。

“新百千万工程”“候鸟人才计划”“澄远英才361计划”、澄远品牌课堂等一批结合霍城实际的人才培养工程，将无锡、江阴人才“请进来”，本土人才“带起来”，“滴灌式”对口培训、“组团式”柔性引才、“融合式”交往交流等有力措施持续发力。“无锡·江阴班”连续四年高考一本上线率100%；冠状动脉内溶栓术、介入无植入术（DCB）等医疗卫生领域41项医学新技术填补了霍城医疗空白，8000余名本地教师、医生等专业技术人才能力水平得到不断提升。

产业援疆打造“家门口”的就业平台

“布料材质不一样，所以落针点也不一样……”在霍城县服装服饰产业园内的手套加工厂内，阿娃姑·卡德尔一边娴熟地操作缝纫机，一边为新来的工人讲解缝纫要点。

霍城县服装服饰产业园2014年建成后，解决了像阿娃姑·卡德尔一样的10000余名群众就业问题，2015年被自治区经信委命名为“民生工业示范基地”“创业基地”。十年来，江阴援疆工作组坚持产业带动就业，投入9235万元资金，投建和改造产业园区，多渠道引进农夫山泉、中超电缆等40余家企业入驻霍城。

挖掘霍城文化和自然生态优势，援疆工作组安排5400万元重点扶持旅游产品开发、特色民宿修建等，助力建成4A级旅游景区4个、3A级景区2个，霍城知名度逐年上升。借助各种贸易投资洽谈会、对接会平台，宣传推介霍城特色农副产品，并在江阴建成援疆特色农产品专卖店及特色馕饼专卖店，让“霍城味道”进入江阴市场。十年来，霍城国民生产总值由50.23亿元增长到90.32亿元，增长率79.8%，人民群众的生活质量和生活水平得到快速提高。

改善民生绘就“上升式”的幸福曲线

38个民生保障类项目，15亿元援疆资金的投入，是无锡江阴工作组以百姓期盼为追求、坚持民生优先的重要体现。

“孩子有地方上学还不够，还要保障孩子们有好的就学环境。”援疆工作组聚焦教育领域重大项目建设，前后投入资金新建、改扩建幼儿园项目8个，中小学项目5所，配置优质教学硬件设施，全面提升全县教育条件。

着眼精准扶贫和医疗卫生、饮水安全、住房安全等民生领域，先后建成霍城县江苏医院综合楼、幸福新村、安全饮水等项目。投资4350余万元开展庭院整治项目、民俗街区旅游脱贫项目等，各族群众生活水平有了明显提高，满意度、幸福感油然而生。

交流交融结下“千金重”的深情厚谊

疫情来袭时，工作组与霍城群众并肩作战，给霍城发送防护服、额温枪、救护车、消毒机器人等408万元防疫物资。

工作组积极牵线江阴与霍城广泛建立“多对一”的对口支援，无锡、江阴82个乡镇、单位与霍城79个乡镇、单位和6个贫困村达成结对帮扶协议，实现了友好合作乡镇、部门全覆盖。十年来，无锡江阴各级各界来霍考察交流共164批1593人次，捐助款物达4435万元。

依托霍城得天独厚的历史特点，邀请国内专家倾心布展惠远古城陈列馆、林则徐家风馆，倾力打造央布拉克民俗旅游村为“中国乡村旅游模范村”。并借助中华福寿山、薰衣草庄园、图开沙漠等景区，举办旅游文化推介会、江阴艺术家来霍献艺采风、霍城歌舞快闪无锡街头等活动，促进澄霍两地文化交流。

十年来，援疆干部与282名霍城百姓结成民族团结亲戚、结对帮扶对子，互学语言、互学民俗，同劳动、同娱乐，在欢声笑语中交流交往，赢得了群众“援疆干部亚克西”的最高赞誉。

情洒天山路，饮水思援疆。担负着国家战略，援疆使命，一批批援疆干部在霍城挥洒汗水，奉献智慧，锻造信仰，这条具有江阴特色的霍城发展之路，正在散发出璀璨耀眼的光辉、迸发着催人奋进的力量。

（2020年12月11日“伊犁组工”微信公众号）

附：

第十批援疆工作综述

江阴市第十批援疆工作纪实

第十批江阴市共选派32名干部人才对口支援霍城县，其中党政干部8人、教师2批10人（含留任2人）、医生2批10人、其他专业技术人才6人。选派2批46名“援藏援疆万名教师支教计划”教师到霍城县等地支教。柔性引才148人。3年投入援助资金4.8亿元，其中计划外“小援疆”资金1800余万元，共实施项目72个，其中保障和改善民生类23个、产业援助促进就业类8个、智力援助类17个、文化教育类18个、交往交流交融类6个。

因工作成绩突出，江阴市援疆工作组被省委、省政府表彰为“江苏省脱贫攻坚暨对口帮扶支援合作先进集体”，颜忠元被中共中央、国务院表彰为“全国脱贫攻坚先进个人”，徐卓文被省委、省政府表彰为“江苏省脱贫攻坚暨对口帮扶支援合作先进个人”，顾文浩被自治区评为“抗击新冠疫情先进个人”。

始终把保障和改善民生作为根本出发点和落脚点，科学制定援疆“十四五”规划，确保80%以上的援疆资金投到基层、投向民生工程。3年共实施基建项目32个，累计投入援助资金3.62亿元，项目建设进度和项目核销率始终保持在江苏援伊各工作组前列。投入援助资金3600余万元，用于庭院整治项目、贫困村村居环境整治和农牧民住房改建“两居工程”。建设12个村（社区）文化广场，不断完善乡村文体设施。实施霍城县

江阴市第十批援疆干部人才合影（2021年摄）

教育人才实训基地、澄远乡村文化服务中心等重大民生项目。打造一批具有江阴印记的民生工程，援霍历史上最大单体项目、总投资1.4亿元的霍城县江苏医院综合病房大楼获评自治区“天山杯”优质工程奖；援疆重点民生项目朝南社区基层阵地提升改造、县第一中学（江阴初级中学）整体改造、乡村文体活动广场、央布拉克村村史馆、农村饮用水水源地环境保护工程等在自治区、伊犁州等上级调研考察中获得好评；援建的清水河镇消防特勤站成为自治区首个乡镇级消防中队。

持续优化招商工作机制，举办江阴—霍城产业合作暨开发区结对共建活动，设立霍城县驻江阴、西安、南京、上海招商联络处，先后举办各类招商推介活动20余次。江苏大东新材料科技公司装配式建筑产业园、中超电缆二期、蓝澈生物降解膜生产等总投资15亿元的10个产业援疆项目开工建设，其中江苏众网科技公司数字产业园一期竣工投运，把江阴援疆产业园着力打造成为有效解决就业、充分凝聚人心的示范窗口。聚焦助推当地产业发展，每年安排300万元产业引导专项资金，助力重点项目建设，支持企业

2021年6月24日，霍城县第一人民医院（霍城县江苏医院）综合病房大楼投入使用

霍城县第一中学（江阴初级中学）（2022年摄）

霍城县清水河镇消防特勤站（2021年摄）

霍城县护边员实训基地（2020年摄）

做大做强，培育壮大特色产业发展。投入援助资金400余万元，扶持薰衣草种植等霍城县特色产业发展；投入援助资金700万元，设立“澄远·火种计划”，帮助全县9个薄弱村壮大村级集体经济。开办“大美新疆·霍城好礼”江阴援疆特色产品专卖店，积极参加农博农展会，帮助推销特色农产品共计2800余万元，帮助当地优质农牧产品走向江苏等东部沿海省市。

组织实施“澄远英才361计划”，开展红色引擎工程、就业促进工程、组团援疆工程、育才引智工程、创业创新工程、交流交融工程六大人才培训培养工程，共实施干部人才培训项目87个，培训1万余人次。开办“澄远大讲堂”，成立澄远英才工作站，引进高层次紧缺人才53人、柔性人才148人。“组团式”援疆工作提质增效。教育方面，援疆教师组成的江苏中学“无锡·江阴班”，连续两年高考本科率100%。医疗方面，建立远程会诊中心，成立消化肿瘤科、心内科等4个专科联盟，开展示范性手术450余例，帮

2020年5月19日，江阴—霍城产业合作暨开发区结对共建仪式

江苏江阴援疆产业园（2021年摄）

霍城县中超电缆二期工程（2022年摄）

2020年8月18日，江阴援疆特色农产品专卖店（新疆霍城特色馕饼专卖店）在江阴开业

助霍城县填补医疗技术空白18项、推广先进技术23项；开展结直肠癌筛查、儿童先天性心脏病诊疗等农牧民健康守护三项行动。霍城县江苏医院成为伊犁州唯一自治区级"组团式"医疗援疆县级试点医院。实施特色组团援疆计划，开展"二胡进校园"教学培训，"天华民乐团"60名二胡小学员达到乐团式演奏水平；组建规划设计服务团，22名专业技术人才累计完成城市更新、节点绿化、特色小镇等专项规划15项。

把助力霍城脱贫攻坚和乡村振兴作为对口援疆的重要任务。投入资金3600余万元，用于庭院整治、贫困村村居环境整治和农牧民"两居工程"。安排援疆资金400余万元，扶持薰衣草种植等霍城县特色产业发展；安排援疆资金700万元，设立"澄远·火种计划"，帮助全县9个薄弱村壮大村级集体经济。捐资改造农村户厕100所。组织开展"民族团结一家亲"活动，结对帮扶芦草沟镇西宁庄村（江阴村），栽种象征民族团结的"援疆友谊林"，8名援疆干部结亲8户央布拉克村维吾尔族家庭。

坚持将交往交流交融作为促进援疆工作顺利开展的重要内容和法宝。3年间，两地

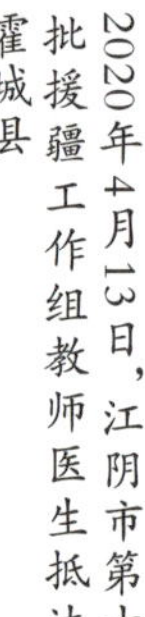
2020年4月13日，江阴市第十批援疆工作组教师医生抵达霍城县

2020年7月8日，霍城县召开2020年首批柔性引进人才欢迎座谈会

2021年5月25日，霍城县干部人才赴江阴培训集中开班暨『澄远英才工作站』成立仪式

2021年12月10日，霍城县江苏中学援疆专家师徒结对仪式

2020年6月24日端午节，江阴市援疆干部与结亲户互换礼品

2021年12月7日，江南大学铸牢中华民族共同体意识霍城研究基地及江南大学—霍城校地科技合作平台签约仪式

2021年6月24日，无锡市领导在霍城县调研时与当地群众亲切交谈

2020年9月26日，江阴市援疆工作组举办的『澄远大讲堂』开讲

党政代表团互访7次、部门对口交流20余次。深化两地机关单位、乡镇、重点村、企业结对共建，3年共捐赠受援地款物折合1500余万元。持续深化校地合作，对接江南大学，成立江南大学铸牢中华民族共同体意识霍城研究基地。开展“中华传统文化进校园”活动，发挥援疆干部和支教教师特长优势，举办传统文化公益讲座100余场次、线上讲座200余场次。组织两地50所学校、2.7万名各族学生开展“万里鸿雁传真情”手拉手书信交友活动。每年投入援助资金100万元，扶持澄远艺术团完成公益性演出170场次，线上参与观众10万人次，线下参与观众1.95万人次，切实打通公共文化服务“最后一公里”。继2021年歌舞剧《汉家公主》在无锡首演获得成功后，再投入300万元创作舞台剧《伊犁将军》，于2022年8月开演。“民族团结一家亲”主题微电影《拉紧我的手》《伊犁河畔》《霍城故事》完成拍摄。

江阴市援助霍城县部分项目情况表

单位：万元

序号	项目名称	援助时间	援助资金
1	边境基础设施	2020	1000
2	惠远镇湟渠村扬水站	2020	60
3	定居兴牧工程	2020	64
4	助力脱贫攻坚工程项目	2020	1415
5	卫生防疫项目	2020	300
6	特色产业发展扶持引导资金	2020	1000
7	产业招商推介项目	2020	200
8	万名教师支教计划保障项目	2020	1265

续表

序号	项目名称	援助时间	援助资金
9	区外高校就读贫困生补贴项目	2020	765
10	安居富民工程	2020～2021	2489
11	乡镇小城镇基础设施建设（柳树巷子村）	2020～2021	750
12	援疆专业技术人才周转房	2020～2021	2400
13	县第一中学（江阴初级中学）	2020～2021	6960
14	乡镇中心学校运动操场提升工程	2020～2021	450
15	特殊学校建设项目	2020～2021	1000
16	江苏医院综合楼后续配套完善工程	2020～2021	2000
17	融媒体中心	2020～2021	856
18	基层公共服务设施	2020～2021	1163
19	党政干部、专业技术人才及职业技能等培训项目	2020～2022	1780
20	县“十四五”规划编制及各专项规划编制项目	2020～2022	945
21	交往交流交融项目	2020～2022	710
22	城市基础服务设施设备	2021～2022	300
23	县城乡中小学综合改造提升工程	2021～2022	500
24	教育人才实训基地	2021～2022	6836
25	澄远乡村文化服务中心	2021～2022	5100
26	村民文体活动广场	2021～2022	400
27	产业援疆专项资金	2021～2022	1000
28	航线补贴项目	2021～2022	700
29	乡村旅游推进提升项目	2021～2022	600
30	文化下乡专项补助资金	2021～2022	230
31	农村饮用水水源地环境保护工程	2022	300
32	县示范高级中学建设项目	2022	690
33	城乡医疗资源综合提升工程	2022	100
34	乡村基础设施完善建设项目	2022	500

说明：表中所列项目为单次投入或累计投入援助资金50万元以上项目。

【链接】村子美了　村民富了　霍城旅游援疆助力精准脱贫

2020年是脱贫攻坚的收官之年，江阴市对口支援霍城县前方工作组按照国家精准扶贫、精准脱贫战略部署，紧密结合受援地实际，把发展旅游业作为霍城县助力脱贫攻坚的着力点，帮助打造一批精准扶贫示范点、旅游精品景区、特色旅游村镇，让贫困群众参与旅游开发，拓宽农牧民增收渠道，实现持续稳定脱贫致富。

在霍城县惠远镇演武广场，在10个特色旅游产品的流动售货亭前，不时有游客在购买商品。据了解，2016年，江阴援霍工作组出资13万元建成江阴援疆（惠远镇）精准扶贫示范点，为当地的10户建档立卡贫困户无偿提供就业摊点，旨在通过产业带动就业促贫困户脱贫。

惠远镇央布拉克村村民地里夏提·吐尔逊肢体残疾，家里人多地少，一家人日子过得紧巴巴，2014年被识别为建档立卡贫困户。地里夏提身残志坚，夏天摆摊卖蔬菜水果、花盆等，冬天在家制作糖葫芦销售。“党的政策好，我有残疾人补贴、低保金，但不能躺在家等救济，我要让孩子们知道人只要勤劳，就会有好生活。”地里夏提说。

惠远镇旅游资源丰富，工作组将该镇打造为特色旅游村镇的同时，设立精准扶贫示范点，让建档立卡贫困户参与到旅游行业中来，共享旅游发展带来的红利。从2016年起，地里夏提在这里有了一个固定的销售摊点，出售薰衣草化妆品、护肤品、香包、精油等旅游特色产品。“一天可以赚100～200元，旅游旺季的时候最多也能赚到500元。”地里夏提说。接触的人多了，地里夏提的思想也发生了巨大的改变，他把家里的3亩土地流转出去，一家人全部投身到旅游行业中。

为了帮助地里夏提更好的发展，村委会为他提供了2万元的启动资金，他还申请了4万元小额贷款。“近年来，在工作组的帮扶下，在所有干部的努力下，一批像地里夏提这样的贫困户脱了贫，改变了家庭经济状况。地里夏提还是村里扶贫扶志的典型，把他扶起来，还能带动周边的人就近就业，实现增收。”惠远镇副主任科员哈丽霞·卡比西说。

今年，江阴援霍工作组安排援疆扶贫专项资金1055.45万元对6095户建档立卡贫困户和9个贫困村开展精准帮扶（其中采用以奖代补的形式每户补助1100元；分别以项目补助资金30万元、50万元的方式给予9个村补助385万元），巩固脱贫成效。

柳树巷子村临近县城，借助地缘优势，为了让游客能在柳树巷子村了解水定古城的历史文化、吃到新疆美食，体验特色文化，今年，工作组安排专项资金750万元，援助水定镇着力打造一条主巷道长1.2公里的柳树巷子民俗街区，目前正在对村里11条巷道进行道路硬化、停车场改造等工作。

水定镇党委副书记、镇长刘厚杨介绍，全镇共有174户建档立卡贫困户，通过打造柳树巷子民俗街区，可以吸纳建档立卡贫困户参与到旅游发展中来，实现贫困群众持续增收、稳定脱贫。该镇在主巷道设立了22个摊位，对全镇有就业意愿的建档立卡贫困户免费提供创业就业岗位，还将安排当地村民从事保安、餐饮、保洁等各种工作，让他们在乡村旅游经营中参与服务，获得收益。

在柳树巷子民俗街区主巷道上的静文香美食农家乐里，建档立卡贫困户马建友正张罗着家人打扫庭院，厨房里已经“叮叮当当”地热闹起来了。马建友家里有2亩地，妻子患有糖尿病，2014被识别为建档立卡贫困户。2016年，马建友盖起了棚圈发展养殖业。2019年，马建友在村委会的帮助下，在柳树巷子民俗街区开起了农家乐，一次可接待120名游客。从4月中旬到现在，生意一天比一天好，每天销售额有两三千元，一家5口忙得不亦乐乎。

江阴市对口支援霍城县前方工作组产业（扶贫）办主任胡荣华告诉记者，霍城县援疆工作组采用产业扶贫的方式来打造柳树巷子旅游、民宿、美食街区，扶贫办专门拨付了750万元用于柳树巷子民俗街区的历史保护建设，丰富民俗街区的旅游内容，致力于把柳树巷子建设成独具特色和丰富内涵的民俗旅游项目。工作组将通过各项工作措施，拓宽贫困户增收致富渠道，和霍城县各族干部群众一起全面打赢脱贫攻坚战。

（2020年5月12日《伊犁日报》）

【链接】"组团式"医疗援疆为群众健康保驾护航

新疆霍城县江苏医院作为医疗"组团式"援疆试点医院，坚持以组织引领、项目推进、人才培育、凝聚人心等方面为落脚点，投入2000余万元完善霍城县江苏医院医疗环境，不断提高医疗水平，使"组团式"医疗援疆工作扎实推进、成效显著。

在工作推进中，援疆医疗团队充分发挥"组团式"援疆的裂变式作用，坚持"能力提升为主、硬件建设为辅"的原则，完善"传帮带"人才培养机制，在注重"输血"的同时，更注重"造血"，让结对徒弟参与其中，让传帮带工作"活"起来。

超选择性食管动脉栓塞手术是一台高难度、高风险手术，江苏医院肾病透析周围介入科主任张同胜在援疆医生郭新春手把手指导下，成功完成了手术。

张同胜说："郭医生来了以后带着我们介入科的医生从常见病、多发病的发病机制、治疗机制、管理机制、管理理念等各个方面进行学习，让我们科室不管是在理论水平还是操作水平都有了很大的提高。"

在发挥好传帮带作用的同时，江阴医疗援疆工作队还大力实施健康行动，通过"结直肠癌早期筛查行动"、农牧民义诊活动、儿童先天性心脏病诊疗行动、农牧民光明行动四项行动，让霍城县各族群众全面享受到医疗援疆带来的健康福利。

无锡（江阴）援疆工作组援疆医疗领队霍城县江苏医院副院长蒋文龙说："我们几位援疆医生从澄霍医疗专科联盟、名医援疆工作站以及多学科远程会诊系统入手，切实提高了医生的诊疗水平。今后工作中，我们会积极引导霍城群众树立正确健康观，推动更多的援疆项目落地，提高群众的健康水平。"

2021年6月，霍城县江苏医院挂牌成为江阴人民医院诊疗分中心，全面落实"院包院"，以"项目化"的方式推动提升受援医院的医疗服务能力，通过"专科联盟""名医援疆工作站""远程会诊"等项目的实施，全面提升霍城县江苏医院的整体诊疗能力与水平。三年来，"组团式"医疗援疆帮助填补霍城县医疗技术空白26项、推广先进技术31项，获州级科研课题立项1项，开展示范性手术750余台。

霍城县江苏医院党委书记、副院长王晓梅说："结合群众的就医需求和医院的发展规划，我们医院共引进高技能援疆专家4名，以专科联盟为主线，在卫生系统选派了12名优秀的医护人员，到江阴开展了为期半年的培训学习，为四大援疆科室储备了专业人才，积极开展远程医疗协作，通过互联网+医疗的信息化手段，'线下引才+线上讨论'助力精准治疗，有力地带动了我们医院诊疗模式的改革和发展。"

（2022年9月29日人民网）

奎屯大峡谷（李永江／摄）

第四节　徐州市对口支援奎屯市

州市第七援疆工作纪实

奎屯市地处天山北麓中段、准噶尔盆地西南部，距伊宁市456千米。1975年建市，因奎屯河而得名。2019年，全市面积1171.2平方千米，辖区有国家级经济开发区——奎屯—独山子经济技术开发区和兵地融合共建区域——天北新区，行政区人口15.41万人。奎屯市是天山北坡经济带上的新型工商业城市，国家新型工业化示范基地，商务部确定的商贸物流中心城市、全国电子商务示范基地和国家二类口岸，自治区特色农产品出口示范基地。

州市第九援疆工作纪实

根据新一轮对口援疆工作部署，2010年7月，徐州市成立对口支援新疆工作领导小组，并设立前方指挥部（后改为前方工作组）。2019年12月，徐州市对口支援新疆工作领导小组、徐州市东西部扶贫协作工作领导小组合并成立徐州市对口帮扶支援合作工作领导协调小组。2010年12月至2019年12月，徐州市先后选派4批122名援疆干部人才，共实施项目154个，累计投入援助资金10.28亿元。

2010年8月，徐州市和奎屯市联合编制《徐州市对口支援伊犁州奎屯市发展项目规划（2011～2020）》和各阶段对口援疆专项规划，确定近期和远期援建目标。建成奎屯市第二高级中学（徐州高级中学），市第十小学、第十中学（九年一贯制学校），市人民医院，市妇幼保健院，社区服务中心、北疆首个公共自行车服务运营系统等公用设施项目，助力奎屯城市功能日臻完善，构筑起奎屯现代化城市发展的坚实框架。其中，奎屯市第二高级中学（徐州高级中学）彻底解决奎屯市长期缺乏优质高中教育资源的现实困难。充分挖掘徐州产业、技术和人才优势，聚力打造小微企业创业孵化园、创智大厦等重大发展平台；做大做强奎屯纺织产业，引进徐州天虹、江苏金晟、山东佰郑三大纺织企业。从“顶岗”向“帮带”转变，成立奎屯脊柱创伤中心，填补新疆地区相关专业空白；创建奎屯首家新生儿黄疸治疗中心和儿童哮喘（咳嗽）门诊；建立覆盖北疆地区妇幼健康服务的区域性妇幼健康医疗中心，为奎屯打造一支带不走的高素质专业化干部人才队伍。开展“徐奎一家亲，携手奔小康”交往交流活动，推动两地经济、文化深度融合。

一、民生援建

徐州市坚持以民生为重，资金向民生倾斜，把援疆资金集中投向教育、医疗、公共服务等民生领域。

2011～2013年，投入援助资金3622.19万元，实施开干齐乡安居富民、定居兴牧和棚户区改造工程。建设奎屯市第十小学、第十中学（九年一贯制学校），市青少年活动中心，市妇幼保健院，市传染病医院，市社会服务中心，市社会福利中心和12个社区服务中心等项目。其中，市第十小学、第十中学（九年一贯制学校）投入援助资金9954.15万元，可容纳1800余名学生，缓解市区教育资源不平衡状况，助力奎屯打造教育强市。社区服务中心项目的建成，解决街道社区基础设施差的老大难问题，为辖区居民提供更好服务。

2014～2016年，优先安排市疾控中心，第九小学综合楼、风雨操场，第六小学改扩建，乌鲁木齐西路社区卫生服务中心等民生项目，对改变奎屯城乡面貌和改善群众生产生活条件发挥积极作用。其中，投入援助资金2400万元建设的市疾控中心，是北疆最大的县级疾控中心，提升奎屯市处理突发公共卫生事件能力，满足群众日益增长的卫生保健需求。徐奎两地合作共建的计划外援疆项目——奎屯公共自行车服务系统，成为北疆首个公共自行车服务运营系统。

2017～2019年，投入援助资金2658.68万元，实施幼儿园建设项目，新建奎屯市第十幼儿园、第十一幼儿园、第十二幼儿园、第十三幼儿园，改扩建奎屯市开干齐幼儿园教学楼。建设职业技术学校配套和职业技能教育培训中心，提升技能人才培养条件。投入援助资金1.3亿元，建设奎屯市第二高级中学（徐州高级中学），解决城市北部及

2011年4月16日，徐州市对口援建奎屯市民生和产业项目开工仪式

周边地区家庭子女高中入学需求，为奎屯市教育现代化打下坚实基础。投入援助资金6500万元建设的奎屯市人民医院建设项目竣工，建成火车站社区卫生服务中心，大大方便奎屯市西区居民就医就诊，进一步提升奎屯市整体医疗服务水平。

奎屯市第二高级中学（2019年摄）

奎屯市妇幼保健院新综合楼（2018年摄）

奎屯市东区农贸市场（2014年摄）

奎屯市社会福利中心（2014年摄）

奎屯市康泰园社区服务中心（2017年摄）

奎屯市喀拉尕什社区党群服务中心（2019年摄）

【链接】民生援疆，“徐州模式”成全国典范

近日，中央电视台赴新疆奎屯市，专题采访徐州援疆工作。这已是央视第三次聚焦徐州援疆工作。

此前的5月14～15日，《新疆日报》、新疆电视台等六家主流媒体集中对徐州援疆工作进行采访，并于5月16日在《新疆日报》头版和新疆新闻联播推出重头报道。5月24日，江苏省委研究室专刊推出徐州援疆经验。此外，中央人民广播电台、《人民日报》、《光明日报》等央媒也先后对徐州援疆工作进行了深度报道。各大媒体为何纷纷将报道的焦点聚集徐州援疆工作？借用人民日报社新疆分社社长戴岚的话说那就是：“徐州援疆工作是新时期的典范和火种。”

近日，在奎屯市疾控中心，记者看到，新建的大楼洁净宽敞，各种检查仪器一应俱全。疾控中心主任马春燕介绍，该疾控中心是徐州市援疆重点民生项目，援疆资金投入2400万元，是北疆最大的县级疾控中心。“以前的疾控中心只有1400平方米，现在一下子达到了7750平方米，足够用了。”

奎屯市疾控中心是徐州援建的众多民生重点项目之一。徐州援疆干部告诉记者，徐州援疆工作组始终把民生摆在优先位置，三年共投入援疆资金3.73亿元，优先安排了疾控中心、第六小学、社区医院、农贸市场、畜牧养殖基地等民生项目，以及具有造血孵化功能的徐奎创智大厦和中小微企业园等重大项目。

记者梳理徐州的民生援疆项目，发现除了奎屯市疾控中心创造了“北疆最大”之外，其他很多民生项目也在不同领域创造了各自的“之最”或“第一”。

如今，走在奎屯街头，一道靓丽的风景线特别惹人注目——奎屯公共自行车服务系统。2014年4月29日，两地共同投资1100万元合作共建的计划外援疆项目——奎屯公共自行车服务系统率先竣工交付运营，成为第八批全国援疆第一个交付使用的援疆项目，也是北疆首个公共自行车服务运营系统。

走进奎屯市中心，徐奎创智大厦直入云霄，已成为奎屯地标性建筑。这座由徐州援建的大厦总投资1.5亿元，建筑面积4.7万平方米，总高度104.4米，不仅是江苏省援助伊犁州最大最高的单体建筑，也是江苏援疆唯一和奎屯历史上第一个国家3A级工地。今后，这座大厦将被打造成为集金融中心、总部经济、软件开发、科技创新等为一体的造血孵化平台。

记者了解到，江苏援建的156个工程中有4个获得“扬子杯”，其中徐州项目占2个；另有4个江苏援建项目获得“天山杯”，其中徐州2个。徐州援建项目获奖数量占全省半壁江山。

徐州援疆干部告诉记者，徐州第八批援疆工作组充分借鉴徐州经验，强力推进民生援疆、项目援疆、智力援疆和产业援疆，探索出“干部人才工作订单化、招商引资前沿化、产业合作园区化、交流交融嵌入化”的“四化”模式，充分释放徐州产业、技术、人才等优势和奎屯资源、政策、区位等优势互补叠加效应，为奎屯经济社会发展注入新动能。

“其实产业援疆才是最大的民生。只有招引了产业项目，拉动了当地经济发展，老百姓才可以实现就业、增收、致富。”徐州援疆干部说。

三年来，徐奎两地先后举办产业合作对接会40场次，组织近300家江苏等省市企业赴奎考察，开通了徐州—乌鲁木齐航班和“徐奎欧”货运专列，签署了《丝绸之路经济带“徐奎欧”经贸合作协议》，助推奎屯—独山子开发区成为“五个千亿产值”开发区之一。

今年6月28日，奎屯市独山子经济开发区，

总投资50亿元的新疆天虹基业纺织有限公司一期项目50万纱锭全面建成投产，可实现20万吨差别化纱线产能，年销售收入超50亿元。从奠基到投产，天虹基业仅用了一年多的时间，被当地媒体誉为“徐州速度”。

难以想象，一年多以前，这里还是一片戈壁滩。经过徐州援疆工作组的招引，目前已有9个项目在奎屯落地，总投资186.6亿元，建成后可带动就业2万余人。

“徐州速度”助力奎屯纺织新城崛起，徐州天虹集团、江苏金晟集团、山东佰郑集团纷纷落户奎屯，今年将全部投产。三家纺织企业总规模将达到470万锭/年，总投资156亿元，年产值180亿元，带动当地就业1万余人。奎屯一跃成为自治区第二大纺织服装产业基地和新疆纺织服装产业“七园”之一。

在天虹基业生产车间，20岁的蒙古族换纱工奥棋加葡告诉记者，他才来半年，已经成为一名熟练工，工资也从刚来时的1800元涨到了现在的5500元。记者了解到，在天虹，像奥棋加葡这样的工人已有2730人。

（2016年9月10日《新华日报》）

二、产业援建

徐州市以对口援建为支点，立足黄淮海，面向长三角，实行援疆工作组全员招商，助力奎屯“一带一路”建设、外向型经济发展、现代物流和口岸建设。

2011～2013年，以引进徐州企业为基础，推进两地企业合作，合力打造奎屯—独山子经济技术开发区科技服务中心，签约招商引资项目11个，总投资119亿元，到位资金62.5亿元，新增就业岗位5000个。投入援助资金1009万元，建设奎屯市林果新苗圃繁育基地，完善基础设施，种植苗木26.66公顷，推动奎屯林果产业发展。投入援助资金1000万元，建设奎屯市物资储备中心，进一步完善奎屯市物资储备体系，有效保障受灾群众基本生活。

2014～2016年，随着“徐奎欧”货运列车开通和《丝绸之路经济带“徐奎欧”经贸合作协议》签署，徐州加速融入丝绸之路经济带核心区建设，加快奎屯招商引资步伐。3年共引进产业项目9个，协议投资183.6亿元，完成投资57亿元，带动就业1.5万人。奎屯市成立驻徐州招商局，双方互派干部，形成对口联系、联合招商格局，先后举办产业合作对接会30余场次，组织200余家江苏及其他省市企业考察奎屯市。助推奎屯“一区一园一平台”建设（“一区”为奎屯—独山子经济技术开发区，每年安排援疆资金投入园区基础设施建设，助推开发区成为新疆“五个千亿产值”开发区之一；“一园”为徐奎重点打造的小微企业创业孵化园，努力使园区形成“小企业、大集群，小产品、大行业”发展格局；“一平台”即徐奎创智大厦，致力打造集金融中心、总部经济、软件开发、科技创新等于一体的造血孵化平台）。创智大厦投入援助资金8647.47万元，时为江苏援助伊犁州最大最高单体建筑，成为当地地标性工程。徐州天虹纺织集团落户奎屯—

奎屯市就业创业一条街（2015年摄）

新疆奎屯帝锚旅游热岛乐园（2021年摄）

徐州天虹纺织集团投资建设的新疆天虹基业纺织有限公司车间（2017年摄）

独山子经济技术开发区，从开工到25万平方米厂房建成并投产运营，用时不到半年，被誉为“徐州速度”。投入援助资金2585万元，建设就业创业一条街，开发就业渠道，增加群众收入。开展“万人游伊犁”活动，2016年7月19日，徐州市首批旅游养老团抵达伊犁，开创江苏—伊犁候鸟式旅游养老先河。

2017～2019年，在江苏等省市开展招商推介活动40余次，邀请客商50余批400人次到奎屯考察，确定重点推进项目50余个，签约产业项目27个，协议投资额72亿元，落地项目25个。投入产业援疆引导资金3000余万元，鼓励落户奎屯的徐州天虹、江苏金昇、山东佰郑三大纺织项目技改升级，助推奎屯纺织产业做大做强。亿贝森不饱和树脂、赫博新型包装材料、大蓝鲸智慧物流园等项目建成投产，自治区最大的服务业项目帝锚水上乐园投入使用。投入援疆资金，编制《奎屯市旅游发展总体规划（2014～2016年）》；在乌鲁木齐举行全省首家徐乌两地旅游推介会，并签订合作协议；在徐州举行“魅力奎屯”旅游招商推介会暨徐州淮海经济区第六届旅交会，扩大奎屯在徐州和淮海经济区的影响。2019年，举办淮海经济区“奎屯旅游”推介会和“丝路明珠·华美奎屯”奎屯文化旅游徐州专场推介会。组织“新疆游徐州首发团”和“援疆号”江苏徐州首批游客团队，3年间，到奎屯的徐州籍游客超3万人次。

【链接】产业援疆点燃徐州奎屯共享发展之火

产业是一个地方经济发展的支柱和命脉，没有产业的支撑就没有经济的发展。新一轮对口援疆以来，特别是徐州市第八批援疆干部赴疆以来，徐州开启“以项目建设为重点，以产业发展为要点，以人才培训为亮点，以改善民生为落脚点”的四位一体的援疆模式，一笔笔巨额资金引入奎屯，一个个大企业落户奎屯，一批批产业援疆项目生根开花……徐州与奎屯，这两座新欧亚大陆桥东西两端的重要节点城市，以产业为纽带，紧紧相拥，开启了两地互利共赢、共享发展的新路径。

“徐州速度”助力纺织新城崛起

2015年12月28日，奎屯—独山子经济技术开发区，当记者走进新疆天虹基业纺织有限公司二分厂时，立刻被眼前的生产场景震撼：面积达8万平方米的车间里，各种国内、国际最先进的纺织设备让人眼前一亮，自动化程度极高的清梳联、粗细联及自动络筒机正在全速运转；偌大的车间里，纺织工人往来穿梭，全自动化、信息化的生产设备极大地解放了生产力，一个工人能管理几十台机器……

这是新疆天虹公司100万纱锭建设项目现场，该项目总投资约50亿元，达产后可实现产能为20万吨的差别化纱线生产。目前一期50万纱锭项目正在建设，2016年1月底，记者眼前的二分厂将全面开齐15万纱锭。

这一天，是该公司落地后试生产的第一天。

难以想象，就在半年前，这里还是一片戈壁荒滩。2015年5月天虹集团来奎屯考察，6月28日项目奠基，7月10日动土开工，仅仅180天，25万平方米的厂房拔地而起，数百名工人已经在这里就业。

看到外表还未完成装修但已经投用的职工食堂，你便能明显感受到项目建设之快。该公司财务总监路友荣说："夏季高峰期时，这里有3000多工人同时施工，被称为'徐州会战'，场面壮观极了！"

令人震撼的"徐州速度"

据徐州援疆干部介绍，2015年，工作组坚持"招商引资前沿化、产业合作园区化"总体思路，以装备制造、纺织服装和现代物流3个招商领域为重点，在全国经济下行的严峻形势下，取得招商引资新突破，千方百计促进重大产业项目落地开工，成效显著。

天虹集团是全球最大的包芯棉纺织品供应商之一，致力于高附加值时尚棉纺织品的制造与销售，目前已成为中国棉纺织行业竞争力前10强的上市企业。路友荣说，天虹集团决定在奎屯建立在疆的第一个生产基地，一方面看中新疆大力发展纺织服装行业的诸多优惠政策，另一方面也被伊犁哈萨克自治州党委政府、奎屯市委市政府、徐州援奎工作组重商亲商、大力推进产业援疆的决心所打动。"在奎屯建厂，具有原料、运费、电费等优势，每吨纱线可降低成本2000元，每年还享受徐州市专项补贴300万元。更重要的是，布局奎屯有利于公司未来向中亚市场进军。"她说。

据路友荣介绍，2016年6月新疆天虹公司一分厂、三分厂30万锭试投产，7月底，5万锭气流纺试投产，加上二分厂15万锭规模，届时一期50万纱锭将全部达产，可解决当地2000人就业。二期、三期还将再建设50万锭规模，达产后年产值将达到50亿元，可带动5000人就业。

2015年，徐州援奎工作组布局纺织频出"大动作"：引进山东郑佰集团，建设70万锭纺织、织布、印染服装项目，目前两座共计8万平方米的一期30万锭纺纱车间已建成，今年5月可投产；引进江苏金晟集团投资60亿元建设100万锭纺纱及200万锭筒子纱加工项目，项目全部达产后，年产值约70亿元，可提供就业岗位4000余个。

在徐州援疆的大力推进下，随着山东佰郑、天虹集团、金昇集团三大纺织巨头先后落户奎屯，3个项目总投资达153.6亿元，达产后规模将达到300万锭以上，是目前奎屯纺织规模10倍以上，将带动上万人就业。奎屯作为新疆纺织服装产业"七园"之一，其羽翼正日益丰满，辐射力和影响力必将进一步增强。

让"双创"之火越烧越旺

2015年12月29日，当记者来到位于奎屯市新源街附近的小微企业创业孵化园时，园区里虽然白雪皑皑，寒意袭人，但仍然阻挡不了企业建设的热情。刚入驻园区的一家汽车改装厂负责人告诉记者，虽然园区整体开放要到来年春天，但他已经等不及了。"现成的厂房已经建好，条件这么好，我真没想到。现在我提前安装好设备，到时候就能抢先一步占领市场了。"他说。

奎屯市小微企业创业孵化园是徐州重点打造的产业援疆项目之一，总建筑面积4.7万平方米，项目总投资7530万元，24栋厂房已全部建设完毕，即将投用，是徐州助力创新创业、为奎屯市小微企业"破茧成蝶"搭建的又一崭新平台。未来这里将成为奎屯市的创客"大本营"，成为小微企业"梦开始的地方"。

与徐州产业援疆引进的重大项目相比，这个项目规模和投资并不算大，但意义非凡。

奎屯市经信委党委书记林奕说，随着徐州援奎以来在招商引资方面持续发力，奎屯的装备制造、纺织服装和现代物流等领域发展迅速，总投资3.2亿元的山东伟业重工机械有限公司起重机械制造项目、中煤百甲企业等一批项目先后落户奎屯，这些园区大型企业正逐步形成集群效应，正需要一批中下游微小企业做配套。“创业孵化园一方面可以促进创业就业，同时有助于形成小企业、大集群，小产品、大行业，小产品、大市场的新格局，为奎屯培育新的经济增长点。”林奕说。

与此同时，在奎屯市中心，一座现代化建筑物拔地而起，它就是徐州援建的创智大厦。记者看到，总投资1.5亿元、建筑面积4.7万平方米的创智大厦已进入装潢阶段。未来，这里将打造成为奎屯市集企业总部、服务外包中心、工业设计中心、证券金融及结算中心、软件开发中心、中小企业孵化器于一体的标志性建筑。

小微企业创业孵化园和创智大厦是徐州产业援疆的两大载体，为奎屯市招商引资打下雄厚的硬件基础。

徐州援疆干部表示，2016年，徐州产业援疆将更加突出转型升级，主动融入丝绸之路经济带核心区建设，坚持围绕开发区成功引进的产业，拉长各主导产业链条，将原材料至链条末端的各个环节绘制成产业链图谱，按图索骥招项目，变“四面出击”为“精确制导”，整体提升奎屯新型工业化水平，促进徐奎两地共享发展成果。

（2016年2月1日商务部官网）

三、智力援助

徐州市突出智力援疆，坚持从“输血”向“造血”、从“顶岗”向“帮带”转变，为提升奎屯市干部人才水平开辟新渠道。

2011～2013年，共进行98批1660人次交流、培训。先后聘请省市专家赴奎屯开展讲座，培训7000余人次。徐州援教队、援医队12名专业人员，每人带教1～2名当地专业人才，打造一支业务精、技能强、“带不走”的援疆工作队。建立校企合作关系，新疆泽昌投资（集团）有限公司与徐州工程学院签订产学研合作协议，为企业实施科技创新提供智力支持。

2014～2016年，组织赴徐州培训班96期，选派2160人赴江苏培训，邀请专家到奎

2010年8月29日，徐州市对口支援奎屯市指挥部挂牌仪式

屯就地培训3万余人次，培训数量和投入资金均创援助奎屯历史新高。建立以中国矿业大学等院校为依托的人才培训基地，选派当地135名招商、规划、教育、卫生等领域业务骨干到徐州市党政机关挂职锻炼、跟班学习。选派奎屯市9批307名中青年干部、高层次人才到井冈山干部学院、延安干部学院学习。

2017～2019年，围绕奎屯改革发展所需，加大实用型、紧缺型人才选派和培养力度。持续深化育才、引才援疆。通过邀请专家到奎屯市开展业务培训、技术指导，以及组织人员到徐州挂职锻炼、异地交流等方式，帮助奎屯培训党政机关干部、基层社区骨干和创新创业人才，3年共培训干部120批5000人次；举办"奎屯大课堂·徐州名师讲"20余场次，轮训学员2万余人次；柔性引进高层次专家型人才86人次。持续深化名校名师援疆。发挥徐州科教资源丰富的优势，3年共选派当地169名中小学教师到徐州9所星级学校进行跟岗培训，分期分批选拔徐州32名优秀校长、教师到奎屯进行"组团式"送教，培训教职工4000余人次；落实"援藏援疆万名教师支教计划"，分学段精选21名徐州优秀骨干教师到奎屯4所学校任教；安排50万元专款，在奎屯市第一高级中学设立教学质量提升奖。推动徐州技师学院和奎屯职业中专联合办学，在奎屯设立徐州技师学院分校，促进受援地职业教育教学水平提升。持续深化"组团式"卫生援疆。创新"医疗资源共享"模式，通过专家巡诊、远程会诊、在线带诊等形式，让奎屯群众共享徐州先进医疗技术。3年间，共组织徐州医科大学附属医院、徐州市中心医院、徐州市第一人民医院40余名专家到奎屯送医送药，培训医疗人员3000余人次，义诊3万人次，抢救危重病人76人次，实施手术251例，跨学科会诊213人次，研讨疑难病例168例（次）。由徐州援疆医疗专家牵头，争取白求恩公益基金会、北京协和医院等单位支

2011年6月29日，徐州市援疆医生开展『杏林春风』爱心义诊

持，成立奎屯脊柱创伤中心，填补新疆地区相关专业空白。在奎屯市妇幼保健院创建当地第一家新生儿黄疸治疗中心和儿童哮喘（咳嗽）门诊。援助奎屯市妇幼保健院创建二级甲等妇幼保健院，建成覆盖北疆地区妇幼健康服务的区域性妇幼健康医疗中心。

【链接】情系西部 爱洒边疆——记江苏省援疆干部杨亚伟

杨亚伟，援疆前任江苏省睢宁县委副书记。现任奎屯市委副书记。

2010年底，杨亚伟率领徐州援疆工作组一行来到新疆奎屯，开始了援疆工作。初来乍到，水土不服、气候不适应等诸多困难还未解决，他就迅速投入到紧张的工作之中。率领援疆工作组的同志们积极与奎屯各方展开工作对接，深入街道、乡村，走访学校、工业园区，全方位密集调研，多方征求专家意见，认真倾听群众心声，制定出一份受奎屯各族群众欢迎、得到江苏省政府表扬的援疆规划蓝本，精选出一批群众最关切的项目在2011年“打头阵”，逐步架起一座奎屯人民与徐州人民学习交流、人才培养、招商引资、互通友谊的“连心桥”。

牢记使命 扎实推进工作

新一轮对口援疆是全方位援疆，杨亚伟深知自己肩头的责任。三年来，共安排援疆资金30192万元，其中援疆项目建设资金达25569万元，共27个项目。目前15个项目已经落实，其余项目正在有序推进。为充分发挥和挖掘江苏省的产业、技术和人才优势，杨亚伟积极组团参加各类投资合作洽谈会、投资说明会等活动，指导招商部门开展专题招商、项目招商、上门招商。以引进的徐州企业为基础，积极推进两地企业合作，加快打造徐州—奎屯产业园。目前已有10个项目在奎屯—独山子经济技术开发区开工建设，合同投资80亿元，到位资金60亿元，成果丰硕。还争取贷款1.08亿元，缓解开发区小微企业融资难问题。

杨亚伟带领徐州市援疆工作组大力推动“六大行动”，积极促成未就业普通高校毕业生赴徐州学习、干部人才交流培训等活动；有针对性选调徐工集团、徐州文化产业集团、徐州投融资公司、徐州物流产业园等大企业、大集团企业管理人员来奎屯授课，以提升奎屯市企业管理水平；积极组织与徐州13所大专院校结对，共同开展培训人才工作，这些不仅为奎屯市跨越式发展和长治久安提供了智力支撑和人才保障，也进一步扩大了两地交往与合作。两年多来，共进行了63批1100人次的交流、培训，奎屯市接受培训人员近万人次。同时在援疆工作组积极协调下，徐奎两地共有20多家单位缔结为友好单位，并在资金、物资等方面给予了受援单位947万元的支持。奎屯市2批85名未就业普通高校毕业生赴徐州参加岗前培训学员理论课程学习全部通过考核。

民生优先 情牵百姓冷暖

民生项目建设是对口援疆工作的重中之重，为确保援建项目尽快建成精品工程、民心工程，杨亚伟多次深入工作一线为各援建项目选址，多地调研确定项目工程推进方案；并与相关单位和部门充分协商各项目图纸设计、质量保障等问题，得到了来自各方的支持和保证。目前对口援建的27个项目顺利推进，棚户区改造、社会福利中心（一期）、苗圃繁育基地（一期）等15个项目已建成。援建项目得到江苏省援疆前方指挥部的肯定和高度评价。有一次在定居工程的工地上，一位哈萨克族老大爷紧握着杨亚伟的手说：“我们原来一家人住的房子又黑又小，现在自己

徐州市援疆工作组组长杨亚伟（前排左二）带领工作组干部慰问少数民族困难户（2011年摄）

不用掏钱，就能住上这么大、这么亮堂堂的房子，真是太好了，谢谢共产党，谢谢政府，援疆干部加克斯玛（哈萨克语，谢谢）！”

砥砺品格　浇筑精神之花

在援建奎屯市几个社区服务中心时，杨亚伟发现奎屯很多老一辈人都是当年的支边青年，他们怀着对祖国的赤胆忠心，扎根天山南北，铸剑为犁，创业戈壁荒原，创造了举世瞩目的塞外绿洲文明，在祖国西北边陲铸起了一座开发西部、建设西部、繁荣西部的不朽丰碑。这种扎根西部边疆的精神折服、感动、激励着他继续无怨无悔地为奎屯市群众谋福祉。2011年，杨亚伟的爱人因尾骨挫伤骨裂而住院，他没有打扰组织，也没有回去护理一天；2012年6月他不慎摔倒，导致右肩肌腱撕裂，他忍着疼痛，坚持工作，直到2013年3月才住院治疗。在住院治疗期间，他仍然不忘前方的援疆工作，经常通过电话了解、调度工作。他说：“我之所以这样做，一是使命感、责任感和奉献精神驱动，二是受援地的社会经济和社会治安实现跨越式发展，迫切需要一批又一批的援疆干部多做奉献。”回顾三年的援疆工作，他倍感欣慰的是，为第二故乡的各族群众奉献了一片真情，为第二故乡经济、社会事业发展挥洒了辛勤的汗水，为促进徐奎两地一家人、一家亲共发展担当了友谊的“使者”。

（原文刊载于《援疆风采录》，新疆人民出版社，2013年8月第1版）

【链接】爱从教育来——记援疆干部、奎屯市第三中学副校长张勇

张勇于2012年8月来到奎屯市，开始援疆支教工作，现任奎屯市第三中学副校长。在伊工作期间，他带领援疆教师像胡杨树一样扎根边疆、奉献边疆，用实际行动回答着“进疆为什么，在疆干什么，离疆留什么”。

作为援疆支教队队长，张勇始终按照江苏省、新疆各级领导对援疆干部的要求和希望规范自己的言行。一年多来，在他的带领下，援疆教师队把先进的教育教学理念和方法带到了奎屯，把一场场精彩的讲座、授课呈现给了各学科教师，把一次次精心组织的学习活动展示给不同的学生……“所有的成绩都是大家共同努力的结

2013年9月26日，张勇指导学校学生参加自治区教育工会阳光体育活动现场观摩会

果。”张勇说。但援疆队的教师知道，队长，其实是一面旗帜，他以自己的人格魅力形成团队的凝聚力，赋予了这支援疆教师队不竭的动力。

作为奎屯市第三中学副校长，张勇积极主动参与学校管理，为学校教育教学工作建言献策。他利用自己学生工作的丰富经验，定期参加班主任会议，广泛听取教师们的意见和建议；认真参与教研活动，特别是针对学生体育运动的现状，精心设计了学校的课间操和大课间活动等，将阳光体育带进了学校。在他的积极建议和筹划下，奎屯市第三中学的阳光体育活动渐成气候，成为先进典型学校。

2013年6月27日，自治区中小学“阳光体育运动”暨“体育、艺术2+1项目”现场推进会在奎屯市第三中学召开，博得与会者的一致好评。奎屯市第三中学也因此被授予自治区“阳光体育运动先进学校”称号，张勇功不可没。

作为一名优秀的体育教师，他热爱自己的专业，更在新的岗位上发挥自己的专长，为奎屯市第三中学乃至整个奎屯的体育教学注入了新的活力。2012年8月，他参与奎屯市青年骨干教师课堂教学选拔赛评委工作；2012年10月至2013年4月，他分别参加了奎屯市教研中心对奎屯市高级中学、第三中学、第一中学和第一小学的教研周活动，听评体育课31节；2013年5月，他开设了由奎屯市教育局教研中心组织的中小学体育教师体育专业知识讲座；2013年5月，他参加了奎屯市中小学青年体育教师基本功大赛评委工作；2013年11月，听评课活动和各项比赛又纷至沓来……这样密集的工作背后，是一位教师优秀的专业素养，更是其真挚的教育情怀和教育精神。

“爱从教育来，情深不顾归。却望所来径，苍苍横翠微。”这应该是张勇和他的援疆教师队的写照吧。

（2013年12月10日《伊犁日报》）

【链接】当好两地宣传员、联络员和服务员
——访第八批援疆干部、奎屯市教育局党委委员、副局长代效力

“在援疆干部代效力的援助下，我和另外68名特困学生圆了大学梦。”7月4日，已顺利在新疆大学就读一年的受助学生阿依江·杰恩斯感激地说。其实，这只是代效力工作的一个缩影。

2014年2月，代效力从江苏徐州来到奎屯市教育局担任局党委委员、副局长，分管教科研、

援疆、支教、教师培训、职业教育、成人教育、民族团结及团委等工作。上任伊始，工作踏实认真、勇于担当、业务精、能力强，这些优秀特质在他身上充分体现。“发挥援疆干部的桥梁纽带作用，争取把奎屯市打造成教育强市，扎实做好教育援疆工作”成为他的奋斗目标。在奎屯市教育局工作期间，他按照援疆工作的具体要求，认真开展工作，能创新、敢担当、重落实，充分发挥桥梁纽带作用，实现了奎屯、徐州两地的无缝对接，较好地完成了教育援疆各项任务。

为加强徐州和奎屯两地的教育交流与合作，第八批援疆工作组给予奎屯教育更多的支援。2014年，注入教育人才交流资金104.4万元，制定并完成了教育人才培养工程项目；今年，安排了6个教育援疆交流项目，目前正在加紧稳步实施。

在加强学校管理、特色学科及优势学科建设方面，代效力以“教育对接”为重点，充分发挥援疆干部联系面广的优势，当好奎屯和徐州两地的宣传员、联络员和服务员，主动牵线搭桥，组织双方人员考察互访，千方百计为奎屯争取项目资金。

在代效力的努力下，先后促成了奎屯市所有学校和徐州优质学校的对接。目前，市属各校与徐州学校手拉手结对帮扶实现全覆盖，一方面促进了双方学校的经验交流，另一方面也增进了徐奎两地的友谊，实现了徐奎两地教育无缝对接，促进两地优势合作、资源共享、共同发展。

奎屯教育的航船之所以能乘风破浪，离不开社会各界的无私奉献。在代效力的积极协调下，徐州籍著名女企业家吴一来无偿捐助资金100万元，用于奎屯市第一高级中学图书馆装修，为奎屯市第一高级中学打造成书香校园、自治区名校发挥了积极作用；徐州建筑设计院为奎屯市教育局捐款10万元用于教师节表彰。

受益最多的还是奎屯市的各族贫困学生。2014年8月20日，徐州市团委“金秋助学”捐赠仪式在奎屯市团结广场隆重举行，69名考上高校的优秀特困学生共获得16.6万元资助，圆了大学梦。同年，徐州市团委还与奎屯市教育局携手开展了帮扶少数民族特困优秀学生的资助行动，50名贫困家庭优秀学生获得援助，其中高一新生25名，每人捐助1000元；大一新生25名，每人捐助3000元。

在代效力的倡议领导下，顺利完成了奎屯市教研员的竞聘工作，一批师德高尚、教学科研水平高、年轻有朝气的教师走进教研员队伍，对提高奎屯市教育水平起到了积极作用。同时组织各学科教师基本功大赛、各学科竞赛等活动，顺利完成了奎屯市各校新一轮的学科带头人、教学能手、优秀青年教师评选活动，极大地调动了教师的工作积极性。

（2015年7月9日《伊犁日报》）

【链接】“最美援疆干部”
——访第八批援疆干部、奎屯市商务局副局长周忠运

“知道你才回来，但你对新疆最熟悉，有利于开展工作……”接到援疆通知前，周忠运正在徐州一家医院，母亲的病床前，他放弃留京机会，离家23年后回到徐州，心想终于可以尽孝了。然而，就是这个电话改变了他的选择。在大局面前，他接受了任务，离开了患病的母亲和失业的妻子，转业不到一个月，他再次踏上了新疆这片热土。

周忠运18岁入伍，戍守新疆边关23年，两次荣立三等功、3次受到军区表彰、5次被授予师

团嘉奖、6次被评为优秀机关干部。2014年，他参加自治区“最美援疆干部”评选活动，在160名参加活动的援疆干部中脱颖而出，获网上评选第一名，现在徐州市经信委工作。援疆期间，任奎屯市商务局副局长。

产业援疆是对口援疆的重中之重。上任奎屯市商务局副局长伊始，他结合奎屯市实际，协助制定了《关于全面加强奎屯市招商引资工作的实施意见》，明确了招商目标，提出了招商重点，并就创新招商引资方式，建议成立新型工业产业招商中心、现代商贸物流金融服务产业招商中心、城市建设产业招商中心、文化旅游产业招商中心。同时积极参加西洽会、哈洽会，到四川、山东等地协调各方关系，全力招商，签订了《奎屯市政府与成都九正科技实业有限公司关于加快电子商务产业发展战略合作协议书》；与北京御兴佳源投资有限公司签订了投资1.5亿元的达新集装箱物流港项目；新引进总投资43.6亿元的新疆佰郑棉纺有限公司，5月19日签约；投资6.5亿元、年产30万锭纺纱、20万吨油脂的一期工程项目已开工建设，计划年底竣工投产。

为把援疆工程建成“廉洁工程”，精通财务工作的周忠运提出：“事前控制”是关键，“全程审计”是保证，牵头组织制定了《项目建设和资金管理使用监督检查工作联系会议制度》等多项规章制度，把援疆工作的各个方面都纳入制度中。

科学规范财物采购流程，将单位设备购置、车辆维修及保险全部纳入政府采购预算。周忠运是网络高手，亲自参与打造了徐州援疆网，充分运用现代信息技术，依托奎屯市绩效管理信息化平台，实现对援疆工作、援建项目、人员履职等情况的网上运行、网上监控；通过进程跟踪、风险预警、统计分析等功能，对各项援疆工作内容进行规范化的管理，让主要领导可时时掌握、查看工作进展、任务完成情况和指标预警情况，并可即时作出批示，实现了项目监管在线、资金监管在线、人才监管在线的网络化管理全覆盖。

援疆期间，周忠运在工作中以身作则，充分发挥模范带头作用，坚持“权为民所用、情为民所系、利为民所谋”的宗旨意识，不断强化工作作风，为各族群众做好事、办实事、解难事，真正做到为民、务实、清廉。在生活中，他用一言一行去影响身边的人，常常给身边的人讲一些民族团结的故事，让他们感同身受，珍惜和维护民族团结。

一腔热血报祖国，半生年华献新疆，这就是周忠运，一个任劳任怨、忠诚低调的援疆干部，展现了一个优秀共产党员应有的素质。

（2015年7月22日《伊犁日报》）

2015年5月10日，周忠运（左二）深入基层检查红房子民生副食品基地项目

徐州市第七批援疆干部人才合影（2011年摄）

2015年6月28日，徐州市领导赴奎屯市考察交流，并与第八批援疆干部人才合影

2019年8月16日，徐州市领导赴奎屯市考察交流，并与第九批援疆干部人才合影

四、脱贫攻坚

徐州市积极为受援地群众办实事、解难事，助力脱贫攻坚。

2011～2013年，投入援助资金508万元，用于189名（其中奎屯85名）伊犁新疆籍普通高校毕业生培养和实习工作。安排援助资金为残疾人购置康复器械。两地共有20余家单位缔结为友好单位，援助资金及物资价值1000余万元。

2014～2016年，推进"一村一社区"帮扶活动，投入援助资金960.9万元，大力提升当地民众幸福指数。徐州市铜山区利国镇利国村、云龙区骆驼山街道金骆驼社区分别与奎屯市开干齐乡梧桐树村和西华园社区签订结对帮扶协议。组织开展"徐奎一家亲，携手奔小康"帮扶活动，动员徐州市机关部门、企事业单位与奎屯300余户相对困难家庭结对共建。组织24名援疆干部人才每人在开干齐乡结对一户少数民族亲戚，帮助结对认亲户选准致富门路、解决实际困难。徐州市政府为牧民捐赠价值100万元的便携式太阳能电源设备。协调企业赞助资金实施乡村道路硬化工程；利用"小援疆"（指统一拨付援疆资金以外的由支援地相关单位、企业或个人捐赠的小额援疆经费）资金为村民建设"红房子"便民超市；在社区设立"徐州援疆情系西园"办公室，专门作为帮扶联络站和志愿者服务点；为村、社区建设书吧、书画室、图书借阅室、康复室、心理咨询室、健身房等。

2017～2019年，安排开干齐乡村级后备干部、种养大户、农村电商、农民专业合作社等新型农业创业人员和经营主体到徐州、贾汪等地进行专题培训，推动邳州市与开干齐乡结成特色小镇帮扶对子，助力奎屯乡村振兴。在开干齐乡建设温室大棚、果蔬加

2014年8月11日，徐州市和奎屯市联合举行『六个走进』和『六大爱心』行动启动仪式

工、农村电商“三位一体”的扶贫创业基地，帮助200余人就近就地就业创业。3年共资助128名在区外就读的奎屯籍高校贫困生完成学业。开展“徐州援疆走进南疆来奎务工人员”活动，准备爱心毛衣，为400余名维吾尔族工友送去温暖。3年共争取价值2600万元“小援疆”物资。

五、交往交流交融

徐州市充分发挥对口援疆桥梁纽带作用，持续深化“徐奎一家亲，携手奔小康”结对帮扶等各种形式交往交流活动，营造徐奎两地人民一家亲的浓厚氛围。

2011～2013年，开展“连心牵手活动”，徐州和奎屯两地20余家单位缔结为友好单位，开展对口交流。对口单位在资金、物资等方面给予合计1200余万元支持。

2014～2016年，组织“‘大汉之源’汉文化西进”活动，成功举办“G30徐奎红领

2016年7月18日，G30徐奎红领巾民族团结夏令营开营仪式在奎屯举行

2016年，徐州市与奎屯市开展『我有一个徐州妈妈』活动

市民族团结夏令营”“我有一个徐州妈妈”“小手拉大手，民族一家亲”等活动，组织名医义务为奎屯各族群众实施白内障手术。推动徐州至乌鲁木齐实现直航，为徐州新疆两地间搭建一条空中走廊。围绕影视作品《解忧公主》打造文化品牌工程，向全国解读汉文化魅力和新疆独特民族风情，成为江苏文化援疆标志性项目。

2017～2019年，徐州市委宣传部、市文广新局在奎屯举办“大汉王朝——中国汉画艺术展”，捐赠30幅精美汉画像石拓片；邳州市赠送1000余株银杏树，建成邳州奎屯友谊纪念林。“G30徐奎红领巾民族团结夏令营”“奎屯百姓看徐州”“民族团结一家亲”等交往交流活动常态化、品牌化开展。3年间，两地900名青少年互访互学互动，近千名奎屯群众代表走进徐州，了解彭城，共同唱响徐奎一家亲主旋律。精心组织“援疆情・徐州行”文化交流活动，在徐州巡演20天10余场次。鼓励旅行社通过组织包机、专列、自由行等方式引导游客入疆入奎，促进徐奎两地交往交流交融。将“徐奎两地情，徐奎两地行”“徐州人游奎屯，奎屯百姓看徐州”等旅游活动打造成徐州文化旅游援疆品牌。

徐州市援助奎屯市部分项目情况表

单位：万元

序号	项目名称	援助时间	援助资金
1	林果新苗圃繁育基地	2011	1009
2	“两居工程”	2011～2012	1474
3	棚户区改造及开干齐乡游牧民定居配套工程	2011～2012	2148.19
4	市青少年活动实践基地	2011～2012	2000
5	市第十小学、第十中学（九年一贯制学校）	2011～2013	9954.15
6	市社会福利中心	2011～2013	700
7	社区服务中心	2011～2017	3584.44
8	党政干部、专业技术人才及职业技能等培训项目	2011～2019	4684.4
9	市文化体育活动中心	2012	200
10	奎屯—独山子经济技术开发区科技服务中心	2012	500
11	产业援疆及产业合作项目	2012	50
12	西区商贸物流园区	2012	200
13	北京路社区卫生服务中心	2012～2013	420
14	“六大行动”计划项目	2012～2013	301.32
15	西区育才路	2013	341.88

续表

序号	项目名称	援助时间	援助资金
16	市物资储备中心	2013	1000
17	开干齐乡畜牧业示范项目	2013	500
18	市传染病医院	2013～2014	2000
19	市妇幼保健院	2013～2014	3800
20	东区农贸市场	2014	500
21	公共自行车服务系统	2014	1000
22	粮油物资储备交易中心	2014	500
23	市第六小学改扩建工程	2014～2015	500
24	市疾控中心	2014～2015	2400
25	就业创业一条街	2014～2015	2585
26	奎屯—独山子经济技术开发区综合经济发展中心（创智大厦）	2014～2016	8647.47
27	小微企业创业孵化园	2014～2016	4992.4
28	产业招商推介项目	2014～2019	980.06
29	交往交流交融项目	2014～2019	593.48
30	贫困大学生资助项目	2015	803
31	奎屯—独山子经济技术开发区中小企业创业园厂房及配套工程	2016	1000
32	市第九小学风雨操场	2016	536
33	开干齐乡畜牧养殖示范区	2016	1572.2
34	乌鲁木齐西路社区卫生服务中心	2016	1600
35	旅游发展规划编制项目	2016	100
36	党员干部现代远程教育设备更新工程	2016	70
37	市中等职业技术学校学生食堂等配套工程	2016～2018	1575.66
38	奎屯新疆天虹基业纺织有限公司 100 万纱锭生产项目引导资金	2016～2018	1000
39	奎屯利泰丝路投资有限公司 100 万锭纺纱及 200 万锭筒子纱加工项目引导资金	2016～2018	1000
40	奎屯新疆佰郑棉纺有限公司 70 万锭纺纱、织布、服装、棉花加工项目贷款贴息	2016～2018	1000
41	区外高校就读贫困生补贴项目	2016～2019	528.2
42	公安消防大队官兵活动室及设备	2016～2019	204.87
43	奎屯医院	2016～2019	6500
44	市幼儿园	2017	2658.68
45	开干齐乡农村道路及养殖用房等整修工程	2017	76.3
46	开干齐乡扶贫创业基地	2017	242.19
47	开干齐乡奶牛挤奶站扶贫项目	2017	158.84

续表

序号	项目名称	援助时间	援助资金
48	开干齐乡蔬菜大棚示范项目	2017	558.14
49	火车站社区卫生服务中心	2017～2018	2203.59
50	西区农贸市场升级改造工程	2018	100
51	职业技能教育培训中心	2018	1000
52	再生资源交易市场及绿色回收亭	2018	200
53	市第二高级中学（徐州高级中学）	2018～2019	13000
54	支教教师保障项目	2018～2019	225.85
55	金源粮油收储有限责任公司南库区	2019	288.9
56	县委党校宿舍改造工程	2019	91.52

说明：表中所列项目为单次投入或累计投入援助资金50万元以上项目。

【链接】“徐奎”一家亲　携手奔小康

徐州和奎屯，一个是长三角北部集聚辐射力最强的节点城市，一个是新疆天山北坡经济带金三角区域的中心。新一轮对口援疆工作，让相隔千山万水的两地紧紧地连在了一起，徐州市第九批援疆干部人才与奎屯市各族群众手拉手、心连心，用责任点燃激情，以实干见证承诺，让奉献闪耀人生，谱写了徐奎一家亲、携手奔小康的真情乐章。

访亲入户办实事

8月18日下午，奎屯市委副书记、徐州援疆工作组组长丁广州，带领徐州援疆工作组全体人员来到开干齐乡高疙瘩泉村20户结亲户家中，清理庭院环境卫生，并进行巷道整治，这是徐州第九批援疆干部第七次来到开干齐乡帮助村民清理庭院卫生和整治巷道了。

徐州援疆工作组每个人在开干齐乡都确定了自己的结对“亲戚”，他们经常走进结对“亲戚”家中，帮助村民解决生产生活中的实际困难，架起了一座民族团结的“连心桥”，让受援地各族群众和徐州援疆干部的心贴得更紧了。

徐州援疆干部首先走进高疙瘩泉村村民加额丽·托汗家，帮助她清理庭院杂草。加额丽家3亩大的庭院，被砖墙砌成的栅栏分为养殖区和种植区。种植区内，绿油油的辣椒、西红柿、豆角、黄瓜等蔬菜应有尽有，特别是西红柿和辣椒长势良好，果实累累。

加额丽告诉记者：“以前我家院里种的是苜蓿，收不了几捆苜蓿草。去年，在徐州援疆干部和村支部的号召下，在院子里种了蔬菜，去年蔬菜收入一万多元，比种苜蓿效益好多了。”

开干齐乡党委书记赵红伟说，刚开始，村民不敢种菜、不愿种菜，担心菜卖不出去，害怕麻烦。徐州援疆工作组入户走访，宣传庭院经济的好处，并与奎屯市泽惠果蔬配送有限公司达成协议，定期采摘、销售，让菜农吃了定心丸，解决了卖菜难问题。

“去年，我家养了200多只羊，300多只土鸡，种了2亩蔬菜，总收入大概有七八万元。”加额丽对记者说。

徐州援疆干部们顶着炎炎烈日，清理树林带、庭院内外积存垃圾和卫生死角、铲除庭院土堆、整理庭院乱堆乱放的杂草杂物，同时将堆放在院落的砖块铺放整齐，大家干得热火朝天，汗水浸湿了衣衫，却无人叫苦叫累。

看到干净整洁的庭院，丁广州的结亲户托兰老人激动地说："我以前从来没有种过菜，工作组请来了农业技术专家，一对一地讲，手把手地教，现在我也是半个土专家了，也能用自己掌握的知识致富了。"

去年以来，徐州援疆工作组积极参与奎屯市开干齐乡村庄环境综合整治，对村里3条巷道及30余户庭院进行整修提升，安装2400多平方米彩钢瓦。通过前一段时间全体援疆工作人员的共同努力，高疙瘩泉村的第十一和第十二巷道庭院整治工作基本完成，巷道整齐划一，庭院规范有序，室内、墙外干净整洁，整体面貌焕然一新，受到了村民群众的一致好评。

手拉手心连心

近日，"喜迎十九大，同心共圆中国梦"G30徐奎红领巾民族团结夏令营圆满结束，来自奎屯市的13名小营员顺利返回奎屯。

丁广州告诉记者，G30是指一头连着东海之滨、一头连着天山之麓的连霍高速公路，G30徐奎红领巾民族团结夏令营活动的寓意就是希望能够像G30连霍高速公路一样，让两地少年能够手拉手、心连心，深化交往交流交融活动，真正把徐州援疆工作打造成民族团结工程。

8月19日，在徐州援建的奎屯市第十中学，记者采访了该校体育教师、夏令营带队老师阿孜古丽·胡尼斯。她说，夏令营的13名小朋友们先后前往徐州云龙山风景区、徐州艺术馆、徐州博物馆、徐州规划馆等地参观，感受徐州的地理风貌、悠久历史。

奎屯市海纳尔小学三年级学生巴哈努尔·木拉提别克参加了今年的G30徐奎红领巾民族团结夏令营。她说："这次夏令营锻炼，给我留下了深刻的回忆。我学会了很多，得到了很多，让我觉得不虚此行。我还认识了徐州妈妈，有了一个小哥哥，谢谢徐州妈妈送我的小礼物。我要珍惜这份爱，将来成为一个有爱心、对社会有用的人。"

据了解，2014年以来，徐州援疆工作组每年出资举办各种形式的徐州奎屯红领巾民族团结手拉手活动，至今已连续举办了四届，有1.5万多名少先队员通过书信结下了深厚友谊，90多名少先队员参加夏令营互访活动，70多名"徐州妈妈"与奎屯市的少先队员结对。民族团结夏令营活动在两地少先队员心中结下了民族团结、互助友爱的种子，实现了从孩子之间的互动，到家庭之间的互动，再发展到民族之间的交流、互助、友爱。

"三位一体"奔小康

初秋的奎屯市开干齐乡，一排排红顶白墙的安居富民房格外醒目。作为奎屯市唯一的"乡"，徐州援疆工作组对其偏爱有加，投入了大量资金，使牧民定居、农业综合开发、牲畜品种改良、庭院经济、交通设施得到快速发展，农牧民生产生活发生了翻天覆地的变化。

走进开干齐乡，放眼望去，规划整齐的安居房，四通八达的柏油路，连村里的巷道都进行了硬化，小轿车不时地从农家小院驶出。牧民家里，各式家电、家具、装饰摆设充满了现代时尚元素。

记者在开干齐乡高疙瘩泉村看到，开干齐乡扶贫创业基地已初具雏形，扶贫创业基地内，榨油厂、保鲜库、烘干房已建成，还有一座2米宽、16米长的鱼骨式奶牛挤奶车间也已经建好。

高疙瘩泉村党支部书记李洪波说，在徐州援疆工作组的帮助下，今年对创业基地进行扩建完善，新建1座300平方米农副产品加工车间；完成新建厂房的水、电、暖、道路等配套设施；对现有约850平方米厂房进行了改造，采购了一批农副产品加工设备。新建了30座蔬菜大棚，其中22座冷棚，可种植期为3月至11月；8座暖棚配有温控系统，全年可种植。

据了解，开干齐乡扶贫创业基地（果蔬加工项目）、奶牛挤奶车间和蔬菜大棚等三项建设工程都由徐州市援建，总投资1300万元，今年下半年将全部完工。

“蔬菜大棚项目种菜，果蔬加工项目进行分拣、清洗和包装，农村电商超市项目负责包装好的净菜进入市场，这是个‘三位一体’的扶贫创业基地，项目的实施将进一步提升基地的生产加工能力，促进当地富余劳动力就近就地就业。”丁广州说。

（2017年8月30日《新疆日报》）

【链接】守初心担使命　情暖奎屯河畔——徐州10年援疆工作巡礼

有这么一群人，怀揣家国情怀，燃起西部梦想，从“东方雅典”江苏省徐州市，向着“丝路明珠”奎屯一路西行，投身援疆这场生动伟大的实践，他们就是徐州援疆干部。3600多个日日夜夜，他们牢记重托，夙夜不怠，在奎屯市经济发展的宏图中留下浓墨重彩的一笔。民生援疆：实施八大类154个项目，共投入援疆资金10.28亿元；产业援疆：招商引资项目45个，总投资377.6亿元；智力援疆：开展当地干部人才培训近400批次75000人次，引进高层次专家人才200多人次；交流交往：两地党政机关互访交流300余批次，近3000名青少年互访互学互动，3000名奎屯群众代表走进徐州，来到奎屯的徐州游客已超过10万人次，与80户少数民族家庭结为亲戚。

援疆项目惠及民生

走进今天的奎屯，大街小巷可见不少徐州援疆民生项目，它们不仅为西部边城增添了一道亮丽的风景线，更为奎屯完善城市功能、提升城市品位、惠及各族人民群众发挥着重大作用。

奎屯市第二高级中学（徐州高级中学）、第十中学一批教育工程相继落成并投入使用，很大程度地满足了当地群众对优质、均衡、公平教育的期待。

由徐州援建的伊犁哈萨克自治州奎屯医院综合病房楼即将投入使用，届时将新增建筑面积3.21万平方米、412个床位，进一步提升奎屯市的整体医疗服务水平，改善群众就医环境，更好地满足周边各族人民的医疗需求。

徐奎创智大厦已成为奎屯市的地标建筑；新建的幼儿园让孩子们的笑脸更加灿烂；援建的社区服务中心让服务更加便民……

这一批批援疆民生成果造福着奎屯各族人民，这些项目无不凝聚着徐州援疆干部的心血和汗水，无不体现出徐州援疆干部的责任和担当。

“来疆为什么？在疆干什么？离疆留什么？”他们自踏上新疆大地，就一直在思考这几个问题，并在实际工作和日常生活中找寻答案。

面对“一带一路”带来的机遇与挑战，他们坚持立足奎屯实际，发挥奎屯优势，放眼奎屯高质量发展，注重由单纯的“输血”向“造血”功能转变，一批又一批产业援疆项目落地富民。抢抓国家关于纺织产业向西部转移重大机遇，引入新疆天虹基业纺织有限公司年产100万锭纺纱项目落户奎屯—独山子经济技术开发区，并实现当年开工建设、当年投产，吸纳5000人就业，其中从大山草原深处招收了1000多名少数民族员工，在脱贫攻坚之路上迈出坚实的步伐。

“既有大项目顶天立地，又有小项目铺天盖地。”新疆赫博包装有限公司作为国家高新技术企业，仅用3个月就在奎屯—独山子经济技术开发区建成投产洁净包装材料项目，完善了当地产业链，对企业和居民的配套服务更加精准，为奎屯工业转型升级、创新发展增添了绿色动能。

守护共建美丽家园

“进了奎屯门就是奎屯人”，这是徐州援疆干部藏在心底的共识。进毡房，访牧场，他们全面融入，真情实践：开干齐乡的道路更加畅通了，苏瓦特小区的路灯又亮了；帮助库尔巴拉一家重燃生活的希望；身残志坚的少年穆斯卡帕收到了心仪已久的平板电脑；慈祥和善的古丽娜老妈妈为徐州亲人送上了亲手缝制的哈萨克族服饰……

开干齐乡是奎屯市唯一的乡，更是徐州援疆干部与奎屯各族人民守护共建的美丽家园。乡村环境整治攻坚战，他们自筹资金为结对亲戚换上崭新的房顶，统一刷上墙漆，为庭院打上水泥地坪，将排水沟修葺一新。乡里各族群众的身体健康也时常让他们牵挂。刚一入冬，他们就组织骨科、儿科等4名援疆医生来到开干齐乡，免费为农牧民进行义诊，检查身体。他们还筹集1万元资金购买了50台便携式血压仪以及常用药品，赠送给农牧民。

徐奎一家亲　携手奔小康

“授人以鱼”不如“授人以渔”。徐州援疆工作组医疗专家牵头成立的“奎屯脊柱创伤中心”，填补了新疆区域相关专业的空白；在奎屯创建了当地第一家新生儿黄疸治疗中心和儿童哮喘（咳嗽）门诊，协调并举办了全国规模的儿科学术会议；积极援助奎屯市妇幼保健院创建二级甲等妇幼保健院，建起覆盖北疆地区妇幼健康服务的区域性妇幼健康医疗中心。

援疆干部张伶芝舍小家献大爱，这几年一直在妇产科一线忙碌着。当异位妊娠、腹腔大出血的病人被成功抢救过来，她流下激动的泪水；看到医院的保安师傅，独自带着上高三的孩子，日子过得很艰辛，连洗衣机都没有，她就买了一台洗衣机送到他们家。

10年来，“徐奎一家亲，携手奔小康”是两地交往交流交融的最生动的写照。徐州援疆干部积极与当地群众结对子、认亲戚、交朋友，真心诚意为群众办实事、解难事。出资50万元，分别对风华里社区和西华园社区服务中心建设进行改造提升；筹措70万元，对开干齐乡高疙瘩泉村3条巷道、30余户村民庭院进行维修整理。开展“徐州援疆暖冬行动”“援疆情徐州行”活动，成功举办淮海经济区奎屯旅游推介会和“丝路明珠·华美奎屯”2019奎屯文化旅游徐州专场推介会，积极组织“新疆游徐州首发团”和“援疆号”江苏徐州首批游客团队。

多年来，徐州市援疆干部推动奎屯招商引资与转型发展、城市建设与城市管理、环境保护与旅游发展等工作取得新进展，为奎屯发展作出了应有的贡献。

（2019年12月18日《新疆日报》）

附：

徐州市对口支援塔城地区

1999年6月，徐州市首批选派6名干部和5名医务人员对口支援新疆塔城地区。1999～2002年，徐州第一批援疆干部依托徐州市大后方，在塔城地委、塔城地区行署领导下，在民生援建、产业援建、智力援助等方面取得显著成绩。

2000年1月，徐州市党政代表团到塔城地区洽谈合作交流事宜。徐州市教委捐资30万元兴建徐州裕民小学，徐州市卫生局为塔城地区免费培训医务人员。8月，江苏省政府、徐州市政府、连云港市政府共同为塔城捐资110万元，分别兴建江苏塔城小学、徐州托里小学、连云港额正小学。12月，徐州援疆干部到塔城地区裕民县阿勒腾也木勒乡开展爱心助学活动，每人确认资助1名因家庭贫困而辍学的哈萨克族女童，每年资助300元，帮助她们完成小学学业。

2001年2月，塔城地区遭受50年不遇特大雪灾，经过援疆干部努力，共争取到救灾捐助资金350万元，其中徐州市委、市政府捐助50万元。

1999～2001年，共组织塔城地区100余名县处级领导干部和部分乡镇及企业干部到徐州挂职培训。医疗系统通过结对子、带徒弟、一帮一形式，为塔城地区培养医生30余人。3年间，通过多种形式培训人员1000余人次。

徐州市对口支援新源县

2002～2010年，徐州市先后选派3批6名党政干部对口支援新源县。

2003年，徐州市立足优势产业和优势资源为新源县招商引资，共落实引资项目83个，协议资金10.67亿元，到位资金3亿元。2004年，引进项目33个，协议资金6.21亿元，到位资金1.87亿元。

2003～2004年，新源县先后派出4批近百名年轻干部到徐州挂职学习。这些干部由徐州市委组织部安排在市委党校学习半个月后，分别到云龙区、沛县、九里区、贾汪区、泉山区、铜山县有关单位挂职锻炼2个月。

2006～2008年，徐州市政府、邳州市政府、铜山县政府捐助资金150万元，用于新源徐州中学、新源徐州幼儿园建设。投入援助资金200万元，支持新源县委党校建设；

新源县徐州中学（2007年摄）

邳州市捐赠新源县的银杏树（2007年摄）

新源县设施农业基地（2009年摄）

投入援助资金150万元，购置太阳能光伏电源系统，解决新源县1000户农村牧区牧民用不上电以及因无电无法收听收看广播电视节目问题。铜山县铜山镇投入援助资金80万元，为吐尔根乡修建长1800米、宽4.6米道路（被命名为“铜山路”）。邳州市政府为新源县吐尔根乡捐助优质白蒜蒜种30吨，帮助吐尔根乡建设大蒜特色种植示范基地17.33公顷；援助银杏树2000株，在新源县植物园建设一座银杏园、打造两条银杏大道。铜山县经济强镇与新源县乡镇结为友好乡镇，通过实施对口帮扶，先后争取资金和物资共400余万元，支持新源县社会公益事业及基础设施建设，解决一批农牧民关心的热点、难点问题。2007年，维维集团为新源镇团结村22户农民兴建52栋标准化日光温室，建设高效农业示范基地。2008～2010年，徐州援疆干部协调后方单位落实援疆资金700余万元，实施“徐州光明”工程，购置1000套太阳能光伏电源系统，解决山区农牧民因无电不能收听收看广播电视节目问题。投入援助资金100万元，建设新源县徐州幼儿园教学楼，增添电脑等教学设备，改善教学条件。建设新源镇劳动街社区服务中

2006年11月23日，铜山县捐赠60辆轮椅仪式在新源举行

2007年9月1日，徐州市政府向新源县贫困家庭捐赠仪式在新源举行

2007年11月28日，江苏维维集团向新源县幼儿园捐赠教学仪器仪式

心、塔勒德镇综合服务中心，修建吐尔根乡牧业桥，方便基层农牧民出行办事。实施幸福路1300米改扩建工程，改善农牧民生产生活条件。为县委、县政府、县广电局、县旅游局、县歌舞团添置办公及宣传设备。协调丰县各乡镇、部门与新源县相关乡镇、部门结为友好乡镇，对口帮扶物资价值25万元。协调徐州市有关部门，为新源县无偿培训干部72人，培训农村实用技术人才60余人。2009年，新源县歌舞团到徐州各县（市、区）进行答谢演出，增进两地人民感情。

【链接】无声的誓言　坚实的足迹——记第五批援疆干部、新源县副县长谢洪标

谢洪标的家乡在江苏徐州，但他的情却在新源。2005年8月，他作为第五批援疆干部任新源县副县长后，便将自己融入了新源美丽的山川大地，融入了当地淳朴的人民中间。入疆以来，他不求誓言有声，但求足迹坚实，扎实推进援疆工作，赢得了新源县各族群众的拥护、领导的赞扬。

为了尽快进入角色，在刚到新源县的前两个月里，谢洪标走遍了全县11个乡镇、12家重点企业、5个采矿点、3家医院和4所县直中小学校，并深入11家县直机关单位、11个行政村，20余户农牧民家中进行走访调研。在此基础上，他深入思考，明确了援疆工作定位，以项目、资金、技术，人才援疆为中心，树立科学的援疆理念。

谢洪标把加大两地经济合作、技术交流，实现两地优势互补以及为新源提供人才、智力支持作为工作的出发点和切入点。他充分利用在江苏省铜山县工作期间与江苏及其他省市企业建立起来的友好关系，使新源县与徐州招商引资互动、联动，先后邀请维维集团、中国建龙钢铁集团公司等20多家企业100多名工商企业界人士，赴伊犁州直各县市实地考察、洽谈合作事宜。截至目前，已有4家企业在伊落户，项目总投资1.67亿元，现已完成投资8050万元。

谢洪标来疆前，曾在基层担任十多年的党委书记，十分清楚基层群众的需求。为更好地援助新源，他积极争取铜山县经济强镇与新源县乡镇结为友好乡镇，以解决当地干群迫切需要解决的热点、难点问题。他积极向徐州市委、政府和铜山县委、县政府汇报援疆建设情况，提出援建项目方案，为新源县带来550万元的援建资金。县委党校、新源小学、农村基层组织活动中心焕然一新。吐尔根乡主干道铺上了水泥路，则克台镇主要道路安装了路灯，阿热勒托别镇建起了农村劳动力培训中心。县里的机关添置了电脑，幼儿园添置了钢琴，敬老院添置了面包车，60名残疾人坐上了专用轮椅，300户贫困家庭新添了彩色电视机，没有通电的山区1000户农牧民安上了太阳能光伏电源，用上了电，看上了电视。

两年来，谢洪标利用回家乡探亲的机会，多次协调各方面关系，主动争取，把宣传新源当作己任，既说徐州话，又唱新源歌。在徐州、铜山电视台播放介绍伊犁、新源的专题片。“不到伊犁不知新疆之美，那拉提草原赛天堂，铁矿、铜矿资源多，新源县是投资兴业的宝地、休闲旅游的天堂”，一时间成为徐州人民热议的话题，许多商家自发来到新源考察，寻找投资项目的客商源源不断。

在宣传新源、推介新源的同时，谢洪标还发挥“红娘”作用，牵线搭桥，当好两地的友好使者，积极协调徐州市委组织部与新源县签订了三年干部培训计划，加大对新源干部的培训力度。目前，已有5批共60名各层次的当地干部在徐州

2008年1月10日，在新源县人民广场，谢洪标（左）为困难群体发放太阳能户用电源设备

接受培训。他还先后促成徐州市党政代表团等47批604人次来伊进行考察访问。新源县也先后组织党政、工商企业等代表团7批90人次到徐州考察学习。

来伊犁之前，谢洪标就患有糖尿病。在伊犁工作期间，由于当地食品中含糖量较高，再加上工作压力大，他的病情曾一度加重。为改变饮食结构，他从徐州带来杂粮，做成杂粮面，自己做饭吃，从不给组织提要求，添麻烦。时间长了，当地的领导、基层群众时常做好一些杂粮食品和含糖量低的食物送给他，这使他非常感动。他说："赴疆援疆，是党组织的信任和重托，是机遇和挑战。我作为一名共产党员，一名党的干部，不远万里来到新源，来到我的第二故乡，不是为了索取，而是为了奉献、付出。"他是这样说的，更是这样做的。

当谢洪标了解到新源县是酿酒大县，每年用掉上亿只玻璃酒瓶，而铜山县又是全国生产玻璃瓶基地后，为抓住这一商机，他不顾旅途劳累，多次往返两地，使铜山生产玻璃瓶的企业落户新源。为促成铁矿开采项目落到实处，2006年7月，他陪同企业家顶着烈日，翻越几座山头，跋涉了20多公里山路，进行实地勘探，最后累倒在高温的山石上。谢洪标在生活上严格要求自己，坚持"三不"：一不搞特殊，二不提要求，三不计报酬。不仅如此，他还积极参加当地的各种扶贫济困捐款活动，与3户贫困户结成帮扶"对子"。两年来，他先后为4户特困户和4位学生捐助4.2万元，使这些特困户摆脱了困境。

近三年的时间，新源县委、县政府对谢洪标援疆工作是这样评价的："援疆以来，谢洪标同志名副其实地做到了'四带'：带着强烈的责任援疆，带着真挚的感情援疆，带着明确的目标援疆，带着家乡的干粮援疆；卓有成效地实现了三个突破：援疆干部思维的突破，招商项目建设的突破，对口援助成果的突破。"这也许就是对谢洪标三年援疆工作最好的总结。

（2008年6月11日《伊犁日报》）

附：

第十批援疆工作综述

第十批徐州市共选派29名干部人才对口支援奎屯市，其中党政干部9人、教师2批7人、医生2批6人、其他专业技术人才7人。选派2批21名“援藏援疆万名教师支教计划”教师到奎屯市等地支教。柔性引才146人次。3年投入援助资金3.66亿元，共实施项目69个，其中保障和改善民生类13个、产业援助促进就业类12个、智力援助类16个、文化教育类22个、交往交流交融类6个。投入计划外“小援疆”资金50万元。

因工作成绩突出，徐州市援疆工作组被省委、省政府表彰为“全省脱贫攻坚暨对口帮扶支援合作先进集体”，获江苏省“五一劳动奖状”；张磊、胡廷海、陈瑞被省委、省政府表彰为“全省脱贫攻坚暨对口帮扶支援合作先进个人”；杨毅被自治区“民族团结一家亲”活动领导小组表彰为“2021年度自治区‘民族团结一家亲’先进个人”。

立足受援地民生实际，集中实施教育卫生设施改善、基层公共服务建设等急需改善项目，民生项目资金每年均占援助资金88%以上。其中，投入援助资金16613万元，新建奎屯市第一高级中学学生宿舍楼、市第二高级中学（徐州高级中学）宿舍楼、新疆应用职业技术学院综合教学楼等；投入援助资金6392万元，新（改）建17个社区服务中心。全面落实文化润疆，投入援助资金1900万元，对奎屯市图书馆、文化馆进行数字化改造。投入援助资金1500万元，建设奎屯老年养护院和残疾人康复中心，改建2所医

2020年10月16日，徐州市领导赴新疆看望第十批徐州援疆干部人才，并与大家合影

院核酸检测场所等。奎屯市第一高级中学宿舍楼项目获伊犁州“天马杯”优质工程奖。

坚持把产业发展放在突出位置，拓展徐奎两地产业合作，促进产业援疆项目落地实施。开展招商引资对接活动110场，对接招商项目146个，意向项目82个，签约项目35个，总投资166亿元。其中，徐州赛诚公司总投资3亿元的超算及云渲染项目投产运

奎屯市第一高级中学宿舍楼（2022年摄）

新疆应用职业技术学院教学楼（在建）（2022年摄）

奎屯市第二高级中学（徐州高级中学）宿舍楼（2022年摄）

奎屯市阿乐腾肯特社区党群服务中心（2020年摄）

奎屯市海纳尔社区党群服务中心（2021年摄）

奎屯市芙蓉里东社区党群服务中心（2022年摄）

奎屯市金波园社区党群服务中心（2022年摄）

奎屯市图书馆（2021年摄）

奎屯市文化馆（2022年摄）

奎屯市融媒体中心演播室（2022年摄）

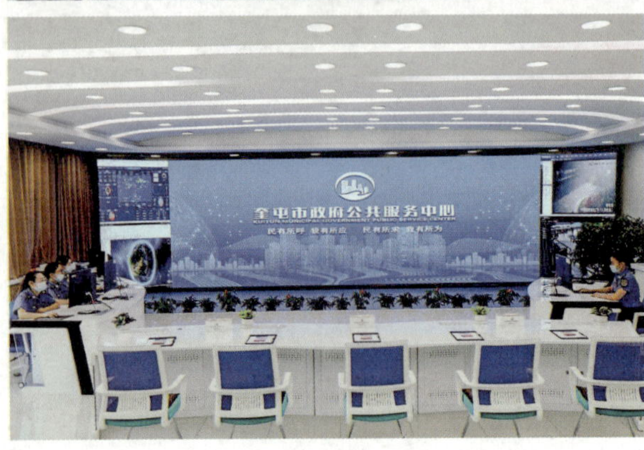

奎屯市政府公共服务中心（2021年摄）

营。推进光伏组件、中装机器人、环保水处理、氨纶纤维、相变储能蜡项目等一批重大项目。通过做大做强平台经济，将产业园区打造成为聚集企业的重要平台。江苏援疆（徐州）产业园一期建筑面积5.6万平方米的19栋标准化厂房建成并投入使用，二期25万平方米的32栋标准化厂房及多层厂房部分竣工交付，有10余家企业落户。徐州（奎屯）科技产业园于2022年3月开工建设。截至2023年3月，已建设标准化厂房18栋，13家企业签约落户。该项目建成后，入园企业可达100家，年产值100亿元，带动就业3000余人。开展徐州人游奎屯、游伊犁活动。2020年冬，“徐奎情·援疆行”——“徐奎丝路汉风号”旅游包机活动成功实现首航。2022年6月，“援疆情·伊犁行”首趟旅游援疆专列抵达奎屯，累计完成8班次旅游援疆包机团、旅游专列业务。

对接后方单位，会同奎屯当地相关部门开展各项经贸交流和消费帮扶活动。在徐州成立新疆奎屯馕烘焙文化产业园徐州体验园和徐州援疆优品特产体验店，为徐州百姓提供购买新疆特产渠道。通过举办新疆特产美食展销会、伊犁州特色农产品展销会、徐州网红直播扶贫助农会等各类展会展销活动，3年间，徐州市场共销售新疆奶制品、馕、瓜果、蜂蜜等特色产品约2700万元。

围绕受援地稳定发展改革所需，持续加大实用型、紧缺型人才培养和引进力度，努力打造一支带不走的人才队伍。3年共投入援助资金1280万元，通过“请进来”与“走出去”相结合方式，实施培训项目121个，培训干部人才1.6万余人次。开展柔性引才公开招募工作，从徐州柔性引进专业技术人才146人次；通过“揭榜挂帅”组团式引进创客基地建设、旅游服务管理、城市管理规划等团组30余名人才。组织高层次紧缺人才专项招聘活动，共引进86名高层次人才，有效缓解了奎屯市人才紧缺的局面。加大教育“组团式”援疆力度。实施名师带动、“青蓝结对”工程，通过组建名师工作室，与

新疆赛诚云渲染与超算中心（2022年摄）

当地骨干教师结对等，提升当地教师教学水平，受益教师1890人次，指导的20余名教师论文在区州级刊物发表或获奖，6个区州级课题通过立项并结题。连续3年举办“徐奎杯”教学素养大赛，邀请徐州教育专家开展专题讲座等，传授教育教学新理念。组织名师引领“导航”培训系列活动，邀请徐州高级中学等10余家送教单位，依托“彭城好课堂”信息化平台，开设6门学科优质课和讲座，开展线上远程教学。3年共培训教师2400余人次。选派100余名管理干部、教育骨干赴徐州名校跟岗学习，协调徐奎两地教育局在学校结对、师资培训等6个方面签订合作协议，组织徐州市4所四星级高中与奎屯市第二高级中学（徐州高级中学）结对共建，形成全方位帮扶格局。加大医疗“组团式”援疆力度。依托援疆医生均来自徐州市三级甲等医院的资源优势，助推奎屯市妇幼保健院创建二级甲等妇幼保健院。协调徐州市第一人民医院，构建徐奎眼科联盟，支持奎屯市妇幼保健院建设儿童青少年眼保健中心，填补奎屯相关医疗领域空白。推广儿童内分泌疾病特色诊疗等2项新技术，打造产科、儿科重点科室。开展“徐奎一家

2020年9月30日，新疆奎屯馕烘焙文化产业园徐州直销店开业

2021年9月29日至10月3日，徐州市援疆工作组组织奎屯市玉器、土特产品经销商分赴徐州经济技术开发区、云龙区、沛县等地展销

亲，健康心连心”活动，提升奎屯卫生健康专业技术人员业务水平。坚持每周业务大查房、每月业务讲座，以师带徒结对培养医生12名。3年累计为当地群众开展门诊服务2800人次、手术120人次。组织开展义诊、送医进基层、“视觉健康校园行”等活动，受益群众960余人次，让奎屯各族群众在家门口就享受到优质医疗服务。

深化各种形式的交往交流交融，努力把对口援疆打造成民族团结工程。多层次加强交往交流。做好省、市、县等各级代表团互访交流工作，推动徐奎两地党政干部互访交流，奎屯市委、市人大、市政府、市政协、市开发区主要领导、部分相关单位领导分别带队赴徐州市考察交流，两地人大机关等20余家单位结对共建。分批分期组织开展奎屯市人大代表、政协委员、民族团结进步模范个人等社会各界代表“看徐州”活动，开展徐州市基层党组织书记、企业家等各行各业代表“奎屯行”活动。组织推进两地镇（街道）村（社区）开展对口帮扶活动，徐州市7个镇（街道）和奎屯市3个街道及开干齐乡4个村结对子，全方位助力受援地乡村振兴。多领域开展广泛交流。着力打造“丝路汉风”文化交流品牌，开展2020年徐州—奎屯“丝路汉风”嘉年华暨奎屯（徐州）旅游招商推介会、2021淮海经济区文旅产业博览会暨奎屯（徐州）文旅招商推介会、2021徐州摄影展暨第三届淮海经济区摄影文化周、2022年徐州—奎屯“丝路汉风”嘉年华暨奎屯（徐州）文旅招商推介会等活动，推动徐奎两地广泛交流互动。3年间，徐奎“丝路汉风·汇彭城”系列活动累计在徐州演出15场次，直接参与活动20余万人次。会同奎屯市委、市政府承担第十三届中国（徐州）国际园林博览会“新疆园”设计规划和建造工作，助力“新疆园”于2022年11月6日在徐州开园。多形式深度交融。连续3年在青少年学生中开展两地“万里鸿雁传真情”手拉手书信交友活动，组织实施互寄一

徐州市第十批援疆专业技术人才中期轮换交接合影（2021年摄）

2020年10月16日，奎屯市召开2020年青年干部党性锻炼专题培训班行前动员会

2020年10月18日，徐州市援疆教师开展语文示范课教学（2020年摄）

2021年第三届『徐奎杯』专家现场示范课幼教专场（2021年摄）

2020年10月19日，『江苏名医伊犁行（奎屯站）』义诊系列活动启动仪式

徐州市援疆医生、自治区优秀援疆干部人才、奎屯市妇幼保健院副院长李春建（右一）指导学员使用眼科检查设备（2021年摄）

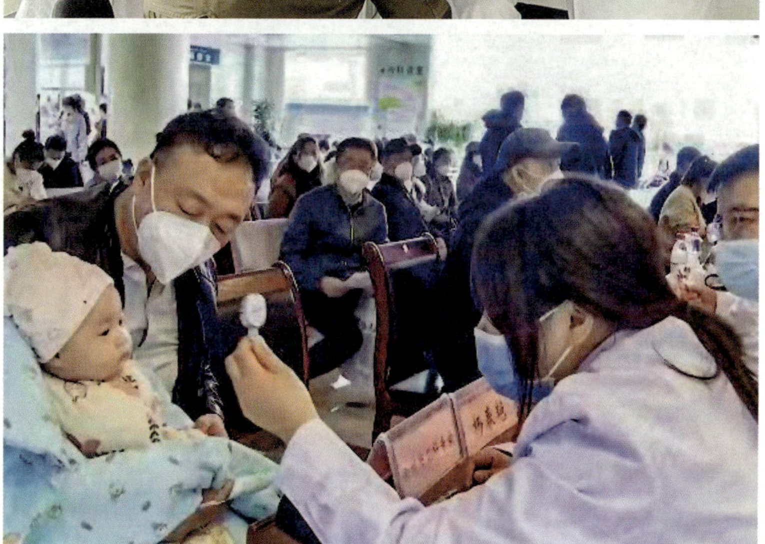

2023年3月13日，徐州市医疗专家在奎屯医院开展义诊

封信、互送一张贺卡、互致一句祝福、共读一本书、同做一次家务、同唱一首主旋律歌曲“六个一”活动，累计寄送书信3.2万余封，开展线上活动500余场，参与活动4.2万人次。徐州市援疆工作组连续三年被江苏援伊指挥部、伊犁州教育局表彰为“万里鸿雁传真情”手拉手书信交友活动先进单位。拓展“G30徐奎红领巾”民族团结夏令营品牌活动，先后组织开展“红领巾心向党”少先队党史学习教育、“石榴籽一家亲”暨G30徐奎“民族团结一家亲”夏令营活动。组织援疆干部人才到开干齐乡高疙瘩泉村开展“共筑民族团结情，徐州奎屯一家亲”结对认亲活动，围绕“结对子、结亲戚，促民族团结、促长治久安”目标，开展“七个一”（每个月联系一次，每两个月见面交流一次，每季度共同劳动一次，每年帮助办实事、解难事一两件，每年邀请结对认亲户走亲戚一次，重要节日问候一次，援疆干部亲属来疆探亲联谊一次）交流帮扶活动，经常联系走访，结下深厚情谊。疫情防控期间，为受援地筹集价值近百万元防疫物资，列支400万元用于奎屯市疫情防控购置医疗设备，募集40万元善款捐赠给奎屯市。联合新疆心之源影视传媒有限公司共同拍摄援疆题材院线影片《飨宴》。

2020年10月，奎屯—徐州“丝路汉风”嘉年华活动在徐州举行

2021年6月17日，“徐奎丝路汉风号”旅游援疆包机抵达奎屯

2021年10月，“徐奎丝路汉风”嘉年华文艺汇演在徐州博物馆举行

2022年徐奎“强国复兴有我”庆“六一”入队仪式暨“万里鸿雁传真情”书信交流文化交融活动

2021年7月12日，『红领巾心向党』少先队党史学习教育暨G30徐奎『民族团结一家亲』夏令营在奎屯开营

2023年2月22日，徐州市援疆工作组在奎屯市开干齐乡开展『民族团结一家亲』走访慰问活动

《飨宴》剧组在奎屯及徐州市援疆工作组驻地取景拍摄（2020年摄）

徐州市援助奎屯市部分项目情况表

单位：万元

序号	项目名称	援助时间	援助资金
1	市第二高级中学（徐州高级中学）综合教学楼	2020	4445
2	帝锚旅游配套工程	2020	500
3	“十四五”规划编制项目	2020	200
4	新疆应用职业技术学院综合教学楼、宿舍楼	2020～2022	9168
5	社区服务中心	2020～2022	6392
6	产业招商推介项目	2020～2022	450
7	党政干部、专业技术人才及职业技能等培训项目	2020～2022	1280
8	区外高校就读贫困生补贴项目	2020～2022	66
9	支教教师保障项目	2020～2022	510
10	交往交流交融项目	2020～2022	582
11	海纳尔创客人才社区工厂基地	2021	400
12	市第一高级中学宿舍楼	2021	3000
13	市图书馆数字化改造工程	2021	500
14	市妇幼保健院 PCR 临床基因扩增检验实验室	2021	400
15	老年养护院	2021	500
16	残疾人康复中心	2021	1000
17	技术创新奖励项目	2021	400
18	人民医院救治能力提升项目	2021	275
19	品牌文化惠民活动项目	2021～2022	200
20	信用体系课题研究项目	2021～2022	129
21	航线补贴项目	2021～2022	710
22	柔性引进高层次人才项目	2021～2022	160
23	融媒体中心	2021～2022	600
24	旅游大数据平台	2021～2022	70
25	园林苗木培育基地	2022	240
26	东区农贸市场改扩建工程	2022	350
27	金源粮油标准储备库	2022	300
28	中小学建设项目	2022	230
29	幼儿园建设项目	2022	130
30	数字文化体验馆改建工程	2022	500
31	人才公寓	2022	700

说明：表中所列项目为单次投入或累计投入援助资金50万元以上项目。

唐布拉风光（袁江仁／摄）

第五节 常州市武进区对口支援尼勒克县

满尼勒克

尼勒克县位于新疆北部的天山西段南麓、伊犁东北腹地。东连天山北坡城市群，西通中西亚交通枢纽，距伊宁市110千米。2019年，全县面积1.01万平方千米，人口18.3万人。尼勒克县具有丰富的草场、矿藏和旅游资源。

根据新一轮对口援疆工作部署，2010年12月，武进区成立对口支援伊犁州尼勒克县工作领导协调小组，并设立前方工作组。2010年12月至2019年12月，先后选派4批108名援疆干部人才，共实施项目170个，累计投入援助资金6.5亿元。

武进区以尼勒克县“十二五”“十三五”发展规划为基础，根据尼勒克县资源禀赋、区位条件、产业基础，先后编制完成对口支援尼勒克县专项规划和“十三五”规划。突出民生改善、基础设施建设、贫困弱势群体帮扶等重点，统筹推进产业经济、干部人才、教育科技、文化卫生和脱贫攻坚等领域综合援助，让援疆综合效益转化为受援地百姓最扎实的获得感、幸福感。援建全州一流的妇幼保健院和武进高级中学，建成被誉为“援疆第一景观大道”的武进大道，解决群众就学、看病、住房、出行等实际困难。打造“一区三园”（能源化工园区，农业科技示范园、畜牧科技示范园、绿农产业园）产业发展载体，带动各族群众就业增收，深化产业合作，帮助尼勒克县进一步壮大特色优势产业，持续增强内生动力和可持续发展能力。施行“立体式”教育援疆、医院结对共建等模式，有效推进当地教育、医疗水平提升。两地多层次、多形式开展走访互动活动，增进民族团结，助推脱贫攻坚。2018年，尼勒克县实现整体脱贫摘帽。

一、民生援建

武进区重视城乡居民住房、公共服务设施、基层服务中心建设等民生援疆项目，造福受援地群众。

2011～2013年，投入援助资金7400万元，建设安居富民房和定居兴牧房。推进“两居工程”示范点苏布台乡尤喀克买里村安居富民、定居兴牧小区建设项目，妥善安置该乡博尔博松村易洪区、地质灾害区域内农牧民家庭，配套建设“三农”服务中心、泄洪沟、引水渠、广场等基础设施，使农牧民定得下、居得好、能发展。建成1个社区、13个村服务中心。投入援助资金8300万元，建设尼勒克县武进高级中学，可容纳3500名学生就读，成为自治区一流高级中学。建筑面积4500平方米的尼勒克县妇幼保健院投入使用，成为伊犁州样板妇幼保健医院，提高当地妇女儿童健康水平。建设环保监测业务用房，推进实施尼勒克县“生态立县”战略。2013年，投入援助资金1800万元的武进大道开工建设。

2014～2016年，坚持项目资金向基层倾斜，安居富民房、农村安全饮水、农村医务室、农村幼儿园等民生项目投入资金占比超过80%，项目遍布全县各乡镇场，各族群众普遍获益。完善提升尼勒克县武进高级中学设施功能，使其成为集信息化、智能化、园

2011年4月16日，常州市武进区对口援建尼勒克县民生和产业项目开工仪式

尼勒克县定居兴牧示范点居民住房（2012年摄）

尼勒克县定居兴牧示范点（2012年摄）

尼勒克县安居富民工程（2019年摄）

2013年8月28日，尼勒克县武进高级中学落成暨武进援疆项目集中交付仪式

尼勒克县武进高级中学（2016年摄）

尼勒克县妇幼保健院（2012年摄）

林化于一体的现代化高级中学。改善农村幼儿园基础设施，在边远地区新建2所农村幼儿园。武进大道建成通车，成为连接尼勒克新城北公共服务区、新城南旅游商贸片区及湿地公园旅游服务中心重要城市主干道，不仅极大方便居民出行，而且提升城市形象。完成医疗装备提升工程，购置现代化医疗设备，提高县级及乡镇卫生院医疗装备水平，提升全县医疗救护能力。全力推进社会福利园区建设，改变过去福利机构分散、资源浪费、服务单一、运营成本高的状况，极大地提升对保障对象的供养和服务水平。

2017～2019年，投入援助资金7000余万元，补助建设安居富民房。投入援助资金9365.61万元，集中建设武进实验学校，解决当地群众子女入学难问题。完成教育信息化提升工程，建设教育城域网、学校录播室及电子阅览室，提升全县教育系统智能化管理水平。推进喀拉苏乡加尔托汗村整村改造工程，实施整村生态厕所示范改造、村级公共服务平台、牲畜集中饲养基地等项目，有效解决乡村环境脏乱差等问题，实现经济效益、社会效益、环境效益有机统一。

尼勒克县加哈乌拉斯台乡加哈乌拉斯台村服务中心（2012年摄）

二、产业援建

武进区把产业援疆作为援建工作重点，加强产业对接，开展招商引资，努力实现援疆工作从“输血”向“造血”转变。

2011～2013年，抓住国家推进中西部地区承接产业转移的重大政策机遇，与尼勒克县搭建合作平台，在两地多次组织尼勒克县优势资源情况通报会、产业对接座谈会，推进两地多层次、全方位产业交流。围绕尼勒克县优势资源、支柱产业，投入援助资金500万元，援建畜牧产业示范园，为褐牛养殖提供技术保障。

2014～2016年，加快尼勒克县产业平台建设，设立50万元园区产业引导资金，全力打造尼勒克县“一区三园”产业发展载体。依托常州西太湖科技产业园与尼勒克县能源化工园区结对帮扶，帮助尼勒克县能源化工园区形成较为完备的规划体系。将尼勒克县农业科技示范园、畜牧科技示范园、绿农产业园3个专题产业园纳入援疆项目建设，进一步完善产业园区配套基础设施，提升园区产业承载能力，优化企业投资环境。每年在常州举办招商引资和旅游推介会，组织180余家江苏及其他省市企业到尼勒克县考察，举办招商推介活动28场次。围绕自治区“把伊犁河谷打造成世界级旅游精品”要求，协助尼勒克湿地古杨景区、唐布拉景区先后创建国家4A级旅游景区，湿地古杨景区创建自治区级生态旅游示范区。2015年，尼勒克县实现旅游收入5.4亿元。

2017～2019年，与尼勒克县深化两地优势互补、产业合作，实现从支援向合作拓展，激发受援地产业转型和经济发展动力。投入援助资金1522万元，建设尼勒克县武进民生产业园，建成标准化厂房12栋和仓储物流基地3000平方米，优化当地投资环境。完善旅游基础设施，在唐布拉景区新建生态旅游厕所14座，设立沿线景区标识标牌。引进尼勒克县首家旅行社凤凰国旅等企业，投资800万元打造乔尔玛红色旅游基地。发展“旅游+援疆”模式，打造尼勒克县旅游节庆品牌，举办唐布拉草原帐篷音乐节、冬季冰雪旅游节等活动，开展“千人原疆行”旅游活动。加强招商引资，举办招商项目推介会、特色农副产品推介会等，组织40批次240余名企业家到尼勒克县考察调研、对接项目，引进旅游投资公司、畜禽食品深加工企业、电商平台企业、生态环保公司、绿色建筑企业等项目24个。推动转移就业，组织近20家企业到尼勒克县召开现场招聘会20余场，促成757名农村富余劳动力在江苏就业。

尼勒克·武进中小企业创业基地（2016年摄）

2017年7月3日，武进『千人原疆行』飞机团首批游客抵达尼勒克

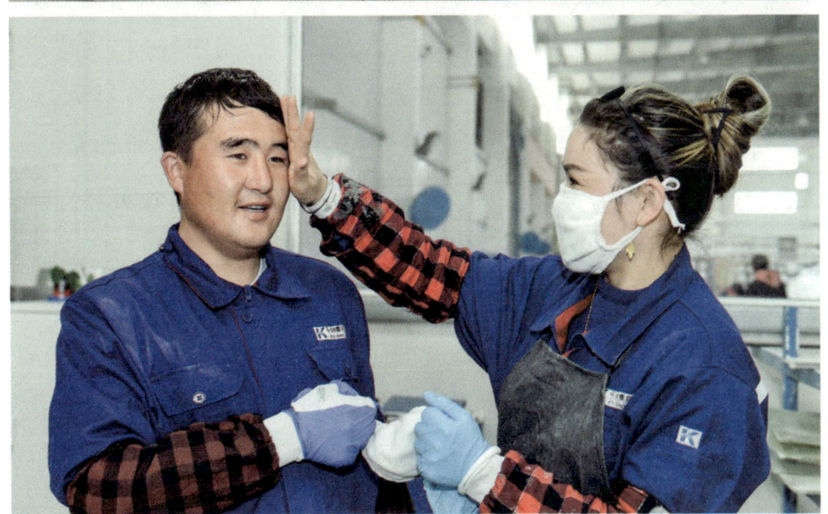

在武进碳元科技股份有限公司转移就业的尼勒克夫妻员工（2019年摄）

三、智力援助

武进区通过干部人才交流、培训、挂职等方式，推进智力援助，为尼勒克县经济发展、社会稳定和长治久安提供人才支撑。2011～2019年，累计培训尼勒克县党政干部、专业技术人才1万余人次，引进柔性人才400余人。

2011～2013年，注重尼勒克县干部轮训工作，坚持“请进来”与“走出去”相结合、现场教学和远程教育相结合，改进完善培养方式和管理办法。制定《尼勒克县干部人才赴苏培训百分制考核办法》等制度，干部人才培养工作取得实效。协调尼勒克县干部20余批600余人次到武进区培训、挂职。武进区接待尼勒克县未就业少数民族普通高校毕业生3批169人到江苏学习。组织规划、农林、卫生、教育及企业经营等方面专家到尼勒克县现场教学，培训农技人员、畜牧兽医专业技术人员、农牧民2500余人次，旅游服务业从业人员400余人次。邀请专家编制尼勒克县及村镇规划。围绕“以老带新、以新促老、师徒结对、共同提高”目标，援疆教师、援疆医生开展师徒结对，实施“青蓝工程”。援疆教师在教学管理、教案编撰、教师培训等方面创特色，尼勒克县第一中学高考本专科上线率由援疆前不足60%提高到99.2%。援疆医生不断扩大专家专科门诊活动影响力，累计诊治病人1.1万人次，主持高难度手术460例，抢救危重病人420人次，下乡义诊80余人次，接诊2000人次。腹腔镜下普外科微创手术、全髋关节置换术、急性心肌梗死溶栓术等18项新技术填补该县医疗技术空白。

2014～2016年，引进柔性人才200余人，涉及党建理论、教育医疗、文化体育、产业发展等领域。通过公开招募，重点引进13名柔性紧缺人才到尼勒克县工作。安排尼勒克县干部人才300余人次到武进区跟班学习，组织开办“清华班”“复旦班”“延安班”等特色培训班。武进援疆干部人才以“1+X”形式，与尼勒克县104名干部人才开展“师徒帮带”活动，采取技术指导、现场授课和课题攻关等方式，为当地培养“带不走”的业务骨干和学科带头人。针对尼勒克县是农业畜牧大县实际，着力打造“基地+培训”模式，利用农业科技示范园、畜牧科技示范园、林果科技示范园等实训基地，组织农牧科技人才、种植养殖大户开展滚动式培训，有力提升专业技术人才素质。援疆教师在尼勒克县武进高级中学创立名师工作室，同时开办“武进班”，以“武进班”模式强化教学管理，带动全县教学管理、教研水平逐年提升。援疆医生诊治患者累计超2万人次，抢救重症患者500余例，填补医疗技术空白39项。武进区农林、畜牧、旅游、环保、金融等领域专家对尼勒克县提供全方位技术支持。

2017～2019年，通过柔性引才、送教送培等方式，组织武进区教育专家团、校长团"问诊把脉"，在幼儿教育、义务教育、职业教育、远程教育、教师培养、教学管理等方面实现"全链帮扶"。尼勒克县武进高级中学"武进班"实现高考本科全部达线。武进"校长团"和骨干教师对新建的尼勒克县武进实验学校实施托管式援助，打造"全县标杆、全州一流、自治区知名"的样板学校；组织"同心共筑成长梦"教育助力系列活动，实施"远程在线课堂"试点研究，提升各学校领导领导力、中层干部管理力、教师专业力和学生学习力。落实"援藏援疆万名教师支教计划"，在常州市范围内统筹选派17名初高中教师到尼勒克县任教。推进学前教育深度合作，常州幼儿师范学校与尼勒克县教育局开展跟岗培训、实习支教、结对帮扶等工作。援疆医生围绕打造特色骨科、特色产科开展"组团式"医疗援疆，填补当地医疗技术空白19项；开展专业讲座40余场，培训县乡村三级卫生技术人员5000余人次；到社区开展科普讲座10余场，参与居民1000余人次；深入牧区蜂场、贫困乡村、县福利院等开展义诊活动50余场，接诊农牧民2400余人次。

2014年3月8日，常州市武进区援疆干部实地调研考察旅游节点规划设计

常州市武进区援疆教师在辅导学生（2011年摄）

常州市武进区援疆教师为尼勒克县武进高级中学学生进行辅导（2017年摄）

常州市武进区援疆医生为尼勒克县受灾群众义诊（2012年摄）

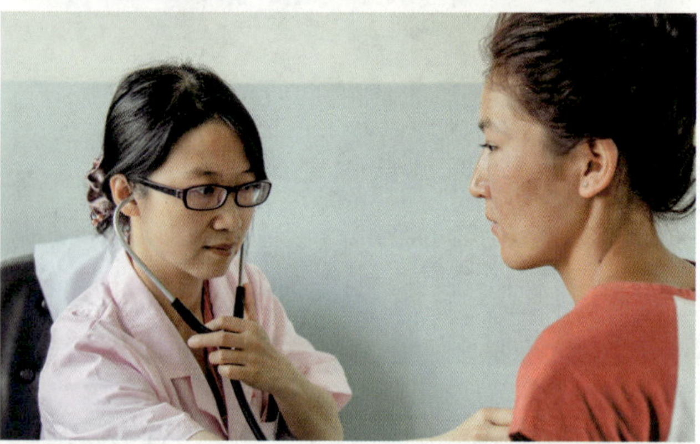

2012年6月26日，常州市武进区援疆医生、尼勒克县妇幼保健院副院长、自治区优秀援疆干部人才王丽雯（左）在接诊

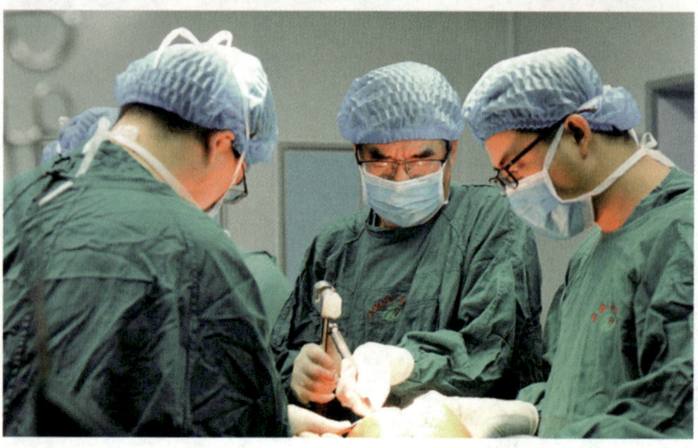

常州市武进区援疆医生、自治区优秀援疆干部人才朱建国（中）为患者做手术（2019年摄）

2011年10月25日，尼勒克县基层干部培训班在武进举办

2013年5月10日，尼勒克县乡村三级干部轮训班（第一批）在武进开班

2015年7月，常州市武进区援疆工作组在复旦大学组织举办尼勒克县优秀党政干部高级研修班

【链接】武进教育援疆“全链帮扶”:同心共筑成长梦

援疆是国家战略,教育是百年大计,教育援疆是对口支援的重中之重。2019年,是武进第九批援疆工作圆满收官的冲刺之年,而教育援疆已然成为能否决战决胜的关键之举。5月8日～10日,由江苏省常州市武进区教育局党工委书记、局长郑全伟率队,考察团一行6人穿越万里、赶赴尼勒克,开展“组团式”把脉问诊,助力武进援疆教育冲刺行动。

在尼勒克、武进两地教育交流座谈会上,尼勒克教育局党委书记朱凡详细介绍了全县教育工作情况、存在的薄弱环节和下一步打算。考察团一行对尼勒克教育工作取得的成绩给予肯定,就义务教育、职业教育、高中教育、远程教育、教师培养、教学管理等内容,交流经验做法,帮助问诊把脉,并就两地合作如何深度拓展、广度延伸、力度强化上进行了广泛深入的探讨,达成了一些合作意向。

举行捐赠仪式后,尼勒克县委副书记、武进援疆工作组组长薛建忠希望两地教育系统常来常往,持续发力、久久为功,助力尼勒克教育事业再上新台阶。他表示,两地教育系统要聚焦尼勒克教师业务能力提升,积极创新思路、举措和办法,在强化教师队伍素质、提升学校办学水平上下功夫、出成效。两地要开展广泛深入的对口帮扶,努力在增进合作中实现互利共赢。

在尼期间,考察团一行还实地察看了尼勒克县武进实验学校、尼勒克县武进高级中学等援疆项目,看望慰问了援疆老师,了解他们工作学习生活情况、存在困难等。

教育是民生之本、强国之基。2017年以来,第九批武进援疆工作组始终把教育援疆作为对口支援工作的重要内容,在后方教育系统的大力支持下,武进教育援疆从幼儿教育、中小学教育到职业教育实现了“全链帮扶”。

新建尼勒克县武进实验学校,彻底消除县城学校大班额现象,该项目将于今年8月底投用。为帮助提升尼勒克县教育系统智能化管理水平,建成了教育城域网、学校录播室和电子阅览室等。同时,加大与后方单位对接,30台钢琴、100台电脑、超万册图书等源源不断运抵尼勒克。

围绕“同心共筑成长梦”,开展援尼教育系列活动,校长(书记)领导力提升项目、中层领导能力大赛、青少年风采大赛等常态举办,务工人员职业教育培训等年年开展。全县教学管理能力全方位增强。

围绕“武进班”开展教育“组团式”援疆,2018年,尼勒克县武进高级中学“武进班”高考本科上线率实现100%。武进教育专家、优秀教师一批接一批赴尼勒克,深入幼儿园、初高中等,广泛实施青蓝工程,两地教师师徒结对、理论研讨、教学教研、互助备课蔚然成风,当地教师教学素养快速提升。作为深化“组团式”教育援疆的创新探索,援疆教师自我加压,每月举办多场“送课下乡”活动。通过武进援疆工作组和广大援疆教师的持续努力,“武进班”“武进援疆教师”品牌不断打响。

援疆干部人才捐款近45000元建立爱心基金,每月爱心小分队进村入户,帮助困难学生实现“微心愿”,组织武进爱心人士赴尼开展捐助、两地学生家庭一对一帮扶、武尼学生爱心结对、区级机关干部进行捐款。

如今,尼勒克县教学管理得到优化,教育内涵得到丰富,教师专业发展得到引领,援疆成果正在尼勒克显现。

(2019年5月20日《伊犁日报》)

武进区第九批援疆工作纪实

【链接】"临危"受命——援疆干部杨国成的两次援建路

在江苏省第七批援疆干部人才队伍中，有一位援疆干部很特别，因为他是唯一一位既参加了2008年四川地震灾后重建工作，现在又投身援疆事业的干部——江苏省常州市武进区委常委、尼勒克县委副书记、武进区对口支援尼勒克县前方指挥组组长杨国成。

两次"临危"受命　勇接援疆重任

"武进区第七批援疆干部队伍组建可以说是个特例。"说起援疆队伍组建时的情况，杨国成感慨万千。他告诉记者："本来这次武进区只要'出钱'不要'出人'，但由于江苏省的19支援疆队伍临时调整，武进区既要'出钱'又要'出人'。接到任务时，我们已经比其他援疆兄弟市（区）整整晚了半年。当时组建队伍实际只有半个多月时间，任务重、压力大，可挑选到谁，谁都没说个'不'字。"

由于新一轮援疆是全方位的综合性援疆，模式借鉴了四川地震灾后援建模式。武进区委、区政府在考虑援疆前方总指挥人选的时候，首先就把目光锁定在了原武进区援川副总指挥、时任武进区前黄镇党委书记杨国成的身上。

据了解，在杨国成任武进区援川副总指挥、对口援建四川省绵竹市金花镇的两年时间里，他带领同伴克服了常人无法想象的困难，三年援建任务两年完成，出色地完成了金花镇的重建工作，打响了"武进援建"的品牌。

由武进区援建的金花镇玄郎村，自重建搬迁后，迎来了参观考察人员300余批次近10万人，多位党和国家领导人也曾到过玄郎村调研指导，玄郎村已成为四川省灾后重建和新农村建设的样板。与上次赴四川参加地震灾后援建一样，杨国成这次赴伊犁州尼勒克县援建也同样是"临危"受命。

在这期间，杨国成的岳父被查出得了癌症。面对组织的托付，他毅然接下援疆的重任，离开年幼的孩子和需要照顾的家人，开始了生命中的第二次援建历程。

践行"武进作风"　为尼勒克百姓谋福祉

2010年12月25日，面对艰巨的援疆工作任务，杨国成无暇于"塞外江南"的美景，而是带领武进区援疆干部立即投入到紧张的工作中。

"要想富，上项目。上什么项目好？什么样的项目能够更快地让当地老百姓得益？"杨国成与他的武进区援疆团队陷入了深深的思考。走厂矿、赴牧场、到农村嘘寒问暖，杨国成带领援疆干部下基层了解情况。在了解了各族群众的急迫心愿后，杨国成提出了一条原则：上项目一定先上能让当地群众马上受益的。

在牧区调研时，杨国成了解到由于生活习惯和经济原因，一个县还没有一座妇幼保健院，群众迫切盼望改变现状。

"提高当地妇女儿童的健康水平，就是保护下一代，就是为尼勒克县今后的发展积蓄能量，这样的事不能不办啊！"援疆医生王丽雯呼吁，重新调整援疆项目，特事特办，急事先办。于是，援疆干部们把建筑面积4500平方米的妇幼保健院项目提前，并且当年就开工，施工高质高效。现在主体建筑已经封顶，进入内部装修、设备安装调试阶段，预计今年"十一"前就能开门收治病人。

在尼勒克县，备受当地群众称道的还有"一村一品"和"一镇一品"安居工程的实施。武进区援疆干部十分重视这个工程，他们请了三家规划设计单位进行设计，结合民族特色，考虑风俗习惯，拿出了5种户型，供村民选择。配合当地"定居兴牧"工程，援疆干部又在苏布台乡搞起美观新型的定居点建设试点，现已交付使用。

杨国成告诉记者："光是'一村一品'和'一镇一品'这两个安居工程，我们就投入了2000万元，计划用3年时间建设尼勒克县定居兴牧住房2000户、安居富民房4000户。定居兴牧住房每户建筑面积不少于80平方米，棚圈建设面积不少于100平方米，确保10到20年都不落后。同时，要实现通电、通水、通路，要有住房、有棚圈、有草料地，还要有幼儿园、小广场、三农服务中心等配套设施，打造'伊犁河谷第一村'。"

"保障和改善民生，是我们武进区对口支援尼勒克县工作的出发点和落脚点。作为一名援疆干部，我们要做的就是让每一个援疆项目都能够造到尼勒克县人民的心坎里。"杨国成说。

（原文刊载于2012年5月22日《伊犁晚报》，本文有删节）

【链接】马建立：把尼勒克当第二故乡

马建立，一位土生土长的江南人，因为有着长期的基层工作经历，在项目建设、产业招商、民生事业等方面有着丰富的实践经验，成为江苏省常州市武进区第八批援疆团队副组长的重要人选。2013年，他不顾自己的过敏性体质，主动请战，告别亲人，踏上援疆的征程，在他的行囊中，各种药物占据了相当位置。

"真情援疆拼三载、追求卓越超期待"是武进工作组的援疆主题，也是马建立的不懈追求。来到尼勒克县后，在"县领导+责任部门+联络员"的援疆项目推进体系下，他身体力行，甚至在得了重感冒的状况下还不愿意休息，每个环节做到亲自把关、亲自指导、亲自验收，武进大道、武进高级中学、湿地古杨景区门禁系统建设、4D影院等一批重点项目的稳步实施，尼勒克县湿地古杨景区成功跻身国家4A级景区行列。

马建立牵头起草全县《关于进一步加强招商引资工作的实施意见》，以小分队招商形式走访重点企业23家，获取有价值的招商信息13条，扬阳集团的冷水鱼养殖项目首期投资已经到位，东方特钢焦炭项目、亚邦集团与牛塘化工厂合作的维C项目等均表示出良好的投资意向；蜂产品深加工、牡丹油子加工和农副产品深加工等项目已基本具备签署意向性投资协议的条件。

实施特色援疆"双百双千"工程，是援疆工作的创新实践，马建立倾注了大量心血，实现武进区尼勒克两地部门、单位、乡镇全覆盖"结对"。他通过资源共享、技能培训、医疗共建等形式，确定合作项目500多个，"小援疆"捐赠资金已达500余万元；促成武进区四套班子领导、爱心人士和援疆干部与尼勒克县1026户贫困户和贫困学生"结亲"，通过走访慰问、电话书信，QQ、微信等方式沟通感情、加强交流，已给每户贫困人员落实帮扶资金至少1000元，落实帮扶资金110余万元。

马建立把尼勒克当作第二故乡，把受援地各族群众当作亲人。来新疆不到一年，已先后资助了2户特困户、3名贫困学生、1名孤儿，经常为特困户和孤儿送去大米、面粉、清油等生活用品，为贫困学生送去书包、文具、台灯、字典等学习用品。有一次，加哈乌拉斯台乡特困户张军患急性肝炎住院治疗，没钱看病，他个人拿出10000元垫付了所有医药费，张军一家感动得热泪盈眶，握着他的手说："你就是我们家的救命恩人啊！"马建立说："能给我机会帮助你们，是我的缘分，援疆的三年，将注定是我人生旅途中一段最美好的回忆！"

（原文刊载于2015年1月13日《伊犁日报》，本文有删节）

常州市武进区第七批援疆干部人才与尼勒克县领导合影（2011年摄）

常州市武进区第八批援疆干部人才赴新疆前合影（2014年摄）

常州市武进区第九批援疆干部人才合影（2019年摄）

四、脱贫攻坚

武进区聚焦精准扶贫，构建全方位、立体式扶贫援疆机制，推动援建项目、资金向贫困乡村、贫困人口倾斜。2011～2019年，共投入救助资金2000余万元，惠及2万余人次。

2011～2013年，援助尼勒克县对口部门、乡镇现金、物品折合金额近2000万元，“小援疆”（指统一拨付援疆资金以外的由支援地相关单位、企业或个人捐赠的小额援疆经费）模式领先全州。开展“四个一”（工作组联系一个贫困村，每个援疆干部人才资助一名贫困学生、结对一户少数民族家庭、解决一名大学生就业）活动，累计资助超100万元，其中援疆干部人才个人资助超15万元。联合常州市武进中国春秋淹城旅游区管委会资助尼勒克县贫困中小学生100人。组织援疆干部人才为尼勒克县一名5岁患白血病女孩捐款。投入尼勒克县加哈乌拉斯台等乡镇抗洪救灾行动，与苏布台乡尤

2011年8月28日，常州市春秋淹城旅游区『爱心助学金』发放仪式

2014年7月10日，常州市武进区援疆工作组开展扶贫帮困集中捐助仪式

2017年7月27日，常州市武进区向尼勒克县捐赠特色援疆专项资金600万元

喀克买里村结成合作共建对子，每年资助10万元。

2014～2016年，按照“大援疆”精准施策、“小援疆”精准发力总体思路，采取“组团式”劳务输出、发展畜牧合作社和特色庭院经济等举措，引领全县脱贫攻坚。协调资金400万元，推进苏布台乡尤喀克买里村和喀拉苏乡吐普辛村重点脱贫项目。投入“小援疆”资金100万元，奖补西部三乡发展庭院经济。拓展和丰富“小援疆”内涵，深化“双百双千工程”（“双百”指组织武进区100家左右机关部门、镇、街道、开发区与尼勒克县对口部门、单位深化结对互助；动员武进区100家左右民营企业，利用武进区光彩基金，定向为“小援疆”募集资金。“双千”指充分利用募集资金，以结对帮扶形式，资助尼勒克县贫困人员和贫困学生不低于1000人，每年每人资助不低于1000元）。每年募集扶贫帮困资金120余万元，定向资助贫困人员和贫困学生共1200余人。101家单位与尼勒克县87家单位签订个性化特色援疆对接互助协议，实现从党政部门互访向扎实推动产业发展和理念引领转变。构建区县、乡镇（机关）、村（社区、学校、医院）三级结对帮扶网格，将结对帮扶延伸到村级，安排武进区“党建好、经济强、知名度高”的洛阳镇岑村村和湖塘镇东华社区，分别与“基础差、经济弱”的尼勒克县苏布台乡博尔博松村和尼勒克镇第三社区进行重点结对。重点围绕工作组结对联系的4个村（社区），着力在基层服务中心建设、文体设施、富民就业、扶贫帮困等方面进行全方位帮扶。

2017～2019年，以补短板为突破口，助力尼勒克县脱贫攻坚。利用“小援疆”资金，实施脱贫攻坚“十大行动”（贫困村退出攻坚、创业就业促进、旅游扶贫助力、产业发展提升、教育品牌创建、医疗惠民健康、干部人才互派、基层建设巩固、交往交流深化、同心同愿帮困）。投入资金215万元，实施“贫困村退出攻坚行动”，在30个贫困村各扶持1个脱贫攻坚项目。为县妇女就业创业基地提供帮扶资金100万元，添置纺织机械等设备，给贫困群众提供更多就业岗位。由援疆资金支持的民生坊、就业创业基地、创业孵化园等5个就业平台带动就业增加近500人。拓展“电商+消费扶贫”模式，在武进区先后开设3家原疆馆，建立社区分销系统，扩大尼勒克县农副产品销售渠道，年销售额500万元；支持开设《武进日报》乐购尼勒克特色产品店，在尼勒克县、武进区分别建设电商中心、物流仓库，为受援地农副产品销售提供相对稳定的市场。实施“同心同愿，同奔小康”特色援疆工程，开展“同心关爱”“同愿互助”“同奔小康”三大行动，引领和动员社会力量参与对口援疆。其中，“同心关爱”活动由武进区100户爱心家庭与尼勒克县100户贫困家庭结对子，相互关爱；“同愿互助”活动由武进区100家机关部门、乡镇等单位与尼勒克县100家单位结对子，开展业务交流、人才培养等活动；“同奔小康”活动由武进区100家企业到尼勒克县考察访问，寻求投资合作机会。武进区44个机关部门、所有镇（开发区、街道）、30个优强村（社区）与尼勒克县相关部门、13个乡（镇）场、30个贫困村结对共建，常态化开展对接互访、业务指导、跟岗交流、资源支持等活动。

【链接】尼勒克脱贫攻坚的“武进印记”

2018年10月，经国家专项评估检查，尼勒克县正式摘掉戴了32年的贫困县帽子。

伊犁哈萨克自治州尼勒克县，1986年被国家列为重点扶持的贫困县，该县贫困人口占伊犁州贫困人口总数的五分之一，尤其西三乡是当地扶贫开发最难啃的“硬骨头”之一。

2011年初，武进援疆工作组走进尼勒克县，在尼勒克大地的安居富民房、学校、医院、社区服务中心等民生工程中，在援疆大潮进入尼勒克的企业、技术、人才和理念中，以及援疆干部人才在交流交往交融中发扬的“事事当争第一流，耻为天下第二手”的新时代阳湖精神中，都矗立着“武进印记”。

武进援疆干部实施“贫困村退出”攻坚、创业就业促进、旅游扶贫助力、产业发展提升、教育品牌创建、医疗惠民健康、干部人才互派、基层建设巩固、交往交流深化、同心同愿帮困十大行动，帮助当地脱贫攻坚、改善民生、发展产业，创造了援疆工作的“武进经验”。

第一次参加应聘会的赛尔江

2月26日，18岁的赛尔江·托力克别克有些害羞地坐在江苏碳元绿色建筑科技有限公司的面试官面前。

“为什么想外出打工呢？”

“外出务工能开阔眼界，还能挣上钱。”赛尔江答。

赛尔江家里有20头牛，过去一直是他在照料。春节期间，赛尔江的母亲在村委会观看《尼勒克赴江苏今创集团务工专题片》后，就决定把牛交给牛倌，让儿子出去务工挣钱，增长见识。

与塞尔江一起去面试的迪力达·吾拉孜别克则显得沉稳许多。今年23岁的迪力达有过多次外出务工的经历，这让他在面试环节加分不少。

一个多小时后，成绩公布，迪力达通过面试，赛尔江落选了。

应聘岗位的竞争性让这些农牧民有了更多思考。“想要发展，解放思想是第一步。我还要提高其他技能水平，争取下一次应聘成功。”赛尔江没有气馁。

近两年，在武进对口支援尼勒克县工作组的帮助下，尼勒克县405名农村富余劳动力赴江苏就业，实现了地方减负、群众增收、企业发展的“三赢”。预计到年底，帮助尼勒克转移就业将超过700人。

农民种植黑麦每亩增收200元

2018年，加哈乌拉斯台乡加哈乌拉斯台村农民李占全，与伊犁玖鑫绿色农业发展有限责任公司合作，种植了300多亩黑麦。

伊犁玖鑫绿色农业发展有限责任公司坐落在武进对口支援尼勒克工作组援建的中小企业产业园内，主要从事农产品种植、加工和销售。公司选择与尼勒克县木斯镇、加哈乌拉斯台乡、苏布台乡的10多个村合作，帮助1100多户农牧民种植酸梅果、黑豆、黑花生、黑麦、胡麻等，发展特色种植。

李占全种植的黑麦当年8月以每公斤3.8元的价格被公司收购。相比种植普通麦子，每亩地增收200多元。“我们以成本价将种子卖给农民，又以高于市场价收购产品，带动更多农民增收致富。”公司总经理罗志军说。

“我们希望以中小企业产业园为依托，更好地服务像伊犁玖鑫绿色农业发展有限责任公司这样的企业，帮助他们做大做强，促进尼勒克县农业产业结构调整，从而带动当地农牧民脱贫致富。”尼勒克县委副书记、武进援疆工作组组长薛建忠说。

牧民成为创业明星

在尼勒克县苏布台乡博尔博松村，哈萨克牧民胡安德克搬进了新家。这是一幢带有民族特色的牧民定居院落，庭院里花红果绿。

胡安德克过去是村里的贫困户，近年来，随着国家实施精准扶贫战略的不断推进，胡安德克紧抓精准脱贫政策的好机遇，靠着牛羊养殖育肥，勤劳肯干，不仅摘掉了贫困户的帽子，还成为村里小有名气的创业明星。

在江苏武进援疆资金和政策扶持下，博尔博松村正致力于发展“一村一品”等特色产业之路，一大批和胡安德克一样脱贫致富的庭院种植、养殖模式等脱贫攻坚典型纷纷涌现。

生活发生翻天覆地变化的，不仅是胡安德克一家。武进援疆工作组努力拓展尼勒克县黑蜂蜂蜜、柯塞绣、肉乳制品、旱田馕等土特产产业链，利用武报乐购新疆特产体验馆等推介平台，不仅进一步拓宽了村民脱贫增收渠道，还使老人和妇女能够就近就业。

“实现脱贫摘帽，只是在全面建成小康社会道路上迈出的第一步，武进援疆工作组将进一步担当作为、扎实工作，充分发挥援受双方的桥梁纽带作用，为全面建成小康社会贡献武进力量。”薛建忠表示。

（2019年3月27日《新疆晨报》）

【链接】同心同愿　小康路上同唱幸福歌

2017年2月，武进对口支援尼勒克工作组在伊犁州率先实施“同心同愿，同奔小康”特色援疆工程，开展同心关爱、同愿互助、同奔小康三大行动，引领和动员社会各界参与对口援疆，让民族团结之花常开长盛。

3年来，武进、尼勒克两地“同心同愿”，小康路上，幸福踏歌来——

同心关爱——尼勒克人有了“武进亲戚”

这个暑期，武进第九批援疆工作组组长薛建忠带着来新疆探亲的家属，看望尼勒克县苏布台乡博尔博松村的3户结对帮扶亲戚。

在村民吾木尔别克家，薛建忠给吾木尔别克的小儿子带来了饼干、糖果等零食。一本五年级的数学试题集，是专门送给亲戚大儿子的。“大儿子数学成绩很好，在班里排第一，上次跟我说要一套数学试题集，找了很多地方，买到了。”因为常来常往，薛建忠对亲戚家的情况非常熟悉。

自武进援疆“同心同愿，同奔小康”工程启动以来，按照援疆干部至少2户、援疆人才至少1户的要求，工作组20名援疆干部人才共结对民族亲戚近70户。不仅如此，2017年，武进援疆工作组征集了100户武进学生家庭与尼勒克县贫困学生家庭结对帮扶。

还未开学，尼勒克县加哈乌拉斯台乡套乌拉斯台村村民克勒高斯尔就收到了武进亲戚徐新美微信转来的1000元学费。徐新美还帮着克勒高斯尔查找小学高年级的复习资料，希望她能考上更好的学校。

3年来，武进爱心家庭不断集结，同心关爱尼勒克。截至目前，已有150户武进爱心家庭参与结对帮扶。武进援疆工作组组织武进爱心家庭赴尼勒克、尼勒克贫困家庭孩子赴武进开展“携手假日，爱心暖阳”夏令营活动；开展“万里鸿雁传真情”武尼两地青少年手拉手书信交友活动，两地八所学校的1200名学生互相结对。

同愿互助——多一次结对多一分助力

进入8月，尼勒克县委组织部副部长、武进援疆工作组的冷亚春没有休息一天，每天都忙着联络接待一波又一波前来结对帮扶的武进考察团。于他而言，“累且欣慰”。

“多一批考察团，多一次结对，就多一分助力。”冷亚春说。在武进，44个机关部门和尼勒克县相关部门、所有镇（开发区、街办）、与尼勒克县13个乡镇场、30个优强村（社区）、与当地30个贫困村全部结对共建。双方开展对接互访、业务指导、跟岗交流、资源支持等多种形式的活动，同愿互助，走好脱贫之路。

8月5日，武进区湖塘镇政企代表团一行来到尼勒克镇，同行的还有几位社区干部。湖塘镇镇长谈正刚说：“援疆工作可以推向更深层次，比如湖塘在社区管理上的工作经验，是否可以在尼勒克嫁接探索，都是我们在结对中可以尝试的。”尼勒克镇党委书记韩涛说：“我们在乡村振兴、城镇化建设等方面缺乏经验，可以请湖塘为我们的城镇规划出谋划策。”

数据显示，尼勒克县现有持证残疾人4442名，是全县巩固脱贫攻坚成果的重点、难点群体。为此，武进区残联一行赶赴尼勒克县，送上12万元残疾人事业发展资金；常州谱瑞眼科医院院长陈兵等专家团，为残疾人患者施行近30例白内障手术，给他们带去了光明。

武进区总工会订购价值近18万元的尼勒克黑蜂蜜，拓展当地农副产品销路问题；武进自然资源局“把脉”尼勒克自然资源管理工作，开展多层面业务辅导；今创、碳元等10余家企业赴尼勒克专场招聘，700余名农牧民放下羊鞭成为产业工人……

不仅如此，从部门结对到工作互助，从业务交流到人才互通，着眼于长远，一大批武进优秀教师、医生、各行业技术骨干纷纷赶赴尼勒克，为当地的教育、医疗、工程建设等事业献计献策，助力发展。

同奔小康——幸福路上一个都不能少

“今年是第九批援疆工作的收官之年，后面还会有一批又一批的武进援疆人，将携手同奔小康的精神传递下去，武进和尼勒克天山雪松根连根，武尼人民一家亲的友谊会一直持续下去。”冷亚春说。

2017年2月，武进区委办公室、区政府办公室印发《常州市武进区对口支援伊犁州尼勒克县“同心同愿，同奔小康”工程的实施意见》的通知，赢得了江苏省对口支援伊犁州前方指挥部的高度评价；2017年4月，省前指以更高的视野，启动苏伊两地“万人帮万户，共同奔小康”援疆帮扶活动。

变化见证成效。在加尔托汗村，村民迪娜一家搬出了大山，住进了安居富民房，实现了“安居梦”；在武进碳元科技，勒斯根·沙孜山领到了每个月4000多元的工资，鼓起了钱袋子；开学前，布丽杜兴·江尼别克收到“武进姐姐”一家寄来的爱心款，购买了新学期的文具，温暖了求学路；越来越多涌入唐布拉景区的武进游客，让在景区做切糕生意的商贩李来信圆了致富梦……

数据振奋人心。3年来，武进援疆工作组动员社会各界力量参与对口援疆，累计捐资捐物1800多万元；协调后方80多家单位，帮扶1050个贫困家庭；举办各类爱心捐书活动，募集图书近10万册；促成40余批120余位企业家考察调研、投资兴业；80余家企业到尼勒克开展爱心捐赠，捐资捐物价值近300万元；成立“武进援疆爱心小分队”，每月赴乡镇场开展困难学生“微心愿”等活动，已帮助70余名困难学生……

“同心同愿，同奔小康。武进援疆用‘小爱心’融汇‘大团结’，以‘小援疆’凝聚了‘尼武情’，小康路上，‘像石榴籽一样紧紧抱在一起’。”薛建忠说。

（2019年8月26日《伊犁日报》）

五、交往交流交融

武进区把加强与尼勒克县交往交流交融贯穿于援疆工作全过程，搭建全方位交流交往平台，让援受两地各族干部群众在相互往来中增进感情、促进团结。2011～2019年，两地党政机关、企事业单位、社会团体双向交流考察，累计100余批1500余人次。

2011～2013年，武进区乡镇、部门分别与尼勒克县14个乡镇（场）、81个部门签订友好合作协议，实现两地友好合作乡镇、部门全覆盖。

2014～2016年，常州市、武进区两级16批党政代表团到尼勒克县开展交流对接，全面考察援疆项目，开展对口捐助和结对资助等活动，推动两地合作共建。组织开展“武进援疆活动周”“武进援疆活动月”系列活动，集中展示援疆成果，扩大援疆成效在各族干部群众中的影响力。尼勒克县党政代表团4次考察访问武进，在武进区及周边市县广泛开展产业招商、旅游推介、文化交流等活动，围绕城市规划建设、现代农业发展、生态旅游开发等课题深入考察交流。柔性引进武进名中医开展“中医膏方节”，促进中医文化在民族地区的应用。在尼勒克县举行“江苏文化产业伊犁行活动周”“江苏文艺巡回演出周”系列活动，促进两地文化交流，展示援疆成果。精心安排“爱我中华·尼武交融”夏令营、两地少年儿童“手拉手”等互助活动，促进两地学生交往交流，增进民族感情。

2017～2019年，投入援助资金200余万元，支持两地常态化开展党政交往，常州市、武进区两级累计90余个部门600余人次到尼勒克考察调研，开展业务交流。推进文化交流，举办“武尼人民心连心，民族团结一家亲”文化交流月、伊犁歌舞团江苏武进巡演、首届武进·尼勒克文化美食节等活动，促进两地文化共同繁荣发展。开展“牵手尼勒克·同行援疆路”江苏媒体行、“万里援疆，情系天山”新闻采访等活动，加深两地干部群众相互了解，宣传武进援疆工作，推荐当地旅游线路、特色农副产品等。全体援疆干部参加“民族团结一家亲”结对认亲等活动，深化交流交融。组织“百家联百户，学子手牵手”、“同心关爱，共沐书香”爱心捐书、“携手假日，爱心暖阳”主题夏令营等活动，全力推进两地青少年民族团结和共同进步，进一步加深武尼两地民族团结情谊。

2012年8月14日，常州市党政代表团与尼勒克县举行对口援疆工作座谈会

2014年3月8日，常州市武进区第七批援疆干部走访慰问贫困家庭

2016年，武进、尼勒克两地学生携手开展爱心结对夏令营活动

2017年3月25日，常州市武进区援疆工作组开展『民族团结一家亲』结对认亲活动

2017年2月13日，常州市武进区召开对口援疆『同心同愿，同奔小康』工程动员会议

常州市武进区援助尼勒克县部分项目情况表

单位：万元

序号	项目名称	援助时间	援助资金
1	县妇幼保健院	2010～2013	620
2	住房建设配套资金	2011	280
3	畜牧产业示范园	2011	500
4	定居兴牧工程	2011～2013	3400
5	援疆干部及专业技术人才周转房	2011～2013	1152.04
6	武进高级中学	2011～2015	8300
7	社会福利园区	2011～2015	1700
8	村（社区）公共服务设施	2011～2016	2262
9	安居富民工程	2011～2019	14386.5
10	党政干部、专业技术人才及职业技能等培训项目	2011～2019	1991.68
11	环保监测业务用房	2012～2013	259
12	“六大行动”计划项目	2012～2013	50
13	武进大道	2013～2014	1800
14	县疾控中心	2014～2015	300
15	农村饮水安全入户工程	2014～2015	100
16	广播电视覆盖系统扩大工程	2014～2015	300
17	农业科技示范园	2014～2015	300
18	畜牧科技示范园	2014～2015	210
19	中小企业创业基地	2014～2016	705.04
20	农村幼儿园	2014～2016	594.96
21	农村医务室	2014～2016	290
22	湿地古杨景区基础设施	2014～2017	2063.95
23	旅游规划及景区基础设施提升完善工程	2014～2019	1002.79
24	产业招商推介项目	2014～2019	720.67
25	唐布拉旅游景区基础设施	2015	500
26	医疗装备提升工程	2016	600
27	种蜂场“溧阳村”基础设施	2016	260
28	党员干部远程教育站点	2016	110
29	万亩现代畜牧业示范园	2016	500
30	教育信息化提升工程	2016～2017	2473
31	交往交流交融项目	2016～2019	366.71

续表

序号	项目名称	援助时间	援助资金
32	区外高校就读贫困生补贴项目	2016～2019	701.4
33	武进实验学校	2017～2019	9365.61
34	武进民生产业园标准化厂房	2017～2019	1522
35	喀拉苏乡加尔托汗村整村改造工程	2018	1914.12
36	“雪亮工程”项目	2018	150
37	支教教师保障项目	2018～2019	420.76

说明：表中所列项目为单次投入或累计投入援助资金50万元以上项目。

附：

第十批援疆工作综述

进区第十援疆工作纪实

第十批常州市武进区共选派34名干部人才对口支援尼勒克县，其中党政干部12人、教师2批12人、医生2批10人。选派2批39名“援藏援疆万名教师支教计划”教师到尼勒克县等地支教。柔性引才120人次，选派其他专业技术人才60人。3年投入援助资金2.5亿元，其中计划外“小援疆”资金2000万元。捐赠物资折合300余万元。共实施项目59个，其中保障和改善民生类11个、产业援助促进就业类14个、智力援助类18个、文化教育类10个、交往交流交融类6个。

常州市武进区第十批援疆干部人才合影（2021年摄）

因工作成绩突出，常州市武进区援疆工作组被省委、省政府表彰为“全省脱贫攻坚暨对口帮扶支援合作工作表现突出的集体”，徐治国被省委、省政府表彰为“全省脱贫攻坚暨对口帮扶支援合作先进个人”，裴晓冬被自治区评为“民族团结一家亲活动”先进个人。

3年间，共投入援助资金4220万元，助力受援地基层各类公共服务基础设施提升改造。完成种蜂场溧阳村等村庄规划及基础设施、综合环境提升。尼勒克县医疗体系建设提升工程基本完成，投入562万元援助资金新建县人民医院DSA介入治疗中心，填补医疗短板和技术空白。重点建设黑蜂科技文化馆、乔尔玛革命烈士纪念馆、馕和农耕文化馆、草原生态馆等。

尼勒克县武进民生产业园建设项目三期竣工投运并成功申报设立江苏援疆（武进）产业园，四期项目主体竣工，吸纳就业2000余人次。尼勒克县伊犁特色旅游农产品研发中心建设项目由中国农科院农产品加工所负责运营，设立专家工作站、特色旅游农产品研发中心、质量检测和品质评价中心，开发出低氘水啤酒、马奶粉等产品。重点发展旅游产业，在旅游规划编制、项目建设中，两年投入超5000万元。与中青旅等国内龙头企业合作，编制尼勒克县全域旅游规划。孟克特古道核心景区竣工投运。将招商引资作为“一号工程”，放大产业援疆成效。3年间，围绕尼勒克县产业发展实际，多频次开展招商工作。围绕牛产业，拜访中物国融、重庆清江、我武生物、佰仁医疗等养牛及牛制品应用企业，与多家肉牛养殖企业达成初步合作意向，进一步做大牛产业配置资源。围绕三文鱼产业，支持天蕴公司加大投入，依托中国农科院农产品加工所科研实力，拓展三文鱼产业链及其深度应用，完成投资3亿元。围绕旅游业，以尼勒克县优质旅游资源为依托，推动民宿、冰雪等项目招商取得明显进展。

实施尼勒克县高层次人才培养项目，助力尼勒克县高层次紧缺人才引育、县级专家工作室建设和县级拔尖人才培养。加强尼勒克县党政干部人才、医疗人才、教育人才等培训项目的实施，3年共完成70余个班次培训计划。实施柔性人才引进项目，共引进柔性人才120余人次，涵盖医疗、教育、农业、旅游等各个行业。持续开展“武进名师云端万里行”活动，组织60余名武进区各学科优秀教师，利用钉钉、云视讯等平台，向尼勒克县广大师生提供精品示范课。“组团式”教育援疆重点支持尼勒克县第一中学，轮换后的21名援疆教师均安排在该校支教。重点打造高中阶段“武进班”，该班在近年高考中屡创佳绩。实施尼勒克县支教教师保障项目，3年共从常州市选调39名支教教师；利用援疆资金引进14名特岗教师。实施“青蓝工程”，援疆教师以“师徒模式”帮带当地教师150人。“组团式”医疗援疆重点支持尼勒克县人民医院。援疆医生推广应用膝关

2020年6月15日，尼勒克县旅游推介会在常州市武进区召开

尼勒克·武进中小企业创业基地（三期）（2022年摄）

建设中的尼勒克武进民生产业园三期（2022年摄）

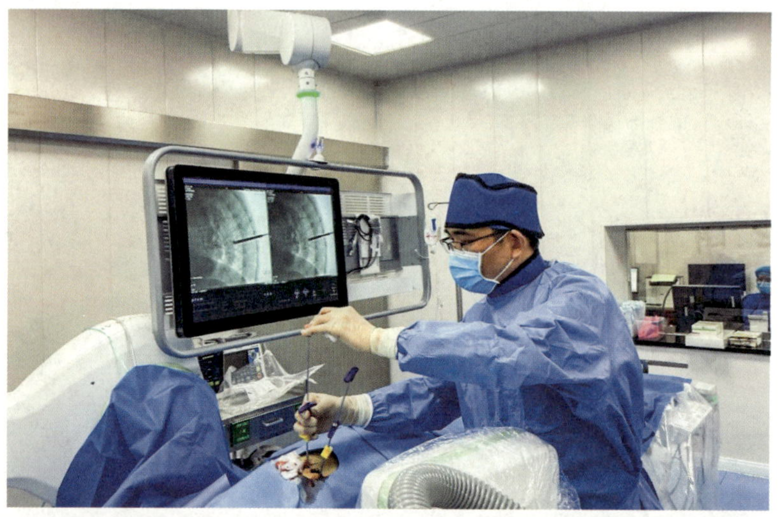

2022年3月，尼勒克县人民医院建成DSA导管室

2020年7月5日，常州市武进区援疆医生组织开展义诊活动

2021年6月21日，尼勒克县召开第十批援疆专业技术人才中期轮换总结表彰大会

常州市武进区援疆教师集中备课（2022年摄）

节置换、皮椎弓根螺钉等先进医疗技术，结对帮带15名当地医疗人才。

巩固脱贫攻坚成果，制定《武进区对口支援尼勒克县脱贫攻坚挂牌督战工作方案》，以点带面开展相关工作。帮扶到户。援疆工作组正副组长每人结对2户贫困户和3户团结关爱户，其他行政干部每人结对1户贫困户，与少数民族结亲戚，经常性开展住户走访；开展医疗下乡，并实施庭院整治、“两床一桌”等帮扶工作。实施尼勒克县在区外高校就读贫困生补贴项目，3年共补助800余人次，资金超500万元。帮扶到村。围绕提升村容村貌、壮大村集体经济，实施尼勒克县村庄环境改造提升建设规划项目和人居环境改善项目，集中实施村庄环境整治、旱田镶产业提升等项目。实施农业专题示范基地建设项目，探索水稻种植促进农民增收。消费扶贫。探索拓展“电商+消费扶贫”模式，依托传统商超、电商平台，进一步放大消费扶贫效应，为受援地农特优产品销售提供更加广阔的市场。筹办武进—尼勒克消费扶贫年货节，在武进增设尼勒克县农副产品销售门店和专柜5个，3年累计销售农副产品超2000万元。

围绕结对部门、乡镇、学校、企业、家庭等开展形式多样的特色援疆活动，充分发动全社会力量参与支持援疆工作。双方党政代表团定期开展交流互访，成功组织援疆10周年分享会，70余批次后方单位赴尼勒克县考察交流，共筹集特色援疆资金和物资价值2300余万元。援疆工作组在新冠肺炎疫情暴发第一时间，协调各方资源，捐助州县价值近50万元防疫物资。重点打造“筑梦喀什河 · 添彩尼勒克”援疆工作品牌，制定特色援疆三年行动计划。组织乔尔玛红色文化交流交往活动，弘扬独库公路筑路老兵的“天山精神”；组织苏绣—柯赛绣交流交往活动，邀请苏绣传人姚建萍赴尼勒克县开展技术指导和文化交流。

2020年12月19日，『消费扶贫·武尼同行』年货节在常州市武进区开幕

常州市武进区援疆干部走访团结关爱户（2020年摄）

2021年7月1日，『传承红色基因·赓续精神血脉』版画作品展在尼勒克县文化中心举办

常州市武进区援助尼勒克县部分项目情况表

单位：万元

序号	项目名称	援助时间	援助资金
1	安居富民工程	2020	437
2	唐布拉景区建设项目	2020	450
3	挤奶设备产业化研发项目	2020	90
4	苏布台乡援疆产业扶贫项目	2020	100
5	农村健康卫生生活方式培养项目	2020	427.68
6	规划编制项目	2020～2021	650
7	产业招商项目	2020～2022	800
8	武进民生产业园（三期、四期）	2020～2022	5200
9	基层公共服务管理设施	2020～2022	4220
10	人居环境改善项目	2020～2022	1913
11	党政干部、专业技术人才及职业技能等培训项目	2020～2022	1103
12	支教教师保障项目	2020～2022	920
13	区外高校就读贫困生补贴项目	2020～2022	620
14	交往交流交融项目	2020～2022	435
15	产业发展保障项目	2021～2022	500
16	“职教兴业”工程项目	2021～2022	200
17	医疗体系建设提升工程	2021～2022	885
18	全域旅游示范区创建配套建设工程	2021～2022	4627
19	伊犁特色旅游农产品研发中心	2021～2022	560
20	畜牧科技推广示范中心	2021～2022	100
21	航线补贴项目	2021～2022	710

说明：表中所列项目为单次投入或累计投入援助资金50万元以上项目。

“伊犁第一景”——果子沟（杨晓阳／摄）

第六节　苏州市对口支援霍尔果斯经济开发区（市）

霍尔果斯，位于伊犁河谷谷口，地处中国西部边陲，是古丝绸之路北道重要驿站，也是丝绸之路经济带核心区重要支点、新亚欧大陆桥重要咽喉地带。霍尔果斯有霍尔果斯口岸、中哈霍尔果斯国际边境合作中心、霍尔果斯经济开发区和霍尔果斯市“四块牌子”。霍尔果斯口岸是集公路、铁路、管道、航空、光缆、邮件“六位一体”交通枢纽和综合性多功能口岸。公路口岸于1881年通关，是中国最早向西开放的口岸，1992年向第三国开放，成为中国西部地区基础设施最好、通关条件最优的国家一类公路口岸。2012年12月22日，铁路口岸实现通车运营。2017年6月8日，铁路客运开通，是中国最大的常年开放的铁路客货运输口岸。中哈霍尔果斯国际边境合作中心于2006年由国务院批复设立，是中国首个跨境边境合作区，总面积5.6平方千米，其中中方区域3.43平方千米、哈方区域2.17平方千米。2012年4月，封关运营，实行一线放开、二线管住的“境内关外”管理模式。霍尔果斯经济开发区于2010年5月设立，总面积73平方千米，包括霍尔果斯口岸园区20平方千米、伊宁园区35平方千米、清水河配套产业园区8平方千米、兵团分区10平方千米。霍尔果斯市于2014年6月设立，距伊宁市90千米，属伊犁州直辖县级市，实行区市合一体制，是集边境区、口岸城、商贸型、国际化特点于一体的综合性城市，辖区面积1908平方千米，驻有兵团四师六十一团、六十二团2个团场，人口6.52万人（含兵团）。

2010年全国对口支援新疆工作会议召开后，为加强霍尔果斯经济开发区规划建设和管理，江苏省委、省政府决定把援建霍尔果斯经济开发区作为江苏对口援疆工作的重中之重，将原连云港市对口支援霍尔果斯口岸，调整为由开发区建设经验比较丰富的苏州市对口支援，连云港市参与，苏州市作为领队单位。由苏州市和苏州工业园区对口支援霍尔果斯经济开发区。2010年9月，苏州市成立对口支援新疆工作领导协调小组，并设立前方工作组。2017年11月，苏州市对口支援新疆工作领导协调小组更名为苏州市对口支援工作领导协调小组。2010年12月至2019年12月，共选派4批39名援疆干部人才、200余名柔性人才，共实施项目74个，累计投入援助资金7.67亿元。引进苏州市国有企业投资项目3个（苏新中心、苏新工业坊和苏新公社），累计投资15.89亿元。

根据霍尔果斯经济开发区目标定位，苏州市先后出台《苏州市对口支援新疆工作方案》《苏州工业园区关于对口支持霍尔果斯经济开发区建设的若干意见》等，制定各阶段援疆工作计划，注重输出开发区开发经验和苏州市管理经验，创造性地推进民生援建、产业援建、智力援助和扶贫帮扶工作。建成霍尔果斯创新创业中心，这是苏州利用援疆资金建设的规模最大的项目。由苏州工业园区出资成立的苏新置业有限公司开发建成苏新中心、苏新工业坊（厂房区）、苏新公社（集宿区）3个载体，成为霍尔果斯经济开发区开发建设的亮点工程和标杆项目。

坚持科学援疆、真情援疆、持续援疆，把“硬件”建设与“软件”建设、“输血”与“造血”、物质支援与文化交流相结合，以苏州速度和苏州效率形成具有苏州特色的全方位、多层次、立体化援疆工作格局，为霍尔果斯经济社会发展作出贡献。

苏州市第七批援疆工作纪实

苏州市第八批援疆工作纪实

苏州市第九批援疆工作纪实

霍尔果斯市区（2014年摄）

一、民生援建

苏州市将加大基础设施建设、改善民生作为援建工作出发点和落脚点。

2011～2013年，投入援助资金7407.49万元，建成霍尔果斯行政服务中心，建筑面积1.04万平方米，吸收借鉴苏州工业园区一站式服务理念，精简、规范、整合所有行政性审批与服务事项，提高办事效率，广大群众与社会各界满意度不断提升。

2014～2016年，投入援助资金6337万元，实施霍尔果斯基础设施修缮项目，进行中哈霍尔果斯国际边境合作中心“平安工程”项目、霍尔果斯合作片区、商贸片区道路基础设施修缮及相关配套项目建设，完成铁路口岸查验及附属配套设施建设，建成干部人才公寓和2所幼儿园，使霍尔果斯城市形象大为改观。借鉴苏州工业园区新型社区管理服务模式，投入援助资金7000万元，建造霍尔果斯北社区服务中心和配套区邻里中心，为当地居民提供一站式生活配套服务。

霍尔果斯行政服务中心服务大厅（2020年摄）

霍尔果斯友谊路、兰新路、陇海路综合整治工程（2015年摄）

霍尔果斯市第二小学、第二初级中学（九年一贯制学校）（2020年摄）

2017～2019年，投入援助资金516万元，实施安居富民工程，补助有建房需求的一般户和贫困户“四类人员”199户。针对喀拉塔斯村基础设施不完善情况，出资帮助改造村委会食堂和厕所等公共设施，引入社会资金助力村级服务中心建设。投入援助资金1091万元，完成218国道霍尔果斯口岸段附属设施（二期）建设，对互通区、连接线进行路灯架设和绿化。投入援助资金11461万元，建成霍尔果斯市第二小学、第二初级中学（九年一贯制学校），着力完善教育基础设施。在霍尔果斯市两个乡场建设10千米支渠防渗设施及渠系配套附属设施，完成中型灌区续建与节水改造工程。帮助霍尔果斯市完成劳动力就业和社会保障服务平台建设项目。完成中哈霍尔果斯国际边境合作中心平安工程项目建设。

二、产业援建

苏州市依托霍尔果斯资源和区位优势，通过产业援疆带动霍尔果斯产业转型升级。

2011～2013年，做好产业对接，安排707.15万元专项资金，推进援疆招商工作。组织参加招商活动，签约大型项目12个，共计130.51亿元。伊犁得尔达国际物流有限公司、新疆富川进出口贸易有限公司、新疆实邦进出口贸易有限公司等企业先后进驻开发区。总投资15.89亿元的苏新中心、苏新工业坊和苏新公社建成投入运营，帮助中哈霍尔果斯国际边境合作中心配套区招商引资，为发展纺织、服装等产业奠定基础，中国工商银行、中国农业银行、中国银行等金融机构首批进驻。配合霍尔果斯经济开发区管委会参加第三届中国—亚欧博览会，签约项目3个，引进投资8.8亿元。

2014～2016年，累计引进实体经济类项目6个，总投资22.4亿元，321家股权类投资企业和影视传媒企业落户霍尔果斯，产业援疆实现新突破。中国免税品（集团）有限责任公司、交通银行等40余家企业入驻苏新中心，带动免税购物、金融等相关产业发展。投入援助资金11071.37万元，建成红豆服装有限公司标准化厂房和霍尔果斯合作中心配套区首开区标准化厂房。苏州市牵头引进江苏红豆集团，总投资1.5亿元，投产后实现年销售收入1亿元，解决500人就业问题。安排招商推介资金促进霍尔果斯与境内外企业交流合作，配合霍尔果斯经济开发区管委会开展招商引资，重点推动棉纺基地和国际物流港、金融港和信息港建设，组织参加中国—亚欧博览会等。援助旅游业发展。投入援助资金200万元，完成旅游开发扶持项目。升级改造霍尔果斯国门景区，使景区软硬件配套设施、内外交通环境、旅游服务质量得到提升，初步成为集游览观光、边境历史文化体验、旅游购物等功能于一体的文化旅游景区；扶持发展当地哈绣和锡伯绣产业，促成地方刺绣业实现规模良性发展。

2017～2019年，累计邀请90余批次160余家客商到霍尔果斯洽谈，实现招商引资签约项目50个，包括兴业银行伊犁分行、霍尔果斯橙色国际电子商务有限公司、中国人民保险集团股份有限公司配套服务企业等落地项目38个，意向投资35.54亿元。每年列支专项援疆资金作为工业和服务业企业产业引导资金，惠及74家企业。总投资14042万元，其中援助资金12947万元，建成集大学生创业基地、中小企业科研孵化中心等为一体的多功能创业载体霍尔果斯创新创业中心，更好地培育和催生霍尔果斯经济社会发展动力。协调苏州道鑫供应链管理有限公司与霍尔果斯当地物流企业合作建设总投资3亿元的"一带一路（霍尔果斯）跨境公路港"项目。为霍尔果斯综合保税区

2011年5月25日，中哈霍尔果斯国际边境合作中心商业项目集中开工仪式

上　中哈霍尔果斯国际边境合作中心（2012年摄）

中右　苏新中心—商贸中心（2013年摄）

中左　苏新公社（2014年摄）

下右　霍尔果斯国际边境合作中心配套区首开区标准化厂房（2021年摄）

下左　2015年，霍尔果斯经济开发区与苏州工业园区产业援疆企业座谈会

引入鑫福鑫黄金加工实体生产项目，为莫乎尔牧场引入滑雪场项目，引进喀秋莎俄罗斯饼干及其食品生产线、霍尔果斯丝路雄风生物科技有限公司年产20万吨饲料生产加工线、华棉一次性卫生用品加工产业基地项目。针对霍尔果斯特色农产品销售价格低、渠道不畅问题，采取线上线下结合的新零售模式，在苏州进行推广销售。2019年，累计完成当地农产品销售额104万元。投入援助资金273.58万元，建成霍尔果斯市伊车嘎善锡伯族乡喀拉塔斯村保鲜库，储量600吨。投入援助资金260万元，在霍尔果斯市莫乎尔牧场格干牧业村玉齐布拉克组新建一座综合养殖场，成立扶贫养殖业合作社。组织苏霍两地旅游企业签署《酒店结对交流合作意向书》。连续3年组织开展霍尔果斯旅游推介会、苏州—霍尔果斯旅游包机团“重走丝绸之路”、苏州—霍尔果斯摩托车集结赛等活动，促进苏霍两地赛事文化、旅游资源交流合作。

三、智力援助

苏州市加大智力帮扶力度，拓宽服务渠道，开展干部人才培训、帮带、挂职、柔性引才等活动。

2011～2013年，组织干部人才499人次到新加坡、苏州等地培训。柔性引进规划设计、园区建设、项目管理、招商引资、教育、医疗卫生等领域人才累计50余人。选派12名党政干部和专业技术人才到霍尔果斯经济开发区工作。苏州工业园区教育局与霍尔果斯经济开发区教育局签署合作协议，开展结对帮扶活动。苏州教育系统专家到霍尔果斯开展教学经验交流和送课活动，达成远程教育资源共享合作。霍尔果斯48名教

2011年，苏州工业园区—霍尔果斯市教育援助工作启动仪式

2011年5月5日，苏州卫生职业技术学院专家组培训班开班仪式在伊犁州卫生学校举行

2011年7月10～19日，霍尔果斯特区领导干部培训班在苏州举办

师到苏州工业园区学校进行业务培训。开展“光明行动走进霍尔果斯”活动，组织医疗专家团队为50余名眼科患者进行免费治疗。实施“眼看苏州”角膜移植慈善工程，为2名失明患者免费开展眼角膜移植手术。

2014～2016年，制定并全面落实干部人才培训规划，提出3年一届干部人才援疆“百千万计划”（组织百名专家到受援地开展技术指导和培训，组织千人到江苏培训、挂职锻炼、交往交流，就地培训万名产业工人、技工技师和行业专业人员）。举办党政干部、医疗卫生、教育、城乡建设、招商等赴东部培训班58场次，累计培训干部人才1200余人次；邀请海内外专家100余人到霍尔果斯开展就地培训，组织专业技术培训70余场次，受训8100余人次。从江苏选派教育、医疗、金融、物流、物业管理等领域人才108人到霍尔果斯工作，选派228名霍尔果斯市机关干部、教师、医生和项目管理人才到江苏挂职锻炼。霍尔果斯新星幼儿园、苏港中学分别与苏州多家幼儿园和学校签订对口支援友好协议。苏州工业园区3名援疆教师在霍尔果斯任教，全力做好“传帮带”工作。苏州工业园区星海医院2名援疆医生发挥专业优势，开展查房、带教100余次，专家门诊接诊患者1万余人次，完成手术300余例，将普外科、妇产科先进技术引入霍尔果斯市人民医院；深入乡村开展健康讲座50余次，并开展科研、教学、医护培训等工作。苏州大学附属理想眼科医院为伊犁州贫困女教师免费移植眼角膜，《人民日报》发表《跨越万里的光明之旅》文章专题予以报道。

【链接】跨越万里的光明之旅

9月13日，重获光明的比沙拉·帕里扎依坐上飞机，从江苏苏州返回新疆。

比沙拉·帕里扎依今年41岁，是新疆维吾尔自治区伊犁哈萨克自治州尼勒克县乌赞乡吐鲁克买里村小学的一名老师，这名优秀的柯尔克孜族教师由于眼病，左眼仅剩下光感，几乎失明。15年前，她的左眼患上了角膜炎。孩子年幼，丈夫遭遇车祸卧病在床，她忙于照顾家庭、为丈夫攒手术费，错过了最佳治疗时机，之后又由于劳累，眼病加重。“2012年之后，由于视力出现严重的问题，我已经没有办法再站上讲台。”比沙拉说，她最大的愿望是重回讲台。

不久前，比沙拉到伊犁州妇幼保健院的诊断结果是病毒性角膜炎，只有进行手术换眼角膜，才能重获光明。可她的家中经济十分困难，无力承担相应的手术费用，而在伊犁州乃至新疆，都无法找到适合移植给她的眼角膜。

一次偶然的机会，比沙拉听说《伊犁日报》2012年报道过援疆工作组帮助两名伊犁的眼病患者免费治疗并恢复视力的新闻。抱着试试看的心理，她向伊犁日报社求助。伊犁日报社很快将比沙拉的求助转给了援疆工作组。

多年来，江苏省与伊犁州各族干部群众结下了深厚的感情，想方设法帮助伊犁贫困群众摆脱疾病的困扰。8月30日，接到转来的求助信并了解情况后，苏州市对口支援霍尔果斯市前方工作组组长韩江积极为比沙拉提供援助，他们立刻联系了苏州大学附属理想眼科医院，请医院帮助寻找与比沙拉适配的角膜。

“真是没有想到，9月2日，我们就得到消息，说适配的角膜找到了，比沙拉需要尽快去苏州接受角膜移植手术。”韩江说，医院不仅免去了比沙拉全部医疗费用，还为她购买了机票。

9月7日14时，比沙拉在苏州大学附属理想眼科医院接受了眼角膜移植手术。经过1个多小时，手术宣告成功。手术的主刀医生赵庆亮说，这次为比沙拉进行的是板层角膜移植，主要考虑到可以减少比沙拉术后的排异反应，手术后第二天视力就得到了有效改善，之后她将在1至3个月慢慢恢复正常，预计恢复至保证正常生活和工作的视力水平没有问题。

“医院的医护人员对我太好了。从伊犁到苏州，有那么多人关心着我，帮助着我，是他们让我有机会重新走上讲台。”比沙拉·帕里扎依高兴地说，“我要给更多的人讲讲我心中的感恩！”

（原文刊载于2016年9月20日《人民日报》，本文有删节）

2017～2019年，借鉴苏州“以人才竞争力提升区域综合竞争力、以高层次人才支撑高水平发展”人才发展理念，坚持“请进来”与“走出去”相结合，为霍尔果斯打造“人才管理改革试验区”提供智力支持。通过专家大讲堂、学术交流、师徒结对、“援疆干部上讲堂”等方式对霍尔果斯干部进行综合素质培训。与江苏省国际交流中心、苏州市委党校、苏州大学、天津大学、浙江大学等建立合作关系，举办“习近平新时代中国特色社会主义思想”专题研修班、“国门党建”工青妇干部培训班、新提任领导干部到苏州工业园区能力提升培训班38期，培训干部人才1520人次。累计选派25名霍尔果斯干部到苏州挂职锻炼，58名苏州教师、医生到霍尔果斯开展柔性援疆工作。在霍尔果斯设立苏州工业园区星海实验中学、星海小学分校。先后有9批次39名苏州教育专家到霍尔果斯开展教学讲座，培训教师560余人次。苏州工业园区星湖、星塘、星浦医院等4批次8名医疗专家到霍尔果斯市人民医院开展医疗和医务人员培训工作，抢救急难重症患者200余人，举办培训40场，参加义诊及巡回医疗40余次。苏州工业园区独墅联盟捐赠价值超过550万元的医疗设备和医疗信息系统，搭建苏州工业园区—霍尔果斯市人民医院远程会诊系统，填补当地“互联网+医疗服务”空白。实施霍尔果斯乡土技能人才培训计划，邀请苏州工艺大师对霍尔果斯60名劳动力开展木雕教学培训和技能传授，提升当地劳动力职业技能水平。促成霍尔果斯中等职业技术学校与新疆红豆服装有限公司等企业共建校企实训基地，提供就业岗位260余个。确立霍尔果斯金亿国际贸易（集团）有限公司等3家企业作为大中专毕业生就业见习基地，年均提供见习岗位33个。借鉴苏州“工厂式”“实训式”职业教学模式，累计对霍尔果斯450名企业专业人才进行培训。

2019年8月，苏州工业园区自主创新医疗器械联盟协会向霍尔果斯市卫生健康委捐赠医疗设备

【链接】“把学校带好是我援疆的意义”

“因为有你在，那片土地每天都有新的变化。”7月1日，我收到了来自苏州市的一份祝福，这让远在万里之外的我内心充满力量。我叫陆泉明，是苏州工业园区星洋学校的副校长。2017年2月，我随第九批苏州市对口支援新疆霍尔果斯口岸工作组，来到霍尔果斯市国门初级中学担任校长。学校坐落在中哈两国界河霍尔果斯河的东岸，离河滩最近处的学生宿舍楼距边境线仅9米。

刚到学校，只见一片戈壁上矗立着三四幢尚未封顶的建筑。我发动全校老师一起，在戈壁滩上的校园里栽上了樟子松、小叶白蜡、香花槐等绿植，并抢在2017年古尔邦节过后的9月6日如期开学。

霍尔果斯国门初级中学由苏港中学的初中部，以及伊车乡、莫乎尔乡、格干牧场三个乡场的初中合并组建而成，是目前霍尔果斯市辖区内唯一的一所初级中学。学校有1300名学生、100多个老师，哈萨克族、回族等少数民族学生占一半多，许多孩子在初中毕业后就跟随父母养羊或打零工，没有更多的发展机会。

霍尔果斯处于伊犁河谷的中下游，初中教育相对较弱。而今天，国门初级中学的整体教学质量已成为伊犁州的标杆。在德育教育方面，学校形成了国门特色的德育体系，针对国门边境这一特殊的地理位置，我们致力于培养学生爱国奉献、扎根边疆的小白杨精神。

我尝试把苏州学校的精细化教育教学管理、教师专业培训、职业生涯规划等好的教学理念和举措“移植”到这里。我们通过与伊犁州第二十三中学等教学质量先进的学校进行结对，让年轻老师跟着教研组边听课边学习。他们感慨，在他们的教学生涯中，这样的机会和活动并不多，快速提高了他们的教学能力。

我经常利用课余时间和孩子们聊天、谈心，告诉他们大山之外，人类世界很精彩，要发挥自身优势，努力改变自己的未来，改变家庭的状况。国门初级中学有很多孩子都热爱踢足球，我联系了苏州援疆组同事罗迪来给新组建的足球队上课。上过几堂课后，罗老师跟我说，你们学校好几个学生很有足球天赋，其中巴亚夏提最优秀，学校有没有办法送他到专业足球学校去？我请人辗转帮忙联系专业的足球学校，并且给巴亚夏提和他父亲解决了赶考途中的来回路费，他如愿被河南信阳市足球学校录取，如今在那边愉快地学习。

一个人的力量很有限，能够从改变一个学生、改变一个老师做起，把一所学校带好，是我三年援疆最大的意义。孩子们通过努力，考上大学，改变了自身命运。我跟他们说，学成后一定要归来，建设家乡，改变家乡的面貌。

（2019年7月2日《光明日报》）

2010年12月，苏州市第七批援疆干部人才在霍尔果斯口岸边境处合影

2016年3月9日，苏州市领导赴霍尔果斯考察交流，并与第八批援疆干部人才合影

2019年8月9日，苏州市领导赴霍尔果斯考察交流，并与第九批援疆干部人才合影

四、脱贫攻坚

苏州市将脱贫攻坚作为对口支援一项重要任务，通过精准扶贫、社会各界援助等，确保援疆成果惠及困难群众。

2011～2013年，援疆工作组走访慰问15户贫困家庭，捐款4500元；开展捐资助学活动，每年资助贫困学生4800元学费。“拓梦者支教爱心小分队苏州分队”到苏港中学举行捐资助学活动，捐赠图书和慰问金。苏州市财政局与霍尔果斯民政局达成对口扶贫助学协议，制定“天山彩虹”扶贫助学计划，每年由苏州市财政局提供5名贫困学生每人1600元助学金。

2014～2016年，苏州市党政代表团到霍尔果斯和伊犁州考察，签署跨区共建园区合作框架协议，捐助资金600万元。苏州市教育局等单位到霍尔果斯签订共建协议，向对口部门捐赠资金200余万元。帮助伊车嘎善锡伯族乡、莫乎尔牧场农户打开水果外销渠道，全乡增收890万元，果农人均增收1000元以上。

2017～2019年，开展“镇村结对”和“一对一帮扶”等活动，发动社会力量参与扶贫帮困。援疆工作组和霍尔果斯伊车嘎善锡伯族乡喀拉塔斯村党支部签订结对共建协议，开展“庆六一·迎端午”“民族团结一家亲”“党支部合作共建”等系列帮扶活动。全体援疆干部个人累计捐款4.5万元，帮扶困难群众。援疆工作组节省60万元工作经费，向霍尔果斯市2900名中小学生捐赠运动校服。联系浙商银行苏州支行、苏州高新区实验中学、苏州工业园区服务外包职业学院、苏州旭创科技有限公司和苏州市总工会等单位，到霍尔果斯开展爱心捐赠和帮扶活动，捐赠帮扶资金110余万元。协调霍尔

2017年，苏州市援疆工作组向喀拉塔斯村幼儿园赠送办公用品和儿童玩具

2011年7月18日，由苏州大学附属第一医院、伊犁州妇幼保健院主办的『传递援疆深情，关爱伊犁妇幼』天山博习情爱心资金启动仪式在伊犁州妇幼保健院举行

2011年7月20日，苏州市代表团到霍尔果斯考察调研，并召开对口支援工作座谈会

果斯苏伊咨询创业公司、新疆苏北建筑安装工程有限公司等爱心企业捐助资金20余万元，用于喀拉塔斯村扶贫帮困、修建机耕道简易桥梁。苏州工业园区4个街道与霍尔果斯8个村、社区分别结对共建帮扶，捐赠帮扶资金40万元。

五、交往交流交融

苏州市积极推进与霍尔果斯经济开发区（市）交往交流交融活动。

2011～2013年，苏州市及苏州工业园区党政干部、企业家代表团等赴霍尔果斯考察交流12次。组织霍尔果斯干部赴苏州、宿迁、南通等地开展交流。苏州市财政局、民政局及苏州工业园区多个部门、单位与霍尔果斯有关单位签订共建协议。苏州市民政局与霍尔果斯民政局签订友好协作协议书，并捐赠30万元，促进两地民政事业共同发展。苏州市知识产权局与霍尔果斯知识产权局签订知识产权人才培训项目协议书，加深两地知识产权交

流合作，并捐赠知识产权人才培训项目经费15万元，助力霍尔果斯知识产权发展。

2014～2016年，投入援助资金260万元，开展援受两地交往交流交融和“扬帆起航”活动。发挥东西部优势，牵线两地开展交往交流活动120余次，签订对口友好协作协议12份。筹建霍尔果斯少数民族（哈萨克、维吾尔等近20个少数民族）歌舞、乐器和才艺团队，到东部交流。举办东西部铁路、关检系统技术大比武、才艺大比拼、交融大联谊活动，选派优秀少数民族干部群众到东部交流观摩。

2017～2019年，开展“优秀党员、民族模范看苏州”等交流活动。先后组织5批198名霍尔果斯优秀共产党员、民族团结进步模范、道德模范、优秀新兴组织负责人等到苏州等地交流。组织7家苏州公司到霍尔果斯开展新兴企业党组织结对共建活动，共享党建工作经验。邀请苏州科技大学专业团队，撰写并出版发行《霍尔果斯历史文化遗存略考》。举办伊犁州歌舞剧院“丝路行·苏伊情”2019江苏公益巡回演出苏州专场，通过“一台戏”打造伊犁和苏州两地城市文化名片。

苏州市党政代表团考察霍尔果斯国际边境合作中心配套区标准化厂房工程建设现场（2017年摄）

2017年6月18日，苏州—霍尔果斯旅游包机首航团抵达霍尔果斯

苏州市援助霍尔果斯经济开发区（市）部分项目情况表

单位：万元

序号	项目名称	援助时间	援助资金
1	霍尔果斯经济开发区规划编制项目	2011～2012	3970
2	产业招商推介项目	2011～2019	2366.14（与连云港市共同投资）
3	党政干部、专业技术人才及职业技能等培训项目	2011～2019	2171.64（与连云港市共同投资）
4	行政服务中心	2013～2014	7407.49
5	基础设施修缮	2014～2015	6337
6	北社区服务中心	2014～2015	6000
7	新疆红豆服装有限公司标准化厂房	2015	6000
8	铁路口岸查验设施等	2016	600
9	中哈霍尔果斯国际边境合作中心配套区首开区标准化厂房	2016	5071.37
10	旅游开发扶持资金	2016	200
11	中哈霍尔果斯国际边境合作中心配套区邻里中心	2016～2017	1074.1
12	中哈霍尔果斯国际边境合作中心“平安工程”项目	2016～2017	290
13	干部人才公寓	2016～2017	3000
14	产业引导资金	2016～2019	2024.3
15	交往交流交融项目	2016～2019	644.16（与连云港市共同投资）
16	区外高校就读贫困生补贴项目	2016～2019	120
17	创新创业中心	2017～2019	12947
18	霍尔果斯援疆楼（苏州）综合配套设施工程	2018	190.81
19	就业和社会保障服务平台	2018	248.34
20	莫乎尔牧场格干牧业村玉齐布拉克组扶贫养殖业合作社	2018	200
21	218国道霍尔果斯口岸段附属设施（二期）	2018～2019	1091
22	中型灌区续建配套与节水改造工程	2018～2019	531.74
23	安居富民工程	2018～2019	516
24	市第二小学、第二初级中学（九年一贯制学校）	2018～2020	11461
25	伊车嘎善锡伯族乡喀拉塔斯村保鲜库	2019	273.58

说明：表中所列项目为单次投入或累计投入援助资金50万元以上项目。

【链接】百人援霍百年业　万里路遥万般情

绵延不断的卡拉苏河，高大雄伟的卡拉乔克山，霍尔果斯，蒙古语意为“驼队经过的地方”，哈萨克语意为“积累财富的地方”，自古以来，它就是古丝绸之路北道上的一个重要驿站，连通着中国和中亚各国。

无论是丝绸之路，还是西征之路……在中国文化的每个历史阶段，都被中华大地的人们定格在神秘之“路”上。如今，霍尔果斯的援疆干部们正以不忘初心、砥砺奋进的精神，深情厚谊地帮助霍尔果斯各族人民奔向小康。这因此成为一条格外引人注目的援霍之路。

产业援霍：江山如此多娇，引无数英雄竞折腰

作为丝绸之路经济带核心区支点之一的霍尔果斯吸引了整个中国的目光。江苏援伊指挥部将霍尔果斯作为产业援疆的核心区域，积极推动苏伊两地在口岸共建共用、商贸物流合作、产业优势互补等方面加强合作，霍尔果斯向丝绸之路经济带上的产业明珠、就业基地的目标不断迈进，一大批项目在这里聚集、实施、发挥效益。

事实上，整个霍尔果斯已经成为一个巨大的产业园区，它一端连接广阔的中亚欧洲市场，一端连接中国最繁华的经济地带。居中而坐，尽享物流、商贸等区位优势的，就是伊犁河谷。在发展中，江苏省产业援疆的种子正在扎根、发芽、开花、结果，为霍尔果斯当地健康可持续发展做出积极贡献，并努力将项目打造成江苏企业在霍尔果斯投资发展的示范项目。

智力援霍：春蚕到死丝方尽，蜡炬成灰泪始干

维护霍尔果斯社会稳定、实现长治久安，根本在人、关键在教育。

2019年初，连云港外国语学校和海州实验中学的学生们收到来自西北边陲同龄人的书信，信中热情洋溢，充满期待。

2019年3月21日，霍尔果斯连云港高级中学项目开工建设。霍尔果斯连云港高级中学是连云港工作组援建的“交钥匙”项目，也是连云港工作组高质量推进对口援建的“五个连云港”重点建设工程项目之一。

2019年5月9日上午，伊犁州党委副书记，江苏援伊前方指挥部党委书记、总指挥潘道津一行重点考察了霍尔果斯第二初级中学项目、霍尔果斯第二小学项目、霍尔果斯连云港高级中学项目和霍尔果斯多式联运中心等援疆项目。

2019年6月底，从霍尔果斯市苏港高级中学传来喜讯，由连云港工作组组织连云港市优秀支教教师精心打造的“连云港班”32名学生在2019年度新疆高考中本科上线率实现100%，其中一本上线率达到38%，远高于学校平均水平。

截至目前，霍尔果斯积极利用援疆资金约52万元对领导干部、党务骨干和中小学骨干教师等各类人才进行培训。截至目前，共举办培训班4期，培训人数82人，培训时间42天。

农业援霍：春种一粒粟，秋收万颗子

自第二次中央新疆工作座谈会以来，农业援疆力度不断加大，形成了上下联动、合力推进的农业援疆新格局。霍尔果斯下一步要加大农业结构调整支持力度，加大农业绿色发展支持力度，发展种养循环农业，加大农业科技和人才支持力度，加快推进新疆农牧业绿色发展和农牧民就业增收。

2019年1月25日至31日，“新疆伊犁特色农产品连云港新春大集”展销活动在连云港市瀛洲路农贸市场举行，连云港市民前往采购丰富的新疆特产，装点节日的餐桌。

2019年6月12日至13日，应连云港援疆工作组的邀请，连云港市政府办公室副主任孙京海带领连云港市农业专家团一行8人专程来到霍尔果斯，开展“特色农业引导农民增收致富专题培

训”活动。来自霍尔果斯市龙头企业、合作社负责人、种植大户、电商投资者50余人参加培训。

医疗援霍:我愿天地炉,多衔扁鹊身

医疗卫生事业建设,与百姓健康福祉息息相关,是民生建设的重中之重。

近几年,霍尔果斯市医疗卫生事业在苏州工业园区和连云港市援疆工作队的大力援助下得到很大的发展,辖区群众足不出市即可享受到高效的医疗服务。截至目前,霍尔果斯市争取“组团式”援疆医疗专家4批次共31人。

2019年,苏州工业园区、连云港市共派出援疆专家11人,援疆医疗队主要来自苏州和连云港市医疗机构,帮扶内容涵盖霍尔果斯医院欠缺的内科、妇产科、外科等十余个科室。通过“组团式”医疗援疆,霍尔果斯市人民医院的基本科室已逐步建立,补齐了建市5年来没有产科、新生儿科、麻醉科的局面。

霍尔果斯通过“请进来、走出去”、援派专家带教、开展远程教学、举办学术讲座、开展巡回医疗等多种方法培养现有医务人员。今年计划分批次选派骨干医务人员和管理人员前往对口支援省市进行3个月跟班学习,从而更好地服务广大人民群众。

公益援霍:爱人者,人恒爱之;敬人者,人恒敬之

2019年3月6日,新一轮连云港援疆医疗队来到霍尔果斯市。一到目的地,他们就忙于奔走乡场、校园和边防前沿,接连展开体检、接诊、开方、发药,指导科学用药、开展健康知识讲座……

霍尔果斯市伊车嘎善锡伯族乡是个偏远、贫困的小乡,由于受自然条件限制,该乡教育、卫生等社会事业基础配套设施尚不完善。2019年5月22日上午,霍尔果斯市伊车嘎善锡伯族乡中心学校举行了380套爱心校服捐赠仪式。

2019年5月30日,苏州援疆工作组与伊车嘎善锡伯族乡喀拉塔斯村共同开展“庆六一、迎端午”暨“民族团结一家亲”联谊活动。苏州援疆工作组一行看望了喀拉塔斯村幼儿园的小朋友,并给该幼儿园捐赠价值2万元的办公用品、儿童食品和儿童玩具。

2019年8月13日,苏州援疆工作组全体干部来到喀拉塔斯村,开展“共庆古尔邦节,民族团结一家亲”联谊活动。活动通过倾听民声、座谈交流等形式,工作组成员了解了群众目前的生活、生产情况及存在的困难,并向亲戚们送去慰问品和节日的祝福。

【感言】

近年来,在苏州、连云港的支持下,霍尔果斯写下了大发展、大建设、大跨越的新篇章。霍尔果斯这座“千年驿站、百年口岸”已经成为集通关、贸易、物流、加工、仓储、金融、旅游等多功能于一体的我国向西开放的重要窗口、新疆跨越式发展新的经济增长点、沿边开发开放的示范区、“一带一路”亚欧经济走廊重要的门户城市。

援疆,既承载使命、信念,也饱含奋斗、磨砺,彰显了一段岁月、一份荣光、一种精神。对于每一位援霍干部来说,一生要走很多路,而这段不算太长的援霍之路令他们终生难忘。正所谓:百人援霍百年业,万里路遥万般情!

(2019年8月26日《伊犁日报》)

【链接】为爱西行 情洒边疆——苏州市对口支援霍尔果斯市十年侧记

从苏州到霍尔果斯，飞越4500公里，10年间，一批又一批的苏州干部人才奔赴边城接续援疆之旅。冬去春来，日升月落，一路的风景变换，从未停下匆忙的脚步，处处留下了苏州印记、苏州力量、苏州担当……

2010年以来，苏州市认真贯彻落实党中央、江苏省、自治区决策部署，聚焦新疆工作总目标，坚持科学援疆、真情援疆、持续援疆，把“硬件”建设与“软件”建设、“输血”与“造血”、物质支援与文化交流相结合，以苏州速度和苏州效率形成具有苏州特色的全方位、多层次、立体化援疆工作格局，为霍尔果斯经济社会发展作出了突出贡献。

韶华不可负　春风度边关

2010年以来，苏州市共选派4批39名援疆干部、200余名柔性人才对口支援霍尔果斯。实施基础设施建设、产业发展、人才培养等领域项目，有力推动了霍尔果斯经济建设和社会发展，受到当地干部群众一致好评。

2017～2019年，苏州工业园区高端制造与国际贸易区党工委副书记、管委会主任陈东安，援派霍尔果斯任经济开发区党工委副书记、管委会副主任，市委副书记、苏州援疆工作组组长，主持促进就业、教育、产业发展、干部人才培养、交流交往、规划编制6个大类39个项目，他总说：“霍尔果斯是我的第二故乡，既然来了，我总要留下点什么。”

身披尘与土　伴路云和月

工作组把加大开发区基础设施建设、改善民生作为援建工作的出发点和落脚点，共完成基建类项目16个，包括霍尔果斯行政服务中心、产业载体6个、邻里中心2个、道路及基础设施修缮（含道路4条及合作中心景观绿化）1项、铁路站修缮（含口岸查验设施及附属配套设施）1个、人才公寓1个、幼儿园2所、平安工程1个、文化旅游设施改造2项。

借鉴苏州园区以邻里中心和社区工作站为依托的新型社区管理服务模式和集约用地管理经验，先后建成丝路社区邻里中心和配套区邻里中心项目，统筹援建霍尔果斯第二小学和第二初级中学。霍尔果斯创新创业中心交钥匙项目是历年来最大援疆项目，总投资1.4亿元，建设面积2.8万平方米，是集大学生创业基地、中小企业科技孵化中心等为一体的多功能创业载体，更好地催生和培育霍尔果斯经济社会发展新动力。

挥手招商行　特区立潮头

亲商服务是“园区经验”的重要内涵和核心竞争力，工作组以产业援疆带动当地产业转型升级，增强当地内生动力。促成佰德（中国）人力资源有限公司与霍尔果斯开展战略合作，建成人力资源大数据产业园，引进25家人力资源企业入驻，构建人力资源产业链。推动苏州知名电商企业与霍尔果斯金亿集团开展合作，在全州率先推出“金亿云生活”网上商城。

借鉴苏州工业园区“一站式”服务理念，投入援疆资金7000余万元建成行政服务中心，精简、规范、整合各类行政审批与服务事项，全面推行一站式服务，有效提升工作效率。建成运营苏新中心、苏新工业坊和苏新公社三大载体，引进工、农、中、建、交等各大银行金融服务机构，引进中国免税、星光免税及股权类投资企业等40余家，成为当地经济发展的重要载体。每年列支专项援疆资金400万元和200万元作为工业企业和服务业企业产业引导资金。投入援疆资金6000万元，建成高品质厂房与配套用房2.4万平方米，引进江苏红豆集团落户霍尔果斯，实现年销售收入1亿元，提供就业岗位500个。

润物细无声　桃李树国门

先后选派教育、医疗、物流等方面146名人才来霍工作，在霍尔果斯设立苏州工业园区星海实验中学和星海小学分校。组织苏州优秀教育专家团队来霍开展讲座，培训教师260余人次。探索“工厂式”“实训式”职业教学模式，培训企业专业人才450名。

精心筹建霍尔果斯职业高中，开设物流管理、旅游服务与管理、机械加工制造等5大专业，招收7个班级243名学生，开创了霍尔果斯职业教育先河，两位“苏州校长”牵线搭桥与新疆红豆集团共建校企实训基地。坚持“请进来”与“走出去”相结合，与江苏省国际交流中心、苏州市委党校、苏州大学等建立合作关系，开展培训74期2300余人次。累计选派当地32名优秀干部赴苏州市和苏州工业园区挂职锻炼。结合受援地人才需求和产业实际，邀请海内外专家百余人来霍开展就地培训70余场8100人次。

不是所有的树都能在戈壁生长，但是胡杨做到了；不是所有的花都能在天山绽放，但是雪莲做到了；不是所有的人都能在新疆扎根，但是援疆干部做到了……

（2020年11月23日“伊犁组工”微信公众号）

附：

第十批援疆工作综述

第十批苏州市共选派9名干部人才对口支援霍尔果斯市，其中党政干部7人、教师2批2人。柔性引才45人次。3年投入援助资金2.93亿元，共实施项目46个，其中保障和改善民生类8个、产业援助促进就业类15个、智力援助类10个、文化教育类7个、交往交流交融类6个。协调后方单位及社会力量援助各类物资折合630万元，用于基层党建、扶贫、医疗、助学等领域。

苏州市第十批援疆工作纪实

苏州市第十批援疆工作组干部人才合影（2022年摄）

因工作成绩突出，苏州市援疆工作组被省委、省政府表彰为“全省脱贫攻坚暨对口帮扶支援合作工作表现突出的集体”，温韬被省委、省政府表彰为“全省脱贫攻坚暨对口帮扶支援合作先进个人”。

紧扣霍尔果斯经济社会发展实际，精心编制和实施“十四五”援建项目建设计划，着力改善当地群众居住、出行、就学、就医和就业等条件。投入援助资金1250万元，完成霍尔果斯市高效节水项目，促进赛克山屋依社区等3个村（社区）共666.67公顷农田增产增收，惠及农户1043户。实施霍尔果斯市乡（场）人居环境整治建设项目，两年投入援助资金4012万元，对乡镇的沿街建筑立面、公共厕所、道路照明、绿化等配套设施进行提升改造，改善乡村人居环境。完成霍尔果斯市第二小学、第二初级中学（九年一贯制学校）和霍尔果斯市职业高中教学实验设备购置，建成霍尔果斯青少年活动中心。实施公共电子书屋建设项目，布设终端一体机及软件系统28套。投入援助资金1319万元，支持霍尔果斯市中医医院建设。完成新建农村公路工程，在伊车嘎善乡新建公路主线1条、支线2条、巷道6条，道路总长度约9千米。霍尔果斯创新创业中心项目获自

霍尔果斯市青少年活动中心（2022年摄）

霍尔果斯新建的农村公路（2022年摄）

霍尔果斯市伊车嘎善乡农村人居环境整治工程（2022年摄）

霍尔果斯市职业高中（2022年摄）

霍尔果斯人力资源大数据产业园（2022年摄）

治区“天山杯”优质工程奖。

借鉴苏州园区亲商理念和产业招商经验，助力受援地产业转型升级。克服新冠肺炎疫情影响，创新招商形式，累计开展招商推介和投资接待120余批次，引入意向投资项目22个。组织两地企业参加中国苏州文化创意设计产业交易博览会、伊犁州招商引资推介会等招商活动，培育壮大霍尔果斯特色优势产业。充分发挥后方资源优势，与苏州工业园区相关单位协作，宣传推广霍尔果斯区位优势、投资优惠政策和高效营商环境，进一步扩大霍尔果斯在长三角地区的知名度和影响力。促成佰德（中国）人力资源有限公司与霍尔果斯开展战略合作，霍尔果斯人力资源大数据产业园成功签约落地。重点引进华蒂电梯科技股份有限公司投资建设霍尔果斯ODM电梯产业园，项目注册资本3亿元，规模和强度创近年新高；引进江苏乐易学教育科技有限公司，助力霍尔果斯在基础教育领域打造“智慧教育”标杆。2022年上半年，由隆力奇集团投资建设的亚欧美谷国际生物科技园在霍尔果斯开工建设。该项目计划总投资50亿元，全面投产后预计可实现年产值15亿元左右，带动当地就业1500余人。助力文化旅游发展，协助受援单位完成霍尔果斯丝路驿站“五一”夜市筹办，推进中哈国际文化旅游区创建国家5A级旅游景区。助力智慧旅游建设，“智游霍尔果斯”小程序2022年上线运行。推进农业标准化示范工程，在霍尔果斯乡场建设200亩标准化示范种植基地，不断提升霍尔果斯农业产业化水平。打造霍尔果斯农文旅融合苏州体验中心，建设文旅展示中心、电

2021年4月23日，霍尔果斯市在苏州召开招商推介会

霍尔果斯经济开发区创业孵化中心（2023年摄）

商直播平台和产品销售基地，不断提升霍尔果斯农产品在苏州市场份额，提升霍尔果斯农文旅融合发展水平。投入援助资金12169万元，建成霍尔果斯经济开发区创业孵化中心。

最大限度发挥援疆干部人才智力优势，助力霍尔果斯经济社会高质量发展。统筹苏州职业教育资源，多批次引进职业教育柔性人才36人，协助霍尔果斯市职业高中完成专业设置、课程规划、实训项目开发等，实现霍尔果斯职业教育“零”的突破。推动两地教育部门签署合作协议，通过线上云平台实施“远程教研互动课堂”暨“教育质量提升工程”，建立两地教师多学科、广覆盖的帮带工作机制，提升当地教师业务能力水平。安排援助资金600万元，搭建覆盖全市中小学的智慧教育平台，依托人工智能技术助力教学质量提升。安排5名伊犁州直及霍尔果斯干部赴苏州工业园区跟班学习，安排霍尔果斯48名党政干部、87名骨干教师赴苏州开展考察培训。柔性引进苏州市9名

2020年12月31日，苏州市援助霍尔果斯市职业高中的首批『组团式』援疆教师合影

2021年3月，苏州市援疆教师带领霍尔果斯市职业高中师生，获自治区职业院校技能大赛CAD机械制图项目两个二等奖

2022年6月15日，苏州市柔性援疆教师为霍尔果斯职业高中学生上课

2021年7月19日，苏州、霍尔果斯两地举行文物交流和鉴定活动

2021年8月18日，苏州市柔性援疆医生在霍尔果斯市人民医院成功助产一名新生儿

医疗专家，加强受援地医务人员能力建设。与苏州市旅游联合会、苏州市旅游教育培训中心合作，线上举办霍尔果斯市乡村旅游专题培训班、讲解员专题培训班，提升霍尔果斯旅游从业人员职业技能水平。

援疆工作组向霍尔果斯乡场捐赠脱贫攻坚资金50万元，落实苏霍两地镇村结对帮扶资金120万元，持续巩固脱贫攻坚成果。捐赠霍尔果斯中小学校运动校服价值66万元，惠及3081名学生。推动苏州工业园区"微光520"思政教师团队结对新疆少数民族贫困学子，开展爱心午餐捐助等活动。协调苏州工业园区星湖医院向霍尔果斯市人民医院捐赠"云PACS+AI智能诊断系统"，进一步提升受援地医疗信息化水平。2020年初，先后为伊犁州、霍尔果斯市捐赠总价值超50万元医用物资，缓解伊犁州和霍尔果斯医用物资短缺局面。把农产品消费帮扶作为对口支援霍尔果斯工作着力点和突破口，

2021年3月16日，苏州工业园区街道结对帮扶霍尔果斯村、社区80万元

2021年4月8日，苏州市援疆工作组开展『我为群众办实事』活动，向国门中学学生捐赠运动校服

2021年6月1日，苏州市援疆工作组开展『我为群众办实事』活动，向丝路小学、国门中学学生捐赠冲锋衣

促进当地农牧民持续增收。推出苏州援疆农产品品牌“苏伊优果”，完善苏州援疆农产品展销中心网上商城，设置线下销售点11处，通过线上线下相结合方式，持续拓宽苏州援疆农产品销售渠道，3年累计完成援疆产品采购8000余万元。开展3期援疆消费扶贫专场活动。组织受援地企业参加苏州消费美食节、伊犁州特色农产品展销会等活动。在全州率先打造智慧生活网上商城——金亿智慧云生活电商平台，补贴建设3个线下实体店，构建线上线下协调配合、物流配送配套完善的网络销售体系。

把促进交往交流作为加强民族团结、促进苏霍融合发展的重要抓手。2020年，江苏省和伊犁州党政代表团分别赴霍尔果斯、苏州开展交流互访活动，高位推进对口支援工作。2021年，苏州市援疆工作组协调霍尔果斯经济开发区（市）党政代表团赴苏州市考察2批次，安排苏州市人大、市政府领导到霍尔果斯考察3批次。主动对接各类文旅资源，多渠道搭建苏霍两地文化交流平台。连续两年在苏州举办新疆霍尔果斯旅游推介会，与苏州15家文旅企业签订战略合作协议；组织霍尔果斯文旅单位参加苏州国

苏霍两地开展『万里鸿雁传真情』手拉手书信交友活动。上图为2021年3月26日，苏州工业园区星湖学校学生收到霍尔果斯市国门初级中学学生的来信；下图为2021年5月21日，霍尔果斯市国门初级中学的学生收到苏州市工业园区星湖学校学生的来信

2021年1月1日，苏州市援疆工作组开展『民族团结一家亲』走访活动

2022年7月4日，苏州市援疆工作组走访慰问喀拉塔斯村群众

2021年5月31日，苏州旅游包机团抵达霍尔果斯

际旅游展、苏州文化创意设计产业交易博览会等活动，增进两地友好往来和共融发展。通过苏州旅游官方微信、微博等新媒体推广霍尔果斯旅游。开展“寻访红色记忆·行走美丽边疆”苏州人游霍尔果斯主题活动，苏州多家重点旅行社组织苏州游客到霍尔果斯旅游，3年超1万人次。协助组建霍尔果斯旗袍表演队，捐赠价值1.5万元苏式旗袍和绸布伞，并在霍尔果斯广场舞大赛中登台首秀。协调苏州文旅部门捐赠价值5万余

元丝绸、刺绣、苏扇等苏州特色手工艺品，并在2021霍尔果斯文化旅游节非遗文化展上展出。邀请苏州市文物鉴定、文物保管及文物安全领域多位专家到霍尔果斯开展文博工作交流。2021年7月，发布3个系列30余种霍尔果斯特色文创产品。支持霍尔果斯本土歌手创作献礼建党百年的主旋律歌曲《旗帜下的道路》和彰显地方文化歌曲《在霍尔果斯河畔》《我在伊犁等你》，并通过文艺活动演出、“欢欢局长带你游霍尔果斯”抖音公众号、微信公众号视频等多渠道宣传推广。组织全体援疆干部人才参与“民族团结一家亲”活动，定期上门看望慰问结对民族亲戚，通过民族团结联谊、座谈交流谈心、一对一上门走访慰问等各项活动，帮助解决民族亲戚生产生活中的实际困难。

苏州市援助霍尔果斯部分项目情况表

单位：万元

序号	项目名称	援助时间	援助资金
1	中型灌区续建配套与节水改造工程	2020	222
2	安居富民工程	2020	299
3	市第二初级中学设备	2020	255
4	市第二小学设备	2020	330
5	市职业高中教学实验设备	2020	1000
6	霍尔果斯经济开发区旅游景区公厕	2020	180
7	创新创业中心装修工程	2020	2200
8	霍尔果斯经济开发区创业孵化中心	2020～2022	12169
9	产业发展招商推介会项目	2020～2022	850
10	特色农产品和旅游产品展销	2020～2022	185
11	党政干部、专业技术人才及职业技能等培训项目	2020～2022	730
12	区外高校就读贫困生补贴项目	2020～2022	60
13	交往交流交融项目	2020～2022	170
14	高效节水项目	2021	1250
15	新建农村公路工程	2021～2022	781
16	公共电子书屋	2021～2022	200
17	青少年活动中心	2021～2022	1800
18	乡（场）人居环境整治工程	2021～2022	4012
19	航线补贴项目	2021～2022	355
20	柔性引才项目	2021～2022	60
21	市中医医院	2022	1319
22	基层党建阵地巩固提升项目	2022	985

说明：表中所列项目为单次投入或累计投入援助资金50万元以上项目。

赛里木湖(袁江仁/摄)

第七节 连云港市对口支援霍尔果斯经济开发区(市)

霍尔果斯经济开发区设立于2010年5月,霍尔果斯市设立于2014年6月,实行区市合一体制,是集边境区、口岸城、商贸型、国际化特点于一体的综合性城市。

根据新一轮对口援疆工作部署,连云港市和苏州市共同对口支援霍尔果斯经济开发区(市)。2010年12月,连云港市成立对口支援新疆霍尔果斯口岸前方工作组。2010年12月至2019年12月,先后选派4批33名援疆干部人才,共实施项目64个,累计投入援助资金3.7亿元。

2016年,都拉塔口岸被纳入连云港对口支援地。都拉塔口岸位于察布查尔县,与哈萨克斯坦接壤,是中国一类陆路口岸,为中亚五国自由贸易和货物中转的"桥头堡"。东距伊宁市68千米,北距霍尔果斯市80千米,西距哈萨克斯坦共和国原首都阿拉木图市247千米,对哈萨克斯坦共和国贸易优势明显。口岸管理机构为伊犁州党委、政府派出机构。口岸总面积17.5平方千米,建成区域3.2平方千米。

连云港市坚持超前谋划,编制完成各阶段援建规划,深入推进民生援疆、产业援疆、智力援疆等,为把霍尔果斯建成"一带一路"合作倡议的标杆和示范作出突出贡献。专注办好民生实事,实施对口援建市苏港高级中学、幼儿园、市妇幼保健院、市环境监测站、市人民医院、卡拉苏社区等多项重大惠民工程。改造升级城市道路,实施都拉塔口岸道路及景观改造工程,让基层群众直接受益、广泛受益、持久受益。利用新亚欧大陆桥加强连霍商贸物流业合作,建成都拉塔连云港中小微企业创业园,壮大受援地经济实力。选派各类技术人才、建立多种合作机制,促进双方深度合作、互利共赢。在连云港设立伊犁特色农产品展销馆,将伊犁特色农产品推向连云港乃至东部沿海市场,带动群众致富。2021年2月,连云港市对口支援新疆霍尔果斯口岸前方工作组获"全国脱贫攻坚先进集体"称号。

一、民生援建

在连云港市援建工作中，民生项目成效显著，涵盖教育卫生、基础设施、社区建设及惠农等方面，使霍尔果斯民生保障体系不断完善。

2011～2013年，投入援助资金2300余万元，援建苏港中学（霍尔果斯口岸完全中学）续建工程、霍尔果斯南社区综合服务中心、青少年校外活动中心、幼儿园配套设施等项目。投入援助资金3000万元，建设霍尔果斯口岸文体活动中心，为开展群众性文化体育活动提供场所。

2014～2016年，援建市第二幼儿园、市妇幼保健院2个“交钥匙”项目及“平安工程”、市环境监测站、市丝路小学、市人民医院、卡拉苏社区、安居富民工程等8个“交支票”项目。全面完成霍尔果斯经济开发区老城区道路和环境绿化改造升级，加速改善霍尔果斯经济开发区投资环境和城市面貌。援建都拉塔口岸道路及景观改造工程、社区卫生服务中心医疗设备等项目。

霍尔果斯市苏港中学（2013年摄）

霍尔果斯市苏港高级中学（2021年摄）

2017～2019年，投入援助资金1314万元，实施霍尔果斯安居富民工程，帮助农牧民改善居住条件。投入援助资金9266.9万元，建设霍尔果斯市苏港高级中学，对促进区域教育事业均衡发展、提升当地教育教学质量具有深远意义。投入援助资金2783万元，建设10所幼儿园，实现全市所有行政村幼儿教育全覆盖。先后实施亚欧东路街道祥和社区、亚欧西路街道红桥社区服务中心建设项目，帮助社区完善基础设施。完成都拉塔口岸道路及景观改造工程，进行人行道和绿化种植建设。建成都拉塔口岸文化站，改变口岸无大型文化场所的局面。

二、产业援建

连云港市把项目援疆拓展为更广范围、更深层次产业援疆，在农业、工业、商贸服务业、旅游业等方面开展交流合作，成果显著。2011～2019年，共为霍尔果斯市、都拉塔口岸引进项目74个，总投资46.53亿元，带动5000余人就业。

2011～2013年，为霍尔果斯等引进项目6个，总投资7亿元。协调连云港港口集团、金港湾投资有限公司投资建设连霍物流场站，鼓励连云港大陆桥物流企业参与新亚欧大陆桥新通道建设和开发，培育、拓展两地口岸间陆桥物流市场。2013年4月，连云港市旋耕机协会牵头在新疆实施旋耕机项目，在霍尔果斯建立旋耕机农机装备营销中心等，开展连云港百余家企业旋耕机营销及售后技术服务、产品更新升级等工作，总投资8000万元。在霍尔果斯经济开发区兵团分区成立霍尔果斯大陆桥国际物流有限公司和新疆舰桥国际物流有限公司，总投资2.85亿元。

2014～2016年，为霍尔果斯引进项目12个，总投资8.95亿元，带动1500余人就业。将创投基金、总部经济、物流产业和轻纺工业作为开发区招商引资方向和重点，通过举办展销会、国际物流节、两地产业合作推介会等方式开展招商活动。连云港市广宇石英制品有限公司在伊犁州投资5000万元，实现当地能源结构多元化。推动受援地在哈萨克斯坦建设霍尔果斯东门经济特区。

2017～2019年，连云港加快与霍尔果斯、都拉塔口岸在国际贸易、仓储物流、港航物流等方面合作，累计为霍尔果斯引进项目56个，总投资30.58亿元，带动就业近3000人。投入援助资金2967万元，建成都拉塔连云港中小微企业创业园，填补都拉塔口岸产业园区载体空白，促进口岸产业结构调整。推进总投资20亿元的霍尔果斯德欧中心项目、总投资6.8亿元的新时速物流有限公司霍尔果斯综合保税区铁路专用线等15个项目建设。总投资5亿元的连云港大厦项目完成地下基础工程，总投资3.5

亿元的万丰广场项目全面开工，投资1.5亿元的中外运长航物流中心、投资2亿元的金亿旅游开发、投资5000万元的金亿桃类加工企业等项目陆续落地，促成中信重工特种机器人出口基地等项目签约，深化霍尔果斯同沿海城市多方面合作，助力实体经济发展。建设霍尔果斯“无水港”，集货物仓储与国际转运、保税仓储等服务于一体。打造新疆伊犁特色优质农产品连云港展销中心，采取“援疆工作组+农产品经销商+农民专业合作社+农户”运营模式，带动农牧民致富。建成伊车嘎善锡伯乡伊车嘎善村果品库及车间、莫乎尔格干社区就业工厂项目。帮助伊车嘎善锡伯乡伊车嘎善村七组渠系项目建设，新建、改建渠系8千米，改善133.33公顷农田水利灌溉体系，促进当地果品产业发展和农牧民就业增收。以“十万江苏人游伊犁”活动为载体，集中宣传“塞外江南新伊犁”旅游品牌，鼓励旅行社通过包机、专列和落地自驾游等形式，先后组织逾15万人次到霍尔果斯旅游。

2011年4月，连云港—霍尔果斯物流合作座谈会

2018年9月，『新疆伊犁特色优质农产品连云港展销中心』授牌仪式

三、智力援助

连云港市围绕智力援疆，实施多种形式的挂职培训、人才帮扶。2011～2019年，累计为受援地培训党政干部、专业技术人才12060人次，引进柔性人才123人，涉及教育、医疗、社保等领域。

2011～2013年，安排援疆资金700万元，累计实施培训类项目23个，完成560名干部人才培训，涉及教育、卫生专业技术人才和市乡场村干部等，促进霍尔果斯口岸干部人才队伍素质提高。派出12名教师和13名医生到霍尔果斯口岸开展支教支医工作，通过“青蓝工程”和“师徒结对”活动，为口岸培养20名青年教师和16名医护人员。

2014～2016年，持续实施干部人才援疆项目，其中赴连云港培养培训班次38个，培训霍尔果斯市干部人才900人次。从连云港引进专家人才50人，就地组织培训干

2018年6月，连云港市援疆教师指导霍尔果斯学生阅读课外书

2019年5月31日，连云港市第一人民医院援疆医生通过远程会诊，为哈萨克族儿童诊疗

部人才和农技人员8000余人次。选派10余名教学经验丰富的优秀教师赴苏港中学支教，推动成立霍尔果斯市苏港中学高中部，结束霍尔果斯市没有高中的历史。连云港市卫生系统选派3批11名医疗骨干对霍尔果斯市医疗卫生事业分别进行2～3个月援助。对霍尔果斯市人民医院及周边乡镇卫生院医护人员在内科、外科、儿科、麻醉科、B超及护理方面进行全面指导和培训，使300余名基层卫生技术人员受益。

2017～2019年，先后组织霍尔果斯市、都拉塔口岸共10批300余名干部人才到连云港参加培训。先后从连云港市引入30余名优秀人才到霍尔果斯开展短期援疆，规模位居全州前列。选派“援藏援疆万名教师支教计划”教师，精心打造“连云港高中班”，高考二本上线率100%。援疆医疗队累计接诊8000余人次，实施手术100余例，抢救急难危重患者500余人，为受援医院引进新技术、新项目7项；举办讲座100余期，培训医护人员2000余人次，“1+X”模式（1名援疆医务专家带教多名当地医务人员）师带徒50人；为霍尔果斯市人民医院及3所卫生院搭建远程网络平台，填补“互联网+医疗服务”空白。

【链接】连云港援疆医疗队情洒边疆传经送宝

“看到搏动了吗？这就是中间点、中间线，我们现在回到B超模式……”11月14日，在霍尔果斯市人民医院手术室内，江苏省连云港市援疆医疗队队长李伟正在为病人做缝合操作，他一边操作医疗器械，一边快速向身边的医生讲解。

“双膝跪地，双手交叉按压患者胸部，一次、两次、三次……”与此同时在医院大门外，因情况紧急，援疆医疗队急诊内科主任陈晓兵正快速简单地对一名患者做心肺复苏。

这些瞬间记录其实是每一位援疆医生的日常工作。这些援疆医生有着共同的特点，那就是专注、果断、敏捷。平时抓业务不苟言笑的他们，在谈起援疆工作时却都多了一份情愫。

今年3月，连云港援疆医疗队一行9人来到霍尔果斯市人民医院。至今，他们的足迹遍布霍尔果斯市各乡镇场、牧区、街道社区。从下乡义诊到健康扶贫，从治病救人到传帮带教，他们不仅为当地群众送医送药送温暖，还为霍尔果斯市人民医院填补了一项项空白。

3月17日21时，霍尔果斯市人民医院急诊室里来了一位脸色蜡黄、大汗淋漓的患者，疼痛让他脸部扭曲，身体蜷缩成一团。“他的左肩关节脱位，须尽快手术。”援疆麻醉专家张兆剑完善相关检查后迅速得出结论。如果强行直接实行手法复位，不但会给病人造成极大痛苦，而且容易造成肩关节损伤加重，于是张兆剑决定实施静脉麻醉下行无痛肩关节复位术。

这是霍尔果斯市人民医院建院以来首次全麻醉下肩关节复位术。从开机、给药、观察监护仪，开始全身麻醉，到牵拉患者左上肢进行手法复位，这些动作一气呵成。10分钟后，患者苏醒，手术成功。

霍尔果斯是一座年轻的城市，2014年建市后，医疗设施和医疗人才紧缺。连云港援疆医疗队在霍尔果斯市人民医院期间，站位高远，除了传帮带本地医护队伍，还搞好本地医院科室建设，组建妇产医护队伍，开设儿科病房；除开展专家带骨干的帮教培养计划，还积极推进中哈霍尔果斯国际边境合作中心医疗应急救护站和中哈霍尔果斯国际医疗康复中心项目建设，目前项目已经通过自治区和国家审核，正在筹备之中。

“这对双胞胎都得了支气管肺炎，必须住院治疗。你们赶紧转到州级医院去。”7月10日，援疆儿科专家武宜亮看着这对只有3岁的小宝贝，急声催促孩子的父母尽快转诊到有儿科病房的州级医院。可患者来自偏远牧区，并且已辗转了好几次交通工具，患者父母都是牧民，经济条件较差，就医非常困难。考虑到这些，武宜亮和李伟立即召集现有儿科医护人员，成立儿科病房。就这样，经过10天治疗，这对双胞胎患儿病愈出院了。而儿科病房的正式成立也从根本上解决了周边尤其是山区儿童看病难、住院难的问题。

“太感谢援疆专家了，让我在家门口就能接受江苏知名专家诊治。”霍尔果斯市民张百亮对记者说起自己的看病经历时还是那样激动。原来，今年6月张百亮在外地做了肾切除手术，可是术后一个月伤口仍不愈合。“这个手术我们能做，可是医院缺少一些换药辅料。”为减轻病人的经济负担和实际困难，李伟当即决定开展远程会诊，在连云港市第一人民医院伤口造口专科、普外科王仲组、内分泌科、泌尿外科、肿瘤内科的联合支持下，张百亮康复出院。这仅仅是霍尔果斯和连云港互联网远程会诊的一个缩影。

援疆期间，连云港援疆医疗队的每一位队员都能迅速转换角色，克服困难，以忘我的精神投入到工作中。许丽到霍尔果斯市人民医院护理部工作短短几个月就实现了4项突破：远程护理会诊、护理急诊急救操作流程演练、护理查房、护理规范化管理的常态化；检验科的姚希仅凭一项血常规报告单，成功帮助一名患儿确诊病情，并实现早期干预和抢救治疗；产科医生刘亚琼用心感动了一名智力障碍高龄孕妇的家人，根据病人的实际情况开展追踪产检，直至这名孕妇生下一个健康女婴……像这样感人的故事，每天都在霍尔果斯市人民医院上演。

连云港与霍尔果斯相隔万里，却情系一处。近一年来，在连云港援疆医疗队的牵线搭桥下，连云港各大医院充分发挥人才、技术、资源优势倾力帮扶，使霍尔果斯市人民医院各学科、专业得到了突飞猛进的发展，特别是医疗人才“组团式”援疆更是提升了医院医疗服务水平。霍尔果斯市人民医院的医护人员分批到连云港各大医疗机构进修深造，连云港医疗专家义务来到边远牧区开展带学、讲座等，构建了一条“走出去”和“请进来”的培训之路。

在连云港医疗队的努力下，截至目前，霍尔果斯市人民医院重建麻醉科、新建血液透析室、开设儿科病房、增设了心脏彩超检查室、正在建设产科病房和新生儿病房。在连云港援疆医疗队的帮扶下，霍尔果斯市人民医院技术力量从弱到强。据了解，霍尔果斯市人民医院与去年同期相比，门诊数量增加2000余人次；住院病人增加近500人次，危重病人收治率增加8%；准备转出就诊的病人减少12%。这组数据直接反映了霍尔果斯市人民医院诊疗水平的提高和各族群众对医疗服务的满意度，更是对援疆专家的高度认可。

（原文刊载于2019年11月20日《伊犁日报》，本文有删节）

连云港市第七批援疆干部人才在研究工作（2013年摄）

连云港市第八批援疆干部人才合影（2016年摄）

连云港市第九批援疆干部人才合影（2018年摄）

四、脱贫攻坚

连云港市把扶贫工作摆在对口支援的重要位置。2011～2019年，共投入援助资金3431万元，惠及1.13万人。

2012年8月，援疆干部自发捐款近2万元，资助2名贫困大学生顺利入学。

2014～2016年，安排援助资金1117万元，补贴639户农村家庭新建住房。累计投入"小援疆"（指统一拨付援疆资金以外的由支援地相关单位、企业或个人捐赠的小额援疆经费）资金300余万元，用于加强公共服务设施建设、壮大薄弱村集体经济、帮扶困难户等。实施"一村一社区"帮扶工程，连云港市连云区云山街道平山村与莫乎尔乡格干牧业村、连云港经济技术开发区中云街道新光社区与霍尔果斯口岸亚欧南路社区结成共建对子。援疆工作组向格干牧业村捐赠种羊100只，挂牌"连云港援疆工作组惠农基地"，变"输血"为"造血"，壮大村（社区）集体经济。在莫乎尔牧场、伊车嘎善锡伯族乡两所学校开展"情系海生草——关爱留守儿童牵手行动"。帮助哈萨克族、锡伯族、回族等少数民族贫困儿童学习舞蹈、绘画、音乐，并形成长效帮扶机制，3年共投入公益资金14万元，受益学生120余人。

2017～2019年，扶贫攻坚取得新成效。2017年，将伊犁特色农产品推向连云港乃至东部沿海市场，惠及农户100余户，带动就业500余人。2018年，组织举办连云港—霍尔果斯农民专业合作社产品推介会，与连云港市4家超市达成合作协议，带动100户

2015年7月，连云港市"情系海生草"霍尔果斯班开班仪式

农牧民致富。2019年，组织连云港市浦南镇、房山镇等6个镇村分别与霍尔果斯赤哲尕善、加尔苏等6个村签订友好共建协议，捐赠资金21万元。组织实施“万人帮万户，共同奔小康”活动，协调企业家捐赠价值30万元净水系统和710套校服，惠及群众1014户2411人及格干牧业学校、伊车嘎善锡伯族乡中心学校师生710人。协调两地妇联开展“恒爱行动——百万家庭亲情一线牵”公益活动，依托连云港爱心家庭，为霍尔果斯市贫困家庭编织爱心毛衣等800余件。

五、交往交流交融

连云港市与受援地围绕服务“一带一路”建设主题，找准东西桥头堡交流合作、共赢发展切入点和落脚点，推进两地交往交流交融步伐。2011～2019年，两地党政机关、企事业单位、社会团体双向交流考察活动共690批5600余人次。2011～2013年，

2015年10月，连云港市党政代表团在霍尔果斯召开连云港（霍尔果斯）口岸服务座谈会

2014年9月6日，『中国梦·丝路情』江苏（连云港）女子民族乐团到阿拉马力边防连慰问演出

连霍两地交往交流130余批1200余人次。连云港市文明办、教育局、团市委、苍梧晚报社等单位，联合组织两地青少年开展“手拉手”活动，连云港师范高等专科学校第一附属小学师生向霍尔果斯口岸中学（今苏港中学）寄出500封信、50份报刊及相关物品。2014～2016年，两地交往交流150余批1400余人次。2015年11月，援疆工作组邀请伊犁州歌舞团到连云港，以“文化之旅、融情之旅、感恩之旅”为主题，开展公益演出。在共建“丝绸之路经济带”大背景下，连云港市教育局、文广新局、卫生局、港口管理局等单位领导和相关人员到霍尔果斯考察座谈，向对口部门提供援助资金100万元。霍尔果斯经济开发区社会服务管理局等相关部门负责人15人到连云港市参观考察，并与教育、卫生等10余个部门签订友好合作共建协议。开展“十万江苏人游伊犁活动”，推动旅游援疆工作，繁荣霍尔果斯旅游经济。两地旅游部门、知名景区加强沟通协调，发动连云港旅行社组织专列、包机进疆观光考察。2018年，伊车嘎善村村史馆暨江苏支边教育基地开馆，持续放大旅游文化援疆效应。协调组织江苏女子民族乐团、连云港市文化馆工作人员赴乌鲁木齐、霍尔果斯市、兵团四师六十二团、都拉塔口岸和阿拉马力边防连慰问演出，密切联系、加深感情。组织连云港市外国语学校与霍尔果斯苏港高级中学50名学生开展“手拉手”民族团结书信交友活动。2017～2019年，两地相互走访学习410余批3000余人次。

连云港市援助霍尔果斯经济开发区（市）部分项目情况表

单位：万元

序号	项目名称	援助时间	援助资金
1	苏港中学（霍尔果斯口岸完全中学续建工程）	2011～2013	1700
2	霍尔果斯口岸文体活动中心	2011～2013	3000
3	产业招商推介项目	2011～2019	2366.14（与苏州市共同投资）
4	党政干部、专业技术人才及职业技能等培训项目	2011～2019	2171.64（与苏州市共同投资）
5	霍尔果斯幼儿园设施设备	2012	100
6	青少年校外活动中心	2012～2013	522.6
7	村（社区）公共服务设施	2012～2018	1992
8	“平安工程”项目	2013～2017	1636
9	市第二幼儿园	2014～2015	1400

续表

序号	项目名称	援助时间	援助资金
10	市环境监测站	2015	700
11	教学实验设备	2016	160
12	市丝路小学改建工程	2016	1000
13	市人民医院配套用房	2016	1005
14	市妇幼保健院	2016	1000
15	安居富民工程	2016～2019	2044
16	交往交流交融项目	2016～2019	332.46（与苏州市共同投资）
17	乡村幼儿园	2017	2696.56
18	援疆楼（连云港）综合设施	2018	166.96
19	特色农产品和旅游产品展销项目	2018～2019	80
20	支教教师保障项目	2018～2019	180.46
21	苏港高级中学	2018～2020	9266.9
22	伊车嘎善锡伯族乡果品保鲜库及加工车间	2019	60
23	莫乎尔片区格干社区就业工厂	2019	307.54
24	伊车嘎善锡伯族乡伊车嘎善村七组渠系工程	2019	240

说明：表中所列项目为单次投入或累计投入援助资金50万元以上项目。

连云港市援助都拉塔口岸部分项目情况表

单位：万元

序号	项目名称	援助时间	援助资金
1	社区卫生服务中心医疗设备	2016	100
2	联检区围墙及卡口	2016	200
3	文化站	2016～2018	802
4	道路及景观改造工程	2016～2019	3586.3
5	中小微企业创业园	2018～2019	2967

说明：表中所列项目为单次投入或累计投入援助资金50万元以上项目。

【链接】援疆为霍尔果斯口岸插上腾飞的翅膀

近年来，苏州、连云港两市坚决贯彻落实中央援疆决策部署，联手霍尔果斯聚焦口岸建设、产业合作、通关便利、民生项目等重点领域，强化定力、深处着力、精准发力、实施有力，助力霍尔果斯经济跨越发展崛起腾飞。

一是聚焦基层基础，助力口岸布局优化。霍尔果斯建市时间晚、城市规模小，交通基础设施配套、基本公共服务供给等亟待提升，这已成为制约霍尔果斯口岸发展的瓶颈。苏州、连云港两市紧紧围绕这些短板，作为援疆工作着力点，帮助霍尔果斯全面加强基层基础建设。借鉴苏州等地先进发展理念与经验，修订完善霍尔果斯经济开发区和产业园区规划，科学指导口岸开发开放与城市建设，口岸功能布局得到进一步优化。投入资金近6900万元，高标准建成兰新路、陇海路和友谊路等城市主干道路，为霍尔果斯市政基础设施建设起到良好示范引领作用。安排专项资金支持铁路站货运现场查验设施建设并顺利通过国家级验收，实现了铁路口岸全天候24小时通关。借鉴苏州工业园区一站式服务中心理念，投入资金7000万元建成霍尔果斯开发区（市）行政服务中心，使之成为中国西部行政审批效率较高的区域之一。经过近年来建设，霍尔果斯现已成为我国向西部开放、功能最完善的陆路口岸，“大通关、大物流、大通道”的新格局逐步形成。

二是聚焦交流交融，助力产业合作共赢。秉承变“输血”为“造血”的理念，通过搭建平台促进合作，霍尔果斯产业发展内生动力不断增强。投资17.5亿元，建成运营苏新中心、苏新工业坊（厂房区）和苏新公社（集宿区）三大载体，引进江苏红豆集团等知名企业落户霍尔果斯，企业快速落户霍尔果斯的条件更加便利。依托苏州创博会、工博会、连云港博览会、农洽会等平台，组织州、市企业单位赴江苏参展，苏霍经贸、文化产业等领域内合作共赢局面初步形成。以“十万江苏人游伊犁”活动为载体，先后组织“苏州—霍尔果斯旅游包机首航团”、连云港旅行专列进疆观光考察，苏州、连云港、霍尔果斯三地全域旅游示范、旅游项目建设、客源市场开发、旅游人才培养等多方面的友好交流合作的良好态势基本形成。2017年度，已邀请50余批次、100余家客商来霍洽谈，实现招商引资签约项目30个，落地项目25个，累计注册资本3亿余元。霍尔果斯创业创新中心建设进展顺利，通过为来霍投资的中小企业提供“一站式”孵化服务，更好地培育和催生了霍尔果斯经济发展新动力。同时，连云港大厦、连云港家园等一批地标性重大投资项目也即将开工建设。

三是聚焦互联互通，助力陆桥运能提效。“一带一路”倡议的全面实施，为霍尔果斯这个新丝绸之路上的节点城市带来了新的开放机遇，也对新亚欧大陆桥运输提出了新的要求。参照苏州工业园区国际商务区一站式通关服务大厅，建设中哈国际合作中心（综合配套区）一站式通关服务大厅，旅客通关效率得到大幅度提升。建设霍尔果斯经济开发区（市）电子口岸和“单一窗口”通关平台，一关两检实现联合办公与查验，货物运输通关更加便利快捷。推动苏州、连云港、霍尔果斯签订共建合作协议，三地口岸互动互促发展的合作机制不断深化。“一带一路”沿线城市进出口食品农产品安全大通道建设持续加快，进出口检验检疫绿色通道、进口大宗商品联合监管、出口食品农产品原料基地互认等合作机制得到进一步加强。协助连云港、霍尔果斯海关加强沟通协调，确保从连云港口岸上桥货物顺利从霍出境，新亚欧大陆桥铁水联运过境运输健康发展。探索建立“双向全申报、互为一二线”的新亚欧沿线检验检疫区域一体化工作机制，“连新欧”“连新亚”等国际班列持续扩量增效。今年

1～10月份，已有来自连云港国际班列的4.69万标箱经行霍尔果斯铁路口岸顺利出境。

四是聚焦民心民生，助力精准对口帮扶。民生连着民心，民心聚着民力。苏州、连云港始终把民生建设作为援建工作的重中之重，先后投入6000余万元，推动民生项目建设。新建市区心连心幼儿园、中心小学综合教学楼和青少年活动中心等教育项目，市内教育基础设施进一步完善。推动成立霍尔果斯苏港中学高中部，从此结束霍尔果斯无高中的历史。投资1500余万元，新建霍尔果斯市医院，全市医疗基础设施提档升级。组织苏州、连云港两地教师、医疗柔性人才来霍开展公开授课、义务巡诊、业务培训，为霍尔果斯教育卫生事业注入了新的驱动力。建设霍尔果斯市民生工程配套区邻里中心项目，通过实施一站式服务，居民出行、生活、购物环境得到进一步改善。针对边远农牧区教学设施薄弱问题，优质高效地组织实施了市政府2017年“一号工程”——10所农村幼儿园项目，进一步改善农牧民孩子受教育条件，实现了全市所有行政村幼儿教育全覆盖。成立伊犁农产品苏州、连云港直销中心，惠及农户100余户，带动就业500余人。组织实施“万人帮万户，共同奔小康”等精准帮扶活动，动员苏州、连云港两地社会力量捐赠500余万元资金（物品），惠及基层农牧民1万余户。组织连云港、苏州两地行政村与霍尔果斯基层村舍开展联动共建活动，打造了一批能够引领霍尔果斯乡村经济发展的龙头企业，三地经济合作通道得到进一步打通和拓展。

近年来，在苏州、连云港的支持下，霍尔果斯写下了大发展、大建设、大跨越的新篇章，这座“千年驿站、百年口岸”已经成为集通关、贸易、物流、加工、仓储、金融、旅游等多功能于一体的我国向西开放的重要窗口、新疆跨越式发展新的经济增长点、沿边开发开放的示范区、“一带一路”亚欧经济走廊国家重要门户城市。中哈霍尔果斯国际边境合作中心已经成为全球唯一的集商贸洽谈、商品展示销售、仓储运输、金融服务等多种功能于一体的跨境综合贸易区，年通关人数500余万人。已吸纳万余家市场主体来霍发展，特别是随着影视传媒业市场主体的迅速集聚，霍尔果斯文化软实力大幅提升，西部影城“霍莱坞”已具规模。2016年实现生产总值26.8亿元，同比增长40%，经济发展主要指标位居全州乃至自治区前列，“一带一路”核心区重要核心节点的引擎带动作用逐步显现。伴随着今年11月28日新丝路跨境金融小镇的挂牌成立，如今的霍尔果斯，正在向打造“国际物流港、国际金融港、国际航空港、国际信息港和国际旅游谷”的先行先试区迈出坚定的步伐。

（原文刊载于2017年12月22日中国新闻网，本文有删节）

【链接】三年援疆交出靓丽成绩单
——记连云港市援疆工作组组长、霍尔果斯市委副书记刘江船

“说实话当初来援疆，一点思想准备都没有，从组织征求意见到我决定援疆，当时只有1小时时间。”回忆起3年前的援疆启程路，霍尔果斯经济开发区管委会副主任、霍尔果斯市委副书记、连云港援疆工作组组长刘江船笑着说。

自2017年进疆工作以来，在霍尔果斯开发区党工委、市委和江苏省援伊前指的领导下，刘江船全面贯彻落实党中央治疆方略和自治区、自治州党委决策部署，认真履职尽责、拓宽工作思路，为开发建设新疆作出了积极贡献，并于2019年荣获开发建设新疆奖章。

刘江船带领连云港市对口支援霍尔果斯工

2018年1月24日，连云港市援疆工作组组长刘江船看望慰问当地群众

作组一班人马，全面贯彻落实党中央治疆方略，紧紧围绕“1+3+3+改革开放”，秉承着“讲政治有担当、讲奉献有作为、讲策略有创新、讲规矩有法纪”的理念，科学谋划、全面融入、精准发力，重点打造连云港高级中学、都拉塔连云港中小微企业创业园、霍尔果斯多式联运中心、连云港大厦、连云港高中班、连云港伊犁农产品展销中心“六大工程”品牌。同时，推动在霍尔果斯市、都拉塔口岸命名设立连云港路，援建“在海一方”社区阅览室，通过这一串的“连云港元素”，高质量推进援疆各项工作取得了新成绩。

成绩的取得离不开辛勤的付出，刘江船坦言，援疆工作给整个援疆工作组赋予了神圣的职责使命。3年来，他们见证了新疆的向好发展。工作生活中，他都严格要求干部，严格对标对表、提升政治站位，聚焦主责主业、打造援建品牌。

注重发挥优势 认真履职尽责

在刘江船的带领下，援疆工作组着力助力精准扶贫，把支持打赢脱贫攻坚战作为首要任务，通过打造连云港伊犁农产品销售中心，助力受援地在全面建成小康社会的道路上与全国各地保持步调一致。

刘江船坚持理论联系实际，深入乡场、街道及市直单位开展调研，深入联系点和少数民族亲戚、扶贫对象家，倾听民声、摸清民情、解除民忧，不断调整完善援疆工作的总体思路和工作要求，力求更加符合上级要求、切合受援地实际、体现各族群众意愿。

在入户走访中，刘江船发现，伊车嘎善锡伯乡赤哲嘎善村集体经济还不是很发达，存在人均耕地多、林果业发展规模小且不均衡的现象，大多数农户种植葡萄、苹果等。发现了问题，刘江船便开始着手解决问题，根据村里林果业发展的优势，连续三年投资，以合作社名义建设果品保鲜库及加工车间，通过水果保鲜，延长存储时限，增加农民收入。同时，派一批村支部书记赴连云港进行专业培训，组织连云港—霍尔果斯农民专业合作社产品推介会，与连云港4家大型超市达成合作，使得霍尔果斯的水果走向江苏等地市民餐桌，带动100户农牧民致富。投入资金60万元，建成连云港伊犁农产品销售中心，通过“工作组+联合共建商+合作社+农户”模式，将伊犁特色农产品推向东部沿海市场，并组织连云港企业来霍，选定3000亩土地开展花生种植推广工作，通过“公司+合作社”模式，推动了霍尔果斯农业产业结构调整。还邀请连云港两批农业专家前来现场指导，提高农业技能。

开展招商引资 助力经济向好发展

刘江船带领援疆工作组从招商层面直接助

力霍尔果斯经济社会发展。援疆工作组每年度设立专项资金100万元，成立专门招商团队，先后外出招商30批次，在连云港举办了2次专题招商推介会。依托农洽会、连博会等平台，先后多次组织州、市企业赴连云港参展。举办“连霍携手打造标杆示范、共同拓展中亚欧盟市场”推介活动，邀请全国近30家连云港商会走进霍尔果斯考察洽商，初步达成12个合作意向。推动实体项目落地，带动1000余人就业。

在招商引资工作中，刘江船总是亲自带队赴江苏等省市点对点对接、招商，并要求援疆干部对达成意向的企业抓好跟进、跑办等服务。

是挑战更是动力

刘江船坦言，对他个人来讲，援疆经历呈现从务虚到务实、从江苏到新疆、从任职到挂职的三方面的转变。“变化的过程其实是一种挑战。”刘江船说，一个从事政策研究、决策咨询的部门领导到边疆一线如何开展工作，如何以一名援建干部的身份在市委、市政府参加分工等，对他都是一种考验。

来到霍尔果斯后，他积极适应，加强理论学习、积极开展交往交流，加大调查研究，在短时间内摸清霍尔果斯市经济基本情况、干部队伍情况、理顺各种关系，对霍尔果斯市历史、区位、政策及当前发展存在的问题都有了认识。

刘江船告诉记者，通过援疆，改变了他以往对援疆工作的认识，逐步主动地向连云港干部加大对援疆工作的宣传力度。第十批援疆干部选派在即，不少干部主动找到组织对接，要求加入援疆队伍。

面对获得的荣誉，刘江船表示，下一阶段，将对照上级党委要求和霍尔果斯各族干部群众的期盼，带领全体援疆干部人才，高质量推进对口援建各项工作，努力在霍尔果斯、都拉塔口岸留下更多连云港印迹，不断开创连云港市对口援建工作新局面。

（2019年8月29日《伊犁日报》）

附：

连云港市对口支援伊宁县

2002～2010年，连云港市先后选派3批6名干部到伊宁县任职，其中3人担任县委副书记，3人担任副县长。

援疆惠民工程。坚持援疆资金、项目向民生倾斜、向基层倾斜，实施与群众生活息息相关的教育医疗、社区公共服务设施、扶贫帮困等民生工程。2002～2010年，建设伊宁县连云港中学、县儿童福利院、县老干部教育培训综合楼等40个援疆项目。落实援疆资金885.5万元，其中捐资捐物114.5万元、无偿援助资金771万元。援疆干部个人捐款捐物2.4万元，捐资助学11人，扶贫济困17人。

招商引资工作。2002～2010年，连云港市援疆工作组在伊宁县落实招商引资项目177个，投资总额285.2亿元，协助争取中央有关部委项目1个。2004年，落实金属机械铸造厂、玻璃瓶厂、铁合金厂、麻棉厂、同舟建材厂、团结塑业二期、芦笋加工厂等项目87个，投资总额5.4亿元，实际到位资金3.1亿元。2007年，经援疆干部牵线搭桥，投资5000万元，在伊东工业园区启动实施东渡碳化硅厂项目；山东新汶集团投资2亿元，在伊东工业园区建设

2007年9月16日，江苏康缘药业股份有限公司向伊宁县连云港中学贫困生捐资助学仪式

连云港市援疆医生为伊宁县群众义诊（2007年摄）

2007年9月17日，伊宁县召开连云港市援疆医疗队欢送座谈会

伊犁泰山阳光新型建材项目；投资4000万元，建设伊犁天康畜牧生物技术有限公司。2009年，援疆干部促成总投资277亿元的庆华煤化工循环经济工业园落户伊宁县。

干部人才培训。通过“请进来、走出去”及援疆干部授课等方式，把沿海城市发展经验和理念带到伊宁县。2002～2010年，先后在连云港市培训（挂职锻炼）的伊宁县干部和各类人才13批213人。连云港市、伊宁县派出互访团组85批847人次，缔结友好县市3个、友好乡镇（社区、单位）25个。

教育援助。2006～2010年，连云港市共派出20名骨干教师到伊宁县开展对口帮扶支教工作。连云港市向伊宁县捐款116万元，援疆教师开展课堂教学大会诊活动，精心设计示范课程；提出一整套管理思路和操作模式，帮助指导伊宁县第二中学完成教育事业发展规划要点和教育教学管理评价标准制定工作，促进学校办学思想和管理理念进一步优化。连云港市烟草专卖局为伊宁县连云港中学一次性捐助课桌椅400套，价值5万元。出资2万元，资助20名贫困学生就学。连云港康缘药业股份有限公司2006～2008年连续3年资助60名贫困学生21万元。连云港市市级机关工委牵头组织机关干部每年资助40名贫困生。连云港市外经贸局向伊宁县连云港中学捐资3万元。

医疗卫生援助。2004～2010年，连云港市共派出5批26名医疗专家到伊宁县人民医院、县中医医院、县妇幼保健院开展医疗援助工作。其间，累计接诊2万余人次，开办业务讲座80余次，下乡巡诊医疗35次，上门服务37次，为农牧民义诊124人次。医疗专家提出循证医学新理念，完善医院规章制度，参与门诊坐诊、定期查房、临床指导，开办专题讲座，介绍和推广呼吸道感染、婴幼儿腹泻等常见疾病诊断治疗新技术新方法。医疗专家在加强临床医务人员“三基”培训、完善基础科室设施建设、加快重点专科开发建设等方面提出建议30余条。

连云港市援助伊宁县部分项目情况表

单位：万元

序号	项目名称	援助时间	援助资金
1	阿乌利亚乡布力开村小学	2006	20
2	连云港中学教学楼	2006～2007	110
3	吉里于孜镇东一区社区	2007	23
4	“伊宁县发展战略规划”项目	2008	88
5	县儿童福利院	2009	100
6	县老干部教育培训综合楼	2009	100

说明：表中所列项目为单次投入或累计投入援助资金10万元以上项目。

附：

第十批援疆工作综述

第十批连云港市共选派13名干部人才对口支援霍尔果斯市，其中党政干部5人、医生2批7人、企业经营管理人才1人。选派2批52名“援藏援疆万名教师支教计划”教师到霍尔果斯市、巩留县等地支教，选派3批32名医疗专家赴霍尔果斯开展“组团式”医疗援疆，选派3批45名其他专业技术人才赴霍尔果斯开展工作。柔性引才120人次。3年投入援助资金2.01亿元，其中计划外“小援疆”（指统一拨付援疆资金以外的由支援地相关单位、企业或个人捐赠的小额援疆经费）资金310万元，共实施项目24个，其中保障和改善民生类7个、产业援助促进就业类5个、智力援助类1个、文化教育类7个、规划编制类1个、交往交流交融类3个。

因工作成绩突出，连云港市援疆工作组被中共中央、国务院表彰为“全国脱贫攻坚先进集体”，林东、黄继超被省委、省政府表彰为“全省脱贫攻坚暨对口帮扶支援合作先进个人”。

推进教育基础设施建设。投入援助资金2254万元续建的霍尔果斯市第二高级中学（连云港高级中学）于2021年9月按期投入使用。投入援助资金1975万元、1450万元，分别建设苏港高级中学宿舍楼和霍尔果斯市人民医院附属用房。实施基层党建阵地巩固提升工程，投入援助资金1000万元，建设霍尔果斯市委党校及乡（片区）、村（社区）等

2021年2月25日，连云港市援疆工作组被表彰为全国脱贫攻坚先进集体。图为连云港市第十批援疆干部人才合影

霍尔果斯市“三馆”——文化馆、图书馆、体育馆(2022年摄)

阵地建设。实施霍尔果斯市融媒体中心升级改造工程,投入援助资金800万元,打造全国首家具备4K播出能力的县市级融媒体中心,项目涵盖4K超高清电视播出系统、全媒体移动播出平台及国家信息安全等级保护三级认证,实现霍尔果斯市融媒体体系升级。推进停滞多年的霍尔果斯市文化馆、图书馆、体育馆项目建设,让各族群众用上期盼已久的文化基础设施。

聚焦提升产业承载能力,推进园区建设。投入援助资金1000万元,实施都拉塔中小微企业创业园配套工程,建设农副产品加工厂房14760平方米,配套产品展销区、员工培训区、宿舍生活区等设施;投入援助资金2614万元,实施都拉塔口岸冰鲜水产品检验检疫项目,提升都拉塔口岸产业配套服务功能。因地制宜开展产业招商,推进连云港市与霍尔果斯市、都拉塔口岸三地在国际贸易、跨境电商、仓储物流等方面合作,帮助江苏等地企业通过霍尔果斯和都拉塔口岸利用哈萨克斯坦资源和口岸政策利好,实现合作共赢。在北京举办中哈产能合作重点项目单位霍尔果斯投资贸易洽谈会,邀请10余家央企参加,促成霍尔果斯市与中国产业海外发展协会开展战略合作,推荐引荐20个项目和部分央企到霍尔果斯投资考察。先后赴南京、连云港、杭州等地举办多场霍尔果斯物流专题招商推介会。走访中国科学院微电子研究所等100余家科研机构和企业,促成11个项目签订投资协议,其中落地项目4个,实际到位资金3.1亿元。总投资2.2亿元的天翼国际云计算中心项目落地建设,完成投资8000万元。整合固定资产6亿元,策划组建霍尔果斯数字文化产业园。策划组建新疆数字丝路科技有限公司,开发霍尔果斯物贸一体化平台。

开展教育、医疗人才“组团式”援疆,推进其他领域人才柔性援疆。拓展引才视野,

全国首家县市级具备4K高清播出能力的融媒体中心——霍尔果斯市融媒体中心（2022年摄）

霍尔果斯市伊车嘎善锡伯族乡政务服务中心（2021年摄）

坚持需求导向，先后从区内外高校、科研院所柔性引进高层次人才60余人，推动在金融和现代农业等领域引进一批人才或团队。依托教育部“援藏援疆万名教师支教计划”，先后从连云港市选派2批52名教师赴霍尔果斯市、巩留县等地开展支教活动。组织开展结对指导，“师带徒”指导多名青年教师在自治区和伊犁州教育系统举办的“苏伊杯”教学技能大赛、自治区论文大赛、微课大赛等教育教学比赛中取得优异成绩。在援疆教师努力下，霍尔果斯市苏港高级中学“连云港班”连续两年本科上线率100%。先后选派3批32名医疗专家组建援疆医疗队，帮助受援地新建麻醉、产科、内镜等科室8个，提升科室10个，完成医院228项制度汇编。签订“1+X”带徒协议，对48名年轻医生常态化开展带教工作，选派15名业务骨干赴连云港市进修学习，院内外举办培训讲座100余次。建立“援疆书屋”，购置教学模型，建立技能培训中心，年轻医生医考通过率70%，缓解医生持证率不足问题。常态化开展诊疗服务，医疗队接诊患者2万余例，抢救危重患者100余例，开展义诊、送医下乡活动30余次，受益群众5200余人次。先后完成霍尔果斯市人民

都拉塔口岸中小微企业创业园（2020年摄）

医院历史上首台肝胆外科微创手术，成功抢救首例大面积气胸患者，迎来在该院出生的第一个新生儿。3年共有30余项技术和项目填补当地空白。先后组织2批46名霍尔果斯乡科级干部赴连云港市开展短期交流，实地考察学习相关县区在基层党建、城市建设、招商引资、经济发展、旅游开发等方面经验做法。组织10名有关单位中层骨干赴连云港有关县区对口单位开展为期1个月跟班学习，安排2名组工干部赴连云港市委组织部开展为期3个月挂职锻炼。邀请江苏海洋大学、连云港市委党校专家教授为霍尔果斯干部人才开设经济高质量发展、党史教育等专题讲座6场次，参训人员1800余人次。

着重抓好脱贫攻坚包联督战工作，包联霍尔果斯市两个重点村脱贫攻坚户380户（全市493户），如期完成评估验收任务。两地党校、教育、卫生、工会等部门单位开展对口交流合作，连云港市6个县区的9个强优镇（街道）与霍尔果斯市9个村（社区）开展结对共建，连云港职业技术学院、连云港中等专业学校开展结对帮扶，共计到位“小援疆”资金310余万元。开展消费扶贫促进农牧民增收，制定《连云港消费伊犁州特色农产品奖补暂行办法》，在连云港市建立伊犁特色农产品展销中心1家、铺设联营店面10余家，从物流补助、销售额奖励等方面对共建商进行补贴，线上线下销售霍尔果斯特色农产品1500余万元。组织受援地农业企业参加各类农业展会，协调20余家农业龙头企业和农民专业合作社参加第22届江苏省农洽会、江苏省扶贫协作对口支援地区特色产品展销会、成都全国糖酒会等，达成销售意向协议50余个，为推动当地特色农产品加快走出去开辟新通道。推动就业扶贫工作，开展“就业创业双十基地”建设行动，推动霍尔果斯市职业高中与连云港职业技术学院、连云港中等专业学校等职业院校建立密切合作关系，打造霍尔果斯现代化就业实训基地；扩大连云港职业院校在伊犁州招生规模，指导帮助

连云港市援疆教师为霍尔果斯市青年骨干教师开展专题培训（2022年摄）

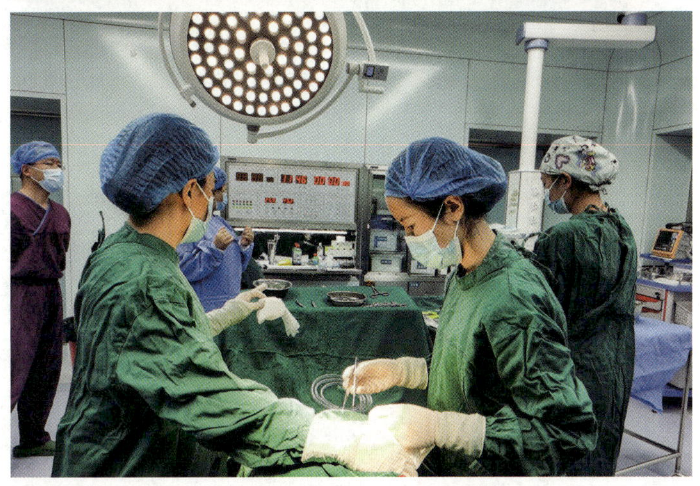

2021年8月18日，连云港市“组团式”援疆医疗队实施霍尔果斯市人民医院首例剖宫产手术

新疆籍毕业生在江苏就业；加大资金支持力度，建设霍尔果斯跨境数字创新创业基地。抓好脱贫攻坚成果与乡村振兴有效衔接，推动霍尔果斯乡村振兴项目列入“十四五”对口援疆规划，计划投入援助资金1亿元，建设扶贫车间、现代农业产业园育苗中心等。

充分发挥桥梁纽带作用，推动连霍两地干部群众开展多层次、多领域、多形式的交往交流活动。两地各级领导先后率团互访考察，推动两地在自贸区合作、项目建设、产业发展、人才培养等各方面开展全方位合作。组织开展“民族团结一家亲”活动，每逢“五一”“七一”“十一”等重要节点，组织少数民族群众参观市容市貌、重点企业、爱国主义教育基地，举办联欢活动；工作组6名干部与6名生活困难的少数民族群众结成亲戚，定期走访慰问，帮助解决生活生产困难，累计捐款捐物17.2万元。举办青少年“万里鸿雁传真情”手拉手书信交友活动，组织连霍两地6所学校48个班级近2200名青少年学生参与书信交友，增进两地青少年友谊。

霍尔果斯市农业企业和农民专业合作社参加在连云港举办的第22届江苏农洽会（2020年摄）

2022年7月，连霍两地青少年“万里鸿雁传真情”手拉手交友活动举办

2020年5月1日，连云港市援疆工作组与结亲户开展“民族团结一家亲”联谊活动

2020年10月28日，霍尔果斯市青年干部赴连云港市开展交流活动，参观全国美丽乡村示范村——连云港市黄窝村

连云港市援助霍尔果斯及都拉塔口岸部分项目情况表

单位：万元

序号	项目名称	援助时间	援助资金
1	市第二高级中学（连云港高级中学）附属配套工程	2020	2254
2	都拉塔中小微企业创业园一期工程配套项目	2020	1000
3	都拉塔口岸综治中心	2020	984
4	都拉塔口岸规划编制项目	2020	140
5	市档案馆、规划馆	2020～2021	3000
6	伊犁农产品（连云港）销售补贴项目	2020～2022	120
7	产业招商推介项目	2020～2022	400
8	教育（连云港）援疆和万名教师支教项目	2020～2022	871
9	党政干部、专业技术人才及职业技能等培训项目	2020～2022	55
10	交往交流交融项目	2020～2022	180
11	市人民医院附属用房	2021	1450
12	都拉塔口岸幼儿园	2021	604
13	农家书屋示范点	2021	60
14	乡村振兴建设项目	2021～2022	2297
15	苏港高级中学宿舍楼	2021～2022	1975
16	市融媒体中心升级改造工程	2021～2022	800
17	航线补贴项目	2021～2022	355
18	都拉塔口岸冰鲜水产品指定进口市场检验检疫项目	2021～2022	2614
19	基层党建阵地巩固提升工程	2022	1000
20	都拉塔口岸中小微企业创业园农副产品加工厂房	2022	870

说明：表中所列项目为单次投入或累计投入援助资金50万元以上项目。

库尔德宁风光（曹家富／摄）

第八节 张家港市对口支援巩留县

家港市
批援疆
作纪实

巩留，“巩固长留”之意。巩留县地处伊犁河谷中部，是伊犁河流域重要交通枢纽之一，距伊宁市118千米。1932年建县。2019年，全县面积4528平方千米，人口19.44万人。巩留具有悠久的历史和灿烂的文化，历史上是伊犁东部区域政治、经济、文化中心，如今是新疆重要的粮食基地县和新疆褐牛、细毛羊生产基地之一，自治区最大的雪岭云杉自然保护区位于境内东部山区。

根据新一轮对口援疆工作部署，2010年11月，张家港市成立对口支援新疆伊犁州巩留县工作领导协调小组，并设立前方工作组。2010年12月至2019年12月，共选派4批121名援疆干部人才，实施项目124个，累计投入援助资金6.87亿元。

张家港市全面统筹协调援建工作，精心谋划援建方案，从项目、资金、产业发展、技术指导、人才培养等领域全面扶持。把民生建设作为援疆工作的重中之重，实施巩留县高级中学、职业技能培训基地及就业培训中心、县人民医院、县中医医院异地迁建及老年康复中心等民生项目，大幅提升受援地教育水平和居住、医疗条件。突出经济援疆工作重点，发挥和挖掘东部沿海地区产业、技术和人才优势，给巩留经济发展注入新活力。着力将巩留县生态农业观光园打造成为综合生态农业示范园全产业链项目，建设城北中小微企业园，推进农业、工业、旅游业协调发展。大力搭建招商载体，援建中小微企业创业园和民生坊，打造“北纬43°”销售品牌，带动农牧民增收致富。一批批援疆干部人才赶赴巩留，提升巩留县发展软实力，帮助巩留打造人才“智”高地。打造“1+1帮1”帮扶品牌，帮扶巩留贫困户实现发展生产、稳定脱贫。

一、民生援建

张家港市以改善民生为重点，着力解决巩留县群众迫切需要解决的困难，让当地农牧民得到实实在在的好处。

2011～2013年，把保障和改善民生摆在优先位置，重点解决教育、医疗等方面基本民生问题。根据援建规划，实施巩留县高级中学、县人民医院、职业技能培训基地及就业培训中心、村（社区）服务中心等项目。实施安居富民工程、定居兴牧工程，其中安居富民工程建设4600户、定居兴牧工程建设950户。为巩留县人民医院配备医疗设备，改善医疗条件。投入援助资金5999.75万元，建设巩留县高级中学，这是张家港市援建的投资规模最大的单体民生工程。建设职业技能培训基地及就业培训中心，填补当地职业教育设施空白。投入援助资金2076万元，新建及改扩建32个村（社区）服务中心，为居民生活提供便利。

2014～2016年，建成农村安居富民工程3500户。实施县新城区第二小学异址新建及配套工程、张家港实验学校、县中医医院异址迁建工程及老年康复中心、县公共卫生中心等教育医疗项目。其中，县中医医院异址迁建工程及老年康复中心投入援助资金5958万元，成为巩留县卫生领域标志性建筑。投入援助资金2300万元，建成县公共卫生中心，助力巩留县完善公共卫生体系。坚持城乡兼顾，建成22个标准化村级卫生室，覆盖到农村特别是一些偏远农牧区，改善村级医疗卫生条件。资助8所幼儿园新建和改扩建，真正将教育惠民落到实处。结合新农村建设，对提克阿热克乡萨尔布群村等进行规划设计、施工，配套完善软硬件设施，把萨尔布群村打造成环境优美、设施齐全、产业配套的社会主义新农村，成为伊犁州新农村建设示范村。实施农村安全饮水入户工程，改善1600户农牧民饮用水条件。

2017～2019年，建成安居富民和定居兴牧房2694户，其中安居富民房2225户、定居兴牧房469户，改善群众基本住房条件。完成县新城区第二小学异地新建及配套设备项目、县张家港实验学校建设、县第一幼儿园、乡村幼儿园建设项目等，改善教育教学硬件设施，助推巩留县教育事业发展。其中，累计投入援助资金4015万元，建成九年一贯制学校张家港实验学校，各类设施齐全，获评自治区建筑工程“天山杯”优质工程奖。新建1500平方米巩留县人民医院综合病房楼，改善全县医疗卫生条件。加强农村公共服务设施建设，为89个村（社区）配套更新办公设备。投入援助资金2000万元，改扩建县援疆人才交流服务中心。

巩留县第一幼儿园（2017年摄）

巩留县第二小学（2016年摄）

巩留县高级中学运动场（2013年摄）

2013年9月24日，巩留县职业技术学校启用仪式

巩留县人民医院（2012年摄）

巩留县中医医院（2016年摄）

巩留县老年康复中心（2016年摄）

【链接】港城援疆 巩留增彩

9月21日，记者在巩留县提克阿热克乡萨尔布群村卫生室与村医艾比旦·特依甫聊天时，艾比旦兴奋地说："现在的村卫生室发挥了作用，村民的常规性疾病都可以解决。"

萨布尔群村有220户村民，有近800人口，过去，村里的卫生室面积不足50平方米，由于条件简陋，设备陈旧，药品少，村民们很少来卫生室看病。2015年，张家港投入20万元资金，在该村村委会新建了一座120平方米的标准化村卫生室，里面设置了诊断室、配药室、输液室，并添置了新的医疗器械，卫生室有村医、防疫员和妇幼保健员。卫生室地方宽敞、窗明几净，常用药的品种也增多了，有个头痛脑热的小病，村民也不用出村去乡卫生院就诊了。

记者正与艾比旦聊着，隔壁传来了孩子们的歌声，原来这是村里的幼儿园，一打听，也是由张家港市援建的。这所去年8月投入使用的村幼儿园占地3.6亩，张家港投入资金300万元，漂亮的幼儿园装饰得充满了童趣。

听说是采访张家港援疆的，几位村民告诉记者，村容村貌在这两年有了很大变化，这些都归功于援疆工作。村民们指着街道说，这些都是张家港花钱给修的，包括3公里的主街道，2.8公里的防渗渠、3.9公里的围墙、村里的50盏漂亮的路灯。巩留县援疆工作组把安居富民和新农村建设结合起来，在充分尊重农牧民意愿的基础上，按照维吾尔族风格，将萨尔布群村统一规划、统一设计、统一施工，通过建设，使萨尔布群村变得布局合理、设施配套、富有民族特色。

萨尔布群村只是张家港市援助巩留医疗卫生的一个缩影，近3年来，张家港市在对巩留县的援建中，解决了巩留县教育和医疗卫生方面存在的一些实际问题，使群众切切实实感受到了援疆带来的实惠，也使援疆资金发挥了较为明显的效益。

巩留县委副书记、援疆工作组组长王松石说："我们从巩留县近年来需要建设的项目清单中精选了一批近年急需实施的民生项目作为援建重点，贴近基层，贴近实际，满足了群众需求。"

在援建过程中，仅巩留县第二小学、县中医医院和老年康复中心、县公共卫生中心三个项目就超过两个亿。除了在县城规划建设了一批重点援疆民生项目外，张家港在援疆中坚持城乡兼顾，使援建项目覆盖到农村特别是一些偏远农牧区。张家港投入400万元完成了20个村级卫生室标准化项目建设，投资514万元新建、改建和资助了8个幼儿园，建设完成3500户农村安居富民工程，把援建项目做到群众的家门口，让各族群众特别是贫困家庭得到了真真切切的实惠。

在硬件建设上张家港不遗余力，在软件建设上，张家港更是坚持"输血"与"造血"并重，不断创新形式，实行双向互动，通过两地培养、双向挂职、柔性引才、结对交流等多种途径，科学有序实施人才培训，努力打造一支带不走的干部人才队伍。

今年巩留县的高考成绩创造了历史之最。通过人才援疆，巩留县医疗整体水平和教学水平有了明显的提高。援疆医生发挥技术精湛的优势救死扶伤，50项医疗技术填补了巩留县空白，开展示范手术500余台，抢救危重病人700余人次，成功申报自治州级继续教育项目2项，在省级以上刊物发表专业论文9篇。围绕建设伊犁河谷东部教育、卫生高地目标，以"青蓝工程"和"师徒结对"活动为抓手，25名援疆教师、援疆医生带着巩留县50名青年教师、优秀医务人员开展师徒结对。全县每年设立30万元的教育和卫生奖励资金，对优秀教师、优秀医生进行奖励，激励教育卫生人才奋发有为立志成才，不断壮大巩留教育、卫生人才队伍。同时，张家港和巩留县15家医疗卫生机构、14个部门、59所中小学及幼儿园对接交流，使巩留县所有具有一定规模的学校、医院、卫生机构在张家港都有了对口交流的单位，做到双方信息共享、人员互通，深化交流、共同提高。今年6月，张家港市第一人民医院与巩留县人民医院远程会诊系统正式开通运行。

转眼间，第八批援疆干部3年工作即将结束，在张家港市对口支援巩留县工作的全面开展中，两地已经结成了“亲戚”，这条跨越千山万水的血脉将会一直传承下去，两地深厚的情感和关爱，也将会借着援疆工作这道彩虹，继续延伸下去。

（原文刊载于2016年9月27日《伊犁日报》，本文有删节）

二、产业援建

张家港市充分发挥两地产业合作优势，按照“一产调结构、二产强基础、三产建平台”产业援建思路，为江苏企业到巩留落户创造条件，加快发展优势产业和特色产业，助推巩留群众就业和增收。

2011～2013年，投入援助资金200万元，对新建、改建500座蔬菜大棚实施奖励和补助，促进设施农业基地建设。投入援助资金603.81万元，实施巩留县良种奶牛养殖

巩留县新城区蝶湖生态园（2019年摄）

繁育中心及兽医服务中心项目，促进良种奶牛繁育养殖。加强对巩留县产业和旅游业宣传与推介。

2014～2016年，加大产业招商推介力度，总投资1.2亿元的嘉格森硅业有限责任公司扩能项目落地。协调道氏硅业张家港物流有限公司，增加该公司产品采购量，帮助企业扩大生产规模。实施旅游提升工程，组织公（商）务交流团、散客（拼）团、飞机旅游团到伊犁旅游。签署旅游对口交流合作协议，促进巩留县旅游产业加快发展。

2017～2019年，把工业载体建设作为产业援建重点，推进产业链延伸招商和项目签约落地。建设民生坊，增加就业岗位300个，助推村级工业经济发展，促进村民就地就近就业。投入援助资金3956.6万元，建设县城北中小微企业创业园民生工业基地，为巩留县招商引资创造条件、搭建平台。多次开展产业招商推介活动，引进规模企业，吸引民间资本5.2亿元，投资巩留兴业创业。在张家港设立巩留农产品公共仓，制定《巩留县农产品购销合作引导资金管理暂行办法》，打造“北纬43°”销售品牌，构建“巩留采购联盟+第三方服务商+张家港销售联盟”合作模式，累计完成农产品销售额708万元。3年间，实施的农业项目直接带动600余人务工增收，让3000余名群众通过利益联结机制实现增收。投入援助资金1587.79万元，建设巩留县生态农业观光园，示范引领村级经济发展和农民增收，打造集芍药新品培育、规模化种植、芍药花观赏、产品体验、制品推广、乡村旅游、休闲观光、就业创业于一体的综合生态农业示范园。富芍基地成为巩留县旅游收入新的增长点。

【链接】产业援建提升新疆巩留“造血”功能

现代工业园区拔地而起，民生坊遍地开花，产业项目落地生根……行走在新疆巩留县，随处都能感受到产业发展的蓬勃活力。新一轮对口援疆工作开展以来，江苏省张家港市围绕“一产调结构、二产强基础、三产建平台”的思路，将产业援疆作为重中之重，着力提升巩留县自我“造血”功能，为当地发展增添新的动力。

精心筑巢引凤来

“产业援疆彻底改变了我们的生活。”孜拜旦木高兴地说。2020年，坐落于巩留县城北中小微创业园的众康医用材料有限公司投产，孜拜旦木与其他120名少数民族群众成为企业员工，现在，孜拜旦木不仅工作稳定，而且每月还有近3000元的收入。

“这里是政府搭台，我们企业‘唱戏’。”众康医用材料有限公司董事长王永田说，近年来，张家港援疆工作组深入开展对外招商，积极宣传巩留、推介巩留，鼓励企业家到巩留投资。在了解到巩留在医疗器械生产领域尚属空白，张家港在当地援建了工业园，企业“入驻即能投产”后，王永田决定到巩留投资，众康医用和瑞龙农业、麦琪尔宠物食品等，成为首批落户工业园的企业。

工作组全力当好“店小二”，帮企业办手续、招员工，让企业快速投产，并全力当好“后援团”。

新冠肺炎疫情期间，众康公司生产口罩的原材料紧缺，工作组多方联系找到货源；在企业遇到资金困难时，工作组又想方设法提供了350万元借款，解了燃眉之急。如今，众康公司已成为当地的“明星企业”。今年，企业还将投产耦合剂、医用床垫、智能马桶盖等产品，预计年产值达5000万元。

壮大产业经济，让群众的腰包鼓起来，这是张家港市实施产业援疆的目的和方向。为此，张家港市投入资金“筑巢引凤”，除建起巩留县城北中小微创业园外，还建设民生坊，搭建创业载体。“现在我学会了缝纫技术，工作稳定，是家里的‘顶梁柱’了。”25岁的哈萨克族姑娘帕提玛自信地说，自从进了民生坊里一家服装企业后，她成了一名生产骨干。

2017年起，张家港援疆工作组开始援建民生坊，截至目前，建成8个民生坊。“民生坊让劳动力就近就地就业，还让他们学会了手艺。”巩留县商务和工业信息化局商贸科科长李宏说，如今，入驻民生坊的产业项目越来越“洋气”，除了食品、服装等，还引入了电商、旅游接待等产业，吸纳300多名群众就业。

调整结构兴产业

“土地流转每亩500元，再加上年底村里分红、外出务工等，一年纯收入超过2万元。”巩留县塔斯托别克乡巴哈拜村里的合作社，让艾尼瓦尔·斯德克告别了风吹日晒的种田日子，也甩掉了“穷帽子”。四年前，巴哈拜村还是自治区级贫困村，有建档立卡贫困户260多户940余人，占全村人口近半数，许多农牧民守着自家的“一亩三分地”，收入较少。

本着“就业第一”，宜农则农、宜工则工、宜游则游的产业援疆发展理念，依托巩留县丰富的农业资源和得天独厚的地缘优势，2017年，张家港援疆工作组为巴哈拜村引进新疆富芍生物科技有限公司，采用“党支部+土地股份合作社+企业+农户”模式，大力开展土地流转，促进集约化经营。刚开始，村民担心，土地交出去，人和牛羊吃什么？从土地上解放出来后，有一技之长的村民可以外出务工，缺乏技能的吸纳进合作社打工，算清这笔账后，村民们渐渐有了信心，积极流转土地。除了每亩土地500元的流转费，依托张家港市援疆资金，巴哈拜村持有新疆富芍生物科技有限公司20%的股份，年底，村民每亩地还有1000元左右的分红。

此外，依托美丽的芍药花田，巴哈拜村还把目光投到“产游联姻”上，建起游客接待中心，发展乡村旅游。如今，村里已建成集芍药花观赏、产品体验、休闲观光、就业创业为一体的一二三产综合示范园，直接带动600多名群众增收、3000多名群众通过利益联结机制实现增收。

搭建平台助脱贫

巩留是农副产品资源大县，品种丰富，久负盛名。为帮助农产品找到销路，张家港援疆工作组加强市场调研，根据需求，多形式扶持巩留特色农产品发展。2019年，工作组牵头组织巩留县商务和工业信息化局与张家港市商务局深度合作，在张家港设立农产品仓储物流配送中心，打造了“北纬43°”生活馆电商平台，新疆哈密瓜、香甜小红杏、新鲜牛羊肉等特产一应俱全，昔日地里的农副产品，如今摇身一变成为网民们的抢手货。今年以来，平台销售额已达260多万元。

除了线上“圈粉”，为打响巩留农副产品的知名度，设立在张家港市的“张家港·巩留之家”，重点宣传推介巩留文化旅游资源和特色农副产品，推动两地经济文化交流合作。目前，该电商平台企业与巩留多家企业达成战略合作协议，在原主打农副产品的基础上，还上线了薰衣草精油、薰衣草香氛等产品，为巩留农副产品打开更广阔的市场。

（2020年8月4日名城苏州网）

三、智力援助

张家港市以人才援助为支点，着力增强对巩留县智力支持。每年安排援疆资金总量的5%用于巩留县人才培训，开展“组团式”人才援疆，提高巩留县教育、医疗卫生水平。2011～2019年，累计投入援助资金3900余万元，共实施干部人才培养培训项目134个。

2011～2013年，投入援助资金500余万元，实施培养培训类项目，涉及卫生、教育、县乡村干部、专业技术人才、高校毕业生等。完成570名干部人才培训、219名新疆籍普通高校毕业生培训等项目，促进巩留县干部人才队伍素质提高。通过“青蓝工程”和“师徒结对”活动，培养医务人员22人、青年教师53人。巩留县先后有55名骨干教

2011年10月10日，巩留县直机关、乡镇场党政干部培训班开班典礼

张家港市援疆教师、自治区优秀援疆干部人才郑星刚在辅导学生（2012年摄）

张家港市援疆教师、自治区优秀援疆干部人才张广斌与巩留县青年教师交流（2014年摄）

张家港市援疆教师、自治区优秀援疆干部人才王耀民（右一）与巩留县教师交流（2015年摄）

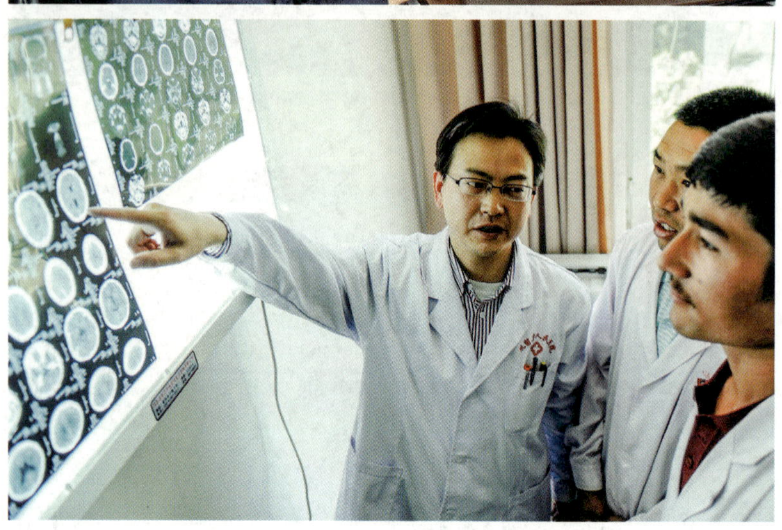

张家港市援疆医生、自治区优秀援疆干部人才、“中国好人”蒋锋（左）与巩留县人民医院医生交流（2011年摄）

师到张家港市参加教学培训，30名中小学校长、书记参加学校管理专题培训。每年出资30万元，分别设立教育和卫生奖励资金，对优秀教师、医生进行奖励，激励教育、卫生人才成长，不断壮大巩留教育、卫生人才队伍。

2014～2016年，继续实施干部人才援疆项目。其中，到张家港培训班次35个，培训巩留干部人才800余人。从张家港柔性引进专家人才150余人，就地组织培训干部人才1.5万余人次，带动巩留本土干部人才更新思想观念、提高工作水平。以“青蓝工程”和“师徒结对”活动为抓手，组织青年教师、医务人员开展师徒结对，传授专业知识和工作经验。每年设立30万元教育和卫生奖励资金，促成张家港市和巩留县15家医疗卫生机构、14个部门、59所中小学及幼儿园结对交流，使巩留县所有学校、医院、卫生机构在张家港均有对口单位，做到双方信息共享、人员互通。援疆医生开展示范手术500余例，抢救危重病人700余人次，50项医疗技术填补巩留县空白。深入乡镇（场）和偏远村队开展义诊、送医送药活动，6000余人次受益。张家港市第一人民医院与巩留县人民医院远程会诊系统开通，帮助巩留县人民医院创建成二级甲等医院，医疗综合实力在伊犁州直医院中由受援前的末位跃居前三位。

2017～2019年，累计投入援助资金700余万元，实施干部人才项目，800余名巩留干部人才到张家港培训，就地培训干部人才1.78万人次，帮助巩留干部拓宽视野、丰富知识。从张家港柔性引进巩留紧缺人才，协助相关部门开展工作。援疆教师实施“青蓝工程”师徒结对活动，所带“张家港班”连续两年高考本科上线率100%。援疆医疗专家抢救危重病例500余人次，开展手术1200余例，实施全新手术60余例，引进新技术、新项目74项，让更多当地群众享受到医疗援疆带来的便利。

【链接】践行援疆使命　爱洒巩留百姓
——记江苏省卫生援疆干部、巩留县人民医院副院长蒋锋

蒋锋作为一名援疆医生，同时挂职巩留县人民医院的副院长。他深入到各临床科室调研，全面真实了解医院的实际情况，很快发现医院存在的最突出问题：一是缺人员，二是缺设备。他针对问题制定了“突出重点，以点带面，共同提高”的张家港卫生援疆工作总体思路：从突出加强重点专科的建设，突出人才队伍的培养，突出医院制度的完善等方面扎实推进，从而实现医院整体素质的明显提高。

对口援疆工作开展之前，脑外科在巩留县医院是一个专科空白。蒋锋来到医院后就与大家共同协商，从逐步完善脑外科专科设备配置、专科医务人员的配置、科室制度建设的完善等方面着手，积极筹备脑外科的组建，终于利用医院整体搬迁的契机，正式单独成立了医院脑外科，2011年7月29号开展了首例开颅手术，取得圆满成功，改写了巩留县脑外手术空白的历史。在脑外科全体医护人员的配合和努力，脑外科各

2010年12月18日，张家港市对口支援巩留县工作会议召开。图为市领导与第七批援疆干部人才合影

2015年6月15日，张家港市第八批援疆干部人才中期轮换合影

2018年8月16日，张家港市领导赴巩留县考察交流，并与第九批援疆干部人才合影

项工作顺利开展，已诊治各类患者超过1200人次，抢救危重患者120余人，抢救成功率在90%以上。开展疑难病例讨论80余例，开展各类手术100余例。类似脑积水的分流术、脑脓肿的切开剥离术、穿刺引流术、标准大骨瓣开颅、网状减压、高血压脑出血立体定向微创穿刺血肿引流术、颅骨修补术、重型颅脑外伤的亚低温治疗、气管切开术、深静脉置管术等新技术的开展均填补了医院技术空白。如今，巩留县的农牧民再不必为了脑外科的一些疑难杂症长途跋涉到伊犁州就诊，而且蒋锋的医术也越来越得到了大家的认可。目前医院脑外科已经成为巩留县乃至周边县市的特色科室、招牌科室。

为了将医疗帮扶落到实处，为了给医院培养一支永不撤离的人才队伍，蒋锋建议加强专业技术人员培训力度，自2012年3月份开始派送脑外等专科医生及护理人员到张家港免费进修学习，部分人员已经学成归来成为科室医疗、护理的技术骨干；他带领张家港医疗队队员大力实施“青蓝工程”的传帮带教活动，每位援疆专家分别与受援单位不同专科的两名医务人员建立师徒结对关系，为他们制定阶段性的学习计划，周期性的培养目标，层层把关、定期考核，在较短的时间内让他们在专科业务上有了很大的提高，也为医院专科人才梯队的建设奠定了坚实的基础。

作为挂职副院长，除了坚持在临床医疗一线，救死扶伤、尽心履职，做好自身的临床业务工作之外，蒋锋重点主抓医疗质量的管理，对医疗环节中出现的一些问题建言献策、建章立制。同时加强对医疗质量管理督查工作，加强医院各项核心制度的落实，将张家港市第一人民医院一些先进管理经验、理念及管理模式，在巩留县人民医院加以试行推广。尤其是在张家港市援疆工作组的大力支持下，在医院设立了15万元的医学奖励资金，设置了首席医师等12个奖项，加大了医院内部考评和奖惩力度，进一步加大督促、规范各临床科室的医疗行为，提高了医疗质量，保证了医疗安全。在一年半的援疆历程中，蒋锋先后获得了“2011年度突出援疆贡献奖”“伊犁州优秀卫生援疆干部”“道德的力量·张家港十佳身边好人”“十佳医生”“张家港市文明示范职工”等荣誉称号。2012年4月也作为伊犁州北疆地区唯一的江苏援疆干部代表作了“奉献基层、造福群众”为主题的先进事迹视频讲座，为巩留添了彩，为港城争了光，也为江苏援疆工作写下了浓墨重彩的一笔。

（原文刊载于2012年6月20日《伊犁日报》，本文有删节）

四、脱贫攻坚

张家港市把扶贫帮困作为对口援疆重要任务，助力巩留县各族群众稳定增收、脱贫致富。援疆9年，张家港市累计捐资捐物总价值3783.5万元。

2011～2013年，争取计划外资金1500万元，组织实施“小援疆”（指统一拨付援疆资金以外的由支援地相关单位、企业或个人捐赠的小额援疆经费）工作，开展以“港城情·爱洒巩留”为品牌的系列特色活动。开展“金秋助学”活动，帮助246名家庭贫困学生圆大学梦，帮扶65名贫困学生和50户困难家庭。

2014～2016年，启动“港城爱心·情暖巩留”慈善关爱系列活动，重点关爱困难学

2014年3月23日，张家港市援疆干部与巩留县高级中学学生『一对一』结对帮扶仪式

生、孤寡老人、贫困家庭、残疾儿童等弱势群体。援疆干部创新开展“千百万”（每年开展慰问千名人员、资助百个组织、确保数万人就业）慈善关爱工程，丰富援疆工作内涵。

2017～2019年，重点开展“港城巩留一家亲，同奔小康心连心”爱心援疆活动，打造“1+1帮1”（张家港800名爱心人士与巩留县800名党员干部共同结对帮扶巩留县800户贫困户）特色品牌，10个区镇、102家市级机关部门，捐赠慰问金和物资价值100余万元，捐助改善生产条件资金50余万元，结对帮扶的800户贫困户全部脱贫；设立张家港援疆公益关爱基金，资助12类特殊困难群体；实施“金秋助学”工程，援助资金469万元，对巩留县在区外高校就读的250名家庭困难学生进行补贴。3年间，张家港市累计捐助巩留县帮扶资金2000余万元。2019年，巩留县3805户13674名建档立卡贫困户全部脱贫。

五、交往交流交融

2011年，张家港市、巩留县两地教育、卫生、民政等30余个部门实现对接。当年，张家港市有54批500余人到巩留县考察交流，巩留县有35批次300余人到张家港市参与人才交流合作。2012年5月，举办首届巩留县（张家港市）活动周，两地乡镇（场区）全面结对、两地文化团体同台演出，开展两地经济合作、巩留旅游推介、巩留农产品展销等活动。此次活动为巩留历史上出疆人数最多、活动内容最丰富、反响最为强烈的一次。2011～2012年，张家港市1300余人次和巩留县1000余人次实现两地互访，进一步搭建交流合作平台。2013年，举办第二届巩留县（张家港市）活动周，在不断提高交流合作的持续力上实现新突破。同时，在幼儿、小学、初中、高中和职业教育

5个层面，安排5所学校开展“手拉手”结对活动，通过网上师徒结对、举行空中观摩课等形式，实现双方资源共享，提升当地教育教学水平。同时，动员张家港市优秀青年企业家、青联委员、团干部、少先队员等以个人、家庭或组织为单位结对巩留县贫困学生，并采取多种形式开展丰富多彩的文化交流活动，增进和深化两地青少年友谊。每位援疆干部结对一名贫困生，每人每年捐助2000元，为他们解决实际困难。援疆教师开展爱心助学和“民族团结一家亲”活动，累计捐资助学近6万元，筹集社会爱心助学资金2万余元，帮助25名家庭经济困难但品学兼优的学生完成学业。与巩留镇塔什干沙孜村18户维吾尔族和哈萨克族群众家庭开展民族结对认亲活动，利用节假日到结对亲戚家庭看望慰问。2014～2016年，开展“扬帆起航·江苏行”对接活动，开展文化交流活动6次，全面深化单位部门对接交流工作，实现双方资源共享，交流合作平台不断扩大。2017～2019年，张家港10个区（镇）和100余家单位组团到巩留县考察，多次组织安排巩留县代表团到张家港市交流。开展“张家港人游伊犁（巩留）”活动。3年间，张家港市共有388批1.25万人次到巩留进行旅游、考察。在张家港市举办两次“新疆巩留风情节”、两次“塞外江南·诗画伊犁”江苏推广周活动（张家港分会场），体验游客累计17万余人次，持续宣传推介“康养巩留·秀美蝶城”旅游品牌。持续深入开展“结亲走亲”活动、“民族团结一家亲”结对认亲活动，以及端午节、古尔邦节和春节等节日期间集中“走亲戚”，交流慰问并开展联谊活动。平时经常性地与少数民族亲戚联系交流走访，帮助解决子女就业、就医治病等方面困难。至2019年末，累计有34名援疆干部人才与65户少数民族家庭结对认亲。

2011年7月21日，张家港市向巩留县捐赠100万元

张家港市援疆干部种植『援疆友谊林』（2015年摄）

张家港市援疆干部人才与巩留县少数民族家庭结对认亲，常态化开展『民族团结一家亲』活动（2018年摄）

张家港市援助巩留县部分项目情况表

单位：万元

序号	项目名称	援助时间	援助资金
1	设施农业基地	2011～2012	200
2	职业技能培训基地及就业培训中心	2011～2013	1500
3	县良种奶牛养殖繁育及兽医服务中心	2011～2013	603.81
4	县高级中学	2011～2015	5999.75
5	县人民医院	2011～2017	2501.2
6	村（社区）公共服务设施	2011～2018	2435.7
7	安居富民工程	2011～2019	13545.7
8	党政干部、专业技术人才及职业技能等培训项目	2011～2019	3462.89
9	产业援疆及产业合作项目	2012～2013	140
10	定居兴牧工程	2012～2019	1419

续表

序号	项目名称	援助时间	援助资金
11	基层劳动就业社会保障服务平台	2014	100
12	旅游官网及旅游提升工程	2014	245
13	农村饮水工程	2014～2015	100
14	村级卫生室标准化改造工程	2014～2015	400
15	广播电视覆盖系统扩大工程	2014～2015	300
16	县中医医院异址迁建工程及老年康复中心	2014～2016	5958
17	县公共卫生中心	2014～2016	2300
18	第二小学异址新建及配套工程	2014～2017	3700
19	乡村幼儿园	2014～2018	1470.29
20	产业招商推介项目	2014～2019	576.31
21	区外高校就读贫困生补贴项目	2015～2019	838.2
22	交往交流交融项目	2016～2019	220.55
23	“民生坊工程”项目	2017～2018	812.81
24	张家港实验学校	2017～2019	4015
25	第一幼儿园	2017～2019	1000
26	蝶湖示范社区综合服务中心	2017～2019	800
27	生态农业观光园	2017～2019	1587.79
28	城北中小微企业创业园民生工业基地	2017～2019	3956.6
29	野核桃沟景区旅游公厕	2018	147.99
30	全域旅游总体规划编制	2018	104.3
31	青少年活动中心设备	2018～2019	260
32	农产品电商发展引导资金	2018～2019	290.06
33	柔性引才项目	2018～2019	122.5
34	支教教师保障项目	2018～2019	263
35	援疆人才交流服务中心改扩建工程	2018～2019	2000

说明：表中所列项目为单次投入或累计投入援助资金50万元以上项目。

【链接】十年援疆，天山见证“港城担当”

在新疆维吾尔自治区伊犁哈萨克自治州巩留县3A级景区蝶湖公园内，一座石榴造型的书屋成了网红“打卡”地，每天来看书、借书的市民络绎不绝。这个由张家港市援建的24小时不打烊书屋，被当地市民誉为“巩留最漂亮的书屋”，让随时随地、想读就读成了可能。

张家港，长江之畔的港口新城；巩留县，天山脚下的“塞外明珠”。两座相距万里的城市，在中央对口援疆战略牵引下，并肩走过了10年。十年来，张家港以高度的使命担当，大力实施项目援疆、产业援疆、智力援疆，不断提升对口援疆综合效益，走出一条具有张家港特色的高质量援疆路。

民族大团结，张巩一家亲。如今，张家港和巩留已成为无法分离的发展“命运共同体”。张家港市委书记潘国强说，张家港将以全面援疆、精准援疆、长期援疆为目标，更加注重政府援建与民间交往相融合，鼓励支持港城企业群众到巩留投资发展、旅游观光，全力书写好民族团结、共享小康的援疆新篇章。

项目援疆，确保发展有温度

【现场直击】走进巩留县阿尕尔森镇阿克塔木村，一座座红顶白墙的别墅式小院，让人感觉仿佛来到了欧洲小镇。今年33岁的哈萨克族牧民吾斯盼江正和3个孩子围坐在一起，边切水果边给孩子们讲故事。说到生活的变化，吾斯盼江感慨万千：以前在山上放牧，牛羊赶到哪，帐房就搭到哪，住的地方没水没电，下山也没交通工具。2014年，全家人搬进张家港援建的“定居兴牧”房后，生活变了样，现在有水、有电，学校就在家门口，步行五分钟就到了。冬天不放牧的时候，他和妻子还能进县城打工，家庭收入也因此翻了一番。

【港城行动】对口援疆，民生优先。张家港始终把民生建设作为援疆工作的重中之重，坚持80%援疆资金项目向民生倾斜、向基层倾斜。巩留县高级中学、巩留县人民医院、巩留县公共卫生中心……十年来，张家港共实施了“两居工程”、文化旅游、规划和产业等8大类163个民生项目，总投入7.3亿元。尤其是2011年援疆工作一启动，张家港就协调专项经费，积极实施“安居富民”和“定居兴牧”工程，10年来累计投入援疆资金超亿元，让13140户农牧民告别了居住多年的土坯房，住进了一个个独具民族特色的房屋庭院。

除了一项项落地有声的民生工程，围绕“港城巩留一家亲，同奔小康心连心”的援疆初心，张家港办起一件件暖人心田的惠民实事，打造了“港城情·爱洒巩留”“港城爱心·情暖巩留”等10余项扶贫项目，特别是2017年创新设立了张家港（巩留）援疆公益关爱基金，救助巩留县老、孤、病、残等12类特殊困难群体，截至目前，累计发放970余万元公益关爱基金。

张家港还打造“1+1帮1”特色帮扶品牌，让张家港爱心人士与巩留党员干部共同结对，帮扶巩留县贫困户，帮助他们解决发展生产、增收脱贫的具体需求。项目实施以来，累计帮扶2322户贫困户脱贫，在精准扶贫机制的推动下，巩留全县脱贫摘帽。

“通过项目化运作，促进对口援疆工作往深里做、往实里做，巩留各族群众享受到了看得见摸得着的实惠。”张家港市援疆工作组组长、巩留县委副书记陆德峰如此表示。

产业援疆，筑牢发展硬支撑

【现场直击】穿梭在宽阔平整的水泥公路上，“巩留县城北中小微企业创业园”的牌子十分醒目。产业园里，一座座现代化厂房宽敞明亮。而在几年前，这里还是一片荒地。为了吸引更多的企业落户巩留，张家港在巩留大力搭建招商载体，除了援建产业园，还在7个村援建了8个民生坊。在张家港的大力招商引资下，一个个产业项目落户巩留，巩留县众康医用材料有限公司就是其中之一。“张家港市援疆工作组是企业坚强的后盾，无论是资金还是政策，都给予大力支持。”巩留县众康医用材料有限公司总经理王永田介绍，企业从落户到投产，只用了2个月，带动了当地200多名农牧民就业增收。

【港城行动】产业发展是援疆之本、富民之基。十年来，张家港围绕“一产调结构、二产强基础、三产建平台”的思路，发挥和挖掘江苏产业、技术和人才优势，发挥援疆干部的杠杆和生力军作用，实施产业项目27个。

巩留县巴哈拜村的蝶变就是产业援疆的结果。4年前，巴哈拜村还是自治州级的贫困村，村民们守着“一亩三分地”过日子，绞尽脑汁也没什么收益。2017年，张家港市援疆工作组来到巴哈拜村考察，决心帮助村子脱贫摘帽。工作组的帮扶不是送钱送物，而是利用村里的7000亩土地，引进了新疆富芍生物科技有限公司，并采取“党支部+土地股份合作社+企业+农户”的模式，让村里流转的土地种植高效经济作物“油芍”，形成一产；芍药花的籽榨油后，形成二产；以花为媒发展旅游观光，形成三产。三产融合为村子带来了可持续发展。

依托巩留县丰富的农副产品，2019年，援疆工作组在张家港设立巩留农产品公共仓，打造“北纬43°”销售品牌，构建起“巩留采购联盟+第三方服务商+张家港销售联盟”的合作模式，并在张家港打造了集巩留特色农产品销售、旅游宣传联络、招商联络为一体的“张家港·巩留之家”。截至目前，“北纬43°”销售品牌为巩留“带货”超3000万元。

智力援疆，蓄积发展软实力

【现场直击】“要是没有援疆医生，父亲的病可能就治不好了，我们家也就垮了。”查虎一提起援疆医生，感激之情便油然而生。2011年，他的父亲查高山因车祸导致严重颅脑外伤，家人急忙将他送到了巩留县人民医院，在援疆医生们的不懈努力下转危为安。查高山是幸运的，因为2010年以前，巩留县人民医院没有脑外科，当地的颅脑外伤患者，需要到近100公里之外的医院治疗，常常因为路途耽搁，而延误了最佳治疗时间。自2011年至2013年，援疆医生们一步一个脚印，填补了巩留县人民医院脑外科的空白，并在“传帮带”中留下了一支“带不走的队伍”。“援疆医生给我们打下了坚实的基础，十年来，我们脑外科成功救治了近一千名重症患者。”巩留县人民医院脑外科主任胡军胜说，因为有了援疆医生，当地百姓就医获得感不断增强。

【港城行动】自开展对口援疆工作以来，一批批“张家港专家”赶赴巩留，实施智力援疆，不仅提升了巩留县发展软实力，也惠及了巩留各族群众。

智力援疆坚持“输血”与“造血”并重。张家港援疆教师通过“青蓝工程”师徒结对活动，发挥示范引领作用，为巩留培养起一支支素质过硬的教师队伍。同时，创新教育援疆模式，努力打造“组团式”教育援疆样板，发挥援疆教师“组团式”力量，传播先进教育理念和教学方法，辐射带动巩留全面提高教育教学和管理水平。自2018年以来，援疆教师所带的“张家港班”高考本科上线率连续三年达100%，而在2010年，巩留县高考本科上线率仅为42%。

除了“传经送宝”，张家港还积极将巩留干部人才送出去“引智充电”。十年来，每年安排援疆资金总量的5%，精心编排培训课程，累计投入3900余万元援疆资金，实施了134个干部人才培养项目，帮助巩留打造人才“智”高地。

（2020年12月11日《新华日报》）

附：

第十批援疆工作综述

张家港市第十批援疆工作纪实

第十批张家港市共选派136名干部人才对口支援巩留县，其中党政干部6人、教师2批10人、医生2批12人、其他专业技术人才108人。选派2批24名“援藏援疆万名教师支教计划”教师到巩留县等地支教。柔性引才109人。3年投入援助资金2.5亿元，计划外“小援疆”（指统一拨付援疆资金以外的由支援地相关单位、企业或个人捐赠的小额援疆经费）资金3224.4万元，共实施项目60个（含跨年续建项目8个），其中保障和改善民生类17个、产业援助促进就业类11个、智力援助类14个、文化教育类10个、交往交流交融类8个。

因工作成绩突出，张家港市援疆工作组被省委、省政府表彰为“全省脱贫攻坚暨对口帮扶支援合作工作表现突出的集体”，陆德峰被省委、省政府表彰为“全省脱贫攻坚暨对口帮扶支援合作先进个人”。

结合受援地所需，突出教育、医疗、文化便民和基层阵地援助。实施安居富民、定居兴牧、农房抗震防灾改造（包括农村改厕示范），农村健康卫生生活方式培养等改善农牧民居住条件的项目。重点投入援助资金6100万元，建设巩留沙洲实验学校；投入援助资金3700万元，建设县公共文化中心；投入援助资金2666万元，实施巩留县农村公共服务设施建设项目；投入援助资金2630万元，为县人民医院综合病房楼购置核磁、CT、超声诊断仪等设备；支持职业学校和技工学校建设。其中，县公共文化中心项目位

张家港市第十批援疆干部人才合影（2020年摄）

于蝶湖景区北侧，与县云杉博物馆项目合建，占地2.05公顷，总建筑面积9516平方米，成为全自治区县级领先水平的“三馆三中心”（规划展示馆、博物馆、图书馆，公共服务中心、新时代文明实践中心、党群服务中心）。在蝶湖广场试点建设全国首座以民族团结为主题的24小时自助图书馆——“石榴籽”书屋。至2022年，全县建成“石榴籽”书屋102座，实现“石榴籽”书屋村（社区）全覆盖。

深挖巩留资源优势和产业特色，聚焦当地产业发展需要，因地制宜全力推进产业援疆，帮助巩留不断激发内生动力。2021年12月，在新疆伊犁国家农业科技园区巩留示范园设立江苏援疆（张家港）产业园区。坚持规划先行，确定首批33.33公顷、预留66.66公顷的开发目标。园区主导产业为现代农牧业及其深加工、中草药深加工、林果业等农业科技企业及其相关配套产业。产业园区完成一、二期28栋标准化厂房建设，入驻企业8家，基本达成“落地一批项目、形成一套机制、培养一支队伍”的工作目标，为企业持续发展、园区良性运转提供有力支撑。支持援疆品牌“北纬43°”众创空间建设，围绕“一基地三中心”，按照国家级众创空间和孵化基地标准，叠加电

巩留沙洲实验学校（2021年摄）

2020年10月13日，全国首座以民族团结为主题的24小时自助图书馆——『石榴籽』书屋在巩留县启用

巩留县别斯沙拉村村委会办公楼（2021年摄）

巩留县第一个网格驿站——蝶湖社区网格驿站（2021年摄）

巩留县公共服务中心（2022年摄）

子商务公共服务中心、伊犁巩留礼物展示中心、张家港伴手礼展销中心等功能，建成县、镇、村三级物流体系，解决地方农产品上行和网购“最后一公里”及大学生回乡创业、创新载体问题。至2022年，入驻创业团队20余家，从事无人机操控培训、农业领域应用、电商行业和企业服务等。根据县委明确的硅产业链延伸、农产品深加工、中草药种植加工、文化旅游、商贸物流等招商方向，举办招商座谈会9场，接待项目考察洽谈客商50余批次，签订正式投资协议项目8个。在江苏举办旅游推介会，开发巩留全域通旅游小程序，在同程官网开设巩留文旅旗舰馆，引进网红达人推广巩留深度自驾游。

坚持“输血”与“造血”并重，致力人才本地化建设，支持打造高素质的本地人才队伍。采取“线上+线下”方式，累计实施人才培训项目79个。继续实施“百名头雁进港城”培训计划，组织中青年干部、乡土人才、行政专技人员到张家港培训学习。实施“银龄计划”“养老服务牵手计划”，从张家港柔性引进短期援疆人才109人，开

2020年9月，巩留县文旅推介会在苏州举行

江苏（张家港）援疆产业园厂房（2022年摄）

展教学教研和社区居家养老服务工作，全县200余名老人接受居家养老服务。制定《张家港市·巩留县职业教育“3+N”结对帮扶试点实施方案》，确定张家港市3所职业学校“以校包专业”组团式帮扶巩留职业学校机制。投入援助资金700余万元，支持受援地学校发展，张家港市派出1名教师到受援地学校开展为期1年的支教工作，巩留县4名教师到张家港相关学校跟班学习。援疆教师所在学校所带班级高考成绩连创佳绩，“张家港班”高考本科上线率连续5年100%，其中一本上线率70%。持续开展“援疆义诊村村行”活动，先后为81个行政村免费送医送药。在县人民医院诊疗新大楼建成后，基于巩留县卫生事业发展需求，与当地卫健部门共同建设血栓防控医联体、医学影像会诊平台、卒中中心和胸痛中心，让巩留县各族群众享受优质医疗资源。

聚焦提升巩留各族群众幸福感、获得感，持续做好援疆帮扶，擦亮援疆品牌。深化镇村结对帮扶，实现两地社区结对全覆盖、国企帮扶自治区重点村全覆盖，重点帮强组

2020年6月，张家港市援疆医疗专家开展『健康扶贫义诊村村到』活动

2020年10月，张家港市援疆教师与巩留县教师开展『共读一本书』活动

织建设、帮建先进文化、帮促就业富民。两地结对单位开展交流对接近百次，累计向受援地捐赠帮扶资金和物资折合4652.1万元，切实提升受援地结对单位“自我造血”功能，促进两地干部合作交流、协作共建。继续做好“1+1帮1”援疆帮扶工作，制定精准帮扶措施，切实提升结对帮扶综合效益。不断放大张家港（巩留）援疆公益关爱基金效益，共发放公益关爱基金749万元，为上千人次实施医疗救助、解决生活困难。每年补助约250名在区外高校就读的家庭经济困难生。

着重在线上平台运营和线下B端市场拓展销售巩留农副产品，与京东直播、抖音等流量平台达成深度合作。创新开展“消费助学心连心”活动，利用巩留县优质农产品原料，委托苏州市符合资质的食品生产企业进行深加工，生产符合张家港市教育局招标标准的学生点心。实施“巩馕进港”，开展“伊犁优品东进”消费帮扶行动，重点打造“北纬43°”线下旗舰店，新开江苏鸿逸泰农业、张家港酒店集团和张源园3个销售门店；推动巩留特色农副产品走进机关企事业单位食堂，走进商超和学校，重点推进团购和集

2022年4月14日，张家港（巩留）援疆公益关爱基金发放仪式

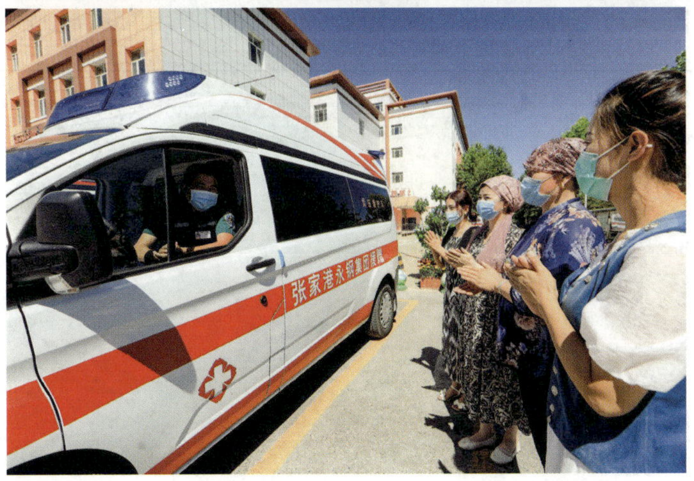

2022年7月21日，张家港永钢集团为巩留县人民医院捐赠负压救护车

团消费，3年累计销售额突破1.5亿元。捐赠价值135万元防疫物资。帮助伊犁州从江苏采购8吨口罩急需的熔喷布，有效保障伊犁州口罩供应。张家港永钢集团捐赠300万元，高标准建成巩留县核酸检测室，并捐赠负压救护车3辆。

多措并举开展交往交流交融。选派张家港优秀文化人才开展柔性援疆，指导帮助建立图书馆、文化馆分总馆体系，在巩留各乡镇村推广“石榴籽”书屋建设体系。在102座“石榴籽”书屋中，有90座实现统一采编、统一检索、统一流转、通借通还，“石榴籽”书屋成为伊犁州乃至自治区亮丽的文化品牌，并被中共中央宣传部、文化和旅游部、国家发展改革委评为基层公共文化服务高质量发展典型。推进巩留县歌舞团、张家港市锡剧艺术中心深度交融，共同创作展示巩留风情、推介巩留旅游、促进民族团结、体现两地深情的精品音乐歌舞剧——《蝶恋天山》，该剧于2022年7月底成功实现首演。策划制作反映援疆医疗团队仁心仁术的主题微电影——《云杉谣》。策划举办巩留县首届“援疆杯”旅游文创IP设计大赛，面向全国征集创意设计力量，丰富提升巩留县文

2022年7月，张家港市锡剧艺术中心到巩留巡演其创排的锡剧《江姐》

2022年7月29日，张家港市、巩留县两地艺术团体共同创排的音乐歌舞剧《蝶恋天山》首演

化旅游整体形象。推动红色经典锡剧《江姐》在受援地演出。此外，还举办巩留风情文化节暨音乐烧烤节、“金秋十月 · 大美巩留”摄影大赛，推动两地万名青少年开展以“万里鸿雁传真情”为主题的“手拉手”书信交友活动。组织开展“张巩心连心，共读一本书”活动，援助图书12万册。

张家港市援助巩留县部分项目情况表

单位：万元

序号	项目名称	援助时间	援助资金
1	安居富民工程	2020	1167
2	定居兴牧工程	2020	51
3	“石榴籽”书屋及农家书屋示范点	2020	76.45
4	现代农业示范园（科技示范园）	2020	65.69
5	农村健康卫生生活方式培养项目	2020	342.55
6	援疆人才交流服务中心改扩建工程	2020	768.26
7	农产品电商发展产业引导资金	2020	75.73
8	农村公共服务设施	2020～2021	2666
9	沙洲实验学校	2020～2022	6100
10	县人民医院综合病房楼设备	2020～2022	2630
11	产业招商推介项目	2020～2022	316
12	党政干部、专业技术人才及职业技能等培训项目	2020～2022	419.62
13	支教教师保障项目	2020～2022	277.18
14	区外高校就读贫困生补贴项目	2020～2022	414
15	交往交流交融项目	2020～2022	337.02
16	规划编制项目	2020～2022	404
17	旅游业宣传推广项目	2021	100
18	农房抗震防灾改造工程	2021～2022	2068
19	消防救援综合训练馆	2021～2022	550
20	县公共文化中心	2021～2022	3700
21	柔性引才项目	2021～2022	91
22	卫健系统视联网平台改造升级工程	2022	80
23	产业发展促进就业补贴项目	2022	743

说明：表中所列项目为单次投入或累计投入援助资金50万元以上项目。

伊宁杏花（袁江仁／摄）

第九节　南通市对口支援伊宁县

伊宁县地处伊犁河谷中部，距伊宁市18千米。1888年建县，时称“宁远”。1914年，改称伊宁县，取伊犁、宁远两个名称组合，有企盼伊犁安宁之意。2019年，全县面积6153平方千米，人口42.54万人，其中少数民族占总人口83%。伊宁县自然条件优越，一直以来是新疆重要的粮食、油料、甜菜、果品和畜牧业基地，大白杏闻名遐迩，素有“杏乡”之誉。伊宁县历史悠久，民俗风情浓厚，被自治区确定为维吾尔传统古典音乐十二木卡姆传承中心。

根据新一轮对口援疆工作部署，2010年9月，南通市成立对口支援工作领导小组，并设立前方工作组。2015年3月，南通市对口支援工作领导小组更名为南通市对口支援工作领导协调小组。2010年12月至2019年12月，先后选派4批118名援疆干部人才，共实施项目108个，累计投入援助资金13.7亿元。

南通市坚持“规划先行、有序推进，民生优先、全面支持，优势互补、深化合作”原则，与伊宁县深度对接合作，编制各阶段支援伊宁县项目规划，明确以改善民生为重点，以干部援助为关键，以项目建设为抓手，实施对口支援。持续把富民安居、定居兴牧、基层教育卫生医疗条件改善等项目作为重点，援建南通实验学校、县人民医院、安全饮水等一大批精品援疆项目，推动伊宁县卫生、教育、养老、儿童福利设施条件得到根本性改变。其中，伊宁县人民医院标准化建设工程获中国建筑工程“鲁班奖”，填补伊犁州工程建设领域空白。借助南通“纺织之乡”成熟产业链优势，着力打造伊宁县织造产业园、家纺服装产业园。发挥南通“教育之乡”优势，通过援疆教师团队努力，伊宁县教育水平得到大幅提高。创新实施“让阅读照亮边疆孩子的未来——爱心图书捐赠公益行动”，全面改善提高伊宁县各族孩子的阅读环境和质量。2021年2月，南通市援疆工作组获“全国脱贫攻坚先进集体”称号。

一、民生援建

南通市统筹推进教育、住房、医疗、养老、饮水安全等领域重大民生项目建设。

2011～2013年，先后完成农村灾后安居富民整乡推进工程，学校、村级文化中心、乡镇卫生院建设等民生工程建设。2009年冬至2010年春，伊宁县遭受60年不遇雨雪灾害，全县2万余户房屋倒塌受损。按照“高起点规划、高标准建设、十年之内不落伍”总要求，在吐鲁番于孜乡上、中、下吐鲁番于孜村，灾后重建安居富民工程1819户，援助资金2524.89万元。2011年，投入援助资金1954万元，重点打造愉群翁回族乡斯拉木于孜村、多浪农场农二队、吐鲁番于孜乡克伯克于孜村3个示范点。伊宁县安居富民项目成为江苏援建示范典型，援建模式和经验在自治区推广。建设县职业教育实训基地，县高级中学综合楼、宿舍楼及配套设施，推动高中、职业教育均衡发展。加快县人民医院标准化建设、乡镇（场）和村卫生院（室）改扩建及示范化门诊建设，改善全县医疗卫生服务条件，实现“小病不出乡、大病不出县”。其中，投入援助资金7609万元建设的县人民医院投入使用，医院功能、设施、服务能力均位居自治区县级医院前列。新建22个村级综合服务型示范中心，改扩建社区服务中心，满足村级服务和便民活动需要。

2014～2016年，继续实施安居富民工程建设，采取集中连片开发定居、“插花”安置（易地扶贫搬迁安置方式的一种，指将贫困户在原有居民村落或临近村庄进行分散安置）和在原有宅基地上进行改造3种方式，安置8000户。建设南通实验学校教学楼、实验楼、教研楼等，并配套购置教学设备。建设县幼儿园、县第四中学综合楼及配套设施、县第一小学运动场等项目，解决伊宁孩子“上学难、上学远”问题。筹措资金为县中

2011年4月16日，南通市对口援建伊宁县民生和产业项目开工仪式

伊宁县安居富民工程（2010年摄）

伊宁县安居富民工程（2014年摄）

医医院及乡镇卫生院等购置医疗设备。加快基层公共服务设施建设，实施村（社区）示范工程，先后建设墩麻扎镇墩麻扎村、巴依托海镇茶依其温村、阿乌利亚乡哈萨克布力开村3个示范化工程及12个村文化中心项目。实施农村饮水安全入户工程，解决喀拉亚尕奇乡100户管网老化及入户问题。

2017～2019年，投入援助资金12000万元，续建安居富民工程，对一般户、贫困户等给予建房补贴。投入援助资金10740.77万元建设县社会福利中心，解决特困群体集中供养问题。新建南通实验学校宿舍楼及学校乒乓球训练基地，维修改造县第二中学校舍等。实施县急救站点设备项目，在5个急救站点配置急救指挥调度转运监护、抢救设施配套装备。在2所乡镇卫生院开展标准示范化建设，为70所村卫生室购置装备。为县中医医院、县妇幼保健院购置彩超等设备。对部分偏远村的文化活动场地、村委会办公场所等进行改造，建设生态宜居的新农村。

伊宁县人民医院（2013年摄）

伊宁县第二中学（2015年摄）

伊宁县乒乓球训练基地（2017年摄）

二、产业援建

宁县轻纺产业区

南通把“以产业促就业、以就业促富民、以富民促稳定”作为援疆工作突破口，立足伊宁县实际，大力实行产业援疆。

2011～2013年，实施产业转移工程，通过招商引资、优势推介等手段，鼓励江苏省内企业特别是南通企业到伊宁县投资兴业。在两地组织产业推介活动，先后引进新月湾物流、聚祥建材、恒强建材、众安建材、国源化工、元润生物科技等企业，中石油伊宁铁路专用线、伊泰果蔬园、西域秦汉文化生态旅游、农机销售市场、林果产品深加工等项目，总投资22.1亿元。投入援助资金500万元，在愉群翁回族乡新建养殖示范基地，促进伊宁县养殖业规模化、标准化发展。

2014～2016年，以托乎拉苏景区、愉群翁回族乡旅游美食街为旅游产业援疆主平台，先后投入援助资金近4000万元，加强旅游景区设施建设，提升景区品质，拉动县域旅游经济发展。愉群翁回族乡农家乐每日接待游客200余人次，年均实现收入550万元，新增就业岗位300个，村民年人均纯收入增加604元。投入援助资金4500万元，援建伊宁县城南中小企业产业园，2016年底有36家企业进驻，带动5000余名农村富余劳动力就业。2016年，投入产业引导资金500万元，促进纺织服装产业发展。投入援助资金4310.87元，支持伊犁世居民族文化产业及展示演艺中心建设，提高县公共文化服务能力和水平。

2017～2019年，按照“打造大平台、发展大产业、促进大就业、实现大稳定”思路，发挥南通纺织服装产业优势，引导和支持南通家纺服装和坯布织造产业向伊宁县整体转移。在伊宁县重点打造强县富民的“一区两园”（轻纺产业区和家纺服装产业园、织造产业园）。其中，伊宁县轻纺产业区被中国纺织工业联合会确定为全国纺织产业转移试点园区。投入产业引导资金3672.8万元，持续推动纺织产业发展。在打造园区产业平台同时，大力开展招商引资活动。2019年，为家纺服装产业园、织造产业园职工宿舍楼、综合业务楼、园区企业服务中心购置办公设备及生活配套设施。至2019年底，家纺服装产业园入驻企业10家，吸纳全县20个乡镇富余劳动力4000余人就业。先后选派200余名园区职工到南通企业开展技能培训，为伊宁县纺织服装产业长远发展搭建产业工人、技术骨干、管理人才完备的人力资源体系。2019年10月，织造产业园一期交付使用，8家织布企业和园区签订入园投资协议，有织机3000台，吸纳3000人就业，轻纺产业逐步带动当地民众脱贫致富奔小康。此外，安排援助资金350万元，在萨地克于孜乡建设占地2300平方米的PC智能温室，对花卉产业进行升级，并以南通市花菊花为主打，进一步丰富当地花卉品种，建设伊犁河谷花卉集散地，使花卉产业成为当地富民产业。在曲鲁海乡实施现代畜牧业示范园建设项目，新建标准化棚圈、畜禽饮水、防疫检疫等配套设施项目。

伊宁县愉群翁回族乡美食一条街花语巷（2014年摄）

伊宁县家纺服装产业园第一批员工入园仪式（2017年摄）

新疆伊宁县旅游推介暨农产品展销会在南通举办（2018年摄）

【链接】伊宁县承接南通纺织业转移促就业纪实

去年底，第八批南通援疆前方工作组完成使命即将返回，伊宁县委领导问当时分管产业援疆、教育援疆的工作组副组长张华愿不愿意留任，张华说他放不下也不甘心，因为他牵头的产业园区建设工作刚刚破题，他希望继续跑好“第二棒”，亲眼看到产业园区开花结果。

张华满怀希冀，伊宁县轻纺产业区的蓝图早已在他心中展开。

在张华的组织下，高标准、高品位、高质量地完成了总体规划。伊宁县轻纺产业区呈“一区两园”格局，由伊宁县和南通援疆前方工作组通力打造。伊宁县家纺服装产业园一期已投资1.3亿元，5.2万平方米15栋标准化厂房已正式投用，5家企业全面入驻；二期工程总投资4亿元，今年9月底将启动建设28万平方米标准化厂房及相关配套设施，明年8月建成使用，届时可新增各类企业近百家，新增固定资产投资25亿元以上，吸纳就业3万人，带动生产性服务业就业3000余人，新增产值50亿元以上。

已于今年6月初启动的伊宁县织造产业园规划用地面积4200亩，总投资超过50亿元，一期工程总投资近8.2亿元，建设25万平方米标准化厂房及配套设施，厂房10月底交付使用。这将成为伊宁县首个“百亿级”园区，形成15000台织机规模，年产坯布10亿米，可吸纳本地2万人就业。

“现在最大的问题是人，能否把人吸引过来并稳定住，把农牧民变成产业工人，这个转变在边疆少数民族地区充满挑战。我们是明知山有虎，偏向虎山行！”县委书记杨新平说，虽然这1805人进了工厂，但对于伊宁县的就业工作来讲，是“万里长征”的第一步，接下来还有更艰苦、更长期的考验，伊宁县委和南通援疆方面已经下定“背水一战”的决心——不获全胜，绝不收兵！

新的不来，旧的不去

国家和自治区在发展纺织服装产业促进就业方面出台了一系列优惠政策，特别是在运输、培训、社保、贷款贴息、用工等方面制定了具体的政策，为吸引南通纺织服装企业来疆投资提供了强大的政策支持。

伊宁县是人口大县，总人口43.2万人，排自治区第五、北疆第一，其中少数民族占全县总人口的83%。全县农村劳动力有19万人，目前农村富余劳动力还沉淀有10多万人，占农村劳动力一半多，每年还有数量可观的未升学高中毕业生成为新成长劳动力。

南通市作为伊宁县对口支援单位，是全国知名的“纺织之乡”，在纺织服装和家纺方面具有巨大的优势。南通轻纺业最大的痛点，就是缺少产业工人，当地45周岁以下的纺织工人已经很少了。

在张华看来，“南通最大的痛点就是伊宁县最大的优点”。

南通缺人，但有市场、有人才、有技术、有信息还有资金，伊宁县有人、有区位交通优势、有政策优势，再加上两地对口援建的关系，完全可以做到互补共赢。

长期以来，伊宁县的劳动力资源优势并没有充分释放。

“新的不来，旧的不去。群众找不到就业平台，我们就来搭建。劳动力闲置在那里就是负担，利用好了就是最宝贵的资源，伊宁县释放人口红利的时候到了！”张华说，纺织服装企业生产集中度高、稳定性强，要求员工有一定的组织观念、集体精神、纪律约束等，要把员工们稳住，必须有系统化思维，产业园必须坚持“产城融合”的理念，全面解决员工的吃饭、住宿、交通、就医、文化娱乐甚至配偶就业、孩子就学等问题，帮助农牧民顺利完成身份的转变，通过产业集聚劳动力，才能实现真正意义上的稳定就业。

所有人同唱一台戏才能好戏连台

对于伊宁县来说，打造占地4平方公里的轻纺产业区，这是一项难度系数很大的系统工程，必须咬紧牙关打好这场阵地战、攻坚战。为此，伊宁县委和南通援疆前方工作组紧密协作，依靠集体的智慧、创新的思维和科学的决策全力推进。

为推进产业区建设，伊宁县专门召开了一次园区建设推进大会，出台了一系列文件，成立了园区建设指挥部，县委书记任总指挥。下设7个工作小组，组长全部由县四套班子领导担任，每周五召开例会，每个组汇报，领导全部到会，当面拍板解决问题，提高效率。

南通援疆前方工作组专门设立了产业引导资金，园区规划定位、运营理念、招商引资推介、制定优惠政策等由南通援疆前方工作组负责，征地、工程建设、员工招录等由伊宁县各个部门负责，事事有人管、人人有事做，在建设中形成优势互补的局面。

为了坚定企业的信心，伊宁县制定了领导干部挂钩企业制度，每个领导挂钩一家企业，了解企业进展的每一个环节，做到找到一个联系领导就能协调解决遇到的所有问题，并且要做到事不过夜，让企业把更多的精力投入到生产经营和员工管理上。“县里给我们提供了保姆式的服务，有什么困难，都是他们上门主动解决，让我们非常感动，我们只有做好企业来回报他们！”时速服饰公司总经理时岩动情地向记者说道。

在面对企业最头疼的员工稳定就业这个问题时，张华做的第一件事，就是深入全县所有乡镇场和相关村、企业开展调研，梳理出相关问题38个并制定出相应的解决办法。伊宁县将农牧民就业问题分解成农牧民到学员、学员到学徒、学徒再到员工3个阶段。第一阶段是农牧民向学员身份的转变，全县20个乡镇场，通过开设30多个岗前培训班，用12天的时间，介绍企业管理规章、安全生产知识和劳动保障法律法规。第二阶段是学员向学徒身份转变，按计划一个不少地把学员送到对应的企业和岗位，再保证转化率，最大程度地把学员变成学徒；第三阶段就是学徒向企业员工的转变，在工作中不断提高生产技术水平，不断提高工资收入水平，同时不断提高生活水平，让他们真正融入企业、融入社会，切切实实感受到就业给自己带来的巨大变化。

伊宁县根据各乡镇场离轻纺产业区距离远近、乡镇总人数、现有富余劳动力等情况，把招工任务布置下去，各乡镇场与县委、县政府签订责任状，从选人开始到培训教育再到保证转化率，乡镇场都要完成相应指标。

伊宁县纺织工业园全景（2017年摄）

南通援疆前方工作组充分发挥桥梁纽带作用，积极开展产业招商，已于今年4月初和如东纺织商会签订合作协议，将推动如东县30%的意向企业转移到伊宁县，其生产能力占如东县一半左右。目前已有7家企业签订投资意向。随着伊宁县轻纺产业区一期的建成投产，大平台、低成本的优势将会使更多的南通纺织企业乃至全国的相关企业向园区转移。

“所有人同唱一台戏，才能好戏连台。”张华告诉记者，轻纺产业区是伊宁县和南通援疆前方工作组联手打造的经典之作，“一区两园”计划5年全部建完，当前处于启动的关键时期，在第九批援疆干部任期内要基本成型。他们要紧抓国家支持新疆发展纺织服装和南通产业转移两大机遇，力争通过5年时间，打造全州最大的产业援疆基地、自治区最大的就业基地和全国最大的坯布生产基地，形成产值超150亿元、吸纳本地就业5万余人的富民强县平台，通过打造大平台、发展大产业、推进大就业。

万事开头难

截至目前，伊宁县已经投入十多亿元，完成了家纺服装产业园一期的厂房建设，启动了织造产业园一期厂房建设，可以说基本克服了园区基础设施建设方面的困难。如今，园区建起来了，企业引进来了，企业的订单也有了，在所有的生产要素里面，就剩下工人这个关键环节了。伊宁县在招商引资过程中也发现，很多企业家对伊宁县具备的产业优势非常青睐，与此同时，他们也很担心劳动力就业的问题。

“你有本事我就给你舞台！有些人有时会抱怨没有表现的机会，这次劳动力就业工作就可以检验一下大家的能力，看看领导干部关键时刻能否担当、能否吃苦、能否带领一班人把事情做好。”县委书记杨新平说。

各乡镇场从农牧民培训分班开始，做了很多尝试，党委书记坐镇，老干部、返乡大学生、能人都发动起来了，既促进群众就业，又为纺织服装产业发展提供坚实的人力资源保障。

新员工进厂后，园区食堂精心制定菜谱，每日提供各种精美餐食，努力让各族员工都能满意。为了解决好1000多名员工的交通问题，园区租用25辆大巴和10辆公交车，设置45个停靠点，每天准时接送。遇到员工生日，所在乡镇场和企业还为员工买来蛋糕，共同过一个难忘的生日。700多名员工因家远离园区，平时住在园区宿舍，为了丰富他们的业余生活，县歌舞团专门组织慰问演出，县图书馆送书上门，县文化体育广播影视局送电影进企业，援疆医生利用中午时间为员工提供健康咨询，园区还为每个宿舍安装了数字电视、开通无线网络……为了帮助员工解除后顾之忧，各乡镇场还组织员工家属到园区企业参观，切身感受工作生活环境。为了让这些学员尽快适应企业生活，妇联、工会以及乡镇场干部充当起心理咨询员，每天帮助学员调整心理状态。

“共同补台，好戏连台。”在园区这个舞台上，大家都使出浑身解数。

“我现在每天都会去园区转一下，看看新员工们的工作生活状况怎么样。其实园区的现状远远超出了我们的预期，很多人从农村走进园区，都在适应一种新生活，也正在渐渐期待和喜欢这种新生活。下个月准备启动第二批新员工的招录工作，我们已经找到了攻克这一难题的有效路径，只要党委、政府甚至全社会齐心协力、共同努力，就没有克服不了的困难。劳动力就业本身就是一件功德无量的事，轻纺产业区承载着伊宁县20多万人的希望和福祉，我们一定要尽心尽力！”杨新平如是说。

（原文刊载于2017年9月5日《伊犁日报》，本文有删节）

三、智力援助

南通市选派教育、医疗等专业人才“组团式”援疆，加大柔性人才引进力度，打造一支“带不走”的高素质干部人才队伍。2011～2019年，累计培训党政干部、专业技术人才1.32万人次，引进柔性人才648人。

2011～2013年，投入援助资金1000余万元，用于干部人才培养，包括选派乡镇骨

2012年7月10日，南通市援疆工作组召开第七批援疆干部中期轮换暨表彰会议

2011年3月22日，伊宁县第一批赴江苏培养大学生送行仪式

2011年3月18日，南通市援疆医疗队开展义诊咨询活动

2012年6月25日，南通市林果业专家现场传授葡萄种植技术

南通市农业专家为伊宁县玉米种植户讲解玉米种植技术（2012年摄）

干在内的1000余名优秀干部人才到南通学习培训、挂职锻炼。3年间，组织南通和外地医疗专家70余人次到伊宁县讲学、示教、指导工作。援疆医生累计接诊3万余人次，会诊500余人次，主持和参加手术1000余例，抢救危重病人200余人次，引进新技术、新项目21项，"一对一"帮带徒弟65人，累计巡回医疗和义诊350余人次。依托柔性引才渠道，邀请水利、城建、教育、卫生、农林等领域300余名南通专家，到伊宁县开展短期交流合作。探索"嵌入式""滴灌式"干部人才援疆新模式，培训伊宁县人才队伍。选派农林专家在设施农业、特色林果业等方面进行指导，累计举办果树种植培训班42场，培训当地林果技术人员3200余人次。

2014～2016年，选派医疗、教育、城建等专业技术人员赴伊宁县开展援助。2014～2015年，伊宁县先后安排130余名中青年后备干部到南通有关部门、园区及乡镇挂职培训学习。组织实施"请进来"项目36个、"走出去"项目40个，为伊宁县培养一批干部和技术人才。加强县乡村三级干部轮训、专业技术人员培训、农牧民实用技术和妇女技

南通市援疆医生、自治区优秀援疆干部人才马鑫在伊宁县城文化广场为群众义诊（2011年摄）

2013年1月9日，南通市卫生援疆专家到乡镇场进行健康巡讲

2014年3月30日，南通市第八批援疆卫生团队开展“情满杏乡，服务百姓”巡回义诊

能培训。制定“技能培训促进就业百千万”（指3年内帮助伊宁县培训职业技能教师100人，联合培养学生1000人，解决当地1万人就业）计划，投入援助资金500万元，用于县职业教育中心及就业平台建设，在南通工贸技师学院开设3年制（2014～2016）汽修专业新疆中职班，伊宁县135名学生和40名教师参加培训，其中少数民族学生占73%。发挥南通“教育之乡”优势，放大南通教育品牌效应，让先进教学理念和管理方法在伊宁县生根开花。2015年，县第二中学1人被北京大学录取，改写该县从未有人考进北京大学的历史。至2019年，县第二中学高考成绩连续保持在伊犁州高考第一方阵。为县第二中学、第二小学、第三小学邀请外教长年执教，使伊宁县成为伊犁州唯一拥有外教的县市。先后邀请南京师范大学、山东大学研究生支教团和南通重点中学一线教师到伊宁县送教。发挥卫生援疆人才辐射、示范和帮带作用，以县人民医院创建三级医院为抓手，充分发挥援疆医生作用，通过举办培训班、教学查房、手术示教等形式，传帮带受援地医疗骨干人才，填补肠镜检测等9项诊疗技术空白，促进县人民医院医疗技术和管理水平全面提升，县人民医院转院率由40%下降至13%。先后组织援疆医生下乡巡回义诊30余次，下派专家200余人次，接诊患者5000余人次，开展“江苏名医伊犁行”等多项活动，组织卫生系统专业技术人员到南通培训10余批次。促成伊宁县23家卫生机构与南通市卫生机构实施结对帮扶，捐助资金器材折合近100万元。

2017～2019年，继续加大干部人才培养培训力度，柔性引进40批次300名南通名师到伊宁援教，送教下乡20余次，送教学校20所。开展“通伊一家亲”结对认亲120余对，累计选派200余名伊宁县骨干教师到南通进行跟岗学习交流。2017年，创新实施“百名南通名师进伊宁”行动，每名教师援教不少于1个月，做到主要学科全覆盖、各学龄段全覆盖、学年全覆盖、岗位全覆盖，通过“传帮带”等形式促进伊宁县教育质量全面提升。发挥伊宁县南通实验学校作为中国乒乓球协会乒乓球运动学校伊犁生源基地、伊犁州青少年乒乓球训练基地优势，邀请中国乒乓球协会乒乓球运动学校教练到伊宁县开展教学训练。构建伊宁县人民医院与南通市第一人民医院、伊宁县中医医院与南通市中医院、伊宁县妇幼保健院与南通市妇幼保健院之间远程会诊系统，推进南通优质医疗资源和伊宁县医疗机构互联互通。邀请南通专家为县医护人员进行考前集中培训，使该县执业医师实践技能考试通过率从20%提升到50%，创历年最好成绩。3年间，援疆医疗专家引入新技术、新项目20余项，实施手术500余例。依托南通派出医院科研人员力量，充分整合本地医院相关科室力量，开展新技术研究，组织县人民医院申报伊犁州科技课题1项，实施县妇幼保健院新技术项目1项，实现科研课题“零”的突破。

【链接】默默行医路 难舍杏乡情——记江苏省援疆医生马鑫

马鑫，毕业于徐州医学院临床医疗系，援疆前任江苏省南通市第二人民医院心内科副主任医师。2010年12月，随江苏省第七批援疆干部来到美丽的新疆伊犁，先后在伊宁县中医医院和伊宁县人民医院担任业务副院长。援疆期间，马鑫以“低调、务实、精细、高效”的工作作风，扎实做好医疗援疆工作。先后获得了“伊犁州民族团结进步先进个人”“伊犁州十佳卫生援疆专家”“伊宁县2012年度生产标兵”“伊宁县卫生系统创先争优先进个人”等荣誉称号。

作为南通援疆医疗队队长，马鑫勇于担当、不辱使命。2010年12月至2012年5月期间，马鑫任伊宁县中医医院业务副院长。通过深入而细致的调研，在了解医院的实际情况后，他将自己丰富的临床经验传授给当地医生：抓好专业技术人员的学习和培训，通过临床教学查房，理论结合实际，手把手地示范、传授，将内科常见病、多发病诊疗经验与临床思维传授给当地医生；组织南通援疆医疗队下乡巡回义诊、专家下乡坐诊、下乡宣教健康知识，为孤残家庭送医上门，赢得伊宁县各族群众的认可和好评；马鑫积极传授新知识、新技术，填补了伊宁县中医医院许多医疗技术空白（其中，获得伊宁县卫生局新技术、新项目一等奖1项、二等奖1项）。此外，他还亲自坐诊、处理疑难危重病人，规范内科危重病人诊治及抢救流程，提升危重病人救治水平，提高科室整体医疗业务水平，一年多的时间里，医院门诊率和住院率明显增加，慕名而来的患者接踵而来。70多岁的穆惠华老人就是其中的一个，她患有严重的心脏病，久治未愈，听说县上来了个马专家，老人就抱着试一试的态度前来求医。马鑫仔细分析了穆惠华老人的病情，并给她制订了详细的治疗方案，老人的病情很快得到好转，住院一个星期后，出院的穆惠华老人是走着回家的。穆惠华老人非常高兴，逢人就夸马鑫医术高明。听到马鑫要援疆3年，她说：“马医生援疆3年，看来我又可以多活3年了。”

2012年5月，根据伊宁县委、县人民政府的要求，马鑫被调任到伊宁县人民医院，任业务副院长。伊宁县中医医院的领导和同事舍不得他走，纷纷要求他留下来。他说：“无论我走到哪里，就算不是中医医院的副院长了，也还是中医医院的人，只要有需要，只要是抢救病人，我都会及时赶来。”马鑫是这么说的，也是这么做的。

在伊宁县人民医院期间，除了做好内科专业医疗帮扶和培养新人工作外，马鑫还协助医院领导做好医疗管理、继续教育、科研等工作，适逢伊宁县人民医院“二甲”医院复审，医院领导把迎接“二甲”复审的工作交给他，让他全面负责。这对马鑫来说是一个全新的领域，但他迎难而上，带领同事们学习细则，建章立制，狠抓医院核心制度的落实，规范各临床科室的医疗行为，减少医疗隐患，确保医疗安全，为伊宁县人民医院“二甲”复审做了很多扎实的工作。

马鑫的手机总是24小时开机，无论是白天还是黑夜，无论是刮风还是下雪，只要有需要，只要是抢救病人，马鑫都会第一时间赶到现场。2013年1月的一天，一位住院患者突然心肺骤停，血压、脉搏测不到，接到电话后马鑫第一时间赶到现场，立即组织实施抢救。在他有条不紊的指挥下，患者的生命出现了转机，两个小时后，患者逐渐恢复了呼吸和心跳。这是伊宁县人民医院有史以来第一例成功抢救心肺骤停的病例，为伊宁县人民医院抢救危重患者积累了宝贵的经验，也提升了医院应急抢救能力。

针对伊宁县人民医院的实际情况，马鑫为危重病例制定诊治流程，例如：针对急性心肌梗死发病率高，治疗不规范、交通不便转院困难等实际情况，他着手重点培训相关技术人员，简化抢救流程，并开展了“急性心肌梗死的静脉溶栓治疗”技术培训，成功完成了伊宁县人民医院首例“急性心肌梗死的静脉溶栓治疗”。这大大提高了急性心肌梗死患者的生存率，降低了死亡率及致残率，提升了伊宁县人民医院的服务能力和知名度。

马鑫不仅医术精湛，而且医德高尚，有一个回族小姑娘原来是马鑫的病人，现在是他的帮扶对象。这个小姑娘因为不明原因反复晕倒，四处求医未果，还为此辍了学，家人非常着急。一个偶然的机会找到了马鑫，他详细了解了小姑娘的病情，仔细观察她发病的规律及症状，最终弄清了病因，经过一段时间的治疗和调养，小姑娘的病情基本得到了控制，重新返回校园。今年这个小姑娘就要参加高考了，她说：“如果有可能的话，我想报考医学院校，将来成为一名好医生。”

马鑫就是这样一位不善言辞、工作踏实、富有爱心的人，用他的热情和汗水为伊宁县卫生事业的发展、为伊宁县民族团结作出自己的贡献。

（原文刊载于《援疆风采录》，新疆人民出版社，2013年8月第1版）

【链接】愿把真情留杏乡——访第八批援疆干部、伊宁县人民医院副院长顾留根

第八批援疆干部、伊宁县人民医院副院长顾留根返回家乡的时间又推后了，“原先定的是7月就能返回，刚收到通知，8月返回南通。”对于顾留根而言，之前的援陕，以及之后的援疆经历，都是一笔宝贵的财富。“如果从2013年12月来新疆的日子算起，那时候是论天过的。现在眼看着还有1个月就要离开了，每天的日子都是论秒过的。”7月2日，顾留根接受记者采访时如是说。

来伊宁县之前，顾留根在江苏南通市第一人民医院已是消化内科副主任医师。“原本消化内科日常工作都习以为常了，来到伊宁县后，我却肩负起了创建消化内科的任务。”顾留根告诉记者：“伊宁县人民医院消化内科相对于州直其他县医院起步晚，2014年12月正式成立了消化内科。院领导高度重视，目标远大，力争通过3年的齐心努力，把消化内科打造成伊犁河谷的重点科室、品牌科室。这就给我们极大的压力，却也是一份动力。”

顾留根介绍说，消化内科从内一科单独分开成立后，经过反复思考，他为医院的发展制定了一个明确务实的规划。首先在开展胃、肠镜检查的基础上，适当开展一些内镜下治疗项目；同时，竭尽所能地争取病人来消化内科就诊，以提升科室的影响力。“仅我们科室成立后的第一周，就接收了30名病人。随着病人的增多，医生和护士都接受了考验，也向广大农牧民交出了满意的答卷。”

内科内镜室护士马晓艳告诉记者，内镜室科室成立后，记得有一次一位少数民族病人消化道出血，已经是下班时间了，顾大夫还是来到病室，仔细询问这位病人的情况，处理好了没有，病情稳定了没有……这也并不是一次两次的事，他的负责、敬业的精神，让医护人员学到了很多。消化内科医生梁浩在科室成立之前，曾到海门市学习专业技能，回到伊宁县人民医院后，便跟随顾留根继续学习、工作。“其实顾大夫好歹也是副院长，只需要指导、管理就行了。可他不，整天跟我们泡在诊室、病室。对我的一些操作业务，也是手把手地教。”梁浩说，顾留根与同事们的关系，真的可以用亦师亦友来形容。

两年前，伊宁县人民医院购置了较为先进的奥林巴斯肠镜检查设备，由于缺乏相关的技术人员，这套设备一直处于闲置状态。顾留根来到伊宁县人民医院后，迅速开展了首例肠镜检查，结

束了伊宁县无肠镜检查的历史。

援疆期间，顾留根以副院长身份，独立参与完成了600余例胃、肠镜的检查。在此基础上，伊宁县人民医院消化内科与麻醉科援疆医生合作开展了无痛胃肠镜检查，使得病人对胃肠镜检查彻底消除了畏惧感。经伊宁县人民医院胃肠镜检查，发现了数十例消化道肿瘤病人，并积极与院外的外科专家联系，伊宁县人民医院成功开展了第一例贲门癌根治术。近期，医院招标采购了德国爱博治疗仪，准备开展内镜下胃肠息肉治疗术，实现消化内科从单纯检查到内镜下治疗的飞跃。

采访结束时，再度引用顾留根的同事、伊宁县人民医院副院长杨成林的一段话作为结语："消化内科虽然起步晚，但是却用效率、敬业造就了一个品牌科室，更有伊宁市的病人慕名而来。顾留根用实际行动，把援疆真情抛洒向了各族群众，把真情留在了伊宁县。"

（原文刊载于2015年7月17日《伊犁日报》，本文有删节）

【链接】百名南通名师进伊宁　"人才柔性援疆"见成效

在硬件基础不断完善和高中教育取得明显成效的基础上，第九批江苏援疆工作组着眼科学援疆、持续援疆，把基础教育作为教育援疆重中之重，行打基础之功、立管长远之势，最大限度释放南通优质教育资源优势，帮助提升伊宁县基础教育软实力，在伊犁河谷首创教育援疆新模式——"百名南通名师进伊宁"行动。

南通工作组充分发挥南通"教育之乡"的优势，在伊宁县试点推广南通教育模式，以南通学校校长为首的教育援疆团队"全面接管"伊宁县二中，放大南通品牌效应，秉承"让先进的教学理念，先进的管理方法在伊宁县二中落地、生根、开花，变输血为造血"的教育援疆思路，"嫁接移植"南通教学经验，精心打造伊犁河谷的"南通中学"，伊宁县高考成绩连续三年实现历史性突破，学生整体成绩由"高峰"迈向"高原"。

在伊犁州伊宁县南通市实验学校，校长顾瑞环介绍，随着每年学生人数递增，学校援疆教师也在不断选调，不断输送南通优质教育资源："从建校初期到现在，南通交流的教师应该有295人。应该说慢慢将南通的教育资源输入我们这里，加速我们自我造血的功能。"每批援教团以月份命名，分别开展为期一个月的支教活动，支教内容包括学前教育在内的所有年级和所有学科，做到重点学校全覆盖、主要学科全覆盖、各学龄段全覆盖、学年全覆盖、岗位全覆盖，通过"传、帮、带"等多种形式，促进伊宁县教育全面提升。在一个月的援教期间，每名南通名师都要做到"十个一"，即"带好一个徒弟、上好一堂观摩课、做一个专题讲座、指导徒弟上一堂公开课、帮扶一名贫困学生、缔结一个友好家庭、组织一次学科专题交流活动、参与一次送教下乡活动、提一条合理化建议、帮助徒弟制定一个职业成长计划"，将南通先进的教育理念移植到伊宁县。2017年全年柔性引进63位南通名师，开展县级专题讲座18场，受益教师达2400余人；开展学科专题讲座48次，诊断课堂438节；开展通伊青蓝结对73对，指导徒弟校级展示课54节；送教下乡6次，辐射600余名乡村中小学教师；开展结对认亲67对，走访家庭70余次。南通骨干教师本着"以生为本，以学定教"的新课改理念，精心准备、深挖教材、巧妙设计，以娴熟的教学技艺、丰富的教学经验、扎实有效的课堂训练，为各学科教师奉献出一堂堂高水平的示范课。援教团教师积极参与本学科听课，同本校教师交流教育思想，探讨教学方法，解决教学难题，有效促进本校教师创新教学思路。

“百名南通名师进伊宁”行动以伊宁县南通实验学校为主阵地，在硬件最完善、功能最齐全、师资力量最强、办学特色最鲜明的基础上，通过援教活动，有效传授、移植南通教育经验，为杏乡各族群众打造“家门口的南通学校”，同时加大南通教师与本地教师交流力度，激发本地教师自我提升、自我完善，把伊宁县南通实验学校办成“伊宁县教师进修学校”，提高教师教育教学素养，为全县教育的全面可持续发展奠定了坚实基础。

（2018年9月25日中国江苏网）

2011年8月6日，南通市党政代表团赴伊宁县考察交流，并与第七批援疆干部人才合影

南通市第九批援疆干部人才合影（2018年摄）

四、脱贫攻坚

南通市鼓励和引导社会力量参与对口支援伊宁县工作。动员后方企业家、慈善家定期到伊宁县认捐、募捐，开展定向帮扶活动，为受援地重度残疾人、特困优秀学子、特困孤儿、特困下岗职工、特困家庭和特困农民六大特困群体提供帮助。依靠支援地民政、群团、企业等，采用“小援疆”（指统一拨付援疆资金以外的由支援地相关单位、企业或个人捐赠的小额援疆经费）模式，广泛动员社会各界参与对口支援工作。

2011～2013年，南通市援疆干部人才和社会各界人士采取捐资、捐物、送医、送技术、办实事等形式，广泛开展“献爱心、帮贫困、做贡献”捐助活动。南通市援疆干部人才自愿结对当地学生37人，每年捐助每名学生2000元，帮助他们顺利完成学业。

2014～2016年，发挥南通“建筑之乡”和“建筑铁军”资源优势，将农牧民安居与富民统筹考虑，按照每村至少20人标准开展建筑工匠培训，共培训砌筑工匠7000余人、管理人员900余人。农牧民通过建筑手艺，年均增收2万～4万元。2014年，动员南通社会爱心人士，对伊宁县50名高一特困新生，按照每人1000元标准给予资助。2015～2016年，协调如皋市长江镇二案社区、海门市常乐镇培育村与墩麻扎村、茶依其温村分别结对，签订帮扶协议。围绕“帮强组织队伍、帮促就业富民、帮建先进文化、帮提发展后劲”，多渠道筹集资金300余万元，开展“送温暖”、捐资助学、捐赠母羊与蛋鸡发展循环养殖业等活动，实施开发式帮扶，加强集体经济“造血”功能。至2016年底，伊宁县贫困人口全部脱贫，稳定实现不愁吃、不愁穿，义务教育、基本医疗和住房安全有保障，11个重点贫困村全部摘帽，脱贫攻坚取得决定性胜利。

2011年6月14日，南通市对口支援伊宁县前方工作组红十字会成立暨扶贫帮困捐助仪式

2017～2019年，南通市20余个部门、乡镇（街道）分别与伊宁县相关部门和园区、乡镇签订对口支援协议，帮助伊宁县争取援助资金1000万元；通过“石榴籽爱心公社”“南通雏鹰助学社”等多个社会慈善组织，对口支援伊宁县贫困学生和家庭。组织实施“让阅读照亮边疆孩子的未来”爱心图书捐赠公益行动，累计为伊宁县募集图书100余万册，价值2400万元，并为伊宁县每所学校建成一座标准图书馆，每个班级建成爱心图书角，让伊宁县每个孩子课外读本拥有量基本达到东部沿海发达地区水平。建设萨地克于孜乡农牧民花卉种植培训基地，带动150余户困难群众就业。

五、交往交流交融

南通市充分发挥援疆干部人才桥梁纽带作用，深化通伊两地交往交流交融。

2011～2013年，组织伊宁县580名未就业大学毕业生、492名党政干部赴南通交流培训、适岗见习；150余名教师、医生及中青年干部、乡镇正职和村“两委”负责人前往南通培训，到苏州、无锡、常州等发达地区考察学习。伊宁县选派30名医生、30名教师到南通学习交流，促成两地12所中小学结为友好学校。

2014～2016年，南通市援疆工作组利用“小援疆”和“立体援疆”工作机制，结合两地实际，制定人才交流合作方案，以项目任务为载体，加强行业之间、部门之间、单位之间交流合作。南通市与伊宁县教育、卫生等有关部门和单位进行全方位对接和多层面互动，双方党政领导展开考察和互访。面向受援地县、乡、村三级医疗机构，构建援受两地行政主管部门、县级医院、乡镇卫生院和村卫生室“四大网络”，全方位对接支援

2017年4月19日，南通市援疆工作组组长张华（中）走访结对的少数民族“亲戚”

2017年7月6日，“让阅读照亮边疆孩子的未来”爱心图书捐赠公益行动在伊宁县举行，海门市捐赠图书20万册

2018年，南通市朝晖小学向伊宁县捐赠爱心图书

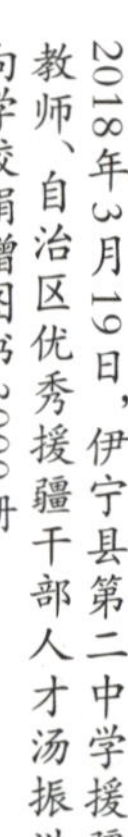
2018年3月19日，伊宁县第二中学援疆教师、自治区优秀援疆干部人才汤振洪向学校捐赠图书3000册

2011年5月14日，伊宁县吐鲁番于孜乡农民自发举办家庭聚会『麦西来甫』，邀请南通市援疆干部共同庆祝他们喜迁新房

2015年6月7日，『以旅为桥促交流，苏伊交融一家亲』活动启动暨首趟苏伊旅游专列（南通—伊犁）开通仪式

2015年6月，南通—伊犁旅游专列游客在托乎拉苏景区游览

地优势卫生资源,“嫁接培植”本土医疗卫生人才。南通市第一人民医院、海门市卫生局、海门市人民医院、海门市中医院与伊宁县卫生局、伊宁县人民医院等部门和单位签订友好合作协议。在加强受援地旅游硬件设施建设的同时,进一步加大宣传推介力度,主动与南通市旅游部门联动对接,在江苏援伊14个工作组中率先组织开通700人旅游专列活动,直接和间接带动就业2000人。

2017～2019年,投入援助资金400余万元,推动两地交往交流。两地园区、发展改革、财政、审计、农业等部门单位分别建立友好合作关系。组织海门市山歌艺术剧院和伊宁县歌舞团互访演出。

南通市援助伊宁县部分项目情况表

单位:万元

序号	项目名称	援助时间	援助资金
1	安居富民工程	2010～2019	33724.89
2	县养殖示范基地	2011	500
3	乡镇计划生育服务站改扩建及服务设施	2011	200
4	自主创业启动扶持基金	2011	100
5	县职业教育实训基地	2011～2012	890.46
6	新疆籍普通高校毕业生培养项目	2011～2012	2120
7	县高级中学综合楼、宿舍楼及配套工程	2011～2013	1756.02
8	县人民医院标准化建设	2011～2013	7609
9	产业援疆及产业合作项目	2011～2013	195.3
10	援疆干部和专业技术人才周转房、综合培训基地及附属设施	2011～2014	3350
11	村(社区)公共服务设施	2011～2018	4767.79
12	党政干部、专业技术人才及职业技能等培训项目	2011～2019	4634.29
13	“六大行动”计划项目	2012～2013	160.22
14	伊犁世居民族文化产业及展示演艺中心	2012～2015	4310.87
15	乡镇(场)、村卫生院(室)改扩建及示范化门诊建设	2012～2018	2084.58
16	医疗卫生设备	2012～2019	1882.16
17	小学计算机多媒体设备	2013	99.58
18	哈萨克族手工刺绣及农林业产业专业合作社	2013	794.18
19	扶持发展特困家庭庭院经济项目	2013	100
20	县职业教育中心及就业平台	2014	500
21	县幼儿园	2014	500

续表

序号	项目名称	援助时间	援助资金
22	广播电视覆盖系统扩大工程	2014～2015	300
23	城南中小企业产业园	2014～2015	4500
24	第四中学综合楼及配套工程	2014～2016	1800
25	愉群翁乡村旅游富民项目	2014～2016	600
26	托乎拉苏景区提升工程	2014～2016	3829
27	农村饮水安全入户工程	2014～2019	324.69
28	产业招商推介项目	2014～2019	1094.82
29	县环保监测执法业务用房	2015	120
30	贫困大学生资助项目	2015	705.94
31	南通实验学校	2015～2019	11164.28
32	第一小学运动场	2016	300
33	教学及配套设备	2016	687.95
34	高考标准化考场及配套设施设备	2016	250
35	阿乌利亚乡阿乌利亚小学足球运动场	2016	150
36	就业管理服务信息化建设	2016	60
37	旅游咨询服务中心	2016	100
38	青年农场农二队道路建设	2016～2018	94.9
39	产业发展引导资金	2016～2019	4172.8
40	柔性引才项目	2016～2019	308.04
41	规划编制项目	2016～2019	554
42	区外高校就读贫困生补贴项目	2016～2019	1873.4
43	交往交流交融项目	2016～2019	261.78
44	县职业技术学校实训设备	2017	290.83
45	县电视台双通道高清播出服务系统	2017	400
46	定居兴牧工程	2017～2018	699
47	县急救站点设备	2017～2018	650
48	萨地克于孜乡农牧民花卉种植培训基地	2017～2018	350
49	第二中学校舍维修改造及办公设备	2017～2019	909.81
50	县社会福利中心	2017～2019	10740.77
51	中小学生图书设备	2018	134.25
52	校园智慧教育信息化设备	2018	94.6
53	农产品烘干设施	2018	100
54	偏远乡村道路亮化、文化活动场地及村部环境建设	2018～2019	328.84

续表

序号	项目名称	援助时间	援助资金
55	县儿童福利院	2018～2019	1541.2
56	支教教师保障项目	2018～2019	442.58
57	麻扎乡上博尔博松村环境改造提升工程	2019	76.4
58	现代畜牧科技示范园	2019	300
59	织造产业园、家纺服装产业园配套设施设备	2019	649.85

说明：表中所列项目为单次投入或累计投入援助资金50万元以上项目。

【链接】南通援疆人把张謇思想的种子根植在伊宁大地——南通市对口支援伊宁县十年侧记

从黄海之滨到西北边陲，横跨万里征程，“中国近代第一城”和“弓月古城”相遇。

十年，南通援伊全力以赴，精挑细选四批95名援疆铁军。十年，南通援伊缓急相济，优先落实援疆资金13.7亿元。十年，南通援伊鼎力相助，爱心资助贫困大学生近3000人次……

以民生产业、就业、人才、教育为重点，立足杏乡实际，发挥南通优势，持之以恒如春风夏雨般沁润杏乡大地，援受双方增进互信，结下对口援建累累硕果，为实现杏乡经济跨越式发展融入更多南通经验、贡献更多南通力量，谱写第二故乡塞外篇章。

项目引领　保障民生“大动脉”

“刚才楼上楼下仔细看了这个福利中心，环境卫生好、文艺活动好，方方面面都挺好，我们很满意。”伊宁县退休老职工孙水仙高兴地说道。

2010年以来，南通援疆工作组秉承“全面援疆、精准援疆、长期援疆”理念，高标准实施项目质量管控，坚持向民生和基层倾斜，持续把安居富民、定居兴牧、基层教育卫生医疗条件改善等群众直接受益、广泛受益的项目作为重点，切实改善各族群众生产生活条件。援建的社会福利中心、南通实验学校、人民医院、安全饮水等一大批精品援疆项目，推动了伊宁县卫生、教育、养老、儿童福利设施条件根本改善。

伊宁县人民医院2013年8月实施整体搬迁，是援疆项目建设，建筑面积4.1万平方米，投资2.1亿元，其中援疆资金7600万，该建筑获得建筑类最高奖项鲁班奖，医院有职工640人，功能、设施、医疗服务均为自治区县级医疗机构前列，跻身中国县级医院竞争力排行榜300强，位列289位，被中国县域研究中心誉为最美县医院及医共体模范称号。

十年间，累计实施项目255个，涉及民生类项目204个，资金10.96亿元，占援疆资金总量的80%以上。投入援疆资金34700万元，建设富民安居房59406套，惠及267327人。

平台铺路　跑出增收“加速度”

走进伊宁县家纺服装产业园，车间里一片繁忙景象。针对伊宁县贫困群众技能少、分布广的实际，坚持精准扶贫，就业先行，多方面、多渠道、多形式免费培训贫困群众就业增收，构建就业扶贫长效机制。

45岁维吾尔族女工古丽巴哈·买买提最有发言权：“我们公司主要做校服，所有工序我都已掌握，记得去年有一个月天天加班，但那个月我领了7300元工资，家里3个孩子都特别开心，现在我把大女儿也带进厂务工挣钱啦。”

南通市凭借自身“纺织之乡”在市场、人才、技术、信息方面的综合优势，着眼“一区两园”建设，倾力打造伊宁县家纺服装产业园、织造产业园。2018年，伊宁县轻纺产业区被中国纺织工业联合会授予“全国纺织产业转移试点园区”称号。

人才优先　开启发展“强引擎”

教育、医疗是南通援疆工作重要着力点。南通援疆工作组坚持“援疆一批人才、带出一批人才”理念，深入实施“组团式”援疆。充分发挥南通“教育之乡”优势，创新实施“百名南通名师进伊宁”行动，柔性引进40批245名南通名师来伊援教，“组团式”教育援疆效应凸显。2015年，伊宁县二中喇飞虎同学以优异的成绩考取北京大学，改写了伊宁县从未有人考取北大的历史。2020年伊宁县二中本科上线人数481人，其中500分以上高分段人数近30人，均创历史新高。

“真的要感谢援疆专家，又引进了新项目，填补了我院外科微创手术空白。”伊宁县中医医院陈锋院长高兴地说。十年来，南通援疆医疗团队陆续引入20余项新医疗技术，充分发挥“传帮带”作用，每名援疆医疗专家在对应科室挑选1～2名本地医生做翻译兼徒弟，在学术和实践上全方位帮扶。邀请南通培训专家为本地医护人员考前集中培训，执业医师实践技能考试通过率从20%提升到50%，切实提高了当地医疗水平。

聚合资源　公益照亮“成长路”

援疆工作不仅要发挥个体最大能量，更要整合资源，充分利用大后方巨大能量。十年来，南通援疆工作组架起通伊两地友谊之桥，创新组织实施了“让阅读照亮边疆孩子的未来——爱心图书捐赠公益行动”，为伊宁县各族孩子募集图书110万册，价值2600万元，全面改善伊宁县各族孩子的阅读环境和质量。

“虽然我们距离遥远，但我们一起生活在这个大家庭中，感受着祖国母亲给我们的温暖；虽然我们没有见过面，但我愿意和你成为知心朋友……”这是伊宁县墩麻扎镇中心小学五年级回族学生马文轩写给江苏南通如皋市林梓小学六年级学生颜铝湘信中的内容。爱心图书捐赠行动受到人民网、新华网等20余家媒体专题报道，引起巨大反响。此举得到江苏省委、省政府的高度认可和肯定。

今年3月，伊宁县委副书记、南通援疆工作组组长张华第二次留任时，对第十批援疆干部人才说：“作为来自张謇家乡的援疆人，我们希望结束援疆的时候，能在伊宁‘留一二有用事业’，把新疆经济社会发展的成果，写进各族群众的心坎。”

（2020年11月27日“伊犁组工”微信公众号）

【链接】舍不得，放不下，离不开——记南通援疆干部张华在伊宁县的10年

一

曲《和你在一起》

干部援疆，一届3年。2016年底，海门市原副市长张华，在担任了3年的南通市对口支援新疆伊犁哈萨克自治州伊宁县前方工作组副组长，兼任伊宁县委常委、副县长之后，行李已经托运，准备踏上归程，突然接到通知，继续留疆，担任前方工作组组长，兼任伊宁县委副书记。

有种说法是，张华已经登上伊宁飞上海的航班，伊宁县委书记杨新平硬是把他从机舱里拽了下来。

那次采访，记者当面向杨新平书记求证，他狡黠地笑道：“哪能呢！张华是头牛，谁能拽得动他？”杨新平在“牛”字上特别加重了语气。

杨新平说，他是2016年8月从邻县调来伊宁担任书记的，履新的必修课中，当然优先安排会见援疆干部，他知道，张华他们这一批援疆干部，还有3个月就到期了。杨新平形象地笑称，“援疆干部是舅舅家的兄弟，只知道干事，不需要回报。伊宁人非常敬重他们！”特别是张华他们这一届，伊宁县的干部群众反映更是好。老百姓有个通俗的比喻，以前的援疆干部每年都给他们种草，绿化伊宁，造福人民。张华他们不但种草，还种树，在树木难以生长的伊犁河谷，栽下了一

棵棵希望的“大树”——譬如硬件可以与国内一流校舍媲美的伊宁县南通实验学校、中国西部地区第一座县级三甲医院、以北欧康养中心为模本的伊宁县社会福利中心……杨新平“异想天开”，这样的“亲戚”可不可以多留些时日呢？

为了与“舅舅家的兄弟”套近乎，杨新平认真理了理“舅舅家”的社会关系，县委办为他准备了一本书，《张謇，一个伟大的背影》。书是张华写的，张华在张謇的家乡海门常乐镇当过一任镇长，在镇长任上，他干了两件大事。一是千方百计、千辛万苦建起了张謇纪念馆，这个馆现在是国家三级博物馆，国家AAAA级旅游景区。另一件大事是完成了这本独具特色的人物传记。周末两天，杨新平把书认真看完，也顿悟，眼前的这个张华有点张謇精神，而且也踏着张謇经世修身的节拍，在伊宁干了几件可圈可点的实实在在的事情。杨新平与张华见面的深谈，从张华《张謇，一个伟大的背影》开始了。

谈话越来越投机，杨新平向张华征询伊宁的发展良策，张华说中央关于新疆发展的方略也要求我们大处着眼、小处落笔。教育取得长足进步以后，就要在“实业”发展上做文章。“要坚持就业第一，增强就业能力，引导各族群众有序进城就业，就地就近就业，返乡自主创业。”张华向杨新平献策，伊宁各族群众的就业不能坐在田头看山头，坐在山头看田头，而应跳出“山界”外，在更宽广的视野中找出路，找适合边疆农牧民转型就业、增收致富的产业。譬如南通作为全国最大的纺织产业基地，现在每年的销售已近3000亿元，但受土地成本、用工成本、资源成本、电力成本等方面的影响，可持续发展的空间越来越小，而南通纺织产业面临的这种困境和矛盾，就是伊宁承接产业转移最大、最好的机会。

杨新平说，这不是真正的东部向西部转移、让东部深度融入国家的西部大开发战略吗？“父教育，母实业”，你才干了一半，把学校建了就想走，甘心吗？好文章、大文章在后头呢！

就这样，张华留下来了。2017年7月刊《群众》杂志上，张华在《老百姓就爱实干型干部》的文章中，公布了二度援疆的“谜底”：舍不得，放不下，离不开！

二

张华“舍不得”的是援疆大业，“放不下”的是援疆大业，“离不开”的还是祖国的援疆大业。

杨新平和张华一道为伊宁的明天把脉，从因地制宜和实事求是考虑，作为北疆第一县，伊宁应该在发展上多做点开拓性的试验。张华认为，就像大海航行一样，对付风浪，最好办法是保持适当的速度前进。静态的稳定是不长久的，动态的稳定，才是真正的、长远的稳定。所以，发展中的稳定，才是根本的稳定。或者说，只有发展，才能稳定。

经过县委、县政府领导班子的充分论证和规划，伊宁县纺织产业园在县城郊区启动了。产业园按一区两园的发展格局建设，两园，即家纺服装产业园和织造产业园。两园整体规划4平方公里，根据保守预计，一区两园建成后将带来3.5万吨纱线、10亿米坯布、1亿件服装服饰、1000万套家纺的生产规模，年产值150亿元，年实现税收7.5亿元，新增就业3.5万人，辐射带动相关的配套服务业就业1万人，产业园建设带动周边房地产、服务业和公共事业的发展，在产业集聚、促进就业的同时，伊宁县的社会形态转型和城镇化的推进，将取得空前的发展机遇。

然而，理想极为斑斓，现实却是杂色。

先期建成的是家纺服装产业园，1.5平方公里，2017年8月15日开园，9家企业开工，吸引了本地1805人就业，其中，99%是伊宁县的各族农牧民，女性占95%以上。这么多女工集中在一个园区，又基本上是农（牧）民进城，会是一种怎样的工作场景？

家纺服装产业园首期投用后，从田头、山头来到工厂的各族女工多数不能适应，语言沟通、规章执行、人际交往、技术培训等等，都存在不同程度的障碍……

张华说，想起这段经历就心潮激荡，内心深深地为这些少数民族农牧民兄弟姐妹的华丽转身而高兴。他们有的本来是零技术、零普通话、零经验，他们是在青年的年纪、有的甚至在壮年的年纪，由政府提供培训经费和生活保障，学会了本应在青少年时期就掌握的生活和工作技能。如同见着超龄儿童终于学会了走路和说话一样，尽管还有点跌跌撞撞和懵懵懂懂，让人心疼得流泪，但骨子里全是高兴！

伊宁县纺织产业园已今非昔比，园区规划总面积已调整至20平方公里，依托全球最大的家纺产业集散地——江苏南通国际家纺产业园，实现东西协作，同步发展。目前已启动107万平方米标准厂房建设，其中建成投入生产的已达45万平方米，在建62万平方米。这里现在同时挂牌伊犁(江苏)纺织服装产业园、江苏援疆(南通)产业园，这意味着南通的市级援疆项目已经升格为江苏省的省级援疆项目，将成为伊犁州继霍尔果斯口岸、清水河工业园区之后，第三个州直千亿级产业园区。

中国纺织工业联合会已正式命名新疆伊宁县纺织产业区为“全国纺织产业转移试点园区”；中华人民共和国商务部考核后认定，伊宁县纺织产业区为“国家外贸转型升级基地”。

三

在伊犁读到一份根据录音整理的材料，2017年9月6日，时任江苏省委书记李强考察江苏援疆工作后，与新疆的领导和江苏的援疆干部座谈，讲到当时还处于雏形的伊宁县纺织产业园时，李强动情了，他高度肯定这种带有创新精神的援疆模式，也点赞张华：“今天在伊宁县纺织产业园区，接触了南通援疆工作组组长张华，他是第二轮（援疆）的、第一轮三年结束后留下来的，他的4个大的园区建设思路(打造大平台、发展大产业、推进大就业、实现大稳定)，我认为非常好，把新疆的优势、伊犁的优势分析得很到位，再把江苏现有的优势融进去，我相信一定会更加卓有成效。因为科学规划，精准发力，落小落细，所以才扎实有效。”李强在另一处又说，“刚才给我们做介绍性发言的南通援疆工作组组长张华同志，很有思路，很有干劲，尤为重要的是，他特别热爱伊犁这个地方，特别热爱园区建设这项工作，这个园区就像他的亲生儿子一样，所以他愿意继续援疆，奉献青春，我很感动，如果没有这种激情，对事业发自内心的热爱，再怎么干也干不好。”

李强45分钟的讲话中，有4处讲到了张华和南通，从讲话语气中听得出来，这些都是他现场视察后的即兴感慨。所以，记者特意在伊犁调看了根据录音整理的全部文字实录。

记者后来问张华，李强书记讲话中对他把园区当“亲生儿子”一样看待很感动，他在现场的感受如何？张华说，李强书记像点穴一样，点中了他心中最柔软的一块。因为他有一个亲生儿子，人生至今，他感到有件事特别对不起儿子。孩子读五年级时，张华踏上了援疆之路，2014年4月，张华援疆的第一个任期，担任副县长，正从教育入手切入正题，这一天在一所毡房小学听课调研，妻子来电话了，哭着讲不出话来，断断续续听清楚后得知，儿子上体育课时胳膊摔断了，为了保证手术质量，决定不用麻醉接骨，妻子本来打算暂不告诉张华，但在手术室门口，听着儿子在手术床上撕心裂肺的呼救，妻子实在忍受不了，才含泪打来电话。张华说，那一刻，他才真正体会到了什么叫骨肉相连，什么叫五内俱焚，什么叫鞭长莫及……

所以，当时任江苏省委书记李强赞扬张华，像对待“亲生儿子”一样对待伊宁县纺织产业园时，张华怎能不百感交集？

其实，张华除了亲生儿子外，还有一个儿子和一个女儿。这个秘密，记者是在2019年肉孜节上知道的。肉孜节是我国10多个民族的共同节日，相当于汉族的农历春节。这一天，和汉族人民过春节一样，维吾尔族、哈萨克族、回族等在外地工作、学习、出差的少数民族同胞，都得从四面八方赶回家乡，合家团聚，欢度节日，维吾尔族的肉孜节相当神圣和隆重。知道了这些之后，记者心里痒痒的，琢磨着怎样才能深入到维吾尔族家庭来次过节体验。哪知，心想事成！一天晚上，张华征求记者的意见，说肉孜节休假，跟他去乡下亲戚家过节如何？记者问："是维吾尔族亲戚吗？"他说："当然！"正中下怀，记者满口应承。

我们去的地方叫巴依托海镇茶依其温村，离县城50公里左右，一路上人少车稀，商店关门，一片过节气氛。车行一个小时左右，停在了村委会大院的门口，村委会的电子屏幕上滚动着这样的欢迎语："热烈欢迎张华书记一行回家看看！"记者心中一动，由"走访亲戚"到"回家看看"，越来越近了，真好！在会议室坐下来，村委会干部向张华汇报村里一年的变化和发展，记者才逐渐明白，张华2013年冬天首次援疆，担任县委常委、伊宁县副县长的同时，还兼任了一届茶依其温村的党支部第一书记。6年之后，"老书记"张华在肉孜节那天，回到了村里，回到了乡亲们中间，乡亲们当然兴奋，欢迎他"回家看看"。

新年大餐是在张华亲戚艾依沙木·艾克热木家吃的。艾依沙木是个泥瓦匠，在昭苏打工，两天前赶回来的，他家的小院打扫一新，一排生活用房，一排附属用房。进院不久，我们便被迎进客厅的炕上，因为过节来客较多，餐桌布置成L形。盘腿坐下后，馓子、油果、瓜子、水果和冰糖茶是餐前小点，凉粉、烩菜、大盘鸡、手抓肉和白酒上来，才是肉孜节大餐的开始。

那天，女主人布沙热木·阿布都热木的祝酒词是一段款款情深的演讲，她说，张华兄弟进门就悄悄问我们，家里房子建了，还有多少债务、还有什么困难，我和老公都很感动。我们现在生活很好，你们都看到了。建房还有一万多块钱债务，今年肯定能还掉。请大家放心！昨天，女儿从学校打来电话，说张华叔叔在南通的朋友又去学校看她了，还请她在山东临沂师院同宿舍的同学吃饭，她要妈妈告诉张叔叔，她会珍惜机会，好好学习，也希望两家永远是亲戚！至此，我才完全明白，张华的这家维吾尔族亲戚，是在他援疆以后、担任茶依其温村党支部第一书记时的结对帮扶对象，主人一家四口，两个孩子读书，生活负担重，女儿去年考取了山东临沂师院，张华和他在南通的朋友，爱心接力，全额资助。难怪女主人祝酒几番哽咽，如此动容。

"提酒"礼仪中，最后一杯酒的提酒者不是主人，而是长者或最尊贵的客人。那一天，记者"中奖"了。不便推辞，也不想推辞。我说，此时突然想起一首老歌的几句歌词，"我们都有一个家，名字叫中国"，现任村支部第一书记王斌抢着唱了起来，"兄弟姐妹都很多，景色也不错……"歌声中，大家和泪举杯，一饮而尽！

2013年11月至2023年4月，十年，江海之子张华，把39岁至48岁的人生黄金年华，献给了新疆伊犁哈萨克自治州伊宁县。

（原文刊载于2023年5月5日《新华日报》，本文有删节）

附：

南通市对口支援伊宁市

1998～2010年，南通市先后选派6批73人到伊宁市任职，其中1人担任伊犁州（地）委副书记，3人担任伊宁市委副书记，3人担任伊宁市副市长。

着力招商引资。2002～2005年，南通市先后组织接待招商引资来访团队28个、

176人次，协调安排外出招商引资考察团队11个、86人次。促进启东市与伊宁市缔结友好城市，明确双方互访交流、参观考察、经济协作等有关协定。3年累计组织牵线达成协议项目19个，实际签订并履约合同7个，履约成交金额8700余万元。2003年3月，共推出招商项目50个，其中"城市海景"等7个项目被自治区选为重点招商引资项目和中国东西部合作与投资贸易洽谈会重点推介项目，达成协议1份，意向3个，总金额超过1亿元。2004年4月，推出56个招商项目，签订合同2份，分别是市合作区与湖北安琪酵母公司投资1.6亿元的高活性干酵母项目和投资3000万元的浙江雄丰公司塑料编织项目。在"中国东西部合作与投资贸易洽谈会"期间，新达成工业项目投资协议2份，投资额4600万元，其中JF新包装项目1100万元。达成投资贸易意向2个，投资额5600万元。2006～2008年，南通市组织召开大型招商引资活动6次，协议金额2.28亿元。2006年，组织参加中国东西部合作与投资贸易洽谈会和中国哈尔滨国际经济贸易洽谈会，大力推介招商项目，成功促成多个项目签约，又先后签订机械、汽车、编织袋出口合同，成交额827万美元。2007年5月16日，总投资1亿元的新疆天宝祥食品加工有限责任公司在伊宁边境经济合作区动工建设，这是第一家真正意义上的台商独资企业落户伊宁市。2007年，总投资600万元、自治州最大的农产品检测中心落户伊宁市。2009年初，伊宁市举办首届中亚国际出口交易会，南通市与伊宁市边境经济合作区先遣团赶赴广州佛山、江西高安与景德镇等重点地区进行陶瓷产业招商。2010年，常州亚邦集团和牛塘化工有限公司2家企业投资6.5亿元，在伊宁市建设现代生物技术企业，并在伊宁市建设占地400余公顷的生物技术产业园。

培育旅游市场。2003年起，南通援疆干部为改变伊宁市有旅无游、"旅游中转站"的状况，紧紧围绕"旅游名州"和创建"中国优秀旅游城市"的奋斗目标，着重推出旅游新项目，完成《伊宁旅游指南》《伊犁旅游交通图》编印，推出"伊宁游"精品线路。大力宣传伊宁餐饮文化，推出地方风味名吃，首批授牌9家民族特色餐厅、民族家访点，对外挂牌营业。开放陕西大寺和拜图拉大寺、海景乐园、汉家公主纪念馆等一批旅游景点，召开旅游产品推介会，有效促进旅游业发展。2004年，伊宁市接待游客109.2万人次，比上年增长28%；旅游收入1.2亿元，比上年增长22%，呈现强劲发展态势。2008～2010年，南通援疆干部进一步加大旅游推介力度，组织推介团到乌鲁木齐和国内各大城市进行宣传，签订300余份协议，带来伊宁市旅游业繁荣发展的崭新局面。

积极争取资金。2003年9月，南通市为伊宁市争取援助资金2000万元。2006～2008年，组织如东县向伊宁市捐助项目资金230万元，援建希望小学2所、社区居委会办公阵地2处，支持当地社区、教育等部门电脑104台、打印机22台、图书5000册、公务用车2辆。争取援助资金310万元，用于基层办公阵地建设，兴建4个村委会、4个社区居委会办公场所，1所学校电脑室。南通市社会各界共出资286.46万元，分别为伊宁市市直机关、乡镇企业、教育系统解决电脑、打印机、摄影机等办公、教学设施，并资助240名贫困学生。2007年，南通市争取乡镇工业园建设资金100万元，支持喀尔墩工业园和巴彦岱工业园基础设施建设，使2个工业园基础设施建设更加完善。2008年底，南通市为伊宁市一家新型建材企业争取到国家科技扶持项目，获得无偿支持360万元，争取到自治区补助60万元。2008～2010年，累计争取援疆资金545万元，物资价值48万元，用于改善伊宁市部分中小学、村级卫生室、基层办公阵地等设备条件。

教育发展。2002～2005年，南通市争取江苏等地企业捐助资金20万元，购买校服2500套，发给民族贫困学生；资助伊宁市第23小学贫困的维吾尔族学生完成学业；投入援助资金15万元，支持建设伊宁市希望小学。2004年，南通市加强与伊宁市的教育对口交流，伊宁市5所中学、伊宁市教育局教研中心与南通市教研中心建立友好关系，完成伊宁市首批27名优秀骨干教师赴南通市对口学校进修。南通市4所小学与伊宁市4所小学结为友好学校。伊宁市第三中学与国家级示范性高中江苏省启东中学建立对口支援友好关系。2006年起，南通市大力发展当地职业教育，协调有关部门解决职业教育基地校舍问题。如东县为职业教育基地解决20台电脑，并派出8名具有丰富教学经验和实践经验的教师赴伊宁支教。首期职业技术培训班有200余人参加。2006～2008年，南通市引导机关干部、银行职员、私营个体户向伊宁市教育领域捐资捐物，机关干部与伊宁市41名学生建立起帮扶关系。投资50万元在伊宁市英也尔乡界梁子牧业村建设一所807平方米砖混结构的希望小学，并建设多媒体教室。向伊宁市第十七小学捐赠50台电脑，建起电脑教学室。

资助贫困群众。2005年12月，南通市援疆干部与伊宁市防疫站工作人员看望都来提巴格街道办事处和塔什库勒克乡两户艾滋孤儿家庭。2006～2008年，南通市陆续组织其他一些单位和部门为艾滋孤儿送去羽绒服、清油、大米和面粉等用品。通过多次协调和努力，成立伊宁艾滋病防治协会（联盟），并援助资金10万元，确保艾滋孤儿能够完成学业。2008～2010年，南通市援疆干部组织浙江商会捐款2.5万元，为当地一位身患肿瘤性纤维瘤儿童解决1万元医疗费。每年为100名贫困学生每人资助500元的费用，资助17名大学生1.7万元解决上学难问题，同时资助艾滋病致孤儿童6000元。

培养专业人才。2002～2005年，南通市委开创直接对口为伊宁市干部免费培训、挂职的先例，每位学员在江苏期间的所有费用全部由南通市承担，并补贴挂职期间通信费用每人300元，共计100万元。累计培训、挂职干部100名，其中少数民族干部17名。2006～2008年，组织伊宁市干部赴江苏等地考察交流等11批82人次，一大批南通市学校、医院同伊宁市相关单位结成友好单位。

2007年6月25日，伊宁市赴如东挂职干部座谈会

2007年6月27日，如东县向伊宁市园艺场学校捐赠助学仪式

2007年7月30日，江苏省如东第一职业高级中学与新疆伊宁市第一职业高级中学对口合作交流签字仪式

2007年8月1日，如东与伊宁两地工商联建立友好商会签约仪式

附：

第十批援疆工作综述

第十批南通市共选派32名干部人才对口支援伊宁县，其中党政干部8人、教师2批13人、医生2批11人。选派2批65名“援藏援疆万名教师支教计划”教师到伊宁县等地支教。柔性引才105人。3年投入援助资金5.12亿元，计划外“小援疆”（指统一拨付援疆资金以外的由支援地相关单位、企业或个人捐赠的小额援疆经费）资金1000余万元（其中物资价值400余万元），共实施项目67个，其中保障和改善民生类14个、产业援助促进就业类10个、智力援助类16个、文化教育类13个、交往交流交融类6个、规划编制类1个、其他类7个。

因工作成绩突出，南通市援疆工作组被中共中央、国务院表彰为“全国脱贫攻坚先进集体”，张华、李小飞被省委、省政府表彰为“全省脱贫攻坚暨对口帮扶支援合作先进个人”，周勇、张迎春、沙飞荣获自治区“民族团结先进个人”称号。

坚持项目和资金向民生和基层倾斜，民生项目资金占援疆资金总量80%以上。持续把安居富民、教育和医疗条件改善等群众直接、广泛受益的项目作为重点，切实改善各族群众生产生活条件。投入援助资金6000万元，对全县2390户新建或改扩建住房的农牧民进行补助。投入援助资金4635万元，更新完善伊宁县教育、医疗设备。投入援助资金4650万元，实施伊宁县新时代文明实践中心项目，打造伊宁县文明实践矩阵。

2021年2月25日，南通市援疆工作组被评为“全国脱贫攻坚先进集体”。图为南通市第十批援疆干部人才合影（2022年摄）

该中心总建筑面积2.38万平方米，内部设有政务服务中心、文化馆、图书馆等“两中心八展馆”，同时设置书画、摄影、音乐、合唱等33个功能室，最大程度地为居民提供活动场地，为伊犁州文明实践中心建设提供成功案例。该项目实现当年开工、当年竣工、当年开馆运营。投入援助资金1510万元，实施乡镇基础设施改造提升工程。

坚持把产业援疆与就业援疆相结合，以产业带动就业，帮助受援地形成经济发展优势，切实增强内生动力。坚持“打造大平台、发展大产业、促进大就业、实现大稳定”思路，打造强县富民的伊宁县纺织产业园区。园区呈“一区两园”格局。园区规划总面积约20平方千米，预期形成年产35万吨纱线、20亿米坯布基础产能，吸纳就业8万余人。完成投资50多亿元，建成标准化厂房和配套设施100余万平方米，入驻家纺、服装、纺织和织造企业20余家，实现就业5000余人，呈现出产销两旺的良好态势。园区成为全区织机规模最大、带动就业最多、品牌效应最好的专业织造园区。开展外出招商、节会招商等活动，引导和支持江苏、河北、山东等地纺织服装产业向伊宁县整体转移。累计开展招商活动200余次，组织各类专业推介会近30场次，接待各地客商600余家，为园区招引企业近20余家。安排产业援疆引导资金1.5亿元，加大对来伊投资劳动密集型企业的补贴扶持力度，确保江苏等地骨干企业愿意来、留得住、发展好。促进伊宁县纺织产业园区成功与南通国际家纺产业园签订共建协议，不断增强园区承载力和服务能力。

把人才援疆作为重中之重，围绕受援地稳定改革发展所需，坚持内涵提升与外延拓展并重，全方位加大人才交流合作力度，提升受援地“造血”功能。3年累计引进柔性人才105人，组织受援地各单位300余人先后赴南通市交流学习，通过多种方式培训伊宁县党政干部、专业技术人才2万余人次。落实“援藏援疆万名教师支教计划”，形成小学到高中全学科覆盖，通过“传帮带”等多种形式，助推伊宁县教育全面提升；深入开展“青蓝工程”师徒结对，实施“教研一体化”，促进受援地教师成长。南京师范大学、南通大学选派综合素质过硬的研究生到伊宁县第二中学短期援教，采取“一拖三”结对子方式辅导高三学生。“嫁接移植”南通教学经验，精耕教育援疆“试验田”，打造伊宁县第二中学“南通班”。2022年，伊宁县第二中学高考本科上线率73.1%，本一上线率29.3%，“南通班”本一上线率100%。以伊宁县南通实验学校为重点，创新实施“百名南通名师进伊宁”行动，每名教师援教不少于1个月，做到主要学科全覆盖、各学龄段全覆盖、学年全覆盖、岗位全覆盖。执教期间做到“十个一”，即（带好一个徒弟、上好一堂观摩课、做一个专题讲座、指导徒弟上一堂公开课、帮扶一名贫困学生、缔结一个友好家庭、组织一次学科专题交流活动、参与一次送教下乡活动、提一条合理化建议、帮

2022年春节期间，伊宁县新时代文明实践中心开展迎春节系列活动

2022年春节期间，伊宁县市民在新时代文明实践中心包饺子

2022年暑假期间，伊宁县中小学生参观新时代文明实践中心

伊宁县纺织产业园区（2022年摄）

伊宁县纺织产业园建骅纺织品有限公司织布车间（2022年摄）

伊宁县纺织产业园企业里的少数民族姐妹（2022年摄）

助徒弟制定一个职业成长计划）。累计引进65名南通名师到伊宁县援教，开展专题讲座120余场次、诊断课堂450场、南通名师观摩课250节，指导徒弟公开课200余节，开展“青蓝结对”110余对，组织骨干教师20余人赴南通学习研修。援疆医疗队专家轮流坐诊，同时每名援疆医疗专家都在对应科室挑选1～2名本地医生做翻译兼徒弟，在学术和实践上全方位帮扶，把援疆专家优势发挥到最大。援疆医生3年累计接诊病人5000余人次，实施三、四类手术500余例，抢救危重病人120余例，举办各类专题讲座和培训20余场次，培养当地骨干医生20余人，并帮助建立完善本地常见病、多发病诊疗规范。深入乡镇卫生院开展义诊9次，免费发放药品1万余元，受益群众1500余人次。开展教学查房、手术示教、危重抢救等培训，传帮带基层医护人员2000余人次。为3对合作共建医院建设远程会诊系统，推进两地医疗资源全面互联互通。引进新医疗技术，包括肾动脉栓塞术、经C臂引导下肝脓肿穿刺置管引流术等10余项新技术，填补伊宁县医疗技术多项空白。助力疫情防控工作，募集300余万元防疫物资，帮助受援地高

2021年4月13日，南通市援疆医生到社区进行义诊

2022年5月12日，南通市援疆教师就高中语文新课程对伊宁县第二中学教师进行培训

标准高质量建成3家PCR实验室，并借助远程会诊系统，培训新冠病毒核酸检测人员，为全民核酸检测提供支撑和保障。

充分发挥桥梁纽带作用，强化多层面对接，促使两地建立友好合作关系40余对，签订个性化特色援疆协议，务实推进两地在产业发展、项目建设、资金技术、人才交流等领域更为广泛的合作。以文化润疆为抓手，促进两地文化交往交流交融和民族团结。组织南通艺术剧院、启东评弹剧团、如东杂技团等参加杏花文化旅游节演出。在两地开展“同读一本好书”“相互写一封信”“万里鸿雁传真情”等多种形式的读书活动，组织

2021年9月24日，中南集团慈善基金会开展『一厘米温暖』新疆公益行活动

南通市援疆工作组干部走访『民族团结一家亲』结亲户（2021年摄）

2022年9月，南通市医疗队赴伊宁县支援抗疫工作

两地同年级学生结对3000余对，进行书信交往，交流阅读心得，掀起读书热潮，开展优秀读书笔记、学习心得评选活动和“书香班级”创建活动，充分激发伊宁县学生的阅读兴趣，加强两地学生和家庭之间交流交融。

依托南通后方百万家庭力量，创新组织实施“让阅读照亮边疆孩子的未来——爱心图书捐赠”公益行动，累计募集图书115万册，价值2500余万元。组织实施“点亮微心愿，圆梦千万家”微心愿认领活动，联系南通“石榴籽”爱心公社、中南置地公益团队等公益组织，为伊宁县困难学生捐赠书包、台灯、书桌等价值300余万元学习用品；实施“照亮伊宁学子上学路”爱心公益活动，为伊宁县没有路灯的村庄安装声控路灯，解决学生上学照明问题。发动南通爱心人士与伊宁县100余户家庭进行结对帮扶，通过结对子、认亲戚、交朋友、手拉手等方式，增进两地干部群众之间的感情和友谊。

南通市援助伊宁县部分项目情况表

单位：万元

序号	项目名称	援助时间	援助资金
1	安居富民工程	2020	3500
2	产业发展招商推介项目	2020～2022	11200
3	党政干部、专业技术人才及职业技能等培训项目	2020～2022	2480
4	支教教师保障项目	2020～2022	1495
5	区外高校就读贫困生补贴项目	2020～2022	1290
6	柔性引才项目	2020～2022	480
7	教育系统设备	2020～2022	1155
8	医疗系统设备	2020～2022	3480
9	交往交流交融项目	2020～2022	650
10	文旅基础设施提升改造工程	2021	800
11	8个村委会办公场所和文化服务中心改造工程	2021	1000
12	农房抗震防灾改造工程	2021～2022	4500
13	援疆楼提升改造工程	2021～2022	200
14	乡镇基础设施改造提升工程	2021～2022	1510
15	民生就业基地提升配套工程	2021～2022	800
16	新时代文明实践中心	2021～2022	4650
17	公共文化服务建设项目	2021～2022	925
18	航线补贴项目	2021～2022	710

说明：表中所列项目为单次投入或累计投入援助资金50万元以上项目。

第十节　盐城市对口支援察布查尔锡伯自治县

察布查尔锡伯自治县（简称察布查尔县）位于新疆西天山支脉乌孙山北麓、伊犁河以南，与伊宁市隔河相望，西与哈萨克斯坦接壤。1954年建县。2019年，全县面积4485平方千米，人口19.4万人，是全国唯一一个以锡伯族为主体的多民族聚居自治县。察布查尔县区位优越，交通便捷，是中国对中亚、欧洲贸易的重要窗口之一。

根据新一轮对口援疆工作部署，盐城市对口支援地区由尼勒克县调整为察布查尔县。2010年12月，盐城市成立对口支援新疆察布查尔锡伯自治县工作组。2011年11月，成立盐城市对口支援新疆察布查尔锡伯自治县工作领导协调小组，2017年10月更名为市对口支援工作领导协调小组。2010年12月至2019年12月，先后选派4批127名援疆干部人才，共实施项目190个，累计投入援助资金6.9亿元。

盐城市先后制定对口支援工作方案及各阶段专项援建规划，全面实施经济援疆、干部援疆、人才援疆、教育援疆、科技援疆，着力增强受援地区自身发展能力。建成伊犁州直属县市中建筑面积最大、设施功能最全的妇幼保健院。助力察布查尔县中小微企业园区邻里中心及孵化基地项目建设，对全县经济发展、就业创业和民生改善起到重要促进作用。2012年，首创“小援疆”（指统一拨付援疆资金以外的由支援地相关单位、企业或个人捐赠的小额援疆经费）模式。至2019年，盐城市社会各界通过“小援疆”，援助察布查尔县项目、资金、物资等折合金额近亿元。参与并全面支持配合脱贫攻坚行动和脱贫成果提升工作。2017年，察布查尔县退出贫困县行列。2021年2月，盐城市援疆工作组获“全国脱贫攻坚先进集体”称号。

一、民生援建

盐城市把民生援建作为第一工程来抓，改善住房、基础教育、基本医疗和基层服务等条件。

2011～2013年，投入援助资金11119.5万元，实施爱新色里镇纳旦芒坎村、琼博拉乡墩买里村安居富民整村推进示范工程，坎乡、加尕斯台乡定居兴牧连片建设示范工程等，并采取“插花”（易地扶贫搬迁安置方式的一种，指将贫困户在原有居民村落或临近村庄进行分散安置）方式，在全县15个乡镇（场）新建1130户安居富民房和250户定居兴牧房。投入援助资金3718万元，建设县高级中学（第三中学新校区）。援建2个社区和9个村服务中心，为海努克乡5个村服务中心购置投影仪、电脑、办公桌椅等设备。建成县妇幼保健院配套工程，使该院成为伊犁州直属县市中建筑面积最大、设施功能最全的妇幼保健院。投入援助资金900万元，在城南新区新建总长1200米的盐城大道，缓解县城交通压力，解决新城区群众出行问题。

察布查尔县察布查尔镇乌宗布拉克牧民定居示范点（2012年摄）

察布查尔县加尕斯台乡牧民定居连片建设示范点（2012年摄）

察布查尔县高级中学主教学楼（2015年摄）

察布查尔县盐城实验学校餐厅（2019年摄）

察布查尔县盐城实验学校运动场（2019年摄）

察布查尔县妇幼保健院综合业务楼（2012年摄）

察布查尔县察布查尔镇果尔敏西街社区服务中心（2012年摄）

2014～2016年，继续实施安居富民工程，建成海努克乡切吉村整村推进配套项目，以及孙扎齐牛录镇朗喀村塘坝库底防渗及渠道改扩建工程，加快城乡基础设施建设。投入援助资金1843.21万元，新建县残疾人康复教育综合服务中心、县计划生育服务站及人口和家庭健康服务中心、察布查尔镇便民服务中心、县疾病预防控制中心业务楼及配套设施等项目，不断提高公共服务水平。建成城南新区幼儿园和5所乡村幼儿园，新建25所卫生室，总建筑面积2500平方米，乡村教育医疗条件不断改善。

2017～2019年，投入援助资金5106万元，继续实施安居富民工程。投入援助资金6000万元，建设县人民医院医疗业务用房及配套设施。投入援助资金2800万元，完成盐城实验学校附属设施、第一中学运动场项目建设。建设标准化考场145个，在2019年高考中投入使用，结束该县无高考考点历史。完成县中心敬老院附属工程、残疾人托养中心、小白杨纪念馆等项目。建设加尕斯台乡巴合提村、伊纳克村，海努克乡向阳村，坎乡阿拉尔村4个村便民服务中心，米粮泉回族乡克米其买里村、米粮泉村，扎库齐牛录乡寨牛录村3个村民活动中心建设及其配套设施，为村民提供活动场所。

二、产业援建

盐城市援疆工作重心逐步由“输血”向“造血”倾斜，帮助察布查尔县抓好工业基础设施建设并完善配套体系，引导企业到新疆投资，夯实受援地经济基础。

2011～2013年，投入援助资金493.6万元，实施爱新色里镇标准化养殖小区等农牧业基础设施建设，扶持伊犁悦然生态农业有限公司稻蟹养殖基地及品牌建设。引进签约落地项目6个，协议投资2.9亿元。

2014～2016年，累计投入援助资金8719.53万元，在察布查尔县园区核心区中心位置建设中小微企业园区邻里中心及配套设施和中小微企业园区孵化基地。投入援助资金300万元，用于该县全域旅游规划编制、旅游宣传策划及重点景区规划等项目。累计投入援助资金700万元，开展产业和工业园区招商推介活动。组织企业家到察布查尔县投资考察并商谈合作事宜，带队到区外地区开展招商活动。开设伊犁农特产品展销中心盐城店，使察布查尔县特色农产品在江苏拥有销售平台和渠道。建设伊犁首个

2011年3月28日，察布查尔县爱新色里镇养殖小区和安居富民工程开工

察布查尔县中小微企业园服装产业园车间（2016年摄）

察布查尔县爱新色里镇纳旦芒坎村标准化养殖小区（2013年摄）

稻蟹共作养殖基地并取得成功，养殖螃蟹成为新疆突破历史的一个产业。引进签约落地项目13个，协议投资33.37亿元。

2017～2019年，新建325平方米冷链仓库、500平方米普通农产品仓库及其配套的察布查尔县农副产品物流配送中心等项目，帮助15个乡镇（场）近1万名群众在家门口实现灵活就业。建设海努克乡脱贫攻坚民生坊厂房，提高劳动者技能，促进就业。先后对接江苏省相关部门和企业，在新疆开展“长江1号”“长江2号”螃蟹幼苗培育工作，实现蟹种本地自产自供，结束新疆依靠东部地区空运河蟹苗种的历史。“稻蟹共作”模式养殖面积发展到133.33公顷，一地双收，年收入超1000万元。加强招商引资，实现签约项目30个，协议投资89亿元，其中落地项目13个，增加就业岗位3500个。

【链接】盐城产业援疆收获富民硕果

黄海边，坚持“产业强市、生态立市、富民兴市”的江苏盐城，焕发全新的生命与活力；天山下，一批批盐城援疆的工作者将先进的产业发展理念与方式带到万里之外，挥洒汗水与智慧，壮大新疆伊犁察布查尔县产业发展，带动当地人就业脱贫。

盐城对口支援察布查尔已有7个年头，工作组推动援疆工作重心逐步从“输血”向“造血”倾斜、从硬件向内涵延伸、从支援向合作拓展，取得积极成效。

从去年12月，盐城第九批援疆工作组进驻察布查尔县以来，招商引资工作取得重大突破，亮点纷呈，给察布查尔县域经济发展带来了新的生机。

在新疆伊南工业园区双创服装产业园拉波尼服饰有限公司，200多名维吾尔等少数民族女工在流水线上紧张地忙碌着。在持续注入的援疆资金支持下，这些长期居家生活的传统女性，经过在江苏企业3个月的专业培训，从农牧民成功蜕变成自立自强的产业工人。

伊南工业园区是察布查尔县新型工业化、招商引资、产业惠民的重要平台和载体，主要发展服装服饰加工等劳动密集型产业，盐城援疆工作组帮助研究出台了《伊南工业园区招商引资优惠政策》。面对当地工业招商人手不足、经验不丰富的现状，组织招商经验丰富的援疆干部一方面对察布查尔县招商局、伊南工业园区、“双创”产业园区相关人员进行招商业务技能培训，一方面带领他们共同接待客商、研究项目、服务客商。今年上半年实现签约项目10个，总投资3.05亿元，预计可带动就业3100人。

中央在新疆喀什召开的第六次全国对口支援新疆工作会议强调，“就业是民生之本，是最大的民生工程、民心工程、根基工程，必须抓紧抓实抓好”。

拔穷根，产业是根本。产业一头连着经济发展，一头连着群众就业，是就业的主要方向，必须积极创造条件大力推进。盐城援疆工作组始终把产业援疆作为抓手和着力点，确立了既着眼长远又紧扣当前的工作思路和政策措施，全力以赴推进招商引资和项目建设，为察布查尔县经济发展注入了新鲜活力和强劲动力。

8月16日下午，伊南工业园区管委会与盐城联益肠衣制品有限公司《年加工500万根肠衣项目》签约仪式在察布查尔县伊南工业园区举行，该项目总投资2000万元，年加工肠衣500万根，预计可实现年产值6000万元，提供200多个就业岗位；8月20日至27日，盐城市经济和信息化委员会副主任薛友祥带队，组织大丰区经信委和9家企业，来疆调研考察；8月22日，盐城神龙玩具有限公司、大丰区创意工业品有限公司达成了在察布查尔县投资建厂意向，企业落户园区后，一期可安置就业人员300人……

近年来，察布查尔县和盐城援疆工作组重点推进自治县农村富余劳动力的转移，有组织地把他们送往盐城等地企业就业。阜宁县和察布查尔县政府相关部门经过相互实地考察，于2017年初达成了用工协议。5月21日，县人社局组织首批47名务工人员赴盐城阜宁荣威娱乐有限公司就业，开辟了察布查尔县扶贫攻坚的新路径，这批务工人员大部分是15个乡镇场的贫困户家庭子女。

“今天我很激动，也很紧张。激动的是在我们穆斯林群众的传统节日古尔邦节来临之际，这么多领导来慰问我们，还带来那么多慰问品。紧张的是，我是第一次出疆，第一次见到这么多领导，而且与我交谈。我一定把领导慰问我们的消息第一时间传递给家人，传送到家乡，叫家乡人民放心。”远在盐城市阜宁县务工的维吾尔族姑娘惊古拉接过慰问品激动地说。8月26日这天，盐城市政协副主席、阜宁县委书记顾云岭一行看望并慰问了在阜宁荣威娱乐有限公司的察布查尔县务工人员，为他们送去了节日慰问和祝福。

为加快脱贫攻坚步伐，使察布查尔县富余劳动力实现稳定转移就业，盐城援疆工作组始终把促进就业放在援疆工作的突出位置，千方百计拓宽就业渠道，加强与援疆省市企业的沟通联系，在县委、县政府的支持下，以提高农民就业技能为切入点，进一步加大对农村富余劳动力的转移培训。

同时，工作组结合两地产业特色，发挥资源优势，积极鼓励盐城传统特色优势产业向受援地梯度转移，努力为受援地产业招商提供信息指导等服务，着力增强受援地“造血”功能。

在产业援疆的过程中，工作组十分重视因地制宜、借力用力。察布查尔县有着得天独厚的自然风光，但与周边县市相比，察布查尔县对人文景观开发不深，对游客吸引力不够，一直不在伊犁州传统旅游大环线上。

为有效推动旅游援疆，充分发挥旅游在援

疆、兴业、富民中的积极作用，盐城援疆工作组多次实地走访、调研，帮助察布查尔县完成了县域旅游规划的编制，并策应“十万江苏人游伊犁”活动，与当地的景区、景点及乡镇积极沟通，与伊犁州及乌鲁木齐旅行社通力合作，开发全新的集观光、采摘、餐饮、民俗、运动等多种体验于一体的察布查尔四季一日游线路，新开辟了加尕斯台民俗风情游等3条线路。

今年5月2日，盐城援疆工作组在阜宁金沙湖旅游度假区举行察布查尔县（盐城）旅游推介会。盐城援疆工作组组长李强介绍了伊犁州以及察布查尔县的风土人情与旅游资源，县旅游局有关负责人对相关旅游鼓励政策作了解读，并对精品线路作了介绍。参加推介会的全市13家旅行社的负责人纷纷表示：“新疆是个好地方，察布查尔县景色优美，令人向往，加上政府有这么好的鼓励政策，我们没有理由不去。”

此外，通过工作组的努力，还将6至9月份的一日游线路融入了伊犁旺季旅游大环线当中，增加了察布查尔县游客量和过夜数，提升了察布查尔县的知名度，为全县各旅游景点带来了旺盛人气。

对口支援察布查尔7年来，盐城为察县人民送去资金、技术、人才、招商引资项目……特别是注重智力援疆、产业援疆，扶持当地的教育、医疗、人才，充分激发了当地发展的内生动力。如今，察布查尔县发展充满生机，盐察两地的人民也更加亲如一家。

（2017年9月7日《盐阜大众报》）

三、智力援助

智力援助是援疆工作关键举措。2011～2019年，盐城共投入援助资金2898.39万元，实施干部人才培训项目86个，累计为察布查尔县培训培养干部人才2.56万人次。其中，党政干部培训，包括县乡村三级党政干部及党员培训5000余人次，乡镇场领导干部、县乡村干部等赴盐城市及江苏其他地区挂职、轮训、考察近800人次；各类专业技术人才（专门人才）培训培养项目70个，共培训1.98万人次，其中282人赴盐城市对口部门（单位）跟班学习、451人赴盐城市及江苏其他地区培训考察。为察布查尔县培养未就业新疆籍普通高校毕业生258人，招引38名柔性人才，弥补专业技术人才力量不足的短板，保障受援地经济社会发展对干部人才队伍建设需求。选派45名教师骨干、35名医疗骨干到察布查尔县重点学校、医院开展援助工作。

2011～2013年，分2期5个班，资助察布查尔县等地258名未就业普通高校毕业生岗前培养工作。盐城工学院经济管理学院、盐城师范学院社会学院分别承担学员在校培养任务。第一期从2011年9月至2012年6月，培养学员152人。在盐城工学院设1个乡镇公共管理培养班75人，盐城师范学院设1个社区管理培养班34人、1个中小学特岗教师培养班43人。第二期从2012年10月至2013年7月，培养学员106人。在盐城工学院设1个新农保专业培养班46人，盐城师范学院设1个中小学特岗教师培养班

2011年3月21日，盐城市援疆工作组揭牌成立

60人。2011年11月起，盐城工学院乡镇管理班和盐城师范学院社区管理班全面实行“菜单式”教学。教学内容涉及思想政治、计算机、法律、社会保障、农村政策、经济管理7大项近100个小项。通过为期一年培训，全体学员顺利通过结业测试。盐城市9个县（市、区）分3期共承担235名学员岗位实习任务。

2014～2016年，盐城开展察布查尔县基层干部轮训、中青年后备干部培训工作，共有121名察布查尔县党政干部和109名中青年后备干部在盐城参加培训。盐城市委党校组织学员在盐城等地进行理论学习和现场教学，学习借鉴党的建设、扶贫开发、工业园区、现代化农业、招商引资等方面先进理念和工作方法。两地开通盐城—察布查尔“名师网络专递课堂”，将盐城优质的课堂教学远程传播到察布查尔县学校，开启双方教育理念和教育教学方式网上互动新模式，实现优质教育资源“多跑腿”，教师和学生“少跑腿”。盐城市卫生局以“1+1”模式对口支援察布查尔县卫生局，两地卫生系统结成“卫生共同体”，与5家县属医疗卫生机构和各乡镇场卫生院签订对口帮扶协议，共享业务资源。

2017～2019年，累计培训干部人才16批次8815人次，选派160名党政干部和技术人才到盐城市对口部门跟班学习和挂职交流。持续开展柔性引才工作，累计引进102名江苏相关行业专家、技术骨干到察布查尔县开展短期服务。2019年，选派4名职业教育教师到察布查尔县教学，填补职业教育专业师资力量空缺，起到学科支撑作用。打造并优化升级盐察两地“互联课堂智慧平台”，在两地学校之间常态化开展“直播教室”“网络教研”“名师专递课堂”等活动，让察布查尔县教师足不出户就能学习盐城市先进教学方法和教育理念，共享优质教育资源。开展援疆专家义诊和回访活动，建立远程会诊系统，构建网络沟通平台。制定普通高考学生定向培养计划，为当地医疗机构培

养一批“带不走”的卫生和管理技术骨干。推进对口援疆柔性引才工作，共协助察布查尔县柔性引进紧缺人才33人。2017年11月，察布查尔县残联通过柔性引才平台，邀请盐城市儿童康复专家到察布查尔县开展康复专业技术培训。2018～2019年，先后从盐城市疾控中心引进专家9人次，指导察布查尔县疾控中心在全州率先使用冷链温控系统，并完成实验室标准化建设。

盐城市援疆林业专家为察布查尔县乡镇技术人员现场授课（2011年摄）

2013年4月，察布查尔县教师在建湖县接受培训

盐城市援疆教师、自治区优秀援疆干部人才陆凯（前排左二）与察布查尔县高级中学教师交流教学经验（2015年摄）

盐城市援疆教师为察布查尔县第三中学学生上课（2016年摄）

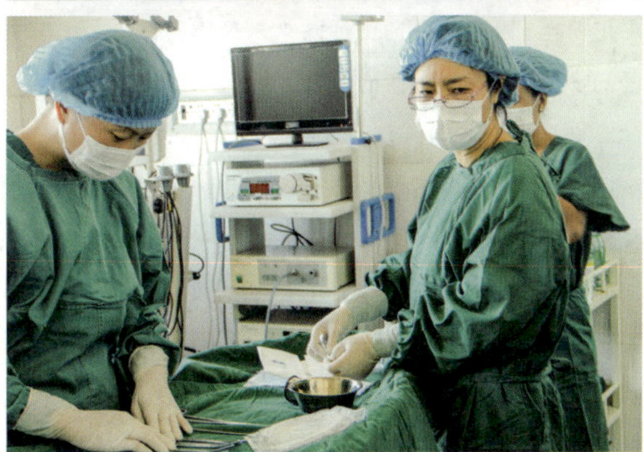

盐城市援疆医生对察布查尔县人民医院医生进行术前带教（2012年摄）

盐城市援疆医生在察布查尔县进行集体义诊（2015年摄）

盐城市援疆医生向察布查尔县人民医院医护人员讲解诊疗技术和处理方法（2016年摄）

【链接】把父亲的嘱托化作动力
——访第八批援疆干部、察布查尔锡伯自治县人民医院副院长王志华

主动放弃去韩国进修机会，积极创造条件开展急难危重病人抢救新技术，手机24小时开机，病人随叫随到……他叫王志华，是医学博士，江苏省第八批援疆干部、察布查尔锡伯自治县人民医院副院长。

“边疆强则中国安。”王志华说，没有新疆的安定团结，国家的安定团结就难以保障，没有新疆的安全，就没有全国的小康，援疆就是为新疆的社会长治久安与经济社会快速可持续发展贡献一份力量，援疆不仅坚定了他工作的信心，也使他深感肩上责任的重大。

“一位病人突发急性ST段抬高型心肌梗死。”2014年4月的一个下午，王志华接到电话后，立即赶往察布查尔县人民医院，组织医护人员对病人实施抢救。在病人发生两次室颤的情况下，王志华仍果断采取溶栓治疗，开通闭塞血管，挽救了病人的生命。

“我要兑现对父亲生前的承诺，圆满完成援疆任务。”王志华是这样说的，也是这样做的。2014年5月，王志华的父亲在盐城市遭遇车祸，不幸去世。处理完父亲的后事，王志华又返回察布查尔县人民医院，投入到忘我的工作中。当察布查尔县人民医院的领导关切地询问他有什么困难需要组织解决时，他什么要求都没提。为了保证危急时刻能随时赶到医院，他的手机24小时开机，不论白天还是夜晚，总是随叫随到。每次只要接到病人需要抢救的电话，王志华都以最快的速度赶到医院，快速组织医护人员进行抢救，使许多危重病人转危为安。

作为一名心血管内科医生，王志华在察布查尔县人民医院积极开展适合医院发展的新项目、新技术。他建立了心内科的心功能室，把心血管介入作为内科发展的一个重要方向，并依托援疆人才培养规划和资金，把骨干医生派到盐城市进行规范化培训，培养察布查尔县人民医院内科自己的技术人员。同时也使心内科业务得到进一步完善，每年检查病人1500多人次，缩短了病人的住院时间。

目前，王志华在察布查尔县人民医院已完成两例临时起搏器和3例永久起搏器手术，极大地减轻了病人的负担，也使察布查尔县人民医院心血管介入技术水平上了一个新的台阶。

援疆期间，王志华还积极参加义诊活动20多次，看门诊病人1000多人次，为病人查房2000多人次，会诊疑难病人30多例，抢救急危重病人60多人次，举办各类培训班及讲座17次，引进新技术、新项目4项。

此外，王志华还积极创造条件开展了急性ST段抬高型心肌梗死超急性期溶栓治疗、初发Ⅱ型糖尿病胰岛素泵治疗、临时和永久起搏器植入等新技术，填补了察布查尔县人民医院和县医疗技术的空白。经过1年多的病例积累和王志华的传帮带，现在，察布查尔县人民医院内科医生均能熟练掌握这项技术和禁忌症，多位急性ST段抬高型心肌梗死病人的超急性期溶栓治疗均获得了极大的成功，取得了非常好的社会效益。

7月2日，王志华对记者说，他始终牢记对父亲的承诺，用自己精湛的医术和丰富的临床经验，为察布查尔县各族群众筑起一道健康的屏障，用自己的实际行动诠释一名援疆干部的职责。

（2015年7月4日《伊犁日报》）

2011年8月5日，盐城市领导赴察布查尔县考察交流，并与第七批援疆干部人才合影

2015年9月7日，盐城市领导赴察布查尔县考察交流，并与第八批援疆干部人才合影

2017年9月4日，盐城市领导赴察布查尔县考察交流，并与第九批援疆干部人才合影

四、脱贫攻坚

盐城市从解决困难群众基本生活出发，逐步向就业、就医、住房、助学等多领域帮扶拓展。援助察布查尔县实施安居富民、定居兴牧工程，援建2392户贫困户、450户游牧民住房，其中贫困户每户补助2万元、游牧民每户补助3万元。建设加尕斯台乡塔兰奇食品厂，让加尕斯台村52名妇女实现长期稳定就业。在荣威集团设立“察布查尔转移就业基地”和“察布查尔车间”，先后吸纳6批380余名少数民族群众就业。启动实施“真情援疆—六大爱心行动”（特困重残帮助行动、特困优秀学子救助行动、特困孤儿助培行动、特困下岗职工再就业行动、特困家庭援助行动和特困农牧民实用技能培训增收脱贫行动），采取资金支持、物资捐助、项目带动等方式，重点帮扶察布查尔县29个贫困村。与贫困村海努克乡切吉村结对，21名援疆干部开展“123”结对活动，即与当地少数民族1名特困学生、2户贫困户、3名朋友（其中1名民族干部、1名“80、90”后青年、1名民族教师）结对帮扶。设立“黄海爱心基金”专户，动员盐城市后方部门、企事业单位、爱心人士、社会团体、民间组织等参与活动。

2016年、2017年，分别为察布查尔县脱贫攻坚年、验收巩固年，盐城市采取一系列援助措施助力脱贫攻坚。2016年，提前实现2017年和2018年贫困户安居房建设任务，共新建安居房3236户。2016～2018年，盐城市共结对贫困家庭及学生810户（人），资助援疆项目计划外资金1260万元，捐赠价值近20万元物资，帮助1838户建档立卡贫困户实现脱贫。在该县79个行政村（社区）建立劳动保障工作站，建设基层创业平台20余个，培训和解决就业3万余人。重点引进无污染劳动密集型企业，实现签约项目12个，总投资11亿元，带动就业3000余人。帮助发展锡伯刺绣等当地特色民族手

2014年9月7日，盐城市援疆工作组在察布查尔县米粮泉乡敬老院举行『六大爱心行动』启动仪式暨资助特困孤儿活动

盐城市援疆工作组扶持的手工艺品合作社（2015年摄）

盐城市援疆工作组组织受援地妇女进行就业培训（2015年摄）

工业，引导扶持有机米、稻虾、稻蟹等复合农业发展，推动察布查尔县有机大米进入江苏及其他省市市场。打造100个旅游产品和100个旅游商品，直接带动500余名贫困人员就业。有组织地转移500余名困难群众赴盐城市东山精密制造有限公司等企业就业。加大急需紧缺技能人才培训力度，通过“培训中心+企业”联合培训方式，千余名贫困群众实现稳定增收、长期脱贫。2016～2017年，建设覆盖4个贫困乡就业和社会保障服务平台5个、2个贫困乡就业创业孵化基地及配套等项目。开展脱贫致富就业创业技能培训和29个贫困村卫生室医护人员轮训，培训7000余人次。启动实施资助在区外高校就读的新疆籍贫困学生工作，共资助察布查尔县527名贫困生。2016～2017年，共帮助1838户建档立卡贫困户脱贫，贫困户家庭人均纯收入5000元。2017年11月，察布查尔县退出贫困县序列。

2017～2019年，共投入援助资金695.55万元，资助察布查尔县人力资源和社会保障局实施企业急需、紧缺技能人员就业培训项目。2017年，共实施“民兵实体化+职业技能培训”、5个山区乡建筑业农民工“青蓝工程”技能培训、1.87万公顷经济林林木种苗技能培训、纺织服装企业工人岗前培训、农村富余劳动力就业技能培训等多个子项目，共培训约7000人次。察布查尔县探索建立“植树造林+脱贫攻坚”利益联结机制。2017年，实施第一期生态扶贫造林工程733.33公顷，确定建档立卡贫困户220户，每户以打工方式管护生态林3.33公顷，利用援疆资金支持其中203名贫困农民接受土建、滴灌系统运行与维护、树上干杏种植技术培训。2018年，共实施21个子项目，培训各乡镇（场）未就业青年、伊南工业园区员工、劳务经纪人、护林护边人员等3000余人次。2019年，对琼博拉镇、加尕斯台镇、海努克乡、坎乡、阔洪奇乡农村富余劳动力，伊南工业园区员工、护林护边人员、劳务经纪人以及向区外转移就业人员等共1300余人进行就业技能提升培训。

五、交往交流交融

盐城市坚持把对口援疆工作打造成民族团结工程，突出两地“融合式”交往交流。2012年2月，盐城市印发《关于我市重点镇与察布查尔县乡镇场建立结对合作关系的通知》，明确15个重点镇与察布查尔县15个乡镇场建立长期结对合作关系。盐城市市县两级党政机关、企事业单位与察布查尔县对口部门（单位）开展交流合作、结对帮扶、援建项目、捐款捐物、组团考察、文化交流等活动。社会团体、民间组织和个人参与两地交流，举办两地少年儿童“手拉手”“春蕾助学”“爱心助残”等活动。盐城市9所市直学校、13所县属学校与察布查尔县9所县直学校、13所乡镇场中小学建立结对关

2015年11月10日，盐城市援疆工作组开展结对帮扶活动

2015年12月30日，察布查尔县歌舞团在盐城永宁汽车城表演少数民族舞蹈

系。资助21名察布查尔县贫困学生读书直至完成学业的“爱心妈妈”“中国好人”郑巧玲事迹广为传颂。为鼓励察布查尔县15个乡镇场和县有关部门与盐城市15个重点镇和市县（市、区）对口部门对接“小援疆”（指统一拨付援疆资金以外的由支援地相关单位、企业或个人捐赠的小额援疆经费）工作，盐城市专门设立交往交流交融等项目。2016～2017年，投入援助资金近300万元，资助察布查尔县乡镇场干部人才到盐城市交流对接。2017年12月，盐城市印发《关于深化推进援疆工作的实施意见》，从放大“小援疆”品牌效应、推动产业扶持、抓好重点援建项目推进3个方面提出具体任务和措施，明确责任主体。开展“民族团结一家亲”活动。2017～2019年，累计捐赠资金及物资600余万元。开展“千人帮千户，共同奔小康”系列活动，盐城市工业信息化局、国资委、发展改革委等23家市级机关单位和阜宁县、盐南高新区等5个县区、57家县级以下单位相继到察布查尔县开展点对点“小援疆”工作，累计捐赠资金及物资3211.84万元，察布查尔县53家单位和部门到盐城市学习考察交流。7年间，盐城市社会各界通过“小援疆”模式援助察布查尔县项目、资金、物资等总价值近1亿元。2019年8月，由察布查尔县文化体育广播电视和旅游局、盐城市援疆工作组主办的《跟着太阳走》交响诗剧在察布查尔县体育中心首演。该剧通过展现锡伯族西迁的爱国历史故事，激励各族人民建设美丽边疆、共圆祖国梦想。

【链接】106个单位结对帮扶 上万干群参与 盐城“小援疆”园区成酵母

冰雪时节，记者来到5000公里外的盐城市对口援助县——新疆伊犁州察布查尔锡伯自治县。一见面，县委书记薛维长就推荐记者看盐城援建的两个项目：位于海努克乡“创业就业孵化实训基地”和伊南工业园区“中小微企业孵化基地”，“这是盐城‘小援疆’模式的创新样本”。

“盐城援疆已有10年，不创新不行。”察布查尔县委副书记、盐城援疆工作组组长刘源深有感触地说。受全国对口支援“大援疆”决策启发，盐城市委、市政府探索出“小援疆”模式，即整合市县乡三级资源力量，对口结对察县，协调推进集聚式、园区化援助方式创新，提高援助质量——这就是风行天山南北的盐城“小援疆”模式。

把就近就地就业，作为援疆首要任务。加尕斯台乡兰奇食品厂，是盐城援建伊犁州最大的食品企业。厂长吐丽拉告诉记者，盐城师傅教会她们做蛋糕、月饼和曲奇，为全县40所学校配送点心和营养餐。吸纳50多名妇女就业，月工资超过1500元。

免费开店！盐城援建海努克乡“创业就业孵化实训基地”18间门面房，吸引25户村民开了25家小店。“姐妹饼干”店主阿斯亚木告诉记者，她上个巴扎（赶集日）卖了60公斤饼干，840元，除去成本，一天赚400元。一个人忙不过来，还雇了3名工人。“有事做、有钱挣，大伙就安心。”环顾占地5亩的基地，曾因贫困而中止高校学业的她动情地说：“有了这块脱贫‘酵母’，很多孩子可以避免我的辍学悲剧！”

协同“打包”援助，增强整体脱贫能力。拥有853个贫困人口的维吾尔族切吉村，是县重点扶贫村。历史欠账多、矛盾大，扶贫总不见起色。盐城援疆干部将该村列入“整村推进重点项目”，投入援疆资金1600万元，实施“三大类十二项”便民致富工程，包括为村民新改建260户住房、修路打井、落实扶贫项目等，还新建了村幼儿园、红花科普馆、文化广场、足球场等。

产业援疆重在因地制宜，全面配套。在伊南工业园区，察布查尔县委常委、副县长、盐城援疆工作组副组长金明介绍说，县内矿产多达21种，还是自治区优质粮油棉生产基地，发展加工制造业得天独厚。比如所援建的10万平方米“中小微企业孵化基地”具有两大特点：一是功能配套齐全，公租房、服务中心、商业设施一应俱全；二是立足当地资源办厂，如在建的服装产业园，可吸纳50家纺织服装企业入驻，带动2000人家门口就业。

民生援疆是根本。近两年，盐城投入2亿多元援疆资金，实施了32个援建项目，其中八成为民生实事。如新建了县妇幼保健院、县三中分校区，为近500户牧民盖了安居房，一批“救急救难”的援疆医生、教师、农技专家已成为当地群众心中的“英雄”。

交流交心交融，援疆见真情。如今，盐城15个乡镇、36个部门、34所学校、21家医院分别与察布查尔对口单位建立了稳固协作关系，双方有上万干部群众参与日常援建工作，“小援疆”模式正在向村组农户延伸。

漫步在盐城援建的盐城大道上，不时出现“天山雪松根连根，盐察人民心连心”标牌。察布查尔县委常委、宣传部部长关晓军说：“这是真情流露”。

（原文刊载于2015年11月26日《新华日报》，本文有删节）

盐城市环保局援建的察布查尔县环境监测执法业务用房（2015年摄）

盐城市总工会援建的察布查尔县职工服务中心（2015年摄）

盐城市国投集团向察布查尔县海努克乡切吉小学足球队赠送足球和文具（2015年摄）

江苏永宁实业投资集团向察布查尔县捐赠汽车影院设备（2015年摄）

【链接】关爱察布查尔县贫困学生的“爱心妈妈”郑巧玲

郑巧玲是盐城市委党校后勤服务中心的负责人。2011年11月，她首批资助察布查尔县第三中学李萍萍、哈丽米拉等10名高一年级贫困学生；2012年秋学期开始，她又资助该校比那热古丽、西热娜衣等11名高三年级贫困学生。这些学生多数是维吾尔族、哈萨克族、锡伯族、回族等少数民族贫困家庭的孩子，她资助这些孩子每人每学年2000元，其中家庭特别困难的多达4000元，直至他们大学毕业。从此，这21名学生与郑巧玲结下不解之缘，都亲切地叫她“郑妈妈”。

郑巧玲资助察布查尔县贫困生上学，缘起于与在盐城市委党校学习的察布查尔县学员的接触交流。从2011年开始，盐城援疆工作组分批组织察布查尔县党政干部到盐城市委党校培训。郑巧玲和她的同事们热心周到的服务，拉近了与这些新疆学员的距离，有不少学员返疆后与郑巧玲一直保持联系，使她了解到察布查尔县农牧民孩子们的生活状况。尤其在得知一些孩子辍学在家后，使她萌生了资助一些贫困孩子上学的想法，就委托曾在党校培训的察布查尔县教育局科员杜学海，请他帮忙推荐两三名品学兼优的贫困学生。杜学海提供了县三中10名学生的情况供她选择。她看到这些学生的家庭境况后，都不忍舍弃，最终决定一个都不放弃。

郑巧玲的想法得到家人和同事们的大力支持。为了给孩子们筹措学费，她除了拿出家里的积蓄，还组织党校后勤服务中心的员工进行过一次义卖。2012年8月6日，郑巧玲亲手书写的“给新疆察布查尔县贫困学生献爱心——买一碗面，献一份爱”的倡议书，悬挂在盐城市区城北的永宁寺，她和员工一起吆喝着卖面条。白天炎热，晚上街头蚊子多，天快黑了，她接上电灯继续卖，直到凌晨3点多，许多夜市摊都打烊收工回家了，她仍然坚持。许多路过的人驻足看了倡议书，都毫不犹豫地点上一碗汤面条，吃完后，50元、100元、200元地献爱心。近一天一夜的义卖活动，献爱心的人源源不断，让她凑齐了16800元善款。为不耽误学生缴学费，她把钱分装在信封里，写上学生的名字，委托即将去察布查尔县的同事李建兵把钱交到贫困学生手中。

2013年，郑巧玲资助的第二批11名孩子参加高考，其中7人考上大学，被新疆石河子大学第一批次录取的锡伯族女孩赵俊秀还成为全县高考女状元。郑巧玲得知自己资助的这些孩子考上理想的大学，非常高兴。开学前，她又拿出2万多元，买了7个拉杆行李箱，里面放满生活日用品和学习用品，还给每人准备2000元的生活费，托在盐城学习的察布查尔县学员返疆时带给他们。2014年、2015年，郑巧玲资助的孩子陆续考上大学后，也同样收到装载着“郑妈妈”爱心和希望的行李箱、红包。

郑巧玲资助察布查尔县贫困高中生上学，开始是悄悄进行的，资助款物都是电汇或请返乡的党校学员或托去察布查尔县的同事转交，盐城这边很少有人知晓，受助的孩子们都迫切想见到未曾谋面的“郑妈妈”。2012年国庆“小长假”，郑巧玲自费带领党校后勤服务中心负责客房、餐饮的两位主管一行3人，第一次踏上让她心有牵挂的察布查尔县这片土地。她此行有两个目的，一是考察了解察布查尔县的风土人情、生活习惯、接待礼仪，以便进一步做好来盐城培训学员的服务工作；二是满足孩子们的愿望，并了解他们的学习情况和家庭状况。在这以后，她又利用假期去过几次察布查尔县，对这些孩子进行“家访”。

2013年2月13日，农历正月初四，郑巧玲再次来到察布查尔县看望她资助的比娜古丽、谢丽娜依和热甫海提等少数民族孩子们。在加尕斯台乡下加尕斯台村六组热甫海提家，郑巧玲询问

2015年11月14日，郑巧玲深入察布查尔县纳达齐牛录乡纳达齐牛录村贫困家庭调查研究

他的家庭和学习情况，送给热甫海提1支钢笔、1件新买的毛衣和2000元钱。热甫海提当时就读于察布查尔县第三中学高二（15）班，他家有6口人，父母体弱多病，家中仅靠22岁的哥哥种地和打工维持生计，因家庭贫困，曾多次产生辍学的念头，在郑巧玲的帮助下，才得以继续学习。他经常写信给郑巧玲汇报学习生活情况，还亲手制作了一个热瓦甫（维吾尔族乐器）邮寄给郑巧玲，表达对“郑妈妈”的感激之情。

2014年8月22～24日，郑巧玲应察布查尔县教育局邀请，又一次来到察布查尔县。她在察布查尔县副县长栾建江、教育局党委书记胡祖伦的陪同下，分别前往纳达齐牛录乡、爱新色里镇、堆齐牛录乡、加尕斯台乡等地看望受她资助、即将上大学的孩子。郑巧玲再次来到热甫海提的家，鼓励高考失利只能读大专的热甫海提继续努力，争取在大学里“专升本”。这一次，郑巧玲不仅给热甫海提带去了学费、行李箱及生活用品，也给他母亲帕木罕带去了盐城的特产。

8月24日上午，察布查尔县教育局举行郑巧玲“我和察布查尔有个约定”民族团结报告会，全县34所中小学65名校长、书记和援疆干部代表、受资助学生家长代表参加。郑巧玲以质朴的语言讲述她对察布查尔这片土地的热爱和对被资助孩子们的真挚感情，每到动情处，场内掌声如潮。当天晚上，在米粮泉回族乡的金河谷庄园，受资助的十几位从高校返乡和已经拿到高校录取通知书的孩子们，以一场篝火晚会欢迎从盐城来的“郑妈妈”。

郑巧玲不仅资助这些贫困生的学费、生活费，在新学期开学时给他们送学习和生活用品，在季节更替时给他们寄衣物，逢年过节或者遇有生病等特殊情况时还另外寄钱送物，并经常写信鼓励他们努力学习。当这些孩子在校期间遇到困难时，她更是义无反顾地提供帮助。维吾尔族女孩哈丽米拉·艾合买提江是个孤儿，在东北某大学上学期间患病，学校劝其退学。郑巧玲得知这一情况后，当即帮助联系伊犁一家部队医院为其治病并由她承担全部医疗费用，同时与其学校交涉，使哈丽米拉病愈后继续完成学业。

郑巧玲不但像慈母一样关心她资助的学生，也十分关切其他察布查尔县农牧民群众特别是孩子们的疾苦，并尽自己所能给予帮助。2012年8月，她听说琼博拉乡遭受泥石流灾害，捐赠10000元帮助受灾群众购买牛、羊用于恢复生产。2013年1月29日，邻国哈萨克斯坦发生8级地震，受到波及的琼博拉乡损失较重，她得知后第一时间与察布查尔县民政局联系，向灾区捐赠价值9000元的100袋大米和100袋面粉。2014年春节前，她为海努克乡20户贫困户捐赠了米、面、油、煤炭等生活用品。2015年11月，她通过该县妇联向贫困家庭捐助资金21500元。这几年，她共为察布查尔县贫困学子和受灾群众累计捐助共达30多万元。

郑巧玲的真情付出，不仅赢得她资助的学生们及其家庭的爱戴，也受到察布查尔县和盐城人民群众的交口称赞。2013年1月，郑巧玲入选2012年度“盐城好人”榜。2月26日、8月26日，《新疆日报》和中国江苏网先后以《“编外”援疆干部入选“盐城好人”》《“爱心妈妈”再献爱心圆孩子大学梦》为题，报道她的事迹。2014年1月，在中央宣传部、中央文明办主办，中国文明网承办的“我推荐、我评议身边好人”活动中，郑巧玲当选为助人为乐类“中国好人”。

（本文选自《盐城市援疆志》，江苏人民出版社，2021年12月第1版）

盐城市援助察布查尔县部分项目情况表

单位：万元

序号	项目名称	援助时间	援助资金
1	县妇幼保健院配套工程	2010～2012	690.5
2	爱新色里镇标准化养殖小区	2011	493.6
3	定居兴牧工程	2011～2012	1599
4	县高级中学（第三中学新校区）	2011～2012	3718
5	安居富民工程	2011～2018	18495.5
6	村（社区）公共服务设施	2011～2018	1001.7
7	党政干部、专业技术人才及职业技能等培训项目	2011～2019	2898.39
8	规划编制项目	2012～2017	590
9	盐城大道	2013	900
10	察布查尔镇蒙霍尔村基础设施配套工程	2014	509.79
11	县计划生育服务站及人口和家庭健康服务中心	2014	366.24
12	孙扎齐牛录镇朗喀村塘坝库底防渗及渠道改扩建工程	2014～2015	243.62
13	海努克乡切吉村整村推进配套工程	2014～2015	803.36
14	城南新区幼儿园及乡村幼儿园	2014～2015	1436.05
15	乡村卫生室	2014～2015	285.74
16	县残疾人康复教育综合服务中心	2014～2015	249.58
17	中小微企业园	2014～2016	8719.53
18	产业招商推介项目	2014～2019	1161.64
19	加尕斯台乡农民就业实训基地生产车间扩建工程	2015	80
20	阔洪奇乡卫生院	2015～2016	283.37

续表

序号	项目名称	援助时间	援助资金
21	县疾控中心业务楼及配套工程	2016	580
22	察布查尔镇便民服务中心	2016	563.21
23	乡村远程教育站点标准化项目	2016	110
24	县乡就业服务平台及配套项目	2016	600
25	区外高校就读贫困生补贴项目	2016～2019	603
26	交往交流交融项目	2016～2019	584.88
27	海努克乡脱贫攻坚民生坊厂房	2017	148.7
28	高清视频会议系统	2017	250
29	乡镇场手持终端采集设备	2017	205
30	第一中学运动场	2017～2018	800
31	锡伯古城、白石峰景区生态厕所	2017～2018	90
32	县农副产品物流配送中心	2017～2018	115
33	阔洪奇乡就业创业孵化基地	2017～2018	300
34	县检查站设备	2017～2019	540
35	县人民医院医疗业务用房及配套工程	2017～2020	6000
36	海努克乡海努克村路灯	2018	60
37	村便民服务中心、村民活动中心及其配套设施设备	2018	600
38	盐城实验学校附属设施	2018～2019	2000
39	纳米智能互动黑板	2018～2019	67.32
40	海努克乡海努克村文化大院	2018～2019	250
41	县中心敬老院配套工程	2018～2019	520
42	残疾人托养中心	2018～2019	120
43	支教教师保障项目	2018～2019	372.9
44	加尕斯台镇农村文化广场	2019	200
45	新城区实训基地	2019	780.44
46	盐察职教班实训场地	2019	217.15
47	扎库齐牛录镇旅游接待中心及爱国主义教育基地	2019	160
48	标准化考场	2019～2020	550

说明：表中所列项目为单次投入或累计投入援助资金50万元以上项目。

【链接】从黄海之滨到天山脚下——盐城对口支援察布查尔锡伯自治县十周年回眸

在盐城对口支援新疆维吾尔自治区察布查尔锡伯自治县十周年之际，盐城援疆工作组荣获党中央、国务院联合表彰“全国脱贫攻坚先进集体”。十年来，盐城持续助力察布查尔县脱贫攻坚，从黄海之滨到天山脚下，勾勒出民族团结一家亲、共谋社会新发展的生动画卷。

项目惠民，7000户农牧民住上新房

“这是全国最美的锡伯族村庄。”纳旦芒坎新村，察布查尔锡伯自治县爱新色里镇一个普通的村庄，却有着“华夏锡伯第一村”的美誉。这里95%的居民为锡伯族，镶嵌着锡伯族纹饰的房屋错落有致。

曾经，这里是一片草滩，村民住的是土砖瓦房。2011年3月，刚入驻察布查尔县的盐城援疆工作组率先启动“爱新色里镇富民安居房示范点项目”，投入援疆资金近2000万元。半年时间，独具锡伯风情的村落建成，文化广场、卫生所等配套设施一应俱全。住上新房的村民，日子也越过越红火。十年间，“华夏锡伯第一村”吸引着八方游客，许多村民享受到旅游产业带来的红利。

为了让贫困群众住上好房，2011年以来，盐城对口援疆先后投入两亿余元用于富民安居房建设，累计7000余户农牧民喜迁新居。在资金和项目安排上，工作组重点向带动能力强的扶贫项目和惠及贫困群众的民生项目倾斜，累计投入资金7.2亿元，实施158个重点项目，其中民生项目占90%以上。

产业引领，牧民下山养蟹

哈萨克牧民不放牧，却下山当起“养蟹户”。这一历史性的改变，正在察布查尔真实演绎，而这背后，是盐城援疆工作组的支持和推动。

察布查尔境内坎乡水资源丰富，发展水产养殖前景广阔。2017年，在工作组的帮扶下，伊犁悦然生态公司获得25万元产业引导资金，开始在坎乡尝试大面积养殖大闸蟹。工作组请来江苏水产专家进行技术指导，并从射阳引进螃蟹幼

“华夏锡伯第一村”——察布查尔县爱新色里镇纳旦芒坎村（2012年摄）

体进行培育。2018年，蟹种规模化培育成功，实现本地自产自供。2020年，40多吨成蟹远销十多个省，供不应求。

大闸蟹“安家”伊犁河谷，拓宽农牧民致富之路。哈萨克族青年叶尔波力是养蟹能手，不仅自己摘掉贫困帽，还能带领更多牧民养蟹致富。悦然生态公司帮助300多名农牧民就业，160户建档立卡贫困户脱贫。

抓产业扶贫，促创业就业。随着盐城援建的察布查尔县双创产业园落成，一批企业相继签约落户。在园区工作的锡伯族姑娘赵兰说，这些企业带来就业岗位，更带来新生活的希望。受惠于工作组开展的职业培训，8000余人由此成为产业工人。

消费扶贫，助力农牧产品“走出深闺”

广阔的草原牧场，让察布查尔成为天然的优质农牧产品产地，但由于地处偏远，农牧产品叫好不叫座。

2020年，工作组牵头制定《消费扶贫协作推进工作方案》，打通察布查尔县特色农副产品产销对接“最后一公里”，构建起“生产基地、扶贫大礼包、直营店、城市客厅、进商超、接龙头、上直播”的“七位一体”消费扶贫体系，同时开发出12种“盐察一家亲”消费扶贫大礼包。

去年8月，察布查尔特色农副产品进驻“盐阜银宝微商城”，并在“我的盐城”App上开设销售窗口。同年10月，线下销售实体店在滨海县消费扶贫超市开张营业。成立销售公司、设立直营店、打造“云仓”基地……一系列消费扶贫举措助力更多农副产品“走出深闺”。

“十三五”期间，盐城援疆工作组帮助察布查尔县累计销售各类农副产品3000余万元，2020年助力察布查尔县消费扶贫成效位列自治区第一。

“社会援疆”，立体帮扶惠及更多百姓

补齐受援地民生短板，2012年，盐城援疆工作组首创“小援疆”模式，推动社会力量参与援疆，把民生实惠带给当地百姓，形成了全方位、立体式交流交融体系。

2020年，盐城专门下发《关于进一步加强我市重点镇（街道）、园区与察布查尔县乡（镇、场）、园区结对合作工作的通知》，实现两地乡镇、园区结对共建全覆盖。

自盐城对口支援察布查尔县以来，先后有300余个盐城后方单位和社团参与到“小援疆”中来，累计援助资金6000余万元，结对帮扶困难群众2000余户。

去年疫情期间，盐城援疆工作组多方协调防疫物资，发动社会各界力量捐款捐物。自2月初起，分5批共向伊犁州和察布查尔县捐赠口罩、防护服和药品等累计近百万元，有效缓解了当地疫情防控的压力。

一项项事关百姓福祉的援疆工程投入使用，一个个民族团结的暖心故事口口相传……2021年，盐城援疆工作组将继续围绕“科学援疆、真情援疆、持续援疆”的总要求，进一步实施“十团挂十镇、百企援百村、千人帮千户”的“十百千”社会援疆结对共建工程，努力拓展两地交往交流交融的广度和深度，惠及更多察布查尔县百姓。

（原文刊载于2021年5月16日《新华日报》，本文有删节）

附：

盐城市对口支援尼勒克县

盐城市对口支援尼勒克县始于2005年，2010年调整为对口支援察布查尔县。2005～2010年，先后选派两批4名干部到尼勒克县开展对口支援工作，主要是争取资金援建民生项目、协调促进两地交流合作、组织实施多领域援助工作。投入援助资金740万元建设尼勒克县第一中学学生公寓楼、喀拉苏乡克什喀拉苏村党支部活动中心、科克浩特浩尔蒙古族乡托普村党支部活动中心、尼勒克镇第三社区居委会社区活动中心、职业技术学校教学楼和宿舍楼、妇幼保健院综合楼等。为木斯乡乌图九年制学校争取到香港邵逸夫教育基金，为尼勒克县人民医院争取到电子病历建设、救助贫困母亲、图书馆标准化建设等6个项目资金约430万元。2007年，盐城市委、市政府向尼勒克县捐赠资金120万元。组织尼勒克县65名党政干部到盐城市委党校集中培训，54名干部到盐城市挂职锻炼。选派盐城市2批35名骨干教师、学科带头人到尼勒克县讲学送教，4批27名医疗专家到尼勒克县义诊送医，并接收尼勒克县58名教师和医生到盐城市重点学校、医院见习进修。经共青团中央、全国少工委牵线，促成东部沿海10所知名学校与尼勒克县中小学结成“手拉手”学校结对帮扶。其间，盐城市市级党政代表团到尼勒克县考察访问7次，尼勒克县党政代表团到盐城市考察回访5次。盐城市及其所属县（市、区）20余个部门、单位、乡镇、村（社区），与尼勒克县对口部门、单位、乡镇、村（社区）结对帮扶，两地100余批团队1300余人次进行交流互访。

2005年10月21日，盐城市党政代表团在尼勒克县考察访问

2007年8月30日，盐城市党政代表团赴尼勒克县考察访问

盐城市援疆干部为尼勒克县困难农牧民送去急需的越冬生活物资（2006年摄）

2007年8月30日，盐城市党政代表团向尼勒克县捐赠资金仪式

附：

第十批援疆工作综述

盐城市第
批援疆工
纪实

第十批盐城市共选派31名干部人才对口支援察布查尔县，其中党政干部6人、教师2批10人、医生2批10人、其他专业技术人才5人。选派2批47名“援藏援疆万名教师支教计划”教师到察布查尔县等地支教。柔性引才87人。3年投入援助资金2.95亿元，其中争取计划外援助资金2250万元、“小援疆”资金2470万元，共实施项目65个，其中保障和改善民生类12个、产业援助促进就业类19个、智力援助类15个、文化教育类13个、交往交流交融类6个。

因工作成绩突出，盐城市援疆工作组被中共中央、国务院表彰为“全国脱贫攻坚先进集体”，援疆教师路璐被中共中央、国务院表彰为“全国脱贫攻坚先进个人”，江苏是唯一既有集体又有个人荣获全国脱贫攻坚“双先进”的省份。盐城市援疆工作组被伊犁州党委、政府授予“自治州民族团结进步模范集体”称号。高明荣被省委、省政府表彰为“全省脱贫攻坚暨对口帮扶支援合作先进个人”，被自治区“民族团结一家亲”活动领导小组评为2020年度先进个人；赵建华被自治区“民族团结一家亲”活动领导小组评为2021年度先进个人。

坚持规划引领、民生优先，90%以上项目资金向教育、医疗、基础设施、乡村振兴等民生领域倾斜。重点实施“一院一路一站一馆五中心”等项目（即县人民医院新院区搬迁，

2021年2月25日，盐城市援疆工作组被评为“全国脱贫攻坚先进集体”。图为盐城市第十批援疆干部人才合影（2022年摄）

乡村旅游道路，乡村客运站，县公共图书馆，乡村旅游集散中心、农副产品交易中心、便民服务中心、党群服务中心、新时代文明实践中心），是近年来援疆项目编排、实施综合效果最好的一轮。投入援助资金8000余万元建设的察布查尔县人民医院新院区投入使用；投入援助资金近2700万元建设的图伯特大街，成为察布查尔县最美乡村旅游大道；投入1000余万元用于改善乡村人居环境，帮助群众就近就业创业。支持察布查尔镇乌宗布拉克村以“一中心两街区”为核心，建成集创业孵化、就业培训、农副产品销售为一体的综合服务平台，新增创业摊位75个，为200余人提供就业岗位。实施孙扎齐牛录镇雀儿盘村人居环境改善和锡伯古城周边环境提升工程，新修近20条村庄内部道路及村民活动广场。

坚持把产业援疆作为工作的重中之重，多元化推动招商引资，多举措拓展产业合作，多途径促进创业就业。先后牵头引进项目6个，其中亿元以上项目3个，协议投资总额100亿元。帮助招引的河北铜产业链集群项目一期4万平方米厂房封顶，重庆方程国际赛车城项目开工建设，新疆国投天正物产能源察布查尔煤炭仓储销售一体项目实现销售

察布查尔县人民医院新院区（2021年摄）

察布查尔县最美乡村旅游道路——图伯特大街（2022年摄）

察布查尔县乡村客运站（在建）（2022年摄）

察布查尔县公共图书馆（2022年摄）

近万吨。招引的盐城客商投资超亿元饲料加工项目，实现2022年当年签约、当年开工、当年投产、当年“升规”，年实现产值近亿元。启动江苏银宝集团与察布查尔县农丰集团高标准农田共建运营项目，实现两地国有企业产业合作新突破。着力推动受援地产业转型升级，促成察布查尔县农丰集团与滨海县农产品销售龙头企业合作成立苏伊源公司，在盐城打造察布查尔县农产品“云仓”基地。依托伊南工业园区中小微企业创业园8万平方米标准化厂房作为孵化基地，打造江苏援疆（盐城）产业园。投入援助资金支持县乡就业创业基地和服务平台建设，加大技能培训和就业岗位开发力度，帮助实现自治区内就业3100余人、其他省区市就业215人。

推动各层次干部人才交流，引进各类专业技术人才，开展智力帮扶和帮带培养，缓解受援地人才紧缺状况。实施“素能提升计划”。投入2000余万元开展干部人才培训，打造“短精特”培训项目，培训87个班次2万余人次。在党史学习教育中，利用援疆项目“小白杨”戍边文化纪念馆开展现场体验式教学，接待观众160场次1.8万余人次。

上　察布查尔县乡村旅游集散中心效果图

中右　察布查尔县民生110便民服务中心（2020年摄）

中左　察布查尔县农产品交易中心（2022年摄）

下右　察布查尔县新时代文明实践中心（2022年摄）

下左　察布查尔县察布查尔镇社区党群服务中心（2020年摄）

察布查尔县孙扎齐牛录镇小广场夜景（2022年摄）

选派13名年轻干部赴盐城挂职锻炼，跟班学习。开展电商经济“乡村行”培训，为全县基层党员干部授课，培训近3000人次。实施人才集聚计划。创新柔性引才机制和方式，重点围绕经济发展、乡村振兴、文化旅游、职业教育等领域，通过岗位聘用、短期兼职、顾问指导等方式，引进122名各类专业技术人才。协调投入近300万元，引进深圳平安集团6名技术人员，帮助开发“我的察布查尔”App，打造集政务服务、公共服务和生活服务于一体的综合服务平台。实施组团援助计划。援疆教师、医生与120余名当地教师、医生结成对子，开展名师工作室、“青蓝工程”、送医送教下乡等活动，发挥“传帮带”作用。重点帮助打造察布查尔县人民医院卒中中心、慢性病管理中心及盐城实验学校3个“盐城班”。卒中中心于2022年7月通过中国卒中联盟资质验收并授牌，是自治区4家之一，伊犁州唯一一家。慢性病管理中心被列入伊犁州试点项目，在3个乡镇开展试点。2022年暑期，盐城市19所重点学校108名校长和骨干教师到察布查尔县开展结对共建和送教活动。大力实施“科技援疆”，在帮助引进螃蟹养殖基础上，继续支持引进小龙虾、西杂鲟等新品种养殖，稻蟹、稻虾养殖规模扩大到167公顷。积极争取扬州大学产学研合作基地建设，在察布查尔县推广水稻及冬麦北斗导航九道工序复式播种技术，试播面积200余公顷，每公顷节本增效4500元以上。

深化“小援疆”模式，拓展结对共建领域，实现乡（镇、场、园区）、村（社区）、学校、医院、重点景区、援疆干部人才结对“六个全覆盖”。探索社团援疆“十百千”新模式，实施“十团挂十镇、百企联百村、千人帮千户”结对共建工程，有13个盐城商会、协会和39家企业走进察布查尔县，围绕产业振兴、消费帮扶、促进就业、兴办实事、走访慰问开展交流合作，累计投入资金近500万元，重点支持村（社区）基层阵地建设，帮助新建LED大屏，打造

2020年7月1日，察布查尔县招商引资说明会在盐城举办

2021年4月21日，『中国箭乡·锡伯家园』2021察布查尔县文化旅游推介会在盐城举办

察布查尔县铜产业链项目工地（2022年摄）

江苏援疆（盐城）产业园（2022年摄）

察布查尔县稻蟹养殖（2022年摄）

盐城市援疆工作组助力察布查尔县乌宗布拉克村打造的特色民俗街区（2022年摄）

民族团结“远教示范广场”，走访慰问困难群众近千户。开展百名援疆干部人才结对百名民族生“双百结对”活动，援疆干部人才及后方单位在察布查尔县组织开展30余次“民族团结一家亲”活动。开展消费帮扶，构建“生产基地、扶贫大礼包、直营店、城市客厅、进商超、接龙头、上直播”的“七位一体”消费帮扶体系，帮助在盐城市销售察布查尔县农副产品近4000万元。开发20余款消费帮扶大礼包，在盐城打造消费“线下三窗口”（消费帮扶专馆、产品旗舰店、滨海锡御丰直营店），构建消费“线上三张网”（“我的盐城”App、盐阜银宝商城、世纪新城锡御农丰），鼓励党政机关单位购买察布查尔县优质农副产品。

3年间，两地党政主要领导带队开展互访活动6次，市直部门、县镇等后方单位有160余批次1000余人次到察布查尔县考察交流，累计投入“小援疆”资金近2500万元。在盐城召开“中国箭乡·锡伯家园”文旅推介会，达成景区合作共建、定期互访演出、剧目联合创作、演艺人才互派等多项合作协议。组织“锡伯风情走进盐城，铁军文化走进察县”系列文化交流活动，锡伯民族歌舞团在盐城巡回演出50余场次，创作反映盐城援察十周年成果原创文艺节目5个。协调投入260万元，实施“锡伯非遗文化数字化传承保护”项目，在抖音、

2021年9月24日，盐城市援疆医生参加第十批援疆医疗专家『巡边义诊办实事』活动

2020年12月，察布查尔县餐饮行业、创业大学生、返乡创业农民工到盐城开展集中培训

2022年7月，盐城市19所学校108名校长和骨干教师到察布查尔县开展结对共建和集中送教活动

盐城市援疆教师在察布查尔县高级中学上课（2021年摄）

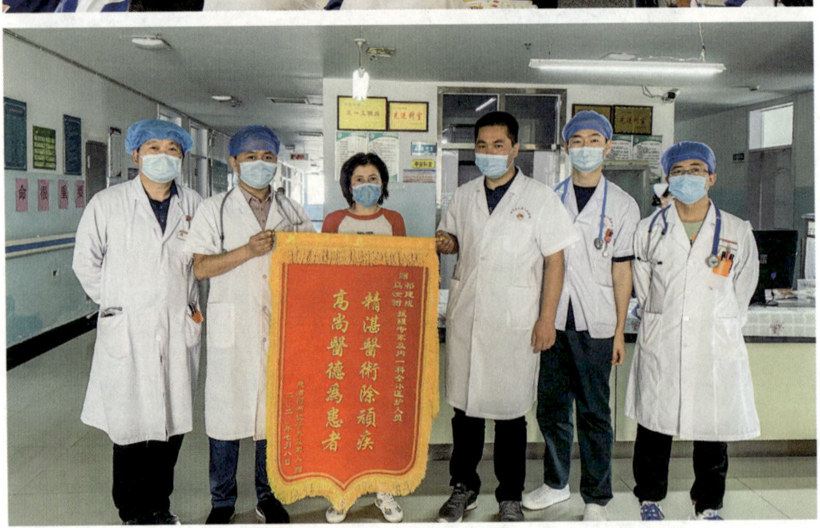

2020年7月，盐城市援疆医生在察布查尔县人民医院获赠锦旗

2020年中秋节前，盐城市援疆工作组慰问察布查尔县困难群众

2021年5月1～4日，新疆伊犁锡伯民族歌舞团走进盐城大洋湾演出

2021年6月25日，盐城市援疆工作组到察布查尔县盐城实验学校开展『百名援疆干部人才结对百名民族生』活动

盐城市援疆干部与察布查尔县农牧民共同制作品尝鲜美的螃蟹抓饭（2020年摄）

2021年6月27日，盐城市援疆工作组举行“十百千”结对共建活动启动暨盐城市石油机械行业协会捐赠仪式

2021年7月，盐城市援疆工作组开展“千人帮千户”结对共建活动，走访慰问困难群众

快手等新媒体平台发布视频作品57条，曝光量破1000万次，点赞量破60万次，粉丝数破4.5万；组织开展盐察两地青少年“万里鸿雁传真情”手拉手书信交友活动，2400余名青少年互寄书信2次以上；通过视频连线宣讲“铁军”红色文化20余场次，察布查尔县5000余名学生聆听宣讲；推进“非遗项目进校园，传统文化共传承”活动，组织16名非物质文化遗产传承人走进校园开展锡伯族刺绣、射箭、贝伦舞、满文书法等课外辅导活动。

盐城市援助察布查尔县部分项目情况表

单位：万元

序号	项目名称	援助时间	援助资金
1	教育标准化均衡化达标工程	2020	694.07
2	标准化考场	2020	150
3	县人民医院新院区医疗业务用房及配套设施	2020	8220.96
4	融媒体中心提升改造工程	2020	163.71
5	县乡就业服务平台及配套项目	2020	1000
6	乡村创业基地平台	2020	670
7	创业服务平台	2020	808
8	社区便民服务中心	2020	760
9	孙扎齐牛录镇人居环境改善工程	2020	649
10	农村健康卫生生活方式培养项目	2020	192
11	综治中心	2020	1300
12	产业发展招商推介项目	2020～2022	656.94
13	支教教师保障项目	2020～2022	831.81
14	区外高校就读贫困生补贴项目	2020～2022	387.6
15	规划编制及其他软件建设项目	2020～2022	132
16	交往交流交融项目	2020～2022	115.67
17	党政干部、专业技术人才及职业技能等培训项目	2020～2022	2577.83
18	市场支援项目	2020～2022	90
19	县公共图书馆	2021	1467.21
20	乡镇卫生院提升改造工程	2021	147.54
21	绰霍尔镇乡村旅游集散中心	2021	1140.3
22	乡村客运站	2021	1400
23	航线补贴项目	2021～2022	710
24	乡村旅游道路——图伯特大街	2021～2022	2620.68
25	高标准设施农业基地	2021～2022	77.29
26	教育设施建设项目	2021～2022	648.95
27	党群服务中心、新时代文明实践中心	2022	600
28	乡村农副产品交易中心	2022	2500

说明：表中所列项目为单次投入或累计投入援助资金50万元以上项目。

那拉提秋色（王天明/摄）

第十一节 扬州市对口支援新源县

新源县地处天山北麓、伊犁河谷东端、巩乃斯河河谷地带，距伊宁市192千米。1946年建县，县名取意“新开拓之原野”。2019年，全县面积7581平方千米，人口36.47万人，其中哈萨克族人口15.01万人，约占全国哈萨克族总人口十分之一。境内有世界四大高山草原之一的那拉提草原及6667公顷野果林、2000公顷野杏林、1.33万公顷芦苇等资源，素有“塞外江南”“草原明珠”的美誉。

根据新一轮对口援疆工作部署，扬州市对口支援地区由察布查尔县调整为新源县。2010年9月，扬州市成立对口支援新源县领导小组，并设立前方指挥组。2010年12月至2019年12月，先后选派4批113名援疆干部人才，共实施项目159个，累计投入援助资金11.73亿元。

扬州市先后编制各阶段援建项目规划，从人员选派、项目建设、产业援助、人才培训、结对共建、社会捐助等各方面进行全力支援。着力帮助各族群众解决教育、医疗等基本民生问题，建成规模和功能配套在伊犁州位居前列的扬新中学、新源县第二中学新校区、县职业技术学校和县中医医院、县人民医院，高标准建成安居富民示范点项目及安居富民房、牧民定居房、西部饮水解困工程，各族群众生活环境和质量实现跨越式提高。其中，西部饮水解困工程不仅解决群众生活用水，还带动当地群众发展庭院经济，增加致富渠道。把那拉提镇阿尔善村打造成为“哈萨克第一村”，建设湿地旅游开发基础设施，推进新源县工业园区建设，引进一批投资亿元以上大项目，推动产业经济做大做强。派出专业技术人才从事教育、医疗、文化、旅游等传帮带工作，用扬州先进理念和工作方法，帮助新源培养本地人才，为新源经济社会发展作出贡献。

一、民生援建

扬州市为新源县建起一批民生基础工程，造福当地百姓。2011～2019年，共投入援助资金10.46亿元，实施民生项目120个。其中，援建教育设施项目40余个，投入援助资金近5亿元，占援助资金总额40%以上。

2011～2013年，投入援助资金10607万元，建成安居富民示范点4个及安居富民房5707户、牧民定居房1220户，2万余名农牧民受益。2012年“6·30”地震发生后，提前实施2013年3457户安居富民房建设任务，因地震造成房屋倒塌、危损的农牧民均于当年入冬前入住新建成的抗震安居房。投入援助资金13146.36万元，实施新源县第二中学、第四中学合校异址新建工程及县中医医院整体搬迁工程，建设规模、功能配套在伊犁州均位居前列。投入援助资金1250万元，新建13个村和2个社区办公场所，扩建1个社区办公场所，不断优化村级服务中心功能，提升村级组织服务功能。投入援助资金800万元，建设阿热勒托别镇孕马基地定居兴牧示范点暨产业发展项目、肖尔布拉克镇洪土拜村克孜勒金格勒牧民定居点定居兴牧项目。

2014～2016年，实施安居富民工程、县创业就业培训服务中心、文化艺术中心（青少年文化活动中心）及幼儿园示范项目、西部饮水解困工程、县第一中学运动场等重点项目。2016年起，对新源县无经济能力的低保户、贫困户住房建设加大补助力度，援助资金补助标准由每户1万元提高至2万元。投入援助资金2800万元，建设文化艺术中心（青少年文化活动中心），为新源县哈萨克族非物质文化遗产展览馆、新源县文化馆、新源县歌舞团驻地，是哈萨克民族文化艺术科普展示、传承教育基地，也是新源县文化教育标志性工程。县心连心艺术幼儿园能满足450名幼儿入园需求，有效缓解老城区幼儿入园难问题。西部饮水解困工程不仅解决5.2万名群众生活用水，还带动当地群众发展庭院经济，增加致富渠道。市财政单独列支1024万元，完善提升新源县寄宿制学校办学条件，项目覆盖27所新源县直学校、乡镇中心校、村学校，师生“食宿难”“洗澡难”“喝水难”问题得到解决。投入援助资金8000万元，建设县职业技术学校（含创业就业培训服务中心），集职业技术教育与创业就业培训于一体，填补新源县职业教育空白，也为当地经济发展增添后劲。

2017～2019年，重点改善教育、医疗卫生设施条件，并结合受援地推进乡村振兴战略，解决一批水、电、桥、路、气、房等与群众密切相关的民生问题。投入援助资金4455万元，建设安居富民房3438户。投入援助资金3101.21万元，实施村（社区）服务中心建设项目14个。投入援助资金13399.45万元，新建县扬新中学，从提升学校硬件、软件入手，优化城乡优质教育资源配置，全县群众关心的入学难、择校难问题得以

新源县则克台镇牧民定居集中点（2012年摄）

新源县喀拉布拉镇克勒孜塔勒村安居富民点（2013年摄）

『哈萨克第一村』——新源县那拉提镇阿尔善村（2017年摄）

新源县则克台镇阔克英村幼儿园（2016年摄）

新源县第二中学（2018年摄）

新源县扬新中学（2020年摄）

新源县中医医院（2012年摄）

新源县人民医院门诊楼（2019年摄）

新源县肖尔布拉克镇克孜勒金格勒村服务中心（2012年摄）

新源县新源镇幸福路社区服务中心（2012年摄）

新源县喀拉布拉镇喀拉布拉村服务中心（2020年摄）

新源县塔勒德镇喀拉托别村服务中心（2020年摄）

解决。投入援助资金6143.74万元，实施县人民医院异址新建、哈萨克医医院附属配套设施项目，有效改善当地医疗技术水平和就医环境，不仅方便新源群众看病，同时辐射周边多个县。在肖尔布拉克镇洪土拜村、塔斯库买村分别实施人居环境建设项目和“美丽乡村”建设项目，极大改善农村基本面貌，提升农民群众生活品质。实施新源镇饮用水源地保护治理工程，完成自来水厂升级改造，提高供水保障能力，解决饮水安全问题，切实保障人民群众身体健康。

新源县青少年文化活动中心（2015年摄）

新源县塔勒德镇塔亚苏大桥（加尔吾特克勒村桥）（2019年摄）

二、产业援建

扬州市全面加强对新源县产业援建与合作，增强受援地“造血”功能。2011～2019年，援建产业项目19个。牵头制定政策性文件，推进新源县招商引资和新型工业化进程。组织招商活动170余场次，引进江苏及其他省市42家企业落户新源，总投资39.7亿元。

2011～2013年，投入援助资金1250万元，建设那拉提镇阿尔善村定居兴牧暨产业发展项目，打造新源旅游品牌——“哈萨克第一村”。重点围绕传统优势产业和新能源、生物制药两大新产业板块，资助和组织招商组到江苏及其他省市招商洽谈、跟踪项目。援疆干部直接引进的6个项目建成投产，总投资1.91亿元。以新疆那拉提新能源有限公司为代表的一批高科技项目成为扬州产业援疆亮点。

2014～2016年，投入援助资金4343万元，分两期建设工业园区道路，总长10千米。投入援助资金5802.67万元，建设那拉提湿地旅游开发基础设施、肖尔布拉克酒文化旅游小镇、新源镇采摘园、坎苏乡特色种植园及牧家乐示范项目等旅游富民项目。创新招商方式，成立新源县驻扬州市招商分局，将纺织服装加工、农副产品食品加工、文化旅游、电子商务、现代服务业、建材建筑业、钢铁、白酒等行业作为产业援疆重点，在江苏及其他省市组织或参加产业推介会近30场次。援疆干部直接引进产业项目10个，总投资7.8亿元，解决就业岗位3000余个。为伊犁州其他县市引进产业项目4个，总投资8.2亿元。

2017～2019年，投入援助资金1500万元，在新源工业园区A区开工建设新源扬州科创园标准化厂房及附属设施。投资500万元，建设新源县电子商务产业园、农特

2011年4月25日，扬州—新源产业合作暨投资项目推介会在扬州举办

新源县新源镇林果采摘园（2016年摄）

那拉提国家湿地公园（2018年摄）

新疆晶科能源有限公司厂区（2019年摄）

2006年4月18日，伊犁州歌舞团在中国·扬州“烟花三月”国际经贸旅游节上进行表演

2018年7月8日，首家新疆那拉提旅游体验馆落户扬州

产品线下体验馆。投资420万元，在那拉提景区建设3座星级生态厕所等旅游基础设施。组织人员到江苏及其他省市招商60余次，引进产业项目26个，总投资近30亿元，提供就业岗位4000余个。引导扬州企业在新源县4个乡镇建成5家劳动密集型“卫星工厂”，帮助800余名农牧民在家门口实现就业。引进一批投资亿元以上大项目，对新源县完善产业链、扩大就业面发挥重要作用。其中，新疆晶科能源有限公司投资10亿元建设太阳能级单晶硅棒生产项目，成为全国第三大单晶硅棒拉制基地。支持新源县完善全域旅游规划，连续3年在华东5省100个城市举办新源旅游巡回推介活动，打响“草原明珠、魅力新源”旅游品牌。

【链接】工厂进农村 农民变工人——扬州产业援疆结硕果

近年来，扬州援建新源县推出的各项产业援疆措施使全县农牧民群众受益颇丰，为全县积极搭建就业平台，帮助农牧民走进工厂实现就业和持续增收发挥重要作用。

7月8日，新源县塔勒德镇新源灏瑞纺织制品有限公司塔勒德镇前进手套厂里一派繁忙的景象，几十名妇女穿着统一的红色工作服，正在熟练地操作着刺绣机制作手套。

塔勒德村村民古丽加赞·努尔阿德力在卫星工厂打工已有两个月的时间，之前在家靠刺绣挣钱的她，一个月收入仅有1000元。今年她所在的村里开了一家卫星工厂，凭借着一手刺绣好手艺，古丽加赞如愿在工厂里上班，通过两个月的努力当上了车间主任，工资也提高了。她所在的纺织制品有限公司塔勒德镇前进手套厂是扬州援疆工作组招商引资的项目。该公司对工人进行培训后，按订单生产。公司的管理人员称，目前，厂里有73名工人，大多是本村及周边村的家庭妇女。

"在这培训已经两个月了，以前是个普通的缝纫工，掌握技术后当上了小组长，工资也由1200元涨到3200元，一年就有三四万元收入，在家门口就业，不仅可以照顾孩子还可以挣钱，我很高兴。"古丽加赞笑着说。

另一个援疆项目点新源镇恰普河阿吾孜村是当地有名的林果村，主要种植樱桃、桃子、葡萄、榛子等，如今全村摘掉了贫困的帽子。该村毗邻县城，且临省道。全村一半以上的耕地种植林果，2018年人均纯收入超过18000元。这得益于扬州援疆工作组出资1000万元改造升级恰普河采摘园，同时又在路边建设农产品交易市场，并兴办夜市，游客、县城的群众来此选购、休闲，解决了种植户销售难的问题。

村民王建元家中有20亩地，种植了桃子、樱桃、苹果、核桃，自从在扬州援建的水果交易市场销售水果以来，他每天不用在路边风吹日晒，且销量可观。王建元说："我以前在路边卖水果，车多不说，风吹日晒有很多不方便，自从江苏援疆建成了这个水果交易市场后，大家统一在这里卖水果，消除了安全隐患也增加了收入，游客也越来越多。"

新源县委常委、副县长、扬州援疆工作组副组长陆志林说："我们通过在乡镇兴办卫星工厂，助力家庭妇女就近就地就业，已在新源县城设立3个工厂，在4个乡镇设立5个工厂，为600多名乡村妇女在家门口找到了工作。同时我们在农村开办采摘园，调整农村的种植结构，调整产业结构来增加农牧民的收入，增加村集体收入，通过多种举措大力助推乡村振兴战略。"

据了解，扬州援疆围绕"两不愁三保障"，出资4455万元协助当地政府建设了2955套富民安居房，并为山区牧民集中建设了定居小区，解决了一部分牧民看病难、上学难的问题。近三年，扬州医疗援疆和教育援疆深度惠及当地民众。

（2019年7月10日《伊犁日报》）

三、智力援助

扬州市秉持“人才项目与工程项目、援疆人才与援疆干部、人才价值与援疆资金”同等重要的理念，注重以人才援疆撬动产业援疆、带动民生援疆。2010年12月至2019年12月，先后选派4批43名党政干部到新源县任职，累计培训新源县党政干部、专业人才、普通从业人员3.85万人次。

2011～2013年，开展干部人才培养交流项目24个，培训人员1.5万人次，其中到扬州培训520余人次，这在新源历史上是首次成规模赴江苏等地培训。组织300余名县乡村三级干部赴扬州轮训。援疆教师引进江苏教学理念，开展教学改革，提升高三年级教学、管理水平，使新源县高考成绩连创历史新高。援疆农牧水利专家协助编制规划，就地培训农牧民近3000人次。援疆医生接诊2.1万余人次、会诊350余例，牵头成立新源县人民医院眼耳鼻喉科、新生儿科等科室，引进新技术、新项目61项，填补州、

扬州市援疆教师在新源县第二中学授课（2016年摄）

扬州市幼教教师到新源县开展教学展示活动（2017年摄）

新源县教师到扬州跟岗培训（2018年摄）

扬州市援疆医生开展『杏林春风』义诊行动（2012年摄）

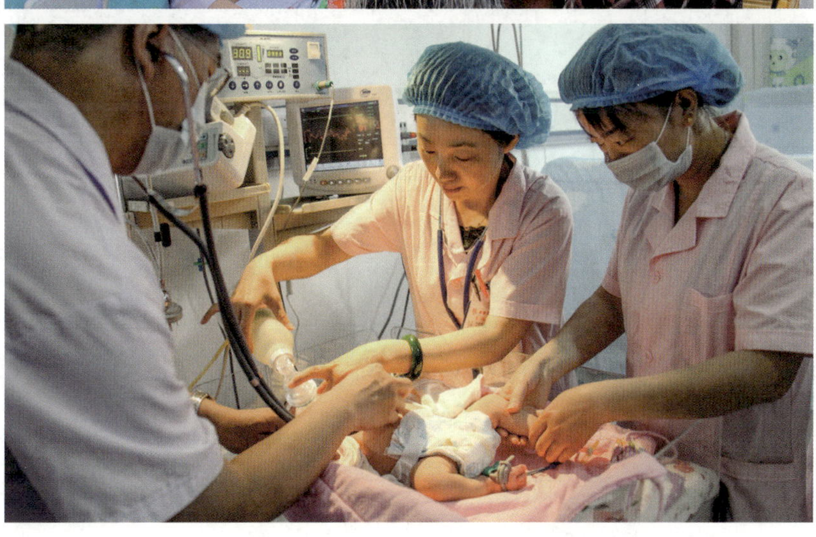

扬州市援疆医生在新源县人民医院参加急诊救护（2012年摄）

县医疗技术空白。组织343名新疆籍普通高校毕业生到扬州等地培训，数量在伊犁河谷8个县中最多。组织开展“连心牵手”“名家引智”“暖心希望”“青蓝帮带”“绿色生态”“杏林春风”六大行动，全方位开展智力援疆。

2014～2016年，实施人才项目61个，培训1.6万余人次，项目数量和培训人次位居全省援疆市县前列。搭建“新源名校名院提升计划”“扬州名师名医讲坛”等平台，“组团式”帮助县第二中学、职业技术学校、人民医院、中医医院等建成名校名院。2016年，县第二中学高考本、专科上线率居伊犁州8县之首，高分及上线人数再创历年新高。县职业技术学校发展成为伊犁州以旅游服务与管理、电子商务、民族服饰刺绣为特色专业的一流职校。帮助县人民医院、中医医院、妇幼保健院建成妇产科、麻醉科、骨科、针灸推拿科、儿科等特色科室。县人民医院妇科微创手术比例由5%提高到50%，在伊犁州各县级医院中率先开展妇科恶性肿瘤和心脏介入手术治疗。

2017～2019年，实施人才集聚、素质提升、民生就业、医教惠民、强基固本“五大行动计划”，帮助新源县培训党政干部、创新创业人才、公共服务领域人才、基层党务工作者7000余人次。创新实施“领导干部名校提升工程”，组织县委、县政府、县人大、县政协四套班子领导和部门负责人45人分批参加扬州市委组织部在清华大学、北京大学等知名高校举办的专题研修班。推进“组团式”教育、医疗援疆。选派20名“小援疆”教师集中支援新源县第二中学、第五中学。组织扬州33所学校与新源50所学校网上结对，“扬州·新源两地学校网上教学应用实践共同体”项目被教育部列为重点课题。实施师资培养“青蓝工程”“骨干教师赴扬培训计划”，建设新源县教育名师工作室14个，举办“扬州名师大讲堂”39场，培训新源教职工3500余人次，组织73名新源骨干教师到扬州跟班学习。在新源县第二中学创设“三学课堂”（带着问题自己学、围绕问题合作学、定向问题演练学）教学模式，打造精品高效课堂。开展柔性引才公开招募工作，为新源县引进122名教育、医疗、科技、农牧、旅游、规划等领域紧缺人才。援疆医生帮助新源县人民医院建设肾脏科、妇科等专科，先后引进心脏支架植入、肾穿刺活检术等新技术、新项目11项。扬州医疗专家开展冠状动脉支架置入术，累计救治心血管危重患者300余人次，新源县心血管病治疗技术在伊犁州处于领先水平。3年间，援疆医疗团队在新源县接诊1.1万人次，抢救急难重症患者近700人次；举办讲座119期，培训医护人员2400余人次；“1+X”模式师带徒20人。苏北人民医院、扬州市第一人民医院、扬州市中医院、扬州市妇幼保健院分别将新源县人民医院、中医医院和妇幼保健院纳入医疗联合体，实现医疗资源互联互通。

【链接】扬州“组团式”医疗援疆造福新源

医、教、研、管各方面深度融合渗透，医疗水平整体提升，看病难的问题得到有效改善，各族群众受益更直接、更广泛、更持续，这是记者11月12日在新源县采访时看到的扬州医疗人才“组团式”援疆带来的变化。

今年5月17日，新源县一名患者突发急性心肌梗死，情况危急。扬州援疆医生、新源县人民医院副院长陈述带领医疗团队，迅速制定手术方案，为患者成功实施了新源第一例急性心肌梗死的急诊介入治疗手术，术后患者恢复良好。

类似的例子还有很多。援疆医生胡金菊帮助新源县妇幼保健院提高宫腹腔镜手术水平，成功引进单孔腹腔镜下全子宫切除术、子宫脱垂的腹腔镜下阴道骶骨固定术等多项妇产科新技术。援疆医生刘彦廷帮助新源县中医医院创建脑病科，并引进良性位置性眩晕的手法复位疗法。援疆医生李广在新源县人民医院成功实施首例咽旁手术（颈外径路咽旁肿瘤切除术）。“小援疆”医生俞飞在新源县妇幼保健院创建了不孕不育专科，援疆医生甄勇和陈蓓蕾帮助新源县人民医院引进了脑栓塞的拉栓治疗技术。

今年，扬州市选派了5名医疗专家来新源县开展一年半的援疆工作，并结合受援地需求，先后引进了31名医生到新源县进行点对点的精准医疗援疆，有效提高了相关医疗专科水平。扬州医疗援疆团队帮助引进了心脏支架植入、宫腹腔镜手术等新技术、新项目21项，为该县填补了多项医疗技术空白。

今年以来，扬州援疆医疗人才已组织医疗卫生专题讲座45场次，培训专业技术人员830人次，与受援地10余名医生结成帮带对子。6月和8月，扬州援疆前方指挥组先后组织新源医疗系统15名业务骨干，到扬州各大医院进行1个月至3个月的培训，通过跟班学习、实地观摩、亲手操作，提高业务能力。仅2017年，扬州市各医疗单位就向新源卫生医疗系统捐赠设备、资金累计60余万元。

据了解，苏北医院、扬州市中医院、妇幼保健院已分别把新源县人民医院、中医医院和妇幼保健院纳入医联体单位，共享扬州先进的医疗技术和服务。

“扬州市选派的医疗专家来了以后把情况吃透，并成为纽带，让受援医院与本院结成亲戚，在医、教、研、管各方面深度融合渗透，举全院之力帮助受援医院发展。”新源县卫计委负责人告诉记者，完善的医疗系统的建立需要专人来完成，尤其是相关领域的专业人才。在新源医疗专业人才相对缺乏的现实面前，医疗人才“组团式”援疆就为他们提供了最好的资源。

（2017年11月13日《伊犁日报》）

【链接】创造优异成绩为受援地添彩——记援疆干部、新源县第二中学副校长翟元国

翟元国是扬州市委组织部选派的第七批援疆科技人才领队。来疆后，他勇于担当，并充分发挥示范引领作用，将他的教学理念和教学手段、教学方法毫无保留地奉献给新源教育。

在教学工作中，他承担了高三第一线带班上课任务。其间，他与每位教师进行广泛交流，找学生谈心，了解第一手资料，在此基础上多层面提出创新措施。他提出并落实在3个年级开展培尖、培优和提升工作，带头实施高三学科教学有针对性的个别辅导，解决个性化问题，从多层面提升教学有效性和针对性，多次做系列专题讲座和研讨，促进教师对课堂教学的有效性、高效性

和艺术性进行思考和理解。他研究并制定统一的备课组备课流程，提出教师备课“三备”方法，即先备学生，再备教材，最后备作业，提供了一个切实可行的全面备课方案。

针对课堂教学参差不齐的现象，他归纳总结出课堂教学“六要素”，即课堂教学必须包含新课导入、新课教学、例题讲解、巩固消化、总结归纳、作业布置六个要素环节，为有效衡量和评价课堂教学提供依据，他提出了“653”课堂教学模式。

他还制定了《新源二中“有效课堂”评价细则》，采用以评促教的有效推进手段，带动广大教师共同进步。他创设“一课三评”的录像课点评课模式，以多层面点评促进教学水平的提升，并推出了示范录像课的创新举措。

翟元国虽然只在新源二中任教，但在他的心中始终不忘援疆教师的职责和使命。支教不仅是上好一堂课、教好一个班、带动一学校，更重要的是要辐射区县，带动一大片。他经常到新源八中和一中、四中等学校开展听课、座谈、师徒结对等活动，并抽空前往中心小学、第三小学、第六中学、阿勒玛勒乡中学、别斯托别乡中学和喀拉布拉镇中学等学校听课并作点评和指导。

作为学校项目建设的行家，翟元国还发挥专业技术特点，积极协助扬州援疆工作中的大型援建项目——新源二中、四中合校项目做好配套设备的规划、统筹、预算、招标、安装、调试等工作。项目涉及面广、综合性高、技术参数多，共有41个配套子项目，涵盖了教学课桌椅、食堂、住宿、多媒体教学等多个方面。为了这些配套设备，他放弃周末休息，今年春节更是提前来疆，冒严寒、顶风雪，进施工现场进行调研，预算、送审、修改、采购、招标等程序全程参与。他放弃暑假回家的机会，坚守在高温酷热的施工现场，按照高标准、严要求对全部10多个施工队伍现场进行督查、协调，确保项目高质量完成。

翟元国经常说：“尽管工作越来越多，越来越忙，但只要一想到自己的使命和职责，这一切都是值得的，我们要创造优异的援疆成绩，为扬州争光、为新源添彩！”

（2013年12月12日《伊犁日报》）

【链接】黄永生：医者仁心情洒巩乃斯草原

2013年12月，江苏省苏北人民医院妇产科的黄永生医生积极响应党中央号召，来到祖国西部边陲新源县人民医院参与援疆工作。在援疆的工作生活中，他热爱医疗卫生事业，重视医德、医风，对患者如亲人，不分病种、不分贵贱，一切为了患者着想。他热爱本职工作，有强烈的事业心、责任心；他谦虚谨慎，任劳任怨；他勇挑重担，尽职尽责；他服从安排，在业务上具有丰富的实践经验，参与了多项复杂疑难重大病例的诊疗工作。

2014年2月26日，黄永生初到新源县人民医院工作不久，就有一位患心功能衰竭的维吾尔族病人前来就诊，并专门要求援疆专家做手术。在各方面工作尚未完全适应的情况下，黄永生通过术前详尽仔细的检查，组织多科会诊，敲定手术方案，于28日完成了到新源县的第一例手术，切除肿瘤达4.5公斤，术后病人恢复良好。出院时病人竖起大拇指称赞道：“援疆医生亚克西！亚克西！”

去年7月25日晚上，忙碌了一天的黄永生正准备下班，这时值班医生汇报：下级医院转来一例大出血腹痛的孕妇，胎儿已经死亡。黄永生立即来到病房。当时，患者已出现严重的合并症，血压高、胎盘早剥、子宫破裂，且仍在持续不断

2014年11月7日，扬州市援疆医生、自治区优秀援疆干部人才黄永生（左一）在新源县人民医院开展微创手术

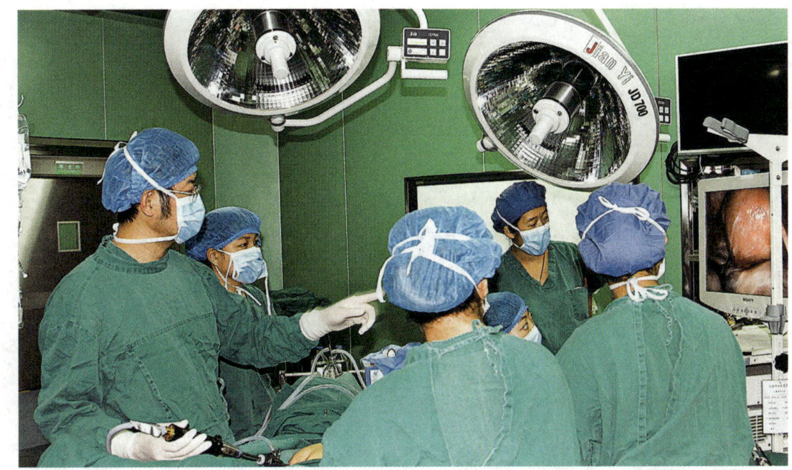

地出血，在使用了各种止血手段后，都没有明显效果，患者的血压在慢慢下降，生命危在旦夕。黄永生当机立断，患者的生命最重要，立即准备手术！虽然整个手术的过程异常艰难，但最终病人的出血止住了，生命保住了。当黄永生拖着疲惫的身躯回到宿舍时，已是凌晨3点半。

去年8月6日，医院急诊室接诊了一位宫外孕休克的患者，当黄永生赶到时，见患者躺在担架上，脸色苍白，意识已处于模糊状态。尽管已经吸氧，并开放了三路静脉加强输液，但血压仍然在下降。黄永生问："怎么还不把患者送到妇产科？"旁边的人回答："患者家庭困难，家属回去找钱去了！"黄永生说："立即把患者送到手术室。钱的事，我来担保！"多年的行医经验告诉他，这样的患者随时都可能心跳骤停，时间就是生命。当手术打开病人的腹腔时，鲜血涌出，出血已达2800毫升。钳夹、结扎、切除，在黄永生一整套娴熟的动作后，血止住了。终于，血压开始缓慢回升，患者得救了，黄永生的手术衣也已湿透。

在援疆工作的这些日子里，无论白天和黑夜，只要医院需要他，黄永生总是会及时地出现，他在医院与援疆楼宿舍之间来回奔走，经常是半夜三更，一个电话来了，他立刻就赶到医院在手术台前抢救。在新源县人民医院，他直接参与了数十例危急重症孕产妇的相关抢救工作，以其娴熟的技艺和高尚的医德赢得了同事的尊敬以及患者的好评。

黄永生到新源县人民医院工作以来，帮助该院相继开创了宫腔镜系列手术、宫腹腔镜联合手术、腹腔镜手术、各种阴式手术、肿瘤手术，填补了该院多项手术和医疗上的空白，也使产科对危急重症病例的抢救处理上了一个新台阶，提高了该院妇产科水平。除了常规医疗，黄永生还积极参加下乡巡回义诊活动，举办周末课堂、扬州名家讲坛等各种讲座，提升基层医院医师技能，提高农牧民的自我保健意识。

作为医院副院长，黄永生积极参与医院的管理和建设，帮助医院推出了骨干医生选拔条例和激励机制，制定了科研激励机制和发表论文奖励办法；参与了血液科的组建，积极为医院培养人才、留住人才想办法，为医院谋发展。同时，他与医院领导一起赴扬州参加新源与扬州的两地卫生机构交流交往工作，为新源县人民医院的后续发展打下了坚实的基础。

一年多的援疆生活，黄永生用实际行动诠释了援疆干部的无私奉献、勇于担当的精神和品格。"援疆干部亚克西！"患者的称赞就是对他的最好写照。

（2015年1月13日《伊犁日报》）

扬州市第七批援疆干部人才合影（2013年摄）

扬州市第八批援疆干部人才合影（2015年摄）

扬州市第九批援疆干部人才合影（2020年摄）

四、脱贫攻坚

扬州市把帮助新源县各族群众脱贫奔小康作为政治责任，助力打赢脱贫攻坚战。2011年，扬州市专门设立扶贫助学基金100万元，并筹集其他善款数百万元，用于资助新源县贫困学生、贫困户和受灾困难户。2017年，探索“互联网+精准扶贫”新模式，并结合当地畜牧业资源优势，在新源开展爱心羊羔领养活动，帮助5户贫困家庭增收3.7万元。利用瘦西湖景区内“哈萨克风情园”展示平台，帮助新源别斯托别乡喀拉苏村销售地方农副产品40余万元，增加村集体和贫困农牧民收入。2018年，援疆工作聚焦贫困地区、贫困群体、贫困家庭，启动“援疆扶贫十大行动”（就业扶贫、产业扶贫、民生改善扶贫、住房保障扶贫、教育扶贫、医疗扶贫、文化扶贫、基础建设扶贫、生态改善扶贫和公益慰问扶贫），着力解决贫困偏远地区农牧民用水、用电、住房、交通等民生困难，扶持发展致富产业，全力以赴助推新源县打赢脱贫攻坚战。筹集800余万元“小援疆”资金，精准实施一批惠及偏远贫困地区农牧民的“小援疆”项目，解决贫困边远地区农牧民居住点用水、用电、住房、交通等困难，打通民生服务“最后一公里”。建设新源县电子商务产业园、扬州科创园等新型产业平台，创新“互联网+旅游+农特产品”电子商务发展模式，设立“电商+旅游”扶贫基金，鼓励创业，带动就业。协调成立新源县驻扬州市转移就业人员管理服务站，支持开展农牧民就业技能培训，帮助新源农牧民到扬州等地就业600余人。抓住江苏及其他省市产业转移机遇，引进一批劳动密集型企业落户新源县，鼓励企业到相对贫困的农村地区开设卫星工厂，为农村群众提供就业机会。扶持发展特色养殖、种植、旅游等致富产业，促进贫困人口就地就近创业脱贫。资助230余名贫困大学生到扬州等地就读，组织

2012年7月3日，扬州市援疆工作组向新源县『6·30』地震重灾区那拉提镇捐款

后方慈善机构、爱心企业到新源捐资助学，改善贫困学生学习生活状况。开展下乡义诊，免费发放药品数万元，降低贫困人口医疗负担。将结对共建向基层延伸，持续开展“援疆情、暖冬行”帮扶活动，为1000余名贫困学生、困难群众捐赠过冬衣物。

五、交往交流交融

扬州市注重以交往交流交融为纽带，推动两地合作互动。2011～2019年，扬州市与新源县相互考察交流780余批次6800余人次，有82家单位与新源县相关单位签订结对共建协议，在全省率先实现与受援地乡镇结对共建全覆盖，推动扬州市与新源县在经济文化、社会事业等领域进行全方位交往交流。

2011～2013年，两地共有51批800余人次互相考察交流。组织40余个部门单位到新源县进行捐赠、座谈、授课，60余个部门、单位与新源县对口单位签订共建协议，累计捐赠500余万元。援疆干部人才与新源县23个村、社区和28名贫困学生挂钩结对帮扶。

2014～2016年，两地共有169批次1400余人次互相考察交流。组织扬州道德模范到新源举行事迹报告会，30名“新源好人”到扬州参加扬州建城2500周年纪念活动，两地“好人”善举深入人心、引起共鸣。连续两年组织“扬州·新源民族团结促进暨文化教育旅游交流月”活动，两地文艺工作者先后在扬州、新源同场献艺。2016年扬州“万花会”期间，新源县歌舞团文艺工作者在瘦西湖公园进行文艺演出近20天，掀

扬州市援疆干部、自治区优秀援疆干部人才孟德和（左三）走访结亲户（2017年摄）

2015年6月13日，扬州市文化代表团赴新源县慰问演出

2018年9月19日，新源县歌舞团参加江苏省第19届运动会开幕式演出

起文化交流新高潮。在扬州投资建设具有哈萨克风情的扬州“新源林”，成为两地友谊见证。

2017～2019年，两地共有560批次4600余人次交流互访。在扬州瘦西湖景区打造“哈萨克风情园”，向扬州人民和国内外游客展示新源。举办“细君公主回扬省亲”主题交流系列活动，组织新源文化旅游代表团到扬州考察交流。在扬州汉陵苑、新源文化艺术中心分别建造细君公主文化园、细君公主塑像，通过历史故事增强文化认同。扬州举办江苏省第19届运动会期间，组织新源县演员在运动会开幕式上表演哈萨克族舞蹈，邀请30名新源县基层干部群众、优秀党员和民族团结模范代表到扬州观摩。组织开展“扬州新源青少年手拉手”系列活动，促成扬州11所学校600余名学生与新源县学生结对。连续开展“新源民族团结模范扬州行”活动，邀请新源民族团结进步模范到扬州考察交流。

扬州市援助新源县部分项目情况表

单位：万元

序号	项目名称	援助时间	援助资金
1	县重点专项规划编制	2011	400
2	阿热勒托别镇孕马基地定居兴牧暨产业发展项目	2011	800
3	县中医医院整体搬迁工程	2011～2012	4427.67
4	那拉提镇阿尔善村定居兴牧暨产业发展项目（那拉提镇“哈萨克第一村”）	2011～2012	1250
5	新源县第二中学（第二中学、第四中学合校异址新建工程）	2011～2013	8718.69
6	定居兴牧工程	2011～2017	5960
7	安居富民工程	2011～2019	13239
8	村（社区）公共服务设施	2011～2019	4591.21
9	党政干部、专业技术人才及职业技能等培训项目	2011～2019	3271.27
10	县乡镇规划编制	2012	200
11	别斯托别乡设施农业	2012	100
12	“六大行动”计划项目	2012～2013	235.71
13	县工业园区	2013～2019	6071
14	广播电视覆盖系统扩大工程	2014	300
15	西部饮水解困工程	2014～2015	2143
16	县文化艺术中心（县青少年文化活动中心）	2014～2015	2800
17	县心连心艺术幼儿园	2014～2015	2280
18	第一中学运动场	2014～2015	160.2
19	阿勒玛勒镇卫生院	2014～2015	300
20	就业富民示范项目（肖尔布拉克酒文化旅游小镇、新源镇采摘园、坎苏乡特色种植园及牧家乐示范项目）	2014～2016	3080.67
21	湿地旅游开发基础设施	2014～2016	2722
22	产业招商推介项目	2014～2019	940.11
23	则克台镇阔克英村幼儿园	2015	214.8
24	别斯托别乡阿西勒布拉克华邦希望小学食堂、宿舍	2015～2016	100
25	27 所寄宿制学校提升工程	2015～2016	1024
26	县职业技术学校（含创业就业培训服务中心）	2015～2016	8000
27	那拉提草原民俗博物馆多媒体设备安装及装修工程	2015～2016	100
28	区外高校就读贫困生补贴项目	2015～2019	1852.12
29	那拉提景区游客服务中心停车场扩建及环境提升工程	2016	100
30	县远程教育站点设备	2016～2017	224.46
31	交往交流交融项目	2016～2019	549.87
32	那拉提镇塔依阿苏村基础设施改造提升工程	2017	99.09

续表

序号	项目名称	援助时间	援助资金
33	吐尔根乡创业孵化基地	2017	100
34	哈萨克医医院附属设施	2017～2018	756.28
35	扬新中学	2017～2019	13399.45
36	旅游宣传推介及产业提升项目	2017～2019	315.05
37	就业实训基地	2017～2019	211.34
38	县人民医院异址新建工程	2017～2021	18000
39	塔勒德镇塔亚苏大桥（加尔吾特克勒村桥）	2018	50
40	新源镇饮用水源地保护治理工程	2018	198.88
41	肖尔布拉克镇洪土拜村人居环境建设	2018	200.2
42	肖尔布拉克镇塔斯库买村“美丽乡村”建设	2018	154.45
43	别斯托别乡阿什勒布拉克村农副产品电商服务中心	2018	50
44	特色农产品有机认证项目	2018	81.2
45	细君公主雕像制作项目	2018	65
46	电子商务产业园	2018	485
47	那拉提旅游品牌形象展示店	2018～2019	400
48	支教教师保障项目	2018～2019	319.27
49	县自来水厂升级改造工程	2019	506.8

说明：表中所列项目为单次投入或累计投入援助资金50万元以上项目。

【链接】新源县打响扬州援疆工作品牌

今年，新源县肖尔布拉克镇洪土拜村克孜勒金革勒定居兴牧点牧民热阿西提别克就要告别危房了，他将要住进具有少数民族特色的新居，与新房一路之隔的就是配套的新棚圈。现代化的养殖模式让热阿西提别克将不再为饲养牲畜而发愁。

“感谢援疆干部的无私援助，让牧民住上了新房。”8月2日，即将搬进新房的热阿西提别克高兴地对记者说，今年60多岁的他要靠自己的力量盖一幢新房心有余而力不足。而今年新一轮援疆项目启动后，他成为援疆的受益者。

热阿西提别克给记者算了一笔账，他只自筹了5万元就可以住进新房。而且这5万元还是当地农村信用社给贷的款，分3年还清，家里的压力也不大。他家建了80平方米的新房，仅建房就要花6万元，建设新房和棚圈的围墙就需2万多元，牲畜棚圈建设需要4万元左右，而棚圈和新房的大门就需要8000元左右。一笔账算下来，盖新房和棚圈就需花费约13万元，而且这还需要精打细算才能拿得下来。可如今，热阿西提别克只拿出5万元，一座新房就盖好了，现在新房的设施一应俱全，全家即将步入定居新生活。

今年，扬州市实施援建项目11个，安排援疆资金9600万元。在新源县援建安居富民、定居兴牧示范项目4个，总投资7945万元，其中安排援疆资金3250万元，分别是那拉提镇阿尔善村定居兴牧暨产业发展项目、阿热勒托别镇孕马基地定居兴牧暨产业发展项目、肖尔布拉克镇洪土拜村克孜勒金革勒定居兴牧项目、新源镇玉什布拉克村安居富民项目，计划新建定居户300户、安居户120户，以及部分功能配套和基础设施配套工程。目前，这4个项目正在全面推进，确保当年竣工交付。

今年，援建该县社会事业项目有3个，总投资约1.5亿元，其中安排援疆资金13376万元。今年计划安排援疆资金3900万元，建设新源县二中、四中合校异址新建项目和新源县中医医院整体搬迁建设项目。另外，计划安排援疆资金50万元，为新源县医疗单位配备2辆救护车，用于医疗急救。

此外，援建该县的其他类项目有4个，属“双方合作型”项目，主要是人才培训及交流、基层组织活动中心建设、城市建设规划编制和干部人才周转房项目，今年计划总投资2945万元，其中安排援疆资金2250万元。

专业技术人才充分发挥技术特长，通过“传帮带”，为当地教育、卫生和农牧水利等社会事业发展贡献智慧和力量，这是援疆工作的又一个重点。在援疆医生的指导下，新源县人民医院正式成立了眼耳鼻喉科病区，填补了县级医院的空白。在今年高考中，新源县二中取得了历史性突破，专、本科上线率高达99.8%，其中本科上线率达84%，比去年提高12.5%，有5人超过600分。3位农业专家编写并完成了13篇科普材料，组织各类培训20多场次，累计培训农牧民近千人次，并多次深入田间地头，现场传授种养技术，帮助解决实际困难，为农牧民增收献计出力。

借鉴扬州各类开发区建设的经验，努力帮助新源打造一批特色明显、功能良好、配套完善的发展载体和平台。援疆干部还促成扬州荣能新材料有限公司来该县投资落户，开发商品砼及其他新型建材，总投资1亿元，加强扬州与新源经济产业的合作。截至目前，扬州红十字会、药监、民政、旅游、国土等部门已累计对口支援新源相对应的部门资金和物资超过100万元，用于支持当地相关事业的发展。

（2011年8月5日人民网）

【链接】春风万里扬州情　扬新两地一家亲——扬州市对口支援新源县十年侧记

2010年开始，扬州对口支援的春风吹向“草原明珠”新源。4批40余名援疆干部，保持定力不动摇、聚焦目标不散光、只争朝夕不等待、真抓实干不虚空。与新源各族群众同甘苦、共命运，绘就了一幅幅“旧貌换新颜”的美丽画卷。

“春风”和煦　拂动民生改善之翼

住上了整洁的安居富民房、用上了宽敞的文化小广场、喝上了干净的自来水……因为扬州援疆的支持，这些“红利”正成为新源县各族群众的“标配”。

“援疆工程三中的交付使用，直接促进了全县优质高中教育资源的均衡发展。”校长李明星深有感触地说。

十年来，援建新源县中医医院、县人民医院，建设新源二中、扬新中学、新源县第三中学等学校4所，新建村级幼儿园60所，高标准建成4个富民安居示范点项目以及5707户富民安居房、1220户牧民定居房，2.2万户各族群众住房条件得到改善，5.6万名农牧民群众吃上了干净的自来水，40个村级办公条件得到改善，近50个村的医疗、教育、社会保障水平实现跨越式提高。

85%以上的援疆资金用于民生建设，一项项事关各族群众福祉的民生工程建成投用，一个个群众关心的问题得到解决，一组组数字映射出民生优先、万民受益的援疆使命，对口援疆精准发力，产生了接地气、强基础、暖人心、惠民生的效果，得到了各族群众的高度认可。

“春露”常在　滋润产业发展根基

“授人以鱼”不如“授人以渔”。十年来，每一批援疆干部人才立足新源长远发展，坚持把产业援疆作为激活新源经济“造血”功能的主方向和促进各族群众脱贫致富的初心。投入援疆资金4.3亿元，援建了恰普河采摘园、坎苏鱼儿山风景区、那拉提哈萨克第一村等产业项目25个，通过推介会、宣传会、洽谈会等多种形式组织招商活动170余场，帮助引进企业53家，实现近4000户8000余名群众稳定就业，为决战决胜脱贫攻坚打下坚实基础。

“1200亩果园从传统种植到休闲观光旅游的转型，是扬州援疆理念植入和真情用力的最好证明。”恰普河阿吾孜村党支部书记张亮感激地说道。

在加大产业援疆过程中，历届扬州市援疆工作组通过补齐招商引资短板、加大产业项目引进力度，逐步建立招商和落地相互衔接工作机制，融合多方力量强化招商引资，以产业带动就业，以就业促进脱贫。尤其是今年面临疫情重大考验期间，仍招商引资落地项目21个，投资总额达58亿元，项目质态和体量位居江苏援伊工作组前列。

“春雨”无声　培育人才成长内核

始终秉持人才强县战略，注重以智力援疆、人才援疆、文化援疆撬动产业援疆、带动民生援疆、推动教育援疆，今年高考新源县二中本一上线率39%，本科上线率达88%，位列伊犁州八县之首，其中本一上线率比去年提高12个百分点。

十年来，先后有40余名党政干部到新源任职，派出专业技术人才165人次、短期“柔性援疆”人才170人次，从事教育、医疗、文化、旅游等“传帮带”工作，用扬州先进理念和工作方法，帮助新源培养本地人才，加强党的建设。不仅如此，还通过“请进来、走出去”等多种培训方式，开展教育、医疗、人才、文化等软性援疆项目，力度正逐年加大，10年来投资近1.29亿元，为新源培训各类党政、专业人才、普通从业人员3.1万人次，有效提升了新源县干部人才队伍的整体素质，开阔了广大干部的视野。

目前正在扬州学习锻炼的干部李芙蓉感触颇深：“得益于援疆的各类帮扶政策，让我们走出新源学习招商引资经验方法、学习先进经营管理理念。用学到的丰厚理论知识为新源的经济社会发展作出贡献。”

“春意”盎然　还续扬新不解之缘

天山雪松根连根，扬州新源心连心。十年来，扬新两地互相交流考察480余批次4300余人次，82个单位、11所学校实现结对共建，有力促进了扬新两地交往交流交融和民族团结。

新时代的今天，扬州和新源在精准招商、精准对接、共话合作、共谋发展上开展全方位交流，在经济、文化、教育等事业上开展深层次合作。

今年，第三次中央新疆工作座谈会吹来“春意盎然”的“春风”，扬州和新源将沿着座谈会指出的援疆道路坚定地走下去，继续书写美丽动人的援疆故事，让“春风”常绿“江南”岸，再续细君公主千年的前缘。

（原文刊载于2020年12月17日“江苏援疆伊犁”微信公众号，本文有删节）

【链接】有志而来 有为而归——记援疆干部、新源县委常委、副县长李桂山

他侃侃而谈，却又不失儒雅之风。2010年10月，他响应江苏省委、省政府的号召，从扬州奔赴新源，用所学的专业知识、先进的管理理念和真挚的援疆情怀为新源的经济发展竭尽所能贡献力量，取得了不凡的成绩。

3年间，在他的努力下，共投入援疆资金31165万元，组织实施援疆项目46个。他和他的团队多次受到省前指，扬州市委、市政府以及新源县委、县政府的高度评价与赞誉，连续两年被新源县委、县政府授予“特殊贡献奖”。

3年来，李桂山针对新一轮对口援疆工作无经验可鉴的实际，开拓创新、勤勉工作。特别是2012年6月以来，在县委副书记、援疆总指挥陈德宏同志因病返回后方治疗期间，受组织委托，他牵头负责援疆全面工作。面对任务重、领导力量薄弱等诸多困难，他勇于担当、主动作为，创新管理模式，圆满完成了各项目标任务。

3年来，李桂山将产业援疆与受援地招商引资有机融在一起，主动请缨，担任新源开发区党工委书记，这在对口支援新源县历史上尚属首次。在县委、县政府的领导下，不仅使受援地经济发展的氛围越来越浓、措施越来越得力，落地项目也越来越多，还使新源的产业结构得到了一定的调整与提升。他潜心调研，出台一整套规章制度，经多次赴乡镇、部门、企业调研，牵头制定了《新源县招商引资年度考核奖励意见》《新源县强势推进新型工业化建设若干意见》等。

3年间，在他的牵头下，新源县编制了伊犁州首个专业类招商项目汇编——《新源县钢铁配套产业招商项目汇编》。他用心策划，牵头制作了新源宣传推介片《那拉提之风》，并邀请专业公司拍摄新疆第一部以体现新源旅游风光为主的3D宣传片，让更多的人了解新源。

他全心投入，破解一道道发展难题，先后投入援疆资金300多万元，完善园区规划及基础设施建设，全过程跟踪服务，总投资20亿元的单晶硅一期项目成功投产。

他匠心独运，举办一个个大型活动，先后3次以新源县委、县政府的名义组织召开了工业经济发展大会、“三位一体”动员大会，强势推进新型工业化发展大会，成功在北京新世纪日航酒店召开了“新源钢铁配套产业招商推介会”，这是

2012年9月12日，扬州市援疆干部，新源县委常委、副县长李桂山（左一）考察指导别斯托别乡蔬菜基地无土栽培项目

新源第一次走进北京进行专题推介，提高了新源的知名度。

他尽心履职，收获一连串丰硕成果。在他的推动下，新源招商引资任务从2011年的14亿元变为现在的28亿元，实现了翻番，连续两年超额完成州直招商引资任务，园区建设取得新突破，功能不断完善，投入不断加大，成功获批“自治区级工业园区”。

3年来，李桂山将自己当作31万新源各族干部群众的好朋友、家乡人，工作上敢做、敢讲、敢担当，生活上以诚待人，先后为包点贫困村、贫困户、困难学生捐款捐物达6万多元。

李桂山说：“来到新源使自己的人生价值更加得到了体现和升华。在有限的援疆时间里，我要好好珍惜和新源这份难得的情感、与同事们兄弟般的友谊，把新源当作第二故乡，用自己的实际行动为新源的发展多作贡献。也只有这样，作为一名援疆干部，我才能不负国家使命，不负重托，不负组织信任，不负亲人厚望。”

（2013年12月11日《伊犁日报》）

附：

扬州市对口支援察布查尔县

扬州市对口支援察布查尔县始于2005年，2010年调整为对口支援新源县。2005～2010年，先后选派2批4名干部到察布查尔县任职。其中，2人担任县委副书记，主管经济、教育、旅游等工作；2人担任副县长，分管工业、经贸、招商引资等工作，并协管重点项目建设。

为缓解察布查尔县民生需求与保障能力之间矛盾，扬州市筹集资金750余万元，支援察布查尔县实施惠民项目20余个。其中，用于工程类项目630余万元，主要建设县中心幼儿园、农村幼儿园、抗震安居房等群众急需的民生设施。围绕教育兴县战略，组织实施中小学校危房改造工程、“三名工程”（培训名师、创建名校、造就名校长），优化教育结构，改善办学条件。广陵区、维扬区出资250万元，支援察布查尔县改善教育和村（社区）服务设施。针对城区因中心幼儿园校舍紧张，每年约200名幼儿不能入园状况，维扬区出资95万元，援建中心幼儿园教学楼。2009年，察布查尔县发生地震，近1000户农牧民受灾，援疆干部争取省红十字会捐资100万元，援助地震重灾区琼博拉乡，帮助房屋受损的农牧民建设抗震安居房22套。

扬州市帮助察布查尔县制定产业发展规划、工业园区规划、县域经济发展战略与主导产业排序实施方案等，把招商引资作为推动产业发展重点工作，牵头到区内外招商。引进龙头企业，推动察布查尔县加速形成优势产业，加快新型工业化进程。2005～2008年，编制重点招商项目目录，牵头参加国内招商活动5次、国外招商活动1次，签约项目11个，合同投资金额6.83亿元，实际到位资金3.86亿元。以扬州援疆干部为主，引进的项目资金到位数在伊犁州6县2市1口岸中名列前茅。组织专家对全县产业发展进行规划论证，制定主导产业培育实施方案，引导支柱产业做大做强。为发挥察布查尔旅游文化优势，两批援疆干部采用抓宣传促销、规划引导、规范管理、打造锡伯民俗风情园品牌等举措，组织编制锡伯民俗风情园争创国家4A级旅游景区、孙扎齐牛录乡锡伯民俗文化旅游名镇建设规划及实施方案，编修全县旅游业布局发展规划，规范旅游行业管理。2007年，锡伯民俗风情园被评为国家4A级旅游景区，景区内锡伯族西迁历史纪念馆被命名为中国民族博物馆察布查尔锡伯自治县分馆，成为中国民族博物馆第4家分馆。2009年，察布查尔县通过自治区旅游强县验收。2008～2010年，针对察布查尔县工业经济基础薄弱的状况，提出举全县之力招商引资、改善投资环境的决策建议，并被采纳。牵头完善招商政策，在州直属县市中率先采取改善投资环境政策措施。组建专门招商队伍和园区管委会，提高招商引资专业化水平。组织实施优势资源转换战略，引进中煤集团、华电集团、中国电力投资集团等国内500强企业，发展煤电、煤化工产业，为实现县域经济跨越式发展奠定基础。援疆干部提出建设“一园多区”建议，修订园区规划，定位产业布局，主持实施伊南工业园区、中小企业创业园区基础设施建设。为适应产业发展需要，编制《察布查尔县伊南工业园区总体规划》并组织实施。至2010年，伊南工业园区有9个项目入驻，其中全国500强企业7家，总投资近6亿元，发展成为伊犁州七大工业园区之一。2012年2月，园区被批准为自治区级工业园区，成为该县新型工业化、招商引资、产业惠民重要平台。

援疆干部注重对当地干部的培训，通过亲自授课及“请进来”“走出去”等方式，把扬州发展经验和理念带到察布查尔县。2005～2010年，察布查尔县先后选派10余批100余人次到扬州挂职培训。扬州市、察布查尔县两地组团互访35批次340余人次，缔结友好市（县）2对、友好乡镇（社区、单位）15对。江苏省唯一回族乡——高邮市菱塘回族乡与察布查尔县米粮泉回族乡结成友好乡，资助33万元修建镇区道路及配套设施。

察布查尔县幼儿教育中心友好教学楼（2019年摄）

察布查尔县伊南工业园区（2019年摄）

扬州市援疆干部为察布查尔县引进的伊犁天山水泥有限责任公司（2011年摄）

扬州市援助察布查尔县及其他地区部分项目情况表

单位：万元

序号	项目名称	援助时间	援助资金
1	教育条件改善和村、社区服务设施建设	2005～2007	250
2	伊宁市潘津乡下潘津村希望小学	2006	20
3	察布查尔县幼儿教育中心友好教学楼	2006	95
4	伊犁州妇女儿童活动中心	2006	800
5	伊宁市社区办公用房	2006	90
6	昭苏县细君公主墓	2007	20
7	特克斯县易经文化园书画长廊	2007	20
8	察布查尔镇查鲁盖街街景改造规划编制项目	2009	120
9	察布查尔县琼博拉乡抗震安居房	2009	100
10	察布查尔县扎库齐牛录乡扎库齐牛录村加尔布拉克牧民定居点机水井	2010	10
11	察布查尔县米粮泉回族乡阿顿巴村幼儿园	2010	55
12	察布查尔县绰霍尔乡布占村村民文化活动室	2010	28

说明：表中所列项目为单次投入或累计投入援助资金10万元以上项目。

附：

第十批援疆工作综述

第十批扬州市共选派33名干部人才对口支援新源县，其中党政干部8人、教师2批12人、医生2批12人、其他专业技术人才1人。选派2批40名“援藏援疆万名教师支教计划”教师到新源县等地支教。柔性引才133人。3年投入援助资金3.92亿元，其中计划外“小援疆”（指统一拨付援疆资金以外的由支援地相关单位、企业或个人捐赠的小额援疆经费）资金2356万元。共实施项目185个，其中保障和改善民生类101个、产业援助促进就业类25个、智力援助类12个、文化教育类38个、交往交流交融类9个。

因工作成绩突出，扬州市援疆工作组被省委、省政府表彰为“全省脱贫攻坚暨对口帮扶支援合作工作表现突出的集体”，孟德和、韩志新被省委、省政府表彰为“全省脱贫攻坚暨对口帮扶支援合作先进个人”“江苏省民族团结进步模范集体”，居勇被自治区表彰为“民族团结一家亲先进个人”。

聚焦民生改善，夯实基层基础，着力解决当地群众急难愁盼的问题，助力乡村振兴。3年共实施改善民生、脱贫攻坚项目159个，投入援助资金37077万元，占总援助资金94.6%。重点倾向教育、卫生医疗设施改善。同时结合受援地推进乡村振兴战略，帮助解决一批水、电、桥、路、灯等与各族群众生产生活密切相关的项目，投入援助资金

扬州市第十批援疆干部人才合影（2022年摄）

1630万元，实施美丽乡村基础设施提升改造工程。推进新源县第三中学、扬新中学、新源县第二中学配套设施完善，实施新源县人民医院异址新建四期工程，支持新源县新时代文明实践中心建设。投入援助资金近2000万元，实施村（社区）巷道亮化、偏远牧民定居点通电、道路硬化美化、农田水利设施和便民小桥等项目，打通服务群众“最后一公里”，让各族群众得到看得见、摸得着、用得上的实惠。安排援助资金1630万元，支持便民服务中心、党员活动中心等公共服务设施建设，累计实施项目11个。投入援助资金370万元，帮助各乡镇增添压缩垃圾清运车、便民服务车、推土车、果皮箱和相关扫雪设备等，改善受援地基层环卫设施。

从“授人以鱼”到“授人以渔”，将产业援疆作为援疆工作的重中之重。重点抓扬州双创园建设，投入援助资金7600万元，建设标准化厂房及部分配套办公等附属设施。设立350万元专项招商资金，制作68个项目包装推介。参加第十八届中国西部国际博览会、扬州世界园艺博览会等大型推介会，3年成功招引项目21个，协议引资金额58亿元，落地项目10个，到位资金16亿元。同时组织赴江苏等沿海地区就业近千人，实现自治区内转移就业6万余人次。扶持产业带动就业，开设陶谷勒刺绣合作社1个，改扩建卫星工厂8个，带动600余名农牧民实现就近创业就业。制定新源县文旅产业“十四五”发展规划、那拉提特色小镇建设发展规划，并为那拉提景区三年项目前期规划、基础设施建设、文创产品设计等提供1000万元资金支持。累计投入援助资金4200余万元，实施旅游基础设施提升项目12个，先后对那拉提湿地公园、肖尔布拉克观光镇、野果林植物园和冷水鱼观光木栈道等景区（点）进行提升改造，进一步弥补旅游基础设施建设短板。协调开通扬州—乌鲁木齐、新源那拉提—克拉玛依乌尔禾百口泉航线，在扬州设立“扬州·新源之家”、新疆“醉美新源”旅游推广中心、新疆那拉提旅游品牌形象展示店，推广“互联网+旅游+农产品销售”模式。开展“十万江苏人游伊犁”“扬州人游伊犁”等旅游推介会，3年共吸引120余批游客到伊犁旅游观光。助力新源县创成全国乡村旅游重点镇2个、重点村2个，自治区乡村旅游重点村3个。成功打造国家4A级旅游景区2个、3A级景区3个。助推新源县获评自治区全域旅游示范区，成功入选全国旅游潜力百强县市名单，逐步从旅游大县走向旅游强县。

完善“传帮带”人才培养机制，将智力援助作为保障新源县未来发展的长久之计。大力实施人才能力素质提升计划，3年共为新源县引进教育、医疗、融媒体、工程建设等方面柔性人才133人，重点改造升级人才工作室4个，吸引68名应（往）届毕业生落户新源。举办各类培训班70余期，帮助受援地培训党政干部、创新创业人才、公共服务领域人才和基层党务工作者近7000人次。援疆教师通过创新“组团式”教学形式开展传帮带工作，在新源县第二中学打造“三学课堂”教学模式，并向新源县第一中学、第三中学及全县推广。3年高考本科上线率从2020年57.13%提升至2022年81.99%，一直名列伊犁州八县之首。其中，新源县第二中学2022年高考本科上线率93.2%，创历史新高。持续把新源县相关医院纳入扬州医联体成员单位，援疆医生持续“组团式”医疗援疆，先后开展20余场次“扬州新源大讲堂”。筹资200万元向新源县11个乡镇援助12辆医疗综合救护车，推进新源县人民医院成为扬州大学医学院的教学医院，帮助新源县中医医院筹建临床新业务科室。协调后方医院派遣30余名专业技术骨干到新源进行长期或短期援疆，

2021年10月1日，新源县人民医院异址新建工程落成并投入运行

2021年8月交付使用的新源县第二中学学生食宿楼（2021年摄）

新源县扬新中学（2021年摄）

新源县新源镇团结村新时代文明实践点（2020年摄）

承担常见病、多发病、疑难病诊疗，组织查房、手术、会诊及病例讨论。对医护人员进行临床教学、技术培训、带教等，提升受援地临床技术水平和公共卫生医疗综合服务能力。创办学科融合式“传帮带”新模式。援疆医生累计接诊2000余人次，抢救危重病人340人次，引进肾穿刺活检术、神经介入、内镜下手术等新技术、新项目15项，填补12项新源医疗技术空白，多次成功开展复杂疑难手术。

扬州市16个乡镇与新源县11个乡镇结对共建，落实支持各乡镇发展资金960万元。协调助推新源县直10家单位和扬州相应单位开展协作共建，实现在人才、就业等方面互动合作。通过旅游消费、电商消费、实体店经营、直播带货等多种形式，提升消费扶贫帮扶力度。推动新源县农副产品实现“生产基地+实体销售店+前置仓库+带货直播”运营模式，构建“1+1+1+1>4”营销格局，为新源特色产品打开销路。连续3年组织新源县优质农特产品参加扬州援疆爱心农产品展销会暨草原年货节，协调引导扬州企事业单位工会采购新源农副产品，促成扬州市15家涉及旅游、农特产品销售公司

2021年10月24日，新源县扬州双创园交付使用

扬州市援疆工作组引进的手套厂项目解决村民家门口就业问题（2021年摄）

与新源县相关企业、合作社达成供销协议。参加扬州世界园艺博览会展销会、伊犁特色农产品展销会，宣传推广新源县优质农特产品，累计销售额超6000万元，带动近2000名农牧民就业增收。帮助县域15家企业完成有机产品认证，并创成国家级有机种植管理示范基地。推动新源县创成商务部2020年电子商务进农村综合示范县，并获得2000万元产业扶持资金。累计投入500余万元，资助新源在区外高校就读贫困学生752人次，每人资助不少于6000元。创新设立"扬州新源爱心助学慈善基金"，收益全部用于资助新源县困难学生，基金池572万元，共向325名学生提供65万元资助。第十批援疆干部人才累计为新源贫困学生、困难家庭及患病学生捐款捐物近50万元，并协调扬州援疆优品公司长期向在扬州就读的新源籍大学生提供勤工俭学岗位。疫情期间，全体援疆干部人才共向新源县捐助医疗物资及款项总价值近200万元。向新源县融媒体中心捐赠价值约400万元广播电视专业设备和价值170万元广播电视直播车。

坚持经济社会发展与民族团结同频共振，促进民族团结工作深入开展。扬新两地近50批党政代表团200余人次相互开展对口交流、支援合作和结对共建活动。促进校地战略合作，2020年，扬州大学与新源县签署《扬州大学—新源县人民政府全面战略合作协议》，先后签订涉及8个方面29个项目战略合作协议，推动双方不断加强人才、教育、医疗、经济等全方位交流合作。2021年扬州疫情期间，新源县发起"春风万里扬州情，扬新两地一家亲"援助扬州活动，累计捐款人数超万人次，捐款200余万元。助力新源县成功举办杏花节、草原文化节、冰雪节等节庆活动，拍摄制作《援疆十年再出发》《草原明珠醉美新源》。助力那拉提景区乐队、"那拉真选"画廊建设。扬州广电传媒集团（总台）与新源县融媒体中心签署合作协议，先后在新源7个景区（点）架设10台慢直播设备，通过各

新源县第二中学部分扬州市援疆教师合影（2020年摄）

扬州市第九批援疆教师、自治区优秀援疆干部人才郭永伟在新源县第二中学上化学课

2020年6月15日，扬州市援疆教师在新源县第二中学课堂上辅导学生

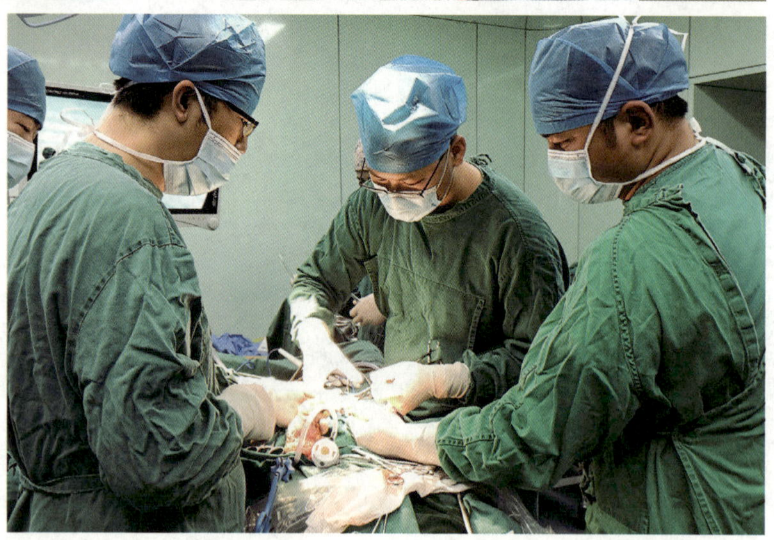

2021年10月27日，扬州市援疆医生、自治区优秀援疆干部人才汤东（中）为患者手术

平台发布新源各景点慢直播，观众突破2000万人次，成为自治区影响力最大的县级融媒体慢直播平台。以扬州援疆医生为原型的话剧《那拉提恋歌》于2020年10月在国家话剧院成功首演，大型歌舞剧《汉家公主》于2021年5月在扬州成功演出，以扬州援疆为题

2020年5月18日，扬州大学和新源县人民政府签署全面战略合作协议

2020年10月16日，扬州市党政代表团到新源县考察扬州援建的扬新中学

2022年5月26日，扬州市职业大学与新源县第一幼儿园举办网络联欢活动共庆『六一』儿童节

材的长篇小说《西出》《伊犁日志》成功出版。每年组织开展“扬州—新源文化交流月”、扬新两地青少年“万里鸿雁传真情”手拉手书信交往等活动，推进扬新两地学校借助网络互动开展“读书信、畅梦想、谈感受”书信交流会、“我眼中的扬州”“我眼中的新源”班级分享会、相约共读一本好书、互送祝福等活动。促进新源县94所中小学校和扬州学校结对全覆盖，建立教学共同体，扬州学校教学资源与结对学校实现共享。

扬州市援助新源县部分项目情况表

单位：万元

序号	项目名称	援助时间	援助资金
1	水厂智能供水和清水池建设工程	2020	570
2	安居富民工程	2020	252
3	吐尔根乡阿克克尔喀村创业孵化基地	2020	120
4	新时代文明实践中心	2020	300
5	农村健康卫生生活方式培养项目	2020	342
6	贫困村环境综合整治工程	2020	180
7	乡镇环卫设施设备	2020	370
8	国土空间规划项目	2020	700
9	新源县第二中学体育场改造及学生餐厅、宿舍楼及附属配套设施	2020～2021	1400
10	航线补贴项目	2020～2021	710
11	县中学城（扬新中学）配套工程及附属设施	2020～2022	6420
12	县人民医院异址新建四期工程	2020～2022	8650
13	那拉提旅游品牌形象展示店	2020～2022	900
14	村级公共服务设施	2020～2022	1630
15	扬州双创园	2020～2022	7600
16	“互联网＋旅游＋农产品销售”项目	2020～2022	200
17	党政干部、专业技术人才及职业技能等培训项目	2020～2022	1666
18	支教教师保障项目	2020～2022	1520
19	区外高校就读贫困生补贴项目	2020～2022	510
20	旅游基础设施提升工程	2020～2022	4200
21	科普园改造提升工程	2021	50
22	基层公共文化设施改造工程	2021	50
23	乡村振兴创业驿站	2021	230
24	冬季送温暖爱心煤采购项目	2021	150
25	美丽乡村基础设施提升改造工程	2021～2022	2163
26	乡村振兴发展项目	2021～2022	310
27	旅游推介项目	2021～2022	300
28	交往交流交融项目	2021～2022	505

说明：表中所列项目为单次投入或累计投入援助资金50万元以上项目。

第十二节　泰州市对口支援昭苏县

昭苏县位于伊犁州西南部，距伊宁市188千米，是古丝绸之路重要通道。1942年建县，县名取“苏醒，恢复生机”之意。2019年，全县面积1.12万平方千米，人口19.25万人。该县农牧结合、以牧为主，被誉为“中国天马之乡”“中国褐牛之乡”“中国油菜之乡”。境内有全国著名探险穿越线路——凌山古道和夏塔大峡谷。

根据新一轮对口援疆工作部署，2010年9月，泰州市成立对口支援新疆伊犁州昭苏县工作组。2010年12月至2019年12月，先后选派4批115名援疆干部人才，共实施项目89个，累计投入援助资金13.65亿元。

泰州市紧扣民生、产业、人才三大重点，编制援疆工作规划，建立项目库。聚焦住房、医疗、教育、交通四大民生工程，推动安居富民、定居兴牧和棚户区改造工程，使牧民告别游牧生活，“城中村”老大难问题有效解决。建成昭苏县泰州高级中学、人民医院、妇幼保健院，提升受援地教育水平和医疗服务能力，带动南部新城区发展。建成泰州大道（又称天马大道）和木扎尔特路，结束昭苏没有高等级城市公路的历史。创新开展旅游扶贫富民项目，使昭苏旅游在国内的影响力和知名度大幅度提升，于2019年创成国家全域旅游示范区。援建集马产业研究院、博士后流动工作站和马产业信息平台于一体的天马文化产业园，推动昭苏马产业实现新发展。帮助昭苏县开展招商引资、交往交流活动，带动旅游业、马产业及绿色食品加工业等特色产业迅速发展。大力推进“引智”“培英”“励才”三大工程，为昭苏培养本土化人才队伍，为昭苏经济社会发展和带动各族群众就业增收发挥积极作用。

一、民生援建

泰州市集中人力、财力、物力，办好一批涉及昭苏县教育、医疗卫生、社会保障等民生项目，覆盖全县各乡镇场。

2011～2013年，投入援助资金16676万元，支持昭苏县高标准改扩建农村住房10593户，并同步配套建设3个示范点水、电、气、路等基础设施。新建和改扩建定居兴牧点，使1060户哈萨克族牧民告别游牧生活。投入援助资金5850.23万元，改造县城棚户区431户，解决多年遗留的"城中村"问题。建成泰州大道和木扎尔特路，结束昭苏没有高等级城市公路的历史，拉开昭苏南部新城区发展序幕。建成县职业教育中心，开创昭苏职业教育改革发展新局面。投入援助资金8170万元，建成县人民医院。完成17个村和1个社区服务中心建设，提高服务群众能力。

2014～2016年，投入援助资金9400万元，继续实施安居富民工程，新（改）建住房8400户。投入援助资金15037.66万元，建成昭苏县泰州高级中学；投入援助资金1800万元，建成南城区幼儿园，改变南城区众多幼儿不能就近入园状况。建设县劳动就业服务中心，形成县、乡两级联网平台，整合、发布全县就业岗位信息，帮助更多人找到合适的工作。投入援助资金2575.1万元，建成县妇幼保健院，填补该县东部没有医院的空白。建成小洪纳海自来水厂，并购置安装日处理1.5万吨的供水设备，提高昭苏城市供水质量，解决备用水源问题。

2017～2019年，投入援助资金8444万元，新建安居富民房6347户，其中1321户贫困户每户补助2万元；补助776户游牧民建设定居房。投入援助资金

昭苏县泰州大道（2013年摄）

昭苏县安居富民工程（2012年摄）

昭苏县安居富民工程（2016年摄）

昭苏县职业教育中心（2013年摄）

昭苏县泰州高级中学（2016年摄）

8000万元，新建南城区学校（昭苏县第四中学）。建设昭苏县中医医院、乡（镇）村卫生院（室），改善农牧民就医环境。建设功能齐全、设施配套的2个社区和15个村级服务中心。推进“厕所革命”，援建首批8座水冲式旅游厕所。实施贫困乡村饮水安全工程，建设7个乡镇13个村饮水管网，解决11.2万人和24.8万头牲畜饮水问题，极大提高饮水质量，并有效提高区域防洪标准。建成县客运综合服务中心及配套设施工程，日均旅客发送能力1.1万人，有效满足昭苏县中远途客运服务。实施整村环境整治及道路提升改造工程，对昭苏镇库尔吾泽克村等10个村进行环境整治，改善人居环境。

二、产业援建

泰州市全面加强泰昭产业援建与合作，增强受援地“造血”功能，推动昭苏县马产业、设施农业等特色产业快速发展。

2011～2013年，投入援助资金500万元，援建自治区级重点项目——伊犁马种畜场。投入援助资金300万元，推进脱毒马铃薯良种繁育基地建设，逐步形成年产试

奔腾的伊犁马（刘重一／摄）

管苗500万株、微型薯750万粒、原种2500吨、大田种薯2.5万吨产业规模。组织发动泰州企业到昭苏县考察，帮助昭苏在泰州开展特色产业推介活动，加强产业对接，推进产业援疆。合作设立新疆兴昭牧业有限公司，建成年存栏量3000头的新疆褐牛养殖基地。

2014～2016年，投入援助资金7484.5万元，建成集马产业研究院、博士后流动工作站和马产业信息平台于一体的天马文化产业园项目，扩大农牧民就业渠道。建成食品工业园区、白马旅游服务区、乌孙山旅游服务区等项目，使农牧民工资性收入和经营性收入增加。先后组织21批118名江苏籍客商到昭苏考察投资环境和项目，促成产业合作项目7个，签约总金额5.44亿元。其中，伊犁苏商投资有限责任公司投资2亿元、建筑面积2.2万平方米的江苏大酒店建成营业；新疆中房农牧有限公司一期投入3000万元的有机复混肥项目投产，提供就业岗位100个；新疆新苏商联合投资有限公司总投资1亿元、建筑面积1.2万平方米的昭苏县城南旅游商品一条街建成投入运营。围绕"伊犁河谷旅游先行先试区"和"世界级原生态旅游目的地"两大目标定位，支持昭苏发展特色旅游产业，投入700余万元，编制《昭苏县全域旅游总体规划》和4个景区详细规划。支持夏塔景区创建5A级旅游景区，天马旅游文化园、圣佑庙创建4A级旅游

昭苏县白马旅游服务区（2016年摄）

景区，知青馆、哈萨克民俗文化馆创建3A级旅游景区，进一步提升昭苏旅游影响力和知名度。

2017～2019年，实施优质马品种改良项目，引进一批优质种马。投入援助资金883.3万元，建设昭苏县喀夏加尔镇、洪纳海镇农牧民创业就业基地项目，直接解决20名贫困农牧民就业问题。设立昭苏首个产业引导资金，专项用于旅游商品及包装开发、农牧家乐创星等扶持奖励。推进"十万江苏人游伊犁"、夏塔景区创5A级旅游景区等工作，举办天马国际旅游节等重大活动，深化与56家旅行社战略合作。2019年，昭苏以全自治区第一名成绩创建成为国家全域旅游示范区。在武汉举办"牧歌昭苏·天马故乡——中国天马"主题赛马日活动，依托中国伊犁天马国际旅游节，与3家企业签订《鄂疆马产业发展合作协议》等战略合作协议。依托六瓣红大蒜、哈萨克羊等资源优势，加强与江苏企业合作。在泰州举办昭苏产品年货节，水晶粉、压榨油等8种名优产品在泰州市场初步打开局面。强化两地产业对接，泰州市商务局与昭苏县政府结成招商引资伙伴关系，帮助昭苏设立北京招商联络处。推动昭苏县与泰州医药高新区、江苏农牧科技职业学院启动中草药、畜牧业领域资源互通、人员互派、技术共享、品牌共建等工作。昭苏县景区管委会与泰州溱湖景区、姜堰经济开发区等建立产业对接机制，分别在泰州、上海、西安、武汉举办产业招商推介会，邀请25批次90余家企业到昭苏考察投资，签约项目总投资21.8亿元。

三、智力援助

泰州市坚持教育优先，强化医疗援疆，拓展柔性引才，以智力援助推动受援地发展。2010年12月至2019年12月，先后选派4批48名党政干部到昭苏县任职，定期选派援疆教师、医生、农技等专业人才7批67人，短期柔性援疆人才172人次对口支援昭苏。累计培训昭苏县党政干部、专业人才、普通从业人员1.37万人次。

2011～2013年，帮助昭苏县培训乡镇及县直机关干部4批166人次、医疗专业技术人员59人、中小学骨干教师46人、农牧业和旅游管理等其他专业技术人员24人。泰州市援疆教师开展教学改革，在昭苏县育英学校创办两个“泰州弘毅班”，形成“项目+管理+师资+软件”援教模式。组织全县公开教学观摩活动2次，深入乡场举行连片教研同课异构和讲学5次，举办昭苏县班主任专业化培训班，提高昭苏县基础教育教学水平。泰州市援疆医疗队2批11人，累计接诊门诊病人近3万人次，开展手术600例，参加疑难危重病人会诊及抢救200余人次，巡回义诊30余场次，举办医学讲座100余场次，县级医院转诊率从50%降至20%。泰州市人民医院帮扶昭苏县人民医院绩效管理考核工作，使该院整体工作水平得到显著提高，并协助昭苏县中医医院通过国家二级甲等中医医院评审。2012年，伊犁州党委、政府专门印发《关于开展向江苏泰州援疆医疗队学习活动的决定》，并组织泰州援疆医疗队先进事迹报告会巡回演讲。组织专家学者到昭苏，就城市建设与环境保护、旅游发展战略、现代农牧业、现代服务业等前沿理论和发展经验进行培训和指导。选派农牧业技术人员到昭苏县开展江苏春小麦高原试种，帮助牧民进行品种改良、牧草加工调剂、疫病防治等。组织农业、环保、经济专家到昭

泰州市援疆医生深入基层开展义诊（2019年摄）

苏义务讲学1次，6名医疗专家到昭苏开展专业培训。协调安排伊犁州及昭苏县230名新疆籍普通高校毕业生在泰州进行岗位培训。

2014～2016年，先后实施“引智”“培英”“励才”三大工程，引进名医、名师和名专家39人，公开选拔30名昭苏优秀干部人才到江苏及其他省市深造。采取集中选派、挂职锻炼、跟班学习、就地培训、柔性引才等形式，实施干部人才培训项目125个，累计培训干部人才近1万人次，柔性引进紧缺高层次人才39人。选派昭苏864名党政干部、行业带头人和技术骨干到泰州定岗培训、跟班学习，培养一支“引得进、留得住、用得上”的“永久牌”本土化人才队伍。通过“互联网+”模式，把泰州教育品牌“泰微课”引进昭苏，实现优质教育资源互有共享，受益师生超万人次。开通泰州—昭苏远程医疗会诊系统，将泰州优质医疗资源通过网络与昭苏共享。实施能人创业示范工程，通过“请进来”和“送出去”方式，组织泰州致富能手、农民经纪人等30人次到昭苏开展短期培训，进行实地指导和结对帮扶，帮助建成2个创业示范基地。邀请省农业科学院等院所专家到昭苏开展农业技术培训，引进23个果蔬新品种进行试种，开展3.3公顷8大类53个品种的百菜园种植试验。

2017～2019年，培训昭苏党政干部、教育和医疗卫生等人才2300余人次，其中到泰州交流培训228人次。加强教育援助，发挥“泰州班”组团优势，实施“1+X青蓝工程”，通过办讲座、开示范课、集体备课等形式，用先进教育理念引领昭苏教育教学。落实“援藏援疆万名教师支教计划”，23名援疆教师到岗任教。实施教育人才培训项目，安排昭苏教师外出培训、交流、挂职30人次，开展就地培训150人次。泰州机电高等职业技术学校与昭苏县职业高中学校、江苏省泰州中学与昭苏县泰州高级中学开展合作交流。加强医疗技术援助，组织医疗团队深入牧区开展义诊活动，接诊1.24万人次，救助危重病人198人次，实施手术953例。通过手把手教、面对面学方式，帮助昭苏医生掌握腹腔镜微创手术、中医针刀治疗技术。发挥援疆医生“传帮带”作用，带徒457人，引进新技术、新项目20余项。江苏省人民医院为昭苏县人民医院援建心导管室、危重症远程诊疗医院，并捐赠价值450万元医疗设备。安排医疗卫生人才专项培训资金80万元，促成昭苏医生外出培训27人次、就地培训380人次。

泰州市第七批援疆干部人才合影
（2013年摄）

泰州市第八批援疆干部人才合影
（2015年摄）

2017年9月6日，泰州市领导赴昭苏县考察交流，并与第九批援疆干部人才合影

四、脱贫攻坚

泰州市以高度政治责任感，着力帮助昭苏县建档立卡贫困户脱贫致富。

2011～2013年，有序推进脱毒马铃薯制种项目，带动全县农民人均增收400元；招引江苏客商注册成立新疆兴昭牧业有限公司，推广育肥养殖新技术、新观念，带动当地大批牧民增产增收；泰州市社会各界人士为昭苏县累计捐款405万元。2014～2016年，投入援助资金2700万元，建设昭苏食品工业园区，增加就业岗位400余个，增加农牧民工资性收入。2017～2019年，按照打赢脱贫攻坚战三年行动总体部署，坚持精准化施策，优化落实"一户一法"帮扶措施，实现扶贫工作网络全覆盖。协助昭苏县委、县政府出台鼓励社会资本参与扶贫、鼓励泰州企业吸纳贫困户到泰州等地就业等一系列优惠政策。统筹实施19个深度贫困村、贫困人口帮扶项目，建设安居富民和定居兴牧工程，全面解决贫困户住房问题，7000余户农牧民受益。新建乡村蔬菜销售合作社附属设施，助力合作社脱贫攻坚。围绕就业优先，完成实用技术培训6900人次、技能培训1500人次，帮助928名贫困劳动力实现就业，帮助建档立卡贫困户1479户4656人实现脱贫。扩大社会援助，加大"结对认亲"覆盖面；鼓励"丝路信使""大爱泰州"等民间团体到昭苏进行帮扶。两地50余家企事业单位建立合作关系，落实"小援疆"（指统一拨付援疆资金以外的由支援地相关单位、企业或个人捐赠的小额援疆经费）资金624万元，接收电视机等实物捐助折合金额910万元。针对昭苏雹灾多发特点，申请专项救灾资金300万元，帮助灾区挽回4000余公顷土地经济损失。结合"结亲周"活动，每年开展"暖心煤"发放活动。援疆干部开展走访慰问活动63次，个人累计捐款捐物总价值3.35万元。

五、交往交流交融

泰州市以交往交流交融为纽带，推动两地合作互动。2011～2019年，泰州市与昭苏县相互交流考察56批1428人次，有88家单位与昭苏县相关单位签订结对共建协议，推动泰州市与昭苏县经济、文化、社会事业等方面交往交流。

2011～2013年，泰州市党政代表团8次考察昭苏，了解受援地情况和需求。昭苏县党政代表团11次访问泰州，召开新闻发布会和招商引资推介会，共商发展大计。组织泰州市摄影家协会会员到昭苏采风、创作，并在泰州举办"援疆风采，美在昭苏"主题摄影展。投入援助资金300万元，拍摄以泰州援疆医疗队为原型的故事片。该片被

2017年6月17日，“丝路信使”国际自行车赛在泰州开幕

2019年10月13日，“丝路行・苏伊情”江苏巡回公益演出在泰州学院大学生活动中心举行

列入伊犁州成立60周年6大工程之一。在昭苏县策划开设“放飞理想，快乐成长”文化教育大讲堂，泰州媒体、爱心企业联合开展“温暖昭苏，影响靖江”全媒体公益行动。开展泰州—昭苏“青少年民族团结手拉手”活动，促成江苏省口岸中学与昭苏县高级中学缔结友好共建合作关系。投入援助资金600万元，举办天马娱乐、天马竞赛、民间艺术品展览、民俗文化表演等系列文体活动。

2014～2016年，两地40余家机关单位建立合作关系，泰州市18所医院分别与昭苏县18所城区医院及乡镇卫生院结对共建，23所学校与昭苏23所学校结对共建。组织泰州先进社区（村）与昭苏镇老街社区及乌尊布拉克乡木斯村结对帮扶，投入援助资金30余万元，开展援建项目14个。组织泰州东华齿轮有限公司等泰州企业向昭苏相关乡镇和村捐赠价值40万元农用拖拉机10台。组织昭苏少数民族儿童到泰州开展“民族团结手拉手”夏令营活动。

2017～2019年，两地40余家企事业单位建立合作关系，组织制度化、常态化“民族团结一家亲”“万人帮万户，共同奔小康”等活动。拓展“小援疆”模式，开展学校、医院、部门“手拉手”“结对子”活动。2019年，两地交往交流4批90人次。

泰州市援助昭苏县部分项目情况表

单位：万元

序号	项目名称	援助时间	援助资金
1	脱毒马铃薯良种繁育基地	2011	300
2	细君公主墓园	2011～2012	280
3	棚户区改造工程	2011～2013	5850.23
4	县职业教育中心	2011～2013	499.99
5	县人民医院	2011～2013	8170
6	产业援疆及产业合作项目	2011～2013	150
7	伊犁马种畜场	2011～2017	850
8	安居富民工程	2011～2019	31044
9	定居兴牧工程	2011～2019	3476
10	社区（村）公共服务设施	2011～2019	7176.4
11	规划编制项目	2011～2019	1424
12	党政干部、专业技术人才及职业技能等培训项目	2011～2019	3763.37
13	援疆干部人才宿舍楼	2012	500
14	旅游产业扶持项目	2012	600

续表

序号	项目名称	援助时间	援助资金
15	泰州大道	2012～2013	4002.53
16	木扎尔特路	2012～2013	375.18
17	环保监测执法业务用房	2012～2013	180
18	县计划生育世代服务中心	2012～2013	180
19	县委党校宿舍楼	2012～2013	600
20	“六大行动”计划项目	2012～2013	159.83
21	小洪纳海自来水厂	2014～2015	2100
22	南城区幼儿园	2014～2015	1800
23	县劳动就业服务中心	2014～2015	1031
24	白马旅游服务区、乌孙山旅游服务区	2014～2015	2200
25	县妇幼保健院	2014～2016	2575.1
26	泰州高级中学	2014～2019	15037.66
27	产业招商推介项目	2014～2019	763.65
28	天马文化产业园	2015～2016	7484.5
29	食品工业园区	2016	2700
30	灯塔知青馆旅游建设项目	2016	120
31	交往交流交融项目	2016～2019	259.48
32	区外高校就读贫困生补贴项目	2016～2019	810.75
33	喀夏加尔镇乌克勒加尔村生态环境综合治理渠道工程	2017	179.1
34	喀夏加尔镇乌克勒加尔村农田砂石道路	2017	64
35	水冲式旅游公厕	2017	395.34
36	喀夏加尔镇哈萨克民俗文化馆细君公主展厅	2017	50
37	救灾补助资金	2017～2018	279.55
38	夏塔景区基础设施配套工程	2017～2018	2195.56
39	乡镇卫生院（室）	2017～2018	1779.34
40	县客运综合服务中心及配套工程	2017～2018	3074.32
41	产业引导资金	2017～2018	733.9
42	农牧民创业就业基地	2017～2018	883.3
43	县中医医院	2017～2019	3497.16
44	贫困乡村饮水安全工程	2018	350
45	乡镇学校功能提升工程	2018	316.05
46	县人民法院科技法庭	2018	64
47	昭苏镇吐格勒勤布拉克村“印象灯塔·红色小镇”旅游发展项目	2018	150.66

续表

序号	项目名称	援助时间	援助资金
48	深度贫困村发展畜牧业精准扶贫项目	2018	70
49	县伊犁马室内调训中心设计项目	2018	89.89
50	贫困乡村基础设施	2018～2019	680
51	支教教师保障项目	2018～2019	621.79
52	南城区学校（昭苏县第四中学）	2018～2019	8000
53	污水处理厂提标改造工程	2018～2019	1456.74
54	整村环境整治及道路提升改造工程	2018～2020	4179
55	学校消防设施提标改造工程	2019	432.58
56	县传媒中心设备	2019	200
57	远程教育站点设备	2019	200
58	萨尔阔布乡萨尔阔布村文化广场	2019	83.19
59	县马产业项目	2019	150
60	县商品检验检测系统升级改造项目	2019	77.82
61	旅游季综合配套项目	2019	320.42
62	乡村旅游节点建设项目	2019	490.19

说明：表中所列项目为单次投入或累计投入援助资金50万元以上项目。

【链接】在天马故乡，江都细君公主的千古佳话正续写动人新篇——昭苏，江苏援疆的一个缩影

泰州援疆工作组组长、昭苏县委副书记沙顺喜告诉记者，通过产业援疆、民生援疆、人才援疆多管齐下，如今的昭苏社会稳定，和睦发展，并荣列“全国优秀平安县”，成为江苏援疆工作成绩斐然的一个缩影。

产业援疆，着重吸纳当地农牧民就业

近期，泰州援疆工作组牵线搭桥、招商引资的两个项目正加快建设：一是投资2亿元的江苏大酒店，这是昭苏第一家四星级生态园林酒店；二是投资4000万元的有机复混肥项目，昭苏百万头牛羊马粪便有了“出处”。然而援疆工作组更看重的，是这两个项目将带来的600多个就业岗位。

“就业是民生之本、稳定之基，我们把吸收群众就业作为检验产业援助实效的重要标准。”沙顺喜介绍，昭苏有6万头褐牛、百万尾羊，长期处于自养、自繁、自销阶段。为此，泰州援疆工作组投入援助资金建设食品工业园，不但延长农畜产品产业链，还可带来两三千个就业岗位。县里精心打造的多条旅游示范街，也可吸纳大批商户和居民就业。“你要知道，昭苏县城才3万人口，这些产业项目将解决多大的就业比例！”

昭苏是伊犁唯一没有荒漠的县，天山雪线绵延，牧场一望无际，吸引了各地游客。泰州援疆工作组因地制宜，引导、扶持农家乐、牧家乐。记者在牧民乌兹迪亚尔毡房做客，桌上摆上了瓜果、羊肉抓饭和手抓羊肉，乡里的民族小乐队前来助兴，客人和乐队跳起了民族舞。乌兹迪亚尔兴奋地说，每逢旅游旺季，乌孙山上每天停放四五千辆私家车，农家乐、牧家乐家家爆满，每

天都有两三千元的进账，做一季吃一年。

昭苏县委书记钱志福介绍说，大草原里放养着10万匹被汉武帝誉为“天马”的伊犁马，援疆办为此投资建设天马文化产业园，开建乌孙山、夏塔两个旅游服务区。今年7月“昭苏国际天马旅游节”期间，2万多名各地游客涌来昭苏，本地酒店和农家乐都接待不下。

项目援建，优先解决群众急需急盼

今年7月，昭苏县南城区幼儿园、妇幼保健院、小洪纳海自来水厂等4个援疆项目集中开工，目标直指“入园难”“看病难”“饮水难”这些民生实事。

自去年8月进驻昭苏后，泰州援疆干部广泛调查摸底，发现胆结石是当地常见病，原因是水质硬、矿物质含量高，水源人畜共用。为让居民喝上干净卫生的饮用水，援疆工作组立项建设日处理2万吨的自来水厂。援昭干部还了解到，当地妇幼保健医疗缺乏，妇女生育要到州上去，妇幼保健院很快立项建设。

居民所盼，就是援建所向。泰州援建项目还包括高级中学，可容纳师生2400人；惠及3000户居民的安居富民工程，让农牧民从土坯房迁出，住上干净敞亮、生活配套的居民点。

“援建真是缺什么补什么，我孩子上幼儿园不愁了。”阿孜古丽的5岁女儿每天要走两公里路才能到最近的幼儿园，明年漂亮的昭苏幼儿园开学，她的孩子可以就近入学了。

人才培训，为昭苏装上“自己的发动机”

今年“三八”节，到昭苏育英中学支教的王颖老师收到学生阿合旦木的红玫瑰，“阿合旦木是在妈妈的指导下手工制作的，说我从那么远的地方来教他们，想表达她的心意。”

王颖教两个班92名学生数学，学生中有维吾尔、哈萨克、蒙、回等近20个少数民族。“孩子们的名字都很长，我用三天时间强记，把他们的名字全记住了，看我准确地叫出他们的名字，学生很快接受了我。‘五一’我回了趟家，回来后大家情不自禁地拥抱了我。”

像王颖老师这样，泰州援疆干部做昭苏人、说昭苏话、干昭苏事。记者采访援昭干部，谈到昭苏，他们张口闭口已是“第一人称”了：我们昭苏如何如何美，我们昭苏如何如何好，完全把自己当成昭苏人了。

钱志福告诉记者，“昭苏发展要装上自己的发动机，还是要培养留得住、用得上、本土化的人才。”为此，泰州援疆办计划三年组织千名昭苏干部到泰州挂职锻炼、跟班学习，今年5月19日，首批37名昭苏干部到泰州跟岗培训。

（原文刊载于2014年10月15日《新华日报》，本文有删节）

【链接】泰州昭苏一家亲——丝路信使眼中的援疆情

8月26日，参加2019丝路信使国际自行车赛的八名自行车手顺利抵达昭苏，开始了为期四天的体育交流、文旅推广、教育公益、名医义诊之旅。

昭苏是丝路信使国际自行车赛国内赛段永久终点，组委会连续3年到达这里，都会与援疆干部交流、与本地骑友互动、与昭苏群众沟通。作为援疆工作的见证者，同时也是体育援疆的参与者，丝路信使比任何人对于泰州第九批援疆工作组3年来援疆工作的认识都深刻。

近3年来，31名泰州援疆干部人才用辛勤汗水、聪明才智和专业知识服务昭苏，与各族干部群众建立了深厚的感情。他们作风扎实，思路开阔，全方位拓展援疆工作领域，取得较好工作成绩。

2017年，江苏恒地文体发展有限公司董事长蒋凯积极响应市体育局创新“体育援疆”思路，计划在两地之间举办自行车赛，架起两地友谊之桥。2017年3月进行实地探路活动，对于赛道路况、线路设置、路途安全等进行多方面勘探、评估。3月的昭苏冰天雪地，白茫茫一片，第一次来到昭苏的蒋凯方才知道，昭苏年均气温只有4.3℃，无霜期不足100天，有效施工期不足5个月。但是，泰州援疆工作组不畏艰难，仅用2天完成压茬交接，再用半个月踏遍昭苏12家乡镇场，确保按照序时完成援建项目。

丝路信使国际自行车赛历经的3年，也是泰州援疆工作组付出的3年，他们聚焦昭苏群众最关心最直接最现实的利益问题，既尽力而为，又量力而行，组织实施援疆项目73个，投入援疆资金5.15亿元，其中民生项目占比达88.6%，泰州援疆资金总量和项目总数在全省名列前茅。

泰州援疆工作组以项目为抓手，聚焦脱贫攻坚和民生改善。围绕住有所居，3年投入9531万元建设安居富民和定居兴牧工程，受益农牧民达8093户。昭苏县1821户贫困户住房问题已全部解决。围绕就业优先，着力强化技能培训，完成农牧民实用技术培训6900人次、技能培训1500人次。着力优化就业服务，开展“春风行动”“就业扶贫百村行”等活动28场次，开发就业岗位707个，收集发布就业信息1479条，新增928名贫困劳动力实现就业。围绕弱有所扶，工作组31名干部人才结亲帮扶贫困户61户，个人捐资捐物达4万元左右。结合“结亲周”活动，积极开展“暖心煤”发放活动，连续两年让3个乡镇贫困户切身感受到了党的温暖、援疆情怀。每到6月份，昭苏县多个乡镇场便会不同程度遭冰雹袭击，受灾农作物面积达6万亩，工作组连续两年专门申请安排救灾资金共计300万元，救济因灾困难群众生活。3年来，工作组与县委县政府一起，多措并举、多方施策，帮助建档立卡的1479户4656人脱贫。

在泰州援疆工作组的精神感召下，丝路信使组委会连续3年在昭苏推动公益项目，持续关注贫困地区教育事业，帮助更多优秀学子圆求学梦想，如“1001个幸福微心愿圆梦项目”。

在投入8000万元新建的南城区学校，丝路信使看到了一座即将竣工的现代化美丽校园，泰州援疆工作组副组长、昭苏县副县长全冬明日夜坚守，确保工程进度。这只是泰州援疆工作组找对支点精准援建的一个缩影。近年来，为了能让昭苏群众有一条“好出路”，建成投用县客运中心，实施5个贫困村道路建设项目；为了能让昭苏群众就读、就医有一个“好环境”，建成县中医医院康养中心和5个乡村卫生院。全冬明表示，援建项目注重适应“近”的需求，目前加快推进17个村级服务中心建设，努力让公共服务“一个也不能少”，有效打通密切联系广大牧民的“最后一公里”。

旅游推介是丝路信使国际自行车赛支援昭苏的另一着手点。昭苏有着丰富的旅游资源，富有传奇色彩的夏特古道不仅有人文景观，也是一处风景优美的旅游胜地。奇异壮观的木扎尔特冰川，吸引各地疗养者的夏特温泉以及古松参天、野花遍地、蜂蝶起舞的库勒柯尔德克水帘洞等风景区，都有着发展旅游业的广阔前景。利用赛事广泛的媒体号召力和6000万的直播传播力，丝路信使大力宣传昭苏旅游，并参与到一年一度的天马节现场，实地推广昭苏观光产业。

泰州援疆工作组设立昭苏首个产业引导资金，专项用于旅游商品及包装开发、农牧家乐创星等扶持奖励，开发“昭苏有礼”6大系列150种旅游商品；夏塔景区电力工程、各景区标识标牌等基础设施基本完善。积极推进“十万江苏人游伊犁”、夏塔景区创5A等工作。积极利用“天马国际旅游节”等重大活动引爆旅游营销，促成昭苏县与56家旅行社签订合作协议。2018年，来昭游客同比增长30.6%，旅游收入增长34.1%。2019年，昭苏以自治区第一名的身份成功入围全国全域旅游示范区。

3年来，泰州援疆工作组以交融为目标，强化智力援疆和交流交往，坚守民族团结生命线，坚持从社会最关注、群众最关切的教育、医疗等工作做起，自觉发挥好桥梁纽带作用。因“体育援疆”应运而生的丝路信使国际自行车赛是联结泰昭的若干“连心桥”中的一座。

一直以来，丝路信使关注医疗援疆，推动上海市第一人民医院眼科医师刘焰等全国知名医师赴昭苏义诊。据了解，泰州援疆工作组通过现场指导、实践操作等多种方式带教当地医疗人才，“扶帮带”本地医疗专业人才32人；深入牧区开展免费诊疗、健康体检等服务；接诊病人12400余人次，救助危重病人198例，实施手术953台。

此外，泰州援疆工作组还制定、落实万名教师援疆援藏计划，充分发挥“组团式”教育援疆优势，全力办好“泰州班”，积极实施“1+X青蓝工程”。

“能为新疆留下什么？”是泰州援疆工作组与丝路信使交流中不断提到的问题。全冬明说：“人才引进是援疆工作第一步，更为重要的是人才培养。”为让援疆工作从“输血式”走向“造血式”，泰州援疆工作制定细化年度人才培训、交流交往计划，3年投入1720万元，助力培养昭苏党政干部、教育、医疗卫生人才2340人次，使他们在工作岗位上能够独当一面。

关山万里援疆情，泰昭相连一家亲。未来，丝路信使与泰州援疆工作组一道，继续做奉献昭苏的“石榴籽”。

（原文刊载于2019年9月3日中国江苏网，本文有删节）

【链接】泰州万里越关山　牧歌昭苏写芳华——泰州市对口支援昭苏县十年侧记

3600多个日日夜夜，十度春夏秋冬，泰州援疆干部压茬推进，坚持一张蓝图绘到底，一批接着一批干，一棒接着一棒跑，跑出了经济发展的“加速度”，跑出了各族群众的“幸福指数”，把“泰州印记”镌刻在了昭苏发展改革的历史征程上。

直抵人心的民生之变

万里援疆，民生为重。十年来，泰州积极协调各项资金，聚焦“住房、医疗、教育、交通”四大民生工程，累计投入11.4亿元用于改善民生基础，让援疆的“一号工程”成为昭苏县居民能够实实在在感受得到的“红利”，住上了安居富民房、走上了柏油路、喝上了自来水……因为泰州援疆支持，这些“民生红利”成为昭苏各族群众的“标配”。

“从没想过我们能住进这样舒适的房子，彩钢封顶又能防震，这是党的好政策和泰州援疆带给我们的好生活。”昭苏县卡拉苏镇阿亚克卡拉苏村托肯·努尔哈斯木说。在援疆资金的支持下，昭苏县建成了像托肯·努尔哈斯木家这样的安居房10593套，同时改扩建定居兴牧点1060户，推进县城棚户区改造440户，牧民告别游牧生活，“城中村”老大难问题有效解决。

居者安其屋，患者能其医，幼者有其教，是泰州援疆工作组坚持民生优先的援疆理念。80%的援疆资金用于民生建设，泰州高级中学、幼儿园、妇幼保健医院、中医医院康养中心、游客服务集散中心……一项项事关各族群众福祉的民生工程建成投用，一个个群众关心的问题得到妥善解决，泰州对口援疆的精准发力，让昭苏县的医疗、教育、社会保障水平得到跨越式提升。

高速轨道的产业之变

10月30日，昭苏县农牧业和旅游业项目推介会在江苏泰州召开，"德胜"水晶粉、"昭露"菜籽油等一批昭苏特色农产品在"县长直播间"引起广泛关注，得到了泰州人民的青睐和点赞，两个小时的带货量达20余万元，线下的订单也是收获满满。

聚焦昭苏县经济发展重点领域，泰州援疆大力推行"走出去""请进来"战略，先后分批次邀请520余人次江苏客商来昭苏考察投资，举办招商推介50余次，江苏大酒店、亚高原温泉城、中房牧业有机复混肥项目、昭苏县城南旅游商品一条街、中蕴马业项目等正式落地。8次赴北京争取国家部委政策支持，成功将昭苏纳入全域旅游示范区，昭苏旅游在国内的影响力和知名度大幅度提升。

集马产业研究院、博士后流动工作站和马产业信息平台于一体的天马文化产业园是泰州援疆的重大项目，为助推昭苏马产业"跑起来、强起来"，泰州援疆工作组策划了《天马特色小镇旅游总体规划》，与武汉成功签订《鄂疆马产业发展合作协议》，争取新疆中蕴马产业公司落地昭苏，拉动了马产业新发展，为昭苏经济社会发展和带动各族群众就业增收发挥积极作用。

泰昭两地的融情之变

远处蓝天白云，山顶云雾缭绕，上千亩高山牧场牛羊成群，充满诗意的美景让"泰州丝路信使"的自行车车手们直呼过瘾。伴随着热烈的欢呼声和载歌载舞的表演，在昭苏当地的人群簇拥中，来自泰州的11位信使将载着泰州人民深情的信件送至昭苏。因"丝路信使"的到来，这段因泰州援疆而产生的跨越万里的友谊使两地人民愈加紧密相连。

"丝路信使"只是泰昭两地情谊的一个缩影。自泰州援昭以来，大力推进两地机关、企事业单位和群众交流交往活动，88对机关单位、学校、医院建立了立体式、多层面的合作共建关系，近千次文化交流和融情夏令营活动、1000余万元的帮扶资金，把"天山青松根连根，泰昭人民心连心"的深情厚谊根植于两地的各族群众心中。

交流交融，久久为功方能强基固本，智力援疆、人才援疆是提升昭苏发展软实力的关键。为此，泰州援疆大力推进"引智""培英""励才"三大工程，通过资金支持，充分调动后方资源，柔性引进名医、名师和名专家165名。以实现"党政干部、专业技术、农村实用"人才培训全覆盖为目标，实施培训项目325个，为昭苏培养了一支"引得进、留得住、用得上"的本土化人才队伍。

星光不忘赶路人，边疆十载映初心。十年来，泰州援疆干部日夜奔波，从项目建设的施工现场到服务群众的最前沿，从春雨阵阵到冬雪皑皑，处处留着他们跋涉的足迹。他们用赤诚淬炼了舍家报国、忠诚担当、团结奉献、创新奋进的援疆精神，用忠诚、实干、奉献交出了一份提神提气的"泰州援疆工作答卷"。

（原文刊载于2020年12月18日"伊犁组工"微信公众号，本文有删节）

附：

第十批援疆工作综述

第十批泰州市共选派32名干部人才对口支援昭苏县，其中党政干部8人、教师2批14人、医生2批8人、其他专业技术人才2人。选派2批30名“援藏援疆万名教师支教计划”教师到昭苏县等地支教。柔性引才21人。3年援助资金5.99亿元，共实施项目35个，其中保障和改善民生类9个、产业援助促进就业类15个、智力援助类4个、文化教育类5个、交往交流交融类2个。

因工作成绩突出，泰州市援疆工作组被省委、省政府表彰为“全省脱贫攻坚暨对口帮扶支援合作工作表现突出的集体”，夏朝云、梅国华、李建民被省委、省政府表彰为“全省脱贫攻坚暨对口帮扶支援合作先进个人”。

围绕“巩固脱贫攻坚，推动乡村振兴”主线，严格按照援疆资金80%投向民生、投向基层要求，建成一批教育、医疗、公共服务等民生工程。至2022年11月，12个基建项目中8个完成竣工验收，2个主体完工。投入援助资金4120万元，续建昭苏县第三中学和第四中学综合楼、教学楼、风雨操场等设施，加大校园文化和美化建设力度，提升教育教学环境。投入援助资金3500万元建设的昭苏县中医医院标准化用房和检验检测设施投入使用，老百姓就诊环境得到较好改善。投入援助资金9960万元建设的昭苏机场连接线道路（G577）建成通车，为游客出行提供更加便利的交通条件。

泰州市第十批援疆干部人才合影（2022年摄）

昭苏县第四中学（2022年摄）

依托昭苏旅游业、农牧业、马产业三大特色产业，围绕建载体、抓招商、创品牌、拓市场4个方面，致力完善产业体系，不断增强受援地经济发展的“造血”功能。加强园区功能平台建设，近亿元援疆资金持续投入昭苏县现代农业科技示范园、天马旅游文化园、现代屠宰线、水晶粉生产装备线“两园两线”，为特色产业集聚发展提供平台支撑。其中，现代化屠宰线的投产，改变昭苏县不能批量进行畜牧屠宰的困境，为广大牧民节约运输成本，增加经济收入。建设察汗乌苏乡创业就业基地、乌尊布拉克乡和昭苏镇创业就业孵化基地，着力打造全民创业、百姓就业的孵化平台。加强产业体系平台建设，设立2000万元产业引导资金，撬动社会资本跟进投资。鼓励10个乡镇和2个马场利用自身土地存量优势，推进乡镇公司化种植养殖。构建“公司+专业合作社+经纪人+农户”的紧密型合作架构，提高农牧业发展组织化程度。投入援助资金8904万元，建设“卫星工厂”。开展上门招商、精准招商，签约项目11个，壮大拉长昭苏产业链条。其中，房车野营和工艺设计加工2个项目建成投入运营，玉湖和“好物疆至”2个项目稳步建设，夏塔和天马旅游文化园2个酒店项目深化设计，野雪公园项目完成选址。举办昭苏县旅游推介和农牧产品展销会，将昭苏马、牛、羊、土豆、菜油、蜂蜜等特色农牧产品捆绑打包，打造“牧歌昭苏”区域公用品牌。利用昭苏拥有千万亩优质草场和百万亩肥沃耕地等先天资源优势，与生态环境部南京环境科学研究所签订战略合作协议，计划用3年时间完成土壤修复，创成生态有机示范县品牌。获批全国有机食品基地建设示范县（试点）。褐牛、哈萨克羊、菜籽油、马铃薯4个品类进入全国名优特农产品目录。高淀粉马铃薯、六瓣红大蒜、高芥酸油菜、昭苏天马4个品类被认定为国家地理标志品牌，争取项目扶持资金600万元。在泰州建立4个销售网点，将新疆、昭苏优质农副产品推向泰州市场。充分利用泰州报业集团平台资源，实现销售近1000万元。推进昭苏全域旅游产业规划、宣传策划、活动计划，大力推动天马旅游文化园国家级5A级旅游景区和夏塔国家级旅游度假区申报工作，为全县旅游业发展作出贡献。

泰州市援疆工作组与昭苏县委县政府共同谋划，提出“以马产业为牵引、以旅游业为依托、以农牧业为支撑”的经济高质量发展体系，即：马产业高端化、专业化、宠物化，旅游业全域化、全季化、全时化，农牧业有机化、规模化、标准化。在马产业高端化方面，引进中牧集团旗下东方马都国礼马的冻精，在昭苏马场繁殖；在马产业专业化方面，多方争取资金，筹划扩建马术学校，培养专业人才，以此培训专业的马，让昭苏的马走出去，进入俱乐部、进入景区；在马产业宠物化方面，投入部分资金，由军马场采购英国和美国小马种，加以繁殖，争取让其进入家庭和大型商超；在农牧业有机化方面，邀请生态环境部南京环境科学研究所，帮助做出规划，到2023年首先实现局部有机，之后接续扩大规模，向全域有机迈进；在规模化方面，与中国畜牧业协会合作，着力引进大型养殖企业；在标准化方面，引导企业参与行业标准制定，并实行智能化改造。在旅游业方面，围绕全季化引进冰雪企业，围绕全时化加大投入，加强招商，为景区赋能升级，扩大业态，特别是夜间业态，向24小时服务方面努力。

坚持把智力援疆作为工作重点，让教育援疆、医疗援疆和科技援疆的泰州品牌在昭苏大地熠熠生辉。突出教育优先。以第十批援疆人才中期轮换为契机，邀请教育专家带领团队，围绕高中语文、数学、英语学科，到昭苏县进行专题培训。共享泰昭两地优质教育资源，通过泰州教育云平台、“泰州师说”等空中媒体，分层分类、分级分段进行业务和师德方面综合培训。集中全县优秀高三学生组建“泰州凤凰班”，援

2020年6月11日，泰州市援疆教师在昭苏县泰州高级中学辅导学生

疆教师主教各门学科，在做好示范引导的同时，致力打赢昭苏教育翻身仗。加大泰昭教育交流力度，组织昭苏县教育局和各级学校主要负责人到泰州实地调研考察，优选与昭苏实际情况相近的学校，作为昭苏教师批量跟班学习基地。对接江苏师范大学，将昭苏作为研究生实习基地，解决师资不足和教学质量不高问题。引进泰州教育品牌“泰微课”，通过“线上送培”“青蓝工程”“空中云班会”等形式，培训受援地教师3700余人次。强化医疗援疆。援疆医生累计完成各类手术1000余例，诊疗患者5000余人次，开展讲座200余场次。开通泰昭远程会诊医疗服务系统，与昭苏人民共享优质医疗资源。援疆医生李建民带头组建昭苏县人民医院导管室，由其主刀的第一例急性心肌梗死救治手术被新华社、人民网及自治区、伊犁州媒体报道。心内科累计完成介入手术232例，救治20余例急性心肌梗死，无一例死亡，为昭苏县人民医院创建胸痛中心打下基础。妇产科医生全年完成手术238例，包括全子宫切除、子宫肌瘤剥除、腹腔镜下宫外孕和卵巢肿瘤切除手术，完成剖宫产140余例。重症监护室（ICU）医生参加指导重大抢救30余例，完善重症监护室（ICU）工作流程和抢救规范，指导各类高端检测救治仪器的规范使用。儿科医生接诊患儿30余人，收治新生儿40人，抢救新生儿窒息2人，有效降低新生儿死亡率。力推科技援疆。通过联合科研院所、柔性引才、培训培养等形式，加强科技扶持。围绕昭苏农业增效、农民增收，借力高校、研究所等，植入科技元素，提升昭苏农牧产品价值链。针对昭苏黑土地、高钙特征，联合南京农业大学深入研究土壤成分，重点研究现有种植品类如何提升亩均产量，开发开拓更多市场需求量大、附加值高的农产品。针对昭苏是畜牧业大县，防疫风险大的实际，加强与江苏农牧科技职业学院联系，开展畜牧兽医人员培训、人才供给、疫情防控、科技研发等方面合作。针对昭苏中草药种植量较大，邀请南京中医药大学和江苏省中医院专家组团到昭苏，结合市场需求，重点就现有种植品类的指标含量、市场风险进行研究，对当前的道地药材进行研究取舍，开辟适应市场需求、适合当地土壤的中医药种植新路径。推进“引智工程”。引进名医、名师、名专家93人，涉及农牧科技、医疗教育、文化旅游等行业领域。柔性专家人才在完成既定课题任务的同时，采用“1+X”模式结对培养当地干部人才230余人。公开选拔40余名优秀干部人才赴江苏等地深造，评选40名当地名师、名医、名专家。采取集中选派、挂职锻炼、跟班学习、就地培训等形式，实施党政干部、专业技术、农村实用人才培训项目395个，累计培训2.6万人次。

3年来，两地党政机关互相考察交流86批936人次，园区、村（社区）、企事业单位考察交流26批282人次，两地50余家机关事业单位建立合作关系，实现昭苏所有学校医院与泰州结对共建全覆盖。组织“小援疆”资金近2000万元，泰州一批协会和企业累计向昭苏捐款捐物900余万元。2020年疫情暴发初期，累计筹措口罩30万只、手套20万副、咽拭子4万套、防护服8000套、核酸提取试剂5万份及酒精、消毒液、泡腾片等物资，价值超过400万元，捐赠总量和质量均居全州第一，解决昭苏防疫燃眉之急。2022年疫情期间，紧急调拨700万元购买10辆负压救护车、10座核酸工作站和6台全自动分杯处理系统，缓解昭苏县核酸样本采集和转运隔离人员力量不足的困难。

2022年1月5日，泰州市援疆工作组为先心病儿童捐款

2022年1月6日，春节前夕，泰州市援疆工作组开展『民族团结一家亲』活动

泰州市援助昭苏县部分项目情况表

单位：万元

序号	项目名称	援助时间	援助资金
1	安居富民工程	2020	500
2	泰州高级中学续建工程	2020	160
3	昭苏镇灯塔旅游节点提升工程	2020	73
4	阿克达拉镇综合服务大厅附属配套设施	2020	50
5	产业发展引导资金	2020	2000
6	农产品加工生产线升级改造项目	2020	800
7	洪纳海镇克孜勒加尔村发展畜牧业精准扶贫项目	2020	100
8	农村健康卫生生活方式培养项目	2020	240
9	防疫物资捐赠项目	2020	230
10	重点项目保障服务项目	2020	150
11	县第四中学续建工程	2020～2021	2920
12	县中医医院标准化用房	2020～2021	3500
13	天马旅游文化园	2020～2021	500
14	现代农业科技示范园	2020～2021	4000
15	脱贫攻坚巩固提升城乡规划编制项目	2020～2021	200
16	昭苏机场连接线道路（G577）	2020～2022	9960
17	乡镇创业就业基地	2020～2022	3150
18	“卫星工厂”建设项目	2020～2022	8904
19	产业招商推介项目	2020～2022	830
20	党政干部、专业技术人才及职业技能等培训项目	2020～2022	1697
21	区外高校就读贫困生补贴项目	2020～2022	600
22	支教教师保障项目	2020～2022	990
23	交往交流交融项目	2020～2022	460
24	胡松图喀尔逊乡喀拦苏村美化亮化环境综合整治工程	2021	50
25	喀夏加尔镇别迭村巷道提升工程	2021	260
26	发展规划编制项目	2021	300
27	农房抗震防灾改造工程	2021～2022	728
28	平定准噶尔勒铭碑本体及保护碑亭抗震改造加固工程	2021～2022	300
29	肉制品深加工项目	2021～2022	2000
30	马产业提档升级项目	2021～2022	4000
31	畜牧产业扶持项目	2021～2022	2350
32	航线补贴项目	2021～2022	710
33	县第三中学综合楼	2022	1200
34	人居环境整治工程	2022	1748

说明：表中所列项目为单次投入或累计投入援助资金50万元以上项目。

第十三节 淮安市对口支援新疆生产建设兵团第七师

市第九
疆工作
纪实

2012年,新疆生产建设兵团农业建设第七师更名为新疆生产建设兵团第七师(简称七师)。七师位于新疆准噶尔盆地西南部奎屯河流域,辖区分布在奎屯市、乌苏市、克拉玛依市及沙湾县、和布克赛尔蒙古自治县等地,面积4525.21平方千米。2019年,设立胡杨河市,与七师实行师市合一管理体制。

根据新一轮对口援疆工作部署,2010年8月,淮安市成立对口支援新疆生产建设兵团农七师领导小组,并设立前方工作组。2017年,根据兵团党委提议,江苏将援疆工作向兵团一师一团和二师三十六团延伸,其中淮安市对口支援一师一团。2010年12月至2019年12月,淮安市先后选派4批167名援疆干部人才,共实施项目294个,累计投入援助资金13.6亿元。

淮安市援建工作面向基层、面向民生、面向脱贫攻坚,援建项目涉及医疗、教育、卫生、基础设施配套等多个领域。援建资金重点投向民生领域,着力解决教育、医疗等团场职工群众最关心的民生问题。实施保障性住房项目,进一步改善团场职工居住条件;援建胡杨河市高级中学、胡杨河市职业技术学校、胡杨河市人民医院及七师医院、中医医院等,提升受援地教育、医疗服务水平;建成胡杨河市便民服务中心等,推动民生事项实现"马上办、网上办、一次办"。把改善投资环境和扩大招商引资放在经济工作重要位置,推动五五工业园区高新科技孵化园、淮安园标准化厂房建设,把七师资源优势转化为发展优势。紧盯贫困团场脱贫摘帽,援建一师金银川镇一团少数民族连队创业园,为一团各族群众提供就业岗位、增加家庭收入。围绕七师人才技术需求,实施人才培训、深化交流合作,实现两地优势互补,为当地经济社会发展提供内生动能。

一、民生援建

淮安市坚持把保障和改善民生作为对口支援工作首要任务，实施教育、卫生、保障性住房、基层公共服务设施等一大批民生项目。

2011～2013年，在5个团场援建保障性住房10142套和部分供热及环境整治等配套工程，解决团场职工3万余人住房问题，推进七师城镇化建设步伐，实现全师80%以上团场职工集中居住目标。把改善群众医疗教育条件作为重要民心工程，投入援助资金4500万元，援建建筑面积2.9万平方米的师医院现代化门诊综合楼，改善患者就医环境；投入援助资金1780万元，在七师高级中学和一二三团中学援建学生宿舍楼3幢，解决2000名学生住宿问题；投入援助资金1000万元，对团场3所中小学教学楼进行抗震

兵团七师一二三团保障性住房（2013年摄）

兵团七师一二三团廉租房小区（2013年摄）

兵团七师一二五团廉租房小区（2013年摄）

兵团七师一二四团廉租房小区（2013年摄）

兵团七师一三〇团廉租房小区（2013年摄）

兵团七师胡杨河市职业技术学校（2019年摄）

兵团七师胡杨河市高级中学（2019年摄）

兵团七师一二七团医院（2020年摄）

加固改造，给师生创造安全敞亮的学习环境。实施团场小城镇、小区基础设施配套和环境整治工程，补助5个团场基础设施建设和环境整治资金，援助4个团场小区规划设计，改善团场居住环境。把强化基层公共服务设施建设当作固边强边重要举措，投入援助资金1550万元，在9个团场援建10个社区及重点连队党群活动中心和1个职工文化活动中心，为基层组织建设和丰富群众文化生活提供场所。

2014～2016年，投入援助资金2000万元，补助建设2000套保障房，每户补贴1万元，解决团场职工住房问题。投入援助资金2.58亿元，建成胡杨河市高级中学、胡杨河市职业技术学校和奎屯市职业技术学校新校区，完善教育设备设施，为七师青少年求学、成长提供更加优越的条件。建成青少年活动中心，为七师青少年提供校外活动场所，促进学校教育和校外教育有机结合和协调发展。继续援建七师医院综合楼，推动七师医院创建二级甲等医院。投入援助资金651万元，实施一二六团医院门诊综合楼抗震加固工程。投入援助资金5850万元，建设胡杨河市广电传媒中心，推动文化交流。实施胡杨河市福利院项目，建设集老年公寓、老年大学、老年活动中心等功能于一体的养老院。

2017～2019年，实施一二八团保障性住房基础设施和环境整治项目、一三〇团连队安置房建设项目，改善团场基层职工居住条件。改善部分学校设备条件，建设一三七团扶贫教育培训综合楼。实施胡杨河市人民医院、七师中医医院及部分团场医院等项目建设，极大改善医疗条件和就医环境，提高七师整体医疗技术水平。投入援助资金5250万元，建设胡杨河市便民服务中心，填补师市政务服务空白，助力师市推进行政审批制度改革，优化发展环境。

兵团七师一三〇团社区党群活动中心（2013年摄）

二、产业援建

淮安市将产业援疆放在突出位置，帮助受援地培育产业。

2011～2013年，实施招商项目28个，总投资200亿元，到位资金15.5亿元，带动就业600余人。先后组织推介会15场次，邀请江苏省内外企业、商会到七师考察洽谈。启动建设七师五五工业园区，投入援助资金1亿元，采用BT（建设—转让）模式，援建

2010年6月24日，江苏今世缘酒业有限公司与兵团七师一二九团签订经济合作意向性协议

2012年2月29日，兵团七师2012（淮安）招商说明会暨两地合作推进会在淮安召开

2018年7月18日，兵团七师五五工业园标准化厂房建设项目开工仪式

2018年11月14日，兵团七师举行招商恳谈会暨签约仪式

兵团七师五五工业园区高新科技孵化园（2019年摄）

兵团七师一三一团温室大棚（2013年摄）

面积5.82平方千米基础设施，达到“三通一平”（水通、电通、路通和场地平整）。投入援助资金600余万元，在一三一团援建2栋现代化牛舍和50栋节能日光温室。建设一三七团农副产品批发市场，推动七师特色产业发展。

2014～2016年，协助七师招商引资落地项目9个，到位资金28亿元；签约项目37个，计划投资218 亿元。2016年，投入援助资金2000万元，建设五五工业园区高新科

2017年，『淮安万人游伊犁』首发团启动仪式

技孵化园，建设1平方千米起步区基础设施及其配套设施。在江苏搭建电子商务对接交流平台，帮助七师农产品加工企业在江苏拓展销售市场，七师银桥乳业与天润乳业江苏代理商建立合作关系。组织七师农产品加工企业参加中国（淮安）国际食品博览会。

2017～2019年，招商引资落地项目7个，到位资金6.8亿元；签约项目12个，计划投资超30亿元。继续推进五五工业园区建设，投入援助资金1.43亿元，建设标准化厂房及给排水、消防等配套设施。其中，投入援助资金7329万元，继续建设孵化园，签约入园项目4个；投入援助资金7000万元，建设淮安园标准化厂房。投入援助资金724.99万元，实施一二四团创业就业街项目。投入援助资金2778.75万元，援建一师一团金银川镇少数民族连队创业园，推动淮安工业园区与一团联合共建产业园区，为一团少数民族贫困群众提供就业岗位，增加家庭收入。举办“百名企业家走进新疆”暨兵团七师招商恳谈会，组织七师参加厦门国际投资贸易洽谈会、中国西部国际投资贸易洽谈会等招商展会，扩大七师对外影响力。推动产业合作，牵头搭建电子商务对接交流平台，帮助七师农产品加工企业在江苏拓展销售市场。组织七师16家农产品加工企业参加中国（淮安）国际食品博览会，促成大漠蓉臻干果有限公司与江苏名特优农产品展销中心有限公司签订新疆特级骏枣供销协议，销售额近100万元。协助大漠蓉臻干果有限公司成立上海那拉提食品有限公司，设立新疆农产品销售专卖店。开展“十万江苏人游伊犁”旅游援疆活动，率先组织旅游专列游新疆。在南京举办七师旅游专题推介活动，与江苏10家旅行社签订合作协议，宣传推介七师旅游业。淮安—乌鲁木齐开通直航后，在淮安机场举办百名企业家到七师投资考察暨包机游伊犁活动。通过包机、包（列）车、散（拼）客团、自驾旅游团等形式，组织游客3.2万人次到新疆旅游。

三、智力援助

淮安市聚焦人才援疆，充实七师基层技术力量，培养一批本土人才。2010年12月至2019年12月，先后选派4批91名党政干部，7批76名教师、医生等专业技术人才对口支援七师。2011～2019年，投入援助资金4637万元，实施人才培训项目，培训七师干部人才1.8万余人次。推动两地教育携手合作，通过引进名师团队提高教学质量、推进师徒帮带培养名师队伍、增进校际合作打造职校联盟等方式，助推七师基础教育和职业教育发展。援疆医生传帮带受援地医生321人，诊治病人2.75万人次，指导开展新技术、新项目30项，填补受援地医疗技术空白19项。

2011～2013年，围绕“名师造就”“带头人培育”“英才培养”等六大人才培养计划，组织实施干部人才培训项目57个，为七师培训党政干部、专业技术人才、企业经营管理人才5800余人次，其中到淮安市等地学习培训、挂职锻炼、跟班学习2470余人次，柔性引进高层次人才30余人。援疆教师坚持以课堂教学为主阵地，在“新、实、活”上下功夫，着力提高课堂教学效果。援疆教师作品《点电荷的电场》在全国课件软件设计大赛中获一等奖，填补兵团此类奖项空白。同时，推行“学案导学”教学模式和“微型课题”研究，着力提高学校教研水平。双休日开展“情满天山”送课到团场活动，累计送课200余场。援疆医生累计诊治病人6000余人次、查房6360人次、病理学诊断近6000例，主持和参加各类手术900余例，手术麻醉100余例，转运儿科危重病人30余次，巡回医疗和义诊10余次，有8项新技术填补七师医院空白，为患者带来福音。开展“爱在七师”送诊到连队，义诊5000余人次。

2011年6月28日，淮安市第七批援疆干部人才『七一』前重温入党誓词

淮安市援疆教师辅导兵团七师学生建模（2011年摄）

淮安市援疆医生为兵团七师群众义诊（2011年摄）

2014～2016年，围绕受援地人才需求，加大实用型、紧缺型人才选派和培养力度，促进干部人才队伍素质提升，打造一支“带不走”的人才队伍。实施干部人才培训项目27个，将550名七师干部、职工送出去参观、考察、轮训，打好七师加快发展的智力基础。打造柔性引才平台，引进高层次人才5人。选派6名名师到七师，直接组建“淮中班”并授课，通过“师徒结对”培养20余名教学能手。发挥援疆医生“传帮带”作用，将30名医疗新手培养成技术能手。淮安专家医疗组多次送诊到团场、进连队、达牧场。援疆医生累计诊治病人7500余人次，指导开展新技术、新项目5项，填补受援地医疗技术空白4项。

2017～2019年，实施精细化人才培训，组织党政人才等培训项目27个，县处级党政正职等100人首次集中在清华大学研修学习；组织培训专业技术人员1万余人次；创新开展国企民企“双十强”企业家首次联合培训，支持兵地融合，安排专业骨干互派实训等项目。实施高层次柔性引才，累计引进高层次人才10人。援疆教师与七师教

2011年10月31日，兵团七师财政干部培训班在淮安举办

2013年4月13日，兵团七师在淮安举办文化建设专题培训班

2019年1月9日，兵团七师『鼓励创新，促进就业』能力提升专题培训班开班典礼

师开展教学研讨，开展双休日送课送教进团场巡回交流活动，带动培养七师20余名年轻教师成为教学能手。在七师医院和中医医院挂职的16名援疆医生，累计诊治病人4000余人次，开展会诊、疑难病例讨论及教学查房600余次，举办学术讲座及业务培训50余次，实施或指导手术400余例，填补诊疗技术空白8项。援疆医生还开展“爱在七师”巡回义诊，送诊送药到连队、进家门，让基层职工享受优质便捷医疗服务，累计义诊2000余人次。推动江苏护理职业学院与七师医院合作，为七师医院提供科研支持，帮助七师医院医生提升业务水平。

四、脱贫攻坚

淮安市推动援建项目、帮扶资金向贫困乡村、贫困人口倾斜。2012年，开展“暖心希望送爱心”活动，淮安市体育局、团市委等20余个市直部门、单位向七师捐款捐物，总价值355.6万元。市委统战部开展“光彩感恩行”活动，打造统战工作特色品牌。2013年，淮安市11个市直部门、单位先后向七师捐款捐物，总价值249万元，实现帮扶制度化、常态化。

2014～2016年，举办“真情暖七师·共圆中国梦”爱心活动，共募集扶贫资金59.2万元，受助群体覆盖全师10个团场，包括资助贫困优秀学生50人。每年安排20万元，

2011年8月26日，淮安市援疆工作组举行“暖心希望行动”资助贫困大学生捐赠仪式

2011年6月14日，淮安市援疆工作组与兵团七师共同举办『贫困母亲脱贫致富』项目启动仪式，并捐助100万元

淮安市援疆工作组举办兵团七师精准扶贫帮扶培训班（2018年摄）

资助20名团场贫困母亲脱贫致富。

2017～2019年，聚焦脱贫攻坚，助推七师困难职工脱贫奔小康。投入援助资金380万元，建设一三七团阿吾斯奇牧场冬窝子扶贫工程项目。安排800余万元专项资金，资助在区外高校就读的困难家庭学生700余人。每年投入援助资金20万元，实施贫困母亲帮扶项目，通过技能培训、扶持创业就业、发展生产等方式，帮助10名贫困母亲脱贫致富。开展结对帮扶，56名援疆干部人才全部参与“民族团结一家亲”活动，与65户少数民族家庭结为亲戚，经常性开展慰问、资助等活动，帮助他们解决生产和生活上的困难。2018年9月，七师实现脱贫摘帽。

五、交往交流交融

淮安市聚焦交往交流交融，拓展合作领域，实现深度融合。2011～2019年，两地党政领导互访40余次，两地60余个部门、单位开展对口交流，组团互访逾1400人次，签订对口合作协议50余份，各县区“小援疆”（指统一拨付援疆资金以外的由支援地相关单位、企业或个人捐赠的小额援疆经费）支援七师财物折合金额近5000万元。驻团联络员发挥桥梁纽带作用，使两地团县之间在交往交流、人才培训、民生实事等方面合作更加密切，成效更加凸显。在全国率先启动“一镇一连队、一村一社区”结对共建活动。组织开展两地文化共融、民间互访、温暖共送等活动。实施“四大工程”和“六个一”（交一个朋友、认一门亲戚、办一件实事、引一个项目、搭一座桥梁、提一条建议）活动。援疆干部人才全部参与“民族团结一家亲”活动，与各民族家庭结为亲戚。在结亲周等特殊节点，开展“援疆情·社区行”“心连心·一家亲”“交朋友”“办实事”和春节送温暖等活动，走访慰问贫困职工、困难家庭、孤困儿童、病患老人，帮助他们解决实际困难。

淮安市援疆干部走访兵团七师结对“亲戚”（2015年摄）

淮安市援助兵团七师部分项目情况表

单位：万元

序号	项目名称	援助时间	援助资金
1	一二三团中学宿舍楼	2011	480
2	一二四团职工文化活动中心	2011	400
3	一三一团奶牛场扩建工程	2011	600
4	援疆干部专业技术人才周转房	2011～2012	802
5	团场小城镇、小区基础设施配套和环境整治工程	2011～2013	5053
6	一三七团农副产品批发市场	2011～2015	800
7	五五工业园区启动区	2011～2015	10000
8	团连社区公共服务设施	2011～2017	1550
9	保障性住房	2011～2019	12180.27
10	党政干部、专业技术人才及职业技能等培训项目	2011～2019	4637
11	贫困母亲脱贫致富项目	2011～2019	160
12	一二四团中学及小学教学楼抗震加固工程	2012	640
13	一二七团中学教学楼抗震加固工程	2012	360
14	现代设施农业蔬菜基地节能日光温室	2012	400
15	产业援疆及产业合作项目	2012～2013	75
16	“六大行动”计划项目	2012～2013	91
17	七师医院综合楼及设备	2012～2016	4500
18	七师高级中学学生宿舍楼、浴室光电一体化改造工程	2012～2019	1450
19	七师奎屯职业技术学校新校区	2014	5263
20	一二六团医院门诊综合楼抗震加固工程	2014～2015	651
21	七师胡杨河市高级中学	2014～2016	6200
22	七师胡杨河市职业技术学校	2014～2016	14381
23	七师产业招商推介项目	2014～2019	788.4
24	七师胡杨河市青少年活动中心	2015	1500
25	七师贫困大学生资助项目	2015	382.8
26	七师胡杨河市养老院	2015～2017	1000
27	七师胡杨河市广电传媒中心	2015～2017	5850
28	驻团场七师联络员宿舍楼	2016	294
29	一二八团养老院	2016	50
30	一二三团养老院	2016	250
31	五五工业园区高新科技孵化园	2016～2019	9329

续表

序号	项目名称	援助时间	援助资金
32	交往交流交融项目	2016～2019	273
33	区外高校就读贫困生补贴项目	2016～2019	1217.2
34	一三七团医院综合楼	2017	800
35	七师中医医院医疗设备	2017	350
36	基层医院医疗设备	2017	500
37	一二七团医院综合楼、疾病预防控制中心	2017	565.56
38	一三七团扶贫教育培训综合楼	2017	545.44
39	奎东农场设施农业	2017	400
40	七师胡杨河市人民医院	2017～2018	4000
41	一师一团金银川镇少数民族连队创业园	2017～2019	2778.75
42	一二六团中学配套工程	2018	190.35
43	社区健身器材	2018	59.1
44	一二四团创业就业街	2018	724.99
45	一三七团阿吾斯奇牧场冬窝子扶贫工程	2018	380
46	五五工业园区淮安园标准化厂房	2018	7000
47	支教教师保障项目	2018～2019	411.16
48	七师中医医院污水处理站及地下管网改造工程	2019	108.84
49	一二三团医院综合楼	2019	740
50	一二七团医院基础设施配套工程	2019	325.61
51	奎屯河流域水利工程管理处基层服务中心建设项目	2019	190
52	一二五团养老院	2019	123
53	一二九团吸纳人口连队居住点作业用房	2019	609.39
54	师团志书、年鉴编纂项目	2019	68
55	七师胡杨河市政务服务中心	2019～2020	5250

说明：1.表中所列项目为单次投入或累计投入援助资金50万元以上项目。

2.表中第41项“一师一团金银川镇少数民族连队创业园”为对口支援延伸项目。

【链接】淮安援疆集结号——淮安市支援兵团七师项目建设掠影

2010年5月，中央新疆工作座谈会吹响了全国19省（市）开展对口支援工作的号角。同年8月，根据江苏省和新疆生产建设兵团的统一部署，淮安市对口支援七师前方指挥组一行抵达七师，开始了新一轮对口援疆工作。

援建人员深入七师团场连队、田间地头、工矿企业、学校医院实地勘察，走遍了七师10个团场、100多个单位。指挥组决定把解决七师困难职工群众的住房问题作为首要的民生工程和最大的民心工程，尽快实施保障性住房建设，以不低于淮安市商品房的标准进行规划设计和建设。

2011年至今，我市共在七师5个团场援建了10个保障性住房项目，总户数9000套，总建筑面积超70万平方米，全部建成后可惠及七师3万多名职工群众。目前，已完成6000套住宅建设任务。

三年来，我市援疆资金95%用于项目建设。

7月2日，记者随车行驶在七师五五工业园区淮安大道上。整齐划一的道路、新建的厂房，在绿树的掩映下，显出勃勃生机。园区启动区内，8条大道纵横交错，全部是利用淮安市援建资金修建的。七师党委宣传部部长王次会说："为感谢淮安人民的无私援助，园区管委会将这8条路分别用淮安下属的8个县区的名字进行命名。"

曾有人问援建指挥组组长吴锦虎："别的援疆项目都是盖楼建厂房，你们光在五五工业园区建设道路、铺设管网就花了1亿元，值吗？"

吴锦虎说："觉得很值。刚来五五工业园区时，这里还是一片荒漠。只有做好修路等基础设施建设，才能为七师招商引资项目落地及实施新型工业化、构建产业体系提供载体。"目前，已有21个项目落户园区，其中14个项目投资超亿元，3个项目建成投产。

总建筑面积2.9万平方米、总高19层的七师医院门诊综合楼目前已进入内外装修阶段，预计今年8月交付使用。七师医院院长梁晓安说："门诊综合楼建成后，将极大改善医院医疗条件和七师广大患者的就医环境，促进七师整体医疗技术水平的提高。"

在七师高级中学和一二三团中学援建学生宿舍楼3幢，解决了2000多名学生的住宿问题；对一二四团和一二八团3所中小学教学楼进行抗震加固改造，给师生创造安全的学习环境；为一三一团援建2幢现代化牛舍和50座节能日光温室大棚；在一二四团和一三七团分别援建1个大型农贸市场，进一步带动七师特色产业发展；在9个团场援建10个社区党群活动中心和1个职工文化活动中心，通过强化基层公共服务设施建设、丰富职工文娱生活，进一步夯实屯垦戍边基层……淮安援疆全面奏响集结号！

3年来，我市共在七师实施援建项目38个，每一个项目都饱含着淮安人民对七师人民的深情厚谊。38个项目的建成，给七师加快发展带来了新的希望和信心。38个项目就像38座丰碑，矗立在奎屯垦区，也扎根在七师职工群众的心中。38个项目连接成一座桥梁，把淮安和七师紧紧连接在一起，成为两地人民情感的纽带。

（2013年7月22日江苏文明网）

【链接】从“送水工”到“挖井人”——江苏省淮安市对口援建七师胡杨河市纪略

淮水清波，胡杨河水荡漾。

一衣带水的一份情谊，源远流长十年未竭，依然散发着旺盛的生命力。

10年来，江苏省淮安市对口支援七师胡杨河市工作硕果累累，援建项目涉及医疗、教育、卫生等多个领域。一批批援疆干部人才奔赴“第二故乡”，助推当地经济社会发展，改善民生福祉。

聚焦民生　职工群众幸福满满

“感谢党中央，感谢淮安医生，解决了我们牧区群众看病难的问题。”日前，阿吾斯奇牧场哈萨克族退休职工加别克激动地对记者说。

5月23日、9月20日、9月27日，淮安援疆医疗专家先后奔赴一二四团、一三七团医院和阿吾斯奇牧场等地开展义诊活动，为数百名各族群众送诊上门，并自费购买了一批常见疾病治疗药品和医疗器械，赠送给当地医院。

今年截至目前，淮安第十批11名援疆医生帮带培训七师胡杨河市医生400余名，抢救急重症病人72人，诊治病人数千人次，推广应用先进医疗技术6项，填补当地医疗技术空白6项。近期，淮安援疆工作组安排专项资金240万元，购买3辆监护型负压救护车，赠予七师医院，解决了该院救护车辆紧张的问题。

10年来，淮安援疆工作组紧贴七师胡杨河市群众的需求，将援疆资金重点向民生和基层倾斜，累计向民生领域投入援疆资金4亿元，实施民生项目61个，建设了“一医、三校、三中心”，重点解决了各族群众最关心的教育、卫生医疗等民生问题；投入资金600万元，在七师5个团场和天北新区、五五工业园区建设10个便民服务站；投入资金1540万元，在3个团场建设保障性住房配套设施和连队安置房，实施12个老旧小区改造项目，进一步改善团场职工群众的居住条件。目前，95%的团场职工群众居住在城镇，城镇化率达到84%。

聚焦产业　经济社会活力四射

从“送水工”到“挖井人”，从“送鱼”到“授渔”，10年来，淮安市大力开展产业援疆，将“输血”转化为“造血”，有力推进了七师胡杨河市经济社会发展。

淮安援疆工作组邀请淮安企业家代表团到七师胡杨河市考察，签约亿元以上重大项目5个；集中组织开展签约活动，签约项目18个，总投资10亿元的江苏金太阳30兆瓦光伏发电项目、总投资10亿元的江苏中兴商贸城项目等已建成投用，中兴商贸城项目被评为兵团十大产业援疆项目。

淮安援疆工作组实施筑巢引凤行动，投入1.6亿元建设五五工业园区高新技术孵化园、3.4万平方米标准化厂房项目、一团创业园区等，着力打造淮安飞地园区的“梧桐树”；组织“十万江苏人游伊犁”淮安首发团活动，旅游援疆工作连续两年位列江苏省各援疆工作组首位。

援受两地部门单位之间的并联互动、交流合作实现了常态化。淮安工业园区与一团联合共建产业园区，在园区规划、共同招商、农产品销售等方面开展深入合作；在各团场挂职的11个淮安联络员积极发挥协调作用，推动县区、园区与对口团场交流交往全覆盖、常态化；创新实施“一镇一连队、一村一社区”结对共建模式，共签订结对协议19份。

聚焦智力　造血能力显著提升

4月13日，41名淮安援疆教师告别家乡，来到一三〇团完全中学支教，把先进的教学理念带到了这里，也在这里感受到了以“热爱祖国、无私奉献、艰苦创业、开拓进取”为主要内涵的兵团精神。

淮安市紧紧围绕援疆中心任务，努力打造政

治强、能力强、作风强的“三强”援疆干部人才队伍，通过开展“进疆第一课”等活动，促进援疆干部人才更快转变角色、融入当地。淮安援疆工作组专门成立队伍管理组，严格执行江苏省援疆干部人才“九条禁令”，树立淮安援疆干部人才的良好形象；大力弘扬“忠诚担当、实干创新、团结奉献”的援疆文化，营造积极向上、团结奋进的良好氛围。

淮安援疆工作组实施“带头人培育”“三化英才培养”“南方课堂”“企业家轮训”等160个人才培训项目；邀请王建国院士等60多名高端柔性人才，为七师胡杨河市经济社会发展献策献力。淮安市、七师胡杨河市两地职教学校加强合作，淮阴商业学校等淮安市4所高职院校与七师职业技术学校建立了职校联盟；淮中教育集团选派6位优秀教师到七师胡杨河市组建“淮中班”，支教教师送课送教进团场，授课120余堂，培养30多名年轻教师成为教学能手。

聚焦扶贫　携手迈入小康生活

9月22日，首批32吨“消费援疆”直供淮安惠民销售葡萄的车辆，从一二八团启运，于9月25日到达淮安市汇隆果品批发市场。

今年，一二八团职工种植的葡萄丰产丰收，受疫情影响，葡萄出现滞销情况。淮安援疆工作组得知这一情况后，携手淮安市市场监督管理局，联系七师商务局、各团场、葡萄种植农民专业合作社，采摘装运千吨优质葡萄，销往淮安市汇隆果品批发市场等多家水果批发市场。同时，淮安市国联集团、淮安勤航纺织公司等企业订购了2000余件滞销葡萄。

为了打通七师胡杨河市水果的销售渠道，助力师市农产品品牌建设，淮安援疆工作组加大与淮安电商平台产销对接力度，推介七师胡杨河市果品进入淮安各批发市场，助力职工群众产业增收，致富奔小康。

6月12日，一二九团举办了“一二九团·淮安盱眙龙虾美食文化节”，吸引了众多客商云集，带动了该团三产服务业的迅猛发展。

6月16日，七师胡杨河市和淮安市招商引资“云推介”暨网上项目签约活动成功举办，共有105家企业、129名企业家参加签约活动，签约项目25个，签约金额105亿元。2014年至2019年，淮安市共实施180个援建项目，安排援建资金9亿元，涉及医疗、教育、卫生、基础设施配套等多个领域，有力推进了七师胡杨河市经济社会发展。

10月15日，淮安援疆工作组组织七师胡杨河市部分食品加工销售企业和合作社参加为期3天的第三届中国（淮安）国际食品博览会。七师胡杨河市8家企业和合作社展示、销售了一团生产的沙漠雪珠大米、灰枣、骏枣；一二三团出产的蜂蜜、核桃等新疆特色食品；一二九团五五酒厂的天池老窖、天池特曲等系列产品和一二四团的全脂奶粉、驼奶粉等数十个具有新疆特色的农产品，受到了淮安市民的喜爱。

据了解，七师胡杨河市已连续三年参加中国（淮安）国际食品博览会，极大地推动了新疆特色农产品打进江苏及其他省市市场的步伐，加强了两地经济往来。

淮安援疆工作组紧盯贫困团场摘帽、贫困连队退出和建档立卡贫困人口脱贫任务，围绕产业、就业、教育等方面进行精准帮扶，投入4000万元资金，援建一团连队创业园，重点扶持发展“互联网+特色食品”电商、手工艺品制作、文化创意影视传媒等创业项目，为一团各族群众提供就业岗位、增加家庭收入；安排近1000万元援助资金，资助在区外高校就读的七师胡杨河市家庭困难学子900余人，切实解决他们的生活问题；投入60万元资金实施贫困母亲帮扶项目，通过技能培训、创业就业、发展生产等方式，帮助30名贫困母亲脱贫致富。援疆干部人才积极参与民族团结一家亲活动，与36个少数民族家庭结为亲戚，经常开展慰问活动，真正做到一次结亲、终生结缘。

十年风雨同舟、十年砥砺前行。10年来，在淮安市倾情倾力援建下，七师胡杨河市发生了翻天覆地的变化，职工群众感受到了淮安人民的热情、真情。面对新形势，两地干部群众一起逐梦前行，携手并肩，继续写就淮安市和七师胡杨河市下一个美好的十年……

（原文刊载于2020年10月23日《兵团日报》，本文有删节）

附：

淮安市对口支援巩留县

淮安市对口支援巩留县始于2005年，2010年起调整为对口支援新疆生产建设兵团第七师。对口援助巩留县期间，共选派2批4名援疆干部，分别担任县委副书记、副县长，分管工业、经济、教育、旅游等工作。组织巩留县70余名科级干部到淮安市挂职锻炼，100余名干部到东部沿海城市参加培训和观摩学习，邀请淮安多个领域专家学者和技术人员到巩留县开展讲座、培训。筹集资金1000余万元，实施民生项目27个，包括阿尕尔森乡二道湾村、东买里乡莫因古则村及乌图布拉克村等6个村部项目，巩留县第二中学教学楼、实验楼、运动场和配套设施项目，莫乎尔乡和阿克吐别克乡卫生院、县消防中心、县人民医院整体搬迁新建工程、县青少年活动中心中小学生综合实践基地、东买里乡大营盘村文化活动中心建设等项目。

淮安市援疆干部在巩留县委、县政府领导下，招商引资成效明显。2006年，完成招商项目4个，到位资金1.9亿元。2007年，完成森鑫木业等招商项目5个，到位资金4.7亿元。2008～2010年，累计招商引资到位资金15.3亿元。2010年，投资1200万元，初步开发建成3.77平方千米城北农牧科技产业园，20家散落在县城周边的农副产品加工企业陆续通过技改扩能迁入园区，园区建设快速发展。至2010年，巩留县初步建成水电、硅业、农副产品加工三大产业，工业经济总量不断扩大。开展“送温暖，献爱心”“金秋助学”及慰问活动，捐款捐物总价值40余万元，捐资助学65人，慰问帮扶962户。

2006年4月15日，金湖县对口支援巩留县『两基』攻坚捐赠仪式

巩留县莫乎尔乡卫生院（2007年摄）

2007年『六一』儿童节期间，淮安市援疆干部看望巩留县东买里乡幼儿园的小朋友

巩留县东买里乡乌图布拉克村委会办公场所（2007年摄）

附：

第十批援疆工作综述

淮安市第十批援疆工作纪实

第十批淮安市共选派57名干部人才对口支援兵团七师，其中党政干部21人、教师2批4人、医生2批22人、其他专业技术人才10人。选派2批59名“援藏援疆万名教师支教计划”教师到七师等地支教。柔性引才4人。3年投入援助资金4.95亿元（其中计划外“小援疆”资金2185万元），共实施项目36个，其中保障和改善民生类18个、产业援助促进就业类5个、智力援助类6个、文化教育类3个、交往交流交融类4个。

因工作成绩突出，淮安市援疆工作组被省委、省政府表彰为“全省脱贫攻坚暨对口帮扶支援合作先进集体”，臧豹被中共中央、国务院表彰为“全国脱贫攻坚先进个人”，黄沛被省委、省政府表彰为“全省脱贫攻坚暨对口帮扶支援合作先进个人”。

坚持80%以上援助资金向保障和改善民生倾斜，向基层倾斜。胡杨河市政务服务中心、市人民医院、市第一小学、污水处理厂等项目投入使用。投入援助资金1100万元打造的一二九团五连美丽连队建设完成，一三〇团十五连偏远散户集中安置房建设稳步推进。完成12个团场保障性住房配套基础设施建设，进一步改善老旧小区基本生活条件。投入援助资金1110万元，更新完善七师医院医疗设备，投入援助资金2130万元，实施七师医院卫生提升项目。投入援助资金1.95亿元（2021～2022年已投资8778万元），建设职工文化体育中心，这是淮安市对口支援兵团七师以来最大单体项

淮安市第十批援疆干部人才合影（2021年摄）

目。中心设有图书馆、美术书画展厅、体育场馆、大舞台、演播厅，公共部分设立文创产品展示区、配套服务空间等4个场馆，填补新建城市文体服务功能短板，提高公共文化服务水平，满足人民群众日益增长的多元化文体娱乐、健身方面需求。投入援助资金1320万元，改造团场连队公共服务设施，提升基层服务水平。

开展产业援助，增强受援地经济高质量发展内生动力。将对口援建工作拓展延伸到七师代管团场——一团金银川镇，援建该镇少数民族连队创业园。该项目占地3.33公顷，建筑面积7869平方米，重点引进一批产业就业类援疆项目，采用“淮安、七师资源落地+少数民族运营管理”模式，重点扶持发展“互联网+”民族特色食品电商、少数民族手工艺品制作、民族文化创意影视传媒等创业项目，实现经营性纯收入超百万元。投资2000万元的阿拉尔市相思恰伊有限公司枣茶炒制项目投产运营，实现新增就近就地就业100人以上，吸纳外来就业人口100人以上。组织开展七师胡杨河市·淮安市招商引资“云推介”暨网上项目签约活动，签约项目25个，累计金额105亿元。伊犁州管道构件水泥预制品公司、胡杨河市青桔单车等33个项目签约，意向投资金额近30亿元。投资8.5亿元的疆淮山河印项目、一二四团三峡新能源10万千瓦光伏发电、一二四团200公顷龙虾养殖、奎河商业广场项目开工建设。支持园区基础设施建设。胡杨河工业园区规划面积58.03平方千米，重点发展石油化工、煤化工、盐化工、新能源等产业。投入援助资金7000万元，建设胡杨河工业园区3.4万平方米标准化厂房和给排水、消防等配套设施。推进胡杨河工业园区高新技术孵化园建设，致力化工新材料、新能源研发生产，新疆万盈化工能源有限公司、新疆广投桂东电子科技有限公司等企业相继入驻投产。

组织智力援疆，助力受援地高素质人才队伍建设。3年共培训各类干部人才300余人次，支持七师开展就业能力培训161人次，带动七师新增就业55人，引进淮安人才50人，通过网络远程支援帮扶人才24人。加强教育援疆支持力度。59名支教教师在一三〇团中学、胡杨河第一中学任教，开设150余节公开课和60余次讲座，传帮带年轻教师60余人。开展“一地一院一品”职业技术教育能力提升行动，在七师胡杨河市职业技术学校建设就业孵化基地，推动淮安市高级职业技术学校与七师胡杨河市职业技术学校结对共建，支持七师胡杨河市职业技术学校重点建设汽车维修与应用专业和实训基地。拓展“组团式”医疗援疆领域。淮安市援疆史上首次在七师医院、中医医院实施包科室支援，选派儿科、胸外科、中医科3个团队22名专家组团援建，累计诊治病人1.5万余人次，开展学术讲座37场，填补当地技术空白28项。开展胸腔镜肺叶、肺段切除及单孔胸腔镜肺癌根治等高难度手术，达到国内先进水平。开展连队（社区）巡回义诊活动，

建设中的兵团七师胡杨河市职工文化体育中心（2022年摄）

兵团七师胡杨河市文化馆、融媒体中心和行政审批中心（2022年摄）

兵团七师胡杨河市污水处理厂（2022年摄）

淮安市援疆教师在上课（2022年摄）

淮安市援疆医生上门义诊（2020年摄）

淮安市援疆医生在受援地医院开展『传帮带』活动（2022年摄）

淮安市援疆医生、自治区优秀援疆干部人才刘海云在义诊（2021年摄）

免费提供价值万余元药品，惠及2000余人。新冠肺炎疫情防控期间，淮安市援疆工作组捐赠价值14余万元医疗防疫物资，并协调870万元援助资金采购负压式救护车，助力七师胡杨市人民医院、七师中医医院抗击疫情。强化技术合作交流。推动淮安市检验检测中心在七师探索业务合作实施框架，邀请淮安特种设备检验检测专家，从问题排查、督促整改、依法处置等，全流程对七师特种设备监管加强指导，提供业务技术帮扶折算金额约140万元。

创新对口支援方式，拓展对口支援领域。创新实施“一镇一连队、一村一社区”结对共建模式，共签订结对协议19份，进一步丰富团县融合内涵。安排260万元援助资金，专项用于资助400名在区外高校就读的贫困学生。实施20万元资金的“贫困母亲”帮扶项目，通过培训技能、扶持创业就业、发展生产等方式，帮助10名贫困母亲脱贫致富。参与“民族团结一家亲”结亲活动，24名援疆干部人才与少数民族家庭结成“亲戚”，为结亲户解决生活、生产方面问题，购买价值12万余元物品和4000元保险。开展消费援疆，组织七师知名品牌企业代表团参加中国（淮安）国际食品博览会，与10余家商贸零售企业签订长期销售农产品合作协议，推动七师农产品在淮安拓展销售市场。在淮安开设七师优质农产品展示门店、超市专柜5家，利用端午节等节日，开展“疆果入淮”优质农产品推介活动。组织七师葡萄、羊肉等农副产品销往淮安市场，累计帮助受援地销售农副产品1916万元，并建立两地市场长效合作联动机制。向淮安市宣传伊犁州、七师胡杨河市旅游资源，推动淮安旅行社组团到伊犁旅游。

坚持与七师在发展上相互促进，密切交流，深化互信，增进两地感情。3年间，两地党政机关考察交流52批271人次，园区、村（社区）、企事业单位互相考察交流20批100

2022年6月27日，兵团七师一二七团基层『两委』乡村振兴『领跑者』培训班开班仪式在涟水县举行

2022年9月4日，淮安市援疆工作组帮助一二八团销售农副产品

淮安市援疆干部向兵团七师结亲户宣讲党的政策（2021年摄）

人次。两地部门单位之间并联互动、交流合作实现常态化。创作推广地区间、民族间交流交融文艺作品，生动讲述民族团结新时代内容，邀请中国书画家协会会员到七师采风和授课。记录兵团儿女生活点滴记忆的诗歌散文随笔《爸爸的孩子们》出版发行。将“引进来”和“走出去”相结合，推进七师优秀文化和淮安历史文化交流互鉴，开展少年儿童“手拉手”夏令营、冬令营等交流活动。在一三〇团中学、胡杨河市第一中学开设国学讲堂等，传播中华传统文化。

淮安市对口支援七师胡杨河市项目情况表

单位：万元

序号	项目名称	援助时间	援助资金
1	胡杨河市垃圾中转站	2020	700
2	一师一团金银川镇少数民族连队创业园	2020	396
3	胡杨河市污水处理厂	2020	5800
4	保障性住房配套基础设施	2020	2400
5	胡杨河市第一小学	2020	3400
6	七师医院设备	2020	1110
7	产业招商推介项目	2020～2022	600
8	党政干部、专业技术人才及职业技能等培训项目	2020～2022	1100
9	区外高校就读贫困生补贴项目	2020～2022	240
10	支教教师保障项目	2020～2022	546
11	交往交流交融项目	2020～2022	280
12	一三七团医院综合楼配套工程	2021	348.6
13	一三七团阿吾斯奇牧场便民警务站及附属设施	2021	486
14	团场连队公共服务设施改造提升工程	2021～2022	1320
15	团场乡村振兴美丽连队建设项目	2021～2022	3480
16	胡杨水韵生态旅游提升工程	2021～2022	1200
17	七师医院医疗卫生提升项目	2022	2130
18	职工文化体育中心	2021～2023	19500

说明：1.表中所列项目为单次投入或累计投入援助资金50万元以上项目。

2.表中第2项为对口支援延伸项目。

第十四节　镇江市对口支援新疆生产建设兵团第四师

江市第九
援疆工作
纪实

2012年，新疆生产建设兵团农业建设第四师更名为新疆生产建设兵团第四师（简称四师）。四师位于新疆天山西部、伊犁州境内，东起天山那拉提，西与哈萨克斯坦接壤。2015年，成立可克达拉市，与四师实行师市合一管理体制。2019年，四师土地面积6340平方千米（其中可克达拉市面积980.84平方千米），人口25.66万人（其中可克达拉市人口9.7万人）。

根据新一轮对口援疆工作部署，2010年6月，镇江市成立对口援疆工作领导小组，并设立前方指挥组。2017年，根据兵团党委提议，江苏将援疆工作向兵团一师一团和二师三十六团延伸，其中镇江市对口支援二师三十六团。2010年12月至2019年12月，先后选派4批164名援疆干部人才，共实施项目441个，累计投入援助资金16.71亿元。

镇江市与四师签署战略、人才等合作框架协议，制定援建规划及城镇体系规划等，确立“以科学规划为引领、以改善民生为重点、以项目建设为抓手、以干部人才援疆为关键”的基本思路。加快四师民生改善步伐，援建可克达拉市镇江高级中学、金山实验学校、职业技术学校及幼儿园、可克达拉市人民医院等，有效改善四师农牧团场教学、医疗环境。加快推进保障性住房、团连社区公共服务设施建设，让师市职工群众的幸福指数不断提升。支持四师发展设施农业和设施畜牧业，发挥其在农业增效和农民增收中的示范带头作用。推进建设标准高、速度快的实体产业项目落户，以园区建设为突破口，建设霍尔果斯经济开发区兵团分区创新创业科技孵化基地，成为兵团经济转型腾飞的强劲引擎。选派业务水平较高的教师、医生、农业技术等专业人才到四师开展多角度、全方位交流合作，夯实四师干部人才队伍，为当地教育、医疗等品牌化、特色化发展提供人才支撑。

一、民生援建

镇江市聚焦民生项目援建，重点加强城镇、住房、文化、教育、卫生等基础设施建设，着力解决四师团场职工最关心、最直接、最现实的问题。

2011～2013年，投入援助资金16047.4万元，补助团场职工建设保障性住房，改善居住条件。实施四师第二中学配套工程，六十四团镇江中学改扩建工程，七十九团中学、六十一团幼儿园、七十一团幼儿园、七十一团中学运动场、六十二团中小学改造工程等项目，为当地学生提供更好的学习与成长环境。投入援助资金360万元，援建四师干部人才周转房。累计投入援助资金1280万元，实施老年服务中心和六十二团七连、七十团谊群镇社区、七十四团公共文化服务设施及社区连队基层组织活动中心建设，让更多的群众与连队职工享受到基本公共服务。实施四师医院大放射能力提升项目，提高放射技术水平，使病人得到更好的治疗。投入援助资金9900万元，实施六十二团、六十四团市政道路改扩建工程，使城区道路布局更加合理，道路承载能力极大加强，百姓出行更加舒适便利。

2014～2016年，投入援助资金4738万元，补助团场职工建设保障性住房4738户。援建可克达拉市镇江高级中学、七十二团中学标准运动场和小球场、六十一团中学运动场、七十八团幼儿园等教育设施项目。其中，可克达拉市镇江高级中学为镇江投入援助资金最多的“交钥匙”工程。投入援助资金2500万元，改善四师卫生设施，包括修建四

兵团四师七十二团城镇新貌（2013年摄）

兵团四师七十一团康庄大道（2016年摄）

兵团四师六十二团金山小区（2013年摄）

兵团四师六十一团幼儿园（2012年摄）

兵团四师七十三团金山中学小学部综合教学楼（2013年摄）

兵团四师七十九团中学教学楼（2012年摄）

兵团四师可克达拉市高级中学(2016年摄)

师医院综合楼、四师军垦花苑卫生服务中心及七十九团医院综合楼等。援建六十四团、六十二团、七十一团、七十二团市政道路建设等项目,使四师城镇基础设施得到全面提升。投入援助资金4250万元,援建七十六团青少年文化中心、六十一团综合文化活动中心及团连社区服务中心等,继续夯实基层公共文化服务设施。实施四师调频广播、电视网络建设项目,帮助四师实现有线电视数字化,数字用户4.54万户,18个团场覆盖率90%以上。完成《伊犁垦区报》全媒体数字资源发布平台建设项目,建设网站内容管理、数字报纸、数字资源、手机阅报、掌上新闻通、报刊微信平台6个子系统及计算机服务器设备。

2017～2019年,续建可克达拉市镇江高级中学,建设幼儿园、金山实验学校,构建可克达拉市完备的一站式教育体系。可克达拉市镇江高级中学累计投入援助资金23873万元,可容纳学生2700人,获兵团“昆仑杯”优质工程奖。建设兵团分区职工培训实习基地、六十六团中学运动场、七十二团中学运动场等教育设施,四师26所普通中小学实现风雨活动室和室外标准塑胶运动场全覆盖,基本实现义务教育学校办学条件标准化。累计投入援助资金11830万元,援建六十二团门诊部、住院部,六十三团医院门诊综合楼,可克达拉市人民医院、可克达拉市绿缘医院等医疗卫生设施。实施基层公共服务设施建设项目,建设12个团场党组织活动中心。投入援助资金5618万元,援建团场公共文化服务中心、可克达拉市市民之家,完善四师公共文化服务体系。援建残疾人托养中心,进一步提升残疾人综合服务能力。

兵团四师可克达拉市人民医院（2018年摄）

兵团四师可克达拉市政务服务中心（2020年摄）

二、产业援建

镇江市产业援建按照“因地制宜、优势互补、用好政策、双赢发展”原则，支持霍尔果斯经济开发区兵团分区、兵团霍尔果斯口岸工业园A区、兵团霍尔果斯口岸工业园B区、兵团金岗循环经济产业园建设。围绕产业升级上项目、招商引资建园区，促进一批重大项目陆续落地，形成煤电、氯碱化工、装备制造、出口加工等产业集聚区。

2011～2013年，投入援助资金4228.82万元，支持兵团霍尔果斯口岸工业园区A区恒信物流园万吨气调保鲜库及霍尔果斯口岸园区标准化厂房建设。引进江苏恒顺集团2万吨食醋及调味品生产基地项目。在六十六团推广应用水稻智能工厂化育苗新技术，实现机械化种植。修建六十一团、七十六团、七十七团3座沉砂池，控制灌溉面积1.3万公顷，加快四师农业现代化进程。支持四师发展设施农业、畜牧业，发挥农牧业增效和农牧民增收的示范带头作用。在七十六团建立脱毒马铃薯良种基地，培育脱毒马铃薯

兵团霍尔果斯口岸工业园区标准化厂房（2013年摄）

镇江市援助兵团四师薰衣草基地建设（2017年摄）

兵团四师六十二团现代化蛋(种)鸡养殖场(2015年摄)

镇江市科技局支持兵团四师农科所培育马铃薯脱毒瓶苗(2016年摄)

良种;援助六十二团等单位畜牧养殖基地建设;在四师连队推广高粱膜下滴灌高效种植技术,在伊犁河谷探索出冬小麦滴灌高产栽培技术、创建万亩玉米高产示范田和引进马铃薯高产模式栽培技术等。实施六十九团特色香料加工和配套项目,发展特色产业。

2014～2016年,投入援助资金8092万元,援建兵团分区创新创业科技孵化基地,成为镇江产业类援建标杆项目。投入援助资金500万元,支持兵团金岗循环经济产业园供水处理等配套设施建设。投入援助资金600万元,建设兵团霍尔果斯口岸工业园区集装箱堆场。引进龙头企业"造血",推进魏巍农业集团与四师签订三方战略合作协议,规划建设国家"一带一路"产业(种业)创新先行试验区,共建成"万畜精养"养殖基地101个、现代化畜禽养殖示范园区基地4个。扶持、资助18个团场发展设施农业、特色养殖业、农产品加工等项目。建成六十九团香极地香料植物观光产业园。该产业园是集生态农业、旅游观光、果蔬自采、香料观赏、休闲娱乐、产品展厅和体验中心于一体的大型都市生活型农业生态旅游观光产业园,获"全国休闲农业与乡村旅游示范点"

称号。镇江市科技局支持四师农科所成功培育120万株脱毒瓶苗，填补四师采用生物技术培育香料脱毒种苗空白。

2017～2019年，举办专场招商活动58场次、小分队招商105批次，签约项目40个，协议总投资34.67亿元。其中，实体项目21个，总投资30.96亿元，带动新增就业600余人。投入援助资金3000万元，支持四师畜牧养殖基地建设，促进畜牧业养殖方式由传统向现代转变，提高畜产品产量和品质，提升畜牧业综合生产能力。在七十二团实施366.67公顷盐碱地“光伏滴灌+土壤改良+订单农业”示范项目，探索在环境恶劣地区精准扶贫新路，带动150户职工家庭实现户均年增收1.5万元。投入1050万元，建设金岗循环经济产业园产业孵化园。针对贫困少数民族团场六十四团产业发展实际，建设镇江创业孵化园。引进总投资5000万元的富邦机械环保器材项目，实现当年签约、当年投产。2019年，总投资2.6亿元的博海新型建材项目竣工投产；总投资5000万元的新型环保建筑材料制造项目和总投资5000万元的聚能防火保温材料项目实现当月签约、当月注册、当月建设，技术水平业内领先。

【链接】镇江旅游援疆在路上

“这里的空气、水土都很好，跟家里一样。”“出乎意料的好、超出之前的想象。”“一定要到新疆来看看，领略祖国西北边疆的大好河山”……自2017年起，镇江“万人游四师可克达拉市”旅游专列活动，去过可克达拉旅游的人都这么说。用镇江市文化广电和旅游局副调研员、四师文化体育广电和旅游局副局长陈湘跃的话说，镇江旅游援疆一直在路上。

旅游援疆，带动游客五万人次

旅游援疆是镇江主抓手。通过签署《镇江市与四师可克达拉市旅游合作协议》《旅行社结对交流合作意向书》，搭建两地协作交流活动平台，连续三年持续组织镇江“万人游四师可克达拉市”活动，成功组织多批次旅游专列、自驾房车和飞机团游四师可克达拉市活动，成功带动了近五万人次的江苏旅客赴伊犁、赴四师可克达拉市旅游。

镇江“万人游四师可克达拉市”活动得到国家旅游局官网多次持续报道，江苏省委新闻网也进行了报道，中国网、搜狐网、环球网、途牛网等知名网站进行了转载。此项活动拉近了江苏和兵团的距离，让更多的群众了解兵团，了解四师，对四师可克达拉市产生了很好的对外宣传推介效应。

旅游推介，加大招商引资力度

组织四师旅游业代表团首次参加在南京举办的伊犁国际旅游谷推介会；连续三年成功举办“塞外江南·美丽伊犁”“草原之夜”四师可克达拉镇江旅游推介会，对四师旅游资源和精品旅游线路进行了重点推介。

积极协调组织四师名优特产品企业参加在江苏镇江举办的2017海峡两岸（江苏）名优农产品展销会，为四师名优特产品走向江苏及其他省市市场夯实基础。与此同时，积极组织四师特色旅游商品参展参赛，在2019中国特色旅游商品大赛上，组织选送的四师旅游商品斩获“1金1银1铜”三项大奖，金银铜奖数量位居兵团首位。

调研规划，打造旅游新增长点

积极联系国内高水平专业设计团队，完成了昭苏地区边境团场旅游调研，协助七十六、七十七团开展旅游景区、特色民俗文化村的规划设计工作。

整合所有团场旅游资源，大力抓好团场旅游规划编制工作，并集中上报兵团旅游局进行旅游规划评审，三年来，团场旅游规划评审数量、评审通过率均名列兵团前茅，为旅游专项资金申报、景区招商引资打下了良好基础，为师市全域旅游工作的长远发展提供了切实可行的实施方案。

创建载体，大力发展乡村旅游

依托主体景区和美丽乡村建设，以旅游公路沿线为重点，开展星级农家乐、民宿连片创建工作，经兵团农家乐旅游服务质量等级评定委员会评定，仅2018年就新增四星级农家乐1家、三星级农家乐9家、二星级农家乐1家。62团金边镇、78团5连入选首批全国乡村旅游重点村。

另外，按照兵团、伊犁州旅游厕所革命的要求，三年来共争取上级专项资金545万元，分别在团场景区新建旅游厕所18个，2017年争取援疆专项资金200万元，建设生态环保旅游厕所援疆示范点项目，首批建成5个生态环保旅游厕所，全面推进旅游厕所革命，稳步解决游客如厕难问题。

争取资金，加快重点项目建设

获得镇江援疆前方指挥组每年100万元旅游发展扶持资金，专项用于两地旅游业、旅行社的交流与发展。通过双方互派代表团进行交流考察，已签署多项合作协议并取得良好效果。成功申报江苏省援疆旅游专项资金50万元，用于师市国家A级景区旅游公共卫生设施的新建和改扩建，提升旅游公共服务设施品质。争取落实到位国家重点旅游项目资金5000万元，用于建设可克达拉市旅游服务中心、伊帕尔汗薰衣草观光园旅游服务中心、六十一团阿力麻里旅游服务中心、七十七团天马文化产业园基础设施、三十六团旅游基础设施等项目。上述旅游项目建成后将大幅度提升四师可克达拉市旅游软硬件设施条件，极大地方便游客的集散。

（2019年11月5日中国江苏网）

三、智力援助

镇江市通过“小援疆”（指统一拨付援疆资金以外的由支援地相关单位、企业或个人捐赠的小额援疆经费）模式、“百千万”培训工程、“连心牵手”活动等，为受援地培养一支“带不走”的援疆队伍。2010年12月至2019年12月，共选派4批83名党政干部，7批81名教师、医生等专业技术人才。2011～2019年，累计投入援助资金5743.47万元，培训师市干部人才。组织援疆教师、医务人员开展“组团式”教育、医疗援疆。镇江教育专家学者70余人次到四师培训教师6400余人次，镇江市与四师联合主办8届教学周活动。引进柔性人才165人，涉及科技、教育、医疗、司法等领域。

2011～2013年，实施智力援助类项目6个。举办受援地干部人才培训班47期，培训4225人次。选派10名援疆教师到四师第一中学任教，参与学校教育教学科研、尖子

2018年8月16日，『镇江百名专家四师行』活动启动仪式

2018年12月，兵团四师可克达拉市镇江高级中学『青春成长艺术节』演出现场

生培优等工作。选派2批援疆医疗队到四师开展医疗援助，先后开展手术1200余例，其中新手术5种61例；开展医师专业规范化培训28场次、学术讲座78次，培训医务人员1800余人次。投入100万元，启动四师科技援疆计划项目，支持四师农牧业新品种种植和新技术引进与推广等。

2014～2016年，实施智力援助类项目6个。实施人才培训项目53个，为受援地举办干部人才培训班75期，培训5261人次。选派11名援疆教师到四师第一中学任教，参与教学管理，分享镇江先进教育理念。选派2批援疆医疗队到四师开展医疗援助，培训医务人员3000人次，开展手术2400余例，诊疗6800余人次，举办专题培训班20次、业务讲座20场次，主持科研课题7项等。2015～2016年，镇江市选派100名医务人员到师市进行培训、授课，开展技术指导；师市选派卫生管理、医疗技术人员到镇江挂职锻炼、进修培训。2016年，四师医院成为江苏大学教学医院。

2017～2019年，实施智力援助类项目25个。投入援助资金276万元，为受援地主

镇江市技术援助兵团四师水稻育苗（2012年摄）

办培训班65期，培训6400余人次。发挥教育人才和医疗人才的倍数效应，形成“名校长+中层管理骨干+学科带头人”和“医院领导+科室中层+骨干医生（名老专家）”的嵌入式框架和立体化层次，全方位助推四师可克达拉市教育和医疗卫生行业提档升级。选派9名援疆教师到四师第一中学、四师可克达拉市镇江高级中学任教，开展学科调研、教育教学督导等工作。师市选派中小学校校长、教研室主任、骨干教师36人次到镇江挂职锻炼。组织镇江教师40人次到相关团场开展短期教学工作。先后组织镇江医务人员35人次在师市卫生机构开展短期工作，组织4名教师、医生到七十一团、七十九团开展短期教学研讨、义诊活动。邀请2名镇江城建集团技术人才到可克达拉市开展对口业务交流。

【链接】镇江“组团式”教育援疆为可克达拉“加分”

十年树木，百年树人。教育援疆工作是一项惠及新疆可克达拉市各族职工群众的民生工程，如何将此项民生工程做扎实、做出成效？江苏省镇江市对口支援第四师前方指挥组给出的答案是：以“组团式”教育援疆的方式，推动四师可克达拉市教育事业的不断攀升，使之成为城市集聚人口、提升功能、增添活力的重要支撑，助力城市高质量向前发展。

打造优质教育“新高地”

初秋的早晨，天气微凉，空气清新。8月30日，在可克达拉市镇江高级中学高二（16）班，提早进入教室的学生王闰臣正在认真记录地理笔记，开学仅一周时间，她就在笔记本上记录了2000多字，这门曾是她初中时最不感兴趣的学科，如今已经成为她最喜欢的科目之一。高一第二学期期末考试，王闰臣的地理成绩夺得了全年级最高分。能有这样的成绩，还得归功于她遇到了一位好老师——镇江“组团式”援疆教师张亮。

“课堂上，张老师采用课件与教学方案相结合的方式进行授课，上课思路非常清晰，能有效将知识点串联起来，我们下课后脑海里能形成一个完整的思维导图，同时针对我们掌握的知识点弱项进行作业布置，使我们充分了解自己知识的薄弱点，从而有针对性地练习。”王闺臣深有感触地说。

“用3至5年时间，建成伊犁河谷软硬件‘双一流’最好高中，用5至10年，建成兵团乃至全疆现代化、高质量、有特色的最好高中之一”的发展目标，是四师可克达拉市党委对可克达拉镇江高级中学提出的殷切希望。

总投资近2.5亿元的可克达拉市镇江高级中学是镇江市迄今为止单体资金投入最大的“交钥匙”援疆工程，凝聚了两批援疆干部的心血，其硬件设施在整个伊犁河谷首屈一指。

“好马还需配好鞍”。2018年初，镇江援疆前指协调镇江市教育局，从镇江全市四星级以上高中择优遴选出包括张亮在内的30名高级教师，赴可克达拉市镇江高级中学进行“组团式”教育援疆，分别担任可克达拉市镇江高级中学校长、副校长、中层正职和11门学科带队骨干教师，校长由镇江市知名教育专家朱万喜担任，形成“名校长+中层管理骨干+学科带头人”的综合优势。至此，镇江教师援疆模式开启了从过去“顶岗教学”向现如今“组团式”教育援疆的转型升级。

秉承“为学生发展奠基、为民族复兴尽责”和“打造一支带不走的优秀师资队伍”的办学理念，援疆团队与四师可克达拉市教师群策群力，逐步形成了课堂教学严谨高效，校园文化特色鲜明，德育活动精彩纷呈和“校风正、教风严、学风浓”的良好育人氛围。

今年，可克达拉市镇江高级中学16个班810名高一新生在期中、期末联考中，均分领先同类学校近70分，高分段拔尖学生数亦处于优势地位。学校先后有4名教师在国家、江苏省和兵团学科竞赛中获一等奖，有一项教学科研课题入选全国教育科学“十三五”规划课题。

镇江援疆前指党委副书记、副组长，可克达拉市副市长王为华说：“‘组团式’援疆是集中力量办大事，发挥1+1>2的效果，这也是镇江援疆前指在教育援疆工作上的一个大胆尝试，创新了四师可克达拉市教育教学机制，推进了教育在优质、品牌、特色上发展，满足了人民群众对优质教育资源期望的迫切需求。”

可克达拉市镇江高级中学在教学上取得的成绩，坚定了镇江援疆前指继续实施“组团式”教育援疆的信心和决心。2017年5月，4600万元援疆专项资金投入到可克达拉市金山实验学校的工程建设，经过一年多的努力，今年8月20日学校正式投入使用，并实现1至9年级同步招生、同步开学的目标。目前，这所学校已有来自各团场、伊犁州学区的632名学生入学。与此同时，镇江教育局精心选定的10名镇江市丹徒区和1名南京晓庄学院的高级教师正式在可克达拉市金山实验学校“组团式”教育援疆。

集聚城市人口“新洼地”

8月25日，是可克达拉金山实验学校新生报到的日子，在报到现场，出现了学生和家长人头攒动、络绎不绝的场景，按照目前学校容量的要求，632名各地新生正式成为这里的主人。

有如此多的学生和家长青睐这所学校，是因为一年多来，镇江市“组团式”教育援疆为打造可克达拉市教育“新高地”取得了众人瞩目的成效，而教育“新高地”战略目标的实现，又为可克达拉市这座年轻的城市集聚人口夯实了基础。

8月28日，可克达拉市幼儿园正式开园，招收幼儿70名。幼儿园筹建期间，江苏镇江幼儿专家对该园建设进行精心指导，把先进的幼儿教育理念植入到幼儿园的建设当中。经过3年建设，一座拥有一流环境、一流师资、一流教育设备，集安全、教育、艺术、趣味为一体的现代化幼儿园在可克达拉市拔地而起。随着秋季招收的幼儿入园，又掀起了家长们在可克达拉市购房热潮。

教育事业的良性发展，毋庸置疑对城市人口聚集起到了重要作用。四师可克达拉市教育局党组书记、局长谢建国介绍说，目前在可克达拉市的三所学校吸引了四师可克达拉市18个农牧团场、伊宁市、霍城县、察布查尔县及周边乡镇共计2340名学生前来就读，在可克达拉市购买房子的家长络绎不绝，掀起了购房热潮。

四师可克达拉市发展和改革委员会的人口统计数据显示，截至目前，可克达拉市辖市总人口已经达到8.8万余人，其中中心城区人口达到8000余人。

百年大计，教育为本。镇江援疆前指紧紧围绕兵团党委、四师可克达拉市党委提出的“建设一支高素质的教师队伍”的要求，不断创新和丰富智力援疆领域和方式，全面落实两地人才共建协议，全力打造留得住、能战斗、带不走的教育人才队伍，高效率创新组团教育援疆，锻造了一支教育援疆的铁军。同时在项目建设、“组团式”援疆、人才培养上，凸显特色和亮点。

推动经济发展“新动能”

城市是人口集聚的主阵地、主战场、主渠道，而教育则是集聚城市人口的重要推手，是拉动城市经济社会发展的核心力量。可克达拉市自成立以来，四师可克达拉市党委在镇江市委、市政府的大力支持下，用好用活援疆资金，充分发挥“组团式”教育援疆的作用，齐心协力经营管理好城市，众志成城推进建城戍边战略。

四师可克达拉市党委书记、四师政委丁憬在调研可克达拉市教育工作时多次指出：发展优质教育是经营城市的“金钥匙”、是集聚人口的“润滑剂”、是经济发展的“助推器”，可克达拉市要以“让每个孩子乐享优质教育”为愿景，不断创新“组团式”教育援疆内涵，实现“以教育推动城市发展”的战略目标。

“组团式”教育援疆推动了可克达拉打造“教育高地”效果的显现。随着教育体系的不断完善和城市建设的不断深入，可克达拉市受到了社会各界的普遍认可，截至目前，在可克达拉投资3000万元以上的工业企业达到46个，完成投资21亿元，其中伊力特印务、智能照明灯具生产、朗程保温材料、螺旋管制造等23家企业已经达产达效。

良好的招商环境吸引了民间资本的广泛投入，今年以来，在可克达拉市工商行政管理局注册的市场主体达到178多家，从业人员2000多人。今年头8个月，可克达拉市固定资产投资达到了28.9亿元，同比增长17.6%，占四师可克达拉市固定资产投资总额的61.5%。共实施招商引资项目232个，完成招商引资到位资金123.3亿元。

来自镇江的“组团式”教育援疆为四师可克达拉市经济社会发展带来源源不断的发展动力，助推了城市更好更快地向前发展。

（原文刊载于2019年9月23日《新华日报》，本文有删节）

2010年9月7日，镇江市对口支援农四师前方指挥组成立

2015年8月25日，镇江市领导赴兵团四师考察交流，并与第八批援疆干部人才合影

2017年9月5日，镇江市领导赴兵团四师考察交流，并与第九批援疆干部人才合影

四、脱贫攻坚

镇江市将资金、项目向贫困村、贫困户倾斜，助力四师脱贫攻坚。2011～2019年，共投入救助资金4202万元，惠及3403人。2011年，镇江团市委与四师36名贫困学生挂钩结对，资助他们完成学业，并向四师贫困儿童捐赠爱心包裹。2014年，协调爱心人士资助六十四团小学25名学生一年学杂费2万元，并承诺资助读完大学。2015年，资助贫困大学生1253人，协调江苏浩宇电子科技有限公司资助六十四团中学奖学金、助学金10万元。2017～2019年，投入援助资金121.8万元，资助贫困大学生。2017年，成立"王华助学基金"，首批注入资金20万元，为七十三团五连7户贫困家庭学生发放助学金6.3万元，为六十四团在江苏等省（市）开设的新疆高中班16名家庭困难学生发放助学金9.6万元。至2017年底，16个贫困团场率先脱贫摘帽。针对师市唯一贫困少数民族团场六十四团产业发展实际，投入900万元建成镇江创业孵化园。响应兵团向南发展战略，在二师三十六团投入900万元，建设农产品交易中心，帮助团场拳头产品——若羌红枣打开销路，助力职工群众稳定增收。至2019年，四师可克达拉市城镇居民年人均可支配收入由2017年3.33万元提高到3.83万元，连队常住居民年人均可支配收入由1.48万元提高到1.78万元，建档立卡贫困户41户139人全部实现脱贫。

2017年8月23日，镇江市与兵团四师宣传部门举行『王华助学基金』成立仪式暨媒体融合发展座谈会

2017年7月19日，丹阳市眼镜商会到兵团四师六十二团开展助学帮困和公益配镜活动

2015年，兵团四师六十二团养殖户利用贴息贷款建大棚养母牛40余头，年收入30余万元

五、交往交流交融

2011～2019年，镇江市不断完善交流长效机制，强化两地交往交融。先后组织120余批900余人次考察团双向交流，募集各类爱心善款、物资折合金额1300余万元，结对帮助困难家庭500户，结亲入户550人次，组织联谊活动20场。开展援疆干部认亲帮扶活动，组织23名干部结对帮扶46户，开展结亲入户1656人次，资助贫困大学生5人共5万元。镇江市牵头定期开设“师市领导干部新知识讲坛”，邀请专家学者和既有理论基础又有实践经验的领导干部现场授课，帮助师市领导干部开阔眼界、拓展思路。组织“百名专家四师行”，镇江市发展改革委、财政局、卫生局、城管局、文广集团、报业集团、新区招商局等9批次103名短期援疆干部先后到师市开展工作，在工程建设、项目管理、城市管理、文化宣传等方面，与师市相关部门结对子、查短板、解难题等。

镇江市始终把促进两地融合作为援疆工作重要内容来抓，各部门深入开展交流合作，促进共同进步。四师环保局选派环境监察人员到镇江进行煤焦化、有机硅企业及其他化工行业现场监察和监测交流。镇江市检察院帮助兵团检察院第四师分院建成自治区检察系统首个手机版网上警示教育基地。镇江市中级人民法院、档案局等加强对四师业务帮扶。镇江市经济信息化委多次牵头组织相关部门和企业赴新疆考察交流，并达成合作意向。镇江市文广新局与四师可克达拉市文广新局签订合作框架协议，确定在文物保护与利用、艺术人才培训、文学创作、文艺演出、艺术展览等方面提供帮助，并援助15万元，用于四师少儿艺术团、飞翔艺术团购买器乐设备和演出服装。2018年，四师可克达拉市与镇江市签署旅游合作协议，开展"镇江万人游四师可克达拉市"等活动。9月，镇江"万人游四师可克达拉市"系列活动"援疆号"专列抵达伊宁，600余名镇江、南京、南通等地游客开启四师可克达拉市之旅。镇江市文广集团、报业集团先后选派10名记者赴疆开展援助工作，全媒体刊发各类新闻报道、援疆手记200余篇。

镇江市援疆干部"结对认亲"的兵团四师少数民族家庭的幸福生活（2018年摄）

2018年12月11日，镇江市—兵团四师可克达拉市援疆工作交流座谈会召开

2017年7月6日，兵团四师可克达拉市学生在镇江市江滨实验小学开展“手拉手”夏令营活动

镇江市援助兵团四师部分项目情况表

单位：万元

序号	项目名称	援助时间	援助资金
1	四师第二中学配套工程	2011	400
2	六十二团七连文化设施	2011	90
3	七十团谊群镇社区文化设施	2011	90
4	七十二团档案馆（红军历史陈列馆）	2011	260
5	六十九团、七十五团计生世代服务中心	2011	60
6	七十六团马铃薯良种繁育基地	2011	50
7	现代高效农业科技示范园	2011	300
8	兵团霍尔果斯口岸工业园区标准化厂房	2011	3028.82
9	四师城镇及小区规划设计项目	2011	600
10	六十四团镇江中学改扩建工程	2011～2012	3902.77
11	七十九团中学改造工程	2011～2012	595
12	设施农业、畜牧业发展项目	2011～2012	958.6
13	干部人才周转房	2011～2012	360
14	农业新技术推广应用项目	2011～2013	300
15	恒信物流项目	2011～2013	1200
16	沉砂池	2011～2013	3000

续表

序号	项目名称	援助时间	援助资金
17	保障性住房	2011～2016	20785.4
18	团连社区公共服务设施	2011～2019	6796.23
19	党政干部、专业技术人才及职业技能等培训项目	2011～2019	5743.47
20	六十一团幼儿园	2012	349.96
21	七十一团幼儿园	2012	332.05
22	四师老年服务中心	2012	400
23	六十九团特色香料加工和配套工程	2012	540
24	“六大行动”计划项目	2012～2013	75
25	交往交流交融项目	2012～2018	303.2
26	产业合作奖补资金	2012～2019	1021.9
27	七十一团中学运动场	2013	500
28	六十二团中小学改造工程	2013	1592.06
29	四师医院大放射能力提升项目	2013	107.6
30	七十四团公共文化设施	2013	160
31	七十三团金山中学小学部附属设施	2013～2014	697.14
32	六十二团、六十四团市政道路改扩建工程	2013～2014	9900
33	七十一团市政道路	2014	600
34	七十二团市政道路	2014	600
35	四师可克达拉市文化馆	2014	600
36	团场职工多元增收项目	2014～2016	9352
37	四师可克达拉市镇江高级中学	2014～2018	23873
38	四师医院	2014～2019	2421
39	产业招商推介项目	2014～2019	1100
40	霍尔果斯经济开发区兵团分区创新创业科技孵化基地	2014～2016	8092
41	七十六团青少年文化中心	2015	400
42	六十一团中学运动场	2015	350
43	四师军垦花苑社区卫生服务中心	2015	300
44	六十四团安检站	2015	300
45	霍尔果斯口岸工业园区集装箱堆场	2015	600
46	六十九团香极地香料植物观光产业园	2015	300
47	七十三团金岗循环经济产业园	2015～2019	1550
48	贫困大学生资助项目	2015～2019	2042
49	六十九团中学塑胶跑道	2016	200

续表

序号	项目名称	援助时间	援助资金
50	七十八团幼儿园	2016	300
51	七十九团医院综合楼	2016	300
52	六十一团综合文化活动中心	2016	350
53	《伊犁垦区报》全媒体数字资源发布平台	2016	220
54	七十团谊群养老院	2016	580
55	六十六团中学运动场	2016～2017	400
56	七十二团中学运动场	2016～2017	500
57	四师调频广播、电视网络	2016～2017	600
58	六十三团医院门诊综合楼	2017	430
59	畜牧养殖基地	2017	3000
60	六十二团医院门诊部、住院部	2017～2018	1300
61	霍尔果斯经济开发区兵团分区职工培训实习基地	2017～2018	2000
62	四师可克达拉市金山实验学校	2017～2019	4600
63	四师可克达拉市人民医院	2017～2019	8800
64	区外高校就读贫困生补贴项目	2017～2019	121.8
65	七十团第一中学篮球场	2018	380
66	七十五团幼儿园	2018	125
67	七十六团幼儿园室外运动场及配套工程	2018	230
68	七十七团中学学生宿舍	2018	180
69	七十八团学校学生食堂	2018	181.86
70	七十九团幼儿园	2018	90
71	六十九团香极地康养中心	2018	540
72	六十一团殡仪馆	2018	290.74
73	六十八团养老院技改设备	2018	200
74	二师三十六团农产品交易中心	2018	900
75	农特产品展销中心	2018	150
76	霍尔果斯经济开发区兵团分区工业垃圾处理厂	2018	1100
77	六十四团镇江创业孵化园	2018	900
78	四师物流集团（鸿途运输公司）冷库	2018	220
79	七十四团钟槐哨所风景区	2018	412.77
80	四师可克达拉市基础地理信息数据获取项目	2018	100.89
81	七十九团饮水安全工程	2018～2019	852.5
82	四师可克达拉市绿缘医院	2018～2019	1000

续表

序号	项目名称	援助时间	援助资金
83	四师可克达拉市政务服务中心	2018～2019	2748
84	六十一团残疾人托养中心	2018～2019	1050
85	六十九团养老院	2018～2019	473
86	六十七团养老院配套设施及健身器材	2018～2019	212.68
87	援疆干部人才周转房	2018～2019	3500
88	团场生态厕所示范项目	2018～2019	870
89	七十二团“光伏滴灌＋土壤改良＋订单农业”示范项目	2018～2019	1713.18
90	四师可克达拉市电子商务公共服务平台	2018～2019	873
91	支教教师保障项目	2018～2019	522.88
92	七十四团人居环境提升工程	2019	190
93	七十团医院疾控中心	2019	230
94	七十九团养老院	2019	280
95	师市党员教育综合服务管理系统平台	2019	100
96	四师可克达拉市“互联网＋政务服务”平台	2019	496.7
97	七十六团人才公寓装修改造工程	2019	50
98	四师可克达拉市边防基础设施	2019	1100
99	四师可克达拉市镇江高级中学柔性引才项目	2019	135.6
100	二师三十六团城镇基础设施	2019	867.37

说明：1.表中所列项目为单次投入或累计投入援助资金50万元以上项目。

2.表中第75项、第101项为对口支援延伸项目。

【链接】踏上千里援疆路　谱写塞外无悔曲——镇江市对口支援四师可克达拉市工作综述

如果把祖国辽阔的版图形象地比喻成一只雄鸡，江苏省镇江市位于雄鸡腹部，而相隔千里的四师可克达拉市，则位于鸡尾。在近10年的时间里，有一群镇江人，肩负着组织的重托，来到被誉为“塞外江南”的四师可克达拉市，作为传递国家行动的“使者”，成为新时期“塞外新曲”的续写人。

近年来，镇江市对口支援四师可克达拉市工作组推动师市19个团场实现民生项目全覆盖。

镇江援疆史上最大的交钥匙工程——可克达拉镇江高级中学被兵团建设局授予2018年度兵团建设工程“昆仑杯”称号；援疆工作组将政务服务“镇江模式”带到师市，硬件软件同步推进，“市民之家”师市政务服务中心成为兵团加快转变“政”的职能的样板工程；一组组数据，展示着每一批镇江援疆干部人才用心用情援疆的丰硕成果。

师市援疆资金使用效益和援疆项目管理水平显著提升，走在江苏省和兵团前列，先进做法多次被兵团认可；镇江援疆工作组先后荣获“省援疆工作优秀单位”“师市民族团结一家亲先进集体”“师市招商引资先进单位”“镇江市优秀基层党组织”等荣誉称号。

2020年4月13日，第四批镇江援疆干部人才全部进疆。

镇江援疆前方工作组负责人介绍，“进疆前，工作组得知师市防疫物资紧缺，第一时间发出倡议书，号召全体援疆干部人才迅速行动起来。”通过个人筹集、企业捐赠、社会帮扶等方式，累计募集口罩12800只、手套10300副、测温仪84个、护目镜503副，总价值25.25万元。

进疆后，第四批援疆工作组迅速明确了稳中求进工作总基调，紧紧围绕中央治疆方略和新疆工作总目标、兵团职责使命扎实开展各项援疆工作，不负组织重托、不负新疆人民、不负援疆岁月，在师市书写镇江援疆新篇章。

推进产业援疆

促进师市高质量发展

科学制定发展规划、丰富产品补齐短板、做活产业延伸文章……“镇江做法”拨动了受援地高质量发展之弦。

在师市党委副书记、四师副政委谢强的直接领导和关心推动下，在师市相关部门的大力支持下，6月，总投资35亿元的招商引资项目——三迪半导体光电产业园项目签约落地国家级霍尔果斯经济开发区兵团分区，将实现当年签约、当年开工、当年投产，项目全部达产后预计每年可实现产值25亿元、税收7500万元，提供500多个就业岗位。

“要在产业发展上持续用力、要加快推进援疆项目落地见效……”在2020年师市援疆项目推进会上，江苏省前指副总指挥、师市党委副书记、四师副师长顾爱平就提出了具体任务和要求。

第四批援疆项目共有33个，共计多达2.18亿元。任务下达后，工作组第一时间召开援建项目推进会，明方向、作部署、教方法。为强化项目推进，建立“三三制”工作机制，明确任务图、责任图、施工图，实施月报告、季督查、年考核，确保开工率、完工率、交付率。

同时，工作组始终把招商引资工作作为重点工作，常抓不懈。注重发挥援疆干部人才资源优势，抽调10名同志参与师市5个专项招引工作组，真正压担子、比成效。目前，工作组已赴北京、上海、山东、四川、安徽、江苏、乌鲁木齐等地开展招商活动十余次。

民生为重

让师市职工群众的幸福生活再添“筹码”

对口援疆，民生先行。

在援疆干部们的辛勤付出下，师市20个连队党建活动中心、20个生态厕所等一大批民生项目建成投入使用，让师市职工群众的幸福指数不断提升。

“短短一年时间，连容连貌发生了翻天覆地的变化，生态厕所的建成让连队环境有了很大改善。”六十二团文体广电服务中心工作人员徐国胜说。

面对记者的采访，江苏省前指副总指挥、师市党委副书记、四师副师长顾爱平欣慰地说：“自2017年第三批对口支援新疆工作以来，按照省委省政府关于对口援疆工作的重大决策与部署，各项援疆工作始终坚持紧扣总目标，同时，采取了切实举措，扎实加以推进。在民生建设上取得了显著成效、在产业援疆工作中取得了重大进展，医疗卫生援疆成果丰硕、教育援疆工作不断创新。”

去年5月24日，师市政务服务中心挂牌成立。建设过程中，镇江市对政务服务中心硬件建设、软件开发、人员培训及后期发展作出了积极贡献。

师市政务服务中心“互联网+政务服务”平台建设一期投资500万元，全部为镇江援疆资金，镇江还选派了政务服务中心业务骨干多次前往帮助师市开展“互联网+政务服务”平台的搭建工作，提升了师市政务服务中心信息化水平，将江苏的先进政务服务经验带到了可克达拉市。

镇江援疆前方工作组党委副书记、副组长、党委组织部副部长潘杰介绍，目前，第四批援疆工作组正加快“互联网+政务服务”平台二期建设，并向团场延伸，方便居民“就近办”，着力将其打造成兵团“放管服”改革的示范点。

工作组还参与实施人居环境整治示范项目，加大垃圾处理、厕所革命、生活污水治理等工作力度，着力打造六十八团“花园连队”“塞外水乡”等可复制、可推广的人居环境整治示范点。

同时，继续夯实基层公共服务设施，再打造15个党建活动中心、服务中心等1.5万平方米，打通民生改善“最后一公里”。

“组团式”人才援疆

逐步提升师市医疗教育水平

打造一支“带不走的队伍”。这是每一批援疆干部来疆时最大的心愿。

“组团式”援疆是集中力量办大事，发挥“1+1>2”的效果，这也是镇江援疆工作组在教育援疆、医疗援疆工作上的一个大胆尝试，推进了教育、医疗在优质、品牌、特色上发展。

援疆干部人才充分发挥自身优势，在卫生、教育、住建、广电等各个领域，深入开展“一对一”结对帮扶工作，悉心指导、倾囊相授，为四师医院、可克达拉市镇江高级中学等培养出一批又一批带不走的本土专业人才。

第四批援疆干部继续执行教育“组团式”援疆，深化“名校长+管理骨干+学科带头人”模式，充实可克达拉金山实验学校教育团队力量，实现小学—初中—高中全覆盖。

“您身体指标正常，不用担心。”9月20日，镇江市第十批援疆医疗队队员、江苏大学附属医院放疗技术中心主任游涛正在为患者细心解读检查结果。通过采访得知，2018年4月，游涛到四师医院开展了为期4个月的援疆工作，今年，他又主动请缨二次援疆。“支援四师医疗卫生事业是他真诚而执着的选择，他传授的不仅是自己精湛的医疗技术，更是一种人生价值理念。”四师医院院长周玉泉这样称赞游涛。

多年来，援疆工作推动师市医疗机构、科室与镇江对应医院、科室建立对接机制，通过团队对团队、科室对科室，帮助健全医疗科目、扩大诊疗病种。

实行干部培训“走出去、请进来”措施，采取赴镇江交流、高校培训、本地授课等形式，启动干部人才项目，计划培训4500人次以上。

融入师市，争做服务发展先行军；融入岗位，争做作风效能实干家；融入乡情，争做民族团结守护人……这是第四批援疆干部给自己定的目标。

援疆，是一种使命，也是一种责任，更是一种情怀。如果说援疆是一幅画，辛苦只是底色，劳累才是浓墨，能为边疆发展尽力、为家乡人民添彩，才是最美丽的颜色。

（2020年9月26日“可克达拉新闻”微信公众号）

【链接】三年援疆路　一生四师情
——访镇江市对口支援四师可克达拉市前方指挥组党委副书记、副组长王为华

"来疆为什么、在疆干什么、离疆留什么?"在近三年的援疆工作中,第三批镇江市对口支援四师可克达拉市援疆干部人才都做了哪些工作?取得了什么样的援疆效果? 7月19日,镇江市对口支援四师可克达拉市前方指挥组党委副书记、副组长王为华接受了记者的专访。

在位于伊宁市军垦路的镇江市对口支援四师可克达拉市前方指挥组(以下简称镇江援疆前指)办公大厅,悬挂在墙上的"对口援疆是国家战略,必须长期坚持"15个大字,凸显了援疆干部人才的初心和使命。

"我们把习近平总书记的话挂在墙上、看在眼里、记在心里,带着责任和使命,援疆干部人才以时不我待的工作态度加以落实。"王为华坚定地说。

王为华介绍说,自第六次全国对口支援新疆工作会议召开以来,镇江援疆前指在学习借鉴前两批援疆工作经验和充分调研的基础上,按照"真情援疆、科学援疆、持续援疆"的工作方针,迅速确定了"明确援疆工作继续走在兵团前列,全省一流,为镇江增光,为四师添彩的目标;突出师市和兵团分区的建设及经济社会发展、突出精准扶贫和产业援疆两个重点;发挥先进理念的融合引导、援疆项目的示范带动、援疆干部人才的桥梁辐射三个作用;强化牢记使命、胸怀真情、真抓实干、带好队伍四项要求"的"一二三四"援疆工作总思路。

以坚持问题导向,强化系统思维,突出工作重点的工作理念和方法,深刻解放思想、深度对标先进、深化工作创新,结合实际全力抓好落实,镇江市对口援疆工作取得显著成效。

坚持问题导向,就是要全面排查短板弱项,全力解决问题。王为华说:"按照缺什么补什么的要求,镇江援疆前指针对援疆资金项目管理中存在的突出共性问题,连续出台了一系列规范性文件,建立'前评估后评价'项目全流程管理机制和援疆项目储备库,确保项目实施优质、廉洁、高效。"这一举措得到了江苏省援疆前指和兵团、四师可克达拉市领导的肯定,在江苏省对口援建领域亦属领先。

强化系统思维,就是要从系统和全局考虑,增强工作的整体性,促进工作成效实现最优化。王为华介绍说,镇江援疆前指紧紧围绕四师可克达拉市中心工作,深入开展调研,了解掌握工作全局,增强工作的协调性,形成团结拼搏、协同共事、攻坚克难的强大合力,协助编制系列专项规划。系列规划的编制实施,确保了对口支援新疆工作始终以科学的规划为引领,更加符合中央要求、更加契合该师市实际需求,更加体现镇江特色。

突出工作重点,就是以"组团式"援疆为工作重心,切实把教育援疆和医疗援疆资源用好用足,发挥教育人才和医疗人才的倍数效应,形成"名校长+中层管理骨干+学科带头人"和"医院领导+科室中层+骨干医生(名老专家)"的嵌入式框架和立体化层次,全方位助推四师可克达拉市教育和医疗卫生行业提档升级。突出"小援疆"效果,科学开展"小援疆"短期引才、项目化操作等活动,"互联网+政务服务平台"、金融风险防范应急预案、工商登记注册流程再造等工作得到了该师市党委的高度评价。

"在实际工作中,我们始终用'深刻解放思想、深度对标先进、深化工作创新'3句话来狠抓落实,高质量推动新时代镇江援疆工作不断取得新业绩。"王为华说,"我们根据江苏省党委'解放思想大讨论活动'相关指示和要求精神,主动

研究新情况，及时解决新问题，全力落实新要求，推动思想再解放；强化镇江援疆前指的规范运转，成立镇江援疆前指党委和纪委，对请销假、谈心谈话、公务接待、财务管理等30个事项进行明确，每年开展援疆干部人才述职述廉考核工作，向先进看齐、学习，推动援疆工作每年上新台阶；严管厚爱带好队伍，倡导‘开心工作、快乐生活’的健康理念，进一步加强援疆干部人才使用、关爱、激励工作机制，明确‘小援疆’干部人才相关待遇，优化援疆干部人才工作生活环境，使援疆干部人才全身心融入援疆工作中；用创新精神管好用好援疆资金项目、超前编排援疆项目计划、高质量推进脱贫攻坚，以精准招商推动产业合作，以民族团结深化交流交往交融。”

“下一步，镇江援疆前指将进一步完善思路、细化举措，坚持有的放矢，帮在关键处，在提升成效上下功夫，把加强交流、交融作为增进民族团结的重要途径，不断巩固经济、人才、教育、科技、文化、卫生援疆相结合的工作格局，确保按时圆满完成3年援疆任务，为下一批援疆工作做好铺垫。”王为华信心满满地说。

（2019年8月9日《兵团日报》）

【链接】建功边疆展雄才——追记兵团第四师可克达拉市党委书记、第四师政委丁憬

可克达拉草原夜幕低垂，伊犁河汩汩凝噎……今年春，年仅55岁的兵团第四师可克达拉市党委书记、第四师政委丁憬永远离开了他的第二故乡——可克达拉。丁憬两轮援疆并最终留任新疆，近10年投身边疆、建设边疆，用忠诚铸就共产党员之魂，用生命践行初心使命。

精心筑巢　全力引凤

丁憬曾说：“援疆事业很光荣，走进新疆，为咱兵团做点事，是我的朴素心愿。”

2011年底，时任江苏省镇江市副市长的丁憬积极响应党中央对口援疆号召，满怀家国情怀，义无反顾来到新疆。

2012年6月，霍尔果斯经济开发区兵团分区挂牌，丁憬被任命为管委会主任。

丁憬请来了知名总规划师，“建园区如同建跑道，只有大跑道才能落大飞机，只有大载体才能承载大项目。”在他的推动下，兵团分区首次引入BT模式推进基础设施建设。

精心筑巢，全力引凤。当时一听说安琪酵母有意在西部落户，丁憬几次到其公司总部洽谈，然后安排招商人员跟进，直到签约落地。

丁憬还与同时期援疆的干部一起，积极与家乡联络，开展招商引资工作。随后，“中国醋王”恒顺醋业来了，总投资15亿元的镇江精工汽车整车及零部件生产项目、投资12.6亿元的中节能光伏发电项目也来了……

每天再晚，丁憬都要到工地上走一走，看一看项目建设进度。在他的带领下，截至2019年底，霍尔果斯经济开发区兵团分区累计实现招商引资到位资金280亿元、固定资产投资90.8亿元，落户企业864家，总部经济企业827家。

“兵团分区是他一步一步丈量出来的。”采访中，不少当地干部感慨地说。

生态立市　绘就新城

丁憬说，可克达拉必须“以绿荫城、以水润城、以文化城、以产兴城”。

两轮援疆结束后，丁憬决定继续留疆工作。

2016年9月，丁憬被任命为可克达拉市市长。2018年11月，他被任命为第四师可克达拉市党委书记、第四师政委。

大到城市坐标，小到一路一桥，可克达拉市相关规划被论证、完善多次，丁憬全程参与，最多的一项规划前后修改了16遍。丁憬提出“生态立市”目标，可克达拉市深入实施森林围城、

绿色廊道、景区绿化、湿地公园、生态文化等工程。仅4年时间，一座路网纵横、绿水环绕、城林交融的新城就展现在世人面前。

如今，可克达拉城市建成区绿化覆盖率接近50%，人们慨叹：一座城，如在画中。

在可克达拉规划馆，巨型五角星图案在顶部熠熠生辉，“以文化城，传承永不褪色的红色基因。”丁憬知道，发扬和传承兵团精神是这座城市的灵魂。

在丁憬的推动下，可克达拉市高起点规划城北、城西两大产业园，做强白酒生产、薰衣草加工、肉类生产等产业，让“酒香”“花香”“肉香”更加浓郁。

“建市5年，这里每天都在发生着变化，是他和大家一起，让可克达拉大变样。”可克达拉市民说。

殚精毕力　爱洒边疆

不管是援疆还是留任，丁憬从来没有拿自己当过客，他给第四师留下了一笔丰厚的财富……

如今，可克达拉市金山实验学校建成了、可克达拉市人民医院建成了，一批批镇江援疆干部采取集体作战“组团式”援疆倾力奉献着光和热……

在丁憬的推动下，一大批惠民生、促发展的援疆项目在第四师可克达拉市落地生根。

在镇江采访，曾和他多年共事的老干部们纷纷感慨，难得回一趟家乡，他总是自豪地向他们介绍新疆。

错过了儿子中考、高考……他参与儿子成长的方式仅是每晚与儿子通通电话。

2019年10月，丁憬患上了带状疱疹，身体已向他发出预警，可他总推说：“工作这么忙，我坚持一下就会好起来的。”直到今年1月，他前往医院检查时，却已错过治疗时机……

采访中，第四师干部职工群众无限痛惜：那个胸怀理想、顶天立地、满腔热忱的丁憬走了；那个作为可克达拉新城谋划者、建设者的丁憬走了；那个“要把可克达拉建成兵团最美城市”的丁憬走了。

6月初，兵团党委追授丁憬为“兵团优秀共产党员”。

（原文刊载于2020年6月30日《新疆日报》，本文有删节）

丁憬（中）深入结亲户，了解生产生活情况（2012年摄）

附：

第十批援疆工作综述

第十批镇江市共选派47名干部人才对口支援兵团四师，其中党政干部23人、教师2批9人、医生2批10人、其他专业技术人才5人。选派2批74名“援藏援疆万名教师支教计划”教师到四师等地支教。柔性引才65人次。3年投入援助资金6.55亿元，共实施项目95个，其中保障和改善民生类43个、产业援助促进就业类13个、智力援助类16个、文化教育类17个、交往交流交融类6个。选派干部人才数、实施援建项目数、投入援建资金量均位居江苏省援伊犁州（含兵团四师、七师）各工作组第一。

因工作成绩突出，镇江市援疆工作组被兵团党委、兵团表彰为“新疆生产建设兵团脱贫攻坚先进集体”，被省委、省政府表彰为“全省脱贫攻坚暨对口帮扶支援合作先进集体”，朱万喜被省委、省政府表彰为“江苏省先进工作者”，樊江峰被兵团党委表彰为“优秀援疆干部人才”。

坚持“两个80%”原则，确保80%以上援疆资金投入民生领域、基层单位，援建项目覆盖四师全部18个团场、近80%基层连队。投入援助资金5880万元，实施团场人居环境整治工程，使职工群众生活环境明显改善。继续建设可克达拉市镇江高级中学8400平方米教工宿舍和学生食堂，进一步完善学校配套设施。总投资8500万元（均为援助资金）的可克达拉市第一小学（镇江小学），按照6轨制36个班级设计，可容纳1700余名师生，为周边团场学生就近就读提供很大便利。重点支持四师总医院、可克达拉市人民医院、

镇江市第十批援疆干部人才与兵团四师可克达拉市领导合影（2020年摄）

疾控中心等项目建设。支持可克达拉市精神卫生中心建设，推动创建伊犁州首家二级甲等精神卫生专科医院。投入援助资金3368万元，建设六十二、六十三、六十七、七十一、七十八团基层团场社区服务中心，提升公共服务能力。总投资6800万元（均为援助资金），新建10个、标准化提升65个连队（社区）基层党建活动场地，拉近服务团场职工群众“最后一公里”。总投资6000万元（均为援助资金）的军垦博物馆，建筑面积约1.5万平方米，是一个集收藏、保护、展示红色军垦文化和现代化建设成就的场所。

推动受援地产业发展。健全完善《镇江市与第四师可克达拉市产业合作专项引导资金管理办法》，投入援助资金1900万元，重点支持国家级霍尔果斯经济开发区兵团分区和兵团级可克达拉经济技术开发区建设，发展壮大师市支柱产业。投入援助资金3000余万元，建设镇江就业创业孵化基地，促进受援地产业项目承载力进一步增强。3年累计开展各类招商推介活动60余次，洽谈客商110余批次，协助受援地引进项目20个，计划总投资113.2亿元，带动就近就业1000余人。聚焦国家级霍尔果斯经济开发区兵团分区主战场，打造产业援疆主阵地。坚持高品位规划，邀请苏州新加坡工业园区总规划师担纲园

兵团四师可克达拉市镇江小学（2022年摄）

兵团四师六十四团十连党群活动中心（2022年摄）

区整体规划设计，并对入园企业形象设计、用地及环保提出较高的准入门槛。牵头制定兵团分区产业项目全周期服务推进机制、“工业七条”“服务业八条”“人才九条”“能力提升五条”等特色产业发展和人才培养扶持政策，同时开展援疆干部人才与园区年轻干部结对帮带活动，打造一支“带不走”的产业援疆人才队伍。每年安排500万元产业发展引导专项资金，用于优质企业补贴和奖励，发挥援疆资金撬动作用。推进国家级镇江经济技术开发区、省级扬中经济技术开发区、丹徒经济技术开发区、京口经济技术开发区与兵团分区建立结对援建关系，在项目援疆、人才援疆等方面形成长效机制。设立师市本级产业引导资金2300万元，吸纳就业1020人。

开展智力援助，加强两地教育、卫生人才交流合作。联合师市党委组织部，组织自治区外培训班48次、当地培训59次，培训1.6万人次。放大教育组团优势，选派2批81人次援疆教师，实现“幼儿园—小学—初中—高中—职业技术教育”对口支援全覆盖。选派18名师市年轻教师赴镇江市开展为期3个月跟班学习。连续3年举办教学周活动，近百名镇

2020年10月25日，兵团四师创锦农业与南京农业大学产学研合作基地签约仪式

2022年6月12日，兵团四师可克达拉市旅游招商推介会在镇江举行

2021年9月，新疆伊犁州（四师）农特产品展馆（江苏总部）在镇江投入运营

江市优秀教师到四师交流研讨。不断放大“名校长+优秀中层+骨干教师”的“组团式”优势，可克达拉市镇江高级中学2021年首届高考取得伊犁州文科第一名，本科上线率83%。2022年，再夺伊犁州高考理科第一名，实现清华大学、北京大学“零”的突破，本科上线率95.6%，创历史新高。金山实验学校3年中考成绩在兵团300所学校中从第21名攀升至第6名，稳居前列，普通高中录取率95.8%。两所学校一跃成为伊犁州一流名校。在计划内选派援疆医生之外，每年选派10名左右“小援疆”柔性人才，累计选派42人，其中70%以上为高级职称专家，帮带培训受援地医疗人才3000余人次。引进新技术26项，填补师市空白7项；开展手术2500余例，参与危急重症抢救等1700余次。深入团场开展“援疆医疗专家就在你身边”义诊15场，就近服务群众2000余人次。镇江市重点援建的四师总医院骨科、重症医学科、妇科、产科成为伊犁州知名科室。募集价值66余万元防疫物资，缓解师市实际困难。推动校地智力合作，7所江苏高校先后对师市开展智力援助。江苏科技大学与师市党委组织部共建丝路人才培训学院，并与可克达拉市职业技术学校合作，成功获批1个兵团级函授点。四师总医院与江苏大学建立非直属附属医院和临床医学院关系，成为住院医师规范化培训分基地。南京农业大学国家肉品质量安全控制工程技术研究中心与创锦农业开发有限公司开展产学研合作，并成立食品联合研发（检测）中心。江南大学纺织工程研究所、生命科学与健康工程学院和江苏大学汽车工程研究院为四师编制产业招商地图。

大力实施消费援疆。制定《“润疆情”消费助农项目资金扶持实施办法》，建成6家四师农产品展销门店，400余种特色农牧产品亮相镇江市场。对接镇江市发展改革委，将四师农牧产品纳入镇江市消费协作进机关活动采购目录。镇江市累计向四师捐赠帮扶资金和物资折合近800万元，并提供大量技术服务。安排援疆资金资助75名四师在江苏等地就读贫困大学生，减轻家庭经济负担。累计募集各类爱心善款、物资折合1400余万

2022年7月23日，江苏科技大学与兵团四师可克达拉市签订丝路人才培训学院合作协议

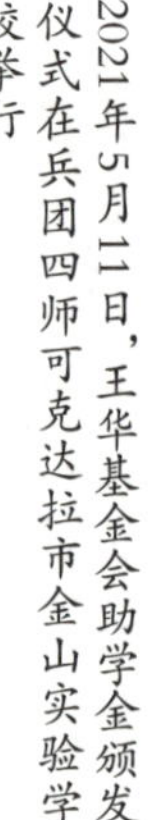

2021年5月11日，王华基金会助学金颁发仪式在兵团四师可克达拉市金山实验学校举行

元，结对帮扶560户困难家庭，其中少数民族家庭155户。推动后方34家单位与师市相关单位部门结对，投入资金900余万元，帮助11个贫困连队长效稳定脱贫。

积极推动双方党政机关、企事业单位、社会组织等开展交流活动。两年多来，先后有85批660余人次开展双向交流活动，镇江市向四师捐赠帮扶资金和物资折合1050余万元，并提供大量技术服务。围绕师市军垦文化名城建设，实施“一馆一厅”建设，重点打造军垦博物馆、镇江援疆工作展厅。以镇江市援疆干部丁憬、王华为原型，协助创作《在绿色原野上》舞台剧，在乌鲁木齐、四师等地上演。协助拍摄《心有疆·爱无疆》《援疆人的一天》等主题视频，在四师电视台、网络等平台播出。做强“镇江万人游四师可克达拉市”品牌，3年安排600万元奖补资金，吸引镇江及周边地区近万名游客。创作散文集《援疆有期情无限》、诗集《援疆：伊犁河的守望》等作品，并通过镇江文广集团，开展大型融媒体新闻采访行动。实施“中华优秀文化进校园”行动，以可克达拉市镇江高级中学、金山实验学校为试点，开展晨读国学经典，软笔、硬笔书法学习，课本舞台剧等活动。新

2020年11月14日，兵团四师可克达拉市党政代表团到镇江考察交流，双方召开座谈会

2022年7月，『镇江万人游四师可克达拉市』活动持续开展

冠肺炎疫情期间，为四师募集总价值66万余元防疫物资，包括口罩1.28万只、手套1.03万副、护目镜503副、冬装1000套。设立300万元旅游援疆奖补资金，通过旅游专列、飞机游、房车游等形式，助力四师文旅业健康发展。

镇江市援助兵团四师部分项目情况表

单位：万元

序号	项目名称	援助时间	援助资金
1	可克达拉市交通服务中心设施设备	2020	300
2	四师可克达拉市应急指挥中心设备	2020	840
3	七十九团幼儿园配套设施	2020	280
4	七十团拜什墩教育建设项目	2020	250
5	党风廉政教育中心	2020	500
6	可克达拉市疾控中心实验室装修及附属设施设备	2020	480
7	可克达拉市人民医院可克达拉镇江医学影像示范中心	2020	2920

续表

序号	项目名称	援助时间	援助资金
8	七十二团晒场	2020	300
9	六十八团人居环境整治示范工程	2020～2021	1600
10	可克达拉市六十八团场污水处理厂改造工程	2020～2021	1200
11	可克达拉市第一小学（镇江小学）	2020～2021	8500
12	可克达拉市镇江高级中学	2020～2021	3300
13	可克达拉市儿童福利院与青少年文化活动中心	2020～2021	1734
14	三十六团医院住院部	2020～2021	1000
15	霍尔果斯经济开发区兵团分区消防站	2020～2021	1100
16	七十八团农牧特产品贸易中心及附属工程	2020～2021	250
17	六十二、六十三、六十七、七十一、七十八团基层团场社区服务中心（行政服务中心或便民服务中心）	2020～2022	3368
18	基层党建活动场所	2020～2022	6800
19	可克达拉市创新创业产业园孵化建设项目	2020～2022	3024
20	航线补贴项目	2020～2022	654
21	党政干部、专业技术人才等培训项目	2020～2022	1941
22	柔性引才项目	2020～2022	400
23	援疆干部人才综合保障及周转房配套工程	2020～2022	506
24	区外高校就读贫困生补贴项目	2020～2022	160
25	丝路人才培训学院职业技术培训项目	2020～2022	400
26	名院名校创建及学术交流项目	2020～2022	212
27	支教教师保障项目	2020～2022	1098
28	医疗专技人员技能提升及学术交流项目	2020～2022	163
29	扶持团场居民就业项目	2020～2022	1800
30	产业发展引导基金	2020～2022	1900
31	招商引资推介项目	2020～2022	1550
32	交往交流交融项目	2020～2022	692
33	医院骨科服务能力提升项目	2021	810
34	六十六团行政服务中心能力提升项目	2021	200
35	七十七团环卫站	2021	270
36	基层团场人居环境整治工程	2021～2022	4280
37	可克达拉军垦博物馆及配套设施	2021～2022	6000
38	霍尔果斯经济开发区兵团分区行政服务中心及配套工程	2021～2022	1800
39	六十六团公交首末站	2022	380
40	七十三团公共消防站	2022	200
41	部分团场日间照料中心（养老院）升级改造工程	2022	1020
42	六十一、六十八、七十一、七十五、七十六、七十九团团场文化活动服务中心	2022	1250
43	四师医院可克达拉院区学科建设项目	2022	950

说明：表中所列项目为单次投入或累计投入援助资金50万元以上项目。

第十五节　无锡市对口支援阿合奇县

阿合奇县位于新疆西部天山南脉腹地，为高寒地区边境县，海拔1730～5958米，境内有305千米边境线和46个通外山口。2019年，全县面积1.68万平方千米，人口4.6万人。阿合奇县享有“中国玛纳斯之乡”“中国猎鹰之乡”“中国库姆孜之乡”“中国刺绣之乡”等美誉。

2007年，阿合奇县被确定为全国边境少数民族特困扶贫开发试点县，由无锡市和中国华能集团公司重点帮扶，国务院相关部门合力帮扶。同年5月，无锡市政府与克州政府签署《无锡市对口帮扶阿合奇县框架协议》。11月，无锡市首批4名援疆人员到阿合奇县人民医院挂职，开展为期14个月对口帮扶工作。同年，无锡市成立对口支援领导小组。2008年4月、2009年4月、2010年4月，第二、三、四批先后各选派12名援疆干部人才赴阿合奇县挂职，分别任县委副书记、县教育局等部门领导，县人民医院科室主任等职，挂职时间均为半年。2007～2010年，无锡市组织实施对口支援阿合奇县“三年十项行动计划”，完成援建项目28个，累计投入援助资金3287.1万元，援建县中心幼儿园、太阳能电站、饮水安全工程、护边牧民抗震安居房、温室蔬菜大棚等一系列项目，资助建立农牧民大病统筹基金，开展免费巡回医疗服务等，开创阿合奇县经济社会发展新局面。2010年全国对口支援新疆工作会议召开后，无锡市正式对口支援阿合奇县。同年10月，无锡市成立对口支援新疆克州阿合奇县前方工作组。2010年12月至2019年12月，无锡市先后选派4批111名援疆干部人才，共实施项目130余个，累计投入援助资金4.25亿元。

无锡市通过整合援疆资金与其他资金，援建佳朗奇新城，解决全县80%以上农牧民安居问题；发展以沙棘为主栽品种的特色林果业，将以天山河谷自然风光、柯尔克孜民族文化为特色的旅游业作为产业发展主攻方向，推动阿合奇县经济发展和脱贫增收。2019年，阿合奇县实现脱贫摘帽。

一、民生援建

无锡市集中人力、物力、财力抓好教育、医疗卫生、社会保障等项目建设，为阿合奇县百姓造福谋利。

2007～2010年，投入援助资金2000余万元，完成8个行政村办公场所、县第二幼儿园、县中心幼儿园等建设，推进哈拉奇乡土地整理，为护边农牧民发放抗震安居房建设补贴，建立农牧民大病统筹基金，改善和提高农牧民生活水平。

2011～2013年，重点实施定居兴牧工程、安居富民工程、人口素质提升工程和卫生健康惠民工程。建设安居富民和定居兴牧工程2000余户，让农牧民告别世代居住土坯房历史。投入援助资金1438万元，实施佳朗奇新城供暖管网工程，改善小区基础设施。建设县第三幼儿园、县电教中心和阿合奇镇卫生院，助推阿合奇县教育、卫生事业迈上新台阶。建设县公共服务中心，完善公共服务设施，提升服务能力。

阿合奇县保障房小区（2011年摄）

阿合奇县游牧民定居工程（无锡新村）（2011年摄）

2014～2016年，按照“优化生活环境、改善生产条件、提升乡村文明、构建和谐农村”要求，遵循“乡村规划引领新、基础设施配套新、美化亮化风貌新、三区分离格局新、室内功能完善新”标准，继续实施安居富民工程和定居兴牧工程。投入援助资金3961.47万元，全面完成县防洪改建工程，保护城市基础设施、民用设施不受洪水威胁，保护土地及城区群众生命财产安全。完成县人民医院外科楼、国营马场供暖工程等建设项目。教育援疆覆盖学前教育、义务教育、职业教育，实施县第三幼儿园扩建工程；建设县职业高中综合楼等，为阿合奇县培养技能型、实用型人才提供平台。投入援助资金2566.6万元，完成孔吾拉齐水库工程，进一步提高全县水资源综合开发利用水平，增强水资源保障能力。

2017～2019年，聚焦“两不愁三保障”（不愁吃、不愁穿，义务教育有保障、基本医疗有保障、住房安全有保障），持续推进民生项目建设。投入援助资金4000余万元，实

阿合奇县同心中学报告厅（上左）、创客教室（上右）、同心林（下）（2020年摄）

2008年7月，阿合奇县中心幼儿园揭牌仪式

阿合奇县第三幼儿园（2016年摄）

阿合奇县同心中学电教中心（2013年摄）

施安居富民工程（每户补助2万元）、定居兴牧工程及道路建设等项目，解决1000余户贫困户安居问题。投入援助资金2000余万元，实施自来水厂、污水处理厂改扩建及配套管网工程等项目。继续实施县人民医院完善工程、乡镇卫生院标准化建设等医疗援疆项目，实施同心中学启智楼信息技术现代化综合服务平台建设等教育援疆项目。这些民生工程成为当地农牧民得实惠的德政工程、暖心工程、民心工程，对改变阿合奇县城乡面貌和提高群众生产生活水平具有重要作用。

二、产业援建

无锡市帮助当地发展设施农业和畜牧业，挖掘优势资源，发展沙棘特色林果业和特色旅游业。

2007～2010年，投入援助资金300万元，帮助吾曲村新建40栋蔬菜温室大棚，不仅解决当地居民“吃菜难”问题，还引导农牧民学习大棚蔬菜种植技术，发展设施农业。投入援助资金100万元，建设县养殖基地，建成占地5520平方米牛羊圈8座，推广畜牧标准化养殖技术。2010年，完成旅游资源开发、畜牧业养殖示范小区建设等项目，带动农牧民就业增收。

2011～2013年，投入援助资金377.86万元，建设阿合奇县无锡高新农业科技示范

新疆第五届国际旅游节暨克州第二届国际玛纳斯文化旅游节英雄史诗《玛纳斯》表演现场（2009年摄）

阿合奇县『9331』创业街(2015年摄)

阿合奇县沙棘企业——新疆中科沙棘科技有限公司(2020年摄)

园,建立本地果蔬产品产供销市场。投入援助资金429.82万元,建设阿合奇县游客服务中心及配套设施项目。推动实施“5331”创业引导工程(援疆资金每年投入不少于50万元,扶持30个创业项目,带动不少于30人就业,再拿出10万元用于“创业之星”评选表彰),解决创业人员创业资金不足等难题。

2014～2016年,发展特色产业,种植沙棘、杏树等特色经济林木533.33公顷。按照优势资源与无锡市场结合策略,在扶持发展阿合奇县沙棘产业基础上,多方联系销售市场,打开市场销路。协助沙棘企业与江南大学药学院达成战略合作。投入援助资金500万元,援建阿合奇县无锡轻工业园区标准化厂房(建筑面积3000平方米)。引进新疆金之源生物科技有限责任公司,实现阿合奇县招商引资自办现代工业“零”的突破。投入援助资金1935万元,建成科克乔库尔柯尔克孜民俗文化村(非遗小镇),通过猎鹰、库姆孜、刺绣3个非遗工作室和猎鹰马术表演场、玛纳斯舞剧,彰显民族文化。文化村(非遗小镇)不仅是柯尔克孜族文化的保护、传承地,也是活跃经济的突破点,增进柯尔克孜族

阿合奇柯尔克孜族青年在创业引导基地创业（2011年摄）

阿合奇县『5331』创业引导工程（2012年摄）

阿合奇县创业引导工程孵化基地（2012年摄）

人民自豪感，促进民族团结，推动经济发展。该村被评为全国休闲农业与乡村旅游示范点。为带动当地群众就业创业，将劳务输出作为农牧民增收致富重要途径，加大无锡市劳务输出基地建设，扩大援疆资金对劳务输出覆盖面。实施“9331”创业引导工程（每年安排90万元用于扶持30人创业，并带动解决30人以上就业，再安排10万元用于表彰当年创造优良业绩的创业者），实施项目108个，累计拉动投资3471.05万元，激发群众创业、就业热情，进一步推动阿合奇县民营经济发展。

2017～2019年，协助引入总投资5000万元的新疆中科沙棘科技有限公司和专业从事畜产品加工的阿合奇县锡域农牧科技有限公司。持续推动“9331”工程，举办首期农村经纪人培训班，设立创业致富带头人培育项目，帮助数十名青年成功创业。举办首期电商培训班，推动创办电商平台30余家。设立规范农村合作社项目，借力南京农业大学培育示范合作社。与江南大学设计学院合作，推动“阿合奇县民间刺绣工艺创新设计”项目，在有效保护非遗文化传承的同时，为柯尔克孜民族刺绣工艺设计创新注入新元素，培育新的经济增长极。

三、智力援助

无锡市注重受援地人才引进、培训和培养，实施多种形式挂职培训、人才帮扶。2007～2019年，无锡市累计选派党政干部8批65人、医生和医学带头人8批49人到阿合奇县挂职，选派支教教师8批47人、柔性援疆教师12人对口支教。

2019年8月，江南大学纺织服装学院教师现场指导阿合奇县库兰萨日克乡中心小学学生绘画

2019年8月，无锡市少年宫教师在阿合奇县开展送教活动

无锡市援疆医生在阿合奇县开展『巴扎门诊』（2012年摄）

无锡市援疆医生在阿合奇县下乡义诊（2017年摄）

南京农业大学专家到阿合奇县开展沙棘科学种植指导（2018年摄）

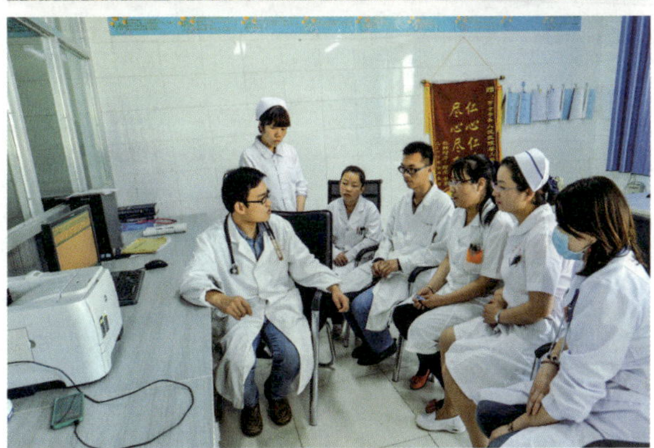

无锡市援疆医生对阿合奇县人民医院医护人员进行业务培训（2019年摄）

2007～2010年，组织无锡28所学校与阿合奇县28所中小学、幼儿园建立结对帮扶关系。选派医务人员到阿合奇县人民医院，参与抢救危重病人、会诊、手术，带教并重，培养一批业务骨干和学科带头人，深入全县偏远牧业点为农牧民免费开展巡回医疗服务，“无锡专家巴扎门诊”成为援疆医生巡回义诊、服务边疆的品牌工程。

2011～2013年，选派援疆干部到阿合奇县挂职，编制完成《2011～2015年无锡市对口援建阿合奇县项目规划》《阿合奇县城镇总体规划》及旅游、产业发展等专项规划，为阿合奇县经济社会发展奠定基础。选派教师到同心中学任教。全面开展“一对一”结对活动，无锡市学校与阿合奇县1所中学、7所小学、7所幼儿园结对帮扶。选派医务人员到阿合奇县人民医院，通过建立“青年医师沙龙”“师徒结对子”等形式，培养当地专业技术人才。实施人才培训工程，投入援助资金103.3万元，“送出去”挂职学习两期36人，“请进来”专家48人次，完成培训15个班次1528人次。组织新疆籍普通高校毕业生到江苏培训，参训学生全部返县就业。

2014～2016年，援疆教师在同心中学成立州级数学教学能手培养工作室，推进阿合奇县率先在克州通过教育部义务教育均衡化评估。无锡援疆医疗队首创“入户访视”机制，与村（社区）卫生室建立长期联系，帮助县人民医院通过二级甲等医院评审。2014年起，无锡市率先启动“银发援疆”工作。3年间，柔性引进专业技术人才44人次，涵盖教育、医疗、社保等领域，累计工作时间超过60个月。两地开展多种形式交流互访、挂职培训、人才帮扶等活动，共有200余批次3000余人次参加。

2017～2019年，先后组织阿合奇县党政干部和业务骨干6批216人次到无锡培训，引进柔性援疆人才30余人次。无锡市司法局在阿合奇县援助设立“互联网·律师事务所”，缓解边远地区法律人才短缺问题。无锡市21所学校与阿合奇县21所学校实

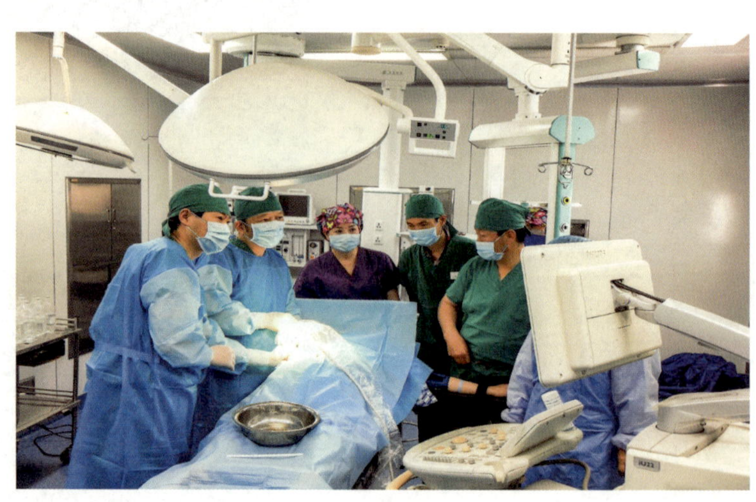

无锡市援疆医生、自治区优秀援疆干部人才顾震华（左二）指导阿合奇县人民医院医生开展泌尿系统疾病微创手术（2018年摄）

现结对帮扶全覆盖。教育援疆团队始终将工作重点放在“传帮带”和教学研究上，实施“青蓝工程”，成立丁强校长工作室，引进无锡教育“智慧课堂”。2019年，阿合奇县中考达到江苏及其他省市新疆高中班分数线71人，创历年最高纪录。3年间，无锡市医疗队开展新技术、新项目研究20余项，完成克州医学科技项目4个；帮助阿合奇县人民医院建立危重症孕（产）妇及新生儿救治中心，降低孕（产）妇和新生儿死亡率；无锡后方单位捐赠钬激光设备，在阿合奇县开创性成功实施泌尿系统微创手术多例；完成8000余人次业务培训，指导阿合奇县人民医院中青年医师完成医学论文30余篇。促成南京农业大学阿合奇研究院挂牌成立，为阿合奇县农牧业发展提供智力支持。

【链接】无锡教育援疆十年结硕果　水乡清泉浇灌戈壁绿洲

江苏无锡与新疆阿合奇，一个是水乡，一个是戈壁，中间隔着4000公里。随着一批又一批无锡名师来到阿合奇，一茬接一茬阿合奇孩子求学无锡，十年耕耘，边疆戈壁滩上智慧新绿洲越来越多。

三任接力，“最高学府”打了翻身仗

从新疆克孜勒苏柯尔克孜自治州州府出发，沿着南天山山脉翻越300多公里戈壁和荒山，行至托什干河流经的一块谷地，眼前出现阿合奇县城。同心中学，是该县唯一的中学，也是阿合奇的“最高学府”。

正值暑假，校门口的大红喜报吸引不少人驻足观看：热烈祝贺我校60名毕业生被新疆高中班及克州班录取！同心中学校长肖建辉感慨：“没有那些无锡老师，就没有同心中学的今天。”

2007年，无锡市按照省统一部署，对口支援阿合奇县。2011年，同心中学迎来无锡第一批6名援疆骨干教师。领队丁强被任命为党委书记兼校长，扛起了沉甸甸的担子——同心中学办学质量很不理想，很多初中学生不会用汉字写自己的名字，化学、物理科目班级平均分只有十几分，此前该校还没有一个学生考上新疆高中班。

丁强当即立下一套规矩：由无锡教师担任教研组长，每星期组织全校教师交流学习；无锡教师针对当地学生实际，手把手做教科研示范。2011年6月，同心中学迎来无锡教师到来后的第一次中考，9名学生被新疆高中班录取，一举实现“零”的突破。

2013年，同样来自无锡市新城中学的钱峰老师，接过丁强的班，3年后他又把接力棒传给了无锡市广勤中学的黄力凡老师。这期间，同心中学学生的成绩一年比一年好。

无锡教师的到来，给这个“九山半水半分地”的国家级贫困边境县带来了希望，原本走出去的学生纷纷从阿图什、石河子等地转学回来。阿合奇县县长努尔夏提铁来西说：“感谢无锡，把好资源源源不断送到边疆，阿合奇教育打了‘翻身仗’。”

智慧浇灌，放羊娃成了“高才生”

在无锡市青山高级中学，“新疆班”也迎来了“史上最好”。8月，记者获知喜讯，该校2017届新疆高中班毕业生马悦，以高分被北京大学法学专业录取。这是青山高中“新疆班”走出的第一个北大高才生。

无锡市青山高中是全国第一批开办新疆高中班的学校。2011年，根据新疆克州政府与江苏省教育厅签订的协议，青山高中再次承办克州高中班。自2000年以来，该校共招收新疆学

生2293名，毕业人数1354人，目前有来自自治区各地州13个民族的635名学生在此学习。从2014年至今，“新疆班”连续四年保持100%本科录取率。

克族姑娘玛热斯是牧民的孩子，刚到无锡时，因为行为习惯散漫，差点被处分。班主任老师对她进行一对一辅导，还鼓励她参加学校的国旗护旗队。一年下来，玛热斯改掉了坏习惯，学习成绩也有很大提高。小姑娘在电话中认真地告诉记者：“我是护旗队的，不能给国旗丢脸！”

“青山的校训是‘为学生的终生幸福奠基’，这是我们努力为每一个孩子提供的教育。”校长李青告诉记者，在青山高中，新疆的孩子可以体验最先进的“智慧课堂”，和本地学生一起学习我国各民族的优秀传统文化，四年间平均要参与28次参观考察活动。去年，该校开展了“百名新疆学子访锡城百家”活动，新疆的孩子们经同学热情相邀走进普通无锡人家，相互了解学习，彼此尊重欣赏。

十年教育援疆，无锡接收了一茬茬学子，也迎来一批批老师。无锡市教育局局长唐加俊介绍，截至目前已接收19批232名新疆教师来锡挂职、学习。阿合奇县18所学校全部与无锡学校结对，每年定期开展教师交流培训。克州教育局党委书记陈永强说：“无锡援疆，改变了学生，也改变了老师。”

情涌天山，像葡萄籽紧紧抱在一起

作为无锡援助阿合奇的首位职教教师，来自无锡市机电高等职业技术学校的郑晖晖，用一年时间为阿合奇职业技术学校建起了一间维修电工实训室，如今临近分别，心中万分不舍，“还有很多事没做，真想带着这里的学生拿一次技能比赛大奖。”

舍不得走的，还有库兰萨日克乡中心小学的孩子们。这个暑假，他们跟着学校的裴海龙老师学习书法。“2014年我去无锡学习，回来后试着开设书法兴趣课。没想到，孩子们特别喜欢，连放假也不回去。”裴老师欣喜地说。

江南智慧的种子，在边疆戈壁扎根、长出一片新绿。王以宣老师援疆期间，建起一个包括200多份课件、400多份教案以及各种试卷在内的英语资源库；无锡教育电视台给同心中学捐建了第一个校园电视台；今年7月，无锡妇联托幼中心的老师带来一场别开生面的音乐绘本课，由无锡援建的阿合奇县第三幼儿园园长古丽告诉记者：“全县即将新办4所幼儿园，师资非常缺乏，无锡老师送来了及时雨。”

大美边疆，留下诉不尽的衷肠。克族学生尼亚孜将晚饭得到的苹果悄悄放在无锡老师的桌上，“是您让我得到了第一个英语60分”。一位维吾尔族老大爷骑着马来，给无锡老师递上一支亲手卷的莫合烟，连声夸“把娃娃教得好”。林永春老师结束援疆即将返锡，行李中多出了2公斤——那是班上一位学生让妈妈做的两个馕，包袱旁一张字条留言“盼着你们还能回来”。

这个暑假，被阿合奇学生亲切地称为“帕米尔高原上的无锡妈妈”的丁君老师，收到了孩子们从新疆寄来的葡萄干。吃着甜甜的葡萄干，丁老师不禁落泪：“亲爱的孩子们，无论在哪里，我们都会像石榴籽一样，紧紧抱在一起。”

（2017年8月22日《新华日报》）

【链接】民间援疆情动西域大地

早晨6点出发，2个小时车程到上海虹桥；乘坐5个多小时飞机，经停乌鲁木齐；继续飞行近2小时，到南疆阿克苏机场；转乘大巴颠簸3个多小时，到达克孜勒苏柯尔克孜自治州阿合奇县时，已是晚上9点。此地离记者出发的无锡市，距离4983公里。

从2014年至今，一批退休的教师、医生、艺术家和其他专业人员，行走在这条漫长的旅程。他们从烟雨江南，来到年降水量仅180毫米的高原苦寒地区，用自己的热忱和专业素养，无私帮助民族地区发展。

记者于9月16日来到阿合奇县华能托河小学，6年级维吾尔族学生阿热帕提跟记者悄悄耳语：我想谢老师了。谢老师名叫谢宛平，这位共和国同龄人在托河小学支教整整一年，7月刚返程。

谢宛平在托河小学教五、六年级数学课，还收了该校切尼扎特（哈萨克族）等两位教师当徒弟。她告诉记者，托河小学硬件真不错，可是缺教师，“我去的时候，好几门基础课缺老师，我离开时还没到岗。”她叹了口气说：“我还想去支教啊。”

61岁的无锡博物院退休副院长吴龙一年内两进阿合奇。17日下午，记者在阿合奇县近郊科克乔库尔民俗文化村，遇到了正在为“中国库姆孜之乡”布展的吴龙。他忙得一头的汗，在院子里给记者展开从无锡带来的彩色长卷，“一共有20多块展板，70多张图片资料，设计和制作都是在无锡完成的。”他指着平顶高墙装饰着柯尔克孜花纹的民居说，“室内装饰要和整体风格相匹配，必须精细。”

同行的阿合奇广电局党委书记肖伟介绍，阿合奇民俗文化村，是继跟无锡联袂创作大型舞剧《英雄·玛纳斯》后，又一个挖掘柯尔克孜民族文化内涵、打造该县旅游亮点的重点项目。

据不完全统计，自去年以来已有55人次来到这个县城人口不到1万的西北边陲，开展“民间援疆”。阿合奇县委副书记、无锡前方工作组组长林小异介绍，边疆地区特别缺人才。2013年，工作组尝试请无锡市音协主席、刚从岗位上退下来的无锡市广电局吕仁钟短期来阿合奇培训艺术人才，开启了“民间援疆”之旅。2014年春，在无锡媒体上首次发布消息，征集“银发援疆”人士赴疆短期工作。经过体检、面试和签订合同等，首批10多人启程。加上主动找到阿合奇无锡工作组请缨来边疆当志愿者的清华大学社会实践团，在阿合奇的民间援疆人士构成了“银发援疆”“机关干部自发柔性援疆”和“大学生短期援疆”三支队伍。

阿合奇县委书记王新辉说：“民间援疆体现真情，也强化了各族人民的交流。”阿合奇歌舞团书记邓新萍说：“阿合奇歌舞团能独立担当舞剧《英雄·玛纳斯》精编版的演出重任，无锡市艺校孙老师两次来本团教学培训功不可没。”

“民间援疆”两年，溢出效应在发酵。自治区党委明确，2015年开始实施“银龄支教计划”，克州党委将“引进银发专家”列为重点引才项目。

两次带队来阿合奇做志愿者的清华大学张琦琦说，“三十功名尘与土，八千里路云和月”，自己从小就会背诵，到了新疆才感同身受。去年和今年两批30名来阿合奇做志愿者的清华学子中，已经有人准备毕业后投身西部建设。

（2015年10月1日《新华日报》）

无锡市第七批援疆干部人才合影（2012年摄）

2014年2月22日，无锡市第八批援疆干部人才与阿合奇县领导合影

无锡市第九批援疆干部人才合影（2017年摄）

四、脱贫攻坚

无锡市加大对受援地贫困学生、贫困人群结对帮扶力度，助力困难群众改善生活条件。

2007～2010年，无锡市国土局、农林局等部门及新区旺庄街道，江阴市利港镇、祝塘镇、夏港镇等乡镇与阿合奇县结对帮扶。无锡市每年援助44万元，在阿合奇县设立大病医疗统筹补助资金，实现阿合奇县低保户、特困户在县人民医院看病门诊、住院医疗费用全部报销。实施少数民族青少年成长关爱工程，为阿合奇县贫困寄宿制学生每人每月补助生活费30元。出资150万元，用于农村劳动力转移培训和缝纫等职业技能培训，共开办职业技能培训班45期，培训5000余人次。

2011～2013年，无锡市滨湖区与阿合奇县结成友好区县，滨湖区6个街道与阿合奇县哈拉奇乡等6个乡镇合作共建。每年援助资金50万元，为全县农牧民建立大病统筹基金，全县新型农村合作医疗参合率100%，新农合和大病附加补偿封顶资金均高于自治区平均水平。每年投入援助资金30万元，实施少数民族妇女儿童健康提升工程，全面提升该县妇幼保健服务能力，改善妇女儿童健康状况，降低孕产妇、婴儿死亡率。设立劳务输出引导资金，用于组织阿合奇县农牧民外出务工，不仅使农牧民走上致富路，也为阿合奇县培养一批综合素质较高的技术工人。

2014～2016年，无锡市锡山区与阿合奇县缔结区县友好乡镇，签订结对全面共建合作协议，锡山区所辖街道、乡镇与阿合奇县所辖乡镇、农场结对，每年给予结对帮扶对象30万元资金援助。持续实施大病医疗统筹补助、少数民族青少年成长关爱工程、少数

无锡市在阿合奇县开展『红领巾心系柯族——手拉手』爱心援助玛纳尔小学捐赠仪式（2011年摄）

无锡市—阿合奇县『情系边疆，结对助学』首批助学金发放仪式（2011年摄）

2019年9月，无锡阳光善行团向阿合奇县同心中学捐赠655套校服

民族妇女儿童健康提升工程。2016年起，对在区外高校就读的贫困大学生给予每人每年6000元资助。共投入援助资金348万元，用于意向企业对接劳务输出人员培训等，输出1500人次，在使农牧民增加收入的同时，取得良好的社会效益。其间，阿合奇县与江苏新日电动车股份有限公司建立劳务输出协作关系，签订劳务工输出合作协议，每年组织1000名农牧民到江苏务工，人均月收入约3000元（相当于在阿合奇县一年的纯收入）。

2017～2019年，两地实现乡（镇）村结对全覆盖。投入援助资金450万元，实施附加医疗救助、贫困户大学生补助、种植养殖补助等精准扶贫项目。3年间，阿合奇县向无锡及广东、福建等地输出劳务人员超2000人，基本实现建档立卡贫困户中有劳动能力者就业全覆盖目标。开展“民族团结一家亲”活动，与阿合奇县柯尔克孜族家庭结对认亲，定期走访慰问农牧民亲戚，解决实际困难。3年间，阿合奇县累计接受无锡各方捐赠款物总价值1000余万元。2019年，无锡市举办首届新疆阿合奇攀登羊消费扶贫大会，推广攀登羊品牌，以消费助力农牧民脱贫。

五、交往交流交融

无锡市把挖掘提炼、传承弘扬柯尔克孜族文化作为文化援疆主要突破口，促进两地感情交融，增进民族团结。2007年起，两地党委、政府多次组成党政代表团进行互访。开展民族团结“手拉手”活动，推进两地青少年融情交流团队共建和青年交流互访。2010～2012年，从无锡文艺界聘请专业人士担当文化使者，到阿合奇县指导和推广群众文化工作，帮助组建猎鹰合唱团、秧歌队、腰鼓队、健身队等群众文化队伍。开展无锡市—阿合奇县两地青少年“手拉手”活动，增强两地青少年交往交流交融。2014年，帮助阿合奇县科克乔库尔民俗文化村完成“柯尔克孜族民族刺绣”“中国猎鹰之乡”“中国库姆孜之乡”3个非物质文化遗产专题展厅布展工作，使之成为集中反映柯尔克孜文化的窗口。2015年5月，无锡市投入援助资金100万元，由阿合奇县歌舞团和无锡市演艺集团共同创作排演的中国柯尔克孜族第一部原创舞剧《英雄·玛纳斯》在无锡市首演，7月21～26日，参加第四届新疆国际舞蹈节演出，并被列入国家艺术基金资助项目，这是在帕米尔高原上传唱1400年的民族英雄史诗首次被搬上舞台并走向世界。2017年，在无锡市锡山区荡口古镇建成柯尔克孜民俗文化展示厅。2019年，制作完成一部集阿合奇猎鹰文化、玛纳斯文化、边疆独特风貌于一体的旅游宣传片《山水家园》。举办“情系新疆，携手发展”——无锡·阿合奇对口支援成果写生作品展。首次采用援疆项目与后方政府购买服务相结合方式，在两地举办“太湖托河情”——无锡·阿合奇民族工艺美术作品展，在无锡市惠山区美术馆共建“民族文化交流示范基地”，体现两地传统艺术和地区文化特色，架起无锡与阿合奇交融互鉴的文化之桥。

2007年8月29日，无锡市—阿合奇县对口支援工作座谈会暨镇乡结对签约仪式

2014年，无锡市锡山区与阿合奇县缔结区县友好乡镇，全面共建合作。图为签约仪式现场

2015年5月，阿合奇县柯尔克孜族舞剧《英雄·玛纳斯》在无锡首演

2019年6月，无锡市艺术家向阿合奇县文化展览馆捐赠艺术作品

无锡市援助阿合奇县部分项目情况表

单位：万元

序号	项目名称	援助时间	援助资金
1	8个行政村办公场所	2007	280
2	乡镇寄宿制学校改造工程	2007～2008	90
3	县中心幼儿园	2007～2008	250
4	阿合奇镇吾曲村蔬菜大棚	2007～2008	300
5	护边牧民抗震安居房	2007～2009	250
6	贫困学生生活补贴项目	2007～2009	360
7	农村劳动力转移培训项目	2007～2009	150
8	哈拉奇乡土地整理项目	2007～2010	330
9	农牧民大病统筹基金	2007～2019	626
10	太阳能电站	2008～2009	130
11	饮水安全工程	2008～2010	129.97
12	县第二幼儿园	2009	230
13	县养殖基地	2009	100
14	乡镇干部周转房	2011	480
15	阿合奇镇卫生院	2011～2012	713.47
16	城市总体规划及各专项规划编制项目	2011～2012	500
17	县第三幼儿园	2011～2015	1148.9
18	党政干部、专业技术人才及职业技能等培训项目	2011～2015	1135
19	“5331”创业引导工程	2011～2015	397
20	少数民族青少年成长“关爱工程”项目	2011～2015	460
21	安居富民工程	2011～2018	5662
22	定居兴牧工程	2011～2018	3504
23	村（社区）公共服务设施	2011～2019	551
24	新疆籍普通高校毕业生培养项目	2011～2020	663
25	县游客服务中心及配套设施设备	2012	429.82
26	县平安建设信息化平台	2012～2013	130
27	佳朗奇新城供暖管网工程	2012～2013	1438
28	佳朗奇公共服务中心	2012～2013	450
29	县无锡高新农业科技示范园	2012～2013	377.86
30	县同心中学	2012～2019	1260.25
31	县城北大街水渠环境整治工程	2013	200
32	阿合奇镇佳朗奇村农牧民创业园（苗圃基地）	2013	100

续表

序号	项目名称	援助时间	援助资金
33	国营马场供暖工程	2014	70
34	县援疆干部周转房	2014	200
35	县职业高中	2014～2015	1050
36	县无锡轻工业园标准化厂房	2014～2015	500
37	柔性援疆人才发展基金	2014～2015	90
38	柯尔克孜舞剧《英雄·玛纳斯》创编项目	2014～2015	100
39	县防洪改建工程	2014～2016	3961.47
40	县人民医院	2014～2018	2708.7
41	科克乔库尔柯尔克孜民俗文化村（非遗小镇）	2014～2019	2135
42	交往交流交融项目	2014～2020	713.3
43	义务教育均衡化建设项目	2015	450
44	劳务输出引导资金	2015～2016	391.9
45	孔吾拉齐水库工程	2015～2016	2566.6
46	科克乔库尔村道路	2015～2016	452.1
47	特色林果产业基地	2015～2017	353
48	新疆高中班学生补贴项目	2015～2020	1075.8
49	“9331”创业引导工程	2016	100
50	区外高校就读贫困生补贴项目	2016～2020	693.7
51	苏木塔什乡卫生院	2017	285
52	色帕巴依乡卫生院	2017	290
53	就业创业引导资金	2017～2020	349.1
54	精准扶贫项目	2018～2019	450
55	产业发展引导资金	2018～2020	1183.8
56	老城区污水处理厂改扩建及配套管网工程	2019	1500
57	县文化艺术展览厅及文化旅游宣传项目	2019	121.6
58	县科技文化体育中心配套工程	2019	436
59	老城区自来水厂	2019	500
60	乡镇基础设施改造提升工程	2019～2020	1613
61	支教教师保障项目	2019～2020	450
62	乡镇卫生院标准化建设	2019～2020	500

说明：表中所列项目为单次投入或累计投入援助资金50万元以上项目。

【链接】倾情倾力十年，建幸福阿合奇

阿合奇，这个“九山半水半分地”的国家级贫困边境县，在无锡多年坚持不懈的援助下，发展的新脉搏不断增强，幸福新元素日益凸显：80%的农牧民安居问题得以解决，教育、医疗水平显著提升，工业、旅游业逐渐兴起……行走在这个位于雪山山域的山城，不少农牧民告诉记者：“现在生活大大改善，无锡，亚克西！”

软硬件齐推，教育事业实现历史性跨越

淡黄色的新四层教学楼，教室里投影仪、实验器材等设备一应俱全……走进这样的阿合奇县同心中学，不少人感叹这里的实验教学、信息化教学不比无锡的学校差。近日，该校被新疆高中班及克孜勒苏柯尔克孜自治州（克州）班录取的毕业生达60名，是2007年前的数十倍的好消息，更让人们对这所位于贫困县的中学竖起大拇指。

“是无锡不遗余力的援建，才让学生们有了良好的学习条件。”校长肖建辉说。2007年前，这里的教室是破旧的土坯房，只有一层，桌椅只能勉强凑合着用，冬天取暖靠煤炉，一生炉子有些学生会呛得难受……在无锡企事业单位的帮助下，学校教学设施不断改善，现在就硬件方面也是克州数一数二的了。

更让肖建辉感慨的是，学校老师在一批批无锡援疆老师的带领下，改变了原先就知识而教知识的教学方式，树立了全过程育人理念。无锡援疆老师还通过设立名师工作室、每星期组织全校教师交流学习、做教科研示范等，引导学校老师以更大的热情投入教研工作，提高教学质量。如今，该校已开始承担国家级课题了，各项指标连续多年位居克州的前列。

十年来，无锡对口援疆工作组始终把教育作为援疆的重中之重，建设了县职业技术学校、第三幼儿园（二期）等学校，开展师资培训，改善寄宿制学生营养，覆盖了阿合奇县从学前教育到义务教育再到职业教育的全过程。2015年，以同心中学为龙头，阿合奇县率先通过教育部“义务教育均衡化”评估验收，这在克州是第一家，在新疆所有国家级贫困县中也是第一批。

多措并举，提高基本公共医疗服务水平

“无锡，亚克西！”阿合奇县色帕巴依乡64岁的牧民吐汗巴依·阿力木马依得知记者来自

阿合奇县同心中学学生在无锡市援建的电教中心上实验课（2012年摄）

无锡，笑着竖起大拇指。去年，他媳妇生了肝包虫病，经过阿合奇医院无锡援疆医生的手术治疗，很快恢复健康。而在2007年左右，牧民生病动手术要赶很远的路到克州医院，非常麻烦。

2007年前，阿合奇县医院设备和技术力量都不足，百姓得了重病只能到克州等地的大医院治疗。阿合奇是国家级贫困县，百姓生活困难，难以外出就医，因病返贫几率较高。“在无锡援疆人员的帮助下，医疗服务水平起了翻天覆地的变化。”阿合奇县人民医院纪检书记陈万英说。

在该医院看到，新建的外科手术楼整洁、有序，儿科、眼科、耳鼻喉科等科室齐备，不少疑难杂症在这都能通过手术治愈。

无锡援疆医生的到来使这个小医院迅速发展壮大起来。每名援疆医生都收几名医院的医生做“弟子”，平时边出诊边手把手教，每星期还要集中一天，就本周发现的医疗方面的薄弱环节或疑难杂症给医生们上课。该医院还设立了南疆诸医院中唯一的一个青年医生沙龙学会，有技术疑难问题就通过视频与无锡市妇幼保健院等医院医生进行交流。在无锡援疆医生的推动下，该院医生还积极开展课题研究，下乡采集标本、分析、出调研报告并在克州获奖。2014年，该医院先后被评为“二级甲等医院”和“全国文明单位”，医疗保障服务能力显著提升。

无锡援疆工作组副组长、阿合奇县副县长许宁介绍，多年来，在无锡援疆工作组的推动下，该县大力构建县乡两级公共医疗卫生机构，深化巩固新农合大病统筹补助机制，实施妇女儿童健康提升工程，基本公共医疗服务水平大力提升。该县新生儿死亡率等核心指标逐年改善，2015年比2010年下降约70%。

找准焦点，推动产业稳步发展

走进阿合奇县的科克乔库尔文化村、佳朗奇无锡新村，只见路面宽阔、房屋整齐，很难让人想到以前这里还是荒滩、土路和土坯房。居民乃比江·阿不来提说，2007年前后，父母亲和他们兄弟姐妹7个人都住在20多平方米的土坯房里，现在他和兄弟姐妹都各自成家，住上了楼房。

十年来，无锡对口援疆工作组着力帮阿合奇百姓改善人居环境。通过整合援疆资金与其他资金，该县建起了佳朗奇新城，新增2700套农牧民定居房，实现了路、水、电、暖、气等“七通”，解决了多数农牧民的安居问题。

近几年来，无锡对口援疆工作组多方组织专家前往调研考察，将沙棘特色林果深加工业和以天山河谷自然风光、柯尔克孜民族文化为特色的旅游业作为产业发展主攻方向。2014年，该县建起了小微企业集中区标准化厂房，引进创办了新疆金之源生物科技有限公司，实现了阿合奇县招商引资自办现代工业“零”的突破。2015年企业投产，当年就带动群众增收100余万元。

阿合奇还拥有丰富的非物质文化遗产。无锡援疆工作组推动阿合奇和无锡文艺界人士共同创作中国首部原创柯尔克孜族舞剧《英雄·玛纳斯》，在第五届全国少数民族文艺汇演获剧目银奖，在新疆、江苏、上海等地演出70余场。在此基础上，该县还大力打造非遗产业园——科克乔库尔文化村，推动文化旅游业发展。去年，科克乔库尔文化村成为全国乡村旅游示范点。

“下一步，我们将继续做好产业援疆、就业援疆、教育援疆、人才援疆工作，其中要着力探索畜牧业养殖、农产品种植的新路子，让百姓口袋鼓起来。”无锡援疆工作组组长、阿合奇县委副书记吴伟君说。目前，探索推广农产品冷链物流，引导本地开展牛肉等农产品加工；进一步整合、挖掘旅游资源，打响阿合奇旅游品牌等工作已列入他们的工作计划。

（原文刊载于2017年8月21日《无锡日报》，本文有删节）

附：

无锡市对口支援伊犁地区和阿勒泰地区

1997～2002年，无锡市共选派3批20名干部技术人才到伊犁地区和阿勒泰地区挂职。

1997～2000年，无锡市第一批援疆干部3人到伊犁地区挂职，丁大卫担任江苏省首批援疆干部总召集人、伊犁地委副书记，吴峰枫任伊宁市委副书记，朱小明任伊犁地区建设处副处长。采取“请进来”“走出去”办法，邀请全国有影响的数十家报纸总编和记者到伊犁考察访问，分批组织干部外出考察招商，广泛宣传推介伊犁。重点抓好企业扭亏增盈和改革改制工作，从伊犁实际出发，全力发展亚麻、奶制品、蜂蜜、矿产、畜禽养殖、薰衣草加工等8条产业链，使其成为伊犁经济支柱。多方争取国家和自治区各级政府支持，成功实施伊犁亚麻纺织联合公司破产重组。1999年4月，改组成立伊犁亚麻纺织股份有限公司。

1998～2001年，无锡市第二批援疆干部9人到伊犁地区和阿勒泰地区挂职，刘亚民任伊犁地区行署副秘书长（由霍城县委副书记转任），徐建邦任察布查尔县委副书记，其余7人分别挂职于伊犁毛纺厂、伊犁地区第三毛纺厂、伊犁地区人民医院、伊犁地区计划委员会、阿勒泰地区经济贸易委员会等部门和单位。

1999～2002年，无锡市第三批援疆干部8人到伊犁地区援建，何士荣任伊犁州党委副秘书长，其余7人分别挂职于伊犁地区旅游局、霍尔果斯口岸管委会和伊犁州新华医院、伊犁亚麻纺织股份有限公司。

无锡市对口支援霍城县

2002年，霍城县被中共中央组织部确定为援疆试点县，县委书记、县政府班子成员和县财政局等重要部门负责人均由江苏援疆干部担任。由江苏省选定无锡市、江阴市、宜兴市与霍城县结成对口帮扶关系。同年2月，成立无锡市对口支援领导小组。2010年11月，成立前方工作组。2002～2010年，无锡市先后选派3批60名援疆干部人才，共实施项目27个，累计投入援助资金2.54亿元。2010年12月起，改由江阴市单独对口支援霍城县。江苏援霍工作走在伊犁州及自治区5个试点县前列。2008年，伊犁州党委、政府作出《关于开展向霍城援疆试点县学习活动的决定》。

基础设施建设。2002～2010年，无锡市共实施援建项目27个，累计投入援助资金2.54亿元。其中，投入援助资金4800万元，建成霍城县江苏中学、县江苏幼儿园、县职业技术学校3个教育设施项目；无锡市相关单位、企业援助资金1255万元，援助物资价

无锡市第六批援疆干部人才欢送会合影(2010年摄)

值25万元,建设8所小学,改善霍城县教学设施。投入援助资金3249万元,建成霍城县江苏医院、县妇幼保健院、14所乡镇卫生院等一批医疗项目。投入援助资金1920万元,建成霍城县新闻传媒中心、县人民大会堂、县农业服务中心以及“三馆合一”(图书馆、科技馆〈青少年活动中心〉、体育馆)4个项目。投入援助资金9335万元,实施霍城县萨尔布拉克河综合治理工程、县城饮用水水源地及管网工程、县城一期集中供热工程,援建县老干部活动中心、县委党校、县宾馆综合楼、县敬老院、县市民服务中心、县科技研发中心、县行政服务中心。投入援助资金7694.95万元,建成清水河开发区江苏大道、工业园区、污水处理厂、垃圾处理站、江苏工业园区标准化厂房三期工程5个项目。投入援助资金400万元,对口单位援助611万元,改建、新建霍城县91个村(居)委会办公用房,并配套相关设备。

旅游产业援助。加强旅游规划指导和资金投入,形成霍城—清水河—霍尔果斯边境购物游,图开沙漠—万亩怪榆林—果子沟—赛里木湖自然景观游,惠远古城—吐虎鲁克·铁木尔汗麻扎—大西沟福寿山庙历史文化游,水定镇拱北寺—兰干乡维吾尔民居—芦草沟赛马场、特色小吃一条街民俗风情游等环霍城大旅游线路,建设惠远古城国家4A级旅游景区。2011年,全县旅游接待人数累计突破503万人次,旅游收入8.9亿元,分别是2001年2.19倍和30.44倍。

结对帮扶。2005年10月,无锡市、江阴市、宜兴市乡镇(街道)、单位、部门与霍城县相应乡镇、单位、部门结成对口援助关系。无锡市、江阴市10家市直单位、镇(区)与

无锡市援疆干部人才与霍城县领导合影（2010年摄）

霍城县10家县直单位和15个乡镇（场）结对（简称“1015”工程）。2010年，“1015”工程合作单位由乡镇、县市职能部门扩大到医院、学校、村，成员单位由2005年25家增至42家，支援范围从项目、资金扩大到设备、技术、信息、经贸合作、劳务输出。

干部人才交流。无锡市、霍城县人员交流在“1015”工程框架下进行。无锡市党政干部赴霍城主要考察经济和社会事业建设情况，协调援助事宜；霍城县主要以挂职锻炼、短期培训、参观考察等方式派遣党政干部到无锡，学习经济建设、社会管理经验。2002～2005年，无锡、霍城有70余个党政系统1400人次互访，霍城赴无锡学习干部300人次，其中挂职培训20余人。2006～2007年，两地党政系统有143个团（组）2265人次互访，无锡相关单位与霍城5家县直单位、9家二级单位和3个村缔结友好关系；霍城派遣425名干部到无锡学习，其中挂职培训112人、参观考察313人。2008～2010年，两地党政系统有40余个团（组）300余人次互访，无锡相关单位与霍城11家县直单位、15个乡镇缔结友好关系；霍城派遣150名干部到无锡学习。2002～2010年，无锡市选派医疗、教育、规划、城建、旅游、农业、科技、经贸、园林、广播电视、企业管理等领域专业人员到霍城指导工作、传授技术，累计400余人次；霍城县派遣相应行业、单位人员到无锡培训学习，累计1500余人次。

霍城县央布拉克幼儿园（2010年摄）

霍城县江苏中学（2007年摄）

霍城县江苏医院（2007年摄）

霍城县莫乎尔牧场卫生院（2010年摄）

霍城县三道河乡卫生院（2010年摄）

霍城县老干部活动中心（2010年摄）

霍城县图书馆、科技馆（青少年活动中心）及体育馆“三馆合一”项目（2007年摄）

霍城县人民大会堂（2007年摄）

霍城县委党校（2007年摄）

霍城县行政服务中心（2010年摄）

2006年9月4日，霍城县福利院竣工剪彩仪式

2009年8月8日，霍城县13个乡镇卫生院业务楼竣工揭牌仪式

2005年，霍城县江苏医院主体工程落成仪式

2008年7月20日，霍城县三宫回族乡龙口及饮水安全综合工程奠基仪式

2007年1月8日，无锡市红十字会向霍城县红十字会捐赠10万件价值200万元衣物

2007年7月3日，无锡市援助兰干乡打井抗旱捐资仪式在霍城县举行

2009年4月4日，无锡市援疆医疗队赴霍城县大西沟乡义诊

2006年2月13日，『新疆霍城走进长三角』旅游推介会

2006年4月20日，霍城县清水河经济技术开发区投资环境推介会在无锡市举行

2009年4月22日，无锡—霍城对口援助工作座谈会暨镇村结对签约仪式在无锡举行

2009年8月8日，霍城县水源地输水扩建工程竣工揭牌仪式

2009年8月23日，江苏凤凰出版传媒集团向霍城县捐赠图书仪式

2010年11月1日，无锡市产业援疆引进的伊犁玉龙钢管有限公司在霍城投产的首个产品下线

霍城县清水河江苏工业园（2008年摄）

无锡市援助霍城县部分项目情况表

单位：万元

序号	项目名称	援助年份	援助资金
1	7个乡镇文化站和63个村民文化室	2002～2010	600
2	江苏中学	2003～2004	2300
3	县宾馆综合楼	2003～2004	250
4	江苏医院（原霍城县第一人民医院）	2003～2005	1700
5	江苏大道	2004～2005	1000
6	县“110”报警指挥中心	2004～2005	300
7	县老干部活动中心	2004～2005	250
8	江苏幼儿园	2005	500
9	萨尔布拉克河综合治理工程	2005～2006	2948.86
10	县城集中供热工程	2005～2008	1000
11	县敬老院	2006	130
12	清水河江苏工业园区综合楼	2006～2007	683.66
13	清水河江苏工业园广场	2006～2007	114.5
14	清水河江苏工业园污水处理厂	2006～2007	410
15	清水河江苏工业园垃圾处理站	2006～2007	107.79
16	县委党校	2006～2007	1006
17	县广电传媒中心	2006～2007	923
18	县人民大会堂	2006～2007	427
19	县图书馆、科技馆（青少年活动中心）、体育馆“三馆合一”项目	2006～2007	120
20	村（居）委会办公场所	2006～2008	1011
21	清水河江苏工业园标准化厂房	2006～2010	5379
22	县城饮用水水源地及供水管网改扩建工程	2008～2009	1000
23	14所乡镇卫生院	2008～2010	799
24	县农业服务中心	2008～2010	450
25	县科技研发中心	2008～2010	1200
26	县行政服务中心	2008～2010	800
27	县市民服务中心	2008～2010	450.14
28	县妇幼保健院	2009～2010	750
29	江苏职业技术学校	2010	2000

说明：表中所列项目为单次投入或累计投入援助资金50万元以上项目。

【链接】无锡之外是霍城——感受援疆试点县

无锡之外是霍城。

无锡—霍城，一个在东海之滨，一个在西北边陲，遥遥万里。经过5年来两批援疆干部的忘我工作，今天，两地空间的距离感已远不能阻隔感情的贴近。

在纪念援疆工作10周年的活动中，霍城县江苏中学高二（10）班的学生叶培蕾这样描述她所知道的援疆干部：

“这是一个关于鸟与飞扬的演绎，绚烂一生的演绎。

滚烫的眼泪爬过不再荒芜的山岗，那些撼天动地的唱响和扣人心弦的回音会一直刻在我成长的壁画上。

亲爱的叔叔阿姨，无法言尽对你们的崇敬与感激。而我所能做的，除了努力学习，就是伸出双手去抱一抱你们，抱一抱，好吗？”

这个女孩，是霍城县芦草沟镇一个普通农家的孩子。

五年援助　霍城再造

记者在第五批援疆干部任内修建的霍城县敬老院采访时，看到在老人们的居住区与就餐区之间有一条即将竣工的带顶长廊，长廊的制作材料是阳光板，上下左右都是透明的。敬老院的负责人介绍说，2007年元旦，援疆干部、州党委常委、霍城县委书记张士怀看望老人们时，发现雪地路滑，怕摔着老人，另外，夏天下雨时，老人们去食堂也不方便，就建议修建长廊。

援疆干部在霍城县实施的援建项目已成为霍城人生活的一部分。除了霍城县敬老院，还有县城改水项目、县城排水项目、县城供水项目、江苏中学、江苏医院、老干部活动中心及清水河镇江苏大道等等，霍城人已经享受了太多援疆干部带来的无私援助。

在萨尔布拉克河改造现场，霍城县城建局负责人介绍说，河的上游要建一个大型的人工湖，一方面可以在多水季节蓄水，调节下游的农业用水，另一方面要将它建成一个景观湖。滨河大道是供人们休闲的长廊，给人们提供一个散步、消闲的去处。

这位负责人指着滨河的一些旧房子说：“这些房子即将拆迁，拆迁后这里将建‘太湖园’，将南方的园林景观搬到霍城，无锡市委书记已派人

2007年9月18日，江苏省第五批援疆干部、霍城县委书记张士怀（左二）走访慰问当地群众

将一块巨大的太湖石运至霍城，作为两地友好的纪念，太湖园奠基时，他要亲临现场，并种下太湖石。”

按照把霍城打造成“霍尔果斯的后花园、伊犁河谷的前花园”这一思路，援疆干部聘请专家编制了《霍城县县城总体规划》和11个区域的重点景观规划，确定了霍城“哑铃形”的城市布局。从2005年到2007年，霍城在城市建设上投入了2.5亿余元，相当于过去6年的建设总和。县城中心广场改造及锦绣花园小区一期工程全面竣工，人民会堂、三馆一中心、萨尔布拉克景观河改造、滨河路路基工程稳步推进，城市建设忙而有序，花园城市已初具雏形。

攻坚克难　开拓局面

霍城县发改委主任、援疆干部陈海峰在去年承办第一届伊犁特色农副产品展销洽谈会时说过的一句话，前不久在筹办第二届农洽会时又流行开来，那就是“把农洽会当成自己的婚事一样办”。

2006年，霍城县准备举办第一届农洽会，把筹备工作就交给了县发改委。尽管第一届难度很大，但陈海峰还是经过努力带领发改委圆满地完成了任务。在筹备过程中，陈海峰在鼓舞工作人员的干劲时说了这句话，成为发改委工作人员在办会期间的口头禅。

这只是其中的一个小故事。第四批援疆干部来的第一年已经接洽各类引资项目69项，落实大型项目15个，投资总额超3亿元。这个数字在沿海地区算不了什么，但对于霍城县来说，却是一次了不起的“飞越”——因为这是全县过去10年的引资总额。在第四批干部任内，招商引资的到位资金达到了7亿元。

第五批援疆干部到任后，目前不仅已实现招商引资到位资金7.22亿元，而且破解了霍城面临城镇建设滞后、水利设施脆弱和财政收入连续三年下滑的难题，带动了各项工作全面协调快速发展。

两年来，霍城县累计完成GDP总值46.52亿元，同比增长33.52%。工业经济快速发展，江苏工业园以建设标准化厂房为重点，打造自身优势，引进了农夫基地、太湖钢构等一批骨干企业入驻园区，使江苏工业园区发展成伊犁三大工业园区之一，也带动了全县工业经济的快速发展。两年来，完成工业增加值6.83亿元，同比增长111.84%。通过拉长畜牧、甜菜、棉花、葡萄等十条产业链，做大做强产业龙头，发展壮大农产品基地，举办中国伊犁第一届特色农副产品展销洽谈会，推进农村富余劳动力向外转移等方式，促进了产业化进程，增加了农牧民收入。2005年农牧民人均增收276元，2006年人均增收304元，今年预计可实现人均增收500元。

为了改变乡镇为完成任务而招商的局面，霍城县出台了对清水河经济技术开发区和各乡镇（中心）的协税护税奖励政策，这一举措大大激发了乡镇改善投资环境、为投资商服务的积极性，同时推动了财政增收，援疆两年财政一般预算收入同比增长116.05%。

科学谋划　奠定基础

霍城县农业开发办主任李西域告诉记者，前后两批援疆干部来到霍城后的第一件事都是进行调研，找准那个时期的工作重点之后，再由点到面进行突破。具体到农业方面来说，霍城县没有大沟大河，影响农村稳定的最大问题就是水的分配问题。援疆干部没有头痛医头、脚痛医脚地来搞些政绩工程，而是持续进行水利建设，从根本上解决问题。最明显的例子就是目前已完成水利建设投资1.01亿元，同比增长248.86%。还有农村公路建设，近两年完成了287.28公里的道路施工，相当于前20多年建设的总和。这些基础设施建设和群众受惠的公益事业建设，将持久地作用于霍城社会经济的发展。

在霍城县清水河镇城西三村的办公室里，记者看到来查阅各种资料和信息的党员、农牧民络绎不绝。据村干部介绍，每天清晨和黄昏，村民们自发地来到村办公楼前的休闲广场，健身、打球、练太极拳，人人兴高采烈。在2006年这一年时间里，一场轰轰烈烈的村级服务中心建设工程在霍城大地全面推开，总共91个村中有26个村新建、65个村扩建了村级服务中心，每一个焕然一新的村委会大楼，都毫无争议地成为全村的标志性建筑。随着霍城县91个村级服务中心年内全面投入使用，曾经暗淡的“战斗堡垒”重新凝聚了人心。

援助帮在了点子上，通过“输血”而奠定增强机能基础后，援疆工作进一步解决农牧业产业发展中的瓶颈问题，更好地引导农牧民增强自身的“造血”功能，引导他们在较短的时间内提高和增强发展生产的能力。

改善民生　营造后劲

可克达拉村是全县的贫困村之一，也是少数民族村，当被任命为霍城县委常委、清水河镇党委书记的援疆干部许峰，慕《东方小夜曲》之名而去时，所见的贫困景象令他潸然泪下。随后，这个村被定为由援疆干部定点帮扶。援疆干部争取项目资金45万元，修建高标准砂石路面9公里，结束了该村设立以来没有村道的历史；新修抗震安居房70幢，危房改造完成率达100%；争取10万元扶贫项目资金购买扶贫羊发给农户，已发展到户均10只羊；发动社会各界为该村捐款20万元；争取项目资金60万元，解决了人畜饮水问题；为该村送医送药，帮助25户特困户参加新型农牧民合作医疗，可克达拉村参合率达100%。

“没有什么比看到出路，看到通过自己努力可以过上期望已久的好生活更能激起苦干精神的了。”可克达拉村村民霍加这样告诉记者。农牧民们是淳朴而勤劳的，顺命守贫并不是他们的本性。无锡援疆工作的爱心助力调动了农牧民们苦干实干奔小康的信心，“造血”型扶贫项目造就了贫困人口发奋图强、力争上游的精神面貌。

每一批霍城县的援疆干部都把改善民生、增强发展后劲作为第一要务。第四批援疆干部一上任，就开始跑基层搞调研，又带着全县各部门及乡、镇、场领导赴苏南及邻县参观学习，统一思想。然后对长期以来“以农为主、农牧结合”的发展思路进行大调整：将工作重心向二、三产业转移，突出三大重点：招商引资、基础设施建设、发展教育。

第五批援疆干部任内，霍城县已累计完成固定资产投资10.05亿元，同比增长53.67%；落实项目资金1.51亿元，同比增长66.76%，实施了退牧还草、水利工程建设、农村中小学危房改造等一大批事关民生的项目。

霍城县莫乎尔牧场奇里斯沟灌溉饮用水工程资金有缺口，援疆干部从援疆经费中拿出10万元，使该工程顺利竣工，受益农牧民达200余人。167名改制、破产企业退休人员不仅拿到了医疗保险费，还领到了久违的冬炭费。

目前，霍城县教育和广电事业加快发展，“两基”成果得到巩固，广播电视覆盖率和收视率明显提高；县、乡、村三级群众性文化体育活动广泛开展；中心医院分片区管理乡镇医院的医疗管理机制逐步形成，新型农牧民合作医疗试点工作全面铺开，参合率达到80%以上；扶贫开发整村推进步伐加快，1.1万人实现脱贫；成立县农牧区贫困户创业发展小额信贷信用担保中心，发放担保贷款370万元；新建抗震安居房8214户，2.3万人喜迁新居；投资230万元修建了县敬老院，使乡村“五保”人员得到集中供养；发起并成立了自治区首家县级慈善会，募集慈善资金310万元。

观念撞击 激活内因

霍城县委宣传部干部张铁给记者讲了这样一个故事：2003年春节前夕，霍城县非公有制企业的15名企业代表，意外地收到了县政府送给他们的新年礼物——一套保暖内衣以及比保暖内衣还珍贵的服务承诺：霍城县主要领导将24小时为他们提供全天候服务。

记者还经历过一件事，那是今年1月7日霍城县召开县委十一届二次全委扩大会议，整个会议用时2小时，在州党委常委、霍城县委书记张士怀所作的工作报告中，有43处用到“服务”一词，令霍城县干部耳目一新。

在清水河镇，记者了解到，援疆干部许峰到任后，要求将镇党委每次开会的内容都印成文件或纪要下发到各部门，今后再遇到诸如“某某领导曾经答应过”这样的扯皮事时，一律以镇党委会的文件或纪要为准。

观念撞击的效果，最明显地体现在机关效能上。在霍城县有援疆干部的发改委、经贸委、财政局等单位，一进门就可看到办事流程和时限。在2006年州直对机关效能的考核中，霍城县有13个单位排名州直第一，50%以上的单位排名前三。全县综合排名从原来的倒数位置上升为州直第二名。

第四批援疆干部先后为霍城培训了100名行政干部、老师和医务技术人员，先后组织四套班子领导、乡镇党委书记、职能部门主要领导200余人赴江苏考察学习。

到第五批援疆干部时，这一传统更加发扬光大。无锡、霍城两地机关单位和乡镇全面对接的“1015”工程实施后，目前，两地缔结友好的单位由最初的25个增加到43个，并开始向医院、学校和村一级拓展。江苏省、无锡市赴霍城考察的代表团144批3010人，霍城向江苏省、无锡市派出各类团队69批640人。援疆医生到霍城挂职，提高了当地的医疗和管理水平；派出讲师团到霍城讲学交流，为霍城带来先进的教育理念和方法，提高了教师的整体水平；分批委派广播电视技术人员来霍城帮助培训专业人员，提高了技术操作水平。无锡湖滨饭店自费委派10余名管理人员到霍城赛里木湖大酒店帮助管理，提升了酒店的服务水平。

通过互访，当地干部开阔了眼界，转变了观念，增长了才干，激活了内因，为霍城的长远发展铺垫了基础。

缘连两地 情深意长

这是一个充满了意外的动人故事。

当通过援疆干部得知大西沟乡小学被洪水冲垮后，江苏省江阴市的一些企业家要求来援建一所学校。钱很快就打过来了，但大西沟人却一直没有见过这些好心人。今年8月初，学校建成，听说有江阴的客人要来参加落成典礼，大西沟人自发组织，用最隆重的礼仪来迎接客人。当客人们进入大西沟，大西沟人按特有的民族礼节把他们迎进竣工典礼现场。学生代表在发言中说，她从来不敢想象200万元是多大的一笔钱，也不知道要数多长时间才能数清，但她就读的学校的一砖一瓦都是从这200万元中来的，她代表她的同学和家长深深地感激江阴来的好心人。

就在江阴客人援建大西沟小学不久，今年考上大学的清水河镇贫困生马丽英、马丽艳姐妹俩又在9位在霍城工作的援疆干部家属的帮助下，圆了大学梦。两姐妹今年分别被新疆大学和塔里木大学录取，接到通知书后，两人欣喜若狂，但是欣喜过后是悲伤。她们俩生活在一个贫困家庭，家里根本无法支付昂贵的学费。就在这时，她俩的困境被前来霍城探望丈夫的无锡市物价局副局长刘南琛得知，她决定帮助她们圆大学梦。她立即联系其他8位援疆干部的家属，大家纷纷慷慨解囊，凑了1万元钱送到两个女孩手中。

5年多的时间，援疆干部把无数感人肺腑的故事谱写在了为了贫困家庭的孩子负笈求知的路上。5年多的援疆工作，处处闪耀着用爱心交织出的不朽情爱。

每一批援疆干部都在全力构筑新的援疆起点，每一位援疆干部都把自己作为霍城的一分子融入霍城发展大潮的涌动、汇流、奔腾之中。霍城人民目睹了他们的无私奉献，霍城大地处处记录了他们坚实的足印，城市乡村矗立起一座座爱的丰碑，一个个动人的故事在霍城大地流传。

（原文刊载于2008年5月15日《伊犁日报》，本文有删节）

【链接】霍城县：忘不了，援疆干部引来春风

温暖留在伊犁人的心里，第六批援疆干部即将离去。因为怀着深深的眷恋，在霍城县的点评会上，州党委书记李湘林动情地说："援疆干部'离小家、顾大家'的精神，以及他们为伊犁各族人民所作的无私奉献，伊犁人不会忘记。"

11月13日，观摩团一行先后来到了霍城县"三中心"、良繁中心、兰干乡五一牧场托牛所和奶牛养殖基地、兰干乡鲁先巴格村林果示范基地、霍城县职业技术学校、伊犁玉龙钢管有限公司、国家电网惠宁220KV变电站、新正泰水泥有限公司等地进行了观摩。

城乡发展扎下根基

霍城县人民广场的北侧，一组以葡萄架为造型的建筑落落大方。同时，它展示了一个新霍城的胸怀。援疆项目霍城县"三中心"集市民服务中心、农业服务中心、科技研发中心为一体，成为霍城县以科技推动城乡一体化发展的标志。

在援疆干部的帮扶下，一大批项目落地在建和完成。"五馆一中心"，县城供水二期改扩建工程、集中供热改扩建工程……从规划、建设、管理入手，一个新霍城县城的面貌已经初步展现在人们眼前。

在民生的改善上，霍城县投资1300万元新建江苏医院门诊楼、清水河卫生院和85个村医务室，投资680万元新建儿童福利院和殡葬管理服务站，筹集4000余万元用于救助，投入1700万元补助安居富民工程建设等。

水利设施建设力度不断加大，农村道路网络不断完善，对推动霍城经济社会发展起到了重要作用。

在霍城县，创建葡萄、薰衣草、贝母等农业科技示范园（基地）60余个，培训农牧民2万余人，伊犁农业科技示范园（清水河核心区）已经完成申报答辩，为发展高效农业奠定了良好基础。

在农夫果业、昌泰蔬菜等一批龙头企业的带动下，霍城县开始建立粮食、特色种植、优质林果、设施农业、现代畜牧五大基地，90%的农产品实现了订单生产，探索出了产业富村、科技兴村、企业带村的新模式。

今年1至9月，霍城县实现生产总值29.2亿元，同比增长14.6%。预计全年可实现生产总值49.77亿元，同比增长17.8%；完成全社会固定资产投资12.8亿元，增长35%；财政一般预算收入1.82亿元，增长11%；农牧民人均纯收入6545元，增加1013元。

李湘林在点评中说，霍城县经济社会各项事业都上了一个新的台阶，发展的质量和效益都是很好的，为今后的发展奠定了坚实基础。

工业发展快速启动

49天项目落地，5个月的时间一期竣工投产。坐落在清水河开发区江苏工业园区北区的伊犁玉龙钢管股份有限公司，为霍城县工业发展

带来了新速度。

清水河开发区江苏工业园区三期标准化厂房已经竣工。“栽下梧桐树，引得凤凰来。”李湘林如此评价。

新疆新正泰水泥发展有限公司，在原霍城县三山水泥有限责任公司生产线的基础上，通过技术改造和扩建，采用目前最先进的新型干法水泥生产工艺，集节能环保、资源综合利用于一体。其项目建成投产后，可年产水泥120万吨，还能利用低温余热发电。

今年1至10月，霍城县落实招商引资合同24项，合同总金额308.31亿元，到位资金9.4亿元，投资在亿元以上的项目有3个。在招商拉动、园区带动和规划驱动下，霍城县的工业发展快速启动。1至10月，全县完成工业增加值3.04亿元，同比增长17.5%；预计全年完成工业增加值8.75亿元，同比增长27.2%。

与此同时，以旅游业、商贸物流业、外向型经济为主的现代服务业在快速推进。今年，霍城县旅游人数和旅游收入均创历史新高。新天地、新世界购物广场建设项目和物流园区的规划建设已经启动，外向型产业基地也正在积极谋划当中。

李湘林在点评中说，霍城县在援疆干部的帮扶带动下，要进一步做大做强工业，将工业作为发展的第一推动力，做好做足文章。在招商引资、项目推进中，发挥好资源优势、地缘优势和援疆优势。霍城县是伊犁河谷对外的咽喉要道，同时临近在西北最具规模、最有潜力的霍尔果斯口岸，要积极依托自身优势，推动旅游业、商贸物流业和外向型区域经济协调互动发展，紧紧抓住“霍尔果斯特殊经济区”建设这一历史性的机遇，紧盯中亚市场，将霍城县打造成伊犁河谷区域经济的增长极和向西开放的先行区。

（原文刊载于2010年11月15日《伊犁日报》，本文有删节）

【链接】清水映“峰”彩　三年面貌改
——记第五批援疆干部，霍城县委常委、清水河镇党委书记许峰

第五批援疆干部来伊之初，记者见到的援疆干部——霍城县委常委、清水河镇党委书记许峰是一头黑发。在此后的三年工作中，记者见到的许峰每逢重大活动时都是一头乌发，日常工作时却常见两鬓之上霜花点点。记者问起许峰时才得知，来时的一头黑发在几年的操劳中早已白多黑少，重大活动时为了表示严肃，每次都要去染发。

在许峰任内，清水河经济技术开发区与清水河镇进行了合并，许峰头上顶着的官衔不可谓不多：县委常委、清水河经济技术开发区党工委书记、管委会主任。

正确的思路是做好援疆工作的决定因素。经过反复调研后，许峰带领清水河区（镇）新一届领导班子，从环境整治开始，提出把清水河打造成“繁荣的商贸服务区、新兴的边陲工业区、优美的生活居住区”的发展目标，江苏工业园实施“标准厂房+筑巢引凤”战略，以及通过加大基础设施配套建设从而拉动区（镇）社会经济和谐发展；大力发展高效农业、示范农业和外向型农业，促进农业增效、农民增收。

在许峰任职的3年来，清水河经济技术开发区（镇）累计完成生产总值24.32亿元，比前两年增长了25%；累计实现招商引资到位资金4.89亿元，增长205%。

清水河经济技术开发区（镇）党委被评为自治州“五星级”党委，清水河经济技术开发区（镇）被命名为自治区级文明单位，清水河镇被

列为自治区社会主义新农村试点镇，清水河经济技术开发区被列为国家科技农业示范区的核心区，江苏工业园区被列为自治州三大重点工业园区之一。

记者问许峰在援疆三年中有什么事令他特别感动，许峰想了半天，讲出一件事。

清水河镇城西二村有位村民，十几年前自己垫资开发一块河滩地，由于产权未能理清，这位村民与其他村民多次发生争执，甚至还引起流血冲突。这位村民的儿子在流血冲突中因伤人被捕入狱。之后，这位村民一直上访，甚至逢访必会对接待人员大吵大闹。许峰上任后，这位村民多次上访，每次情绪都很激动，工作人员都看不过眼。尽管许峰当时面临诸多棘手问题，但每次他都非常和气地接待他。最后通过反复调查，许峰协调县水利部门补偿了这位村民开发土地时的投资，同时将这块已开发的河滩地的承包权归还给当地村民，几方都对这一结果非常满意。这位村民在事情处理完之后又来找许峰，工作人员拦住问他还有什么事，村民说他知道许峰很忙，他只想见许峰一面给他鞠个躬。这位村民来到许峰办公室，双手给许峰递上一面锦旗，接着是一个90度的鞠躬，然后转身就走。

清水河区（镇）其他干部说起这件事时都对许峰竖起了大拇指。在他们的印象中，不管在什么情况下，许峰从未对来找他的老百姓发过火。但是对干部，许峰的要求却严得多。

许峰要求清水河区（镇）干部树立5个共识：细致、勤奋、全局观、发展和创新。在许峰看来，细节决定成败。他举了一个最简单的例子，如果在争取项目时一份材料里出现错别字，那么相关部门对清水河区（镇）的印象肯定会差很多，就可能导致项目泡汤。至于勤奋，那是因为清水河的基础条件相对要差，但玻璃的质量差一点，如果擦上两遍甚至三遍，那么也一样会干净明亮。强调全局观，那是因为铁打的营盘流水的干部，如果规划得不到坚决的贯彻，很可能会出现屁股指挥脑袋的现象。发展和创新是连在一起的，如果不能发展，清水河这个开发区就没有存在的必要，如果不能创新，清水河的明天就没有希望。

名扬天下的可克达拉村，至许峰到任时有40户贫困户、80户特困户，人均年收入不足700元。在许峰的努力下，可克达拉人盼了整整50年的路修成了，这条全长仅9.8公里的砂石路，铺就了可克达拉村村民通往幸福之路。

连续三年来，社会各界为可克达拉村建设的投入和捐助高达150万元，村民人均年收入也达到2080元。

可克达拉，真的改变了模样。

谈起援疆对个人的影响，许峰说："对我个人来讲，援疆不是为了以后的政治前途，首先要不辱使命，其次是和当地干部群众打成一片，融为一体，互相学习，共同提高。"

清水潺潺，天山苍苍。一位援疆干部坚实的脚印，传达的是一代又一代有志男儿的济世梦想。

（原文刊载于2008年5月23日《伊犁日报》，本文有删节）

附：

第十批援疆工作综述

第十批无锡市共选派28名干部人才对口支援阿合奇县，其中党政干部6人、教师2批9人、医生2批13人。选派2批20名“援藏援疆万名教师支教计划”教师到阿合奇县支教。柔性引才19人。3年投入援助资金1.57亿元，共实施项目37个，其中保障和改善民生类11个、产业援助促进就业类9个、智力援助类3个、文化教育类5个、交往交流交融类4个、其他5个。无锡社会各界累计帮扶项目17个，支持资金1000余万元。

因工作成绩突出，无锡市援疆工作组被省委、省政府表彰为“全省脱贫攻坚暨对口帮扶支援合作先进集体”，谢志毅被省委、省政府表彰为“全省民族团结进步模范个人”。

坚持加大民生项目资金投入力度，投入援助资金近1900万元，完成乡镇场道路、供热、排水及生活垃圾处理等基础设施改造。连续两年投入援助资金730万元，购置10辆新能源公交车，切实解决市民出行难问题。投入援助资金641.21万元，实施基层公共服务建设项目。支持防灾减灾工作，建设应急避险中心，购置消防应急救援装备。实施乡村学校办学条件改善项目，改善阿合奇县教学环境。启用技工学校实训基地，实训课程设置涵盖面广，在阿合奇县建立起较为完备的培训实训体系。

坚持把项目招商引资作为推动阿合奇县经济发展的有力抓手，重点面向纺织服装、

无锡市第十批援疆干部人才合影（2020年摄）

2020年5月14日，阿合奇县生活垃圾处理二期工程开工仪式

2020年5月22日，『产业援疆江苏行』无锡专场签约仪式

2022年6月23日，阿合奇县药用大蒜产业示范区建设项目开工仪式

2022年8月18日，阿合奇冰川羊入驻家乐福（中国）销售启动会

农牧产品加工等23家劳动密集型企业开展招商洽谈。促成总投资3500万元的无锡凤凰电动车项目签约落地克州江苏产业园无锡阿合奇工业园，这是无锡产业项目首次亮相克州。坚持把科技创新作为壮大当地特色产业的长久之计，协调江南大学与阿合奇县当地企业开展产学研合作，促成全县首个自治区级沙棘精深加工工程技术中心成功获批，促进3个县级沙棘种植示范地建成。推动全县首个州级人才工作站申报。总投资2.5亿元的新疆埃乐欣胡蒜加工项目于2022年开工，预计达产后年产值可达1.5亿元，提供就业岗位600个，人均增收3万～5万元。小木孜都克旅游景区对外开放，柯尔克孜非遗小镇建成国家3A级旅游景区。

坚持“志智双扶、鱼渔兼授”的工作理念，致力打造“组团式”教育医疗帮扶。推进先进育人方式、办学模式、管理体制、保障机制改革，开展援疆教师个人专题讲座，帮带提升当地教师人才，并开展教学讲座，举办名师论坛。《初中数学分层教学的实践与策略研究》《结构性教学在小初衔接文言文教学中的运用》等州级以上课题顺利结题。

2020年11月9日，无锡技师学院—阿合奇县技工学校对口帮扶对接会

2021年11月16日，2020～2022年第二批无锡市援疆医生『师带徒』拜师仪式

2021年11月18日，无锡市援疆教师送教下乡

2020年7月15日，无锡市援助阿合奇县新能源公交车交车仪式

2022年中考取得优异成绩，克州中考第一名出自阿合奇县同心中学，同时克州中考前5名中阿合奇县占3人，分列第一、第二、第四名。

编制《儿科医生口袋手册》，指导阿合奇县临床医师规范诊疗、合理用药。研发匹配县人民医院HIS系统“小葵花儿童健康管理”App，发挥纵向个体疾病管理、横向群体疾病预警作用，提高患儿后期随访精准度。5岁以下儿童死亡率由2019年31.2‰降至2022年9.3‰，优于克州15.24‰平均水平。“儿童过敏和营养状况调查”项目成功获州科技局立项。与江南大学附属医院及克州人民医院建立远程病理会诊中心，享受省、市专家团队24小时在线会诊，成功利用5G技术开展远程B超，帮助当地提高疾病诊治特别是危重症和疑难病症诊疗能力。常态化开展下乡义诊活动，赴农牧区累计开展21场次。配合设计建成3个核酸检测实验室，建设阿合奇县新冠肺炎疫苗预防接种异常反应医疗救治专家组，使其成为全县10个疫苗接种点医疗保障工作重要力量。

“嫁接”后方资源作为推动当地发展的有力抓手。无锡市滨湖区牵头，与新吴区乡

2021年11月18日，无锡市滨湖区与阿合奇县开展乡镇结对『云捐赠』活动

2022年6月28日，无锡市滨湖区委党校帮扶阿合奇县委党校捐赠仪式

2022年9月8日，无锡市滨湖区疾控中心援助阿合奇县疾控中心资金捐赠仪式在阿合奇县举行

镇（街道）一起结对当地乡（镇）场，每年完成8个帮扶项目。推动当地农产品进机关企事业单位食堂，累计完成消费扶贫任务超5000万元。开展劳务输出，在无锡就业人数动态超100人，年工资收入超600万元。指导乡（镇）场党（工）委班子和村“两委”班子做好换届工作，协助结对联建点做好脱贫攻坚、疫情防控等工作。每位干部定期开展“结亲连心”活动，主动联系结亲户、结对户，节假日送钱送物送关怀。沟通协调无锡市爱心企事业单位，捐赠助学金、衣物及防疫物资。

以凝聚人心为根本，以铸牢中华民族共同体意识为主线，切实做好交往交流交融各项工作。援疆干部每人帮扶一户民族亲戚、结对一位民族干部开展帮带工作。组织开展“融入阿合奇”系列培训，开展革命传统教育等。依托“一月一主题”“两个全覆盖”工作，与阿合奇县委、县政府在各重要节点联合开展各类联谊活动，持续推进民族团结进步教育活动进机关、进乡村、进社区、进学校、进企业。创作歌曲《阿合奇，柯尔克孜》，打响文化旅游新名片。“你好，锡·玛”文化交流活动、“太湖美·天山情”国防军事夏令营、“太湖托河情，文化润天山”系列精品课，成为两地师生融情交流新亮点。二胡艺术特色班线上教学常态化进行。扎实推进民族团结进步县创建和文明县城创建工作，阿合奇县被国家民委命名为“第九批全国民族团结进步示范县”。

2021年10月4日，无锡市援疆干部到阿合奇县帮扶村走访慰问结对“亲戚”

无锡市援助阿合奇县部分项目情况表

单位：万元

序号	项目名称	援助时间	援助资金
1	乡镇卫生院标准化建设项目	2020	418.35
2	8个乡镇场供热及排水等基础设施改造工程	2020	386.66
3	非遗小镇旅游公共设施	2020	476.13
4	融媒体中心演播大厅及装修提升工程	2020	320.69
5	民俗文化村	2020	170.33
6	文化艺术展厅	2020	119.67
7	科技文化体育中心附属工程	2020	478.13
8	乡村集中供热煤改电锅炉建设项目	2020	466
9	老城区污水处理厂改扩建及配套管网工程	2020	225
10	“十四五”国土空间规划编制项目	2020	499.7
11	10辆新能源公交车	2020～2021	730
12	党政干部、专业技术人才及职业技能等培训项目	2020～2022	249.57
13	乡镇基础设施改造提升工程	2020～2022	989.5
14	旅游配套项目	2020～2022	931.94
15	基层公共服务设施	2020～2022	641.21
16	交往交流交融项目	2020～2022	459.59
17	就业创业引导资金	2020～2022	163.15
18	支教教师保障项目	2020～2022	551.2
19	区外高校就读贫困生补贴项目	2020～2022	380.4
20	乡村学校办学条件改善项目	2021	250
21	职业、技工教育提升工程	2021	340
22	新冠肺炎疫情防控资助项目	2021	120
23	“江苏情·集体帮扶农场”项目	2021～2022	234.94
24	沙棘产业林提质增效项目	2021～2022	297.41
25	农村农贸市场建设项目	2021～2022	315
26	消费援疆项目	2021～2022	224.4
27	应急避险中心工程	2021～2022	1500
28	消防装备器材更新升级项目	2021～2022	99.98
29	特色农产品技术提升项目	2021～2022	180
30	农副产品加工项目	2022	470
31	福利设施建设及能力提升项目	2022	100
32	阿合奇县产业园以奖代补项目	2022	200

说明：表中所列项目为单次投入或累计投入援助资金50万元以上项目。

【链接】携手共绘同心圆　谱写援疆新篇章

2007年，阿合奇被确定为全国边境少数民族特困扶贫开发试点县，由无锡市重点帮扶。从此，无锡和阿合奇结下了不解之缘。15年来，带着市委市政府和全市人民的重托，一批又一批援疆干部、教师、医生（援疆总人数为260人），奔赴天山最深处，把边疆当故乡，用“泰伯奔吴”的勇气和执着，为边疆经济建设、社会事业发展倾注了大量心血，持续在产业、教育、医疗、民生等领域发力，持续谱写着阿合奇发展的崭新篇章。

太湖托河情，无悔援疆路。2019年12月18日，无锡市第十批援疆干部人才正式开启了新一轮援疆工作，3年来，无锡市对口支援新疆克州阿合奇县前方工作组（下简称“前方工作组”）以产业援建、民生帮扶、文旅先导、乡村振兴、智慧赋能等为工作主线，着力实现脱贫攻坚成果与乡村振兴的有序衔接，持续推动阿合奇城乡面貌提升、居民生活改善和产业快速发展。援疆为什么，在疆干什么，离疆留什么？

站在无锡援疆15周年的这一重要节点上，短暂回眸，既是对于过往援疆工作的总结，更为启迪未来，接续“攀登”。

产业援疆输血更造血

三个“首次”，开创产业发展新局面

今天的项目，明天的产业。产业援建是援疆工作最主要的表现形式，对区域经济发展具有重大推动作用。15年来，前方工作组在推动阿合奇产业发展上，坚持“硬件和软件齐推、输血与造血并进、当前与长远兼顾”的立体援建模式，下活特色“产业棋”，助力将当地资源优势转化为产业发展优势，不断做强、做精特色产业。

01 无锡产业项目首次落地

传统的“飞地经济”模式，都是从发达地区“飞向”欠发达地区。在阿合奇产业发展上，前方工作组积极推进“逆向飞地”新模式，在交通区位条件、人力资源条件相对较好的阿图什，依托克州江苏产业园建设了无锡阿合奇工业园，研究招商政策，培训招商队伍，提供招商信息，以劳动密集产业为主攻方向，重点面向长三角地区宣传阿合奇及克州的产业政策，力争通过3年时间引进3–5家制造业企业，实现富余劳动力就地就业500人以上。

如今，“飞地经济”已成为阿合奇经济高质量发展的新引擎，4座标准化厂房已经开工建设。2022年4月，无锡国凤车业成为首个在阿合奇落地的无锡产业项目。

02 首次建成省级企业研究中心

产业振兴，既有引进来发展的，也有根据自身资源优势成长的。阿合奇境内分布着大量的沙棘果树，且沙棘果实的医疗功效不断被认证。十余年来，前方工作组坚持将沙棘产业作为推动戈壁经济、林果经济的突破口和主导产业。

2021年6月，由无锡援建的新疆沙棘精深加工工程技术研究中心正式揭牌，中心依托新疆中科沙棘科技有限公司，由新疆农业大学、江南大学和黑龙江省农业科学院乡村振兴科技研究所等知名科研单位共同组建而成，主要致力于加大对沙棘食用价值、加工价值及药用价值的技术研发及成果转化。

2022年5月，该中心通过自治区专家会评，成为阿合奇全县首家自治区级工程技术研究中心。而新疆中科沙棘科技有限公司经过两年的发展，2021年工业产值已达到了2190万元。

03 首次引进超亿元产业项目

阿合奇虽然土地相对比较贫瘠，但是这里有很多独特的动植物。这里的沙棘黄酮含量居全国前列；同样，这里的药用大蒜蒜氨酸含量则是全国最高。

前方工作组积极发掘市场信息，主动与企业

对接，成功吸引了新疆埃乐欣药业有限公司的目光。

6月23日，阿合奇县药用大蒜产业示范区建设项目在佳朗奇新城建设现场举行奠基开工仪式，项目总投资将达2.1亿元，这是阿合奇历史上第一个超亿元重大产业项目。尤其值得一提的是，该项目还是一个“一二三”产联动发展的项目，未来将成为药用大蒜种植、食品药品研发生产以及工业旅游等协同融合的产业项目，必将发挥出令人惊喜的“乘数效应”。

民生援疆贴心更暖心

实事实办，居民生活发生大变化

民生关乎民心，也关乎百姓的幸福。对口援疆，民生先行。15年来，前方工作组坚持民生优先，始终坚持援疆资金项目向民生倾斜、向基层倾斜，一项项暖心工程、一件件惠民实事，让基层群众在直接受益、广泛受益、持久受益中，奔向安居乐业、幸福祥和的美好生活。

01 城乡面貌在巨变

自对口支援新疆阿合奇以来，前方工作组持续加大城乡基础设施建设投入，共实施各类基础设施项目100余个，投入资金超4亿元。阿合奇城乡面貌发生了天翻地覆的变化，特别是佳朗奇新城的出现彻底拉开了阿合奇县城的框架，形成了“老城＋新城”“纺锤形”现代化发展格局。

2007～2019年，前方工作组积极助力佳朗奇新城开发，实施了定居兴牧工程、富民安居工程、新城卫生院、第三幼儿园、新城供暖管网工程、自来水厂、污水处理厂改扩建等项目，城市功能不断完善。

2020～2022年，前方工作组继续针对城市功能短板，重点实施了乡村农贸综合市场项目、城市公交项目、垃圾填埋场项目等。其中，乡村农贸综合市场项目总投资达到了5000万元，将切实解决全县人民买菜难、买菜贵的问题；10辆电动公交车的加入，将切实改善城乡居民的出行条件。

02 生活方式在改变

洋气的小楼排列成行，笔直的柏油路通到家门口，干净的自来水流进各家，崭新的学校、卫生院一应俱全，小镇广场人来人往……

无锡新村村民买买提・吾肉孜说道，真没想到我们能住上这么好的房子，家里水、电、气、厕所样样都有，村里还建起了文化室、小广场，闲下来的时候可以和家人、邻居一起锻炼身体、聊天娱乐，这可是以前想都没想过的生活，感谢党的好政策和无锡对口援疆给我们带来的好福祉。

15年来，为了改善农牧民生产生活条件和教育医疗条件，前方工作组实施了文化广场、图书室、电子阅览室等大量基层阵地建设项目，建成了县人民医院外科楼、同心中学启智楼信息化工程、乡镇卫生院标准化建设等一大批民生项目。广大农牧民已经逐渐改变了吃饭不上桌、睡觉不上床、整月不洗澡等陈规陋习。

03 就业途径在蜕变

就业才是最大的民生。柯尔克孜族世世代代以放牧为生，对就业创业的动力不足。为此，前方工作组始终把就业帮扶作为重要工作，在发展地方产业助力家门口就业的同时，积极开辟各种创业新模式，既请进来，也走出去，加大劳务输出力度，累计解决就业超万人次。

从2011年起，前方工作组先后实施了“5331”“9331”创业引导工程，每年从援疆资金中拿出一定金额扶持一批创业项目，并且通过设立创业致富带头人培育项目、举办农村经纪人培训班等形式，有力带动了农牧民自主创业、自力更生的热情。

2016年，阿合奇与江苏新日电动车股份有限公司建立了长期的劳务输出协作关系，每年组织超过300人次到无锡务工，人均月收入已经达到了6000元，很多外出务工人员回乡后都开上了汽车，住上了楼房。

智力援疆授鱼更授渔

着眼长远，留下“带不走的队伍”

授人以鱼，不如授人以渔。援疆的最终目标是为了无须援助。送钱给物只能带来一时的富裕，先进的发展理念才能助推一个地方的长期繁荣。

15年来，前方工作组坚持从更高层次审视、谋划和推进对口援疆工作，全面推行“智力援疆”模式，努力为阿合奇带来先进的发展理念，培养了一大批留得住、用得上的专业人才。

01 转变观念促发展

通过以项目促产业、以产业促就业、以就业促脱贫的工作思路，不断导入市场化、法治化的发展理念，采取发展产业园区、建设帮扶农场、扩大消费援疆等模式，着力实现由“输血”帮扶向注重“造血”帮扶转变，由关注“当前”效果向注重“长远”发展转变。同时，变“交钥匙工程”为“交支票工程”，让当地部门承担起项目建设的主体责任，努力提升当地干部的能力和水平。

2021年，工作组通过建设“江苏情·集体帮扶农场”，投入400余万元帮助全县21个村打造了柯尔克孜羊核心群，推动育种改良工作，一年生羊羔平均增重2–3公斤。2022年8月，柯尔克孜羊更是凭借其绿色、有机、生态的特点，成功进驻家乐福超市进行全国销售。苏木塔什乡成立了猎鹰之乡养殖农民专业合作社，通过养殖牦牛、柯尔克孜羊，每年纯收入已经达到了80万元，社员分红近40万元。

02 结对共建强教育

全面提升硬件设施，对各族孩子因材施教，和青年教师青蓝结对，无锡教育援疆先“扶志”，后“扶智”，在当地融入先进教学理念，更开创了数个首次和第一：首届运动会、文化艺术节；首批考取“内高班”的学生；整体成绩首创克州三县第一；首次申报自治区级课题研究；率先通过教育部义务教育均衡化评估验收。

2022年，同心中学又有17人达到“内高班”录取分数线，且高分成绩包揽克州第一、第二名，全校平均总分逐年提高。青春的赛道上，无锡教育援疆涵盖学前教育、义务教育、职业教育各阶段，援疆教师压茬接力，在祖国边疆耕耘教育绿洲，和阿合奇孩子逐梦未来。现在，阿合奇县20所学校全部与无锡相关学校结成了对子，近350名教师来锡参加了跟岗学习，一支“带不走”的人才队伍正在托什干河薪火相传。

03 组团医疗送健康

在阿合奇县人民医院，由无锡援建的外科楼明亮整洁、设备先进，无锡医生令这里活力倍增。他们补齐科室短板、完成多项疑难手术；设立南疆第一个青年医生沙龙学会；建立危重症孕（产）妇新生儿救治中心；成立120指挥调度中心；带教并重，培养一批业务骨干和学科带头人，以热血责任和医者仁心，守护群众安康，缔结民族友谊。

无锡援疆医疗队还主动将“医疗巴扎”送到乡镇村落，送入牧民家中。现在，每逢义诊，当地群众都会早早排队等候，问诊、检查、取药，认真听取医生嘱咐与建议。定期开展的“巴扎门诊”，不仅为柯尔克孜族同胞送去及时便利的医疗救治，更成了无锡服务边疆的一项品牌工程。

04 文化润疆谱新篇

一曲《英雄·玛纳斯》，唱响奋发进取的民族精神；一把库姆孜，谱写热情洋溢的异域音符。挖掘提炼、弘扬传承柯尔克孜族文化，也是无锡援疆工作重点环节。

2015年，前方工作组统筹两地资源，以“强强联合+借船出海”的方式，创编了中国首部柯尔克孜族大型舞剧——《英雄·玛纳斯》，它不仅被列入国家艺术基金资助项目，摘得第五届全国少数民族文艺汇演银奖，更远赴俄罗斯、吉尔吉斯斯坦等进行“一带一路”文化交流。

近两年，玛纳斯研究中心、猎鹰文化旅游景区、科克乔库尔民俗文化村等重点项目相继建成投运，为柯尔克孜民族优秀文化的传承发展奠定了坚实的基础，也为将阿合奇打造成为独具特色的柯尔克孜特色文化旅游小镇创造了良好的条件。

今年，借助“云课堂”，还开展了“太湖托河情·文化润天山”文化艺术融情公益项目，看得见的变化写在阿合奇大地，看不见的变化早已扎根于内心深处。

交流交往聚力更聚心

锡阿友谊之花必将愈加繁盛

民族团结一家亲。

无论是经济援疆、人才援疆、干部援疆，还是科技援疆、教育援疆、卫生援疆，最终目的还是要通过交流交往交融，实现新疆和其他地区的融合发展，实现各民族之间的融合发展。

15年来，既有冲在前面的援疆干部人才，也有在后方倾力支持的后援单位，他们共同在阿合奇这片土地上上演着热血又温暖的一幕幕。无锡与阿合奇的友谊之花在两地的携手共进中愈加繁盛。

01 走进基层促和谐

切实发挥援疆干部人才在加强新疆与其他地区各族群众联系中的桥梁纽带作用，积极开展民族“三交”活动，通过相互学习、相互帮助，加深新疆各族群众对其他地区的了解，增进与其他地区群众的感情。每一位援疆干部人才都和当地的农民们结成了亲戚，时常到家里去坐一坐，聊一聊，也尽可能地帮助解决一些实际困难。

2021年，阿合奇作为全州唯一的全国文明城市创建提名城市，工作任务繁重，保障经费不足，前方工作组的同志们深入基层了解情况，帮助结对村解决实际困难，协调资金共计80万元，开展了盲道整治、飞线整治、垃圾分类设施采购等工作，有效解决了群众身边的问题，保障了文明城市创建工作的有效开展。

援疆老师们在同心中学设置了“锡奇同心读书角”，通过各种途径募集各类图书，从而丰富学生们的课余学习，近年来累计募集图书超过2000册。

02 同心共筑中国梦

2022年3月春季新学期，由无锡军分区、无锡通德桥小学搭建的“名师云课堂”再次开讲，让更多阿合奇的孩子和老师同步享受无锡的优质教育资源，并且提升中华民族大家庭意识。

自2020年开始，无锡军分区已累计投入400万元，通过建立名师云课堂、结对帮扶贫困学生、捐赠医用仪器设备、建设农副产品加工厂等，在教育、医疗、产业等领域对阿合奇脱贫攻坚工作给予了全方位的支持。同时，市委统战部、市教育局、市民政局、市人社局、市城管局和锡山区、滨湖区、新吴区等各地各部门也纷纷利用各种资源支持阿合奇的建设发展。

特别是这3年来，新冠疫情持续肆虐，无锡后方各地各单位也持续组织社会力量向阿合奇县捐赠药品、医用口罩、护目镜、防护服以及大量的酒精、消毒液、药品等防疫物资，助力阿合奇县常态化疫情防控。在捐助的热心单位中既有政府部门，也有和亿智能、捷普绿点、祥生医疗、东峰怡和、捷普电子、丽齿口腔等一批批热心企业，合力上演“太湖托河情，锡阿一家亲”的佳话。

（原文刊载于2022年12月8日《无锡日报》，本文有删节）

第十六节　常州市对口支援乌恰县

州市对口
援乌恰
周年

乌恰县位于天山南麓与昆仑山接合部，地处中国最西端。1938年建县。2019年，全县面积2.2万平方千米，人口5.85万人。乌恰县具有良好的区位优势，拥有国家一级对外开放口岸2个，即伊尔克什坦口岸和吐尔尕特口岸，两个口岸通过309省道与吉尔吉斯斯坦相连，是中国与中亚、西亚各国进出口贸易的便捷通道。

根据新一轮对口援疆工作部署，2010年，常州市成立对口支援新疆乌恰县工作领导协调小组，并设立前方工作组。2010年12月至2019年12月，共选派4批102名援疆干部人才，实施项目68个，累计投入援助资金5.43亿元。

常州市参与编制乌恰县中长期建设发展规划、援建工作规划和详细规划。编制《乌恰县2010 ～ 2020年对口援助受援项目规划》，确定重点实施项目，明确投资方向。将援疆资金重点投向基层和民生，实施县实验小学综合教学楼、县人民医院设备等项目，推动乌恰县在克州率先实现全县乡村幼儿园全覆盖，建成日供水能力2万立方米的乌恰县自来水厂，极大地改善当地群众生产生活条件。聚焦“造血”发展，着力推进乌恰常州工业园和小微产业园基础设施建设，促进产业集聚发展；成立常州高新技术和人才推广中心，致力于研究解决乌恰“无业可扶、无力脱贫”难题，吸引新能源、新建筑、新材料、新环保项目入驻；打造黑孜苇乡坎久干村美丽乡村旅游项目，成为乌恰县旅游业一张名片；实施草原生态修复和现代化农业技术试验高产良种培育示范项目，在解决农牧民生产资料问题同时，改善生态环境，实现“三产”联动，推动“一产”增收。提升智力援疆内涵，为当地留下“带不走”的专业技术人才队伍，为乌恰县经济、科技等各项事业发展注入活力。

一、民生援建

常州市把民生援助放在首位，把改善各族群众生产生活条件作为对口支援工作重要任务。

2011～2016年，主要从水、电、路、气、房等方面全方位推进，重点着力于教育、医疗、社保、就业等领域。实施黑孜苇乡常州新村、阿依布拉克牧民定居新村、坎久干牧民定居新村等定居兴牧、安居富民工程及基础设施配套，改善农牧民生活条件。投入援助资金2640万元，改造老城区给水主管网，建成日供水能力2万立方米的乌恰县自来水厂，是2011～2015年5年援建计划中单体投资最大、建设工艺最复杂的工程，改变乌恰县城长期供水不足、饮水质量得不到保障的状况。新建县实验小学综合教学楼和14所村幼儿园，在克州率先实现全县乡村幼儿园全覆盖，改善基础教育薄弱状况。为县人民医院购置设备，改扩建黑孜苇、巴音库鲁提、托云、吾合沙鲁、吉根、乌鲁克恰提等乡镇卫生院，建设县康复中心和县社会福利中心，完善基层医疗、福利服务体系。建设一批村民服务中心，创新基层管理模式，为村民提供更加便捷的服务。建设县文化艺术中心和5个社区（村）科技文化活动室，丰富各族群众文化生活。建成常州大道，连通城东工业园区与伊尔克什坦口岸下迁区，保障工业园区产品出口及外运，为城北开发打下良好基础。

2017～2019年，围绕“两不愁三保障”（不愁吃、不愁穿，义务教育有保障、基本医疗有保障、住房安全有保障）目标任务，确保80%以上援疆资金用于改善民生，保障贫

乌恰县阿依布拉克牧民定居新村（2012年摄）

乌恰县游牧民定居小区（2012年摄）

乌恰县柯尔克孜族居民走在新建成的居民小区，脸上洋溢着幸福的笑容（2012年摄）

乌恰县黑孜苇乡卫生院（2013年摄）

困村基础设施和基本公共服务设施建设。继续实施安居富民工程。投入援助资金900万元，建设乌恰县农牧民职业技能实训场地，增强当地农牧民就业技能。新建电视台综合业务用房6600平方米。投入援助资金1000万元，实施黑孜苇乡小学配套工程。为乡镇卫生院购置设备，完善基层医疗卫生服务体系，解决边远地区医疗救助服务不到位问题。提升和改造9个乡镇部分村级服务中心基础设施。投入援助资金2526万元，实施城区主干道路改扩建及绿化亮化工程，进一步优化城区路网结构，改善群众出行条件。实施县城和工业园区引水工程，保障工业和生活用水。

乌恰县实验小学（2012年摄）

二、产业援建

常州市帮助当地明确产业发展定位，加大招商引资力度，着力推进产业援疆。

2011～2016年，投入大量资金，援助乌恰县农牧业、产业园区建设，持续推进乌恰县戈壁农业产业发展。重点围绕该县打造的城东戈壁产业科技园，特别是智能化育苗基地、果蔬大棚，实施现代化牛羊养殖、鸡鸭养殖、奶类加工基地项目，为当地农牧民提供就业岗位近500个，带动一批农牧民脱贫致富。推动乌恰县特色养殖繁育基地、乌恰县牲畜育肥厂发展，建成养殖大棚和标准化厂房，为牧民特色家禽养殖业提供育苗育雏服务。设立乌恰产业引导发展基金，支持现代物流、进出口加工、服装鞋帽、文化旅游等特色产业。推进工业园区建设，重点支持乌恰常州工业园和小微产业园基础设施建设，优化园区服务功能和硬件环境。园区内特色农产品加工区、纺织服装区等功能区域发展日趋完善，不仅有效解决当地农牧民就业问题，还为各族群众铺就一条可持续发展的幸福之路。依托受援地充足的光热能资源优势，着力引进一批投资额度大、产业集聚度高、带动效应好的光伏产业项目。发展配套口岸服务业，建设中吉商业街等服务业项目，为当地农牧民提供经商就业岗位近200个。注重改善商业街对外服务质量，建成县城交通运输服务中心、工业园区公共运输服务中心，为快速发展的物流配套服务奠定坚实基础。

江苏·常州高新技术与人才推广中心（2019年摄）

2017～2019年，针对乌恰县戈壁山地多、土地贫瘠、土壤盐碱度高、乡村面貌落后实际，依靠后方资源及产业优势，成立江苏·常州高新技术与人才推广中心，培育和壮大一批符合当地发展方向、具有竞争力的产业集群，稳步推动装配式建筑、分布式太阳能、净水设备设施、新材料取暖、生态厕所等新兴产业发展。以乌恰县吐尔尕特、伊尔克什坦两个国家一类对外开放口岸、一个国家级口岸园区和一个自治区级工业园区为依托，以“两免三减半”等优惠政策为牵引，主动招引常州市及自治区内外企业到乌恰县考察投资。通过招商引资，先后引进一批新建筑、新材料、新环保项目在乌恰落地实施。完善乌恰常州工业园区、小微企业产业园配套设施，提升服务功能，打造以进出口产品组装加工、小微企业产业、服装服饰及新型建材、矿泉水、仓储物流、矿产品深加工、冶炼、石油化工等为主的产业集群，优化园区软硬环境。根据乌恰县生态脆弱的实际，在黑孜苇乡坎久干村等两个村实施133.33公顷草原生态修复、现代化农业技术试验高产良种培育示范项目，依托公司运营、贫困户参与，在解决农牧民生产资料匮乏的同时，改善生态环境，推进增产增收。实施乡村振兴战略，打造黑孜苇乡坎久干村美丽乡村旅游项目，在解决村民就业增收、促进村级经济发展和村容村貌改善方面成效显著。

三、智力援助

常州市以智力援疆为支撑，组织干部人才赴乌恰县，为当地发展贡献智慧和力量。2010年12月至2019年12月，共选派4批27名党政干部、7批75名教师和医生等专业技术人才到乌恰县工作。

微电影
《西极合唱

2011～2016年，参与编制乌恰县中长期建设发展规划、援建工作规划和详细规划。组织常州后方技术力量修编乌恰县城市总体规划，编制重点乡镇总体规划和村庄（农牧民定居点）规划，设计农牧民定居房；协调委托常州市规划设计院完成乌恰县县乡村三级规划，稳步推进小城镇建设。始终把人才培养作为对口支援重要工作来抓，依托常州优质培训资源，组织实施克州“帕米尔3123人才培育计划”（用3年时间，选拔培育100名领军人才、200名骨干人才、300名后备人才）。坚持以“请进来、走出去”方式开展培训21批726人次。邀请常州市35名中高层次专业技术人才到乌恰县培训授课和实地指导，开拓当地干部和专业技术人员眼界，提升工作能力。援疆教师团队坚持以先进教育理念为引领，帮助乌恰教师制定科学可行的教学方案；开展学科专题讲座、送课下乡、同课异构教学示范公开课研讨观摩等活动，推进学校教师教学理念、教学方式更新；邀请常州知名教师到乌恰县开展“名师大讲堂”活动，使教师和学生能够就地接受名师授课。乌恰县实验中学初升高入学率95%，考入江苏及其他省市新疆高中班学生人数连续3年位居克州第一。援疆医疗队充分发挥专业优势，开展专家授课，引进先进医疗管理理念，帮助乌恰县人民医院规范基本医疗规章制度、优化管理模式和服务流程，拓展和新开设危重医学科、病理科、新生儿室、眼科、五官科病区；实行每月1次全院大讲座、每周1次科室小讲座。每月利用各乡镇巴扎日巡回义诊，受益农牧民2.5万人次；救治急诊危重患者400余人次。通过放大医疗技术人才援疆效应，打造“医疗巴扎”品牌，在影像技术、骨外科等领域填补空白8项。

2017～2019年，继续实施“帕米尔3123人才培育计划”，举办乌恰县村（社区）第一书记、扶贫专干、政法干部、旅游人才、经济人才等专题培训班16批次，培训干部人才438人，为脱贫攻坚、经济发展提供人才支撑。援疆医生、教师充分发挥“传帮带”作

常州市援疆教师、自治区优秀援疆干部人才张海涛（右三）与乌恰县实验中学教师交流教学经验（2011年摄）

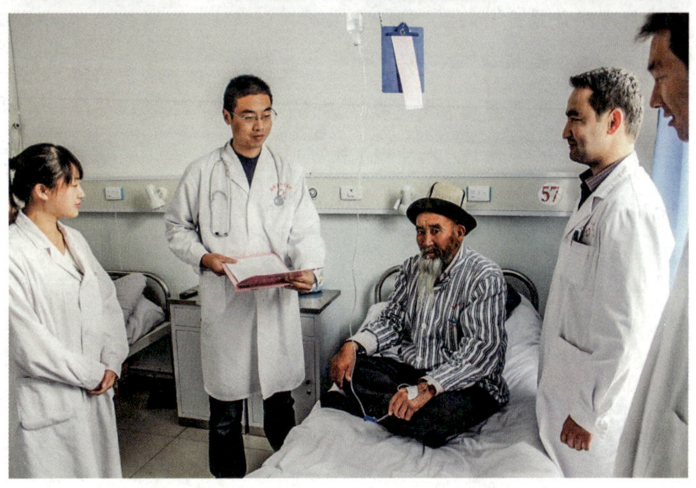

2011年10月27日，常州市援疆医生在乌恰县人民医院教学查房

用，主动加强业务领域研究。教师队伍组建青年教师工作坊，成功申报3个自治区级课题、2个自治州级课题。医疗队伍成功推广新技术20余项，举办常州医疗“大巴扎”巡回义诊，成立常州—乌恰骨病防治中心、青少年视光中心，提升当地医疗服务水平。

【链接】奉献不言苦　追求无止境——记江苏常州援疆教师张海涛

“张海涛老师太有魅力，短短的几节课，使我的孩子像变了一个人似的，学习开始主动起来。”“他的上课方法太独特，我的孩子太喜欢他的课堂！”学生家长们也送来赞美的语言。

“在业务上，他是我们学习的榜样，在爱岗敬业方面，他更是我们的楷模。”乌恰县实验中学的老师都这样评价说。

“张海涛为乌恰县实验中学做了许多工作，用20万元给全校学生购买校服，用10万元对优秀学生和教师进行奖励，用10万元对贫困学生和教师进行慰问，用1万元给学生订阅学习资料，给学校图书馆捐赠5000册书籍，使学校面貌有很大的改观，令我们十分感动。”乌恰实验中学的领导向记者说起援疆干部张海涛校长时赞不绝口。

记者了解到，张海涛在乌恰实验中学作为副校长还坚持上课，深入课堂担任实验班的教学工作，给全校教师上了两次公开课。针对学校课堂问题，为学校全体教师做讲座两次，让教师在教学中能研究并适应新的教育形势，主动领会新课程改革的理念与精神，努力提高实施新课程的水平，不断更新教育观念，改进教学方法，不断调整、修正自己的学生观、人才观、教育观和质量观，以学生为本，尊重学生。在备课中充分研究学生的特点和课程的要求，努力寻找教师与学生的契合点，真正把教和学结合起来，使课堂能产生更多的互动，注入更多的活力。

作为江苏省援疆干部、常州市援疆教师的领队，张海涛非常敬畏援疆，是带着一份憧憬、一份期待与一种朝圣般的虔诚，满怀着对边疆各族人民的深厚感情和家乡人民的嘱托，不远万里，来到实验中学开展工作。在过去一年多的时间里，他用先进的理念、过硬的本领、扎实的作风，展现了援疆教师的风采。凭借对党的教育事业的满腔热情和执着追求的信念，他勤勤恳恳，默默耕耘在教育教学和管理岗位上，取得了一个又一个骄人的成绩，赢得了学生的崇敬和同行的钦佩，成为学校工作的一面旗帜。因工作成绩突出，2011年被评为常州市优秀党员、乌恰县优秀校长、全国校长培训优秀学员。

记者采访张海涛时，他说：“援疆是一种责任，是一种奉献，是一种学习，更是一种收获。援疆的经历是我人生中一种珍贵的财富。我很庆幸我有这样的经历。”短短几句话道出了一位援疆教师对克州的深情厚谊。

（原文刊载于2012年12月13日《克孜勒苏报》，本文有删节）

2011年6月14日，江苏省领导考察常州市对口支援工作，并与常州市第七批援疆干部人才合影

2013年12月14日，常州市第八批援疆干部人才合影

2018年9月27日，常州市领导赴乌恰县考察交流，并与常州市第九批援疆干部人才合影

四、脱贫攻坚

镇村结对帮扶

常州市坚持“精准帮扶，改善民生”，助力乌恰县脱贫行动。开展“转移就业促增收、扶贫帮困送爱心”等扶贫协作活动，巩固乌恰脱贫攻坚成果。每年为援疆工作组联系的黑孜苇乡也克铁列克村提供5万元资金用于开展活动或扶贫济困，对工作组联系的贫困户采取上门服务方式，落实帮扶措施，使该村成为克州先进村，提前脱贫。

2011～2013年，常州市社会各界捐赠资金物资折合金额1200余万元。江苏省和常州市党政代表团、企业家、援疆干部为乌恰县捐款捐物折合金额600余万元。常州天合光能有限公司捐资300万元，用于乌恰城市道路建设。常州市亿晶光电科技有限公司成立亿晶爱心慈善协会，连续3年每年安排100万元用于乌恰抗震救灾、扶贫济困、拥军慰兵。江南农村商业银行捐资150万元，用于建设乌恰县江南幼儿园。溧阳企业捐资50万元，为乌恰县中小学购买校服和电教设备。

2012年11月9日，常州市援疆工作组向乌恰县牧民捐赠电视机

2013年4月2日，常州国际医疗器械城向乌恰县捐赠4辆救护车

2017年9月25日，常州市教育局援建乌恰县实验中学『梦想中心』资金捐赠暨学校结对仪式

2018年7月26日，常州市天宁区郑陆镇与乌恰县黑孜苇乡镇村结对活动仪式在黑孜苇乡举行

2014～2016年，常州市社会各界开展慈善捐助，援助乌恰县资金1000余万元。常州市党政代表团多次到乌恰县指导援疆工作，捐赠资金近400万元。常州市戚墅堰区与乌恰县建立友好区县关系，向乌恰捐赠资金20万元。常州市总工会援建乌恰常州工业园区职工活动中心。援疆工作组参与当地扶贫工作，通过救助和奖励100名困难和优秀学生、对50户特困家庭进行医疗救助、救助100名孤老和53名孤儿、捐资开展"贫困母亲关爱行动"等活动，开创合力援建新格局。至2016年，常州市通过对口支援，帮助乌恰县累计脱贫3502户13287人，贫困人口年均递减13.6%。

2017～2019年，常州市与乌恰县合作实施以民生扶贫综合项目为主的脱贫攻坚。建成吐尔尕特口岸医院迁建配套工程，在深山区建立人工增雨雪烟炉4座。坚持援疆工作重心下移，在克州率先启动"镇村结对"活动，促成常州市天宁区郑陆镇牟家村、三皇庙村与乌恰县黑孜苇乡坎久干村、库勒阿日克村，钟楼区五星街道五星村、新庄村分别与乌恰县巴音库鲁提乡巴音库鲁提村、克孜勒阿根村结对帮扶，推动在基层组织建设、文化交流、村级经济发展及扶贫帮困等领域长期开展合作共建，着力构建大援疆下的“小援疆”（指统一拨付援疆资金以外的由支援地相关单位、企业或个人捐赠的小额援疆经费）模式。动员企业、公益组织、民间社团等社会力量参与援疆。3年间，援疆企业吸纳乌恰当地56人就业。采取援疆资金补助、后方捐助、干部帮助等方式，对在校大中专学生、未就业高校毕业生进行帮扶和就业培训3100余人次，实现对贫困家庭大学生应助尽助。常州市60余家企业和社会团体，先后到乌恰县进行项目考察、人文交流、捐款捐物，捐赠资金物资折合金额400余万元，形成献爱心、办实事、交朋友的生动局面。开展结亲活动，17名援疆干部人才与28户少数民族农牧民（贫困户）家庭结对认亲，定期走访慰问，帮助结亲户解决生产生活中实际困难，增进民族团结融合。2018年，乌恰县实现脱贫摘帽。

五、交往交流交融

常州市援疆干部人才自觉担当民族团结使者，通过实施共建项目、结交民族朋友、办好惠民实事等方式，推动两地全方位、立体式交往交流交融，切实把援疆工作打造成民族团结工程。依托后方资源，拓展社会援疆格局。常州市与乌恰县通过两地党政领导互访交流、开展援疆文化系列活动等加强交流合作，增进民族团结。

2011～2013年，两地开展产业对接座谈会、国际文化旅游节、旅游宣传推介会、招商推介会等。常州市邀请乌恰县党政代表团参加常州科技经贸洽谈会、溧阳茶叶节、天目湖旅游节。2011年6月中旬，常州市与乌恰县在乌鲁木齐举办的自治区产业对接活

常州企业捐资修建的乌恰县天合路（2013年摄）

2014年7月10日，常州市领导调研援疆工作

2017年7月1日，常州市天宁区郑陆镇牟家村与乌恰县黑孜苇乡坎久干村美丽乡村旅游项目启动仪式在坎久干村举行

动上签订合作协议。常州市与乌恰县联合举办克州第四届玛纳斯国际文化旅游节。

2014～2016年，常州、乌恰两地深化交往模式，通过乡村结对帮扶，搭建社会援疆平台，动员企业、公益组织、民间社团等社会力量参与援疆，推动两地交往交流从党政机关、事业单位拓展到社会各界。常州市党政代表团多次到乌恰县指导援疆工作，捐赠资金近400万元。2015～2016年，常州投入援助资金120万元，合作开展“民族团结手拉手天使行动”、“1+X”（“1”是指一人援疆；“X”是指“1”后面有无数人或单位的支持，乃至参与援疆）援疆干部民族团结活动、医疗卫生重点紧缺学科学术交流及文化交流活动。至2016年7月，在黑孜苇乡阿依布拉克、也克铁列克等行政村建成群众文化活动示范广场。

2017～2019年，常州投入援助资金130万元，开展乌恰与常州农业产业企业、第三产业企业交往交流，深化“1+X”行动计划和文化交流等活动。先后组织党政干部、企业人员、基层干部、村（社区）书记、绣娘、旅游人才等11批300余人次赴常州考察交流培训。钟楼区及下辖五星街道、天宁区郑陆镇和区教育局、常州市实验小学、常州市孙燕云乱针绣工作室等先后到乌恰县开展镇村结对、资金捐赠、教学交流、技能培训，实施援疆项目文化展示项目建设、黑孜苇乡坎久干村基层阵地文化建设。组织乌恰县党政代表团、教育卫生代表团赴常州对接，乌恰县两批42名小学生赴常州开展“手拉手”活动。

常州市援助乌恰县部分项目情况表

单位：万元

序号	项目名称	援助时间	援助资金
1	特色养殖繁育基地	2011	326
2	常州大道	2011～2012	1038
3	县实验小学综合教学楼	2011～2012	2286
4	县自来水厂	2011～2012	2640
5	县总体规划编制项目	2011～2013	500
6	医疗卫生水平提升项目	2011～2015	2340
7	定居兴牧工程	2011～2016	4201
8	安居富民工程	2011～2019	7409
9	县人民医院设备	2011～2019	1050
10	村（社区）公共服务设施	2011～2019	935
11	党政干部、专业技术人才及职业技能等培训项目	2011～2020	4815.5
12	社会福利中心	2012	870
13	县博物馆（城市规划展示馆）	2012～2013	562
14	乌恰常州工业园区招商服务中心	2012～2013	300
15	新疆籍普通高校毕业生培养项目	2012～2019	1130.6
16	乡镇卫生院改扩建工程	2013	990
17	县康复中心	2013	538
18	县文化艺术中心设备	2014	200
19	就业（转移）引导资金	2014	150
20	牲畜育肥标准化厂房	2014～2015	400
21	乌恰常州工业园区产业创新服务中心	2014～2015	1200
22	乌恰常州工业园区配套工程	2014～2015	1579
23	乌恰常州工业园区公共运输服务中心	2014～2015	250
24	县城交通运输服务中心	2014～2015	450

续表

序号	项目名称	援助时间	援助资金
25	乡村幼儿园	2014～2016	1733
26	乌恰常州工业园区小微企业产业园标准化厂房及配套工程	2014～2016	2500
27	乡镇干部人才周转房和村民服务中心	2014～2017	3738
28	县广播电视台和调频广播、无线电视发射塔	2014～2018	1330
29	产业发展引导资金	2014～2020	1871
30	交往交流交融项目	2014～2020	776
31	乌恰常州工业园区污水处理厂及配套工程	2015～2016	1600
32	村级（社区）科技文化活动室	2015～2016	300
33	新疆高中班学生补助项目	2015～2019	512.8
34	城区给水主管网改造及引水工程	2015～2020	3220
35	县城建设改造规划编制项目	2016	100
36	伊尔克什坦口岸园区中亚国际商品展示展销中心	2016	400
37	区外高校就读贫困生补贴项目	2016～2019	1158
38	乌恰常州工业园区道路硬化及配套工程	2017	565
39	乌恰常州工业园区基础设施配套工程	2017	500
40	黑孜苇乡小学配套工程	2017～2018	1000
41	城区主干道路改扩建及绿化亮化工程	2017～2019	2526
42	农牧民职业技能实训场地	2017～2019	900
43	乡镇卫生院医疗设备	2017～2019	530
44	厕所改造工程	2018	100
45	吐尔尕特口岸医院迁建配套工程	2018	300
46	乌恰县江苏常州高新技术与人才推广中心	2018	350
47	戈壁产业园生态农业发展项目	2018	460
48	吐尔尕特口岸国门	2018	300
49	文体、传媒硬件设备	2018～2019	200
50	草场修复工程	2018～2019	360
51	安居房电采暖工程	2018～2020	1319
52	黑孜苇乡坎久干村美丽乡村旅游项目	2018～2020	1503
53	吐尔尕特口岸农贸市场迁建工程	2019	400
54	城市智能交通系统	2019	385
55	职教教师保障项目	2019～2020	1034

说明：表中所列项目为单次投入或累计投入援助资金50万元以上项目。

【链接】常州援疆用小事赢得百姓夸赞

“访民情、惠民生、聚民心”活动开展以来，常州对口支援乌恰县前方工作组从实际出发，切实解决当地群众遇到的问题，点滴实事汇成一汩汩清泉，滋润和温暖着各族群众的心。

乌恰县乌恰镇坎久干社区住着一百多名“三无”人员，生活比较贫困，乌恰县委副书记、常州对口支援乌恰县前方工作组组长孙泽阳得知后，经常去看望他们，为他们送去慰问品，并结成帮扶对子。

为了让更多人受益，孙泽阳提议在坎久干社区开一家爱心超市，很受群众的欢迎。孙泽阳带领援疆干部为爱心超市送去了价值2万多元的铁架。在工作组和社区干部的倡议下，全县各族干部职工为这家爱心超市募捐，解决了社区“三无”人员、低保户、贫困户的日常生活困难。

11月25日，正是坎久干社区爱心超市开放的日子，笔者看到，各族干部群众捐赠的各类衣物、生活用品整齐地摆放在超市的货架上，社区居民正有序地挑选着。

“自从社区有了‘爱心超市’后，社区的困难户就再也不用为家里没钱买生活用品发愁了，用完了到爱心超市免费选。”79岁的萨热克·莫力杜西阿依老人边说边挑选着，天气要转凉了，他想给自己选一件合适的棉裤。

萨热克·莫力杜西阿依老人是一名“三无”人员，他告诉笔者：“现在农牧民看病有新农合，住安居富民房，连看书读报都有补助卡。如今，就连家里用的生活用品都是免费的，我们的日子真是太幸福了。”

坎久干社区主任范颜颜说，在坎久干社区，所有的低保户、“三无”人员、困难户都可以像萨热克·莫力杜西阿依一样凭着爱心卡在爱心超市免费挑选用品。今年以来，在援疆干部的倡议下，已募捐3次。目前，超市里物品俱全，只要社区的困难群众缺什么就随时来取，工作人员也会随时做好登记。

在乌恰县黑孜苇乡也克铁列克村，村民们提起一位援疆干部就夸，他就是县委常委、副县长、常州对口支援乌恰县前方工作组副组长戎建伟，这个村也是戎建伟的联系点。

也克铁列克村是一个牧业村，村子的收入渠道比较单一。今年以来，戎建伟入户调查后发现每家每户都有富余劳动力，于是决定搭建一个就业平台，让村民们尽快实现脱贫致富。

牧民塔依尔·木合塔今年30岁，以放牧为生。在戎建伟联系下，塔依尔·木合塔走进乌恰县驼峰绒毛有限公司成了一个现代产业工人。他高兴地说：“太好了！这个月我拿到了4000元的工资，这可是我以前放牧收入的好几倍。我能有今天的好生活还要感谢常州援疆领导，是他给我提供了在家门口就业的机会。”

笔者了解到，在戎建伟联系动员下，村里十几位年轻人相继放下羊鞭，高高兴兴穿上工作服走进了现代企业。在金旺矿业务工的牧民加尔肯巴依·达吾提兴奋地告诉笔者：“我现在工作的工厂就在家门口，厂里专门开设了民族食堂，管吃还管住，援疆领导经常过来帮助我解决困难，他们比我的亲人还亲。”戎建伟还与村委会联系，资助了全村40名在读大中专学生。

孙泽阳说，援疆不一定要用大项目支援，对受援地老百姓的情感援疆更加重要，援疆工作就是要更近一步拉近乌恰与江苏之间的距离，而心灵的距离正是需要从一点一滴的小事来拉近。

（原文刊载于2014年11月26日《克孜勒苏日报》，本文有删节）

【链接】常州：激活“棋眼”，援疆走在前列

“新疆一盘棋，南疆是棋眼”

贯彻党的十八届五中全会和第五次全国对口支援新疆工作会议精神，常州援疆人坚持科学援疆、真情援疆、持续援疆，围绕“四个全面”战略布局，为激活“棋眼”提供经济动能、民生保障、智力支撑，形成了以新疆百姓需求为内核，产、城、人全方位融合发展，经、科、教立体式组团植入，前后方、党政企资源协同互动的嵌入式援疆新格局，力争走在全国援疆工作前列，使对口援疆工作更加符合中央要求、更加贴近受援地需要，促进新疆经济社会发展和长治久安。

莽莽昆仑，巍巍天山。弹起库姆孜，唱起幸福歌，民族团结一家亲成为帕米尔高原上最动人的风景。

立体式，小微园成就产、城、人融合佳话

带动受援地经济实现跨越式发展，带动民生就业，产业园区是核心动能。在援疆过程中，常州不仅是“交支票”，更是新苏南模式的再移植、再创新。作为全省唯一的产城融合综合改革试点城市，常州力求产业、城市与人三者之间形成良性互动，打造一座生产高效、生活便捷、生态优美的宜业宜居之城。而为避免工业园区建设出现产城分离的窘境，结合自身产城融合建设的发展实践，常州为乌恰量身定制“小微产业园”，并践行“先交支票，后交钥匙，在过程中交朋友”的理念，推动形成建设共同体、利益共同体和精神共同体。

作为常州市对口援疆的重点项目之一，乌恰县小微企业产业园于2014年开工建设，目前，园区已建成2万平方米标准化厂房、2万平方米仓储物流库、6000平方米的产品展示孵化区以及1.05万平方米的产业创新服务中心。驻园区的企业不但能够享受到相关优惠政策，还带动了当地农牧民扩大就业。为方便员工上下班，园区正在建设员工公寓，已经建成了150户（套），还将再建70户（套），园区企业的职工都可以申请入住，费用非常便宜，每月每平方米租金只需要5元。

作为南疆最大的驼绒被生产企业，驼峰绒毛有限责任公司老板塔依尔精明而有远见。“产业园的厂房什么都不要钱，这样的好事到哪里找？”为此，他不但早早下手预订了产业园的两幢厂房，还相中了正在建设中的10幢厂房中的两幢。他正与常州合作伙伴豪峰机械有限公司总经理曹晓峰合作，新上马的驼绒深加工项目一举签下了3000万元的大订单。原来，常州先进设备的引进，大大提高了乌恰牧民驼绒、驼毛加工水平和能力，下一步他们还要帮助乌恰驼绒产品打开长三角地区市场。今年公司的产值增加2000万元应该不成问题，相信很快会过亿。他的商人朋友们听闻这个消息后，也心动不已，又有5家企业被他引荐进了产业园。

来自乌恰县托云乡开克里克村的古丽扎提·木热提很幸运，从喀什大学刚毕业时间不长。来自江苏的企业在乌恰县小微企业产业园办起了乌恰金马制衣有限公司，经过常州师傅3个月培训，她迅速掌握了缝纫技术，成长为技术骨干，现在已是车间的小组长。

今年45岁的加热西柯民族手工艺品服装厂老板亚克甫·吐尔地，凭借娴熟的缝纫手艺，2008年在县城步行街开办了服装厂。进入园区后，亚克甫·吐尔地的裁缝店变成了500平方米的企业工厂——去年12月进入小微企业产业园以来，他的工厂已经吸收当地30名牧民就业。据乌恰县委副书记、常州对口支援乌恰县前方工作组组长孙泽阳介绍，“小微产业园的落脚点，是把产业发展、推动就业一手抓，让本地群众享受到产业进步的红利。”截至目前，园区已注册

登记企业66户，招商引资企业21家，已投入资金5.03亿元，预计到2016年乌恰（常州）工业园区将实现工业总产值10亿元，带动当地就业5000人。

今年，常州还将用援疆资金完成1.2万平方米标准化厂房的扩建项目。“我在这上班，每月工资就是2500元。”乌恰驼峰绒毛有限公司的职工阿扎提姑丽·阿比力开心地说：“在家门口上班可方便了，我骑着电动车一会儿就到了。”为给进城务工人员提供配套，县里还修建了8000平方米的企业职工公租房，彻底解除了他们的后顾之忧。

产城融合理念在乌恰的生根发芽，让克州党委副书记、江苏省对口支援克州前方总指挥王斌深有感触，“感受到了常州援疆干部在园区建设上的新思路，这里是新型工业化的摇篮，每个企业都是种子，这是一件非常了不起的事。”

全方位，“全科式”人才“组团式”援疆

由原来选派单一专业技术人才援疆，到选派“专业技术人才+管理人才”的“组团式”人才队伍援疆的转变，新一轮对口援疆好比从专家门诊到“全科医生”，形成了涵盖人才援疆、教育援疆、卫生援疆、科技援疆、文化援疆等全方位、立体化的态势。

“医疗大巴扎”就是常州“全科式”援疆的一个缩影。每逢乌恰县波斯坦铁列克乡的巴扎天，就是该乡“医疗巴扎”的义诊时间。原先农牧民看病，要骑马翻山越岭，赶几天路程。常州援疆医生创建了“医疗巴扎”，每次去七八名医生，随行的医疗车可以做B超、心电图，完成基本疾病诊断。62岁的热米拉·克力木早早就来排队了，经检查她患的是神经性头痛，医生给她免费开了两周的药。常州援建乌恰医疗工作组组长、乌恰县人民医院副院长刘志伟告诉记者，医疗巴扎已经开展活动近200场次，义诊人数超过2万人次，并为就诊群众建立健康档案，被当地农牧民亲切地称为“琼doctor”（意为大医生）。从今年起，常州援疆前方工作组还将拿出20万元，让巴扎义诊惠及更多农牧民。

如何把援疆实事办到百姓心坎上。常州援疆前方工作组做了有益且极为有效的尝试——将援疆工作与自治区的“访、惠、聚”工作结合起来。“很多村民们的所思所盼，我们都能从驻村工作组那了解到。”据统计，新一轮援疆以来，常州突出教育、医疗、社保、就业，重点解决百姓最迫切、反映强烈的民生问题。

在乌恰县托云乡托云村的幼儿园，其娜热小朋友带领全班小朋友读汉字。“所有适龄孩童，全部实行学费全免教学，这座现代化幼儿园吃住一体，孩子们别提多开心了。”幼儿教师阿依扎达兴奋地说。地处乌恰县最北部的托云乡是高寒偏远乡村，紧邻国境线，全乡2900人，99.6%以上是柯尔克孜族人。尽管是村幼儿园，但建设得一点不比城里幼儿园差，总建筑面积403平方米。

“两年前乌恰县农村没有一所幼儿园，如今已经在南疆率先实现了幼儿园全覆盖。”乌恰县教育局党委书记郭建洲说：“32所幼儿园成为乌恰县一道亮丽的风景线。”

在常州市的助推下，率先提出乌恰县农村幼儿园全覆盖援建工作思路，他们先后共投入2900余万元，按照自治区农村幼儿园建设标准，新建农村幼儿园22所，做到了农村幼儿园全覆盖。目前全县有幼儿园32所，农村幼儿园从零到全覆盖，只用了两年。全县5～6岁适龄儿童入园率达到100%，4～6岁适龄儿童入园率达到82%，实现适龄儿童全部入园接受教育的目标。去年，中央政治局委员、自治区党委书记张春贤同志来乌恰县考察时，对常州援疆工作的做法给予了充分的肯定。

常州教育援疆带来的不仅仅是教学理念，更是教学思维和方法的变化。援疆教师张永康分析说："这里的孩子们热情朴实，上课认真，但知识面还不够开阔，自主学习能力较为欠缺。我们更多是要进行学习习惯与方法的培养。"援疆老师把常州课改经验如导学案、小组合作、展评法教学、尝试教学法等引入乌恰，让孩子们成为课堂的主角。从"单项作战"到组合推进、从授人以鱼到授人以渔、从"输血"到"造血"……如今，多层次全方位的对口教育支援体系已经建立。不仅把自己的教学经验毫无保留地传授给当地教师，还在学校成立了"教师发展行动工作室"，通过结对帮扶、骨干研修等，力求培养出一支高素质水平的教师队伍。

"用心、用情、用智做好援疆工作。"常州援疆教师领队、乌恰县实验中学副校长王庆华被我省援疆前方指挥部推荐为唯一的克州促进民族团结模范。"我们更应该思索，如何为新疆留下一支既有现代理念又能扎根当地的人才队伍，才能留下兴疆的火种。"

大协同，前后方党政企"同唱一首歌"

由常州天合光电有限公司投资300万元建设的天合大道，成为乌恰迎接八方来客的一道靓丽风景线；常州投资集团有限公司捐资150万元建设乌恰县实验中学教学楼，捐资150万元建设乌恰县人民医院康复中心；常州四药公司捐赠价值100万元药品；常州江南银行捐赠150万元建设乌恰县江南幼儿园；常州金坛亿晶光电有限公司建立亿晶爱心慈善协会，连续三年共安排300万元用于乌恰抗震救灾、扶贫济困、拥军慰兵……在资源支撑上，常州注重前方与后方资源的协同并进，形成了社会援疆的生动格局。

整合社会资源援疆，前后方联动援疆，使千里之外的乌恰与常州心连心。新一轮援疆工作开展以来，常州市前后双方领导高度重视援受两地交流互访活动，力求打造"嵌入式"援疆新模式，两地各部门交流交往力度不断加强。

由常州前方工作组牵头，乌恰县各界、各部门组成以县委副书记带队的党政经贸考察组，以参加常州第10届中国常州先进制造技术成果展示洽谈会为契机，开展了系列参观考察学习活动；乌恰县教育、团委、总工会、医院、新闻媒体等部门与常州展开了点对点的对口交流，开展教育帮带、医疗帮扶、"民族团结手拉手天使"行动、园区职工培训等活动。短短两年，乌恰县共选派了4批140余名乡镇、村、社区优秀骨干赴常州市委党校培训。常州、乌恰两地业务部门合作举办了工会干部培训、教育"名师大讲堂"、宣传文化培训、电视台专业技术提升培训等活动。通过短期培训、挂职、骨干代培、现场指导等方式为乌恰培养锻炼各方面的干部人才。常州自来水公司还专门赴乌恰成立了"常州·乌恰人才服务站"。

作为乌恰县总工会帮扶中心主任的李颖，第一次赴常州挂职学习，用她的话说，所到之处令她"震撼"。这种"震撼"不仅是每个乌恰赴常州接受培训学员看到的，也是他们在考察交流中体会到的。"江苏之所以发展又好又快，除了得天独厚的自然条件这一客观因素之外，很重要的一条就是他们与时俱进、解放思想、更新观念。"乌恰县委书记王宏旭满怀信心地说，"有来自常州的新动力，我们就能提前实现率先脱贫的目标！"

（2015年12月28日《新华日报》）

附：

常州市对口支援阿勒泰地区

1997～2002年，常州市先后选派3批17名援疆干部人才援助阿勒泰地区。

推进项目建设。针对阿勒泰地区在建、续建水利工程状况及水利发展方向，争取项目立项，向水利部申报贷款项目11个，贷款金额5350万元，其中总投资3333万元的峡口水库工程于1998年开工建设。

加强经贸合作。1998年，组织参加乌鲁木齐商贸洽谈会，在会上签订合同55份，合同总额4.09亿元，阿勒泰地区交易团获大会组织一等奖。组织中俄哈蒙四国环阿勒泰地区区域科技合作与经济发展国际研讨会，组团到蒙古、俄罗斯等国考察洽谈项目。通过招商引资，引进企业在布尔津县投资新建奶粉厂和黄豆加工厂。两家企业成为该县农牧业龙头企业。促成阿勒泰市香蕾食品厂与常州好太太食品厂合作生产马肉食品，产品畅销江苏及其他省市。在常州中国国际中小企业商品博览会上，新疆哈巴河县雅居床服有限责任公司与上海、江苏客商分别签订销售驼绒被合同，合同总额300余万元。与韩国客商洽谈中韩合资非金属矿开发项目，协议投资总额750万元。2000～2002年，协助阿勒泰地区签订项目合作合同9份，正式履约7份，合作项目投资总额3700万元。

参与建设项目规划设计。参与设计江苏吉木乃边贸市场、吉木乃县政府会议室与青河县小学校舍，协助编制阿勒泰市武进希望小学和地区第二中学总体规划，参加富蕴县峡口水库初步设计与审查，参加青河县喀英德布拉克水电站变更设计方案论证。

建立结对友好关系。常州市与阿勒泰地区建立友好地市关系，武进市与阿勒泰市、金坛

2000年6月，常州市与阿勒泰地区缔结友好市地签字仪式在常州市举行

市与布尔津县、常州日报社与阿勒泰报社、常州市供销社与阿勒泰地区供销社、常州市建筑设计院与阿勒泰建筑设计院、武进市横山桥镇与阿勒泰市北屯镇建立帮扶结对友好关系。

促进企业改制。组织完成36家国有集体企业改制工作，筹集2000余万元安置费，2000余名职工全部买断工龄，70%以上职工重新就业，333名退休职工享受养老保险和医疗保险，实现布尔津、福海两县县委县政府提出的“改制到位，解困有方”工作目标。在阿勒泰市供销合作系统企业改制中，协调解决职工分流等难点问题。

开展医疗教育援助。通过援疆干部联系协调，江苏省和常州市无偿援助资金774.8万元，其中捐赠的医疗器械、救护车及教育设备等总价值137万元。阿勒泰地区多名医护人员到常州市医院进修。向教育部、科技部、中央文明委争取到扶持阿勒泰地区教育、科技等社会事业发展资金500余万元，在阿勒泰地区3个县（市）兴建希望小学3所，总投资142万元。在阿勒泰地区第二中学设立扶贫助学基金，向10名家庭特困品学兼优学生每年支付学费200元。援疆干部向48人次捐赠帮扶资金1.44万元。

常州市对口支援奎屯市

2003～2010年，常州市选派3批24名援疆干部人才援助奎屯市。

基础设施建设。援助奎屯市法院20万元，建设大屏幕公告栏。投资100万元，建成社区服务中心，对友谊广场进行绿化。援助50万元，建成奎屯团结街街道飞鸿里社区服务中心。投资85万元，援助开干齐乡别列克齐村建设村民活动中心和村委会办公楼。

项目援助建设。2005～2008年，协调援建项目6个，加强奎屯市教育和城市社区建设，促进经济社会发展。开展招商引资，江苏军荣集团兴办锦程箱包有限公司、琴芳废旧物资回收公司，总投资3000万元；江苏开利地毯总厂投资3000万元，完成新疆开利地毯厂化纤地毯技改项目和二期扩建项目；引进常州等地企业与奎屯市洽谈项目5个，意向总投资1.5亿元。至2007年11月，国美电器落户奎屯，促成奎屯石化工业园与两家企业签署投资协议，意向总投资约15亿元；引进塑料直斜布项目，投资3.1亿元。

教育援助。总投资280万元，其中援助资金100万元，完成奎屯市小学教育现代化项目。提供援助资金10万元，购置奎屯市第一小学多媒体教室设备。投入援助资金100万元，为奎屯市常州小学（原为奎屯市第七小学）购置教学设备。援疆教师为奎屯市培训校长和骨干教师20余人。常州市委组织部捐助10万元，设立奎屯市困难学生助学金。

医疗卫生援助。2005年，援疆医生在奎屯医院开展首例肾移植手术。奎屯医院医护人员10人次先后到常州市第一人民医院挂职锻炼、进修、学习。常州市政府向奎屯市人民医院捐助30万元，购置急救车辆。援疆医生带领奎屯市人民医院麻醉科医生开展瑞芬太尼鼻窦手术麻醉应用、曲马多芬太尼一次性镇痛泵应用、腰硬联合麻醉，医生麻醉操作水平显著提高；帮助麻醉科医生完成专业论文4篇，在国家级和省级医学刊物公开发表。

常州市对口支援伊犁州直地区

2002～2010年，常州市4名援疆干部对口支援霍尔果斯口岸、特克斯县。

撰写调研报告和编制规划。2002年底至2007年初，援疆干部撰写《中国西部门户霍尔果斯口岸》等调研报告，为受援地发展提供可供借鉴的思路。2002年，援疆干部提出在霍尔果斯口岸建设功能齐全、一流的仓储和贸易区的规划建议，大力推进口岸工业园区基础设施建设和招商引资工作。2009年，溧阳援疆干部协调特克斯县财政投入规划资金198万元，编制《喀拉峻旅游区控制性详细规划》《特克斯县旅游发展总体规划》《特克斯县旅游目的地总体策划报告》和《八卦城旅游区控制、建设性详细规划》。

开展产业援建。援疆干部积极引进企业，促进霍尔果斯口岸工业园区开发建设。争取常州市、武进区、溧阳市援建资金500万元。其中，武进区援助250万元，建设特克斯县广播电视观光塔。发挥国家历史文化名城特克斯独特的资源优势，先后组团8次100余人次到苏浙沪陕等省市招商，签订项目7个，协议投资金额23.21亿元。浙江客商投资3000万元开办的喀拉峻矿业有限公司落户特克斯，建成投产。成功引进陕西西华矿业有限公司到特克斯县投资开发金属镁矿资源勘探加工，与山西银光镁业集团、新疆有色金属集团公司签订协议，成立新材料开发有限公司，总投资18亿元，设计年产值40亿元，2011年建成投产，成为特克斯县当时投资最大的工业项目。援疆干部在援疆工作期间，组团参加首届霍尔果斯国际出口商品交易会，引进京常工贸有限公司彩钢板项目、江南饭店项目、商品混凝土项目和1家服装生产企业，计划投资总额近1亿元。组队参加中国第十届国际投资贸易洽谈会，引进项目10余个，实际到账投资总额2.48亿元，其中外资项目3个，投资总额2100万美元。从俄罗斯引进麦斯特项目，投资500万美元。2007～2010年，霍尔果斯口岸落户企业12家，完成工业总产值2.52亿元，实现增加值6980万元；口岸完成旅游收入9000万元，游客突破60万人次。组织参加霍尔果斯口岸国际出口商品交易会，完成项目签约总额4.6亿元。

开展贫困帮扶。援疆干部个人捐赠和筹资近11万元，帮助贫困学生完成学业，改善贫困户生产生活条件，建设残疾人服务设施，解决牧民用电困难。2005～2007年，援疆干部结对资助兵团四师六十二团和霍尔果斯口岸贫困家庭学生5人2000元，向当地学生发放奖学金1.2万元。为口岸学校、幼儿园捐赠照相机、篮球、棉被、煤炭，总价值1.5万元。协调常州市教育系统援助资金23万元，用于口岸学校图书馆和实验室建设。

附：

第十批援疆工作综述

第十批常州市共选派27名干部人才对口支援乌恰县，其中党政干部7人、教师2批9人、医生2批11人。选派2批30名“援藏援疆万名教师支教计划”教师到乌恰县支教。柔性引才3人。3年投入援助资金2.45亿元，其中计划外“小援疆”（指统一拨付援疆资金以外的由支援地相关单位、企业或个人捐赠的小额援疆经费）资金1000余万元，共实施项目31个，其中保障和改善民生类12个、产业援助促进就业类7个、智力援助类4个、文化教育类5个、交往交流交融类3个。

因工作成绩突出，常州市援疆工作组获自治区“脱贫攻坚组织创新奖”，被省委、省政府表彰为“全省脱贫攻坚暨对口帮扶支援合作表现突出集体”。

将民生项目建设放在首位，坚持规划引领，编制完成《常州市对口支援乌恰县“十四五”规划》《常州市对口支援乌恰县年度项目计划》。实施民生领域项目12个，投入援助资金18814万元，占年度资金比例80.28%。实施的乌恰县引水工程、乌恰县中小学及幼儿园供水保障工程、乌恰县中小学互动录播教室建设项目，黑孜苇乡小学艺术活动中心、乌恰县人民医院提升工程等一批民生项目完工或完成序时建设任务。继续推进黑孜苇乡坎久干村美丽乡村建设，发展乡村旅游，推动产业振兴。

坚持“变输血为造血”理念，围绕乌恰县“巩固壮大支柱产业、改造提升传统产业、

常州市第十批援疆干部人才合影（2020年摄）

培育发展新兴产业”发展思路，持续夯实招引工作基础，提升产业援疆质效。坚持“亲商、重商、安商”理念，靠前服务招引企业。投入资金260万元，制作乌恰县招商引资电视宣传片等。通过组团招商，成功与6家企业签订合作框架协议，涉及旅游、农村电商、生物科技、信息服务平台等，总投资约100亿元。采取叩门招商、精准对接等措施，成功签约3家企业完成落地注册，总投资9000万元。协调争取产业引导资金5000万元，新建克州江苏工业园常州园厂房，推动克州江苏工业园常州“飞地园区”建设。安排援助资金3180万元，聚焦脱贫攻坚和扩大就业，帮助受援地发展特色产业、绿色产业。重点建设乌恰县“江苏情·集体帮扶农场”、食用菌孵化基地、保鲜库等一批项目，不断增强乌恰县“造血”功能和自我发展能力。

援疆教师团坚持“留下常州理念、管理方式和教学手段”目标，多方位助力乌恰县教育领域向优发展。多层次开展示教培养。坚持课堂教学为本，发挥“苏老师工作站”

2020年5月21日，『产业援疆江苏行』克州昌吉州『遇见常州』专场活动在常州举办

乌恰县食用菌孵化基地（2021年摄）

力量，开展多种形式苏式教学展示活动100节（次）。实施师带徒“青蓝工程”，开设骨干教师培训讲座52次、示范公开课70余节，培养学校骨干教师150余人，主持或指导自治区级立项课题4个、江苏省“十四五”规划课题1个、州级课题7个，提升乌恰学校骨干教师专业素养和管理水平。多点位实施教改实验。援疆教师团在各受援学校推进“教学+教研+教管”组团帮教活动，探索实施“教研室制、分班级制”教学方式，创建两个“乌恰—龙城班”文化建设工作室，共享教育资源，先后与15所中学开展形式多样的教学研究活动，受益教师400余人，受益学生4000余人，课堂教学质量大幅提升。多方面助力职业教育。根据乌恰经济社会发展对职业人才需求，联系常州、徐州技师学院与乌恰县职业技术学校结对帮扶，捐赠总价值85万元教学办公设备，对乌恰县职业技术学校5名教师进行培训，每年计划援助150万元用于乌恰县职业技术学校提升改造和设备购置等，不断加强乌恰县职业技术学校“硬软件”建设。发挥医疗卫生资源优势，以

2021年10月15日，常州市第十批中期轮换援疆人才和援疆支教教师培训结业合影

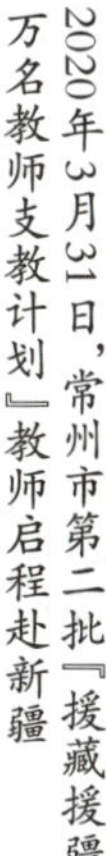

2020年3月31日，常州市第二批『援藏援疆万名教师支教计划』教师启程赴新疆

2021年11月17日，常州市援疆教师组织开展「心连心」教育大篷车活动

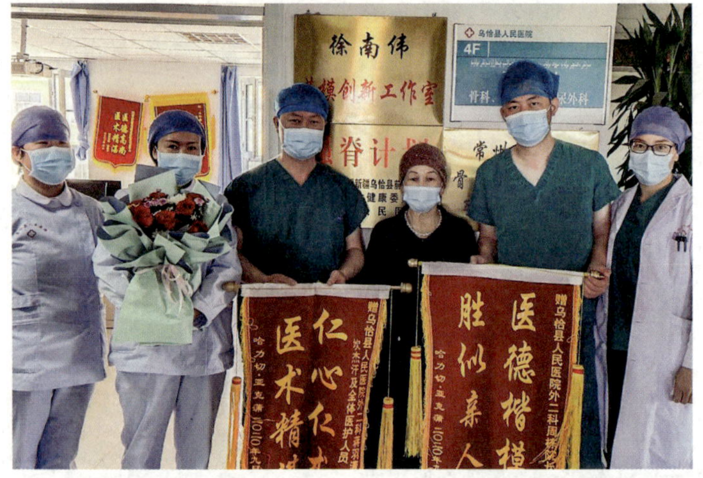

2020年9月10日，常州市援疆医生收到患者赠送的锦旗

建学科、强管理、填空白、带人才、增内涵为目标，多层次、多渠道开展医疗人才“组团式”援疆，着力帮助乌恰县各级医疗机构提升服务水平和能力。依托“组团式”援疆优势，充分发挥援疆医生专业特长，成立乌恰县人民医院外二科、无痛胃肠镜中心等新科室、中心10余个，开设援疆专家门诊，诊疗患者6200余人次，实施手术850余例，培养培训医务人员380余人次，促成医务人员独立开展70余项手术和10个诊疗项目，推广20项新技术新项目，填补乌恰县10余项医疗空白，带动乌恰县人民医院诊疗能力和管理水平持续提升。2021年，乌恰县人民医院取得1项国家自然科学基金立项、1项自治区级课题、5项自治州级课题的好成绩。持续实施“强脊计划”公益救助项目，为23名乌恰县贫困牧民免费实施各类脊柱手术。同时，开展常州市救助先心病儿童慈善公益活动暨“常爱童心”先心儿童救助项目，为乌恰2名患儿免费实施先心病手术。利用巴扎日等时机，开展义诊活动18次，覆盖6000余人次。帮扶卫生健康行业发展。援疆医疗队开展“师带徒”工程，结对带教当地卫生骨干人才44人次，开展乌恰县卫生技术人

员轮训50余次，讲课培训600场次。

围绕脱贫攻坚目标，紧盯深度贫困乡村、最困难群众、最需要解决的问题。在东部结对地就业65人，转移到其他地方就业144人，新增就近就业4326人。在克州率先启动"镇村结对"活动，与乌恰县各乡镇签订帮扶协议，实现常州"千强镇"与乌恰各乡镇结对帮扶全覆盖，并与乌恰5所中小学结对帮扶，7名援疆干部与14户农牧民贫困户家庭结对认亲，构建大援疆下的小援疆模式。

推进结对帮扶、交流培训、捐赠资助等形式多样的交往交流交融活动，不断促进民族融合大团结。持续加强双向对接，两地各行业部门累计对接工作30余次。同时，开展结对帮扶工作，常州市第一人民医院、第二人民医院与乌恰县人民医院结对帮扶，常州市25所学校与乌恰县20所中小学校结对共建，形成全方位、多层次各民族交往交流交融格局。争取60万元援疆资金和6000余册图书，打造"秋白书苑乌恰馆"。同时，投入援助资金100万元，建成乌恰县人民医院院史馆。安排援助资金70余万元，培训乌恰县60余名优秀乡村干部人才和致富带头人。加大对乌恰县基层干部关心关爱力度，进一步为乌恰县做好干部人才"引得进、留得住、用得好"等政策提供600万元援助资金保障。持续开展捐赠慰问。3年间，常州市社会各界向乌恰县捐赠各类学习用品、办公室用品、防疫物资等累计价值500余万元。常州市教育发展基金会、常州市学生资助管理中心发起的"助力乌恰"专项活动"筑梦奖学金"，为乌恰县实验中学与黑孜苇乡中学1125名学生发放奖学金14.92万元。

2020年5月10日，常州市援疆工作组开展向『人民楷模』布茹玛汗·毛勒朵学习活动

常州市援助乌恰县部分项目情况表

单位：万元

序号	项目名称	援助时间	援助资金
1	引水工程	2020	1250
2	实验中学、实验小学配套设施	2020	480
3	乡镇卫生医疗设备	2020	476
4	生态厕所建设项目	2020	100
5	村级公共服务设施	2020	200
6	黑孜苇乡坎久干村美丽乡村建设项目	2020	593
7	产业发展引导资金	2020	400
8	疫情防控项目	2020	300
9	数字化城市建设项目	2020	290
10	党政干部、专业技术人才及职业技能等培训项目	2020～2022	2794
11	支教教师保障项目	2020～2022	1150
12	区外高校就读贫困生补贴项目	2020～2022	731
13	交往交流交融项目	2020～2022	880
14	规划编制项目	2020～2022	900
15	文化旅游提升项目	2021	180
16	人民医院文化建设项目	2021	100
17	帕米尔牧业示范园（柯尔克孜羊良繁中心）	2021～2022	900
18	中小学及幼儿园供水保障项目	2021～2022	1440
19	黑孜苇乡小学艺术活动中心	2021～2022	1150
20	中小学互动录播教室建设项目	2021～2022	800
21	县人民医院提升工程	2021～2022	1100
22	黑孜苇乡乡村旅游配套设施建设项目	2021～2022	500
23	基层党组织阵地建设项目	2021～2022	600
24	产业引导资金项目	2021～2022	2500
25	“江苏情·集体帮扶农场”项目	2021～2022	1000
26	农副产品保鲜库建设项目	2021～2022	400
27	食用菌孵化基地	2021～2022	500
28	社会治安综合治理等项目	2021～2022	1520
29	乡镇消防应急救援装备	2022	200

说明：表中所列项目为单次投入或累计投入援助资金50万元以上项目。

第十七节 昆山市对口支援阿图什市

阿图什市位于天山南麓、塔里木盆地西缘，是边陲重镇、战略要地，周边有伊尔克什坦、吐尔尕特、红其拉甫、卡拉苏、喀什机场5个国家一类口岸。1943年建县，1986年撤县建市，为克州州府。2019年，全市面积1.55万平方千米，人口28.55万人。阿图什市日照资源丰富，素有“中国木纳格葡萄之乡”“无花果之乡”美誉。

根据新一轮对口援疆工作部署，2010年10月，昆山市成立对口支援新疆阿图什市前方工作组。2010年12月至2019年12月，先后选派4批99名援疆干部人才，共实施项目166个，累计投入援助资金25.66亿元。

昆山市先后组织编制《阿图什市城市总体规划》和阿图什市城市道路交通、供水工程、排水工程、供热工程、燃气、环境卫生、城市绿地系统、海绵城市等专项规划，作为援建主要依据和基本遵循。持续加大民生工程投入，实施昆山育才学校、市人民医院分院、乌瑞克河调水一期工程、保障性住房、道路改造等基础设施项目。将发展产业、带动就业作为优先目标，以昆山产业园、小微企业园、农业示范园建设为平台，就近解决劳动力就业。加大柔性人才引进力度，加强干部教育和劳动者技能培训，提升中小学、幼儿园办学条件和质量，改善阿图什市医疗条件。持续深化两地帮扶交流合作，昆山市镇村、企事业单位与阿图什市乡镇、贫困村结对帮扶，以“1+X三互行动”为抓手，开展“民族团结一家亲”活动，形成促进帮扶交融长效机制，不断增强阿图什市内生发展动力。2019年底，阿图什市实现脱贫摘帽。2021 年2 月，昆山市援疆工作组获“全国脱贫攻坚先进集体”称号。

一、民生援建

昆山市坚持民生优先工作理念，将80%以上援助资金用于民生工程，着力改善阿图什市人民群众生活环境和教育医疗卫生设施，打通民生工程“最后一公里”。

2011～2013年，实施安居富民、定居兴牧、教育卫生等一大批民生项目，建设相关配套设施，改善乡村水、电、路等基础设施条件和教育卫生文化条件。投入援助资金1.6亿元，用于安居富民房改造和保障性住房建设。投入援助资金9000余万元，实施市第一中学综合楼及配套工程、昆山育才学校改扩建工程和市第一小学综合楼及配套设施，建成具有昆山文化特征、阿图什当地特点、硬件设施比较完善的学校。投入援助资金978万元，为阿图什市人民医院提供配套医疗设备26台(套)。为阿图什市采购市区公交车辆，方便居民出行。实施帕米尔路西延段市政工程，昆山大道、苏州路、千灯路、玉山路、张浦路等交通基础设施建设项目，进一步拉大城市区域发展框架，优化城市公路网布局，并带动城市周边乡镇发展。

2014～2016年，持续加大民生项目投入，着力补齐城乡基础设施短板。完成城乡饮水改造、住房建设，帮助城市居民、农牧民解决饮水问题，改善居住条件。投入援助资金11940万元，实施安居富民工程。投入援助资金2800万元，建设公共租赁房，让百姓安居乐业。投入援助资金4255.95万元，改造友谊路，使之成为阿图什市首条城市标准化道路。实施新城路和交通路建设及阿扎克路(团结路)、锦绣路、教育路、振兴路市政工程，持续改善城区道路基础设施。连通产城区主跨282米长的帕米尔大桥竣工通车。大桥连接阿图什昆山产业园、轻工业园区、小微产业园区，不仅拓展阿图什市交通网络，也为加快城区周边乡村发展提供便利条件。完成阿图什市昆山育才学校改扩建工程，使该校成为阿图什市唯一一所六转九年一贯制标准化学校。投入援助资金8000余万元，建设阿图什市第二小学和第三、第四幼儿园，缓解近2000名学生入学和800名幼儿入园紧张局面。完善阿图什市第一小学配套设施，帮助其达到国家教育标准化要求。援建阿图什市第二中学配套工程，基本解决上阿图什镇、阿扎克乡、松他克乡学生上高中困难。新建阿图什市委党校，使其成为培养培训阿图什市党政干部、专业人才重要基地。为阿图什市人民医院添置价值2000万元医疗设备，新增3个临床科室。实施乡卫生院改扩建工程，重建哈拉峻乡、格达良乡卫生院，解决5万余名农牧民就医难题。建设市自来水厂和农村饮水配套工程，改善群众饮水质量。开通阿图什电视台无线数字电视系统，填补阿图什市电视宣传空白，满足群众文化需求。

2017～2019年，投入援助资金27683万元，帮助15405户农牧民完成房屋新建和

阿图什市帕米尔大桥（2014年摄）

阿图什市新城路（2016年摄）

阿图什市文化北路（2017年摄）

阿图什市保障房（2012年摄）

阿图什市第四幼儿园（2019年摄）

阿图什市第十二幼儿园（2017年摄）

阿图什市第一小学（2014年摄）

阿图什市第二中学（2015年摄）

阿图什市阿湖乡中心学校（2017年摄）

改扩建。投入援助资金5000万元，实施乌瑞克河调水一期工程（工业园区供水工程），建成长51千米、日引水2万立方米的乌瑞克河引水工程，解决当地群众长期饮用深井水的问题。完成城区、产城区劳动路、民生路、沿河路、健康路、阿孜汗路等道路建设。建设阿图什市昆山第二小学、阿湖乡中心学校、阿扎克乡中心学校、格达良乡中心学校、吐古买提乡中心学校和13所乡村幼儿园等项目，做到7个乡镇中心学校建设全覆盖，帮助71所学校购置教育标准化班班通等设备。累计投入援助资金15162.7万元的阿图什市人民医院新院建成启用，配备层流净化手术室及重症监护室和40排螺旋CT等先进设施设备。阿图什市康养中心建成启用，基本形成以医康养三位一体为功能特色、以新老院为一体两翼的医院发展新格局。采购10辆公交车，缓解市民出行难问题，促进阿图什市公交事业发展。投入援助资金4100万元，实施阿图什电视台扩建工程，提高广播电视覆盖质量。在克州州委党校建设帕米尔人才大厦，为江苏克州两地党员交往交流交融搭建新平台。

阿图什市哈拉峻乡卫生院（2015年摄）

阿图什市康养中心（2019年摄）

二、产业援建

昆山市把产业援疆作为对口支援阿图什市重点，为阿图什市工业经济、现代农业和旅游产业发展提供坚实基础和新动能。

2011～2013年，致力于加速推进阿图什新型工业化和农牧业现代化建设。借助江苏设施农业优势，打造新疆一流设施农业示范园。投入援助资金4718.58万元，建设阿图什市戈壁产业及农业示范园，建成光伏育苗中心、科技孵化中心、培训中心、200公顷特色林果业基础设施。投入援助资金1.95亿元，建设昆山产业园，重点建设1～9栋标准化厂房、企业孵化中心、邻里中心等。农业、工业产业园成为阿图什市经济新增长极。

2014～2016年，完善昆山产业园建设，投入援助资金1.01亿元，建成标准化厂房3.09万平方米和道路、园区水厂等配套项目。充分发挥昆山产业优势、技术优势和人才优势，利用阿图什市资源、地缘优势，吸引光伏产业、建筑保温材料、消防器材、机械加工、电子轻工业为主的低耗能、低污染企业进入园区，提升阿图什市自身造血功能和可持续发展能力。投入援助资金4981万元，新建小微企业园，建成近40栋厂房6万平方米、可容纳3000名职工的宿舍及食堂等。小微企业园实现当年规划、当年建设、当年使用、当年产出，吸引民族特色手工业和劳动密集型小微企业入驻。完善两个园区配套设施，进一步增强园区的吸引力和承载力。

2017～2019年，建成昆山产业园电子装配园、阿图什小微企业园纺织服装加工园和产城区，以产业促就业，帮助劳动力就近就业。昆山产业园电子装配园借助江苏昆山电子产业优势，为“小米”“华为”“苹果”等电子领域领军企业配套生产零部件，引进5家电子企业入驻，打造南疆电子元器件组装加工集聚区。投入援助资金1000万

阿图什昆山产业园企业服务中心（2013年摄）

阿图什市戈壁产业及农业示范园（2012年摄）

阿图什市北山坡戈壁产业园职工采摘果实（2013年摄）

阿图什市克州三千年风情街美食街内景（2020年摄）

元，建设阿湖乡、上阿图什镇就业创业基地。投入援助资金3800万元，建设克州三千年风情街，新增就业500余人。克州三千年风情街一期美食广场夜市，二期景观、人工湖、儿童乐园，是自治区首屈一指的集建筑艺术、民俗文化、餐饮文化、歌舞表演、休闲娱乐及旅游等功能为一体的特色文化旅游项目。投入产业就业激励政策资金1400万元，引进一批电子配件企业和服装企业，实现"就业一人，脱贫一户，带动一片，致富一家"目标。投入援助资金1000万元，实施格达良乡戈壁农业示范项目，完成盐碱地改良576.47公顷，为阿图什市各族群众脱贫增收拓宽渠道。

三、智力援助

昆山市把“硬件”援建与“软件”援建结合起来，在注重民生建设的同时，坚持“输血”与“造血”并举，重视人才援助，全面提升阿图什市人才素质。2010年12月至2019年12月，共选派党政干部29人，教师、医生等专业技术人才70人赴阿图什市工作。

2011～2013年，选派阿图什市370名乡镇（街道）、村（社区）基层干部，442名中小学骨干教师，92名医疗专业技术人才到江苏学习培训或挂职锻炼。举办培训讲座12期，培训1万余人次。

2014～2016年，进行干部人才轮训等专题培训3000余人次；举办基层干部强化培训班8期，覆盖阿图什市街道社区全体干部；援疆教师送教培训2800人次。昆山市人民医院、昆山市中医医院与阿图什市人民医院缔结为友好医院，建立医院合作和医生进修培训双向合作机制。

2017～2019年，持续开展新疆籍普通高校毕业生培训、“1121计划”专题培训和“帕米尔人才培训工程”，开展专业知识、传染病防治及有关医疗法律法规等方面业务指导培训100余场，培训5000余人次。通过开展师资培训、实施“青蓝工程”、成立援疆教师教研室等措施，发挥好优秀教师“传帮带”作用，切实提高阿图什市教育教学水平。阿图什市昆山育才学校2017年被中央文明委评为“全国未成年人思想道德建设工作先进单位”，是新疆唯一获此殊荣的学校。建立昆阿远程影像医疗会诊平台，两地医务人员实现零距离交流。至2019年，医疗援助帮扶对象由单体医院扩展到乡镇卫生院及村卫生室，帮助建立以阿图什市人民医院为龙头，乡镇卫生院、社区卫生服务中心和村卫

昆山市教育专家在阿图什市昆山育才学校开展系列培训讲座（2015年摄）

昆山市援疆教师、自治区优秀援疆干部人才陈斌在上公开课（2014年摄）

2015年3月16日，江苏首届大学生支教团到阿图什市昆山育才学校开展支教活动

昆山市援疆教师与孩子们在一起（2019年摄）

2011年6月，昆山市第一批援疆医生合影

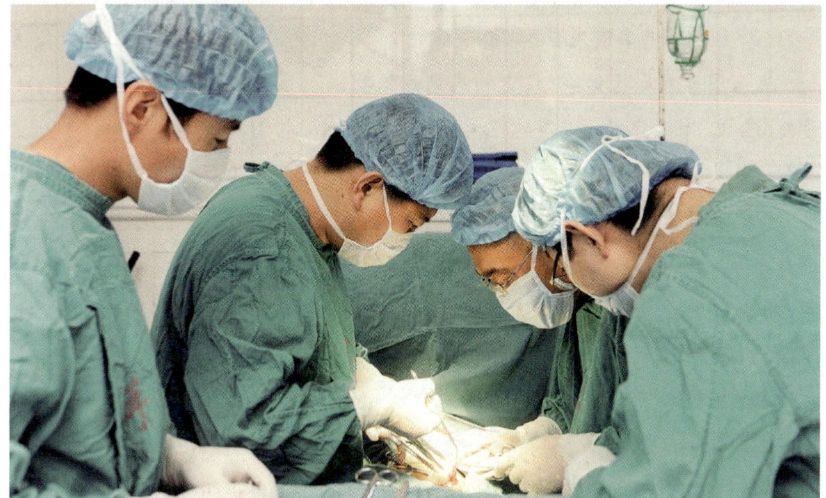

2012年，昆山市援疆医生开展阿图什市首例腹腔镜手术

2017年4月6日，昆山市第一人民医院与阿图什市人民医院远程影像医疗会诊平台启动

生室共同参与的县域医共体联盟，促进医疗资源优化整合。下乡义诊40余次，就诊患者5000人次。开展昆阿医师“师带徒”结对带教活动，带教学生50人次，这些学生均成为科室业务骨干。助力阿图什市人民医院成功创建二级甲等医院。建立三位一体的结核病防治体系，深入农村筛选疑似结核病胸片800余张，采购自治区首台结核痰涂片镜检系统；协助完成5万余人次儿童脊髓灰质炎疫苗补种；指导帮助创建自治区慢性病防治示范区；完成《阿图什市学校及托幼机构传染病防控指导手册》编印和近3年全市健康体检分析报告制作。实施柔性引才，推动在教育、卫生、水利、林业等行业建立人才工作站。

【链接】救死扶伤是我们的使命

最快乐的事是为患者解除病痛

在阿图什市人民医院，记者初次见到张明，干练、自信、有条不紊，37岁的他看上去比实际年纪小许多。

9月15日是张明难忘的日子，他从昆山到阿图什市人民医院整一个月，这天下午快到下班时间，科室来了一名90岁的维吾尔族老人。患者家属说：“老人突然说肚子疼，还出虚汗，我们就把他送到医院来了。”

高龄、病情复杂、发病急，这一系列复杂的情况让呼吸消化科年轻医生们措手不及。正着急的时候，张明走了过来，在听完老人对疼痛部位的描述后，马上安排护士带老人去做检查，检查结果是重症胰腺炎。

重症胰腺炎是一种非常危重的疾病，并发症多，死亡率高，对于一位九旬老人来说更加凶险。

“留下老人，一方面是看病人当时情况比较紧急，病人既然来这里，就是对医院的信任，如果让他去别的医院，可能还要浪费时间，耽误病情；另一方面主要考虑到，这种情况当地的医生遇到的少，也是学习处理急、难病症的机会。”谈起当时收下老人的初衷，张明对记者说。

为解除老人的痛苦，张明细心进行镇静、解痉、止痛处理。经过禁食、面罩吸氧、定时翻身拍背、加强抗感染等一系列治疗措施，老人的病情有所缓解。

为了能及时掌握病人情况，张明干脆住在医院里，带着科室医生一起为病人的康复细心治疗。

呼吸消化科医生肖开提对记者说：“张医生治疗的这例高龄重症胰腺炎患者，对我们医院来说具有典型示范作用，让我们科室医生参与治疗，边治疗边教学，我们从中学到了许多知识。”

张明坦然地说：“医生什么时候都是以救死扶伤为使命的，这是我的义务，不管到哪里都是，当然在这里如果能给当地的医生和患者带来帮助，我也是很开心的。”

飞机上跪地抢救儿童

9月23日13时40分，喀什飞往乌鲁木齐的CZ6997航班起飞约5分钟后，一名妇女突然从座位上站了起来，面色惊慌地哭喊着说：“我要下飞机，我要下飞机。”乘务员赶紧跑了过去。几秒钟后，乘务员向机上乘客宣布：“有一名婴儿情况危急，需要急救。”

“我是儿科医生。”常州市儿童医院儿内科副主任医师史伟新立即解掉安全带，第一个冲到了妇女面前。他发现妇女怀中一个婴儿心跳呼吸骤停，于是立即将孩子平放，进行心肺复苏。

“请大家都坐下，请儿科和急诊科的医生对小孩紧急治疗。”昆山市中医医院的副书记、阿图什市人民医院副院长封以生现场指挥。此时，常州市中医医院急诊科主任马海鹰、昆山市第一人民医院儿内科主治医师方琴、昆山市中医医院急诊中心医生赵波3名医生围了过来。4名江苏籍医生迅速对孩子实施急救。人工呼吸、胸外按压、面罩吸氧……时间一秒秒流逝，婴儿仍没有恢复心跳呼吸，但4名医生没有放弃，依旧轮流跪在地上对孩子进行急救。

“请通知机长立即返航，让喀什急救站准备好抢救的药品和设备，立即派儿科医生在机场待命。请乘务员继续安抚好家属情绪，我们医生一定会全力抢救。全体乘客不要惊慌，大家保持镇静。”4名医生指挥着这场突如其来的“战斗”。

连续抢救了40多分钟后，飞机终于回到了喀什机场。飞机落地舱门打开的那一刹那，史伟新抱起孩子就往外冲，另外三名医生也一路跑着跟上，并且继续为孩子做心肺复苏和输送氧气。“我们一路跑到机场急救室，这时两名当地医生已经带着药品和急救设备等在那里了，碰面后马上对孩子进行插管、注射药品等急救措施。”马海鹰说。

当时，大家发现每个医生都是满头大汗，因为一直跪在地上，有的人膝盖都破了。“膝盖很疼，特别是飞机降落的时候，感觉膝盖都要碎了，但当时也顾不了那么多了，心思都在孩子身上。”方琴医生说。

据了解，飞机上一共有10名江苏的援疆医生，来自苏州和常州，参与急救的是急诊科和儿科的4名医生。因为飞机还要继续起飞前往乌鲁木齐，4名医生只好离开急救室，回到了机舱。

“他们真的太棒了，辛苦了。”飞机上的乘客纷纷为援疆医生们的行为点赞，当4名医生回到机舱后，全体乘务人员向医生们表示了感谢。

（原文刊载于2015年9月24日《克孜勒苏日报》，本文有删节）

2014年4月，昆山市援疆医生在阿图什市人民医院举行『师带徒』结对签约仪式

昆山市第七批援疆干部人才合影（2013年摄）

2016年9月1日，昆山市领导赴阿图什市考察交流，并与昆山市第八批援疆干部人才合影

昆山市第九批援疆干部人才合影（2018年摄）

四、脱贫攻坚

阿图什市整体贫困状况突出，昆山市将援助重心向扶贫帮困倾斜。组织昆山市淀山湖镇与阿湖乡、周庄镇与阿扎克乡、千灯镇与松他克乡、巴城镇与上阿图什镇两地4个乡镇进行结对帮扶，巴城镇黄泥山村、苏州市青年联合会、昆山市青年企业家协会等单位与阿扎克乡麦依村等44个深度贫困村进行结对帮扶，实现结对帮扶村全覆盖，为阿图什市提前一年实现脱贫摘帽作出贡献。2017～2019年，建成阿扎克乡铁提尔村葡萄长廊、农家乐等。创成阿扎克乡布亚买提村、松他克乡肖鲁克村、阿湖乡阿其克村、阿扎克乡麦依村4个脱贫攻坚示范村。投入1000余万元，打造“连心券”系列帮扶新模式，为2316户贫困户、365名区内贫困大学生、340户因病致贫家庭发放“种植”“教

2011年11月4日，江苏中大慈善基金会奖助学金发放仪式在阿图什市昆山育才学校举行

2013年6月7日，中欧国际工商学院2012期上海二班学员捐建的阿图什市哈拉峻乡阿其布拉克小学竣工

育”“健康”“就业”4种连心券，有效避免因农产品滞销返贫、因贫辍学、因病返贫等现象发生。启动实施“琼花工程”，为15名残疾青少年儿童免费进行矫形手术，为30例患儿免费提供规范性康复训练指导。投入4000余万元，援建阿图什市16个村、6个社区组织服务中心，配置办公设施设备；援建5个脱贫攻坚、乡村振兴示范村建设项目。投入3172万元，设立奖（助）学金，惠及家庭困难学生5000余人。2019年底，阿图什市实现脱贫摘帽。

2019年1月3日，昆山市援疆工作组在阿图什市人民医院举行『琼花工程』启动仪式

2019年10月17日，江苏援疆『连心券』精准扶贫补贴发放仪式在阿图什市松他克乡阿孜汗村举行

【链接】南疆，有一群来自江苏的"石榴籽"——昆山牵手阿图什脱贫攻坚薪火传

126位援疆干部人才，自治区110个前方工作组人数最多；三年投入援疆资金9.6亿元，援疆资金量全省15个前方工作组中最大；1人获首批"开发建设新疆奖章"，4人荣获"开发建设克州奖章"，31人获州、市先进个人和优秀共产党员……临近年底，阿图什脱贫摘帽、昆山第三批援疆即将迎来"双收官"，这组抢眼的数据，为这一关键时刻写下精彩注脚。

新疆克孜勒苏柯尔克孜自治州首府阿图什市，位于天山南麓、塔里木盆地西缘，自古就是丝绸之路的交通要塞和商埠重镇，是我国南疆的重要门户、战略要地，被誉为镶嵌在帕米尔高原上的璀璨明珠。2010年，中央在实施新一轮对口援疆工作中，把对口支援新疆克州阿图什市的任务交给了昆山。

穷山距海，不能限也。九年来，昆山认真贯彻落实中央关于对口援疆的系列部署，把对口支援作为一项重要政治任务，在民生改善、富民安居、教育卫生、产业就业等方面实施了大力帮扶。尤其是2017年以来，昆山援疆资金80%以上用于民生建设、脱贫攻坚、基层建设，得到社会各界广泛好评。

惟其艰难，方显勇毅。时光荏苒，一批批昆山干部、医生、教师等接力奔赴阿图什，他们牢记初心使命，用昆山担当、昆山作为、昆山精神，把结对帮扶工作打造成为加强民族团结的暖心工程，把忠诚信念、人生大爱写在了祖国的边陲。

"昆山担当"：一腔热血扛起援疆重任

有朋自远方来。11月23日，昆山科博中心，"与时俱进的昆山之路"成果展人流如织，由新疆克州党委副书记、州长迪力夏提·柯德尔汗率领的克州党政代表团一行，在观展过程中感受"昆山之路"的精神内涵、发展历程和卓越成就。"昆山经济社会发展取得的成就，让我们深感敬佩，为我们深化对口支援、推动克州各项事业发展增添了信心和动力。"迪力夏提·柯德尔汗说。

在昆山市委书记杜小刚看来，做好对口援疆各项工作，是中央、省委、苏州市委交给昆山的光荣任务，更是昆山义不容辞的政治责任。"我们将深入学习贯彻习近平总书记关于扶贫工作的重要论述，紧扣'四闯四责'总要求，把脱贫攻坚作为重中之重加以推进，突出产业就业援建、智力援疆各项工作，携手克州党委、政府帮助当地百姓脱贫致富，促进民族团结、增进民族感情，共同维护社会长治久安，让人民群众有更多获得感。"

志合者不以山海为远。作为对口援疆的"亲密战友"，昆山和阿图什的关系有多亲密，从遍布全城的"昆山元素"可见一斑。昆山大道、昆山产业园、昆山第二小学、千灯路……漫步阿图什，"昆山印迹"在万里之外的帕米尔高原随处可见。

阿图什是新疆22个深度贫困县市之一，是南疆四地州整体贫困地区、特困山区、边境地区，是国家扶贫开发工作重点县和边境县。2019年是阿图什脱贫攻坚决战之年，也是昆山第三批、全国第九批援疆工作的收官之年，昆山援疆前方工作组百余位援疆干部人才，紧紧围绕阿图什社会稳定和脱贫攻坚两大任务，援疆资金坚持向民生倾斜、向基层倾斜、向贫困村倾斜、向贫困户倾斜。

位于阿图什市中心的克州三千年风情街，一入夜这里便成了热闹之地。烤肉串、玫瑰花馕、烤包子等百余种特色小吃让人垂涎欲滴。这个今年7月刚刚开门迎客的美食夜市，由昆山投资建设。作为自治区唯一柯尔克孜族风情街，集建筑艺术、民俗文化、特色餐饮、歌舞演艺等功能于一体，采取"统一装修、拎包入住""租金全免、联营扣点"方式，不仅激活了阿图什的"夜经

2013年8月16日，昆山市向阿图什市捐赠5辆救护车

阿图什市小微企业园四期——扶贫园（2019年摄）

济”，更直接带动500人就业。而在市郊的昆山产业园，一条条马路，一栋栋厂房，一条条整齐的生产线呈现眼前，谁能想到几年前这里还是不毛之地的戈壁滩，如今却成为助推阿图什经济发展的新引擎。

就业是民生之本。九年来，援疆干部牢记“一人就业、一家脱贫”的宗旨，聚焦产业扶持、促进就地就近就业。2017年以来，昆山援建的昆山产业园电子装配园、阿图什小微企业园纺织服装加工园和产城区竣工启用，引进东旭弘业电子、隆宇电子、博亿皮革、疆南家纺等一批企业，带动新增5000多人就业，直接解决及巩固2万多人口脱贫。

“昆山作为”：满腔热情攻坚民生短板

走进阿图什市昆山育才学校，一尊刻有昆山市徽的硕大“昆石”十分显眼，背后的教学大楼墙上，镶刻着“各民族要像石榴籽那样紧紧抱在一起”一行字，一个个可爱的卡通版少数民族人物携手欢笑。

来自昆山的90后教师王晶和朱心如在这里已经快一年半了。作为育才小学唯一一对夫妻支教老师，去年6月他们刚刚登记结婚。但就在即将举行婚礼时，小夫妻俩却做出了一个让人意外的决定：推迟婚礼，去新疆阿图什市援疆支教。去年8月，他们来到育才学校，妻子朱心如教英语，丈夫王晶则给新疆的孩子带去了航模课。新疆的孩子以前从未见过航模，对王老师的课特别痴迷，航模课也为新疆的孩子打开了一扇通往科学的窗户。而让妻子朱心如感动的是，孩子们对学习发自内心的热爱。

“清甜的莲藕、稀软的清粥……梅上枝梢头，昆曲轻柔柔……”这是58岁的颜侠新创作的一首诗，名为《我在克州想苏州》。虽已头发花白，但精神依然年轻。“我去年8月到这里，一直在克州二中教高中语文，现在已经创作了近4000首诗。”颜佚说，“汉字的神韵体现了中华文化的博大精深，更体现了我们中华民族的文化自信。”让他开心的是，他的《论汉字之美》在克州多所学校举办讲座，好评如潮。最近，他刚刚主动申请再留一期，在阿图什继续支教一年半。

百年大计，教育为本。新成立的阿图什市昆山育才学校初中部，由援疆教师执教的初一年级成绩在全市遥遥领先，2019年6月在全州学业统测中，学校初一7门学科总分平均分超第二名150分。2017年以来，投入1.5亿元完成昆山第二小学、阿湖乡中心学校、阿扎克中心学校、格达良乡中心学校、吐古买提乡中心学校及市第八、十、十一、十二、十三幼儿园等18所学校及幼儿园建设，做到7个乡镇中心学校建设全覆盖，帮助完成71所学校教育标准化班班通。

从弱处攻坚，向短处发力。教育只是昆山援建的一个生动案例，在群众最关心的医疗方面，昆山同样投入了巨大的人力物力。阿图什市人民医院新院于2018年3月正式启用，拥有层流净化手术室及ICU，配备40排螺旋CT、进口DR、进口彩色超声等先进仪器设备，软硬件条件在全州三县一市居于前列，员工工作条件和百姓就医环境得到根本性改善。

在阿扎克乡卫生院，记者见到了63岁的阿吉·肉孜，他去年因心脏病动了手术，放了两个支架，总共花费了15万元。老人激动地告诉记者：“幸亏有昆山的援疆‘医疗连心券’，为我们这些建档立卡贫困户提供援助，当时医疗费用几乎全部报销了，特别感谢昆山人民，让我们‘看得起病、看得好病、看得上病’。”

“医疗连心券”是昆山援疆工作组为帮助贫困人口而采取的一项惠民举措，主要利用援疆资金，对阿图什市建档立卡贫困户患者的诊疗费用予以部分补助，防止贫困户进一步因病致贫、因病返贫。去年11月，首期昆山援疆健康扶贫“医疗连心券”发放，28.95万元救助款惠及82户贫困户患者。

小小连心券，温暖众人心。第六次全国对口支援新疆工作会议召开后，昆山援疆工作组按照“真情援疆、科学援疆、持续援疆”的工作方针，在精准扶贫、项目建设、产业援疆、人才培训、结对共建和社会资助等方面“多管齐下”，助力阿图什市打赢脱贫攻坚战，全面推进当地社会经济各项事业发展，对口支援工作取得积极成效。

“昆山精神”：薪火相传烛照前行力量

5000公里、7小时飞机、3小时汽车、1小时中转，这是昆山100多位援疆干部人才每次离开家乡，离别亲人，奔赴阿图什必须经历的路程。路途遥远，但挡不住大家援疆的拳拳赤子心。

沈立新，阿图什市委副书记、昆山市副市长，昆山援疆工作组组长。在阿图什，大家亲切地称他为：沈书记、沈叔叔、沈爷爷。7年援疆路，55岁的他成为昆山乃至江苏援疆队伍的“老革命”。他说，“援疆有苦、援疆有乐、援疆有泪、援疆有得，我们会像石榴籽一样紧紧抱在一起，让老百姓真正过上好日子。”

2013年8月21日，沈立新提前抉择援疆，从昆山市副市长变身为全国第八批援疆骨干，来到阿图什市。对他来说，一切的一切都是新的，职务变了，身份变了，生活环境变了，工作目标变了，而唯一不变的是共产党员的初心使命，他成了“拼命三郎”，每一天除了工作还是工作。

不到3个月的时间，他对阿图什昆山产业园、阿图什城区及卫生、教育、农牧民住房、饮用水工程、文化旅游等各类民生既有情况已了然于心，一份年度援疆计划表，一个“十三五”援疆规划蓝图已在脑海绘制而成。通过对一个个事例、一串串数据“痴迷成瘾”式的“解剖麻雀”，功夫不负有心人，他经办的一项项预算在一次次的论

昆山市援疆工作组现场踏勘援疆项目（2011年摄）

证中优化认可和实施。

黄乃宏，阿图什市市委常委、副市长，昆山援疆工作组副组长，他犹记3年前刚刚来到阿图什时，代表全体援疆干部人才作的表态发言："我们将拿出100%的干劲，全面奉献，勇于担当，致力推动阿图什市各项事业发展，深入贯彻落实习近平总书记系列重要讲话精神，做援疆政策的拥护者，做昆阿两地友谊的推动者。"

他们是这么说的，更是这么做的。在7个年头里，全体援疆干部不懈努力，在乡村农牧区、田间地头、农家炕头、企业工地、街头巷尾时常见到他们的身影。与此同时，数以亿计的援疆资金注入阿图什的产业就业、安居富民房、卫生、教育、人才培训、民族团结、基层公共服务设施建设、文化旅游等民生和基础设施建设等领域，一桩桩、一件件、一批批项目相继竣工投入使用。

如今的阿图什高楼鳞次栉比，道路宽阔整洁，教室明亮宽敞、安居房整齐划一、老百姓就近就业就医，点点滴滴春风化雨的民生事项凝结着援疆干部无私奉献的大爱。在援疆为民的支点上，沈立新用心用力先后获得全国第八批优秀援疆干部并记二等功、自治区"开发建设新疆奖章"等，带领的团队也先后获得克州脱贫攻坚先进集体、自治区脱贫攻坚组织创新奖、自治区民族团结先进集体等。

昆山援疆"亚克西"，在阿图什茫茫戈壁上嘹亮响起。而今，回家的日子已经进入倒计时。"每天我都在看阿图什街头的倒计时屏幕，不是想家，而是因为今年年底是计划中的阿图什脱贫摘帽时间节点。我们一定要成功，也一定会成功！"沈立新的话，掷地有声。

（原文刊载于2019年12月6日《新华日报》，本文有删节）

五、交往交流交融

昆山市积极拓宽援疆渠道，推动社会各界参与援疆，加大阿图什市与昆山市及其他地区之间交往交流力度。

2011～2013年，昆山市多次派出代表团到阿图什市考察对接援疆工作，一大批专家学者、企业家、记者走进阿图什市，两地交流对接日益频繁。组织开展文化交流活动，克州艺术团到昆山巡回演出，昆山市协助在阿图什市举办第六届克州玛纳斯国际文化旅游节。

2014～2016年，昆山市主动结亲戚、结对子，以“1+X三互行动”为抓手，加强与当地干部人才、群众交流，开展“民族团结一家亲”活动，开创江苏柔性援疆新模式。昆阿两地示范村结对，昆阿两地小学生持续开展“民族团结天使手拉手”夏令营活动，

2014年9月，昆山市援疆工作组与阿图什市昆山育才学校学生举行『1+X』活动推进座谈会

2019年5月29日至6月4日，昆山市援疆工作组组织开展第五届昆阿两地『民族团结天使手拉手』夏令营活动

68名阿图什小学生到江苏开展夏令营活动。组织800余名老干部、老党员、老模范、老军人（简称“四老”人员）、后备干部到昆山市张浦镇金华村等地参观学习。

2017～2019年，组织阿图什市100名小学生到昆山开展“民族团结天使手拉手”活动，为阿图什市特殊教育学校、阿图什市昆山育才学校、阿图什市昆山第二小学、吐古买提乡中心学校等20所学校赠送运动器材、学习用具。投入1920万元，援助阿图什市委组织部举办“1121计划”基层政权建设专题培训班53期，参加培训的乡村基层干部、“四老”人员和后备干部1806人次。昆山电视台在阿图什开展“传声音·聚能量——用我的声音做你的翅膀”有声读物赠送活动。昆山市女企业家协会为松他克乡温吐萨克村赠送柔力球和非洲鼓，并进行培训交流。

昆山市援助阿图什市部分项目情况表

单位：万元

序号	项目名称	援助时间	援助资金
1	农村饮水管道入户工程	2011	504
2	经一路、纬二路	2011	136
3	阿湖水库设施及博古孜河防洪坝修复工程	2011	117
4	菜窖路改扩建工程	2011～2012	718
5	市第一中学综合楼及配套工程	2011～2012	2695
6	城市总体规划编制项目	2011～2012	1140
7	戈壁产业及农业示范园	2011～2013	4718.58
8	县乡村干部培训项目	2011～2013	2465
9	定居兴牧工程	2011～2014	4188
10	市人民医院配套设备	2011～2014	1778
11	保障性住房	2011～2015	9146
12	新疆籍普通高校毕业生培养项目	2011～2019	3795
13	昆山育才学校	2011～2019	9208
14	安居富民工程	2011～2020	48635
15	村（社区）公共服务设施	2011～2020	3636
16	党政干部、专业技术人才及职业技能等培训项目	2011～2020	15777
17	帕米尔路西延段市政工程	2012	1282
18	乡村卫生院设备	2012	300
19	市综合应急救援中心	2012～2015	1270
20	市第一小学综合楼及配套工程	2012～2015	825
21	昆山产业园区	2012～2019	32200
22	昆山新村配套工程	2013	135
23	治安巡防车辆	2013	100

续表

序号	项目名称	援助时间	援助资金
24	帕米尔大桥	2013～2014	3296
25	城市公交车	2013～2017	1303
26	公共交通信号系统	2014	194
27	北山绿地修复工程	2014	259
28	友谊路改造工程	2014	4255.95
29	市自来水厂	2014	1250
30	农村饮水配套工程	2014	605
31	怪柳林（仙木园）景区	2014	837
32	市电视台数字电视系统工程	2014	792.38
33	城市专项规划编制项目	2014	975
34	巴库果园农业示范园	2014	937.65
35	特色文化宣传项目	2014	99
36	市第二中学配套工程	2014～2015	2100
37	中小学教育标准化建设设备	2014～2015	910
38	人才公寓	2014～2015	900
39	产业就业引导资金	2014～2015	700
40	市委党校（人力资源学校）	2014～2017	6578
41	小微企业园	2014～2019	8688.23
42	市直干部人才培训项目	2014～2019	2164
43	格达良乡卫生院	2015	463
44	哈拉峻乡卫生院	2015	637
45	上阿图什镇有线电视线路改造工程	2015	309
46	专业技术人才楼	2015	794
47	交往交流交融项目	2015	202
48	乡镇卫生院改扩建工程	2015～2016	200
49	库木萨克农业示范园	2015～2016	294.69
50	市人民医院新院建设及医疗设备	2015～2019	15959.5
51	新疆高中班补助项目	2015～2020	1437.7
52	新城路和交通路	2016	3861.48
53	阿扎克路（团结路）市政工程	2016	3270.8
54	锦绣路和教育路、振兴路市政工程	2016	3180.23
55	市第三幼儿园	2016	1074
56	市第四幼儿园	2016	1231.6
57	昆山育才学校内涵建设项目	2016	162
58	引才引智和交往交流项目	2016	175
59	创业孵化基地	2016	225
60	格达良乡戈壁农业示范工程	2016～2017	1000

续表

序号	项目名称	援助时间	援助资金
61	乌瑞克河调水一期工程（工业园区供水工程）	2016～2018	5000
62	昆山第二小学重建工程	2016～2018	5878
63	电视台扩建及译制中心设备	2016～2020	5900
64	设施农业、林业及农村改造及配套工程	2016～2020	750
65	产业、就业奖励政策项目	2016～2020	1513
66	区外高校就读贫困生补贴项目	2016～2020	1561.4
67	劳动路、民生路市政工程	2017	2190
68	沿河路、健康路市政工程	2017	2353
69	阿孜汗路市政工程	2017	1800
70	文化路北延市政工程	2017	503.56
71	市第六中学	2017	179.9
72	13 所乡村幼儿园	2017	850
73	阿扎克乡中心学校运动场	2017	118.9
74	滨河路（环城西路）市政工程	2017～2018	1140
75	乡村中心学校	2017～2018	4585
76	乡镇（街道）卫生院及村卫生室标准化建设	2017～2019	1559.1
77	市康养中心（市中心敬老院、儿童福利院综合大楼）	2017～2019	2059.63
78	教师培训中心	2017～2019	4149.1
79	阿扎克乡及周边园区道路改造工程	2017～2020	17652.8
80	市职业教育学校	2017～2020	4680.5
81	城乡交通设施	2017～2020	942.2
82	吉祥小区供暖改造工程	2018	244.9
83	消防训练基地及设施	2018	300
84	“连心券”扶贫补贴项目	2018	200
85	帕米尔人才大厦（克州州委党校二期）	2018～2019	3470
86	支教教师保障项目	2018～2020	3537.8
87	阿其克小学操场硬化、铁提尔村小学足球场、消防大队塑胶跑道等	2019	100
88	麦依卫生分院等全民健康体检设备	2019	280
89	市疾控中心设备及配套工程	2019	170
90	克州三千年风情街	2019	3800
91	阿湖乡、上阿图什镇就业创业基地	2019	1000
92	阿图什市阿湖乡阿其克村脱贫攻坚乡村振兴示范村	2019	444
93	阿图什市松他克乡硝鲁克村脱贫攻坚乡村振兴示范村	2019	512
94	阿图什市阿扎克乡布亚买提村脱贫攻坚乡村振兴示范村	2019	640
95	阿图什市阿扎克乡麦依村脱贫攻坚乡村振兴示范村	2019	321

说明：表中所列项目为单次投入或累计投入援助资金50万元以上项目。

【链接】帕米尔高原见证百强县担当

出新疆喀什，过昆山大道，穿千灯路，入昆山产业园，在距江苏省昆山市万里之外的帕米尔高原下，一座“昆山城”正在逐步崛起。

自2010年中央实施新一轮对口援疆工作开始，江苏苏州昆山市就与新疆克孜勒苏柯尔克孜自治州（简称克州）阿图什市紧密相连。9年来，在昆山市和江苏援疆队伍的持续支援下，阿图什市有了翻天覆地的变化。一座昆山电子产业园在这里建起，一批现代化学校在这里落成，一家现代化医院正式启用……阿图什留下了越来越多的昆山印记。

“昆山对口支援阿图什市，既是政治任务，也是昆山化先发优势为先行责任的具体落实。”昆山市委书记杜小刚明确指出，“对口支援和帮扶工作是‘分内事’，也是‘家里事’，不仅要做，还要做好。”

守住边疆不负重托

在援疆队伍中，阿图什市委副书记、昆山对口支援阿图什市前方工作组组长沈立新是援疆老兵了。从2013年8月入疆，他已连续干了两届，“我曾来过克州，有援疆情结。”沈立新援疆，更多的是一份党员的责任。2016年，在即将完成第八批昆山援疆使命时，阿图什市委专门向苏州市委发函，恳请留下沈立新。沈立新经过思考后，最终没交出援疆接力棒，“援疆工作需要有连续性，如果我回去了，很多工作的进度又会受影响，也会给当地脱贫攻坚工作拖后腿。”

沈立新身上肩负的重担，不只是阿图什人民的期盼，更是在中国特定政治生态下，以先富带动后富，缩小区域发展差距的制度设计。1988年，中央赋予沿海地区“先发权”，西部支援东部发展，促成了改革开放的成功。1996年，先富带动后富，北京对口内蒙古、上海对口云南、江苏对口陕西……一场全国性的协调发展大幕拉开。2010年，在中央实施新一轮对口援疆工作中，全国百强县昆山也有了自己对口支援城市——阿图什，沈立新正是苏州选派的第二、第三批援疆干部之一。

克州7.2万平方公里，90%以上是山地，生活着62万人口，其中阿图什市有28万人。克州面积略小于江苏，人口不及昆山，是一座边防重镇，有1133公里的边境线，是祖国西部最后一抹阳光落下的地方。守住克州，建好阿图什，正是落实中央“守住西北经略东南”，实施“一带一路”倡议的重要一环。

沈立新坦言：“要让‘昆山之路’创造性地在阿图什市落地，这对我们是一大考验。”任务在肩，唯有砥砺前行。

特色产业富口袋

阿图什市绿洲面积11.3%，人均耕地面积0.9亩，2016年，全市GDP仅43.56亿元，自然禀赋差，产业基础弱。如何把昆山经验变成阿图什实践，怎样把昆山优势转化成阿图什的“造血”产业，成了昆山对口援疆前方工作组的头等大事。沈立新说：“我们经过讨论研究，决定把昆山的电子产业转移到克州，因为它是劳动密集型产业，也是昆山的优势产业，重量轻、附加值高，能在克州落地。”

2018年，由江苏省对口支援克州前方指挥部牵头，重点打造特色产业园区，一座昆山电子产业园在阿图什市正式落成。一栋栋井然有序的厂房，一条条忙碌的生产线，不仅将这座内陆小城和全球电子产业链深度相连，也让边疆百姓能在国际化中分一杯羹。

今年11月8日，在昆山电子产业园内，工人们正在紧张作业，车间负责人说：“这里是为小米等企业做配套产品的，完成装配的电子原配件过几天就要运往昆山，再组装销往全球。”

沈立新介绍："我们以产业促就业，以昆山产业园电子装配园、小微企业园建设为平台，帮助劳动力就近就业。"按照"公司＋卫星工厂＋农户"的模式，打造昆山产业园电子装配园。目前已引进5家昆山笔记本电脑、手机产业配套元器件加工企业入驻，解决5000人就业，帮助近2.5万人脱贫，预计年销售额达1亿元。

脱贫致富，关键在激发贫困人口的内生动力。对此，昆山对口援疆前方工作组还开展"一户一人一技术"的致富技能培训工程，提升贫困人口的就业创业技能。沈立新说："我们产业扶贫，不仅要骑车带人，更要教人骑车，这样才能确保我们走后，当地老百姓脱贫不返贫，发展不后退。"

改善民生增福祉

产业援疆，帮克州百姓富口袋，而医疗教育则是事关边疆人民的民生福祉。在江苏对口支援克州前，整个克州没有一家三甲医院，重症患者不是去喀什，就是飞乌鲁木齐。

"要让老百姓在家门口就医"，这是沈立新给自己定下的目标，多年来，通过援疆资金，先后投入3800万元，帮阿图什人民医院添置设备，增开临床科室；2017年，他再次争取资金，申请立项，不到一年，帮阿图什市人民医院建成新院；2019年8月，阿图什市康养中心正式揭牌。

建好了硬件设施，"组团式"医疗昆山版也正式形成。在阿图什市人民医院，昆山援疆医生李翀任院长，21位援疆医生开展"师带徒"结对，深入农村筛选疑似结核病胸片800余张，协助完成5万余人次的儿童脊髓灰质炎疫苗补种……"昆山以"组团式"医疗为重点，全面提升了阿图什人民的卫生健康水平。"阿图什市卫生健康委党组书记张林这样评价道。

"勇敢点，再走几步，很好，慢慢来。"11月8日，在阿图什市康养中心，7岁的阿布部拉正在进行腿部术后康复训练。孩子的母亲阿依努尔说："是援疆医生治好了孩子的腿，太感谢这里的援疆医生了！"他们曾带着阿布部拉去乌鲁木齐治疗过，但来回4天，家里没钱，去一趟也不方便，所以，孩子的腿一直没做手术，直到昆山援疆医生的到来。

围绕教育援疆，昆山援疆资金先后支持了阿图什昆山二小、哈拉峻乡中心学校等8所小学和13所幼儿园的建设，为71所乡（村）小学采购教育标准化班班通等设备。在岗的89名援疆教师中，10人任正、副校长，15人任校级中层干部，打造了5所援疆示范校，10个苏州援疆示范班。

"纵观昆山援疆，我们始终是围绕民生做文章，聚焦脱贫下功夫，在万山之州，留下了昆山印记。"昆山市委书记杜小刚说，援疆9年，援疆干部有期限，但援疆没有期限，昆山仍将继续赶考，直到交出一份人民满意的答卷。

（2019年11月25日《人民日报》）

附：

第十批援疆工作综述

山市第十
援疆工作
纪实

第十批昆山市共选派27名干部人才对口支援阿图什市，其中党政干部7人、教师2批8人、医生2批12人。选派2批132名“援藏援疆万名教师支教计划”教师到阿图什市支教。柔性引才20人。3年投入援助资金8.19亿元，共实施项目91个，其中保障和改善民生类30个、产业援助促进就业类32个、智力援助类9个、文化教育类15个、交往交流交融类5个。

因工作成绩突出，昆山市援疆工作组被中共中央、国务院表彰为“全国脱贫攻坚先进集体”，被自治区表彰为“民族团结一家亲”和“民族团结联谊活动”先进集体。张峰被评为2022年自治区“人民满意的公务员”。昆山市援疆医疗队被省委、省政府表彰为“全省脱贫攻坚暨对口帮扶支援合作先进集体”，陆征东被省委、省政府表彰为“全省脱贫攻坚暨对口帮扶支援合作先进个人”。朱喜华被自治区表彰为2020年度“民族团结一家亲”先进个人，岳俊被自治区表彰为2021年度“民族团结联谊活动”先进个人，祝奇峰被自治区党委评为“优秀共产党员”。

着力加强受援地基础设施建设。投入援助资金786万元，帮助新建（改扩建）安居富民房921套。续建的阿扎克乡及周边园区道路改造工程建成通车。采购10辆新能源

2021年2月25日，昆山市援疆工作组被评为“全国脱贫攻坚先进集体”。图为昆山市第十批援疆工作组合影

阿图什市阿孜汗村乡村振兴示范项目（2022年摄）

阿孜汗村小学（2022年摄）

阿图什市中等职业技术学校（2022年摄）

阿图什市特殊教育学校（2023年摄）

异地新建的阿图什市儿童福利院（2023年摄）

阿图什市松他克镇帕提阡村村委会（2022年摄）

阿图什市博格拉民族团结进步示范街（2022年摄）

公交车，并安装充电桩设备。投入援助资金4000万元，实施社区服务中心、学校等民生项目，先后新建松他克镇帕提阡村、光明街道健康社区等6个村7个社区服务中心，改造吾斯塘路社区新时代文明实践站、博格拉民族团结进步示范街、市特殊教育学校、松他克镇阿孜汗村小学、阿扎克乡库木萨克村小学和伯干村小学等。异地新建市儿童福利院，投入援助资金7983万元新建的阿图什市中等职业技术学校投入使用，填补阿图什市职业教育空白。3年间，累计向阿图什市卫生健康领域投入援助资金5535万元，完成鼠疫病房建设及市人民医院老院体检中心、手术室、产房、重症病房改造，实现乡镇中医馆全覆盖，采购应用昆山智能制造远程超声仪、DSA介入治疗仪、60排CT等一批现代化医用仪器；投入援助资金400万元支持市疾控中心采购应急疫苗；投入1000万元开展“并蒂莲”工程等健康惠民项目，为全市1000余名群众免费治疗24种重大疾病，实施全市孕妇免费产检项目。

将产业援疆作为巩固提升“造血”能力、推动可持续发展的根本力量。依托昆山产业园等载体，引进符合阿图什实际的大型企业，推动产业提质增效。举办产业援疆“克州昌吉州江苏行”苏州专场活动，先后赴广东、浙江、江苏等地精准招商。未来纺织科技有限公司投产运行，计划投资1.8亿元，用工700人左右，达产后年产值约8亿元。协助推动新疆克州润华纺织科技有限公司成功签约落户阿图什市工业园区，计划总投资13.3亿元兴建30万纱锭、1000台布机纺织项目，自建厂房15.5万平方米，用工2600人，达产后年产值16亿元。推动总投资60亿元的矿业项目落户阿图什，加速壮大产业规模。着力优化投资环境，完成克州江苏产业园先导区昆山片区规划。协调政府专项债2亿元，新建江苏大道等5条道路和12栋标准化厂房，初步形成商贸物流、纺织服装等行业集群。累计安排援疆产业就业奖励补贴资金1.36亿元，给予落地企业租赁减免、设备补贴、达产奖励，帮助企业稳定就业岗位。新建阿扎克乡林木果蔬加工创业园区4栋标准化厂房、阿湖乡8000平方米智能育苗温室园区，促进更多群众就地就近就业。

强化受援地人才培训。完成5批专题培训班，选派118名阿图什市干部赴昆山进行培训。选派昆山19名园林绿化、教育、卫生疾控专家开展柔性援疆。选派当地8名非公企业、

阿图什市阿湖乡智能育苗温室（2022年摄）

阿图什市帕米尔牧业示范园（2022年摄）

阿图什市阿扎克乡加工创业园加工车间（2022年摄）

昆山市援疆工作组引进的润华纺织科技有限公司生产车间（2023年摄）

昆山市援疆工作组引进的未来纺织科技有限公司（2023年摄）

阿图什昆山产业园江苏大道（2021年摄）

社区管理、乡村振兴领域干部人才到昆山挂职培训，在阿图什市委党校培训干部18期2500余人次；加强对受援地乡村致富带头人、馕产业从业人员、就业妇女等培训，提升就业能力。

援疆教师充分发挥示范引领作用，集中优势资源打造教育援疆特色亮点。多形式打造校园文化。阿图什市昆山第二小学打造“雪莲文化”，设立润莲教师专业发展中心，编印《雪莲娃行为规范三字歌》手册，开发《慧润莲心》校本课程；昆山育才学校与中国昆曲博物馆（苏州）合作，建成昆曲艺术展示馆，开展传播昆曲文化系列活动，打造“石榴英才”校园文化；克州第二中学设立“苏老师工作站”，阿图什市第一中学开展“胡杨文化”、国学推广活动，硝鲁克中学打造“红色文化”，一批援疆校园文化示范校、示范班建设稳步推进。多点位实施教改实验。在各受援学校推进苏州班教学，首个试点学校阿图什市第一中学高考成绩创近年新高，2021年本科上线率54%。克州高考前10名中该校占8名。教改实验班本科录取率100%。“苏州班”本科录取率47%。克州第二中学“江苏班”中理科班、文科班本科上线率分别为97%、62.9%。多层次开展示教培养。发挥“苏老师工作室”作用，组织编写《新疆历史上的英雄人物》《克州地理》等

2021年12月6日，昆山市援疆教师参加受援学校『师带徒』结对仪式

2020年6月1日，昆山市援疆教师开展捐资助学活动

2020年6月19日，首例『并蒂莲工程』受益患者向昆山市援疆医生赠送锦旗

2021年11月26日，昆山市援疆医生在受援医院参加『师带徒』拜师仪式

2021年12月11日，昆山市援疆医生在格达良乡卫生院义诊

2022年10月22日，阿图什市干部在昆山市周市镇市北村学习考察

2022年12月，昆山市援疆工作组向阿图什市卫健系统捐赠防疫物资

教材。开展多种形式苏式教学展示活动300节（次）。实施师带徒“青蓝工程”，主持或指导自治区等各级课题49个，开设各类讲座156场次。参加“心连心”送教团（教育大篷车）活动194人次，大力促进城乡教学均衡发展。援疆教师承担全市960余名新教师培训任务，协调昆山娄江实验学校与阿图什市昆山育才学校进行远程互动教学。

昆山市援疆医生倾情开展优质服务。开设专家门诊，完成接诊4100余人次、抢救危重病人220人次，实施三、四级手术300余例，先后开展乳腺癌旋切术、腔镜甲状腺癌手术等首创诊疗新技术53项，填补地区医疗技术空白28项，创下治愈最高龄患者、开展多学科MDT（多学科会诊）最高频次、下乡巡诊最大规模等多项最高纪录。开展床边和远程会诊200余次、下乡义诊活动50余次、“援疆医生万家行”巡诊20余次，服务农牧区群众5000余人次。拓展特色公益救助项目。持续实施四肢残疾青少年“琼花工程”和关爱女性健康“两癌”筛查救治公益项目“并蒂莲工程”，拓展受益群众范围，将24个群众负担较重的重点住院病种纳入健康惠民项目，完成免费筛查5000例，收治患

江苏援建的阿图什市『江苏情·集体帮扶农场』(2023年摄)

者263人次，减轻群众负担40余万元。新增阿图什市孕产妇产前免费筛查，完成产前筛查1600余人次，减免检查费用40余万元。开展多学科乡镇巡诊12次，服务农牧区群众5800余人次。率先在乡镇卫生院推出援疆专家坐诊日20次。在阿图什市人民医院开展线上线下“两癌”筛查技术培训会。援疆专家获克州科技局立项课题3项。开展“师带徒”工程。结对带教当地卫生骨干人才64人次，组织阿图什市医共体卫生技术人员轮训29次，选派赴昆山进修培训3个月以上14人。援疆工作组向阿图什市卫健系统捐赠救护车10辆、羽绒服1800件及10万元防疫物资。3年累计安排援助资金670万元、捐赠51万元，用于采购防疫物资，助力阿图什市常态化疫情防控。

点面结合推动产业发展、富民兴村，巩固脱贫攻坚成果。全力打造阿孜汗村乡村振兴示范项目（一至三期），以“仙果新乡村、幸福阿孜汗”为主题，有计划、分步骤开展综合环境提升及特色风貌改造。先后完成安居尔广场，2千米木栈道步行环线、尼罗与大宫特色餐饮、游客服务中心、沿街民房立面、馕文化巷、石榴园、百岁园及无花果新品培育温室大棚等项目。2021年，阿孜汗村被评为国家3A级旅游景区，入选农业农村部“2021年中国美丽休闲乡村”名单。实施阿扎克乡铁提尔村葡萄长廊基础设施提升改造工程，推动美丽乡村旅游发展。开展格达良乡盐碱地改良、林地修整、田间道路渠道改扩建等项目，进一步整合土地资源，扩大耕种面积。新建克州阿图什市帕米尔牧业示范园和8个阿图什市“江苏情·集体帮扶农场”。这些农牧业项目在增加村集体经济收入的同时，助力农牧民实现脱贫致富。累计投入200万元，开展消费援疆活动，在昆山开设线下馆——“遇见新疆”名优特产店，通过线上线下帮助销售阿图什羊肉、木纳格葡萄、无花果等特色农产品2000余万元；增设“寻味新疆”农副产品直营店7家，全力拓宽“天门缘”馕区外销售渠道。组织协调阿图什农产品企业首次参加在昆山举办的海峡两岸（昆山）农产品展销会。协调昆山市爱心企业购买松他克乡木纳格葡萄3500

2020年10月13日，昆山市向阿图什市捐赠首批10辆新能源公交车接车仪式

2021年12月16日，昆山市援疆干部人才开展『民族团结一家亲』走访入户活动

2021年12月，昆山、阿图什两地万名小学生开展『书信手拉手』活动

余箱，帮助老百姓解决销售难题。持续开展捐赠慰问，发放助学金1300余万元，资助学生2000余人；向阿图什市人民医院捐赠电脑等物资；向昆山育才学校、阿图什市特殊教育学校等19所城乡学校捐赠款物折合人民币180余万元；昆山市慈善总会“全城织爱”项目为克州中小学捐赠围巾6600余条、保温杯7600余个等爱心物资；南京图书馆援赠阿孜汗游客中心各类书籍1.5万册；后方社会爱心企业捐赠学习用品、防疫物资等折合人民币420余万元。帮助引导8家以妇女就业为主的小微企业转型升级，带动更多妇女就地就近就业。完成13个村级劳动就业和社会保障服务平台及建设，开发公益性岗位407个，为低学历、低收入人群构建返贫防线。

推进结对帮扶、交流培训、捐赠资助等形式多样的交往交流交融活动，不断促进民族融合大团结。实现昆阿两地镇（区）乡（街道）结对帮扶全覆盖，精准帮助阿图什各乡镇开展乡村振兴各项工作。开展“民族团结一家亲”教育实践活动，10名援疆干部领队结对认亲阿图什少数民族“亲戚”12户，帮助解决生产生活困难。帮助村民活动广场和州歌舞团增添完善活动器材，支持阿图什市开展文化体育“三下乡”活动，进一步丰富群众精神文化生活。开展“书信手拉手”活动，1万余名阿图什中小学生与昆山学生进行书信交流，让民族团结的种子在两地学生中生根发芽。

昆山市援助阿图什市部分项目情况表

单位：万元

序号	项目名称	援助时间	援助资金
1	克州帕米尔人才大厦（克州州委党校二期）	2020	400
2	克州职业技术学校质量提升工程	2020	620
3	精准扶贫综合项目	2020	700
4	克州人民医院内科大楼	2020	1580
5	DNA 血卡检测实验室	2020	1000
6	阿扎克乡及周边园区道路改造工程	2020	6919
7	城乡交通设施改善工程	2020	500
8	安居富民工程	2020	786
9	教育标准化设施	2020	4303
10	市人民医院医疗设备	2020	1450
11	乡（镇）街道卫生院及村卫生室标准化建设项目	2020	720
12	昆山（阿图什）产业园园区标准化厂房	2020	810
13	克州及阿图什市“十四五”国土空间规划编制项目	2020	1800
14	基层社会治安基础设施项目	2020～2022	2600
15	市中等职业技术学校	2020～2022	7983
16	区外普通高校新疆籍学生补助项目	2020～2022	1230

续表

序号	项目名称	援助时间	援助资金
17	支教教师保障项目	2020～2022	2899.2
18	产业就业奖励补贴项目	2020～2022	15100
19	阿孜汗等乡村振兴示范村项目	2020～2022	11107
20	市人民医院老院改造项目	2021	600
21	市新闻发布厅	2021	100
22	文物保护设施提升项目	2021	80
23	乡镇卫生院、街道社区卫生服务中心设施设备维修项目	2021	300
24	阿扎克乡林木果蔬加工创业园区项目	2021	600
25	阿湖乡无花果新品培育智能温室大棚	2021	650
26	盐碱地改良及其他农业基础设施升级改造项目	2021～2022	1200
27	市儿童福利院异地新建工程	2021～2022	1800
28	医疗设备	2021～2022	1660
29	村级劳动就业和社会保障服务平台	2021～2022	260
30	阿扎克乡铁提尔村葡萄长廊	2021～2022	350
31	阿湖乡智能育苗温室园区	2021～2022	1500
32	“江苏情·集体帮扶农场”项目	2021～2022	4000
33	阿图什市帕米尔牧业示范园（柯尔克孜羊良繁中心）	2021～2022	3500
34	技工教育提升项目	2021～2022	600
35	技术人才引进培养培训项目	2021～2022	140
36	镶产业园技能大赛	2021～2022	150
37	市疾控中心卫生应急疫苗项目	2021～2022	400
38	“两癌”筛查等健康惠民项目	2021～2022	400
39	开发公益性岗位推动劳动力就近就业项目	2021～2022	400
40	交往交流交融项目	2021～2022	590
41	消费援疆项目	2021～2022	200
42	无花果产业品牌推广项目	2022	200
43	社区服务中心、学校等民生项目	2022	4000
44	基层消防设施设备采购项目	2022	400
45	教育系统学校能力提升采购项目	2022	500
46	融媒体设备及信息系统采购项目	2022	210
47	乡村干部人才培养培训项目	2022	140
48	孕产妇产前免费筛查项目	2022	400

说明：表中所列项目为单次投入或累计投入援助资金50万元以上项目。

【链接】强化造血功能　激发内生动力——昆山援疆，帮在急处扶在点上

早春时节，新疆克州阿图什市昆山产业园内，由昆山援疆工作组牵头引进的未来纺织新厂区的工程技术人员正在调试纺织机器设备。

阿图什市委副书记，昆山市副市长、昆山援疆工作组组长张峰说，对口援建以来，工作组倾昆山之力，结合本地实际，系统谋划，精准帮扶，紧紧围绕巩固拓展脱贫攻坚成果同乡村振兴的有效衔接，全力打造南疆乡村振兴昆山样板。目

前，阿图什市乡村振兴项目、帕米尔牧业示范园等40个年度项目均投入生产，项目涵盖智力支持、产业就业、保障改善民生、文化教育卫生、交流交往交融等多个援疆领域。

向民生聚焦　全力推进乡村振兴

“时间不会等你，但幸福在阿孜汗等你。”阿图什市松他克镇阿孜汗村无花果风情街，道路干净通畅，一派热闹景象。阿图什市素有“无花果之乡”美誉，阿孜汗村紧靠博古孜河，交通便捷，区位优越，村里的无花果久负盛名，被当地人称为挂在树上的“糖包子”，是当地农民增收致富的“摇钱树”。

在江苏省前指的统筹指导下，昆山援疆工作组因势利导，深挖当地特色资源，与阿图什市携手打造阿孜汗村无花果风情街建设示范点，以强化创业就业为核心，以发展生态旅游为重点，引导村民就地创业、就近就业，实现三产联动、富民兴村。

36岁的艾德里斯·吐尔逊就是直接受益者。在昆山援疆工作组的扶持帮带下，他将家里闲置的房子修整成集住宿、餐饮、娱乐于一体的特色民宿。2020年10月，大宫度假村正式营业，每月收入超过10万元。现有员工近10名，每人每月有3000多元工资。“我们能过上这么好的生活，离不开昆山援疆工作组的无私帮助。”艾德里斯·吐尔逊说。

艾德里斯·吐尔逊家的变化，是昆山援疆工作组“想在难处、帮在急处、扶在点上”的生动注解。

昆山第四批援疆工作组2020年进疆以来，始终坚持把援疆资金向民生倾斜、向基层倾斜、向帮扶倾斜，把有限的资金投向困难群众需求最迫切的民生项目，科学帮扶、精准帮扶。

昆山援疆工作组先后援建安居尔广场，两公里木栈道步行环线，尼罗特色餐饮店提升、核心区村庄环境综合整治、安居尔特色民宿建设、无花果新品培育温室大棚等一大批民生项目。在昆山开设线下馆——“遇见新疆”名优特产店，增设“寻味新疆”农副产品直营店7家，协调阿图什农产品企业参加在昆山举办的海峡两岸（昆山）农产品展销会，通过线上线下帮助销售阿图什特色农产品。

阿孜汗村被评为国家AAA级旅游景区，入选农业农村部“2021年中国美丽休闲乡村”和中国扶贫发展中心2021年度脱贫攻坚和乡村振兴典型案例。

强产业援疆　促进就业彰显效益

“昆山援疆工作组招商的未来纺织企业落户阿图什，才有了我们今天的幸福生活。”未来纺织公司员工热孜亚说，“自从到未来纺织公司上班后，我家的生活彻底改变了。每月工资至少4000元，和老公一起来这儿上班，收入稳定，干得好一年会有10多万元。”

为加强产业援疆，昆山援疆工作组赴江苏考察，引进未来纺织公司，该项目计划投资1.8亿元，达产后年产值约8亿元，用工700人左右。

同时，昆山援疆工作组还赴广东、浙江等地积极招商，与多家企业签订投资意向协议，投资意向金额达18.9亿元。

就业是民生之本，也是稳定之策。昆山援疆工作组累计投入援疆资金5.4亿元，建成数十万平方米标准化厂房、孵化中心、员工宿舍等配套设施，统筹安排村级劳动就业和社会保障服务平台设备采购和开发公益性岗位，为低学历、低收入人群构建防止返贫防线，形成商贸物流、纺织服装等行业集群，全力引导群众实现就地就近就业。

努尔买买提·孜比布拉是“中国木纳格葡萄之乡”阿扎克镇葡萄产业园受益者之一。他注册成立新疆荣亚农业科技有限公司，以生产、加工、销售葡萄干、无花果干为主。在昆山援疆工作组的支持帮助下，公司去年在阿扎克镇收购新鲜葡萄1200吨，生产葡萄干200多吨，今年上海、江苏等地的订单早早就来了，仅这一项就让公司产值增加200多万元。

“公司业务不仅可以带动阿扎克镇的葡萄产业发展，还可以帮助村民挣到工资，我能为家乡做点事，很开心。”努尔买买提·孜比布拉说。

木纳格葡萄种植是阿扎克镇的支柱产业之一。2021年，阿扎克镇共种植木纳格葡萄2.5万亩，产量近5万吨，总产值1.8亿元。

木纳格葡萄成为阿扎克镇产业一条街众多企业致富的新引擎。围绕木纳格葡萄产业的发展，这条街一共有8家冷库、3家塑料制品企业、4家商贸企业和1家农机维修厂。

阿图什市委常委、副市长，昆山援疆工作组副组长岳俊说：“阿扎克镇产业一条街形成一条较为完整的产业链。通过昆山援疆大力帮扶，我们还将不断拓展木纳格葡萄下游产业链，持续推动当地群众增收致富。”

增造血功能　激活发展内生动力

“培训一人，成功一户，带动一片，致富一方”，阿图什市阿湖乡多斯克鲁村村委会大院里的农民夜校，教室后墙上的标语格外醒目。

“以前靠种地为生，生活没保障，如今每月工资有3500多元。”多斯克鲁村村民阿孜古丽说，从没接触过缝纫机，到现在可以独立制作成衣，让她变得从容又自信。

阿孜古丽的变化，缘于昆山援疆工作组开展的就业实训培训。许多当地妇女参加实训培训合格后，实现了就近就业。

对于刚刚“摘帽”的当地群众来说，要巩固拓展脱贫攻坚成果，迫切需要不断提高持续增收能力。

为了不让脱贫乡亲走“返贫”路，实现脱贫攻坚成果与乡村振兴有效衔接，昆山援疆工作组建成5个“江苏情·集体帮扶养殖农场”和克州阿图什市帕米尔牧业示范园（柯尔克孜羊良繁中心），繁育的羊羔及育肥羊成羊全部由村委会组织出售，收入主要归负责养殖的脱贫监测户，村委会按协议收回购买羔羊和草料的资金，并提留少许运转资金。村委会建立惠及全体监测户的托底机制，在增加村集体资产的同时，确保农牧民实现长久脱贫。

在柯尔克孜羊良繁中心，记者看到，昆山援疆工作组邀请阿图什市、哈拉峻乡畜牧部门技术人员对帮扶农场养殖人员开展培训，指导农场育肥羊舍、精料库、草料棚、药浴池（药浴车）等日常管理，讲解防疫、卫生知识，让牧民学会现代养殖技术。

为增强受援地造血功能，激活当地发展内生动力，昆山援疆工作组自去年以来，先后会同组织部、妇联等单位举办“1121”、乡村振兴、村党支部书记等专题培训班，克服疫情影响，选派86名阿图什市各级干部赴昆山进行培训，选派6名非公企业、社区管理、乡村振兴领域干部人才到昆山挂职培训；同时，在阿图什市委党校培训干部3期1519人次、乡村干部8期750人次。

昆山援疆工作组持续推进结对帮扶工作，实现昆阿两地镇（区）乡（街道）结对帮扶全覆盖，协调两地签订结对帮扶协议，落实帮扶资金项目，精准帮扶阿图什各乡镇开展乡村振兴各项工作。

思路孕育出路，实践检验实效。昆山援疆工作组从助力受援地精准扶贫、精准脱贫，再到助推脱贫攻坚与实现乡村振兴有效衔接，昆山援疆人诠释了新时代昆山的担当和作为，在帕米尔高原不断书写昆山援疆的精彩华章。

（2022年3月19日《新华日报》）

空中草原（杨晓千／摄）

第六章 援疆人物

1997年2月至2023年6月，根据中共中央组织部安排，江苏省共选派援疆干部人才10批2759人次（含中期轮换人员）。他们勇于进取，不懈奋斗，涌现出以王华、王水、何祖大、唐尧、袁焕明、丁强、陈俊才、张翊翔、解正高、蒋晓平、路璐、臧豹、颜忠元为代表的一大批先进模范人物。江苏援疆干部人才把新疆当家乡，把江苏人民的深情厚谊送到新疆人民的心坎上，谱写出一首首感人至深的援疆壮歌。

1997年2月，江苏省选派首批32名干部人才到新疆工作。至2023年6月，根据中共中央组织部安排，江苏有10批2759人次（含中期轮换人员）干部人才先后进疆。江苏援疆干部人才始终不忘初心、牢记使命，认真贯彻落实中央关于对口支援新疆工作的战略决策和省委、省政府工作部署，坚持“真情援疆、科学援疆、持续援疆”，为受援地经济社会发展与和谐稳定不断注入活力，援疆工作取得积极成效。

江苏援疆干部人才舍小家、为大家，不远千山万水、不辞千辛万苦、不畏千难万险来到祖国边疆，克服条件艰苦、环境复杂、任务艰巨等多重困难和疫情的特殊考验，全身心投入援疆事业，同新疆各族干部群众汗流在一起、情融在一起，充分彰显为祖国尽责的家国情怀、为新疆奉献的崇高境界、为人生添彩的无悔选择。他们始终牢记党的宗旨，不忘初心、心系群众，与新疆各族群众结对认亲，与受援地人民朝夕相处，及时了解他们的所思所想所需所盼，努力为他们办实事、做好事、解难题。他们充分发扬“扎根边疆、艰苦奋斗、自强不息、甘于奉献”的“胡杨精神”和“热爱祖国、无私奉献、艰苦创业、开拓创新”的“兵团精神”，以“功成不必在我”的精神境界和“功成必定有我”的历史担当积极投身援疆工作，用不凡业绩谱写报效国家、建设边疆的人生乐章。

援疆工作中，江苏援疆干部人才队伍中涌现出一大批先进模范人物。其中，2017年6月，10人被中共中央组织部、中共中央统战部、国家发展和改革委员会、人力资源和社会保障部表彰为“全国对口支援新疆先进个人”。他们是把热血洒在援疆土地上的“好儿子”王华，医院敬业领军人物、“江苏的新疆儿子娃娃”王水，想群众之所想、急群众之所急、帮群众之所需的“全国民族团结进步模范个人”何祖大，有志而来、有为而归的“最美援疆干部”唐尧，真情援疆、担当作为的优秀援疆干部袁焕明，边疆教育使者丁强，倾力农业增效、农民增收的农业科技人才陈俊才，打造“五个一”教育援疆模式、创造支援学校文科班历史最佳成绩的南通教师张翊翔，“边疆人民的光明使者”解正高，心系伊河两岸、用大爱抒写援疆情的“五好”干部蒋晓平。2021年2月25日，在全国脱贫攻坚总结表彰大会上，“援藏援疆万名教师支教计划”教师、察布查尔县高级中学援疆教师路璐，援疆医生、兵团七师医院副院长臧豹，无锡江阴援疆支教团队领队、霍城县江苏中学副校长颜忠元被表彰为“全国脱贫攻坚先进个人”。江苏援疆干部人才用自己的信念和坚持，创造苏新两省区携手发展、共赴小康的光辉历程。

第一节 先进模范人物事迹简介

王 华

1975年11月出生，江苏丹阳人，中共党员。援疆前任句容市副市长。2013年12月至2016年8月，任镇江市援疆工作组副组长、兵团第四师师长助理。2014年、2015年，连续两年被评为“兵团对口援疆工作先进个人”。2016年，王华遭遇车祸因公殉职，被追授“新疆生产建设兵团第四师可克达拉市优秀共产党员”“江苏省优秀共产党员”“镇江市优秀共产党员”和江苏“时代楷模”称号。2017年，被中共中央组织部、中共中央统战部、国家发展和改革委员会、人力资源和社会保障部追授为“全国对口支援新疆先进个人”。2021年，被江苏省委、省政府表彰为“全省脱贫攻坚暨对口帮扶支援合作先进个人”。

援疆期间，王华团结带领镇江市第二批援疆队员，协调促成镇江市20余个部门与兵团四师可克达拉市全方位对接，开展“三结三促”活动，推行“一连一社区”结对帮扶等。先后组织实施援疆项目55个，协调落实援疆资金5.7亿元，其中80%以上用于改善边疆群众教育、卫生条件，为边疆稳定发展作出积极贡献。他身体力行“三严三实”，

2015年3月，王华（左一）走访慰问少数民族家庭

始终把群众装在心中，千方百计帮助群众解决困难，动员亲朋好友先后捐出10余万元，资助50余名家庭经济困难的新疆学生。他对工作充满激情，任劳任怨，经常加班加点。他坦坦荡荡做人、干干净净做事，每年经手数亿元援疆项目资金，从未谋过一分私利，用模范行动和人格品质彰显共产党人先进本色，赢得广大干部和兵团职工群众的良好口碑。他将一腔心血奉献给党和人民的事业，是对口支援干部的楷模。《人民日报》等中央媒体对其先进事迹多次进行专题报道。

【链接】永远绽放的天山雪莲——追记因公殉职的江苏句容市副市长、援疆干部王华

三年前，江苏镇江句容市副市长王华来到天山脚下，踏上援疆之路，担任镇江对口支援四师前方指挥组副组长和四师师长助理。

满屋的书和七大本工整的笔记，见证他工作有多拼——

看到四师医院楼道里加满病床，他连夜打报告，一趟趟跑资金，如今，四师医院17层的综合大楼投入使用；牵挂着可克达拉市高级中学的建设，他过年时还在开会讨论方案，如今，学校即将竣工；保障性住房小区、社区服务中心，在他的奔走下投入使用；他资助的学生，也考上大学……

今年国庆前，王华跟妻子许诺一定回家，却在8月18日，开会途中遭遇车祸不幸去世，年仅41岁。此时，距离他结束援疆工作返回江苏仅剩百余天。

天山深处的雪莲花，从不与百花争艳。不慕虚荣的品格，让它成为新疆人民和万千援疆干部心中最圣洁的花朵。

时间定格，鲜血凝固，王华的忠魂就这样留在祖国西部边陲，幻化成一朵美丽的雪莲花，永远绽放在天山深处。

悲　痛

他倒在援疆工作岗位上。

初秋的伊犁，车子行驶在连霍高速上。这条全长4395公里、堪称我国通车里程之最的高速公路，一头连着江苏，一头连着新疆，像一条彩虹把两地紧紧连在一起。

车子驶出风景如画的果子沟，旁边是天山雪峰倒映湖面的赛里木湖。坐在车里的王华无意欣赏沿途美景。他与时任兵团第四师可克达拉市党委书记、政委张勇一起，正赶赴奎屯市兵团第七师，参加江苏省对口支援兵团工作座谈会。随身的手提包里，装着他熬了半宿写的工作汇报材料。

医院综合大楼已投入使用、高级中学马上要验收、资助的孩子考上大学……王华跟坐在前排的领导聊起工作。

砰！疾驰的车子与一辆运载砂石料、正穿过高速公路的货车发生碰撞，张勇多处骨折，王华身负重伤。

8月18日下午3点08分，车祸发生后不到两小时，重伤的王华心脏停止了跳动，终年41岁。

天山雪松为之低垂，赛里木湖呜咽含悲。

当消息传回伊犁，镇江四师前指组办公室主任、六十九团团长助理张永不敢相信，“当天上午11点多，王华出发时，我还到楼下给他送了份文件”。

连续六年援疆的镇江四师前指组组长、现任兵团第四师师长丁憬，在出事后第一个赶到现场参与抢救，目睹战友心脏停止跳动，止不住失声痛哭。

群众不舍王华。8月19日，王华的灵柩从博乐市运往伊宁市途中，当地各族干部群众自发前往伊宁市殡仪馆，手拉黑底白字的横幅，迎接王华“回家”。

8月22日一早，伊宁市殡仪馆吊唁大厅门外就挤满各民族群众，认识他或不认识他的，都赶来送王华最后一程。吊唁大厅站不下，人们就站在大厅外，自觉排成两排，队伍一直延伸到殡仪馆大门外。

“倾注您大量心血的可克达拉市高级中学项目就要竣工，为什么不再等等？”可克达拉市教育局局长鲁建新对着王华的遗像一再鞠躬，他还记得，王华去世前两天，他们电话商量抽时间一起再去趟建设工地，现场解决问题。

“不是说好大家一起来、一起回，一个都不能少吗？”3年前一同进疆的援友，此时也无语凝噎。

“不是说好还有100多天就能完成任务回来，不是说好儿子小学我管、初高中你管的吗？”妻子王翔抱着王华的遗像，喃喃自语，泪眼模糊。这个从来信守承诺的人，这次却食言了……

王华身高超过一米八，阳光帅气，出生在江苏镇江丹阳市一个清贫的农民家庭。他学习成绩优异，1994年考入中国人民公安大学，上学期间获“北京市三好学生”称号，并光荣入党。毕业后，进入丹阳市公安局刑警大队工作。他历任民警、机关干部、乡镇党委副书记、镇长、镇党委书记，经受多岗位锻炼。2012年2月，他被提拔担任句容市副市长。

2013年12月，王华肩负组织重任，阔别亲友，远离家乡，作为江苏省第八批援疆干部、镇江第二批援疆干部来到四师。

援疆生活是清苦的。经常随王华一起到团场调研的援疆干部张永记得，有一次去团场调研项目推进情况，天还没亮就出发，当天走访3个

位于兵团四师可克达拉市镇江高级中学校园内的王华雕像（2021年摄）

团场，与干部职工座谈、查看项目、到职工群众家“串门”……“结束调研已经是夜里11点，我到宾馆收拾了下刚躺下，就听到敲门声，打开门，王华有点不好意思地说：‘我在整理笔记，有个地方需要核实一下，怕睡一觉忘了。’”

翻开王华的笔记本，从抵达兵团第四师那天，一直到出事前一天，厚厚七大本日志，写满993天的援疆工作。

“越是到援疆工作收尾阶段，越是要对党、对工作负责，严格要求自己，站好最后一班岗。”这是王华生前在“两学一做”学习教育交流发言时说的，平时，他也是这么做的。

“王华是兵团援疆干部‘两学一做’的典

范！”中组部援疆干部、兵团党委组织部副部长秦富平说，王华勤奋敬业，工作出色，公道正派，是援疆干部的优秀代表，2014和2015年连续两年被评为兵团对口援疆工作先进个人。去年6月，镇江前指获得兵团党委通报表扬，这在兵团援疆史上是第一次。

变　化

他让这里改变了模样。

“美丽的夜色多沉静，草原上只留下我的琴声……等到草原上送来春风，可克达拉改变了模样，姑娘就会来伴我的琴声……”经典名曲《草原之夜》歌唱的“可克达拉”，就在镇江对口支援的兵团第四师。2015年3月，正式设立可克达拉市。其中，规划新建一所占地面积235亩、可容纳60个班3000人就读并可全寄宿的可克达拉高级中学，是江苏省投入援疆资金最多、体量最大的援建项目，也是王华承担的一项硬任务。

如何高效地把投资2.6亿元、占地15.69万平方米、总建筑面积7.2万平方米的规划变成现实？王华从东南大学请来专家，春节休假都在沟通设计问题。一次次带队奔赴现场选址调研，图纸改了又改，方案审了又审，手续查了又查。2015年4月1日，项目终于开工。

江苏援疆干部、四师可克达拉市建设局（环保局）副局长、七十八团副团长顾建武说：“他对每项工程都严把质量、进度关。”学校建设过程中，王华每周都跑几趟工地。“不去工地的时候，也老打电话问我，钢筋扎了多高了、框架起到几层了……基本上每个环节他都知道。”负责工程建设的援疆干部阚明星说，“规划就要变为现实，可他再也看不到了。”

王华要求项目不求“高大上”，要重点向民生倾斜。2014年初，王华在四师医院调研时发现医院到处人挤人，用房十分紧张，骨科病区楼道里都加满了床。调研结束，王华连夜赶写“支持四师医院综合大楼建设项目建议书”。但当时援疆资金主要用于可克达拉市的项目建设，申请送到江苏援伊指挥部时，被退了回来。

怎么办？想起患者期盼的眼神，王华铁下心：必须争取！前指部、江苏省、镇江市……王华跑了一趟又一趟，申请递交了一次又一次。“我当时真的觉得没希望了，但他一直特别坚持。”与王华一起跑项目的援疆干部、医院副院长仇立春说。

江苏援伊指挥部指挥长田洪对王华的执着印象深刻。“申请退回去又交上来、退回去又交上来，每次汇报工作都提，最后我们都被他打动了，硬是挤出资金给他。”如今，四师医院17层的大楼已投入使用。

“援疆项目帮我们解决了大问题。”四师军垦路社区管理服务中心党委书记徐凤珍告诉记者，社区以前蛰居在老旧厂房多年。2014年，投入援疆资金350万元，对办公用房进行全面改造。2015年，又投入300万元，加上其他资金共计1200万元，建成社区卫生服务中心。

2014年以来，在王华的带领下，镇江前指累计投入援建资金3.93亿元，用于团场民生设施建设，拿出超过80%的援疆资金投向民生改善、职工增收、城镇化、教育等领域，实惠“看得见、摸得着”，有6个团镇用了援疆资金“改变了模样”。

痛　惜

家乡人民对他不舍和惋惜。

“举头望明月，低头思故乡。”在王华住过的援疆干部宿舍墙上，还贴着他抄写的诗句。可以想见，多少个月圆之夜，面对如水的月光，王华是怎样思念着家乡，牵挂着亲人。

8月23日上午9时许，王华的骨灰从新疆运回家乡镇江丹阳，村民、同学、同事等纷纷自发赶到王华家中送他最后一程。在王华家院墙周围，摆满了社会各界送来的花圈、花篮，寄托人们对他的崇敬与哀思。

在亲人眼中，他是一个懂事的孝子；群众眼中，他是一个没有架子的好干部；同事眼中，他是一个好领导、好兄弟。在吊唁现场，一些村民对王华的不幸去世深感痛惜。在护送王华骨灰回家的过程中，除了他的亲人，还有10多名20多年前的大学同学也自发前往新疆，参与骨灰护送。

“山水句容网”上一位名叫“玩玉”的网友，写了一篇近千字的长文缅怀逝者。文中写道：“王华副市长没有辜负家乡人民的期待，他负责重点援建的可克达拉市高级中学项目，必定会成为一座丰碑，将永远被人铭记。”

从中队民警、组织部科员一直到副市长，15年的工作履历，寒门出身的王华每一步都走得脚踏实地。如果没有2013年冬天那场援疆动员会，他本可以沿着这条大道，前途无限地继续走下去。

一架飞机飞过。“是四儿回来了吧！”王华80多岁的老母亲喃喃自语。前些年，王华的一个哥哥因故去世，接连痛失爱子，老人心中的悲凉可想而知。

“年迈的父母，上小学的儿子，体弱的妻子，他从没跟组织说起过自己的难处。”2013年12月，镇江市委组织部常务副部长岳卫平负责与选派的援疆干部谈话，他记得王华没有丝毫犹豫。但是这一走，对父母无法尽孝，对妻儿不能尽责，王华心里的滋味无法言说。

那天，他早早回家，很少下厨的他为妻子做了晚饭，拉着妻子的手说：“王翔，我要去援疆。”一向支持他工作的妻子愣了片刻后问：“你去援疆，家里怎么办？”王华心里一阵发酸，抱着妻子说：“我欠你和儿子太多，等我3年，回来后我加倍补偿你们。”

“去吧，在那边保重身体，我等你回来。”王翔擦干了眼泪。

援疆期间，每天忙完工作，如果时间允许，王华都会给妻子打个电话，再跟儿子视频一会儿，问问学习。王华答应儿子，等孩子上初中军训时要亲自去送他，如今这个承诺永远无法兑现了。

如今儿子的学校已经开学，刚上初一的王海源却不愿戴着黑袖纱去学校，“我不想让别人知道我没有爸爸了”。望着儿子一脸稚气的倔强，王翔鼻子一酸，转身偷偷抹去了泪水，“今后再难也要把儿子带好，要让王华放心”。

斯人已去，长歌当哭，天山南北的人们会永远记住这一朵美丽的雪莲花。

（2016年10月14日《人民日报》）

王　水

1962年8月出生，江苏溧阳人。援疆前任江苏省人民医院普外科副主任医师。1997年2月至2000年1月援疆，任伊犁州奎屯医院副院长。曾获江苏省科技进步奖二等奖、国家级教学成果二等奖、江苏省高等教育教学成果二等奖，是江苏省首批“卫生领军人才”，被评为“江苏省优秀教育工作者”。2017年，被中共中央组织部、中共中央统战部、国家发展和改革委员会、人力资源和社会保障部表彰为“全国对口支援新疆先进个人”。

作为江苏首批对口支援新疆干部，王水响应组织号召，克服孩子幼小、老人身体不好等家庭困难，舍小家为大家，赴伊犁州奎屯医院开展援疆工作。作为业务副院长，他对当地医院进行充分调研，迅速理清工作思路，坚持以科室建设和人才培养为抓手，努

王水在伊犁州奎屯医院办公室工作（1998年摄）

力推动医院全面发展。3年间，奎屯医院业务量持续快速增长，专科科室由原来5个发展到10个，成为当地影响最大的中心医院之一。他业务能力强，有高度的事业心和责任感，抢救过许多疑难急危重患者，填补该院多项医疗技术空白，如首次开展胰十二指肠切除术、甲状腺癌双侧颈清扫术等普外科高难度手术，先后完成乳腺、甲状腺手术500余例。他注重培养当地医疗队伍，先后招收哈萨克族和维吾尔族医生为徒，他们后来都成为医院医疗骨干。王水以"白衣圣人"吴登云为榜样，每年带领医疗队深入牧区巡回医疗，足迹遍布塔城、阿勒泰、伊犁3个地区27个县市，为这些地区的医院进行学术讲座、手术示范，为当地农牧民送去健康。他为伊犁州卫生事业发展和受援地各族人民健康作出重要贡献，受到当地各族人民赞扬，被亲切地称为"江苏的新疆儿子娃娃"。

【链接】全国政协委员王水：一次援疆之行　一生仁爱之情

"援疆是组织上对我的培养，让我得到了人生的历练。能成为新一届全国政协委员也与援疆的历练密不可分。"回忆起20年前的援疆经历，全国政协委员、江苏省人民医院副院长、江苏省妇幼保健院院长王水至今难忘。

1997年2月，凭借在抗洪救灾等工作中的杰出表现，王水作为首批高级技术援疆人才，带着江苏人民的重托来到新疆。"从小我就通过阿凡提的故事认识了美丽的新疆。从决定来援疆，我就暗下决心，一定要做好自己的事情，一定要对得起这块美丽的土地。"王水说道。

援疆期间，王水常驻在伊犁州奎屯医院。慕名而来的病人非常多，作为普外科大夫去援疆的王水，诊室里常常挤满了各个科室的病人。"王大夫水平高，能从头医到脚。"很多病人传颂着王水的美名。

"我当年学得杂，还是南京医科大学第一个胃肠外科的硕士生。既然来援疆，就要多做点事，尽己所能。"王水说。援疆期间，王水主刀了500多台手术，指导手术1000台左右。就在要回江苏的当天上午，他还是连续做了两台手术后，才脱下手术服拿上行李出发的。

“要为当地留下一支不走的医疗队。”除了看病、手术之外，王水手把手地教当地医生，把先进的医疗理念、技术毫无保留地传授给当地医生。他教授的各民族学生都与他成了亲密的师生和朋友。直到今天，每次相见，都会先来一个紧紧的拥抱。

坐诊只是王水援疆的一部分工作。王水每年要骑马带着医疗队到牧区巡诊，此外，他还经常到当地兵团医院、农场医院给医生们指导，足迹踏遍了塔城、阿勒泰、伊犁三地区的27个县市。跑得多了，王水交了很多当地朋友，以至于每到夏天，王水最怕听到拖拉机响。“王院长，下来拿西瓜。”至今王水还能惟妙惟肖地用新疆普通话模仿当地老百姓喊他的样子。每到夏天，周围的团场就经常来送西瓜，王水说不收，人家还不高兴，王水只好收下，和医院的同事、病员一起分享。

不仅是传授，王水也把援疆的过程当作与新疆当地医生互相学习的过程。“过去我不太会治包虫病，到了新疆之后学会了。后来回江苏，我还做过包虫病的手术。”王水说。

技术的学习是一方面，在王水看来，更多的学习则是精神层面。在和新疆朋友交流的过程中，王水了解到很多“老新疆”的故事。王水说：“那些新中国成立后去新疆屯垦戍边的‘老新疆’，发生在他们身上感人的故事真是太多。我们不过是去工作几年，又能算得了什么。”

带着对屯垦戍边人的景仰，王水回到江苏后依然关注着新疆的发展。积极促进江苏等地与新疆的融合发展。他把援疆工作中总结的经验大力复制推广，积极投入到与陕西、青海等地对口帮扶中。2017年6月，王水获得了由中组部、统战部、国家发改委、人社部联合颁发的“全国对口支援新疆先进个人”荣誉称号。

“新疆是我的第二故乡，这段经历对塑造我的一生发挥了重要作用。成为全国政协委员之后，我会认真履行职责。等将来退休后，我也考虑再去边远地区做志愿者，把援疆情怀延续下去。”王水说。

（原文刊载于2018年3月3日中国青年网，本文有删节）

何祖大

1948年4月出生，江苏常州人，中共党员。援疆前任中共常州市委常委。1999年6月至2002年6月援疆，任江苏援疆干部总召集人、阿勒泰地委副书记。被自治区党委、政府评为“优秀援疆干部”。2005年，被国务院授予“全国民族团结进步模范个人”称号。2017年，被中共中央组织部、中共中央统战部、国家发展和改革委员会、人力资源和社会保障部表彰为“全国对口支援新疆先进个人”。

援疆期间，他把阿勒泰当作第二故乡，在维护社会稳定、服务当地发展方面作出贡献，赢得各级组织和各族干部群众信任和赞誉。他把推动当地经济发展作为援疆首要任务，充分发挥沟通常州、阿勒泰两地的桥梁作用，促进建立友好单位14家；签订合作项目9个，金额共计3700万元；争取援助资金774.8万元，募集设施设备价值137万元。特别是2001年春节，阿勒泰遭受50年不遇特大雪灾，他在常州开辟救灾“第二战场”，

何祖大（中）在布尔津县牧场调研（2002年摄）

募集救灾资金187万元，争取中央、省、市救灾款4250万元。他把人才培养作为援疆重点，支持推进教育改革和发展，推动形成《阿勒泰地委、行署关于加快地区教育改革和发展若干问题的决定》。奔走各方争取资源，筹措资金142万元，兴建3所常州希望小学；向国家有关部委争取学生宿舍楼等项目和1000余万元资金；争取陕西师范大学支持，每年为阿勒泰培训40名专升本教师；组织实施"人才培训工程"，培训干部人才1500余人次。他经常说："我们都是来自老百姓，要时刻关心老百姓的疾苦，多为老百姓做好事实事。"他倾力真情为群众办实事，始终把人民放在心中最高位置。只要见到老百姓有困难，总是千方百计伸手帮一把。如捐助6000元帮助革命烈士徐华胜家庭，紧急救助边防战士谢明玉，设立扶贫助学基金每年为10名特困学生支付学费，把3年共计1万余元的高寒地区补贴全部用于扶贫帮困等。正是因为他对边疆各族人民的无限热爱和全心全意为百姓造福的精神，在他离开新疆10余年后，阿勒泰各族干部群众还时常提起他、赞扬他，把他看作最亲的人。

【链接】我是新疆阿勒泰人——回忆援疆工作的日子

一个援疆干部，在阿勒泰工作仅仅三年，但他离开十多年后，阿勒泰的各族干部群众还时常提起他、赞扬他。像我们这些在阿勒泰工作几十年的干部也未能在老百姓中赢得如此好的口碑。

北京来的中央国家机关的援疆干部万旭听到阿勒泰的干部群众如此盛赞一个援疆干部，禁不住提出一个研究命题"何祖大现象"。

1999年6月至2002年6月，何祖大被组织选派到阿勒泰援疆三年，担任阿勒泰地委副书记，江苏省第三批援疆干部总负责人，具体分管地区意识形态和教育、科技、文化、卫生、体育等方面工作。我当时任地委副秘书长，协助何副书记做一些具体工作。我在何祖大副书记身边工作了整整三年。这三年中最使我感动，我受教育最深的是他对边疆各族人民无限热爱的深厚感情和他那全心全意为人民服务的高尚品质。

他为推动阿勒泰经济发展尽心竭力

阿勒泰地区是一个“老、少、边、穷”地区。虽有畜牧、矿产、水利、旅游等丰富资源，又有对哈、蒙等国开放口岸的地缘优势，但由于历史和自然的原因，经济发展仍比较滞后，群众生活仍比较贫困。何祖大副书记虽不具体分管经济工作，但他十分清楚援疆的首要任务是推动当地经济发展，改变贫困落后面貌。

阿勒泰地区和发达地区首要的差距是思想观念上的差距。何祖大副书记说：“我们援疆干部不是来指手画脚的，而是要踏踏实实做好本职工作，首先是将东部地区较为先进的思想观念和工作方法引进来。”

三年中，何祖大和援疆干部充分利用自己的“双重身份”，牵线搭桥，沟通两地，为常州和阿勒泰之间架起了友谊的桥梁。经何祖大副书记多方努力和推动，常州市和阿勒泰地区结为友好地市。武进区和阿勒泰市、金坛市和布尔津县、常州日报社和阿勒泰报社、武进市横山镇与阿勒泰市北屯镇先后建立了友好关系，两地建立友好单位14个。通过常州市和阿勒泰地区党政代表团多次互访，各友好县市和友好单位互相走访，选派各级干部到常州挂职培训，有力地促进了阿勒泰地区各族干部思想观念的转变，为开创工作新局面推动阿勒泰的发展奠定了坚实的基础。

为把资源优势转化为经济优势，推动当地经济发展，经何祖大和援疆干部的努力和推动，常州有关部门组团参加了“乌洽会”和“伊洽会”，阿勒泰地区先后三次组团参加了常州国际中小企业商品博览会。参加博览会扩大了阿勒泰产品的知名度，在互惠互利、共同发展的基础上，签订了一批经济合作项目。三年中两地开展了多层次、多渠道的考察和招商，共签订合作项目9个，正式履约7个，金额达3700万元。两地都得到了实惠，阿勒泰资源优势得到充分利用。

何祖大十分注重发挥援疆团队的作用。常州市有十位同志在阿勒泰地、县工作，何祖大利用节假日经常把他们召集到一起，和他们谈心、拉家常，共同商讨如何为推动阿勒泰经济发展找出路，从而充分调动了他们的积极性和创造性。援疆干部、阿勒泰市副市长钱国忠，通过一条“吉木乃口岸每年有大量废旧金属交易”的信息，引进450万资金，建起了铝冶炼厂。2001年，他又抢准机会，与韩国客商签订了合资开发电气石项目，总投资达1200万元。

当时援疆是派干部但财政不拿钱，经何祖大和援疆干部的奔走和努力，常州无偿援助阿勒泰地区资金达614.82万元，还向地区人民医院捐赠了一辆救护车，为喀纳斯湖捐赠了一艘豪华旅游快艇，为阿勒泰市人民医院捐赠了一批医疗器械等。阿勒泰的发展常常受到信息、技术、人才的制约，何祖大又组织实施了人才工程，通过多种形式为阿勒泰经济发展培养人才。先后组织3批地区县、乡两级干部到常州及所属区、市挂职培训，组织选派当地急需的医生、旅游宾馆管理人员、教师等专业技术人员去常州进行短期培训，组织来阿勒泰考察的常州干部和技术人员给当地干部和专业技术人员授课，面对面进行培训。

2001年春节，何祖大正在常州休假，当得知阿勒泰遭受了50年不遇的特大雪灾时，他心急如焚，立即打电话给地委办公室，要求赶快把反映灾情的电视录像带寄来。接到录像带以后，何祖大找人连夜复制了10多盘。第二天，又带上录像带找常州市委主要领导汇报阿勒泰遭受雪灾的情况。接着，又两次到江苏省委、省政府反映阿勒泰的雪灾情况。常州市委、市政府看到受灾情况后，立即向阿勒泰地委、行署发了慰问电，并先行拨出50万元作为抗灾资金。江苏省委、省政府也拨出了200万元,支援伊犁、塔城、阿勒泰三地区的抗灾救灾。

为了引起社会上对阿勒泰雪灾的关注,何祖大带领常州的援疆干部在常州日报社召开了新闻发布会,播放了灾情录像片,接受了多家媒体的采访,《常州日报》《常州晚报》、常州电视台、常州广播电台等多家新闻媒体作了大篇幅宣传报道,并向全市公布了救灾捐助热线电话。何祖大带领常州援疆干部,在常州开辟了抗灾救灾的"第二战场"。

为了能多募集到救灾资金,何祖大带着援疆干部,骑着自行车,深入到市内机关、企业单位宣传动员,连续几天跑下来,他累得腿都迈不动了,但一直坚持把能去的单位都跑遍了。半个多月的连续劳累,他病倒了,医生让他住院治疗,家人也劝他住院,可他执意不肯,一边治疗,一边联系各方,千方百计为第二故乡阿勒泰争取更多的救灾资金。一次他去医院看病的路上,看到文化宫广场上有两个学生捧着募捐箱,便走上前去,一问才知正在为新疆阿勒泰救灾募捐,他立即把身上所带的钱全部塞进了箱子,两位学生激动地说:"叔叔谢谢您!"何祖大握着他们的手,含着热泪说:"我谢谢你们,我是新疆阿勒泰人,阿勒泰人民谢谢你们。"通过何祖大和援疆干部的努力,为地区募集了187万元的抗灾救灾资金。

后来,何祖大又跑到北京,把阿勒泰遭受雪灾情况通过新华社《内参》向中央领导反映,朱镕基总理亲自在内参上批示,拨出4000万元抗灾救灾资金,有力地支持了全地区的抗灾自救工作。

他为阿勒泰教育事业发展倾注了全部心血

阿勒泰要发展,关键在人才,教育要优先发展。为了全面了解掌握阿勒泰教育现状,何祖大用了一个多月时间,跑了7个县50余个乡村,进行深入调查研究。在地区一农场学校,他看到学生上课的教室房顶塌了一个大洞,没钱维修;几十个孩子挤在一起住在低矮阴暗潮湿的土房子里,地面上甚至可以踩出水来(因地下水位高),一摸被子,都是湿漉漉的。看到孩子们在这样艰苦的条件下学习生活,何祖大禁不住掉了泪。在阿勒泰市汗德尕特乡,他看到土坯教室墙上被雨水冲刷出好几道深沟,房檐处已透亮;有的墙体已有指头粗的裂缝;可学生们仍在这样的危房里上课!他的心被深深刺痛了。他看到一些乡村学校十分简陋,操场上除了一个自制的土篮球架,一无所有;有的学校冬天连取暖的煤都保证不了。地区一中风雨操场盖了半年,因资金缺乏撂在那里;地区二中由于宿舍紧张,上百名学生只能住在阴暗的地下室里。由于人才严重流失,师资力量薄弱,教育质量差,甚至赶不上北屯农十师中学,一些家长只好花高价把孩子送到北屯、昌吉等外地上学。看到这一切,何祖大的心情十分焦急和沉重。他暗下决心一定要尽全力改变这种状况。

当时阿勒泰财力十分拮据,靠当地的财力一时难以解决。何祖大便亲自到常州市一些单位进行动员,筹措了100多万资金,分别在富蕴县,阿勒泰市、布尔津县建了3所常州希望小学,使乡村学校的教育设施有所改善。

何祖大又带上教育主管部门的同志先后两次到北京,向国家计委、教育部、国家民委等部门反映阿勒泰的实际困难,得到有关部门的理解和支持,争取到地区一中风雨操场,地区二中学生宿舍楼、教学楼,福海县职业高中等一批项目和近1000万元资金。何祖大请援疆干部、地区设计院副院长经焱精心设计,加班加点完成地区二中学生宿舍楼、教学楼的建筑设计。施工期间,何祖大隔三岔五就抽空去工地查看,协调解决施工中的疑难问题。

针对调研中发现的突出问题,何祖大向地委、行署写了专题汇报材料,并在地委会议上做了汇报,引起了地委、行署主要领导的高度重视。地委、行署主要领导带领有关部门负责人,深入基层，听取意见，并就发现的问题进行逐个分析，提出解决办法，并形成《阿勒泰地委、行署关于加快地区教育改革和发展若干问题的决定》，有力地推动全地区教育发展和改革。

为了提高初高中师资的业务水平，何祖大带领有关部门领导到陕西师范大学寻求帮助，经过反复商谈终于达成协议，陕西师大每年为阿勒泰地区培训30至40名专升本老师。这一计划的实施，为加强地区师资队伍建设和提高教育质量打下了良好基础。

在何祖大的倡议下，常州援疆干部在地区二中设立扶贫助学基金，每年自己掏钱为10名品学兼优、家境贫困的特困学生支付学费。援疆期间，何祖大每月有300多元的高寒地区补贴，三年中共1万多元全部用于扶贫帮困。

2004年8月下旬，何祖大随常州市党政代表团到阿勒泰回访，他仍牵挂着地区教育事业的发展，特地抽出时间，专程到地区一中、二中去察看，当看到一中风雨操场盖好了，二中新建的教学楼、学生宿舍楼明亮宽敞，特别是看到二中校门口被北京大学、西安交通大学等全国重点大学录取的学生名单，他心里有说不出的高兴。当看到地区二中还缺一些教学设备时，他又多方争取给地区二中捐助了10万元。

他为老百姓做了大量好事实事

何祖大常说："我们都是来自老百姓，要时刻关心老百姓的疾苦，多为老百姓做好事实事。"他最见不得老百姓受苦，总是伸出手千方百计帮他们一把。

革命烈士徐华胜为抢救少数民族落水儿童英勇献身后，何祖大立即和援疆干部捐助1200元送到烈士家中。烈士母亲患病缺钱治疗，何祖大又多方协调为烈士母亲解决5000元医疗费。为了让烈士母亲老有所依，何祖大又四处奔走，亲自找阿勒泰市领导，找地区相关单位领导，千方百计解决烈士弟弟的就业问题。八月十五，这是一个家家户户团圆的日子，何祖大惦念着痛失爱子的烈士母亲，自己掏钱专门上街买了月饼，去看望烈士母亲。

2000年5月16日，吉木乃县一名叫谢明玉的边防战士在训练中摔伤，跋涉200多公里被送到地区人民医院时已是晚上，医生都下班了，两名护送战士心急如焚，束手无策。正在这时，何祖大到医院去看望援疆医生，见此情景，立即给医院领导打电话组织抢救。何祖大一直在急救室外守候到凌晨两点钟，见这位战士脱离危险才离开。战士伤愈出院后，何祖大又专程去部队看望，战士感动得热泪滚滚……

有一次，何祖大刚从乌鲁木齐开会回到办公室，正巧碰上一位上访群众，因对儿子工伤事故的等级鉴定有不同意见，几次上访都没有结果。何祖大认真听取了她的反映，并亲自到医院找到鉴定的主治医生，了解伤残者的真实情况和鉴定的经过，并请有关部门对定级问题进行认真的实事求是的复议。经复议，确定了新的伤残等级，使伤者母亲得到了慰藉。也正是这次复议结果，使她的儿子重新鼓起了生活的勇气。何祖大返回江苏后，伤者母亲多方打听到他的电话号码，专门打电话向何祖大表示衷心感谢。

就是这一件件看似不起眼的小事，却充分显示出一个援疆干部始终把人民放在心中最高位置的高风亮节。

正是凭着这种对边疆各族人民的无限热爱，凭着全心全意为边疆各族人民造福的精神，他为阿勒泰做了许许多多好事、实事!

（本文节选自《口述常州援藏援疆》，常州市地方志办公室编，江苏人民出版社，2021年8月第1版。口述人为辛世福，时任阿勒泰地委副秘书长，协助何祖大工作）

唐尧

1966年10月出生，江苏阜宁人，中共党员。援疆前任盐城市发展改革委区域经济合作处副处长。2010年12月至2016年12月援疆，任察布查尔县发展改革委副主任、援疆办副主任（正科级）。被自治区党委、政府评为“优秀援疆干部人才”，并记二等功。2017年，被中共中央组织部、中共中央统战部、国家发展和改革委员会、人力资源和社会保障部表彰为“全国对口支援新疆先进个人”。

援疆期间，唐尧以实际行动践行“有志而来、有为而归”的援疆承诺，为祖国边疆建设作出贡献。他与贫困户建立结对关系，认领贫困学生“微心愿”，捐助钱（物）近2万元；帮助一名7岁回族脑瘫儿童到阜宁免费康复治疗；争取资金50万元，成立“黄海爱心基金”，助力脱贫。他组织编制盐城市对口支援“十二五”“十三五”专项规划和年度计划，将援建项目纳入政府督查范围，并深入项目现场督查推进，协调解决矛盾和问题。推动实施的努拉洪牧民定居点、园区邻里中心等项目成为自治区级示范工程。他在全省创造性地把“小援疆”（指统一拨付援疆资金以外的由支援地相关单位、企业或个人捐赠的小额援疆经费）延伸到村（社区），建立盐城市杨侍村、金桥村共扶察布查尔县孙扎齐牛录村“2+1”模式，并促成100余个部门、近万人的“点对点”结对关系，吸引“中国好人”郑巧玲、企业家朱加军等参与援疆行动，累计争取计划外援疆资金和捐赠近40万元；组织实施“文化行”“媒体行”等活动37场次，掀起盐察两地交往交流热潮；协调盐城师范学院在察布查尔县增设大学生支教点。他研究制定干部人才培训实

2015年11月，唐尧（右一）在察布查尔县琼博拉乡开展『民族团结一家亲』活动

施方案，促成52批4260人次接受培训；协调在察布查尔县职业技术学校增挂“江苏省盐城技师学院分校”牌子，定向培训产业骨干1300余人。他始终以“来疆为什么、在疆干什么、离疆留什么”检视自己的工作，主动克服家属、父母住院手术和女儿中考无人照顾等实际困难，把察布查尔当作自己的第二故乡，用自己的实际行动把爱洒在边疆大地上，是新疆人民眼中的“儿子娃娃”。

袁焕明

1963年5月出生，江苏武进人，中共党员。援疆前任省发展改革委对口支援处处长。2010年8月至2016年12月援疆，任省援伊指挥部规划建设组组长，伊犁州发展改革委党组成员、副主任。被国务院三峡工程建设委员会表彰为“对口支援先进个人”，被自治区党委政府评为第七、八批“优秀援疆干部人才”“安居富民工程建设先进个人”，并记二等功。2017年，被中共中央组织部、中共中央统战部、国家发展和改革委员会、人力资源和社会保障部表彰为“全国对口支援新疆先进个人”。

袁焕明坚持“真情援疆、科学援疆、持续援疆”，在担任省发展改革委对口支援处处长期间，统筹做好包括援疆工作在内的对口支援“后方”牵头协调和组织保障工作，江苏省对口支援工作得到国家相关部门和受援地充分肯定。援疆期间，他始终倾真情、用真心、出真招，坚持规划引领，精心组织编制江苏省“十二五”“十三五”对口支援伊犁州及兵团四师、七师综合规划。他注重民生优先，协调落实援助资金，实施民生援疆项

2015年8月，袁焕明（中）检查援疆项目建设进度和工程质量

目，有力改善伊犁州城乡基层群众生产生活条件。他注重打造精品，参与援建的伊宁县人民医院项目获中国建设工程“鲁班奖”，20个项目获自治区“天山杯”、兵团“昆仑杯”优质工程奖，5个项目获江苏省“扬子杯”优质工程奖。他全力支持产业援疆，发挥江苏产业优势，精心谋划组织和参与“百企千亿”“中国—亚欧博览会”“伊犁州招商引资项目推介会”等重大活动。他注重智力援疆，抓好统筹协调，充分发挥桥梁和纽带作用，推动两地交往交流，安排当地干部到江苏培训5批次30人。他严守廉政规定，自警自律，做到清正廉洁、一身正气。他还积极参与扶贫帮困等，累计捐款1万余元，树立江苏援疆干部良好形象。他始终以“选择了新疆，就是选择了一份光荣，选择了一份责任和奉献”作为座右铭警醒激励自己，用工作实绩向组织和边疆各族人民交出一份优异答卷。

丁　强

1970年8月出生，安徽蚌埠人，中共党员。援疆前任无锡市新城中学副校长。2010年12月至2013年12月援疆，任阿合奇县同心中学党委书记、校长。被评为自治区教育系统首届“感动校园模范人物”、自治区“援疆干部人才创先争优竞赛活动先进个人”、自治区“优秀支教教师”；被自治区党委、政府评为第七批“优秀援疆干部人才”，并记二等功；被国务院评为“全国民族团结进步模范个人”。2017年，被中共中央组织部、中共中央统战部、国家发展和改革委员会、人力资源和社会保障部表彰为“全国对口支援新疆先进个人”。2021年，被江苏省委、省政府表彰为“全省脱贫攻坚暨对口帮扶支援合作先进个人”。

丁强特别能吃苦、特别能战斗、特别能奉献。他潜心研究阿合奇县教育现状，将无锡先进的教育教学理念融入阿合奇县教育实际。他全心投入教学教研，始终坚持“教研兴校”思想，带领援疆教师定期开展“教学示范周”活动，指导和帮助学校教师申报自治区级课题研究5项，填补同心中学课题研究空白。他注重建章立制，强化规范化管理，制定《同心中学绩效考核方案》等一系列管理措施，提出“加强学校内涵建设，办人民满意的教育”三年规划，修改完善《阿合奇县同心中学章程》。在丁强及班子成员带领下，阿合奇县同心中学各年级各学科平均成绩在自治区教研室组织的统考中均提高10余分，有的学科平均成绩提高近20分。在全国新疆高中班考试中，同心中学2011年第一批新疆高中班被录取学生9人（2010年录取为零），第二批被录取学生31人，时为建校以来最好成绩；2012年第一批新疆高中班被录取学生28人，第二批被录取学

2011年9月，丁强（中）与学生们在一起交流

生43人，各科成绩均居克州3县1市第一；2013年第一批被录取学生44人，第二批被录取学生36人，各科成绩均居克州3县1市第一，录取人数再创新高。学校获全国“消防安全教育示范学校”，自治区级“教科研先锋号”“德育示范学校”“依法治校示范学校”“模范教工之家”，州级“先进基层党组织”“民族团结进步模范单位”等称号，《光明日报》《新华日报》《新疆日报》《克孜勒苏日报》《无锡日报》等多家媒体及网络平台进行宣传报道。他扶贫助困，资助贫困学生，为贫困学生家庭送去米面、清油和其他生活用品，并与哈拉奇乡政府及当地村委会联系，帮助解决贫困家庭实际困难，用实际行动诠释援疆干部的风范和情操。丁强带领援疆教师团队，与同心中学教师们一起，用智慧和心血见证同心中学发生的巨大变化，实现“让家乡人民放心、让阿合奇人民满意”的承诺。

【链接】戈壁深处的无锡教师

从新疆克孜勒苏柯尔克孜自治州州府出发去阿合奇县，有360公里山路。行进在这条山路上，才知道什么叫荒凉：开始还能见到一些红柳、骆驼刺，进入南天山山脉深处后，就只能见到戈壁和荒山，山上寸草不生，不要说牛羊，连飞鸟也看不到。直到托什干河流经一块谷地，才出现一座小城，这就是阿合奇县城。

“去年12月我们来阿合奇时，正是南疆冰天雪地的时候。路上积雪很厚，最怕的就是车子中途出故障，因为手机没有信号，求救的消息都没法发出。”现任阿合奇县同心中学校长丁强心有余悸地告诉记者。

来新疆之前，丁强是无锡新区新城中学副校长。与他一起到阿合奇同心中学援教的，还有教物理的陆远军、教化学的吴军胜、教英语的董曙华、教语文的陈其明和教数学的邵叶青，都来自无锡，清一色的高级教师。

阿合奇同心中学的条件很艰苦。每张课桌表面都是沟沟坎坎的，学生要垫着硬纸板才能写字。教学工具只有两支粉笔、一块黑板，实验室也远远不够。主教学楼还是危楼，因为当年盖楼时根本没打地基。

教师的基础也比较薄弱，因为多数是特岗招聘的，基本没有师范类毕业的，服装设计专业毕业的在这里教语文，学酿酒的来教数学。加上偏僻、封闭，教师们没有机会走出去交流、提高，去年全校初中毕业生，考上国家办的新疆高中班的人数竟为零。

来了一个月后，丁强被阿合奇县政府任命为校长。他明白，县里是渴盼江苏来的援疆教师，能够改变这所阿合奇"最高学府"的现状。

改变是从改进教学业务开始的。

无锡援疆教师都担任了教研组长，教研组每星期定人、定时间、定地点交流、学习，组长传授怎样备课、怎样设计课堂。"以前这里的教师从来没有这样的交流，我们来了开始这么做，教师们积极性都很高，真的一呼百应。"邵叶青说，"推门听课成了我们经常用的方法，听完之后我们会指出亮点，总结得失，让教师们一起在实践中提高。"

丁强担任校长之初向县教育局立下军令状：今年升入新疆高中班的学生突破零，争取有5名学生升学。一学期下来，同心中学新疆高中班达线学生29名，被天津、上海等城市高中录取9名；另有30名学生被对口援疆省市的高中录取。教师吴建花在克州班主任基本功大赛中获得第一名，代表克州参加自治区举办的比赛；另有两名教师获全州教学二等奖。

"这种改变是前所未有的。"阿合奇县教育局局长艾提·买买提告诉记者，"丁校长他们带来的不仅是先进的教学方式，还带来了先进的学校管理理念。他们不仅改变了学生，也改变了教师。"

1997年起就在同心中学教书的王保荣老师说，现在，学生们有种成就感，因为不再老考不及格了，学习的兴趣被调动起来了；教师们有种幸福感，虽然考核很细，但很人性化，能够设身处地为老师们着想。大家私下里说，今后可得给阿合奇教师争气了。

（原文刊载于2011年10月16日《新华日报》，本文有删节）

陈俊才

1963年12月出生，江苏泰州人，中共党员。援疆前任泰州市农技培训中心主任、市作物栽培技术指导站副站长、市种子管理站副站长（推广研究员）。2010年12月至2013年12月援疆，任昭苏县农业局副局长。被自治区党委、政府评为"优秀援疆干部人才"，并记二等功。2017年，被中共中央组织部、中共中央统战部、国家发展和改革委员会、人力资源和社会保障部表彰为"全国对口支援新疆先进个人"。

陈俊才真心融入昭苏，无私奉献边疆，倾力昭苏农业增效、农民增收。援疆期间，他深入乡镇、农户开展调研，根据昭苏地理气候特点，更新农业发展理念，提出并落实"发展高效经济作物""加大农业新品种和现代农业技术应用"等建议，既加快当地农

2012年4月，陈俊才查看从泰州引进蔬菜在昭苏县的试种生长情况

业产业结构调整，也为当地现代农业发展培养和储备一批骨干人才，在“援疆”中突出“援智”。他发挥专业特长，优化小麦种植模式，从江苏引进冬小麦品种在昭苏示范种植。其中，“扬麦16号”亩产391.7千克，比当地品种增产46.1%，开创江苏冬小麦品种在高寒、高海拔春麦区引种成功的先例，变“苏麦”为“疆麦”。他主持实施的春小麦不同播种量研究，将春小麦播种量由40千克降至30千克，每年可为全县节省小麦种子400余万千克，增收近2000万元。援疆期间，他从江苏等地引种农作物品种26个，试验种植成功13个。他推动昭苏县脱毒马铃薯良种繁育基地建设，通过改进种植技术、培养专业人员、协调建设种植大棚等，生产脱毒种薯近万吨，带动全县种植脱毒马铃薯3.33万公顷，实现增收800余万元，初步改变昭苏县脱毒马铃薯良种繁育工作滞后、种薯全部靠区外调入的局面，促进马铃薯产业发展。他从规划论证、起草可行性研究报告入手，组织实施农业科技示范园工程施工，修建田间土路1200米、水渠1700米、小埂近3000米，协调种植户移栽80余个蔬菜新品种、20余个花卉及药材新品种，变“聚财”为“生财”，为昭苏县发展高原特色农业发挥示范带动作用。援疆期间，陈俊才放弃节假日休息，即使妻子生病手术，也未曾请假。他以过硬的农业技术、严谨的工作作风、亲善的人格魅力在当地干部群众心中树立起良好形象。

【链接】真才实干情洒昭苏——记援疆干部、昭苏县农业局党组成员、副局长陈俊才

2010年，陈俊才作为江苏省泰州市有突出贡献的中青年专家，被江苏省泰州市组织部门选派为援疆干部，任昭苏县农业局党组成员、副局长。从江南来到“塞外江南”，一干就是三年，成为援疆队伍中连续两次援疆的专业技术人才。

陈俊才刚到昭苏，来不及适应高原带给自己的不适便急切地投入工作中，开展对昭苏农业生产情况调研，及时提出了发展适合昭苏防灾减灾的高效经济作物、适当降低小麦播种量、加大新品种和现代农业技术的推广力度等措施，并撰写了“特色农业发展规划”“马铃薯种业基地建设”“农业科技示范园发展规划”等六份建议材料，提出了要高起点谋划发展昭苏特色农业。在注重培养帮带当地技术员的同时，他还大力宣传发展现代农业的做法及昭苏发展现代农业的路径等，传播现代农业理念。

陈俊才非常注重优良品种和先进技术的引进推广，2011年从国家小麦改良中心扬州分中心引种8个冬小麦品种在昭苏亲自试验种植，不仅3个冬小麦品种实收平均亩产高于对照春小麦品种，且粗蛋白质及湿面筋含量等品质指标好于对照春小麦品种，还优于在江苏种植的品质，示范种植取得成功。今年他又将“扬麦16”在昭苏旱地连片大面积示范种植50亩，结果增产46.1%，开创了江苏冬小麦品种在新疆高寒、高海拔的春麦区引种成功的先河，实现了优良小麦品种在昭苏高海拔、高寒盆地上种植的梦想。三年来，陈俊才引进农作物品种26个，有10多个品种在昭苏县试验示范种植成功，改变了昭苏春小麦品种更换较慢的现状。他研究设计了春小麦不同播种量，使昭苏县春小麦播种量从每亩40公斤降到30公斤，推广后全县一年少用小麦种400多万公斤，可为农民节本增收近2000万元。

昭苏县冷凉型气候具有发展马铃薯生产得天独厚的自然优势，但良种繁育工作滞后，陈俊才积极争取实施了“昭苏县脱毒马铃薯良种繁育基地建设”援疆项目，注重抓好脱毒苗组织培养室建设，通过技术改进、送技术人员到江苏等地学习，较好地解决脱毒苗生长瘦弱的难题。该项目带动全县种植脱毒马铃薯5万多亩，实现增收800多万元，初步改变了种薯全部靠区外调入的现状，促进了昭苏县脱毒马铃薯产业的发展。

2013年，昭苏县委、县政府决定打造县高原特色农业科技示范园区，陈俊才结合江苏等地农业科技示范园建设经验，全力开展园区建设，抓好田间工程施工和田间管理，协调百菜园、百花园和百药园种植。如今，园区不仅成为农技人员的试验示范基地、农广校教学实习基地、城乡居民的休闲观光采摘园，也为全县发展高原特色农业提供了较好的示范带动作用。

陈俊才还倾力做好占地30亩的泰州昭苏“友谊林”，种植成活丁香、水蜡等800多棵树木，推进昭苏向自治区生态示范县迈进，也为泰州、昭苏人民的友谊留下了永久见证。

有人问他，为什么连续援疆？陈俊才一如平常地微笑回答：“这里的土地需要我，这里的人民想留下我！”

（2013年12月21日《伊犁日报》）

张翊翔

1972年10月出生，江苏南通人，中共党员。援疆前任南通市启秀中学副校长。2010年12月至2013年12月援疆，任伊宁县第二中学副校长。被自治区教育厅评为“优秀支教教师”；被自治区党委、政府评为“优秀援疆干部人才”，并记二等功。2017年，被中共中央组织部、中共中央统战部、国家发展和改革委员会、人力资源和社会保障部表彰为“全国对口支援新疆先进个人”。

援疆期间，张翊翔传承和发扬南通教育工作者“争创一流，追求卓越”的优秀品质，创造性提出“五个一”教育援疆“南通模式”，即立足一个班级、引领一个学科、示范一个年级、带动一所学校、影响一个区域。2011年高考，援疆团队任教的班级45名学生有27人考上二本以上高校，创造历史最佳成绩。伊宁县第二中学当年高考成绩从伊犁河谷地区第三方阵跻身第一方阵。他积极推广南通教育经验，引领伊宁县教师投身新课程改革，为青年教师快速成长示范引路。3年间，30余名教师在自治区、州县教学比武中获奖。他还组织编写校本化高考复习资料，开发系列校园文化产品，全面提升各族学生素质。组织南通和伊宁教师互访交流400余人次，牵头促成两地20余所学校结成友好学校，构建南通和伊宁合作“教育共同体”。2012年5月，他策划伊犁州高中课改联合教研活动，伊犁州教育局赞誉此次活动开启全州课程改革和教育科研新局面，对推动伊犁教育整体化、优质化、特色化、品牌化发展具有标志性意义。张翊翔率领南通教育援疆团队书写“南通教育”伊犁篇章，架设起南通伊宁两地教育互通交流的桥梁，为边疆各族孩子成长和西部教育发展作出南通教育人的重要贡献。

2012年9月，张翊翔（右二）和学生们在一起交流

解正高

1972年8月出生，江苏高邮人，中国农工民主党党员。援疆前任江苏省苏北人民医院眼科主任。2010年12月至2012年8月援疆，任新源县人民医院副院长兼眼科主任。曾获自治区“开发建设新疆奖章”。2017年，被中共中央组织部、中共中央统战部、国家发展和改革委员会、人力资源和社会保障部表彰为“全国对口支援新疆先进个人”。

援疆期间，解正高立足新源，服务全州。他创造条件开展“光明行动”，让326名白内障患者重见光明，填补新源医院技术空白。他不顾辛劳到伊犁州友谊医院坐诊，开展眼科高精尖难手术，填补州级医院技术空白。援疆期间，他共接诊病人近4000人次，形成“江苏光明使者”效应，不仅新源附近县的病人前去求诊，甚至乌鲁木齐及哈萨克斯坦的病人也去就诊。他致力眼科事业发展，培养当地人才，撰写20余万字的专业书籍，将电子版无偿赠予当地医生，培养更多的眼科医生。他的故事被当地百姓传颂，被誉为“边疆人民的光明使者”。当地百姓都说，“江苏医生”像光明使者，为他们点亮一盏盏不灭的心灯。解正高说：“我愿用一生来换边疆眼疾患者的光明，让更多的人能看到我们美丽的中国，享受健康中国的福祉。”他是2012年江苏省援疆干部中唯一获自治区“开发建设新疆奖章”的援疆干部，全国仅两位援疆医生获此殊荣。

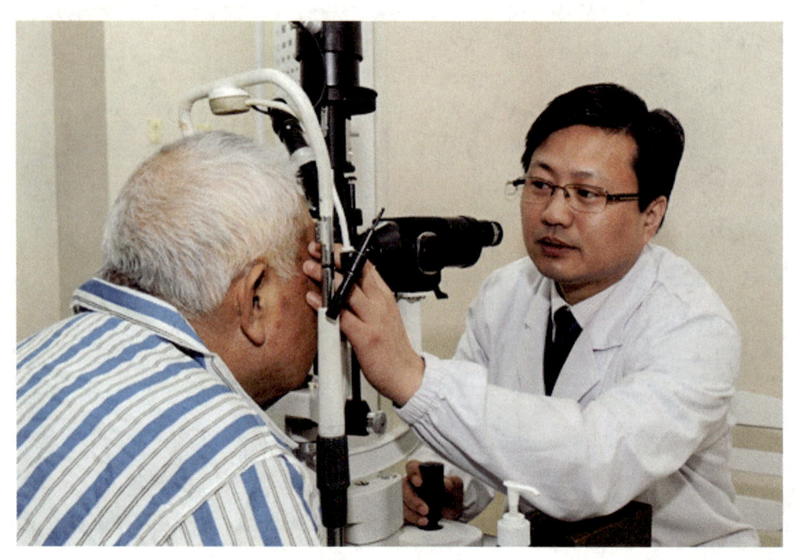

解正高在新源县人民医院为患者检查（2011年摄）

【链接】援疆医生一年让180位患者重见光明

1月5日上午11时，住院病人、75岁的李文荃来到新源县人民医院眼科检查室，找该院副院长、眼科主任解正高做视力检查。李文荃三天前做了右眼白内障手术，准备在当天下午做左眼手术。经过视力检查，李文荃右眼恢复到0.8，左眼视力0.3。

李文荃说，2011年春节前，相距3米左右看人都看不清了。到伊犁州大医院做了检查，医生告诉他，就是做了白内障手术，视力也不可能有多大的恢复。他的女儿在新源县人民医院工作，与扬州来的援疆医生解正高很熟悉，她就劝其父到县人民医院做手术治疗。

解正高是苏北人民医院眼科主任，2011年春节后到新源县人民医院开展医疗援疆。根据安排，在新源工作的时间为一年半。

解正高说，由于日照时间长、紫外线强以及高脂饮食等多方面原因，新疆白内障发病率高。2011年，他做了180例手术，几乎每周都上手术台，最多时每天做6例。

据了解，解正高所做的手术为白内障超声乳化吸除联合人工晶体植入，手术10分钟即可完成，采用微创、表麻技术，可减少患者痛苦。

解正高在给李文荃检查眼睛时，让他的学生站在旁边，边检查边讲解。“他下午可做手术，只要视力在0.3以下就可以。”解正高说。

新源县人民医院眼科副主任医师杨青松是解正高重点培养的当地医生。他说，平时解医生要求他看书，读专业杂志，给他讲解手术步骤、方法和技巧，现在他已经给多位白内障患者成功做了手术。

解正高说，手术具有不可逆性，要求带的徒弟每一步必须达到9分以上，确保手术成功率。根据数据统计分析，他做的180例手术成功率99%。

据悉，中国老年白内障患者很多，而此方面治疗专家全国仅仅100位。解正高的心愿是在他援疆期满后，能够将医术留在新疆。

（2012年1月5日中国新闻网）

蒋晓平

1970年1月出生，江苏南京人，中共党员。援疆前任南京市浦口区委副书记。2013年8月至2016年12月援疆，任南京市对口支援新疆伊宁市前方指挥组组长、伊宁市委副书记、霍尔果斯经济开发区伊宁园区党工委副书记。2017年，被中共中央组织部、中共中央统战部、国家发展和改革委员会、人力资源和社会保障部表彰为“全国对口支援新疆先进个人”。

援疆期间，蒋晓平始终立足民生需求。3年间，带领南京援疆工作组共投入援疆资金4.3亿元，先后建成安居富民、农村饮水、教育教学、医疗卫生、文化阵地等民生项目21个。他推动产业援疆扎实开展，组织210余家企业到伊宁市考察投资，促成江苏星博服饰科技有限公司、苏宁易购等一批项目成功落户，签订产业项目14个，总投资20亿元。安排援疆资金贷款贴息，为企业贷款1.08亿元，解决就业近千人。他精心组织

2016年1月，蒋晓平（中）慰问帮扶家庭

干部人才培训项目62个，柔性引才116人，组织干部人才到江苏等地培训1136人，实现本地培训1.17万人次，干部人才项目资金量、项目数和培训人次均创历史新高，位居伊犁州前列。他安排牵线两地党委政府互访交流140批1788人次，协调“小援疆”模式捐助资金2600余万元。推动资助家庭困难在校高中生1150人，组织伊宁市“两后生”技能培训740人，帮扶困难家庭300户。组织成立伊宁市远程会诊中心，帮助全州1400余例疑难杂症患者享受到南京专家的高效诊疗服务。蒋晓平心系伊河两岸，用大爱抒写援疆情，在伊宁市各族干部群众中留下良好口碑。

【链接】蒋晓平：接地气的好书记

“在蒋大哥的帮助下，我的公司和我的残疾人工友走出了困境。”7月19日，伊宁市玛卡恩民族工艺品有限公司负责人王好银接受电话采访时激动地告诉记者。

2012年8月，王好银创办了玛卡恩民族工艺品有限公司，公司里60%的员工是残疾人。很快，公司在转型中遇到了缺资金、缺技术、缺市场等问题。

江苏省第八批援疆干部、伊宁市委副书记、南京援疆工作组组长蒋晓平得知玛卡恩民族工艺品有限公司的困难后，联系南京的科研机构，为他们开发新产品、设计产品包装、策划产品宣传、开设网站网店，公司很快打开了局面。

2013年8月，阔别扬子江畔，蒋晓平只身一人提前4个月来伊宁市对接工作。白天实地调研、开座谈会、进农家了解百姓需求，晚上做三年援疆规划、编制项目、谋划工作……120多天内，他几乎跑遍了伊宁市的大街小巷。

如今，用上自来水、住上安居富民房的伊宁市克伯克于孜乡群众说起蒋晓平，纷纷伸出大拇指：“蒋书记，亚克西（好）！”

2015年3月，伊宁市启动市四套班子领导兼任薄弱村“第一书记”工作，当市委征求蒋晓平的意见时，他说：“既然是任职副书记，当然要参加这项工作，还要尽心尽职地履行好‘第一书记’的职责。”

就这样，蒋晓平成为伊宁市达达木图乡达达木图村“第一书记”，肩上又多了一份责任。

驻村现场办公，与村“两委”班子长谈，了解村民所需，慰问贫困户……到村里的次数多了，村民们都知道村里来了一位“蒋书记”。

达达木图村位于城乡接合部，过去，村里公共设施不全，全村没有一个像样的集贸市场，一到巴扎日，村民都把东西摆在村头的十字路口售卖，本来就狭窄的村道，人过不去，车过不来。这成了驻村“第一书记”蒋晓平的一块心病。

在蒋晓平的努力下，南京市浦口区政协主席带着泰山街道桥北社区的同志来达达木图村结对共建，共商帮扶事宜。

2015年10月，长300米、宽10米的巴扎建成。看到自家门前建起了集市，哈萨克族村民古丽纳孜一家十分开心，因为逢巴扎日卖馕，再也不用晴天一身土，雨天一身泥了。

建垃圾池改善村容村貌、购买种羊免费送给贫困户饲养、选派村“两委”班子成员到江苏等挂职学习提升基层服务能力……一件件民生实事悄悄地改变着村民的生活。

不知何时，在村民口中，“蒋书记”变成了“好书记”。

伊宁市第八中学高二（8）班的谢伊代很小的时候父亲就离开了家，一家三口人的生活仅靠低保和多病的母亲四处打零工维持。

蒋晓平和谢伊代家结成亲戚，他常常带钱带物登门看望一家老小；天气转冷了，他总会给孩子们买上两身御寒的衣服。从这以后，小谢伊代多了一个“蒋伯伯”，学习进步了，老师表扬了，她总爱告诉这位伯伯。

（2017年7月20日《新疆日报》）

路　璐

1976年4月出生，女，江苏盐城人，中共党员。援疆前为盐城市景山中学语文教师。2018～2020年间两次援疆，任察布查尔县高级中学援疆教师。2021年2月，被中共中央、国务院授予“全国脱贫攻坚先进个人”称号。

2018年5月，路璐主动申请加入教育部首批“援藏援疆万名教师支教计划”，到察布查尔县初级中学任教，并担任语文教研组组长。2020年初，又作为江苏省第十批援疆干部人才盐城工作组成员赴新疆工作，任察布查尔县高级中学援疆教师。3年中，她的足迹遍布察布查尔县每个乡镇，送教送学60余场。她指导过的教师张学志、罗春梅分别获伊犁州“苏伊杯”教师教学能力大赛一等奖和国培“同课异构”优秀学员，维吾尔族教师如克彦被选拔参加州普通话诗歌朗诵比赛；她所带的班级语文成绩一直位居全县前列。2019年，她放弃暑假返乡休假机会，义务为1500余名孩子开设国学班，创造性地将爱国主义思想政治元素融入教学情境中，围绕家国情怀、民族自信等主题，结合“我们的节日”等重大节点，让学生们感受祖国的强大，培养爱国情怀，帮助孩子们

2019年7月，路璐（前排中）和国学班学生们在察布查尔县青少年培训中心

提升文学素养。2020年春，受新冠肺炎疫情影响，路璐未能如期进疆执教，但她始终将察布查尔县学子挂念于心，在工作组协调下，开设“空中语文兴趣班”，吸纳察布查尔县初级中学和察布查尔县各乡镇场多所学校近30名各民族学生通过网络进行学习，灵活的授课方式得到当地师生一致好评。

【链接】为新疆孩子修一条教育“大渠”

2018年7月，路璐参加了援藏援疆“万人计划”，进入察布查尔县初级中学任教。2020年，她又作为中组部第十批援疆干部入疆开展新一轮支教。这几年来，路璐辗转察布查尔县的3所学校任教。

来到察布查尔县后，路璐才深感任务之重。当时，察布查尔县还未全面推行国家通用语言文字教育。一个班四五十个孩子，语文成绩多半不及格。如何推进普通话教学成为路璐面临的第一道难题。第一节语文课，路璐就给全班同学布置了一个特殊的作业——踏诗而行。她要求同学们从朗朗上口的古诗入手，多说多练。放学后，同学们排队出校门时要“一遍遍地大声诵诗”。

此后，一道特殊的风景线就出现在察布查尔县初级中学校门口。近百名学生一边走路，一边诵读古诗。“杨花落尽子规啼，闻道龙标过五溪……”听着同学们不熟练，甚至有些僵硬的发音，路璐觉得自己总算迈出了第一步。

随后，路璐开始“重点突破”。一班的巴克力（化名）断断续续才读完小学，普通话基础弱。路璐就经常给他“开小灶”。不到几天工夫，巴克力就可以默写《天净沙·秋思》全篇诗句了。

路璐明白，语文不光是教学生能说会写，更多的是培养学生热爱汉字、热爱中华文化的家国情怀。课堂上，她经常为学生们讲述历史故事，调动孩子们的积极性。路璐给学生讲锡伯族杰出历史人物图伯特的事迹，鼓励同学们学习图伯特修筑大渠的精神，争做“新时代的图伯特”。清朝乾隆年间，图伯特主张兴修水利，并以九族为担保，保证7年内完成大渠修筑。当时，锡伯族总人口有7000余人。在劳动力不足的情况下，修渠工程十分艰巨。图伯特采取边挖渠、边种地的办法，开一段渠就引一段水耕种，力求当年动工，当年受益。图伯特不知疲倦地日夜工作让锡伯族军民感动不已。历时7年的辛勤劳动，图伯特终于挖成东西长达200余里的察布查尔大渠。大渠建成后，图伯特却患上严重的风湿病。但察布查尔周围的荒漠上却相继出现了村落。如今，察布查尔县依旧享受着大渠带来的红利——察布查尔大渠已成为新疆锡伯族人民的生命线。在路璐看来，了解当地风土人情、历史故事，可以和同学们打成一片，对他们进行更好地教育。工作之余，路璐最喜欢去的地方就是察布查尔县博物馆，去了解像图伯特这样的英雄人物的故事。

2019年暑假前的最后一堂语文课上，同学们对路璐十分不舍。尽管她已多次提过暑假结束后会继续返回察布查尔教书，可同学们还是不想路璐离开。路璐半开玩笑说："如果我开暑期兴趣班，你们来不来？"让她没想到的是，同学们对这个提议十分支持。为了这句"玩笑话"，路璐先后向学校、县教育局等部门提出申请，免费为同学们开班。最后，路璐如愿把课堂搬到县里的青少年活动中心，为孩子们讲授《声律启蒙》。刚开课时，来上课的大多是路璐班上的学生。不到一周，学生就变成近百人。每逢假期，《声律启蒙》就成了孩子们最喜爱的"假期档"。新冠肺炎疫情暴发时，路璐也创新教学形式，采用空中课堂的方式延续她与孩子们的约定。

来自盐城师范学院汉语言文学专业2017级的学生周冬晴在大二时曾来到察布查尔县参加支教活动。路璐是周冬晴的师傅。"路老师上课，和别人讲的不太一样。"周冬晴说。在为学生讲解《红楼梦》时，路璐一开讲就让周冬晴眼前一亮。她先为同学们展示了维吾尔族妇女用一种名为奥斯曼的植物画眉时的图片。她指着绿色的奥斯曼草向同学们解释"绿眉毛"的美学。路璐娓娓道来，《红楼梦》中有言："西方有石名黛。"这里的"黛"其实是墨绿色的。眉毛是黑色的，植物是绿色的。将植物的汁水涂在眉毛上，就形成了墨绿色的美感。所以说人对于美的追求是不分时代、不分民族的。

路璐的课堂上总是充满欢声笑语。让周冬晴最为感动的是，师傅曾经对她说："像图伯特一样，我们做老师就是要在这里修一条教育的'大渠'。"

（原文刊载于2021年3月22日《中国青年报》，本文有删节）

臧　豹

1977年7月出生，江苏宿迁人，中共党员。援疆前任淮安市第一人民医院（南京医科大学附属淮安第一医院）副主任医师、科秘书、教学主任。2020年4月起援疆，任兵团七师医院副院长。曾被评为伊犁州"优秀援疆工作者"。2021年2月，被中共中央、国务院授予"全国脱贫攻坚先进个人"称号。

援疆期间，他确立以医疗技术援助为核心的思想理念，在兵团七师率先开展CT引导下肺部小结节穿刺定位术、侧俯卧位胸腹腔镜联合下食管癌根治术。将加速康复外科理念（ERAS）引入外科及麻醉科，提升手术安全性，降低术后并发症，减轻患者围术期痛苦。援疆期间，共门诊诊治病人1000余人次，开展手术100余例（三、四级

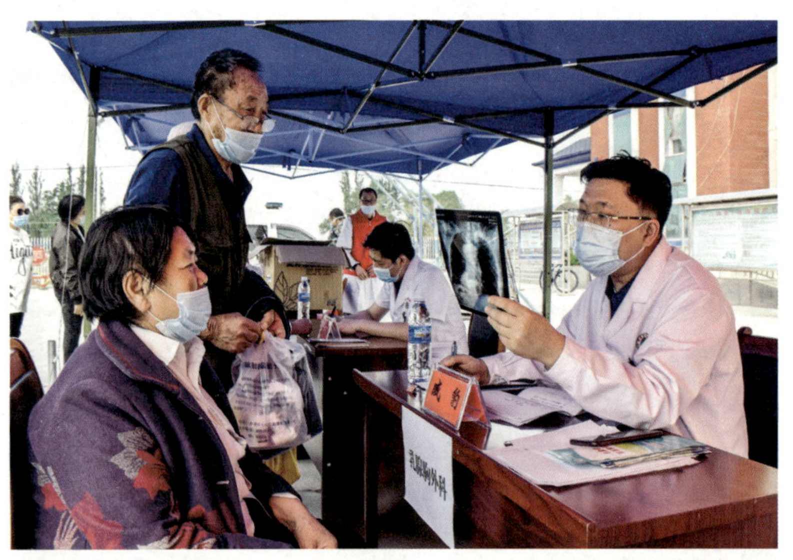

2021年4月，臧豹（右一）在兵团七师一二四团团场为职工群众义诊

手术和新技术及微创手术20余例），填补七师胸外科技术空白5项，急危重症抢救成功率96.8%。搭建七师医院远程会诊平台，组建医院中心供氧系统。在2020年新冠肺炎疫情防控期间，他多次至团场医院进行疫情防控检查，吃住在医院，带领全院职工一起防疫、抗疫，并自费捐赠价值3万余元疫情防控紧缺物资及手术服等。他先后带队赴七师团场、边境牧场等地义诊巡诊，个人向团场职工群众、牧民捐赠价值2万余元药品。他还注重加强医院人才培养，坚持"请进来、走出去"方针，多次挑选优秀骨干至派援单位深造学习。他以"组团式"模式助力健康扶贫，培养一批"带不走"的医疗队伍。

【链接】臧豹：培养一支"带不走"的医疗队伍

门诊诊治病人1000余人次，实施手术100多台，参与三、四级和新技术及微创手术20余台，以"组团式"模式助力健康扶贫，培养一支"带不走"的医疗队伍……这是援疆期间，淮安市一院臧豹医师所做的工作。2月25日上午，全国脱贫攻坚总结表彰大会在北京人民大会堂隆重举行，臧豹获"全国脱贫攻坚先进个人"称号。

臧豹是新疆生产建设兵团第七师医院副院长（挂职），江苏省南京医科大学附属淮安第一医院胸外科教学主任、副主任医师。2016年12月曾获南京"中国胸外科医师菁英手术技艺大赛"江苏区一等奖，2017年4月获南京"江苏赛区胸外科优秀青年医师手术技术大赛"第二名。

援疆伊始，臧豹博士先后带队赴七师一二四团"访惠聚"工作队、一三七团阿吾斯边境牧场等地义诊巡诊，自费向团场职工群众、牧民捐赠价值2万余元的药品；在疫情防控期间，自费捐赠疫情防控紧缺物资及手术服等，价值3万余元。

在主管外科工作中，臧豹发现七师医院很多肺部小结节患者因技术原因无法得到及时诊断和治疗，便在区域内率先开展CT引导下肺部小结节穿刺定位术；作为食管癌方面的专家，他带领团队在该院率先开展胸腹腔镜联合食管癌根治术，填补了区域内专业技术空白，开创了七师医院微创治疗食管癌的先河。

臧豹践行培养一支“带不走”的医疗队伍的初心，立足七师医院外科长远发展精心准备课件，定期为临床医护人员传授外科的基础理论和基本技能，并结合本院的特点，开展一些复杂疑难的胸外科示范教学手术。其间，手把手带徒弟2人，填补七师医院胸外科技术空白5项，开展的胸腹腔镜联合食管癌根治术、CT引导下肺部小结节穿刺定位术等，极大提升了七师医院胸外科在当地的品牌影响力，更使七师职工和群众不出师就能享受到专家的诊治，切实减轻了患者就医负担。

（2021年3月10日《新华日报》）

颜忠元

1972年8月出生，江苏盐城人，中共党员。援疆前任江苏省江阴高级中学教务处副主任。2012～2013年第一次援疆，任教霍城县江苏中学。2020年初，他再次赴疆支教，担任无锡江阴援疆支教团队领队和霍城县江苏中学副校长。2021年2月，被中共中央、国务院授予“全国脱贫攻坚先进个人”称号。2023年4月，被自治区党委、政府表彰为第十批“优秀援疆干部人才”。

第一次援疆期间，颜忠元以精湛灵活的教学技能吸引和带动组内年轻教师快速成长，以敦厚朴实的人品和生动有趣的教学感召和帮助学生奋发有为。他和其他3名援疆教师任教的班级在2013年高考中取得霍城县江苏中学历史性突破——高考本科上线率100%，其中一本上线率84%。

2020年初，他再次赴疆支教，担任无锡江阴援疆支教团队领队和霍城县江苏中学副校长。颜忠元始终以“扶贫必先扶智”为支教出发点，把“如何推动霍城教育教学发展进入快车道，为打赢脱贫攻坚战助力”作为经常思考的问题。他倡议援疆教师注重

2021年4月，颜忠元将『全国脱贫攻坚先进个人』奖金全部捐赠给霍城县江苏中学

引领和帮助青年教师成长，为受援学校带出一支敢闯敢干的业务精良的教师队伍。他指导的年轻教师在伊犁州“苏伊杯”教师教学能力大赛中获一、二等奖。他重视学习方法指导，用短短两个月时间实现所带班级化学成绩明显提升。他还积极帮助受援学校完善学校管理制度，通过管理水平提高促进教育教学质量提升。2020年8月底，颜忠元牵头组建由一名当地教师和多名援疆教师组成的“组团式”江阴班，以“立足一个班级、示范一个学科、引领一个年级、带动一所学校、影响一片区域”的“五个一”模式，带动当地教师加强课堂教学研究，吸引一大批教师参与教育教学研讨。

颜忠元心系霍城教育，情牵困难学生。他协调援疆教师捐赠价值近6万元抗疫物资、图书4000册，牵头组建3支“欢乐鼓”公益手鼓队，促成“健康饮水计划”公益项目落户霍城县江苏中学，让孩子们饮水更方便、更健康、更安全。他发动爱心人士对经济困难家庭学生开展一对一、点对点帮扶助学，自己帮扶两名学生。2020年初援疆以来，颜忠元带领的援疆教师团队促成助学和公益项目资金60余万元，推动援疆工作往深里走、往实里做。

【链接】颜忠元：两度援疆，十年守望，他的名字闪闪发光

本着对党和国家教育事业的绝对忠诚，对新疆教育事业的满腔热忱，对新疆学子的特别牵挂，2020年，颜忠元老师再次参加援疆工作。

2012～2013年第一次援疆工作期间，颜忠元老师以精湛灵活的教学技能吸引和带动组内年轻教师快速成长，以深厚朴实的为人品质和生动有趣的教学感召帮助学生奋发有为。他和另外三位援疆教师任教的班级在2013年高考中取得了霍城县江苏中学历史性突破——高考本科上线率达100%，其中一本上线率84%。在此期间，他负责的德育处工作也成效满满。

2013年9月，颜忠元被霍城县人民政府评为“优秀德育工作者”。此次援疆工作，他更加坚定了信念——若有机会，一定要再赴疆支教！

2019年底，颜忠元老师主动请缨再次援疆。2020年年初，他再次赴疆支教，此次，他担任无锡江阴援疆支教团队领队和霍城县江苏中学副校长。教师节来临，颜忠元收到一封八年前援疆时所教学生的来信。学生在送上节日祝福之余，还特别提醒他新疆雪季即将来临，别忘了提前买好防滑鞋，注意保暖。

“做您的学生真幸福！真幸运！”

颜忠元老师教学业务精湛，教学环节清晰流畅，新旧知识有效勾连，教学用语精准风趣，方法指导具体有效，课堂充满活力和笑声。他的学生总说：“做您的学生真幸福！真幸运！”今年，他担任高三（2）班化学教学，短短两个多月，班级化学成绩明显提升，班级多位学生对他说：“老师，您拯救了我的化学，也拯救了我的高考。”

他注重指导组内青年教师成长，平时通过课堂观察帮助教师树立先进的教学理念，改变课堂教学手段，拓展教学资源，完善教学方法，提升教学素养。通过对师生互动、资源整合、教学手段与方法等诸要素进行专项研究，发现教学设计、实施过程与教学预设之间的差距，并提出建设性的改进建议，从而不断完善课堂教学。去年，由他本人指导的年轻教师叶青、唐晨晨分别在2020年伊犁州“苏伊杯”教师教学基本功大赛中获一、二等奖。

他组建了一支“带不走”的队伍

如何推动霍城教育教学的发展进入快车道，为打赢脱贫攻坚战助力，是颜忠元经常思考的问题。他坚定地认为：除了要以极高的热心、极强的耐心帮助当地孩子提高成绩以外，更要授人以渔。他号召援疆教师注重引领和帮助青年教师成长，为受援学校带出一支敢闯敢干、业务精良的教师队伍。

2020年，颜忠元老师担任霍城县江苏中学援疆副校长，全面主持教学、教研工作。来疆前，他就思考：怎样在霍城建一支“带不走”的队伍？来疆后，他通过“传作风”“帮思想”“带业务”的途径，有效助推受援学校教师的茁壮成长。重点推动学校备课组建设、命题、考试规范化和青年教师校本培训工作。

2020年5月，在江苏中学全体教师会议上，他提出：“研讨出真知，研讨出效率。”新时代教育教学在倡导学生合作学习的同时，也要求教师合作探究，形成研讨氛围，发挥“集团效应”的优势。只有加强集体备课，发挥集体的智慧，共同研究，共同进步，才能抓好、抓牢教学的主阵地——课堂，提高课堂教学的实效和质量。暑假期间，颜忠元老师根据学校实际情况，撰写了《霍城县江苏中学集体备课制度》。9月初，他组织学校教务处、教研室、教研组进行讨论并正式实施。

霍城县江苏中学丁斌年校长这样评价：“教育教学工作是学校的中心工作，集体备课开展得好不好，直接影响到年轻教师的专业成长和学生的学习效果，颜老师帮助学校进一步完善了集体备课制度，学校各备课组知道如何认真落实集体备课工作。加强集体备课制度建设定会提升学校的教育教学质量，我们江苏中学的教育教学水平一定会再上一个台阶。”

颜忠元说：“作为援疆教师，我最大的心愿是为当地建设出一支有理想信念、有道德情操、有扎实学识、有仁爱之心的教师队伍，培养出更多有理想、高素质、能够维护民族团结的各类人才。”2020年9月，他被霍城县人民政府评为优秀教育工作者。

心系霍城教育，情牵当地师生

2020年，颜忠元老师再次援疆，被无锡市教育局任命为援疆教师团队总领队。他说：“当授旗仪式上，接过援疆大旗的那一刻，感觉到肩上的担子更重了。”

去年因疫情防控，无法及时到达受援学校，当二次援疆的他来到霍城时，就对团队提出按下“快进键”，跑出“加速度”的要求，以良好的师表形象和精神风貌投入到援疆工作中，以自己的行动诠释了“一次援疆行，一生援疆情”。第一学期，他带领援疆教师团队，开县级公开示范课29堂，县级讲座23个，助推霍城县小学、初中、高中在学科教学教研等方面更新理念、创新方法，助力霍城县教育教学改革、提升教育教学质量。推动“青蓝工程”的实施，霍城县39位青年教师与援疆教师师徒结对，助力青年教师成长。

心系霍城教育，情牵困难学生。颜忠元主动链接爱心资源，他号召援疆教师捐赠抗疫物资近6万元、捐赠图书4000册；组建了3支“欢乐鼓”公益手鼓队；成功促成了“健康饮水计划”公益项目落户江苏中学，让孩子们的饮水更方便、更健康、更安全；积极发动爱心人士对经济困难家庭学生开展一对一、点对点帮扶助学，他本人也正在帮扶两名学生。最近，他又把“全国脱贫攻坚先进个人”3万元奖金全部捐赠给霍城县江苏中学，近一年来，颜忠元老师带领的援疆教师团队促成助学和公益项目资金达80余万元，有效推动了援疆工作往深里走、往实里做。

一次援疆行，一生援疆情

“不辱使命、不负重托”，是援疆人颜忠元老师最朴实的情怀的写照。不论在江阴、还是霍城，他都是以校为家，时刻关心一切学生的成长，关心学生的一切。

2020年8月底，他与江阴援疆前方指挥部、学校领导商量，组建了“组团式”援疆班，即“5+1”模式（5位援疆教师+1位受援学校班主任）的江阴班，该班级从日常管理、教学常规、课堂规范、考前辅导、班会、团队建设、师德修养建设等方面都发挥示范作用。他说，在霍城县江苏中学打造家门口的“江阴班”目的是“立足一个班级，示范一些学科，引领一个年级，带动一所学校，影响一片区域”，这种“五个一”模式，协同本地教师加强课堂教学研究，积极探索新时代教育教学方法，能够不断提升教书育人本领，全面提升教育教学质量。

颜忠元老师常说：“援疆，是一种使命，也是一种责任，更是一种情怀。”他的一言一行更坚定了为霍城人民服务、为无锡江阴人民争光的信心和决心。他是这样想的，也是这样做的。

（原文刊载于2021年7月2日江苏教育新闻网，本文有删节）

古杨秋韵（袁江仁／摄）

第二节　援疆干部人才名录

1997年，江苏首批32名干部人才进疆。至2023年6月，根据中共中央组织部计划，江苏累计有10批2759人次（含中期轮换人员）干部人才到新疆工作，其中党政干部894人次、专业技术人才1865人次。2018年9月至2023年6月，累计选派2批“援藏援疆万名教师支教计划”教师及江苏省“组团式”援疆人才1386人。

一、第一至第十批援疆干部人才名录

第一批

（32人，含专业技术人才7人）

序号	姓　名	援疆工作单位及职务	援疆前工作单位及职务	援疆时间
1	丁大卫	伊犁地委副书记、江苏援疆干部人才总召集人（第一、二批）	无锡市委常委	1997.02～2000.01
2	吴峰枫	伊宁市委副书记	锡山市委常委	1997.02～2000.01
3	朱小明	伊犁地区建设处副处长	无锡市建委副主任	1997.02～2000.01
4	刘　锋	伊犁地区农业处副处长	江苏省农林厅副处级干部	1997.02～2000.01
5	姜　葵	伊犁地区农经委副主任	江苏省农林厅副处级干部	1997.02～2000.01
6	沈信懂	伊犁地区农经委副主任	南京农业大学农业工程学院副处级干部	1997.02～2000.01
7	张耀春	伊犁地区农机处副处长	江苏省农业机械局副处长	1997.02～2000.01
8	钟　炜	伊犁地区矿管处副处长	华东石油地质局副处长	1997.02～2000.01
9	吴国忠	伊犁地区经济委员会副主任	江苏省建材工业管理办公室副处级干部	1997.02～2000.01
10	刘越洲	伊犁州水泥厂副厂长	江苏省建材工业管理办公室副处级干部	1997.02～2000.01
11	周金刚	伊犁地区财政处副处长	江苏省计划与经济委员会副处长	1997.02～2000.01
12	刘建华	伊犁州计委主任助理	江苏省计划与经济委员会经济协作办公室副处长	1997.02～2000.01
13	杜　伟	伊犁地区教育处副处长	江苏省教育委员会副处级干部	1997.02～2000.01
14	赵中辛	伊犁州友谊医院副院长	江苏省人民医院医生	1997.02～1999.06
15	王　水	伊犁州奎屯医院副院长	江苏省人民医院医生	1997.02～2000.01
16	张　宏	奎屯市（科技）副市长	江苏省石油化学工业厅副处级干部	1997.02～2000.01

续表

序号	姓　名	援疆工作单位及职务	援疆前工作单位及职务	援疆时间
17	朱泰曾	塔城行署副专员、塔城地区援疆干部召集人	连云港市委常委	1997.02 ～ 2000.01
18	刘兴振	塔城市委副书记	赣榆县委常委	1997.02 ～ 2000.01
19	孙元敏	塔城市副市长	江苏省农业科学院副处级干部	1997.02 ～ 2000.01
20	许　朗	塔城地区农业处副处长	南京农业大学副处级干部	1997.02 ～ 2000.01
21	李玉春	塔城地区经济委员会副主任	江苏省冶金工业厅副处级干部	1997.02 ～ 2000.01
22	张　金	塔城地区财政处副处长	江苏省财政厅副处长	1997.02 ～ 2000.01
23	彭　刚	塔城地区师范学校副校长	江苏省教育委员会副处级干部	1997.02 ～ 2000.01
24	汪宝林	塔城地区人民医院副院长	南京医科大学第二附属医院医生	1997.02 ～ 2000.01
25	杨维兴	阿勒泰地区行署副专员、阿勒泰地区援疆干部召集人	江苏省地质矿产厅副厅长	1997.02 ～ 2000.01
26	李　洪	阿勒泰地区农业处副处长	江苏省农垦集团有限公司副处级干部	1997.02 ～ 2000.01
27	杨以恭	阿勒泰地区农业科技开发中心副主任兼农经站副站长	江苏省农垦集团有限公司副处级干部	1997.02 ～ 2000.01
28	明成银	阿勒泰地区矿管处副处长	江苏省地质矿产厅副处级干部	1997.02 ～ 2000.01
29	刘忠信	阿勒泰地区财政处副处长	江苏省财政厅副处长	1997.02 ～ 2000.01
30	胡建平	阿勒泰地区教育处副处长	江苏省教育委员会副处级干部	1997.02 ～ 2000.01
31	蒋元初	阿勒泰地区乡镇企业处副处长	常州市乡镇企业局副局长	1997.02 ～ 2000.01
32	张　勤	阿勒泰地区人民医院副院长	江苏省肿瘤医院医生	1997.02 ～ 2000.01

第二批

（32人，含专业技术人才26人）

序号	姓　名	援疆工作单位及职务	援疆前工作单位及职务	援疆时间
1	钟发奎	伊犁地区计委副主任	江苏省农药研究所助理调研员	1998.03 ～ 2001.01
2	顾正彪	伊犁地区计委副主任	无锡轻工大学科研处副处长、副教授	1998.03 ～ 2001.01
3	周雅峰	伊犁地区经济委员会副主任	江苏省外经贸厅科技与工业处（外经处）副处长	1998.03 ～ 2001.01
4	唐舜凤	伊犁毛纺厂副厂长	无锡市第五毛纺厂副厂长	1998.03 ～ 2001.01
5	徐　贤	伊犁地区第三毛纺厂副厂长	无锡市第一毛纺厂副厂长、总工程师	1998.03 ～ 2001.01
6	凌炳新	伊犁地区亚麻纺织厂副厂长	江苏大生集团有限公司工程师	1998.03 ～ 2001.01
7	危小健	伊犁州中医医院副院长	江苏省中西医结合医院副主任	1998.03 ～ 2001.01
8	杨代茂	伊犁地区人民医院副院长	无锡市第一人民医院副院长	1998.03 ～ 2001.01
9	谢宗涛	伊犁地区人民医院副院长	无锡市第四人民医院副院长	1998.03 ～ 2001.01
10	沈小松	伊犁地区人民医院副院长	无锡市第三人民医院副院长	1998.03 ～ 2001.01

续表

序号	姓　名	援疆工作单位及职务	援疆前工作单位及职务	援 疆 时 间
11	王月秋（女）	伊犁州友谊医院副院长	南通医学院附属医院医生	1998.03 ～ 2001.01
12	刘亚民	霍城县委副书记	宜兴市委常委	1998.03 ～ 2001.01
13	狄立新	奎屯市委副书记	溧阳市委常委	1998.03 ～ 2001.01
14	吴建东	伊犁州奎屯医院副院长	徐州医学院附属医院医生	1998.03 ～ 2001.01
15	徐建邦	察布查尔县委副书记	无锡市石油化学工业局局长助理（副处级）	1998.03 ～ 2001.01
16	孟凡恕	新源县委副书记	东海县委常委	1998.03 ～ 2001.01
17	嵇联标	塔城地区外经委副主任	灌南县人大常委会副主任（正处级）	1998.03 ～ 2001.01
18	顾国才	塔城地区建设处副处长	江苏省第二少管所副所长	1998.03 ～ 2001.01
19	刘永安	塔城地区水利处副处长	连云港市水利局副局长	1998.03 ～ 2001.01
20	周荣广	塔城地区第一中学副校长	南通市第三中学副校长	1998.03 ～ 2001.01
21	丁汉山	塔城地区人民医院副院长	南通市第一人民医院医生	1998.03 ～ 2001.01
22	陶　泉	塔城地区中医医院副院长	南通市中医院医生	1998.03 ～ 2001.01
23	曹佩霞（女）	塔城地区妇幼保健院副院长	常州市妇幼保健院医生	1998.03 ～ 2001.01
24	罗立波	塔城地区人民医院副院长	常州市第二人民医院医生	1998.03 ～ 2001.01
25	梁肃渊	阿勒泰地区经济委员会副主任	无锡市机械工业局局长助理	1998.03 ～ 2001.01
26	葛　敏	阿勒泰地区经济协作办公室副主任	常州市计委专职委员	1998.03 ～ 2001.01
27	丁光浩	阿勒泰地区水利处副处长	常州市水利局副处级干部	1998.03 ～ 2001.01
28	黄一清	阿勒泰地区第二中学副校长	江苏省海门中学副校长	1998.03 ～ 2001.01
29	赵景初	阿勒泰地区第二中学教师	启东市大江中学教师	1998.03 ～ 2001.01
30	冯建兵	阿勒泰地区第二中学教师	通州市兴仁中学团委书记	1998.03 ～ 2001.01
31	陈金福	阿勒泰地区人民医院副院长	常州市红十字医院医生	1998.03 ～ 2001.01
32	李坤林	阿勒泰地区人民医院副院长	常州市第一人民医院医生	1998.03 ～ 2001.01

第三批

（57人，含专业技术人才37人）

序号	姓　名	援疆工作单位及职务	援疆前工作单位及职务	援 疆 时 间
1	何祖大	阿勒泰地委副书记、江苏援疆干部人才总负责人	常州市委常委	1999.06 ～ 2002.06
2	陈　斌	伊犁州党委副书记、伊犁地委副书记、伊犁地区援疆干部人才负责人	南通市委常委	1999.06 ～ 2002.06
3	刘基平	伊犁地区旅游局副局长	无锡市旅游局副局长	1999.06 ～ 2002.06

续表

序号	姓　名	援疆工作单位及职务	援疆前工作单位及职务	援疆时间
4	顾　华	伊犁地区经济协作办公室副主任	南通市经委主任助理（副处级）	1999.06 ～ 2002.06
5	吴　军	伊犁地区水利勘察设计院副院长	江苏省水利勘测设计研究院设计一室主任（正科级）	1999.06 ～ 2002.06
6	金国祥	伊犁地区亚麻纺织厂副厂长	无锡天元（集团）实业有限公司总经理助理	1999.06 ～ 2002.06
7	周　辉	伊犁地区第二肉联厂副厂长	江苏省如皋肉类食品公司副总经理	1999.06 ～ 2002.06
8	朱洪贵	伊犁州粮食局局长助理	江苏省粮油商品交易市场副主任（副处级）	1999.06 ～ 2002.06
9	刘明智	伊犁康达集团副总经理、伊犁伊环饲料有限责任公司副董事长	江苏省农业科学院牧医所饲料营养研究室副主任（副调研员）	1999.06 ～ 2002.06
10	何士荣	伊犁州党委副秘书长	江阴市委常委、澄江镇党委书记（正县级）	1999.06 ～ 2002.06
11	顾诺之	伊犁州政府副秘书长	南通市政府办公室副主任（正处级）	1999.06 ～ 2002.06
12	陈　亮	伊犁州经济委员会副主任	海门市委常委（正处级）	1999.06 ～ 2002.06
13	霍宝柱	伊犁州教育局副局长	江苏省教育委员会师资处调研员	1999.06 ～ 2002.06
14	周俊余	伊犁州党委办公厅主任助理	南通市委办公室主任助理（副处级）	1999.06 ～ 2002.06
15	杨　坚	伊犁州第二毛纺厂副厂长	无锡协新集团第四毛纺厂副厂长	1999.06 ～ 2002.06
16	沈世江	伊犁州教育学院院长助理	江苏省教育委员会师资处助理调研员	1999.06 ～ 2002.06
17	吴小波	伊犁州新华医院医生	无锡市第一人民医院医生	1999.06 ～ 2002.06
18	胡世文	伊犁州新华医院医生	无锡市第二人民医院医生	1996.06 ～ 2001.01
19	蒋炳兴	伊犁州新华医院医生	无锡市第五人民医院医生	1999.06 ～ 2002.06
20	张邓新	伊犁州新华医院医生	无锡市第四人民医院医生	1999.06 ～ 2002.06
21	陈亦江	伊犁州友谊医院医生	江苏省人民医院医生	1999.06 ～ 2000.06
22	温晓持	伊犁州友谊医院医生	苏州医学院附属第一医院医生	1999.06 ～ 2000.06
23	许建明	伊犁州友谊医院医生	南通市虹桥医院医生	1999.06 ～ 2000.06
24	陈　松	伊犁州友谊医院医生	海门市人民医院医生	1996.06 ～ 2001.06
25	严　峰	伊犁州友谊医院医生	南通市平潮肿瘤医院医生	1999.06 ～ 2000.12
26	杨　敏	伊犁州友谊医院医生	南通市第一人民医院医生	1999.06 ～ 2000.06
27	黄国淳	伊犁州中医医院医生	江苏省中医院医生	1999.06 ～ 2000.06
28	张　舒	伊犁州奎屯医院医生	南京医科大学第二附属医院医生	1999.06 ～ 2000.06
29	王泰敏	伊犁州奎屯医院医生	徐州市第一人民医院医生	1999.06 ～ 2002.06
30	王化勇	伊犁州奎屯医院医生	徐州市第四人民医院医生	1999.06 ～ 2000.06
31	刘广哲	塔城地委副书记、塔城地区援疆干部人才负责人	徐州市委常委	1999.06 ～ 2002.06
32	韩延苏	塔城地区经委副主任	徐州市经委副主任	1999.06 ～ 2002.06

续表

序号	姓　名	援疆工作单位及职务	援疆前工作单位及职务	援疆时间
33	冯兴振	塔城地区农业局副局长	徐州市农业局副局长	1999.06 ～ 2002.06
34	史铁军	塔城地区乡镇企业局副局长	徐州市乡镇企业管理局副局长	1999.06 ～ 2002.06
35	张爱军	塔城地区水利局副局长	徐州市水利局副局长	1999.06 ～ 2002.06
36	贾光辉	塔城地区旅游局副局长	徐州市贾汪区外经局副局长（正科级）	1999.06 ～ 2002.06
37	葛　玮	塔城地区人民医院医生	徐州市第三人民医院医生	1999.06 ～ 2000.06
38	刘国红	塔城地区人民医院医生	徐州矿务局中心医院医生	1999.06 ～ 2000.06
39	钱国忠	阿勒泰市副市长	武进市委常委	1999.06 ～ 2002.06
40	杨秋群	阿勒泰地区乡镇企业局副局长	常州市经济委员会专职委员	1999.06 ～ 2002.06
41	邓　行	布尔津县委副书记	金坛市委常委	1999.06 ～ 2002.06
42	李罗保	阿勒泰地区供销社办事处副主任	常州市贸易委员会专职委员	1999.06 ～ 2002.06
43	经　焱	阿勒泰地区建筑规划设计院副院长	常州市建筑设计研究院第一设计研究所所长	1999.06 ～ 2002.06
44	张　曦	阿勒泰地区人民医院医生	常州市中医医院医生	1999.06 ～ 2000.06
45	许锁保	阿勒泰地区人民医院医生	常州市第三人民医院医生	1999.06 ～ 2001.06
46	秦建伟	伊犁州友谊医院医生	江苏省人民医院医生	2000.06 ～ 2002.06
47	顾红兵	伊犁州友谊医院医生	南通市妇产科医院医生	2000.06 ～ 2002.06
48	葛振明	伊犁州友谊医院医生	南通市第一人民医院医生	2000.06 ～ 2002.06
49	蔡　飞	伊犁州友谊医院医生	海门市人民医院医生	2000.06 ～ 2002.06
50	许春芳	伊犁州友谊医院医生	苏州医学院附属第一医院医生	2000.06 ～ 2002.06
51	蒋东明	伊犁州中医医院医生	江苏省中医院医生	2000.06 ～ 2002.06
52	王　雷	伊犁州奎屯医院医生	徐州市第四人民医院医生	2000.06 ～ 2002.06
53	朱丹宁	伊犁州奎屯医院医生	南京医科大学第二附属医院医生	2000.06 ～ 2002.06
54	郭克逊	塔城地区人民医院医生	徐州市第三人民医院医生	2000.06 ～ 2002.06
55	刘　亮	塔城地区人民医院医生	徐州矿务集团总医院医生	2000.06 ～ 2002.06
56	陈昌泽	阿勒泰地区人民医院医生	常州市第三人民医院医生	2000.06 ～ 2002.06
57	钱小健	阿勒泰地区人民医院医生	常州市中医医院医生	2000.06 ～ 2002.06

第四批

（52人，含专业技术人才24人）

序号	姓　名	援疆工作单位及职务	援疆前工作单位及职务	援疆时间
1	俞　明	伊犁州党委副书记、江苏援疆干部人才领队	南京市副市级干部（正厅级）	2002.09 ～ 2005.07
2	刘劲松	伊犁州党委副秘书长	江苏省委办公厅信息处副处长(正处级)	2002.07 ～ 2005.07

续表

序号	姓　名	援疆工作单位及职务	援疆前工作单位及职务	援疆时间
3	周庆祝	伊犁州政府副秘书长	江苏省政府办公厅农村经济处调研员	2002.07～2005.07
4	刘　中	伊犁州党委组织部副部长	江苏省委组织部干部一处正处级组织员	2002.07～2005.07
5	孙淮斌	伊犁州人事局副局长	江苏省人事厅处长	2002.07～2005.07
6	张党良	伊犁州计划委员会副主任	江苏省信息中心副主任（正处级）	2002.07～2005.07
7	张建明	伊犁州经济贸易委员会副主任	江苏省经济协作办公室调研员	2002.07～2005.07
8	孙宁生	伊犁州卫生局副局长	江苏省卫生厅科教处副处长（正处级）	2002.07～2005.07
9	蒲开达	伊犁州教育局局长助理	江苏省高校招生办公室助理调研员（副处级）	2002.07～2005.07
10	王　健	伊犁州建设局副局长	江苏省建设厅风景园林处副处长（正处级）	2002.07～2005.07
11	张晓东	伊犁日报社副社长、副总编	《扬子晚报》副总编（正处级）	2002.07～2005.07
12	项雪龙	霍城县委书记	江阴市委副书记（正处级）	2002.07～2005.07
13	周中平	霍城县委副书记	宜兴市委常委	2002.07～2005.07
14	袁秋中	霍城县委常委、常务副县长	江阴市委常委	2002.07～2005.07
15	陈国忠	霍城县委常委、清水河开发区管委会主任	无锡市惠山区委常委	2002.07～2005.07
16	计　军	霍城县计划委员会主任	江阴市申港镇党委副书记、镇长	2002.07～2005.07
17	蔡　炯	霍城县经济贸易委员会主任	江阴市月城镇党委副书记、镇长	2002.07～2005.07
18	汤龙生	霍城县财政局局长	江阴市新桥镇党委副书记、镇长	2002.07～2005.07
19	丁冠健	奎屯市委副书记	常州市武进区委常委	2002.07～2005.07
20	夏国浩	奎屯市副市长	溧阳市委常委	2002.07～2005.07
21	洪　军	霍尔果斯口岸管委会副主任	常州高新区（新北区）农村发展局副局长（副处级）	2002.07～2005.07
22	徐思群	新源县委副书记	沛县县委常委	2002.07～2005.07
23	赵立群	新源县副县长	徐州市云龙区副区长	2002.07～2005.07
24	顾云峰	伊宁市委副书记	启东市委常委	2002.07～2005.07
25	曹国平	伊宁市副市长	通州市市长助理（副处级）	2002.07～2005.07
26	吉传稳	伊宁市委常委、伊宁市边境经济合作区管委会副主任	海安县县长助理（副处级）	2002.07～2005.07
27	穆传鹏	伊宁县委副书记	灌南县委常委	2002.07～2005.07
28	杨以波	伊宁县副县长	灌云县委常委	2002.07～2005.07
29	陈　椿	伊犁州友谊医院医生	江苏省人民医院医生	2002.07～2005.07
30	崔　进	伊犁州友谊医院医生	南京医科大学第二附属医院医生	2002.07～2005.07
31	徐新宇	伊犁州友谊医院医生	江苏省肿瘤医院医生	2002.07～2005.07
32	杨纶先	伊犁州友谊医院医生	南京脑科医院医生	2002.07～2005.07

续表

序号	姓　名	援疆工作单位及职务	援疆前工作单位及职务	援 疆 时 间
33	高　岩	伊犁州友谊医院医生	南京市第一医院医生	2002.07 ～ 2005.07
34	陈良玉（女）	伊犁州友谊医院医生	南京市妇幼保健院医生	2002.07 ～ 2005.07
35	周　鹏	伊犁州友谊医院医生	南京鼓楼医院医生	2002.07 ～ 2005.07
36	刘俊华	伊犁州新华医院医生	南通医学院附属医院医生	2002.07 ～ 2005.07
37	宋　杰	伊犁州新华医院医生	南通市第一人民医院医生	2002.07 ～ 2005.07
38	葛振华	伊犁州新华医院医生	南通市第二人民医院医生	2002.07 ～ 2005.07
39	徐日新	伊犁州新华医院医生	江苏省苏北人民医院医生	2002.07 ～ 2002.12
40	刘　葆（女）	伊犁州新华医院医生	江苏省苏北人民医院医生	2002.07 ～ 2003.08
41	张明建	伊犁州新华医院医生	扬州市第一人民医院医生	2002.07 ～ 2005.07
42	冯松杰	伊犁州中医医院医生	江苏省中医院医生	2002.07 ～ 2005.07
43	梁建宁（女）	伊犁州中医医院医生	江苏省中医院医生	2002.07 ～ 2005.07
44	王瑞良	伊犁州中医医院医生	江苏省第二中医院医生	2002.07 ～ 2005.07
45	孙加洪	伊犁州中医医院医生	江苏省中西医结合医院医生	2002.07 ～ 2005.07
46	周瑞珏（女）	伊犁州奎屯医院医生	常州市第一人民医院医生	2002.07 ～ 2005.07
47	李文杰	伊犁州奎屯医院医生	常州市第三人民医院医生	2002.07 ～ 2005.07
48	李如龙	伊犁州奎屯医院医生	常州市第二人民医院医生	2002.07 ～ 2005.07
49	吕正祥	伊犁州奎屯医院医生	常州市中医医院医生	2002.07 ～ 2005.07
50	蒋　健	伊犁州奎屯医院医生	常州市妇幼保健院医生	2002.07 ～ 2005.07
51	何胜虎	伊犁州新华医院医生	江苏省苏北人民医院医生	2004.03 ～ 2005.06
52	张俊中	伊犁州新华医院医生	江苏省苏北人民医院医生	2004.08 ～ 2005.06

第五批

（60人，含专业技术人才23人）

序号	姓　名	援疆工作单位及职务	援疆前工作单位及职务	援 疆 时 间
1	洪锦华	伊犁州党委副书记、江苏援疆干部人才负责人	扬州市委副书记、常务副市长（正市级）	2005.07 ～ 2008.07
2	张士怀	伊犁州党委常委、霍城县委书记（副厅级）、江苏援疆干部人才负责人	无锡市副市级干部	2005.07 ～ 2008.07
3	丁　捷	伊犁州党委宣传部副部长	江苏省物资集团总公司总经理助理	2005.07 ～ 2008.07

续表

序号	姓　名	援疆工作单位及职务	援疆前工作单位及职务	援疆时间
4	陈凤楼	伊犁州党委组织部副部长	江苏省委组织部研究室正处级组织员	2005.07～2008.07
5	顾岳良	伊犁州财政局副局长	江苏省政府采购中心主任、省财政厅政府采购管理处副处长	2005.07～2008.07
6	李明双	伊犁州外经贸局副局长	江苏省外经贸厅正处级干部	2005.07～2008.07
7	周万春	伊犁州发展计划委员会副主任	江苏省发展改革委沿江办调研员	2005.07～2008.07
8	朱志明	伊犁州建设局副局长	江苏省建工局施工企业管理处调研员	2005.07～2008.07
9	孙其华	伊犁州教育局副局长	江苏教育报刊总社副社长（正处级）	2005.07～2008.07
10	丁夕平	伊犁州经济协作办公室副主任	江苏省发展改革委对口支援处副处长（正处级）	2005.07～2008.07
11	陈　冈	伊犁州经贸委副主任	江苏省乡镇企业管理局（中小企业局）处长	2005.07～2008.07
12	王洪舟	伊犁州旅游局副局长	江苏省旅游局综合法规处副处长（正处级）	2005.07～2008.07
13	王晓平	伊犁州人事局副局长	江苏省人事厅处长	2005.07～2008.07
14	崔　伟	伊犁州卫生局副局长	江苏省卫生厅规划财务处（审计处）副处长（正处级）	2005.07～2008.07
15	封晓春	霍城县委副书记	共青团无锡市委副书记	2005.07～2008.07
16	张听宝	霍城县委常委、常务副县长	宜兴市委常委	2005.07～2008.07
17	许　峰	伊犁州党委副秘书长，霍城县委常委、清水河开发区管委会主任	无锡市滨湖区委常委	2005.07～2008.07
18	陈海峰	霍城县发展计划局局长	江阴市夏港镇党委副书记（正科级）	2005.07～2008.07
19	刘汉秋	霍城县清水河开发区管委会副主任	江阴市青阳镇副镇长（正科级）	2005.07～2008.07
20	叶再喜	霍城县财政局局长	无锡市发展改革委社会事业改革处处长	2005.07～2008.07
21	李立初	霍城县经贸局局长	无锡市惠山经济开发区钱桥配套区管委会副主任（正科级）	2005.07～2008.07
22	童建伟	霍城县清水河开发区管委会副主任	无锡市锡山区科协副主席（正科级）	2005.07～2008.07
23	郭学习	新源县委副书记	邳州市委副书记	2005.07～2008.07
24	谢洪标	新源县副县长	铜山县副县长	2005.07～2008.07
25	蒋华平	奎屯市委副书记	常州市戚墅堰区委常委、副区长（正处级）	2005.07～2008.07
26	陆东明	奎屯市副市长	常州市天宁区委常委	2005.07～2008.07
27	冯素俊	霍尔果斯口岸管委会副主任	常州市钟楼区委常委	2005.07～2008.07
28	薛盛堂	尼勒克县委副书记	盐城市盐都区委常委（正处级）	2005.07～2008.07
29	吴晓飞	尼勒克县副县长	阜宁县副处级干部	2005.07～2008.07
30	葛社清	察布查尔县委副书记	扬州市维扬区委副书记	2005.07～2008.07

续表

序号	姓　名	援疆工作单位及职务	援疆前工作单位及职务	援疆时间
31	陈荣华	察布查尔县副县长	扬州市广陵区副区长	2005.07～2008.07
32	顾晓明	伊宁市委副书记	如东县委常委	2005.07～2008.07
33	顾国华	伊宁市副市长	南通市港闸区区长助理（副处级）	2005.07～2008.07
34	宋　波	伊宁县委副书记	连云港市市级机关事务管理局副局长	2005.07～2008.07
35	陈启发	伊宁县副县长	东海县委常委	2005.07～2008.07
36	张冬来	巩留县委副书记	洪泽县委副书记（正处级）	2005.07～2008.07
37	李文银	巩留县副县长	金湖县副处级干部	2005.07～2008.07
38	徐瑞容	伊犁州友谊医院副院长	南通大学附属医院医生	2005.07～2008.07
39	王政华	伊犁州友谊医院医生	南通大学附属医院医生	2005.07～2008.07
40	施　健	伊犁州友谊医院医生	南通大学附属医院医生	2005.07～2008.07
41	严　勋	伊犁州友谊医院医生	南通大学附属医院医生	2005.07～2008.07
42	严　煜	伊犁州友谊医院医生	南通大学附属医院医生	2005.07～2008.07
43	赵　剑	伊犁州友谊医院医生	南通大学附属医院医生	2005.07～2008.07
44	曹　飞	伊犁州友谊医院医生	南通大学附属医院医生	2005.07～2008.07
45	闫　红（女）	伊犁州新华医院副院长	徐州医学院附属医院医生	2005.07～2008.07
46	钱文浩	伊犁州新华医院医生	徐州医学院附属医院医生	2005.07～2008.07
47	路军昌	伊犁州新华医院医生	徐州医学院附属医院医生	2005.07～2008.07
48	王红兵	伊犁州新华医院医生	徐州医学院附属医院医生	2005.07～2007.03
49	苏建明（女）	伊犁州中医医院副院长	江苏省中医院医生	2005.07～2008.07
50	陈茂义	伊犁州中医医院医生	江苏省中医院医生	2005.07～2008.07
51	李华伟	伊犁州中医医院医生	江苏省中医院医生	2005.07～2007.03
52	艾炳蔚	伊犁州中医医院医生	江苏省中医院医生	2005.07～2007.03
53	许国峰	伊犁州奎屯医院院长	常州市第一人民医院医生	2005.07～2008.07
54	李　忠	伊犁州奎屯医院医生	常州市第一人民医院医生	2005.07～2008.07
55	王群立	伊犁州奎屯医院医生	常州市第一人民医院医生	2005.07～2008.07
56	钱建平	伊犁州奎屯医院医生	常州市第一人民医院医生	2005.07～2008.07
57	吴　骏	伊犁州奎屯医院医生	常州市第一人民医院医生	2005.07～2008.07
58	周迎晨	伊犁州中医医院医生	江苏省中医院医生	2007.03～2008.07
59	金　涛（女）	伊犁州中医医院医生	江苏省中医院医生	2007.03～2008.07
60	高　超	伊犁州新华医院医生	徐州医学院附属医院医生	2007.03～2008.07

第六批

（73人，含专业技术人才29人）

序号	姓　名	援疆工作单位及职务	援疆前工作单位及职务	援 疆 时 间
1	于青山	伊犁州党委副书记、江苏援疆干部人才负责人	江苏省政府副秘书长（正厅级）	2008.08 ～ 2010.12
2	张叶飞	伊犁州党委常委、霍城县委书记、江苏援疆干部人才负责人	无锡市委常委	2008.07 ～ 2010.12
3	刘乐明	伊犁州党委组织部副部长	江苏省委组织部干部四处副处长（正处级）	2008.07 ～ 2010.12
4	华建强	伊犁州发展改革委副主任	江苏省发展改革委服务业处副处长（正处级）	2008.07 ～ 2010.12
5	孙宏伟	伊犁州财政局副局长	江苏省财政厅预算处副处长（正处级）	2008.07 ～ 2010.12
6	孙　春	伊犁州公安局副局长	江苏省公安厅正处级干部	2008.07 ～ 2010.12
7	袁士海	伊犁州建设局副局长	江苏省建设厅工程建设处调研员	2008.07 ～ 2010.12
8	徐俊峰	伊犁州教育局副局长	江苏省电化教育馆副馆长、省教育管理信息中心副主任（正处级）	2008.07 ～ 2010.12
9	朱晓波	伊犁州经贸委副主任	江苏省整顿和规范市场经济秩序工作领导小组办公室副主任（正处级）	2008.07 ～ 2010.12
10	徐永康	伊犁州经济协作办公室副主任	江苏省工商局公平交易局副局长（正处级）	2008.07 ～ 2010.12
11	施　蔚	伊犁州科技局副局长	江苏省科技厅调研员	2008.07 ～ 2010.12
12	吴小巧（女）	伊犁州林业局副局长	江苏省林业局植树造林处副处长（正处级）	2008.07 ～ 2010.12
13	陈劲松	伊犁州旅游局副局长	江苏省旅游局规划统计处副处长（正处级）	2008.07 ～ 2010.12
14	黄良勇	伊犁州水利局副局长	江苏省水利工程建设局政治处处长	2008.07 ～ 2010.12
15	王　雷	伊犁州外经贸局副局长	江苏省外经贸厅进出口公平贸易局调研员	2008.07 ～ 2010.12
16	赵淮跃	伊犁州卫生局副局长	江苏省卫生厅卫生监督处副处长	2008.07 ～ 2010.12
17	赵建兴	霍城县委副书记	无锡市南长区人大常委会副主任	2008.07 ～ 2010.12
18	唐仲贤	霍城县委常委、常务副县长	江阴市委常委	2008.07 ～ 2010.12
19	吴青峰	霍城县委常委、清水河经济技术开发区党工委书记、管委会主任，清水河镇党委书记	宜兴市委常委	2008.07 ～ 2010.12
20	王　伟	霍城县财政局局长	无锡市北塘区财政局主任科员	2008.07 ～ 2010.12
21	诸葛强	霍城县发展改革委主任	无锡市惠山区前洲镇副镇长（正科级）	2008.07 ～ 2010.12
22	徐辉强	霍城县规划局局长	无锡市规划局主任科员	2008.07 ～ 2010.12
23	陆兴荣	霍城县经贸局局长	无锡市锡山区经贸局副局长（正科级）	2008.07 ～ 2010.12

续表

序号	姓　名	援疆工作单位及职务	援疆前工作单位及职务	援疆时间
24	宋　超	霍城县清水河经济技术开发区管委会副主任	无锡市滨湖区外经局主任科员	2008.07～2010.12
25	钱　钢	新源县委副书记	新沂市委副书记	2008.07～2010.12
26	宋庆科	新源县副县长	丰县副县长	2008.07～2010.12
27	杨　光	奎屯—独山子石化工业园管委会副主任	常州高新区党工委（新北区委）组织部副部长（副处级）	2008.07～2010.12
28	郭逸新	奎屯市委副书记	常州市国资委副主任（正处级）	2008.07～2010.12
29	陈锁龙	奎屯市副市长	金坛市委常委	2008.07～2010.12
30	张爱文	特克斯县委副书记	溧阳市委常委	2008.07～2010.12
31	郑政平	特克斯县副县长	常州市武进区委常委	2008.07～2010.12
32	陶荣龙	伊宁市委副书记	海安县副县长	2008.07～2010.12
33	陈万圣	伊宁市副市长	如皋市副市长	2008.07～2010.12
34	王国超	霍尔果斯口岸管委会副主任	连云港市港口管理局副局长	2008.07～2010.12
35	贺宝祥	巩留县委副书记	淮安市楚州区委副书记、调研员	2008.07～2010.12
36	张春荣	巩留县副县长	淮安市淮阴区副调研员	2008.07～2010.12
37	嵇绍乾	尼勒克县委副书记（正县级）	盐城市亭湖区委常委（正处级）	2008.07～2010.12
38	孙海山	尼勒克县副县长	建湖县副县长	2008.07～2010.12
39	熊佳芝	察布查尔县委副书记	扬州市委农工办副主任（正县级）	2008.07～2010.12
40	王　峰	察布查尔县副县长	扬州市邗江区副区长	2008.07～2010.12
41	朱志强	昭苏县委副书记	海门市副市长	2008.07～2010.12
42	王志宏	昭苏县副县长	南通市崇川区副区长	2008.07～2010.12
43	高美峰	伊宁县委副书记	连云港市新浦区委副书记（正处级）	2008.07～2010.12
44	张　磊	伊宁县副县长	连云港市投资促进局副局长	2008.07～2010.12
45	徐苏东（女）	伊犁州妇幼保健院医生	扬州市妇幼保健院医生	2008.08～2009.08
46	王志学	伊犁州妇幼保健院医生	江苏省苏北人民医院医生	2008.08～2009.08
47	吴　强	伊犁州新华医院副院长	徐州市中心医院医生	2008.08～2010.01
48	邢爱棣（女）	伊犁州新华医院医生	徐州市第一人民医院医生	2008.08～2010.01
49	李文广	伊犁州新华医院医生	徐州市第三人民医院医生	2008.08～2010.01
50	施民新	伊犁州友谊医院副院长	南通市肿瘤医院医生	2008.08～2010.12
51	刘向阳	伊犁州友谊医院医生	南通市肿瘤医院医生	2008.08～2010.01
52	陈　强	伊犁州友谊医院医生	南通市中医院医生	2008.08～2010.01
53	徐　云	伊犁州友谊医院医生	南通市第一人民医院医生	2008.08～2010.01
54	时　欣	伊犁州友谊医院医生	南通市第一人民医院医生	2008.08～2010.01

续表

序号	姓　名	援疆工作单位及职务	援疆前工作单位及职务	援疆时间
55	陆双军	伊犁州中医医院副院长	江苏省中医院医生	2008.08 ～ 2010.12
56	方立明	伊犁州中医医院医生	江苏省中西医结合医院医生	2008.08 ～ 2010.12
57	郭金杰	伊犁州中医医院医生	江苏省第二中医院医生	2008.08 ～ 2010.01
58	黄云海	伊犁州奎屯医院副院长	常州市肿瘤医院医生	2008.08 ～ 2010.12
59	陈春华（女）	伊犁州奎屯医院医生	常州市第三人民医院医生	2008.08 ～ 2010.12
60	高　泉	伊犁州奎屯医院医生	常州市第二人民医院医生	2008.08 ～ 2010.01
61	谈佩华（女）	伊犁州奎屯医院医生	常州市妇幼保健院医生	2008.08 ～ 2010.01
62	王亦雄（女）	伊犁州妇幼保健院医生	江苏省苏北人民医院医生	2009.08 ～ 2010.12
63	王艳晴（女）	伊犁州妇幼保健院医生	扬州市妇幼保健院医生	2009.08 ～ 2010.12
64	汤京华	伊犁州奎屯医院医生	常州市第二人民医院医生	2009.08 ～ 2010.12
65	王新红（女）	伊犁州奎屯医院医生	常州市妇幼保健院医生	2009.08 ～ 2010.12
66	冯春光	伊犁州新华医院副院长	徐州市中心医院医生	2010.01 ～ 2010.12
67	胡振兴	伊犁州新华医院医生	徐州市妇幼保健院医生	2010.01 ～ 2010.12
68	姜海英（女）	伊犁州新华医院医生	徐州市肿瘤医院医生	2010.01 ～ 2010.12
69	杨燕光	伊犁州友谊医院医生	南通市肿瘤医院医生	2010.01 ～ 2010.12
70	杨　健	伊犁州友谊医院医生	南通市第一人民医院医生	2010.01 ～ 2010.12
71	林　刚	伊犁州友谊医院医生	南通市第一人民医院医生	2010.01 ～ 2010.12
72	汤　健	伊犁州友谊医院医生	南通市第二人民医院医生	2010.01 ～ 2010.12
73	陈庆华（女）	伊犁州中医医院医生	江苏省第二中医院医生	2010.01 ～ 2010.12

第七批

（572人，含专业技术人才418人）

一、援伊犁州指挥部

序号	姓　名	援疆工作单位及职务	援疆前工作单位及职务	援疆时间
1	于青山	援伊指挥部党委书记、总指挥，伊犁州党委副书记，州政协党组书记、副主席，农四师党委副书记、副政委	江苏省政府副秘书长（正厅级）	2010.12～2013.12（留任）
2	苏春海	援伊指挥部党委副书记、副总指挥，农七师党委常委、副师长	江苏省委组织部副厅级干部	2010.09～2013.12
3	张余松	援伊指挥部党委副书记、纪委书记，伊犁州纪委副书记	泰州市副市级干部	2010.12～2013.12
4	刘青昊	伊犁州副州长	南京市规划局副局长、总建筑师	2011.12～2013.12
5	景伯明	援伊指挥部干部	江苏省人大环资城建委办公室调研员	2010.12～2013.12
6	陈　辉	援伊指挥部干部	江苏省委宣传部新闻出版处副处长	2010.12～2013.12
7	姚雪峰	伊犁州财政局副局长	江苏省财政厅经济建设处副处长（正处级）	2010.12～2013.09
8	汤江林	援伊指挥部干部	共青团江苏省委组织部副调研员	2010.12～2013.12
9	陆　军	援伊指挥部干部	江苏省审计厅直属二局副局长	2010.12～2013.12
10	袁焕明	伊犁州发展改革委副主任	江苏省发展改革委对口支援处处长	2010.08～2013.12
11	曹春光	援伊指挥部干部	江苏省住房和城乡建设厅工程质量安全监管处副调研员	2010.12～2013.12
12	潘光照	援伊指挥部干部	江苏省农委农业局主任科员	2010.12～2013.12
13	王志荣	援伊指挥部干部	江苏省经济和信息化委员会法规处主任科员	2010.12～2013.12
14	江　臣	援伊指挥部干部	江苏省交通工程建设局工程一处科长	2010.12～2013.12
15	王天明	伊犁州党委组织部副部长	江苏省人力资源和社会保障厅处长	2010.12～2013.12
16	曹国平	伊犁州教育局副局长	江苏省教育厅社会科学研究与思想政治教育处副处长（正处级）	2010.12～2013.12
17	顾帮朝	伊犁州卫生局副局长	江苏省卫生厅办公室副主任（正处级）	2010.12～2013.12
18	张洪钢	援伊指挥部干部	江苏省科技厅发展计划与财务处主任科员	2010.12～2013.12
19	许　波	援伊指挥部干部	江苏省民政厅优抚局副调研员	2010.12～2013.12
20	朱　荣	伊犁州公安局副局长	江苏省公安厅正处级干部	2011.07～2013.12
21	王　昶	伊犁州公安局副调研员	江苏省公安厅副调研员	2011.07～2013.12

续表

序号	姓　名	援疆工作单位及职务	援疆前工作单位及职务	援疆时间
22	朱建平	伊犁州国家安全局副局长	江苏省国家安全厅副处长（正处级）	2011.07～2013.12
23	王　力	伊犁州国家安全局副处长	江苏省国家安全厅科长	2011.07～2013.12
24	刘　倩	伊犁州国家安全局副处长	江苏省连云港市国家安全局处长	2011.07～2013.12
25	朱　伟	伊犁州友谊医院副院长	江苏省人民医院医生	2010.12～2013.12（中期留任）
26	魏　磊	伊犁州友谊医院医生	江苏省人民医院医生	2010.12～2012.08
27	贾恩志	伊犁州友谊医院医生	江苏省人民医院医生	2010.12～2012.08
28	魏友松	伊犁州中医医院副院长	江苏省中医院医生	2010.12～2013.12（中期留任）
29	周恩超	伊犁州中医医院医生	江苏省中医院医生	2010.12～2013.12（中期留任）
30	刘　彦	伊犁州中医医院医生	江苏省中医院医生	2010.12～2012.08
31	沈永岱	伊犁州新华医院副院长	南通大学附属医院医生	2010.12～2013.12（中期留任）
32	张永文	伊犁州奎屯医院副院长	徐州医学院附属医院医生	2010.12～2013.12（中期留任）
33	彭根大	伊犁州妇幼保健院副院长	苏州大学附属第一医院医生	2010.12～2013.12（中期留任）
34	杨　柳	伊犁州新华医院医生	南通大学附属医院医生	2010.12～2012.08
35	朱建炜	伊犁州新华医院医生	南通大学附属医院医生	2010.12～2012.08
36	孙　东	伊犁州奎屯医院医生	徐州医学院附属医院医生	2010.12～2012.08
37	程言博	伊犁州奎屯医院医生	徐州医学院附属医院医生	2010.12～2012.08
38	李　洪	伊犁州妇幼保健院医生	苏州大学附属儿童医院医生	2010.12～2011.12
39	钱为国	伊犁州妇幼保健院医生	苏州大学附属儿童医院医生	2011.12～2012.12
40	展世宏	伊犁州妇幼保健院医生	苏州大学附属儿童医院医生	2012.12～2013.12
41	王晓伟	伊犁州友谊医院医生	江苏省人民医院医生	2012.08～2013.12
42	陶正贤	伊犁州友谊医院医生	江苏省人民医院医生	2012.08～2013.12
43	魏　刚	伊犁州中医医院医生	江苏省中医院医生	2012.08～2013.12
44	张　宇	伊犁州新华医院医生	南通大学附属医院医生	2012.08～2013.12
45	张裕东	伊犁州新华医院医生	南通大学附属医院医生	2012.08～2013.12
46	李胜开	伊犁州奎屯医院医生	徐州医学院附属医院医生	2012.08～2013.12
47	昝　坤	伊犁州奎屯医院医生	徐州医学院附属医院医生	2012.08～2013.12

（一）援伊宁市指挥组

序号	姓　名	援疆工作单位及职务	援疆前工作单位及职务	援疆时间
1	杨晓阳	伊宁市委副书记	南京市玄武区委副书记（正局级）	2010.12～2013.12
2	尹　军	伊宁市委常委、副市长	南京市栖霞区副区长	2010.12～2013.12
3	程　军	伊宁市委常委	南京市秦淮区副区长	2010.12～2013.12
4	陈晓菲	伊宁市建设局副局长	南京市住房和城乡建设委员会房地产开发处调研员	2010.12～2013.12
5	张　谦	伊宁市发展改革委副主任	南京市发展改革委投资处副处长	2010.12～2013.12
6	何强为	伊宁市规划局副局长、伊宁市规划设计院院长	南京市规划局选址用地规划处副处长	2010.12～2013.12
7	吕　品	伊宁市边境经济合作区管委会副主任	南京市商务局机电和科技产业处调研员	2010.12～2013.12
8	刘小平	伊宁市委组织部副部长	南京市委组织部人才三处主任科员	2010.12～2013.12
9	黄宏亮	伊宁市边境经济合作区规划建设管理局副局长	南京市规划局六合分局主任科员	2010.12～2013.12
10	杨　浩	伊宁市旅游局副局长	南京市旅游园林局园林管理处副处长	2010.12～2013.12
11	郑　骏	指挥组干部	南京市秦淮区财政局国库科科长	2010.12～2013.12
12	张兴保	指挥组干部	南京市玄武区财政局副局长、税源办副主任	2011.01～2013.12
13	郦定明	伊宁市公安局副局长	南京市公安局主任科员	2011.07～2013.12
14	王海峰	伊宁市第三中学副校长	南京市人民中学副校长	2010.12～2012.08
15	周　坤	伊宁市第三中学教师	南京市高淳高级中学教师	2010.12～2012.08
16	孙仲礼	伊宁市第三中学教师	南京市高淳县湖滨高级中学教师	2010.12～2012.08
17	王佳梅（女）	伊宁市第三中学教师	南京市第九中学震旦分校教师	2010.12～2012.08
18	王风雪	伊宁市第三中学教师	溧水县第二高级中学教师	2010.12～2012.08
19	郃传智	伊宁市第三中学教师	溧水县第三高级中学教师	2010.12～2012.08
20	刘跟成	伊宁市第三中学教师	南京市宁海中学教师	2010.12～2012.08
21	周海明	伊宁市第三中学教师	南京大学附属中学教师	2010.12～2012.08
22	刘光涛	伊宁市第六中学副校长	南京市第十三中学锁金分校教师	2010.12～2012.08
23	时　明	伊宁市第六中学教师	南京市第二十九中学教师	2010.12～2012.08
24	陈　刚	伊宁市人民医院副院长	南京鼓楼医院医生	2010.12～2011.09
25	阮红杰	伊宁市妇幼保健院副院长	南京市妇幼保健院医生	2010.12～2012.08
26	于成功	伊宁市人民医院副院长	南京鼓楼医院医生	2011.09～2012.08
27	缪红军	伊宁市人民医院副院长	南京市儿童医院医生	2012.08～2013.12
28	陈　坚	伊宁市人民医院副院长	南京市第一医院医生	2012.08～2013.12

续表

序号	姓　名	援疆工作单位及职务	援疆前工作单位及职务	援疆时间
29	周德刚	伊宁市第三中学副校长	南京市第十三中学红山分校副校长	2012.08 ～ 2013.12
30	马海波	伊宁市第三中学副校长	南京市第五十中学副校长	2012.08 ～ 2013.12
31	严冬至	伊宁市第三中学教师	溧水县第二高级中学教师	2012.08 ～ 2013.12
32	汪　峰	伊宁市第八中学教师	溧水县第三高级中学教师	2012.08 ～ 2013.12
33	顾德旭	伊宁市第八中学教师	南京市高淳区湖滨高级中学教师	2012.08 ～ 2013.12
34	窦　俊	伊宁市第八中学教师	南京市第四中学教师	2012.08 ～ 2013.12
35	刘小平	伊宁市第十九中学教师	南京市宁海中学教师	2012.08 ～ 2013.12
36	徐有祥	伊宁市第十九中学教师	南京市科利华中学教师	2012.08 ～ 2013.12
37	张　鹏	伊宁市教研中心教师	江苏省高淳高级中学教师	2012.08 ～ 2013.12
38	高　波	伊宁市教研中心教师	南京市玄武高级中学梅园分校教师	2012.08 ～ 2013.12

（二）援特克斯县工作组

序号	姓　名	援疆工作单位及职务	援疆前工作单位及职务	援疆时间
1	李万平	特克斯县委副书记	南京市江宁区副区长	2010.12 ～ 2013.12
2	张会祺	特克斯县委常委、副县长	南京市江宁区副区长	2010.12 ～ 2013.12
3	杨桂祥	特克斯县发展改革委副主任	南京市江宁区发展改革局高新技术产业科科长	2010.12 ～ 2013.12
4	顾小松	特克斯县建设局副局长	南京市江宁区规划局技术审查科科长、市政科科长	2010.12 ～ 2013.12
5	孙　兵	特克斯县委办公室副主任	南京市江宁区禄口街道人大工委副主任	2010.12 ～ 2013.12
6	丁　硙	特克斯县建设局局长助理	南京市江宁区建设工程质量监督站副站长	2010.12 ～ 2013.12
7	李　海	特克斯县农业局副总农艺师	南京市江宁区农业局人财科科长	2010.12 ～ 2013.12
8	虞泰柱	特克斯县畜牧兽医局副总畜牧师	南京市江宁区林副业局畜牧兽医站副站长	2010.12 ～ 2013.12
9	丁小强	特克斯县公安局副局长	南京市公安局江宁分局正科级干部	2011.07 ～ 2013.12
10	俞有利	工作组干部	南京市江宁区委党校办公室主任	2012.04 ～ 2013.12
11	朱志坚	特克斯县高级中学副校长	南京市江宁高级中学教师	2010.12 ～ 2013.12（中期留任）
12	王桂超	特克斯县教育局教研室副主任	南京市天印高级中学教师	2010.12 ～ 2013.12（中期留任）
13	蒋启军	特克斯县高级中学教师	南京市秣陵中学教师	2010.12 ～ 2013.12（中期留任）
14	王明柱	特克斯县高级中学教师	南京市临江高级中学教师	2010.12 ～ 2013.12（中期留任）

续表

序号	姓　名	援疆工作单位及职务	援疆前工作单位及职务	援 疆 时 间
15	吉文勇	特克斯县高级中学教师	南京市江宁区秦淮中学教师	2010.12 ～ 2012.08
16	刘萍萍（女）	特克斯县人民医院副院长	南京市江宁医院医生	2010.12 ～ 2013.12（中期留任）
17	李东儒	特克斯县人民医院医生	南京市江宁医院医生	2010.12 ～ 2012.08
18	朱玉香（女）	特克斯县人民医院医生	南京市江宁医院医生	2010.12 ～ 2012.08
19	陈广胜	特克斯县人民医院医生	南京市江宁医院医生	2010.12 ～ 2012.08
20	周荣军	特克斯县中医医院副院长	南京市江宁中医院医生	2010.12 ～ 2012.08
21	苏兆田	特克斯县中医医院医生	南京市江宁中医院医生	2010.12 ～ 2012.08
22	甘跃旗	特克斯县初级中学教师	南京市江宁区上元中学教师	2012.08 ～ 2013.12
23	钟竟林	特克斯县人民医院医生	南京市江宁医院医生	2012.08 ～ 2013.12
24	丁成果	特克斯县人民医院医生	南京市江宁医院医生	2012.08 ～ 2013.12
25	朱祖明	特克斯县人民医院医生	南京市江宁医院医生	2012.08 ～ 2013.12
26	王维翠（女）	特克斯县中医医院副院长	南京市江宁中医院副院长	2012.08 ～ 2013.12
27	刘虹飞	特克斯县中医医院医生	南京市江宁中医院医生	2012.08 ～ 2013.12

（三）援霍城县工作组

序号	姓　名	援疆工作单位及职务	援疆前工作单位及职务	援 疆 时 间
1	王进健	伊犁州党委常委、霍城县委书记	江阴市委副书记（副厅级）	2010.12 ～ 2013.12
2	程　政	霍城县委副书记	江阴市委常委	2010.12 ～ 2013.12
3	孙志红	霍城县委常委、常务副县长	江阴经济开发区管委会副主任	2010.12 ～ 2013.12
4	费晓忠	霍城县委常委，清水河经济技术开发区党工委书记、管委会主任	江阴临港新城管委会副主任	2010.12 ～ 2013.12
5	王　凯	霍城县发展改革委主任	江阴市科学技术局副局长	2010.12 ～ 2013.12
6	谈海平	霍城县经贸局局长	共青团江阴市委副书记	2010.12 ～ 2013.12
7	谢国虎	霍城县财政局局长	江阴市财政局副局长（正科级）	2010.12 ～ 2011.12
8	黄海华	霍城县财政局局长	江阴市财政局副局长	2012.04 ～ 2013.12
9	曹建峰	霍城县规划局局长	江阴市璜土镇副镇长	2010.12 ～ 2013.12
10	薛建国	霍城县清水河经济技术开发区管委会副主任	江阴市青阳镇副镇长	2010.12 ～ 2013.12
11	杨　勇	霍城县公安局副局长	江阴市公安局华士派出所所长	2011.07 ～ 2013.12
12	王志明	霍城县农林水牧系统专家	江阴市农业干部学校副校长	2010.12 ～ 2013.12
13	陆春兵	霍城县农林水牧系统专家	江阴市动物疫病预防控制中心副主任	2010.12 ～ 2012.08

续表

序号	姓　名	援疆工作单位及职务	援疆前工作单位及职务	援疆时间
14	马建国	霍城县水利局项目办副主任	江阴市水利工程公司经理助理	2012.04～2013.12
15	王晓白	霍城县住房和城乡建设局质检站副站长	江阴市住房和城乡建设局质检站副站长（股级）	2012.04～2013.12
16	徐向前	霍城县畜牧兽医站副站长	江阴市动物疫病预防控制中心副主任	2012.08～2013.12
17	刘国平	霍城县江苏中学副校长	江阴市第二中学副校长	2010.12～2012.08
18	高晓华	霍城县江苏中学教师	江苏省南菁高级中学教师	2010.12～2012.08
19	吴兆刚	霍城县江苏中学教师	江阴市华士高级中学教师	2010.12～2012.08
20	沈　杰	霍城县江苏中学教师	江阴市第一中学教师	2010.12～2012.08
21	华亚军	霍城县江苏医院副院长	江阴市人民医院医生	2010.12～2012.08
22	张　献	霍城县江苏医院医生	江阴市人民医院医生	2010.12～2012.08
23	何喜军	霍城县江苏医院医生	江阴市人民医院医生	2010.12～2012.08
24	胡　可	霍城县中医医院副院长	江阴市中医院医生	2010.12～2012.08
25	吴　疆	霍城县中医医院医生	江阴市中医院医生	2010.12～2012.08
26	柳炳桃	霍城县江苏中学副校长	江苏省江阴高级中学团委书记	2012.08～2013.12
27	颜忠元	霍城县江苏中学教师	江苏省江阴高级中学教师	2012.08～2013.12
28	王　林	霍城县江苏中学教师	江阴市第一中学教师	2012.08～2013.12
29	张年逢	霍城县江苏中学教师	江阴市华士高级中学教师	2012.08～2013.12
30	陈建庆	霍城县江苏医院副院长	江阴市人民医院医生	2012.08～2013.12
31	薛红娣（女）	霍城县江苏医院医生	江阴市人民医院医生	2012.08～2013.12
32	张晨霞（女）	霍城县江苏医院医生	江阴市人民医院医生	2012.08～2013.12
33	邓　峰	霍城县中医医院副院长	江阴市中医院医生	2012.08～2013.12
34	蒋奕蕾（女）	霍城县中医医院医生	江阴市中医院医生	2012.08～2013.12

（四）援奎屯市工作组

序号	姓　名	援疆工作单位及职务	援疆前工作单位及职务	援疆时间
1	杨亚伟	奎屯市委副书记	睢宁县委副书记（正处级）	2010.12～2013.12
2	李青春	奎屯市委常委、副市长	邳州市副市长	2010.12～2013.12
3	张　颖	奎屯—独山子石化工业园管委会副主任	徐州经济技术开发区管委会副主任	2010.12～2013.12
4	金　强	奎屯市住房和城乡建设局副局长	徐州市云龙区住房和城乡建设局副局长	2010.12～2013.12

续表

序号	姓　名	援疆工作单位及职务	援疆前工作单位及职务	援疆时间
5	刘　林	奎屯市发展改革委副主任	徐州市泉山区发展改革与经济局副局长	2010.12～2013.12
6	王　驰	工作组干部	徐州市住房和城乡建设局审图中心主任科员	2010.12～2013.12
7	武　强	工作组干部	徐州市规划局副处长	2010.12～2013.12
8	杨　建	工作组干部	徐州市铜山区政府办公室信息科副科长	2010.12～2013.12
9	陈　波	工作组干部	徐州市政府办公室秘书处副处长	2010.12～2013.12
10	潘　方	奎屯市公安局副局长	徐州市公安局云龙分局干部	2011.07～2013.12
11	王　敏	奎屯市高级中学副校长	徐州市第三十六中学教师	2010.12～2012.08
12	王冠钦	奎屯市高级中学教师	徐州市铜山职业教育中心教师	2010.12～2012.08
13	郭兴林	奎屯市高级中学教师	邳州市官湖高级中学教师	2010.12～2012.08
14	吴兴斌	奎屯市高级中学教师	徐州市贾汪区建平中学教师	2010.12～2012.08
15	于春红（女）	奎屯市高级中学教师	邳州市第一中学教师	2010.12～2012.08
16	赵　苑	奎屯市第一中学副校长	徐州市第十三中学副校长	2010.12～2012.08
17	滕　辉	奎屯市第一中学教师	徐州市铜山区三堡镇中心中学教师	2010.12～2012.08
18	刘加柱	奎屯市第一中学教师	徐州市王杰中学教师	2010.12～2012.08
19	陈昌山	奎屯市第一中学教师	徐州市第三十三中学教师	2010.12～2012.08
20	张　娟（女）	奎屯市疾控中心医生	徐州市疾控中心医生	2010.12～2012.08
21	夏玉娟（女）	奎屯市妇幼保健院副院长	徐州市妇幼保健院医生	2010.12～2012.08
22	苏建忠	奎屯市妇幼保健院医生	徐州市儿童医院医生	2010.12～2012.08
23	张吉峰	奎屯市教研中心教师	徐州市特殊教育学校教师	2012.08～2013.12
24	高　峰	奎屯市教研中心教师	徐州市第三十一中学教师	2012.08～2013.12
25	程建飞	奎屯市教研中心教师	徐州市光荣巷小学教师	2012.08～2013.12
26	王艳强	奎屯市教研中心教师	徐州经济技术开发区实验学校教师	2012.08～2013.12
27	石　杰	奎屯市第二中学教师	徐州市新城实验学校教师	2012.08～2013.12
28	王云海	奎屯市第二中学教师	徐州市九里中学教师	2012.08～2013.12
29	张　勇	奎屯市第三中学副校长	徐州高等师范学校教师	2012.08～2013.12
30	刘　永	奎屯市第三中学教师	睢宁县第二中学教师	2012.08～2013.12
31	苗翠军	奎屯市第三中学教师	沛县第二中学教师	2012.08～2013.12
32	赵丽杰（女）	奎屯市妇幼保健院医生	徐州市肿瘤医院医生	2012.08～2013.12
33	张瑞刚	奎屯市妇幼保健院医生	新沂市人民医院医生	2012.08～2013.12
34	桑兴旺	奎屯市疾控中心医生	徐州市疾控中心医生	2012.08～2013.12

（五）援尼勒克县工作组

序号	姓　名	援疆工作单位及职务	援疆前工作单位及职务	援疆时间
1	杨国成	尼勒克县委副书记	常州市武进区委常委	2010.12～2013.12
2	王伟华	尼勒克县委常委、副县长	常州市武进区政府党组成员，武进区住房和城乡建设局党委副书记、局长	2010.12～2013.12
3	李文俊	尼勒克县发展改革委副主任	常州市武进区发展改革局副局长	2010.12～2013.12
4	贺　军	尼勒克县建设局副局长	常州市武进区住房和城乡建设局副局长	2010.12～2013.12
5	牟剑宏	尼勒克县公安局副局长	常州市武进区公安局干部	2010.12～2013.12
6	周建国	尼勒克县农业局高级农艺师	常州市武进区农业局高级农艺师	2010.12～2013.12
7	王锁荣	尼勒克县畜牧兽医局高级畜牧师	常州市武进区嘉泽镇兽医站站长、高级兽医师	2010.12～2013.12
8	黄伟文	尼勒克县第一中学副校长	江苏省奔牛高级中学教师	2010.12～2013.12（中期留任）
9	于寿成	尼勒克县第一中学教师	常州市武进高级中学教师	2010.12～2013.12（中期留任）
10	承　波	尼勒克县第一中学教师	常州市武进横山桥高级中学教师	2010.12～2013.12（中期留任）
11	陈俏松	尼勒克县第一中学教师	常州市武进鸣凰中学教师	2010.12～2013.12（中期留任）
12	王　昊	尼勒克县第一中学教师	常州市武进高级中学教师	2010.12～2012.08
13	江　敏	尼勒克县人民医院副院长	常州市武进第二人民医院医生	2010.12～2013.12（中期留任）
14	王丽雯（女）	尼勒克县妇幼保健院副院长	常州市武进中医医院医生	2010.12～2013.12（中期留任）
15	管小军	尼勒克县人民医院医生	常州市武进第二人民医院医生	2010.12～2012.08
16	史卫海	尼勒克县人民医院医生	常州市武进人民医院医生	2010.12～2012.08
17	朱立新	尼勒克县人民医院医生	常州市武进中医医院医生	2010.12～2012.08
18	万金华	尼勒克县妇幼保健院医生	常州市武进人民医院医生	2010.12～2012.08
19	吴建新	尼勒克县第一中学教师	常州市武进鸣凰中学教师	2012.08～2013.12
20	杨大宇	尼勒克县人民医院医生	常州市武进中医医院医生	2012.08～2013.12
21	厉晓龙	尼勒克县人民医院医生	常州市武进人民医院医生	2012.08～2013.12
21	肖建强	尼勒克县人民医院医生	常州市武进人民医院医生	2012.08～2013.12
23	陈　燕（女）	尼勒克县妇幼保健院医生	常州市武进中医医院医生	2012.08～2013.12

（六）援霍尔果斯苏州工作组

序号	姓　名	援疆工作单位及职务	援疆前工作单位及职务	援疆时间
1	吴　宏	霍尔果斯特殊经济开发区管委会主任、霍尔果斯口岸管委会常务主任	苏州工业园区管委会副主任（副厅级）	2010.12～2012.08
2	黄继跃	霍尔果斯特殊经济开发区管委会主任	苏州市副市级干部	2012.08～2013.10
3	屠福其	霍尔果斯口岸管委会副主任	吴江市副市长	2010.12～2013.12
4	王奇学	霍尔果斯口岸建设环保局党组书记	苏州浒墅关经济技术开发区管委会副主任	2010.12～2013.12
5	谈正宁	霍尔果斯口岸经济发展局副局长	苏州市国防动员委员会经济动员办公室副主任（正科级）	2010.12～2013.12
6	王　勇	霍尔果斯口岸财政局副局长	苏州市财政局人教处副处长	2010.12～2013.12
7	朱运浩	霍尔果斯口岸建设环保局副局长	苏州市建设工程质量监督站监督科科长	2010.12～2013.12
8	刘大成	工作组干部	苏州市水利局工程管理处副处长	2010.12～2013.12
9	钱志强	工作组干部	吴江市七都镇招商中心副主任	2010.12～2013.12
10	朱云磊	霍尔果斯口岸管委会副主任	苏州工业园区经济贸易发展局副调研员	2011.07～2013.12
11	王明金	霍尔果斯口岸管委会副主任	苏州工业园区国资办副调研员	2011.07～2013.12

（七）援霍尔果斯连云港工作组

序号	姓　名	援疆工作单位及职务	援疆前工作单位及职务	援疆时间
1	赵守才	霍尔果斯口岸管委会副主任	连云港市港口管理局副局长（正处级）	2010.12～2013.12
2	叶劲松	霍尔果斯口岸广播电视局党组书记	连云港市委办公室信息处处长（副处级）	2010.12～2013.12
3	朱立波	工作组干部	连云港市港口集团东源公司业务部经理	2010.12～2013.12
4	王　远	工作组干部	连云港经济技术开发区党群工作部综合处处长	2010.12～2013.12

（八）援巩留县工作组

序号	姓　名	援疆工作单位及职务	援疆前工作单位及职务	援疆时间
1	黄雪元	巩留县委副书记	张家港市副市长	2010.12～2013.12
2	季　冬	巩留县委常委、常务副县长	张家港经济技术开发区管委会副主任	2010.12～2013.12
3	周荣兴	巩留县发展改革委副主任	张家港市发展改革委电力管理科科长	2010.12～2013.12
4	李光磊	巩留县建设局副局长	张家港保税区建筑工程质量监督站、安全监督站站长	2010.12～2013.12

续表

序号	姓 名	援疆工作单位及职务	援疆前工作单位及职务	援疆时间
5	赵晓龙	巩留县教育局副局长	张家港工贸职业高级中学校长	2010.12～2013.12
6	钱永明	巩留县卫生局副局长	张家港市康乐医院院长	2010.12～2013.12
7	孙屹东	巩留县委办公室副主任	张家港市便民服务中心办公室主任	2010.12～2013.12
8	顾 华	巩留县公安局副局长	张家港市公安局干部	2011.07～2013.12
9	张文飞	巩留县农林水牧系统专家	张家港市畜牧兽医站兽医师	2010.12～2012.08
10	丁 峰	巩留县农林水牧系统专家	张家港市作物栽培技术指导站农艺师	2010.12～2012.08
11	姜新良	巩留县蔬菜办公室主任助理	张家港市蔬菜办公室主任助理	2012.08～2013.12
12	郭 龙	巩留县第二中学副校长	江苏省梁丰高级中学教师	2010.12～2012.08
13	郑星刚	巩留县第二中学教师	张家港市沙洲中学教师	2010.12～2013.12（中期留任）
14	赵春芳	巩留县第二中学教师	张家港市暨阳高级中学教师	2010.12～2012.08
15	宋维约	巩留县第二中学教师	张家港市暨阳高级中学教师	2010.12～2012.08
16	黄志刚	巩留县第二中学教师	江苏省梁丰高级中学教师	2010.12～2012.08
17	储聪忠	巩留县第二中学教师	张家港高级中学教师	2010.12～2012.08
18	蒋 锋	巩留县人民医院副院长	张家港市第一人民医院医生	2010.12～2012.08
19	孙晔子	巩留县人民医院医生	张家港市第一人民医院医生	2010.12～2012.08
20	郭 刚	巩留县人民医院医生	张家港市第一人民医院医生	2010.12～2012.08
21	温 玲（女）	巩留县人民医院医生	张家港市中医医院医生	2010.12～2012.08
22	姜 红（女）	巩留县人民医院医生	张家港市中医医院医生	2010.12～2012.08
23	夏军良	巩留县第二中学副校长	张家港市沙洲中学副校长	2012.08～2013.12
24	杨晓冬	巩留县第二中学教师	张家港市塘桥高级中学教师	2012.08～2013.12
25	杭厚强	巩留县第二中学教师	张家港市后塍高级中学团委书记	2012.08～2013.12
26	蒋卫娟（女）	巩留县第二中学教师	张家港市乐余高级中学教师	2012.08～2013.12
27	赵 松	巩留县第二中学教师	张家港高级中学教师	2012.08～2013.12
28	屈陈江	巩留县人民医院副院长	张家港市第一人民医院医生	2012.08～2013.12
29	施建东	巩留县人民医院院长助理	张家港市中医医院医生、凤凰镇医院副院长	2012.08～2013.12
30	强 萍（女）	巩留县人民医院医生	张家港市第一人民医院医生	2012.08～2013.12
31	肖 柯	巩留县人民医院医生	张家港市第一人民医院医生	2012.08～2013.12
32	陆志峰	巩留县人民医院医生	张家港市中医医院医生	2012.08～2013.12
33	田 锋	巩留县人民医院医生	张家港市中医医院医生	2012.08～2013.12

（九）援伊宁县工作组

序号	姓　名	援疆工作单位及职务	援疆前工作单位及职务	援疆时间
1	陶荣龙	伊宁县委副书记	海安县副县长	2010.12 ～ 2013.12（留任）
2	袁鸿飞	伊宁县委常委、副县长	启东市副市长	2010.12 ～ 2013.12
3	陆忠华	伊宁县发展改革委副主任	启东市发展改革委副主任	2010.12 ～ 2013.12
4	吴　昊	伊宁县建设局副局长	海安县住房和城乡建设局副局长	2010.12 ～ 2013.12
5	沙　飞	工作组干部	南通市财政局副处长	2010.12 ～ 2013.12
6	钱晓兵	工作组干部	海安县政府办公室科长	2010.12 ～ 2013.12
7	徐武钧	工作组干部	南通市市政设施管理处副主任	2010.12 ～ 2013.12
8	朱红星	工作组干部	启东市政府投资项目工程建设中心行政中心项目副主任	2010.12 ～ 2013.12
9	陈爱军	伊宁县公安局副局长	南通市公安局开发区分局干部	2011.07 ～ 2013.12
10	卢建均	伊宁县水利局局长助理	南通市水利局节制闸管理所所长	2010.12 ～ 2012.08
11	施晓晖	伊宁县农业局局长助理	海门市农业局蔬菜站副站长	2010.12 ～ 2012.08
12	凌为端	伊宁县林业局局长助理	如东县林果指导站党支部副书记	2010.12 ～ 2012.08
13	许颂河（女）	伊宁县教育局局长助理	启东市教育局教研室教研员	2012.08 ～ 2013.12
14	吴海军	伊宁县水利局副局长	南通市水利局规划与建设处处长	2012.08 ～ 2013.12
15	张翊翔	伊宁县第二中学副校长	南通市启秀中学副校长	2010.12 ～ 2012.08
16	张志勇	伊宁县第二中学教师	江苏省西亭高级中学教师	2010.12 ～ 2012.08
17	姚　明	伊宁县第二中学教师	江苏省南通中学教师	2010.12 ～ 2012.08
18	罗志钧	伊宁县第二中学教师	江苏省南通中学教师	2010.12 ～ 2012.08
19	周仕建	伊宁县第二中学教师	南通市紫琅中学教师	2010.12 ～ 2012.08
20	成晓燕（女）	伊宁县人民医院副院长	南通市妇幼保健院医生	2010.12 ～ 2012.08
21	张建锋	伊宁县人民医院医生	南通市肿瘤医院医生	2010.12 ～ 2012.08
22	郑　兵	伊宁县人民医院医生	南通市第一人民医院医生	2010.12 ～ 2012.08
23	马　鑫	伊宁县中医医院副院长	南通市第二人民医院医生	2010.12 ～ 2013.12（中期留任）
24	郭　胜	伊宁县中医医院医生	南通市中医院医生	2010.12 ～ 2012.08
25	陈曙梁	伊宁县第二中学校长	如东县第一职业教育中心校副校长	2012.08 ～ 2013.12
26	周庆万	伊宁县第二中学教师	如东县教育局干部	2012.08 ～ 2013.12
27	金锦峰	伊宁县第二中学教师	南通市第三中学教师	2012.08 ～ 2013.12
28	翟新华	伊宁县第二中学教师	南通市启秀中学教师	2012.08 ～ 2013.12
29	薛亚峰	伊宁县第二中学教师	如东县马塘中学教师	2012.08 ～ 2013.12

续表

序号	姓　名	援疆工作单位及职务	援疆前工作单位及职务	援疆时间
30	陆　明	伊宁县人民医院医生	南通市第一人民医院医生	2012.08 ～ 2013.12
31	曹　力	伊宁县人民医院医生	南通市第三人民医院医生	2012.08 ～ 2013.12
32	王浩然	伊宁县人民医院医生	南通市肿瘤医院医生	2012.08 ～ 2013.12
33	王　峰	伊宁县中医医院医生	南通市中医院医生	2012.08 ～ 2013.12

（十）援察布查尔县工作组

序号	姓　名	援疆工作单位及职务	援疆前工作单位及职务	援疆时间
1	唐　敬	察布查尔县委副书记	滨海县委常委、宣传部部长，江苏滨海港开发建设管委会常务副主任（正处级）	2010.12 ～ 2013.12
2	田国举	察布查尔县委常委、副县长	响水县副县长	2010.12 ～ 2013.12
3	唐　尧	察布查尔县发展改革委副主任	盐城市发展改革委区域经济合作处副处长（正科级）	2010.12 ～ 2013.12
4	刘德灿	察布查尔县建设局副局长	滨海县建筑工程质量监督站党支部书记（副科级）	2010.12 ～ 2013.12
5	薛鹏志	工作组干部	响水县台胞接待站站长	2010.12 ～ 2012.08
6	刘建兵	工作组干部	盐城市财政局团委书记	2010.12 ～ 2013.12
7	杨宝慧	工作组干部	盐城市亭湖区规划编制研究中心副主任	2010.12 ～ 2013.12
8	张云涛	察布查尔县公安局副局长	盐城市公安局干部	2011.07 ～ 2013.12
9	韩成钢	察布查尔县林业局园艺站副站长	盐城市果树技术指导站副站长	2010.12 ～ 2012.08
10	周　峰	察布查尔县农业局菜篮子办公室副主任	盐城市蔬菜技术指导站农艺师	2010.12 ～ 2012.08
11	邱铁龙	察布查尔县水利局水管总站副站长	盐城市射阳河闸管理所工程管理科科长	2010.12 ～ 2012.08
12	曹志康	工作组干部	滨海县政府办公室城建科科长	2012.08 ～ 2013.12
13	顾正将	察布查尔县林业局园艺站副站长	盐城市果树技术指导站副站长	2012.08 ～ 2013.12
14	李长亚	察布查尔县农业局农业技术推广站副站长	盐城市粮油作物技术指导站副站长	2012.08 ～ 2013.12
15	徐建叶	察布查尔县水利局水管总站副站长	盐城市通榆河枢纽工程管理处工管科副科长	2012.08 ～ 2013.12
16	许高明	察布查尔县教育局副局长、县第三中学副校长	盐城市盐阜中学副校长	2010.12 ～ 2013.12（中期留任）
17	王洪明	察布查尔县第一中学教师	盐城市第一中学教师	2010.12 ～ 2012.08
18	唐勇军	察布查尔县第一中学教师	盐城市田家炳中学教师	2010.12 ～ 2012.08
19	颜曲夫	察布查尔县第三中学教师	盐城市明达中学教师	2010.12 ～ 2012.08

续表

序号	姓　名	援疆工作单位及职务	援疆前工作单位及职务	援疆时间
20	陈中清	察布查尔县第三中学教师	盐城市伍佑中学教师	2010.12 ~ 2012.08
21	王四清	察布查尔县人民医院副院长	盐城市第一人民医院医生	2010.12 ~ 2011.12
22	王永芳（女）	察布查尔县人民医院医生	滨海县人民医院医生	2010.12 ~ 2011.12
23	尤　忠	察布查尔县人民医院医生	射阳县人民医院医生	2010.12 ~ 2011.12
24	蔡金兰（女）	察布查尔县妇幼保健院副院长	盐城市妇幼保健院医生	2010.12 ~ 2011.12
25	叶翠香（女）	察布查尔县妇幼保健院医生	响水县人民医院医生	2010.12 ~ 2011.12
26	范广峰	察布查尔县人民医院副院长	盐城市中医院医生	2011.12 ~ 2012.12
27	潘仁友	察布查尔县人民医院医生	盐城市中医院医生	2011.12 ~ 2012.12
28	陶　娟（女）	察布查尔县人民医院医生	阜宁县人民医院医生	2011.12 ~ 2012.12
29	刘　红（女）	察布查尔县妇幼保健院副院长	盐城市妇幼保健院医生	2011.12 ~ 2012.12
30	伏如兵	察布查尔县妇幼保健院医生	建湖县人民医院医生	2011.12 ~ 2012.12
31	陈宏兆	察布查尔县第三中学分校校长、第三中学校长	江苏省盐城中学教师	2012.08 ~ 2013.12
32	韩月鹏	察布查尔县第三中学分校副校长、第三中学副校长	盐城市文峰中学教师	2012.08 ~ 2013.12
33	卢学森	察布查尔县第三中学教师	盐城市田家炳中学教师	2012.08 ~ 2013.12
34	刘志华	察布查尔县第三中学教师	盐城市明达中学教师	2012.08 ~ 2013.12
35	刘正东	察布查尔县人民医院副院长	大丰市人民医院医生	2012.12 ~ 2013.12
36	王玉武	察布查尔县人民医院医生	盐城市第三人民医院医生	2012.12 ~ 2013.12
37	何宇辉（女）	察布查尔县妇幼保健院副院长	东台市人民医院医生	2012.12 ~ 2013.12
38	李　军	察布查尔县妇幼保健院医生	东台市人民医院医生	2012.12 ~ 2013.12
39	肖立成	察布查尔县中医医院医生	盐城市第三人民医院医生	2012.12 ~ 2013.12

（十一）援新源县工作组

序号	姓　名	援疆工作单位及职务	援疆前工作单位及职务	援疆时间
1	陈德宏	新源县委副书记	扬州市维扬区副区长	2010.12 ~ 2013.12
2	李桂山	新源县委常委、副县长	江都市副市长	2010.12 ~ 2013.12
3	周　际	新源县发展改革委副主任	扬州市发展改革委对外经贸合作处处长	2010.12 ~ 2013.12
4	唐朝文	新源县建设局副局长	扬州市城乡建设局建筑业管理处处长	2010.12 ~ 2013.12
5	夏　天	工作组干部	扬州市财政局监督处副处长	2010.12 ~ 2013.12

续表

序号	姓　名	援疆工作单位及职务	援疆前工作单位及职务	援疆时间
6	施　伟	工作组干部	扬州市公路管理处工程项目办副科长	2010.12～2013.12
7	张　斌	工作组干部	扬州市畜牧兽医站副站长	2010.12～2013.12
8	蒋伟坤	新源县公安局副局长	扬州市公安局干部	2011.07～2013.12
9	柏庆荣	新源县畜牧兽医局专业技术人员	高邮市畜牧兽医站副站长	2010.12～2012.08
10	肖东生	新源县农业局菜篮子工程办公室副主任	仪征市农委蔬菜生产办公室副主任	2010.12～2012.08
11	沈圩加	新源县水利局高级工程师	扬州市城市防洪工程管理处主任助理	2010.12～2012.08
12	袁文华	新源县畜牧兽医局畜牧兽医站副站长	宝应县畜牧兽医站副站长	2012.08～2013.12
13	李军民	新源县农业局菜篮子工程办公室副主任	扬州市江都区桑蚕指导站副站长	2012.08～2013.12
14	魏　军	新源县水利局总工程师	扬州市水利局副主任科员	2012.08～2013.12
15	成迎道	新源县第二中学副校长	高邮市甸垛中学副校长	2010.12～2012.08
16	缪昊俊	新源县第二中学教师	江苏省仪征中学教师	2010.12～2012.08
17	凡凤阳	新源县第二中学教师	江都市宜陵中学教师	2010.12～2012.08
18	沈仁斌	新源县第八中学副校长	扬州市维扬区甘泉中学教师	2010.12～2012.08
19	李晓飞	新源县第八中学教师	宝应县画川高级中学教师	2010.12～2012.08
20	胡翰生	新源县人民医院副院长	江苏省苏北人民医院医生	2010.12～2012.08
21	解正高	新源县人民医院副院长	江苏省苏北人民医院医生	2010.12～2012.08
22	庄远岭	新源县人民医院医生	扬州市第一人民医院医生	2010.12～2012.08
23	吴新萍（女）	新源县妇幼保健院副院长	扬州市妇幼保健院医生	2010.12～2012.08
24	张亚平	新源县中医医院医生	扬州市中医院医生	2010.12～2012.08
25	翟元国	新源县第二中学副校长	扬州大学附属中学教师	2012.08～2013.12
26	孙为民	新源县第二中学教师	扬州大学附属中学东部分校教师	2012.08～2013.12
27	陈玉霞（女）	新源县第二中学教师	扬州市新华中学教师	2012.08～2013.12
28	严　亮	新源县第二中学教师	扬州市第一中学教师	2012.08～2013.12
29	张德胜	新源县第二中学教师	扬州市邗江区瓜洲中学教师	2012.08～2013.12
30	陶玉平	新源县人民医院副院长	江苏省苏北人民医院医生	2012.08～2013.12
31	叶东生	新源县人民医院医生	江苏省苏北人民医院医生	2012.08～2013.12
32	赵明俊	新源县人民医院医生	扬州市第一人民医院医生	2012.08～2013.12
33	张燕萍（女）	新源县妇幼保健院副院长	扬州市妇幼保健院医生	2012.08～2013.12
34	刘　军	新源县中医医院副院长	扬州市中医院医生	2012.08～2013.12

（十二）援昭苏县工作组

序号	姓　名	援疆工作单位及职务	援疆前工作单位及职务	援疆时间
1	陈　林	昭苏县委副书记	泰州市住房和城乡建设局党委副书记（正处级）	2010.12～2013.12
2	刘　辉	昭苏县委常委、副县长	泰兴市副市长	2010.12～2013.12
3	陈　峰	昭苏县发展改革委副主任	泰州市重大项目办公室副主任科员	2010.12～2013.12
4	苏锦中	昭苏县建设局副局长	泰州市海陵区住房和城乡建设局副局长、区建筑工程管理局副局长	2010.12～2013.12
5	倪美满	昭苏县财政局副局长	泰州市财政局综合处科员	2010.12～2013.12
6	梁小祥	昭苏县公安局副局长	泰州市公安局干部	2011.07～2013.12
7	陈俊才	昭苏县农业局副局长	泰州市农委种子管理站副站长	2010.12～2013.12（中期留任）
8	蔡庆康	昭苏县卫生局副局长兼昭苏县人民医院外科副主任	泰州市人民医院医生	2010.12～2013.12（中期留任）
9	郭年成	昭苏县畜牧兽医局局长助理	泰兴市农委畜牧兽医中心	2010.12～2012.08
10	李瑞林	昭苏县教育局副局长兼昭苏县高级中学副校长	泰州市教育局师资处教务员	2010.12～2012.08
11	徐　波	昭苏县建设局副局长	兴化市规划勘测设计院院长	2012.08～2013.12
12	张　剑	昭苏县高级中学教师	泰州市第三高级中学教师	2010.12～2012.08
13	朱小碗	昭苏县高级中学教师	江苏省口岸中学教师	2010.12～2012.08
14	杨大鹏	昭苏县高级中学教师	泰州市田家炳实验中学教师	2010.12～2012.08
15	王晓圣	昭苏县高级中学教师	泰州中学教师	2010.12～2012.08
16	王如珠	昭苏县人民医院副院长	泰州市人民医院医生	2010.12～2012.08
17	曹素珍（女）	昭苏县人民医院医生	泰州市高港人民医院医生	2010.12～2012.08
18	叶　飞	昭苏县人民医院医生	泰兴市人民医院医生	2010.12～2012.08
19	徐　康	昭苏县中医医院副院长	泰兴市人民医院医生	2010.12～2012.08
20	仲卫东	昭苏县中医医院医生	泰州市第四人民医院医生	2010.12～2012.08
21	缪文初	昭苏县育英学校副校长	靖江市靖城中学副校长	2012.08～2013.12
22	鞠　杰	昭苏县育英学校教师	靖江市实验学校教师	2012.08～2013.12
23	杜银虎	昭苏县育英学校教师	靖江市滨江学校教师	2012.08～2013.12
24	陆　胜	昭苏县育英学校教师	靖江市靖城中学教师	2012.08～2013.12
25	何剑波	昭苏县育英学校教师	靖江市团结中学教师	2012.08～2013.12
26	戴爱所	昭苏县人民医院副院长	泰州市人民医院医生	2012.08～2013.12
27	胡庆军	昭苏县人民医院医生	姜堰市中医院医生	2012.08～2013.12
28	张　玉（女）	昭苏县人民医院医生	泰州市中医院医生	2012.08～2013.12

续表

序号	姓　名	援疆工作单位及职务	援疆前工作单位及职务	援 疆 时 间
29	王翠霞（女）	昭苏县人民医院医生	姜堰市人民医院医生	2012.08 ～ 2013.12
30	施文杰	昭苏县中医医院副院长	泰州市中医院医生	2012.08 ～ 2013.12

（十三）援兵团七师工作组

序号	姓　名	援疆工作单位及职务	援疆前工作单位及职务	援 疆 时 间
1	窦立夫	七师党委常委、副师长	淮安市副市长	2011.12 ～ 2013.12
2	吴锦虎	七师师长助理	淮安市清河区委副书记、调研员	2010.12 ～ 2013.12
3	陈启旭	七师公安局副局长	淮安市公安局干部	2011.07 ～ 2013.12
4	刘思岩	七师建设环保局副局长	淮安市住房和城乡建设局副局长	2010.12 ～ 2013.12
5	朱海军	七师卫生局副局长	淮安市科技局副局长	2010.12 ～ 2013.12
6	薛乐飞	七师财务局副局长	淮安市财政局副局长	2010.12 ～ 2013.12
7	卫龙君	七师党委组织部部长助理	淮安市委组织部青年干部处处长	2010.12 ～ 2013.12
8	蒋洪扬	七师招商局、商务局局长助理	淮安市外资招商处主任科员	2010.12 ～ 2013.12
9	刘　洪	七师农业局局长助理	洪泽县农委副主任、主任科员	2010.12 ～ 2013.12
10	石春林	七师发展改革委主任助理	淮安市发展改革委主任科员	2010.12 ～ 2012.08
11	张清明	七师天北新区管委会副主任	淮安市城市建设指挥部办公室处长	2010.12 ～ 2013.12（中期留任）
12	户　航	七师电力公司专业技术干部	淮安市热电公司生产技术部副主任	2010.12 ～ 2013.12
13	刘春平	七师天北新区专业技术干部	淮安市墙改办推广应用科科长	2010.12 ～ 2013.12
14	朱　刚	七师国有资产经营公司副总经理	淮安市水利资产经营有限公司机关工会主席、经营部副主任	2010.12 ～ 2013.12
15	冯维芹	七师国有资产经营公司副总经理	江苏瑞洁塑料管材管件有限公司总经理、党支部书记	2010.12 ～ 2013.12
16	李　敏	七师北方建设集团公司副总经理	淮安经济技术开发区经济发展总公司下属城市资产经营有限公司副总经理	2010.12 ～ 2013.12
17	王人民	七师棉业纺织有限责任公司副总经理	淮安市纺织资产经营有限公司工会主席、办公室副主任	2010.12 ～ 2013.12
18	高天琦	七师农机监理所所长	江苏清拖农业装备有限公司冲压件厂副厂长	2010.12 ～ 2013.12
19	刘　平	七师发展改革委主任助理	淮安市清河区机关服务中心副主任	2012.08 ～ 2013.12
20	赵知春	七师天北新区管委会副主任	淮安市发展改革委副主任	2012.08 ～ 2013.12
21	王怀忠	七师五五工业园区管委会副主任	淮安市乡镇企业局副局长	2012.08 ～ 2013.12
22	王　浩	七师高级中学常务副校长	淮阴师范学院附属中学教师	2010.12 ～ 2013.12（中期留任）

续表

序号	姓　名	援疆工作单位及职务	援疆前工作单位及职务	援疆时间
23	曹　斌	七师高级中学教师	江苏省淮阴中学教师	2010.12 ～ 2012.08
24	郑宏伟	七师高级中学教师	江苏省清江中学教师	2010.12 ～ 2012.08
25	王艳梅（女）	七师高级中学教师	江苏省清江中学教师	2010.12 ～ 2012.08
26	鲍　智	七师医院副院长	淮安市第一人民医院医生	2010.12 ～ 2013.12（中期留任）
27	耿昌海	七师医院医生	淮安市中医院医生	2010.12 ～ 2013.12（中期留任）
28	邓杰林	七师医院医生	淮安市第二人民医院医生	2010.12 ～ 2012.08
29	黄文忠	七师医院医生	淮安市第三人民医院医生	2010.12 ～ 2012.08
30	刘永红（女）	七师高级中学教师	淮阴师范学院附属中学教师	2012.08 ～ 2013.12
31	吴　祥	七师高级中学教师	淮安市清河中学教师	2012.08 ～ 2013.12
32	杨二俊	七师高级中学教师	江苏省清浦中学教师	2012.08 ～ 2013.12
33	居克举	七师医院医生	淮安市第一人民医院医生	2012.08 ～ 2013.12
34	陈　胜	七师医院医生	淮安市第一人民医院医生	2012.08 ～ 2013.12
35	居从金	七师医院医生	淮安市第二人民医院医生	2012.08 ～ 2013.12
36	李　红（女）	七师医院医生	淮安市第二人民医院医生	2012.08 ～ 2013.12
37	林小飞	七师医院医生	淮安市妇幼保健院医生	2012.08 ～ 2013.12
38	姜宏森	七师中医医院医生	淮安市中医院医生	2012.08 ～ 2013.12

（十四）援兵团四师工作组

序号	姓　名	援疆工作单位及职务	援疆前工作单位及职务	援疆时间
1	丁　憬	四师党委常委、副师长，霍尔果斯特殊经济开发区兵团分区管委会主任	镇江市副市长	2011.12 ～ 2013.12
2	余国根	四师师长助理	镇江市京口区委常委（正处职）	2010.12 ～ 2013.12
3	陈发荣	四师商务局副局长	镇江市丹徒区副区长	2010.12 ～ 2013.12
4	张锦红	四师党委组织部副部长	镇江市委组织部副调研员	2010.12 ～ 2013.12
5	吕仁卿	四师发展改革委副主任	镇江市发展改革委副调研员	2010.12 ～ 2013.12
6	潘海涛	四师建设局副局长	镇江市住房和城乡建设局副调研员	2010.12 ～ 2013.12
7	陈　明	四师党委办公室副主任	镇江市委办公室副调研员	2010.12 ～ 2013.12
8	郭先武	四师教育局局长助理	镇江市京口区政府办公室副主任（正科级）	2010.12 ～ 2013.12

续表

序号	姓　名	援疆工作单位及职务	援疆前工作单位及职务	援疆时间
9	高云海	四师伊力特实业股份有限公司副总经理	江苏恒顺集团有限公司总经理助理、镇江恒顺新型调味品有限公司总经理	2010.12～2013.12
10	朱　强	四师伊犁南岗建材集团公司专业技术干部	镇江市路桥工程总公司项目经理	2010.12～2013.12
11	殷　勇	四师伊犁南岗建材集团公司专业技术干部	江苏船山集团有限责任公司机运车间副主任	2010.12～2013.12
12	刘红生	四师伊犁南岗建材集团公司副总经理	镇江韦岗铁矿有限公司冶金分公司副经理（总经理助理）	2010.12～2013.12
13	李德宽	四师振兴总厂副厂长	镇江港务集团有限公司党办、纪委办主任，人武部部长	2010.12～2013.12
14	郦　东	四师电力公司专业技术干部	镇江大东纸业有限公司仪电处副科长	2010.12～2013.12
15	孙建灵	四师电力公司专业技术干部	镇江安装集团安装项目部项目经理、二级建造师	2010.12～2012.08
16	陈咸庆	四师伊帕尔汗公司副总经理	江苏索普集团供销公司副总经理	2010.12～2012.08
17	陆　群	四师伊帕尔汗公司副总经理	江苏太白集团有限公司总经理助理	2010.12～2012.08
18	季成宾	四师公安局副局长	镇江市公安局干部	2011.07～2013.12
19	许启强	四师党委党校教师	镇江市委党校马列教研室副主任、行管教研室副主任	2012.08～2013.12
20	蒙呈魁	四师经营管理人员	镇江市经济和信息化委员会中小企业合作与创新处副处长	2012.08～2013.12
21	王光国	四师经营管理人员	镇江市丹徒区委办公室副主任、研究室副主任、综合科科长	2012.08～2013.12
22	朱靖平	四师专业技术人员	镇江市招商中心驻东莞办事处副主任（副科级）	2012.08～2013.12
23	张梅梅（女）	四师专业技术人员	镇江市商务局老干部处处长	2012.08～2013.12
24	凌明忠	四师专业技术人员	镇江市规划设计研究院高级规划师	2012.08～2013.12
25	邹建平	四师第一中学副校长	江苏省镇江第一中学教师	2010.12～2012.08
26	王言利	四师第一中学教师	江苏省镇江中学教师	2010.12～2012.08
27	高　勇	四师第一中学教师	镇江市实验高级中学教师	2010.12～2012.08
28	朱　军	四师第一中学教师	镇江市大港中学教师	2010.12～2012.08
29	王俊义	四师第一中学教师	镇江市第三中学教师	2010.12～2012.08
30	仇立春	四师医院医生	镇江市第二人民医院医生	2010.12～2013.12
31	周　蓓（女）	四师医院医生	镇江市第一人民医院医生	2010.12～2012.08
32	陈　剑	四师医院医生	镇江市第一人民医院医生	2010.12～2012.08
33	张光宏	四师医院医生	镇江市第二人民医院医生	2010.12～2012.08

续表

序号	姓　名	援疆工作单位及职务	援疆前工作单位及职务	援疆时间
34	刘　丽（女）	四师第一中学教师	镇江市实验高级中学教师	2012.08 ～ 2013.12
35	孟　炎（女）	四师第一中学教师	镇江市第二中学教师	2012.08 ～ 2013.12
36	张　蕾（女）	四师第一中学教师	镇江市第二中学教师	2012.08 ～ 2013.12
37	方裕森	四师第一中学教师	镇江市丹徒高级中学教师	2012.08 ～ 2013.12
38	陈广进	四师第一中学教师	江苏省镇江中学教师	2012.08 ～ 2013.12
39	张　炜	四师医院医生	江苏大学附属医院医生	2012.08 ～ 2013.12
40	谢正兴	四师医院医生	江苏大学附属医院医生	2012.08 ～ 2013.12
41	蒋　鹏	四师医院医生	江苏大学附属医院医生	2012.08 ～ 2013.12
42	周国林	四师医院医生	丹阳市人民医院医生	2012.08 ～ 2013.12
43	符　昕	四师医院医生	丹阳市中医院医生	2012.08 ～ 2013.12

二、援克州指挥部

序号	姓　名	援疆工作单位及职务	援疆前工作单位及职务	援疆时间
1	陆永泉	援克指挥部党委书记、总指挥，克州党委副书记	江苏省水利厅副厅长（正厅级）	2010.08 ～ 2013.12
2	张　鑑	援克指挥部党委副书记、副总指挥，克州副州长	江苏省住房和城乡建设厅副厅级干部	2010.08 ～ 2013.12
3	沈自力	援克指挥部党委副书记、纪委书记，克州纪委副书记	江苏省审计厅纪检组副厅级干部	2010.12 ～ 2013.12
4	胡明保	克州财政局副局长	江苏省财政厅金融处副处长（正处级）	2010.12 ～ 2013.12
5	曹　阳	克州发展改革委副主任	江苏省发展改革委外资处副处长（正处级）	2010.12 ～ 2013.12
6	汪先良	克州建设局副局长	江苏省住房和城乡建设厅住房改革与发展处副处长	2010.12 ～ 2013.12
7	卢　刚	克州党委副秘书长、组织部副部长	江苏省委组织部组织一处副处长（正处级）	2010.12 ～ 2013.12
8	黄　炜	克州教育局副局长	江苏教育电视台副调研员	2010.12 ～ 2013.12
9	田增喜	克州卫生局副局长	江苏省卫生厅疾控处副调研员	2010.12 ～ 2013.12
10	马文海	克州公安局副局长	江苏省公安厅调研员	2011.07 ～ 2013.12
11	王建勋	克州公安局干部	江苏省公安厅副调研员	2011.07 ～ 2013.12
12	惠永刚	克州国家安全局副科长	镇江市国家安全局副科长	2011.07 ～ 2013.12
13	陆国庆	援克指挥部干部	江苏省政协人口资源环境委员会办公室主任	2010.12 ～ 2013.12

续表

序号	姓　名	援疆工作单位及职务	援疆前工作单位及职务	援疆时间
14	孙荣友	援克指挥部干部	江苏省水利厅副处长	2010.12 ～ 2013.12
15	张国强	援克指挥部干部	江苏省委统战部干部处副调研员	2010.12 ～ 2013.12
16	王素军	援克指挥部干部	江苏省工商局财务处副调研员	2010.12 ～ 2013.12
17	卞卫东	援克指挥部干部	江苏省农业委员会会计委派中心管理科科长	2010.12 ～ 2013.12
18	金　虎	援克指挥部干部	江苏省商务厅服务贸易处副主任科员	2010.12 ～ 2013.12
19	邓学军	援克指挥部干部	江苏省国土资源厅矿产开发管理处副调研员	2010.12 ～ 2013.12
20	李　松	援克指挥部干部	江苏省委省级机关工委副处级纪检员	2010.12 ～ 2013.12

（一）援阿合奇县工作组

序号	姓　名	援疆工作单位及职务	援疆前工作单位及职务	援疆时间
1	戴　泉	阿合奇县委副书记	无锡市滨湖区委常委	2010.12 ～ 2013.12
2	林小异	阿合奇县委常委、副县长	无锡市人力资源和社会保障局副局长	2010.12 ～ 2013.12
3	于　兵	阿合奇县发展改革委副主任	无锡市发展改革委经济合作处副处长	2010.12 ～ 2013.12
4	杨晓中	阿合奇县财政局副局长	无锡市财政局国库处副处长	2010.12 ～ 2013.12
5	刘懿敏	阿合奇县建设局副局长、总工程师	无锡市建设工程质量监督站总师办公室副主任（副总工程师）	2010.12 ～ 2013.12
6	林康立	阿合奇县公安局副局长	无锡市公安局干部	2011.07 ～ 2013.12
7	丁　强	阿合奇县同心中学校长	无锡市新城中学副校长	2010.12 ～ 2013.12（中期留任）
8	董曙华	阿合奇县中学教师	无锡市江南中学教师	2010.12 ～ 2012.08
9	邵叶青	阿合奇县中学教师	无锡市洛社初级中学教师	2010.12 ～ 2012.08
10	吴军胜	阿合奇县中学教师	无锡市立人高级中学教师	2010.12 ～ 2012.08
11	陈其明	阿合奇县中学教师	宜兴外国语学校教师	2010.12 ～ 2012.08
12	陆远军	阿合奇县中学教师	无锡市羊尖中学教师	2010.12 ～ 2012.08
13	陈道祯	阿合奇县人民医院副院长	无锡市妇幼保健院副院长	2010.12 ～ 2013.12（中期留任）
14	裴　强	阿合奇县人民医院医生	无锡市人民医院医生	2010.12 ～ 2012.08
15	吴卫国	阿合奇县人民医院医生	无锡市第二人民医院医生	2010.12 ～ 2012.08
16	赵光耀	阿合奇县人民医院医生	无锡市第三人民医院医生	2010.12 ～ 2012.08
17	金留根	阿合奇县人民医院医生	无锡市第四人民医院医生	2010.12 ～ 2012.08
18	刘　楼（女）	阿合奇县人民医院医生	无锡市妇幼保健院医生	2010.12 ～ 2012.08
19	林永春	阿合奇县中学教师	宜兴市实验中学教师	2012.08 ～ 2013.08
20	袁小明	阿合奇县中学教师	无锡市江南中学教师	2012.08 ～ 2013.08

续表

序号	姓　名	援疆工作单位及职务	援疆前工作单位及职务	援 疆 时 间
21	浦向峰	阿合奇县中学教师	无锡市侨谊实验中学教师	2012.08 ～ 2013.08
22	陈益民	阿合奇县中学教师	无锡市广勤中学副校长	2012.08 ～ 2013.08
23	严少卫	阿合奇县中学教师	无锡市刘潭实验学校教师	2012.08 ～ 2013.08
24	朱　曦	阿合奇县人民医院医生	无锡市人民医院医生	2012.08 ～ 2013.12
25	梁　正	阿合奇县人民医院医生	无锡市第二人民医院医生	2012.08 ～ 2013.12
26	刘宗良	阿合奇县人民医院医生	无锡市第三人民医院医生	2012.08 ～ 2013.12
27	潘旭斌	阿合奇县人民医院医生	无锡市第四人民医院医生	2012.08 ～ 2013.12
28	陈　瑜（女）	阿合奇县人民医院医生	无锡市妇幼保健院医生	2012.08 ～ 2013.12

（二）援乌恰县工作组

序号	姓　名	援疆工作单位及职务	援疆前工作单位及职务	援 疆 时 间
1	王生大	乌恰县委副书记	金坛市副市长（正处级）	2010.12 ～ 2013.12
2	胥荣伟	乌恰县委常委、副县长	常州高新区党工委（新北区委）组织部副部长、机关党工委书记（副处级）	2010.12 ～ 2013.12
3	张晓翔	乌恰县发展改革委副主任	常州市发展改革委社会发展处主任科员	2010.12 ～ 2013.12
4	史国良	乌恰县财政局副局长	常州市财政局工贸发展处副处长（正科级）	2010.12 ～ 2013.12
5	芮玉昌	乌恰县建设局副局长、总工程师	溧阳市住房和城乡建设委员会副主任（正科级）	2010.12 ～ 2013.12
6	吉晓风	乌恰县公安局副局长	常州市公安局钟楼分局主任科员	2011.07 ～ 2013.12
7	张海涛	乌恰县中学副校长	常州市北环中学副校长	2010.12 ～ 2013.12（中期留任）
8	储红仙（女）	乌恰县中学教师	常州市兰陵中学教师	2010.12 ～ 2012.08
9	殷朝东	乌恰县中学教师	常州市兰陵中学教师	2010.12 ～ 2012.08
10	盛加强	乌恰县中学教师	常州市市北实验初级中学教师	2010.12 ～ 2012.08
11	王友胜	乌恰县中学教师	金坛市薛埠中学教师	2010.12 ～ 2012.08
12	汤息定	乌恰县中学教师	金坛市第五中学教师	2010.12 ～ 2012.08
13	戴　虹	乌恰县人民医院副院长	常州市第一人民医院副院长	2010.12 ～ 2013.12（中期留任）
14	王卫明	乌恰县人民医院医生	常州市第一人民医院医生	2010.12 ～ 2012.08
15	何　军	乌恰县人民医院医生	常州市第三人民医院医生	2010.12 ～ 2012.08
16	卢同波	乌恰县人民医院医生	常州市肿瘤医院医生	2010.12 ～ 2012.08

续表

序号	姓　名	援疆工作单位及职务	援疆前工作单位及职务	援疆时间
17	王　丽（女）	乌恰县人民医院医生	常州市妇幼保健院医生	2010.12～2012.08
18	李　林	乌恰县人民医院医生	常州市儿童医院医生	2010.12～2012.08
19	陈　平	乌恰县实验中学教师	常州市清潭中学教师	2012.08～2013.12
20	王小斌	乌恰县实验中学教师	常州市钟楼区新闸中学教师	2012.08～2013.12
21	芮建民	乌恰县实验中学教师	常州市新北区吕墅中学教师	2012.08～2013.12
22	蒋　峰	乌恰县实验中学教师	溧阳市第六中学教师	2012.08～2013.12
23	罗光杰	乌恰县实验中学教师	溧阳市第二中学教师	2012.08～2013.12
24	李小龙	乌恰县人民医院医生	常州市中医医院医生	2012.08～2013.12
25	李亚民	乌恰县人民医院医生	常州市儿童医院医生	2012.08～2013.12
26	高剑波	乌恰县人民医院医生	常州市第二人民医院医生	2012.08～2013.12
27	邹松年	乌恰县人民医院医生	常州市肿瘤医院医生	2012.08～2013.12
28	董一善	乌恰县人民医院医生	常州市妇幼保健院医生	2012.08～2013.12

（三）援阿图什市工作组

序号	姓　名	援疆工作单位及职务	援疆前工作单位及职务	援疆时间
1	管凤良	阿图什市委副书记	昆山市副市长	2010.12～2013.12
2	盛梦龙	阿图什市副市长	昆山经济技术开发区管委会副主任	2010.12～2013.12
3	朱雪明	阿图什市发展改革委副主任	昆山市发展改革委副主任	2010.12～2013.12
4	蔡　力	阿图什市建设局副局长	昆山市千灯镇党委副书记	2010.12～2013.12
5	龚雪良	阿图什市财政局副局长	昆山市财政局开发区分局副局长	2010.12～2013.12
6	朱文祥	阿图什市水利局副局长	昆山市水利局副主任科员	2010.12～2013.12
7	方　晖	阿图什市公安局副局长	昆山市公安局主任科员	2011.07～2013.12
8	邱　侃	阿图什市第一中学副校长	昆山市第二中学副校长	2010.12～2013.12（中期留任）
9	沈鹰峰	阿图什市第一中学教师	昆山市张浦中学教师	2010.12～2012.08
10	周海华	阿图什市第一中学教师	昆山市城北中学教师	2010.12～2012.08
11	刘卫荣	阿图什市第一中学教师	昆山市锦溪中学教师	2010.12～2012.08
12	于世红	阿图什市第一中学教师	昆山市亭林中学教师	2010.12～2012.08
13	尹弘青	阿图什市人民医院副院长	昆山市第一人民医院医生	2010.12～2013.12（中期留任）
14	茹铁周	阿图什市人民医院医生	昆山市中医医院医生	2010.12～2012.08
15	陶　业	阿图什市人民医院医生	昆山市第一人民医院医生	2010.12～2012.08
16	朱　艳（女）	阿图什市人民医院医生	昆山市中医医院医生	2010.12～2012.08

续表

序号	姓　名	援疆工作单位及职务	援疆前工作单位及职务	援疆时间
17	张小川	阿图什市人民医院医生	昆山市第一人民医院医生	2010.12～2012.08
18	程　达	阿图什市人民医院医生	昆山市千灯人民医院医生	2010.12～2012.08
19	刘秀珍（女）	阿图什市第一中学教师	昆山市锦溪中学教师	2011.08～2012.08
20	冯雪林	阿图什市第一中学教师	昆山市大市中心校教师	2012.08～2013.12
21	顾群伟	阿图什市第一中学教师	昆山市周庄中学教师	2012.08～2013.12
22	嵇　光	阿图什市第一中学教师	昆山市新镇中学教师	2012.08～2013.12
23	金　叶	阿图什市昆山育才学校教师	昆山市柏庐实验小学教师	2012.08～2013.12
24	郭静华	阿图什市人民医院医生	昆山市中医医院医生	2012.08～2013.12
25	盛学清	阿图什市人民医院医生	昆山市第二人民医院医生	2012.08～2013.12
26	汪　强	阿图什市人民医院医生	昆山市第一人民医院医生	2012.08～2013.12
27	吴　江	阿图什市人民医院医生	昆山市中医医院医生	2012.08～2013.12
28	朱丽霞（女）	阿图什市人民医院医生	昆山市第一人民医院医生	2012.08～2013.12

第八批

（625人，含专业技术人才409人）

一、援伊犁州指挥部

序号	姓　名	援疆工作单位及职务	援疆前工作单位及职务	援疆时间
1	李连玉	援伊指挥部党委书记、总指挥，伊犁州党委副书记	徐州市副市长	2013.08～2014.09
2	田　洪	援伊指挥部党委书记、总指挥，伊犁州党委副书记	宿迁市委常委（正市级）	2014.09～2017.01
3	费丽明	援伊指挥部副总指挥、伊犁州副州长	南京市鼓楼区副区长	2013.08～2017.01
4	冯新南	援伊指挥部党委副书记、副总指挥，伊犁州副州长	江苏省质量技术监督局副厅级干部	2013.08～2017.01
5	霍宝柱	援伊指挥部党委副书记、纪委书记，伊犁州纪委副书记	江苏省教育厅副厅级干部	2013.08～2017.01
6	汪国强	伊犁州党委副秘书长，援伊指挥部办公室主任	徐州市委副秘书长（正处级）	2013.12～2016.12
7	袁焕明	伊犁州发展改革委副主任	江苏省发展改革委对口支援处处长	2013.12～2016.12（留任）
8	高　飞	伊犁州党委组织部副部长	江苏省委组织部正处职干部	2013.12～2016.12
9	朱从江	伊犁州财政局副局长	江苏省财政厅金融处副处长（正处级）	2013.12～2016.12

续表

序号	姓　名	援疆工作单位及职务	援疆前工作单位及职务	援疆时间
10	景伯明	伊犁州政府副秘书长	江苏省人大常委会环资城建委正处职干部	2013.12～2016.12（留任）
11	戴洪宇	伊犁州旅游局副局长	江苏省旅游局正处级干部	2013.12～2016.12
12	张　雷	伊犁州环境保护局副局长	江苏省环境保护厅正处职干部	2013.12～2016.12
13	王　智	伊犁州国家安全局副局长	南京市国家安全局副处长（正处级）	2013.12～2016.12
14	史国刚	伊犁州交通局副局长	江苏省交通运输厅工程质量监督局副局长	2013.12～2016.12
15	陈　斌	伊犁州人力资源和社会保障局副局长	江苏省人力资源和社会保障厅处长	2013.12～2016.12
16	高洪福	伊犁州党委宣传部副部长	江苏省委宣传部哲学社会科学规划办副主任（正处级）	2013.12～2016.12
17	殷文云	伊犁州公安局副局长	江苏省公安厅副处职干部	2013.12～2016.12
18	鲍　军	伊犁州卫生局副局长	江苏省省级机关医院副院长（正处级）	2013.12～2016.12
19	王万军	伊犁州经济和信息化委副主任	江苏省经济和信息化委处长	2013.12～2016.12
20	雷　刚	伊犁州党委办公厅主任助理	江苏省委办公厅接待处副调研员	2013.12～2016.12
21	杨吉庆	伊犁州国资委副主任	江苏省国资委企业发展改革处副处长	2013.12～2016.12
22	卞子竹	伊犁州审计局副局长	江苏省审计厅农业与资源环保审计处主任科员	2013.12～2016.12
23	程同升	伊犁州住房和城乡建设局局长助理	江苏省城市规划设计研究院城市与市政规划所高级城市规划师	2013.12～2015.06
24	马万全	伊犁州教育局副局长兼伊犁职业技术学院副院长	江苏省成人教育协会秘书长（副处级）	2013.12～2016.12
25	曹　隽	伊犁州住房和城乡建设局局长助理	江苏省城市规划设计研究院主任工程师	2015.08～2016.12
26	贺　鑫	伊犁州党委办公厅秘书三处副处长	沛县城市管理局主任科员	2015.08～2016.12
27	许为柏	伊犁州高级技工学校副校长	江苏省盐城技师学院工会副主席	2013.12～2016.12
28	陈正东	伊犁州精神病医院副院长	江苏省复员退伍军人精神病医院医生	2013.12～2016.12（中期留任）
29	朱　宏	伊犁州友谊医院副院长	江苏省人民医院医生	2013.12～2016.12（中期留任）
30	邵　永	伊犁州奎屯医院副院长	徐州医学院附属医院医生	2013.12～2016.12（中期留任）
31	王高元	伊犁州中医医院副院长	江苏省中医院医生	2013.12～2016.12（中期留任）
32	蒋　华	伊犁州中医医院医生	江苏省中医院医生	2013.12～2016.12（中期留任）

续表

序号	姓　名	援疆工作单位及职务	援疆前工作单位及职务	援疆时间
33	朱灿红	伊犁州妇幼保健院副院长	苏州大学附属儿童医院医生	2013.12 ～ 2016.12（中期留任）
34	杨孝军	伊犁州妇幼保健院医生	苏州大学附属第一医院医生	2013.12 ～ 2016.12（中期留任）
35	冯　力	伊犁州奎屯医院医生	徐州医学院附属医院医生	2013.12 ～ 2015.06
36	薛　群	伊犁州新华医院副院长	南通大学附属医院医生	2013.12 ～ 2015.06
37	沈剑虹	伊犁州新华医院医生	南通大学附属医院医生	2013.12 ～ 2015.06
38	李海林	伊犁州友谊医院医生	江苏省人民医院医生	2013.12 ～ 2015.06
39	王　飞（女）	伊犁州友谊医院医生	江苏省人民医院医生	2013.12 ～ 2015.06
40	周明卫	伊犁州友谊医院医生	江苏省人民医院医生	2015.08 ～ 2016.12
41	林小俊	伊犁州友谊医院医生	江苏省人民医院医生	2015.08 ～ 2016.12
42	施　炜	伊犁州新华医院副院长	南通大学附属医院副院长	2015.08 ～ 2016.12
43	史加海	伊犁州新华医院医生	南通大学附属医院医生	2015.08 ～ 2016.12
44	荣玉涛	伊犁州奎屯医院医生	徐州医学院附属医院医生	2013.08 ～ 2016.12
45	李　珉（女）	伊犁州妇幼保健院医生	苏州大学附属第一医院医生	2015.08 ～ 2016.12

（一）援伊宁市指挥组

序号	姓　名	援疆工作单位及职务	援疆前工作单位及职务	援疆时间
1	蒋晓平	伊宁市委副书记	南京市浦口区委副书记	2013.08 ～ 2016.12
2	王春江	伊宁市委常委、副市长	南京市六合区副区长	2013.12 ～ 2016.12
3	陈宗喜	霍尔果斯经济开发区伊宁园区管委会副主任	南京浦口经济开发区管委会办公室副主任（正处级）	2013.12 ～ 2016.12
4	葛　翔	伊宁市文化体育广播影视局副局长	南京市文广新局印刷业管理处副调研员	2013.12 ～ 2016.12
5	张　靖	伊宁市公安局副局长	南京市公安局干部	2013.12 ～ 2016.12
6	魏延伟	伊宁市边境经济合作区管委会主任助理	南京市浦口区政府办公室副主任	2013.12 ～ 2016.12
7	徐仁平	伊宁市发展改革委副主任	南京市浦口区发展改革局副局长	2013.12 ～ 2016.12
8	李　军	霍尔果斯经济开发区伊宁园区管委会主任助理	南京高新区管委会人才办综合服务科科长	2013.12 ～ 2016.12
9	张　伟	伊宁市财政局副局长	南京市六合区财政局洲滩管理所所长、产权科副科长	2013.12 ～ 2016.12
10	孙良连	伊宁市第三中学教师	江苏省溧水高级中学教师	2013.12 ～ 2016.12（中期留任）

续表

序号	姓　名	援疆工作单位及职务	援疆前工作单位及职务	援疆时间
11	孟令伟	伊宁市第三中学副校长	南京市第二十九中学副校长	2013.12 ～ 2015.06
12	吴子牛	伊宁市第三中学教师	南京市溧水区第三高级中学教师	2013.12 ～ 2015.06
13	李晓鸣	伊宁市第六中学教师	南京市紫东实验学校教师	2013.12 ～ 2015.06
14	马本园	伊宁市第六中学教师	南京市高淳区第二中学教师	2013.12 ～ 2015.06
15	姜同福	伊宁市第六中学教师	南京市高淳区第三中学教师	2013.12 ～ 2015.06
16	毛文斌	伊宁市第八中学副校长	南京市第五十四中学校长助理	2013.12 ～ 2015.06
17	郝跃华	伊宁市第八中学教师	南京市第十二中学教师	2013.12 ～ 2015.06
18	吴向阳	伊宁市人民医院副院长	南京市第一医院医生	2013.12 ～ 2015.06
19	周　凯	伊宁市人民医院医生	南京市儿童医院医生	2013.12 ～ 2015.06
20	崔士和	伊宁市人民医院医生	南京鼓楼医院医生	2013.12 ～ 2015.06
21	郭建辉（女）	伊宁市人民医院医生	南京市中医院医生	2013.12 ～ 2015.06
22	徐　飞	伊宁市妇幼保健院医生	南京市妇幼保健院医生	2013.12 ～ 2015.06
23	陈小波	伊宁市第三中学副校长	南京市第十三中学副校长	2015.06 ～ 2016.12
24	李新春	伊宁市第八中学副校长	南京市田家炳高级中学教师	2015.06 ～ 2016.12
25	张义勇	伊宁市第八中学教师	南京市第九中学教师	2015.06 ～ 2016.12
26	董伟山	伊宁市第九中学副校长	南京市第六十六中学教师	2015.06 ～ 2016.12
27	陈春国	伊宁市第九中学教师	南京市溧水区第一初级中学教师	2015.06 ～ 2016.12
28	徐玉林	伊宁市第九中学教师	南京市高淳区漆桥中学教师	2015.06 ～ 2016.12
29	傅京华	伊宁市第九中学教师	南京市高淳区东坝中学教师	2015.06 ～ 2016.12
30	江　浩	伊宁市人民医院副院长	南京市中医院医生	2015.06 ～ 2016.12
31	金晓霞（女）	伊宁市人民医院医生	南京鼓楼医院医生	2015.06 ～ 2016.12
32	朱　玮	伊宁市人民医院医生	南京市第一医院医生	2015.06 ～ 2016.12
33	李陆军	伊宁市人民医院医生	南京市中西医结合医院医生	2015.06 ～ 2016.12
34	朱轶庆	伊宁市人民医院医生	南京市妇幼保健院医生	2015.06 ～ 2016.12

（二）援特克斯县工作组

序号	姓　名	援疆工作单位及职务	援疆前工作单位及职务	援疆时间
1	焦　龙	特克斯县委副书记	南京市江宁区副区长	2013.08 ～ 2016.12
2	蓝　军	特克斯县委常委、副县长	南京市江宁区政府副区级干部	2013.12 ～ 2016.12
3	颜贵青	特克斯县委办公室副主任	南京市江宁区麒麟街道党工委统战委员	2013.12 ～ 2016.12
4	焦　鹏	特克斯县发展改革委副主任	南京市江宁区投资促进局服务科科长	2013.12 ～ 2016.12

续表

序号	姓　名	援疆工作单位及职务	援疆前工作单位及职务	援疆时间
5	夏荣军	特克斯县公安局副局长	南京市公安局江宁分局干部	2013.12～2016.12
6	戴国胜	特克斯县财政局副局长	南京市江宁区财政局综合科科长	2013.12～2016.12
7	梅枝忠	特克斯县卫生局副局长	南京市江宁区汤山社区卫生服务中心主任	2013.12～2016.12
8	胡少和	特克斯县委组织部副部长	南京市江宁区委组织部正科职干部、干部科副科长	2013.12～2016.12
9	郭霖华	特克斯县住房和城乡建设局副局长	南京江宁城市建设集团有限公司总工办主任	2013.12～2016.12
10	施金龙	特克斯县文广局副局长	南京市江宁区广播电视台设备管理部副主任（主持工作）	2013.12～2016.12
11	徐彦君	特克斯县八卦名城旅游风景区管委会副主任	南京市江宁区汤山温泉旅游度假区企划部副部长、创建办副主任	2013.12～2015.06
12	戴家朋	特克斯县住房和城乡建设局建管办副主任	南京市江宁区住房和城乡建设局村镇科科员	2015.06～2016.12
13	李道武	特克斯县高级中学副校长	南京市天印高级中学教师	2013.12～2016.12（中期留任）
14	秦晓巧	特克斯县高级中学教师	南京市秦淮中学教师	2013.12～2016.12（中期留任）
15	彭大礼	特克斯县高级中学教师	南京市秣陵中学教师	2013.12～2016.12（中期留任）
16	迪贺斌	特克斯县高级中学教师	南京市秣陵中学教师	2013.12～2016.12（中期留任）
17	朱应武	特克斯县人民医院副院长	南京市江宁区湖熟社区卫生服务中心副主任	2013.12～2015.06
18	汤　群	特克斯县人民医院医生	南京市江宁区疾控中心医生	2013.12～2015.06
19	王　燕（女）	特克斯县人民医院医生	南京市江宁区麒麟街道社区卫生服务中心医生	2013.12～2015.06
20	贺　蓉（女）	特克斯县妇幼保健院副院长	南京市江宁区汤山街道社区卫生服务中心医生	2013.12～2015.06
21	赵加林	特克斯县中医医院副院长	南京市江宁区江宁街道社区卫生服务中心副主任	2013.12～2015.06
22	曹永生	特克斯县中医医院医生	南京市江宁区湖熟街道社区卫生服务中心医生	2013.12～2015.06
23	刘　斌	特克斯县人民医院副院长	南京市江宁区湖熟街道周岗社区卫生服务中心副主任	2015.06～2016.12
24	肖建宁	特克斯县人民医院医生	南京市江宁中医院医生	2015.06～2016.12
25	朱海峰	特克斯县人民医院医生	南京市江宁区谷里街道社区卫生服务中心医生	2015.06～2016.12

续表

序号	姓　名	援疆工作单位及职务	援疆前工作单位及职务	援疆时间
26	刘虹飞	特克斯县中医医院医生	南京市江宁中医院医生	2015.06 ～ 2016.12（第二次援疆）
27	孟兆琴（女）	特克斯县中医医院医生	南京市江宁区横溪街道丹阳社区卫生服务中心医生	2015.06 ～ 2016.12
28	徐庆芳（女）	特克斯县妇幼保健院副院长	南京市江宁区谷里街道社区卫生服务中心医生	2015.06 ～ 2016.12

（三）援霍城县工作组

序号	姓　名	援疆工作单位及职务	援疆前工作单位及职务	援疆时间
1	崔荣国	霍城县委副书记	江阴市委副书记（正处级）	2013.08 ～ 2016.12
2	陈文斌	霍城县委常委、副县长	江阴市南闸街道党工委书记、人大工委主任	2013.12 ～ 2016.12
3	刘建军	霍城县规划局局长	江阴市规划局副局长	2013.12 ～ 2016.12
4	马忠洪	霍城县委组织部副部长、霍城县清水河开发区（镇）副主任	江阴市城东街道党工委委员、办事处副主任	2013.12 ～ 2016.12
5	张建江	霍城县发展改革委副主任	江阴保税物流中心综合管理科科长	2013.12 ～ 2016.12
6	沈国庆	霍城县经济和信息化委副主任	江阴市徐霞客镇党政办公室副主任	2013.12 ～ 2016.12
7	陈剑雄	霍城县教育局副局长	江阴市顾山镇文教体育科科长	2013.12 ～ 2016.12
8	潘银龙	霍城县财政局副局长	江阴市交通运输局财务审计科科长	2013.12 ～ 2016.12
9	高　升	霍城县人力资源和社会保障局副局长、霍城县水利局副局长	江苏江阴临港经济开发区港口发展局物流招商科科长	2013.12 ～ 2016.12
10	俞　健	霍城县住房和城乡建设局副局长	江阴市澄江街道城镇建设科科长、建管所所长	2013.12 ～ 2016.12
11	陶卫凯	霍城县旅游局副局长	江阴市园林旅游管理局工程建设科科长	2013.12 ～ 2016.12
12	刘晓成	霍城县水利局水管总站副站长	江阴市重点水利工程建设管理处建设管理科科长	2013.12 ～ 2015.06
13	朱　健	霍城县住房和城乡建设局公用事业办副主任	江苏江阴临港经济开发区规划建设局工程管理科科员	2013.12 ～ 2015.06
14	叶　青	霍城县公安局副局长	江阴市公安局干部	2015.02 ～ 2016.12
15	蒋菁华	霍城县水利局水管总站副站长	江阴市水利农机局水利建设科科员	2015.06 ～ 2016.12
16	吴　飞	霍城县住房和城乡建设局公用事业办公室副主任	江阴市市政建设管理处科员	2015.06 ～ 2016.12
17	史建青	霍城县江苏中学副校长	江阴市实验中学副校长	2013.12 ～ 2015.06
18	杭国荣	霍城县江苏中学教师	江阴市青阳中学教师	2013.12 ～ 2015.06
19	朱爱斌	霍城县江苏中学教师	江阴市祝塘中学教师	2013.12 ～ 2015.06

续表

序号	姓　名	援疆工作单位及职务	援疆前工作单位及职务	援疆时间
20	曹建扬	霍城县职业技术学校副校长	江苏省江阴南华中等专业学校教师	2013.12～2015.06
21	黄文龙	霍城县江苏医院副院长	江阴市人民医院医生	2013.12～2015.06
22	袁　军	霍城县江苏医院医生	江阴市人民医院医生	2013.12～2015.06
23	韦　山	霍城县江苏医院医生	江阴市人民医院医生	2013.12～2015.06
24	陶　峰	霍城县中医医院医生	江阴市中医院医生	2013.12～2015.06
25	张宏宾	霍城县疾控中心主任助理	江阴市疾控中心医生	2013.12～2015.06
26	赵仲彤	霍城县江苏中学副校长	江阴市青阳中学党委副书记	2015.06～2016.12
27	禹世伟	霍城县江苏中学教师	江阴市临港实验学校教师	2015.06～2016.12
28	庄会波	霍城县江苏中学教师	江苏省南菁高级中学教师	2015.06～2016.12
29	覃　浩	霍城县江苏中学教师	江阴市成化高级中学教师	2015.06～2016.12
30	吴群英（女）	霍城县江苏医院副院长	江阴市人民医院医生	2015.06～2016.12
31	单海琳（女）	霍城县江苏医院医生	江阴市人民医院医生	2015.06～2016.12
32	张英姿（女）	霍城县江苏医院医生	江阴市人民医院医生	2015.06～2016.12
33	周　继	霍城县中医医院医生	江阴市中医院医生	2015.06～2016.12
34	缪世昌	霍城县中医医院医生	江阴市中医院医生	2015.06～2016.12

（四）援奎屯市工作组

序号	姓　名	援疆工作单位及职务	援疆前工作单位及职务	援疆时间
1	杨　明	奎屯市委副书记	徐州市铜山区委副书记（正处级）、吕梁山风景区管理处副处长	2013.08～2016.12
2	杜　剑	奎屯市委常委、副市长	徐州市云龙区副区长	2013.12～2016.12
3	谢进才	奎屯—独山子经济技术开发区管委会副主任	徐州经济技术开发区党工委委员	2013.12～2016.12
4	王善龙	奎屯市代建中心主任	江苏徐州物资（集团）总公司副总经理	2013.12～2016.12
5	刘海涛	奎屯市委办公室副主任	丰县县委组织部主任科员、干部教育科副科长	2013.08～2014.09
6	曹玉辉	奎屯市委办公室副主任	吕梁山风景区管理处办公室副主任、招商科副科长	2013.12～2016.12
7	徐德杰	奎屯市委组织部副部长	徐州市委组织部组织三处处长	2013.12～2016.12
8	翟　静	奎屯市发展改革委副主任	徐州市发展改革委投资处处长、重大项目服务中心主任	2013.12～2016.12

续表

序号	姓　名	援疆工作单位及职务	援疆前工作单位及职务	援疆时间
9	付　冰	奎屯—独山子经济技术开发区管委会招商局副局长	徐州市鼓楼区发展改革与经济贸易局副局长	2013.12 ～ 2016.12
10	陈　楠	奎屯—独山子经济技术开发区管委会规划建设局副局长	新沂市棋盘镇副镇长	2013.12 ～ 2016.12
11	周忠运	奎屯市商务局副局长	徐州市经济和信息化委科员	2013.12 ～ 2016.12
12	马　凯	奎屯市住房和城乡建设局副局长	徐州市城乡建设监察支队工程师	2013.12 ～ 2016.12
13	刘景元	奎屯市林业园林局副局长	徐州市市政园林局绿化处处长	2013.12 ～ 2016.12
14	王　勃	奎屯—独山子经济技术开发区管委会财政局副局长	徐州市产权交易所科员	2013.12 ～ 2015.06
15	于　洋	奎屯—独山子经济技术开发区管委会经济社会发展局副局长	徐州市国投集团法务部职员	2013.12 ～ 2015.06
16	袁艳勇	奎屯市城乡规划管理局副局长	徐州市规划设计院规划二所所长	2013.12 ～ 2015.06
17	盛　浩	奎屯—独山子经济技术开发区公安分局副局长	徐州市公安局干部	2015.02 ～ 2016.12
18	朱思东	奎屯市公安局副局长	徐州市公安局干部	2015.02 ～ 2016.12
19	王祥波	奎屯—独山子经济技术开发区管委会投资服务中心副主任	徐州市财政投资评审中心科员	2015.06 ～ 2016.12
20	齐广宇	奎屯—独山子经济技术开发区经济社会发展局副局长	徐州市国投集团资产运营部部长助理	2015.06 ～ 2016.12
21	沙朝勇	奎屯市城乡规划管理局副局长	徐州市规划设计院总工程师	2015.06 ～ 2016.12
22	代效力	奎屯市教育局副局长	丰县宋楼中学团委书记	2013.12 ～ 2016.12（中期留任）
23	张　磊	奎屯市职业中等专业学校副校长	江苏省徐州技师学院教师	2013.12 ～ 2016.12（中期留任）
24	谭中传	奎屯市第一高级中学副校长	邳州市新城中学教师	2013.12 ～ 2015.06
25	郭庆强	奎屯市职业中等专业学校副校长	徐州市中等专业学校教师	2013.12 ～ 2015.06
26	沈玲玲（女）	奎屯市疾控中心副主任	徐州市疾控中心医生	2013.12 ～ 2015.06
27	王俊侠（女）	奎屯市妇幼保健院副院长	徐州市中医院医生	2013.12 ～ 2015.06
28	冯　云（女）	奎屯市妇幼保健院副院长	徐州市中心医院医生	2013.12 ～ 2015.06
29	李　华	奎屯市职业中等专业学校副校长	徐州市九里中学教师	2015.06 ～ 2016.12
30	王小辉	奎屯市第一高级中学副校长	徐州市铜山区教育局电化教育馆副馆长	2015.06 ～ 2016.12

续表

序号	姓　名	援疆工作单位及职务	援疆前工作单位及职务	援疆时间
31	缪玉梅（女）	奎屯市妇幼保健院副院长	徐州市肿瘤医院医生	2015.06 ～ 2016.12
32	张纪华	奎屯市妇幼保健院副院长	徐州市妇幼保健院医生	2015.06 ～ 2016.12
33	李电华	奎屯市疾控中心副主任	邳州市疾控中心医生	2015.06 ～ 2016.12

（五）援尼勒克县工作组

序号	姓　名	援疆工作单位及职务	援疆前工作单位及职务	援疆时间
1	叶明华	尼勒克县委副书记	常州市武进区委常委（正处级）	2013.08 ～ 2016.12
2	马建立	尼勒克县委常委、副县长	常州市武进区政府党组成员（副处级）	2013.12 ～ 2016.12
3	袁　涛	尼勒克县委办公室副主任兼县委宣传部副部长	常州市武进区监察局副局长（正科级）	2013.12 ～ 2016.12
4	张军亮	尼勒克县委组织部副部长	常州市武进区委组织部部务委员（正科级）	2013.12 ～ 2016.12
5	谢　健	尼勒克县发展改革委副主任	常州市武进区发展改革局副局长	2013.12 ～ 2016.12
6	李昇学	尼勒克县教育局副局长	常州市武进区教育局副局长	2013.12 ～ 2016.12
7	秦晓军	尼勒克县公安局副局长	常州市公安局武进分局干部	2013.12 ～ 2016.12
8	朱小春	尼勒克县财政局局长助理	常州市武进区财政局行财科科长	2013.12 ～ 2015.08
9	徐　良	尼勒克县旅游局项目办公室副主任、县旅游发展投资有限公司副经理	江苏武进太湖湾旅游发展有限公司规划建设部副经理	2013.12 ～ 2015.08
10	李　军	尼勒克县住房和城乡建设局工程质量安全监督站副站长	常州市武进区市政公用事业管理处副主任	2013.12 ～ 2015.08
11	金永革	尼勒克县新型工业化建设办公室副主任	常州市武进区节能监察中心副主任	2014.02 ～ 2015.08
12	卞亚文	尼勒克县菜篮子管理办公室副主任	常州市武进区林业工作站副站长	2014.02 ～ 2015.08
13	蒋伟东	尼勒克县畜牧兽医站副站长	常州市武进区奔牛镇畜牧兽医站站长	2014.02 ～ 2015.08
14	蒋素平	尼勒克县畜牧兽医站副站长	常州市武进区湟里镇畜牧兽医站副站长	2015.08 ～ 2016.12
15	庄振东	尼勒克县招商局局长助理	常州市武进区商务局对外投资和经济合作科科长	2015.08 ～ 2016.12
16	陆洪应	尼勒克县旅游局项目办公室主任、县旅游发展投资有限公司副经理	常州市春秋乐园旅游发展有限公司副经理	2015.08 ～ 2016.12
17	丁鸣达	尼勒克县环境监测站副站长	常州市武进区环保局开发科科员	2015.08 ～ 2016.12
18	史国刚	尼勒克县财政局局长助理	常州市武进区财政局前黄分局综合管理科科长	2015.08 ～ 2016.12

续表

序号	姓　名	援疆工作单位及职务	援疆前工作单位及职务	援 疆 时 间
19	徐红芬（女）	尼勒克县第一中学副校长	江苏省前黄高级中学校长助理	2013.12 ～ 2015.08
20	高　峰	尼勒克县人民医院副院长	常州市武进人民医院医生	2013.12 ～ 2015.08
21	张宏伟	尼勒克县第一中学教师	常州市武进区湟里高级中学教师	2014.02 ～ 2016.12
22	周新宇	尼勒克县第二中学教师	常州市武进区洛阳初级中学教师	2014.02 ～ 2015.08
23	彭　燕（女）	尼勒克县人民医院医生	常州市武进人民医院医生	2014.02 ～ 2015.08
24	徐　鹏	尼勒克县人民医院医生	常州市武进中医医院医生	2014.02 ～ 2015.08
25	上官立琴（女）	尼勒克县妇幼保健院医生	常州市武进中医医院医生	2014.02 ～ 2015.08
26	薛新洪	尼勒克县第一中学副校长	江苏省前黄高级中学校长助理	2015.08 ～ 2016.12
27	费金忠	尼勒克县第一中学教师	常州市武进区礼嘉中学教师	2015.08 ～ 2016.12
28	徐长兵	尼勒克县第一中学教师	江苏省武进高级中学教师	2015.08 ～ 2016.12
29	李文华	尼勒克县人民医院副院长	常州市武进人民医院医生	2015.08 ～ 2016.12
30	刘百伟	尼勒克县人民医院医生	常州市武进中医医院医生	2015.08 ～ 2016.12
31	卞小芳（女）	尼勒克县中医医院医生	常州市武进中医医院医生	2015.08 ～ 2016.12
32	施　萍（女）	尼勒克县妇幼保健院医生	常州市武进人民医院医生	2015.08 ～ 2016.12

（六）援霍尔果斯市苏州工作组

序号	姓　名	援疆工作单位及职务	援疆前工作单位及职务	援 疆 时 间
1	吴文祥	霍尔果斯经济开发区管委会副主任、霍尔果斯市委副书记	苏州市副市级干部	2013.11 ～ 2016.02
2	韩　江	霍尔果斯经济开发区管委会副主任、霍尔果斯市委副书记	苏州工业园区管委会主任助理（正处级）	2016.02 ～ 2016.12
3	华卿玉	霍尔果斯经济开发区管委会主任助理	苏州工业园区国资办副调研员	2013.12 ～ 2016.12
4	陈　迪	霍尔果斯经济开发区招商局局长	苏州工业园区经济发展局副调研员	2013.12 ～ 2016.12
5	张武国	霍尔果斯市外事（侨务）办公室（口岸管理局）副主任（副局长）	苏州工业园区社会事业局民族宗教处处长	2013.12 ～ 2016.12

续表

序号	姓　名	援疆工作单位及职务	援疆前工作单位及职务	援疆时间
6	何影菲（女）	霍尔果斯经济开发区财政局副局长、霍尔果斯市财政局副局长	苏州工业园区财政局项目资金管理处处长	2013.12～2016.12
7	孙达成	霍尔果斯经济开发区党政办公室副主任、纪检组宣部副部长	苏州市委组织部干部教育处主任科员	2013.12～2016.12
8	刘代江	霍尔果斯经济开发区商务经信局副局长、霍尔果斯市商务和经济信息化委（招商局）副主任	苏州市商务局流通业发展处主任科员	2013.12～2016.12
9	张朝江	霍尔果斯中学副校长	苏州市三元中学副校长	2013.12～2016.12（中期留任）

（七）援霍尔果斯市连云港工作组

序号	姓　名	援疆工作单位及职务	援疆前工作单位及职务	援疆时间
1	陈中本	霍尔果斯经济开发区管委会副主任、霍尔果斯市委副书记	连云港市委副秘书长（正处级）	2013.12～2016.12
2	刘重一	霍尔果斯经济开发区规划建设环保局局长、霍尔果斯市住房和城乡建设局局长	连云港市住房保障和房产管理局副调研员	2013.12～2016.12
3	葛恒学	霍尔果斯经济开发区发展改革局副局长、霍尔果斯市发展改革委副主任	江苏连云港港物流控股有限公司副总经理	2013.12～2016.12
4	蒋　猛	霍尔果斯经济开发区人力资源和社会保障局副局长、霍尔果斯市人力资源和社会保障局副局长	连云港市委组织部青年干部处处长、县区干部处副处长	2013.12～2016.12
5	卞绍猛	霍尔果斯经济开发区广电局副局长、霍尔果斯市广播和影视局副局长	连云港市基层广播电视服务中心副主任（正科级）	2013.12～2016.12
6	李传贵	霍尔果斯经济开发区社会服务管理局副局长、霍尔果斯市教育科技文化体育局副局长	连云港外国语学校副校长	2013.12～2016.12
7	赵　晖	都拉塔口岸管委会副主任	连云港市商务局副局长	2013.12～2016.12
8	闫敬伦	霍尔果斯市公安局副局长	连云港港公安局干部	2015.02～2016.12
9	卢　云（女）	霍尔果斯口岸医院副院长	连云港市妇幼保健院医生	2013.12～2016.12（中期留任）

（八）援巩留县工作组

序号	姓　名	援疆工作单位及职务	援疆前工作单位及职务	援疆时间
1	王松石	巩留县委副书记	张家港市副市长	2013.08～2016.12
2	赵志凯	巩留县委常委、副县长	张家港经济技术开发区管委会副主任	2013.12～2016.12
3	高　翔	巩留县委组织部副部长	张家港市南丰镇党委副书记	2013.12～2016.12
4	朱品香	巩留县发展改革委副主任	张家港市重大项目推进办公室副主任	2013.12～2016.12
5	袁寨平	巩留县委办公室副主任、县旅游局副局长	张家港市房产管理中心副主任科员	2013.12～2016.12
6	朱俊杰	巩留县商务和经济信息化委副主任	张家港市经济信息化委副主任科员、资源节约和综合利用科科长	2013.12～2016.12
7	张爱民	巩留县住房和城乡建设局副局长	张家港市规划局政策法规科科长兼规划监察大队副大队长（副科级）	2013.12～2016.12
8	赵　成	巩留县公安局副局长	张家港市公安局副主任科员	2015.02～2016.12
9	张广斌	巩留县高级中学副校长	张家港市乐余高级中学副校长	2013.12～2016.12（中期留任）
10	王耀民	巩留县高级中学教师	张家港市崇真中学教师	2013.12～2016.12（中期留任）
11	施　坚	巩留县高级中学教师	江苏省梁丰高级中学教师	2014.02～2015.06
12	韩建兴	巩留县高级中学教师	张家港市沙洲中学教师	2014.02～2015.06
13	杨丽娟（女）	巩留县高级中学教师	张家港市暨阳高级中学教师	2014.02～2015.06
14	许国平	巩留县高级中学教师	张家港市塘桥高级中学教师	2014.02～2015.06
15	赵向琴（女）	巩留县高级中学教师	张家港市暨阳高级中学教师	2014.02～2015.06
16	孙小松	巩留县高级中学教师	张家港市沙洲中学教师	2014.02～2015.06
17	杭厚强	巩留县第二中学教师	张家港市后塍高级中学团委书记	2014.02～2015.06（第二次援疆）
18	田守进	巩留县人民医院副院长	张家港市第一人民医院副院长	2013.12～2016.12（中期留任）
19	蒋　维	巩留县人民医院医生	张家港市第一人民医院医生	2014.02～2015.06
20	孙　菲	巩留县人民医院医生	张家港市第一人民医院医生	2014.02～2015.06
21	卞海洪	巩留县人民医院医生	张家港市中医医院医生	2014.02～2015.06
22	陆　明	巩留县人民医院医生	张家港市中医医院医生	2014.02～2015.06
23	顾向娟（女）	巩留县高级中学教师	江苏省梁丰高级中学教师	2015.06～2016.12
24	刘　炜	巩留县高级中学教师	张家港市沙洲中学教师	2015.06～2016.12
25	刘松桃	巩留县高级中学教师	张家港市沙洲中学教师	2015.06～2016.12
26	王青寅	巩留县高级中学教师	张家港高级中学教师	2015.06～2016.12

续表

序号	姓 名	援疆工作单位及职务	援疆前工作单位及职务	援疆时间
27	孙 瑜（女）	巩留县高级中学教师	张家港市暨阳高级中学教师	2015.06～2016.12
28	王东旭	巩留县高级中学教师	张家港市崇真中学教师	2015.06～2016.12
29	庞晓阳	巩留县高级中学教师	张家港市塘桥高级中学教师	2015.06～2016.12
30	蔡 军	巩留县人民医院医生	张家港市第一人民医院医生	2015.06～2016.12
31	方 敏	巩留县人民医院医生	张家港市第一人民医院医生	2015.06～2016.12
32	杜 巍	巩留县人民医院医生	张家港市中医医院医生	2015.06～2016.12
33	季家璇	巩留县人民医院医生	张家港市中医医院医生	2015.06～2016.12

（九）援伊宁县工作组

序号	姓 名	援疆工作单位及职务	援疆前工作单位及职务	援疆时间
1	丁兴华	伊宁县委副书记	南通市人力资源和社会保障局副局长（正处级）	2013.08～2016.12
2	张 华	伊宁县委常委、副县长	海门市副市长、常乐镇党委书记	2013.12～2016.12
3	徐 新	伊宁县委宣传部副部长兼外宣办公室副主任	海门市文明办副主任	2013.12～2016.12
4	张卫民	伊宁县发展改革委副主任	南通市发展改革委工业和高技术产业处副处长	2013.12～2016.12
5	朱 剑	伊宁县财政局副局长	南通市财政局工业贸易处副处长	2013.12～2016.12
6	唐 炜	伊宁县住房和城乡建设局副局长	南通市住宅小区配套建设管理处副主任	2013.12～2016.12
7	吴明宏	伊宁县旅游局副局长	南通市旅游质量监督所副所长、旅游监察支队副支队长	2013.12～2016.12
8	姚晓波	伊宁县公安局副局长	南通市公安局副科职干部	2013.12～2016.12
9	刘燕锋	伊宁县水利局副局长	南通市水利局办公室副主任	2013.12～2016.12
10	吴 政	伊宁县规划局副局长	南通市规划编制研究中心副主任	2013.12～2016.12
11	张 雷	伊宁县人力资源和社会保障局副局长	南通市社会保险基金管理中心主任助理、第五办事处主任	2015.06～2016.12
12	陈 珏（女）	伊宁县卫生局副局长	南通市卫生局医政处副处长	2013.12～2015.06
13	周云旗	伊宁县教育局副局长兼伊宁县第二中学校长	南通市第三中学副校长	2013.12～2015.06
14	李 建	伊宁县第二中学教师	南通市第三中学教师	2013.12～2015.06
15	金锦锋	伊宁县第二中学教师	南通市第三中学教师	2013.12～2015.06
16	冯 浩	伊宁县第二中学教师	南通市第三中学教师	2013.12～2015.06
17	张小平	伊宁县第二中学教师	南通市第一中学教师	2013.12～2015.06

续表

序号	姓　名	援疆工作单位及职务	援疆前工作单位及职务	援疆时间
18	顾留根	伊宁县人民医院副院长	南通市第一人民医院医生	2013.12 ～ 2015.06
19	刘志成	伊宁县人民医院医生	南通市肿瘤医院医生	2013.12 ～ 2016.12（中期留任）
20	邱晓燕（女）	伊宁县人民医院医生	南通市第二人民医院医生	2013.12 ～ 2015.06
21	徐　钱	伊宁县人民医院医生	南通市第三人民医院医生	2013.12 ～ 2015.06
22	杨万富	伊宁县中医医院副院长	南通市中医院医生	2013.12 ～ 2015.06
23	沈　文	伊宁县中医医院副院长	南通市中医院医生	2013.12 ～ 2015.06
24	孙海建	伊宁县第二中学教师	如皋市第一中学教师	2015.06 ～ 2016.12
25	崔志峰	伊宁县第二中学教师	如皋市第一中学教师	2015.06 ～ 2016.12
26	凌红棋	伊宁县第二中学教师	如皋市第二中学教师	2015.06 ～ 2016.12
27	纪　锋	伊宁县第二中学教师	如皋市第二中学教师	2015.06 ～ 2016.12
28	何　涛	伊宁县卫生局副局长兼伊宁县人民医院副院长	南通市第一人民医院助理研究员、南通市卫计委医政处副处长（挂职）	2015.06 ～ 2016.12
29	顾建国	伊宁县人民医院医生	南通市第三人民医院医生	2015.06 ～ 2016.12
30	彭　辉	伊宁县人民医院医生	南通市第二人民医院医生	2015.06 ～ 2016.12
31	刘　钧	伊宁县中医医院副院长	南通市中医院医生	2015.06 ～ 2016.12
32	秦旭东	伊宁县中医医院医生	南通市中医院医生	2015.06 ～ 2016.12

（十）援察布查尔县工作组

序号	姓　名	援疆工作单位及职务	援疆前工作单位及职务	援疆时间
1	刘　源	察布查尔县委副书记	盐城市盐都区副区长（正处级）	2013.08 ～ 2016.12
2	金　明	察布查尔县委常委、副县长	建湖县副县长	2013.12 ～ 2016.12
3	唐　尧	察布查尔县发展改革委副主任	盐城市发展改革委区域经济合作处副处长、主任科员	2013.12 ～ 2016.12（留任）
4	陈　华	察布查尔县住房和城乡建设局副局长	盐城市建设工程质量监督站纪检监察员	2013.12 ～ 2016.12
5	张玉清	察布查尔县公安局副局长	盐城市公安局干部	2013.12 ～ 2016.12
6	黄益群	察布查尔县财政局副局长	盐城市财政局基层财政管理处副处长	2013.12 ～ 2016.12
7	张正中	察布查尔县金融办公室副主任	盐城市国有资产投资集团有限公司投资融资部副总经理	2013.12 ～ 2016.12
8	王德华	察布查尔县委办公室副主任	盐城市盐都新区管委会副主任	2013.12 ～ 2016.12
9	马安林	察布查尔县住房和城乡建设局副局长	盐城市规划局副主任科员	2013.12 ～ 2015.06
10	陆　岳	察布查尔县文广局副局长	盐城广播电视台新闻中心副主任	2013.12 ～ 2015.06

续表

序号	姓　名	援疆工作单位及职务	援疆前工作单位及职务	援疆时间
11	倪宏正	察布查尔县农业局菜篮子办公室副主任	盐城市蔬菜技术指导站农业推广研究员	2013.12～2015.06
12	何桂根	察布查尔县林业局副局长	盐城市亭湖区农委副主任、林业局副局长	2013.12～2015.06
13	熊志平（女）	察布查尔县旅游局副局长	盐城市旅游局质量管理处主任科员	2013.12～2015.06
14	徐　晓	察布查尔县伊南工业园区管委会副主任	盐城经济技术开发区管委会建设局副局长	2013.12～2015.06
15	于　雷	察布查尔县委宣传部副部长	盐阜大众报报业集团编委会办公室副主任	2015.02～2016.12
16	徐罗康	察布查尔县农业局产业化发展局副局长	东台市农产品质量检测中心主任	2015.06～2016.12
17	徐君海	察布查尔县住房和城乡建设局副局长	盐城市规划局规划管理监察支队副主任科员	2015.06～2016.12
18	杨　凯	察布查尔县旅游局副局长	大丰麋鹿国家级自然保护区管理处旅游促进部经理	2015.06～2016.12
19	倪学军	察布查尔县林业局副局长	盐城市黄海公园园技科科长	2015.06～2016.12
20	吴会荣	察布查尔县伊南工业园区管委会副主任	盐城经济技术开发区新城建设管理办公室科员	2015.06～2016.12
21	郑生明	察布查尔县第三中学副校长	盐城市盐阜中学教师	2013.12～2015.06
22	杨　群	察布查尔县第三中学教师	盐城市文峰中学教师	2013.12～2015.06
23	杨锦峰	察布查尔县第三中学教师	盐城市田家炳中学教师	2013.12～2015.06
24	王志华	察布查尔县人民医院副院长	盐城市第一人民医院医生	2013.12～2015.06
25	陈　强	察布查尔县人民医院医生	响水县人民医院医生	2013.12～2015.06
26	周建波（女）	察布查尔县妇幼保健院副院长	滨海县人民医院医生	2013.12～2015.06
27	赵丰雷	察布查尔县妇幼保健院医生	滨海县妇幼保健所医生	2013.12～2015.06
28	陆　凯	察布查尔县第三中学副校长	盐城市第一中学教师	2015.06～2016.12
29	杨寿俊	察布查尔县第三中学教师	盐城市大冈中学教师	2015.06～2016.12
30	陈洪英（女）	察布查尔县第三中学教师	盐城市第一中学教师	2015.06～2016.12
31	徐良峰	察布查尔县人民医院副院长	射阳县人民医院医生	2015.06～2016.12
32	陈　芳（女）	察布查尔县人民医院医生	阜宁县人民医院医生	2015.06～2016.12
33	王建彩（女）	察布查尔县妇幼保健院副院长	建湖县人民医院医生	2015.06～2016.12
34	徐建林	察布查尔县中医医院副院长	盐城市中医院医生	2015.06～2016.12

(十一)援新源县工作组

序号	姓 名	援疆工作单位及职务	援疆前工作单位及职务	援疆时间
1	蒋元峰	新源县委副书记	仪征市委常委、纪委书记	2013.08 ~ 2016.12
2	孟亚东	新源县委常委、副县长	扬州市广陵区副区长	2013.12 ~ 2016.12
3	陆 军	新源县委组织部副部长	扬州市劳动就业服务中心副主任	2013.12 ~ 2016.12
4	周 际	新源县发展改革委副主任	扬州市发展改革委经济贸易合作处处长	2013.12 ~ 2016.12(留任)
5	张英明	新源县财政局副局长	扬州市财政局行政事业资产管理处副处长	2013.12 ~ 2016.12
6	冯 洋	新源县住房和城乡建设局副局长	扬州市规划局开发区分局主任科员	2013.12 ~ 2016.12
7	沈 彬	新源县招商局副局长	扬州市商务局机关党委专职副书记	2013.12 ~ 2016.12
8	环志中	新源县工业园区管委会副主任	扬州经济技术开发区管委会建设局主任科员	2013.12 ~ 2016.12
9	施 元	新源县交通局局长助理	扬州市邗江区航道管理站工程师	2014.02 ~ 2015.06
10	李汉军	新源县商务和经济信息化委副主任	扬州市无线电管理监测站副站长	2014.02 ~ 2015.06
11	鲍 玲(女)	新源县招商局副局长	扬州化工园区投资服务中心副主任	2014.02 ~ 2015.06
12	谭兴文	新源县旅游局副局长	扬州市旅游局规划发展处副主任科员	2014.02 ~ 2015.06
13	卜 鸣	新源县国土资源局副局长	扬州市土地信息服务中心副主任	2014.02 ~ 2015.06
14	戎启俊	新源县公安局副局长	扬州市公安局干部	2015.02 ~ 2016.12
15	朱朝阳	新源县住房和城乡建设局副局长	扬州市建设工程质量监督检查站副总工程师、法制科科长	2015.06 ~ 2016.12
16	水玉祥	新源县旅游局副局长	扬州市蜀冈—瘦西湖风景名胜区管委会科教文卫处处长	2015.06 ~ 2016.12
17	陶 锋	新源县委办公室副主任	仪征市纪委法规研究室主任	2015.06 ~ 2016.12
18	张天宇	新源县文化广播体育影视局副局长	仪征市文广新局副局长	2015.06 ~ 2016.12
19	李福龙	新源县第二中学副校长	宝应县画川高级中学教师	2014.02 ~ 2015.06
20	裘龙玉(女)	新源县第二中学教师	扬州市江都区邵伯高级中学教师	2014.02 ~ 2015.06
21	刘 曦	新源县第二中学教师	仪征市教师进修学校教师	2014.02 ~ 2015.06
22	何 平	新源县第二中学教师	高邮市界首高级中学教师	2014.02 ~ 2015.06
23	黄永生	新源县人民医院副院长	江苏省苏北人民医院医生	2014.02 ~ 2015.06
24	吉 勇	新源县人民医院医生	扬州市第一人民医院医生	2014.02 ~ 2015.06
25	牛 锋	新源县中医医院副院长	扬州市中医院医生	2014.02 ~ 2015.06

续表

序号	姓　名	援疆工作单位及职务	援疆前工作单位及职务	援疆时间
26	刘素琴（女）	新源县妇幼保健院副院长	扬州市妇幼保健院医生	2014.02 ～ 2015.06
27	叶文进	新源县职业技术学校副校长	江苏省扬州旅游商贸学校教师	2015.06 ～ 2016.12
28	陶　飞	新源县第二中学副校长	扬州市甘泉中学教师	2015.06 ～ 2016.12
29	魏志坚	新源县第六中学教师	扬州市竹西中学教师	2015.06 ～ 2016.12
30	曹昌根	新源县中心小学教师	扬州市湾头中心小学教师	2015.06 ～ 2016.12
31	景伟斌	新源县第三小学教师	扬州市施桥中心小学副校长	2015.06 ～ 2016.12
32	苏　悦（女）	新源县人民医院副院长	江苏省苏北人民医院医生	2015.06 ～ 2016.12
33	夏光伟	新源县人民医院医生	扬州市第一人民医院医生	2015.06 ～ 2016.12
34	王振美（女）	新源县中医医院副院长	扬州市中医院医生	2015.06 ～ 2016.12
35	钱汉斌	新源县妇幼保健院副院长	扬州市妇幼保健院医生	2015.06 ～ 2016.12

（十二）援昭苏县工作组

序号	姓　名	援疆工作单位及职务	援疆前工作单位及职务	援疆时间
1	沙顺喜	昭苏县委副书记	兴化市副市长（正县级）	2013.08 ～ 2016.12
2	张新民	昭苏县委常委、副县长	泰州市交通运输局副局长	2013.12 ～ 2016.12
3	邵国昱	昭苏县委办公室副主任	兴化市政府办公室副主任	2013.12 ～ 2016.12
4	张　熳（女）	昭苏县委宣传部副部长	《泰州晚报》副总编辑	2013.12 ～ 2016.12
5	吕亚军	昭苏县发展改革委副主任	泰州市经济协作办公室对口支援科科长	2013.12 ～ 2016.12
6	陆志刚	昭苏县财政局副局长	泰州市姜堰区审计局副局长	2013.12 ～ 2016.12
7	汤　彬	昭苏县住房和城乡建设局副局长	泰兴市建设市场管理处主任	2013.12 ～ 2016.12
8	孟　智	昭苏县公安局副局长	泰州市公安局干部	2013.12 ～ 2016.12
9	申　钟	昭苏县审计局副局长	兴化市审计局工会副主席、工程预决算审核中心副主任	2013.12 ～ 2014.12
10	钱忠贵	昭苏县农业局副局长	泰州市姜堰区农业技术推广中心蔬菜站站长	2013.12 ～ 2015.06
11	周玉本	昭苏县夏塔景区管委会副主任	泰州市乔园管理处副主任	2013.12 ～ 2015.06
12	蒋步银	昭苏县农业局种子站副站长	兴化市农业局综合信息科科长	2013.12 ～ 2015.06
13	蒋年生	昭苏县农业局副局长	江苏省现代农业综合开发示范区农业局副局长	2013.12 ～ 2015.06
14	展旭东	昭苏县农业局副局长	靖江市农委作物栽培指导站站长	2015.06 ～ 2016.12

续表

序号	姓　名	援疆工作单位及职务	援疆前工作单位及职务	援疆时间
15	陈建宏	昭苏景区管委会副主任	泰州市梅兰芳纪念馆办公室主任	2015.06 ～ 2016.12
16	苏　扬	昭苏县水利局副局长	泰州市防汛防旱指挥部办公室副主任	2015.06 ～ 2016.12
17	钱忠亮	昭苏县住房和城乡建设局副局长	泰州市规划编制研究中心副主任	2015.06 ～ 2016.12
18	周　奎	昭苏县住房和城乡建设局副局长	泰州市锦园绿化工程有限公司项目科科长	2015.06 ～ 2016.12
19	陈红林	昭苏县育英学校副校长	泰兴市黄桥初级中学教师	2013.12 ～ 2015.06
20	季　静	昭苏县育英学校教师	泰兴市济川初级中学教师	2013.12 ～ 2015.06
21	王　颖（女）	昭苏县育英学校教师	泰兴市济川初级中学教师	2013.12 ～ 2015.06
22	周永华	昭苏县人民医院副院长	兴化市人民医院副院长	2013.12 ～ 2015.06
23	刘天鉴	昭苏县人民医院医生	兴化市人民医院医生	2013.12 ～ 2015.06
24	袁葛粉（女）	昭苏县人民医院医生	兴化市第三人民医院医生	2013.12 ～ 2015.06
25	崔卫宁	昭苏县中医医院副院长	兴化市戴南人民医院医生	2013.12 ～ 2015.06
26	杭春涛	昭苏县中医医院医生	兴化市中医院医生	2013.12 ～ 2015.06
27	李国权	昭苏县育英学校副校长	泰州市苏陈中学教师	2015.06 ～ 2016.12
28	顾爱春	昭苏县育英学校教师	兴化市临城中心校教师	2015.06 ～ 2016.12
29	钱　鑫（女）	昭苏县育英学校教师	泰州市姜堰区仲院初级中学教师	2015.06 ～ 2016.12
30	蔡圣强	昭苏县人民医院副院长	靖江市人民医院医生	2015.06 ～ 2016.12
31	朱　敏	昭苏县人民医院医生	靖江市人民医院医生	2015.06 ～ 2016.12
32	卞桂萍（女）	昭苏县人民医院医生	靖江市人民医院医生	2015.06 ～ 2016.12
33	王　凯	昭苏县中医医院副院长	靖江市中医院医生	2015.06 ～ 2016.12
34	陆振钧	昭苏县中医医院医生	靖江市中医院医生	2015.06 ～ 2016.12

（十三）援兵团七师工作组

序号	姓　名	援疆工作单位及职务	援疆前工作单位及职务	援疆时间
1	窦立夫	七师党委常委、副市长	淮安市副市长	2013.12 ～ 2015.05（留任至2015.05）
2	吉子俊	七师副师长	淮安市副市长	2015.05 ～ 2015.08
3	刘学军	七师副师长	淮安市政协副主席，淮安盐化新材料产业园区党工委书记、管委会主任	2015.08 ～ 2016.12

续表

序号	姓　名	援疆工作单位及职务	援疆前工作单位及职务	援疆时间
4	蒋东明	七师纪委副书记、天北新区管委会第二主任	金湖县委副书记、调研员	2013.12 ～ 2016.12
5	耿良道	七师党委组织部副部长	淮安市委组织部企业干部处（市委企业工委干部处）处长	2013.12 ～ 2016.12
6	刘永军	七师五五工业园区管委会副主任	淮安市纪律检查委员会派驻机构管理办公室副主任	2013.12 ～ 2016.12
7	陶光华	七师工业信息化委副主任	淮安市经济信息化委中小企业综合协调处处长	2013.12 ～ 2016.12
8	蔡　昀	七师五五工业园区管委会副主任	涟水县环境保护局党组书记、副局长	2013.12 ～ 2016.12
9	朱卫东	七师天北新区管委会副主任	淮安市清浦区浦楼街道党工委书记	2013.12 ～ 2016.12
10	夏建勋	七师建设局（环保局）局长助理	淮安市规划局淮安分局副局长	2013.12 ～ 2016.12
11	卜言锦	七师商务局（招商局）局长助理、旅游公司副总经理	淮安市商务局办公室副主任	2013.12 ～ 2016.12
12	童　智	七师建设局（环保局）局长助理	淮安市环保局总量监测监察处副主任科员	2013.12 ～ 2016.12
13	吴升前	七师发展改革委主任助理	淮安市发展改革委财金处副主任科员	2013.12 ～ 2016.12
14	贺　杨	七师天北新区管委会建设局局长	淮安市住房和城乡建设局工程质量安全监管处副处长	2013.12 ～ 2016.12
15	陈明珠	七师胡杨河市（拟建市）市长助理	淮安市人力资源和社会保障局军官转业安置处（军转办）副处长	2013.12 ～ 2016.12
16	王　伟	七师天北城投公司副总经理	淮安交通投资有限公司副总经理	2013.12 ～ 2015.08
17	茆颖轩	七师天北城投公司副总经理	淮安市城市资产经营有限公司经营处副处长	2013.12 ～ 2015.08
18	冯　慧	七师锦融诚信投资公司副总经理	淮安市银信投资担保有限公司风险部主任助理	2013.12 ～ 2015.08
19	王海波	一二三团团场办公室主任	淮安市盐河生态城管委会副主任、清河区农委副主任	2013.12 ～ 2016.12
20	颜士亮	一二四团团场办公室主任	淮安市清浦区政协办公室主任科员	2013.12 ～ 2016.12
21	徐天亮	一二五团党政办公室主任	淮安市淮安区住房和城乡建设局副局长（主任科员）	2013.12 ～ 2016.12
22	林　奇	一二六团团场办公室主任	淮安市淮阴区王兴镇党委副书记、镇长	2013.12 ～ 2016.12
23	沈绍宏	一二七团发展改革委主任	涟水县文广新局副局长	2013.12 ～ 2016.12
24	李岳峰	一二八团团场办公室主任	淮安市洪泽区农委副主任、主任科员	2013.12 ～ 2016.12
25	刘仁柱	一二九团团场办公室主任	淮安市盱眙县管镇镇宣传委员、统战委员	2013.12 ～ 2016.12

续表

序号	姓　名	援疆工作单位及职务	援疆前工作单位及职务	援疆时间
26	董义中	一三〇团党政办公室主任	淮安市金湖县卫计委副主任（主任科员）	2013.12 ～ 2016.12
27	曹将军	一三一团团场办公室主任	淮安经济技术开发区爱卫办主任	2013.12 ～ 2016.12
28	钮建雨	一三七团党政办公室主任	淮安工业园区党政办公室副主任、综治办副主任	2013.12 ～ 2016.12
29	胡成相	七师奎东农场团场办公室主任	淮安生态新城富城路办事处纪委书记（主任科员）	2013.12 ～ 2016.12
30	蒋志军	七师天北城投公司总经理助理	淮安经济技术开发区经济发展总公司建设工程部副部长	2015.08 ～ 2016.12
31	陆　俊	七师天北新区管委会市政办公室主任	淮安市清元科技产业有限公司资产管理处处长	2015.08 ～ 2016.12
32	谢洪安	七师锦融诚信投资公司总经理助理	淮安市水利资产经营有限公司财务部副主任	2015.08 ～ 2016.12
33	蔡正鹏	七师高级中学副校长	江苏省清江中学教师	2013.12 ～ 2016.12（中期留任）
34	张　波	七师高级中学教师	淮阴师范学院附属中学教师	2013.12 ～ 2015.08
35	林　宁	七师奎屯职业技术学校副校长	江苏省淮阴商业学校教师	2013.12 ～ 2016.12（中期留任）
36	丁以山	七师奎屯中医院副院长	金湖县中医院党支部书记	2013.12 ～ 2016.12（中期留任）
37	刘大全	七师医院副院长	淮安市第二人民医院医生	2013.12 ～ 2016.12（中期留任）
38	万一元	七师医院医生	淮安市第一人民医院医生	2013.12 ～ 2015.08
39	刘卫东	七师医院医生	淮安市第一人民医院医生	2013.12 ～ 2015.08
40	赵卫东	七师医院医生	淮安市第一人民医院医生	2013.12 ～ 2015.08
41	薛金配	七师医院医生	淮安市第二人民医院医生	2013.12 ～ 2015.08
42	董　浩	七师医院医生	淮安市第二人民医院医生	2013.12 ～ 2015.08
43	陈爱飞	七师中医医院医生	淮安市中医院医生	2013.12 ～ 2015.08
44	杜乃波	七师高级中学教师	江苏省清浦中学教师	2015.08 ～ 2016.12
45	张大红	七师医院医生	淮安市第一人民医院医生	2015.08 ～ 2016.12
46	秦震声	七师医院医生	淮安市第一人民医院医生	2015.08 ～ 2016.12
47	倪贵华	七师医院医生	淮安市第一人民医院医生	2015.08 ～ 2016.12
48	吴冬青（女）	七师医院医生	淮安市第二人民医院医生	2015.08 ～ 2016.12
49	周光礼	七师医院医生	淮安市第二人民医院医生	2015.08 ～ 2016.12
50	朱晋龙	七师中医医院医生	淮安市中医院医生	2015.08 ～ 2016.12

（十四）援兵团四师工作组

序号	姓　名	援疆工作单位及职务	援疆前工作单位及职务	援疆时间
1	丁　憬	四师党委副书记、副师长，霍尔果斯经济开发区兵团分区党工委书记、管委会主任	镇江市副市长	2013.12～2016.12（留任）
2	王　华	四师师长助理	句容市副市长	2013.12～2016.08（因公殉职）
3	董文生	霍尔果斯经济开发区兵团分区管委会副主任	镇江市润州区政府党组成员	2013.12～2016.12
4	步锁良	四师可克达拉市规划局局长、六十八团副团长	镇江市规划局副调研员	2013.12～2016.12
5	李　牧	霍尔果斯经济开发区兵团分区管委会副主任	镇江市京口区政府党组成员	2013.12～2016.12
6	戴永卿	四师发展改革委副主任、七十团副团长	镇江市发展改革委副处级干部	2013.12～2016.12
7	顾建武	四师建设局副局长、七十八团副团长	镇江市交通运输局副处级干部	2013.12～2016.12
8	张　永	四师党委组织部干训科科长	镇江市社会保险基金管理中心副主任	2013.12～2016.12
9	王光国	四师党委办公室秘书科副科长、霍尔果斯经济开发区兵团分区党政办公室主任	镇江市丹徒区委办公室、研究室副主任	2013.12～2016.12
10	戴忠良	四师农科所所长	镇江市农科院研究室主任	2014.02～2017.02
11	单永建	四师公安局副局长	镇江市公安局副调研员	2015.02～2016.12
12	张　晖	四师可克达拉市规划局专业技术人员	镇江市规划设计研究院城市分院规划师	2015.08～2017.02
13	刘　奕	四师可克达拉市规划局专业技术人员	句容市规划局村镇规划管理科副科长	2015.08～2017.02
14	司马军	六十一团团长助理	丹阳市发展改革和经济信息化委副主任	2014.10～2016.12
15	贡敏杰	六十二团团长助理	丹阳市农业委员会副主任	2014.10～2016.12
16	陆志荣	六十三团团长助理	句容市文化广播和体育局副局长	2014.10～2016.12
17	孙太元	六十四团团长助理	句容市茅山湖旅游度假区党工委副书记	2014.10～2016.12
18	赵志翔	六十六团团长助理	丹徒市高桥临港经济产业园管委会副主任	2014.10～2016.12
19	陆　炜	六十七团团长助理	镇江市丹徒高新技术产业园管委会副主任	2014.10～2016.12
20	王耀辉	七十一团团长助理	扬中市八桥镇党委副书记	2014.10～2016.12
21	罗永云	七十二团团长助理	镇江新区城乡建设局副主任科员	2014.10～2016.12

续表

序号	姓　名	援疆工作单位及职务	援疆前工作单位及职务	援疆时间
22	于晓飞	七十三团团长助理	镇江科特新城管委会经济发展办公室副主任	2014.10 ～ 2016.12
23	杨团伟	七十四团团长助理	镇江市京口区大市口街道办事处主任	2014.10 ～ 2016.12
24	史宇清	七十五团团长助理	镇江市京口区大禹山创意新社区管委会副主任科员	2014.10 ～ 2016.12
25	刘　亮	七十六团团长助理	镇江市润州区机关事务服务中心副主任	2014.10 ～ 2016.12
26	高　飞	七十七团团长助理	镇江市润州区蒋乔街道党工委副书记	2014.10 ～ 2016.12
27	杨　波	七十九团团长助理	扬中市油坊镇副镇长	2014.10 ～ 2016.12
28	韩　强	四师第一中学副校长	丹阳市吕叔湘中学教师	2014.02 ～ 2015.08
29	陈培云	四师第一中学教师	丹阳市珥陵高级中学教师	2014.02 ～ 2015.08
30	邵士臣	四师第一中学教师	丹阳市珥陵高级中学教师	2014.02 ～ 2015.08
31	姚玉辉（女）	四师第一中学教师	丹阳市第六中学教师	2014.02 ～ 2015.08
32	董海燕（女）	四师第一中学教师	丹阳市吕城高级中学教师	2014.02 ～ 2015.08
33	吕明春	四师第一中学教师	丹阳市吕叔湘中学教师	2014.02 ～ 2015.08
34	仇立春	四师医院医生	镇江市中西医结合医院（市第二人民医院）医生	2014.02 ～ 2015.08（留任）
35	陈建华（女）	四师医院医生	镇江市第一人民医院医生	2014.02 ～ 2015.08
36	唐志洋	四师医院医生	镇江市第一人民医院医生	2014.02 ～ 2015.08
37	李　忻	四师医院医生	镇江市第一人民医院医生	2014.02 ～ 2015.08
38	赵东利	四师医院医生	镇江市第四人民医院医生	2014.02 ～ 2015.08
39	徐悦涛	四师医院医生	镇江市中医院医生	2014.02 ～ 2015.08
40	张传飞	四师医院医生	句容市中医院医生	2014.02 ～ 2015.08
41	张礼荣	四师可克达拉市六十四团医院副院长	江苏大学附属医院医生	2014.02 ～ 2015.08
42	倪　智	四师可克达拉市六十四团医院副院长	句容市茅山卫生院副院长	2014.02 ～ 2015.08
43	桂世龙	四师可克达拉市六十七团医院副院长	句容市郭庄医院医生	2014.02 ～ 2015.08
44	霍振吉	四师可克达拉市七十二团医院副院长	句容市人民医院医生	2014.02 ～ 2017.01
45	于永民	四师第一中学教师	丹阳市珥陵高级中学教师	2015.08 ～ 2016.12
46	谢宏庆（女）	四师第一中学教师	丹阳市第五中学教师	2015.08 ～ 2016.12

续表

序号	姓　名	援疆工作单位及职务	援疆前工作单位及职务	援疆时间
47	李　明（女）	四师第一中学教师	江苏省镇江中学教师	2015.08 ～ 2016.12
48	徐　钟	四师第一中学教师	丹阳市第五中学教师	2015.08 ～ 2016.12
49	史卫峰	四师第一中学教师	丹阳市导墅中学副校长	2015.08 ～ 2016.12

二、援克州指挥部

序号	姓　名	援疆工作单位及职务	援疆前工作单位及职务	援疆时间
1	王　斌	援克指挥部党委书记、总指挥，克州党委副书记	泰州市副市长（正市级）	2013.08 ～ 2017.01
2	崔　浩	援克指挥部党委副书记、副总指挥，克州副州长	盐城市副市长	2013.08 ～ 2017.01
3	任晓明	援克指挥部党委副书记、纪委书记，克州纪委副书记、副州长	江苏省水利厅副厅级干部	2013.08 ～ 2017.01
4	高　颜	克州党委组织部副部长	江苏省委组织部正处职干部	2013.12 ～ 2016.12
5	汤和银	克州发展改革委副主任	江苏省能源局新能源处副处长（正处级）	2013.12 ～ 2016.12
6	方立本	克州财政局副局长	江苏省财政厅预算审核中心副主任（正处级）	2013.12 ～ 2016.12
7	唐佳根	克州纪委副书记	江苏省政协办公厅人事处副处长	2013.12 ～ 2016.12
8	杨正超	克州住房和城乡建设局副局长	江苏省建设工程招标投标办公室副处级干部	2013.12 ～ 2016.12
9	孔祥沛	克州教育局副局长	江苏省教育评估院副调研员	2013.12 ～ 2016.12
10	荀　雪	克州公安局副局长	江苏省公安厅副处职干部	2013.12 ～ 2016.12
11	王昊昀	克州卫生局副局长	江苏省卫生厅农村卫生管理处副调研员	2013.12 ～ 2016.12
12	霍宗利	克州疾控中心主任助理	江苏省疾控中心理化检验所主管技师（副科级）	2013.12 ～ 2016.12
13	胡其勇	克州水利局副局长	江苏省水利工程移民办公室副主任	2013.12 ～ 2016.12
14	石　鑫	克州国家安全局副科长	苏州市国家安全局副处长	2013.12 ～ 2016.12
15	陈应柳	援克指挥部干部	泰州市政府办公室副主任	2013.12 ～ 2016.12
16	马　迎	克州党委党校校长助理	江苏省委党校信息管理处网络管理科科长	2013.12 ～ 2016.12
17	廖炬先	克州党委宣传部副部长	江苏省委宣传部研究室副主任（正处级）	2015.08 ～ 2016.12
18	夏　俊	克州审计局局长助理	省审计厅企业审计处主任科员	2015.08 ～ 2016.12
19	谭　晓	克州人民医院副院长	南京医科大学第二附属医院医生	2013.12 ～ 2016.12（中期留任）

续表

序号	姓　名	援疆工作单位及职务	援疆前工作单位及职务	援疆时间
20	丁　杰	克州人民医院医生	南京医科大学第二附属医院医生	2013.12 ～ 2015.08
21	武晓春	克州人民医院医生	南京医科大学第二附属医院医生	2013.12 ～ 2015.08
22	单　晔	克州人民医院医生	南京医科大学第二附属医院医生	2013.12 ～ 2015.08
23	宋宗纬	克州人民医院医生	南京医科大学第二附属医院医生	2015.08 ～ 2016.12
24	张　明	克州人民医院医生	昆山市第一人民医院医生	2015.08 ～ 2016.12
25	李云涛	克州人民医院医生	南京医科大学第二附属医院医生	2016.04 ～ 2016.12
26	匡玉庭	克州人民医院医生	苏州大学附属第一医院医生	2016.04 ～ 2016.12
27	李　岭	克州人民医院医生	苏州大学附属第一医院医生	2016.04 ～ 2016.12
28	徐　浩	克州人民医院医生	徐州医学院附属医院医生	2016.04 ～ 2016.12
29	李　超	克州人民医院医生	徐州医学院附属医院医生	2016.04 ～ 2016.12
30	魏兰福	克州人民医院医生	江苏省中西医结合医院医生	2016.04 ～ 2016.12
31	张　蕾（女）	克州人民医院医生	江苏省中西医结合医院医生	2016.04 ～ 2016.12
32	胡文志	克州人民医院医生	南京医科大学第二附属医院医生	2016.04 ～ 2016.12
33	曹　喆	克州人民医院医生	南京医科大学第二附属医院医生	2016.04 ～ 2016.12
34	曲　晨	克州人民医院医生	南京医科大学第二附属医院医生	2016.04 ～ 2016.12
35	刘　翔	克州人民医院医生	江苏省人民医院医生	2016.04 ～ 2016.12
36	王　俊	克州人民医院医生	江苏省人民医院医生	2016.04 ～ 2016.12
37	朱小鸾（女）	克州人民医院医生	江苏省人民医院医生	2016.04 ～ 2016.12
38	高永涛	克州人民医院医生	南通大学附属医院医生	2016.04 ～ 2016.12
39	赵苏鸣	克州人民医院医生	南通大学附属医院医生	2016.04 ～ 2016.12
40	罗金花（女）	克州人民医院医生	南通大学附属医院医生	2016.04 ～ 2016.12
41	凌斌勋	克州人民医院医生	江苏省肿瘤医院医生	2016.04 ～ 2016.12

（一）援阿合奇县工作组

序号	姓　名	援疆工作单位及职务	援疆前工作单位及职务	援疆时间
1	林小异	阿合奇县委副书记	无锡市人力资源和社会保障局副局长（正处级）	2013.12 ～ 2016.12（留任）
2	曹敏伟	阿合奇县委常委、副县长	无锡市锡山区纪委副书记（副处级）	2013.12 ～ 2016.12
3	郑宝林	阿合奇县发展改革委副主任	无锡市发展改革委经济贸易处副主任科员	2013.12 ～ 2016.12
4	朱　颖	阿合奇县公安局副局长	无锡市公安局干部	2013.12 ～ 2016.12

续表

序号	姓　名	援疆工作单位及职务	援疆前工作单位及职务	援 疆 时 间
5	王　明	阿合奇县财政局副局长	无锡市财政预算审核中心行政科副科长	2013.12 ～ 2016.12
6	王平武	阿合奇县住房和城乡建设局副局长	无锡市建筑工程质量检测中心主任助理兼行政部部长	2013.12 ～ 2016.12
7	蒋永健	阿合奇县同心中学教师	宜兴外国语学校教师	2013.08 ～ 2014.08
8	季耀亮	阿合奇县同心中学教师	宜兴市桃溪中学教师	2013.08 ～ 2014.08
9	傅梓柏	阿合奇县同心中学教师	江苏省怀仁中学教师	2013.08 ～ 2014.08
10	陆煜昱	阿合奇县同心中学教师	无锡市长安中学教师	2013.08 ～ 2014.08
11	徐加琦	阿合奇县同心中学教师	无锡市育红万科小学教师	2013.08 ～ 2014.08
12	钱　峰	阿合奇县同心中学副校长	无锡市新城中学教师	2013.12 ～ 2016.12
13	孙道崎	阿合奇县人民医院副院长	无锡市第三人民医院医生	2013.12 ～ 2016.12（中期留任）
14	冯　健	阿合奇县人民医院医生	无锡市人民医院医生	2014.02 ～ 2015.08
15	蔡惠东	阿合奇县人民医院医生	无锡市人民医院医生	2014.02 ～ 2015.08
16	姚立新	阿合奇县人民医院医生	无锡市第二人民医院医生	2014.02 ～ 2015.08
17	魏宏义	阿合奇县人民医院医生	无锡市第四人民医院医生	2014.02 ～ 2015.08
18	张　霞（女）	阿合奇县人民医院医生	无锡市妇幼保健院医生	2014.02 ～ 2015.08
19	袁　帅	阿合奇县同心中学教师	无锡国际学校教师	2014.08 ～ 2015.07
20	魏劬正	阿合奇县同心中学教师	无锡市第一女子中学教师	2014.08 ～ 2015.07
21	金祝华	阿合奇县同心中学教师	宜兴外国语学校教师	2014.08 ～ 2015.07
22	刘　强	阿合奇县同心中学教师	无锡市侨谊实验中学教师	2014.08 ～ 2015.07
23	厉夏杰	阿合奇县同心中学教师	无锡市山明中学教师	2014.08 ～ 2015.07
24	金　钧	阿合奇县同心中学教师	宜兴市实验中学教师	2015.08 ～ 2016.07
25	芮振宇	阿合奇县同心中学教师	宜兴市桃溪中学教师	2015.08 ～ 2016.07
26	虞文煜	阿合奇县同心中学教师	无锡市荡口中学教师	2015.08 ～ 2016.07
27	张　磊	阿合奇县同心中学教师	无锡市前洲中心小学教师	2015.08 ～ 2016.07
28	朱　慧	阿合奇县同心中学教师	无锡市胡埭中学教师	2015.08 ～ 2016.07
29	赵继军	阿合奇县人民医院医生	无锡市人民医院医生	2015.08 ～ 2016.12
30	杨　磊	阿合奇县人民医院医生	无锡市第二人民医院医生	2015.08 ～ 2016.12
31	韩　冬	阿合奇县人民医院医生	无锡市第三人民医院医生	2015.08 ～ 2016.12
32	贾红亮	阿合奇县人民医院医生	无锡市第四人民医院医生	2015.08 ～ 2016.12
33	陆剑锋	阿合奇县人民医院医生	无锡市妇幼保健院医生	2015.08 ～ 2016.12
34	吴亚强	阿合奇县同心中学教师	宜兴外国语学校教师	2016.08 ～ 2017.07
35	王以宣	阿合奇县同心中学教师	无锡市八士中学教师	2016.08 ～ 2017.07

续表

序号	姓　名	援疆工作单位及职务	援疆前工作单位及职务	援 疆 时 间
36	丁　君（女）	阿合奇县同心中学教师	无锡市洛社初级中学教师	2016.08 ～ 2017.07
37	何亚军	阿合奇县同心中学教师	无锡市新城中学教师	2016.08 ～ 2017.07
38	周晓红（女）	阿合奇县同心中学教师	无锡市育红小学教师	2016.08 ～ 2017.07

（二）援乌恰县工作组

序号	姓　名	援疆工作单位及职务	援疆前工作单位及职务	援 疆 时 间
1	孙泽阳	乌恰县委副书记	常州市戚墅堰区委常委（正处级）	2013.08 ～ 2016.12
2	戎建伟	乌恰县委常委、副县长	常州市经济信息化委副处级干部	2013.08 ～ 2016.12
3	汤文忠	乌恰县发展改革委副主任	常州市发展改革委信息发展处副处长	2013.08 ～ 2016.12
4	闵晔祁	乌恰县公安局副局长	常州市公安局高新区（新北区）分局圩塘派出所干部	2013.08 ～ 2016.12
5	黄庆海	乌恰县财政局副局长	常州市财政局基层财政管理处副主任科员	2013.08 ～ 2016.12
6	汤　仪	乌恰县住房和城乡建设局副局长（正科级）	常州市市政工程管理处工程三科科长	2013.08 ～ 2016.12
7	王庆华	乌恰县实验中学副校长	常州市勤业中学教师	2013.12 ～ 2016.12（中期留任）
8	张永康	乌恰县实验中学教师	常州市兰陵中学教师	2013.12 ～ 2015.08
9	邹清虎	乌恰县实验中学教师	常州市兰陵中学教师	2013.12 ～ 2015.08
10	任　旭	乌恰县实验中学教师	常州市金坛区朱林中学教师	2013.12 ～ 2015.08
11	汤文良	乌恰县实验中学教师	常州市金坛区水北中学教师	2013.12 ～ 2015.08
12	茅玉龙	乌恰县实验中学教师	常州市新北区百丈中学教师	2013.12 ～ 2015.08
13	刘志伟	乌恰县人民医院副院长	常州市第一人民医院医生	2013.12 ～ 2016.12（中期留任）
14	谈南明	乌恰县人民医院医生	常州市第一人民医院医生	2013.12 ～ 2015.08
15	吴小鹏	乌恰县人民医院医生	常州市第二人民医院医生	2013.12 ～ 2015.08
16	吕建兴	乌恰县人民医院医生	常州市中医医院医生	2013.12 ～ 2015.08
17	顾建东	乌恰县人民医院医生	常州市妇幼保健院医生	2013.12 ～ 2015.08
18	涂国华	乌恰县人民医院医生	常州市儿童医院医生	2013.12 ～ 2015.08
19	姚财兴	乌恰县实验中学教师	常州市新北区魏村中学教师	2015.08 ～ 2016.12

续表

序号	姓　名	援疆工作单位及职务	援疆前工作单位及职务	援疆时间
20	章建国	乌恰县实验中学教师	常州市实验初级中学教师	2015.08～2016.12
21	史自力	乌恰县实验中学教师	常州市北郊初级中学教师	2015.08～2016.12
22	韦　胜	乌恰县实验中学教师	溧阳市强埠初级中学教师	2015.08～2016.12
23	刘国强	乌恰县实验中学教师	溧阳市天目湖实验学校教师	2015.08～2016.12
24	王秦令（女）	乌恰县人民医院医生	常州市第一人民医院医生	2015.08～2016.12
25	石海峰	乌恰县人民医院医生	常州市第二人民医院医生	2015.08～2016.12
26	马海鹰（女）	乌恰县人民医院医生	常州市中医医院医生	2015.08～2016.12
27	彭久君	乌恰县人民医院医生	常州市妇幼保健院医生	2015.08～2016.12
28	史伟新	乌恰县人民医院医生	常州市儿童医院医生	2015.08～2016.12

（三）援阿图什市工作组

序号	姓　名	援疆工作单位及职务	援疆前工作单位及职务	援疆时间
1	沈立新	阿图什市委副书记	昆山市副市长	2013.08～2016.12
2	肖建明	阿图什市委常委、副市长	昆山经济技术开发区管委会副主任	2013.08～2016.12
3	陆为革	阿图什市工业园区管委会副主任	昆山市中小企业局副局长（主任科员）	2013.08～2016.12
4	陆文华	阿图什市发展改革委副主任	昆山市发展改革委主任科员	2013.08～2016.12
5	胡　敏	阿图什市公安局副局长	昆山市公安局主任科员	2013.08～2016.12
6	汤学华	阿图什市财政局副局长	昆山市财政局副科级干部	2013.08～2016.12
7	金洪涛	阿图什市住房和城乡建设局副局长	昆山市民防局副局长	2013.08～2016.12
8	陈　斌	阿图什市昆山育才学校副校长	昆山市淀山湖中学教师	2013.12～2016.12（中期留任）
9	拾新柱	阿图什市昆山育才学校教师	昆山市亭林中学教师	2013.12～2015.08
10	何嘉伟	阿图什市昆山育才学校教师	昆山市正仪中学教师	2013.12～2015.08
11	顾正荣	阿图什市昆山育才学校教师	昆山市培本实验小学教师	2013.12～2015.08
12	杨惠新	阿图什市昆山育才学校教师	昆山市新镇腰溇完全小学校长	2014.01～2015.08
13	封以生	阿图什市人民医院副院长	昆山市中医医院医生	2013.12～2016.12（中期留任）
14	倪春华	阿图什市人民医院医生	昆山市第一人民医院医生	2013.12～2015.08
15	黄永刚	阿图什市人民医院医生	昆山市中医医院医生	2013.12～2015.08
16	蒋丽华（女）	阿图什市人民医院医生	昆山市中医医院医生	2013.12～2015.08
17	李　海	阿图什市人民医院医生	昆山市第三人民医院医生	2013.12～2015.08

续表

序号	姓名	援疆工作单位及职务	援疆前工作单位及职务	援疆时间
18	黄丽（女）	阿图什市人民医院医生	昆山市第四人民医院医生	2013.12～2015.08
19	林于清（女）	阿图什市昆山育才学校教师	昆山市玉峰实验学校教师	2015.08～2016.12
20	季良	阿图什市昆山育才学校教师	昆山市大市中心小学教师	2015.08～2016.12
21	董平	阿图什市昆山育才学校教师	昆山市周市中心小学教师	2015.08～2016.12
22	吴军	阿图什市昆山育才学校教师	昆山市花桥中心小学教师	2015.08～2016.12
23	张明	阿图什市人民医院医生	昆山市第一人民医院医生	2015.08～2016.12
24	方琴（女）	阿图什市人民医院医生	昆山市第一人民医院医生	2015.08～2016.12
25	赵波	阿图什市人民医院医生	昆山市中医医院医生	2015.08～2016.12
26	汪卫平	阿图什市人民医院医生	昆山市第二人民医院医生	2015.08～2016.12
27	李英（女）	阿图什市人民医院医生	昆山市第二人民医院医生	2015.08～2016.12

第九批

（624人，含专业技术人才449人）

一、援伊犁州指挥部

序号	姓名	援疆工作单位及职务	援疆前工作单位及职务	援疆时间
1	潘道津	援伊指挥部党委书记、总指挥，伊犁州党委副书记	盐城市委常委、秘书长	2016.12～2019.12
2	何平	援伊指挥部党委副书记、副总指挥，伊犁州副州长	江苏省交通运输厅交通工程建设局局长	2016.12～2019.12
3	张明华	援伊指挥部党委副书记、副总指挥，伊犁州副州长	江苏省环境保护厅环境监察局局长	2016.12～2019.12
4	彭忠	援伊指挥部党委副书记、纪委书记，伊犁州纪委副书记	江苏省海外企业集团有限公司纪委书记	2016.12～2019.12
5	朱海啸	伊犁州党委办公室副主任	江苏省委办公厅宣传科教处副处长	2016.12～2019.12
6	缪军	伊犁州发展改革委副主任	江苏省发展改革委资源环境处副处长	2016.12～2019.12
7	陈勇	伊犁州党委组织部副部长	江苏省委组织部组织一处调研员	2016.12～2019.12
8	楚昆	伊犁州党委宣传部副部长	江苏省委宣传部文化体制改革指导处副处长	2016.12～2019.12
9	龚云峰	伊犁州财政局副局长	江苏省产权交易所副所长	2016.12～2019.12
10	李晓军	伊犁州人力资源和社会保障局副局长	江苏省职业介绍服务中心（省就业培训中心）副主任	2016.12～2019.12

续表

序号	姓　名	援疆工作单位及职务	援疆前工作单位及职务	援疆时间
11	闵　俊	伊犁州公安局副局长	江苏省公安厅二级警长	2016.12～2019.12
12	姜永发	伊犁州经济和信息化委副主任	江苏省经济和信息化委信息资源与基础设施处副处长	2016.12～2019.12
13	金　阳	伊犁州商务局副局长	江苏省贸促会办公室副调研员	2016.12～2019.12
14	杨吉庆	伊犁州国资委副主任	江苏省国资委企业发展改革处副处长	2016.12～2019.12（留任）
15	刘旭东	伊犁州旅游局副局长	江苏省旅游局旅游促进处副处长	2016.12～2019.12
16	桓　恒	伊犁州金融办公室副主任	江苏省金融办公室资本市场处处长	2016.12～2019.12
17	顾寿永	伊犁州卫生计生委副主任	江苏省卫生计生委食品安全标准与监测评估处副处长	2016.12～2019.12
18	钱　良	伊犁州教育局副局长	江苏省教育厅政策法规处副调研员	2016.12～2019.12
19	张华阳	伊犁州审计局局长助理	江苏省审计厅固定资产投资审计处主任科员	2016.12～2019.12
20	刘晓静	伊犁州住房和城乡建设局局长助理	江苏省住房和城乡建设厅科技发展中心科长	2016.12～2018.07
21	孟　展	伊犁州自然资源局局长助理	江苏省地产发展中心项目监测监管科正科级干部	2016.12～2019.12
22	董　虎	伊犁州教师培训中心副主任	灌南县教育局副局长	2016.12～2019.12
23	王　军	伊犁州住房和城乡建设局专业技术人员	江苏省城市规划设计研究院下属江苏华隆置业有限公司副总经理	2018.07～2019.12
24	王　磊	伊犁州农业局农产品质量安全监管处副处长	江苏省农产品质量检验测试中心科长	2018.07～2019.12
25	范　恒	伊犁州教师培训中心教师	张家港市护漕港中学副校长	2016.12～2018.07
26	夏　敏（女）	伊犁州教师培训中心教师	扬州市竹西中学教师	2016.12～2018.07
27	刘　忠	伊犁州教师培训中心教师	江苏省盱眙中学教师	2016.12～2018.07
28	许为柏	伊犁州高级技工学校副校长	江苏省盐城技师学院教师	2016.12～2019.12（中期留任）
29	朱锦富	伊犁州友谊医院副院长	江苏省人民医院医生	2016.12～2019.12（中期留任）
30	段宝奇	伊犁州中医医院副院长	江苏省中医院医生	2016.12～2019.12（中期留任）
31	刘泽萱（女）	伊犁州中医医院医生	江苏省中医院医生	2016.12～2019.12（中期留任）
32	李　佟	伊犁州康仁医院副院长	江苏省荣军医院院长助理	2016.12～2019.12（中期留任）
33	严耀华	伊犁州友谊医院医生	南通大学附属医院医生	2016.12～2018.07
34	刘　凌	伊犁州友谊医院医生	苏州大学附属第一医院医生	2016.12～2018.07

续表

序号	姓　名	援疆工作单位及职务	援疆前工作单位及职务	援疆时间
35	刘金勇	伊犁州友谊医院医生	江苏省人民医院医生	2016.12 ～ 2018.07
36	林小满（女）	伊犁州友谊医院医生	徐州医科大学附属医院医生	2016.12 ～ 2018.07
37	成　兵	伊犁州新华医院副院长	南通大学附属医院医生	2016.12 ～ 2018.07
38	袁　峰	伊犁州奎屯医院副院长	徐州医科大学附属医院医生	2016.12 ～ 2018.07
39	虞　景	伊犁州妇幼保健院医生	苏州大学附属儿童医院医生	2016.12 ～ 2018.07
40	徐昆鹏	伊犁职业技术学院教师	徐州工业职业技术学院教师	2018.07 ～ 2019.12
41	刘　滔	伊犁州友谊医院医生	苏州大学附属第一医院医生	2018.07 ～ 2019.12
42	闵　月（女）	伊犁州友谊医院医生	苏州大学附属儿童医院医生	2018.07 ～ 2019.12
43	卢小健	伊犁州友谊医院医生	南通大学附属医院医生	2018.07 ～ 2019.12
44	陈书英（女）	伊犁州友谊医院医生	徐州医科大学附属医院医生	2018.07 ～ 2019.12
45	马利民	伊犁州新华医院副院长	南通大学附属医院医生	2018.07 ～ 2019.12
46	侯　振	伊犁州妇幼保健院副院长	江苏省人民医院医生	2018.07 ～ 2019.12
47	向淑真（女）	伊犁州妇幼保健院医生	苏州大学附属第一医院医生	2018.07 ～ 2019.12
48	冯　虎	伊犁州奎屯医院副院长	徐州医科大学附属医院医生	2018.07 ～ 2019.12

（一）援伊宁市指挥组

序号	姓　名	援疆工作单位及职务	援疆前工作单位及职务	援疆时间
1	童晓佳	伊宁市委副书记兼霍尔果斯经济开发区伊宁园区党工委副书记	南京市鼓楼区委常委、副区长	2016.12 ～ 2019.12
2	石　磊	伊宁市副市长兼伊宁市边境经济合作区党工委副书记	南京市玄武区政府办公室主任	2016.12 ～ 2019.12
3	陈　晨	伊宁市发展改革委副主任	南京市鼓楼区幕府山街道办事处副主任	2016.12 ～ 2019.12
4	蔡　健	伊宁市财政局副局长	南京市下关滨江商务区管委会综合处副处长	2016.12 ～ 2019.12
5	李庆华	伊宁市城乡规划局副局长	南京市港口管理局港政监督处副处长	2016.12 ～ 2019.12
6	许晨阳	伊宁市公安局副局长	南京市公安局干部	2016.12 ～ 2019.12
7	方小喜	伊宁市商务和工业信息化局副局长	南京市玄武区商务局项目推进科科长	2016.12 ～ 2019.12

续表

序号	姓　名	援疆工作单位及职务	援疆前工作单位及职务	援疆时间
8	王爱平	伊宁市丽宁旅游投资管理有限公司总经理	南京白宫大酒店副总经理	2016.12～2019.12
9	王　健	伊宁市国有资产投资经营（集团）有限责任公司总经济师	南京新工集团南京中山制药有限公司监事会主席	2016.12～2019.12
10	彭太保	伊宁市第一中学教师	南京市溧水区第三高级中学教师	2016.12～2018.07
11	李春雨	伊宁市第一中学教师	南京市高淳区淳辉高级中学教师	2016.12～2018.07
12	谈卫东	伊宁市第一中学教师	南京市第十二中学教师	2016.12～2018.07
13	汪永亮	伊宁市第一中学教师	南京市第二十九中学教师	2016.12～2018.07
14	袁卫明	伊宁市第一中学教师	南京市玄武高级中学教师	2016.12～2018.07
15	周向前	伊宁市第一中学教师	南京市人民中学教师	2016.12～2018.07
16	高华顺	伊宁市第一中学教师	南京市高淳区湖滨高级中学教师	2016.12～2018.07
17	傅京华	伊宁市第九中学教师	南京市高淳区东坝中学教师	2016.12～2018.07
18	谭俊华	伊宁市人民医院医生	南京脑科医院医生	2016.12～2018.07
19	陈洪波	伊宁市人民医院医生	南京市第二医院医生	2016.12～2018.07
20	周志良	伊宁市人民医院医生	南京市溧水区人民医院医生	2016.12～2018.07
21	薛雅红（女）	伊宁市维吾尔医医院医生	南京市中医院医生	2016.12～2018.07
22	雷　钧	伊宁市维吾尔医医院医生	南京市胸科医院医生	2016.12～2018.07
23	姜建平	伊宁市第一中学副校长	南京市第十二中学教师	2018.07～2019.12
24	赵亲发	伊宁市第一中学教师	南京市第十三中学教师	2018.07～2019.12
25	周　江	伊宁市第一中学教师	南京市玄武高级中学教师	2018.07～2019.12
26	孙仲礼	伊宁市第一中学教师	南京市湖滨高级中学教师	2018.07～2019.12
27	陈昌梓	伊宁市第一中学教师	南京市高淳高级中学教师	2018.07～2019.12
28	蒋智勇	伊宁市第一中学教师	南京大学附属中学教师	2018.07～2019.12
29	汪　峰	伊宁市第一中学教师	南京市溧水区第三高级中学教师	2018.07～2019.12
30	李晓刚	伊宁市第一中学教师	南京市溧水区第二高级中学教师	2018.07～2019.12
31	邓友明	伊宁市维吾尔医医院副院长	南京市第二医院医生	2018.07～2019.12
32	周　康	伊宁市维吾尔医医院医生	南京市中医院医生	2018.07～2019.12
33	王　浩	伊宁市人民医院副院长	南京鼓楼医院医生	2018.07～2019.12
34	金珠玛（女）	伊宁市人民医院医生	南京脑科医院医生	2018.07～2019.12
35	窦全亮	伊宁市人民医院医生	南京市第一医院医生	2018.07～2019.12

（二）援特克斯县工作组

序号	姓　名	援疆工作单位及职务	援疆前工作单位及职务	援疆时间
1	张玉力	特克斯县委副书记	南京市江宁区政府党组成员	2016.12～2019.12
2	林云飞	特克斯县副县长	南京市江宁区政府党组成员	2016.12～2019.12
3	姜孝亮	特克斯县委办公室副主任	南京东山国际企业研发园纪工委书记	2016.12～2019.12
4	王　刚	特克斯县委组织部副部长	南京市江宁区委“两新”工委办主任	2016.12～2019.12
5	杨发忠	特克斯县财政局副局长	南京市江宁区财政局滨江开发区分局副局长（正科级）	2016.12～2019.12
6	匡　凯	特克斯县住房和城乡建设局副局长	南京市江宁区住房和城乡建设局信访12345办公室主任兼规划建设科副科长	2016.12～2019.12
7	马小虎	特克斯县公安局副局长	南京市公安局江宁分局汤山派出所所长	2016.12～2019.12
8	谭开明	特克斯县发展改革委副主任	南京市江宁区发展改革局综合科科长	2016.12～2019.12
9	王德彪	特克斯县卫计局副局长	南京市江宁区麒麟街道社区卫生服务中心主任	2016.12～2019.12
10	董云峰	特克斯县高级中学副校长	南京市上元中学副校长	2016.12～2019.12（中期留任）
11	王　成	特克斯县高级中学教师	南京市江宁区禄口中学教师	2016.12～2019.12（中期留任）
12	王成金	特克斯县高级中学教师	南京市秣陵中学教师	2016.12～2019.12（中期留任）
13	迪贺斌	特克斯县高级中学教师	南京市秣陵中学教师	2016.12～2018.07（留任）
14	李善源	特克斯县高级中学教师	南京市秦淮中学教师	2016.12～2019.12（中期留任）
15	陈银海	特克斯县高级中学教师	南京市百家湖中学教师	2016.12～2019.12（中期留任）
16	沈荣国	特克斯县人民医院医生	南京市江宁区淳化街道方山社区卫生服务中心医生	2016.12～2019.12（中期留任）
17	杨　娟（女）	特克斯县人民医院医生	南京市江宁区东山街道社区卫生服务中心医生	2016.12～2019.12（中期留任）
18	戴　民	特克斯县人民医院医生	南京市江宁区淳化街道土桥社区卫生服务中心医生	2016.12～2018.07
19	李春霞（女）	特克斯县妇幼保健院医生	南京市江宁中医院医生	2016.12～2018.07
20	翁前进	特克斯县中医医院医生	南京市江宁区第二人民医院医生	2016.12～2018.07
21	陈　川	特克斯县中医医院医生	南京市江宁中医院医生	2016.12～2018.07
22	朱　胄	特克斯县高级中学教师	南京市江宁高级中学教师	2018.07～2019.12
23	张为民	特克斯县人民医院医生	南京市江宁中医院医生	2018.07～2019.12

续表

序号	姓　名	援疆工作单位及职务	援疆前工作单位及职务	援 疆 时 间
24	张　红（女）	特克斯县妇幼保健院医生	南京市江宁区湖熟街道龙都社区卫生服务中心医生	2018.07 ～ 2019.12
25	宋光栋	特克斯县中医医院医生	南京市江宁区秣陵街道百家湖社区卫生服务中心医生	2018.07 ～ 2019.12
26	刘小莉（女）	特克斯县中医医院医生	南京市江宁中医医院医生	2018.07 ～ 2019.12

（三）援霍城县工作组

序号	姓　名	援疆工作单位及职务	援疆前工作单位及职务	援 疆 时 间
1	陈文斌	霍城县委副书记、霍尔果斯经济开发区清水河配套园区管委会常务副主任	江阴市副市长	2016.12 ～ 2018.12（留任）
2	邢益新	霍城县副县长、霍城县委副书记	无锡市发展改革委副主任	2016.12 ～ 2019.12
3	范　荣	霍城县委组织部副部长	江阴市新经济社会组织党工委副书记	2016.12 ～ 2019.12
4	韩　俊	霍尔果斯经济开发区清水河配套园区管委会主任助理	江苏江阴临港经济开发区经济发展局副局长	2016.12 ～ 2019.12
5	邬海江	霍城县发展改革委副主任	江阴市安监局副局长	2016.12 ～ 2019.12
6	于景峰	霍城县住房和城乡建设局副局长	江苏江阴—靖江工业园区规划建设局局长	2016.12 ～ 2019.12
7	汪运志	霍城县规划局副局长	江阴市规划局总工程师	2016.12 ～ 2019.12
8	孙惠峰	霍城县文化体育广播电视和旅游局副局长	江苏江阴临港经济开发区新能源产业园管委会副主任	2016.12 ～ 2019.12
9	臧　新	霍城县财政局副局长	江阴市璜土镇副镇长	2016.12 ～ 2019.12
10	刘志伟	霍城县商务和工业信息化局副局长	江阴市顾山镇纪委书记	2016.12 ～ 2019.12
11	计鹏宇	霍城县教育局副局长	江阴市月城镇党政办公室主任	2016.12 ～ 2019.12
12	朱云希	霍城县公安局副局长	江阴市公安局要塞派出所所长	2016.12 ～ 2019.12
13	江　峰	霍城县建设工程质量安全监督站副站长	江阴市建设工程质量安全监督站质监员	2016.12 ～ 2019.12
14	孙赞平	霍城县江苏中学副校长	江阴市第二中学教师	2016.12 ～ 2018.07
15	张平轩	霍城县江苏中学教师	江阴市临港实验学校教师	2016.12 ～ 2018.07
16	姚宇平	霍城县江苏中学教师	江阴市要塞中学教师	2016.12 ～ 2018.07
17	李九华（女）	霍城县江苏中学教师	江阴市山观高级中学教师	2016.12 ～ 2018.07
18	陆亚钧	霍城县江苏医院副院长	江阴市第三人民医院医生	2016.12 ～ 2018.07
19	李伟章	霍城县江苏医院医生	江阴市人民医院医生	2016.12 ～ 2018.07

续表

序号	姓　名	援疆工作单位及职务	援疆前工作单位及职务	援疆时间
20	高　林	霍城县江苏医院医生	江阴市人民医院医生	2016.12 ～ 2018.07
21	张金华	霍城县江苏医院医生	江阴市人民医院医生	2016.12 ～ 2018.07
22	孔文良	霍城县中医医院医生	江阴市中医院医生	2016.12 ～ 2018.07
23	陈　明	霍城县中医医院医生	江阴市中医院医生	2016.12 ～ 2018.07
24	顾忠伟	霍城县江苏中学副校长	江阴市第一中学教师	2018.07 ～ 2019.12
25	陆伟良	霍城县江苏中学教师	江苏省南菁高级中学教师	2018.07 ～ 2019.12
26	许吉玲（女）	霍城县江苏中学教师	江苏省江阴南华中等专业学校教师	2018.07 ～ 2019.12
27	李小祥	霍城县江苏中学教师	江苏省江阴长泾中学教师	2018.07 ～ 2019.12
28	赵建红	霍城县江苏医院副院长	江阴市城南社区卫生服务中心副主任	2018.07 ～ 2019.12
29	袁　军	霍城县江苏医院医生	江阴市人民医院医生	2018.07 ～ 2019.12
30	卢明霞（女）	霍城县江苏医院医生	江阴市人民医院医生	2018.07 ～ 2019.12
31	何　伟	霍城县江苏医院医生	江阴市人民医院医生	2018.07 ～ 2019.12
32	陆军伟	霍城县中医医院医生	江阴市中医院医生	2018.07 ～ 2019.12
33	时　钦（女）	霍城县中医医院医生	江阴市中医院医生	2018.07 ～ 2019.12

（四）援奎屯市工作组

序号	姓　名	援疆工作单位及职务	援疆前工作单位及职务	援疆时间
1	丁广州	奎屯市委副书记	邳州市委常委、徐州市政府办公室党组成员	2016.12 ～ 2019.12
2	甄文庆	奎屯—独山子经济技术开发区管委会副主任	徐州经济技术开发区发展改革局（商务局）局长兼工程机械发展办公室副主任	2016.12 ～ 2019.12
3	程　峰	奎屯市副市长	徐州市鼓楼区副区长	2016.12 ～ 2019.12
4	陈　沛	奎屯市委办公室副主任	新沂市新店镇副镇长	2016.12 ～ 2019.12
5	袁　威	奎屯市委组织部副部长	徐州市委组织部考评中心（公选办）主任	2016.12 ～ 2019.12
6	曹绪扬	奎屯市发展改革委副主任	徐州市云龙区翠屏山街道党工委书记	2016.12 ～ 2019.12
7	苗建民	奎屯市财政局副局长	徐州市审计局财政金融审计处副处长	2016.12 ～ 2019.12
8	陈晓栋	奎屯市公安局副局长	徐州市公安局干部	2016.12 ～ 2019.12
9	吴　峰	奎屯—独山子经济技术开发区管委会招商局副局长	徐州市贾汪区市场监管局局长（副处级）	2016.12 ～ 2019.12
10	牟忠武	奎屯—独山子经济技术开发区管委会经发局副局长	徐州市总工会副主任科员	2016.12 ～ 2019.12

续表

序号	姓　名	援疆工作单位及职务	援疆前工作单位及职务	援疆时间
11	王　伟	奎屯—独山子经济技术开发区管委会投资服务中心副主任	丰县经济开发区副主任科员	2016.12～2019.12
12	王　灿	奎屯市住房和城乡建设局副局长	徐州市政府投资项目代建中心技术处副处长	2016.12～2019.12
13	刘景元	奎屯市林业园林局副局长	徐州市市政园林局园林绿化管理处处长、研究员级园林高级工程师	2016.12～2018.07
14	吴　玮	奎屯市商务局副局长	徐州市投资促进服务中心副主任	2016.12～2019.12
15	赵玉军	奎屯市环境保护局副局长	徐州市环境监测中心站工程师	2016.12～2018.07
16	张鲁洋	奎屯市科技局副局长	徐州市科技情报研究所情报研究室副主任	2016.12～2018.07
17	朱军奇	奎屯市城市管理行政执法局副局长	徐州市城市管理局组织人事处处长	2016.12～2019.12
18	吕伟波	奎屯市教育局副局长	运河高等师范学校培训处处长	2016.12～2018.07
19	季培琛	奎屯市卫生计生委副主任	徐州市卫生计生委医政处副处长	2016.12～2018.07
20	张　宁	奎屯—独山子经济技术开发区管委会规划建设局副局长	徐州市规划局设计院规划二所所长	2016.12～2018.07
21	王　成	奎屯市教育局副局长	运河高等师范学校教师	2018.07～2019.12
22	惠　刚	奎屯—独山子经济技术开发区管委会规划建设局副局长	徐州市财政集中支付中心科员	2018.07～2019.12
23	杨永军	奎屯市环境保护局副局长	徐州经济技术开发区环境监察大队科员	2018.07～2019.12
24	刘贵刚	奎屯市林业园林局副局长	徐州经济技术开发区东环街道办事处副主任	2018.07～2019.12
25	王润方	奎屯市科技局副局长	徐州市高新技术创业服务中心助理研究员	2018.07～2019.12
26	贺　劢	奎屯市卫生健康委副主任	徐州市卫生监督所副主任科员	2018.07～2019.12
27	牛永香	奎屯市第一高级中学副校长	江苏省丰县中学教师	2016.12～2018.07
28	张伶芝（女）	奎屯市妇幼保健院医生	徐州市第一人民医院医生	2016.12～2019.12（中期留任）
29	朱俊岭	奎屯市妇幼保健院医生	徐州市儿童医院医生	2016.12～2018.07
30	孙建胜	奎屯市疾控中心医生	徐州市疾控中心医生	2016.12～2018.07
31	刘　卫	奎屯市第一高级中学教师	徐州市铜山区大许中学教师	2018.07～2019.12
32	王彦波	奎屯市妇幼保健院医生	徐州市中心医院医生	2018.07～2019.12
33	徐荣艳	奎屯市疾控中心副主任	徐州市疾控中心医生	2018.07～2019.12

（五）援尼勒克县工作组

序号	姓　名	援疆工作单位及职务	援疆前工作单位及职务	援 疆 时 间
1	薛建忠	尼勒克县委副书记	常州市武进区副区长	2016.12 ～ 2019.12
2	谢群丰	尼勒克县副县长	武进国家高新技术产业开发区管委会副主任	2016.12 ～ 2019.12
3	严　超	尼勒克县委办公室副主任	常州市武进区委督查室副主任	2016.12 ～ 2019.12
4	冷亚春	尼勒克县委组织部副部长	常州市武进区人力资源和社会保障局副局长	2016.12 ～ 2019.12
5	承文明	尼勒克县委宣传部副部长	常州市武进区委宣传部、文化科科长（副主任科员）	2016.12 ～ 2019.12
6	张晓宇	尼勒克县发展改革委副主任	常州市武进区住房和城乡建设局副局长（主任科员）	2016.12 ～ 2019.12
7	姜荣佳	尼勒克县公安局副局长	常州市公安局武进分局干部	2016.12 ～ 2019.12
8	陈　飞	尼勒克县招商局专业技术人员	常州市武进区牛塘镇政府综合科科员	2016.12 ～ 2018.07
9	胡华静（女）	尼勒克县旅游局专业技术人员	常州市武进区旅游局质量管理科科长	2016.12 ～ 2018.07
10	符雅鹤	尼勒克县财政局专业技术人员	常州市武进区财政局工贸发展科科员	2016.12 ～ 2018.07
11	陈　伟	尼勒克县环境保护局项目办公室副主任	常州市武进区环境保护局环境监察大队科员	2016.12 ～ 2018.07
12	周　勇	尼勒克县教育局教研室副主任	常州市武进区坂上小学副校长	2016.12 ～ 2018.07
13	彭　锦	尼勒克县商务局专业技术人员	常州市武进区湖塘镇政府综合科工作人员	2018.07 ～ 2019.12
14	陈黎明	尼勒克县旅游局专业技术人员	江苏甲子生态旅游发展有限公司市场总监	2018.07 ～ 2019.12
15	钱　俊	尼勒克县财政局专业技术人员	常州市武进区财政局科员	2018.07 ～ 2019.12
16	钱　超	尼勒克县环保局专业技术人员	常州市武进区环保局科员	2018.07 ～ 2019.12
17	文　翔	尼勒克教育局教研室副主任	常州市鸣凰中心小学教师	2018.07 ～ 2019.12
18	刘晏昌	尼勒克县第一中学副校长	常州市武进区洛阳高级中学副校长	2016.12 ～ 2018.07
19	徐长兵	尼勒克县第一中学教师	江苏省武进高级中学教师	2016.12 ～ 2018.07
20	吴业庭	尼勒克县第一中学教师	常州市武进区礼嘉中学教师	2016.12 ～ 2018.07
21	陆永刚	尼勒克县第一中学教师	常州市武进区横山桥高级中学教师	2016.12 ～ 2018.07
22	朱建国	尼勒克县人民医院副院长	常州市武进人民医院医生	2016.12 ～ 2018.07
23	顾晓华	尼勒克县人民医院医生	常州市武进人民医院医生	2016.12 ～ 2018.07
24	浦红亚（女）	尼勒克县妇幼保健院副院长	常州市武进中医医院医生	2016.12 ～ 2018.07
25	孙维英（女）	尼勒克县中医医院副院长	常州市武进中医医院医生	2016.12 ～ 2018.07

续表

序号	姓　名	援疆工作单位及职务	援疆前工作单位及职务	援疆时间
26	潘加成	尼勒克县第一中学教师	江苏省横林高级中学教师	2018.07～2019.12
27	严东泰	尼勒克县第一中学教师	江苏省武进高级中学教师	2018.07～2019.12
28	张树森	尼勒克县第一中学教师	常州市戚墅堰实验中学教师	2018.07～2019.12
29	刘　斌	尼勒克县第一中学教师	常州幼儿师范学校教师	2018.07～2019.12
30	钱轶华（女）	尼勒克县人民医院副院长	常州市武进中医医院医生	2018.07～2019.12
31	陈晓东	尼勒克县人民医院医生	常州市武进人民医院医生	2018.07～2019.12
32	钱　芳（女）	尼勒克县妇幼保健院副院长	常州市武进人民医院医生	2018.07～2019.12
33	高　斌	尼勒克县中医医院副院长	常州市武进中医医院医生	2018.07～2019.12

（六）援霍尔果斯市苏州工作组

序号	姓　名	援疆工作单位及职务	援疆前工作单位及职务	援疆时间
1	韩　江	霍尔果斯经济开发区管委会副主任、霍尔果斯市委副书记	苏州工业园区管委会主任助理	2016.12～2017.07（留任）
2	陈东安	霍尔果斯经济开发区管委会副主任、霍尔果斯市委副书记	苏州工业园区高端制造与国际贸易区管委会主任	2017.09～2020.09
3	张　伟	霍尔果斯市委组织部副部长、霍尔果斯经济开发区党政办公室副主任	苏州工业园区党工委组织部干部人事处副处长、老干部处处长	2016.12～2019.12
4	吕　嵘	霍尔果斯市审计局副局长	苏州工业园区财政局财经审计处处长	2016.12～2019.12
5	杨　焰（女）	霍尔果斯市行政服务中心副主任	苏州工业园区一站式服务中心登记审批处副处长	2016.12～2019.12
6	朱世哲	霍尔果斯市住房和城乡建设局副局长	苏州工业园区规划建设委员会质量安全监督处副处长	2016.12～2019.12
7	吴益军	霍尔果斯市旅游局副局长	苏州市旅游局办公室副主任	2016.12～2019.12
8	罗　迪	霍尔果斯市人力资源和社会保障局副局长	苏州市人力资源和社会保障局职业能力建设处副处长	2016.12～2019.12
9	陆泉明	霍尔果斯市国门初级中学校长	苏州工业园区星洋学校副校长	2016.12～2019.12（中期留任）
10	缪建平	霍尔果斯市丝路小学校长	苏州工业园区莲花学校副校长	2016.12～2019.12（中期留任）

（七）援霍尔果斯市连云港工作组

序号	姓　名	援疆工作单位及职务	援疆前工作单位及职务	援疆时间
1	刘江船	霍尔果斯经济开发区管委会副主任、霍尔果斯市委副书记	连云港市政府研究室主任	2016.12 ～ 2019.12
2	梁龙峰	霍尔果斯市委宣传部副部长	连云港市文化广电新闻出版局版权管理处处长	2016.12 ～ 2019.12
3	宋小康	霍尔果斯市发展改革委副主任	连云港市沿海地区发展办公室投资项目处处长	2016.12 ～ 2019.12
4	颜　杰	霍尔果斯市教育科技局副局长	连云港外国语学校党委委员兼连云港市新浦中学副校长	2016.12 ～ 2019.12
5	张　峰	霍尔果斯市统计局副局长	连云港市统计局副主任科员	2016.12 ～ 2019.12
6	徐昕光	霍尔果斯市公安局副局长	连云港市公安局干部	2016.12 ～ 2019.12
7	王志国	霍尔果斯经济开发区口岸管理局副局长	连云港市港口管理局规划建设处处长	2016.12 ～ 2019.12
8	杨明顺	霍尔果斯市文化体育广播影视局副局长	连云港广电传媒集团（连云港市广播电视台）新媒体管理中心主任	2016.12 ～ 2019.12
9	马文刚	都拉塔口岸管委会副主任	连云港市林业局副局长	2016.12 ～ 2019.12
10	公绪强	都拉塔口岸管委会办公室副主任	连云港市农业资源开发局科教处处长	2016.12 ～ 2019.12

（八）援巩留县工作组

序号	姓　名	援疆工作单位及职务	援疆前工作单位及职务	援疆时间
1	邵军民	巩留县委副书记	张家港市副市长	2016.12 ～ 2019.12
2	马春青	巩留县副县长	张家港市副处级干部	2016.12 ～ 2019.12
3	周国新	巩留县委组织部副部长	张家港市委党校（市行政学校）副校长	2016.12 ～ 2019.12
4	邱树立	巩留县发展改革委副主任	张家港经济技术开发区经济服务局（安全环保局）副局长	2016.12 ～ 2019.12
5	孙屹东	巩留县公安局副局长	张家港市便民服务中心副主任	2016.12 ～ 2019.12
6	许建东	巩留县住房和城乡建设局副局长	张家港市塘桥镇副镇长	2016.12 ～ 2019.12
7	黄　蓉（女）	巩留县招商局副局长	张家港经济技术开发区科技人才局副局长	2016.12 ～ 2019.12
8	张广斌	巩留县高级中学副校长	张家港市乐余高级中学副校长	2016.12 ～ 2019.12（中期留任）
9	季伯雄	巩留县高级中学校长助理	张家港市沙洲中学教师	2016.12 ～ 2018.07

续表

序号	姓　名	援疆工作单位及职务	援疆前工作单位及职务	援 疆 时 间
10	顾向娟（女）	巩留县高级中学团委副书记	江苏省梁丰高级中学教师	2016.12 ～ 2018.07
11	王伟潮	巩留县高级中学教师	张家港市塘桥高级中学教师	2016.12 ～ 2018.07
12	蔡仲华	巩留县高级中学教师	张家港市暨阳高级中学教师	2016.12 ～ 2018.07
13	陈彩萍（女）	巩留县高级中学教师	张家港市沙洲中学教师	2016.12 ～ 2018.07
14	杨丽娟（女）	巩留县高级中学教师	张家港市暨阳高级中学教师	2016.12 ～ 2018.07
15	刘　栋	巩留县高级中学教师	张家港市崇真高级中学教师	2016.12 ～ 2019.12（中期留任）
16	吴传昌	巩留县高级中学教师	张家港高级中学教师	2016.12 ～ 2019.12（中期留任）
17	顾红星	巩留县人民医院副院长	张家港市第一人民医院医生	2016.12 ～ 2018.07
18	焦念方	巩留县人民医院医生	张家港市第一人民医院医生	2016.12 ～ 2018.07
19	史晓鹏	巩留县人民医院医生	张家港市中医医院医生、南丰镇医院副院长	2016.12 ～ 2018.07
20	徐　浩	巩留县人民医院医生	张家港市中医医院医生	2016.12 ～ 2018.07
21	蒋屹峰	巩留县中医医院医生	张家港市第一人民医院医生	2016.12 ～ 2018.07
22	陈　进	巩留县中医医院医生	张家港市中医医院医生	2016.12 ～ 2018.07
23	李红波	巩留县高级中学副校长	张家港市沙洲中学副校长	2018.07 ～ 2019.12
24	毛伟敏（女）	巩留县高级中学教师	江苏省梁丰高级中学教师	2018.07 ～ 2019.12
25	侯佩瑾（女）	巩留县高级中学教师	张家港市暨阳高级中学教师	2018.07 ～ 2019.12
26	曾艳辉	巩留县高级中学教师	张家港市沙洲中学教师	2018.07 ～ 2019.12
27	裴志刚	巩留县高级中学教师	张家港市乐余高级中学教师	2018.07 ～ 2019.12
28	徐宜强	巩留县高级中学教师	张家港市塘桥高级中学教师	2018.07 ～ 2019.12
29	黄海伟	巩留县人民医院副院长	张家港市第一人民医院医生	2018.07 ～ 2019.12
30	袁晓林	巩留县人民医院医生	张家港市第一人民医院医生	2018.07 ～ 2019.12
31	倪善军	巩留县人民医院医生	张家港市第一人民医院医生	2018.07 ～ 2019.12
32	林　海	巩留县人民医院医生	张家港市中医医院医生	2018.07 ～ 2019.12
33	戴　强	巩留县中医医院医生	张家港市中医医院医生	2018.07 ～ 2019.12
34	陈天文	巩留县中医医院医生	张家港市中医医院医生	2018.07 ～ 2019.12

（九）援伊宁县工作组

序号	姓　名	援疆工作单位及职务	援疆前工作单位及职务	援疆时间
1	张　华	伊宁县委副书记	海门市副市长	2016.12 ～ 2019.12（留任）
2	周　勇	伊宁县副县长	南通市市北新城党工委副书记、管委会主任	2016.12 ～ 2019.12
3	仲兆圣	伊宁县发展改革委副主任	江苏省通州湾江海联动开发示范区规划建设环保局副局长、南通市发展改革委利用外资和境外投资处（经济贸易处）副处长（挂职）	2016.12 ～ 2019.12
4	张启伟	伊宁县住房和城乡建设局副局长	南通市建筑工程质量检测中心副主任	2016.12 ～ 2019.12
5	严志军	伊宁县公安局副局长	南通市公安局四级警长	2016.12 ～ 2019.12
6	姜　玺	伊宁县财政局副局长	南通市财政局行政政法处副处长	2016.12 ～ 2019.12
7	赵　阳	伊宁县人力资源和社会保障局副局长	南通市劳动保障监察支队支队长	2016.12 ～ 2019.12
8	周云旗	伊宁县教育局副局长兼伊宁县第二中学校长	江苏省南通田家炳中学副校长	2016.12 ～ 2019.12（二次援疆）
9	蔡　蓉（女）	伊宁县教育局教育工会副主席	江苏省南通第一中学教师	2016.12 ～ 2019.12（中期留任）
10	华　智	伊宁县规划局副局长	南通市规划局规划技术处副主任科员	2016.12 ～ 2018.07
11	高　宇	伊宁县规划局专业技术人员	南通市公安局崇川分局干部	2016.08 ～ 2019.12
12	朱学锋	伊宁县第二中学教师	江苏省平潮高级中学副校长	2016.08 ～ 2019.12（中期留任）
13	石秀闯	伊宁县第二中学教师	江苏省石庄高级中学教师	2016.08 ～ 2019.12（中期留任）
14	胡　娟（女）	伊宁县人民医院医生	南通市第三人民医院医生	2016.08 ～ 2019.12（中期留任）
15	高　兵	伊宁县人民医院医生	如皋市人民医院医生	2016.08 ～ 2019.12（中期留任）
16	沈建平（女）	伊宁县人民医院医生	如皋市人民医院医生	2016.08 ～ 2019.12（中期留任）
17	胡平生	伊宁县中医医院副院长	海安市人民医院李堡分院医生	2016.08 ～ 2019.12（中期留任）
18	蒋剑锋	伊宁县中医医院医生	海安市中医院医生	2016.08 ～ 2019.12（中期留任）
19	李小飞	伊宁县中医医院医生	如皋市中医院医生	2016.08 ～ 2019.12（中期留任）
20	张振宇	伊宁县卫计委副主任兼妇幼保健院副院长	南通市妇幼保健院纪委书记	2016.08 ～ 2019.12（中期留任）

续表

序号	姓　名	援疆工作单位及职务	援疆前工作单位及职务	援疆时间
21	汤振洪	伊宁县第二中学教师	江苏省海门中学教师	2016.12 ～ 2019.12（中期留任）
22	黄建德	伊宁县第二中学教师	海门市第一中学教师	2016.12 ～ 2019.12（中期留任）
23	张　静（女）	伊宁县第二中学教师	海门市第一中学教师	2016.12 ～ 2019.12（中期留任）
24	倪达聪	伊宁县第二中学教师	海门市第一中学教师	2016.12 ～ 2018.07
25	邓振宇	伊宁县第二中学教师	海门市证大中学教师	2016.12 ～ 2018.07
26	沈　皓	伊宁县人民医院副院长	南通市中医院医生	2016.12 ～ 2018.07
27	周志军	伊宁县人民医院医生	南通市第二人民医院医生	2016.12 ～ 2018.07
28	胡小刚	伊宁县人民医院医生	如东县人民医院医生	2016.12 ～ 2018.07
29	刘　钧	伊宁县卫计委副主任兼伊宁县中医医院副院长	南通市中医院医生	2016.12 ～ 2018.07
30	李晓浩（女）	伊宁县中医医院医生	南通市通州区人民医院医生	2016.12 ～ 2018.07
31	吴北军	伊宁县中医医院医生	南通市通州区中医院医生	2016.12 ～ 2018.07
32	徐小晶	伊宁县妇幼保健院医生	南通市妇幼保健院医生	2016.12 ～ 2018.07

（十）援察布查尔县工作组

序号	姓　名	援疆工作单位及职务	援疆前工作单位及职务	援疆时间
1	李　强	察布查尔县委副书记	阜宁县委常委、组织部部长、统战部部长	2016.12 ～ 2019.12
2	谢　纬	察布查尔县副县长	盐城市城南科教城管委会副主任	2016.12 ～ 2019.12
3	李晓东	察布查尔县国有资产投资有限公司董事长	盐城市盐都区郭猛镇党委书记	2016.12 ～ 2019.12
4	郑中华	察布查尔县公安局副局长	盐城市公安局干部	2016.12 ～ 2019.12
5	刘　益	察布查尔县委办公室副主任、财政局副局长	东台市财政局财政投资评审中心主任	2016.12 ～ 2019.12
6	左凌宇	察布查尔县旅游局副局长	江苏省阜宁金沙湖旅游度假区管委会副主任兼金沙湖街道办事处副主任	2016.12 ～ 2019.12
7	董　建	察布查尔县住房和城乡建设局副局长	盐城市盐都区规划编研中心主任	2016.12 ～ 2019.12
8	陈　丽（女）	察布查尔县文广局副局长	盐城广播电视台新闻中心制片人	2017.02 ～ 2018.10
9	徐保钰	察布查尔县招商局副局长	盐城市城投集团投资发展中心（招商办）副主任	2016.12 ～ 2019.12
10	钱　斌	察布查尔县伊南工业园区管委会副主任	盐城市委办公室综合四处处长	2018.07 ～ 2019.12
11	王洪泉	察布查尔县第三中学副校长	盐城市大丰区第二中学副校长	2016.12 ～ 2018.07

续表

序号	姓　名	援疆工作单位及职务	援疆前工作单位及职务	援疆时间
12	杭向阳	察布查尔县第三中学副校长	东台市唐洋中学教师	2016.12～2019.12（中期留任）
13	杨王根	察布查尔县第三中学教师	江苏省大丰高级中学教师	2016.12～2018.07
14	朱卫情	察布查尔县第三中学教师	盐城市大丰区南阳中学教师	2016.12～2018.07
15	杨日祥	察布查尔县第三中学教师	东台市安丰中学教师	2016.12～2018.07
16	赵闻宇	察布查尔县第三中学教师	东台市时堰中学教师	2016.12～2019.12（中期留任）
17	张　冀	察布查尔县中医医院副院长	响水县人民医院医生	2016.12～2018.07
18	刘学良	察布查尔县中医医院医生	响水县中医院医生	2016.12～2018.07
19	朱剑峰	察布查尔县中医医院医生	东台市中医院医生	2016.12～2018.07
20	焦建东	察布查尔县中医医院医生	东台市中医院医生	2016.12～2018.07
21	沙　伟	察布查尔县中医医院医生	射阳县中医院医生	2016.12～2018.07
22	仓青松	察布查尔县中医医院医生	射阳县人民医院医生	2016.12～2018.07
23	蔡金龙	察布查尔县第三中学教师	盐城市第一中学教师	2018.07～2019.12
24	徐维兰（女）	察布查尔县第三中学教师	盐城市第一中学教师	2018.07～2019.12
25	周海平	察布查尔县第三中学教师	盐城市大丰区城东实验初级中学教师	2018.07～2019.12
26	唐爱国	察布查尔县第三中学教师	盐城市大丰区第二中学教师	2018.07～2019.12
27	崔庆和	察布查尔县中医医院副院长	东台市中医院医生	2018.07～2019.12
28	杨粉凤（女）	察布查尔县中医医院医生	盐城市大丰区第二人民医院医生	2018.07～2019.12
29	周祝兰（女）	察布查尔县中医医院医生	东台市中医院医生	2018.07～2019.12
30	缪新明	察布查尔县中医医院医生	盐城市大丰区中医院医生	2018.07～2019.12
31	李海峰	察布查尔县中医医院医生	盐城市第三人民医院医生	2018.07～2019.12
32	陈智勇	察布查尔县中医医院医生	盐城市第三人民医院医生	2018.07～2019.12

（十一）援新源县工作组

序号	姓　名	援疆工作单位及职务	援疆前工作单位及职务	援疆时间
1	孟德和	新源县委副书记	扬州市邗江区委常委，西区新城党工委书记、管委会主任	2016.12～2019.12
2	陆志林	新源县副县长	扬州市食品药品监督管理局副局长	2016.12～2019.12
3	阚海茵	新源县委组织部副部长	扬州市人力资源和社会保障局办公室副主任	2016.12～2019.12
4	卢　广	新源县发展改革委副主任	扬州市发展改革委能源处主任科员	2016.12～2019.12

续表

序号	姓　名	援疆工作单位及职务	援疆前工作单位及职务	援疆时间
5	徐　巍	新源县财政局副局长	扬州市财政投资评审中心副主任	2016.12～2019.12
6	冯　洋	新源县住房和城乡建设局副局长	扬州市规划局开发区分局副局长（正科级）	2016.12～2019.12（留任）
7	李泽龙	新源县招商局副局长	扬州市商务局行政办事服务处副处长	2016.12～2019.12
8	黄国庆	新源县公安局副局长	扬州市公安局广陵分局运东派出所干部	2016.12～2019.12
9	陶晓飞	新源县政府办公室副主任、金融办公室副主任	扬州市邗江区金融办公室副主任	2016.12～2019.12
10	范维维	新源县旅游局副局长、那拉提旅游风景区管委会副主任	扬州旅游营销中心副总经理	2016.12～2018.07
11	杜稼锋	新源县教育局副局长兼职业技术学校副校长	扬州市教育局职业教育与社会教育处处长	2016.12～2019.12（中期留任）
12	董　治	新源县工业园区专业技术人员	扬州市西区新城党工委委员、党政办公室主任	2018.07～2019.12
13	戚立俊	新源县第二中学副校长	宝应县氾水高级中学教师	2016.12～2019.12（中期留任）
14	郭永伟	新源县第二中学教师	高邮市第二中学教师	2016.12～2019.12（中期留任）
15	路　毅	新源县第二中学教师	江苏省江都中学教师	2016.12～2018.07
16	姜　勇	新源县第二中学教师	扬州市新华中学教师	2016.12～2018.07
17	张志强	新源县第六中学副校长	扬州市翠岗中学教师	2016.12～2018.07
18	骆华勇	新源县第六中学教师	宝应县山阳镇中心初级中学教师	2016.12～2018.07
19	陈　述	新源县人民医院副院长	江苏省苏北人民医院医生	2016.12～2018.07
20	李　广	新源县人民医院医生	扬州市第一人民医院（扬州大学附属医院）医生	2016.12～2018.07
21	刘彦廷	新源县中医医院副院长	扬州市中医院医生	2016.12～2018.07
22	于金凤（女）	新源县中医医院医生	扬州市中医院医生	2016.12～2018.08
23	胡金菊（女）	新源县妇幼保健院副院长	扬州市妇幼保健院医生	2016.12～2019.12（中期留任）
24	张道勇	新源县第六中学副校长	仪征市刘集初级中学教师	2018.07～2019.12
25	杨宝权	新源县第六中学教师	江苏省邗江中学教师	2018.07～2019.12
26	段　强	新源县第二中学教师	宝应县射阳湖镇中学教师	2018.07～2019.12
27	卢正荣	新源县第二中学教师	高邮市送桥中学教师	2018.07～2019.12
28	高　波	新源县人民医院医生	江苏省苏北人民医院医生	2018.07～2019.12
29	刘　晨	新源县人民医院医生	扬州大学附属医院医生	2018.07～2019.12

续表

序号	姓　名	援疆工作单位及职务	援疆前工作单位及职务	援疆时间
30	张玲玲（女）	新源县妇幼保健院副院长	扬州市妇幼保健院医生	2018.07 ～ 2019.12
31	刘永平	新源县中医医院副院长	扬州市中医院医生	2018.07 ～ 2019.12
32	吴同明	新源县中医医院医生	高邮市中医医院医生	2018.07 ～ 2019.12

（十二）援昭苏县工作组

序号	姓　名	援疆工作单位及职务	援疆前工作单位及职务	援疆时间
1	邵剑峰	昭苏县委副书记	泰州市海陵区委常委、宣传部部长	2016.12 ～ 2019.12
2	全冬明	昭苏县副县长	泰州市委办公室督查室主任	2016.12 ～ 2019.12
3	徐常青	昭苏县委办公室副主任	靖江市政府办公室副主任	2016.12 ～ 2019.12
4	吕亚军	昭苏县发展改革委副主任	泰州市经协办对口支援科副科长	2016.12 ～ 2019.12
5	张友华	昭苏县住房和城乡建设局副局长	泰州市墙体材料与建筑节能管理办公室党支部书记、泰州市工程造价管理处副主任	2016.12 ～ 2019.12
6	鞠晓悦（女）	昭苏县国土局局长助理、不动产管理中心副主任	泰州市土地储备和不动产登记中心科员	2016.12 ～ 2019.12
7	孔军华	昭苏县公安局副局长	泰州市公安局医药高新区分局干部	2016.12 ～ 2019.12
8	张晋一	昭苏县财政局副局长	泰州市财政局金融处副处长	2016.12 ～ 2019.12
9	乐小亮	昭苏县环保局副局长	泰州市环境监测中心站污染源检测室副主任	2016.12 ～ 2018.07
10	钱苏平	昭苏县水利局副局长	泰州市城区河道管理处副主任	2016.12 ～ 2018.07
11	杨品勇	昭苏县旅游局副局长	泰兴市旅游发展服务中心副科长	2016.12 ～ 2019.12
12	王加升	昭苏县教育局副局长兼昭苏县高级中学副校长	泰州实验中学教务处主任	2016.12 ～ 2018.07
13	林子涵	昭苏县环保局副局长	泰州市姜堰区环境保护局干部	2018.07 ～ 2019.12
14	徐竹雨	昭苏县水利局副局长	兴化市水务局农水科副科长（正股级）	2018.07 ～ 2019.12
15	周淦利	昭苏县高级中学教师	泰州市第三高级中学教师	2016.12 ～ 2018.07
16	周华兰（女）	昭苏县高级中学教师	泰州市第二中学教师	2016.12 ～ 2018.07
17	殷绍燕（女）	昭苏县高级中学教师	江苏省泰州中学教师	2016.12 ～ 2018.07
18	周兆彬	昭苏县高级中学教师	江苏省泰州中学教师	2016.12 ～ 2018.07
19	丁　俊	昭苏县人民医院副院长	泰州市第四人民医院医生	2016.12 ～ 2018.07
20	陈　燕（女）	昭苏县人民医院医生	泰州市苏陈中心卫生院医生	2016.12 ～ 2018.07
21	丁姗姗（女）	昭苏县人民医院医生	泰州市第四人民医院医生	2016.12 ～ 2018.07

续表

序号	姓　名	援疆工作单位及职务	援疆前工作单位及职务	援 疆 时 间
22	王云菲（女）	昭苏县中医医院副院长	泰州市中医院医生	2016.12 ～ 2018.07
23	宋网筛	昭苏县中医医院医生	泰州市中医院医生	2016.12 ～ 2018.07
24	张俊明	昭苏县高级中学教师	泰州市第二中学教师	2018.07 ～ 2019.12
25	王晓宇	昭苏县高级中学教师	泰州市田家炳实验中学教师	2018.07 ～ 2019.12
26	曹荣海	昭苏县高级中学教师	泰州实验中学教师	2018.07 ～ 2019.12
27	季　涛	昭苏县人民医院副院长	泰兴市人民医院医生	2018.07 ～ 2019.12
28	刘小萍（女）	昭苏县人民医院医生	泰兴市中医院医生	2018.07 ～ 2019.12
29	王　洋	昭苏县人民医院医生	泰兴市人民医院医生	2018.07 ～ 2019.12
30	陆　萍（女）	昭苏县中医医院副院长	泰兴市第二人民医院医生	2018.07 ～ 2019.12
31	戴进锋	昭苏县中医医院医生	泰兴市中医院医生	2018.07 ～ 2019.12

（十三）援兵团七师工作组

序号	姓　名	援疆工作单位及职务	援疆前工作单位及职务	援 疆 时 间
1	刘学军	七师副师长	淮安市政协副主席，淮安盐化新材料产业园区党工委书记、管委会主任	2016.12 ～ 2018.08（留任）
2	周　青	七师党委常委、副师长（牵头负责行政工作）	淮安经济技术开发区管委会主任	2018.08 ～ 2019.12
3	张培刚	七师援疆办公室副主任	淮安市洪泽区委常委、政法委书记	2016.12 ～ 2019.12
4	吴云君	七师党委组织部主任科员	淮安市委组织部机关党委副书记	2016.12 ～ 2019.12
5	汪　磊	七师工业和信息化委主任科员	淮安市淮安区博里镇党委书记	2016.12 ～ 2019.12
6	黄海旭	七师奎屯垦区公安局副局长	淮安市公安局干部	2016.12 ～ 2019.12
7	徐洪云	七师奎屯天北新区管委会副主任	淮安市发展改革委副主任、市区域合作办公室副主任	2016.12 ～ 2019.12
8	张齐全	七师奎屯天北新区城建局局长	淮安市规划局淮阴分局局长	2016.12 ～ 2019.12
9	徐　春	七师奎屯天北新区财政局副局长	淮安市财政局金融处副处长	2016.12 ～ 2019.12
10	高　辉	七师五五工业园区管委会副主任	盱眙县委办公室主任（副处级）	2016.12 ～ 2019.12
11	白志锋	七师五五工业园区招商局副局长	淮安市总工会办公室副主任科员	2016.12 ～ 2019.12
12	何秀哲	七师五五工业园区经济发展局副局长	淮安市人才中心人才服务科科长	2016.12 ～ 2019.12

续表

序号	姓　名	援疆工作单位及职务	援疆前工作单位及职务	援疆时间
13	杨冰田	七师五五工业园区规划建设局副局长	原淮安市清河区城管办公室副主任	2016.12～2019.12
14	潘永勇	七师传媒中心副主任	淮海晚报社全媒体编辑部副主任	2016.12～2019.12
15	穆亚东	一二三团团办公室副主任	淮安市清江浦区市场监督管理局副局长	2016.12～2019.12
16	孙玉明	一二四团团办公室副主任	淮安市清江浦区清江街道办事处副主任	2016.12～2019.12
17	阮如亮	一二五团团办公室副主任	淮安市淮安区商务局副局长	2016.12～2019.12
18	丁　立	一二六团团办公室副主任	淮安市淮阴区委办公室副主任	2016.12～2019.12
19	刘向前	一二七团团办公室副主任	涟水县红窑镇党委宣传统战委员	2016.12～2019.12
20	潘立军	一二八团团办公室副主任	淮安市洪泽区委办公室副主任	2016.12～2019.12
21	刘东进	一二九团团办公室副主任	盱眙县观音寺镇党委副书记	2016.12～2019.12
22	何志国	一三〇团团办公室副主任	金湖县机关事务管理局副局长、县政府办公室党组成员	2016.12～2019.12
23	孙　杰	一三一团团办公室副主任	淮安经济技术开发区金港路办事处党委副书记	2016.12～2019.12
24	钮建雨	一三七团团办公室副主任	淮安工业园区党政办公室副主任	2016.12～2019.12
25	吴　坚	奎东农场团办公室副主任	淮安经济技术开发区外商投资促进局二分局副局长	2016.12～2019.12
26	郑加伦	七师高级中学教师	江苏省涟水中学教师	2016.12～2019.12（中期留任）
27	杨金忠	七师高级中学教师	江苏省清河中学教师	2016.12～2018.07
28	唐广连	七师高级中学教师	淮安市淮海中学教师	2016.12～2018.07
29	章海军	七师高级中学教师	淮安市楚州中学教师	2016.12～2018.07
30	盛庆余	七师高级中学教师	江苏省金湖中学教师	2016.12～2018.07
31	徐　波	七师高级中学教师	江苏省洪泽中学教师	2016.12～2019.12（中期留任）
32	平　洪	七师医院医生	淮安市第二人民医院医生	2016.12～2018.07
33	王绍闯	七师医院医生	淮安市第一人民医院医生	2016.12～2018.07
34	李明超	七师医院医生	淮安市第一人民医院医生	2016.12～2018.07
35	张铁成	七师医院医生	淮安市第一人民医院医生	2016.12～2018.07
36	倪淮亮	七师医院医生	淮安市妇幼保健院淮阴分院医生	2016.12～2018.07
37	陈小宇	七师医院医生	淮安市第二人民医院医生	2016.12～2018.07
38	丁以山	七师中医医院副院长	金湖县人民医院党委副书记	2016.12～2019.12（中期留任）
39	孙尚洪	七师中医医院医生	淮安市中医院医生	2016.12～2018.07

续表

序号	姓　名	援疆工作单位及职务	援疆前工作单位及职务	援 疆 时 间
40	曹　斌	七师高级中学教师	江苏省淮阴中学教师	2018.07 ～ 2019.12（第二次援疆）
41	吕　华	七师高级中学教师	江苏省盱眙中学教师	2018.07 ～ 2019.12
42	王　甫	七师高级中学教师	江苏省清江中学教师	2018.07 ～ 2019.12
43	张冬来	七师高级中学教师	淮安市楚州中学教师	2018.07 ～ 2019.12
44	韩良荣	七师医院副院长	淮安市妇幼保健院医生	2018.07 ～ 2019.12
45	刘　康	七师医院医生	淮安市妇幼保健院医生	2018.07 ～ 2019.12
46	嵇　建	七师医院医生	淮安市第一人民医院医生	2018.07 ～ 2019.12
47	郑翔翔	七师医院医生	淮安市第一人民医院医生	2018.07 ～ 2019.12
48	胡海波	七师医院医生	淮安市第二人民医院医生	2018.07 ～ 2019.12
49	张　磊	七师医院医生	淮安市第二人民医院医生	2018.07 ～ 2019.12
50	邵扣凤（女）	七师奎屯中医院副院长	淮安市楚州中医院医生	2018.07 ～ 2019.12
51	王　蕾（女）	七师奎屯中医院副院长	金湖县中医院医生	2018.07 ～ 2019.12
52	汤立新	七师奎屯中医院医生	淮安市中医院医生	2018.07 ～ 2019.12

（十四）援兵团四师工作组

序号	姓　名	援疆工作单位及职务	援疆前工作单位及职务	援 疆 时 间
1	丁　憬	四师党委副书记、师长，霍尔果斯经济开发区兵团分区党工委书记、管委会主任	镇江市副市长	2016.12 ～ 2019.12（留任）
2	张永意	四师党委组织部副部长	镇江团市委副书记	2016.12 ～ 2019.12
3	张　敏	四师建设局（环保局）副局长	镇江市政务服务管理办公室副主任	2016.12 ～ 2019.12
4	王为华	四师发展改革委副主任	丹阳市副市长	2016.12 ～ 2019.12
5	张　永	四师人力资源和社会保障局副局长、六十九团副团长	镇江市人力资源和社会保障局社会保险基金征缴管理中心副主任	2016.12 ～ 2019.12（留任）
6	张　亚	四师公安局副支队长	镇江市公安局京口分局大市口派出所干部	2016.12 ～ 2019.12
7	陈湘跃	四师旅游局副局长	镇江市旅游发展委员会旅游促进处处长	2016.12 ～ 2019.12
8	陆炳西	霍尔果斯经济开发区兵团分区管委会副主任	镇江市经济和信息化委副主任	2016.12 ～ 2019.12
9	蒙呈魁	霍尔果斯经济开发区兵团分区管委会招商局副局长	镇江市经济和信息化委中小企业处副处长	2016.12 ～ 2019.12（留任）
10	王　晖	霍尔果斯经济开发区兵团分区管委会招商局副局长	镇江市财政局经济建设处副处长	2016.12 ～ 2019.12

续表

序号	姓 名	援疆工作单位及职务	援疆前工作单位及职务	援疆时间
11	张 晖	霍尔果斯经济开发区兵团分区管委会规划建设环保局副局长	镇江市规划设计研究院	2016.12～2019.12（留任）
12	袁世兵	霍尔果斯经济开发区兵团分区管委会专业技术人员	镇江市规划设计研究院	2016.12～2019.12
13	程海洋	六十一团政工办副主任	丹阳市导墅镇党委组织统战委员、镇人大副主席	2016.12～2019.12
14	卢坚峰	六十二团发展改革科副科长	丹阳市市场监督管理局司徒分局局长	2016.12～2019.12
15	韦 刚	六十三团社区指导办公室副主任	句容市民政局副局长	2016.12～2019.12
16	洪 浩	六十四团发展改革科副科长	句容市白兔镇副镇长	2016.12～2019.12
17	孙长林	六十六团发展改革科副科长	镇江市丹徒区委办公室秘书科副科长（主持工作，副科级）	2016.12～2019.12
18	肖向平	六十七团发展改革科副科长	镇江市丹徒高新技术产业园管委会办公室主任（副科级）	2016.12～2019.12
19	方 勇	七十一团发展改革科副科长	扬中市商务局副科职干部	2016.12～2019.12
20	滕宏旗	七十二团发展改革科副科长	镇江新区丁卯街道人武部部长	2016.12～2019.12
21	王镇军	七十三团发展改革科副科长	镇江新区财政局经建科科长	2016.12～2019.12
22	刁华伟	七十四团发展改革科副科长	镇江市京口区交通运输局副局长	2016.12～2019.12
23	胡 涛	七十五团发展改革科副科长	镇江市京口区四牌楼街道办事处副主任	2016.12～2019.12
24	丁笑笑	七十六团发展改革科副科长	镇江市润州区和平路街道办事处副主任	2016.12～2019.12
25	房 永	七十七团发展改革科副科长	镇江市润州区金山街道办事处副主任	2016.12～2019.12
26	左志鹏	七十九团发展改革科副科长	扬中市政协文教卫生委副主任	2016.12～2019.12
27	朱 军	伊犁鸿途交通运输有限责任公司生产经营部副部长	镇江交通产业集团有限公司征收安置中心主管	2016.12～2018.07
28	高一平	可克达拉市建设投资有限公司办公室副主任	镇江城建产业集团和信商务策划有限责任公司综合管理科科长	2016.12～2018.07
29	储志强	伊犁鸿途交通运输有限责任公司生产经营部副部长	镇江红星文化产业投资股份有限公司电商事业部副部长	2018.07～2019.12
30	魏王俊	可克达拉市建设投资有限公司办公室副主任	丹阳市建设工程质量检测中心综合科副科长	2018.07～2019.12
31	毛学忠	四师第一中学教师	句容市实验高级中学教师	2016.12～2018.07
32	徐化龙	四师第一中学教师	句容市实验高级中学教师	2016.12～2018.07
33	胡容锁	四师第一中学教师	句容市第三中学教师	2016.12～2018.07
34	崔伟平（女）	四师第一中学教师	句容市第三中学教师	2016.12～2018.07

续表

序号	姓　名	援疆工作单位及职务	援疆前工作单位及职务	援疆时间
35	仇立春	四师医院副院长	镇江市中西医结合医院（市第二人民医院）医生	2016.12～2019.12（留任）
36	陈　丽（女）	四师医院医生	镇江市第三人民医院医生	2016.12～2018.07
37	谌业荣	四师医院医生	镇江市第一人民医院医生	2016.12～2018.07
38	仲跻申	四师医院医生	镇江市中医院医生	2016.12～2018.07
39	徐　平	四师医院医生	镇江市第四人民医院医生	2016.12～2018.07
40	陈正喜	四师第一中学教师	句容市实验高级中学教师	2017.02～2019.12
41	朱万喜	可克达拉市镇江高级中学教师	江苏省丹阳高级中学教师	2018.07～2019.12
42	程志军	可克达拉市镇江高级中学教师	江苏省镇江中学教师	2018.07～2019.12
43	樊江峰	可克达拉市镇江高级中学教师	江苏省镇江第一中学教师	2018.07～2019.12
44	张　鹏	可克达拉市镇江高级中学教师	江苏省镇江中学附属初中教师	2018.07～2019.12
45	辛爱华	四师医院医生	镇江市第一人民医院医生	2018.07～2019.12
46	镇永新	四师医院医生	镇江市第四人民医院医生	2018.07～2019.12
47	崔　彦	四师医院医生	镇江市润州区宝塔路街道黎明社区卫生服务中心医生	2018.07～2019.12
48	周飞军	四师医院医生	江苏大学附属医院医生	2018.07～2019.12

二、援克州指挥部

序号	姓　名	援疆工作单位及职务	援疆前工作单位及职务	援疆时间
1	关永健	援克指挥部党委书记、总指挥，克州党委副书记	连云港市委常委、政法委书记	2016.12～2019.12
2	季　辉	援克指挥部党委副书记、副总指挥，克州副州长	江苏省农业委员会副巡视员	2016.12～2019.12
3	姜　东	援克指挥部党委副书记、纪委书记，克州副州长	共青团江苏省委党组成员、省少先队总辅导员	2016.12～2019.12
4	任向东	克州党委组织部副部长	江苏省领导人才考试测评中心（公开选拔领导干部工作办公室）副主任	2016.12～2019.12
5	陈仁云	克州党委宣传部副部长	江苏省委宣传部宣传教育处副处长	2016.12～2019.12
6	龚祖辉	克州发展改革委副主任	江苏省发展改革委稽察办公室副主任	2016.12～2019.12
7	臧玉森	克州财政局副局长	江苏省财政厅农业处副处长	2016.12～2019.12
8	熊斌谦	克州经济和信息化委副主任	江苏省经济和信息化委中小企业科技创新处副处长	2016.12～2019.12
9	石　军	克州公安局副局长	江苏省公安厅副处长	2016.12～2019.12
10	夏方坤	克州水利局副局长	江苏省水利厅人事处副调研员	2016.12～2019.12
11	沈本领	克州教育局副局长	江苏教育报刊总社副社长	2016.12～2019.12

续表

序号	姓　名	援疆工作单位及职务	援疆前工作单位及职务	援疆时间
12	华海庆	克州卫生计生委副主任	江苏省卫生计生委妇幼健康服务处副调研员	2016.12 ~ 2019.12
13	程学龙	克州审计局副局长	江苏省审计厅财政审计处副处长	2016.12 ~ 2019.12
14	曹　阳	克州金融办公室副主任	江苏省金融办公室资本市场处副处长	2016.12 ~ 2019.12
15	张旭海	克州总工会副主席	江苏省机冶石化工会工作委员会副主任	2016.12 ~ 2019.12
16	徐跃功	克州党委党校副校长	江苏省委党校继续教育学院办公室主任	2016.12 ~ 2019.12
17	田　凯	克州国家安全局副大队长	徐州市国家安全局副大队长	2016.12 ~ 2019.12
18	丁莉东	克州中等职业技术学校校长	江苏省南京工程高等职业学校教师	2016.12 ~ 2019.12（中期留任）
19	丁　强	克州人民医院院长	江苏省人民医院党委副书记	2016.12 ~ 2019.12（中期留任）
20	刘济生	克州人民医院副院长	苏州大学附属第一医院副院长	2016.12 ~ 2019.12（中期留任）
21	陈　彦	克州人民医院医生	江苏省人民医院医生	2016.12 ~ 2019.12（中期留任）
22	赵　沛	克州人民医院医生	江苏省人民医院妇幼分院医生	2016.12 ~ 2019.12（中期留任）
23	王俊宏	克州人民医院医生	江苏省人民医院医生	2016.12 ~ 2018.07
24	程　鹏	克州人民医院医生	江苏省人民医院医生	2016.12 ~ 2018.07
25	徐少华	克州人民医院医生	南京医科大学第二附属医院医生	2016.12 ~ 2018.07
26	张崇国	克州人民医院医生	南京医科大学第二附属医院医生	2016.12 ~ 2018.07
27	车军勇	克州人民医院医生	江苏省中医院医生	2016.12 ~ 2018.07
28	沈天华	克州人民医院医生	江苏省中医院医生	2016.12 ~ 2018.07
29	刘克冕	克州人民医院医生	江苏省中西医结合医院医生	2016.12 ~ 2018.07
30	武科选	克州人民医院医生	江苏省中西医结合医院医生	2016.12 ~ 2018.07
31	周国仁	克州人民医院医生	江苏省肿瘤医院医生	2016.12 ~ 2018.07
32	姚成云	克州人民医院医生	江苏省肿瘤医院医生	2016.12 ~ 2018.07
33	叶文学	克州人民医院医生	苏州大学附属第一医院医生	2016.12 ~ 2018.07
34	徐　华	克州人民医院医生	苏州大学附属第一医院医生	2016.12 ~ 2018.07
35	叶　英（女）	克州人民医院医生	徐州医科大学附属医院医生	2016.12 ~ 2018.07
36	章少中	克州人民医院医生	徐州医科大学附属医院医生	2016.12 ~ 2018.07
37	常仁安	克州人民医院医生	南通大学附属医院医生	2016.12 ~ 2018.07
38	盛陈毅	克州人民医院医生	南通大学附属医院医生	2016.12 ~ 2018.07

续表

序号	姓　名	援疆工作单位及职务	援疆前工作单位及职务	援 疆 时 间
39	张海锋	克州人民医院医生	江苏省人民医院医生	2018.07 ～ 2019.12
40	李勇强	克州人民医院医生	江苏省人民医院医生	2018.07 ～ 2019.12
41	殷长俊	克州人民医院医生	江苏省中医院医生	2018.07 ～ 2019.12
42	杨德富	克州人民医院医生	江苏省中医院医生	2018.07 ～ 2019.12
43	武晓春	克州人民医院医生	南京医科大学第二附属医院医生	2018.07 ～ 2019.12
44	李全朋	克州人民医院医生	南京医科大学第二附属医院医生	2018.07 ～ 2019.12
45	曾　赟	克州人民医院医生	江苏省肿瘤医院医生	2018.07 ～ 2019.12
46	解　鹏	克州人民医院医生	江苏省肿瘤医院医生	2018.07 ～ 2019.12
47	李　英（女）	克州人民医院医生	江苏省中西医结合医院医生	2018.07 ～ 2019.12
48	陶永飞	克州人民医院医生	江苏省中西医结合医院医生	2018.07 ～ 2019.12
49	华　菲	克州人民医院医生	苏州大学附属第一医院医生	2018.07 ～ 2019.12
50	管小俊	克州人民医院医生	苏州大学附属第一医院医生	2018.07 ～ 2019.12
51	张云峰	克州人民医院医生	南通大学附属医院医生	2018.07 ～ 2019.12
52	王　伟	克州人民医院医生	南通大学附属医院医生	2018.07 ～ 2019.12
53	晁亚丽（女）	克州人民医院医生	徐州医科大学附属医院医生	2018.07 ～ 2019.12
54	程　伟	克州人民医院医生	徐州医科大学附属医院医生	2018.07 ～ 2019.12

（一）援阿合奇县工作组

序号	姓　名	援疆工作单位及职务	援疆前工作单位及职务	援 疆 时 间
1	吴伟君	阿合奇县委副书记	无锡市安全生产监督管理局副局长	2016.12 ～ 2019.12
2	许　宁	阿合奇县委常委、副县长	无锡市委台湾工作办公室（市政府台湾事务办公室）副主任	2016.12 ～ 2019.12
3	罗志峰	阿合奇县委组织部副部长	无锡市人力资源和社会保障局公务员考核培训处副处长	2016.12 ～ 2019.12
4	周　巍	阿合奇县公安局副局长	无锡市公安局北塘分局惠山派出所干部	2016.12 ～ 2019.12
5	邱振宇	阿合奇县发展改革委副主任	无锡市梁溪区发展改革局副局长	2016.12 ～ 2019.12
6	张健清	阿合奇县财政局副局长	无锡市财政局人事教育处副处长	2016.12 ～ 2019.12
7	丁　凯	阿合奇县人民法院副院长	无锡市中级人民法院信息处副主任科员	2016.12 ～ 2019.12
8	黄力凡	阿合奇县同心中学副校长	无锡市广勤中学教师	2016.12 ～ 2019.12（中期留任）
9	吴丹岭	阿合奇县人民医院副院长	无锡市第四人民医院医生	2016.12 ～ 2019.12（中期留任）
10	鞠　樑	阿合奇县人民医院医生	无锡市儿童医院医生	2016.12 ～ 2018.06

续表

序号	姓　名	援疆工作单位及职务	援疆前工作单位及职务	援疆时间
11	顾震华	阿合奇县人民医院医生	无锡市第二人民医院医生	2016.12 ～ 2018.06
12	李冬方	阿合奇县人民医院医生	无锡市第三人民医院医生	2016.12 ～ 2018.06
13	吴海荣	阿合奇县人民医院医生	无锡市中医医院医生	2016.12 ～ 2018.06
14	陈　钰（女）	阿合奇县人民医院医生	无锡市妇幼保健院医生	2016.12 ～ 2018.06
15	葛　全	阿合奇县同心中学教师	无锡市梅梁中学教师	2017.08 ～ 2018.07
16	沈永林	阿合奇县同心中学教师	江苏省锡山高级中学教师	2017.08 ～ 2018.07
17	李仁贵	阿合奇县同心中学教师	宜兴市实验中学教师	2017.08 ～ 2018.07
18	周伟华	阿合奇县同心中学教师	无锡市港下中学教师	2017.08 ～ 2018.07
19	邱　亮	阿合奇县同心中学教师	无锡市春城实验小学教师	2018.07 ～ 2019.12
20	冯幼绒（女）	阿合奇县同心中学教师	无锡市辅仁高级中学教师	2018.07 ～ 2019.12
21	冯　宜	阿合奇县同心中学教师	无锡市第一女子中学教师	2018.07 ～ 2019.12
22	严荣伦	阿合奇县同心中学教师	无锡市查桥实验小学教师	2018.07 ～ 2019.12
23	瞿　甦	阿合奇县人民医院院长	无锡市第二人民医院医生	2018.07 ～ 2019.12
24	李　辉	阿合奇县人民医院医生	无锡市人民医院医生	2018.07 ～ 2019.12
25	郭庆峰	阿合奇县人民医院医生	无锡市第三人民医院医生	2018.07 ～ 2019.12
26	沈　洋	阿合奇县人民医院医生	无锡市妇幼保健院医生	2018.07 ～ 2019.12
27	温大科	阿合奇县人民医院医生	无锡市儿童医院医生	2018.07 ～ 2019.12

（二）援乌恰县工作组

序号	姓　名	援疆工作单位及职务	援疆前工作单位及职务	援疆时间
1	李文涛	乌恰县委副书记	常州经济开发区管委会副主任	2016.12 ～ 2018.10
2	缪勇毅	乌恰县委常委、副县长兼伊尔克什坦口岸管委会副主任	常州市运输管理处党委书记	2016.12 ～ 2019.12
3	眭伟敏	乌恰县委组织部副部长	常州市钟楼区民政局副局长	2016.12 ～ 2019.12
4	杨　桦	乌恰县公安局副局长	常州市公安局钟楼分局干部	2016.12 ～ 2019.12
5	郑宏远	乌恰县发展改革委副主任	常州市发展改革委社会发展处副主任科员	2016.12 ～ 2019.12
6	朱文俊	乌恰县财政局副局长	常州市财政局资产管理处副主任科员	2016.12 ～ 2019.12
7	康　林	乌恰县人民法院副院长	常州市中级人民法院少年庭副庭长	2016.12 ～ 2019.12
8	鞠奇峰	乌恰（常州）工业园区管委会副主任	常州市商务局市场秩序处处长	2016.12 ～ 2019.12
9	张作勇	乌恰县实验中学副校长	常州市市北实验初级中学教师	2016.12 ～ 2018.07
10	沈业华	乌恰县实验中学教师	溧阳市天目湖实验学校教师	2016.12 ～ 2018.07

续表

序号	姓　名	援疆工作单位及职务	援疆前工作单位及职务	援疆时间
11	姚振平	乌恰县实验中学教师	常州市新北区吕墅中学教师	2016.12 ～ 2018.07
12	江　华	乌恰县实验中学教师	常州市郑陆初级中学教师	2016.12 ～ 2018.07
13	颜小虎	乌恰县实验中学教师	常州市花园中学教师	2016.12 ～ 2018.07
14	邵耐远	乌恰县人民医院副院长	常州市第一人民医院医生	2016.12 ～ 2018.07
15	毛平安	乌恰县人民医院医生	常州市第二人民医院医生	2016.12 ～ 2018.07
16	向　梅（女）	乌恰县人民医院医生	常州市妇幼保健院医生	2016.12 ～ 2018.07
17	解　鹏	乌恰县人民医院医生	常州市儿童医院医生	2016.12 ～ 2018.07
18	曹　丹	乌恰县人民医院医生	常州市第七人民医院医生	2016.12 ～ 2018.07
19	王　强	乌恰县实验中学副校长	常州市翠竹中学教师	2018.07 ～ 2019.12
20	芮　军	乌恰县实验中学教师	溧阳市溧城初级中学教师	2018.07 ～ 2019.12
21	谈小东	乌恰县实验中学教师	常州市滨江中学教师	2018.07 ～ 2019.12
22	曹　宣	乌恰县实验中学教师	常州市新北区实验中学教师	2018.07 ～ 2019.12
23	潘云峰	乌恰县实验中学教师	溧阳市溧城初级中学教师	2018.07 ～ 2019.12
24	黄　武	乌恰县人民医院院长	常州市第二人民医院院长助理	2018.07 ～ 2019.12
25	易　阳	乌恰县人民医院副院长	常州市儿童医院医生	2018.07 ～ 2019.12
26	田子农	乌恰县人民医院医生	常州市第一人民医院医生	2018.07 ～ 2019.12
27	刘志南	乌恰县人民医院医生	常州市第三人民医院医生	2018.07 ～ 2019.12
28	陶　晖	乌恰县人民医院医生	常州市妇幼保健院医生	2018.07 ～ 2019.12

（三）援阿图什市工作组

序号	姓　名	援疆工作单位及职务	援疆前工作单位及职务	援疆时间
1	沈立新	阿图什市委副书记	昆山市副市长	2016.12 ～ 2019.12（留任）
2	黄乃宏	阿图什市委常委、副市长	昆山市张浦镇党委副书记、镇长（副处职）	2016.12 ～ 2019.12
3	陆　庆	阿图什市委组织部副部长	昆山市周庄镇党委副书记、纪委书记	2016.12 ～ 2019.12
4	周　斌	阿图什市审计局副局长	昆山市经济责任审计中心主任	2016.12 ～ 2019.12
5	沈金林	阿图什市公安局副局长	昆山市公安局兵希派出所干部	2016.12 ～ 2019.12
6	黄　河	阿图什市招商局副局长	昆山市淀山湖镇招商服务中心主任	2016.12 ～ 2019.12
7	张建刚	阿图什市人民法院副院长	昆山市人民法院监察科科长（主任科员）	2016.12 ～ 2019.12
8	王世群	阿图什市住房和城乡建设局副局长	昆山市住房和城乡建设局城区管理处副主任	2016.12 ～ 2019.12
9	张　铭	阿图什市育才学校副校长	昆山市周市华城美地小学副校长	2016.12 ～ 2019.12（中期留任）
10	李　健	阿图什市育才学校教师	昆山市新镇中心小学教师	2016.12 ～ 2018.07

续表

序号	姓　名	援疆工作单位及职务	援疆前工作单位及职务	援 疆 时 间
11	王　静（女）	阿图什市育才学校教师	昆山市张浦镇第二小学教师	2016.12 ～ 2018.07
12	蔡国庆	阿图什市育才学校教师	昆山市淀山湖中心小学校教师	2016.12 ～ 2018.07
13	李　翀	阿图什市人民医院副院长	昆山市第一人民医院医生	2016.12 ～ 2019.12（中期留任）
14	张明华	阿图什市人民医院医生	昆山市第一人民医院医生	2016.12 ～ 2018.07
15	吴久龙	阿图什市人民医院医生	昆山市第一人民医院医生	2016.12 ～ 2018.07
16	任辉杰	阿图什市人民医院医生	昆山市中医医院医生	2016.12 ～ 2018.07
17	吕遥飞（女）	阿图什市人民医院医生	昆山市第三人民医院医生	2016.12 ～ 2018.07
18	许邹华	阿图什市人民医院医生	昆山市中医医院医生	2016.12 ～ 2018.07
19	徐琪忠	阿图什市育才学校副校长	昆山经济技术开发区青阳港学校副校长	2018.06 ～ 2019.12
20	周振伟	阿图什市育才学校教师	昆山市周庄中心小学教师	2018.06 ～ 2019.12
21	邵　鹏	阿图什市育才学校教师	昆山市振华实验小学教师	2018.06 ～ 2019.12
22	徐明勇	阿图什市人民医院医生	昆山市千灯人民医院医生	2018.06 ～ 2019.12
23	郑红芳	阿图什市人民医院医生	昆山市第一人民医院医生	2018.06 ～ 2019.12
24	陶鸣浩	阿图什市人民医院医生	昆山市中医医院医生	2018.06 ～ 2019.12
25	黄华平（女）	阿图什市人民医院医生	昆山市第一人民医院医生	2018.06 ～ 2019.12
26	陈凤喜	阿图什市人民医院医生	昆山市锦溪人民医院医生	2018.06 ～ 2019.12

第十批

（632人，含专业技术人才443人）

一、援伊犁州指挥部

序号	姓　名	援疆工作单位及职务	援疆前工作单位及职务	援 疆 时 间
1	朱　斌	援伊指挥部党委书记、总指挥，伊犁州党委副书记	江苏省委政法委副书记	2019.12 ～ 2023.04
2	陈　翔	援伊指挥部党委副书记、副总指挥，伊犁州党委常委、副州长	泰州市政府党组成员	2019.12 ～ 2023.04
3	周　青	援伊指挥部副总指挥、淮安工作组组长，兵团七师党委副书记、副师长（牵头负责行政工作）	淮安市副市长	2018.09 ～ 2021.09

续表

序号	姓　名	援疆工作单位及职务	援疆前工作单位及职务	援疆时间
4	顾爱平	援伊指挥部副总指挥，兵团四师党委副书记、副师长	江苏省司法厅二级巡视员	2019.12 ～ 2023.04
5	董国喜	援伊指挥部副总指挥、淮安工作组组长，兵团七师党委副书记、副师长	淮安市副市长	2021.09 ～ 2024.09
6	沙荣胜	伊犁州纪委常委、监委委员	江苏省纪委监委派驻省人力资源和社会保障厅纪检监察组副组长	2019.12 ～ 2023.04
7	黄高峰	伊犁州党委办公厅副主任	江苏省委办公厅省委总值班室副主任	2019.12 ～ 2023.04
8	马培伟	伊犁州党委组织部副部长	江苏省委组织部组织三处副处长	2019.12 ～ 2023.04
9	赵建强	伊犁州政府副秘书长	江苏省政府办公厅秘书六处副处长	2019.12 ～ 2023.04
10	马俊义	伊犁州政协办公厅政治联络处副处长	江苏省政协社会法制（民族宗教）委员会办公室二级主任科员	2019.12 ～ 2023.04
11	袁　军	伊犁州发展改革委副主任	江苏省发展改革委价格管理和成本监审处副处长	2019.12 ～ 2023.04
12	高超海	伊犁州人力资源和社会保障局副局长	江苏省人力资源和社会保障厅劳动关系处副处长	2019.12 ～ 2023.04
13	刘文辉	伊犁州工业和信息化局副局长	江苏省工业和信息化厅投资与技术改造处副处长	2019.12 ～ 2023.04
14	彭召波	伊犁州教育局副局长	江苏省教育厅职业教育处四级调研员	2019.12 ～ 2023.04
15	吴海峰	伊犁州卫生健康委副主任	江苏省卫生健康委规划发展与信息化处副处长	2019.12 ～ 2023.04
16	韩　英	伊犁州文化和旅游局副局长	江苏省文化和旅游厅博物馆处副处长	2019.12 ～ 2023.04
17	陈　华	伊犁州农业农村局副局长	江苏省农业农村厅人事处四级调研员	2019.12 ～ 2023.04
18	吴晓文	伊犁州生态环境局副局长	江苏省生态环境厅太湖水污染防治处副处长	2019.12 ～ 2023.04
19	顾敏霞（女）	伊犁广播电视台副台长	江苏省广播电视总台融媒体新闻中心网络传播部副主任	2019.12 ～ 2021.07
20	任　民	伊犁州审计局固定资产投资审计处副处长	江苏省审计厅经济责任审计局一级主任科员	2019.12 ～ 2021.07
21	高德风	伊犁州交通运输局建设管理处副处长（主持工作）	江苏省交通工程建设局苏锡常南部高速公路建设指挥部总指挥助理（现场副总指挥）兼计划部主任	2019.12 ～ 2021.07
22	万　震	伊犁州城乡规划管理局城乡规划服务中心副主任	江苏省城镇化和城乡规划研究中心工程师	2019.12 ～ 2021.07
23	陈　雷	伊犁州农业农村局农机化管理处副处长	江苏省农业机械技术推广站综合科（办公室）主任	2019.12 ～ 2023.04（中期留任）
24	李　轩	伊犁广播电视台副台长	江苏省广播电视总台（集团）融媒体新闻二部副主任	2021.07 ～ 2023.04
25	杨　麟	伊犁州审计局副局长	江苏省审计厅企业审计处副处长	2021.07 ～ 2023.04

续表

序号	姓　名	援疆工作单位及职务	援疆前工作单位及职务	援 疆 时 间
26	孙华灿	伊犁州住房和城乡建设局副局长	江苏省城镇化和城乡规划研究中心六级职员	2021.07 ～ 2023.04
27	吴永生	伊犁州交通运输局建设管理处副处长	江苏省交通工程建设局（省长江大桥建设指挥部）招标处科长	2021.07 ～ 2023.04
28	严　东	新疆应用职业技术学院教师	盐城幼儿师范高等专科学校教师	2019.12 ～ 2021.07
29	徐东霞（女）	新疆应用职业技术学院教师	盐城幼儿师范高等专科学校教师	2019.12 ～ 2021.07
30	朱　璟	新疆应用职业技术学院教师	盐城工业职业技术学院教师	2019.12 ～ 2021.07
31	储开峰	伊犁丝路职业学院院长	无锡职业技术学院教师	2019.12 ～ 2023.06（中期留任）
32	刘　春	伊犁丝路职业学院教师	无锡职业技术学院教师	2019.12 ～ 2023.06（中期留任）
33	曹建峰	伊犁丝路职业学院教师	无锡职业技术学院教师	2019.12 ～ 2021.07
34	施　皓	伊犁丝路职业学院教师	常州机电职业技术学院教师	2019.12 ～ 2021.07
35	王　奇	伊犁丝路职业学院教师	常州机电职业技术学院教师	2019.12 ～ 2021.07
36	周　微	伊犁丝路职业学院教师	常州机电职业技术学院教师	2019.12 ～ 2021.07
37	王　峰	伊犁丝路职业学院教师	常州机电职业技术学院教师	2019.12 ～ 2021.07
38	许文广	伊利丝路职业学院教师	江苏旅游职业学院教师	2019.12 ～ 2023.06（中期留任）
39	陈　云（女）	伊犁丝路职业学院教师	江苏旅游职业学院教师	2019.12 ～ 2021.07
40	张为中	伊犁州友谊医院副院长	江苏省人民医院医生	2019.12 ～ 2023.06（中期留任）
41	徐骁晗	伊犁州友谊医院医生	江苏省人民医院医生	2019.12 ～ 2023.04（中期留任）
42	陈　翔	伊犁州友谊医院医生	南通大学附属医院医生	2019.12 ～ 2023.04（中期留任）
43	唐　兴	伊犁州友谊医院医生	苏州大学附属第一医院医生	2019.12 ～ 2021.07
44	翟伟伟	伊犁州友谊医院医生	苏州大学附属第一医院医生	2019.12 ～ 2021.07
45	魏　敏（女）	伊犁州友谊医院医生	徐州医科大学附属医院医生	2019.12 ～ 2021.07
46	朱丹荣	伊犁州友谊医院医生	南京医科大学第二附属医院医生	2019.12 ～ 2021.07
47	戴银芳	伊犁州友谊医院医生	苏州大学附属儿童医院医生	2019.12 ～ 2021.07
48	孙云飞	伊犁州中医医院副院长	江苏省中医院医生	2019.12 ～ 2023.04（中期留任）
49	白宇峰	伊犁州中医医院医生	江苏省中医院医生	2019.12 ～ 2023.04（中期留任）

续表

序号	姓　名	援疆工作单位及职务	援疆前工作单位及职务	援疆时间
50	刘利华	伊犁州中医医院医生	江苏省中医院医生	2019.12～2023.04（中期留任）
51	何伟东	伊犁州中医医院医生	江苏省中西医结合医院医生	2019.12～2023.04（中期留任）
52	王加磊	伊犁州康仁医院副院长	江苏省复员退伍军人精神病医院纪委委员	2019.12～2023.04（中期留任）

（一）援伊宁市指挥组

序号	姓　名	援疆工作单位及职务	援疆前工作单位及职务	援疆时间
1	郑晓明	伊宁市委副书记兼霍尔果斯经济开发区伊宁园区党工委副书记	南京市浦口区委常委、宣传部部长	2019.12～2023.04
2	孔南钢	伊宁市委常委、副市长兼伊宁边境经济合作区党工委副书记	南京市建邺区纪委副书记、区监委副主任	2019.12～2023.04
3	王晓强	伊宁市委组织部副部长	南京市雨花台区委巡察工作办公室副主任	2019.12～2023.04
4	刘哲君	伊宁市财政局副局长	南京市建邺区兴隆街道办事处副主任	2019.12～2023.04
5	曹　伟	伊宁市发展改革委副主任	南京市江北新区经济发展局（招商局）二级主任科员	2019.12～2023.04
6	谢　晋	伊宁市商务和工业信息化局副局长	南京市建邺区行政审批局综合科科长	2019.12～2023.04
7	刘　清	伊宁市文化和旅游局副局长	南京市浦口区委宣传部精神文明建设科科长	2019.12～2023.04
8	魏川雄	伊宁边境经济合作区管委会副主任	南京市江北新区党工委宣传部副部长（正处职）	2019.12～2023.04
9	杜景南	伊犁文旅集团（伊犁旅游发展投资有限责任公司）副总经理	南京市玄武区发展改革委主任	2019.12～2023.04
10	谈　晶	伊宁经济技术开发区惠宁投资建设有限公司副总经理	南京城建土地整理开发有限公司副总经理	2019.12～2023.04
11	傅光俊	伊宁文旅集团有限责任公司副总经理	南京市浦口区政府办公室接待科科长	2019.12～2023.04
12	蔡圣红	伊宁市第一中学副校长	南京大学附属中学教师	2019.12～2023.04（中期留任）
13	毕玉专	伊宁市第一中学教师	南京市建邺高级中学教师	2019.12～2021.07
14	黄顺胜	伊宁市第一中学教师	南京市高淳区湖滨高级中学教师	2019.12～2021.07
15	汪　峰	伊宁市第一中学教师	南京市溧水区第三高级中学教师	2019.12～2021.07
16	田少波	伊宁市第一中学教师	江苏省溧水高级中学教师	2019.12～2021.07
17	蔡国勤	伊宁市第一中学教师	南京市第九中学教师	2019.12～2023.06（中期留任）

续表

序号	姓　名	援疆工作单位及职务	援疆前工作单位及职务	援疆时间
18	吉祖筠（女）	伊宁市第一中学教师	南京师范大学附属中学教师	2019.12 ～ 2021.07
19	李冬梅（女）	伊宁市人民医院副院长	南京市第一医院医生	2019.12 ～ 2021.07
20	张　斌	伊宁市人民医院医生	南京鼓楼医院医生	2019.12 ～ 2021.07
21	庄端明	伊宁市人民医院医生	南京市高淳区人民医院医生	2019.12 ～ 2021.07
22	陆水平	伊宁市人民医院医生	南京脑科医院医生	2019.12 ～ 2021.07
23	侯玉超	伊宁市人民医院医生	南京脑科医院医生	2019.12 ～ 2021.07
24	顾海学	伊宁市第一中学教师	南京师范大学附属扬子中学教师	2021.07 ～ 2023.06
25	孙海峰	伊宁市第一中学教师	江苏省溧水高级中学教师	2021.07 ～ 2023.06
26	曹　勇	伊宁市第一中学教师	江苏省江浦高级中学教师	2021.07 ～ 2023.06
27	耿若蕾（女）	伊宁市第一中学教师	南京市田家炳高级中学教师	2021.07 ～ 2023.06
28	缪　群	伊宁市第一中学教师	南京市栖霞中学教师	2021.07 ～ 2023.06
29	黄　洪	伊宁市人民医院副院长	南京市鼓楼医院医生	2021.07 ～ 2023.06
30	马跃虎	伊宁市人民医院医生	南京市第一医院医生	2021.07 ～ 2023.06
31	杨连生	伊宁市人民医院医生	南京市红十字医院医生	2021.07 ～ 2023.06
32	刘　刚	伊宁市人民医院医生	南京脑科医院医生	2021.07 ～ 2023.06
33	黄　琳（女）	伊宁市人民医院医生	南京脑科医院医生	2021.07 ～ 2023.06

（二）援特克斯县工作组

序号	姓　名	援疆工作单位及职务	援疆前工作单位及职务	援疆时间
1	王才权	特克斯县委副书记	南京市江宁区委研究室主任	2019.12 ～ 2023.04
2	易骏飞	特克斯县委常委、副县长	南京市江宁区秣陵街道办事处主任	2019.12 ～ 2023.04
3	邓　骏	特克斯县委组织部副部长	南京市江宁区党员干部现代远程教育中心主任	2019.12 ～ 2023.04
4	任启龙	特克斯县委办公室副主任	南京市江宁区政府办公室副主任	2019.12 ～ 2023.04
5	潘家强	特克斯县财政局副局长	南京市江宁区财政局国库科科长	2019.12 ～ 2023.04
6	曹国建	特克斯县卫生健康委副主任	南京市江宁区东山街道社区卫生服务中心主任	2019.12 ～ 2023.04
7	杜　军	特克斯县文化和旅游局副局长	南京市江宁区文化和旅游局正科级干部	2019.12 ～ 2023.04
8	张昭志	特克斯县发展改革委副主任	南京市江宁区发展改革委综合规划科科长	2019.12 ～ 2023.04

续表

序号	姓　名	援疆工作单位及职务	援疆前工作单位及职务	援疆时间
9	沈志敏	特克斯县教育局副局长	南京市江宁区教育装备与勤工俭学管理中心主任	2019.12 ～ 2023.04
10	刘祥贵	特克斯县特通城市建设有限责任公司副总经理	南京市江宁城市建设集团有限公司工程一部部长	2019.12 ～ 2023.04
11	张风雷	特克斯县高级中学副校长	南京市觅秀街中学副校长	2019.12 ～ 2023.06（中期留任）
12	叶明生	特克斯县高级中学教师	南京市觅秀街中学教师	2019.12 ～ 2023.06（中期留任）
13	曹承杰	特克斯县高级中学教师	南京市江宁区江宁初级中学教师	2019.12 ～ 2023.06（中期留任）
14	陈银海	特克斯县高级中学教师	南京市百家湖中学教师	2019.12 ～ 2021.07（留任）
15	晏　拓	特克斯县高级中学教师	南京市秦淮中学教师	2019.12 ～ 2023.06（中期留任）
16	傅　玮	特克斯县江宁人民医院副院长	南京市江宁区东山街道社区卫生服务中心副主任	2019.12 ～ 2021.07
17	牟俊华（女）	特克斯县江宁人民医院医生	南京市江宁中医院医生	2019.12 ～ 2021.07
18	李　钊	特克斯县江宁人民医院医生	南京市江宁区禄口街道社区卫生服务中心医生	2019.12 ～ 2021.07
19	芮　莉（女）	特克斯县江宁人民医院医生	南京市江宁区秣陵街道百家湖社区卫生服务中心医生	2019.12 ～ 2021.07
20	王　鹏	特克斯县江宁人民医院医生	南京市江宁中医院医生	2019.12 ～ 2023.04（中期留任）
21	何艳香（女）	特克斯县江宁人民医院医生	南京市江宁区第二人民医院医生	2019.12 ～ 2023.04（中期留任）
22	傅业彪	特克斯县高级中学教师	南京市竹山中学教师	2021.07 ～ 2023.06
23	马　丽（女）	特克斯县江宁人民医院医生	南京市江宁区淳化街道土桥社区卫生服务中心医生	2021.07 ～ 2023.04
24	张　寅	特克斯县江宁人民医院医生	南京医科大学附属逸夫医院医生	2021.07 ～ 2023.04
25	徐云莉（女）	特克斯县江宁人民医院医生	南京市江宁区东山街道社区卫生服务中心医生	2021.07 ～ 2023.04
26	戴家虎	特克斯县江宁人民医院医生	南京市江宁区中医院医生	2021.07 ～ 2023.04

（三）援霍城县工作组

序号	姓　名	援疆工作单位及职务	援疆前工作单位及职务	援疆时间
1	顾文浩	霍城县委副书记	江阴市副市长	2019.12 ～ 2023.04
2	朱晓峰	霍城县委常委、副县长	共青团无锡市委副书记	2019.12 ～ 2023.04

续表

序号	姓　名	援疆工作单位及职务	援疆前工作单位及职务	援疆时间
3	马忠洪	霍城县委组织部副部长	江阴市委组织部副部长、市委非公有制企业和社会组织工作委员会书记	2019.12 ～ 2023.04
4	刘　晨	霍城县发展改革委副主任	无锡市发展改革委工业和高新技术产业处处长	2019.12 ～ 2023.04
5	王生虎	霍尔果斯经济开发区经济发展办公室、清水河配套园区经济发展办公室副主任	江苏江阴临港经济开发区经济发展局副局长	2019.12 ～ 2023.04
6	胡荣华	霍城县文化体育广播电视和旅游局副局长	江阴市总工会副主席	2019.12 ～ 2023.04
7	于景峰	霍城县住房和城乡建设局副局长	江苏江阴—靖江工业园区管委会副主任（正科级）	2019.12 ～ 2023.04（留任）
8	赵雁军	霍城县教育局副局长	江阴市工商业联合会副主席	2019.12 ～ 2023.04
9	张剑锋	霍城县文化和旅游局专业技术人员	江阴市鹅鼻嘴公园管理处副主任	2019.12 ～ 2021.07
10	缪仁江	霍城县融媒体中心（广播电视台）专业技术人员	江阴广播电视集团技术中心副主管	2019.12 ～ 2021.07
11	袁佩刚	霍城县自然资源局专业技术人员	江阴市城乡规划设计院办公室主任	2019.12 ～ 2021.07
12	周　瑛（女）	霍城县教育局专业技术人员	江苏省南菁高级中学教师	2019.12 ～ 2023.04（中期留任）
13	刘　飞	霍城县文化和旅游局专业技术人才	江阴市城乡规划设计院有限公司干部	2021.07 ～ 2023.04
14	杨宇峰	霍城县融媒体中心（广播电视台）专业技术人才	江阴市融媒体中心（传媒集团）干部	2021.07 ～ 2023.04
15	张　潇	霍城县住房和城乡建设局专业技术人才	江阴市建筑工程管理处干部	2021.07 ～ 2023.04
16	颜忠元	霍城县江苏中学副校长	江苏省江阴高级中学教师	2019.12 ～ 2023.04（中期留任）
17	张伟宏	霍城县江苏中学教师	江阴市山观高级中学教师	2019.12 ～ 2021.07
18	花　君	霍城县江苏中学教师	江阴市要塞中学教师	2019.12 ～ 2021.07
19	张复涛	霍城县江苏中学教师	江阴市第二中学教师	2019.12 ～ 2021.07
20	闫慧敏（女）	霍城县江苏医院副院长	江阴市城中社区卫生服务中心副主任	2019.12 ～ 2021.07
21	徐卓文	霍城县江苏医院医生	江阴市人民医院医生	2019.12 ～ 2021.07
22	薛　勇	霍城县江苏医院医生	江阴市中医院医生	2019.12 ～ 2021.07
23	沈　凯	霍城县江苏医院医生	江阴市人民医院医生	2019.12 ～ 2021.07
24	糜烨东	霍城县江苏医院医生	江阴市人民医院医生	2019.12 ～ 2021.07
25	唐　永	霍城县江苏中学教师	江阴市第一中学教师	2021.07 ～ 2023.06

续表

序号	姓　名	援疆工作单位及职务	援疆前工作单位及职务	援疆时间
26	王友标	霍城县江苏中学教师	江阴市华士高级中学教师	2021.07～2023.06
27	赵　杰	霍城县江苏中学教师	江苏省江阴长泾中学教师	2021.07～2023.06
28	蒋文龙	霍城县江苏医院副院长	江阴市人民医院医生	2021.07～2023.04
29	刘兵团	霍城县江苏医院医生	江阴市人民医院医生	2021.07～2023.04
30	郭新春	霍城县江苏医院医生	江阴市人民医院医生	2021.07～2023.04
31	茅伟达	霍城县江苏医院医生	江阴市中医院医生	2021.07～2023.04
32	朱　建	霍城县江苏医院医生	江阴市中医院医生	2021.07～2023.04

（四）援奎屯市工作组

序号	姓　名	援疆工作单位及职务	援疆前工作单位及职务	援疆时间
1	张　磊	奎屯市委副书记	沛县县委常委、组织部部长	2019.12～2023.04
2	杨　毅	奎屯市委常委、副市长	徐州市云龙区副区长	2019.12～2023.04
3	陈　瑞	奎屯市委办公室副主任	沛县市场监督管理局四级主办	2019.12～2023.04
4	胡廷海	奎屯市委组织部副部长	徐州市委组织部干部四处处长	2019.12～2023.04
5	孙朋朋	奎屯市文化和旅游局副局长	徐州市贾汪区机关事务保障中心主任	2019.12～2023.04
6	王　旭	奎屯市财政局副局长	丰县财政局副局长	2019.12～2023.04
7	张　忠	奎屯市发展改革委副主任	徐州市发展改革委财审督查处四级主任科员	2019.12～2023.04
8	蔡　智	奎屯市商务局副局长	徐州市投资促进服务中心党支部书记	2019.12～2023.04
9	莫迎华	奎屯—独山子经济技术开发区管委会副主任	徐州经济技术开发区党政办公室主任（副处）	2019.12～2023.04
10	陈晓新	奎屯—独山子经济技术开发区管委会专业技术人员	徐州泉山经济开发区管委会干部	2019.12～2023.04（中期留任）
11	康　帅	奎屯—独山子经济技术开发区管委会专业技术人员	沛县张寨镇党委干部	2019.12～2023.04（中期留任）
12	岳　鸣	奎屯保税物流中心管委会专业技术人员	丰县商务局干部	2019.12～2023.04（中期留任）
13	刘　永	奎屯保税物流中心管委会专业技术人员	邳州市应急管理局干部	2019.12～2023.04
14	徐万泰	奎屯市住房和城乡建设局专业技术人员	徐州市植物园干部	2019.12～2021.07
15	潘苏利	奎屯市科技局专业技术人员	新沂市科技局干部	2019.12～2023.04（中期留任）
16	余　飞	奎屯市第二高级中学（徐州高级中学）副校长	运河高等师范学校教师	2019.12～2021.07

续表

序号	姓　名	援疆工作单位及职务	援疆前工作单位及职务	援疆时间
17	曹振宇	奎屯市第二高级中学（徐州高级中学）教师	丰县赵庄中学教师	2019.12～2023.06（中期留任）
18	桑树林	奎屯市第二高级中学（徐州高级中学）教师	睢宁县第一中学教师	2019.12～2021.07
19	杨　波	奎屯市第二高级中学（徐州高级中学）教师	徐州市第三十六中学教师	2019.12～2021.07
20	王宇辰	奎屯市妇幼保健院副院长	徐州市妇幼保健院医生	2019.12～2021.07
21	张　萍（女）	奎屯市妇幼保健院医生	徐州市肿瘤医院医生	2019.12～2021.07
22	龚　亮	奎屯市妇幼保健院医生	徐州市儿童医院医生	2019.12～2021.07
23	时文生	奎屯市住房和城乡建设局专业技术人员	徐州市园林建设管理中心干部	2021.07～2023.04
24	张　林	奎屯市第二高级中学副校长	徐州市教育局干部	2021.07～2023.06
25	侍文斌	奎屯市第二高级中学教师	徐州高等师范学校教师	2021.07～2023.06
26	高闫钢	奎屯市第二高级中学教师	江苏模特艺术学校教师	2021.07～2023.06
27	李春建	奎屯市妇幼保健院副院长	徐州市第一人民医院医生	2021.07～2023.04
28	苏玉丽（女）	奎屯市妇幼保健院医生	徐州市妇幼保健院医生	2021.07～2023.04
29	杨春艳（女）	奎屯市妇幼保健院医生	徐州市中心医院医生	2021.07～2023.04

（五）援尼勒克县工作组

序号	姓　名	援疆工作单位及职务	援疆前工作单位及职务	援疆时间
1	徐治国	尼勒克县委副书记	常州市武进区副区长	2019.12～2021.07
2	裴晓冬	尼勒克县委常委、副县长	江苏省武进国家高新技术产业开发区管委会副主任、武进区前黄镇党委书记	2019.12～2023.04
3	陆晓忠	尼勒克县委组织部副部长	常州市武进区南夏墅街道纪委书记	2019.12～2023.04
4	巢云方	尼勒克县委办公室副主任	常州市武进区投资促进服务中心副主任	2019.12～2023.04
5	黄　华	尼勒克县发展改革委副主任	常州市武进区发展改革局能源科科长（四级主任科员）	2019.12～2023.04
6	戴玉虎	尼勒克县融媒体中心主任	常州市武进广播电视台干部	2019.12～2023.04（中期留任）
7	陈名恭	尼勒克县商务和工业信息化局专业技术人员	常州市武进区工业和信息化局行业发展服务科科长	2019.12～2021.07

续表

序号	姓　名	援疆工作单位及职务	援疆前工作单位及职务	援疆时间
8	卢　玺	尼勒克县唐布拉景区管委会专业技术人员	常州市春秋淹城建设投资有限公司工程部副部长	2019.12～2021.07
9	张永锋	尼勒克县财政局专业技术人员	常州市武进区财政局预算科科员	2019.12～2021.07
10	徐献鹤	尼勒克县第一中学副校长	常州市武进区洛阳高级中学副校长	2019.12～2021.07
11	高　原	尼勒克县第一中学教师	江苏省横林高级中学教师	2019.12～2021.07
12	张祖康	尼勒克县第一中学教师	常州市武进区鸣凰中学教师	2019.12～2021.07
13	丁德军	尼勒克县第一中学教师	江苏省武进高级中学教师	2019.12～2021.07
14	朱伟刚	尼勒克县第一中学教师	常州市武进区横山桥高级中学教师	2019.12～2021.07
15	冯双松	尼勒克县第一中学教师	常州市武进区礼嘉中学教师	2019.12～2021.07
16	顾　君	尼勒克县人民医院副院长	常州市武进人民医院医生	2019.12～2021.07
17	胡　玺	尼勒克县人民医院医生	常州市武进人民医院医生	2019.12～2021.07
18	荆武强	尼勒克县人民医院医生	常州市武进人民医院医生	2019.12～2021.07
19	张伟峰	尼勒克县人民医院医生	常州市武进中医医院医生	2019.12～2021.07
20	王继伟	尼勒克县人民医院医生	常州市武进中医医院医生	2019.12～2021.07
21	姜　枫	尼勒克县商务和工业信息化局专业技术人员	常州市武进区企业发展促进中心干部	2021.07～2023.04
22	潘知翔	尼勒克县唐布拉景区管委会专业技术人员	江苏武进太湖湾旅游发展有限公司干部	2021.07～2023.04
23	朱小春	尼勒克县财政局专业技术人员	常州西太湖科技产业园（武进经济开发区）干部	2021.07～2023.04
24	马晓峰	尼勒克县第一中学副校长	常州市武进区洛阳高级中学教师	2021.07～2023.06
25	李岩澍	尼勒克县第一中学教师	江苏省前黄高级中学国际分校教师	2021.07～2023.06
26	詹志清	尼勒克县第一中学教师	常州市武进区礼嘉中学教师	2021.07～2023.06
27	谷军文	尼勒克县第一中学教师	常州市武进区洛阳高级中学教师	2021.07～2023.06
28	陆　鸣	尼勒克县第一中学教师	江苏省武进高级中学教师	2021.07～2023.06
29	刘鹏辉	尼勒克县第一中学教师	江苏省前黄高级中学教师	2021.07～2023.06
30	施有为	尼勒克县人民医院副院长	常州市武进人民医院医生	2021.07～2023.04
31	马春亚（女）	尼勒克县人民医院医生	常州市武进中医医院医生	2021.07～2023.04
32	涂仁书	尼勒克县人民医院医生	常州市武进人民医院医生	2021.07～2023.04
33	费燕强	尼勒克县人民医院医生	常州市武进人民医院医生	2021.07～2023.04
34	芮立宁	尼勒克县人民医院医生	常州市武进中医医院医生	2021.07～2023.04

（六）援霍尔果斯市苏州工作组

序号	姓　名	援疆工作单位及职务	援疆前工作单位及职务	援疆时间
1	蔡文胤	霍尔果斯市委常委、副市长	苏州工业园区金鸡湖商务区管委会副主任	2019.12 ～ 2023.04
2	张　江	霍尔果斯市委常委、副市长	苏州工业园区规划建设委员会副调研员	2020.09 ～ 2023.04
3	唐国清	霍尔果斯经济开发区招商局（商务经信局）副局长	苏州工业园区社会事业局办公室副主任、监察室副主任	2019.12 ～ 2023.04
4	周　恺	霍尔果斯市文化和旅游局副局长	苏州市文化广电和旅游局政策法规处四级主任科员	2019.12 ～ 2023.04
5	朱宇明	霍尔果斯市住房和城乡建设局副局长	苏州工业园区综合行政执法局党政办主任	2019.12 ～ 2023.04
6	温　韬	霍尔果斯市财政局副局长	苏州工业园区财政局副主任科员	2019.12 ～ 2023.04
7	刘第毅	霍尔果斯市教育局副局长	苏州高等职业技术学校艺术设计系主任	2019.12 ～ 2023.04
8	李　超	霍尔果斯市国门初级中学副校长	苏州工业园区星湖学校副校长	2019.12 ～ 2023.06（中期留任）
9	金　怡（女）	霍尔果斯市丝路小学副校长	苏州工业园区星海小学教师	2019.12 ～ 2023.06（中期留任）

（七）援霍尔果斯市连云港工作组

序号	姓　名	援疆工作单位及职务	援疆前工作单位及职务	援疆时间
1	商显福	霍尔果斯市委副书记、霍尔果斯经济开发区党工委委员	连云港高新技术产业开发区管委会副主任	2019.12 ～ 2023.04
2	邵付强	霍尔果斯市委常委、副市长	连云港市“12345”政府公共服务中心副主任、市数字化城市管理监督指挥中心副主任	2019.12 ～ 2023.04
3	王　伟	霍尔果斯经济开发区党政办公室副主任、霍尔果斯市委组织部副部长	连云港市委组织部人才工作处二级主任科员	2019.12 ～ 2023.04
4	闫建立	霍尔果斯经济开发区建设环保局副局长	连云港市交通运输局政策法规处处长	2019.12 ～ 2023.04
5	林　东	霍尔果斯经济开发区发展改革和经济促进局副局长	连云港市发展改革委创新和高技术发展处（工业处）处长	2019.12 ～ 2023.04
6	姜　伟	霍尔果斯经济开发区口岸管理局副局长	连云港港口控股集团有限公司董事会秘书、办公室（政策研究室）总经理	2019.12 ～ 2023.04
7	黄继超	霍尔果斯市人民医院副院长	连云港市第二人民医院医生	2019.12 ～ 2023.04（中期留任）
8	秦新蕾（女）	霍尔果斯市人民医院医生	连云港市第二人民医院医生	2019.12 ～ 2021.07

续表

序号	姓　名	援疆工作单位及职务	援疆前工作单位及职务	援 疆 时 间
9	殷爱云（女）	霍尔果斯市人民医院医生	连云港市第二人民医院医生	2019.12 ～ 2021.07
10	耿　磊	霍尔果斯市人民医院医生	连云港市第二人民医院医生	2019.12 ～ 2021.07
11	高海燕（女）	霍尔果斯市人民医院医生	连云港市第一人民医院医生	2021.07 ～ 2023.04
12	孙　军	霍尔果斯市人民医院医生	连云港市儿童医院医生	2021.07 ～ 2023.04
13	张苏波	霍尔果斯市人民医院医生	连云港市第二人民医院医生	2021.07 ～ 2023.04

（八）援巩留县工作组

序号	姓　名	援疆工作单位及职务	援疆前工作单位及职务	援 疆 时 间
1	陆德峰	巩留县委副书记	张家港市委常委、组织部部长	2019.12 ～ 2023.04
2	黄晓伟	巩留县委常委、副县长	张家港保税区管委会副主任	2019.12 ～ 2023.04
3	孟令剑	巩留县委组织部副部长	张家港市大新镇党委委员	2019.12 ～ 2023.04
4	谢　海	巩留县发展改革委副主任	张家港保税区发展改革局副局长	2019.12 ～ 2023.04
5	张　敏	巩留县商务和工业信息化局副局长	张家港市商务局副局长	2019.12 ～ 2023.04
6	魏新阳	巩留县文化和旅游局副局长	张家港市凤凰镇党委委员	2019.12 ～ 2023.04
7	陆　平	巩留县高级中学副校长	张家港市乐余高级中学副校长	2019.12 ～ 2021.07
8	周碧玉（女）	巩留县高级中学教师	张家港市崇真中学教师	2019.12 ～ 2023.06（中期留任）
9	冯永清	巩留县高级中学教师	张家港市暨阳高级中学教师	2019.12 ～ 2021.07
10	陈熠林	巩留县高级中学教师	张家港高级中学教师	2019.12 ～ 2021.07
11	范桂湘（女）	巩留县高级中学教师	张家港市沙洲中学教师	2019.12 ～ 2021.07
12	李　骏	巩留县高级中学教师	张家港市塘桥高级中学教师	2019.12 ～ 2021.07
13	陈　辉（女）	巩留县高级中学教师	江苏省梁丰高级中学教师	2019.12 ～ 2021.07
14	惠　静（女）	巩留县高级中学教师	张家港市沙洲中学教师	2019.12 ～ 2023.06（中期留任）
15	王　浩	巩留县人民医院副院长	张家港市第一人民医院医生	2019.12 ～ 2021.07
16	任　骋（女）	巩留县人民医院医生	张家港市第一人民医院医生	2019.12 ～ 2021.07
17	邢　栋	巩留县人民医院医生	张家港市中医医院医生	2019.12 ～ 2021.07
18	何　斌	巩留县人民医院医生	张家港市第一人民医院医生	2019.12 ～ 2021.07
19	沈　锋	巩留县人民医院医生	张家港市第一人民医院医生	2019.12 ～ 2023.04（中期留任）

续表

序号	姓　名	援疆工作单位及职务	援疆前工作单位及职务	援 疆 时 间
20	孙　燕（女）	巩留县人民医院医生	张家港市中医医院医生	2019.12 ～ 2021.07
21	陈　振	巩留县人民医院医生	张家港市中医医院医生	2019.12 ～ 2023.04（中期留任）
22	王进法	巩留县高级中学副校长	张家港市崇真中学教师	2021.07 ～ 2023.06
23	杨云洁（女）	巩留县高级中学教师	张家港市暨阳高级中学教师	2021.07 ～ 2023.06
24	刁仁锋	巩留县高级中学教师	张家港市崇真中学教师	2021.07 ～ 2023.06
25	陈　静（女）	巩留县高级中学教师	江苏省梁丰高级中学教师	2021.07 ～ 2023.06
26	侯丽琴（女）	巩留县高级中学教师	张家港高级中学教师	2021.07 ～ 2023.06
27	陈利东	巩留县高级中学教师	张家港市塘桥高级中学教师	2021.07 ～ 2023.04
28	吴耀刚	巩留县人民医院副院长	张家港市第一人民医院医生	2021.07 ～ 2023.04
29	盛宇峰	巩留县人民医院医生	张家港市第一人民医院医生	2021.07 ～ 2023.04
30	方春龙	巩留县人民医院医生	张家港市中医医院医生	2021.07 ～ 2023.04
31	张晓光	巩留县人民医院医生	张家港市中医医院医生	2021.07 ～ 2023.04
32	马　新（女）	巩留县人民医院医生	张家港市第一人民医院医生	2021.07 ～ 2023.04

（九）援伊宁县工作组

序号	姓　名	援疆工作单位及职务	援疆前工作单位及职务	援 疆 时 间
1	张　华	伊宁县委副书记	南通市文化广电和旅游局副局长（二级调研员）	2019.12 ～ 2023.04（留任）
2	周　勇	伊宁县委常委、副县长	南通市港闸区副区长	2019.12 ～ 2023.04
3	张迎春	伊宁县委常委、伊东工业园区管委会主任	南通市市场监督管理局副局长	2019.12 ～ 2023.04
4	陈　波	伊宁县委组织部副部长	如皋市委党建工作领导小组办公室副主任	2019.12 ～ 2023.04
5	贲新建	伊宁县委宣传部副部长	南通市文化广电和旅游局旅游推广处副处长	2019.12 ～ 2023.04
6	刘少华	伊宁县发展改革委副主任	南通市通州区二甲镇副镇长	2019.12 ～ 2023.04
7	江卫新	伊宁县住房和城乡建设局副局长	南通市住房和城乡建设局村镇建设处四级主任科员	2019.12 ～ 2023.04
8	沙　飞	伊宁县财政局副局长	南通市财政局人事处处长	2019.12 ～ 2023.04

续表

序号	姓　名	援疆工作单位及职务	援疆前工作单位及职务	援 疆 时 间
9	卫　清	伊宁县第二中学校长、高中集团总校长	南通市小海中学教师	2019.12 ～ 2023.06（中期留任）
10	顾云飞（女）	伊宁县第二中学教师	江苏省南通中学教师	2019.12 ～ 2021.07
11	毛月美（女）	伊宁县第二中学教师	南通市通州区二甲中学教师	2019.12 ～ 2021.07
12	陈晓宇	伊宁县第二中学教师	南通大学附属中学教师	2019.12 ～ 2021.07
13	孙　萍（女）	伊宁县第二中学教师	南通市第二中学教师	2019.12 ～ 2021.07
14	丁志荣	伊宁县第二中学教师	江苏省南通第一中学教师	2019.12 ～ 2021.07
15	朱永祥	伊宁县第二中学教师	南通市小海中学教师	2019.12 ～ 2021.07
16	张振宇	伊宁县人民医院副院长	南通市妇幼保健院纪委书记	2019.12 ～ 2021.07
17	高　兵	伊宁县人民医院医生	如皋市人民医院医生	2019.12 ～ 2021.07
18	顾永伟	伊宁县人民医院医生	启东市中医院医生	2019.12 ～ 2021.07
19	潘　晖（女）	伊宁县人民医院医生	海门市中医院医生	2019.12 ～ 2021.07
20	李小飞	伊宁县人民医院医生	如皋市中医院医生	2019.12 ～ 2021.07
21	施海辉	伊宁县人民医院医生	启东市人民医院医生	2019.12 ～ 2023.04（中期留任）
22	周铭祥	伊宁县第二中学教师	南通市天星湖中学教师	2021.07 ～ 2023.06
23	周学力	伊宁县第二中学教师	江苏省石庄高级中学教师	2021.07 ～ 2023.06
24	陈小良	伊宁县第二中学教师	如皋市第一中学教师	2021.07 ～ 2023.06
25	周少斌	伊宁县第二中学教师	南通市通州区刘桥中学教师	2021.07 ～ 2023.06
26	丛茂勇	伊宁县第二中学教师	南通大学附属中学教师	2021.07 ～ 2023.06
27	王洪达	伊宁县第二中学教师	江苏省通州高级中学教师	2021.07 ～ 2023.06
28	黎叶飞	伊宁县人民医院副院长	南通市第一人民医院医生	2021.07 ～ 2023.04
29	张帅赛	伊宁县人民医院医生	南通市妇幼保健院医生	2021.07 ～ 2023.04
30	周泉华	伊宁县人民医院医生	启东市人民医院（启东市肝癌研究所）医生	2021.07 ～ 2023.04
31	汤明明	伊宁县人民医院医生	南通市肿瘤医院医生	2021.07 ～ 2023.04
32	丁　勇	伊宁县人民医院医生	南通市第六人民医院医生	2021.07 ～ 2023.04

（十）援察布查尔县工作组

序号	姓　名	援疆工作单位及职务	援疆前工作单位及职务	援 疆 时 间
1	高明荣	察布查尔县委副书记	滨海县委常委、统战部部长	2019.12 ～ 2023.04

续表

序号	姓　名	援疆工作单位及职务	援疆前工作单位及职务	援疆时间
2	王　谋	察布查尔县委常委、副县长	盐城市城市建设投资集团有限公司副总经理兼江苏上电八菱集团有限公司副董事长	2019.12～2023.04
3	陈　冰	察布查尔县发展改革委副主任、伊南工业园区管委会副主任	盐城经济技术开发区人才服务中心主任	2019.12～2023.04
4	陈小龙	察布查尔县委组织部副部长	滨海县委组织部组织一科科长、县党员电化教育中心主任	2019.12～2023.04
5	高　力	察布查尔县财政局副局长	滨海县财政局党组成员、县金融与企业上市服务中心主任	2019.12～2023.04
6	仇　羽	察布查尔县文化和旅游局副局长	盐城市文化艺术中心有限公司副总经理	2019.12～2023.04
7	刘君健	察布查尔县融媒体中心专业技术人员	盐阜大众报报业集团融媒体采访中心社会部副主任	2019.12～2021.07
8	赵建华	察布查尔县商务和工业信息化局专业技术人员	盐城市节约能源监测站办公室主任	2019.12～2023.04（中期留任）
9	崔立新	察布查尔县自然资源局专业技术人员	盐城市勘察测绘院技术干部	2019.12～2023.04（中期留任）
10	张　舒	察布查尔投资发展集团有限公司副总经理	江苏省银宝盐业有限公司营销事业部副部长	2019.12～2023.04（中期留任）
11	王　顶	察布查尔县高级中学副校长	滨海县獐沟中学副校长	2019.12～2021.07
12	路　璐（女）	察布查尔县高级中学教师	盐城市景山中学教师	2019.12～2021.07
13	刘　勇	察布查尔县高级中学教师	江苏省建湖高级中学教师	2019.12～2021.07
14	孙环海	察布查尔县高级中学教师	盐城市第一中学教师	2019.12～2021.07
15	何　菡（女）	察布查尔县高级中学教师	滨海县五汛中学教师	2019.12～2021.07
16	祁建成	察布查尔县人民医院副院长	建湖县人民医院医生	2019.12～2021.07
17	马汝驸	察布查尔县人民医院医生	阜宁县人民医院医生	2019.12～2021.07
18	陈昌华	察布查尔县人民医院医生	射阳县中医院医生	2019.12～2021.07
19	朱云洲	察布查尔县人民医院医生	阜宁县人民医院医生	2019.12～2021.07
20	吴　迪	察布查尔县人民医院医生	射阳县人民医院医生	2019.12～2021.07
21	钱　峰	察布查尔县融媒体中心专业技术人员	盐城广播电视总台技术干部	2021.07～2023.04
22	刘　建	察布查尔县高级中学副校长	盐城市龙冈中学教师	2021.07～2023.06
23	孔德林	察布查尔县高级中学教师	江苏省建湖高级中学教师	2021.07～2023.06
24	王君秀（女）	察布查尔县高级中学教师	盐城市大丰区新丰中学教师	2021.07～2023.06
25	徐东良	察布查尔县高级中学教师	江苏省滨海中学教师	2021.07～2023.06

续表

序号	姓　名	援疆工作单位及职务	援疆前工作单位及职务	援疆时间
26	储思源（女）	察布查尔县高级中学教师	东台市实验中学教师	2021.07 ～ 2023.06
27	徐书灿	察布查尔县人民医院副院长	滨海县人民医院医生	2021.07 ～ 2023.04
28	徐青兆	察布查尔县人民医院医生	盐城市亭湖区人民医院医生	2021.07 ～ 2023.04
29	葛成平	察布查尔县人民医院医生	盐城市大丰区草庙镇卫生院医生	2021.07 ～ 2023.04
30	潘振国	察布查尔县人民医院医生	响水县人民医院医生	2021.07 ～ 2023.04
31	袁筛存	察布查尔县人民医院医生	滨海县人民医院医生	2021.07 ～ 2023.04

（十一）援新源县工作组

序号	姓　名	援疆工作单位及职务	援疆前工作单位及职务	援疆时间
1	孟德和	新源县委副书记	扬州经济技术开发区管委会副主任、邗江区委常委	2019.12 ～ 2023.04（留任）
2	居　勇	新源县委常委、副县长	扬州市纪委监委第九派驻纪检监察组组长、市发展改革委党组成员	2019.12 ～ 2023.04
3	韩志新	新源县委组织部副部长	高邮市委组织员、高邮市委组织部干部培训办公室主任	2019.12 ～ 2023.04
4	李寿林	新源县发展改革委副主任	扬州市发展改革委能源处四级主任科员	2019.12 ～ 2023.04
5	畅卫剑	新源县财政局副局长	扬州市财政局行政事业资产管理处四级主任科员	2019.12 ～ 2023.04
6	傅士斌	新源县住房和城乡建设局局长	扬州市住房和城乡建设局城市建设处处长	2019.12 ～ 2023.04
7	潘义刚	新源县审计局副局长	仪征市大仪镇副镇长	2019.12 ～ 2023.04
8	孙　峰	新源县工业园区管委会副主任	扬州市江都区工商联副主席	2019.12 ～ 2023.04
9	李晓明	新源县融媒体中心专业技术人员	扬州广电传媒集团（总台）制播网络事业部副主任	2019.12 ～ 2023.04（中期留任）
10	戚立俊	新源县第二中学副校长	宝应县氾水高级中学教师	2019.12 ～ 2021.07（留任）
11	赵红兰（女）	新源县第二中学教师	江苏省高邮中学教师	2019.12 ～ 2021.07
12	许顺华	新源县第二中学教师	扬州市广陵区红桥高级中学教师	2019.12 ～ 2021.07
13	张　林	新源县第二中学教师	扬州市江都区第一中学教师	2019.12 ～ 2021.07
14	马　艳（女）	新源县第二中学教师	扬州市翠岗中学教师	2019.12 ～ 2021.07
15	王小琪	新源县第二中学教师	仪征市实验中学（东区校）教师	2019.12 ～ 2021.07
16	高　波	新源县人民医院副院长	江苏省苏北人民医院医生	2019.12 ～ 2021.07（留任）

续表

序号	姓　名	援疆工作单位及职务	援疆前工作单位及职务	援疆时间
17	韩　芳（女）	新源县人民医院医生	扬州大学附属医院医生	2019.12 ～ 2021.07
18	凌加平	新源县人民医院医生	高邮市人民医院医生	2019.12 ～ 2021.07
19	李　杰	新源县人民医院医生	扬州市中医院医生	2019.12 ～ 2021.07
20	杨雪峰	新源县人民医院医生	扬州市妇幼保健院医生	2019.12 ～ 2021.07
21	任　伟	新源县人民医院医生	宝应县人民医院医生	2019.12 ～ 2021.07
22	王志美（女）	新源县第二中学副校长	江苏省邗江中学教师	2021.07 ～ 2023.06
23	王　君	新源县第二中学教师	江苏省高邮中学教师	2021.07 ～ 2023.06
24	戴秀琴（女）	新源县第二中学教师	江苏省扬州中学教师	2021.07 ～ 2023.06
25	蔺红帅	新源县第二中学教师	宝应县曹甸高级中学教师	2021.07 ～ 2023.06
26	王维进	新源县第二中学教师	仪征市第二中学教师	2021.07 ～ 2023.06
27	王　栋	新源县第二中学教师	扬州市江都区丁沟中学教师	2021.07 ～ 2023.06
28	汤　东	新源县人民医院副院长	江苏省苏北人民医院医生	2021.07 ～ 2023.04
29	严明权	新源县人民医院医生	扬州大学附属医院医生	2021.07 ～ 2023.04
30	张小平	新源县人民医院医生	高邮市中医医院医生	2021.07 ～ 2023.04
31	陈凌云	新源县人民医院医生	扬州市中医院医生	2021.07 ～ 2023.04
32	华　平	新源县人民医院医生	宝应县人民医院医生	2021.07 ～ 2023.04
33	曹　伟	新源县人民医院医生	扬州市妇幼保健院医生	2021.07 ～ 2023.04

（十二）援昭苏县工作组

序号	姓　名	援疆工作单位及职务	援疆前工作单位及职务	援疆时间
1	李春荣	昭苏县委副书记	泰州市高港区委常委、统战部部长	2019.12 ～ 2023.04
2	夏朝云	昭苏县委常委、副县长	泰州市发展改革委副主任	2019.12 ～ 2023.04
3	梅国华	昭苏县委组织部副部长	泰州市委组织部综合干部处副处长、宣传信息中心主任	2019.12 ～ 2023.04
4	张桥华	昭苏县住房和城乡建设局副局长	泰兴市黄桥镇政府三级主任科员	2019.12 ～ 2023.04
5	杨树平	昭苏县财政局副局长	泰州市纪委监委法规研究室副主任	2019.12 ～ 2023.04
6	丁新峰	昭苏县商务与工业信息化局副局长	泰州市海陵区罡杨镇副镇长	2019.12 ～ 2023.04
7	张　翔	昭苏县发展改革委副主任	泰州医药高新区行政审批局综合处处长	2019.12 ～ 2023.04
8	刘　镭	昭苏县科技局副局长、农业科技园区管委会主任	泰州市劳动就业管理中心创业指导科科长	2019.12 ～ 2023.04

续表

序号	姓　名	援疆工作单位及职务	援疆前工作单位及职务	援疆时间
9	杨品勇	昭苏县文化和旅游局专业技术人员	泰兴市文体广电和旅游局技术干部	2019.12～2021.07
10	张俊明	昭苏县高级中学副校长	泰州市第二中学教师	2019.12～2021.07
11	王晓宇	昭苏县高级中学教师	泰州市田家炳实验中学教师	2019.12～2021.07
12	曹荣海	昭苏县高级中学教师	泰州市实验中学教师	2019.12～2021.07
13	薛　峰	昭苏县高级中学教师	泰州市姜堰区张甸中学教师	2019.12～2021.07
14	陈　波	昭苏县高级中学教师	泰兴市第四高级中学教师	2019.12～2021.07
15	印建南	昭苏县高级中学教师	靖江市斜桥中学教师	2019.12～2021.07
16	方军辉	昭苏县高级中学教师	兴化市安丰高级中学教师	2019.12～2023.06（中期留任）
17	李建民	昭苏县人民医院副院长	泰州市人民医院医生	2019.12～2021.07
18	潘家华	昭苏县人民医院医生	泰州市第二人民医院医生	2019.12～2021.07
19	魏秀琴（女）	昭苏县人民医院医生	泰州市第二人民医院医生	2019.12～2021.07
20	潘晓红（女）	昭苏县人民医院医生	泰州市姜堰中医院医生	2019.12～2021.07
21	茅　威	昭苏县文化和旅游局专业技术人员	泰州市博物馆干部	2021.07～2023.04
22	许　强	昭苏县高级中学副校长	泰州市第二中学教师	2021.07～2023.06
23	张杏宇	昭苏县高级中学教师	泰兴市第一高级中学教师	2021.07～2023.06
24	孙文凤（女）	昭苏县高级中学教师	泰兴市第一高级中学教师	2021.07～2023.06
25	黄振龙	昭苏县高级中学教师	靖江市第一高级中学教师	2021.07～2023.06
26	杨　平	昭苏县高级中学教师	江苏省姜堰中学教师	2021.07～2023.06
27	潘林章	昭苏县高级中学教师	兴化市周庄高级中学教师	2021.07～2023.06
28	肖　飞	昭苏县人民医院副院长	泰兴市人民医院医生	2021.07～2023.04
29	郑金国	昭苏县人民医院医生	兴化市人民医院医生	2021.07～2023.04
30	金云兰（女）	昭苏县人民医院医生	兴化妇幼保健院医生	2021.07～2023.04
31	刘　汉	昭苏县人民医院医生	兴化市人民医院医生	2021.07～2023.04

（十三）援兵团七师工作组

序号	姓　名	援疆工作单位及职务	援疆前工作单位及职务	援疆时间
1	周　青	援伊指挥部副总指挥，七师党委副书记、副师长（牵头负责行政工作）	淮安市副市长	2019.12～2021.09（留任）
2	董国喜	援伊指挥部副总指挥、淮安工作组组长，兵团七师党委副书记、副师长	淮安市副市长	2021.09～

续表

序号	姓　名	援疆工作单位及职务	援疆前工作单位及职务	援疆时间
3	黄沛江	七师党委组织部副部长	淮安市淮安区副区长	2019.12～2023.04
4	朱鸿明	七师党委政研室综合科副科长	淮安市清江浦区清浦街道办事处副主任	2019.12～2023.04
5	刘宝虎	七师发展改革委副主任	淮安市委政法委政治部主任	2019.12～2023.04
6	朱　雷	七师财政局预算科副科长	淮安市财政局自然资源和生态环境处副处长	2019.12～2023.04
7	许　康	七师市场监管局综合科科长	淮安市市场监管局科技与信息化处二级主任科员	2019.12～2023.04
8	苏　南	七师行政审批局正科级干部	淮安市淮阴区行政审批局二级主任科员	2019.12～2023.04
9	姚　兵	七师住房和城乡建设局副局长	涟水县政协副主席	2019.12～2023.04
10	俞　伟	七师五五工业园区规划局局长	盱眙县太和街道党工委副书记、政法委员（二级主任科员）	2019.12～2023.04
11	黄海洋	一二三团经济发展办公室副主任	淮安市清江浦区委巡察组副组长	2019.12～2023.04
12	金海松	一二四团经济发展办公室副主任	淮安工业园区建设工程质量监督站站长	2019.12～2023.04
13	徐技军	一二五团经济发展办公室副主任	淮安市淮安区发展改革委副主任	2019.12～2023.04
14	孙兴兵	一二六团经济发展办公室副主任	淮安市淮阴区新渡口街道人大工委副主任	2019.12～2023.04
15	李　永	一二七团经济发展办公室副主任	涟水县陈师街道办事处副主任	2019.12～2023.04
16	吕伏兵	一二八团经济发展办公室副主任	淮安市洪泽区大数据运行维护服务中心副主任	2019.12～2023.04
17	王广东	一二九团经济发展办公室副主任	盱眙县管仲镇党委宣传统战委员	2019.12～2023.04
18	柳　昕	一三〇团经济发展办公室副主任	金湖县卫生健康委副主任	2019.12～2023.04
19	安海林	一三一团经济发展办公室副主任	淮安经济技术开发区徐杨街道办事处副主任	2019.12～2023.04
20	卜　兵	一三七团经济发展办公室副主任	淮安市清江浦区长东街道办事处副主任	2019.12～2023.04
21	杨金柱	奎东农场经济发展办公室副主任	淮安经济技术开发区新港办事处党委副书记	2019.12～2023.04
22	刘志钧	七师传媒中心记者	《淮海商报》房地产部主任	2019.12～2021.07
23	王　凯	七师国有资产经营（集团）有限公司融资部主任	淮安市白马湖投资发展有限公司风险管控部经理	2019.12～2021.07

续表

序号	姓　名	援疆工作单位及职务	援疆前工作单位及职务	援疆时间
24	臧徐徐	七师国有资产经营（集团）有限公司投资发展部副主任	淮安市金控金融管理服务有限公司副总经理	2019.12 ～ 2021.07
25	唐　婷（女）	七师天北城投公司副总经理	淮安市国有联合投资发展集团有限公司副总经理	2019.12 ～ 2021.07
26	张慧武	七师天北城投公司投融资部副经理	江苏克路德智能科技有限公司副总经理	2019.12 ～ 2021.07
27	毛宗善	七师教育局专业技术人员	淮阴师范学院附属中学教师	2019.12 ～ 2021.07
28	杨　佳	七师教育局专业技术人员	江苏省清江中学教师	2019.12 ～ 2021.07
29	臧　豹	七师医院副院长	淮安市第一人民医院医生	2019.12 ～ 2021.07
30	齐　亮	七师医院医生	淮安市第二人民医院医生	2019.12 ～ 2021.07
31	高文闯	七师医院医生	涟水县人民医院医生	2019.12 ～ 2021.07
32	王泽爱	七师医院医生	淮安市第二人民医院医生	2019.12 ～ 2021.07
33	牛庆军	七师医院医生	淮安市淮安医院医生	2019.12 ～ 2021.07
34	张　军	七师医院医生	淮安市妇幼保健院医生	2019.12 ～ 2021.07
35	王泰岳	七师医院医生	淮安市第一人民医院医生	2019.12 ～ 2021.07
36	魏　玲（女）	七师医院医生	淮安市第二人民医院医生	2019.12 ～ 2021.07
37	汤立新	七师中医医院医生	淮安市中医院医生	2019.12 ～ 2021.07
38	刘　华	七师中医医院医生	淮安市第一人民医院医生	2019.12 ～ 2021.07
39	徐　屏（女）	七师中医医院医生	淮安市妇幼保健院医生	2019.12 ～ 2021.07
40	徐昌政	七师传媒中心记者	淮安日报社演艺有限公司负责人	2021.07 ～ 2023.04
41	李　瑞	七师国资公司融资部主任	淮安市富丽（康达）房地产开发公司副总经理	2021.07 ～ 2023.04
42	朱　皓	七师国资公司投资发展部主任	淮安市工业发展投资控股集团有限公司党委办公室负责人	2021.07 ～ 2023.04
43	朱建军	七师天北城投公司副总经理	淮安市工贸资产管理有限公司副总经理	2021.07 ～ 2023.04
44	杨　斌	七师天北城投公司投融资部副经理	淮安交通旅游集团有限公司副总经理	2021.07 ～ 2023.04
45	臧杭飞	七师教育局专业技术人员	淮安小学副校长	2021.07 ～ 2023.04
46	杨文兵	七师教育局专业技术人员	江苏省清江中学教师	2021.07 ～ 2023.04
47	谷　彪	七师医院副院长	淮安市第一人民医院医生	2021.07 ～ 2023.04
48	徐建昌	七师医院医生	淮安市第二人民医院医生	2021.07 ～ 2023.04
49	王成祥	七师医院医生	淮安市第二人民医院医生	2021.07 ～ 2023.04
50	刘　玮	七师医院医生	淮安市第一人民医院医生	2021.07 ～ 2023.04
51	华　伟	七师医院医生	淮安市妇幼保健院医生	2021.07 ～ 2023.04

续表

序号	姓　名	援疆工作单位及职务	援疆前工作单位及职务	援疆时间
52	严佩强	七师医院医生	淮安市洪泽区人民医院医生	2021.07～2023.04
53	刘　磊	七师医院医生	淮安市第一人民医院医生	2021.07～2023.04
54	韩志刚	七师医院医生	淮安市妇幼保健院医生	2021.07～2023.04
55	冯齐强	七师中医医院医生	涟水县人民医院医生	2021.07～2023.04
56	刘海云	七师中医医院医生	淮安市第二人民医院医生	2021.07～2023.04
57	骈晓亮	七师中医医院医生	盱眙县人民医院医生	2021.07～2023.04

（十四）援兵团四师工作组

序号	姓　名	援疆工作单位及职务	援疆前工作单位及职务	援疆时间
1	顾爱平	援伊指挥部副总指挥，四师可克达拉市党委副书记、副师长	江苏省司法厅二级巡视员	2019.12～2023.04
2	张映桥	霍尔果斯经济开发区兵团分区管委会副主任	镇江市政府二级巡视员	2019.12～2023.04
3	潘　杰	四师可克达拉市党委组织部副部长	扬中市委常委、新坝镇党委书记	2019.12～2023.04
4	戚　研	霍尔果斯经济开发区兵团分区、管委会副主任	镇江市供销合作总社理事会副主任	2019.12～2023.04
5	朱巍巍	可克达拉市工业园区管委会副主任	镇江市委宣传部部务委员	2019.12～2023.04
6	杨　彦	四师可克达拉市纪委第二监督检查室主任	镇江市纪委监委党风政风监督室副主任	2019.12～2023.04
7	陈寿峰	四师可克达拉市科技局政策法规科科长	镇江市科学技术协会国际联络部部长	2019.12～2023.04
8	卢　进	四师可克达拉市社会保险事业管理局副局长	镇江市发展改革委农村经济处处长	2019.12～2023.04
9	曹　斐	四师可克达拉市财政局预算科副科长	江苏省丹徒经济开发区党群工作部部长	2019.12～2023.04
10	韩　峰	可克达拉市工业园区管委会自然资源与环保建设科专业技术人员	镇江市住房和城乡建设局一级主任科员	2019.12～2023.04（中期留任）
11	王华君	六十一团经济发展办公室主任	丹阳市医疗保障局局长	2019.12～2023.04
12	陈　凯	六十二团经济发展办公室副主任	丹阳市司徒镇社会事业局局长	2019.12～2023.04
13	陈　勇	六十三团经济发展办公室副主任	句容市下蜀镇副镇长	2019.12～2023.04
14	戴　裔	六十四团经济发展办公室副主任	句容市宝华镇副镇长	2019.12～2023.04
15	汤　振	六十六团经济发展办公室副主任	江苏省丹徒经济开发区党工委委员	2019.12～2023.04
16	康　建	六十七团经济发展办公室副主任	镇江生态汽车产业园管委会副主任	2019.12～2023.04
17	黄高伟	七十一团经济发展办公室副主任	扬中市医疗保险管理中心副主任	2019.12～2023.04

续表

序号	姓　名	援疆工作单位及职务	援疆前工作单位及职务	援疆时间
18	胡曦甸	七十二团经济发展办公室副主任	镇江新区行政审批局副局长	2019.12～2023.04
19	徐　鹏	七十三团经济发展办公室主任	镇江新区党工委政法委副科级干部	2019.12～2023.04
20	董荣骏	七十四团经济发展办公室副主任	镇江京口工业园区管委会副主任	2019.12～2023.04
21	吕　伟	七十五团党建工作办公室副主任	镇江市京口区谏壁街道办事处副主任、人武部部长	2019.12～2023.04
22	袁小鲁	七十六团财政所副所长	镇江市润州区官塘桥街道纪工委书记	2019.12～2023.04
23	凌　鑫	七十七团经济发展办公室副主任	镇江市润州区七里甸街道办事处主任	2019.12～2023.04
24	袁　进	七十九团党建工作办公室副主任	扬中经济开发区党工委委员、市科技创业服务中心主任	2019.12～2023.04
25	于　欣（女）	六十八团财政所工作干部	句容市财政局社会保障科副科长	2019.12～2023.05（中期留任）
26	周　政	六十九团经济发展办公室干部	镇江市润州区财政局干部	2019.12～2023.05（中期留任）
27	张仁君	七十团经济发展办公室干部	镇江市文化广电和旅游局宣传管理处处长	2019.12～2023.05（中期留任）
28	卞贻辉	七十八团经济发展办公室干部	镇江市公路管理处人武部部长	2019.12～2023.05（中期留任）
29	朱万喜	四师可克达拉市镇江高级中学校长	江苏省丹阳高级中学教师	2019.12～2021.07
30	张　鹏	四师可克达拉市镇江高级中学副校长	江苏省镇江中学附属初中校长	2019.12～2021.07
31	樊江峰	四师可克达拉市镇江高级中学教师	江苏省镇江第一中学教师	2019.12～2021.07
32	郝庆国	四师可克达拉市镇江高级中学教师	丹阳市吕叔湘中学教师	2019.12～2021.07
33	李红萍（女）	四师可克达拉市金山实验学校教师	镇江市润州区教育局干部	2019.12～2023.06（中期留任）
34	仇立春	四师医院副院长	镇江市中西医结合医院（市第二人民医院）医生	2019.12～2021.07（留任至退休）
35	朱华英（女）	四师医院医生	镇江市第四人民医院医生	2019.12～2021.07
36	陈　丽（女）	四师医院医生	扬中市人民医院医生	2019.12～2021.07
37	吉木森	四师医院医生	镇江市第一人民医院医生	2019.12～2021.07
38	游　涛	四师医院医生	江苏大学附属医院医生	2019.12～2021.07
39	张正平	四师可克达拉市镇江高级中学校长	镇江市江南学校副校长	2021.07～2023.06
40	常建军	四师可克达拉市镇江高级中学副校长	镇江市丹徒区教育局副局长	2021.07～2023.06

续表

序号	姓　名	援疆工作单位及职务	援疆前工作单位及职务	援疆时间
41	魏似月（女）	四师可克达拉市镇江高级中学教师	江苏省大港中学教师	2021.07 ～ 2023.06
42	蒋礼明	四师可克达拉市镇江高级中学教师	镇江市学府路小学教师	2021.07 ～ 2023.06
43	张文昭	四师医院副院长	镇江市中西医结合医院（市第二人民医院）医生	2021.07 ～ 2023.04
44	左亚敏（女）	四师医院医生	镇江市第一人民医院医生	2021.07 ～ 2023.04
45	颜　骏	四师医院医生	镇江市第一人民医院医生	2021.07 ～ 2023.04
46	张　华（女）	四师医院医生	丹阳市云阳人民医院医生	2021.07 ～ 2023.04
47	罗燕萍（女）	四师医院医生	江苏大学附属医院医生	2021.07 ～ 2023.04

二、援克州指挥部

序号	姓　名	援疆工作单位及职务	援疆前工作单位及职务	援疆时间
1	周伟文	援克指挥部党委书记、总指挥，克州党委副书记	江苏省民族宗教事务委员会副主任	2019.12 ～ 2023.04
2	王晓东	援克指挥部党委副书记、副总指挥，克州政府党组成员	宿迁市政府党组成员	2019.12 ～ 2023.04
3	张珍义	克州党委组织部副部长	江苏省委组织部干部四处四级调研员	2019.12 ～ 2023.04
4	陈　辉	克州党委宣传部副部长	江苏省委宣传部办公室四级调研员	2019.12 ～ 2023.04
5	李　班	克州发展改革委副主任	江苏省发展改革委经济体制改革处四级调研员	2019.12 ～ 2023.04
6	夏　金	克州财政局副局长	江苏省财政厅国库处副处长	2019.12 ～ 2023.04
7	毕　磊	克州卫生健康委副主任	江苏省卫生健康委中医医政处副处长	2019.12 ～ 2023.04
8	高建新	克州教育局副局长	江苏省教育国际交流服务中心副主任	2019.12 ～ 2023.04
9	袁长波	克州文化和旅游局副局长	江苏省文旅厅资源开发处四级调研员	2019.12 ～ 2023.04
10	张　晖	克州工业和信息化局副局长	江苏省工业和信息化厅技术创新处四级调研员	2019.12 ～ 2023.04
11	冯小忠	克州水利局副局长	江苏省水利工程建设局工务处（安全监督处）四级调研员	2019.12 ～ 2023.04
12	徐　威	克州农业农村局副局长	江苏省农业信息中心副主任	2019.12 ～ 2023.04
13	肖　屹	克州住房和城乡建设局副局长	江苏省住房和城乡建设厅住宅与房地产业促进中心副主任	2019.12 ～ 2023.04
14	徐　扬	克州党委机构编制委员会办公室行政机关科副科长	江苏省委机构编制委员会办公室机关绩效管理处二级主任科员	2019.12 ～ 2023.04

续表

序号	姓　名	援疆工作单位及职务	援疆前工作单位及职务	援疆时间
15	冷　洪	克州审计局局长助理、财政金融审计科科长	江苏省审计厅涉外审计处一级主任科员	2019.12 ～ 2021.07
16	宋端想	克州交通运输局局长助理、公路科科长	江苏省交通运输厅苏北航务管理处皂河船闸养护管理中心主任	2019.12 ～ 2023.04（中期留任）
17	孙维朕	克州博物馆馆长	南京旅游职业学院人文艺术学院教师	2019.12 ～ 2021.07
18	郭江峰	克州职业技术学院院长	江苏工程职业技术学院信息工程学院院长	2019.12 ～ 2023.06（中期留任）
19	宋宁宏	克州人民医院院长	江苏省人民医院医生	2019.12 ～ 2023.04（中期留任）
20	黄剑飞	克州人民医院副院长	南通大学附属医院医生	2019.12 ～ 2021.07
21	李全朋	克州人民医院医生	南京医科大学第二附属医院医生	2019.12 ～ 2021.07
22	王文明	克州人民医院医生	江苏省人民医院医生	2019.12 ～ 2021.07
23	朱敬华	克州人民医院医生	江苏省肿瘤医院医生	2019.12 ～ 2021.07
24	朱焕锋	克州人民医院医生	江苏省肿瘤医院医生	2019.12 ～ 2021.07
25	刘燕荣	克州人民医院医生	江苏省人民医院医生	2019.12 ～ 2021.07
26	肖庆龄	克州人民医院医生	江苏省中西医结合医院医生	2019.12 ～ 2021.07
27	邱小松	克州人民医院医生	徐州医科大学附属医院医生	2019.12 ～ 2021.07
28	李登峰	克州人民医院医生	徐州医科大学附属医院医生	2019.12 ～ 2021.07
29	陈一欢	克州人民医院医生	苏州大学附属第一医院医生	2019.12 ～ 2021.07
30	于嘉伟	克州人民医院医生	南通大学附属医院医生	2019.12 ～ 2021.07
31	李　剑	克州人民医院医生	南通大学附属医院医生	2019.12 ～ 2021.07
32	何　斌	克州人民医院医生	南京医科大学第二附属医院医生	2019.12 ～ 2021.07
33	朱晓军	克州人民医院医生	江苏省人民医院医生	2019.12 ～ 2021.07
34	朱敬荣	克州人民医院医生	江苏省中医院医生	2019.12 ～ 2021.07
35	肖卓韬	克州人民医院医生	苏州大学附属第一医院医生	2019.12 ～ 2021.07
36	李如英（女）	克州人民医院医生	江苏省中医院医生	2019.12 ～ 2021.07
37	张　曙	克州人民医院医生	南通大学附属医院医生	2019.12 ～ 2021.07
38	孙亚洲	克州人民医院医生	南京医科大学附属口腔医院医生	2019.12 ～ 2021.07
39	佘　琦	克州审计局专业技术人员	江苏省审计厅派出审计一处一级主任科员	2021.07 ～ 2023.04
40	张　漫	克州文化体育和旅游局专业技术人员	江苏省美术馆典藏部四级美术师	2021.07 ～ 2023.04
41	张海峰	克州人民医院副院长	南通大学附属医院医生	2021.07 ～ 2023.04
42	刘　波	克州人民医院医生	江苏省人民医院医生	2021.07 ～ 2023.04
43	许筱云（女）	克州人民医院医生	江苏省人民医院医生	2021.07 ～ 2023.04
44	严鹏伟	克州人民医院医生	江苏省肿瘤医院医生	2021.07 ～ 2023.04

续表

序号	姓　名	援疆工作单位及职务	援疆前工作单位及职务	援疆时间
45	周　芳（女）	克州人民医院医生	江苏省人民医院医生	2021.07～2023.04
46	陶永飞	克州人民医院医生	江苏省中西医结合医院医生	2021.07～2023.04（二次援疆）
47	朱晓娟（女）	克州人民医院医生	南京医科大学第二附属医院医生	2021.07～2023.04
48	卜　林	克州人民医院医生	徐州医科大学附属医院医生	2021.07～2023.04
49	焦　皓	克州人民医院医生	徐州医科大学附属医院医生	2021.07～2023.04
50	范红友	克州人民医院医生	苏州大学附属第一医院医生	2021.07～2023.04
51	顾长江	克州人民医院医生	南通大学附属医院医生	2021.07～2023.04
52	徐希德	克州人民医院医生	南通大学附属医院医生	2021.07～2023.04
53	吴岩峰	克州人民医院医生	南京医科大学第二附属医院医生	2021.07～2023.04
54	钱　云	克州人民医院医生	江苏省人民医院医生	2021.07～2023.04
55	李之华	克州人民医院医生	徐州医科大学附属医院医生	2021.07～2023.04
56	李　智	克州人民医院医生	苏州大学附属第一医院医生	2021.07～2023.04
57	王德钧	克州人民医院医生	江苏省中医院医生	2021.07～2023.04
58	杨　杰	克州人民医院医生	江苏省人民医院医生	2021.07～2023.04
59	钱　敏	克州人民医院医生	南京医科大学附属口腔医院医生	2021.07～2023.04

（一）援阿合奇县工作组

序号	姓　名	援疆工作单位及职务	援疆前工作单位及职务	援疆时间
1	张跃跃	阿合奇县委副书记	无锡市滨湖区副区长	2019.12～2023.04
2	李桂林	阿合奇县委常委、副县长	无锡市新吴区政府党组成员、无锡高新技术产业开发区党工委（新吴区委）机构编制委员会办公室主任	2019.12～2023.04
3	秦向军	阿合奇县委组织部副部长	无锡高新技术产业开发区党工委（新吴区委）组织部办公室主任	2019.12～2023.04
4	陈海威	阿合奇县发展改革委副主任	无锡市商务局流通发展处处长	2019.12～2023.04
5	华　勇	阿合奇县财政局副局长	无锡市财政预算审核中心行政科副科长	2019.12～2023.04
6	朱友群	阿合奇县住房和城乡建设局副局长	无锡市滨湖区人防办公室副主任	2019.12～2023.04
7	谈顺良	阿合奇县同心中学副校长	江苏省宜兴第一中学教师	2019.12～2023.06（中期留任）
8	顾文艳（女）	阿合奇县同心中学教师	江苏省太湖高级中学教师	2019.12～2021.07
9	莫祥云	阿合奇县同心中学教师	无锡市立人高级中学教师	2019.12～2021.07
10	黄爱奎	阿合奇县同心中学教师	江苏省太湖高级中学教师	2019.12～2021.07
11	陈　忠	阿合奇县同心中学教师	江苏省怀仁中学教师	2019.12～2021.07

续表

序号	姓　名	援疆工作单位及职务	援疆前工作单位及职务	援疆时间
12	谢志毅	阿合奇县人民医院院长	江南大学附属医院医生	2019.12 ～ 2023.04（中期留任）
13	邓圆圆	阿合奇县人民医院医生	江南大学附属医院医生	2019.12 ～ 2021.07
14	周　缤	阿合奇县人民医院医生	无锡市人民医院医生	2019.12 ～ 2021.07
15	赵克学	阿合奇县人民医院医生	无锡市中医医院医生	2019.12 ～ 2021.07
16	周　杰	阿合奇县人民医院医生	无锡市妇幼保健院医生	2019.12 ～ 2021.07
17	王昌林	阿合奇县人民医院医生	无锡市儿童医院医生	2019.12 ～ 2021.07
18	单　廷	阿合奇县人民医院医生	无锡市第二人民医院医生	2019.12 ～ 2021.07
19	蒋济平	阿合奇县同心中学教师	宜兴市丁蜀镇陶都中学教师	2021.07 ～ 2023.06
20	姚　亮	阿合奇县同心中学教师	宜兴市烟林中学教师	2021.07 ～ 2023.06
21	谷红桥	阿合奇县同心中学教师	宜兴市新建中学教师	2021.07 ～ 2023.06
22	李井俊	阿合奇县同心中学教师	宜兴市太华中学教师	2021.07 ～ 2023.06
23	胡　钢	阿合奇县人民医院医生	无锡市中医医院医生	2021.07 ～ 2023.04
24	张雷波	阿合奇县人民医院医生	无锡市第二人民医院医生	2021.07 ～ 2023.04
25	史建平	阿合奇县人民医院医生	江南大学附属医院医生	2021.07 ～ 2023.04
26	袁世强	阿合奇县人民医院医生	无锡市妇幼保健院医生	2021.07 ～ 2023.04
27	包　鸿	阿合奇县人民医院医生	无锡市儿童医院医生	2021.07 ～ 2023.04
28	张志强	阿合奇县人民医院医生	无锡市人民医院医生	2021.07 ～ 2023.04

（二）援乌恰县工作组

序号	姓　名	援疆工作单位及职务	援疆前工作单位及职务	援疆时间
1	韩　波	乌恰县委副书记	常州市天宁区委常委、宣传部部长	2019.12 ～ 2023.04
2	仲崇开	乌恰县委常委、副县长	常州市供销合作总社理事会副主任	2019.12 ～ 2023.04
3	朱建新	乌恰县委组织部副部长	溧阳市上兴镇党委组织委员	2019.12 ～ 2023.04
4	张　凯	乌恰县文化和旅游局副局长	常州市文化市场综合行政执法支队一大队大队长	2019.12 ～ 2023.04
5	陆铜新	乌恰县财政局副局长	常州市工业和信息化局先进制造业推进处（新兴产业处）处长	2019.12 ～ 2023.04
6	周建荣	乌恰县发展改革委副主任	常州市发展改革委能源处副处长	2019.12 ～ 2023.04
7	陈　志	乌恰县商务科技和工业信息化局副局长	常州市商务局水港口岸处副处长	2019.12 ～ 2023.04
8	商汉勇	乌恰县实验中学副校长	常州西藏民族中学副校长	2019.12 ～ 2023.06（中期留任）
9	谈小东	乌恰县实验中学教师	常州市滨江中学教师	2019.12 ～ 2021.07
10	陈　琦	乌恰县实验中学教师	常州市田家炳初级中学教师	2019.12 ～ 2021.07
11	冯伟华	乌恰县实验中学教师	常州市金坛区薛埠中学教师	2019.12 ～ 2021.07
12	陶志清	乌恰县实验中学教师	溧阳市戴埠初级中学教师	2019.12 ～ 2021.07

续表

序号	姓　名	援疆工作单位及职务	援疆前工作单位及职务	援疆时间
13	周　栋	乌恰县人民医院院长	常州市第二人民医院医生	2019.12～2023.04（中期留任）
14	李　霞（女）	乌恰县人民医院医生	常州市妇幼保健院医生	2019.12～2021.07
15	周　栋	乌恰县人民医院医生	常州市第三人民医院医生	2019.12～2021.07
16	丁　立	乌恰县人民医院医生	常州市儿童医院医生	2019.12～2021.07
17	蒋羽清	乌恰县人民医院医生	常州市第二人民医院医生	2019.12～2021.07
18	马　亮	乌恰县人民医院医生	常州市第一人民医院医生	2019.12～2021.07
19	张　寒	乌恰县实验中学教师	常州市武进区横林初级中学教师	2021.07～2023.06
20	管建峰	乌恰县实验中学教师	常州市新闸中学教师	2021.07～2023.06
21	严振宇	乌恰县实验中学教师	常州市新北区薛家中学教师	2021.07～2023.06
22	刘晓东	乌恰县实验中学教师	常州市东青实验学校教师	2021.07～2023.06
23	赵　翔	乌恰县人民医院医生	常州市妇幼保健院医生	2021.07～2023.04
24	王　浩	乌恰县人民医院医生	常州市第三人民医院医生	2021.07～2023.04
25	王涉洋	乌恰县人民医院医生	常州市儿童医院医生	2021.07～2023.04
26	王珂杰	乌恰县人民医院医生	常州市第一人民医院医生	2021.07～2023.04
27	黄　健	乌恰县人民医院医生	常州市第二人民医院医生	2021.07～2023.04

（三）援阿图什市工作组

序号	姓　名	援疆工作单位及职务	援疆前工作单位及职务	援疆时间
1	张　峰	阿图什市委副书记	昆山市副市长	2019.12～2023.04
2	岳　俊	阿图什市委常委、副市长	昆山市人力资源市场管委会主任	2019.12～2023.04
3	董　梁	阿图什市委组织部副部长	昆山市千灯镇党委副书记	2019.12～2023.04
4	陈五林	阿图什市审计局副局长	昆山市纪委纪检监察干部管理监督室主任	2019.12～2023.04
5	陆征东	阿图什市住房和城乡建设局副局长	昆山旅游度假区规划建设局副局长	2019.12～2023.04
6	朱喜华	阿图什市农业农村局副局长	昆山市锦溪镇副镇长	2019.12～2023.04
7	庄春龙	阿图什工业园区管委会副主任	昆山高新技术产业开发区社会事业局副局长	2019.12～2023.04
8	祝奇峰	阿图什市商务和工业信息化局副局长	昆山市陆家镇党委委员	2019.12～2023.04
9	宗怡如（女）	阿图什市育才学校教师	昆山经济技术开发区石予小学教师	2019.12～2021.07
10	王雪娟（女）	阿图什市育才学校教师	昆山市新镇中心小学教师	2019.12～2021.07

续表

序号	姓　名	援疆工作单位及职务	援疆前工作单位及职务	援 疆 时 间
11	李世民	阿图什市育才学校教师	昆山经济技术开发区中华园小学教师	2019.12 ～ 2021.07
12	王齐明（女）	阿图什市育才学校教师	昆山经济技术开发区青阳港学校教师	2019.12 ～ 2023.06（中期留任）
13	钱振强	阿图什市人民医院院长	昆山市精神卫生中心（昆山市巴城人民医院）医生	2019.12 ～ 2023.04（中期留任）
14	梁　俊	阿图什市人民医院医生	昆山市中医医院医生	2019.12 ～ 2021.07
15	郭小晶（女）	阿图什市人民医院医生	昆山市中医医院医生	2019.12 ～ 2021.07
16	金振宇	阿图什市人民医院医生	昆山市中医医院医生	2019.12 ～ 2021.07
17	周　沁（女）	阿图什市人民医院医生	昆山市第一人民医院医生	2019.12 ～ 2021.07
18	吴先庆	阿图什市人民医院医生	昆山市第六人民医院医生	2019.12 ～ 2021.07
19	王　铁	阿图什市人民医院医生	昆山市第三人民医院医生	2019.12 ～ 2023.04（中期留任）
20	赵　静（女）	阿图什市育才小学教师	昆山市玉山镇第一中心小学教师	2021.07 ～ 2023.06
21	邵春红（女）	阿图什市育才小学教师	昆山高新区吴淞江学校教师	2021.07 ～ 2023.06
22	赵晴晴	阿图什市育才小学教师	昆山开发区世茂蝶湖湾小学教师	2021.07 ～ 2023.06
23	黄　建	阿图什市人民医院医生	昆山市第一人民医院医生	2021.07 ～ 2023.04
24	张　燕（女）	阿图什市人民医院医生	昆山市中医医院医生	2021.07 ～ 2023.04
25	王云峰	阿图什市人民医院医生	昆山市第二人民医院医生	2021.07 ～ 2023.04
26	王恒杰	阿图什市人民医院医生	昆山市中医医院医生	2021.07 ～ 2023.04
27	黄　敏	阿图什市人民医院医生	昆山市第四人民医院医生	2021.07 ～ 2023.04

二、“援藏援疆万名教师支教计划”江苏援疆教师名录

（共1020人）

南京市（138人）

第一批（2018.09～2019.12）

高久勇、王再新、谷铁君、孙德春、张道龙、居晓锋、王亮、孙爽、刘宗富、王蕊（女）、范明荣（女）、马菊华（女）、王贵琴（女）、黄玲玲（女）、向莉（女）、张爱英（女）、陈兰兰

（女）、方敏（女）、江敏（女）、刘飞、岳开能、朱张虎、任宁生、仇学春、王强、蒯长春、徐永宝、葛浩浩、徐岩涛、谭雄、丁海峰、曹春宏、陈小青、夏淑冰、陈晶、张殿录、黄杰、张玉鹏、吕从军、袁孝松、赵以成、陈民飞、武晓瑞（女）、张丽红（女）、朱婷婷（女）、李祥宇、高玮玮（女）、俞萍（女）、宋贞文、张晓军、夏淑贤（女）、郭起文、王青（女）、丁晓勤（女）、甘正权、薛修忠、朱孟水、张君兵、戴守峰、倪德俊、郤家赋

第二批（2020.01～2021.06）

武晓瑞（女）、吴广岭、于荣山、沈科、李梅（女）、李丹、周信波、黄白生、周宏生、周广华、张烨、徐建权、龚剑、夏良云、杨建英（女）、王小叶、陈国文、顾宏健、耿若蕾（女）、孙爽、张殿录、朱萌萌（女）、李光宝、李玉文、岳开能、周宗惠（女）、傅兆兰（女）、陈胤、刘永芳（女）、王祥富、滕之国、顾璇（女）、于红平、赫友钧、赵晓蓉（女）、毛艳阁、焦洁（女）、凌聪志、戴娴静（女）、江敏（女）、周子艺（女）、王荣、张丽红（女）、尹凤英（女）、徐道梅（女）、宋贞文、俞萍（女）、张晓军、谢强龙、许秀华（女）、王青（女）、薛修忠、朱孟水、张志刚、艾伟、顾建武、沈娟（女）、李廷斌、傅业彪、蒋启军、马恩来、李松霞（女）、杭庆祥、余震、张朝斌、王海笑（女）、胡全、薛自绘（女）、邵红亮、孙石、陈灏苒（女）、张莉（女）、陈文忠、张睫、王丽君（女）、姚金根、孙长稳

无锡市（68人）

第一批（2018.09～2019.12）

黄钟铭、周建丰、陈柏林、陆古松、秦颂、尹耀清、寇瑛（女）、张鹏、倪志峰、周平芳（女）、张立活、朱凤娇（女）、刘侠、王勇、张斌、王德照、廖和平、耿建刚、杭国荣、周正阳、吴辉、周宁（女）、金杨建、尤维明、郑翠宏（女）、陆小锋、戴立平、沈柏清、曹飞、金飞

第二批（2020.01～2021.06）

袁观周、谢玉霞（女）、刘慧红（女）、吴东栋、何郁军、李恒、胡忠民、蔡新娟（女）、吴明、朱小红、杨纪平、王文光、王瑞光、叶敬丁、张静（女）、胡秀芹（女）、顾文勇、谭颖、黄贾红（女）、臧玉成、方刘法、周翊、夏明初、肖国龙、黄晶、薛剑、殷亮、高海燕（女）、万云飞、王晨、尹耀清、李井俊、钱永强、周永丰、缪文杰、周曙平、刘鹤、胡建东

徐州市（53人）

第一批（2018.09～2019.12）

季文炜（女）、刘卫、邓松峰、张士刚、朱怀远、胡继峰、陈芬芳（女）、沈艳（女）、朱元元、鲍亚永、陈学薇（女）、王跃、阚忠平、张春鹏、韩冬梅（女）、周文亭（女）、王丙来、

王广仁、吕艳芬（女）、张艳秀（女）、耿梦（女）

第二批（2020.01～2021.06）

胡长委、朱瑞华、张士刚、孙杰、张祥凤（女）、杜磊、魏衍鸿（女）、周文亭（女）、王丙来、张春鹏、吕艳芬（女）、张艳秀（女）、李心成、李玉可、卓磊、朱征、张伟、朱忠、陈法党、袁晓燕（女）、韩冬梅（女）、徐永想、庞海燕（女）、徐文君、周生雷、仲伟进、吴强、韩召慧（女）、姜丽娟（女）、李冀晖（女）、张吉峰、王静（女）

常州市（81人）

第一批（2018.09～2019.12）

贺庆华、刘新波、蒋宏伟、谭勇勇、周小克、周明强、朱巧凤（女）、陈军、张雪婷（女）、孙琰、孙晓菊（女）、沈国平、史小建、恽明、李继红（女）、吕海荣、张金怡（女）、李永新、虞国梁、娄丽（女）、刘亮、夏阿华、杨立兵、周球东、张楠（女）、陈淑娟（女）、吴军红（女）、张辉、胡春光、王维益、刘芬（女）、陆爱娣（女）、沈芸（女）、章丽卫（女）、王庆庆（女）、张志强、马发军

第二批（2020.01～2021.06）

盛红（女）、朱国华、张忠平、袁如标、霍尚荣、黄晓、周军、蒋亚州、孙春霞（女）、包亚松、戚高峰、徐傲林、潘红娟（女）、吴宏伟、严智广、许宏伟、毛敏利（女）、王宣艳（女）、陈晟、张刘越（女）、陈宇、陈昌荣、陈达、刘建龙、张海涛、虞国梁、史春雷、刘小卫、孔德忠、陈雨薇（女）、黄海波、纪梅（女）、严建伟、章丽卫（女）、颜小虎、郑建琴（女）、王成良、李永新、车红兵、孙立群、邓海波、曹锁庆、顾松乔、王明会

苏州市（170人）

第一批（2018.09～2019.12）

张凤良、姚敏娥（女）、张志刚、曹云颖（女）、任礼锁、高洁（女）、钱建国、孔燕（女）、陈欢、曹勇、吴国华、陆敏华（女）、管洪才、范俊、盛根龙、卞韧（女）、石冬明、钱蓓蕾（女）、朱婷婷（女）、陈陶曦、张明珠（女）、李建峰、邱显芬（女）、沈超杰、唐建良、王亚琴（女）、顾建荣、蔡林春、徐云花（女）、蒋惠兴、龚健、吴耀娟（女）、陆成、徐敏、王倩（女）、张晖萍（女）、仲崇恒、狄钧、裔晶晶（女）、庄剑峰、朱心如（女）、郁晓洁（女）、周晓（女）、周洪涌、刘燕（女）、王晶、徐锋、吴竺芯（女）、赵丹、周振兴、吴建华、杨柳（女）、谢晓刚、王春艳（女）、司建芳（女）、朱美红（女）、孙鹏、杜维林、陈晓红（女）、徐林泉、潘利洪、吉发荣、刘平、王惠敏（女）、王峰、沙夕岗、戴云飞、颜侠、王运帮、陆振

球、章超（女）、唐小伟、许竞文（女）、盛淳、刘振、仓立苏、杨周林、徐中昊、黄旭东、严西平、邵永刚、赵义德、孙亮、郑浩、徐传良

第二批（2020.01～2021.06）

李天友、陈冬、朱美红（女）、陈晓红（女）、蔡玲玉（女）、陶晓白、马驰英（女）、陆劲红、陈亚丽（女）、吴建军、卢振林、吴建华、刘琳栋、赵守忠、张小军、刘涛、戴家峰、颜侠、俞涛、刘海霞（女）、张贺、汪国强、朱成、俞孝勤、金豪、李丽（女）、陈琳（女）、贺志强、洪敏、张克州、林晨杰、洪涛、徐峰、陈丽雅（女）、张雪元、黄霞（女）、侯惠琴（女）、陶嘉颖（女）、顾文霞（女）、赵峥毅、王林雄、陈莉（女）、张瑞娟（女）、韩宝莉（女）、马永、丁品夷（女）、严晓芳（女）、丁建红、陆敏华（女）、管洪才、徐淑慧（女）、章翎、陈成、张治军、闻壹兵、鄢家其（女）、周燕萍（女）、朱林、顾明、张建中、孙海亮、吴小祥、董萍（女）、蔡佳骏、陈吴钢、李春红（女）、季懿、杨周林、陈小军、焦艳琴（女）、朱桂友、周萍（女）、盛丽丽（女）、王运帮、宋敏（女）、王庆军、张志宏、万苏淮、章超（女）、刘行、刘欣（女）、孔庆梅（女）、于文华、陆浩、严西平

南通市（77人）

第一批（2018.09～2019.12）

成晓红（女）、曹彬、刘勇、陈默吟（女）、钱勇、袁晓明、郭跃龙、瞿潇、江永祥、姜振山、葛德均、周学力、韦志燕（女）、陈海鹏、吴志华、彭剑平、朱宏辉、孙雯玮（女）、张弛、沈俊、徐训荣、王锦飞、侯志东、徐冬青（女）、许海燕（女）、肖锦、赵磊、沈振海、王云峰、史菁菁（女）、周杰、王旭（女）

第二批（2020.01～2021.06）

徐雅南（女）、葛蓓蓓（女）、包淑云（女）、周文军、蔡亚春、朱咏松、丁仁宏、许丽勇、宣小东、王鹏鹏、张健、顾卫星、陈小明、王如滨（女）、张利芹（女）、丁雪梅（女）、钱小聪、周明玉、徐海云（女）、王爱美（女）、龚志烽、江银宝、许永琴（女）、陈宝荣、曾建良、张玉新、王惠娟（女）、陈凯、黄兵、袁飞（女）、薛春健、顾铁军、何凌（女）、冯建兵、王洪达、郭江峰、肖锦、胡娜（女）、苏荣胜、张其斐、杨兵、陈华娣（女）、俞海兵、徐冬青（女）、沙书俊

连云港市（70人）

第一批（2018.09～2019.12）

李锦东、金培训、吴志标、李振庭、仲崇霓、王荣清、郝园园、李静文（女）、王娜

（女）、陈长华、陈小东、刘荣金、侍守怀、周爱霞（女）、李海洋、孙户、王英（女）、高智、葛金娟（女）、颜超、程松、颜廷好、蒋伟、董甲文、孙小战、徐锐、王顺利、孙克照、汪建、韩颖（女）、郭军盈、王芹（女）、刘玉石

第二批（2020.01～2021.06）

高智、陈浩、程桂兵、颜倩（女）、丁长岭、葛金娟（女）、郑晋、孙洋、王建厅、孙户、徐国华、李锦东、冯兰、田文习、陆应军、顾正海、颜廷好、张作同、陈云通、王庆、李立飞、陈书兰（女）、程松、张维明、张昕、阚兴局、牟琴（女）、孙克壮、秦泗娥（女）、陶炜（女）、孙小战、孙克照、武选民、仝彩霞（女）、魏增余、张宁（女）、李祥瑞

淮安市（69人）

第一批（2018.09～2019.12）

葛宏姑（女）、薛仕扣、杨进科、于从飞、董军、高峰、吴永涛、谈雅皓、周爱国、朱金明、卢进忠、潘菊茹（女）、高中淮、韩旸、赵月红（女）、刘青（女）、张保健、郭付伟、徐成国、周晓芳（女）、张银玖、冯春、蒋宏伟、丁健、王守林、沙国民、王成、王大力、董彦强、丁向云

第二批（2020.01～2021.06）

李洪海、朱林、吴永涛、余美霞（女）、沙国民、杜秀芹（女）、房明珍（女）、赵建久、王锐、张群（女）、彭晓魁、袁爱华（女）、杨海龙、吴金玉、郑笑金、王卫军、黄军、徐立、吕华、江相成、王成东、孙松宝、余志亮、陆德超、仇应俊、庞卫华（女）、沈兵、张敏、武抗美、魏卓林（女）、王玉波、曹东升、朱海霞（女）、万克刚、段荣（女）、杜飞、邓利群（女）、程海英（女）、姚娴（女）

盐城市（78人）

第一批（2018.09～2019.12）

崇庆中、纪成银、路璐（女）、丁建华、刘亚洲、孙虎光、殷德旺、陈海东、万春花（女）、刘勇、尤西松、祁文成、刘春兴、胡华、何平、徐成会（女）、张方勇、王旭峰、王辉、荀彬、缪中元、徐广标、李艳艳（女）、王成、顾寒（女）、孙伟伟、禹海燕（女）、曹恒斌

第二批（2020.01～2021.06）

张方勇、刘春兴、倪玉玲（女）、林景华、李中、管海雷、黄育明、李祥、杨华、丁建国、李春、李洪林、萧艳慧（女）、戴训江、李兴文、朱瓦梅（女）、孙吕山、蔡红军、殷红（女）、唐丽秀（女）、高留标、郑小林、杨美兰（女）、朱卫峰、朱会兰（女）、纪成银、黄健、朱玉

萍（女）、吴剑华、荀卫东、顾成红（女）、谭中良、沈剑峰、王余扣、程竹鑫、王雪琴（女）、荀彬、徐广标、张峰、李翠梅（女）、陈义劲、王卫霞（女）、程爱国、秦香莲（女）、王进云（女）、程坤、胡红（女）、曹恒斌、马坤、孙建红

扬州市（46人）

第一批（2018.09～2019.12）

焦明（女）、张金国、戴秀琴（女）、周士兵、刘武、吴文、许霞（女）、张德胜、谢蜀苏（女）、潘生国、张永根、陈青（女）、吴加瑞、万明海、张春美、朱清勇、张礼兰（女）、史荟敏（女）、李宏文、陈桂生、张清

第二批（2020.01～2021.06）

郭永伟、王洪珠、李锋、蔺红帅、杜稼锋、许超、张德胜、张金国、高雪（女）、杨宝权、胡步云、赵春雷、王琴（女）、乔华生、王加兵、李国巍、张春美、刘军、童瑞平、吴涛（女）、陆汉俊、徐瑞芳（女）、卢正荣、潘久芳（女）、戴秀琴（女）

镇江市（80人）

第一批（2018.09～2019.12）

王龙和、王擘、张彩军、卢威、毕国辉（女）、田春军、朱万喜、郑新蓓（女）、姚玉辉（女）、汪勇建、蔡晓伟、苏士勇、张亮、沈晓蜜、高芳（女）、陈正喜、卜春蕾（女）、王海棠（女）、陶炎、徐有勇、张彩萍（女）、肖促进、郭宏林、陈芷卿（女）、吴启虎、樊江峰、李明（女）、张鹏、程志军、张元凤

第二批（2020.01～2021.06）

朱万喜、郑新蓓（女）、王龙和、王擘、姚玉辉（女）、汪勇建、蔡晓伟、高芳（女）、陈正喜、肖促进、郭宏林、陈芷卿（女）、樊江峰、李明（女）、张鹏、张元凤、姚海燕（女）、张兆伟、吕忠波、魏似月（女）、何平、庞国庄、戴文通、谢宏庆（女）、徐玉梅（女）、范爱燕（女）、卞勇卫、姚恒林、郭龙辉、戴晓龙、施爱萍（女）、郝庆国、钱太龙、汪燕（女）、梅双丹、常建军、李红萍（女）、徐云芳（女）、高苏青、汤四海、周星月（女）、陈建中、陈娇（女）、胡斌、赵娟（女）、陆元军、陶明义、孟富林、曹金平、宋国衡

泰州市（40人）

第一批（2018.09～2019.12）

于仕兵、高云、唐康、刘琳（女）、夏春花（女）、徐章英（女）、梅勇、朱艳（女）、严

荣、谭义专、陈彩云（女）、徐斌礼、杨进山、房进权、李海燕（女）、黄晨、严益明、严红梅（女）

第二批（2020.01～2021.06）

谭义专、徐敏华、孙明、杨金宝、俞连山、杨进山、朱连喜、翟丽丽（女）、陆汇、杨春兰（女）、杨月英（女）、叶玉虎、沈中健（女）、时浩、陈奎、陆奕、吴建芳（女）、张艳（女）、陈翠生、张德旺、游海霞（女）、刘娜（女）

宿迁市（50人）

第一批（2018.09～2019.12）

张勇、陆裕军、高玉霞（女）、孙静涛、胡茂成、沈雷、刘岳、庄伏伟、鲁瑞梅（女）、杨启彦、李金飞、王乃江、力维娟（女）、丁厚云、周立宇、潘利、魏璞、左传宏、杨秀娟（女）、戚旭、孙长征、鲍思晓（女）、孙萌昌、严增光、赵宝彬

第二批（2020.01～2021.06）

孙肖云（女）、曾荣（女）、徐友生、丁厚云、吴中艳、沈继业、蔡月季（女）、胡振永、刘长江、许尔利、葛志国、姜林、朱百顺、朱海军、薛传岭、袁振宇、李中芳（女）、石修伟、倪礼山、程维平、张士和、董波林、王芳（女）、陈素花（女）、司立崇

三、江苏省“组团式”援疆教育人才名录

（共366人）

（2021.10～2023.06）

南京市（57人）

陈伟荣、陈雅雯（女）、韦旭东、王文帅、孔建河、汤益明、谷兆阳、史保恒、江玉丽（女）、王军、丁邦琴（女）、丁兆清（女）、李小满、张敏（女）、吴时泰、单绍锦、魏滨、魏春华、冯昕、胡军庭、陈爱霞（女）、赵义、芮桃明、古淑强、朱德浩、王灿田、周红（女）、亓秀芸（女）、夏琪、曹孝琪、章菊芳（女）、张仁进、陶光芒、卢云（女）、张军侠（女）、季学平、金健、卜艳萍（女）、凌亚东（女）、邵六成、孙西洋、王健、徐萍（女）、芮琼、王梦思（女）、李廷斌、眭进宁、侯义良、王从文、何应海、孙兴林、贾贝琴（女）、徐明、许林军、吴云飞、沈娟（女）、张生琴（女）

无锡市（31人）

周辉、颜科（女）、沈勤（女）、郑东升、龚青龙、汤洪伟、徐峰、沈颖（女）、骆璐昳（女）、王佳珮（女）、朱凤娇（女）、胡秀芹（女）、刘国平、顾文勇、廖和平、顾元新、庄会波、陈义、张复涛、俞学凤（女）、钱引强（女）、魏国荣、汪立华（女）、张秋文、张小红（女）、钱铭、杨贤文（女）、曹文卫、张睛睛（女）、陈少华、赵乔（女）

徐州市（12人）

朱瑞华、师忠文、刘爱华（女）、王学桂、孙杰、魏建侠（女）、郭兴林、杨文娟（女）、袁晓燕（女）、马世美（女）、杨东、李亚

常州市（25人）

芮学锋、冯须林、李红（女）、陈常英（女）、朱卫春、刘润军、杨宽、蒋涛、黄永胜、张捷、狄建忠、颜晓平、贾顺义、张爱娟（女）、葛吉兵、贾秋萍（女）、蒋军、殷建亮、刘俊俏（女）、邹浩芳、冯明元、吴明强、冷玥（女）、王咏皓、陈冬梅（女）

苏州市（47人）

侯为民、欧阳兴、周月芳（女）、陈霞（女）、王晓炜、焦艳琴（女）、程仕然、杨春艳（女）、周军、高雪森、郭德胜、鲜明、杨晨洁（女）、何玲（女）、张美玲（女）、朱惠忠、王益军、杨霈、吉发荣、严西平、杨红（女）、杜昱玮（女）、周武伟、牛波、王志、任进山、史银根、江水、向东、苏兆炜、杨德艳（女）、颜侠、谢晓刚、俞涛、夏秀高、薛惊涛、高长明、卢维中、陶叶红（女）、饶燕（女）、曹琼（女）、刘春明、柏秀红、孙庚贤、夏中伟、李天友、张克州

南通市（32人）

张鹏、邵汉华、夏丽（女）、顾峰、于海红（女）、严兵、刘拥军、邵晓慧（女）、苏小东、周学军、盛冬新、许金华、周玥（女）、王飞、王太和、梅媛（女）、丁琴香（女）、王爱美（女）、张淑蓉（女）、张玉新、季爱云（女）、刘超（女）、刘东明、王旭（女）、冯金露、徐红（女）、王玉春、吉萍（女）、李英（女）、瞿建新、邱训娟（女）、徐磊

连云港市（21人）

俞燕（女）、陈启高、刘恒英（女）、韩弢、孙克照、王树龙、周进、张庭善、刘仙（女）、

王子源、惠川、闫敏伦、曹海燕（女）、汪建、陈恒水、王芳（女）、杜晓东、徐进扬、申亮、陈建国、蒋龙洋

淮安市（22人）

臧杭飞、周翠云（女）、李晓燕（女）、杨波、朱毅杰、张成龙、徐乃文、王小冬、王武中、李丽（女）、陈仕军、王海燕（女）、吉海山、曹小红（女）、董长春、李实洋、江天宇（女）、顾晓雪（女）、杨文兵、张哲（女）、孙传虎、戴静雅（女）

盐城市（26人）

袁春、洪立云（女）、陈亚琴（女）、万晓芳（女）、朱玉萍（女）、朱纪勇、董月萍（女）、周晓琴（女）、陈晓兵、许永祥、蒋欢（女）、祁德俊、孟永明、俞大奎、蒋凤英（女）、王竞进、徐锦龙、朱红灯、罗凌云（女）、陈建华（女）、陈坤、蔡卫国、李默、戴卫东、王余扣、孟俊

扬州市（18人）

孙文蔚、嵇庆法、吕飞、贾东承、王秀梅（女）、李小恩、于淼、汤汉明、成际宝、康成林、卫恩宝、张春来、朱志宏、朱大林、时顺元、刘德阳、郭一宁、周英（女）

镇江市（31人）

张正平、陈秀凤（女）、汤仁欢（女）、魏似月（女）、王权之、杨拥军、张方来、戴晓龙、严龙梅（女）、邓卫忠、姚恒林、王广剑、吴智辉、刘剑、马殷春（女）、王翔、徐剑、贾文芬（女）、崔艳（女）、高正祥、潘金城、蒋礼明、徐军、陈建中、常建军、徐云芳（女）、杨桃花（女）、高苏青、陈雯（女）、李红萍（女）、殷军荣

泰州市（28人）

周宇红（女）、李明、周建云（女）、严金洪、徐品（女）、杨红军、王友萍（女）、姜南（女）、陈宇、蒋金娟（女）、周成勇、陈霞芬（女）、崔绍彬、唐秋、张世欣、张爱桃、许穆、张桂萍（女）、许小莹（女）、许菁（女）、刘恒付、李敏（女）、唐章宏、王彩林、徐迟、戴爱国、蒋晓琪（女）、钱小雨（女）

宿迁市（16人）

冯娟（女）、方波、许峰、谷绍建、黄宏刚、高宗信、程维平、陈克刚、葛志国、石修伟、许鹏、马俐（女）、张爱飞、张士和、叶丰、葛健

四、全国脱贫攻坚先进集体及个人

2021年2月25日，全国脱贫攻坚总结表彰大会在北京举行，江苏4个援疆集体和3名援疆人才受到表彰。

全国脱贫攻坚先进集体

昆山市对口支援新疆阿图什市前方工作组

南通市对口支援新疆伊宁县工作组

连云港市对口支援新疆霍尔果斯口岸前方工作组

盐城市对口支援新疆察布查尔锡伯自治县工作组

全国脱贫攻坚先进个人

路　璐（女） 伊犁哈萨克自治州察布查尔锡伯自治县高级中学语文教研组组长（挂职），盐城景山中学语文教师

臧　豹 新疆生产建设兵团第七师医院副院长（挂职），南京医科大学附属淮安第一医院胸外科教学主任

颜忠元 伊犁哈萨克自治州霍城县江苏中学副校长（挂职），江苏省江阴高级中学教务处副主任

五、全省脱贫攻坚暨对口帮扶支援合作先进集体及个人

2021年10月31日，江苏省委、省政府发布《关于表彰全省脱贫攻坚暨对口帮扶支援合作先进集体和先进个人的决定》，对全省脱贫攻坚和对口帮扶支援合作先进集体和先进个人进行表彰。其中，11个江苏援疆集体获“全省脱贫攻坚暨对口帮扶支援合作先进集体”称号，44名江苏援疆干部人才获“全省脱贫攻坚暨对口帮扶支援合作先进个人”称号。

全省脱贫攻坚暨对口帮扶支援合作先进集体

江苏省对口支援新疆伊犁州前方指挥部

江苏省对口支援新疆克州前方指挥部

南京医科大学第一附属医院（江苏省人民医院）“组团式”援疆医疗队

南京市对口支援新疆工作前方指挥组

南京市江宁区对口支援特克斯县前方指挥组

江阴市对口支援新疆霍城县前方工作组

无锡市对口支援新疆克州阿合奇县前方工作组

徐州市对口支援新疆奎屯市工作组

昆山市对口支援新疆阿图什市前方工作组医疗队

淮安市对口支援新疆生产建设兵团第七师前方工作组

镇江市对口支援新疆生产建设兵团第四师前方指挥组

全省脱贫攻坚暨对口帮扶支援合作先进个人

丁　强　江苏省对口支援新疆克州前方指挥部组团医疗组原组长，新疆克州人民医院党委原副书记、院长（挂职），南京医科大学党委常委、副校长

马　迎　江苏省对口支援新疆克州前方指挥部干部人才组原成员、党办副主任、机关工勤委员，新疆克州党委党校副校长（挂职），中共江苏省委党校教务处副处长、三级调研员

马培伟　江苏省对口支援新疆伊犁州前方指挥部干部人才组组长，新疆伊犁州党委组织部副部长（挂职），中共江苏省委组织部组织三处副处长

冯小忠　江苏省对口支援新疆克州前方指挥部乡村振兴组组长，新疆克州水利局党组成员、副局长（挂职），江苏省水利工程建设局工务处（安全监督处）四级调研员

刘济生　新疆克州人民医院原常务副院长（挂职），苏州大学附属第一医院党委副书记、院长

杨正超　江苏对口支援新疆克州前方指挥部规划建设组原副组长，新疆克州住建局原党组成员、副局长（挂职），江苏省政务服务管理办公室公共资源交易管理处副处长、三级调研员

罗明强　新疆生产建设兵团监狱管理局政治部副主任（挂职），江苏省盐城监狱党委书记、监狱长

唐佳根　江苏省对口支援新疆克州前方指挥部办公室原副主任、机关党委副书记，

新疆克州纪委原副书记（挂职），江苏省政协办公厅老干部处处长

曹　阳　江苏省对口支援新疆克州指挥部机关党委原纪委书记、工程项目组党支部书记，新疆克州财政局原党组成员、副局长（挂职），江苏省地方金融监管局地方金融监管二处处长

鲍　军　新疆伊犁州卫生计生委原党组成员、副主任（挂职），江苏省肿瘤医院党委副书记、院长

张昭志　新疆特克斯县发展和改革委员会副主任（挂职），南京市江宁区发展和改革委员会综合改革科科长

郑晓明　中共伊宁市委副书记（挂职），中共南京市浦口区委常委

徐卓文　新疆霍城县江苏医院内一科原副主任（挂职），江阴市人民医院心内科副主任医师

谢志毅　新疆阿合奇县人民医院院长（挂职），江南大学附属医院行风办副主任

张伶芝（女）　新疆奎屯市妇幼保健院原副院长（挂职），徐州市第一人民医院医生

张　磊　中共奎屯市委副书记（挂职），中共沛县县委常委

陈　瑞　中共奎屯市委办公室副主任（挂职），沛县市场监管局党委委员、四级主办

季培琛　新疆奎屯市卫生和计划生育委员会党组原成员、副主任（挂职），徐州市卫生健康委员会规划发展和信息化处处长

周忠运　新疆奎屯市商务局原副局长（挂职），徐州市工业和信息化局办公室副主任

胡廷海　中共奎屯市委组织部副部长（挂职），中共徐州市委组织部机关党委副书记、一级主任科员

徐治国　中共尼勒克县委副书记（挂职），常州市武进区政府副区长

商汉勇　新疆乌恰县实验中学副校长（挂职），常州西藏民族中学副校长

陆征东　昆山市对口支援新疆阿图什市前方工作组组员，新疆阿图什市住建局副局长（挂职），昆山旅游度假区规划建设局副局长

陆德峰　张家港市对口支援新疆伊犁州巩留县工作组组长，新疆巩留县委副书记（挂职），张家港市委常委

温　韬　苏州市对口支援新疆霍尔果斯口岸前方工作组组员，新疆霍尔果斯经济开发区财政局副局长（挂职），苏州工业园区财政审计局财经审计处副主任科员

李小飞　新疆伊宁县人民医院副院长，县中医医院内三科主任、医务科主任（挂

职），如皋市中医院医务科副科长、内镜室主任，如皋市第三人民医院副院长

张　华　南通市对口支援新疆伊宁县前方工作组组长，中共伊宁县委副书记（挂职），南通市文化广电和旅游局党组成员、副局长

卢　云（女）　新疆霍尔果斯市人民医院原副院长（挂职），连云港市妇幼保健院党委委员、副院长

林　东　新疆伊犁州霍尔果斯经济开发区发展改革和经济促进局副局长（挂职），连云港市发展和改革委员会正科职干部

黄继超　新疆霍尔果斯市人民医院副院长（挂职），连云港市第二人民医院肝胆外科主任医师

颜　杰　新疆霍尔果斯市教育科技局原副局长（挂职），连云港外国语学校党委委员、副校长

黄沛江　淮安市对口支援新疆生产建设兵团第七师前方工作组副组长，淮安市淮安区政府副区长

高明荣　盐城市援疆工作组组长，新疆察布查尔县委副书记（挂职），滨海县委常委

董　建　新疆察布查尔县住建局原副局长（挂职），盐城市盐都区中小企业园服务中心主任

杜稼锋　新疆新源县教育局原党委委员、副局长（挂职），扬州市政府教育督导室办公室主任

孟德和　扬州市对口支援新源县前方指挥组原党委书记、组长，新疆新源县委原副书记（挂职），中共扬州市邗江区委副书记

韩志新　扬州市对口支援新源县前方指挥组干部人才处处长，新疆新源县委组织部副部长（挂职），高邮市委组织员、高邮市委组织部干部培训办公室主任

阚海茵　扬州市对口支援新源县前方指挥组干部人才处原处长，新疆新源县委组织部原副部长（挂职），扬州市人力资源和社会保障局组织人事处处长

王　华　生前任镇江市援疆工作组副组长（挂职），句容市政府副市长

张　永　新疆生产建设兵团第四师可克达拉市人力资源和社会保障局原副局长、69团原副团长（挂职），镇江技师学院副院长

张　鹏　新疆可克达拉市镇江高级中学原纪委书记、副校长（挂职），镇江市教育局正科职干部

李建民　新疆昭苏县人民医院原副院长（挂职），泰州市人民医院导管室副主任

夏朝云　新疆昭苏县委常委、副县长（挂职），泰州市发展和改革委员会党组成员、副主任

梅国华　新疆昭苏县委组织部副部长、昭苏县旅游发展投资有限公司总经理（挂职），泰州市委组织部综合干部处副处长、宣传信息中心主任

冰山之父——慕士塔格峰（陈辉／摄）

编纂始末

寒来暑往，历经六载，在省委、省政府高度重视和省政府办公厅指导推动下，在省各有关部门、相关设区市政府，省对口支援新疆伊犁州、克州前方指挥部和各前方工作组等大力支持下，在具体参与编纂工作的两百余位同志共同努力下，由省地方志办公室组织编纂的《江苏省对口支援新疆建设志》终于付梓。

事非经过不知难。此书编纂，九易其稿，反复审读修改40余次，参阅资料2000余万字，抽丝剥茧，披沙沥金，倾注了修志人员大量心血。这是一部抢时间“拼出来”的书，更是一部抓质量“磨出来”的书。编纂过程主要经历以下4个阶段：

一、组织发动阶段（2017年8月至2017年11月）

为全面、真实记录我省20余年来援藏援疆工作历程和支援成果，省地方志办公室向省委、省政府建议，编纂江苏援藏援疆建设志（含《江苏省对口支援西藏建设志》《江苏省对口支援新疆建设志》）。2017年8月，时任省委书记李强作出批示，同意编纂。时任省委副书记、常务副省长黄莉新亲自审定编纂工作方案。9月，省政府办公厅印发《江苏援藏援疆建设志编纂工作方案》，成立编纂委员会，设编辑室于省地方志办公室，具体负责资料征集和编写工作（省地方志办公室省志编纂处具体负责业务管理与指导）。11

2017年11月8日，省政府在南京召开江苏援藏援疆建设志编纂工作会议

月8日，省政府在南京召开江苏援藏援疆建设志编纂工作会议，对开展编纂工作进行部署，省各有关部门、相关设区市政府分管领导及省对口支援西藏、新疆前方指挥部分管负责人120余人参加会议。会后，有关各方专题安排部署，成立领导小组，制定编纂方案，组建编纂队伍，部署编纂工作。江苏援藏援疆建设志编纂工作全面启动。

二、资料收集阶段（2017年11月至2019年12月）

为了统筹推进修志工作，省地方志办公室拟定篇目大纲，编印指导手册，为志书编纂提供规范和标准，并分别在新疆伊犁州、克州和南京举办对接交流和业务培训会。编纂委员会各成员单位认真履行职责，主动部署资料收集工作。全省有援建任务的设区市和有关县（市、区）政府召开编纂工作会议，成立编纂工作机构，构建工作网络。援伊、援克指挥部召开编纂工作动员会，明确分管领导和具体负责人。由于江苏援疆时间跨度长、涉及地域和部门多，资料征集难度大，2018年10月30日，省政府办公厅召开编纂工作推进会，督促各有关地区、部门加快工作进度。至2019年12月底，形成部分资料长编初稿。

三、初稿撰写阶段（2020年2月至2020年6月）

为加快编纂进度，尽快形成初稿，2020年2月，省地方志办公室成立以左健伟（省地方志办公室党组书记、主任）为主任，陈华（省地方志办公室党组成员、副主任）、方亚光（援藏援疆志编纂工作启动时为省地方志办公室党组成员、副主任，具体负责志书编纂工作。2019年12月退休）为副主任的江苏援藏援疆建设志编辑室，以项目组方式开展编纂工作。成员有：严晓明（省志编纂处二级调研员）、黄静（省志编纂处二级调研员）、宫冠丽（机关党委专职副书记）、李文（省志编纂处副处长）、朱莉萍（省志编纂处四级调研员）、王魁诗（研究室〈信息处〉副主任〈副处长〉）、焦寨军（市县指导处四

2021年7月12日，省政府办公厅在伊犁州召开《江苏省对口支援新疆建设志》编纂工作会议

级调研员)、刘猛(省志编纂处一级主任科员)、郭传良(省志编纂处一级主任科员)、凌柳凤(省志编纂处一级主任科员)、祝海亮(研究室〈信息处〉二级主任科员)、高红强(秘书处三级主任科员)、陈晓婧(江苏年鉴杂志社七级职员)、朱崇飞(省方志馆七级职员)、朱振鑫(省方志馆七级职员)、袁崇德(退休聘用人员,2018年11月至2021年2月聘用)、储兆君(退休聘用人员,2018年11月至2021年2月聘用)。

项目组成员分工协作、各司其职。左健伟全面负责志书编纂工作,陈华负责统筹协调和全书总纂统稿。严晓明、朱崇飞负责撰写综述,黄静负责撰写组织领导,朱莉萍、王魁诗负责撰写民生援建,朱崇飞、朱振鑫负责撰写产业援建,宫冠丽、朱崇飞、刘猛、袁崇德负责撰写智力援助,陈晓婧、焦寨军负责撰写市县对口支援,高红强、凌柳凤负责援疆人物资料收集整理核实,宫冠丽负责大事记收集整理,凌柳凤负责2020～2023年援疆纪事收集整理。2020年10月后,增加张一哲(2020年10月入职省方志馆)、付阿敏(2020年10月入职省方志馆)、陆叶青(2021年1月入职省方志馆)、金嫣然(2020年10月入职省方志馆,2022年8月调离),负责编务与志稿校核工作。

按照志书编纂工作流程,项目组每周召开分析调度会,检查编纂进度,点评稿件质量,分析存在问题,完善撰写思路。为缩短编纂周期,保证编纂质量,避免走弯路,抢出初稿,项目组采取边补充资料、边撰写初稿、边总纂统稿、边审核修改的"流水作业+同步推进"工作方法,取得较好效果。2020年4月底,完成20余万字援藏志初稿;6月底,60余万字(含少量链接和图片)的援疆志初稿也告完成。

四、修改完善阶段(2020年7月至2023年8月)

为进一步补充资料、完善内容,提高志书质量,项目组从2020年7月起至2023年

2021年7月17日,省政府办公厅在克州召开《江苏省对口支援新疆建设志》编纂工作会议

8月定稿，按照专家审稿、总纂统稿、征求意见等步骤对志稿进行修改完善，每一稿修改重点，包括资料核实补充、文字润色、行文规范及内容表述准确等。

2020年7月3日，省地方志办公室在南京召开编纂工作会议，向相关设区市、县（市、区）地方志工作机构安排资料核实补充工作。8月3日，省政府办公厅召开省各有关部门和省对口支援伊犁州、克州前方指挥部编纂工作联系人会议，部署资料核实补充工作。9月22～29日，项目组派出8人，8天行程数千公里，先后至伊犁州、克州实地核实项目资料，并到伊犁州档案馆、伊犁日报社、克孜勒苏日报社查询档案和报纸资料，调研走访援建项目40余个，收集资料500余份60余万字。在吸收各方面意见建议和补充资料的基础上，2021年1月、3月，项目组先后两次组织集中封闭修改，于4月初形成46万字第二稿（不含链接、图片）。此稿由省地方志办公室发至17个支援市、县（市、区）征求意见、核实补充资料，省政府办公厅也向援伊、援克指挥部和省有关部门、单位发函征求意见。与此同时，对志稿进行内审（项目组自审）、外审（专家审稿）。根据各方反馈意见及内审、外审发现的问题，项目组加班加点修改完善志稿，于7月初形成130万字第三稿（含链接，不含图片），再次征求援伊、援克指挥部和各工作组意见，并送出版社一审。同时，组织项目组和专家对志稿进行审读修改。

2021年7月12～21日，项目组一行7人再次赴疆，在伊犁州、克州召开援疆志编纂工作会议，就志稿存在的史实不准确、项目不全面、内容不完整及数据不一致等方面问题，与指挥部和各工作组具体负责援疆志资料工作的同志进行沟通。此轮修改重点是，根据经审计后的历年援伊项目表，修改援疆项目表格数据，重新撰写部分民生援助内容。经2个多月统稿修改，9月初形成136万字第四稿（含图片590幅及链接）。此稿主要征求历批援疆总指挥（总召集人、总领队）、工作组组长意见，丁大卫、何祖大、陈斌、俞明、于青山、潘道津等援疆干部提出了宝贵意见建议，帮助增补了部分珍贵图片。同时，继续对志稿进行内审、外审，并送出版社二审。

2021年10月，根据各方反馈意见，再次进行统稿，重点是消除硬伤、统一表述、解决疑问、补充图片（主要是各工作组历批援疆干部人才合影）。此外，项目组到11个江苏新疆班所在学校召开座谈会，核实补充资料，这对完善志书内容起到很大作用。2022年3月，项目组再次集中修改。至4月，形成150万字第五稿（含图片880幅及链接）。省政府办公厅组织援伊、援克指挥部和援疆工作组，省纪委监委、省委组织部、省委宣传部、省发展改革委、省教育厅、省科技厅、省财政厅、省交通厅、省卫生健康委、省国家保密局等有关部门、单位对志稿进行审核。同时，省地方志办公室邀请部分援疆干部对志稿进行评议，再次组织内审、外审，送出版社三审。

2022年6月16日，省地方志办公室在南京召开评议会。原首批援疆干部总召集人，无锡市人大常委会原副主任、党组书记丁大卫，第四批援疆干部总领队、南京市政协原副主席俞明，第七批对口支援伊犁州干部、省退役军人事务厅移交安置处处长王天明，第九批对口支援伊犁州指挥部总指挥、盐城市政协副主席潘道津，第九批对口支援伊犁州干部、西康宾馆总经理朱海啸，第九批对口支援克州干部、省财政厅资产管理处处长臧玉淼等参加评议会。大家高度肯定编纂援疆志的意义和志稿质量，提出一些宝贵意见建议。第二批援疆干部总召集人何祖大，第三批援疆干部总领队陈斌，第七、八批对口支援伊犁州干部袁焕明，第八批对口支援克州干部汤和银，第七批对口支援克州干部曹阳提供了书面意见。同时，组织有关市、县（市、区）地方志工作机构对志稿内容进行核实，项目组继续对志稿进行内审、外审。8月4日，省政府办公厅在克州组织召开援疆志修改评审会，听取意见建议，援克指挥部、各援疆工作组相关人员现场参会，援伊指挥部、各援疆工作组以视频方式参会。会后，根据援疆工作实际和各方要求，增加第十批援疆工作内容（包括文字、图片、链接、视频），篇幅约20万字。此外，增加400余幅图片，使全志图片数量增至1300余幅。2022年12月底形成175万字第六稿，项目组组织全体同志进一步审读修改，并由总纂进行统稿。2023年3月初形成统稿后的第七稿，篇幅、内容与第六稿相当。针对文字细节等，项目组再次组织全体同志对志稿进行审读修改，并于4月初再次组织部分同志集中修改，进行总纂统稿。4月下旬形成第八稿，篇幅、内容与第七稿相当。本着精益求精的原则，项目组组织全体同志对志稿进一步审读修改。5月底，项目组安排专人赴乌鲁木齐，查补受自治区、兵团表彰的我省历批援疆工作先进集体和先进个人名单。同时，项目组继续审读修改，进一步补充第十批援疆工作纪实视频短片，由总纂进行最后一次统稿，8月上旬形成175万字第九稿。8月下旬报出版社审核。10月中旬通过审核。12月底修改定稿后签字付印。

编纂援疆志，我们努力做到“既快又好”，在抢时间、促进度的前提下，坚持质量第一的原则，抓好制定篇目、搜集资料、核实补充、集中统稿、专家审稿、审查验收等环节，严把政治关、史实关、文字关、数字关、保密关。尤其在核实补充资料方面“竭尽可能”，直至定稿前一刻还在核实补充。项目组积极创新编纂方式，突破传统志书呈现形式，采取全媒体志书全新编纂理念，随文附表70张，图照1316幅（含美图32张），链接媒体报道221个，设视频二维码50个，把历史记录的真实性、文字表达的可读性、全媒体展示的可视性有机结合。值得一提的是，从数万张图片中精选的图片，不仅反映了援疆项目和成就，更展现了广大援疆干部风采。记述时限上，最大程度向下延伸，避免以往志书记述内容严重滞后现实的问题，既是援建过程的历史总结，也是援建工作的同步记录。

"看似寻常最奇崛，成如容易却艰辛。"援疆志作为主题出版物，不仅讲究时效性，更要体现高质量，确保打造精品良志。在编纂过程中我们面临"四难"：一是资料搜集整理、核实补充难。援疆工作时间纵跨20余年，地域相隔万余里，又是分批援建，资料散失严重，搜集不易，同时已有资料来源众多、口径不一，核实困难。二是组织协调难。不仅协调省内众多后方单位，还要协调江苏援伊、援克2个前方指挥部及17个工作组和各受援地数十个相关单位。三是编纂撰写难。该志没有一线承编单位，由省地方志办公室直接承担，编写人员对援疆历史不了解，尤其志书还涉及很多边疆、民族、宗教等内容，需要讲政治、懂政策，各项要求都很高。四是不可控因素带来的困难，其中最主要的就是三年新冠肺炎疫情给编纂工作造成极大不便，使出差、外联、搜集资料等受到严重影响。面对诸多困难，全体编纂人员锐意进取，迎难而上。老同志身先士卒、孜孜以求，有的生病发高烧依然坚持工作；中年同志宵衣旰食、案牍劳形，充分发挥主力军作用；年轻同志虚心学习、勇挑重担，做了许多琐碎繁杂的事务。项目组人员大多有其他工作职责，为完成修志任务，克服困难，放弃休息时间，"5加2""白加黑"成为工作常态。三年半时间里，项目组完成了援藏志、援疆志两部志书，总字数230万字，仅仅用了常规编纂时间的三分之一。可以说，援藏志、援疆志的每一个字、每一个数据、每一幅图照都凝聚着项目组人员，特别是总纂统稿者的心血和深情。

本志编纂得到各有关部门、单位的密切配合，也得到江苏全体援疆干部人才的关心支持，特别是《关于向江苏援藏援疆亲历者征集相关资料的公告》发布后，收到许多珍贵的文字和图片资料。本志中所配新疆风光美图，主要来源于作者提供。在此，向所有关心、指导、帮助本志编修的各位领导、援疆干部人才及社会各界人士表示衷心感谢！

我们深知，以我们的能力水平，还难以完全描绘江苏对口支援新疆的历史全景。由于各种条件制约，特别是资料不足，有些内容记述不全面，或有遗漏，希望读者理解和原谅。本书特设"资料增补"二维码，以便对可能出现的遗漏和错误进行补充、纠正。

掩卷长思，我们为江苏对口支援新疆所取得的巨大成就倍感骄傲，对曾经和正在新疆辛勤工作、无私奉献的江苏援疆干部人才饱含敬意，对江苏以更大力度开展对口支援、推动援疆工作取得更大辉煌充满信心，也为亲身记录这项伟大事业、这段光辉历程深感荣幸。希望这本志书能够让社会各界人士对江苏援疆工作有更多更深的认识，积极支持对口援疆大业，为续写江苏援疆谱写新的篇章。

资料增补

江苏援藏援疆建设志编辑室

2023年12月